단기
20세기

1976

THE SHORT TWENTIETH CENTURY

1911

단기 20세기

중국 혁명과 정치의 논리

왕후이 汪暉 지음

송인재 옮김

CHINA

revolution
retreat
the road to equality

글항아리

한국어판 서문

『단기 20세기: 중국 혁명과 정치의 논리』의 중국어판은 2015년에 출판되었다. 2016년과 2017년에 영어판과 포르투갈어판이 각각 출판되었다. 2017년 초 송인재 선생이 이 책의 한국어 번역이 끝났다고 알려왔고 때마침 나는 장편 논문 「세기의 탄생: 20세기 중국의 역사적 지위 1」 초고를 완성했다. 나는 즉시 송 선생에게 답장을 보내 이 미발표 원고를 한국어판의 첫 번째 장으로 수록해달라고 제안했다. 그래서 지금 한국 독자들에게 선보인 한국어판에는 다른 판본에 없는 서론과 첫 장이 더해져 있다. 이에 번역자와 출판사에 진심으로 감사드린다.

오랫동안 세계사는 대부분 19세기를 축으로 서술되었다. 그러나 중국, 한반도, 그 외 많은 비서양 국가는 아마 20세기의 변천이 더욱 격렬할 것이다. 중국과 동북아시아의 20세기를 새롭게 이해하면 세계사 서술의 새로운 가능성이 생겨날 것이다. 중국과 한국에게 20세기의 도래는 19세기 말 한반도에서 발생한 위기와 밀접하게 관련된다. 나는 책에서 주로 중국의 변천에 근거해서 이 시대를 해석했다. 그렇지만 중국의 변천이 동북아 지역 전체의 역사와 긴밀히 연관되었음을 한시도 잊은 적이 없다. 지난 20년 동안 한국의 많은 친구가 중국 학자들을 도와주었고 나도 도움을 받았다. 동북아시아, 한반도의 시각에서 중국의 변천을 되돌아보는 데 많은 도움이 되었다.

이 책의 한국어판이 출판되는 지금 한반도의 정세와 중한 관계는 새로운 도전을 받고 있다. 예전과 달리, 한중 양국의 지식인 사이에 오랜 기간의 대화와 교류가 있었다. 이를 통해 한 국가 안에만 한정된 시야를 뛰어넘어 세계와 상호 관계 방식을 이해하며 많은 사람이 공통의 관점을 형성했다. 나는 나의 글쓰기가 상호 간 그리고 공동의 역사 재인식에 어느 정도 실마리를 제공할 수 있기를 진심으로 희망한다. 아울러 벗들과 독자들의 비판과 제안도 기대한다.

2021년 2월 7일

서문

1911년에는 아직 혁명이 잉태되고 있었다. 1907년 26세에 불과한 루 쉰은 한 고문체 논설에서 고풍스럽고 난해한 문체로 다가오고 있는 '세 기'를 관찰한 소회를 적었다.

아마 문화는 항상 점점 더 심오해지고 사람의 마음은 고정된 데 안정 되지 않을 것이므로 20세기 문명은 장엄하며 19세기 문명과는 달라 질 것이다. 새로운 것이 만들어지면 허위는 사라지고 내면생활은 더 욱 심오하고 강해지지 않는가? 정신생활의 빛이 흥기하여 발양되지 않겠는가? 철저하게 각성해 객관의 몽환세계에서 벗어나 주관과 자 각의 생활이 이로 인해 더욱 확장되지 않겠는가? 내면생활이 강해지 면 인생의 의미도 더욱 심오해지고 개인 존엄의 의미도 더욱 분명해

진다. 20세기의 새로운 정신은 아마 질풍노도에서도 의지력에 기대어 활로를 개척할 것이다.[1]

루쉰은 "물질을 깨뜨리고 정신을 발양한다. 개인에게 맡기고 다수를 배격한다"라는 두 문장으로 '20세기의 새로운 정신'을 개괄했다.[2] 이 두 문장에서 '물질'은 영국 산업혁명이 이끈 '19세기 물질문명', 즉 자본주의 경제이고, '다수'는 프랑스 대혁명으로 시작된 '19세기 정치 문명', 즉 헌정민주주의와 의회·정당 제도다. 이에 대해 루쉰은 "'19세기'의 창조력은 19세기 말에 이미 쇠약해졌다. 자유와 평등은 현재 기존의 전제 형식을 뛰어넘은 새로운 전제 형식으로 변신하고 있다. 따라서 새로운 세기를 맞이하는 중국이 정한 목표는 유럽의 두 가지 혁명과 그 부작용을 뛰어넘어 개인 하나하나가 모두 자유로운 발전을 누리는 '사람의 나라人國'를 세우는 것이다"[3]라고 선언했다.

이는 중국사에서 '20세기'에 관한 초기 서술 중 하나다. 당시 중국인에게 이 개념은 다른 세계에서 날아온 이물질처럼 느껴졌다. 전에는 '19세기'라는 것이 결코 없었고 '20세기'도 없었기 때문이다. 1907년은 광서제 정미년(또는 청 광서제 30년)이다. 광서제는 만주족이 산해관 안으로 진입한 뒤(청나라 건국) 아홉 번째 황제다. 루쉰의 글에서 '20세

---

1 魯迅, 「墳·文化偏至論」, 『魯迅全集』 第1卷, 56~57쪽.

2 같은 책, 47쪽.

3 같은 책, 57쪽.

기'의 대립물인 '19세기'는 결코 이전의 중국 역사를 가리키는 것이 아니라 프랑스 혁명과 영국 혁명으로 열린 역사적 시대를 의미한다. 그러나 루쉰은 '20세기'라는 이물을 사명으로 삼을 때 중국이 비로소 '자각'하게 된다고 보았다. 왜 그런가? 19세기 유럽의 이중 혁명은 바로 청말 중국의 개혁과 혁명의 물결에서 확립한 목표였기 때문이다. 1860년대부터 두 차례 아편전쟁 패배의 그림자 아래 중국은 부국강병을 추구하는 '양무운동'을 시작했다. 갑오전쟁(1896)에서 패배함에 따라 "오랑캐의 장기를 배워 오랑캐를 제압"하는 운동이 무술변법의 상징인 정치개혁운동으로 직접 전환하게 된다. 그 내용 중 하나가 바로 유럽의 입헌정치를 모방해서 국회를 설립하고 왕조를 '국가로 바꾸는 것'이다. 이 정치개혁운동의 실패는 민족혁명 시대의 도래를 상징한다. 끓어넘치는 혁명의 물결에서 공화국은 지평선의 또 다른 끝에서 점점 피어오르고 있었다. 신중국을 탄생시키는 힘은 바로 유럽의 민족주의, 시장경제, 물질문명, 정치체제 아니었던가? 따라서 중국에는 서유럽과 러시아에서 말하는 '19세기'가 없다. 청말 개혁과 혁명의 목표를 뛰어넘기 위해 '20세기'는 중국의 사명 또는 '자각'을 획득하는 계기도 되어야 했다.

이런 의미에서 '20세기'는 '19세기 유럽'의 이물일 뿐 아니라 '20세기 중국'에 내재한 이물이다. 이물은 하나가 아니라 여러 개다. '군주입헌'을 내세운 캉유웨이는 자신이 제기한 '입헌군주' 주장을 뛰어넘을뿐더러 '19세기'의 전부를 뛰어넘는 내용을 담은 『대동서』를 집필했다. 이 책에는 유교사상, 불교 이념, 유토피아적 공산주의의 세계 구상이 종합되어 나타난다. 급진적 민족혁명가 장타이옌章太炎(1869~1936)은 '제물평등

齊物平等' 사상으로 '19세기'의 국가주의, 인종주의, 정당정치, 헌정민주, 형식적 평등을 깊이 있게 비판했다. 그 자신도 이 혁명 운동 내부의 '이물'이 되었다. 1911년 혁명의 지도자 쑨원도 두 가지 대립되는 혁명, 즉 '19세기'의 민족혁명과 부국강병운동, '20세기'의 사회 혁명을 하나의 혁명으로 종합했다. 주권국가, 민족 정통성, 정당정치, 시민사회, 산업혁명, 도시화, 국가계획, 시장경제와 그에 상응하는 교육체제와 매체 문화가 이 시대 중국 사회 변혁의 기본 내용을 구성했다면, 이물로서의 '20세기'는 그 내부에 잠복해 있었다. 달리 말해서, 20세기 중국의 변혁 내용 대부분은 '장기 19세기'가 연장 또는 파생된 것이다. 그러나 또 내부에는 19세기와의 대립과 부정도 있다. 루쉰의 표현에 따르면, '20세기'의 새로운 정신은 "아마 광풍이 무섭게 불어대는 사이에 서서 의지력으로 활로를 개척하는 것"이다. 여기서 의지력은 능동성, 객관적 조건을 뛰어넘어 창조를 해내는 에너지다. 그러나 객관적 조건을 뛰어넘는 창조 에너지는 순수한 주관성이 아니라 투쟁의 목표가 주입된 더 광활한 범위의 생산물이다.

중국어에서 '정치'의 의미는 구체적인 상황에서 결정된다. 그러나 폴리티컬Political과 폴리틱스Politics의 엄격한 구분은 존재하지 않는다. 다민족 제국의 기반 위에서 단일한 주권 공화국을 건설하는 동시에 단일한 주권국가 안에 제도의 다원성을 포섭한다. 정당과 국가를 부정하는 문화운동을 통해서 새로운 정치를 정의하는 동시에 유럽의 19세기 정당 및 국가와 구분되는 정치 유형을 창조했다. 인민전쟁의 형식으로 토지 개혁, 정권 구축, 정당과 대중 간의 순환운동을 전개하면서 정당의 요소를 뛰어넘은 슈퍼 정치조직을 결성했다. 노농계급과 자본가계급이 모두 미성숙한 사회에서 사회주의를 지향하는 운동을 벌여서 정치성과 능동성을 계급 개념의 중요한 내용으로 만든다. (…) 한마디로, 다원민족 농업제국에서 계급 정치가 부단히 발생했고 '사회주의 혁명'이 발생했다. 이 현상은 현실적 조건 내부에서 직접 도출된 것이 아니라 정치화의 산물이라고 해야 할 것이다.

2004년『근대 중국 사상의 흥기』서문에서 나는 이렇게 말했다. "기나긴 20세기에 중국 혁명은 중국 사회의 기본 구조를 깊숙이 변화시켰다. 우리는 '중국'이라는 범주의 연속성 안에서만 근대 중국의 정체성 문제를 논할 수 없다. 나는 앞으로의 연구가 이 분야에 새로운 역사 해석을 제공하기를 희망한다."[4] 나는 다음과 같이 보충하려 한다. 바로 이 세기가 '중국'을 '과거'로부터 파생되기 어려운 시대로 이끌었다. 따라서 '중국'을 어떻게 정의하든 간에 이 세기에 대한 해석을 피할 수 없다. 이 책은 바로『근대 중국 사상의 흥기』가 끝나는 곳에서 시작해 20세기 중국과 그 정치적 과정을 집중 탐색한다. 10년을 보내면서 나는 '20세기'를 '장기'가 아닌 '단기'로 바꾸게 되었다. 그 핵심 내용은 바로 1911년 신해혁명 이전부터 1970년대 중반 '문화대혁명' 종결 전후까지 "짧은 세기의 기나긴 혁명"이다. 20세기에는 정치화와 탈정치화 현상이 서로 엮이기도 하고 반복해서 등장한다. 그러나 이 둘은 각각 다른 시기를 주도했다. 따라서 우리가 정치화, 탈정치화, 재정치화의 맥락에서 20세기의

---

4 汪暉,『現代中國思想的興起』上卷 第一部, 北京 : 三聯書店, 2004, 3쪽.

잠재력을 보는 것은 문제될 것 없다.

　나는 정치 통합, 문화와 정치, 인민전쟁이라는 세 가지 경로를 통해 20세기 중국의 정치화를 사유한다. 이 세 주제는 혁명과 전쟁의 시대에 탄생했다. 그러나 각자 다른 형식으로 다른 역사적 시기에도 출현했다. 정치 통합은 국가 형식을 탐색하기 위해서 벌이는 정치적 과정이다.— 여기서 말하는 정치적 경쟁은 서로 다른 정치 세력 간의 경쟁만이 아니라 서로 다른 정치적 원리 사이의 경쟁도 의미한다. 따라서 격렬한 경쟁 과정에서 만들어진 '국가'는 강렬한 정치성을 띤다. 이 때문에 '국가'나 '민족-국가'를 추상적으로만 설명하면 '국가'와 정치적 과정이 관계되는 지속적인 문화운동이 정치에 대한 이해를 쇄신하고 정치의 의제와 영역을 재정의하며 새로운 세대의 신인을 창조했다는 사실을 파악할 수 없다. 인민전쟁은 근대 중국의 도시-농촌 관계와 민족 정통성의 정치적 동원 과정을 근본적으로 바꾸어놓았을 뿐 아니라 우리가 잘 아는 정치적 범주인 계급, 정당, 국가, 인민 등을 바꾸고 재구축했다. 정치화의 복잡한 과정을 떠나서는 이 정치적 범주가 20세기의 맥락에서 갖는 독특한 의미를 거의 파악할 수 없다. 이 세 가지 정치화 과정은 20세기 중국의 전 영역에 침투했다. 정치화는 급진적 혁명과 전략적 타협 과정을 구현하며 청년 문제, 여성해방, 노동과 노동자, 언어와 문학, 도시와 농촌 등의 문제를 '문화'의 범주에 넣으면서 정치를 창조적 영역으로 만들었다. 그리고 정치화를 통해 군사 투쟁, 토지 개혁, 정권 건설, 통일전선이 혼연일체가 된 '인민전쟁'으로 발현되었고 인민전쟁은 19세기 이후의 각종 정치적 범주를 전환시켰다. 정당과 대중운동의 경계가 모호해졌고 정권은 전통적 국가기구와 달라졌으며 계급은 계급화 과정이 되었다.(농민이 무산계급의 정치 세력이 되는 것 등.) 1950~1960년대에 주권 개념이 장악한 국제정치 영역에서 한국전쟁 참전과 중소 양당의 논전은 군사와 국제관계 영역의 정치화 사례도 제공했다.

20세기의 정치 혁신은 지속되는 전쟁, 혁명, 동요와 밀접하게 관련된다. 1989~1992년의 세계적 전환에 따라 중국 혁명과 러시아 혁명으로 상징되는 사회주의 운동은 실패를 고했다. '짧은 세기'는 이렇게 비극적 방식으로 사람들에게 20세기에 대한 부정적 시각을 제공했다. 즉, 정치화 과정 자체를 비극의 근원으로 보고 더 나아가 이 세기의 정치와 직접 관련된 모든 개념, 즉 계급, 정당, 민족, 국가, 대중과 대중 노선, 인민과 인민전쟁 등을 거절하게 만들었다. 그렇지만 이 개념들은 언제 어떤 의미로 정치화되었고 어떤 조건에서 탈정치화의 추세를 걸었을까? 계급 개념을 예로 들면, 20세기의 정치적 동원에서 거대한 역할을 했지만 이런 동원에는 두 가지 가능성이 담겨 있다. 첫째, 신분이나 재산권적 의미에서 어떤 계급에 속하지 않고도 어떤 계급의 앞잡이나 전사가 될 수 있었다. 예를 들면, 농민이나 통치계급 출신 지식인이 '프롤레타리아'의 주체 또는 지도자가 되었다. 둘째, 계급 출신이 고정불변의 제도화된 신분 표기이자 적과 아를 구분하는 기본 기준이 되었다. 둘 다 동원을 이끌어낼 수 있다. 그러나 전자는 정치화된 것이고 후자는 탈정치화된 것이다. 다시 정치를 예로 들면, 인민전쟁이라는 조건에서 정치와 대중 노선은 밀접한 관련이 있다. 이른바 '대중으로부터 나오고 대중 속으로 들어가자'라는 구호부터는 거대한 정치적 역량과 활력이 생산된다. 그러나 집권의 조건에서 정당은 대중과 늘 격리되어 일반적인 권력기구로 변하고 정당의 국가화, 즉 정당의 탈정치화 현상을 낳는다. 따라서 이 범주들 밖에서 새로운 정치적 방법을 찾으려는 수많은 시도와 다르게 나는 이 범주들 자체와 변천을 분석함으로써 정치화와 탈정치화의 핵심 및 논리를 이해할 것이다. 이 범주들은 모두 '19세기'에서 연원했으므로 나도 그 속으로부터 그것들에 내재한 이물을 찾으려 할 것이다. 바로 이런 이물들로 인해 이 낡은 범주들이 특정한 맥락 속에서 거대한 에너지를 발산하기 때문이다.

같은 의미에서 새로운 정치도 이런 이물을 해석하지 않고는 탐구할 수 없다. 이 책의 각 장은 문화 정치에 대한 해석에서 인민전쟁과 그 변천에 대한 생각, 포스트 정당정치에 대한 소급과 제물평등에 대한 연구이자 20세기의 정치 실천의 이물과 그 가능성에 대한 탐구다. 에른스트 블로흐가 말하는 '희망'처럼, 억압된 현실로서의 이물은 새로운 형태로 전과 다른 관계 속에서 미래로서 우리의 시대에 다시 나타날 수 있다.

2015년 4월 8일 수요일 칭화위안에서

서론
사상적 대상으로서 20세기 중국[1]

소련·동구권이 해체되고 유럽에서 냉전이 종결된 때부터 계산하면 20세기가 막을 내린 뒤 30년 가까이가 지났다. 유럽은 지금 탈냉전 이후의 위기 시대로 접어들고 있다. 그러나 아시아에서는 한반도, 대만해협, 동해와 남해에 냉전의 먹구름이 여전히 피어올랐다 잦아들기를 거듭하며 냉전과 탈냉전이 복잡하게 얽힌 양상을 보여준다. 일본, 아시아

---

1 이 서론은 원서에는 수록되어 있지 않다. 저자가 이 책 전체의 서론으로 사용해달라며 별도로 보내왔다. 초고는 같은 제목으로 2018년『開放時代』에 상·하로 나누어 연재되었고, 한국어판 서론으로 삽입하기 위해 저자가 통합·수정했다. 汪暉,「作爲思想對象的二十世紀中國(上): 薄弱環節的革命與二十世紀的誕生」,『開放時代』2018年 第5期; 作爲思想對象的二十世紀中國(下): 空間革命,橫向時間與置換的政治」,『開放時代』2018年 第6期 참조. 또한 이 글은 2020년 6월 싼롄서점에서 출판한『세기의 탄생: 중국 혁명과 정치의 논리』서론이기도 하다. ─옮긴이

의 네 마리 용이 경제적으로 부상한 후, 그 뒤를 이어 중국 경제가 그들보다 더 오랜 기간 성장을 겪고, 미국·일본과 함께 세계 3대 경제체제를 이루며 태평양 지역에 모여 있다. 19세기 말부터 태평양의 세기가 이어지고 있지만 그 중심에서는 중요한 전이가 일어나고 있다. 세계화는 아직 끝나지 않았고 시장 관계의 확장과 침투도 여전히 지속되고 있다. 국가는 쇠락하지 않고 민족 정체성은 전보다 더 선명해졌다. 그러나 혁명—특히 20세기에 의미하던 인민혁명과 사회주의—은 이미 유령으로 변해버렸다. 19세기와 20세기에 탄생한 사회체제와 정치적 틀은 유례없는 도전과 위기에 직면했다.

20세기는 우리와 가장 가까운 세기이자, 현재와 동일시되어 서술되기 때문에 사상적 대상으로 삼기 어려운 시대다. 우리는 일상생활 어디서나 세기의 원소를 느낄 수 있다. 하지만 춘추전국, 진한, 당송, 명청 시대처럼 또는 그리스, 로마, 중세, 르네상스, 계몽운동, 19세기처럼 20세기를 대할 수는 없다. 이 책의 핵심 논지는 『근대 중국 사상의 흥기』 서문에서 거론했지만 그 책에서는 다룰 수 없었던 '중국 혁명과 그 이데올로기의 역사적 분석'[2]에 대한 탐색이다. 두 책의 연구 대상과 저술 상태는 아주 다르다. 하지만 둘 다 중국 사상과 역사를 사상적 대상으로 구성하는 데 공을 들였다. 우리는 20세기의 산물이면서 그것의 부정물 또는 대립물인 시대에 살고 있다. 이 시대의 사건, 인물 또는 텍스트 어느 하나를 다루더라도 관찰자인 우리는 20세기의 산물이면서 참여자

---

2 汪暉, 『現代中國思想的興起』上卷 第一部, 「前言」, 北京 : 三聯書店, 2008, 3쪽.

라는 다중적 정체성이 조성한 긴장에서 벗어날 수 없다. 핵심적인 몇 가지 문제에서 나는 글자 하나에도 신중을 기했고 반복해서 수정해야 했다. 그리고 이 글을 내놓으면 격렬한 논쟁을 불러일으킬 수(실제로도 확실하다) 있기 때문만이 아니라 책을 쓰는 과정 자체에서 내적 긴장감을 느꼈기 때문이기도 하다.

이 책은 20세기와 20세기 중국에 관한 책이다. 그러나 편년체 역사서가 아니다. 사실 나는 20세기 중국에 관한 통사를 쓸 생각이 없다. 책을 출판하기 위해 글들을 편집, 정리하는 과정에서 나는 결국 이 책의 진정한 사명은 바로 "어떻게 해야 20세기 중국의 구축을 사상적 대상으로 삼을 수 있을까?"라는 문제를 탐색하는 것임을 알아차렸다. 사상은 항상 대화를 통해 형성된다. 따라서 사상적 대상은 경직된 객관성이 아니라 능동성과 내재적 시야를 지닌 대화자다. 그러므로 20세기를 사상적 대상으로 구성하는 작업의 첫 번째 의미는 20세기 중국을 대상의 지위에서 해방시키는 것에 있다. 즉 더 이상 이 시대를 오늘날의 가치관과 이데올로기의 주석이자 부속물에만 그치게 하는 것이 아니라 대상의 해방을 통해 우리와 20세기 중국의 대화 관계를 재건하는 것이다. 이러한 대화 관계에서 20세기 중국은 우리의 연구 대상인 동시에 우리가 자신을 자세히 살펴보고 역사와 미래를 자세히 살펴보는 눈이다. 즉 심판자의 위치에 서서 마음대로 다루는 대상이 아니라 반드시 그것과의 대화, 토론, 자기성찰을 하면서 스스로의 인지를 재구성해야 하는 주체다. 바꾸어 말하면, 우리가 스스로를 심판자의 자리에서 해방시켜야만 대상도 해방될 수 있다.

1. 장기 세기, 유럽 세기말 그리고 시세로서의 세기

그렇다면 도대체 어떤 요소가 20세기 중국의 주체성을 구성하는가, 또 어떤 요소들로부터 20세기 중국의 주체성을 탐색하거나 접촉할 수 있을까? 여기서는 먼저 역사 서술의 시간적 틀로서의 20세기로부터 논의하려 한다. 20세기를 어떻게 정의하는가? 또 20세기 중국을 어떻게 이해하는가? 역사적 시대라는 측면에서 20세기는 1900년 이후의 100년으로 딱 잘라 말할 수 없다. 역사학자들은 각자 다른 척도로 그것을 새롭게 측정했다. 장기 세기와 단기 세기가 바로 그것이다. 이 책에서는 '장기 20세기'라는 개념을 사용하지 않는다. 그러나 장기적 시야에서 이 시대를 관찰하는 것을 결코 거부하지 않는다. 『장기 20세기: 화폐, 권력 그리고 우리 시대의 기원The Long Twentieth Century: Money, Power and the Origins of Our Times』에서 조반니 아리기Giovanni Arrighi(1937~2009)는 마르크스와 브로델의 자본 축적과 자본주의 체제 연구를 종합해서 1970년대 미국이 직면한 체제 위기의 근원을 14세기부터 700년 동안의 역사적 과정에서 반복적으로 출현한 자본 통제와 재생산 현상에서 찾았다. 그 결과 19세기 말, 20세기 초에 시작된 미국의 세기를 관찰하는 장기적인 역사적 맥락을 제시했다. 동시대 대부분의 연구가 기층 사건 연구에 주목한 것과 달리 아리기는 자본주의의 상부구조, 즉 금융-국가체제를 탐색했다. "본질적으로 우리의 조사는 축적되고 연속적인 시스템적 주기에 대한 비교 연구다. 목적은 다음과 같이 정의된다. (1) 중복과 진화의 모델, 즉 현재의 시스템적 재구성과 금융의 확대재생산 모델이다. (2) 현 단계 금융 확장의 비정상적 현상이다. 이 현상들을 통해 과거의 중복, 진화의 모델과 단절될 수 있다. 시스템적 주기에는 4단계가 정의된다. 그에 속하는 단계 하나하나는 모두 그 자본 축적의 세계적 과정의 주된 대리자이고 대체로 구조적 측면과 통일성을 갖는다. 4개의 주기는 15세기부터 19세기 초까지의 제노바 주기, 16세기 말부터 18세기 전체까지의 네덜란드 주기, 18세기 말부터 20세기 초까지의 영국 주기, 19세기 말부터 현재의 금융 확장 단계까지의 미국 주기로 나뉜다. 이 대략적이고 잠정적인 시대 구분은 축적의 연속 주기가 서로 중첩됨을 의미하고 있다. 그것들은 장기적으로는 점점 짧아지지만 하나의 세기보다는 길다. 이로써 바로 '장기 세기' 개념을 채택하고 그것을 기본적인 시간 단위로 삼아 자본 축적의 세계적 과정을 분석한다."[3]

유사한 방식이 현대 중국을 해석하는 데도 쓰였다. 프라센짓 두아라Prasenjit Duara는 현대 중국의 국가와 사회의 관계 및 그 함의에 대한 현대 역사학자의 논의에 응답하면서 '장기 20세기' 개념을 사용했다. 그리고 나의 책『근대 중국 사상의 흥기』의 방법론도 이 범주에서 해석했다. 그는『근대 중국 사상의 흥기』가 예악과 제도의 분화, 거버넌스의 모델로서의 이 개념들과 봉건과 군현이라는 개념쌍의 중첩 등을 다루면서 이러한 이학의 개념이나 시야의 회복을 시도했다고 보고 이렇게 말

---

3 Giovanni Arrighi, *The Long Twentieth Century: Money, Power, and the Origins of Our Times*(London & New York : Verso, 1994), pp.6~7. 아리기 저서의 한국어판은 백승욱 옮김,『장기 20세기: 화폐, 권력, 그리고 우리 시대의 기원』, 그린비, 2008 초판; 2014 개정판─옮긴이

했다. "이 분화와 대립들에 따라 역사를 일종의 시세時勢이자 이세理勢로 보았고" 더 나아가 "그것이 논의한 '대상'—황제 체제 중국—을 재건하면서도 사회과학의 제국 개념과 거리를 유지했다. 왜냐하면 제국 개념은 통상 이원 대립의 방식에 근거해서 민족국가의 대립물로만 이해되기 때문이다. 그의 '황제 체제 중국' 개념에서 '황제 체제'는 서글픈 느낌을 띠고 있다. 그것은 민족국가의 대립물도 아니고 원형도 아니다. 그것에 목적이 있다면 이는 또 다른 것이다."[4] "이 제국은 근대 민족국가의 요소와 제국의 요소를 동시에 갖는다. 그 밖에 다른 요소도 많다. 이성적 관료제 국가로서 그것은 민족국가와 같은 점이 많다. 그러나 또 세습군주제와 결합하고 신민과 상호관계를 맺으며 일련의 제도와 합리적 정책을 발전시켰다. 이는 동일한 방식으로 모든 인민을 대하는 민족국가와 결코 같지 않다."[5] 이는 바로 중국 이념의 역사적 완결성을 이해하기 위해서지 그것들을 기본적인 문화적 요소로 귀결시키기 위함이 아니다. 『근대 중국 사상의 흥기』는 "황제 체제 중국을 민족국가를 발전 목적으로 삼는 것(그러한 정치적 구조)으로 환원시키려 하지 않는다. 그것에

---

4 Prasenjit Duara, "History and Globalization in China's Long Twentieth Century," *Modern China*, vol.34, no.1, The Nature of the Chinese State : Dialogues among Western and Chinese Scholars, I(Jan., 2008), p.153. 杜贊奇, 「中國漫長的二十世紀的歷史與全球化」, 劉昶 譯, 『開放時代』 2008年 第1期. 인용할 때 중국어 번역을 약간 바꾸었다. 부연하자면, 『근대 중국 사상의 흥기』에서 나는 제국-국가 이원론을 분석·비판했고, 제국 개념으로 20세기 이전의 중국을 서술하는 방식에 동의하지 않았고, 청조부터 공화국으로의 과도를 '제국에서 민족국가로'라고 단순화해서 부르는 것에도 동의하지 않았다.
5 *Ibid.*, p.154.

다른 비서양 국가의 특징이 있을 수 있더라도 그것은 민족국가의 안티 테제로 이해될 수도 없고 그 원형으로 다루어질 수도 없다."[6] 그러므로 "20세기 초 전 세계에 쏟아져 나온 다민족·다문화 민족국가를 연구해서 그들이 애초에 가졌던 국가 형식의 정당성이 어떻게 근대적 형식 안으로 통합되었는가를 파악할 필요가 있을 것이다."[7] 바꾸어 말하면, 논의할 주제는 아리기가 말하는 자본주의 주기가 아니라 국가·사회·문화의 역사가 되고 '장기 20세기' 역시 세계적인 것이어야 한다.

『근대 중국 사상의 흥기』는 장기적 시야에서 중국과 그 근대의 변천을 관찰하려는 시도다. 송대 사상을 논할 때 나는 삼대三代와 삼대 이하의 구분, 예악과 제도의 분화 등 송나라 유학에서 연원한 시세관과 이세관 등 내재적 시야로 천리 세계관의 탄생을 탐색했다. 청대 사상을 논할 때는 몽골족이 세운 원나라, 만주족이 세운 청나라와 송나라, 명나라의 차이에 근거해서 왕조 국가 형태의 변화와 착종 등의 복잡한 관계를 논했다. 그리고 이를 실마리 삼아 근대 중국의 국가-사회 형태와 왕조사의 관계를 분석했다. 이 책의 티베트, 서역, 대만, 류큐와 아시아 지역에 관한 논의는 사실 『근대 중국 사상의 흥기』의 역사적 분석과 일맥상통한다. 따라서 다음과 같은 두 가지 합리적 질문이 제기된다. 첫째, 왜 이 책에는 유학 또는 중국의 역사 문헌에서 하나 또는 한 그룹의 시간 개념을 일관되게 가져와서 막 지나간 시대를 서술하지 않고 이 '외재

---

6 *Ibid.*, p.154.

7 *Ibid.*, p.155.

적' 기년 개념을 논의하고 사용하는가? 기독교적 세계관에서 연원한 이 기년 개념이 중국 역사에서 갖는 의미를 어떻게 정의하는가? 둘째, 왜 '장기 20세기'라는 시간적 틀이 아닌 '단기 20세기' 개념을 채택했는가? 이 개념은 에릭 홉스봄Eric Hobsbawm(1917~2012)이 『극단의 시대』에서 1914년 제1차 세계대전 발발에서 시작해 1991년 소련 동구권 해체로 상징되는 냉전 종결까지로 설정한 '단기 20세기'와 어떻게 다른가?[8] 무엇보다 '세기의 도래'는 사실 청말의 민감한 심리와 시세에 대한 판단에서 연원했다. 19세기 말, 20세기 초 중국 사대부는 여전히 공양삼세설의 역사의식과 왕조 기년의 틀에서 세계를 판단했다. 그러나 바로 이 시기에 중국을 개조하려고 힘썼던 중국 사대부는 자신이 세계의 변화를 관찰하는 데 동원하는 시공간적 틀로는 시세의 변화를 보여주거나 해석할 수 없음을 스스로 깨달았다. 그래서 방향을 돌려 새로운 개념과 범주로 시세의 특징을 서술했다. 세기 개념은 20세기가 도래하면서 중국 사상가가 사용하는 개념이 되어 자신의 시대적 특징을 서술하고 자신과 세계의 관계를 이해하는 기본 범주가 되었다. 나는 두 가지 역사의식과 시간관의 중첩을 크게 강조하지 않고 세기의 탄생을 예전의 세계관에 위기가 생긴 결과로 해석한다. 20세기 개념은 비록 공양삼세설 등 유학의 서사와 맞물리면서 탄생했다. 그러나 공양삼세설이나 다른 고전적 역사 서술들은 이 시대적 대변화의 성격에 대응하지 못한 산물이다. 이러한 역사 서술과 시간 개념의 치환은 바로 여러 세력이 패권 쟁탈전

---

8 Eric Hobsbawm, *The Age of Extremes*(London : Abacus, 1995).

을 벌인 결과다.

『근대 중국 사상의 흥기』는 주로 장기적인 역사 변천과 내재적 시야로 근대 중국의 역사적 전제를 묘사했다. 그러나 마지막 책의 과학 담론 공동체와 공리 세계관을 논의할 때는 19세기 후기와 20세기의 시스템적 단절 또는 치환을 이미 분명히 밝혔다. 민족 지역 자치와 지역관계에 관한 분석에서 내외 관계를 규정하는 기본 범주는 더 이상 조공이나 번속 관계가 아니라 주권과 시민권의 범주였다. 이와 관련해서 두아라는 이렇게 말했다. "근대 중국은 부분적으로 민족국가 체제가 되었다. 이는 왕후이가 (청대 역사를 논할 때) 서술한 귀속 원칙과 아주 다른 원칙에서 수립되었다. 민족의 형식은 시민과 국가 사이에 균질적이고 중개자가 없는 관계를 요구한다. 자치를 확보한 소수민족 지역도 마찬가지다. 엘리트 통치 구조를 수립한 중국의 황제 체제 원칙과 근대적 주권 개념 사이에는 근본적으로 공통분모가 없다."[9] 나는 이런 전환의 의미는 일반적인 규범이나 원칙의 구별 속에서 추상적으로 정의할 수 없고 반드시 장기적 중국 혁명이 만들어낸 새로운 질서나 그 가치체계 속에서 관찰해야 한다고 생각한다. 따라서 세기의 탄생은 역사의 단절, 즉 더 이상 기존의 시간적 서열로는 스스로를 이해하지 못함을 상징한다. 이 개념이 보편화 된다는 것은 동시에 즉각성에서 연원한 시세관이 전체 역사의 서술을 주도하는 것을 의미하기도 한다. 이런 의미에서 세기 또는 20세기 자체를 대상으로 삼는 것은 이 시세관을 일종의 능동적인 역량

---

9 *Ibid.*, p.155.

으로 구성하는 작업인 동시에 보편적이고 객관적인 위치로부터 해방시키려는 노력이다.

　바로 이 때문에, 20세기 개념은 결코 시대 구분 개념이나 시간의 측면에 그치는 것이 아니다. 역사적 행위자의 현 시세에 대한 파악, 행동 근거에 대한 판단, 과거·현재·미래에 대한 일체의 이해 모두가 이 격렬한 역사의식의 변천 속에서 새롭게 조합된다. 세기 개념이 패권적인 보편적 시간 개념의 탄생을 의미한다면, 역사적 행위자가 세기를 경계선으로 삼으려는 노력은 동시에 이 시간 개념의 보편화를 추동하려는 패권적 역량에 대한 저항으로도 드러난다. 세기라는 서양식 시간 개념이 시세라는 전통적 범주 안에서 내포를 획득한 것이다. 세기의 패권적 힘은 도대체 무엇인가? 견고한 함선과 예리한 대포인가? 정치제도인가? 문화형태인가? 생산양식인가? 식민주의인가? 자본주의인가? 제국주의인가? 이 일련의 질문도 갖가지 문화적·정치적 전략을 낳았다. 따라서 그것이 탄생한 시각, 세기 개념이 갖는 즉각성에 대한 관심, 비목적론적 성격은 통상적인 시간 개념과 실질적으로 구별된다.

　1900년 이전에는 이 개념을 사용하는 중국인이 거의 없었다. 그 후 얼마 동안 시간적 지표로서의 세기는 다른 기년 방식과 충돌하지도 않았다. 이것은 중국만의 현상이 아니다. 유럽의 세기 개념에도 마찬가지로 시대적 상황에 대한 이해가 담겨 있다. 그레고리력은 이탈리아의 의사이자 철학자인 알로이시우스 릴리우스Aloysius Lilius(1510~1576)가 율리우스력을 개혁해서 제정하고 1582년 로마 교황 그레고리우스 13세 Gregorius PP. XIII(1502~1585)가 반포한 것이다. 그러나 진정으로 보편적 역법이 된 때는 19세기 후반부터 20세기 전반 사이다. 유럽에서 20세기는 '세기말Fin de siècle'의 분위기에서 탄생했다. 이 프랑스어에는 비록 새로운 시대가 오고 있다는 의미가 담겨 있지만 구시대가 끝나고 있다는 뉘앙스가 더 강하다. 이것은 문명이 궤멸될 것이라는 말세적 분위기이자 새로운 시대가 열릴 수 있다는 예감이다. 시간적으로 '세기말'은 통상 1880년부터 20세기 초엽의 문화적 분위기다. 그 내적 핵심은 19세기가 조성한 역사적 균열과 문명적 위기감에 대한 판단이다.[10] 문학, 예술 등 문화의 모든 영역에서 '세기말' 개념이 퇴화·퇴폐·탐미적 분위기, 문명이 위기에 빠진 데 따르는 염증·비관·냉소의 정서, 정감주의·주관주의·비이성주의의 철학적 태도를 대변했다. 샤를 피에르 보들레르Charles Pierre Baudelaire(1821~1867),[11] 오스카 와일드Oscar Wilde(1854~1900) 등 세기말 문학의 대표자 이외에, 이 시대에 깊은 영향을 준 병리학은 진화론에서 파생된 퇴화론이다. 그 대표자는 빈 태생이고 오랫동안 파리에서 활동한 정신병학자 베네딕트 모렐Bénédict Augustin Morel(1809~1873)[12]이다. 모렐은 19세기에 범죄, 질병, 정신의 비

---

10 Gail Marshall ed., *The Cambridge Companion to the Fin de siècle*(Cambridge : Cambridge University Press, 2007), pp.1~12.

11 보들레르의 대표작 『악의 꽃』은 1843년에 창작되었고 1857년에 출판되었다. 그는 결코 세기말 인물이 아니다. 그러나 랭보Arthur Rimbaud(1854~1891)·말라르메Stéphane Mallarmé(1842~1898)·베를렌Paul Verlaine(1844~1896) 등 세기말 시인들은 공통적으로 그의 영향을 받았다. 랭보는 그를 '시인의 왕, 진정한 신'이라고 불렀다. *Oeuvres complètes*(NRF / Gallimard, 1972), p.253.

12 Ian Dowbiggin, "Degeneration and hereditarianism in French mental medicine 1840~90 : Psychiatric theory as ideological adaption". In : R. Porter, W. F. Bynum

정상 등이 현저히 늘어났다고 느끼고 정신질환과 생리적 질환이 연관되어 있음에 주목했다. 심리적 문란과 비정상적 행위가 비정상적 체격에서 조성된다고 보고 그 견해를 퇴화론degeneration theory으로 발전시켰다. 퇴화론은 정상적 상태이거나 완전한 인간에 대한 가설에 근거해서 환경의 영향으로 생긴 변이를 퇴화로 해석한다. 퇴화론에 따르면 정상에서 벗어나는 현상은 비록 후천적이지만 유전될 수도 있고 후대로 가면서 더욱 퇴화될 수도 있다. 예를 들면, 1대의 신경증적 증상이 2대에는 정신 착란으로 퇴화하고 3대에는 저능증상, 4대에는 불임증이 될 수도 있다는 것이다. 모렐의 퇴화론은 19세기 중반에 형성되었는데 1880년대에 큰 영향을 주었을 뿐 아니라 20세기 우생학 이론의 기초를 다지기도 했다. 이 이론은 에밀 졸라의 환경결정론에 근거한 사회 비판,[13] 사회 다윈주의(더 나아가 나치 우생학)에 사상적 자원을 제공했다.[14]

장타이옌章太炎(1869~1936)의 「구분진화론俱分進化論」과 루쉰魯迅(1881~1936)의 「문화편향론文化偏至論」은 유럽 '세기말'의 퇴화론과 서로 호응한다. 그러나 장타이옌, 루쉰은 모두 모렐과 같이 절대적인 완벽 상태를 가정하지 않았다. 장타이옌은 '선도 진화하고 악도 진화한다'는 이론으로 진화와 진화이론의 목적론을 비판하면서 이렇게 말했다.

and M. Sheperd: *The anatomy of madness. Essays in the history of psychiatry*, vol. I(London & New York: Tavistock Publications, 1985), pp.188~232.

13 Daniel Pick, *Faces of Degeneration: a European disorder, 1848— 1918*(Cambridge: Cambridge University Press, 1989), pp.74~96.

14 Ernest L. Abel, "Benedict-Augustin Morel(1809~1873)," *American Journal of Psychiatry*, vol.161, Issue.12(2004. 12. 1), p.2185.

최근의 진화론은 대체로 헤겔에서 시작됐다. 비록 진화라는 표현은 정확히 없지만 세계의 발전이 이성의 발전이라는 말에서 진화 이론의 싹이 텄다. 다윈, 스펜서 등이 그의 이론을 응용했다. 한 사람은 생물 현상을 증거로 들었고 한 사람은 사회 현상을 증거로 들었다. 저들이 가진 궁극적 목적은 반드시 최고의 아름다움과 순수한 선함의 상태에 이르는 것이다. 이렇게 진화론이 시작되었다. 같은 시기 헉슬리는 그것에 반대했다. 헉슬리는 이렇게 말했다. 세상의 운수가 날로 진화하면서 인구가 점점 많아지며 모든 생명은 먹고 살 곳이 필요하다. 따라서 필요한 것을 공급하기가 부족하면 서로 다투고 죽이는 일이 끊임없음은 필연이다. 빈곤과 실직의 근심에 사로잡히고 혜성이 땅을 스쳐 지나지 않고 만물을 모조리 쓸어 없앰에 마음 아플 것이다.[15]

바로 이런 사상적 맥락에서 장타이옌은 1910년에 '제물평등' 이론으로 평등 관념과 사물 하나하나의 독특성이라는 관념을 결합했다. 근본적으로 이는 세기말의 퇴화론과 확연히 갈라선다.[16] 루쉰은 진화론의 목적론을 비판하고 이를 직접 19세기 유럽의 정치경제 모델에 대한 분석과 비판으로 연장했다. 그의 초기 문학은 니체, 키르케고르 등의 영향

---

15 章太炎,「俱分進化論」,『章太炎全集』第4册, 386쪽. 汪暉,『現代中國思想的興起』下卷 第一部, 第十章, 1011~1103쪽.
16 汪暉,「再問"什麼的平等"(下)：齊物平等與"跨體系社會"」,『文化縱橫』2011年 第6期, 98~113쪽.

을 받아 유럽 '세기말' 문학과 문화적 비관주의, 허무주의의 정서가 짙게 배어 있다. 그러나 장타이옌과 다르게 루쉰은 비관과 허무를 19세기와 전혀 다른 20세기에 대한 호소와 절망에 반항하는 인생철학 속에 엮어놓았다.[17] 5·4 이후 루쉰은 우생학의 인종주의를 부정했다. 이는 유럽의 '세기말' 사상을 버린 데서 비롯됐다.[18]

장타이옌, 루쉰이 유럽 세기말 사상에 호응했다 이를 버리는 과정은 피억압 민족 사상가의 정치적 직관과 이론적 사고에 기초했고, '19세기'의 정치·경제적 방안에 대한 비판과 부정을 표현했다. 중국에 19세기는 없었다. 오직 유럽의 19세기를 모델로 삼은 변혁 방안과 사상적 습관만 존재했다. 유럽 식민주의와 제국주의의 사상과 논리는 언제나 이 변혁 방안과 사상적 습관 안으로 스며들었다. 그러나 '우리의' 방안과 습관이었기 때문에 사람들은 전혀 깨닫지 못했다. 과학기술과 정치 영역에서 '세기말'은 제국주의 지식의 지정학적 탄생, 유한한 공간으로서의 지구 시대의 도래를 상징한다. "19세기의 폐막은 유럽 확장의 '콜럼버스 시대'의 종말을 의미한다." 즉 지구 분할은 끝났다. '세기말'은 "20세기의 세계를 반드시 하나의 전체, 완결된 지구로서 이해해야 한다는 신념이다. 증기선, 도로, 철도, 전보 등 기술과 전 세계 교통이 미래 세계를 '더 작은' 지방, 단일한 체제로 해석되는 지방으로 만들었다."[19]

---

17 汪暉, 「聲之善惡: 什麼是啓蒙 — 重讀「破惡聲論」」, 『聲之善惡』北京: 三聯書店, 2013, 1~98쪽 참조.
18 魯迅, 「故事新編·理水」, 『魯迅全集』第二卷, 北京: 人民文學出版社, 2005, 385~407쪽.
19 Michael Heffernan, 'Fin de siècle, Fin du Monde? On the origins of European

"스웨덴 정치학자 루돌프 첼렌Rudolf Kjellén(1864~1922)이 창안한 지정학이라는 용어는 19세기 말과 짝을 이루어 생성되었다. 1890년대에 탄생한 수많은 어휘와 마찬가지로 '지정학'은 참신성을 전달하기 위한 혼성적 표현이다. 그것은 새로운 세기를 위해서 만들어졌고 이 세계의 민족-국가, 그들의 경계와 영토 능력, 그들 사이의 상호관계를 이해하게 할 수 있는 새로운 연구영역으로 구상되었다."[20] 1897년 독일의 지리학자 프리드리히 라첼Friedrich Ratzel(1844~1904)이 『정치 지리학』을 출판해서 "국가는 토지에 속한 유기체다"라고 말하며 생물 유기체와 같이 국가 유기체는 건장하게 자라고 싶으면 반드시 자신의 지리적 공간을 확대해야 한다고 주장했다. 그리고 "하나의 국가가 다른 나라의 영토를 점령할 때 이것은 그 내부 생장력의 반영이다. 강대한 국가는 생존을 위해서 반드시 생장 공간이 필요하다"[21]라고 말했다. 따라서 "그는 유동적인 경계로 구성되는 세계를 묘사했다. 발전을 획득한 국가는 '영토의 겸병과 병탄'이라는 체제 속에서 '정치적으로 가치 있는 지역'을 수중에 넣는다. 따라서 한 국가의 영토는 어떤 시대에도 '본질적으로 변화하는 유기체의 정치적 과도 단계'에 있을 뿐이고 계속해서 문화 발전의 종점

geopolitics, 1890－1920', *Geopolitical Traditions: a century of geopolitical thought*, ed. Klaus Dodds and David Atkinson(London & New York :Routledge, 2000), pp.31~33.

20 *Ibid.*, p.27.

21 普雷斯頓·詹姆斯·傑弗雷·馬丁, 『地理學思想史』(增訂本), 李旭旦 譯, 北京: 商務印書館, 1989, 213쪽.

으로 향한다."[22] 이 '정치 지리학의 아버지'는 '생존 공간the living space'이
라는 20세기 지정학의 개념도 발명했다.

따라서 세기말 문학과 예술의 퇴폐적 분위기와 달리 지정학 영역에
서 이 시대는 가스·석유·전력이 산업혁명 시대의 석탄과 철을 대체한
시대다. 포드주의 산업 생산을 채택한 미국이 영국을 대신해서 전 세
계의 경제적 패자가 되었다. 미국은 태평양과 대서양을 모두 접한 대
륙이다. 유럽과 같이 상대적으로 작은 민족국가와 완전히 다른 정치
체이자 해양으로 연결된 느슨한 제국이다. 내륙의 중요성이 갑자기
이렇게 중요해졌다. 미국의 해군 전략가 앨프리드 메이핸Alfred Thayer
Mahan(1840~1914)은 해양권력의 중요성을 강조했다. 그는 아나톨리아
와 일본 사이의 중앙아시아 지역에서 요행히 살아남은 터키, 페르시아,
아프가니스탄, 중국, 일본 등 독립국가를 발견했다. 그리고 이 나라들이
러시아와 영국 사이에 끼어 있고 미래의 세계질서에서 현저한 지리적
중요성이 있으며 더 나아가 영국이 이 지역에서 러시아 세력에 저항하
는 것에 찬성할 것이라고 보았다.[23] 그는 러시아의 확장이 양쪽 날개로
부터 오지 중간부터 진행되지 않으며 영토의 서부와 동부에서 각각 중
심점을 선택해서 남쪽을 향해 부채꼴로 이루어지므로 "주로 러시아 양
측 날개의 남북 방향으로 밀어붙여야 효과적으로 러시아를 저지할 수

22 科林·弗林特·皮特·泰勒, 『政治地理學』(第六版), 劉雲剛 譯, 北京: 商務印書館, 2016,
3쪽.

23 Alfred Thayer Mahan, *The Problem of Asia and the Effects upon International
Politics*(Washington and London: Kennikat Press, 1920), pp.26~27, pp.167~168.

있다. (…) 그 해구를 막는다"[24]고 생각했다. 메이핸의 해상권론과 달리 해퍼드 매킨더Sir Halford John Mackinder(1861~1947)라는 해양권 왕국의 전략가는 20세기가 장차 육지권 쟁탈의 시대가 될 것이라고 보았다.[25] 그는 더 나아가 이렇게 단언했다. "해양의 기동성은 천연적으로 대륙 심장지대 말과 낙타의 기동성의 적수다." "인도를 향해 나 있는 희방봉 뱃길—비록 이것이 우회 노선일지라도—을 발견한 극히 중요한 성과가 유라시아 대륙 동서 해안의 항해를 연결했다. 따라서 어느 정도 초원 유목민족의 후방을 압박함으로써 중심적 위치라는 그들의 전략적 우위를 제거했다."[26]

1890년부터 유럽 식민지의 수익이 하락하고 유럽의 국가 간 체제가 거대한 변화를 겪었다. 영국, 러시아의 해양, 대륙 양극의 투쟁에서 독일, 미국이 부상하기까지 다극 투쟁을 거치면서 결국에는 협약국과 동맹국이 양극을 구성하는 더욱 간명하고도 위험한 구도를 형성했다.[27] 이 과정에서 유럽 국가의 무장이 급속도로 증가했다. 마이클 헤퍼넌

---

24 李義虎, 『地緣政治學: 二分論及其超越 — 兼論地緣整合中的中國選擇』, 北京: 北京大學 出版社, 2007, 58쪽에서 재인용.

25 Halford John Mackinder, "The Geographical Pivot of History," *The Geographical Journal*, vol.23, no.4(April, 1904), pp.421~437.

26 麦金德, 『歷史的地理樞紐』, 林爾蔚·陳江 譯, 北京: 商務印書館, 1985, 57쪽.

27 1943년 매킨더는 이때 시작된 세계질서 변화에 대해 '나폴레옹 3세가 프로이센에 투항한 후부터 세계질서는 영국·러시아의 해양 대 육상의 대립에서 독일·미국의 부상을 거치면서 독일·미국·영국·러시아가 병립하는 국면으로 여정을 이루었다'고 회고했다. 「環形世界與贏得和平」, 王鼎傑 新譯本 『民主的理想與現實』 附录二, 上海: 上海人民出版社, 2016, 175~176쪽.

Michael Heffernan은 1890년대를 '기호 각성semiotic arrousal'의 시대라 부르고 모든 것을 기호로 볼 수 있고 이는 앞으로 다가올 단절 또는 재난의 전주곡이라고 말했다.[28] 세기라는 기독교 세계의 개념은 이 시기에 갑자기 어떤 표식의 역할을 했고 사람들이 과거를 생각하고 미래를 내다보도록 일깨웠다. 지정학은 바로 이러한 '세기적 심리Fin de siècle mentality'의 한 측면이다. 그것은 구 세계질서가 끝나고 있으며 유럽 민족국가와 다른 소수 대형 연방 혹은 제국(미국, 아시아, 아프리카, 유럽 등)이 주도하는 세계질서가 유럽을 대체할 것이라는 상상과 밀접한 관련이 있다.[29]

이는 주로 유럽의 '지정학적 패닉geopolitical panic'은 1900년 전후의 캉유웨이康有爲(1858~1927), 량치차오梁啓超(1873~1929), 양뒤楊度(1875~1931) 등이 세계에 시선을 돌렸을 때 보았던 불확정적 미래와 멀리서 서로 호응한다. 가장 세계적인 안목을 지녔던 이 중국인들도 바로 이것에 근거해서 청나라의 지리적 기반 위에서 몇몇 대 종족 집단과 종교를 융합한 초대형 입헌정치 공동체를 수립하고 이를 통해 금융시스템, 대형 산업조직, 군사 체제가 통제하고 있는 불확정적 미래에 개입하고자 했다.[30] 따라서 제국에 관한 상상은 결코 전통 왕조로의 회귀가 아니라 새로운 세계질서에 대한 지향이 낳은 저항적 구상이다. 20세기 제

---

28 Michael Heffernan, "Fin de siècle, Fin du Monde ? On the origins of European geopolitics, 1890—1920," in *Geopolitical Traditions: a century of geopolitical thought*, p.31.

29 Ibid., p.28, p.30.

30 汪暉,「世紀的誕生: 20世紀中國的歷史位置(之一)」,『開放時代』2017年 第4期, 11~54쪽 참조.

국주의의 지정학적 구상이 바로 주변에서 유라시아 대륙을 통제하고 더 나아가 전 세계를 통제하는 것이었기 때문이다. 미국의 지정학자 니컬러스 스파이크먼Nicholas Spykman은 1943년에 남긴 저서『평화 지리학』에서 매킨더의 유라시아 대륙과 세계섬에 관한 명언을 이렇게 수정했다. "주변 지역을 지배하는 자가 유라시아 대륙을 지배한다. 유라시아 대륙을 지배하는 자가 세계의 운명을 좌우한다."[31]

스파이크먼보다 약간 앞선 저작인 마오쩌둥의「지구전론」(1938년 5월)에서는 중일전쟁에서 중국과 소련의 지정학적 근접성을 항전의 유리한 조건 중 하나로 꼽았다. 더 나아가 마오쩌둥은 일본의 '대륙 정책'과의 대비 속에서 '중국 본부' 이외의 광활한 주변 지역이 바로 중국의 생명선임을 분석했다. '큰 범위와 작은 범위'를 논하면서 그는 이렇게 말했다. "하나의 가능성은 적이 점령한 지구가 중국 본부의 반 이상을 차지하더라도 중국 본부의 전체 지역은 절반쯤에 불과하다는 사실이다. 이것이 한 가지 정황이다. 그러나 적이 점령한 태반 중 둥베이 삼성 등지 외에는 사실상 대도시, 대로, 몇몇 평지만을 점령할 수 있다. 중요성에 따르면 일등이고 면적과 인구로 말하면 적이 점령한 지역 중 절반에 불과하다. 그리고 보편적으로 발전한 유격지역이 오히려 그중 태반을 차지한다. 이 또한 한 가지 정황이다. 본부의 범위를 뛰어넘는다면 몽골, 신장, 칭하이, 티베트 등을 계산할 수 있다. 그러면 면적으로 중국이 아직 잃지 않은 지역이 여전히 절반이 넘고 적이 점령한 지역은 둥베이 삼성

31 斯皮克曼, 劉愈之 譯,『和平地理學』, 北京: 商務印書館, 1965, 78쪽.

을 포함해도 절반 이하다. 이것이 또 다른 정황이다."[32] 이 전략 구상의 전제는 청말 개혁가와 혁명가가 제국주의 시대의 지정학적 관계에 따라 만들어낸 '오족입헌군주' 또는 '오족공화'의 중국의 구상 위에서 수립된 것 아닐까?

일종의 새로운 역사의식으로서 혹은 더 정확히 말하면 시세의식으로 서 세기는 바로 이렇게 넓은 배경을 등에 업고 주변에서 중심으로 이동 했다. 길든 짧든 세기 혹은 20세기는 탄생할 때는 객관적인 시대 구분 방법이 아니라 특수한 시세에 대한 파악을 통해 역사적 행위의 방향을 새롭게 확정하는 주체적 행위다. 세기의 도래는 하나의 사건이다. 이 시 간 개념을 사용하기 시작한 것은 바로 낡은 시간 개념을 정지시키기 위 해서다. 이 때문에 20세기는 예전의 시간 개념 속에서 자연히 파생되거 나 발생할 수 없었다. 왕조 기년, 황제 기년 또는 공자 기년 등의 시간 순 서로는 이 개념을 설명할 수 없고 18세기, 19세기, 20세기의 시간 순서 로도 이 개념을 이해할 수 없다. 그러나 일체의 다른 시간 개념은 모두 이 시대에 20세기의 전사前史로 재구성된다. "세기 의식은 20세기와 긴 밀하게 연관된다. 그것과 과거 모든 시대의 구분은 일반적인 시간상의 구분이 아니라 특수한 시세에 대한 파악이다."[33] 따라서 20세기에 대한 역사적 서술은 전도된 방식으로 이해해야 한다. 20세기는 이전 역사의

32 毛澤東, 「論持久戰」, 竹內實 監修, 毛澤東文献資料研究會 編, 『毛澤東集』 第六卷(延安 時期II), 日本: 株式會社 蒼蒼社, 1983, 92쪽. 汪暉, 「兩洋之間的文明」, 『經濟導刊』 2015年 第8期, 10~21쪽.

33 汪暉, 「世紀的誕生: 20世紀中國的歷史位置(之一)」, 『開放時代』 2017年 第4期, 15쪽.

결과가 아니라 이전 역사의 창제자다.

2. 단기 세기의 조건
: 제국주의와 태평양 시대의 도래

아리기의 '장기 20세기' 개념과 달리 홉스봄의 20세기는 짧다. 그가 말하는 단기 20세기는 양차 세계대전과 냉전을 기본 틀로 삼는다. 동시에 10월 혁명이 낳은 국가의 수명과도 중첩된다. 그의 표현에 따르면 "확실히 이것은 결코 우연이 아니다. 이 책에서 정의하는 단기 20세기의 역사는 시간적으로 10월 혁명에서 탄생한 국가와 대체로 시작과 끝을 같이 한다."[34] 그런데 20세기의 지표는 도대체 하나의 혁명인가? 아니면 두 번의 혁명인가? 또는 서로 연관되면서도 구별되는 다중적 혁명의 연쇄인가? 홉스봄이 비록 세기와 소련의 역사적 중첩을 거론했지만 그는 이 국가의 역사적 의미를 추적하는 데는 흥미를 잃었다. 그는 전쟁과 혁명, 반파시즘 전쟁 속에서의 통일전선, 서양과 소련/동구권 체제의 대립, 냉전의 종결, 모더니즘 예술과 대중문화의 흥망을 통해 '단기 20세기'의 기본 내용을 구성했다. 그렇지만 그의 서술에서 아주 주변에 있는 중국을 20세기의 중심에 놓는다면 소련이나 중국 현대사의 역사적 의미를 떠나서 그들을 일반적으로 정의하는 민족국가로만 보고 분석한다

---

34 Eric Hobsbawm, *The Age of Extremes* (London : Abacus, 1995), p.55.

면 20세기의 특수성을 이해할 수 없다. 소련의 경우, 이 나라가 홉스봄이 말하는 20세기의 중첩적 역할을 할 수 있었던 것은 로마·영국·미국과 같은 세계적 패권국가처럼 큰 나라이기 때문만이 아니다. 그보다는 소련이 20세기의 전쟁과 혁명 속에서 탄생했고 16세기 이후의 어떤 자본주의 국가와도 다른 국가이고 이 국가가 단일한 국가로서만 존재하지 않고 일종의 '세계체제'를 대표하기 때문이다. 중국이나 중국 혁명의 관점에서 20세기를 생각하려면 반드시 20세기의 시대 구분과 정의를 조정해야 한다.

시간 순서에 따르면, 양차 세계대전은 유례없이 규모가 크고, 기술이 선진적이었고, 사상자 수도 많다. 그러나 제1차 세계대전은 제국주의 전쟁이라는 성격이 있으므로 결코 19세기의 수많은 전쟁과 진정으로 구분될 수 없다. 현대 중국 혁명의 시야에서 보면 1840년 아편전쟁이 발단이 되어 영불 연합군(1856~1860), 청불전쟁(1883~1885), 청일전쟁(18894~1895), 8개국 연합군(1900), 러일전쟁(1904~1905), '9·18' 사변(1931)과 일본의 둥베이 지역 점령, '7·7사변'이 시발점이 된 일본의 전면적인 중국 침략 전쟁(1937~1945), 국공내전에 대한 미국의 개입(1945~1949), 한국전쟁(1950~1953), 대만해협 봉쇄(1950~), 베트남전쟁(1955~1975) 등은 제국주의가 중국, 한국, 베트남 등 국가를 침략, 간섭, 점령하는 길고 연속적인 과정을 구성했다. 제국주의의 군사적 과정은 경제적 착취를 동력으로 삼았을 뿐 아니라 중국 경제의 구조도 바꾸었다. 식민지 경제에 상응하는 매판 제도와 관료 자본을 양산하는 동시에 제국주의에 저항하는 경제적·정치적 세력, 즉 마오쩌둥의 글과 수많은 근대사 저작에서 거론하는 민족 산업, 민족자본가, 특히 "제국주의가 직접 경영하는 기업, 관료 자본의 기업, 민족자본가의 기업 등에서 노동하는 중국 프롤레타리아를 양산했다. 침략을 위해서 제국주의는 부등가 교환 방식으로 중국 농민을 착취해서 농민을 파산시켰다. 이에 중국에서는 억대에 달하는 수많은 빈농 대중이 형성되었고 빈농은 농촌인구의 70퍼센트를 차지했다. 침략을 위해 제국주의는 중국에서 구식 문인이나 사대부와 구별되는 신식의 크고 작은 지식인을 양산했다."[35] 따라서 중국의 중일전쟁과 제2차 세계대전은 이미 제1차 세계대전과는 달리 혁명, 민족 해방, 반파시즘 통일전선의 성격을 띤 저항 전쟁의 내포를 가졌다.

공간의 측면에서, 홉스봄의 '단기 20세기'는 주로 유럽의 관점에서 형성되었고 전 세계 권력 중심의 이동이 전 세계와 여러 지역에 준 거대한 영향은 고려하지 않았다. 20세기는 전 세계적 범위에서 공시적 관계가 유례없이 깊숙하고 긴밀한 관계를 맺은 시대다. 그러나 이런 공시성은 다중적 시간관계가 서로 연결되면서 형성되었다. 동일한 사건이라도 배경의 차이에 따라 결과가 달라진다. 따라서 역사에 대한 이해가 달라지고 서로 대항하고 교차한다. 제국주의 전쟁에 대한 논쟁은 그 형성 과정에 대한 이론적 분석에서만 연원하는 것이 아니라 인간이 특정한 맥락에서 발생하고 있는 사건을 어떻게 감지하고 이해하는가에도 달려 있

---

35 毛澤東, 「丟掉幻想, 準備鬪爭」(1949年 8月 14日), 『毛澤東選集』第四卷, 北京 : 人民出版社, 1991, 1487쪽. 부르주아와 프롤레타리아 등 개념이 20세기 중국에서 사용되는 양상은 이 책의 몇몇 장과 절에서 구체적으로 논의한다. 상세한 내용은 제11장과 제15장을 참조.

다. 더 나아가 각자 특성이 다른 전략과 전술을 내놓았다. 예를 들면 세기의 교차기에는 바로 2차 보어전쟁(1899~1902)이 일어나서 존 홉슨 John Atkinson Hobson(1858~1940)이 1870년 이후 전 세계적 범위에서의 새로운 발전을 추적하는 것을 촉발했다. 전쟁이 발발했을 때 홉슨은 때마침『맨체스터 가디언Manchester Guardian』주남아프리카 기자로 위촉되어 이 전쟁과 관련된 수많은 보도를 냈다. 그는 영국 광업 사업가 세실 로즈Cecil Rhodes(1853~1902)가 광업 이윤의 극대화를 위해 영국이 트란스발을 상대로 전쟁을 일으키도록 부추겼다고 비난했다. 이런 관찰을 근거로 그는 제국주의는 자본주의의 경제적 구동이라고 주장하며『제국주의』에서 제국주의와 전통적 제국 정책을 구분했다. 그는 대영제국 면적의 3분의 1, 총인구의 4분의 1이 모두 19세기의 마지막 30년에 획득되었고 1870년이 "의식적 제국주의 정책이 시작된 해이지만 이런 운동은 분명 1880년대 중반에 와서야 맹렬히 발전했음"을 발견했다.[36]

레닌의 제국주의 이론은 홉슨의 영향을 깊게 받았다. 그러나 그때는 이미 제1차 세계대전 시기였다. 그는 전쟁의 성격, 러시아와 다른 서양 열강을 직접 관찰하면서 제국주의 현상을 사유하고 판단했다. 내부 혁명을 통해 러시아를 전쟁에서 물러서도록 하는 것은 바로 특수한 지정학적 상황, 국내 정치 상황, 국제 군사 정세에 근거해서 내놓은 전략적 결단이었다. "제국주의와 그 당연한 기둥인 군국주의, 과두정치, 전제정치, 보호무역, 자본 집중, 격렬한 무역 변동에 대한 분석은 제국주의가

---

36 約·阿·霍布森,『帝國主義』, 上海 : 上海人民出版社, 1964, 15쪽.

근대 민족국가의 최대 위험이라는 것을 보여주었다."[37] 홉슨이 민족국가 내부의 민주화로 제국주의의 문제를 해결할 수 있다는 환상을 가진 것과 달리 레닌은 제국주의가 촉발한 혁명이야말로 미래로 통하는 유일한 출구라고 생각했다.

　제국주의에 관한 20세기의 주요 이론은 이 현상의 경제적 근원에 중점을 두었고 제국주의 구도를 바꾸는 정치적 경로를 탐색했다. 1900년 무렵은 바로 제국주의적 분할의 광풍이 중국을 휩쓸던 시기였다. 이 시기에 시작한 식민과 제국주의에 대한 탐구도 하나도 빠짐없이 1870년부터 1900년 무렵까지의 식민지 토지의 급격한 확장을 언급했다.[38] 그런데 왜 제국주의 이론은 식민지에 대한 열강의 군사적 점령과 식민지 확장을 주로 분석하지 않고 경제 문제를 중심적 위치에 놓을까? 20세기의 주요 이론가들은 대부분 1870년이 제국주의 단계의 기점으로 보는 관점에 동의한다. 그러나 제국주의의 기원에 대한 해석에는 이견이 있다. 홉슨, 로자 룩셈부르크Rosa Luxemburg(1871~1919)는 소비 부족과 생산 과잉의 관점에서 축적의 위기를 해석하고 이를 통해 제국주의 확장의 경제적 동력을 설명한다.[39] 루돌프 힐퍼딩Rudolf Hilferding(1877~1941)

37 같은 책, 285쪽.

38 Alexander Supan, *Die territoriale Entwicklung der europäischen Kolonien*(Gotha : Justus Perthes, 1906), Henry C. Morris, *The History of Colonization*(New York : The Macmillan Company, 1900). 홉슨의 『제국주의』는 모두 이 시기 유럽 주요국이 토지 확장을 가속화한 상황을 상세히 논했다.

39 羅莎·盧森堡, 彭坐舜·吳紀先 譯, 『資本積累論』, 北京 : 三聯書店, 1959, 365~376쪽. 이 책의 축적문제에 대한 서술은 3편 제25~35장에 집중되어 있다. 그중 마지막 장인 32장

은 유통 영역에서 은행의 역할 변화와 금융자본의 형성을 연구했다. 그는 마르크스가 『자본론』에서 자본주의 운동의 과정을 연구한 것을 참조해서 독점의 조건에서 평균 이윤율의 새로운 형태와 자본주의 위기에서 금융자본과 신용의 역할을 분석해서 제국주의를 해석하는 시각을 제공했다.[40] 폴 라파르그Paul Lafargue(1842~1911)는 각종 이론을 비판적으로 종합해서 생산 집중과 독점자본의 형성을 탐색하고 이런 토대에서 형성되는 금융자본과 금융 과두를 분석했고 제국주의를 자본주의의 최신 형태(레닌은 '최고의 단계'라고 함)라고 보았다. 이러한 연구에서는 제국주의를 초기 제국과 구별했다. 제국주의가 더는 군사적 침략과 강권적 약탈만으로 표상되지 않고 일정한 생산과 소비체계에 근거하고 일정한 이데올로기와 그에 맞는 세계체제, 즉 제국주의가 생산, 유통, 정치적 통치, 문화적 통치, 지정학적 관계를 포괄하는 세계의 형태를 갖추기 때문이다. 따라서 자본가가 독점 조직을 추구하고 정치인이 전쟁 정책을 고취하는 것 모두가 그 경제적 논리에 복종한다. 세실 로즈는 "제국이란 배불리 먹는 문제다. 당신이 내전이 일어나기를 바라지 않는다면 제국주의자가 되어야 한다"[41]라고 말했다. 바로 이 때문에 제국

'자본축적 영역으로서의 군국주의는 제국주의에 대한 직접적 분석이다.

40 魯道夫·希法亭, 福民 等 譯, 王輔民 校, 『金融資本』, 北京: 商務印書館, 1994. 금융자본의 자유경쟁에 대한 제한 특히 이윤평균과에 대한 장애와 그에 대한 극복, 독점 조직 문제는 이 책 제3편 11~15章(201~266쪽) 참조. 금융자본의 경제 정책과 제국주의 문제는 이 책 제5편, 21~25章, 343~430쪽 참조.

41 이는 세실 로즈가 1895년에 한 말이다. 『신시대』 1898년 제16권 제1분권, 304쪽에 발표되었다. 『列寧選集』第2卷, 799쪽 재인용.

주의에 대한 경제적 분석은 사실상—식민 정책과 제국주의는 예전부터 있었던 현상이지만 19세기 제국주의의 특수성은 제국주의와 독점 조직, 금융자본, 사회 형태의 긴밀한 연관에 근거한다는—이 시대의 특수성에 대한 분석이기도 하다.

제국주의 문제가 새로운 역사의식으로 상승한 것은 자본주의의 형태 변화(산업주의)와 관련되고 전 세계 권력 중심의 재정의와 그것이 자기 사회에 미친 영향과도 연관된다. 따라서 시대 구분 문제에서는 반드시 지정학적 관계의 변화를 고려해야 한다. 홉슨의 제국주의론(1902), 레닌의 '자본주의 최고의 단계'(1916), 마오쩌둥의 「신민주주의론」(1940)은 모두 제국주의와 유럽 식민주의가 앞뒤로 연결되어 있다고 보았고 약속이나 한 듯 똑같이 제국주의 개념을 사용했다. 그러나 시대 구분법은 각자 달랐다. 홉슨과 레닌 등 유럽과 러시아 이론가는 1870년을 기점으로 이전과 다른 자본주의의 새로운 형태, 즉 제국주의 또는 신제국주의가 시작했다고 보았다. 홉슨은 1840년대 아편전쟁은 제국주의의 산물이 아니라 구제국정책의 산물이라고 보았다. "19세기 말까지 영국은 프랑스를 가엾은 조수로 삼고 무역을 찾아 나섰고 선교사업의 외피로 이런 무역정책을 포장했다. 그리고 둘 사이의 상대적이고 진정한 중요성은 아편전쟁에서 심각한 시련을 받았다. 제조업으로 성장한 독일과 미국이 참가하고 일본이 유럽화하면서 상업 경쟁이 격렬해졌다. 이에 극동시장이 국가 산업화 정책의 더욱 명확한 목표가 되었다."[42] 이 과정에서 스페

---

42 約·阿·霍布森, 『帝國主義』, 244쪽.

인은 제국주의 경쟁에서 물러났다. 네덜란드는 동인도회사와 서인도 제도의 광활한 속지를 보유했으며 제국주의 정책을 부분적으로 채택했다. "구식민주의에 속했지만 신제국주의적 확장은 결코 아니었다."[43] 영 제국이 짧은 시간 안에 영국의 영토를 확장하자 적대 제국 간의 경쟁이 격발되었다. 한 예로, 비스마르크 시기의 남양과 사모아에 대한 식민 정책은 대영제국 식민 질서에 대한 도전이 되었다.

그렇지만 마오쩌둥은 중국의 경험에 근거해서 1840년 이후의 역사를 제국주의 간섭의 과정에 직접 집어넣었다. 유의미한 구분은 제국주의 형태의 측면이 아니라 중국 인민이 제국주의에 저항하는 서로 다른 단계라는 측면에 있다. 가령 아편전쟁을 중국 민주혁명 시대의 도래로 정의하지 않고 외래의 침략과 국내의 압박에 대항하는 투쟁으로 보았다. 더 나아가 태평천국운동의 발생이 예전과 다른 역사시대의 도래를 상징한다고 보았다. 그리고 제1차 세계대전을 세기의 탄생으로 정의하지 않고, 5·4운동이 1840년 이후의 저항과 변혁의 새로운 단계를 상징한다고 보았다. 이러한 시대 구분은 자유 자본주의와 제국주의에 대한 레닌의 시대 구분과 분명히 다르다. 레닌은 1840~1860년의 이른바 자유 자본주의 시기에 "영국에서 권력을 쥔 부르주아 정치인은 식민 정책을 반대했다. 그들은 식민지 해방과 영국으로부터 완전한 분리가 불가피하고 유익한 일이라고 생각했다"라고 했다. 그러나 19세기 말 영국의 풍운아이자 보어 전쟁의 전략가인 시세 로드와 조지프 체임벌린Joseph

---

43 같은 책, 17쪽.

Chamberlain(1836~1914)은 도리어 제국주의 정책을 공개적으로 고취한 인물이 되었다. "권력을 쥔 이 영국 부르주아 정치인들은 일찍이 당시에 최신 제국주의의 이른바 순수한 경제적 근원과 사회정치적 근원 사이의 연계를 똑똑히 알았다."[44] 그러나 자본주의의 확장은 항상 형태와 수준이 다른 제국주의를 수반했다. 자유 자본주의 시기도 예외는 아니었다. 1840년대 이후 식민주의 역사와 자본주의 경제의 연계는 늘 긴밀했다. 제국주의 시대는 전 세계 식민 정책의 특수한 시기, 즉 식민 정책과 금융 자본이 예전을 뛰어넘는 긴밀한 연계를 낳은 시기였다.

제국주의 국가 간의 정책적 차별만으로 신제국주의의 성격을 묘사하기는 부족하다. 30년 동안 식민지 토지와 인구의 급격한 확장(1876~1900년 즈음 6대 식민 종주국의 식민지 영토는 절반 이상 증가했고 각 종주국 면적의 절반을 넘어섰다. 그중 3개 강국은 1876년에 아직 식민지가 없었다)을 겪은 후 1900년에는 "세계 분할이 '완수'되었다."[45] 그러나 이 세계적 과정에서 중국의 특수성은 무엇일까? 레닌은 한 역사학자의 말을 인용해서 이렇게 말했다. "지난 몇 년 사이에 지구 위의 모든 미점령 지역들은 중국을 제외하고는 유럽과 북아메리카 열강에 점령되었다."[46] 유럽과 그 식민지 문제를 근거로 삼은 홉슨도 바로 중

---

44 列寧, 「帝國主義是資本主義的最高階段」, 『列寧選集』第2卷, 798~799쪽.

45 같은 책, 801쪽.

46 이는 역사학자 드리오J. E. Driault가 『19세기 말의 정치적, 사회적 문제들』(1900) '열강들과 세계분할' 장에서 한 말이다. 列寧, 「帝國主義是資本主義的最高階段」, 『列寧選集』 第2卷, 806~807쪽 재인용. 한국어판은 레닌 지음, 박상철 옮김, 『제국주의 – 자본주의의 최고단계로서』, 돌베개, 111쪽 참조.

국과 아시아 지역에서 제국주의의 성격이 충분히 드러나고 있음을 인정했다. 이 제국주의의 정세는 역으로 식민주의 종주국 자체의 정세에도 영향을 주었다. "세계 분할이라는 이러한 상황에서 미친 듯이 지구상의 보물창고와 거대한 시장을 확보하려는 각축전에서 이 세기, 즉 19세기에서 건설된 제국 간의 세력 비율은 이 제국들을 세운 민족이 유럽이 점령하는 지위와 완전히 어긋난다. 유럽에서 우위를 점한 강국, 즉 유럽 운명을 주재하는 국가들은 결코 세계 전체에서도 같은 우위를 점하지는 않았다. 강대한 식민 세력과 아직 찾아내지 않은 부를 점거하려는 희망이 역으로 유럽 열강의 세력 대비에도 영향을 줄 수 있었다. 그래서 식민지 문제('제국주의'라고도 할 수 있다)라는 유럽 자체의 정치 구도를 바꾸어버린 문제는 반드시 이 국면을 하루가 다르게 바꿀 수 있었다."[47] 중국 혁명은 바로 식민지 문제가 유럽과 전 세계의 정치적 구도를 하루가 다르게 바꾸는 시점에 발생했다. 따라서 지역 관계의 독특성은 제국주의의 전 세계적 체계를 이해하는 데 아주 중요하다.

독점 조직과 금융 이익이 상업적 이익을 좌지우지하게 되자 구제국의 야심은 상호 경쟁의 제국 이론과 실천에 대체되었다. 지정학의 관점에서 보면 각 제국 간의 경쟁과 쟁탈은 지속적으로 전개되어 두 차례 세계대전 중에 최고조에 이르렀다. 그러나 20세기의 핵심적 경쟁 추세는 결코 19세기 말과 같은 제국주의 열강의 병립과 경쟁만이 아니다. 그것은 대서양에서 태평양으로의 전 세계 권력의 중심 이전이다. 이 과정은 새

---

47 같은 책, 806~807쪽.

로운 권력 집중 추세를 낳았다. 그중 양대 태평양 세력의 부상이 가장 주목할 만하다. 첫 번째는 대서양과 태평양을 양쪽에 끼고 있는 강권 미국이다. 미국은 농업, 공업, 은행업 등 영역이 전면적으로 상승한 신제 국이다. 생산의 고도집중이 독점 조직을 만들었고 산업자본과 금융자 본이 국민경제의 내재적 구조를 개조했다. 그러나 동시에 독립 운동 이후 형성된 민주주의 정치의 틀도 보유했다. 19세기 말 이전 미국의 지정학은 주로 대서양 양안에 집중했다. 그러나 미국-스페인 전쟁(1898) 이후 태평양은 점점 신제국의 무대가 되었다. 러일전쟁 이후 이 지역에서 미국의 영향력은 날로 증가했다. 미국은 직간접적으로 수많은 전쟁에 개입하고 국가 정치를 조종했을 뿐 아니라 갖가지 방식으로 각국의 국내 세력을 지원했다. 미국의 경제적 이익이 동력이 되어 "강대하고 진취적인 미국은 하와이를 병탄하고 노쇠한 스페인 제국의 유산을 접수해서 제국주의에 진입했다. 무역과 영토의 강대한 경쟁자가 새롭게 늘었을 뿐 아니라 문제가 복잡해졌다. 정치적 주의력과 활동의 초점이 점점 태평양 국가로 방향을 돌리자 미국은 상업적 야심에 의해 점점 태평양 각 섬과 아시아 해안의 무역을 추구하게 되었다. 유럽 국가의 영토 확장을 추진했던 세력도 마찬가지로 미국을 부추겼고 사실상 그들의 지배적 정책이었던 미국 고립주의를 버리게 되었다."[48] 유럽의 관찰자는 여전히 유럽 열강의 분화와 각자 새로운 생산·유통 시스템 속에서의 위치 변화에 더 주목했지만, 태평양 연안에 서서 세계의 정세를 관찰하는 이

---

48 約·阿·霍布森, 『帝國主義』, 18쪽.

들에게 미국-스페인 전쟁과 푸에르토리코, 하와이, 필리핀 점령은 더욱 놀라운 일이다. 이 나라는 독립전쟁을 통해 영국의 지배에서 벗어난 공화국인데, 지금 옛 종주국을 뛰어넘어 집중화된 산업 생산, 독점 조직, 슈퍼 재단, 금융자본에 힘입어 새로운 세계적 패권이 되는 것이다. 량치차오가 1900년에 쓴 「20세기 태평양가」는 바로 미국 중심의 태평양 세기에 대한 생생한 예언이다.

그러나 미국 제국주의는 유럽 민족의 식민 제국주의와 달랐다. "만약 19세기 유럽 민족의 식민 제국주의에서 전형적 의미를 가진 것은 보호국과 식민지 같은 것이었다면 미국의 성취 대부분은 간섭조약과 이에 가까운 간섭 법률을 발명한 것이었다."[49] 바꾸어 말하면, 미국 제국주의는 더 깊은 의미의 자본 제국의 특징을 지닌다. 이 시기 중국이 직면한 것은 주로 러시아와 일본의 패권과 영국 식민 정책이 주가 된 지정학적 정세였기 때문에, 미국이 8개국 연합군에 참여해서 중국을 침입하고 의화단을 진압했더라도 러시아, 일본과 아시아에서 이익을 쟁탈하기 위한 역할은 상당히 오랜 기간 다른 구식 제국주의와 달랐다. 제1차 세계대전 이후 윌슨주의가 중국에서 한 차례 유행하고[50] 중일전쟁 시기 중미

---

49 卡爾·施米特, 『論斷與概念: 在與魏瑪·日內瓦·凡爾賽的鬪爭中(1923~1939)』, 上海人民出版社社, 2006, 168~169쪽.

50 일본이 중국에서 미국의 영향력을 제한하는 것에 맞서기 위해 미국은 1918년 8월 공공정보위원회Committee on Public Information 중국부를 설립했다. 이 기구는 윌슨주의 선전을 전담했다. 관련 연구는 任一, 「'實世獨美'」, 『史學集刊』 2016年 1月 第1期, 48쪽. 량치차오梁啓超·린창민林長民·왕다셰汪大燮·탕얼허湯爾和 등 연구계 정객은 윌슨주의의 열성적인 고취자가 되었다. 차이위안페이蔡元培는 그해 10월 23일 연구계, 구교

합작이 이루어진 것은 모두 제국주의 국가 체제가 불균형했다는 틀에서 해석할 수 있다.

두 번째는 일본이다. 제국주의의 역사와 이론에 관한 연구에는 다음과 같은 의문이 존재한다. 왜 경제적으로 아직 유럽과 미국의 수준에 도달하지 않은 일본이 제국주의 단계에 먼저 진입했을까? 방법적 차원에서 이 문제는 제국주의 경제 형태의 특수성에 대한 물음에서 생성된다. 따라서 제국주의 국가와 구 제국의 구별에 중점이 놓이고 제국주의가 자본주의와 공생한다는 점을 간과한다. 제국주의가 일종의 국제체제로 운영되는 전제는 바로 그 체제의 불균등성, 즉 레닌이 말한 제국주의 시대의 절대법칙으로서 정치경제 발전의 불균형이다.[51] 레닌의 분석은 정치·경제적 관계에 치우쳐 있고 지정학적 관계는 상대적으로 적게 다룬다. 일본이 제국주의에 빨리 도달한 것은 사실상 영국과 러시아라는 양대 '아시아 제국'의 상호 경쟁과 밀접한 관계가 있다. 영국은 러시아가 아시아에서 확장되는 것을 막기 위해 보수당 정부와 청 정부의 연합을 구상했다. 1894년 7월 16일 「영일통상항해조약」을 체결하고 나서야 영국은 정식으로 중국과 연합해서 러시아를 견제하겠다는 생

통계 정객과 함께 공동 전보문을 발표해서 평화기성회를 발기했다. 전문의 내용과 참여자 명단은 「發起和平期成會通電」, 中國蔡元培研究會 編, 『蔡元培全集』 第18卷, 杭州: 浙江教育出版社, 1998, 283쪽; 周秋光 編, 『熊希齡集』 中册, 湖南出版社, 1996, 1239~1240쪽. 12월 9일에도 "슝시링熊希齡·왕다셰汪大燮·메이얼쓰梅爾思(영)·구린顧臨(미) 등이 연합국 국민협회를 발기·조직했다." 高平叔, 『蔡元培年譜長編』 中册, 北京: 人民教育出版社, 1996, 142쪽.

51 列寧, 「論歐洲聯邦口號」, 『列寧選集』 第2卷, 709쪽.

각을 버렸다. 이에 따라 일본은 치외법권을 폐지하고 서양 열강과 형식적으로 평등한 지위를 획득했다. 9일 후 청일전쟁이 발발했다. 1902년 1월 30일 「영일동맹조약」이 체결되었다. 1904년 1월 25일 해퍼드 매킨더Halford Mackinder(1861~1947)가 영국 왕립지리학협의회에서 『역사의 지리적 회전』을 발표하고 보름 후에 러일전쟁이 발발했다. 독점 조직과 금융자본이 제국주의 정책과 결합한 것이 19세기 후반 자본주의의 단계적 현상이라면, 이 현상들은 신구 형태 자본 축적이 동시에 병진하는 과정에서 동시에 전개되었다. 자본주의의 생산과 유통이 지역 사이, 어떤 사회 내부의 불균등성에 의존한다면, 지정학, 정치, 경제, 문화적 차이의 형식을 띤 불균등성이 없이는 제국주의 국제질서(무질서한 경쟁이 특징인)는 유지될 수 없다. 이런 의미에서 신·구 제국주의의 차이는 사실 바로 제국주의 체제의 구조적 (그러나 지속 변동과 조정이 동시에 존재하는) 특징이다.

이렇게 기세등등하게 도래한 태평양 세기에 중국인은 먼저 청일전쟁을 겪었고 얼마 후 8개국 연합군의 간섭, 러일전쟁의 포화 속에 있으면서 뼈를 깎는 한기를 느꼈다. 20세기 제국주의는 단일한 국가가 아닌 서로 연합하고 경쟁하는 국가군이 중국을 분할하고 점령하는 것이다. 일본은 바로 이런 전환의 선두에 서 있었다. 1895~1861년에 영국과 러시아가 쓰시마 해협을 둘러싸고 쟁탈전을 벌이자 막부 말기 일본의 '정한' 논쟁과 그 후 조선을 통제하려는 시도도 촉발되었다.[52] 1868년 1월 3일

---

52 일본의 한반도 정복과 메이지 제국주의의 기원에 대해서는 제1절에서 메이지 초기

정변은 메이지 유신의 신시대를 열었다. 그러나 유럽 열강과 비교하면 일본의 대외 확장은 생산 과잉에서 비롯된 것이 아니다. 영국, 독일, 미국 등의 생산 집중과 금융 독점에도 비할 바가 못 되었다. 정반대로 이미 제국주의 시대에 진입했다는 의식에서 근거해서 자원 결핍과 국내 시장의 협소한 틀에서 벗어나기 위해 즉 '생존 공간'을 확보하기 위해서, 1870년부터 일본은 한편으로 한반도와 민주에서 러시아와 세력 범위 쟁탈전을 벌이고 다른 한편으로 중국 동남연해에서 류큐, 대만을 정복해나갔다. 이에 따라 태평양 연안에서 미국, 영국, 프랑스, 독일 등 유럽 열강과 충돌할 가능성이 잠복하게 되었다. 이는 중국에 대한 식민지 전쟁의 전주곡이었다. 그 후 전면적 중국 침략 전쟁을 일으킨 자오저우만膠州灣 문제,[53] '9·18사변' '7·7사변' 등은 모두 이러한 과정에 이어져 벌어진 것이라 할 수 있다.

청일전쟁의 직접적 발발 요인은 조선의 동학농민운동[54] 이후 조선에

대 조서전략이 서술되어 있다. Peter Duus, *The Abacus and the Sward*(Berkeley/Los Angles/London: University of California Press, 1995), pp.29~65.

53 독일은 1860~1870년대에 처음 자오저우만을 노렸다. 유명한 지질학자 페르디난트 폰 리히트호펜Ferdinand von Richthofen(1833~1905)가 최초의 제안자다. 청나라의 청일전쟁 패배와 독일의 '삼국 간섭' 가입은 독일의 자오저우만 점령을 가속화했다. 장기적인 계획을 거친 뒤 1896년 11월 독일은 종교 사건을 구실로 갑자기 자오저우만에 파병했다. 그리고 1898년 3월 6일 리훙장李鴻章·옹동화翁同龢를 압박해서 주화 독일공사 프리드리히 하이킹Friedrich Gustav von Heyking(1850~1915)과「중독 자오저우만 조차조약中德膠澳租借條約」을 체결해서 자오저우만과 남북 양안을 99년 동안 조차하게 했다. 王鐵崖 編,『中外舊約章彙編』第1卷, 北京: 三聯書店, 1957, 738~740쪽; 施丢克爾(Helmuth Stoecker),『十九世紀的德國與中國』, 北京: 三聯書店, 1963 참조.

54 동학농민전쟁(저자는 '동학당 사건'이라고 씀—옮긴이)은 양반 귀족과 일본의 침략

주둔한 청나라 군대에 대한 일본의 공격이었다. 그러나 이 사태의 기원은 1885년 4월 18일 리훙장과 이토 히로부미가 체결한 「톈진조약」,[55] 그보다 앞선 강화도 사건(1875~1876)[56]으로 거슬러 올라간다. 사실상 청일전쟁이 일어나기 전인 1887년 일본 참모부는 이미 「청국정벌책征討淸國策」을 수립해서 베이징과 창장長江강 중하류 유역 공격을 사전 모의했고 산둥반도에서 대만에 이르는 연해 지역과 섬 전부를 일본의 통치 범위에 편입하려 했다. 시모노세키조약의 주된 내용은 일본의 장기적 획책의 산물이다. 일본의 야심은 제국이 경쟁하는 태세에서 전개되었다.

에 반대한 농민전쟁이다. 바로 이 전쟁 봉기가 청일전쟁을 직접적으로 촉발했다. 1860년대 최제우가 창립한 동학은 반기독교 민족의식을 지닌 종교단체다. 1894년 1월 전봉준이 전라도 고부군에서 농민 봉기를 일으키고 전주를 점령해서 한양을 위협했다. 조선 고종은 청나라에 구원을 요청했다. 청나라 군대는 6월 6일부터 8일에 걸쳐 상륙하여 아산에 주둔했다. 이는 일본의 간섭에 구실을 제공했다. 동학의 봉기에 관한 연구는 陳顯泗·楊昭全, 『朝鮮近代農民革命領袖全琫準』, 北京: 商務印書館, 1985.

55 톈진 조약 또는 톈진 회의전조天津會議專條는 일본과 청나라가 조선 문제에 관한 체결한 병력 철수 조약이다. 이 조약의 직접적 체결 원인은 역사적으로 '갑신정변'이라고 불리는 개화당의 반란이다. 개화당원 김옥균은 주조선 일본공사 다케조에 신이치로竹添進一의 계획을 전적으로 따라서 일본군을 끌어들여 왕궁을 공격했다. 이에 조선 조정은 청나라의 군대에 진압을 요청했다. 조약 내용은 주로 다음 세 조항이다. 양국의 철군 시기 합의, 중국과 일본의 균등한 재조선 훈련관 파견, 조선에 변란이나 중대 사건이 있을 시 양국 또는 일국이 파병하려면 먼저 서로 문서로 고지함. 이 조약은 갑오 시기 일본이 침입하는 복선이 되었다. 중일 톈진 조약에 관한 연구는 적은 편이나 다음 글을 참조할 만하다. 戴東陽, 「徐承祖與中日「天津條約」」, 『中國社會科學院近代史研究所青年學術論壇(2005年卷)』, 北京: 社會科學文献出版社, 2006, 85~113쪽.

56 강화도 사건은 1875년에 발생했다. 운요호 등 일본 군함 3척이 부산(5월)과 강화도(9월)를 침략하고 강화도에서 조선 군대와 충돌했다. 일본군이 승리한 후 조선을 압박해서 국호를 개방하는 강화도조약을 체결했다. 伊原澤周, 『近代朝鮮的開港: 以中美日三國關係爲中心』第二編 第三章, 北京: 社會科學文献出版社, 2008, 81~84쪽.

중일조약 이후 불과 6일 후 러시아가 주도하고 독일과 프랑스가 참여한 '삼국 간섭'이 발생했고 1897년 자오저우만이 독일의 수중으로 들어갔다.[57] 1898년 러시아는 또 이를 구실로 뤼순과 다롄을 점령했고, 랴오닝성과 지린성을 관통하는 중동철도中東鐵道 지선을 개축할 권리를 획득했다.[58] 1900년 의화단운동이 발발했고 8개국 연합군의 간섭이 시작됐다. 연합군 중 하나인 러시아는 이 국면을 이용해서 동북 지방 전역에 군대를 파견해서 점령했고 이는 일본과 영국의 충돌을 일으켰다. 1902년에 체결된 영일동맹은 바로 러시아와의 동북 지역 권익 쟁탈을 위한 것이다. 이 일련의 사건은 일본이 제국주의 국가로서 각 제국이 식민지 쟁탈을 두고 전개한 국제적 경쟁에 뛰어들었음을 상징한다. 이상의 사건의 산물로서 1904년 러일전쟁이 중국 동북 지역에서 일어났다. "전쟁은 일본이 조선을 통치하려는 욕망 때문에 일어났고 이후에 조선에 침입하면서 시작되었다. 러일전쟁은 조선전쟁에서 시작했고 최후에 두 나라는 중국 동북 지역에서 전쟁을 벌였다."[59] 최종적으로 메이지 일본은 승리자 입장에서 '동양이 서양을 이겼다' '아시아가 유럽과 싸워 이겼다' '황

---

57 자오저우만 사건과 무술유신운동의 관계에 대해서는 孔祥吉,「膠州灣危机與維新運動的興起」,『歷史研究』1998年 第5期, 27~39쪽 참조.

58 중동철도 문제에 대해서는 적지 않은 연구 성과가 있다. 鮑·亞·羅曼諾夫,『日俄戰爭外交史綱(1895—1907)』上下册, 上海人民出版社, 1976; B. 阿瓦林(B. Аварин),『帝國主義在滿洲』, 商務印書館, 1980; 陳暉,『中國鐵路問題』, 三聯書店, 1955; 蘇崇民,『滿鐵史』, 中華書局, 1990; 解學詩·蘇崇民 主編,『滿鐵檔案資料彙編』全15卷, 社會科學文献出版社, 2011 등.

59 和田春樹, 易爱華, 張剑 譯, 張婧 校訂,『日俄戰爭 : 起源與開戰』上卷, 北京 : 三聯書店, 2018, 3쪽.

인종이 백인종을 이겼다'는 신화를 창조했다.

조선과 중국 동북(만주)을 전장으로 삼은 이 전쟁에서 러시아, 독일, 프랑스, 영국 등 기존의 제국주의가 차례로 모습을 드러냈을 뿐 아니라 미국은 새로운 조절자이자 중재자로 러시아와 일본의 협상과 포츠머스 조약 체결에 영향을 주었다. 조절자와 중재자로서 미국이 채택한 것은 결코 중립적 태도가 아니었다. 1895년 미국 오하이오주 전 상원의원 캘빈 브라이스Calvin Stewart Brice(1845~1898)가 주도해서 미국 각 대금융기구가 주식을 출자한 ACDC(American China Development Company)를 설립했다.[60] ACDC의 설립 목적은 중국에서 철도, 광산, 기타 산업적 특권을 적극 확보하는 것이다. 여기에는 중국 동북 철도 주변의 자원 개발권과 30년짜리 철도 건설 독점권을 확보하는 것도 포함된다. 거대한 상업적 이익 외에 미국은 이익 균점이라는 명목으로 중국 동북 지역에서 러시아의 이익 독점을 억제하려 했고 더 나아가 미국을 위한 문호 개방 정책과 영토 확장을 시도했다.[61] 러일전쟁의 임시 군사비 특별회계 결산액에 따르면 "수입 전체의 82퍼센트를 국채와 일시 차입금으로 냈고 해외 공채 비율은 전체의 40퍼센트"에 달했다.[62] 여기에서 언급하는 해외 공채는 거의 전부 미국과 영국에서 빌린 것이다. 그러

---

60 William R. Braisted, "The United States and the American Development Company," *The Far Eastern Quarterly*, vol.11, no.2(1952), pp.147~165.

61 董小川, 『美俄關係史研究1648~1917』, 東北師範大學出版社, 1999에 미국과 러시아의 중동철도 정책과 힘겨루기에 대한 연구가 실렸다.

62 板谷敏彦, 『日露戰爭·資金調達の戰い ─ 高橋是淸と歐米バンカ_たち』, 新潮社, 2012, 130, 132쪽.

나 이 정책은 시베리아와 중국 동북 지역에 러시아의 강한 세력이 존재하기 때문에 성공하지 못했다. 러시아의 세력 확장에 대항하기 위해서 러일전쟁 기간 미국은 월가 금융 과두를 통해 일본에 차관을 제공했다. 총비율은 일본 군사비 총지출의 40퍼센트였다.[63] 그렇지만 포츠머스조약은 황해와 일본해에서 일본의 통제권을 강화했다. 이에 일본이 러시아의 수중에 랴오둥반도를 조차하고 뤼순과 다롄의 군사 항구를 확보했다. 그리고 동북 지역의 무역을 독점했고 미국 하리만 철도 계획은 결국 파산했다. 더 긴박한 태평양 지역 쟁탈이 일본과 미국 사이에서 벌어질 것이 예견되었다.[64] 이것이 미국-스페인 전쟁 이후 미국이 아시아태평양 패권 쟁탈에서 직면한 새로운 도전이자 역할이었다.

---

63 러일전쟁 시기 외채 모집 문제에 관해서는 井上琢智, 「添田寿一と日淸日露戰爭: Economic Journal宛公開書簡等に見る外債募集と黃禍論」, 『甲南會計硏究』 2015年 第9期, 1~17쪽 참조. 그 중 구체적인 데이터는 15쪽 참조. 또한 연구에 따르면, "전쟁 발발 이후 월가의 거물들이 연이어 주머니를 열어 찬조했다. 일본에 연이율 6리로 5000만 달러의 대출을 제공했고 영국과 미국이 반반씩 부담했다. 같은 해 11월 미국과 영국은 또 일본에 연이율 6리의 6000만 달러의 대출을 제공했다. 1905년 3월과 7월 영미 양국은 이어서 세 번째와 네 번째 대출을 제공했고 액수는 총 1억 5000만 달러였고 연이율은 4리였다. 이 금액은 일본 군비 총지출의 40퍼센트였다. 그 밖에 일본 정부는 또 미국·영국·독일로부터 대량의 무기, 식량, 전략 원료, 철도 설비 등 군용 물자를 얻었다." 劉自強, 「論20世紀初期美國對日政策的演變」, 『貴州師範大學學報』(社會科學版) 2004年 第3期, 47쪽.

64 李燕芬, 「美國的中東鐵路政策評析(1895~1922)」, 東北師範大學碩士論文, 13쪽; 陶彦林·李秀蓮, 「20世紀初美國對中國東三省鐵路的覬覦」, 『黑河學刊』 2001年 第5期, 74~76쪽; 陶文劍, 「日美在中國東北的爭奪(1905~1910)」, 『世界歷史』, 1996年 第1期, 12쪽.

3. 중국 혁명과 단기 세기의 기점
: 불균등성과 '약한 고리'

신제국주의의 발흥, 열강이 경쟁과 연합을 병행하면서 식민지를 분할하는 구도, 전 지구 권력 중심의 태평양으로의 이전이 20세기의 기본 문제를 이해하는 역사적 조건을 구성했다. 그러나 제국주의적 현상만으로는 1840년과 1870년 사이에 명확한 경계선을 긋기 어렵다. 20세기와 19세기를 진정으로 명확하게 나누는 것은 제국주의 시대의 내·외부 조건에 잉태된 혁명—혁명의 내용, 주체, 목표, 형식, 혁명이 발생하고 지속되는 지역, 혁명이 세계 구도에 주는 변화—이다. 따라서 20세기의 기점과 종점을 논하는 것은 바로 이 시대 혁명 조류의 다중적 기원, 굴절의 과정, 쇠락의 형태를 탐색하는 것이다.

이 문제는 제국주의 체제의 불균등성에 대한 분석에서 시작할 필요가 있다.[65] 제국주의 세계체제의 불균등성이 이 국제체제의 '약한 고리'

---

65 내가 여기서 논하는 자본주의 발전의 불균등성은 마르크스주의 전통의 불균등 발전 이론과 밀접한 관련이 있다. 몇몇 논자는 불균등 발전 이론을 마르크스와 엥겔스의 자본 운동에 대한 고찰에서 그 기원을 찾을 수 있다고 본다. Karl Marx and Friedrich Engels, see Karl Marx and Friedrich Engels, *Collected Works of Marx and Engels, Economic Works 1857—1861*, vol.28, New York, 1986, p.435); Neil Smith, *Uneven Development: Nature, Capital, and the Production of Space*, 3rd edition(Athens, GA, 2008); David Harvey, "Notes Towards a Theory of Uneven Geographical Development," *Spaces of Neoliberalization: Towards a Theory of Uneven Geographical Development*, vol.8, Hettner-Lectures(Stuttgart, 2005) 등. 그러나 중국 혁명의 맥락에서 이 문제는 레닌의 『제국주의론』에서 기원을 찾을 수 있다. 다른 지역에도 유사한 경험이 있다. George Novack, "The Law of Uneven and Combined

를 만들어냈다면 다강 경쟁구도가 조성한 국내 분할도 국내 혁명에 '약한 고리'를 제공했다. "이런 국제 자본주의의 투기적이고 거대한 성취는 아직 완전히 국제 협력의 수준까지 성숙하지 않았다. 여전히 자본가 집단이 민족적 감정과 정책을 이용해서 그들의 특수한 이익을 강력히 추구해서 방해를 받았다." 따라서 "서양 열강 연합이 중국을 공격하는" 동시에 중국 국내의 상호 경쟁과 각축[66]이 대리전쟁의 방식으로 중국의 내전과 할거를 조성했다. 프랑스, 러시아, 독일, 영국, 일본, 미국 등 열강이 국제적 세력 범위를 쟁탈하는 과정과 중국 국내에서 세력 범위를 나누어 먹는 과정이 서로 수반된다. 양자의 목적은 모두 정치, 군사 세력을 통해 여러 지역의 투자, 개발 독점권을 점거해서 초과이윤을 얻는 것이다. 따라서 제국주의 시대에는 두 가지 약한 고리가 존재한다. 하나는 레닌이 말한 '자본주의 절대법칙'으로서의 "경제 정치발전의 불균등"과

Development and Latin America," *Latin American Perspectives*, iii, 1976. 현대의 이론적 논의에서 더 많은 논자가 불균등 이론과 결합 발전 이론의 근원을 트로츠키의 『러시아 혁명사』에서 "자본주의의 불균등 결합 발전 법칙the law of uneven and combined development"에 대한 서술과 이 문제에 대한 Ernest Mandel의 진일보한 논의에서 찾는다. Leon Trotsky, *History of the Russian Revolution*, trans. Max Eastman(Chicago, 2008); Ernest Mandel, *Late Capitalism*, trans. Joris De Bres(London, 1975). 그들은 관련 문제에 대한 마르크스의 서술이 과도기적 단편일 뿐이고 레닌의 『제국주의론』의 불균등에 관한 서술인 주로 제국주의 시대의 서로 다른 국가 간 관계에만 적용되고 자본주의 발전의 여러 단계를 가설로 세웠기 때문에 '결합 발전'(즉 자본주의와 비자본주의 요소의 연동 발전)에 공간을 내주지 않았다고 보았다. 불균등 결합 발전에 관한 이론적 정리는 Leon Trotsky, *History of the Russian Revolution*, trans. Max Eastman(Chicago, 2008); Ernest Mandel, *Late Capitalism*, trans. Joris De Bres(London, 1975) 참조.
66 約·阿·霍布森, 『帝國主義』, 246쪽.

"이에 따른 결과로 사회주의가 우선 소수 또는 단일한 자본주의 국가 안에서 승리할 가능성"이다.[67] 다른 하나는 국내 정치 경제 발전의 불균등과 피억압 민족 내부의 제국주의 대리인 간의 모순으로 생긴 틈새다. 후자는 중국의 혁명 세력이 광활한 농촌과 여러 성의 경계 지역, 주변부 지역에서 생존하고 발전하는 조건을 제공했다.

'약한 고리'는 통치질서의 취약한 부분을 의미할 뿐 아니라 그 체제를 깨뜨릴 가능성도 의미한다. 따라서 '약한 고리'는 혁명 세력에 따라서 생성되는 것이지 자생적으로 존재할 수 없다. 20세기 혁명 세력은 한 국가나 지역 내의 독립적 존재가 아니라 '약한 고리'에서 자신을 드러내고 싶은 국제적으로 연계된 민족, 계급/계층과 지역운동이다. 바꾸어 말하면, 통치체제를 깨뜨리는 데 힘쓴 혁명 세력과 혁명이론이 없었다면 '약한 고리'도 없다. 자본주의 국제체제의 '약한 고리'와 국내 통치의 '약한 고리'를 결합해서 생각하지 않는다면 혁명의 전략과 전술을 수립하기도 어렵다. 혁명 세력의 경우, 제국주의를 경제적 현상으로만 보고 경제적 수요에서 비롯된 정치 군사적 경쟁 구도를 간과한다면 구제국 정책과 신제국주의 사이에 명확하고 뚜렷한 경계가 결코 없다는 것을 이해하지 못해서 제국주의에 저항하는 구체적인 전술과 전략을 수립할 수 없다. 이런 의미에서 구체적인 혁명 전략과 전술이 없으면 약한 고리는 '약한 고리'가 될 수 없다.

'약한 고리'가 자신을 드러내려면 돌발적 사건이 필요하다. 제국주의

---

67 列寧, 「論歐洲聯邦口號」, 『列寧選集』 第2卷, 709쪽.

가 전 세계적으로 진행되면서 유럽 혁명가는 미래의 혁명을 예감했다. 즉 혁명은 반드시 세계적인 것이 될 것이며 유럽과 대서양에서 먼 지방에서 가장 먼저 일어날 수 있다는 예감이다. 이 예감이 명확한 의식으로 상승한 때는 러일전쟁과 러시아 1901년 혁명 시기였다. 러일전쟁과 러시아 혁명은 유럽 부르주아의 제국주의 세력 균형에 대한 신앙을 깨뜨렸을뿐더러 대국의 세력 균형을 통한 평화 유지에 대한 유럽 사회주의자의 환상도 깨버렸다. 이는 빈 체제가 종결로 치닫는 시발점이었다. 로자 룩셈부르크는 1904년 5월 1일 국제노동절 경축사에서 이렇게 말했다.

오늘 5월 1일은 아주 특별하다. 우리는 전쟁의 소용돌이 속에서 노동절을 경축하고 있다. (…) 전쟁이 일어나고 있는 상황에서 프롤레타리아의 시위는 보편적 평화가 우리 사회주의의 최종 목표 실현과 연관되지 않으면 실현될 수 없다는 관점을 특별히 드러낼 필요가 있다. 러일전쟁이 무엇을 증명했냐면, 바로 '휴머니즘적' 사회주의자의 환상은 조금도 가치 없다는 것이다. 그들은 세계 평화를 이중 삼중 연맹의 세력 균형에 의탁한다. (…) 뤼순 항구의 꿍음―그것은 이미 유럽 선물시장에 경련성 쇼크를 일으켰다―은 부르주아 사회에 대한 사회주의 이론가들의 똑똑한 어조에 대한 화답이다. 즉 유럽 평화의 환각 속에서 그들은 현대 식민정치가 이미 유럽의 지역적 충돌을 넘어섰고 이 충돌들은 태평양으로 향하고 있다는 하나의 사실을 잊기만 했다. 러일전쟁은 지금 모든 사람이 유럽의 전쟁과 평화―그것의 운명―가 결코 유럽 내부에 달려 있지 않고 그것의 밖에 있으며 세계와 식민정치의 대혼란 속에 있음을 알아차리게 했다.

즉각적 효과를 말할 수 없더라도 이 전쟁의 진정한 의미는 사회민주주의, 즉 러시아 절대주의의 파산에 있다. 이 전쟁으로 국제 프롤레타리아는 전 세계의 거대한 정치적·경제적 연관으로 눈을 돌렸고 우리 대오 안에 있는 특수주의를 맹렬하게 분해했다. 그리고 어떤 정치적 평화 시대가 형성한 관념의 비루함도 깨뜨렸다. 전쟁은 부르주아 세계—정치, 경제, 사회적 물신교 세계—가 우리를 끊임없이 휩쓰는 베일을 철저하게 걷어올렸다. 전쟁은 평화적 사회 진화의 표상, 전지전능한 부르주아의 정당성, 민족적 배외주의, 정치적 조건의 안정성, '정객'이나 정당이 조작하는 정치의 의도적 방향, 부르주아 의회의 다툼의 의미, 사회적 존재의 중심으로서의 의회제에 대한 신앙 전부를 파괴했다.

전쟁은 부르주아 세계의 반동 세력을 석방한 동시에 가장 깊은 곳에서 사회혁명 세력을 생성시켰다. 그렇다. 이번에 우리는 드센 바람 속에서 5월 1일을 경축하고 있다. 세계의 일련의 사건의 발걸음이 격렬하게 가속화되고 있다.[68]

러일전쟁은 룩셈부르크가 말한 러시아 '절대주의'와 일본 입헌정체 사이에서 일어났다. 그 결과 헌정 민주정치로 향한 민족혁명에 직접 영향을 주었다. 이와 동시에 유럽 사회주의 운동은 사회적 부를 재분배할

---

68 Rosa Luxemburg, *Le Socialiste*, May 1—8, 1904, Translated : for marxists.org by Mitch Abidor. https : / / www.marxists.org / archive / luxemburg / 1904 / 05 / 01. htm(2018년 4월 11일 접속)

경로를 찾아 산업화 과정에서 조성된 '사회적 문제social question'[69]를 해결하려고 했다. 전쟁과 사회혁명은 점점 사회주의자의 핵심적 의제가 되었고 식민지 사회의 혁명과 개량 운동에 깊은 영향을 주었다. 룩셈부르크의 분석과 예언은 중국 사대부의 개혁 방안, 대국의 균형 속에서 생존 공간을 찾는 그들의 점진적 절망과 직접적 연관은 없다. 그러나 모두 동일한 과정에 대한 관찰에서 형성되었다. 1905년 즈음 혁명(민족혁명, 정치혁명, 사회혁명)은 점점 몇몇 '선각자' 사이에서 주도적 이념이자 정치적 행동 방침으로 격상했다. 청나라 말기 최초의 전국적 혁명 조직인 동맹회가 이해에 결성되었다. 이에 따라 1905~1907년 혁명당 기관지『민보民報』와 입헌군주파 기관지『신민총보』사이의 논쟁도 일어났다.

홉스봄은 소련·동구권 체제의 해체, 신자유주의 세계화의 그림자 아래서 단기 20세기를 서술했다. 그는 마치 현자처럼 과거에 대한 비애와 애도를 담아 '실패한 역사'를 새롭게 서술했다. 그러나 또 이 때문에 역사적 행위자의 내재적 시야, 전략·전술은 그 역사 서술의 출발점이 되지 못했다. 이 혁명 세기는 유럽이나 미국 자본주의의 경제적·군사적 패권 확립에서 시작한 것이 아니라 경제 군사적 패권이 자신을 확립하

---

69 '사회적 문제'는 19세기 사회사의 산물이다. 특히 산업화 과정 중 노자 충돌, 대규모 빈곤, 식품 폭동 등을 어떻게 처리하느냐를 다룬다. 1840년 독일어 문헌에서 soziale Frage라는 용어가 처음 사용되었다. 이 용어는 프랑스어의 question sociale에서 유래했다. Jähnichen, Traugott, "Social Question," in : *Religion Past and Present*. Consulted online on 24 April 2018. http : / / dx.doi.org / 10.1163 / 1877 ─ 5888_rpp_SIM_12490

는 과정에서 조성한 새로운 '불균등성'에서 시작했다. 더 정확히 말하면 이러한 '불균등성'이 조성한 패권체제를 전복하려는 혁명적 계기가 20세기의 발단이 된 것이다. 이러한 '불균등성'에는 계급과 계층 간의 불균등성, 지역과 국가 사이의 불균등성, 종족 집단과 분화 사이의 불균등성, 공업과 농업 사이의 불균등성, 도시와 농촌의 불균등성, 육지와 해양의 불균등성, 종주국과 식민지의 불균등성, 식민지와 반식민지 사회 내부의 불균등성 등이 포함된다. 세기가 오기 전에 이상의 불균등성은 민족혁명, 정치 혁명, 사회 혁명을 불렀고 이들이 서로 호응하는 일련의 중대한 사건들을 촉발했다. 러일전쟁은 1905년 러시아 혁명을 직접적으로 촉발했고 러시아의 패배는 폴란드의 반러시아 민족주의 운동의 도화선이 되었다. 러시아 혁명은 폴란드 사회당이 일으킨 대파업과 그해 6월의 우치 봉기를 격발시켰고[70] 1907~1909년 이란 헌정혁명,[71] 1908~1909년 터키 혁명[72]에 영향을 주었다. 이 혁명들과 1911년 전후의 중국 혁명은 아시아(와 동유럽) 혁명의 순서를 이루었다. 1907년에 영국과 러시아가 신속하게 화해했다. 대일 전쟁의 실패와 1905년 혁명을 거치면서 몹시 쇠약해진 러시아는 페르시아, 중앙아시아의 두 중심 지역과 극동, 발칸 동서 양측 등 여러 방향에서 다가오는 도전을 감당할

---

70 Robert E. Blobaum, *Rewolucja: Russia Poland 1904—1907*(Ithaca & London : Cornell University Press, 1995), pp.41~71.

71 Ervand Abrahamian, *Iran Between Two Revolutions*(Princeton : Princeton University Press, 1982), pp.50~101.

72 Feroz Ahmad, "The Young Turk Revolution," *Journal of Contemporary History.* *3(July, 1968)*, The Middle East (3) : pp.19~36.

수 없었다. 러일전쟁 실패의 그림자 아래서 그리고 1906~1911년에 진행된 스톨리핀 개혁Stolypin Reform도 영국, 일본의 몇몇 제도 설계를 받아들여야 했다. 이 시기부터 혁명은 서양 자본주의의 중심에서 일어나지 않았고 중심 지역에서 상당히 먼 '약한 고리'에서 폭발했다. 그중 첫 번째 고리는 바로 러시아였다.

마르크스는 이렇게 말했다 "혁명이 폭발했다가 잠시 잠잠해질 때는 반드시 같은 문제가 발생한다. 그것은 바로 내내 존재하고 있는 '동양 문제'다."[73] 1848년 혁명 전후 러시아는 혁명 진압을 구실로 유럽에서의 영향력을 확대했고 혁명의 불길이 발칸 반도까지 퍼졌을 때 러시아는 또 민족자결을 지지하면서 오스만제국을 타격하고 크림전쟁을 일으켰다. "러시아의 역사에는 러시아가 유럽에서 좌절을 겪으면 아시아로의 진출을 가속화한다는 것이 거의 법칙이 되었다."[74] 1854년 아나톨리아 지역의 권력을 쟁탈하기 위해 차르와 영국·프랑스 연합군, 오스만제국의 격전이 절정에 이르렀다. 러시아 오렌부르크 총독 페로브스키는 기회를 틈타 중앙아시아 히바칸국의 외교권을 통제했고 코칸트칸국을 먼저 소멸시키고 파미르고원과 아랄해 사이에 있는 시르다리야강과 아무다리야강 유역을 통제하려는 전략적 방침을 수립했다. 1856년 11월 승리한 영국은 페르시아를 상대로 전쟁을 일으켰고 재빠르게 승리했다.

---

73 馬克思·恩格斯,「不列顛政局」, 中共中央馬克思恩格斯列寧斯大林著作編局 譯,『馬克思恩格斯全集』第九卷, 北京: 人民出版社, 1961, 5쪽.

74 Labanov Rostovsky, *Russia and Asia*, New York, p.147. 許建英,『近代英國與中國新疆(1840~1911)』, 哈爾濱: 黑龍江教育出版社, 2014, 191쪽.

"그것은 아프간이 이로부터 이란의 영향권에서 벗어나 영국의 세력 범위로 들어가는 것을 의미한다."[75] 엥겔스는 이상의 사건들 사이의 내재적 연관에 대해 다음과 같이 서술했다.

> 아시아의 두 대국 러시아와 영국은 시베리아와 인도 사이 어디쯤에서 충돌할 수 있다는 문제에 관해, 카자크와 세포이가 아무라디야 강 양안에서 충돌하는 문제에 관해서는 1839년 영국과 러시아가 중앙아시아에 동시에 출병한 때부터 항상 거론되었다. (…) 최근 1차 전쟁이 시작되자 러시아의 인도 침공 가능성 문제가 다시 제기되었다. (…) 1865년 영국-페르시아 전쟁 시기에 모든 문제가 다시 논란의 대상이 되었다.[76]

엥겔스는 러시아와 영국을 두 '아시아 대국'이라 부르면서 사실상 다음 단계 세계 권력 쟁탈이 유럽 내부의 충돌에 달린 것이 아니라 어느 제국이 아시아를 핵심지로 한 패권의 중심이 되느냐에 달려 있다는 생각을 은연중에 내비쳤다.

그렇지만 1904년 전쟁과 1905년 혁명으로 지역 관계 전체가 느슨해졌고 동양 문제의 성격도 변했다. 레닌은 다음과 같이 날카롭게 지적했다.

---

75 王治来,『中亞通史·近代卷』, 烏魯木齊: 新疆人民出版社, 2004, 241쪽.
76 恩格斯,「俄國在中亞細亞的進展」,『馬克思恩格斯全集』第12卷, 北京: 人民出版社, 1962, 636~637쪽.

동유럽과 아시아에서 부르주아 민주주의 혁명의 시대는 1905년에 시작되었다. 러시아, 페르시아, 터키, 중국의 혁명, 발칸 전쟁은 우리의 이 시대 우리 '동양'에서 연쇄적으로 발생한 세계적 의미의 사변이다. 장님이 아니라면 이 일련의 사변에서 일련의 부르주아 민주주의 민족운동의 발생으로부터 민족 독립을 이룬 단일한 민족의 국가를 건설하려는 흐름을 볼 수 있다. 바로 러시아와 그 이웃 국가가 이런 시대에 처해 있기 때문에 우리는 우리의 강령에 민족자결을 삽입해야 한다.[77]

레닌은 1905년과 '우리의 이 시대에 우리 '동양'에서 연쇄적으로 발생한 세계사적 의미의 사변'을 강조했다. 그 목적은 이 일련의 사변과 그 이전의 '동양 문제'를 구분하기 위함이다. 바로 1905년 사건 때문에 동양은 더 이상 예전의 동양이 아니고 혁명과 전쟁을 잉태하고 있는 러시아, 페르시아, 터키, 중국, 발칸이며 이것은 즉 자본주의 체제의 '약한 고리'다.

'약한 고리'는 반드시 정치적 과정과 전략적 분석 속에서 식별해야 한다. 혁명 세력이 형성되지 않고 적과 아의 조건을 바꾸는 혁명적 행위, 경제적으로 낙후하고 빈궁한 상태 또는 통제의 박약함이 없다면 자발적으로 '약한 고리'를 구성할 수 없다. 따라서 '단기 20세기'의 탄생은 반드시 '약한 고리'를 찾는 데서 시작하고 '약한 고리'는 혁명적 계기를 찾는 과정에서만 인지될 수 있다. 혁명적 계기를 찾는다는 관점에서 보면, 기존의 유라시아 지역 쟁탈이 아닌 청일전쟁, 러일전쟁 이후 아시아 지역의

---

77 列寧, 「論民族自決權」, 『列寧選集』 第2卷, 北京 : 人民出版社, 1960 第二版, 517~518쪽.

새로운 국면이 많은 혁명적 정세, 제국주의 전쟁이 아닌 이 전쟁이 촉발하고 앞서 말한 일련의 혁명으로 상징되는 '아시아의 각성'이 '단기 20세기'의 다중적 발단을 상징했다. 따라서 시간적으로 볼 때 '단기 20세기'는 1914년이 아닌 1905~1911년에 시작했다. 공간적으로 그 발단은 하나가 아니라 한 다발이었다. 계기의 측면에서는 파멸적 전쟁이 아니라 제국주의 체제와 구제도를 뛰어넘으려는 이중적 탐색에서 탄생했다.

제국주의는 자본주의 생산과 유통의 새로운 현상이거나 민족국가 시대의 군사 정치일 뿐 아니라 20세기 사상사와 이론사의 결정적 맥이기도 하다. '약한 고리'는 혁명 세력이 형성되고 활약하는 지정학적 환경에서만 존재할 수 있다. 그러나 도대체 누가 혁명 세력이고 어디서부터 혁명 세력이 발전해서 '약한 고리'를 식별하는 전제가 되었을까? 유럽과 러시아 이론가들이 1870년대에 내린 신제국주의의 발단에 대한 판단이나 1840년 중국 구민주주의 혁명의 발단에 대한 마오쩌둥의 서술 모두 새로운 세기의 행위자와 사유자가 자기 시대의 성격에 질문을 던진 끝에 나온 산물이다. 이 이론적 질의들의 핵심은 '약한 고리'의 형성을 발견하거나 촉진하는 조건에 있다. 레닌의 경우, 제국주의가 전쟁의 근원인 동시에 '사회주의 혁명의 전야'라는 결론을 내기 전에[78] 이 세계의 형태를 총체적으로 관찰하고 철저하게 이론적으로 분석해야 했다. 러시아 혁명에 대한 레닌의 전략적·전술적 사고는 바로 이 총체적 관찰과 이

---

78 列寧, 「帝國主義是資本主義的最高階段」, 『列寧選集』第2卷, 北京: 人民出版社, 1960, 730쪽.

론적 분석 속에서 진행된 것이다.

'약한 고리'에 대한 마오쩌둥의 분석은 더욱 세밀하다. 레닌이 제국주의적 국제관계와 국가간 불균등에 집중한 것과 달리 마오쩌둥의 분석은 이 불균등 체제가 국내에서 드러나는 형식에 집중했다. 그는 또 중국 발전의 불균등이 연해 자본주의 경제와 비자본주의 농업경제 사이의 모순, 이런 모순이 혁명 세력이 모이는 데 갖는 의의에도 주목했다. 1928년 10월 무장봉기의 실패와 후난성, 장시성 접경 지역까지 후퇴하는 위급한 시기를 겪을 때 마오쩌둥은 "중국의 적색 정권이 왜 존재할 수 있는가"라는 문제를 제기했다. 그의 분석은 중국의 독특성에서 시작했다. "한 나라에서 백색 정권이 사면을 포위한 상황에서 하나 또는 몇몇 소규모 적색 정권 지역이 장기적으로 존재하는 것은 세계 각국에 없던 일이다. 독특한 원인이 있기에 이런 기이한 일이 발생한다. 그 존재와 발전에도 그에 상응하는 조건이 반드시 있다."[79] 이른바 독특성은 체제 분석 안에서 전개되었다. 첫째, 제국주의의 중국 통치가 간접적이고 직접적이지 않았기 때문에 중국 백색 정권 사이에서 전쟁과 분열이 지속하고 있다. "이런 일은 어떤 제국주의 국가에서도 발생할 수 없고 제국

---

[79] 毛澤東, 「中國的紅色政權爲什麼能够存在?」, 『毛澤東選集』, 北京: 人民出版社, 1966, 51쪽. 이 글의 원제목은 "후난―장시 접경지 각 현당 제2차 대표대회 결의안(1928년 10월 5일 닝강부원산에서湘贛邊界各縣黨第二次代表大會決議案(一九二八年十月五日于寧岡步雲山)"다. 『마오쩌둥 선집』 제1권에 수록될 때 제목과 본문이 모두 수정되었다. 하지만 대체적인 의미에는 변화가 없다. 원문과 수정 사항은 竹内實 監修, 毛澤東文獻資料研究會 編, 『毛澤東集』 第二卷(1927年 5月~1931年 8月), 日本: 株式會社蒼蒼社, 1983, 15~23쪽 참조. 이 글에는 『마오쩌둥 선집』에 반영된 수정 이후의 글을 인용했다.

주의가 직접 통치하는 어떤 식민지에서도 발생할 수 없다. 제국주의가 간접적으로 통치하고 경제가 낙후한 반식민지인 중국에서 필연적으로 발생한다. 이런 기괴한 현상은 또 다른 기괴한 현상을 수반한다. 그것은 바로 백색 정권 간의 전쟁이다."[80] 이는 제국주의 국가와 다른 중국의 국내적 정세다. 제국주의가 직접 통치하는 식민지의 정세와 다른 독특성은 바로 여기에 있다. 그것은 바로 불균등 복합 발전 상태다. "이런 현상이 만들어진 원인은 두 가지다. 그것은 지방의 농업경제(통일된 자본주의 경제가 아닌)와 제국주의의 세력 범위 분할에 따른 분열착취 정책이다. 백색 정권 간에 장기적 분열과 전쟁이 발생하기 때문에 하나의 조건이 주어졌고 공산당이 지도하는 하나 또는 몇몇의 소규모 지역이 백색 정권이 사면을 포위하는 상황에서 생성·유지될 수 있다."[81]

둘째, 마오쩌둥의 분석은 제국주의의 불균등 결합 발전에 대한 구조적 분석과 다르다. 그는 국내 통치의 분열과 생산 방식의 모순을 혁명적 정치와 전략의 전제로 보았다. 적색 정권이 존재할 수 있는 조건은 수많은 빈농의 존재만이 아니었다.(이는 자본주의와 비자본주의적 생산 형태가 이 단계에서 종합적으로 전개되는 형태 중 하나다.) 더 중요한 것은 그중 몇몇 지역에 혁명적 경험과 세력 결집이 존재하고 많은 농민이 지주계급과 부르주아를 향한 조직된 (노동조합과 농민회의) 투쟁에 참여해봤다는 것이다. "중국에서 적색 정권이 우선 발생하고 장기적으로

---

80 같은 책, 51쪽.
81 같은 곳.

존재할 수 있는 지역은 민주주의 혁명의 영향을 경험하지 않은 쓰촨, 구이저우, 윈난, 북방의 성 등이 아니라 1926년과 1927년 두 해 동안 부르주아 민주주의 혁명 과정에서 노동자·농민 대중이 대대적으로 일어섰던 지역인 후난, 광둥, 후베이, 장시성 등이다.[82] 혁명의 경험은 홍군이 혁명 정권의 군사적 지주가 되고 혁명 세력이 결집하지 않았던 지역—옌시산閻錫山이 통제하는 산시, 장쭤린張作霖이 통제하는 둥베이 지방 등—의 군대는 혁명으로 전향할 수 없다.

셋째, 소규모 적색 지역의 장기적 존재는 전국적 혁명 정세가 전개되는지에 달려 있다. 후자의 조건이 없다면 소규모 근거지는 단기적으로는 요행히 존재할 수는 있지만 전국적 정권을 탈취하는 세력의 하나가 될 수 없고 진정한 불씨가 될 수 없다. "현재 중국의 혁명적 정세는 국내의 매판 토호 계급과 국제적 부르주아의 계속적 분열과 전쟁에 따라 계속 전진한다. 그래서 소규모 적색 지역의 장기적 존재에는 의심의 여지가 없고 이 적색 지역들은 계속 발전할 것이고 전국적 정권을 쟁취하는 데 날로 가까워질 것이다.[83]

넷째, '상당한 수의 정식 홍군이 존재'하지 않고 지역적 성격의 적위대만 있으면 할거 국면을 조성할 수 없다. 특히 장기적 할거 국면을 조성할 도리가 없다. "그래서 '노동자·농민 무장 할거' 사상은 공산당과 지방을 할거한 노동자·농민 대중이 반드시 충분히 갖추어야 할 중요한

---

82 같은 책, 52쪽.

83 같은 곳.

사상이다."[84] 마지막으로 적색 정권의 장기적 존재와 발전은 반드시 공산당 조직의 정확한 역량과 정확한 정책을 따라야 한다. 만약 힘 있는 혁명 조직이 없거나 힘 있는 조직이 있더라도 항상 정책적 오류를 저지른다면 적색 정권 또한 존재할 수 없다.[85]

이 전략적 논의에는 국제적 성격과 지역적 성격, 객관성과 주관성, 과거의 조건과 미래의 조건이 담겨 있다. 바로 이 때문에 왕조, 사대부가 내외관계의 범주에서 위기를 따져보고 대처한 전략과 다른 점이 있다. 제국주의에 대한 탐구는 처음부터 이론적 성격이 분명하다. 그리고 새로운 세계/지역의 관계에서 자기 사회의 성격을 새롭게 정의하고 그 변혁 전략을 연계시킨다. 이른바 이론성이란 이 시대의 정치, 경제, 문화 전략을 말한다. 이는 단순한 경험적 현실과 전통적 노림수에서 직접 파생될 수 없다. 그것은 반드시 총체적 분석틀을 다시 짜서 자기 사회의 위치를 확정하고 행위에 동력·방향·의미를 제공한다. 단일한 사회의 성격은 반드시 새로운 위치에서 새롭게 정의되고 특정한 사회적 행위는 세계와 지역의 총체적 관계 속에서 논증될 필요가 있다. 이럴 때 사회적 성격과 정치적 행위의 의미가 충분히 드러날 수 있다. 20세기 사회투쟁의 '이론성'은 바로 시대의 성격에 대해 지속적으로 질의하면서 탄생했다. 이 총체적 틀과 관련된 변수만큼 이 변수들을 둘러싼 각 정파 세력의 이론적·실천적 투쟁이 격렬하게 일어난다. 이론 논쟁과 정치적 실천

---

84 같은 곳.
85 같은 곳.

의 관계가 긴밀한 만큼 그 실천 자체도 고도의 이론성을 띤다. 식민지나 아시아 사회의 경우는 자강운동을 통해 외래의 침략을 저지했는가, 아니면 사회 구조의 개조를 동시에 진행하면서, 생산·유통·분배 과정을 전환하거나 이 둘을 동일한 역사적 과정에 종합했는가? 이 질문에 대한 대답은 궁극적으로 자기 사회의 성격, 세계사 속의 위치, 국내 각 세력 간의 관계를 어떻게 평가하고, 적과 아의 관계 정의, 투쟁 목표 설정, 정체변화 분석 등을 어떻게 할 것인가와 관련된다.

　기나긴 역사적 과정 중 어떤 역사적 시대도 20세기처럼 이론과 실천의 관계 문제가 이렇게 중요한 위치로 올라서지 않았다. 이론적 명제와 개념은 대체로 유럽에서 연원했다.(일본과 러시아를 경유한 때도 있다.) 자신의 역사적 맥락에 존재하고 있는 중국에 적용할 때는 다중적 시간 사이의 공시적 관계가 동시에 재생한다. 따라서 이론과 실천이 지속적으로 상호작용하지 않으면 그것은 이론의 생명이 끝났음을 의미하는 동시에 실천 목표가 모호해지고 상실되었음을 의미한다. 세기 초 제국주의의 성격에 관한 논의는 민족주의는 종법사회의 특정한 산물일 뿐인가 아니면 역사 전체를 관철하는 것인가에 관한 토론, 민족주의는 종법사회의 해체를 이끌 것인가에 관한 토론까지 나아갔다.[86] 제1차 세계

---

86 "그리고 지금의 민족주의는 종법사회와 곧바로 일치하지 않는다. 또 그 힘은 종법사회의 용해자가 되기에 충분하다." 章太炎, 「『社會通詮』商兌」, 徐复 點校, 『章太炎全集』 第4冊, 上海: 上海人民出版社, 1985, 333쪽. 또한 옌푸가 말하는 '민족'은 clan, tribe에 해당되고, nationalism은 '국민주의'에 해당된다. 장타이옌은 일본제 한자어의 영향을 받아 민족을 nation에 대응시켰다. 王憲明, 『語言, 翻譯與政治: 嚴復譯『社會通詮』研究』, 北京: 北京大學出版社, 2005, 12~14, 57~59, 110~121쪽.

대전 기간의 동서 문명 논쟁부터 제1차 세계대전 이후의 '과학과 현학' 논쟁까지, 1930년대 중국의 사회 성격 문제에 관한 사회사 논쟁부터 옌안 시대 중국공산당원의 중국 고대사회와 근대사회의 성격에 관한 재정의까지, 신민주주의론부터 과도 시기 총노선까지, 사회주의 과도기에서 부르주아의 법적 권리 제한과 가치 법칙의 역할까지, 유고슬라비아, 이탈리아, 프랑스 공산당의 논쟁에서 중소 논쟁까지 (…) 이 모든 논쟁은 궁극적으로 현대 세계와 중국의 진로에 대한 사고로 귀결되었고, 새로운 혁명 전략과 문화 정치에 전략적 근거를 제공했다. 20세기는 이론적 세기다. 그러나 상술한 이론 논쟁 자체로는 이 시대의 이론적 특징을 설명하기에 부족하다. 이는 중국 혁명의 실천 자체가 바로 이론적 개입의 과정이었고 일부 독일 고전철학처럼 개념 체계의 창조를 보여주기 때문이다. 새로운 정치, 경제, 문화 이론이 없으면 지정학과 지역경제 변화를 생각할 총체적인 틀을 새롭게 구축할 수 없다. 새로운 정치적 방향, 주체, 그 전략과 전술을 정의하기는 더욱 불가능하다. 마르크스의 '동방 문제'는 필연적으로 아시아 문제 서술, 레닌의 '제국주의의 불균등 발전'과 여기에서 파생된 '약한 고리'론으로 파생된다. 그다음에는 마오쩌둥의 '제국주의 불균등과 그 대리인의 모순' '3개 세계' 이론으로 전개되었다. 이들은 차례대로 사회주의 운동의 세계 전략 분석의 이론으로 기능했다. 따라서 20세기 중국의 이론은 주로 전략·전술 탐색과 전략·전술 탐색에 대해 전개된 이론적 분석—즉 실천 방침의 형식—으로 스스로를 드러냈다.

20세기의 쇠락은 앞서 말한 총체적 이론과 구체적 실천 사이의 유기적 관계가 점차 와해되는 과정으로도 나타난다. 그 종착점에서 생각해 보면, 다음과 같은 질문을 던질 필요가 있다. 새로운 계기는 어디에 있는가?

4. 공간 혁명, 횡적 시간과 치환의 정치

마르크스는 「루이 보나파르트의 브뤼메르 18일」에서 정치적 행위와 역사적 전제의 관계를 '역사와 중복'의 틀에서 관찰했다. 즉 '중복'을 통해 낡은 형식의 새로운 내포를 이해했다.[87] 마르크스가 서술한 18세기와 19세기 유럽 혁명과 반혁명의 모습과 달리 20세기의 혁명과 반혁명은 공간 혁명이라는 조건 또는 여러 세기가 중첩된 시간의 공시적 관계속에서 발생했다. 따라서 중복과 치환의 정치가 늘 횡적 시간관계의 주제였다. 19세기 유럽의 변혁과 마찬가지로 신구 문제 또는 고금의 문제가 항상 20세기 정치 공간을 맴돌았다. 그러나 이 신구의 모순은 다중적 시간 사이에서 발생한 충돌이므로 이미 횡적 시간 관계에서 벗어날수 없었다. 횡적 관계는 공간적이면서도 시간적이다. 즉 각자 다른 시간의 축을 서로 연결하는 과정이다. 역사 서술은 바로 이런 과정에 존재하기 때문에 과거에서 현재로의 변천인 동시에 저쪽에서 이쪽으로 이

---

87 馬克思, 「路易・波拿巴的霧月十八日」, 中共中央馬克思恩格斯列寧斯大林著作編譯局 編
譯, 『馬克思恩格斯選集』第1卷, 北京：人民出版社, 1995, 579~689쪽.

쪽에서 저쪽으로 또는 다방면 간의 상호작용이다. '기원' 관계는 횡적일 가능성이 대단히 높고 교환과 유동에 더욱 근접해 있다. 20세기의 정치는 항상 이른바 고/금, 동/서의 대항 또는 조화라는 형태에 호소했다. 그러나 이 좌표는 사실상 새로운 공시성이 내포한 다중적 시간관계를 극단적으로 단순하게 만든 진술이다.

제국주의 개념은 경제 분석이 중심이다. 그러나 19세기 정치경제학이 생산과 유통 과정을 분석한 것과 달리 이 개념은 처음부터 전 세계적 관계와 제국 간의 경쟁을 중심에 놓을 수밖에 없었다. 이에 따라 지정학적 관계, 군사력의 대비, 동서 문화 문제가 서로 얽혔다. 이런 배경에서 정치는 어떻게 발생하는가? 일련의 새로운 개념이나 범주를 떠나서는 20세기의 정치와 역사적 함의를 보여줄 수는 없어 보인다. 그러나 동시에 만약 번역이나 중역으로 형성된 개념이 역사적 풍경을 구축하고 해석하는 기초적 범주가 된다면, 담론 체계와 사회적 조건 사이의 불합치 또한 항상 그만큼 뚜렷하다. 이 시대에는 개인, 공민, 국가, 민족, 계급, 인민, 정당, 주권, 문화, 사회 등 개념이 새로운 정치의 중심 개념이 되었고, 생산, 생산양식, 사회 형태와 그 부속 개념은 중국과 여타 사회를 서술하는 기본 범주가 되었다. '약한 고리' '적과 아의 관계' '주변' '중간지대' '제3세계' '통일전선' 등의 명제는 모두 제국주의적 조건 아래에서의 세계적·국내적 정세에 대한 판단과 전략·전술적 사유에서 형성되었다.

이상의 주요 개념, 범주, 명제 중 구체적인 투쟁에서 생산된 개념과 범주인 '주변' '중간지대' 등 극소수 외에는 절대 다수의 용어가 19세기 유럽의 개념과 명제에서 번역되고 차용된 것이다. 20세기 혁명가와 개혁가는 이 개념, 범주, 명제를 신속히 구체적인 정치 실천에 적용했다. 그런데 이는 새로운 시대의 역사학자들의 머리를 아프게 했다. 가령, 수많은 학자가 봉건이라는 말이 현대 중국에서 '오용'되었다고 크게 조소한다. 그리고 유럽에서 봉건 개념이 생성된 근원을 고증하는 데 공을 들이고 이 개념이 중국에서 사용될 때 봉건이라는 말의 '본뜻'을 어떻게 잘못 오도했고 더 나아가 현대 중국 정치를 어떻게 오도했는지를 서술한다. 만약 봉건이라는 범주가 철저하게 잘못 사용되었다면 그 이전과 이후 사회 형태에 대한 서술은 또 어떤 근거를 갖는가?[88] 또 다른 예로 19세기 유럽 자본주의와 식민주의 체제가 확립된 배경에서 사회주의자들은 '프롤레타리아'라는 개념을 발명했다. 이 개념은 진정 미래를 대변하는 혁명 주체로 간주되었다. 20세기 중국에서 혁명 주체로서의 프롤레타리아에 대한 탐색은 지속적인 정치적 과정이었다. 그러나 산업화가 이렇게 박약한 사회에서 노동자 집단의 수, 규모, 조직화 수준은 모두 아주 미약했다. 더 나아가 대립물로서의 자본가 집단이 계급을 구성할 수 있는지도 의문시되었다. 이는 중국 혁명 자체가 '오해'의 산물이라는 의미는 아닐까?

　　인도 서발턴 연구의 대표주자 디페시 차크라바르티Dipesh Chakrabarty

---

88 봉건 개념에 대해 논한 논저는 많다. 그중 馮天瑜의 『'封建'考論』(北京 : 中國社會科學出版社, 2010)이 상세한 고증을 통해 '봉건' 개념의 잘못된 이식을 서술했다. 이는 역사 시대 구분 문제에는 의미가 있을 수 있다. 그러나 20세기 봉건 개념과 그 관련 사상투쟁, 사회운동에 이른바 '오식' '명으로 실을 가리킨다'는 명실관은 이 개념의 현대적 생성에 대한 역사적 이해를 제공할 수 없다.

는 다음과 같은 사실을 발견했다. 인도와 기타 비서구 세계에서 혁명 주체를 찾는 노력은 프롤레타리아라는 서구 산업사회의 범주를 대체하는 범주를 만들어냈다. 농민, 대중, 서발턴 등이 그 산물이다.[89] 그러나 중복과 치환 현상은 결코 프롤레타리아라는 범주에서만 발생하지 않았고 앞에서 언급한 거의 모든 범주에서 발생했다. 혁명과 반혁명 양편 모두에서 이 치환의 논리가 발견된다. 이 범주들은 19세기의 논리로 간단하게 해석할 수 없고 그 고전적 어원에 근거해서 단순하게 설명할 수도 없다. 20세기 중국의 수많은 범주와 주제는 모두 19세기 유럽의 중복이다. 그러나 언제나 중복은 동시에 치환—결코 배경의 차이에 따른 산물에 불과한 것이 아닌 정치적 치환—이기도 했다. 이 개념들은 역사 서술을 재구성했고 기존 서술의 통치적 지위도 깨뜨렸다. 이에 새로운 정치가 전개되는 길이 열렸다. 이는 결코 이 시대의 담론적 실천에 개념이나 범주의 오식이 없다는 말이 아니다. 이 개념이나 범주들의 정치성이 전개되는 과정을 분석하지 않고는 그것들의 진정한 내포, 역량, 한계를 이해할 수 없으므로 이 개념과 범주들로 20세기 중국의 독특성을 이해할 수 없다는 말이다.

풍부한 횡적 관계는 공간 혁명의 산물이다. 앞서 말했듯, 세기의 탄생은 다중적 시간 속의 변천이 공시적인 내부의 불균등성으로 전화했음을 의미한다. 이에 따라 횡적 축에 따라 역사를 관찰할 절대적 필요가

---

89 Dipesh Chakrabarty, "Belatedness as Possibility: Subaltern Histories, Once More," in Elleke Boehmer & Rosinka Chaudhuri(eds.), *The Indian Postcolonial: A Critical Reader*(Routledge, 2011), pp.167, 171~172, 174.

생겼다. 개념의 횡적 이동은 서로 다른 역사적 시간 속에서 작동한다. 이것이 바로 20세기에서 가장 눈에 띄는 현상 중 하나다. 이 시간적 전환은 사실상 이른바 '공간 혁명'의 조건에서 일어났다.[90] 공간 혁명이라는 전제에서 시간적 관계는 점점 횡적 방향성을 띠었다. 현대의 변천과 이 변천을 서술하는 데 사용되는 담론은 역사적 관계의 종단선에서 서술될 수 없고 반드시 다중적 시간 사이에서 설명되어야 한다. 나는 이 현상을 개념의 횡적 이동으로 개괄한다. 그 기능은 바로 공시적 틀에서 서로 다른 시간 축선에 있는 역사적 내용을 동일한 담론 속에서 서술하는 현실로 전환한다. 달리 말해서, 앞서 말한 '치환'(즉 새로운 정치의 발생 과정)은 반드시 공간 혁명이 조성하는 횡적 시간 관계 속에서 비로소 해석할 수 있다.—이 낯선 개념들이 그것들을 탄생시킨 것과 다른 역사적 조건에서 사용될 때 새로운 의식, 가치, 행동이 탄생했다.

공간의 확장은 정치 생활 형식의 재조직을 의미한다. 그것은 경제·정치·문화의 심층적 변혁이면서 경제·정치·문화 영역의 분류 원칙을 새롭게 구성한다. 한 일본인 학자는 유럽 역사를 참조해서 중국 또는 '동

---

90 여기에서는 카를 슈미트의 '공간 혁명' 개념을 연용한다. 이 개념에 대한 그의 정의와 『공산당선언』에서 마르크스의 자본주의 시대의 도래에 관한 서술에는 중첩되는 점이 있다. 그는 이렇게 말했다. "이러한 확장이 이토록 깊숙하고 맹렬하게 진행되자 그것은 몇몇 척도와 기준, 그리고 사람들의 시야만을 바꾼 것이 아니라 공간 개념 자체도 바꾸었다. 사람들은 이럴 때 비로소 공산혁명을 논할 수 있다. 그렇지만 통상적으로는 어떤 공간적 광경의 변화는 그 역사의 변혁과 관련된다. 이것이야말로 정치, 경제, 문화의 전면적 변혁의 진정한 핵심이다." 卡爾·施米特, 『陸地與海洋 —古今之"法"變』, 林國基·周敏 譯, 上海: 華東師範大學出版社, 2006, 32~33쪽.

양'의 역사를 황하 내륙 중심 시대, 운하 중심 시대, 연해 중심 시대로 나누고 메이지 시대부터가 명실상부한 해양 시대라고 했다. 이는 중국 또는 '동양'의 역사에 대한 공간적 분석으로서 사실상 유럽 비교지리학에서 서술하는 하류(메소포타미아의 역사 문명), 내해(그리스와 로마의 고전 시대), 해양(아메리카 발견과 지구 항해에 수반된 식민주의 시대)의 공간 혁명 서술에 호응하는 것이다. 그 결론 부분도 근대 국가의 최초 형식으로서의 도쿠가와 일본으로 이루어져 있다. 공간 혁명은 역사 지리 관념의 거대한 변화뿐 아니라 지구 질서 전체의 철저한 재구성도 의미한다. 해양 시대와 기계 역량, 산업 역량, 민족 – 국가 역량 등이 한꺼번에 왔고 동시에 도시 관계의 재조직, 국가 형식의 변천, 지역 관계의 전변, 민족 정체성의 재구성 등 일련의 중대한 사건도 동반했다. 이 시대에는 인간과 자연의 관계, 인간과 인간의 관계에 거대한 변화가 일어났다. 이 거대한 변화를 추동하거나 지체시킨 정치적 행위 속에서 새로운 관념, 척도, 경제적 형태, 정치적 형식, 사회 – 정치적 행위의 여러 차원이 하나하나 발명되고 창조되었다. 새로운 개인, 새로운 인민, 새로운 민족 또는 구문명의 새로운 생명이 맹렬한 모습으로 역사의 폐허 속에서 탄생했다. 마르크스는 생산양식의 측면에서 이 공간 혁명을 대했다. 그는 "부르주아는 세계 시장을 개척함으로써 국가의 생산과 소비 일체를 세계적인 것으로 만들었다"[91]고 말했다.

---

91 馬克思·恩格斯, 「共産黨宣言」, 中共中央馬克思恩格斯列寧斯大林著作編譯局 編譯, 『馬克思恩格斯選集』第1卷, 254쪽.

여기서는 국가 형태와 주권 내포의 전환을 중심으로 다중적 시간 관계에서 발발한 공간 혁명의 의미를 관찰한다. 마르크스의 관점에서 공간 혁명은 자본주의 생산이 의존하면서 유지한 '사회관계 전체의 부단한 혁명화'로부터 일어났다. 이 "생산의 부단한 변혁, 모든 사회적 관계의 쉴 새 없는 약동, 영원한 불안정과 변동"은 "산업의 민족적 토대를 발밑에서부터 허물어버렸고" 새로운 도농 관계, 새로운 민족 관계, 새로운 지역 관계를 창조했다. 그 결과는 바로 '생산의 집중'에 따라 생산된 '정치의 집중'이었다. "각자 독립적이고 거의 동맹관계만 있으며 이해가 다르고 법률, 정부, 관계가 달랐던 각 지역이 이제는 통일된 정부, 통일된 법률, 통일된 민족적·계급적 이익, 통일된 관세를 가진 국가로 결합했다."[92] 마르크스는 역사적 차이에 적응하기 위해 생성된 각종 타협과 사회적 기획을 분석하지는 않았다. 그러나 가장 탄력 있는 사회체제도 상술한 과정과 끊기 어려운 관계가 존재한다. 중국의 경우 '정치적 집중'은 기나긴 역사적 전통의 연장인가, 아니면 생산 교환 관계에서 요구한 새로운 형식인가? 이 문제에 답하는 유일하고 정확한 답안은 바로 이 현상을 다중적 시간의 횡적 관계 속에 놓고 고찰하는 것이다. 따라서 '도전-응전'의 방식이나 '내재적 발전'의 논리 모두 중국 혁명과 그 굴절 과정을 충분히 해석할 수 없고 주권과 기타 영역의 '연속성'이 발생할 수 있는 공간적 (또는 시간적 횡방향성) 조건도 설명하기 어렵다.

마르크스가 자본주의 재생산의 시각에서 공간 혁명과 '정치적 집중'

---

92 같은 책, 255~256쪽.

(통일된 국가)을 연구한 것과 달리 카를 슈미트Carl Schmitt(1888~1985)는 유럽 역사의 맥락 속에서 공간 혁명을 16세기 대항해시대의 새로운 영토 개척을 위해 벌인 경쟁으로부터 찾는다. 해양 패권과 토지 점거 Landnahme[93] 그리고 그 정치 형식은 이 경쟁의 핵심적 내용을 이루었다. 그러나 그 기본 질서의 형성에서 이것은 패권 국가 간의 경쟁에 그치지 않고 깊은 종교적·문화적 배경을 가진 두 공간 질서 사이의 경쟁이 되었다. 달리 말하면, 이 경쟁에 역사적 전환이라는 의미를 부여하는 이유는 그것이 통상적인 이익 분쟁에 그치지 않고 양대 진영, 즉 천주교 진영과 신교 진영이 새로 발견한 토지, 즉 식민지에 어떤 질서를 건설하느냐를 두고 벌인 투쟁이기 때문이다. 또한 토지 점유와 그 정치적 형식을 둘러싼 투쟁의 선결 조건은 반드시 옛 영토에서 멀리 떨어지고 해양을 지나가야 하는 것이었다. 따라서 후발주자가 선발주자의 "세계 패권과 해양 독점권에 대해 처음으로 효과적인 공격을 했다." 더 나아가 교파적 내전은 '일종의 최고 정치 결단권에 관한' 새로운 이념으로 전화했다.[94]

따라서 슈미트는 홉슨이나 레닌이 서술한 신구 제국주의의 차이가 아니라 천주교와 신교의 차이가 유럽 국가 사이에서 벌어진 투쟁의 동

---

93 landnahme는 민법적 의미의 '점유occupatio'가 아니다. 즉 권리 주체가 주인 없는 사물을 점유하고 취득하는 것이 아니라 공간질서의 정리다. 그것은 공간topos을 측량, 구획, 분배해서 이 토지 공간에 일관된 등급질서를 수립할 것, 즉 슈미트가 말하는 '장소확정'을 필요로 했다. "장소확정ortung에는 구체적 질서ordnung가 없다." 施米特, 『大地的法』, 劉毅, 張陳果 譯, 上海人民出版社, 2017, 15, 105쪽 참조.
94 卡爾·施米特, 「國家主權與自由海洋 ─ 現代國際法中陸地與海洋的衝突」, 卡爾·施米特, 『陸地與海洋 ─ 古今之'法'變』, 68쪽.

력이었고 새로운 정치 주체의 등장에 길을 열어주었다고 보았다. 바로 이 투쟁이 "모든 신학-교회의 충돌을 중립적으로 만들었고 생명을 세속화했으며, 교회조차 국가의 교회로 변했다." "이런 정황에서 '국가'와 '주권' 개념은 프랑스에서 처음으로 권위적인 법의 형식을 획득했다. 따라서 '주권국가'라는 이렇게 특수한 관리 형식이 유럽 민족의 의식 속에 들어갔다. 그 후 몇 세기의 상상 방식에서는 국가가 완전히 유일하고 정상적인 정치적 단위의 표현형식이 되었다."[95] 따라서 유럽인에게 "이 전환점은 바로 국가 시대의 발단이었고 장장 400년의 역사 속에서 근대 세계의 척도와 방향을 규정했다. 이 시대는 16세기부터 20세기까지 계속 이어졌고 국가가 바로 모든 것을 통치하는 정치적 통일체의 질서 개념이었다."[96]

그러나 일종의 정치공동체로서의 국가는 결코 16세기 유럽에서 만들어지지 않았다. 중국의 국가 시대는 선진시대에 이미 시작했다. 청나라에 19세기 말 교파 간 내전에서 기원한 주권국가는 아직 낯설었다. 중국의 유교 지식인은 세계 질서를 '열국지세列國之勢'로 묘사했다. 분명 주대周代의 경쟁적 정치 모델에 근거해서 현대 세계의 국면을 이해했고 이에 근거해서 진한 이래의 대일통 왕조체제와 구분했다. 생산 형태의 측면에서 보면 유럽 세력이 아시아를 주도하거나 통제하던 때 이 지역에도 다른 국가 유형이 있었다. 중국, 오스만, 사파비, 무굴 등 농업 위주의 제

국과 킬와, 호르무즈, 코지코드, 믈라카 등 상업 무역으로 입국한 비교적 작은 규모의 연해국가가 있었다.[97] 이러한 국가 유형 분류 방식은 슈미트의 육지와 해양에 관한 서술과 호응한다. 중국의 경우, 군현제 국가의 형성과 변천이 중국 역사의 중대한 사건이다. 그것은 문화적으로 유가와 법가를 통합했고 권력은 고도로 집중했고 형식상으로는 고도로 관료화했고 종족 집단 관계에서 군현과 봉건을 종합했고 내외 관계에서는 아주 풍부한 왕조 정치가 대일통 국가의 기본 구조를 제공했다. 내외관계의 변화와 위기에 대응하기 위해 근대 중국의 혁명과 변혁은 각종 외부 세력, 형식, 가치관을 빌려올 수밖에 없었다. 그러나 필립 쿤Philip Alden Kuhn(1933~2016)은 이렇게 역설했다. "본질적으로 중국 근대국가의 특징은 내부의 역사적 변천에 따라 결정되었다. 18세기(또는 더 이른 시기) 여러 조건을 계승하는 배경에서 19세기의 중국 정치 활동가들은 사실 이미 정치 참여, 정치적 경쟁 또는 정치적 통제 같은 문제를 논의했다."[98]

역사적 연속성의 맥락에서 중국의 집권적 행정체제의 현대적 생성을 서술할 때 해양 시대가 촉진한 공간 혁명과 근대 국가의 도래로 상징되는 프랑스, 영국, 시칠리아의 중앙집권체제, 즉 마르크스가 말한 자본주의 생산의 집중이 초래한 '정치적 집중'은 또 어떻게 설명할까? 아편전쟁 이후 유럽 열강은 모든 것을 효과적으로 통치하는 질서 관념을 중국과 그 주변 지역에 강제로 주입하려 했다. 또한 국제법 논리로 각종 유

97 桑賈伊·蘇布拉馬尼亞姆, 『葡萄牙帝國在亞洲(1500~1700): 政治和經濟史』, 何吉賢譯, 紀念葡萄牙發現事業澳門地區委員會, 1997, 25쪽.

98 孔飛力, 陳兼 譯, 『中國現代國家的起源』, 北京: 三聯書店, 2013, 1쪽.

형의 정치 공동체를 다루고 명명하려 했다. "순수하게 시대와 연관되고 역사에 의해 한정된 구체적 정치 단위의 조직 형식들이 이러한 상황에서 그 역사적 위치와 전형적 내용을 상실했다. 이렇게 미혹한 추상성 중 이러한 국가 형식은 배경이 전혀 다른 각 시대와 민족에 이식되어 전혀 또 다른 종류의 산물과 조직 속에 투사되었다."[99] 새로운 공시적 공간 속에서 우리는 역사적 맥락은 다르지만 형식과 기능은 유사하고 오늘날 주권국가라고 불리는 이 현상들을 어떻게 해석해야 할까?

우선 이 특정한 유형의 국가체제의 형성은 제국주의 확장의 결과이기 때문에 국가가 지배적 형식이 되었음을 거론하는 것만으로는 부족하다. 이 체제의 각종 과도적 형식도 거론할 필요가 있다. 금융자본과 그에 상응하는 국제 정책은 "수많은 과도적 국가의 부속 형식을 조성했다. 이 시대의 전형적 국가 형식에는 식민 점유국과 식민지 두 유형만 있는 것이 아니라 각종 형식의 부속국도 있다. 그들은 정치적으로 독립했지만 실질적으로는 재정과 외교 방면에서 종속관계의 그물에 포위되어 있다."[100] 그중 중국, 터키 등 반식민지가 한 유형이고, 아르헨티나, 포르투갈 등은 또 다른 종류의 "정치적으로 독립되었지만 재정적·외교적으로는 독립하지 않은 또 다른 형식"이다.[101] 다음으로 일련의 '문화혁명'을 겪은 후 사람들은 보편주의적 방식으로 역사 속의 서로 다른 공동체를

---

99 卡爾·施米特, 「國家主權與自由的海洋」, 『陸地與海洋 — 古今之"法"變』, 69쪽.
100 列寧, 「帝國主義是資本主義的最高階段」, 『列寧選集』 第2卷, 805쪽.
101 같은 책, 805쪽.

고대 국가, 중세기 국가, 근대 국가라고 불렀다. 그리고 중국이나 다른 비서구 역사 속의 정치공동체를 제국, 왕조, 부락, 추장국으로 폄하했다. '주권국가'의 확립은 역사적 맥락의 차이를 생략하거나 다중적 역사적 시간을 억압하면서 이루어졌다. 따라서 그것에는 베니딕트 앤더슨이 말하는 '동질적이고 공허한 시간'[102]이 필요할 뿐 아니라 다중적 시간 관계를 품는 공시적 개념도 필요하다.

육지와 해양의 변동 관계에서 '내부의 역사적 변천'과 '외부의 역사적 변천'의 교착관계를 관찰해보자. 17세기부터 청나라는 슈미트가 말하는 크게 확대된 공간의 '두 사냥꾼'(러시아의 모피동물 사냥꾼과 바다를 헤치고 전진하며 고래를 사냥했던 북유럽, 서유럽의 해적)[103]과 접촉했다. 1636년 홍타이지는 '몽골아문'을 설치해서 몽골 업무를 대리하게 하고 3년 후 이번원理藩院으로 개편해서 몽골, 이슬람 지역, 티베트, 서남 토사土司를 관리하고 러시아 업무도 겸하는 기구로 만들었다. 1689년 청과 러시아가 체결한 네르친스크 조약은 과학적 방법에 따른 경계 획정, 경계 내의 행정 관할권 확인, 양측 거주민의 국경 이동 통제, 교민 배치, 여권과 무역 진입, 조약문의 언어와 대역 등을 규정했다. 이는 주권국가 간 관계의 내용을 전반적으로 보여준다. 강희제는 예수회 선교사 두 사람—프랑스 선교사 장 프랑수아 제르비용Jean-François Gerbillon(1654~1707, 중국명 장성張誠)과 포르투갈 선교사 토마스 페레

---

102 本尼迪克特·安德森, 吳睿人 譯, 『想象的共同體』, 上海人民出版社, 2003, 26쪽.

103 卡爾·施米特, 『陸地與海洋—古今之"法"變』, 19쪽. 한국어판은 카를 슈미트 지음, 김남시 옮김, 『땅과 바다-세계사적 고찰』, 42쪽 참조.

이라Thomas Pereira(1645~1708, 중국명 서일승徐日昇)—을 뽑아 청나라 대표단 협상에 참여시켰다. 그들은 통역과 고문직을 겸했다.[104] 그들은 휴고 그로티우스Hugo Grotius(1583~1645)의 학술과 유럽 국제법 지식을 잘 알고 있었다. 이 조약은 두 정치 주체 간의 주권 조약이었다.[105] 18세기 초 강희제는 시랑 혁수赫壽를 라싸로 보내 티베트 업무를 맡겼다. 그러나 그때는 아직 주장대신(공식 명칭은 흠차주장판사대신欽差駐藏辦事大臣—옮긴이) 제도가 제정되지 않았다. 1727년 몽골 준가르부를 평정하고 티베트를 침공한 후 옹정제가 흠차주장판사대신을 설립해서, 달라이 라마, 판첸라마와 공동으로 티베트 업무를 관리감독 하도록 했다. 이 제도는 1912년 마지막 주장대신이 티베트를 떠나면서 종료되었다. 그후에는 중화민국 티베트 업무 장관, 몽골 티베트 사무국, 중화인민공화국 티베트 자치구가 뒤를 이었다.[106]

티베트 업무와 평행 관계를 이루는 것은 신장 이슬람 지역의 제도 변천이다. 위구르족, 키르기스인, 타지크인이 모여 사는 지역에서 청나라 조정은 베그제를 실시했다. 베그는 원래 위구르 카칸국의 관직이었다.

---

104 陳霞飛·陳澤憲 譯, 『張誠日記』, 北京: 商務印書館, 1973; 約瑟夫·塞此斯 著, 王立人 譯, 『耶穌會士徐日昇關於中俄尼布楚談判的日記』, 北京: 商務印書館, 1973; 伊夫斯·德·托馬斯·德·博西耶爾夫人 著, 辛巖 譯, 陳志雄·郭強·古偉瀛·劉益民 審校, 『耶穌會士張誠—路易十四派往中國的五位數學家之一』, 鄭州: 大象出版社2009.

105 北京師範大學淸史硏究小組, 『一六八九年的中俄尼布楚條約』, 北京: 人民出版社, 1977. 이 책은 『一六八九年的「中俄尼布楚條約」』이라는 이름으로 戴逸, 『淸代中國與世界』, 北京: 中國人民大學出版社, 2018에 수록되었다.

106 汪暉, 『東西之間的"西藏問題"(外二篇)』, 北京: 三聯書店, 2014.

이는 당나라와 송나라의 역사서에 모두 기록되어 있다. 1759년 호자 형제[107]의 반란을 평정한 후 청나라 조정은 베그제를 개조해서 청 조정의 관제로 편입시켰다. 1884년 신장에 성을 설치하고 조정은 각급 베그 관직을 폐지한 후 내지와 일치된 관료제도를 시행했다. 이 '정치적 집중' 추세는 내부 위기에서 연장된 것이다. 일찍이 1864~1877년의 이른바 '동치 신장회변同治新疆回變'과 야쿱 벡Muhammad Yaqub Bek(1820~1877)의 침입 시기에 베그제는 문란해지고 있었다.[108] 서역의 변천과 대조되는 것은 서남 지역의 개토귀류改土歸流[109]다. 그중 옹정 4년(1726)에 오르타이鄂爾泰(1677~1745)가 추진한 개토귀류 정책은 신장성을 설치하기 훨씬 전에 있었고 외환外患과는 관계가 적다.

위와 같은 국가 형태 변천은 마르크스가 묘사한 19세기 전 세계의 상황과 다르다. 또 '생산의 집중'에 따라 형성된 '정치적 집중'이 아니라 내륙 종족 집단 간, 왕조 간에 형성된 복잡한 지정학적 관계에서 발생한 권력 집중 추세였다. 17세기부터 청대의 여지학興地學, 경학經學, 책론策論에서 우리는 지리적 범위가 광활하고 차원이 복잡하며 내외의 구분이 없고 문화적으로도 다양한 중화 왕조의 정치적 청사진을 관찰할 수 있다. 이는 이학의 화이지변과 다르고 군현제 국가의 내외 차이와도 완전

---

107 부르한 웃딘Burhān u'd Din(波羅尼都)과 자한Khwāja—i Jahān(霍集占). 호자 Khoja는 이슬람교 지도자─옮긴이.

108 베그제에 관한 연구는, 佐口透 著, 『十八─十九世紀新疆社會史研究』 上冊, 凌頌純 譯, 烏魯木齊: 新疆人民出版社, 1983, 121~222쪽 참조.

109 개토귀류란 소수민족의 土司를 중앙정부가 파견한 流官으로 교체하는 것이다. ─옮긴이

히 다르다. 당연히 내부적으로 동질화한 유럽 민족-국가의 정치적 시야와도 다르다. 이러한 시야에서 볼 때 '중국'은 원근에 따른 예의의 서열관계 속에서만 조직되어야 내외가 호응하는 정치질서를 구성할 수 있다. 그것은 점진적 역사 변천의 산물이자 부단히 변천하는 역사 자체다. 따라서 이른바 지리학적 시야는 지리만의 문제일 수 없다. 그 배후에는 공간과 내포의 측면에서 '중국'을 어떻게 정의하느냐는 문제가 있다.[110]

19세기 초부터 이러한 내륙의 권력 집중 추세와 또 다른 사냥꾼, 즉 '북서유럽 해적'의 출현은 밀접한 호응관계를 갖는다. 청대의 제도적 연혁은 이 점을 뚜렷하게 증명한다. 청나라에 처음부터 대외 업무를 전담하는 기구가 있던 것은 아니었다. 대외 업무는 예부 사사四司 중 하나인 주객청리사主客淸吏司가 담당했다. 예부는 남북조 시대의 북주에서 처음 설치되었고 수나라 때부터 육조의 하나가 되어 역대의 왕도에 이어져 내려왔다. 제2차 아편전쟁 이후 1858년 체결한 중영 톈진 조약의 제1조 '공사가 베이징에 상주한다'는 요구에 따라 청나라는 영국·프랑스 등 유럽 열강의 강압 아래 1861년 총리각국사무아문을 설립해서 예부와 이번원理藩院의 대외 업무를 이어받아 관장했다. 1861년부터 1901년까지 신축조약辛丑條約 제12조의 규정에 따라 외무부로 바꾸었다. 이 부서는 40년 동안 육부의 상위 기구로 존재했다.[111]

동치 13년(1874) 2월 영국은 호레이스 브라운Horace Browne 대령을

---

110 汪暉, 「兩洋之間的文明」, 『經濟導刊』 2015年 第8期, 10~21쪽.

111 총리각국사무아문에 관한 체계적 연구는 吳福環, 『淸季總理衙門硏究(1861~1901)』, 烏魯木齊: 新疆大學出版社, 1995.

파견했다. 그는 영국 관리, 상인, 장교, 사병 193명으로 구성된 정탐대를 이끌고 미얀마를 경유해서 육로를 통해 윈난에 진입했다. 주중 영국공사 토머스 프랜시스 웨이드 경Sir Thomas Francis Wade(1818~1895)은 총리아문의 재가를 받고 번역관 오거스터스 마거리Augustus Raymond Margary(1846~1875)를 미얀마 바모로 보내 브라운을 만나게 했다. 1875년 2월 14일 마거리와 브라운의 탐험대는 윈난 텅웨腾越(지금의 텅충腾冲) 지역을 무단으로 침입해서 주민을 향해 발포하여 사살했다. 이에 현지인의 저항에 부딪혀 마거리와 4명의 수행원이 피살되었다. 청 정부는 사태를 수습하기 위해 이 사태에 가담한 현지 민중 23명을 사형에 처했고 군정 관원을 파면하고 조사·처벌했다. 그리고 광서 2년(1876) 7월 26일 리훙장과 웨이드가 옌타이 조약을 체결했다. 각종 불평등조약 이외에 조약은 중국이 영국에 공사를 파견해서 '유감'을 표명하도록 규정했다. '마거리 사건'은 중국이 해외에 사절을 파견한 시초가 되었다. 또한 조공/책봉을 주요 형식으로 하는 대외관계에 중대한 변화가 생겼음도 의미한다.[112] 바로 이해에 영국 보수당 강경파 로버트 리턴Robert B. Lytton(1831~1891)이 인도 총독에 임명되었다. 그는 먼저 신장 톈산天

---

112 屈春海·謝小華 編選,「馬嘉理案史料」(一)(二)(三)(四), 각각『歷史檔案』2006年 第1期; 2006年 第2期; 2006年 第4期; 2007年 第1期에 수록됨. 이 문서들은 中國第一歷史檔案館 外務部檔案에서 선별했다. 그 밖의 참고자료는 다음과 같다. 王繩祖,「馬嘉里案和烟台條約」, 王繩組,『中英關係史論叢』, 北京: 人民出版社, 1981; 岑練英,『中英烟台條約研究 — 兼及英國對華政策之演變概說』, 珠海書院中國文學歷史研究所, 1978; 方英,「合作中的分歧: 馬嘉理案交涉再研究」,『史學集刊』2014年 第4期; 丁彩霞,「從滇案的交涉看中國外交的轉變」,『學術探索』2017年 第2期.

山 이남을 불법 점거한 야쿱 벡 정권을 대대적으로 지원했다. 야쿱 벡 정권이 패망한 뒤에는 제2차 대아프카니스탄 전쟁을 일으켰다. 같은 해 3월 2일 차르 알렉산드르 2세는 코칸드칸국을 정식으로 겸병한다는 명령에 서명했다. 그리고 이름을 페르가나로 바꾸고 스코벨레프 장군 (1843~1822)이 이 지역 초대 행정장관이 되었다. 이에 아시아에서 영국과 러시아의 경쟁이 새로운 단계로 접어들었다.[113]

중국과 유럽의 접촉은 영국, 프랑스에서 시작하지 않았다. 스페인, 포르투갈이 네덜란드, 영국, 프랑스, 독일 등 북서유럽 국가보다 먼저 아시아와 관계를 맺었다. 그런데 왜 19세기 중후반에 와서야 청 조정이 대외 업무 전담 기구를 설립하고 조공관계 관리를 변화시키고 대외사절단을 파견할 수밖에 없었을까? 앞에서 말한 사건과 이로 인해 체결된 조약의 내용 외에 북서유럽 국가와 남유럽 국가의 차이 또는 신교와 천주교의 투쟁에서 파생된 주권국가와 그 관계 규범이 중국과 동아시아 지역의 주권 관계를 이해하는 데 어떤 특수한 의미가 있는 것은 아닐까? 영국과 프랑스 그리고 그들보다 일찍 동북아시아에 도달한 네덜란드는 "당시의 신교 세력이 당시의 천주교 세력에 대항하는 최전선에 있었다." 그리고 스페인 천주교 패권과의 투쟁 중에 해양 질서가 특징인 세계질서 시대가 개막되었다. 영국과 네덜란드 사이에는 경쟁관계가 존재했지만 영국의 국제법 사상과 주권 관념은 네덜란드의 국제법과 주권 개념에서 파생된 것이다. 그들의 공동의 적은 스페인과 천주교 세력이었다.

---

113 王治來, 『中亞通史·近代卷』, 烏魯木齊: 新疆人民出版社, 2007, 339쪽.

"여기에는 유일무이한 사건이 존재한다. 그 독특성과 비교 불가능한 특징은 영국이 완전히 다른 역사적 시기에 완전히 다른 방식으로 근본적 변혁을 시행했다는 점이다. 그것은 바로 자신의 존재를 진정으로 육지에서 해양이라는 원소로 돌려놓았다는 사실이다. 이에 따라 영국은 수많은 해상전과 육지전에서 승리를 거두었다. 그뿐만 아니라 또 다른 완전히 다른 전리품도 손에 넣었다. 여기에 그치지 않고 하나의 혁명, 대혁명, 즉 행성의 공간 혁명을 이루었다."[114]

'북유럽과 서유럽의 해적'에 관해서 말하자면, 해양 시대는 대서양·인도양·태평양이 동시에 내해가 되는 시대다. 이 시대의 제도적 기획은 완전히 대륙의 권력 분포와 구조, 이익관계에 지배권을 형성하기 위함이다.[115] 1517년 포르투갈은 군사 점령을 통해 툰먼屯門 정권을 세웠다. 그러나 수차례 무력 침입과 점령이 실패한 후 1553년(명 가정嘉靖 32) 오늘날의 마카오 지역으로 방향을 돌려야만 했다. 그리고 1572년 백은 500냥을 지대(사실상 뇌물)로 납부하고 마카오의 이권을 취득했다. 명나라 법률의 구조와 해상 방어 행정의 이중적 관리 아래 묵인된 자치가 실시되었다. 1583년(명 만력萬曆 11) 마카오 의회가 결성되었고 1616년(명 만력 44)에는 총독을 임명하기 시작했다. 포르투갈의 마카오 조차는 대항해 시대가 중국과 그 주변에까지 힘을 뻗쳤다는 사실도 상징한다. 그러나 일반적으로는 마카오가 조계지에서 식민지로 바

---

114 卡爾·施米特, 『陸地與海洋 —古今之"法"變』, 31쪽.

115 Owen Lattimore, "Asia in a New World Order," *Foreign Policy Reports* *28*(September 1, 1942), pp.150~163.

뀐 때는 아편전쟁 이후라고 알고 있다. 그 상징적인 사건은 1849년 마카오 79대 총독이자 '외팔이 장군'이라 불린 아마랄João Maria Ferreira do Amaral(1803~1849)이 암살되면서 일어난 청나라와 포르투갈 간의 군사적 충돌이었다. 그 후 마카오는 정식으로 포르투갈 제국의 식민지가 되었다. 1887년 중국·포르투갈 우호통상조약Tratado de Amizade e Comércio Sino—Português이 체결되어 법률적으로 마카오가 식민지라는 것을 확인했다. 마카오 문제에서 명나라와 포르투갈의 관계는 형식적 주권의 문제와는 관련이 없다.(구체적 내용만 19세기의 주권 문제와 관련이 있다.) 그보다 천주교회의 보교권Patronatus missionum 문제와 더 관련이 있다. 보교권이란 로마 교황청이 국가 정권에 비천주교 지역에서의 천주교 선교를 보호할 수 있도록 부여한 권리다.[116] "포르투갈 국왕의 '보교권'은 1493년 교황 알렉산데르 6세Alexander VI(1492~1503)로부터 받았다. 당시 포르투갈, 스페인은 해외로 탐험하면서 아메리카, 아시아로 가는 항로를 개척했다. 수많은 선교사가 이 항로를 따라 선교에 나섰다. 리스본에서 희망봉, 인도양으로 향하는 항로는 포르투갈 사람 바스쿠 다가마가 1498년 발견한 것이다. 따라서 레오 10세LEO X(1513~1521)는 1514년 아시아의 보교권도 포르투갈에게 주었다. '보교권'에는 몇 가지 내용이 있었다. 동아시아에 온 선교사는 포르투갈

---

116 포르투갈의 보교권에 관한 연구는 다음 연구를 참조할 만하다. 顧衛民, 「十七世紀羅馬教廷與葡萄牙在中國傳教事業上的合作與衝突」, 『文化雜誌』 第46期(澳門); 張庭茂, 「16—17世紀澳門與葡萄牙遠東保教權關係的若干問題」, 『杭州師範學院學報(社會科學版)』 2005年 第4期, 30~36쪽.

정부에 등록하고 포르투갈 상선을 타고 아시아로 향해야 했고 동아시아 주교는 포르투갈 국왕이 교황에게 추천해야 했다. 현지에서는 선교를 위해 발생하는 교섭 업무는 포르투갈 정부가 대리해야 했다. 현지에서 종교 의식을 거행할 때는 포르투갈 국왕을 대표하는 자가 각국 대표 앞에 있어야 했고 포르투갈 정부는 선교 자금을 제공할 책임을 졌다."[117] 보교권 문제는 무역 문제 및 영토 내 관할권 문제와 직접적으로 연관되었다. 그러나 그것이 야기한 모순과 충돌은 주로 중국과 서양의 의례 분쟁이라는 형식으로 나타났다. 이 의례 분쟁과 그 변천에 대해서는 연구가 많다.[118]

이와 달리, 1600년 설립된 브리튼 동인도회사와 1602년 설립된 네덜란드 동인도회사는 해양권 시대가 도래했다는 중요한 지표다. 세금, 징병, 방위시설 등이 그 탄생, 발전, 전환, 종결 등의 전 과정이 근대적 주권 형태와 관련이 있다면[119] 북서유럽의 이 두 동인도회사는 서로 다른 단계에서 약간의 '국가'적 특징을 갖는다. 네덜란드 동인도회사는 상업 네트워크를 공고히 한 후 "중국 비단 제품 수출 무역을 독점하기 위해서

---

117 李天綱, 『中國禮儀之爭 : 歷史 · 文献和意義』, 上海古籍出版社, 1998, 280~281쪽.

118 Charles Ralph Boxer, "The Portuguese Padroado in East Asia and the Problem of the Chinese Rites," *Boletim do Instituto Português de Hong Kong* I(July, 1948), pp.199~226; 李天綱, 「中國禮儀之爭 : 歷史 · 文獻和意義」張國剛 等, 『明淸傳教士與歐洲漢學』, 北京 : 中國社會科學出版社, 2001, 144~165쪽.

119 인도에서 동인도회사가 영국 황실을 대리하는 방식으로 한 행위는 Christopher A. Bayly, "The British Military : Fiscal State and Indigenous Resistance, India1 750 — 1820," in Lawrence Stone(ed.), *An Imperial State at War: Britain from 1689 to 1815*(New York : Routledge, 1994) 참조.

함대를 파견해서 포르투갈인을 마카오에서 내쫓아 근거지를 쟁탈하려 했다. 이 계획이 좌절된 뒤 회사는 여전히 중국에서 자유무역이 발전한 지역을 탈취할 것을 기도했다. 뒤이어 평후섬에 군사기지를 설치하기로 결정했다. 그러나 중국 당국은 평후섬이 중국 영토임을 확인하고 공사의 이번 행위를 주권 침탈 행위로 규정했다. 그래서 네덜란드인을 배척했다."[120] 일찍이 청말 시기 네덜란드, 스페인, 포르투갈 세력이 마카오, 평후, 대만 등에서 경쟁함에 따라 주권적 충돌이 일어났다.

1820년부터 제2차 아편전쟁(1856~1860)까지는 아편 무역이 재빠르게 세계 질서의 변화로 상승한 결정적 시기이자 중국이 유라시아 내륙 경계 지역과 해안 경계 지역에서 양대 아시아 제국의 협공을 동시에 받은 시대였다. 공자진龔自珍은 일찍이 대륙이 넘을 수 없는 천연 장벽인 사해四海를 잃고 있음을 알아차리고 새로운 해양의 시야로 서역의 지정학적 의미를 관찰하지 않을 수 없었다. 그가 각각 1820년과 1829년에 서역에 행성을 설치하자고 주장하고 수원성 안정책을 어시御試 답안으로 제출했을 때는 바로 난장南疆에서 일어난 자한기르 호자Jahanghir Khoja(張格爾, 1790~1827. 부르한 웃딘의 손자 ─ 옮긴이)의 반란으로 인해 청 조정 내부에서 난장에 대한 직접 통제 포기, 책봉제도 개편에 관한 격렬한 논쟁이 벌어진 시기였다. 그는 행성을 설치해서 경계 지대를 안정시키고 사람들이 정착할 새로운 공간을 찾으며 서해(인도양과 아랍해)와 왕래

---

120 韓家寶, 鄭維中 譯, 『荷蘭時代臺灣的經濟·土地與稅務』, 臺北: 播種者文化有限公司, 2002, 20쪽.

할 내륙 경로를 찾을 것을 제안했다.[121]

정치적 집중을 내세운 이러한 주장은 바로 책봉제도로의 회귀에 대한 반박이다. 1820년대 영국 동인도회사는 이미 자한기르 반군을 훈련하고 무기를 제공하는 등 신장 반란을 대폭 지원했다. 이는 1840년 아편전쟁의 전조였다. 이 위기가 아시아 대륙의 중심 지대이자 영국과 러시아 양대 제국의 분쟁이 필연적으로 일어날 곳에서 발생했기 때문에 멀리서 1850년대에 일어난 크림전쟁과도 호응했다. 크림전쟁 시기 러시아 외교관 니콜라이 이그나티예프(1832~1908)는 명을 받아 코칸드와 부르하 두 칸국에 외교사절로 갔다. 그리고 1858년 10월 11일에는 조약 체결 임무를 완수하고 아무라디야강의 항해권을 취득했다. 이그타니예프는 중앙아시아행을 마친 후 곧바로 중국으로 달려가 제2차 아편전쟁을 '조정'하고 청 정부를 속여 중국과 러시아 간 아이훈 조약과 베이징 조약을 체결하는 데 성공했다. 그 결과 100여 만 제곱킬로미터의 토지를 빼앗아갔고 러시아는 카스의 무역 특권을 획득했다. 마르크스는 이 국면을 이렇게 풍자했다.

> 존 불(영국인)이 제1차 아편전쟁을 벌임에 따라 러시아는 러시아가 헤이룽장을 따라 항해하고 양국 접경 지역에서 자유롭게 상업할 것을 허가하는 조약을 체결할 수 있었다. 또 제2차 아편전쟁을 일으켜서 러시아가 타타르 해협과 바이칼호 사이의 가장 부유한 지역을 획

---

121 汪暉,「兩洋之間的文明(上)」,『經濟導刊』 2015年 第8期, 10~21쪽.

득하는 것을 도왔다. 러시아는 지난날 이 지역을 몹시 손에 넣고 싶어했다. 알렉세이 미하일로비치(재위 1645~1676) 때부터 니콜라이 시대까지 줄곧 이 지역 점유를 기도했다.[122]

엥겔스는 크림전쟁이 아시아에서 갖는 의미를 더욱 명확히 밝혔다. "러시아는 세바스토폴 밖에서 겪은 군사적 실패 때문에 프랑스와 영국에 복수하고 싶어했는데 지금 막 실현되었다."[123] 이때부터 동방 문제, 중앙아시아 문제, 극동 문제가 떼려야 뗄 수 없는 세계사적 문제가 되었다. 이런 의미에서 우리는 마오쩌둥이 말한 아편전쟁이 발단이 된 중국 근대사를 전 세계 질서의 변천, 특히 양대 아시아 제국이 지역 패권을 쟁탈하는 과정에 놓고 파악할 수 있다. 더 나아가 발단으로서의 아편전쟁이 1820년대부터 1860년대(즉 제2차 아편전쟁 전후)까지의 전 세계적 흐름 속에 있음을 이해할 수 있다. 이 시대의 뒤를 이은 것이 미국, 독일, 일본의 부상으로 상징되는 신제국주의 시대다.

해양 세력의 도래는 두 가지 공간 질서의 투쟁을 의미한다. '어떤 기준으로 토지를 분배하는가' '어떤 방식으로 국가를 조직하는가' '어떤 기술로 경계를 획정하는가' '어떤 규칙으로 공동체 간의 관계를 정하는

---

122 馬克思, 「中國和英國的條約」, 馬克思·恩格斯, 『馬克思恩格斯全集』 第12卷, 中共中央馬克思恩格斯列寧斯大林著作編譯局 譯, 北京 : 人民出版社, 1962, 625~626쪽.

123 恩格斯, 「俄國在遠東的成功」, 中共中央馬克思恩格斯列寧斯大林著作編譯局. 『馬克思恩格斯論中國』, 北京 : 人民出版社, 1997, 81쪽. 세바스토폴은 크림반도 남서부에 위치한 항구 도시다. 크림전쟁 시기 러시아의 전략적 요충지였는데 3국 연합군에 포위되었고 러시아는 포위를 깨뜨리는 데 실패했다. - 옮긴이.

가'가 필연적으로 이 투쟁의 기본적인 내용이 되었다. 공간이 누구에게 귀속되든 두 가지 질서 모두에서 전대미문의 '정치적 집중'이 나타났음은 명확한 추세였다. 유럽의 관점으로 보면, 네덜란드가 17세기 초 평후(명 만력 32년, 즉 1604년과 천계 2년, 즉 1622년)와 대만 지역(명 숭정 15년, 즉 1642)을 공격하고 점령한 사실은 신흥 북서유럽 세력과 스페인 세력 간에 벌어진 격투의 일부분이었고 영국 세력이 19세기에 미국이 20세기에 그를 대신해서 전 세계 패권을 형성하는 국면의 전주곡이었다. 네덜란드 동인도회사는 마카오와 평후에서 제시한 요구가 명나라 정부에 의해 제지당한 후 교착 국면을 타파하기 위해 대만까지 물러서서 중국에서의 상업적 기회와 맞바꿀 수밖에 없었다.[124] 1624년 명나라와의 협상을 통해 동인도회사는 대원大員(지금의 타이난)에 상관商館을 설립하고 "중국의 수출품을 확보하고 중국과 필리핀 간의 무역을 끊어내는 기지로 삼았다."[125] 영국 동인도회사는 1670년 대만 지역, 1696년 베트남, 1715년과 1729년 광주에서 치외법권을 확보하려고 시도했다.[126] 그러나 랜들 에드워즈R. Randle Edwards의 연구에 따르면 청 조정은 이런

---

124 네덜란드 동인도회사의 대만 지역 활동에 관한 가장 상세한 자료는 네덜란드 헤이그 국제문서관의 『동인도업무보고』에 보존되어 있다. 이 보고의 대만 관련 부분은 이미 번역되었다. 程紹剛 譯註, 『荷蘭人在福爾摩莎』, 臺北 : 聯經出版事業公司, 2000.

125 韓家寶, 『荷蘭時代臺灣的經濟·土地與稅務』, 20쪽.

126 Hosea Ballou Morse, ed., *The Chronicles of the British East India Company Trading to China, 1635— 1834*, Oxford : Clarendon Press, 1926~1929, supra note[7] 1 : pp.193~194(1729); supra note[4], pp.234~235. 陳利, 「法律·帝國與近代中西關係的歷史學 : 1784年'休斯女士號'衝突的個案研究」, 鄧建鵬·宋思妮 譯, 『北大法律評論』 2011年 第2輯 참조.

요구를 받아들이지 않았다.[127]

정성공의 대만 수복(강희 원년, 1662)은 해양권 발흥시대에 일어났다. 그는 내륙 연해 세력과 신흥 해양 세력을 근거로 첫 번째 직접 투쟁을 벌였다. 사실상 그의 아버지 정지룽郷芝龍과 네덜란드 식민 세력의 투쟁은 이미 이 시대 주권 관계 속에 깊숙이 박혀 있었다.[128] 네덜란드 동인도회사와 정씨 세력은 1870년대 이후의 근대적 국가 형식과 결코 같지 않다. 그러나 그 투쟁은 깊은 주권적 성격을 갖는다. 강희가 서남부 삼번을 평정한 후 정성공의 대만 정복은 또 다른 주권 투쟁이었다. 그것은 내륙 세력이 연해를 왕조의 주권 범위 안에 넣으려는 노력이었다. 이에 따라 왕조 주권의 형식을 거듭 천명함으로써 해양권 투쟁에 개입했다. 대만 통치를 둘러싼 네덜란드, 정성공 세력, 청나라의 쟁탈전은 유럽의 남북 세력이 충돌하고 지위를 맞바꾼 시대에 벌어졌다. 이 때문에 해양권 시대의 주권 투쟁이라는 주제와 연관을 맺는다.[129] 청나라 권력의 공고화는 주권 건설 과정이기도 했다. 대만을 수복하려는 이유에서든(장쑤성, 저장성, 푸젠성, 광둥성의 방패로서 "대만을 갖느냐 마느냐는

127 R. Randle Edwards, "Ch'ing Legal Jurisdiction," Morse, ed., *Chronicles*, supra note [4], pp.234~235. 陳利,「法律·帝國與近代中西關係的歷史學: 1784年'休斯女士號'衝突的個案研究」,『北大法律評論』2011年 第2輯, 439쪽 참조; 愛德華,「淸朝對外國人的司法管轄」, 高道蘊 等 編,『美國學者論中國法律傳統』, 北京: 淸華大學出版社, 2004.
128 정성공의 부친 정지룽은 바로 스페인, 포르투갈 세력과 네덜란드, 영국 세력이 경쟁하는 시대에 떠올랐다. 湯錦台,『開啓台灣第一人: 鄭芝龍』, 臺北: 果實出版社. 2002.
129 湯錦台,『大航海時代的台灣』, 臺北: 大雁文化事業股份有限公司, 2011, 118쪽.

관련성이 매우 크다. (…) 버려두고 지키지 않아서는 안 된다")[130] 대만을 다스리는 제도 모델에서든(푸젠성의 제도 내에서 대만부와 대만현, 풍산風山현, 제라諸羅현을 설치하고 관작과 관부의 설치, 군사 주둔, 성 축조 등을 실시했으며 고산족에 대한 통치 역시 서남부 지역을 관리하던 기존 규정을 따랐다) 청나라의 대만 통치는 공통적으로 내륙 질서로 해양 세력에 대응하는 특징을 띠었다.[131] 이 과정과 1870년대 이후 일본의 대만 침범에 맞선 해양 방어에 관한 논의와 계획, 목단사牧丹社 사건[132] 이후 청 정부와 일본 정부의 외교 게임은 이미 19세기 말 제국주의 시대에 벌어진 주권 투쟁이었다.[133] 1871~1874년은 바로 메이지 유신이 제국주의 정책을 자각적으로 펼치기 시작한 해다. 이 때문에 1874년 일본이 대만으로 군대를 출동시켜 대만 원주민을 공격한 목단사 사건(일본은 '대만 출병' '대만 정벌 전쟁'이라고 부른다)과 그 후 청나라와 일본 사이에 벌어진 첫 번째 근대적 외교 게임은 제국주의 시대 주권 게임이라는 역사적 함의를 가진다.

---

130 『康熙起居注』二十三年正月二十一日. 陳孔立 主編, 『台灣歷史綱要』, 北京 : 九州出版社, 1996, 135쪽 참조.

131 汪暉, 「琉球與區域秩序的兩次巨變」, 『東西之間的'西藏問題'(外二篇)』; 「兩岸歷史中的失踪者 — 『台共黨人的悲歌』與臺灣的歷史記憶」, 『文學評論』 2014年 第5期, 5~19쪽 참조.

132 목단사사건은 1874년(동치 13년) 유구 국적 선박이 대만에 불시착했다가 대만 원주민에게 살해당하자 일본군이 대만에 침입한 사건이다. 이 사건으로 청조와 일본이 충돌했고 그 결과 유구번이 폐지되고 오키나와현이 설립되었다. 그 후 청 조정은 대만의 중요성을 깨닫고 대만을 적극적으로 관리했다. — 옮긴이

133 陳在正, 「1874 — 1875年清政府關於海防問題的大討論與對臺灣地位的新認識」, 『臺灣研究集刊』 1986年 第1期, 45~59쪽.

공간 혁명의 관점에서 보면 아편전쟁, 청일전쟁, 신해혁명, 5·4운동, 중일전쟁 등 전면적 사건과 1870년 이후 일본의 유구, 대만 지역, 조선 침공은 모두 내륙 세력과 새로운 해양 세력 간의 게임이라고 볼 수 있다. 20세기의 상징적인 2대 사건인 중국 혁명과 러시아 혁명도 해양 자본주의의 공격에 대항한 육지 혁명이라고 이해할 수 있다. 이 두 차례의 육지 혁명은 해양 에너지를 충분히 섭취한 신세력이 일으켰고 외부의 침략이나 식민 통치에 저항하면서 내륙 질서를 바꾸는 혁명이었다. 근본적으로 혁명의 지속·심화·확대는 수많은 농민, 광활한 농촌, 깊숙하고 두터운 내외의 지연 관계 등 대륙의 역량에 의존했다. "국가는 독립을, 민족은 해방을, 인민은 혁명을 원한다"라는 구호가 20세기의 정치적 주제를 구성한다면, 식민주의와 제국주의 시대의 국가 독립과 민족 해방 추구 역시 필연적으로 인민혁명을 통해 새로운 정치 형식을 만드는 것과 밀접하게 연관된다. 따라서 이 시대에 가장 중요한 정치적 성과는 바로 중국이 근대적 정치 주체로 탄생한 사실이다. 따라서 근대 중국의 주권과 내외 관계는 연속성이라는 시각에서 일반적으로 서술할 수 없다. 이 '연속성'은 반드시 제국주의 침입에 대한 대항과 중국 혁명 과정에서 탐색해야 한다.

근대 중국의 지역, 인구, 기타 정치-사회 구조와 왕조 정치 사이에는 뚜렷한 연속성이 존재한다. 나는 이 점에 대해서『근대 중국 사상의 흥기』와 그 밖의 관련 저서에서 다루었다. 해양 시대가 주권국가 체제의 확장을 통해 기존의 조공관계와 다원적 의례 제도를 와해시켰다면, 청나라는 분열 국면을 피하기 위해 내부의 정치 구조를 그에 상응해서 바꾸어야만 했다. 내부의 통일성을 강화하고 '외부가 없는' 다원적 왕조 국가에서 내외가 분명한 '주권국가'로 자신을 전화시켜야 했다. 이 '주권국가'가 내포한 '제국성' 때문에 그것은 '트랜스시스템사회'가 될 수밖에 없었다. 그것은 다중적 시간관계를 동시에 통합한 정치공동체다. '정치적 집중'의 중국적 형태는 특히 역사적으로 전승된 혼잡성(종족 집단, 종교, 신앙, 언어, 인구 등)을 더욱 통일된 정치 형식, 사회 조직, 문화 규범의 과정 아래로 끌어들이는 과정으로 나타났다. 이 점에서 청 왕조와 첫 번째 공화국 사이에는 뚜렷한 연속성이 존재한다. 그러나 정치적 집중의 추세는 다중적 동력이 추동했고 여러 궤도를 따라 발생했다. 그리고 17세기부터 19세기까지의 과정에서 국제관계의 변천에 따라 '주권'의 범주에 편입되었다. 더 중요한 것은 '단기 20세기'가 빚어내고 형성한 주권과 정치적 어젠다는 왕조 정치와 확연히 다르다. 정치 형식에서 청나라 말기와 민국 초기에는 보황당원과 혁명당원 사이에 입헌군주와 반만 혁명을 둘러싼 충돌이 있었다. 그뿐만 아니라 각자 진영에서 '입헌군주를 어떻게 시행할 것인가' '공화를 어떻게 시행할 것인가'를 두고 충돌이 일어났다. 예를 들면, 오족입헌군주인가, 18개 성 독립인가? 연방 또는 연방 형식으로 구성된 다원 중심의 가입 공화국을 택할 것인가, 오족공화를 토대로 단일한 제도의 국가 형식을 택할 것인가? 민족 해방운동에서 민족자결 원칙과 단일 주권의 틀을 받아들인다는 전제에서 성을 보편적 지역 행정 형식으로 취하는 공화국인가, 성 제도에 민족 지역 자치 형식을 가미한 통일된 다민족국가인가? 등의 견해가 대립되었다. 20세기가 끝나는 시점에서 돌아보면 다음과 같은 질문을 던질 수 있다.

왜 중국 혁명이 다민족 제국이라는 토대 위에서 단일한 주권 공화국을 창건해야 했는가? 왜 이 단일한 주권국가가 내재적으로 제도적 다원성을 가져야 하는가?[134]

중국 혁명은 두 가지 질서(해양에서 연원한 식민 통치와 그것이 역사에 뿌리내린 사회적 관계)를 타파·재구성하고 동태적 역사적 과정에서 조정했다. 양무운동, 무술변법, 신해혁명, 5·4운동, 토지 혁명부터 사회주의 혁명까지 지정학적 내륙 세력이 해양의 에너지를 빌려 기존의 공간 질서에 충격을 주지 않은 것이 없다. 또한 서구와 일본에서 온 해양 세력에 대한 저항이 아닌 것이 없다. 이 시대에는 연해의 혁명 세력과 내륙의 혁명 세력 간의 투쟁이 존재하는 동시에 해양 세력에 의해 활성화된 내륙 급진 세력의 자기 전통에 대한 공격, 식민 세력의 도래에 따른 반제국주의 운동도 존재한다. 혁명 진영과 보수 진영 모두에 두 가지 또는 여러 질서관 사이의 모순과 투쟁이 있었다. 이런 의미에서 러시아 혁명의 인민주의파 또는 슬라브파와 서유럽파의 투쟁, 중국 토지혁명 과정에서의 소농경제파와 갖가지 형식의 토지 혁명파 사이의 게임에서 오늘날 중국의 향촌 건설 노선과 도시화 노선의 모순까지 모두 상술한 공간 혁명의 내부 관계로 해석할 수 있다. 바로 이러한 복잡한 과정에서 농민이 주체가 되고 노농동맹을 토대로 한 혁명당원이 조직하고 이끈 대중운동은 국가와 주권의 정치적 함의를 재주조했다. 인민혁명은 이러

---

134 汪暉, 「革命·妥協與連續性的創制(上篇)」, 『社會觀察』 2011年 第12期, 10~15쪽; 「革命·妥協與連續性的創制(下篇)」, 『社會觀察』 2012年 第1期, 14~19쪽 참조.

한 의미에서 20세기의 두 위대한 혁명 사이에 모종의 친연적 관계가 존재하는 것은 결코 우연이 아니었다.[135]

공간 혁명에 대한 중국 혁명의 위와 같은 반응은 공간 혁명이 초래한 모순과 충돌의 가장 격렬한 형식 중 하나다. 언어와 정치라는 관점에서 내용에 대한 단어의 초역사적 추구, 복잡한 역사적 운동에 대한 개념의 귀납은 곧 위와 같은 격렬한 충돌의 표현 중 하나다. 격렬한 토론과 실천 속에서 새로운 단어와 개념은 새로운 정치에 방향을 제공하고 사회적 동원에 에너지를 송출해서 연속적 정치화 과정을 형성했다. 이와 동시에 역사운동은 또 항상 언어와 개념의 귀납을 넘어서 자신의 에너지를 보여주어 새로운 단어, 새로운 개념, 새로운 서술, 새로운 이념을 소환한다.

불행히도 이 시대에 대해 많은 역사학자의 평가는 갈리지만 해석 방식은 동일한 논리를 따른다. 그것은 '19세기 논리'라고 불린다. 그들은 19세기에 발생한 개념과 명제를 현실에서 발생한 과정을 대비시키거나 전자를 척도로 삼아 과정 자체의 혁명성을 부정하거나 이 개념과 명제들의 시대적 의미를 근본적으로 부정한다. 내가 20세기 중국의 개념과 명제를 '공간 혁명과 치환의 정치'라는 틀에 놓는 것은 다음과 같은 질문을 하기 위해서다. 20세기에 진정 유의미한 국가적 문제는 국가 개념의 규범적 의미를 묻는 것이 아니라 그 정치적 과정을 탐구―이 정치적 과정이 어떻게 제국의 기초 위에서 주권·인민의 의미를 종합해

---

135 汪暉, 「十月的預言與危机」, 『文藝理論與批評』 2018年 第1期, 6~42쪽 참조.

서 복합적이고 미완이며 때로는 자기를 부정하는 국가 형식을 형성했는가?—하는 것이다. 또한 진정 유의미한 정치적 문제는 단순히 총통, 의회, 성, 각급 기관과 군대 제도의 형성과 변화를 조사하는 것이 아니라 '문화운동—언어운동, 문학운동, 각종 예술 형식의 운동 등—이 어떻게 청년운동, 여성운동, 노동운동, 정당운동을 활성화했는가' '어떻게 정치와 '간격'을 통해 새로운 정치를 창조하는가' '왜 문화라는 범주가 20세기 정치를 관통하는 촉진제가 되었는가' 등을 탐색하는 것이다. 정말로 주목할 만한 계급 문제도 중국 사회의 계급 구조를 구조적으로 조사만 하는 것이 아니라 이런 조사의 토대 위에서 왜 부르주아와 프롤레타리아가 모두 박약한 사회에서 격렬한 계급 투쟁이 일어났고 계급 개념이 운용되는 과정에서 어떻게 그 '치환'을 실현했는가를 묻는 것이다.

전쟁과 혁명의 시대에 전쟁 자체를 통해 20세기 중국의 변천을 이해하려면 반드시 이 시대 중국의 전쟁 형태가 어떤 특징을 갖는지를 물어야 한다. 북벌 전쟁, 토지 혁명 전쟁, 중일전쟁, 해방 전쟁은 그 이전의 전쟁(아편전쟁, 청불전쟁, 청일전쟁 등)과 중요한 차이가 있다. 이 전쟁은 혁명을 전쟁 동원 속에서 조직한 전쟁, 전쟁을 통해 혁명을 한 전쟁, 전쟁 속에서 혁명국가를 건설한 전쟁, 전쟁으로 새로운 인민 주체를 창조한 전쟁, 민족 해방 전쟁과 국제 반파시즘을 결합한 전쟁, 국내 혁명 전쟁으로 민족 해방의 목표와 국제 사회주의 운동을 호응시킨 전쟁이다. 바로 이 때문에라도 중화인민공화국 건국 이후의 항미원조전쟁은 결코 일반적인 의미의 국방전쟁이 아니라 20세기 혁명동맹과 반파시즘 동맹이라는 역사적 기반 위에 기초를 잡은 전쟁 또는 그 맥락에 있는 국제적 연맹전쟁이다.[136] 이 때문에 상술한 조건에서 국가, 민족, 주권, 정당, 인민, 계급 등 범주의 역사적 형성과 구체적 내용을 묻고, 인민전쟁이 '어떻게 그 이전의 정당과 다른 새로운 정치조직(명칭에서는 완전히 같을지라도)과 국가 형태(소비에트)를 개조·창조했고, 어떻게 조직과 동원을 통해 농민이 혁명의 살아 있는 역량 또는 정치적 계급이 되었는가, 어떻게 국제적 연맹과 국제적 연맹전쟁 속에서 주권과 주권 쟁의를 이해해야 하는가' 등을 물어야 한다. 예를 들면, 프롤레타리아라는 개념은 그 구성원의 역사적 구성으로부터 직접 도출될 수 없고 이 개념이 그 구성원의 역사성을 초월하는 측면으로부터 이해해야 한다. 프롤레타리아 정당도 하나의 정치적 과정, 즉 그 계급 구성원이 부단히 그 자연적 존재 상태를 뛰어넘어 프롤레타리아 계급 정치에 적응하는 과정을 의미하고 있다. 만약 새로운 형태의 국가에서 정당이 이처럼 중심적 지위에 자리 잡는다면 주권 개념과 정당, 정당 간의 모순 관계는 도대체 어떻게 이해해야 할까? 사회주의 건설 시기, 즉 전쟁이 없는 조건에서 인민전쟁의 정치적 전통과 갖가지 형태의 사회운동(가령 '문화대혁명')은 어떤 관계인가? 또 정당과 국가 범주 안에서 문화혁명 및 그것과 5·4운동의 연관과 차이는 어떻게 이해해야 할까?

---

136 汪暉, 「二十世紀中國歷史視野下的抗美援朝戰爭」, 『文化縱橫』 2013年 第6期, 78~100쪽 참조.

5. 다중적 시간과 자기부정의 정치
: 이물로서의 '20세기'

공간 혁명이 치환 정치에 조건을 제공했다면, 시간 혁명은 신사상과 그것이 지도하는 운동 내부에서 자기 반대 혹은 자기부정의 정치를 생산했다.

20세기 중국의 '새로움'에 대한 추구, '낡은 것'의 폐기는 항상 진화·진보의 시간관을 구현한다고 여겨졌다. 『근대 중국 사상의 흥기』에서 나는 이 시대의 우주관과 역사관 변천을 천리 세계관의 붕괴와 공리 세계관의 탄생으로 개괄했다. 청 말기부터 5·4 시대까지의 방대한 문헌 속에서 우리는 천리 세계관과 공리 세계관의 첨예한 대립을 몇 가지 측면으로 정리할 수 있다.

첫째, 공리 세계관이 천리 세계관의 역사관을 뒤집고 과거가 아닌 미래를 이상적 정치와 도덕적 실천의 근원으로 보았다. 이 역전은 유학적 세계관 내부에 담긴 역사 중단에 대한 의식과 여기에서 발생한 고전 회복을 통해 도통에 접속하려는 의지를 와해시켰다. 이 새로운 의식의 지배 아래 개인의 도덕적·정치적 실천, 고전의 재구성 또는 복고의 방식으로 도통의 계보를 재구성하지 않고 미래 사업에 투신하는 방식으로 역사 의지를 구현해서 새로운 윤리를 구성했다.

둘째, 공리 세계관은 직선으로 나아간다는 시간 개념으로 천리 세계관의 시세時勢 혹은 이세理勢 개념을 대체했다. 고전적 사상에서 시세는 사물의 변화 자체에 내재하고 군자와 시세의 상호 구성에 내재하며 사물의 변화는 결코 시간의 목적론적 궤도에 엮이지 않는다. 그러나 직선으로 나아가는 시간은 목적론적 틀을 제공했고 이상생활 세계의 변화와 전환, 발전 모두를 시간 목적론의 궤도에 넣었다.

셋째, 공리 세계관은 원자론의 방식으로 '사실' 범주를 구축했고 이것으로 천리 세계관의 형이상학 가설에 충격을 주었으며, 사실의 논리 또는 자연법칙에 따라 윤리와 정치의 근거를 구축했고, 고전적 예악 범주 안의 일정한 관계·질서·규범으로서의 '사물'을 원자론적 사실 개념으로 전화시켰다. 이에 따라 과학 개념이 '진리' 영역을 거의 독점했다. 그 결과는 다음과 같다. 하나, 진보의 개념이 과거와 현재 사이에서 뚜렷한 경계선을 그었다. 따라서 고전 연구를 통해 새로움을 창조하던 송명이학식의 또는 르네상스식의 인문주의가 더는 가능하지 않게 되었다. 둘, 오귀스트 콩트Auguste Comte(1798~1857)가 인류의 역사를 '종교적 미신의 시대' '현학적 환상의 시대'에서 '과학 실증의 시대'로 서술한 것처럼 직선으로 나아간다는 시간관념이 시세 관념을 대체했다. 이에 따라 종교와 과학이 나뉘었고 종교에 의탁하던 신권정치와 세속과학을 인식론적 전제로 삼은 공화정치가 조화를 이룰 수 없게 되었다. 셋, '사물'의 개념이 변질되었다. 먼저 인식론에서 그다음으로 사회 분업 면에서 예술·도덕·정치·종교 등 영역의 엄격한 분계선이 이미 불가피해졌다. 인식론의 차원에서든 제도의 차원에서든 지식 영역의 '두 가지 문화', 정치 영역의 정교 분리, 사회 영역의 공사 양분, 법률 영역의 사회·개인의 권리 경계가 근대 세계의 보편적 현상이 되었다. 르네상스 시대처럼 자유가 고전과 현재, 예술과 과학, 종교와 자연 사이에서 왕래하는 일이 완전히 불가능해졌다.

그러나 공리 세계관이 탄생했을 때 이 세계관에 대한 비판은 이미 전개되었다. 보수 세력의 무기력한 저항은 아주 부차적인 것이고 진정한 도전은 새로운 세계 내부로부터 왔다. 옌푸는 『천연론』의 번역자이자 중국에 진화론 사상을 가장 먼저 들여왔고 중국 진화론에서 가장 중요한 사람이다. 그러나 그가 선택한 저작은 바로 사회다윈주의Social Darwinism를 비판한 작품, 즉 헉슬리의 『진화와 윤리』였다. 동시에 '생존경쟁과 자연선택, 적자생존'의 기본 명제를 유보했다. 옌푸는 진화론 법칙이 제국주의 시대에만 해당되는 것이 아니라 예로부터 내려오는 보편적인 시세라고 보았다. 그리고 헉슬리의 선악 동시 진화 이론을 비판했고 스펜서의 진화 이론이 "언젠가는 태평세太平世에 반드시 도달한다"[137]라는 가설을 세웠음을 이해하지 못했다. 식민주의, 국가주의, 과학주의의 파도 속에서 장타이옌은 이른바 '공리'가 권력과 밀접한 유착관계가 있다고 단언했다. 식민주의의 조건 아래서 만들어진 '문명화 과정', 근대 지식과 그 체제 아래서 형성된 개체에 대한 통제는 모두 공리화된 지배 형식이다.

'과학적 공리'에 대한 장타이옌의 폭로는 두 가지 기본 원칙 위에서 구성되었다. 첫째, 그는 두 가지 자연 개념을 구분했고 과학이 연구하는 자연은 스스로 존재하는 자연이 아니라 특정한 시야와 범위 속에 들어가고 인과율의 지배를 받는 자연(즉 과학에 따라 구성된 자연)이라고

---

137 赫胥黎, 『進化論與伦理學』 "附錄", 北京大學出版社, 2010, 198쪽.

단언했다. 이 논점에 근거해서 그는 해석체계로서의 과학은 결코 세계 자체를 해석할 수 없고, '공리' '진화'는 우주의 원리나 선험적 규칙이 아니라 인간의 관념이 구성한 것이고, '공리'의 창제 과정은 (자연 본성으로서의) '공公'의 현현이라기보다는 '사私'가 굴절된 표상이라고 보았다. 따라서 '공리'는 통제와 지배의 대명사다.[138] 둘째, 그는 자연의 운행을 목적론적 틀에서 해방시켜 진화의 도덕적 함의를 부정했다. 이에 따라 개체와 진화론의 역사적 목적론의 관련짓기를 거부했고, 개체를 집단 진화의 도구로 보는 것을 거부했고, 과학의 이름으로 풍속·습관과 전통 속에 박혀 있는 사회적 유대를 해체하기도 거부했다. 장타이옌의 반공리적 사상은 결코 특수주의로 돌아가지 않았고 예리한 사상으로 반공리적 공리―'제물평등'의 세계―를 탐색했다. "체는 형체를 띤 그릇이 아니다. 따라서 자유롭고 대립물이 없다. 이理는 이름으로 지어진 말을 끊어버렸다. 따라서 평등하고 두루 적용된다."[139] 제물평등의 세계는 공리의 명언 밖에서 우리가 보편적 가치의 언명을 뛰어넘어야 보편성에 도달할 수 있음을 보여준다.[140]

1907년 신해혁명의 폭풍우가 태평양과 창장강 유역의 환류에서 부침을 거듭하며 잉태되고 있었다. 막 의학을 버리고 문학으로 전향해서 센다이에서 도쿄로 간 루쉰은 불과 26세였다. 한편의 고문체 논설에서 그

---

138 章太炎,「四惑論」, 徐復 點校,『章太炎全集』第4卷, 上海人民出版社, 1985, 443~444쪽.
139 章太炎,「齊物論釋」,『章太炎全集』第6卷, 4쪽.
140 汪暉,『現代中國思想的興起』下卷 第1部, 第10章, 北京 : 三聯書店, 2008, 1011~1106쪽 참조.

는 고전적이고 심오한 문제로 막 강림한 '세기'에 대한 관찰을 언급했다.

> 문화는 항상 어둡고 깊숙한 곳에서 나아간다. 사람의 마음은 고정된 상태에서 만족하지 않을 것이다. 20세기 문명은 심원하고 장엄해서 19세 문명과는 다른 면모를 보일 것이다. 새로운 생명이 싹트면 허위가 모조리 소멸하고 내부 생활은 더욱 깊고 강해지지 않겠는가? 정신생활의 빛도 더욱 높이 솟아 발양되지 않겠는가? 철저하게 깨어나서 객관이라는 몽환적 세계에서 벗어나면 이로 인해 주관과 자각의 생활은 더욱 확장되지 않겠는가? 내면생활이 강해지면 인생의 의미도 더욱 심오해지고 개인 존엄의 의미도 더욱 선명해진다. 20세기의 새로운 정신은 미친 바람과 성난 파도 사이에서 의지력에 기대어 길을 열어갈 것이다.[141]

루쉰은 '20세기의 신정신'을 "물질을 배척해서 정신을 발양시키고, 개인에게 맡기고 다수를 배격하는 것"[142]이라고 개괄했다. 여기서 '물질'은 영국 산업혁명이 이끈 19세기 물질문명, 즉 자본주의 경제다. '다수'는 프랑스 대혁명이 창시한 19세기 정치 문명, 즉 헌정민주주의와 의회-정당제도다. 루쉰은 '19세기'의 창조력은 그 세기 말에 이미 미약해졌고 자유와 평등은 기존의 전제주의 형식을 능가하는 새로운 전제 형식으

---

141 魯迅, 「墳·文化偏至論」, 『魯迅全集』 第1卷, 北京: 人民文學出版社, 2005, 56~57쪽.
142 같은 책, 47쪽.

로 변하고 있다고 공언했다. 따라서 도래하고 있는 신세기에 중국이 확정하는 목표는 유럽 이중 혁명(프랑스 대혁명과 영국 산업혁명)과 그 후과를 뛰어넘어 한 사람 한 사람이 모두 자유로운 발전을 획득하는 '사람의 나라'다.[143]

이는 중국 역사에서 가장 이른 '20세기' 서술 중 하나다. 당시 중국인에게 이 개념은 하늘 밖에서 날아들어 온 이물질과 같았다. 그전에는 '19세기'라는 것이 존재하지 않았고 '18세기'도 없었기 때문이다. 1907년은 청 광서 33년이다. 루쉰의 글에서 '20세기'의 대립물로서의 '19세기'는 이전의 중국 역사와는 전혀 무관하다. 19세기는 프랑스 혁명과 영국 혁명이 열어젖힌 역사시대다. 유럽에서 연원한 이 세기는 아주 빠르고 날카롭고 깊숙한 방식으로 중국 자신의 역사적 내용물이 되었다. 양무운동 이후 19세기 유럽의 물질문명과 정치제도, 즉 유럽의 '이중 혁명'이 대동한 변천은 수십 년 동안 '서양에서 진리를 찾으려는' 사람들이 힘써 모방·학습하거나 추종한 개혁 목표였다. 1860년대 두 차례 아편전쟁 패배의 그림자 아래서 중국은 부국강병을 내용으로 하는 '양무운동'을 시작했다. 청일전쟁(1894)에 패배하면서 '오랑캐의 장기를 배워서 오랑캐를 제압하자'는 운동은 곧바로 무술변법으로 상징되는 정치개혁운동으로 전화했다. 그 내용 중 하나는 바로 유럽 입헌정치를 모방해서 국회를 설립하고 왕조를 '국가'로 개조하는 것이다. 정치개혁운동의 실패와 '아시아의 각성'의 진행 과정은 상호 중첩되며 혁명 시대

---

143 같은 책, 57쪽.

단기 20세기: 중국 혁명과 정치의 논리

의 도래를 상징한다. 신생 공화국이 참담한 혈색을 띠고 점점 부상하는 시기에 사람들은 그 탄생을 추동한 역량이 유럽의 민족주의, 시장경제, 물질문명, 정치체제가 아님을 어렵지 않게 깨달았을까? 따라서 19세기가 여러 형식으로 세계 역사의 운명이 된 시각에 중국에는 서구와 러시아적 의미의 '19세기'가 존재하지 않았다. 청말 개혁과 혁명의 목표를 뛰어넘기 위해 중국은 오직 '20세기'라는 이물을 자신의 사명으로 삼아야만 '자각'과 '해방'의 계기를 획득했던 셈이다.

20세기는 타자의 역사를 자기 내부로 끌어들이고 자신의 역사를 전 세계적 범위에 놓는 시대다. 이 시대의 특징은 바로 중복과 교체의 정치가 발생할 수 있는 기본 조건이다. '20세기'는 '19세기 유럽'의 이물이면서 '20세기 중국'에 내재한 이물이다. 이물은 복수다. 하나가 아니라 여럿이다. '입헌군주'를 내세웠던 캉유웨이는 그 자신이 제기한 '입헌군주'를 뛰어넘고 '19세기' 전부를 뛰어넘는 『대동서』를 써서 유가사상, 불교 이념, 유토피아적 공산주의를 종합한 세계상을 제시했다.[144] 급진적 민족혁명가 장타이옌은 '제물평등' 사상으로 '19세기'의 국가주의, 인종주의, 정당정치, 헌정민주, 형식적 평등 그리고 이에 상응하는 일체의 '공리'를 깊숙이 비판했다. 그 자신도 이 혁명 운동 내부의 '이류異類'가 되었

---

144 유토피아적 구상을 제시하는 과정에서 캉유웨이의 사상도 불가피하게 19세기의 흔적을 띠었다. 인종주의, 과학주의, 기타 요소가 그의 혁명적 사상 내부에 스며들었다. 그러나 이것 역시 이 시대 자기부정 사상의 독특한 전제였다. 汪暉, 『現代中國思想의 興起』 上卷 第2部, 第7章, 737~830쪽.

다.[145] 신해혁명 지도자 쑨원은 두 차례 대립적 혁명—즉 '19세기'의 민족혁명과 부강운동과 '20세기'의 사회 혁명—을 동일한 혁명으로 종합해서 후자의 규범으로 전자를 인도하려 했다. 그 결과 혁명단체 국민당은 좌우로 분열되었고 공산당 이념과 노선이 다르면서도 중첩되었다.[146]

만약 주권국가, 민족 정체성, 정당정치, 시민사회, 산업사회, 도시화, 국가계획, 시장경제 그리고 이에 상응하는 교육제도와 매체 문화가 이 시대 중국 사회 변혁의 기본적 내용을 이룬다면, '이물'로서의 20세기는 그 내부에 잠복해 있다. 바꾸어 말하면, 20세기 중국의 변혁 대부분은 아직 '장기 19세기'의 연장이자 파생이다. 그러나 또 그 대립물과 부정물을 안에 품었다. 이러한 자기 반대 또는 자기부정의 논리는 결코 청말 사상과 혁명 강령의 특징만이 아니라 20세기 전체의 여러 시기에 서로 다른 사건 속에서 각각의 형식으로 아른거렸다. 신해혁명 이후 민국이 창립되었는데 공화는 곧바로 위기에 빠졌다. 1914년 제1차 세계대전이 일어나자 문명 위기에 관한 논의가 끊이지 않았다. 1915년에 시작한 문화운동에서는 '신' '구'의 두 입장 모두에서 공화의 위기와 유럽 문명의 위기를 사고의 전제로 삼았다.

'신'의 입장에서는 신문화운동은 진정한 공화 이념을 실현하고 주권을 가진 민족-국가 건설을 바랐다. 그러나 동시에 정당정치, 민족주의, 강권의 논리는 첨예하게 비판했다. 그들은 '신문화'로 낡은 것을 씻어냄

---

145 汪暉, 『現代中國思想的興起』 下卷 第1部 第10章, 1011~1106쪽.

146 汪暉, 「革命·妥協與連續性的創制(下篇)」, 『社會觀察』 2012年 第1期, 14~19쪽 참조.

116   단기 20세기: 중국 혁명과 정치의 논리

으로써 각종 전통적 요소를 응집한 19세기 '구정치'를 대체할 새로운 정치(문화의 정치, 청년의 정치, 성별의 정치, 교육의 정치, 노동자의 정치 등)를 발견하기를 기대했다. 루쉰이 1907년에 19세기가 이미 끝났다고 선포한 것처럼 그들은 제1차 세계대전이 이전 시대를 끝냈고 그 어떤 '역사 관념'으로도 그 후의 세계 대세를 추측하고 이해할 수 없다고 믿었다. 민주와 과학 관념은 19세기에서 연원했다. 그런데 이 관념을 사용해서 19세기에 민주와 과학의 이름으로 전개된 역사적 실천을 비판했다.

'구'의 입장에서는 『동방잡지』나 『학형學衡』 등이 똑같이 단호한 태도로 한 시대가 이미 끝났고 서양 문명의 결점이 낱낱이 폭로되어 19세기의 낡은 길이 더는 연속될 수 없다고 선고했다. 그들은 문명을 조화시키고 전통을 새롭게 사유하면서 '신문명의 발생'을 기대했다. 신구 양측은 각자 다른 심지어 대립되는 태도로 20세기의 '각성'을 탐색했다.[147] 중일전쟁 시기 '민족 형식'에 관한 토론과 전쟁 시기 대중 동원의 직접적인 수요는 밀접한 관계를 갖는다. 그러나 토론의 중심은 형식 문제—이것은 5·4 문예를 뛰어넘는 민족 형식이기보다는 5·4 문예가 내포한 19세기적 요소를 씻어내는 것이다—와 유럽화한 언어, 부르주아계급 등의 내용으로 바뀌었다. 이 때문에 이 '민족 형식'은 민간형식으로의 단순한 회귀가 아니라 5·4시대가 선언한 것과 같은 '예전에는 잘 몰랐던'(천두

---

147 汪暉, 「文化與政治的變奏 — 戰爭·革命與1910年代的"思想戰"」, 『中國社會科學』 2009年 第4期, 117~141쪽.

슈의 표현) 20세기에 속하는 새로운 형식이다.[148]

단기 20세기와 기나긴 혁명은 서로 중첩한다. 이 혁명이 완성하려는 사명은 하나의 혼합체다. 즉 19세기의 과제를 포함하면서도 이 과제들을 비판, 폐기, 초월했다. 20세기 중국 혁명은 다음과 같은 세계사적 문제를 가져왔다. 제국주의 시대가 도래하면서 세계의 서로 다른 지역 모두가 동일한 세계적 과정에 편입되었다. 19세기 유럽 사회주의 운동은 자본주의의 내재적 모순을 돌파할 수 없었다. 현재 이 사명은 이른바 '전前 자본주의'이고 '비서구적'이며 '농업적'인 사회의 혁명을 통해 완수되어야 했다. 이 혁명이 일어난 국가는 경제, 정치, 문화의 19세기식 변혁에 동시에 직면했다. 쑨원이 '단번에 이루어낸 정치 혁명과 사회 혁명'부터 마오쩌둥의 '신민주주의' 개념까지 예외 없이 중국 혁명의 이중적 사명을 구현했다.

여기서 대립과 부정은 이중적 의미를 담았다. 첫째, 중국의 독특한 역사적 조건과 전 세계에서의 독특한 지위에 따라 19세기적 사명을 완성하기 위해 중국도 대립과 부정의 방식으로 그 과정을 전개해야 했다. 가령, 자본주의 경제 강령을 뛰어넘어 농업 자본주의의 축적과 산업 발전의 사명을 완성하는 일, 국가를 비판·부정하고 국제주의(더 나아가 국제연맹전쟁)를 제창함으로써 주권을 가진 민족-국가 건설을 완성하는 일, 정당·관료기구를 비판·부정하면서 정치 조직과 국가 체제의 건설

---

148 汪暉, 「地方形式·方言土語與抗日戰爭時期"民族形式"的論爭」, 『學人』 第10輯, 南京 : 江蘇文藝出版社, 1996.

과 재구축을 완성하는 일······.

다음으로 국가 건설·정당 건설·정권 건설·군대 건설·도시산업화 등 '19세기적 사명'을 완수하는 과정에서 문화와 정치의 차원뿐 아니라 이러한 '근대화 건설'들 내부에도 모두 이 목표들을 깊이 보고 뛰어넘는 실험과 '부단한 혁명'이 담겨 있었다. 루쉰의 표현에 따르면, "20세기의 새로운 정신은 미친 바람과 성난 파도 사이에서 의지력에 기대어 길을 열어갈 것이다."[149] '의지력'은 능동성, 객관적 조건을 뛰어넘어 창조를 수행하는 에너지를 표현한다. 그러나 객관적 조건을 뛰어넘는 창조적 에너지는 순수한 주관성도 아니고 구체적인 사회적 목표와 동떨어진 유토피아주의도 아닌 구세계를 개조하고 신세계를 창조하는 데 지속적으로 투입되는 정치적 전술과 현실적 행위다. 이 때문에 20세기는 구세계를 격렬하게 반대하는 동시에 자신의 세기도 격렬하게 반대했다.

나는 이렇게 자신을 반대하거나 부정하는 논리가 20세기 정치의 미래성이라고 생각한다. 미래가 아직 출현하지 않은 사물이나 세계를 표현한다면 에른스트 블로흐Ernst Bloch(1885~1977)가 구분한 것처럼 '아직 아닌 것'에는 두 가지 형태가 존재한다. 하나는 물질적 형태, 즉 아직 되지 않은 것이고 다른 하나는 주관적 형태 또는 의식의 형태 즉, 아직 의식되지 않은 것이다. '아직 아닌 것'은 우리의 발아래 잠복해 있고 우리의 계획·의식·의지 아래 눌린 존재다.[150] 20세기 정치는 '아직 아

---

149 魯迅,「墳·文化偏至論」,『魯迅全集』第1卷, 57쪽.

150 Ernst Bloch, *The Principle of Hope*(Oxford : Basil Blackwell, 1986), p.119.

닌 것'의 이중적 의미를 내포했다. 미래는 아직 완성되지 않았지만 방황은 혁명과 변혁의 계획과 진행 속에서 명확히 드러난다. 또한 일종의 강렬한 방식으로 알지 못하는 것 또는 '아직 의식되지 않은 것'을 활짝 연다. 즉 운동의 지도자나 참여자 모두 운동 자체를 뚜렷하게 계획할 수 없다. 그러나 그들은 동시에 현실적 과정에 아직 의식되지 않는 내용이 담겨 있음을 인정한다. 이에 실천 속에서만 아직 의식되지 않은 '미래'를 열어젖힌다. 그러나 블로흐의 유토피아주의와 달리 중국 혁명의 실천에서 미래의 차원은 시간적 논리 속에서만 전개되지 않고 행위의 논리, 정치의 논리, 전략의 논리 속에서 나타난다.— 행위·정치·전략 등의 개념은 반드시 시세의 범주 안에서 전개된다. 그것들은 항상 특정한 국면 안에서의 모순운동이나 적敵과 아我의 관계를 가리킨다. 따라서 겹겹이 쌓인 곤란을 극복하는 구체적인 계획, 자신의 역량을 지속적으로 기르는 강력한 의지, 최종적인 승리를 쟁취하는 완강한 논리를 담고 있다. 이것은 자신을 모순 운동 속에 던져 넣어야만 모습을 드러내는 미래성이다.

이러한 자기 반대의 정치는 1960년대에 가장 격렬한 형식으로 표현되었다. 그 이전의 혁명과 다르게 문화대혁명은 더 큰 불확정성을 갖고 있었다. 이 불확정성은 심지어 초기 혁명의 실험적 성격과도 달랐다. 그보다는 격렬한 형태로 아직 의식되지 않은 미래를 찾는 것이었다. 이런 의미에서 운동이 이미 정해진 목표를 달성하기 위한 것이 아니고 미리 알 수 없는 미래성에 대한 탐색이라면 운동의 자기모순은 불가피해진다. 1970년대는 자기부정이나 자기 혁명의 형식으로 시작했지만 재빠르게 자기 긍정의 신시대로 전향했다. 자기 반대의 논리는 '단기 20세기'가 쇠락하거나 전환함에 따라 유보되었다. 이 새로운 시대의 맥락에서 자기 반대의 논리가 새로운 형식으로 여전히 문화와 정치를 활성화할 수 있을지를 우리는 간절한 마음으로 지켜본다.

6. 실패와 승리
: 절망에 대한 반항과 승리의 철학

20세기는 유럽 자본주의 혁명과 식민주의 역사에서 탈태해 나온 것이다. 인류사에서 보기 드문 규모로 고대보다 훨씬 잔혹한 전쟁과 폭력이 발생했다. 갖가지 내용과 형식을 띤 투쟁이 서로 얽혔다. 과학기술 발전과 국가 형태 변화에 따라 정치적 통제와 정치적 동원 모두가 역사상 최고 수위에 도달했다. 이 시대에 발생한 모든 비극을 추적하고 발굴해야 하지만 세력의 차이와 구체적인 역사적 조건에 놓고 따져야 하며, 문제를 추적하면서 투쟁의 이질적 측면을 혼동해서 추상적 도덕주의로 이 시대를 총체적으로 심판하는 오류를 피해야 한다. 소련·동유럽 체제의 내외적 위기와 최종적 붕괴 때문에 체제 밖에서 자본주의에 도전하는 실험이 실패했을 뿐 아니라 고전적인 도전자(계급, 정당, 사회주의 국가)도 그 뒤를 따라 해체·전환 또는 소멸했다. 이것이 바로 '역사종말론'의 역사적 토대다. 바로 이 때문에 20세기 역사에 관한 수많은 저작이 실패를 생각의 기점으로 삼는다. 에릭 홉스봄의 『극단의 시대』의 주된 실마리와 서술 기조는 이 동방 혁명의 세기를 일련의 실패로 묘사하는 것이다. 홉스봄은 이렇게 서술한다. 공산주의 진영에서는 소련이 관료주의 국가의 실패에 빠졌고,[151] 중국은 계속 혁명의 실패에 빠졌고,[152] 국제 공산주의 운동은 국제주의의 실패에 빠졌으며, 결국 신념으로서 공산주의가 실패했다.[153] 자본주의 진영에서는 제국주의가 10월 혁명 이후 러시아가 비밀 외교를 폭로하면서 타격을 입었지만 민주주의 제도와 시민권은 인종 – 민족과 종교적 정체성의 제약을 받아 깊은 위기에 빠졌다.[154] 자유 자본주의는 결코 승리하지 않았다. 최대의 아이러니는 바로 냉전 이후 가장 강력한 경제가 바로 정치와 경제체제가 서양과 아주 다른 공산주의 중국이라는 사실이다.[155] 파시즘이 부상하고 대학살이 자행되자 1935년과 1945년 사이에 반파시즘 연맹이 형성되었다. 그러나 이것도 바로 홉스봄이 '단기 20세기'에 설정한 다음과 같은 기조를 증명했다. 20세기의 기본적 충돌은 자본주의와 공산주의 사이에서 일어난 것이 아니라 계몽의 지지자와 반대자 사이에서 일어났다. 이에 따라 이 시대의 자본주의와 사회주의의 대립은 임의적이고 인위적인 구성물일 뿐이다.[156]

---

151 Eric Hobsbawm, *The Age of Extremes*(London : Abacus, 1995), p.379.

152 *Ibid.*, p.469.

153 *Ibid.*, p.488.

154 *Ibid.*, p.139.

155 *Ibid.*, pp.412~413.

156 *Ibid.*, p.4.

이 일련의 실패를 실마리 삼아 구축한 '단기 20세기'는 '이중 혁명'이 선도하고 전쟁과 재난이 충만하지만 여전히 생산성이 풍부한 '장기 19세기'와 선명하게 대비된다. 그러나 그는 다음 질문을 잊었다. 소련의 해체는 러시아 혁명의 전면적 실패를 의미하는가? 강대하고 강고한 반파시스트 소련은 실패한 것일까? 사회주의 진영의 제3세계 반제 반식민지 투쟁에 대한 지원은 모조리 실패했을까? 중국 경제의 발전이 자유 자본주의가 아직 승리하지 못했음을 증명하고 중국이 제창한 세계화 노선이 신자유주의 세계화가 하나로 통합한 천하를 끝낼 수 있다면 중국의 현실과 미래는 20세기의 계속혁명과 도대체 어떤 관계인가? 1920년 홉슨J. A. Hobson은 이렇게 예언했다. "중국은 서양 산업국의 자본과 그 조직을 빌려올 수 있고 더 나아가 자신의 자본과 조직으로 그것을 대체해서 서양 국가보다 우위를 차지할 수 있도록 국면을 전환할수 있다. 더욱이 더욱 싼 제조품이 그들의 시장에 넘쳐날 수 있다. 또한 그 상품들이 교환되는 수입품이 되기를 거부하고 자본을 투여하면서 발생한 부채를 청산해서 초기의 투자 과정이 전도될 것이다. 그 결과 중국이 점점 예전의 은인과 지배자들을 금융으로 지배하게 될 수 있다."[157] 홉슨의 분석에는 주체의 개조에 대한 해석이 빠져 있다. 즉 장기간 빈곤과 쇠약함이 누적된 중국이 어떻게 반복적 투쟁을 거쳐 실패 국면을 뒤집어 '우위를 차지'할 수 있는지를 분석하지 않았다. 그리고 20세기의 정치적 시야에는 이렇게 '우위를 차지'한 것이 '도대체 승리인가, 실패인

---

157 約·阿·霍布森, 紀明 譯, 『帝國主義』, 上海人民出版社, 1964, 245~246쪽.

가'라는 질문이 없다. 그러나 오늘날의 맥락에서 제국주의가 중국을 분할하는 거센 파도 속에서 내린 단언은 이미 천재적 예견이라 할 수 있다. 그 식견은 탄식할 줄만 아는 수많은 역사학자를 뛰어넘는다.

　제국주의 전쟁과 냉전은 중국의 형성에 아주 깊은 영향을 주었다. 그러나 전쟁과 사회적 위기가 격발한 혁명은 그 후의 중국이나 세계의 변천에 불가결한 영향을 주었다. 민족 독립, 산업화 과정이 혁명과 건설 과정에서 완성되었을뿐더러 사회적 관계, 인간과 자연의 관계, 지정학적 관계 등 모두에서 유례없는 전환이 발생했다. 언어문자에서 국가, 정치체까지, 사회 조직에서 노동자, 성별까지, 문화적 풍조에서 일상생활까지, 도시–농촌 관계에서 지역 관계까지, 종교 신앙에서 사회 윤리까지, 우리는 깊은 변천이 일어나지 않은 곳을 거의 찾을 수 없다. 중국 혁명은 프랑스 혁명과 러시아 혁명 같은 한두 가지 사건을 지표로 삼을 수 없다. 혁명에 대한 저항과 반동도 한두 가지 사건으로 정의할 수 없다. 단기 20세기는 기나긴 혁명 과정이다. 이 과정에는 국공 양당과 그 지도자처럼 오랫동안 무대를 점유하는 배우가 존재한다. 그러나 투쟁과 게임은 결코 고정된 양 진영 사이에서만 벌어지지 않았다. 이른바 혁명과 반혁명은 집합, 분열, 전화와 새로운 주체(혁명적 주체와 반혁명적 주체)의 탄생으로 충만한 과정이다. 이 시대는 고도로 정치화한 시대, 수많은 정치 주체가 생성되고 분열하는 시대, 동일성과 모순이 서로 생성·전화하는 시대, 적과 아가 분명하지만 적과 아의 관계가 지속적으로 변천하는 시대다. 따라서 성공을 묻든 실패를 묻든 누구의 성공 또는 실패인가, 무엇을 성공과 실패라고 부르는가 등 결코 간단하고 자명하지 않은 문제를 피할 수 없다. '단기 20세기'는 바로 이런 광활하고 복잡하고 깊숙하고 격렬한 과정으로 뒤덮여 있다. 그 밀도·심도·넓이는 모두 역사상 전례가 없다. 오늘날 사람들은 이미 20세기의 개조를 거치지 않은 생활을 상상하기 어렵다. 혁명·혁신·실패를 떠나서는 이 시대의 의미를 이해할 수 없다.

역사학자, 철학자, 상처받은 관찰자가 실패를 기점으로 삼아 새로운 세기를 회고할 때 우리는 세기 의식과 동시에 탄생·발전·전화한 실패와 승리를 완전히 새롭게 이해할 생각도 해야 하지 않을까? 중국 혁명은 실패와 승리에 대한 풍부한 사고를 발전시켰다. 이 생각들은 혁명의 진행 과정 안에서 혁명 자체를 새롭게 정의하기도 했다. 따라서 중국 혁명의 내재적 시야를 떠나서는 바로 실패와 승리 사이의 변증법적 관계를 파악하기 어렵다. 루쉰의 '절망에 반항하는 문학'과 마오쩌둥의 '실패에서 승리로 향하는' '승리의 철학'은 각각 중국 혁명 과정에 내재한 희망과 절망, 실패와 승리에 관한 문학적·철학적 해석을 보여주는 두 사례다.[158] 내 생각에, '승리의 철학'은 자신을 전반적으로 집단적 투쟁에 녹여 넣으면서 형성된 역사적 사고, 즉 혁명주체의 전략적 사고이고 희생과 비극을 승리의 행동강령 안에서 다룬다. 따라서 5·4 이후 문학과 사상 영역의 적막·무료함·의기소침 혹은 속수무책의 난감함 등의 요소를 철저하게 배제한다. '승리의 철학'은 집단적 투쟁의 잔혹하고 비장한 역사에 뿌리내리고 실패한 상황에서 승리로 전환하는 전략적 사유

---

158 汪暉, 「魯迅文學的誕生 ─讀 "〈吶喊〉自序"」, 『聲之善惡』, 北京 : 三聯書店, 2013 참조.

를 찾아내는 모습으로 드러난다. 실패는 성공의 어머니이면서 '승리의 철학'의 논리적 기점이다. 실패에서 시작한다는 것은 곤경 속에서 '약한 고리'를 새롭게 식별하고, 적을 이겨 승리를 이루는 전략과 전술을 찾고, 더 나아가 새로운 정세를 창조하는 과정에서 적과 아의 관계를 새롭게 정립하는 과정을 의미하고 있다. 이 과정은 바로 사실상 자아 또는 주체를 재건하는 과정이다.

마오쩌둥의 「중국의 적색 정권은 왜 존재할 수 있는가?」(1928년 10월 5일), 「징강산의 투쟁」(1928년 11월 25일), 「하나의 불씨가 들판을 태울 수 있다」(1930년 1월 5일) 등은 '승리의 철학'의 탄생을 상징한다. 이는 훗날 문학자들이 혁명 과정의 곡절과 곤경을 서술하는 데 일종의 '승리에서 승리로' 혹은 '앞날은 밝고 길은 순탄치 못하다'라는 낙관주의적 맥락을 제공했다. 1949년 8월 중화인민공화국이 탄생할 즈음 마오쩌둥은 1840년부터의 역사를 회고하며 반박하기 어려운 방식으로 이렇게 말했다. "제국주의자의 논리와 인민의 논리는 이렇게 다르다. 난동, 실패, 다시 난동, 다시 실패 결국 멸망. 이것이 바로 제국주의와 세계의 모든 반동파가 인민 사업을 대하는 논리다. (…) 투쟁, 실패, 다시 투쟁, 다시 실패, 다시 투쟁, 결국 승리. 이것이 바로 인민의 논리다. 그들은 이 논리를 절대 어길 수도 없다……."[159] 주체 창조의 관점에서 투쟁·실패가 승리로 귀결되는 이러한 과정은 인민의 논리이면서 혁명 주체로서의 인민

---

159 毛澤東, 「丟掉幻想, 準備鬪爭」(1949年 8月14日), 『毛澤東選集』第4卷, 北京: 人民出版社, 1991, 1487쪽.

을 창조하는 과정이다. 마오쩌둥은 이렇게 말했다. "이 모든 침략 전쟁 그리고 정치·경제·문화적 침략과 억압을 겪으면서 중국인은 제국주의를 증오하게 되었다. 중국인은 이것이 도대체 무슨 일일까 생각했고, 중국인의 혁명정신이 발양되어 투쟁을 통해서 단결했다. 투쟁하고 실패하고, 다시 투쟁하고 다시 실패하고, 109년 동안 경험, 수백 차례의 크고 작은 투쟁의 경험, 군사·정치·경제·문화의 면에서, 유혈·무혈의 경험을 쌓은 끝에 비로소 오늘날과 같은 사실상의 성공을 거두었다."[160] 아편전쟁 이후의 저항투쟁이 결코 동일한 집단을 통해 완성되지 않았고 각 단계의 반항 주체 사이에 중요한 차이가 있음은 분명하다. 그러나 투쟁―실패―투쟁의 논리는 그들을 날로 성숙하고 강대하며 투쟁과 실패 속에서 승리로 나아가는 '인민'으로 만들었다. 투쟁의 논리가 존재한다면 실패는 최종적 실패가 아니게 된다. 뒤집어 말하면 실패의 진정한 의미는 투쟁의 논리가 효력을 잃은 데 있다. 따라서 실패를 측정하는 진정한 척도는 실패 자신이 아니라 투쟁의 논리가 계속 존재하느냐다.

루쉰은 쑨원을 '영원한 혁명가'라고 정의했다. 이른바 '영원한 혁명가'는 바로 지속적 실패로 정의한 혁명가다. '승리'는 최종적 결과가 아니라 실패에 무너지고 지속적으로 분투하는 과정을 통해 자신을 드러낸다.[161] '승리의 철학'이 낙관적인 이유는 그것이 항상 곤경과 변증법적 이해와 연관되며 이러한 이해에 기반을 둔 전략적 행위와 항상 연관되기

---

160 같은 책.

161 魯迅,「中山先生逝世後一周年」,『國民新報』(孫中山先生逝世周年紀念特刊), 1926年 3月 12日,『魯迅全集·集外集拾遺』第7卷, 306쪽.

때문이다. 승리는 추상적인 미래나 추상적인 유토피아주의에 있지 않고 바로 적과 아의 대비에 대한 변증법적 분석과 구체적 실천에 있다. '승리의 철학'은 행위의 철학이지만 의지 중심주의가 아니다. 바로 정반대로, 그것은 승리에 대한 의지와 정세—특히 적과 아의 대비—에 대한 분석을 모순의 대항과 전화 속에 넣고 이 대항과 전화에 적극 개입한다.

루쉰의 '절망에 반항하는 문학'은 낙관주의 세계관을 거절했지만 집단적 투쟁을 반대하지는 않았다. 그것은 희망을 주관적 범주에 두지 않았고 넓은 세계 속에서 미래를 향한 길을 찾아 나섰다. '절망에 반항하는 문학'과 '낙관적 문학'에는 선명한 차이가 있지만 '승리의 철학'과 통하는 지점들이 있다. 예를 들면, 그것들은 모두 반항과 동작의 철학, 투쟁을 말하는 철학이다. 루쉰은 수차례 그리움의 어조로 『신청년』 단체의 해산을 서글퍼했다. 또 간행물을 창간하고 문학단체를 결성하는 방식으로 집단적 투쟁의 진지를 힘써 건설해서 "연합해서 전선을 구축하고 구사회를 향해 진격했다."[162] 이런 생각들은 힘의 대비에 대한 전략적 분석뿐 아니라 실패에 대한 그의 인정과 사유에서도 만들어졌다. 그의 유명한 '참호전'이라는 표현은 바로 문학과 전쟁의 비유에서 유래했다.[163] 이는 문화 투쟁에서 승리하기 위해 전개한 전략과 전술 분석이다. 이러한 글을 20세기 중국의 '승리의 철학'의 전형적인 작품인 「지구전론」과 대비하면 문학유격전 전법으로 볼 수 있지 않을까? 바로 「지구전

---

162 魯迅,「兩地書」(1926年 11月7日),『魯迅全集』第11卷, 195쪽.

163 魯迅,「兩地書」(1925年 3月11日),『魯迅全集』第11卷, 16쪽.

론」의 인민전쟁과 그 형식에 대한 분석은 정면에 있는 전장의 곤경과 실패에 대한 분석에서 연원한다. 이러한 문화유격전의 사고는 신문화운동 진지의 실패를 종합하면서 나왔다. "세상에는 본래 길이 없다. 다니는 사람이 많아지면 길이 된다."「고향」에 나오는 이 명언은 블로흐의 '아직 의식되지 않은 것'을 실천 또는 행위에 온축된 가능성 탐색으로 전화했다. 따라서 갈 수 있는 길이 없는 처지는 미래의 차원을 가설로 세웠다. 「들풀」에서 수차례 등장하는 "절망이 허망해지는 것은 바로 희망과 같다"라는 표현은 희망에 대한 부정이 아니라 절망에 대한 반항이자 '아직 되지 않은 것' 더 나아가 '아직 의식하지 않은 것'에 대한 의식이다.

중국 혁명의 '승리의 철학'은 최초에는 고난과 피눈물 속에서 탄생했고 혁명 세력에 아주 불리한 실패 상황을 분석했다. 도시가 아닌 농촌, 중심이 아닌 주변이 혁명 전략이 전개되는 장소가 되었다. 그러나 이 새로운 공간 정의는 바로 실패 국면과 적과 아의 세력 간 긴장에서 발원했다. 승리의 논리는 지속적 행위와 탐색, 투쟁에 존재한다. 따라서 갖가지 맹목적 낙관이나 허황된 희망과 다르다. 불리한 실패 상황에 대한 분석을 포기하면 '승리의 철학'은 탈바꿈한다. 즉 각종 '승리의 철학'에서 각종 '낙관적 문학'으로 전화한다. 이에 따라 진정 전략적이고 구체적 전술성을 가진 사유를 포기한다. 이런 사유를 포기하면 행위는 방향을 잃고 승리의 필연성이나 추상적 미래에 희망을 거는 쪽으로 전향한다. 그 결과 '허망'으로 '희망'을 매장해서 '절망'의 진리성을 확증한다. 이에 따라 '절망에 대한 반항'이 담고 있는 미래의 차원을 가로막는다. 이는 승리의 논리가 아니라 망동의 논리다. 또한 아주 쉽게 '전향'의 논리로 쉽게 변한다. 후자는 절망으로 절망에 대한 반항을 대체한 결과다. '희망의 문학' '낙관의 문학'은 환상적이고 '절망에 반항하는 문학' '승리의 철학'은 행동적이다. 루쉰의 '절망에 대한 반항'이든 마오쩌둥의 '승리에서 승리로'든 이들에게는 모두 실패에 대한 인정, '아직 되지 않은 것' '아직 의식되지 않은 것'에 대한 의식과 탐색이 담겨 있다.

따라서 중국 혁명의 성패 문제를 판단할 때는 먼저 중국 혁명의 내재적 시야를 발굴하고 그 실패와 승리의 정의를 내려야 그 사회 투쟁의 의미를 완전하게 이해할 수 있다. 이 시대에 정치적 능동성은 정치 영역을 새롭게 정의했다. 그뿐만 아니라 바로 권력 정치의 범주 안에서도 정치적 능동성이 권력의 논리에 복종하지 않고 내부 혁명과 자기부정의 계기를 항상 찾았다. 이것이 정치화의 진행 과정이다. 정치화는 급진적 혁명과 전술적 타협을 거치면서 발현된다. 청년 문제, 여성 해방, 노동과 노동자, 언어와 문자, 도시와 농촌 등의 문제를 '문화'의 범주에 끌어들여서 정치를 창조의 영역으로 만드는 것이 정치화의 주된 양상이다. 정치화를 통해 군사적 투쟁, 토지 개혁, 정권 구축, 대중 노선, 통일 노선이 일체화된 '인민전쟁'으로 융화했고 인민전쟁이 19세기 이후의 각종 정치적 범주를 전화시켰다. 대중 노선에 의해 정당과 대중운동의 경계가 모호해졌지만 소실되지는 않았다. 따라서 대중운동으로 정당을 개혁하고 정당정치로 대중운동을 새롭게 구성하는 긴장을 유지했다.

이상의 조건에서, 정권은 더 이상 전통적 국가기구와 달려져서 정당과 대중운동에 뿌리를 내린 정치조직이 되었다. 그러나 정당이 국가를 통제하고 대중운동이 국가와 정권에 지속적으로 침투한다고 해서 국가와 그 권력 기구를 버리고자 하는 것은 아니다. 실은 국가기구의 지속적인 정치화가 그러한 움직임의 본질이다. 인구의 95퍼센트 이상이 농민인 나라에서 농민운동은 농촌 하층사회가 혁명 운동의 정치적 역량이 되도록 촉진했다. 계급 범주는 현실에서 계급화한 정치적 과정으로 구현되었다. 그러나 이 정치적 과정은 계급 구성의 객관적 토대를 매우 중시하는 동시에 계급 분석을 계급화된 정치적 동력으로 전화시켰다. 1950년대부터 1960년대까지 주권 개념이 장악한 국제정치 영역에서 한국전쟁, 반둥회의, 중소 양당의 논쟁이 벌어졌다. 이는 군사와 국제관계 영역이 정치화한 사례이기도 하다. 이상의 정치적 과정의 모든 측면에는 국제적 지향이 담겨 있다. 20세기 중국 국제정치의 정치적 논리와 이상의 국내 정치의 논리는 서로를 지지하고 상호 침투하면서 즉 횡적 시공관계 속에서 발생했다고도 할 수 있다.

20세기 중국의 정치화와 탈정치화에 대한 분석은 재정치화의 계기와 탐색을 동시에 수반한다. 이 방법은 중국 혁명 및 내재적 시야와의 대화를 통해서 형성되었다. 나는 네 가지 측면, 즉 정치적 통합, 문화 정치, 인민전쟁, 정당과 계급을 분석해서 역사적 과정 내부에서 '아직 성공하지 않고' '아직 의식되지 않은' 정치적 잠재력을 찾아보려 했다. 이 네 주제는 혁명과 전쟁의 시대에 탄생했다. 그것들은 서로 맞물려 있으면서 각자 중점을 가졌고 다른 형식으로 또 다른 역사적 시기에 출현했다. 정치적 통합은 국가 형식의 탐색을 정치적 경쟁의 과정으로 전개했고, 지속적 문화운동은 정치에 대한 이해를 쇄신해서 정치적 의제와 영역을 새롭게 정의하고 새로운 인간을 창출했다. 인민전쟁은 현대 중국의 도농 관계와 민족 정체성을 근본적으로 바꾼 정치적 동원의 과정으로서 우리에게 익숙한 정치적 범주인 계급, 정당, 국가, 인민 등을 개조하고 재구성했다.

따라서 나는 다음과 같은 질문을 던지려 한다. 신해혁명 이후 국가의 실패와 의회 정당의 파산이라는 조건에서 '문화' 범주의 독특성, 그것과 정치적 능동성의 관계를 어떻게 해석할까? 중국 혁명은 왜 노동자계급과 부르주아가 모두 미성숙한 사회에서 사회주의를 지향하는 계급운동을 일으킬 수 있었고 정치성과 능동성이 계급 개념의 중요한 내용으로 전개되었는가? 이런 일은 어떻게 발생되었는가? 20세기 중국의 정치적 과정은 성격과 유형이 다른 전쟁과 내재적 연관을 갖는다. 그중 토지혁명 전쟁 시기에 점진적으로 형성되고 중일전쟁 시기에 점점 성숙해서 민첩하고 변화무쌍해진 인민전쟁은 토지 개혁, 정권 건설, 정당과 대중 간의 순환운동을 촉진하고 초기 정당—볼셰비키를 포함한—형태와 다르고 정당을 뛰어넘는 요소를 지닌 초정치 조직을 만들어냈으며 20세기 중국 문화에도 새로운 활력과 에너지를 주입했다. 인민전쟁의 정치를 어떻게 해석할 것인가? 인민전쟁 이후의 시대에 이 독특한 경험 속에서 새로운 정치를 재구축하는 원천을 어떻게 탐색할까? 계급, 정당, 민족, 국가, 대중과 대중 노선, 인민과 인민전쟁 등의 개념과 범주, 명제는 언제 정치화하고 또 어떤 조건에서 탈정치화 추세를 걸었을까? 20세기에는 계급 개념은 성격이 다른 두 가지 정치적 동원을 생장시켰다. 한 가지 동원은 신분, 재산권 더 나아가 생산 수단의 소유 측면에서 프롤레타리아에 속하지 않는 구성원이 계급의 선봉이나 전사가 되는 것을 촉진했다. 예를 들면, 농민이나 통치계급 출신 지식인이 '프롤레타리아'적 주체, 심지어는 지도자가 되었다. 또 다른 동원은 계급 출신을 고정 불변의 제도적 표지이자 적과 아를 측정하는 기준으로 설정했다. 그렇다면 계급 개념의 정치화와 탈정치화는 어떻게 발생하는가? 인민전쟁이 벌어지는 조건에서 정당과 대중 노선은 밀접한 연관을 갖는다. 이른바 '대중 속에서 나와서 대중 속으로 들어가라'는 기조는 거대한 정치적 에너지와 활력을 생산했다. 그러나 또 다른 조건에서 이 활력들은 또 정당의 국가화나 탈정치화에 역사적 전제를 제공했다. 정당의 정치화와 탈정치화를 어떻게 생각해야 할까? 요컨대, 내가 탐색하는 것은 정치 형식과 정치화, 문화와 정치화, 군사와 정치화, 경제와 정치화의 관계다. 이 시대의 구체적인 역사적 상황에 뿌리내린 정치화의 복잡한 과정을 떠나서는 이 정치적 범주들이 20세기의 맥락에서 갖는 독특한 의미를 거의 이해할 수 없다.

이것은 내재적 시선을 통해 이 시대를 재구성하고자 하는 실험이다. 역사 연구는 불가피하게 연구자의 가치 성향, 방법과 관계를 맺는다. 그러나 더 이른 시기의 문헌을 수집하고 연구하는 것과 비교하면, 20세기의 연구에는 거의 운명적으로 현실에 대한 개입이 담긴다. 역사에 어떤 문제를 제기하는가는 바로 현재에서 자신의 위치를 어떻게 정하는가를 의미하고 있다. 나의 위치는 바로 20세기의 지속 속에서 사유된다. 20세기는 고도로 정치화된 시대다. 이 시대에는 정치가 사회적 생활 각 영역에 침투했고 사람들이 생활의 여러 차원에서 정치적 태도를 가질 것을 요구받았다. 사람들은 지나간 시대에 대한 연구와 마찬가지로 경제·정치·군사·문화 등 영역에 따라 20세기 역사를 서술할 수 있다. 하지만 어떤 영역에서 이 연구를 하든 다음과 같은 중심 질문에 대한 응답과 판단을 회피할 수 없다. 나는 묻는다. "왜 20세기에 이러한 긴장이 이토록 강렬했고 결국 포화 상태로 치달았고, 20세기 전과 후, 특히 이후에는 왜 그것이 희귀하고 소모적인 것이 되었을까?"

20세기는 막을 내렸다. 그러나 '아직 성공하지 않고' '아직 의식되지 않은' 이중적 형태로 오늘의 세계에 존재한다. 이 시대는 사람들이 유토피아주의로 새롭게 돌아서서 미래를 탐색하는 기점이다. 그렇지만 나는 거듭 천명한다. 재정치화에는 가치와 이념이 필요하지만 이는 결코 유토피아적 기획이 아니라 주체가 지속적으로 형성되는 현실적 과정이다. 20세기에 이 과정은 혁명 세력의 세계 재인식, 자신을 모순운동 내부에 내던져 승리하는 전략·전술—즉 구체적인 국면에서 행동하는 방식—과 밀접하게 연관된다.

따라서 20세기 중국을 사유의 대상으로 삼는 작업은 20세기 중국의 내재적 시야를 탐색하는 일이다. 여기에는 필연적으로 현재의 질문으로 미래의 의미를 묻는 것도 포함된다. 여기서 미래는 시간적 목적론의 설정이 아니라 우리의 생활과 투쟁에 내재하고 있지만 아직 그 모습을 드러내거나 발견되지 않은 현실성이다. 역사가 끝날 수 없는 것처럼 세기는 다중적 진화, 지속과 단절, 변이와 전형, 실패와 승리 등의 형식으로 지속된다. 세기의 탄생은 하나의 사건, 구체적인 시세에 기초한 판단, 사상·문학·예술·역사적 사유와 우리 일상생활에 스며든 시공간적 형태다. 따라서 추상적이고 직접 계산될 수 있는 시간 단위로 단순하게 재단될 수 없다.[164] 이런 의미에서 시대 구분 범주로서 '장기 세기' 또는 '단기 세기'는 사건으로서의 세계의 탄생이나 종결에 대한 서술에 종속된다. 따라서 이 사건과의 관계를 숙고하여 현재의 상태를 판단한다는 함의도 항상 담고 있다.

2018년 4월 30일 월요일 초고

2018년 6월 5일 화요일 수정

---

164 나는 고전적 시세 개념의 의미에서 '지속' 개념을 이해한다. 앙리 베르그송Henri Bergson은 스펜서를 비판하면서 시간에서 지속la durée을 빼버리고 운동에서 가동성을 빼버린 기계론적 관념으로는 시간의 본질을 밝힐 수 없다고 비판했다. 지속에 대한 그의 서술은 우리가 세기와 시간의 관계를 이해하는 데도 어떤 시사점을 준다. 柏格森, 『時間與自由意志』第2章 「意識形態的衆多性 關於綿延的觀念」, 吳士棟 譯, 北京 : 商務印書館, 1958. 베르그송의 지속 개념은 의식에 대한 서술이고 시세의 의미에서 지속은 사전의 발생과 발생 이후의 상태라는 점에서는 다르다.

제1부

'단기 20세기'의
문화 정치학

1장
세기의 탄생
: 20세기 중국의 역사적 위치[1]

이 글은 '20세기 중국의 역사적 지위' 시리즈의 일부다. 먼저 20세기라는 범주의 탄생과 제국주의 이론 분석에서 1900년 무렵 중국 사상계가 갖는 복잡한 관계를 돌아봄으로써 근대 중국의 '세기' 의식과 20세기의 밀접한 연관을 논증한다. 20세기와 지난 모든 시대의 구분은 일반적인 시간상의 구분이 아니라 독특한 시대적 추세에 대한 파악이다. 사람들은 이 독특한 역사적 시각에 18, 19세기 그리고 더 이른 시기의 유

1 이 글은 20세기 중국을 논한 필자의 장편 논문 상편의 축소판이다. 글의 기본적 생각은 2016년 가을학기(칭화대학)와 2017년 봄 학기(하버드대학) 대학원 강의에서 밝혔다. 그러나 20세기 중국의 사회적 이상, 국가 개념, 정치 주체 형성에 관한 논의는 이 글에서 다루지 않았다. 이 두 강의에 적극적으로 참여한 학생들에게 고마움을 전한다. 그들과의 토론은 서로에게 자극이 되었고 나에게 많은 도움을 주었다.

럽과 전 지구적 문제를 사유해서 근대 중국에 전사前史를 만들어냄으로써 전 지구적 시야 속에서 중국의 독특한 위치를 판별해야 했다. 후반부는 20세기 초의 사상 논쟁을 실마리로 삼아 이 독특한 시대의 정치 논쟁, 역사 연구, 철학·종교 담론 속에서 드러나는 양상을 집중 연구했다. 이 글은 각각 시간적 축선상의 사회 형태에 관한 토론, 공간을 척도로 한 중화에 관한 토론, 내재성을 척도로 한 교류와 자기 표현(언어의 성격)에 관한 토론, 초월성의 척도에서의 보편적 종교와 '올바른 믿음正信' 사이의 논쟁을 다룬다. 중국은 제국주의와 문명론의 이중적 그림자 아래서 특수성을 찾아 나섰고 동시에 제국주의 시대 이후 보편사에 저항하고 이를 해체했다. 그러나 기본 방향은 특수성을 확인하는 것이 아니라 보편성을 재구성하는 것이었다.

1. '20세기'는 이미 일어났다

세기 개념의 유행은 우연한 근대적 사건이다. 시대에 대한 분석이 세기의 기준과 정확히 맞물리는 경우는 드물다. 바로 이 때문에 역사학자들은 '장기 세기' 또는 '단기 세기' 같은 개념을 만들어서 미시적 사건이나 논리로 정의할 수 있는 시기를 묘사하고 시기를 정의한다. 역사 연구에서 이 개념은 거의 완전히 사후 역추적의 결과로 사용한 것이다. 19세기는 세기에 관한 모든 서술에서 어떤 주축의 지위를 갖는다. 에릭 홉스봄의 19세기 3부작은 1789년부터 1914년까지의 세계 변화를 서술한다. 1789년부터 1848년을 혁명의 시대, 1848년부터 1875년까지를 자본의 시대, 1875년부터 1914년까지를 제국의 시대로 규정하는 시대 구분법은 유명하다. 이러한 연대 서술은 크리스토퍼 베일리 경(1945~2015)의『근대 세계의 탄생 1780~1914The Birth of the Modern World 1780 to 1914』, 위르겐 오스터하멜Jürgen Osterhammel(1952~)의『세계의 변천: 19세기사Die Verwandiung der Welt: Eine Geschichte des 19 Jahrhunderts』의 시대 구분과 대체로 비슷하다. 이 책들은 집필 의도와 연구 분야가 다르기 때문에 서술의 중점이 각자 다르다. 그러나 미국 혁명과 프랑스 혁명이 토대를 마련한 정치 모델, 영국 혁명이 이끌어낸 경제 모델, 과학·기술·문화 영역에서 이 시대의 성취가 불러일으킨 사회생활 영역의 중대한 변화, 항해 기술의 발전으로 형성된 새로운 지정학적 관계, 통계와 정보기술의 발전이 초래한 통치 방식 변화, 문학예술의 형식 혁명과 심리학 등 영역의 발전으로 형성된 독특한 정신, 심리의 면모는 그들의 저서에서 19세기에 독특한 지위를 부여한다. 즉 19세기는 근대 세계의 탄생을 의미한다.

역사 서술의 축으로서의 19세기는 역사학자의 발명품이 아니다. 그보다는 애덤 스미스, 헤겔, 마르크스 같은 이 시대의 수많은 인물과 20세기 인물인 막스 베버, 칼 폴라니 등이 여러 측면에서 이 시대의 '거대한 전환the great transformation'을 연구하고 서술하면서 기초를 다진 것이다. 역사학자들은 19세기가 결코 하나의 시대 구분 개념에 불과한 것이 아니라 고대, 중세, 르네상스 등의 범주와 마찬가지로 "독립되어 있고 명명하기 어려운 시대"[2]임을 발견했다. 오늘날 사람들은 때로는 연대학적 의미에서의 '초기 근대'를 거론하고 때로는 연대학적 의미를 뛰어넘어서 '포스트모던'을 정의한다. 그러나 이런 서술은 예외 없이 19세기의 어떤 특정한 상징과 갖가지 방식으로 서로 연관된다. 그렇지만 중국의 맥락에서는 19세기가 건륭시대의 정치, 경제, 문화적 정점으로부터 점점 쇠락하고 변질되는 과정처럼 보인다. 학술, 문화 등의 영역에서 유럽(그리고 러시아) 19세기의 과학기술, 문학예술과 비교되는 시기는 청조가 아니라 건가乾嘉 학술,『홍루몽』, '경극의 탄생(휘반진경徽班進京)'[3] 등을 낳은 건륭·가경 시대(1736~1820)다. 이 성과들은 이른바 '장기 19세기'의 발단과 부분적으로 중첩되어 있지만 이전 시기가 정점에 달했다가 하강하는 과정이지 다음 시대에 길을 터준 위대한 서막은 아니다. 1840년 아편전쟁부터 1900년 8개국 연합군의 간섭을 겪고 태평천국운동, 양무운동, 무술변법을 겪은 후 이 시대는 갑오전쟁의 치욕과 의화단운동의 비극을 거쳐, 마지막 세대의 변혁적 사대부가 망명하면서 막을 내렸다.

중국에서 유럽의 19세기처럼 "독립되어 있고 명명하기 어려운 시대"를 찾으려면 19세기의 연장이자 부정인 20세기로 눈을 돌려야 한다. 1890년에 형성된 변혁 사상은 차라리 다음 시대의 서곡이었다. 근대 중국의 변신―국가 형식, 정치조직, 군사제도, 교육체제, 과학기술, 문화

---

2 于爾根 奧斯特哈默(Jürgen Osterhammel),『世界的演變：19世紀史』(Die Verwandiung der Welt：Eine Geschichte des 19. Jahrhunderts) I, 強朝暉, 劉風 譯, 北京：社會科學文献出版社, 2016, 103쪽.

3 경극은 건륭 연간에 안휘성 계열 4대 극단이 북경에 진출하면서 발원하고 성행했다. 4대 경극단은 三慶, 四喜, 和春, 春臺다.―옮긴이

기관, 산업과 도시, 새로운 계급과 계층, 국제관계 등—은 주로 아주 짧은 20세기에 완성되었다. 그 변화의 밀도와 폭은 유례없는 것이었다. 전쟁, 혁명, 곳곳에서 일어나는 문화 비판과 사회운동이 이 시대의 독특한 풍경을 이루었고 모든 사람의 일상생활에 스며들었다. 여성은 전족을 거부했고 남성은 변발을 잘랐다. 스스로 혼인을 결정하고 가정 구조가 변했다. 교육체제가 재편되고 '두 가지 문화'가 형성되어 새로운 연구 체제가 확립되었다. 새로운 형태의 정치조직이 출현하고 국가 구조와 대내외 관계도 변했다. 도시와 농촌의 관계가 변하고 과학기술은 비약적으로 발전했다. 교통과 전파의 혁명이 일어나고 사회 네트워크가 재조직되었다.

이 시대는 모든 가치를 재평가하는 시대였다. 따라서 이 시대에 대한 재평가는 필연적으로 여러 가치에 따른 입장 간의 논쟁을 일으켰다. 이 시대는 스스로를 모든 역사시대와 구분하고자 했던 시대였다. 따라서 이런 시대를 평가하는 것은 모든 역사시대—과거의 시대이면서 바로 현재 발생하고 있고 앞으로 발생할 시대—를 평가하는 것이다. 이 시대의 혁신과 혁명과 개혁을 통해 새롭게 펼쳐진 역사적 전통과의 연계는 모두 중국 사회가 정치화를 지속한 결과다. 따라서 이 시대의 제도, 사건, 인물 더 나아가 수많은 미시적 현상 모두에 걸쳐 광범위한 논쟁이 존재한다. '혁명과 고별하자'는 중국의 호소든 "이 세기가 일어났다"[4]는

---

4 프랑스 철학자 알랭 바디우는 자신의 저서 『세기』의 「헌사」에서 "혁명과 투쟁을 유기하고 조롱하는 하는 오늘날의 시대 흐름을 거스르면서" "오늘날의 '민주주의'로 혁명투쟁을 모조리 없애는 사람들"을 겨냥해서 "20세기가 일어났다"고 선고한다. 이 선고에 보수파 언론은 즉각 격렬하게 반발했다. 阿蘭·巴迪歐, 『世紀』, 蘭江 譯, 南京: 南京大學出版

유럽의 선언이든 밋밋하거나 평이해 보이는 이 명제들은 강렬하고도 항상 대립적인 가치 판단을 담고 있다. 중국의 맥락에서 '혁명과의 고별'은 '역사의 종말' 명제를 더 분명하고도 직접적으로 표현한 것이다. 유럽의 맥락에서 "이 세기가 일어났다"는 구호는 강렬한 정치적 에너지와 도전적 의미를 담고 있다. 이 두 구호가 자리를 바꾼다면 중국인이나 유럽인들은 그 강렬한 정치적 암시를 포착한다고 해도 이해하기는 어려울 것이다. 포스트 혁명의 시대에 우리는 "이 시대가 일어났다"는 명제를 어떻게 이해해야 할까?

우리는 혁명을 철저하게 대상화한 이후의 지식·사상적 분위기 속에서 살고 있다. 이 시대에 관한 연구는 동정을 띠고 있으며 혁명적 세계관의 서사는 점점 더 이어받을 수 없게 되었다. 1989~1992년까지 세계가 거대한 전환을 겪은 뒤 이 시대에 대한 역사적 해석은 바로 연속적이지만 비혁명의 시대가 선언한 결렬 또는 단절을 주요 어젠다로 삼고 있으며 상당한 규모의 연구 성과도 축적했다. 이런 연속성의 시야에서는 역사와의 결렬 또는 반전통의 태도도 유교 전통의 근대적 현현으로 해석될 수 있고 혁명에 대한 변호도 연속성의 시야에 놓일 수 있다. 20세기 또는 혁명의 과정이 역사적 단절이라는 의미와 역사와의 결렬이라는 태도 아래서 전개되었다면 이 단절과 결렬의 함의를 규명하는 것이 20세기 역사를 새롭게 이해하는 전제가 된다. 포스트 혁명의 분위기에

社, 2011. 한국어판은 박정태 옮김, 『세기』, 이학사, 2014 참조. 이 선고는 프랑스 정치활동가 나타샤 미셸Natacha Michel(1941~)의 것이고 바디우는 이 선고를 계기로 『세기』를 구상했다고 밝힌다. ─옮긴이

서 20세기의 갖가지 자기 선언을 단순히 반복하는 것은 무의미하다. 혁명과 단절을 해석하려면 반드시 연속과 단절, 중복과 혁신의 변증법적 관계를 다루어야 한다.

20세기 중국의 혁명성과 독특성에 관한 논의는 두 방향의 도전에 직면해 있다. 첫째, 역사 연구 영역에서 이 시대와 중국의 기나긴 역사적 전통 사이의 관계를 재발굴하는 것이 점점 추세가 되고 있다. 누구도 근대 중국의 탄생과 이 시대의 급진적 혁명 및 변혁과의 관계를 부정하지 않고 누구도 근대국가의 형성과 '외부 세력'(주로 서양)의 충격의 관계를 부인하지 않는다. 그러나 포스트 혁명이라는 맥락에서는 혁명 자체도 전통의 부활로 정의된다. 필립 쿤Philip Kuhn의 말에 따르면, "본질적으로 중국 근대국가의 특징은 그 내부의 역사적 변화에서 비롯된다. 19세기 중국의 정치 활동가들은 사실 18세기(또는 더 이른 시기)의 갖가지 조건을 계승하는 배경에서 정치 참여, 정치적 경쟁 또는 정치적 통제 따위의 문제들을 논했다." 따라서 핵심적인 문제는 "어떤 의미에서 중국 근대국가의 형성은 일종의 '중국의 과정'이 아닐까?"[5]다. 이런 의미에서 혁명이 역사와 결렬하는 방식으로 자신을 드러내려고 해도 혁명

---

5 孔飛力,『中國現代國家的起源』, 陳兼, 陳之宏 譯, 北京 : 三聯書店, 2013, 1쪽. 보충설명 하자면, 필립 쿤은 19세기 중엽에 집중해서 근대 중국을 연구한 것이지 20세기를 직접 연구하지는 않았다. 그의 유명한 저서『중화제국 후기의 반란과 그 적들 : 1796~1864년의 군사화와 사회 구조Rebellion an Its Enemies in Late Imperial China : Militarization and its Social Structure, 1796－1864』(Harvard University Press, Cambridge, MA, 1970)는 태평천국과 그 영향에 대한 연구다. 그리고 중국 현대 국가의 기원에 대한 이 연구는 위원魏源을 다루었다.

을 탐구하려면 혁명과 역사 사이의 뒤얽힘을 다루지 않을 수 없다. 만약 혁명이 서로 다른 차원과 영역에서 '역사의 중복'을 드러냈다면 이 중복들은 어떻게 평가해야 할까?

둘째, 마르크스주의 이론이 헤겔 철학 등 독일 고전철학, 애덤 스미스, 데이비드 리카도의 이론 등 영국고전 정치경제학 그리고 푸리에, 생시몽 등 프랑스 공상적 사회주의에서 배태되고 뉴턴의 역학과 다윈의 진화론 등 부르주아 시대 과학 발전의 수혜를 받았듯이, 혁명 시대의 각종 자기 선언은 혁명이 직접 반대한 근대 부르주아 사회의 근대적 가설을 깊이 계승하고 그것과 중첩된다. 시간적 측면에서, 생물진화론에서 파생된 각종 역사 서술, 특히 헤겔-마르크스의 전통을 경유한 목적론적 진보관이 20세기에 점점 중국인의 사상세계를 지배했다. 이런 의미에서 자신의 시대를 이전의 모든 시대와 구별한 이 표명 자체는 유럽 근대성의 표현을 계승했다. 달리 말하면, 유럽 근대성의 표현과 중첩 또는 중복이 존재한다. 혁명의 이념과 혁명 대상의 이념 사이의 깊은 연속성 또는 중복성을 어떻게 해석해야 할까?

이상의 두 측면은 각각 종적 방향과 횡적 방향에서 20세기에 대한 해석과 이 시대의 자기표명과 자기 이해를 분리한다. 그 결과 이토록 선명했던 근대 중국의 독특성과 창조성이 점점 모호해졌다. '혁명'과 같이 수세대에 걸쳐 사람들을 매혹시킨 명제, 그리고 그것이 동반한 과거와의 결렬 의지가 결국 정치적·문화적 매력을 상실했다. 그러나 20세기를 부정하는 문화적 분위기 속에서 근대 중국의 혁명을 극단적으로 비판하는 태도를 가진 사람도 이 시대가 제공한 완전히 새로운 어휘, 더 나아가 언어의 방식에 이끌려 역사를 해석하지 않을 수 없다. 『유교적 중국과 그 근대적 운명』에서 레벤슨은 외래문화가 중국 사회에 준 영향, 중국과 서양의 상호 영향을 두 가지 유형으로 구분한다. 그것은 '어휘의 변화'와 '언어의 변화'다. 그는 이렇게 단언한다. 1840년 이전 중국 역사의 문화적 변천은 불교가 중국 문화에 준 영향과 같이 '어휘의 변화'에 해당한다. 그러나 근대에 일어난 중국과 서양의 조우와 충돌은 일종의 구조적 변화, 즉, '언어의 변화'를 조성했다.[6] 레벤슨의 두 가지 변화론과 페어뱅크의 '충격―대응'론은 시간적 격차는 있지만 서로 호응한다. 이 둘은 모두 변화가 서양의 충격이 가져온 새로운 국면이라고 본다. 그러나 그들이 의식하지 못한 것이 있다. '언어의 변화'는 자본주의에 따라 생겨난 전 세계적 현상이지 중국, 일본 등 비서구 국가에 국한된 것이 아니었다. 동아시아 역사에서 유럽 개념으로 명명한 사건과 현상은 유럽적 중심이 주변 지역으로 확장하는 단선적 과정이라기보다는 구체적인 역사적 맥락에 뿌리내린 전 세계적 현상의 독특한 현현이다.[7] 전 세계 권력구도에서 처한 위치가 다르기 때문에 중심 지역과 주변 지역이 변화를 각자 받아들이는 격렬함의 정도는 완전히 다르다. 태도의 능동성과 수동성에도 큰 차이가 있다. 그러나 설령 그렇다고 해도 어휘의 변

---

6 列文森, 『儒敎中國及其現代命運』, 鄭大華, 任菁 譯, 北京: 中國社會科學出版社, 2000, 138~145쪽.

7 이 또한 오늘날 글로벌 히스토리에서 주목하는 문제다. 계몽, 혁명, 르네상스 등의 범주와 관념은 모두 전 세계적 상호관계 속에서 그 의미를 드러낸다. Sebastian Conrad, "Enlightenment in Global History: A Historiographical Critique," *American Historical Review*, 117: 4(October 1, 2012), pp.999~1027 참조.

화가 점진적 변화 과정이라면 언어의 변화는 혁명적이다. 언어의 변화는 외부 세력의 압력으로만은 형성될 수 없고 반드시 새로운 주체가 탄생하면서 완성된다. 주체의 탄생은 외부의 강력한 세력이 야기한 변화를 확인한 것이다. 그러나 이러한 확인은 동시에 강력한 세력과 그것이 가져온 변화에 대한 저항이다. 변화에 대한 의식은 바로 지속적으로 형성되고 점진적으로 변하고 있는 이러한 주체가 독특한 역사적 시각, 이 시각에 새롭게 드러난 성격, 규모, 국면 등을 짚어내고 확인하는 것이다. 주체의 형성과 점진적 변화 과정이 바로 시세의 변화를 촉진하는 과정이라면 독특한 시기에 대한 인지 자체에는 필연적으로 주체의 자기 해석도 포함된다.

특수한 시세에 대한 파악은 일정한 세계관과 서로 연관된다. 그렇다면 혁명과 역사의 관계, 또는 혁명적 변혁 속에서의 혁명/단절과 전통적 세계관의 관계를 어떻게 해석하는가도 필연적으로 한 시대와 그 성격을 이해하는 데 없어서는 안 되는 시각이다. 20세기의 혁명과 변혁은 낡은 제도를 무너뜨릴 뿐 아니라 동시에 구제도와 그것이 의탁하는 문명적 틀을 출발의 전제로 삼는다. 아이젠슈타트S. N. Eisenstadt는 대혁명과 근대 문명에 관한 연구에서 하나의 가설을 제기했다. "초기 혁명과 최근의 혁명 모두 축 문명 구조 안에 있는 사회에서 벌어졌다. 이 틀에는 차안과 피안 세계의 세계관과 가치 성향이 담겨 있다. 또는 중국의 사례는 주로 차안 세계관의 성향이다."[8] 그가 말하는 초기 혁명은 주로

---

8 S. N. 艾森斯塔德(S. N. Eisenstadt), 『大革命與現代文明The Great Revolutions and the

19세기에 발생한 미국 혁명과 유럽 혁명이고 최근의 혁명은 20세기에 발생한 러시아 혁명과 중국 혁명이다. 그의 다원적 근대성 관념에 따르면 근대성의 내부적 차이는 19세기의 초기 혁명 때 유럽과 북미 사이에서 처음 발생했고, 20세기에 중국 혁명, 인도 독립, 기타 변혁에서 연이어 나타나면서 비로소 일종의 다원적 근대성의 면모가 전면적으로 드러났다.[9] 초기 혁명과 최근의 혁명 사이에는 어떤 차이가 있는가. "정치 생태와 경제 조건, 이 사회에서 발생한 특정한 혁명이 그 과정에서 보여준 문화와 문명의 방향, 통치자가 실시한 통제 모델 등의 사이에서 상호교차의 중요성을 분명히 보여주었다. 사실 바로 이런 희망의 기본 요소, 특정한 문화적 전제, 그들의 제도적 의미와 통치자가 실시하는 특수한 통제 기제의 결합을 통해 왜 중화제국과 러시아 제국에서 수많은 잠재적인 혁명 추세를 만들었는지를 어느 정도 해석할 수 있다. 그러나 혁명은 자본주의와 제국주의가 확장된, 세계질서의 틀 안으로부터 다가온 외부 세력의 강력한 영향 아래에서만 일어날 수 있다."[10] 일반적으로 혁명 서사는 제 문명의 틀에 기대면서 문화적 숙명의 궤도 속으로 빠져버린다. 그러나 20세기 혁명에는 제도적 조건뿐 아니라 세계관의 요소도 있다. 이것이 우리가 혁명을 사유할 때 가져야 할 기본 전제 중 하나다. 혁명은 물질세계와 정신세계 내부에서 동시에 발생한다. 그것은 사회의

Civilizations of Modernity』, 劉聖中 譯, 上海：上海世紀出版集團, 2012, 113쪽.

9 S. N. 艾森斯塔德(S. N. Eisenstadt), 『反思現代性』, 曠新年, 王愛松 譯, 北京：三联书店, 2006.

10 S. N. 艾森斯塔德(S. N. Eisenstadt), 『大革命與現代文明』, 113쪽.

제도적 토대를 바꾸었고 사람들이 세계를 생각하는 척도도 바꾸었다. 바로 이 때문에 동일한 전 세계적 맥락에서 발발한 혁명이 서로 다른 변화 궤적을 걸었음은 명백하다.

이제 우리는 앞에서 제기한 문제로 돌아가려 한다. 중국 혁명의 성패와 득실을 어떻게 평가할까, 중국 역사에서 20세기의 지위를 어떻게 정의할까?

2. '세기' 개념, 제국주의와 보편 역사의 탄생

'세기'는 유럽 기독교 기년에서 연원한 개념이다. 이 개념은 레벤슨이 서술한 어휘와 언어의 긴박한 변화 속에서 등장했다. 청말 중국인에게 세기 개념은 하늘 밖에서 날아온 이물질 같은 것이었다. 처음 사용했을 때 그것은 기존의 기년과 일력 체계를 곧바로 대체하지 못했다. 세기 개념은 황제 기년, 민국 기년, 간지 기년 그리고 후이족, 티베트족, 이족, 타이족의 역법과 충돌하지 않고 다원적인 공시적 체계가 되었다. 오스터함멜은 19세기를 다룬 대작에서 이렇게 말했다. "유럽에서도 역법의 통일은 점진적 과정이었다. 그레고리력은 1582년부터 천주교 국가에 의해 채택되기 시작했고 스페인 해외 제국에는 전파되지 않았으며 1600년 스코틀랜드에 받아들여졌다. 그러나 꼭 170년이 지나서야 잉글랜드와 대영제국으로 수용되었다. 루마니아, 러시아, 터키가 그레고리력을 정식으로 채택한 시기는 각각 1917, 1918, 1927년이다."[11] 일본은 메이지 6년,

즉 1873년부터 그레고리력을 들여왔다. 그러나 근대화를 위해 시행한 이 개혁은 1869년에 반포한 천황 기년을 바꾸지 않았다. 중국에서 양력의 절대적인 지배적 지위는 20세기 중국 혁명, 특히 두 차례 건국운동인 1912년 중화민국 건설과 1949년 중화인민공화국 건설에 따라 점진적으로 확립되었다. 중화인민공화국은 양력을 유일한 공식 역법으로 확립하는 동시에 더는 왕조와 민국처럼 자신들에게만 해당되는 기년 체계를 만들지 않았다. 1900년 전후 중국 지식인은 주로 제국주의를 판별하면서 20세기를 인지했다. 그리고 공산주의 운동이 1917년의 러시아와 1949년의 중국에서 양력을 확정할 때 새로운 주체를 인지했음은 분명하다. 이런 인식 방식과 1907~1908년 전후 루쉰이 장타이옌, 니체, 키르케고르 등의 영향을 받아 전개한 19세기 유럽 근대성에 대한 '20세기적 비판'을 비교하면, 세기 개념의 내재적 장력, 다양성, 역사적 변천을 뚜렷이 발견할 수 있다. 이 사실은 바로 '세기' 의식이 시간의 틀에서만 설명되는 것이 아님을 말해준다.

오늘날 20세기라고 불리는 시기에 세기 개념은 각종 전통적 기년 방식을 점진적으로 대체하고 모든 역사학의 시대 구분을 관통했다. 그뿐만 아니라 중국인의 시간관을 표현하는 통속적인 어휘를 다시 만들었다. 이는 새로운 시세관이 지배적 성격을 확립한 결과다. 20세기라는 개념이 탄생함에 따라 그에 상응해서 19세기, 18세기, 17세기, 16세기 등 차례 개념도 만들어졌다. 그러나 사실 '19세기'와 여타의 세기 개념은

---

11 于爾根·奧斯特哈默, 『世界的演變: 19世紀史』(I), 91쪽.

모두 '20세기' 의식의 파생물이다. 즉 먼저 '20세기' 의식이 생기고 나서 자신의 전사前史를 창조할 수 있었다. 이 전사는 그 전의 중국에는 결코 존재하지 않았다. 그것은 타인의 역사에 존재했다. 1900년이 오기 전 중국인은 이런 의미에서 '세기' 문제를 논하지 않았고 '세기'로 자신의 시대를 인식한 적도 없다. '세기' 의식은 20세기와 긴밀하게 이어져 있다. 그것과 과거 모든 시대의 구분은 일반적인 시간적 구분이 아니고 독특한 시세에 대한 파악이다. 이 시세는 타자의 역사, 외부의 모든 역사를 자신의 역사로 만드는 동시에 자신의 역사도 전체 역사의 내부에 놓고 해석하고 지목한다. 이것은 전 세계적 범위의 공시적 관계의 탄생이자 공시적 관계 속에서 내부의 불균등성을 확인하는 발단이다. 이는 공간과 시간이 서로 치환할 수 있는 조건이기도 하다. 이럴 때 공간 관계가 항상 시간 관계 속에서 서술되고 그것의 가장 고전적인 표현은 전통/근대다. 시간 관계도 부단히 새롭게 공간화되며 가장 고전적인 표현이 동양/서양이다. 그러나 사실은 둘은 모두 방금 탄생했고 내부의 불균등성을 지닌 공시적 관계의 산물이다. 그 결과 중국 역사는 근대 지리학의 틀에 기반한 전체사의 시야에 놓였고 세계성에 종속되었다. 이 때문에 내부 모순이 생겼고 충돌의 역사를 서술하게 되었다. 이러한 시각 또는 이러한 국면에 전통적 지식과 전략은 무력해지거나 적어도 그 유효성을 크게 상실했다. 게다가 양무운동과 무술변법 시기에 타 지역(주로 서양)에서 획득한 지식과 전략도 점점 직접 모방해야 할 의미를 크게 잃었다. 중국 문제와 세계 및 각 지역의 관계는 서로를 제동했다. 20세기 중국 사상은 점점 중국과 서양을 대비하는 주도적인 틀에 따라 '중간지대'

'제3세계' 또는 다른 지역적 범주들을 다루었다. 그리고 반제 애국운동, 사회주의 운동 또는 자유민주 운동 등이 서로 지지하거나 충돌하는 과정을 통해 미래를 지향하는 현실운동을 전개했다. 1900년 전후에는 세기 의식이 양무운동, 무술변법을 이어받아 서양 사상을 받아들였지만 동시에 그것과의 거리도 벌렸다. 그것이 새로운 국면에 대한 대응이었다. 후자의 주된 전제이자 주된 지표는 알게 된 지 얼마 안 되는 독특한 자본주의 형식—즉 제국주의적 세계체제—의 확립이었다.

'세기'라는 범주가 탄생함에 따라 청나라 말기에 차츰 모습을 갖추던 중서 고금관계가 모두 새롭게 정의되었다. 어휘나 일상 생활세계의 연속성에만 착안하면 이 시대의 정치적 특징을 파악하기 어렵다. '20세기'는 시간적 서술이면서 시세적 판단이다. 둘은 서로 뒤얽힌 채 동시에 등장했다. 1899년 11월 17일 쑨원의 초청을 받아 일본으로 망명한 량치차오가 호놀룰루를 거쳐 미국을 방문하기로 결정했다. 목적은 "세계 공화정체의 조국에 가서 정치를 묻고 배움을 구하며 그 빛을 보는 것"이었다. "이에 서력 1899년 섣달그믐 자정 무렵 작은 배를 타고 태평양을 건넜다."[12] 훗날 캉유웨이의 명령으로 그는 호놀룰루에 남아서 보황회 사무를 처리했다. 1900년 1월 30일 밤 량치차오는 잠을 이루지 못하고 「20세기 태평양가」를 지었다 이 장편의 시에서는 캉유웨이가 제창한 공양삼세설을 유럽 문명사관과 결합해서 인류문명의 단계를 거란세據亂世, 승평세昇平世, 태평세太平世로 나누었다. 그중 중국, 인도, 이집트와 아나

---

12 梁啓超,「二十世紀太平洋歌」,『新民叢報』第1號, 1902年 2月, 109쪽.

톨리아의 4대 고대 문명 조국이 주체가 된 '하류河流시대 1기紀'를 '거란세'의 시대, 지중해, 발트해, 아라비아해, 황해, 발해 등 주변 문명이 주체가 된 '내해문명 시대 2기'를 '승평세'의 시대로 규정했다. 그리고 콜럼버스의 신대륙 발견으로 상징되는 '대양 문명 시대'를 최신의 발전으로 보았다. 흥미롭게도 량치차오는 거란, 소강小康으로 이전 두 단계의 문명을 서술했지만 자신이 칭송하는 "4대 자유(사상의 자유, 표현의 자유, 행위의 자유, 출판의 자유)가 온 세상을 가득 채우고 노예성이 모조리 사라진" 시대를 '대동大同'이나 '태평세'로 묘사하지 않았다. 정반대로 이 시대는 "벼랑 끝의 돌을 멈추려 해도 멈출 수 없고 거세지고 가까워져서 다섯 대륙이 하나가 되라고 몰아세우는 시대" "수많은 손이 대지를 들고 번개처럼 빠른 검의 기운이 태평양을 가득 메운" 시대이지 대동이나 태평세와는 거리가 멀다고 말했다.[13]

20세기가 태평양 시대의 도래를 상징한다면 과연 어떤 시대일까? 량치차오는 이 시대가 '민족 제국주의'의 시대, 즉 이전의 제국시대 열강이 다투던 것과는 다른 새 시대라고 단언한다. 그가 하와이에서 제국주의 문제를 사색하기 시작한 것은 우연이 아니다. 미국의 신형 식민주의는 바로 1898년 하와이 침략, 1899년 필리핀군도, 괌, 웨이크섬, 푸에르토리코 점령에서 시작했고 식민지 면적은 1898년의 1.7만 제곱미터에서 32.4만 제곱미터로 증가했다. 량치차오는 다음과 같이 개탄했다.

---

13 같은 글, 111쪽.

오호라! 바야흐로 민족 제국주의가 발호하고 있다. 유린당하는 자는
약하고 먹는 자는 강하다. 영국 사자와 러시아 독수리라는 동서의 제
국, 이 두 마리의 호랑이는 자신들끼리는 싸우지 않고 뭇 짐승을 괴
롭힌다. 후발 게르만족 나라는 인구가 많은 반면 식량의 여유가 없다.
꼬리뼈라도 구하려고 하지만 지금은 얻지 못하고 죽어라 대대적으
로 다른 것을 찾는다. 먼로주의를 내세운 북미 합중국도 있다. 잠룡
이 잠에서 깨어 신의 풍채를 내뿜고 있다. 서쪽으로 쿠바, 동쪽으로는
필리핀이 있고 중간에는 하와이 여덟 섬이 아득하다. 태평양이 호수
가 되었고 마침내 무기고를 얻었으니 어떤 침략도 막아낸다. 작은 나
라 일본도 침묵에서 깨어나 자리의 크기를 따지지 않는다. 내가 찾아
본 것은 바람과 조수가 자연히 일어나는 일이다. 지나간 일을 설명하
는 것이 아니다. 생존 경쟁과 자연선택의 추세는 반드시 온다. 우월하
지 않으면 열등하고 흥하지 않으면 망한다.[14]

이른바 '민족 제국주의'는 프랑스 대혁명과 미국 혁명의 산물이다. 그
것은 민족을 확장의 단위로 삼는다는 점에서 전통적 제국과 다르다. 이
시대에는 "근래 지구 9만 리에서 모래 한 알 풀 한 포기도 모두 주인이
있다." "오직 동아시아 늙은 제국의 고기 한 덩이만 남았는데 취할 수 있
는 것과 취하지 않은 것이 없는 것이 재앙이다." "아! 태평양! 태평양! 임
금의 얼굴에는 비단수가 깔려 있고, 임금의 등은 수라장이다.

---

14 같은 글, 111쪽.

해전海電이 이미 깔려 있고 함대는 갈수록 진을 편다. 시베리아 철도는 공사를 끝냈고 파나마 해협은 운하가 개통되었다. 이때 태평양의 20세기 천지에는 비극, 희극, 장엄극, 참극의 북소리가 모조리 울려 퍼진다."[15] 20세기는 '대양 문명 시대'의 연장이다. 그 특징은 전신, 해군, 교통(철도와 운하)의 발전이다. 권력의 중심이 대서양, 인도양에서 태평양으로 넘어갔고 미국이 점점 새로운 역사적 지위를 차지했다. 량치차오는 바로 여기서 계발을 얻었다. 「20세기 태평양가」를 쓴 후에 한 시대를 풍미한 「소년중국설」을 발표했다.

1901년 의화단운동과 8개국 연합군의 간섭을 막 겪고 민감해진 중국 지식인은 이미 새로운 세기의 종이 울리는 가운데 이 시대의 특징을 판별했다. 그들은 두 가지 다른 시각에서 시대를 판단했다. 량치차오는 세계를 바라보면서 중국(그리고 러시아)이 19세기의 광풍과 모래바람이 몰아치는 시기, 작은 배에 몸을 싣고 해안을 떠나는 것처럼 '정지된 시대'가 갑자기 끝나고 피안으로 전진하는 '과도기'에 처해 있다고 단언했다. 이 시대는 전제 정권과 이별하고 새로운 정체政體로 전환하는 '정치적 과도기'이자, 사장詞章과 고증학을 버리고 미래의 새로운 학계로 나아가는 '학문적 과도기'이고, 삼강오륜, 허례허식을 버리고 새로운 도덕이 그 자리를 차지하기를 바라는 '이상과 풍속의 과도기'다.[16] 시간관의 관점에서, 중국의 역사를 '정지된 시대'와 '과도 시대'로 구분하는 관점

15 같은 글, 112쪽.

16 梁啓超, 「過渡時代論」, 『淸議報』 第83期, 1901年 6月, 2쪽.

단기 20세기: 중국 혁명과 정치의 논리

은 이미 공양삼세설의 서사 틀과는 다르다. 그보다는 유럽 근대성의 시간관념에서 직접 파생된 역사 판단과 더 비슷하다.

청나라 말기 공양삼세설은 유럽적 시간관념의 도전을 유교적 세계관 안으로 받아들이려고 했다. 그러나 새로운 위기 속에서 이 노력이 유례없는 곤경에 직면했음은 명백하다. 이 곤경은 제국주의에 대한 사유와 동시에 찾아왔다. 고토쿠 슈스이幸德秋水(1871~1911)는 1901년에 출판된『20세기의 괴물, 제국주의』에서 제국주의 시대에 대한 새로운 해석을 시도했다. 이듬해 9월 1일『신민총보』광고 글에서는 이렇게 말한다. "제국주의란 군사력으로 다른 나라를 폐허로 만들고 다른 단체를 합병해서 세력을 확장하고 통치 범위를 개척하는 것을 말한다. 오늘날 세계에서 강국이라고 불리는 나라 중 이 주의를 고수하지 않는 나라가 없다. 그리고 팽창의 힘은 대서양, 태평양, 인도양을 넘나든다. 그러나 우리 나라에는 아직 싹트지 않았다. 우리 나라 사람은 장차 그것을 환영하고 이용할 것이다. 그렇지 않으면 쓰러지고 파멸할 것이다. 지금 이 책에서 괴물이라고 부르며 서술하고 있는 것은 그 주장이 신기하고 놀랍다. 책을 펼쳐보지 않아도 상상할 수 있다. 이 글을 특별히 골라 번역해서 우리 나라 사람들이 교훈으로 삼고 각성하게 하려 한다."[17] 고토쿠 슈스이가 제국주의 저서를 낸 시점과 거의 동시에 중국 사상계에서도 제국주의 문제에 대한 탐색이 시작되었다. 1901년 1년 전 요코하마에서

17『新民叢報』第17號, 1902年 10月, 廣告版.

창간된 『개지록開智錄』에 자강自强(펑쓰루안馮斯欒의 필명)[18]이 「제국주의의 발달과 20세기 세계의 앞날을 논한다」를 발표했다. 이 글에서는 또다른 시각에서 량치차오의 '20세기'에 대한 판단에 호응했다. "오늘날 세계는 제국주의가 가장 성생하고 자유가 망가지는 시대다."[19] 이 글은 량치차오에 의해 『청의보전편淸議報全編』 권25 부록 1 「군보길화통론群報拮華通論」에 전재되었다.

고토쿠 슈스이의 서술과 자강의 글은 서로 호응한다.[20] 그러나 시각과 착안점은 다르다. "일본에서 동아시아 식민지 건설을 준비하고 서양과 불평등조약을 재협상하기 시작하는 시기에 고토쿠 슈스이는 비서양중심론적 제국주의론을 제공했다. 고토쿠는 특히 정치적 요소를 강조했다. 그는 바로 일본 국민의 시각에서 글을 썼기 때문에 일본에서는 이러한 요소들이 정부의 정책 결정에 압도적 영향력을 미쳤다."[21] 이는 동아시아 지역에서 가장 기민하게 세계의 흐름을 새롭게 인지한 것

---

18 『개지록』은 요코하마에 소재한 개지회開智會의 기관지다. 따라서 『개지회록』이라고도 하며 혁명적 경향을 띠었다. 그러나 『청의보』로 대체 발행되어서 6호만 발행되고 1901년 3월 20일에 정간되었다. 이 잡지는 1900년부터 출판되었고 편집장은 정관이鄭貫一이고 펑마오룽馮懋龍, 펑쓰루안馮斯欒 등이 편집을 도왔다. 세 사람이 각각 자립, 자유, 자강이라는 필명을 썼다. 따라서 자강이라는 필명으로 발표된 「論帝國主義之發達及廿世紀世界之前途」의 저자는 馮斯欒이다.

19 自强, 「論帝國主義之發達及二十世紀之前途」, 『開智錄』, 『淸議報』 全編, 178쪽에서 재인용.

20 고토쿠 슈스이의 『廿世紀の怪物 帝國主義』는 1901년에 출판되었다. 그러나 출판되기 전에 몇몇 장이 발췌되어 『千代田晚新聞』에 연재되었다.

21 Robert Thomas Tierney, *Monster of the Twentieth Century: Kotoku Shusui and Japan's First Anti—Imperialist Movement*(University of California Press, 2015), p.27.

이자 세계 최초로 제국주의를 이론적으로 해석한 것이다.[22] 그들의 분석은 홉슨의 유명한 연구와 시기가 거의 같고『제국주의: 하나의 연구 Imperialism: A Study』(1902)보다 1년 먼저 발표되었다. 그들의 논의는 홉슨의『제국주의』, 폴 라파르그의『미국의 크러스트와 경제, 정치, 사회적 의미』(1903), 루돌프 힐퍼딩의『금융자본』(1910), 로자 룩셈부르크의『자본 축적론』(1913), 카를 카우츠키의『제국주의』(1914), 레닌의 명저『제국주의, 자본주의 최후의 단계』(1916), 오토 바우어, 부하린 등이 발표한 중요한 논문 등 제국주의 연구의 반열에 놓여야 한다. 고토쿠 슈스이는 일본 최초의 사회주의자이자 아나키스트다. 훗날 많은 사회주의자와 마찬가지로 사회주의를 제국주의 극복의 필수 경로로 보았다. 그러나 레닌 등이 제국주의의 독점성과 기생성, 즉 경제적 특징을 강조한 것과 달리 고토쿠 슈스이는 군사적 제국주의와 민족주의, 애국주의의 긴밀한 연관에 더 주목했다. 그의 평화주의는 일본 제국주의에 대한 저항이었다. 전후 수많은 일본 사상사가는 레닌 등의 이론에 근거해서 고토

22『廿世紀の怪物帝國主義』중국어판은 1902년에 상하이에서 출판되었다. 幸德秋水 著,『二十世紀之怪物 帝國主義』(趙必振 譯, 上海: 廣智書局, 淸光緖 28年(1902) 1925년 曹聚仁이 개정판을 출판했고 영향력이 확대되었다. 1902년부터 이 책의 번역자 자오삐전趙必振(1873~1956)이『近世社會主義』,『土耳其史』,『日本維新慷慨史』,『日本人權發達史』,『世界十二杰』,『希臘史』,『羅馬史』,『揚子江流域大勢論』등 11종의 번역서를 냈다는 점을 눈여겨볼 만하다. 그중 1903년에 번역·출판된『近世社會主義』(福井准造 著, 1902)는 사회주의를 체계적으로 설명한 저서이고 고토쿠 슈스이가 사회주의로 제국주의 시대에 저항한 것과 성향이 일맥상통한다. 고토쿠 슈스이의 반제국주의 사상에 대한 최신 연구는 Robert Thomas Tierney, *Monster of the Twentieth Century: Kotoku Shusui and Japan's First Anti-Imperialist Movement*를 참조. 이 책에는 고토쿠 슈스이 원서의 영역본도 수록되어 있다.

쿠 슈스이의 제국주의 연구를 검토하면서 그가 경제적 현상으로서 제국주의가 갖는 특징을 밝히지 못했다고 보았다. 그러나 로버트 티어니 Robert Thomas Tierney가 말했듯, 고토쿠 슈스이의 이런 관점은 이론적인 약점이 아니라 이론적 특징이다. 19세기 말 일본은 아직 유럽 산업국가처럼 '자본주의 최후의 단계'에 도달하지 못했지만 이미 제국주의 시대에 진입했다. 따라서 일본 혁명가가 직면한 문제는 '이 현상을 어떻게 해석할까?'였다.[23]

고토쿠 슈스이와 달리, 자강은 세계의 대세가 제국 경쟁의 구도에 있다고 보고 제국주의 시대가 19세기 제국의 세력 균형을 와해시켜 중국을 더 큰 곤경에 빠뜨린다고 걱정했다. 그는 중국이 직면한 도전은 내부의 민족주의와 애국주의가 아니라 신형 제국주의가 조성한 위험이라고 보았다. 그러나 제국주의에 대한 그의 서술은 정치와 군사의 요소에 더욱 주목한 고토쿠 슈스이와 서로 호응했다. 자강은 제국주의를 두 가지로 나누었다. 하나는 황제 체제나 제정帝政 회복이 특징인 보나파르트 제국주의로 대표되고 다른 한 가지는 (팽창주의라고도 불리는) '북아메리카의 제국주의'를 기점으로 한다. 둘의 성격은 다르다. 전자는 정체 형식(황제 체제)이 지표가 되고 후자는 대외 확장(공화제, 황제 체제와 공화제의 정치적 차이를 뛰어넘음)을 징후로 보인다. 신형 제국주의를 추진하는 동력은 물리학 발달이 촉진한 생산 형태의 변화, 경제 조건 개선

---

23 Robert Thomas Tierney, *Monster of the Twentieth Century: Kotoku Shusui and Japan's First Anti-Imperialist Movement*(University of California Press, 2015), p.29.

단기 20세기: 중국 혁명과 정치의 논리

이 초래한 인종 팽창, '강약 불균형'이 초래한 국내 경쟁 구도의 전 세계로의 확장, 국내 투쟁의 상대적 완화에 따른 신형 제국주의 국가의 대외 약탈 등이다. 유럽 각 제국의 내부에서 혁명과 반혁명의 격렬한 충돌이 있은 후 (저자는 '열강혁명 이후의 회복기'라고 표현) 정치적 타협을 통해 귀족/부르주아의 혼합 정체를 형성했고 봉건귀족적 군사 체제로부터 옌푸嚴復의 번역서 『사회통전社會通詮』에서 '군국민주의軍國民主義'라고 부른 과도적 사회 형태로 전환되었다.

러시아, 프랑스의 고전적 제국주의(그리고 유럽 패권에 거스르면서 동시에 그것을 따르는 일본)와 19세기 후반에 전환한 신형 제국주의—미국, 영국, 독일—사이에는 연속성이 존재한다. 그러나 혼동해서는 안된다. 전자는 19세기 세습 군주제를 특징으로 한 제국 논리의 연장이고 후자가 바로 20세기 제국주의의 상징이다. 이런 관점은 얼마 후 제시된 량치차오의 분석과 약간 비슷하다. 그러나 량치차오의 분석은 정치적 형태의 차이에서 점점 경제적 분석으로 넘어가므로 홉슨과 레닌의 논단에 더 가깝다. "러시아의 제국주의는 영국, 독일, 일본, 미국의 제국주의와 조금 다르다. 즉 영국, 독일 여러 나라의 제국주의는 순수하게 '근세'적이고 러시아는 '중세적'인 것에 가깝다. 러시아의 침략은 군주, 귀족이 주도한 것이지 국민이 주도한 것이 아니다. 즉 주권자의 야심의 결과이지 민족 팽창의 결과가 아니다."[24] 바로 그가 「20세기 태평양가」에

---

24 中國之新民(梁啓超), 「俄羅斯革命之影响」(續第61號, 三. 革命之前途), 『新民叢報』第62號, 1905年, 53~54쪽.

서 '민족 제국주의'라는 말을 사용한 것과 마찬가지로 량치차오는 제국적 제국주의와 민족적 제국주의를 구분했고 프랑스 대혁명(그리고 미국 혁명) 이후 형성된 신형 정체, 국가 형태와 제국주의 현상의 새로운 관계를 밝혀냈다.

미국 방문 후 량치차오는 미국에 대한 현지 관찰을 기반으로 「20세기의 거령신巨靈神 트러스트」를 발표했다. 이 글에서 그는 제국주의와 경제 조직의 변화를 깊숙이 관찰하고 경제 조직이 복잡해져서 생산 과잉과 해외시장의 수요에 따라 제국주의 현상이 발생했다고 결론 내렸다. 이런 서술은 제국주의 분석의 방향을 정치와 군사적 형태에서 경제 조직으로 전환한 것이다. "트러스트는 원래 과도한 생산의 폐해를 해결하고 자본가가 안정적으로 상당한 이익을 누리기 위해 생겨난 것이다. 최근 10년 동안 그 조직이 날로 정밀해지고 감독 관리는 갈수록 적절해졌다. 미국 산업에 활력을 몇 배 증가시켰다." 따라서 생산 과잉을 낳았다. "세월이 갈수록 이익이 높이 쌓여 더 사용할 땅이 남아 있지 않을 정도였다. 이에 영웅의 비육지탄을 자아냈다. 따라서 미국 시장 전역의 이윤율이 날로 저하되었다. 예전에 영국인이 남아프리카에서 사업을 도모해서 군사공채 5000만을 모금했다. 미국인이 앞다투어 돈을 보내자 열흘이 되기 전에 다 모았다. 이 모두가 가득 차서 넘칠 것을 우려하는 징표다. 따라서 미국인은 큰 가뭄에 비를 갈망하듯 사업장을 해외로 확장하고 싶어했고 그 급박함이 유럽의 몇 배에 달했다. 여기서 왜 최근에 미국에서 제국주의가 성행했는지를 알 수 있다. 천하의 일은 부득이한 데서 일어난다. 그 세력 중 가장 웅장하고 막을 수 없는 것은 미국의 트러스트다. 그것은 과도한 생산의 결과다. 제국주의도 트러스트가 형성된 후 자본이 과도해진 결과다. 이 모든 것이 부득이한 일이다."[25] 트러스트에 대한 량치차오의 서술에는 오해와 불분명한 부분이 적지 않다. 트러스트를 자유경쟁과 과도한 생산을 추구한 폐해로 보고, 자유경쟁의 결과, 시장 형식의 독점, 더 나아가 과도한 생산을 초래하는 동인으로는 보지 않은 점이 그 사례다. 그러나 제국주의를 트러스트가 형성된 후 자본 과잉의 결과라고 본 것은 통찰력 있는 견해다.[26] 미국 독립 운동은 원래 영국의 식민주의에 대항했다. 그러나 자본주의 경제가 발달하면서 이 공화국은 1898년에 쿠바, 하와이, 필리핀을 합병하고 스페인과 전쟁을 벌였다. 1900년에는 또 중국에 침입한 8개국 연합군에 가담해서 공공연히 독립 시기의 '공화와 비침략주의'라는 약속을 저버리고 열강이 세계를 새롭게 분할하는 제국주의 시대를 열었다. 량치차오가 미국의 새로운 식민지 하와이에서 망망대해 반대편에 있는 나라의 상황을 보았을 때의 심정이 짐작된다. 그리고 드디어 북아메리카 대륙에 도착한 뒤 그는 생산조직의 정밀화와 생산 과잉이 바로 미국 제국주의의 원동력이고 생산 과잉이 제국주의 확장을 직접 초래했으며 트러스트가 전제정체보다 더 엄밀한 인간(노동자) 통제 시스템을 형성했음을 발견했다.

제국주의가 정체 형식을 초월한 전 지구적 현상이라면 새로운 위기

---

25 中國之新民(梁啓超),「二十世紀之巨靈托辣斯」(續前號),『新民叢報』第42, 43號合刊, 1903年 12月, 114쪽.

26 량치차오의 트러스트 관련 논의와 오류에 대해서는 賴建誠,『梁啓超的經濟面向』, 臺北 : 联經出版公司, 2006, 124~129쪽.

속에서 정치적 변화에만 의존해서 중국과 세계를 구하는 전망은 아주 불투명해졌다. 따라서 신세기의 사고는 반드시 정치개혁과 경제-사회 개혁을 종합한 운동이어야 했다. 그것은 제국을 재건해서 대항적 세력 균형을 형성하거나(량치차오가 말하는 '대민족주의'는 빈 체제와 유사한 제국식 민족주의다) 자본주의의 독점과 확장 형태를 뛰어넘거나 극복하는 사회적 진로를 찾는 것이다. 후자는 바로 청말 사상으로 유럽 사회 혁명을 탐색하고 트러스트를 포함한 생산조직 형태와 시장 확장의 정치·사회적 부작용을 일으키는 동력을 분석하는 것이다. 왜 자강, 량치차오 등이 악명 높은 식민주의 국가인 영국을 신형 제국주의의 반열에 올렸을까? 명예혁명 이후 1689년 영국 의회는 권리장전을 통과시켜 왕권을 제한했다. 그러나 국왕을 퇴출하지는 않고 공화체제를 수립해서 국왕이 군림하되 통치하지 않는 입헌군주 정체를 형성했다. 유럽 역사에서 영국은 최초로 왕권의 틀 안에 포장된 민주국가를 세운 나라로 인식된다. 자강과 량치차오는 영국을 전통적 식민주의와 다른 제국주의 체제를 탄생시킨 지표 중 하나라고 보고 새로운 역사적 요소에 대해서도 생각했다. 영국은 남아프리카의 토지와 자원을 쟁탈하기 위해, 트란스발공화국과 오렌지공화국을 세운 네덜란드 이민자의 후손인 보어인과 보어전쟁을 벌였다. 이 사건은 식민주의가 형태를 전환한 중요한 계기일뿐더러 영 제국이 점진적으로 쇠락하고 식민지를 재분할하는 민족 제국주의 시대의 도래 사이에 있는 경계표지다. 이 전환은 유럽 내부에서 지정학적 힘의 비율이 변화함에 따라 나타난 중대한 변화다. 프로이센-프랑스 전쟁 이후 독일은 일약 열강의 반열에 올랐다. 1900년에는 경제적 실력이 영국마저 뛰어넘었고 독일 통일을 완성하는 동시에 상공업과 학문 수준도 추월했다. 한편으로는 유럽 제국 사이에서 합종연횡했고 다른 한편으로는 식민지를 단호하게 확장해서 열강 식민지 쟁탈의 신시대에 진입했다. 그래서 자강은 독일, 미국, 영국을 20세기 3대 신제국주의의 전형으로 꼽았다.

'세기'에 대한 해석과 유럽 빈조약 체제의 점진적 해체는 1894~1895년 청일전쟁, 시모노세키조약과 그 후의 '삼국 간섭' 등 일련의 사건과 밀접한 관계가 있다. 청일전쟁의 핵심 동력은 일본의 메이지 유신, 특히 1880~1890년대 산업경제의 확장과 국내 시장과 자연자원 결핍 사이의 모순에서 형성되었다. 청일전쟁 이후 일본은 조선 시장을 독점하고 대만, 펑후澎湖를 병합했으며 중국에 사스沙市, 충칭, 쑤저우, 항저우 등 상업도시를 개방하라고 압박했다. 청나라 조정은 전쟁배상금으로 일본에 백은화 2억 냥을 지불해서 산업화와 군사화에 중요한 자금을 제공했다. 1895년부터 1904~1905년 러일전쟁 기간까지 일본의 수출입 무역은 몇 배 확장되었고, 군사산업, 광업, 주조업, 항운업, 방직업이 놀랄 만큼 성장했다. 1900년 8개국 연합군의 간섭과 청일전쟁 이후의 '삼국 간섭'은 다르다. '삼국 간섭'은 빈 체제가 새로운 세력의 부상에 직면했던 시기 제국 사이의 균형과 타협의 산물이었다. 그렇지만 8개국 연합군의 간섭에는 더 새로운 내용이 포함되었다. 그중 가장 상징적인 것은 미국의 개입과 '이익 균점'을 목표로 한 '중국보전론'이다. 고토쿠 슈스이, 량치차오가 제국주의에 대한 판단을 내린 후 오늘날 동아시아 또는 동북아시아라고 불리는 지역이 동시에 제국주의와 혁명의 물결에 휘말렸다. 1902년 영국과 일본이 동맹조약을 체결했다. 1904~1905년 러일전쟁이 발발했고 전후에는 포츠머스 조약을 체결했다. 1904~1905년 1차 러시아 혁명이 발발했고 같은 시기에 중국 혁명의 파도가 용솟음쳤다. 1906년 일본에서 사회주의 운동이 다시 일어났고 1910년 '대역 사건'이 일어나서 고토쿠 슈스이가 이듬해에 처형당했다. 1911년 신해혁명이 청 왕조를 무너뜨렸고 아시아 첫 번째 공화국을 세웠다. 1914~1918년 제1차 세계대전이 일어났고 1917년 러시아 3월 혁명이 발생했다. 1919년 조선의 3·1운동과 중국의 5·4운동이 연이어 일어났다. 중국에서 발생한 모든 일은 전 세계적 변천의 중요한 고리가 되었다.[27]

시모노세키 조약, 삼국 간섭, 8개국 연합군, 러일전쟁 등 일련의 사건은 미국-스페인 전쟁, 보어 전쟁 등과 서로 연동되어 1815년 빈 조약으로 상징되는 19세기 유럽 질서가 확장하면서 쇠락하고, 중국, 일본과 기타 세계 전부가 그 안에 편입되는 세계적 신형 제국주의 시대가 막 오르고 있음을 상징한다. 중국은 공화혁명으로 황권을 전복하면서 미국 혁명과 프랑스 혁명, 러시아 혁명에 대해 명확히 경의를 표했다. 그러나 신형 제국주의가 탄생(공화국 또는 입헌 정체와 제국의 결합)하는 상황에서 당시에 이 사건은 19세기 빈 제국체제와 세습 군주 모델의 정통주

---

27 일련의 국제적 사건과 관련된 것은 일본사상계의 제국주의 현상에 대한 새로운 관찰과 사회주의 사상의 맹아다. 청일전쟁 시기 도쿠토미 소호德富蘇峰의 「대일본팽창론」 발표, '삼국 간섭' 사건 이후 일본 新聲社(新潮社의 전신)의 『世界之日本』 출간(1906), 1898년 고토쿠 슈스이 등의 사회주의 연구회 결성, 1906년 사카이 도시히코堺利彦 등의 일본사회당 결성(그다음 해에 검거되었다) 등이 그 사례다.

단기 20세기: 중국 혁명과 정치의 논리

의legitimism를 뛰어넘어 미래를 지향하는 그리고 아무것도 확정적이지 않은 사회/정치 형태를 개막했다는 의미가 있다. 새로운 공화국과 입헌 정체는 기존의 공화국과 입헌 정체(미국, 프랑스)에 대한 모방(정치 구조, 인민주권 등)과 부정(공화 제국주의와 자본주의 경제체제)의 이중적인 내포를 동시에 가졌다. 전자가 19세기의 연속이라면 후자는 전자와 뒤얽혀 싸우고 있는 신세기의 탄생을 상징한다.

20세기에 대한 의식과 판단에는 아편전쟁 이후 특히 1884년 중국-프랑스 전쟁, 1894년 청일전쟁, 1898년 무술변법 실패의 뼈아픈 경험과 이론적 종합이 응집되어 있다. 우리는 량치차오 등 가장 민감한 지식인의 글에서 그 시대적 판단 속에서 쌓은 역사적 경험과 지식적 시야를 어렵지 않게 발견할 수 있다. 그러나 중국과 동아시아 지역의 상황에서 20세기와 과거 모든 시대의 차별을 말할 때는 결코 종적 시간의 축선 상에서만 서술하지 않고 그보다는 횡적이고 전 세계적 관계의 총체적 변화 속에서 판단을 내렸다. 따라서 신세계에 대한 판단에는 새로운 시공간적 틀, 공양삼세설 및 사회진화론과는 다른(얽혀 있기도 한) 새로운 시세관時勢觀을 담고 있으며 또 제공한다. 이 새로운 시세관은 기존의 정치적 판단에 새로운 인식상의 전제를 제공한다. 혁명과 개량, 정치혁명과 사회 혁명의 변증법은 이 새로운 인식적 전제와 틀 아래서 잉태되고 폭발했다.

러일전쟁 발발 전후 최소한 두 종의 잡지 제호에 '20세기'를 사용했다. 1904년 10월 천취빙陳去病, 왕샤오눙汪笑濃 등이 상하이에서 『20세기 대무대』를 창간했다. 이들은 "가슴 아프다. 시국은 어려운데 민지民智는 아직 깨어나지 않았고 하등사회는 잠자는 사자처럼 깨어나기 어렵다. 엿들어보니 서양 국가의 각 문명은 인사들이 기풍을 여는 데 주의를 기울여 희극 개량이 급선무라고 한다"[28]라고 말하며 이원梨園(당나라 때 설치된 음악 기관 — 옮긴이)의 자제가 '일반 사회의 국민'[29]을 창조하기 위해 분투할 것을 호소했다. 류야쯔柳亞子는 「발간사」에서 왕샤오눙 등이 '이원혁명군'(류야쯔의 표현)이 「양주10일揚州十日」 「가정삼도嘉定三屠」 등 반청극만을 공연하지 말고 프랑스 혁명, 미국 독립, 이탈리아, 폴란드, 인도, 그리스의 독립 운동도 공연 내용에 넣으라고 요구한 것에 찬성했다.[30] 이 잡지는 두 호를 발행한 후 청 정부에 의해 출간을 금지당했다. 그러나 20세기로 상징되는 세계의식이 이미 문화와 정치 영역에 퍼져 있음을 충분히 알 수 있다. 1905년 6월 3일에 창간된 『20세기의 지나』는 발기자 구성원 다수가 일본에서 유학한 화흥회華興會 멤버, 즉 텐통田桐, 쑹자오런宋敎仁, 황싱黃興, 천텐화陳天華 등이었다. '국민정신을 제창하고 문명학설을 수입하자'[31]를 근본 취지로 내세운 이 잡지는 영국, 러시아, 일본, 독일, 프랑스 등이 식민지를 개척한 방식을 분석했다. 특히 중국에서 벌어진 일본과 러시아의 충돌에 대응해서 일본의 중국 침략 정책을 줄기차게 공격한 결과 강제로 정간되었다. 같은 해에 『민보』로 개칭했고 청나라 말기에 영향력이 가장 큰 잡지 중 하나가 되었다. 이런

---

28 「招股啓幷簡章」, 『二十世紀大舞臺』 第1期, 1904年 10月.

29 같은 글.

30 柳亞子, 「發刊詞」, 『二十世紀大舞臺』 第1期, 1904年 10月.

31 「本社簡章」, 『二十世紀之支那』 第1號, 1905年 6月, 129쪽.

의미에서 『민보』는 바로 '세기' 의식의 연장 혹은 산물이다. 혁명을 선전하던 이 잡지에서 우리는 신세기에 대한 판단에서 나온 정치적 주장, 철학적 관점, 전략 수립 등을 읽을 수 있다. 그 중심 명제는 다중적 함의, 특히 민족혁명, 정치 혁명, 사회 혁명을 종합한 새로운 형태의 혁명이었다.

'세기' 의식은 '동시대성'에 대한 감각, 다른 공간과 그 역사적 맥락을 동시대성의 보편적 시야에 넣는 인지방식을 전해준다. 이런 보편적 시야에서 볼 때 중서고금의 관계는 중체서용의 이원론적 범주에서 서술할 수 없을뿐더러 유럽판 보편주의로도 규정할 수 없다. 세기 개념은 보편적 역사관의 탄생, 이 보편적 역사관 내부의 불균형성과 여기서 형성되는 모순과 충돌에 대한 사유를 상징한다. "지금 천하의 인사들 중 20세기 문명을 말하는 이들은 누구나 20세기는 정신적 문명의 시대, 전적으로 자유와 공의公義의 세계라고 말한다. (…) 이는 꿈같은 생각에 불과하다. 실제로 20세기의 자유와 공의의 부패는 분명 19세기 말보다 심하다."[32] "오늘날 아시아와 아프리카 두 대륙에서 벌어진 필리핀, 트란스발 전투 등의 사건 이후 장래 벌어질 Independence(자유, 독립이라고도 번역함)와 제국주의의 사이의 대투쟁은 반드시 유럽 열국의 혁명보다 수백 배 강렬할 것이다."[33] 이 때문에 제국주의 시대가 도래함에 따라 20세기는 반드시 아시아, 아프리카 지역의 민족혁명이 주된 형태가 되

---

32 自强, 「論帝國主義之發達及廿世紀世界之前途」, 『清議報全編』 卷25, 183쪽.
33 같은 글, 184쪽.

고 유럽 혁명 모델과 다른 혁명의 세기일 것이다. 「20세기의 지나支那 초언初言」에서 위종衛種이라는 필명을 쓴 저자(또는 엮은이)는 잡지의 취지는 제국주의 시대에서 중국의 독립적 지위를 천명하고 중국의 처지에 맞는 '이념'을 찾으려는 것이라고 밝혔다. 그는 이렇게 말했다.

세계의 유명한 주의 중 오늘날의 열강이 만든 것, 즉 정치가의 제국주의가 가장 두드러진다. 이것은 우리의 주의와 같은가, 다른가? 19세기 초 평등, 박애의 주장이 세계를 크게 휩쓸었다. 학자들마다 이에 화답했다. 종교인의 사회주의가 그것이다. 제국주의가 출현하자 풍토가 일시에 바뀌었다. 이 주의는 예전에 성행했으나 지금은 쇠락했다. 우리의 주의와 같은가, 다른가? 또 유럽 대륙은 오늘 비록 헌법을 갖추고 전제의 독에서 벗어났지만 국민의 권리와 자유는 모두 국법에 따라 인정받는다. 이에 각국의 인사는 아직 정부가 걸핏하면 전횡하니 반드시 그 뿌리를 뽑으려고 무정부주의를 제창한다. 그러나 이 주의가 출현하자 학자마다 그것이 잘못된 이론이라 배척했고 각국에서 받아들이지 않았다. 이것은 우리의 주의와 같은가, 다른가?[34]

저자는 20세기 지나가 처한 자리를 판별해서 중국의 독특한 길을 선택하자고 주장한다. 그는 20세기 지나가 반드시 애국주의의 기치를 들어야 한다고 생각했다. 이는 고토쿠 슈스이가 제국주의와 애국주의의

---

34 衛種, 「二十世紀之支那初言」, 『二十世紀之支那』 第1期, 1905年 6月.

　　　　　　　　　　　　　　단기 20세기: 중국 혁명과 정치의 논리

관계를 분석한 것과 대비된다. 그러나 이 '주의'의 차이는 전 지구적 관계에서 중국과 일본이 처한 상이한 지위에서 연원한 것이지 결코 확연히 대립되지는 않는다. 같은 해 『국민보』에 실린 「20세기의 중국」이라는 사론의 필자는 영국·미국적 자유의 상실을 논하며 중국이 19세기 프랑스 혁명이 제기한 자유와 평등을 본받는 의미를 이렇게 말했다. "지구 만국의 모범이 되는 것이니, 우리 동포 국민의 20세기 본분에 속하는 일이다. 아! 지금은 이미 20세기다!"[35]라고 말했다. 이 때문에 19세기의 명제를 교훈으로 삼고 회귀하더라도 완전히 새로운 의미를 담았다고 할 수 있다. 사람들은 이 변화의 독특성을 명확히 인식했다. 즉 기존의 방식으로 돌아가서 스스로가 직면한 도전을 논할 방법도 없었다.

20세기는 중국 역사상 첫 번째 '세기'로 탄생했다.

3. 타자의 역사를 세기의 전사前史로

20세기의 특징 중 하나는 서로에게 전사가 되는 시대라는 것이다. 유럽 식민주의가 전 세계로 확장하면서 다른 지역을 자신의 역사 서술에 포함시키는 방식이 점차 형성되었다. 헤겔의 역사철학은 동양, 그리스, 로마, 게르만을 유럽 주체가 탄생하는 서로 다른 단계로 간주했다. 이에 따라 완결되고 유럽과 게르만이 중심이 된 세계사를 서술했다. 애

---

35 「二十世紀之中國」, 『國民報』第一期, 1901年 5月 10日, 12쪽.

덤 스미스는 경제사의 관점에서 인류사 발전을 수렵, 유목, 농경, 상업의 네 단계로 구분했다. 이것도 사실상 유럽의 상업과 도시 문명을 중심으로 각종 병존하는 문화와 생산 형태를 역사적 시간의 궤도에 완전히 끌어들인 것이다. 헤겔의 정치 형태 중심 역사 단계 서술과 애덤 스미스의 생산 형태 중심 역사 단계 서술 사이에는 명확한 공통점이 존재한다. 그것은 19세기 유럽을 이전의 (그리고 다른 지역이 이미 그에 속하는) 사회 형태에서 벗어난 산물로 보는 것이다. 이 보편사 서술에서 아시아는 역사의 '발단' 또는 '기점'이 되어 유럽사 내부로 편입되었다. 이런 생각을 야스퍼스는 이렇게 표현했다. "아시아에서 벗어나는 것은 보편적 역사 과정이지 아시아에 대한 유럽의 특수한 태도가 아니다. 이는 아시아 내부 자체에서 발생했다. 그것은 인류의 길이자 현실적인 역사의 길이다."[36] 20세기에는 비서구 지역을 유럽의 보편사에 편입시키는 서술 방식(즉 문명 등급론 등의 역사 서술)이 이미 제국주의 이데올로기의 핵심 내용이 되었다. 동시에 일본과 중국의 수많은 지식인이 변혁을 찾아 나서는 이유가 되었다. 중국의 사상가가 부단히 서구와 다른 지역의 역사를 중국의 변혁과 혁명적 사고의 전제로 삼을 때 이 제국주의 이데올로기를 인용, 수정하고 그에 저항하면서 새로운 대체물을 찾는 것이 이 시대 중국 사상의 중요한 부분이 되는 것은 필연이었다. 바로 이런 맥락에서 산업사회의 자기정체성은 전前산업사회에 대한 서술 위에서 형성되고 농업사회의 변혁 방안은 산업사회를 전사로 삼았다. 전자의 식민

---

36 雅斯貝斯, 『歷史的起源與目標』, 北京 : 華夏出版社, 1989, 83쪽.

사관과 후자의 진보사관은 서로 대항했고 또 표리를 이루었다.

베니딕트 앤더슨은 일찍이 책 제목으로 '비교의 유령'이라는 말을 사용했다. 1963년 인도네시아 총리 수카르노는 자카르타 연설에서 안정된 어조로 히틀러를 민족주의자라 칭했다. 이 연설을 듣고 현장에 있는 앤더슨과 서구 외교관들이 놀랐다. 그러자 그는 필리핀의 국부 호세 리살José Rizal의 민족주의 소설 『나에게 손대지 마라』 첫머리의 스토리를 상기했다. 혼혈인인 젊은 주인공이 유럽에서 수년간 거주한 뒤 1880년 마닐라로 돌아갔다. 차창 밖의 식물원을 보고는 자신이 이미 뒤집힌 망원경의 끝에 있었음을 발견했다. 그는 식물원 풍경을 있는 그대로 감상할 수 없었다. 현실의 광경은 그의 머릿속에 있는 유럽 화원의 이미지와 비교해야만 느낄 수 있었기 때문이다. 이는 가깝고도 먼 곳에 대한 응시다. 리살은 이 이중적 환영의 동인이 비교의 유령el demonio de les comparaciones이라고 생각했다.[37]

20세기의 수많은 정치 담론과 중국 역사 속의 유명한 정치론을 비교해보면 이 시대의 정치사상 도처에 자리 잡은 비교의 유령에 눈이 번쩍 뜨일 것이다. 따라서 이것은 다중적 시선 속에서 타자와 자아를 보는 방식이라고 할 수 있다. 예를 들면, 다른 사람을 보고 나 자신도 보고, 다른 사람이 나를 어떻게 보는가를 보고, 다른 사람의 시선을 통해 나 자신이 다른 사람을 어떻게 보는가 등등. 더 중요한 것은 이 관찰 과정이 정태적이지 않고 동태적이고 서로 연관되며, 이런 연관성 때문에 전면

---

37 本尼迪克特·安德森,『比较的幽靈』, 甘會斌 譯 , 南京 : 譯林出版社, 2012, 3쪽.

적 변화가 생기는 과정에서 전개된다는 점이다. 중국이 직면한 도전은 더 이상 상대적으로 자족적인 사회와 그 주변 조건 아래서 발생하는 고립이 아니었다. 정반대로 이 도전과 응전 방식은 이전의 조건과 그 전통 속에서 추론할 수 없는 질을 가졌다. 이것은 리살의 소설에서 언급한 것보다 더 복잡하고 다중적인 비교의 유령이다. 이런 비교 방식은 사람들이 말하는 오리엔탈리즘이나 옥시덴탈리즘의 환각에서 탄생한 것이 아니라 이 시대가 생산, 소비, 군사, 문화 등 물질과 정신의 다중적 과정을 통해 일으키는 전 지구적 관계로부터 탄생했다. 이런 시각 전환은 새로운 정치적 사유가 어떤 '반反역사'적 성격을 지님을 의미한다. 즉 역사 서술의 전통적 경계를 뛰어넘어 다른 세계에 대한 서술을 자신의 사회에 대한 정치적 사유 내부로 끌어들이는 것이다. 20세기 중국의 전사는 바로 이렇게 외부를 내부로 끌어들이는 과정에서 탄생했다.

노장사상과 불교철학에는 모두 다중적 관찰과 시각 변화에 대한 정치한 해석이 담겨 있다. 관찰의 다중성은 어떤 시대에서도 많든 적든 존재한다. 그러나 이전 시대에 정치사상과 정치 토론은 주로 토지관계의 변화, 봉건과 군현(지방과 중앙)의 부침과 율법, 세제와 관제 시스템의 전환, 정통政統과 도통의 장력 등의 문제를 다루었다. 이를 통해 상대적으로 안정적이고 성숙한 역사 관찰, 정치 서사의 방식을 형성했다. 한대 조착晁錯의 「수변권농소守邊勸農疏」「논귀속소論貴粟疏」「현량문학대책賢良文學對策」「언병사소言兵事疏」「논삭번소論削藩疏」, 가의賈誼의 「과진론過秦論」「논적저소論積貯疏」「진정사소陳政事疏」, 당대 한유韓愈의 「원도原道」「논불골표論佛骨表」「사설師說」, 유종원柳宗元의 「봉건론封建論」「단형론斷刑論」「비

국어非國語」, 송대 왕안석王安石의 「상인종황제언사소上仁宗皇帝言事疏」 「답사
마간의소答司馬諫議疏」, 소순蘇洵의 「육국론六國論」, 주희朱熹의 「개천맥변開阡
陌辨」, 명청 교체기 황종희黃宗羲의 『명이대방록明夷待訪錄』, 고염무顧炎武의
『천하군국리병서天下郡國利病書』는 하나도 빠짐없이 삼대, 진한과 그 이전
왕조의 사적과 성인의 언행을 참조한다. 설령 조사연구를 하고 본말을
살펴보고 심오하고 세밀한 부분을 통찰하고 핵심을 직접 찌르더라도,
서술에서는 "입으로는 끊임없이 육예六藝의 문장을 읊고 손으로는 끊임
없이 백가의 책을 뒤적인다. 사실을 기록할 때는 반드시 그 핵심을 잡고
말을 기록할 때는 반드시 내면의 의미를 잡아낸다."[38] 이 정치 담론들에
서 비교는 불가피한 것이다. 그러나 주로 횡적 시간의 맥락에서 참조가
이루어졌다. 이것이 바로 근대 중국 지식인이 '역사주기율'[39]이라고 부
른 논의 방식이다.(역사주기율은 역사적 과정에 대한 객관적 규명이 아
닌 인간이 시대의 변천을 이해하는 인식 방식이다.) 20세기는 인식 방
식과 정치 분석에서 '역사주기율'이 다분히 효력을 잃은 시기다. 시대의
변화와 서로 다른 역사적 역할에 대한 사람들의 해석은 이 시대 세계
전개의 모든 측면에 대한 분석과 평가에 관련될 뿐 아니라 세계사의 모
든 문명을 부단히 역사적으로 해석했다. 이러한 전 지구적 시야는 하나

---

38 韓愈, 「進學解」, 『韓昌黎文集校注』(上), 上海古籍出版社, 2014, 51쪽.

39 1945년 7월, 옌안延安을 방문한 황옌페이黃炎培는 바로 중국 역사 속의 '벼슬이 높아
지면 정치를 게을리한다政怠宦成' '사람이 죽으면 그 정치가 없어진다人亡政息' '영예를
추구하면 치욕을 얻는다求榮取辱' 등 각종 변화 규칙에 근거해서 중국공산당이 역사의
주기율에서 벗어나는 좋은 방법이 있는지를 물었다. 그의 문제의식은 중국 정치의 고전
적 전통 속에서 만들어진 것이다.

의 '이론적 방식'을 만들었다. 즉 다른 세계와 그곳의 사건에 대한 서술을 '중국의 현실'에 개입시키고 다른 세계가 자신을 보는 방식을 통해서 자기 인식을 재구성했다. 1989년부터 프랑스의 계몽과 스코틀랜드의 계몽을 새롭게 해석하고 프랑스 혁명과 영국 혁명을 다시 분석한 것은 모두 중국 변혁이 따라야 할 길을 찾기 위함이었다. 이런 방식은 바로 20세기가 탄생하는 과정에서 형성되었다.

물론 전 지구적 비교의 시야가 이 시기에 와서야 직접 출현한 것은 아니다. 일찍이 1845~1846년에 마르크스, 엥겔스가 『독일 이데올로기』에서 17세기 이후, 특히 영국 산업혁명 이후 "각 민족의 원시적 봉쇄 상태는 날로 완벽해지는 생산방식, 교역, 교역으로 인해 자연히 형성된 민족 간의 분업으로 점점 더 철저히 소멸된다. 역사는 점점 세계사가 된다. 예를 들면, 영국에서 하나의 기계를 발명하면 그것은 인도와 중국에 있는 무수한 노동자의 밥그릇을 빼앗을 것이다. 그리고 이 나라들의 생산 형식 전체를 바꿀 것이다. 그렇다면 이 발명은 세계사적 사실이 된다."[40] 『공산당선언』에서는 한 걸음 더 나아가 이렇게 말했다. "아메리카의 발견, 아프리카를 선회한 항해가 신흥 부르주아에게 신천지를 열어주었다. 동인도와 중국의 시장, 아메리카의 식민화, 대 식민지 무역, 교환수단과 일반 상품의 증가로 상업, 항해업, 산업이 유례없는 성장을 이루었다. 이에 따라 붕괴하고 있던 봉건사회 내부의 혁명적 요소가 신속하

---

40 馬克思, 「德意誌意識形态」, 『馬克思恩格斯全集』 第3卷, 北京 : 人民出版社, 2006, 51쪽.

게 발전했다."[41] 바로 이런 의미에서 마르크스는 헤겔과는 다른 버전의 '세계사' 문제를 제기했다. 경제사 영역에서 사람들은 통상 자본주의 경제와 정치 형태가 1870년대에 새로운 단계 즉 제국주의 단계에 진입했다고 알고 있다. 그러나 진정 더욱 체계적이고 완결된 제국주의 이론은 20년은 더 뒤에 형성되었다. 19세기 말 특히 20세기 초 일련의 제국주의 관련 저서들이 서로 논쟁하면서 연이어 등장했다. 홉슨과 룩셈부르크는 입장은 다르지만 둘 다 자본주의적 생산과 소비의 모순, 즉 유효한 수요 부족이 낳은 생산 과잉의 위기에 근거해서 제국주의 현상을 설명했다. 힐퍼딩은 유통 영역에 착안해서 산업자본의 집중, 은행 영역의 변화와 금융자본의 형성을 분석하고 독점 자본주의와 제국주의의 관계를 탐색했다. 레닌은 이전의 이론을 종합하고 비판하면서 생산의 집중, 독점자본의 형성과 이로부터 생산된 금융자본과 금융과두의 지배적 역할에 착안해서 1870년대 이후 자본주의 경제의 변천을 연구했다.

중국의 경우는 아편전쟁 시기에 임칙서林則徐, 위원魏源 등이 중국을 새로운 세계 관계 속에 놓고 중국이 직면한 도전과 위기를 파악했다. 홍수전洪秀全의 『원도구세가原道救世歌』『원도성세훈原道醒世訓』『원도각세훈原道覺世訓』 등에 이전과 다른 비교 요소가 출현했다면, 홍인간洪仁玕의 『자정신편資政新編』은 종횡으로 교착된 세계 관계 속에서 중국의 앞날을 논하는 방식을 보여주었다. 양무운동과 무술변법에서 활약한 인물들은 중국과 서양의 비교에 착안해서 중국 변혁의 길을 논했다. 캉유웨이의

---

41 馬克思, 「共産黨宣言」, 『馬克思恩格斯全集』 第4卷, 467쪽.

'공양삼세설'은 중국사에서 세계관계로 눈을 돌려 새로운 틀에서 전 지구적 담론을 구성하려 했고 중국 문제를 전 지구적 담론의 내부로 끌어들였다. 그러나 1870년대 이후 전 지구적 자본주의의 새로운 형태에 대한 담론은 새로운 세기가 도래할 즈음에야 뚜렷하게 모습을 드러냈다. 새로운 인식론이 이전의 각종 담론들을 종합했음은 의심의 여지가 없다. 이 담론에서는 시대의 징후에 대한 진단과 변혁의 방략에 대한 해석 모두에서 이전과 다른 특징을 드러냈다.

전 지구적 비교는 '세기' 의식과 짝을 이루고 생성되어 1900년 전후 중국 사상계를 뒤덮었다. '세기'의 탄생은 갖가지 유형의 낡은 시공관의 쇠락('공양삼세설'의 점진적 퇴장도 포함된다)과 새로운 시공관 속에서 자기 이해 방식을 재구성하는 문화운동을 수반했다. 사상의 변화는 확연히 둘로 나눌 수 없다. 그러나 이 시기 모종의 세계관 단절은 분명 뚜렷이 판별할 수 있다. 러시아 혁명, 프랑스 혁명, 터키 혁명 그리고 미국 문제, 독일 문제, 일본 문제 등에 대해서 여러 정치 세력이 자신의 주장을 밝히고 토론을 했다. 중심 주제는 혁명이냐 개량이냐, 공화정이냐 입헌군주제냐, 인민주권이냐 국가유기체냐, 토지사유 유지냐 토지관계 재건이냐, 구 제국 유지냐 민족 재부흥이냐, 자본주의의 새로운 사회적 독재에 어떻게 대응하느냐 등이었다.

비교의 유령이 사방에서 출격했다. 여기서는 몇 가지 사례만 들어보겠다. 먼저 20세기 중국에 깊은 영향을 준 러시아 문제부터 보자. 1881년 5월 1일 알렉산드르 2세가 상트페테르부르크에서 살해되었다. 암살자 5명은 체포 후 사형되었다. 이는 폭력적 테러의 수단으로 차르와 전제정체를 공격하는 일련의 행동의 시작이었다. 이 혁명적 행동들의 연원은 1861~1864년 N. G. 체르니솁스키, A. I. 게르첸 등이 상트페테르부르크에서 창립한 '토지와 자유' 조직, 1876년 플레하노프, 미하일로프, 튜체프 등이 재건한 동명의 조직, 1879년에 창건한 혁명적 테러 조직 '자유가 아니면 죽음을', 같은 해에 앞의 두 조직이 통합한 '인민의 의지' 조직으로 거슬러 올라간다. 그들은 바로 그 후 사회민주당 혁명의 전주곡이기도 하다. 이 조직들의 핵심은 차르 전제제도의 전복, 토지 재분배, 종교의 자유, 민족자결 등이었다. 1890년대 혁명 세력이 점차 통합되면서 사회민주당의 힘도 날로 성장했다.

청나라와 러시아의 관계는 17세기 이후 가장 중요한 제국 간 관계다. 그러나 양국 내부 정치의 변천이 상대방에게 미친 영향은 미미하다. 관련 역사 문헌은 주로 국경, 무역, 탈주, 전쟁, 조약 분야에 집중되어 있다. 청일전쟁 이후 러시아는 중국에서 이익을 얻기 위해 '삼국 간섭'을 주도했다. 그리고 이로 인해 중국 둥베이 지역에서 막대한 이익을 챙겼다. 1903년 4월 러시아가 '동삼성 교수 조약東三省交收條約'을 파기하자 반러시아 운동이 중국 각지에서 일어났다. 일본 유학생 친위류秦毓鎏, 예란葉瀾, 뉴융젠鈕永建 등이 도쿄 긴키관錦輝館에서 준군사 조직인 항러 의용대를 결성하고 나중에 학생군으로 명칭을 바꾸었다. 같은 해 5월 11일 일본과 결탁한 청 정부의 간섭으로 이것이 해산되고 이름도 군국민교육회로 바뀌었다. 20세기가 오기 전 중국의 개혁가와 혁명가들은 러시아의 국내 사건에 거의 관심이 없었다. 러일전쟁이 일어났을 때 오랫동안 러시아와 이익을 쟁탈하던 북유럽 국가와 마찬가지로 많은 중국인이 러시아의 패배를 환영하고 러시아의 국내 혁명 운동을 지지했다. 그들은 드디어 러시아 사회 내부에서 용솟음치던 혁명의 파도에 주목했고 러시아 혁명 운동의 불꽃을 청말 혁명의 물결에 가져오려 했다. 1903~1905년 즈음 중국의 혁명당원과 입헌군주주의자가 혁명 문제를 두고 논쟁했다. 혁명당원은 러시아 나로드니키의 암살 활동과 혁명적 용기를 두고 '다수 정치'인 것과 시민의 자유를 통해 전제 정체에 대항한다고 찬양했다.[42] 입헌군주주의자들은 혁명이 민족에도, 왕조에도 심각한 파괴가 될 수 있다고 경고하고 위로부터의 입헌 개혁과 지방자치를 실현해서 앞으로 일어날 수 있는 정치적 궤멸을 피할 것을 희망했다.[43] 이때부터 두 나라 내부의 세력들이 사상적 상호작용에서 시작해 이론, 정치조직, 국가, 국제 협력 등에서 협력적으로 나아갔다. 이는 두 나라 정치 변화의 중요한 정치적 동력이 되었고 20세기 전 지구에 걸쳐 깊고 지속적인 영향을 주었다. 이에 따라 러시아 문제가 중국 혁명과 변혁의 내부 문제가 되었다.

러시아의 패배, 혁명적 불길의 전파, 중러 양국 내부의 복잡한 상황에 대해 량치차오는 『신민총보』에 「러시아 혁명의 영향」이라는 장문의 글을 연재해서 러시아 혁명의 발생 원인과 영향을 다각도로 분석했다. 그는 먼저 혁명을 일으켰던 네 가지 기초적 조건을 다음과 같이 나열했다. 1) 귀족의 토지 독점과 귀족과 농민의 거대한 경제적 불평등. 2) 그

---

42 轅孫, 「露西亞虛無黨」, 『江蘇』 1903年 第4期, 51~60쪽; 第5期, 71~76쪽.

43 中國之新民(梁啓超), 「俄國革命之影响」(續第61號), 『新民叢報』 第62號, 47쪽.

리스 정교의 국교 지위, 국교의 이교도 배척, 이에 따라 조성된 종교적 불평등. 3)다민족 제국 내 러시아 민족과 기타 각 민족 사이에 뚜렷이 존재하는 위계적 관계가 조성한 종족적 불평등. 4) 이상의 계급, 종교, 종족적 불평등에 따라 약소계급, 종교, 민족이 정치조직에 참여할 수 없게 되어 형성된 정치적 불평등.[44] 이 기초적 조건은 다른 계기와도 결합해서 혁명의 불꽃을 피웠다. 1815년 나폴레옹 원정 연합군에 참여한 뒤 미국 혁명과 프랑스 혁명 사상이 뜻밖에 러시아로 전파된 일, 니콜라스 1세가 1825년 왕위를 계승한 후 엄혹한 독재를 자행해서 혁명의 불씨를 심은 일 등이 그 계기다.[45] 량치차오는 또 혁명문학, 혁명사상, 혁명조직, 초기 혁명운동의 역할, 러일전쟁 실패가 가져다준 혁명적 계기 등을 서술했다. 주목할 만한 점은 량치차오가 글 서두에서 상트페테르부르크의 노동자 파업이 미친 큰 영향은 서술했지만, 1905년 혁명의 참신한 요소인 노동자계급의 집단적 역량 행사에는 충분히 주목하고 분석하지 않았다는 사실이다.

자국의 운명에 근거해서 가까이서 러시아 혁명을 주목한 또 다른 독일인 관찰자 막스 베버처럼 량치차오는 러시아 지방의회와 자치운동의 역할과 실패에 특히 주목했다.[46] 러시아 지방자치는 주로 러시아 중 유럽에 속하는 지역과 우크라이나, 성급과 현급에서 실시되었다. 현급은

---

44 中國之新民(梁啓超),「俄國革命之影响」,『新民叢報』第61號, 25~26쪽.

45 같은 책, 26~28쪽.

46 馬克斯·偉伯,『俄國的資産階級民主』1절「俄國的地方自治會運動」,『論俄國革命』, 潘建雷, 何雯雯 譯, 上海: 上海三联書店, 2015, 49~82쪽.

지주, 도시 거주자, 농촌공동체에서 선거를 치러 성급 의회를 구성했는데 다수가 귀족이 지배했다. 지방자치는 입헌 개혁과 1904~1905년 혁명, 1917년 2월 혁명을 지지했다.[47] 그러나 러시아 지방의회의 행정권은 극심한 제약을 받았다. 의회에서 통과한 안건은 "비록 지방관이 막지는 않았지만 반드시 다시 내무대신에게 올려서 승인을 받아야 시행될 수 있었다. 그리고 논의의 최종 판단은 추밀원이 담당했다. 이 때문에 의회가 세력화될 수 있는 토대는 전혀 마련되지 않았다." 그리고 의회의 의사보고는 반드시 지방관의 허가를 받아야 공포될 수 있었다. 이에 따라 의회는 여론의 지지를 받을 수 없었으며 군중으로부터 괴리되어 유명무실해졌다.[48]

캉유웨이와 량치차오도 바로 이 점을 걱정했다. 그들은 청 조정이 입헌 개혁을 추진할 수 있기를 희망했으면서도 직접선거로 국회를 설립하고 전국적 선거를 치르면 정치적 혼란이 일어날 수 있다고 걱정했다. 더 나아가 성, 부, 주, 현, 향, 촌 각급에 의회를 개설하고 공민자치를 성숙시킴으로써 전통적 향치鄕治를 소수 신사가 불법적으로 점거하고 다투는 국면을 타개해볼 것을 구상하기도 했다. 이는 아래로부터 위로의 정치 모델을 위에서 아래로 시행하려는 실험이다. 캉유웨이는 바로 이 시기에 지방자치를 통한 입헌군주 개혁을 기획했는데, 1902년에 발표한 「공민자치편」에서 각국의 지방자치 경험과 정국의 역사적 전통을 해석하

47 같은 책, 49쪽 역주.
48 中國之新民(梁啓超), 「俄國革命之影响」, 『新民叢報』 第61號, 33~34쪽.

고 '향치'가 기초가 된 다층적 공민자치를 설계했다. 이 구상은 량치차오 등이 퍼뜨리면서 훗날 청말 신정개혁에 영향을 주었다. 캉유웨이의 생각은 전통시대 중국의 자치 경험에 기원을 두고 있다. 동시에 광활한 세계적 범위에서도 전개되었다.[49] 캉유웨이는 러시아의 입헌정치가 지방 행정권과 중앙추밀원의 간섭과 통제를 받은 반면 프랑스 입헌정치가 완전히 실패한 것은 국가적 차이를 고려하지 않고 미국의 보통선거를 직접 이식했기 때문이라고 생각했다. 일찍이 1898년 무술변법 시기에 캉유웨이는 이미 자신이 쓴 「프랑스 대혁명」을 광서제에게 올렸다.(실제 저술 시기에 대해서는 논란이 있다.) 1904~1905년 러시아 혁명이 일어나자 중국에서는 지방자치운동 경험이 있는 엘리트들이 개혁적 흐름에 합세했고 혁명적 기운도 점점 고양되었다. 캉유웨이는 다시 「프랑스 혁명사론」을 쓰면서 중국 변혁이 가야 할 길을 탐색했다. 그는 라파예트La Fayette(1757~1834)가 "태평세의 법을 일찍이 밝히려면 반드시 먼저 거란세와 승평세를 거쳐야 한다. 때가 오지 않았는데 순서를 뛰어넘는 것은 사실상 어렵다"라는 공자의 말을 몰랐고 "미국의 정치를 프랑스에서 실시했지만 국가 간 정치체제의 차이를 살피지 않았고" 그 결과 인권평등, 주권재민, 보통선거 등 "지극히 공평한 원리"가 "배우지 못한 인민들에 의해 남용되어" 결국 공포의 시대가 도래되었다고 비판했다.[50]

---

49 明夷(康有爲), 「公民自治篇」, 『新民叢報』第5號, 1902年 4月, 40쪽.

50 明夷(康有爲), 「法國革命史論」, 『新民叢報』第85號, 1906月, 10~11쪽 ; 「法蘭西游記」, 『康有爲全集』第8集, 中國人民大學出版社, 2007, 182쪽. 『신민총보』에 발표된 「프랑스 혁명사론」은 캉유웨이의 「프랑스 여행기法蘭西游記」 일부를 발췌한 것이다.

프랑스 대혁명은 봉건의 방만함, 성직자들의 전횡, 무거운 과세, 인민의 고통에서 비롯되었다. 캉유웨이는 프랑스의 귀족 규모(10만 명)를 비유하여 말하길, 쓰촨성에 100개의 현이 있는데 현마다 1000개 봉건 소국이 있는 것과 같은 규모라고 지적했다. 프랑스 보통선거에서는 전국 25세 이상 인구가 약 500만~600만 명인데 선거인은 440만 명에 가깝다. 그리고 지방과 시의 관리, 의정 참여자 다수가 법령을 읽지 못한다. 의회제도 설치에서는 원래 상하 양원이 있고 농촌의 젊은 층과 고위의 노년층이 고루 섞여 조화를 이루어야 한다. 그러나 프랑스 혁명은 주권 재민을 이유로 중의원만 있고 상원은 없어서 "현사賢士와 대부大夫는 도망하지 않으면 죽임을 당했다."[51] 중국 역사상의 봉건, 세법, 승려 계층의 상황은 프랑스와 다르다. "우리의 대혁명은 대략 진나라 때 있었다. 자유는 한나라 때 향유했다. 무릇 프랑스 정치의 가혹함과 포악함은 우리 중국에서는 3000~4000년 전 지방을 토사土司가 다스렸을 때나 있었다. 서전書傳이 생긴 뒤로 제후국은 크게 멸망했고 신권神權은 그렇게 힘이 있지 않아서 프랑스처럼 음흉하고 포악한 제후가 10만 명이나 있지 않았다."[52] 이에 따라 그는 경고했다. "혁명당의 거사에 대해서 말하노라. '나라를 구하려 하지만 나라는 망하고 백성을 구하려 하지만 백성은 위태로워지거나 죽는다. 혁명을 부르짖는 자는 반드시 죽을 것인

---

51 같은 글.

52 明夷(康有爲), 「法國革命史論」, 『康有爲全集』 第8集, 199쪽.

단기 20세기: 중국 혁명과 정치의 논리

데 저들은 믿지 않는다. 그런데 왜 프랑스의 교훈을 살피지 않는가.'"[53]

캉유웨이, 량치차오의 입헌군주 주장과 존군의 태도에 대해 혁명당원은 훤히 알고 있었다. 그러나 그들도 똑같이 프랑스 혁명에 대한 해석에서 논의를 시작해야 했다. 1907년 기생寄生(왕둥汪東)은 『민보』에 「명이明夷의 「프랑스 혁명사론」을 바로 밝힌다」라는 글을 발표해 캉유웨이의 논리를 조목조목 반박했다. 그러나 사실상 전면 부정은 아니었고 사리에 따른 반박이었다. 예를 들면, 캉유웨이가 프랑스 혁명 이후 하원만 설치하고 상원은 설치하지 않았다고 반박한 의견에 왕둥은 동의했다. 그러나 "이른바 정치 혁명이란 것은 전제를 뒤집는 것이기도 하다. 오늘날 군권 전제가 가고 민권 전제가 오는 것은 원래 애초의 바람과 충돌되는 것이 아니다. 이것은 미국을 본받은 죄가 아니라 완벽히 받아들이지 못한 죄다"라며 논의를 이어갔다.[54] 혁명이 열강의 간섭을 불러일으킬 것이라는 관점에 대해 왕둥은 중국의 위치가 미국과 같고 유럽에서는 멀며 프랑스처럼 유럽 열강의 세력권에 있지 않아서 혁명이 일어난다고 열강이 중국을 분할하게 되지는 않을 것이라고 주장했다.

『신민총보』와 『민보』의 토론은 혁명과 입헌에 집중되었다. 그러나 제국주의 시대에 대한 인지가 깊어짐에 따라 국가주의와 사회주의에 대한 사유도 점점 청말 민주주의 조류에서 독특한 내포를 가진 범주가 되었다. 고토쿠 슈스이, 자강, 량치차오 등이 애국주의, 군사주의, 국가 형

---

53 明夷(康有爲), 「法國革命史論」, 『新民叢報』 第85號, 31쪽 ; 『康有爲全集』 第8集, 190쪽.

54 寄生(汪東), 「正明夷'法國革命史論'」, 『民報』 11號, 1907年 1月, 59~60쪽.

태의 관점에서 제국주의 현상을 사유한 때와 거의 동시에 경제적 경쟁의 관점에서 제국주의 현상을 관찰하는 추세도 점점 생겨났다. 1902년 『신민총보』 11호와 14호는 양진자兩塵子의 장문의 글 「세계적 경제 경쟁의 대세를 논한다」를 연재했다. 이 글에서 그는 19세기를 '유럽 내부 경쟁의 시대'로 20세기를 '유럽 외부 경쟁의 시대'로 재정의했다.[55] 이것은 또 량치차오가 내부 경쟁의 민족주의와 외부 경쟁의 민족주의를 구분하는 근거이기도 했다.[56] 두 가지 민족주의의 구분은 유형상의 구분인 동시에 시대적 구분이었다. 내부 경쟁은 국가 내부의 정치적 경쟁이고 민족주의와 정치 주권에 집중되어 있다. 외부 경쟁은 주권 없는 토지와 주권 있는 토지를 쟁탈하는 것이 중심이 되고 "모두 경제적 경쟁이다."[57] 그리고 경제적 경쟁과 이 경제적 경쟁을 보장하는 정치 주권으로 모인다.

19세기 정치 혁명은 입헌 개혁을 통해 소유권을 명확히 하고 강화했다. 그리고 경쟁이 정치 영역에서 경제 영역으로 넘어가도록 촉진했다. 노동력, 토지, 자본 등 생산의 3요소 중 자본의 규모와 유통 상태가 아주 중요해졌다. 전자는 생산능력과 관계되고 후자는 소비 능력과 관계된다. 둘은 모두 더 큰 규모의 시장을 획득할 수 있느냐를 전제로 한다. "영국은 남아프리카에서 미국은 필리핀에서 천하의 옳지 못한 일도 마다하지 않고 역사에서 전해 내려오는 주의를 가차 없이 버리며 대규모

---

55 雨塵子, 「論世界經濟競爭之大勢」, 『新民叢報』 第11期, 1902年 7月, 53쪽.
56 량치차오는 「신민설」과 「20세기의 거령신 트러스트」 등 다수의 글에서 이 단어를 많이 썼다. 이는 민족주의 유형에 대한 분석이자 경쟁의 성격에 대한 분석이다.
57 雨塵子, 「論世界經濟競爭之大勢」, 『新民叢報』 第11期, 53쪽.

군비를 거침없이 모으는 것은 과연 무엇을 위해서인가? 솔즈베리, 체임 벌린, 매키니 등이 경공經功에 뛰어난 결과인가? 그렇지 않다. 영국과 미국의 전 국민이 재산을 좋아하는 마음이 팽창해서다."[58] 바로 이 때문에 20세기의 영국, 미국, 독일은 이미 19세기의 정치적 야심, 군사적 야심을 가진 열강이 아니라 '소수 자본가의 자본 번식 추구'가 동력이 된 경제체가 되었다. "오늘날 이른바 대영제국, 북미합중국, 대독일연방, 대일본제국은 모두 회사다. (…) 다른 것은 오직 그 목적이다. 나라의 회사 한 곳 업무 한 건의 이익을 꾀하는 것이 아니라 전국 각 회사의 공공이익을 도모한다."[59] 양진자는 니체의 극단적 다원주의나 다윈의 진화론으로 제국주의를 해석하는 것에 반대했다. 그는 유럽 열강의 군비와 해양 확장, 상공업 관계가 긴밀하고 제국주의 현상은 반드시 경제적 관점에서 해석해야 한다고 보며 이렇게 말했다. "오늘날에는 군대는 상인의 힘을 빌고 상인도 군대의 힘을 빌려 이 경제 경쟁의 형국이 형성되었다."[60] 이른바 문명과 야만, 천직과 의무, 자유무역과 자유 항해 등 유럽 문명론의 수사는 모두 '제국주의'의 원인에 대한 수식이다.[61] 이에 근거해서 그는 19세기 민족주의와 20세기 제국주의를 성격에 따라 구분했다. "무릇 민족주의는 이전 세기 정치 경쟁의 절반 이상을 유발했다. 제국주의는 민족 팽창의 결과다. 그러나 민족이 합일되고 팽창하는 것은

---

58 같은 글, 56쪽.

59 같은 곳.

60 雨塵子,「論世界經濟竞爭之大勢」(續11號),『新民叢報』第14期, 1902月, 43쪽.

61 雨塵子,「論世界經濟竞爭之大勢」,『新民叢報』第11期, 57쪽.

모두 경제적 문제에 속한다. 제국주의는 경제 경쟁의 결과 열국의 대열에 서는 것이다."[62]

　19세기에서 20세기로 넘어오면서 경제 경쟁의 중심이 대서양, 인도양에서 태평양으로 이동하고, 아메리카, 인도에서 중국으로 이동했다. 이 전환의 상징적 사건은 의화단운동, 즉 경자년의 난이다. "갑오년의 대패 이후 열국 경쟁의 중심점이 단번에 태평양으로 옮겨져서 중국에 주목했다." "경자년의 난이 일어난 후 열국의 수단도 변했다. 이전의 분할주의, 세력 범위주의가 영토 보전, 문호개방주의로 바뀌었다." "분할, 세력 범위는 모두 정치적 침범이고 열국이 호각을 다투는 수단이다. 보전, 개방은 모두 경제적 침략이고 열국 공통의 수단이다. 의화단의 난에 겁먹어서 우리 민족이 저항력이 있음을 알고 피한다. 오호라 이렇게 되니 우리 나라가 열강의 손을 잡은 경제적 침략의 손길에 망하는구나! 경제적 침략이 정치적 침략보다 그 화가 더 큼을 어떻게 알까!"[63] 경자사변 이후 열강은 중국에 토지 할양을 요구할 필요가 없었다. 대신 배상과 통상조약 수정을 요구했다. 그 숨은 의도는 중국이 열강의 경제적 영토가 되는 것이었다. "저들은 세계 무역의 중심점이 장차 태평양으로 이동해서 중국에 관심이 집중되고, 이번의 사변을 틈타 백년대계를 먼저 세우고 영원히 세계 제일의 안전시장으로 만들면 자자손손 그 이익을 끊임

---

62 같은 글, 58쪽.

63 雨塵子,「論世界經濟竞爭之大勢」(續11號),『新民叢報』第14期, 48~49쪽.

없이 섭취할 수 있음을 안다."[64] "20세기의 정치는 정치의 정치가 아니라 비정치의 정치, 경제의 정치다. 제국주의의 유래, 열국의 군비가 흥성한 유래를 보면 오늘날 경제를 버리고는 정치라고 말할 것이 없다."[65]

량치차오는 1903년 미국을 여행했다. 그의 정치적 사유도 입헌군주에서 국가유기체설로 전환했다. 이 전환의 계기는 바로 미국으로 대표되는 신형 제국주의와 그 운영기제를 가까이서 관찰한 것이다. 앞에서 언급한 이해에 쓴 「20세기의 거령신 트러스트」 서론에서 그는 놀랄 만한 예언을 한다. 앞으로 100년 안에 세계에는 몇 개의 대국만 남을 것이다. 50년도 되지 않아 세계에는 수십 개의 대기업만 남을 것이다. 정치적 기관과 군비는 모두 '경제적 생산을 보장하는 부속물'이 될 것이다.[66] 이 글의 제목은 고토쿠 슈스이의 「20세기의 괴물, 제국주의」와 호응하고 서로 다른 관점에서 20세기를 특징짓는 제국주의를 탐색한다. 그러나 사상적으로 가장 가까운 담론은 아마 마르크스의 사위 폴 라파르그가 1903년 4월에 발표한 프랑스어 저서 『미국 트러스트와 경제, 사회, 정치적 의미Les trusts américains: Leur action économique, sociale et politique』다. 일찍이 1896년에 라파르그는 「카를 마르크스 비평에 대한 반박」에서 파레토의 이론을 비판하며 자유경쟁은 필연적으로 독점을 낳는다고 주장했다. 더 나아가 독점 조직이 국가기구를 조종하는 양상을 분석했

---

64 같은 글, 49~50쪽.

65 같은 글, 52쪽.

66 中國之新民(梁啓超), 「二十世紀之巨靈托辣斯」, 『新民叢報』 第40, 41號合刊, 1903年 11月, 97쪽.

다. 1904년 미국 트러스트를 논한 저작에서 라파르그는 상세한 데이터에 근거해서 트러스트가 조성한 자본과 생산 규모의 유례없는 집중을 연구하고 금융자본이 어떻게 국가의 경계를 뛰어넘어 세계시장을 통제하고 쟁탈하는지를 설명했다. 그는 미국을 사례로 들어 금융자본의 통제가 경제 영역을 크게 뛰어넘어 사실상 미국 사회의 종교, 정치, 정신생활에 침투하고 영향을 줌을 밝혔다. 트러스트의 시대에 금융자본은 국가의 대외 정책도 조종한다. 예를 들면, 미국의 먼로주의와 태평양 지역에 대한 식민지 개척과 침투는 모두 이 신형 경제조직의 출현 및 그 이익 추구와 밀접한 관계에 있다. 초기 식민주의가 식민지 주민의 재산과 자연자원 약탈에 관심이 있었다면 생산 집중으로 형성된 생산 과잉은 세계시장에 대한 점유에 힘을 쏟는다.[67]

량치차오는 자유와 간섭의 대립이라는 관점에서 당시의 변화를 관찰했다. 량치차오의 관찰에는 많은 것이 누락되어 있었지만 상당 부분이 라파르그의 주장에 의해 증명되었고 라파르그의 주장을 증명하는 발견도 있었다. 1850~1860년대 유럽의 자본과 생산 집중의 결과 중 하나는 독일 카르텔의 출현이다. 그리고 1873년 세계 경제위기가 발발한 후 조직과 집권의 독점이 크게 발전했다. 량치차오의 발견은 다음과 같다.

무릇 제국주의는 정부가 정권을 장악하는 기반이고 사회주의는 노

---

67 拉法格,「美國托拉斯及其經濟, 社會和政治意義」,『拉法格文選』(下), 中共中央馬克思恩格斯列寧斯大林著作編譯局, 北京: 人民出版社, 1985, 212~293쪽.

동자 빈민의 주장이다. 그 성격은 근본적으로 상반되고 실행 방법은 일괄적으로 간섭으로 귀결된다. 따라서 현대의 이른바 최신 학설은 재빨리 거의 16, 17세기의 옛것으로 회귀해서 순전히 19세기의 반동이 되었다. 아! 사회의 진로를 누가 그릴 수 있을까? 누가 측정할 수 있을까? 그런 사람이 있겠는가! 역시 시대에 맞고 안 맞고에 따를 뿐이다. 이 이치를 깨달으니 트러스트를 관찰할 수 있다.[68]

20세기는 18, 19세기의 반동인 동시에 16, 17세기로의 회귀다. 이른바 18, 19세기는 중농학파, 애덤 스미스로 대표되는 자유경쟁, 자유무역, 자유시장, 노동력, 자본의 자유로운 유통의 흐름이다. 정치적으로는 대혁명이 가져온 개인의 자유, 재산권, 신형 국가의 정치 조류로 발현된다. 이른바 16, 17세기란 유럽 중상주의 특히, 프랑스의 장바티스트 콜베르Jean-Baptiste Colbert(1619~1683)와 영국의 올리버 크롬웰Oliver Cromwell(1599~1658)로 대표되는 후기 중상주의의 흐름이다. 여기서는 긴축재정으로 국가 재정수입이 늘고, 국가에서 산업 발전을 육성해서 세수를 늘리며, 상업 부문에서 국가의 간섭을 중시해서 대외무역에서 관세 보호제도를 실시한다.

량치차오는 20세기가 19세기 자유경쟁 시대의 후과이자 이면이라고 보았다. 생산 과잉, 경제 위기, 사회 충돌에 따라 자본 집중과 국가 간섭

---

68 中國之新民(梁啓超), 「二十世紀之巨靈托辣斯」, 『新民叢報』 第40, 41號合刊, 1903年 11月, 98쪽.

이 새로운 흐름이 되어 전자는 트러스트로 상징되고 후자는 사회주의로 나아갔다고 생각했다. "이에 온 천하에서 자유를 싫어하고 다시 간섭을 읊조린다. 따라서 이론상으로는 이른바 사회주의자를 양산하나 실제로는 트러스트를 만들어냈다. 사회주의는 자유경쟁에 대한 반작용의 결과이고 트러스트는 자유경쟁에서 반대 방향으로 나아가는 과도 단계다. 왜 트러스트가 과도 단계인가? 사실 트러스트는 '자유롭게 합의한 간섭'이기 때문이다."[69] 여기서 자유롭게 합의한 간섭이라는 량치차오의 관점은 트러스트와 사회주의의 관계를 혼동한 것이다. 또한 이 관점으로는 글에서 나열한 1882~1900년 동안 미국이 통과시킨 반트러스트 법안의 진정한 의미를 해석하기 어려웠다. 그는 심지어 변호하는 어조로 트러스트가 노동자와 자본가 간의 모순을 조화시킬 수 있다고 말했고 중국인이 생산제도를 만들 때 트러스트를 참고하기를 희망했다.[70] 그러나 이런 오해들에도 그는 이렇게 결론 내렸다. "트러스트는 경제계의 제국주의다. 정치계는 필연적으로 제국주의로 가고 경제계는 필연적으로 트러스트로 향한다. 모두 적자생존이라는 자연의 운명이고 어쩔 수 없는 일이다."[71]

같은 글에서도 트러스트에 대한 량치차오의 서술은 모순된다. 한편으로 그는 데이터를 인용해서 트러스트가 결성된 후 노동자의 임금이

---

69 같은 글, 100~101쪽.

70 賴建誠, 『梁啓超的經濟面向』, 127쪽.

71 中國之新民(梁啓超), 「二十世紀之巨靈托辣斯」, 『新民叢報』第40, 41號合刊, 1903年 11月, 103쪽.

증가했음을 증명한다. 그러나 다른 한편으로는 또 라파르그와 마찬가지로 자본의 집중과 독점 조직의 출현이 노동자와 자본가 간의 모순을 격화시켰음을 보았다. 사회주의 운동의 목표는 대다수 노동자의 이익을 보호하는 것이다. 그러나 트러스트는 "반대로 자본가의 권리를 보장한다. 자본가와 노동자는 바야흐로 두 군대가 대치하고 격렬히 투쟁하는 형세를 이룬다."[72] 량치차오는 사회민주당원의 경제적 주장을 비교하고 그들의 사회주의와 마르크스주의 이론이 많이 중첩됨을 발견했다. 그리고 트러스트를 '사유재산을 공공재로 바꾸는 사다리' 즉 사회주의로 넘어가는 단계로 보았다.[73] 사실 유사한 주장이 중국 혁명가의 초기 선전에서 이미 출현했다. 예를 들면, 주즈신朱執信이 『민보』 2호에 발표한 「독일 혁명가 소전」에서 마르크스의 이론과 프랑스 정치경제학을 참고해서 정치 혁명과 사회 혁명을 종합한 구상을 제시했다. 『공산당선언』의 계급 투쟁 사상을 소개한 것 말고도 그는 특별히 마르크스와 유럽 공산주의 운동의 경제적 주장을 분석했다. 내용은 토지 사유 폐지와 일체의 지대 몰수, 누진세 징수, 상속권 부정, 외국 이주자 및 반역자가 점유한 재산 몰수, 국민 은행 설립과 금융 업무 독점, 신용의 국가 집중화, 교통기관 국유화, 산업 기계 증가, 평등노동 강제 시행, 농공업 결합, 농공업 차별 축소, 의무교육제도 설립 등이다.[74] 량치차오는 사회주

---

72 中國之新民(梁啓超), 「二十世紀之巨靈托辣斯」(續前號), 『新民叢報』 第42, 43號合刊, 108쪽.

73 같은 글.

74 蟄伸(朱執信), 「德意誌社會革命家小傳」, 『民報』 第2期(1905年 11月 出版), 『時論文選』

의와 자본 국유화 주장이 "실로 세계의 공리이며 앞으로 반드시 실현해야 할 미래"라고 생각했다.[75] 그러나 당시 중국에는 실현할 조건이 없었다. 1904년 량치차오는 『신민총보』에 「외자 수입 문제」라는 장편의 연구보고서를 발표했다. 이 글에서 그는 "최근 열강 제국주의는 모두 경제 문제 때문에 어쩔 수 없이 그렇게 된 것"이고 자본 과잉이 "사실 열강이 중국을 침략하는 근본 원인"이라고 분석했다.[76] 그리고 다음과 같이 종합했다. "20세기 이후 세계에는 철혈 경쟁의 시대가 가고 산업 경쟁의 시대가 올 것이다. 경제 문제에서 자리를 차지할 수 있느냐는 한 나라의 강약을 나누는 기준일뿐더러 흥망과 관계된다. (⋯) 즉 예전에는 국내의 트러스트만 있었지만 오늘날에는 국제적 트러스트로 진화했다."[77]

미국과 여러 유럽 열강이 대내적으로 간섭주의를 시행하고 대외적으로 제국주의를 행하는 모습에 대한 관점은 점점 블룬칠리Bluntchli Johann Caspar(1808~1881)의 국가유기체론의 입장으로 바뀌었다.[78] 기존의 청말 사상 연구는 반만혁명이냐 입헌개량이냐, 국가주의냐 민족주의냐에 집중되었기 때문에 량치차오가 제국주의를 생각하고 사회주의적 조건의 미성숙을 분석하면서 국가주의로 전향했음을 간과해왔다. 국가주

第2卷 上冊, 136~137쪽.

75 中國之新民(梁啓超), 「外資輸入問題」(續54號), 『新民叢報』 第56號, 1904年 11月, 13쪽.

76 中國之新民(梁啓超), 「外資輸入問題」, 『新民叢報』 第52號, 1904年 9月, 2~3쪽.

77 梁啓超, 「二十世紀之巨靈托拉斯」(續前號), 『新民叢報』 第42, 43號合刊, 108쪽.

78 梁啓超, 「政治學大家伯倫知理之學說」, 『新民叢報』 第32號, 1903年 5月, 9~16쪽.

의 문제와 사회주의 문제는 동시에 발생했다. 이 둘은 모두 제국주의 시대가 가져온 곤경과 도전에 대처하는 데 역량을 집중했다. 국가 문제에서 캉유웨이와 량치차오와 민족주의자의 모순과 투쟁은 개량이냐 혁명이냐는 대립 양상으로 드러났다. 그러나 이 대립된 선택은 제국주의 시대의 기본 특징과 여기서 중국의 위치에 대한 양측의 각자 다른 판단을 고려해서 분석해야 한다. 국가와 민족의 구분과 국가주의와 민족주의라는 각자 선택은 사실상 제국주의의 이중적 특성, 즉 경제적 특성과 군사적 특성에 대한 평가에서 파생된 것이다.

4. 독특성 탐색과 보편성 재건

제국주의는 확장성을 띤 경제, 군사 체제이면서 이데올로기이자 가치 체계다. 후자는 확장성을 띤 지식 계보에 힘입어 타인과 자아에 대한 각종 서술에 스며든다. '세기' 의식은 이 과정에 대한 자각이면서도 이 과정에 강렬히 저항한다. 이 과정은 복잡성과 논란으로 점철되어 있다. 또한 바로 이 때문에 '세기' 의식은 단일한 역사 내부에서만 파생되기 어렵고 시간의 궤도에 완전하게 편입될 수 없다. 날카로운 중국 지식인들은 이 독특한 역사적 시기에 18, 19세기 심지어 더 이른 시기의 유럽과 전 지구 문제를 사유함으로써 근대 중국의 전사를 창조하고 전 지구적 시야 속에서 중국이 갖는 독특한 위치를 판별해야 했다. 구시대가 저물고 있다는 감각과 비교의 시야가 없으면 우리는 왜 20세기 초에 발생한 정치 토론이 서로 다른 유형의 민족주의(반만 한족 민족주의, 다종족 중화민족주의. 후자는 또 국가주의, 오족 헌정주의, 오족공화주의 등으로 구분할 수 있다), 서로 다른 유형의 세계주의(국제주의, 아나키즘, 대동주의 등) 그리고 그들 상호 간의 복잡한 적대관계에 집중되었는지를 철저하게 이해하기 어렵다. 세기 의식과 구시대 종결의 감각은 서로 표리를 이룬다. 격렬한 토론과 여기서 표출된 불확실한 미래에 대한 조망은 일종의 결별 태도이기도 하다. 이것은 오랫동안 반복적으로 발생한 고금중서에 관한 사상적 토론의 성격을 이해하는 기본 출발점이기도 하다. 고/금, 중/서에 관한 토론은 담론적으로 늘 본질주의적인 문화적 차이에 호소한다. 그러나 핵심은 이렇다. 단순히 역사의 축선에서만 중국 문제를 생각하는 것은 이미 불가능해졌다. 현재 절박한 임무는 새로운 전 지구적 관계에서 중국이 서 있는 좌표, 즉 시간 축선상이 위치와 공간적 차원의 위치를 판별하는 것이다. 중국과 중국의 독특성에 대한 사유는 비교적 시야의 산물인 동시에 중국의 역사와 문화에 대한 해석을 통해 전략적, 전술적 토론을 한다. 이는 역사 담론에 스며든 정치 담론이자 새로운 시대의식이 그 역사 서술을 모색한 데 따른 필연적 산물이다. 20세기의 정치 담론과 역사 해석, 문화적 토론은 밀접한 관계를 갖는다.

'세기' 의식(즉 시세에 대한 판단)은 결코 이 역사 서술들의 파생물이 아니다. 정반대로 이 역사 서술들이 '세기' 의식이 자신의 정치적 표현을 모색한 결과다. 이 책에서는 네 가지 사례를 들겠다. 즉 시간 축선상의 사회 형태에 대한 토론, 공간적 차원에서의 중화 담론, 내재적 차원에서의 교류와 자기표현(즉 언어적 성격)에 대한 토론, 초월적 차원에서의 보편 종교와 '올바른 믿음正信'의 논쟁을 차례로 다룬다. 이 모든 토론은 공통적으로 제국주의와 문명론의 이중적 그림자 아래서 독특성을 탐색했다고 할 수 있다.— 독특성 탐색은 제국주의 시대와 함께 온 보편사에 대한 저항과 해체이기도 하다. 그러나 이 저항과 해체는 특수성 확인이 아닌 보편성 재구성을 지향한다.

1) 시간의 차원: 역사의 진화, 사회 형태, 민족주의

1898년 무술변법이 일어난 해에 옌푸는 헉슬리의 『진화와 윤리』를 저본으로 삼고 스펜서의 이론을 종합해서 『천연론』을 번역해서 내놓았다. 이를 통해 진화론이 중국 사상에 유입되었다. 1903년 옌푸는 우아한 고문으로 영국 사회학자 에드워드 젱크스Edward Jenks(1861~1939)의 1900년 신서 『정치사A History of Politics』를 번역해서 『사회통전社會通詮』이라는 제목으로 펴냈다.[79] 실제로는 번역과 해설을 통해 진화론이 사회 형태에서 갖는 의미를 더 깊게 해석하고 "몽테스키외의 분석 중 정지된, '앞으로 나아가지 않는' 본질이라는 오류를 수정했다."[80] 젱크스는 사회 형태 진화의 관점에서 고금의 사회를 토템사회(오랑캐 사회), 종법사회, 국가사회라는 연속된 세 가지 단계로 나누고 몽테스키외의 지리 환경

---

79 옌푸의 『사회통전』 번역과 그의 언어정치에 대해서는 王憲明, 『語言, 飜譯與政治 — 嚴復譯『社會通詮』研究』, 北京: 北京大學出版社, 2005 참조.
80 本杰明·史華玆, 『尋求富强: 嚴復與西方』, 葉風美 譯, 南京: 江蘇人民出版社, 1989, 165쪽.

결정론적 공간 해석을 시간 축선상의 역사 형태 분석으로 전환했다.

> 예나 지금이나 사회에는 백성을 예속시키는 수단이 있다. 오늘날의
> 사회는 군정으로 인민을 예속시킨다. 이것은 군사 정벌을 하는 나라
> 에서 가장 쉽게 나타난다.(즉 독일과 영국) (…) 예전의 사회는 그렇
> 지 않다. 군정이 아니라 종법으로 인민을 종속시켰다. 종법이란 무엇
> 인가? 백성이 모두 동종이고 모두 원래 하나의 혈통에 속함을 말한
> 다. (…) 『나폴레옹법전』에는 이렇게 쓰여 있다. "프랑스 땅에 있으면
> 이들이 프랑스인이다." 이것은 군국사회와 종법사회의 절대적 차이다.
> 따라서 둘은 뒤섞일 수 없다. 예전에는 종법으로 백성을 종속시켰다.
> 유대인이 가장 현저하다. 나라가 오래전에 망했고 오늘날에는 비록
> 각지에 흩어져 살지만 종법제도가 여전히 남아 있다. (…) 사회의 형
> 식에는 오랑캐 사회, 종법사회, 국가사회 세 가지가 있다.[81]

옌푸는 역자 서문,[82] 역자 주, 「신역 젱크스『사회통전』 읽기」[83]에서 차
례로 젱크스의 이론을 해설하고 진화의 원리에 근거해서 사회 형태 3단
계가 중국이 반드시 따라야 할 공리라고 해석했다. "대개 천하의 사회는
그 진화의 단계를 살펴보면 예외 없이 토템에서 시작해서 종법으로 진

---

81 甄克斯, 『社會通詮』, 嚴復 譯, 北京 : 商務印書館, 1981, 2~4쪽.
82 이 서문은 『政藝通報』 第3卷 第6號에 미리 단독 발표되었다.
83 1904년 4월 20일에 발간된 『大公報』 651호부터 654호까지 총 4차례 연재되었다.

화하고 이후에 국가가 된다. (…) 이것이 그 순서가 된다는 믿음은 하늘에 사계절이 있고 사람은 어린아이가 어른으로 자라는 것처럼 더딜 수는 있어도 흐트러질 수는 없다."[84] 그러나 이 보편적 인류 발전 단계가 유럽과 아시아의 관계에서는 바로 "한쪽은 시작할 때 느리고 끝날 때가 빠르면 다른 한쪽은 시작은 빠르고 끝은 느린"의 대분화 형태를 띤다.[85] 옌푸는 보편사의 전개 속에서 내부 분화와 차이를 드러냈다. 이를 통해 바로 중국사회가 비록 진나라 때 중앙집권화 경향을 보였지만 그 정신적 기질은 아직 종법사회였고 군국사회로의 전환을 실현할 수 없었음을 설명하려 했다.

『부와 권력을 찾아서: 옌푸와 서양』에서 슈워츠는 젱크스와 스펜서의 차이를 비교했다. "젱크스의 서술은 근대의 '합리화된' 국가의 출현에 중점을 두었지만 산업혁명은 중시하지 않았다." "그는 모든 근대적 민족국가의 공통적 특징에 더 주목했지만 그들 간의 차이에는 관심이 없었다." "그는 국가가 '원래 군사 조직'이라는 스펜서의 관점에 찬성하면서도 산업사회 안에서 국가가 소멸할 것이라고 생각하지 않았던 것 같다. (…) 그는 스펜서가 근대 산업체제로 대표되는 '자발적' 협력 형식과 '인위적이고 강제적'인 국가 조직이 보여주는 차이를 구분했음을 완전히 알아차리지 못했던 것 같다."[86] 슈워츠는 옌푸가 스펜서와 젱크스의

---

84 嚴復, 「『社會通詮』譯者序」, 嚴復 譯, 『社會通詮』, ix쪽.
85 같은 책, 10쪽.
86 本杰明·史華玆, 『尋求富强: 嚴復與西方』, 166, 167쪽.

차이를 전혀 이해하지 못했다고 생각했다. 특히 '군사적' 단계와 '산업적' 단계에 대한 스펜서의 구분을 완전히 간과했다고 보았다. 일관된 관점에 따라, 그는 옌푸의 『사회통의』의 중심 문제를 사회의 유기적 진화와 국가와 개인의 이원관계 속에서 놓고 고찰했다. 그리고 여기서 파생해서 국가 전체와 반만 민족주의 조류의 대립에 주목했다. 다른 학자들도 이 관점을 보편적으로 받아들인다.[87] 슈워츠는 옌푸의 관점과 그 후 이 현상을 제국주의적으로 해석한 중국공산당원의 관점 차를 비교함으로써 옌푸가 사회 진화의 관점에서 제국주의의 출현을 생존 경쟁의 정상적 현상으로 이해했다고 보았다.[88] 옌푸는 국가의 총체적 능력이란 바로 개인이 종법관계에서 벗어나서 "사람이 한 사람씩 자립하게 하는 것", 더 나아가 군사, 농업, 공업, 상업의 노동 분업을 형성하는 것이라고 생각했다. 그는 역자 서문에서 이렇게 말했다. "종법에서 벗어나서 국가로 진입할 때 교체되고 변하는 것은 봉건이다. 봉건에서 백성의 생업은 대체로 농업이다. 국가의 단계로 가야만 군사, 농업, 공업, 상업 네 분야의 백성이 완비되어 그들이 서로를 낳고 기르는 일이 크게 흥성하고 크게 어우러지고 강하게 서며 번성하면서 유지된다."[89]

국가의 총체성에 대한 옌푸의 관심은 언뜻 량치차오의 그것을 연상시

---

87 干春松, 「民族主義與現代中國的政治秩序 —章太炎與嚴復圍繞『社會通詮』的爭論」, 『開放時代』 2014年 第6期은 옌푸와 장타이옌의 『社會通詮』 관련 논쟁을 선명하게 정리하고 분석했다. 그러나 이 문제에 대한 기본 판단은 슈워츠의 것을 그대로 이어받았다.

88 本杰明·史華兹, 위의 책, 168쪽.

89 嚴復, 「『社會通詮』譯者序」, 嚴復 譯, 『社會通詮』, 9쪽.

킨다. 그런데 왜 옌푸는 국가주의와 민족주의의 대립이 아닌 군국사회와 종법관계에 기초한 민족주의의 대립 속에서 논점을 전개했을까? 옌푸가 젱크스의 이론을 이해할 때 스펜서가 군사국가와 산업주의를 구분했음을 간과한 것은 단지 "조금도 이해하지 못한" 결과일까? 옌푸가 『사회통의』를 번역, 소개한 시기는 고토쿠 슈스이가 제국주의 담론을 내놓을 때와 같다. 두 사람의 제국주의 해석에는 차이점이 있다. 옌푸는 사회 진화의 관점에서 제국주의의 출현을 역사 발전 속에서 출현하는 것이자 반드시 대응해야 하는 자연적 현상이라고 보았다. 그러나 고토쿠 슈스이는 도덕주의적인 격렬한 부정이라는 전제 위에서 제국주의를 비판했다. 그러나 이 차이를 지나 우리는 또 다른 공통점을 발견할 수 있다. 즉 둘 다 제국주의를 산업-금융 자본주의 단계의 현상이 아닌 민족주의의 파생물로 해석하지 않았는가? 고토쿠 슈스이의 해석은 아직 산업화를 완수하지 않은 일본 제국주의를 겨누었고 옌푸는 제국주의 경쟁의 시대에 정치적 주권 확립의 중요성과 그 전제를 거듭 천명해야 했다.

그 밖에 옌푸의 관점은 국내외 엘리트가 의화단운동과 청 정부의 '배외주의'를 비난하는 분위기 속에서 등장했다. 그는 이 '배외주의'를 중국 국민성의 특징으로 규정했다. 장타이옌은 자신이 쓴 반박문에서 의화단운동의 반교운동과 종법사회를 명확히 구분했다. 그는 의화단과 청 정부의 '교회 배척' 동기가 다르지만 모두 교회 신도의 위법에서 기인했다고 주장했다. "그러나 인민이 분노하고 교회를 배척한 동기는 결코 여기에 있지 않다. 기독교도가 중국에 있더라도 법을 지키고 의로운 일을 하며 위법 행위를 하지 않으면 인민은 결코 종교가 다르다고 그들을 배척하지도 않고 인종이 다르다고 배척하지도 않는다. 그들을 접한 경험은 옛날에 천축국 법사를 보았을 때와 다르지 않다. (…) 따라서 정부가 기독교를 배척하는 것은 그들이 무리 지으면서 변화가 생기기 때문이다. 인민이 기독교를 배척하는 것은 그들이 권리를 유린하고 인민을 모욕하기 때문이다. 이는 모두 종법사회에는 관계가 없던 일들이다."[90] 1903년은 반만 혁명의 흐름이 왕성한 때이지만 1900년 의화단 운동 이후이기도 하다. 1901년 『청의보』는 『개지록』에 실린 「의화단이 중국에 도움이 된다는 의견」을 전재했다. 이 글은 의화단이 "나라를 사랑하는 마음을 참으려 해도 참을 수 없어서 생겨났다. 따라서 수많은 죽음을 무릅쓰고 열세에서 맞섰고 국민에게 외세를 배척하고 자립하는 날이 있기를 바랐다"고 칭송했다. 동시에 반제국주의와 만주족 배척을 결합해서 중국 대중이 민권 독립, 정체 자유의 길을 걷고 "벼락같은 소리로 20세기의 바람을 일으켜" "국민의 책임을 다하고 동포 행복의 씨를 뿌리기"를 바랐다.[91] 따라서 집단 애국주의에 대한 옌푸의 비판은 실제로는 두 가지 내용을 담고 있었다. 그것은 의화단식 반제운동과 혁명파의 반만 민족주의 모두를 억누르는 것이다.

이전에 제기된 일련의 정치담론이 주로 중서 대비의 틀을 사용한 것과 달리, 종법사회와 군국사회에 대한 옌푸의 해석은 일종의 보편주의

---

90 章太炎, 「『社會通詮』商兌」, 『民報』 第12號, 1907年 3月, 10~11쪽.
91 『清議報全編』 卷26, 185, 189쪽.

역사사회학의 틀 속에 엄격히 위치한다. 젠크스의 관점은 유럽 근대 문명론의 시야에서 전개되었다. 우리는 그 후 그의 유럽 사상과 이론의 중국 해석에서 그 맥락을 어렵지 않게 발견하게 된다. 예를 들면, 베버는 유교와 가정 윤리의 안정적 연계 때문에 유교의 '객관적 이성화'가 제한되었다고 보았다. 즉 유교가 씨족의 방식으로 개인을 다시 한번 내면으로부터 그 씨족 성원과 견고하게 연결하려고 했고, 이 때문에 윤리와 시민 생활 방식 간의 중간 고리를 결여했다고 생각했다. 이 가정 윤리에서는 이성화된 국가, 그것과 관계 맺는 윤리가 발전하기도 어려웠다.[92] 그러나 유학의 윤리와 역사관은 변화에 부단히 적응하는 윤리이자 역사관이다. 혈연과 지연을 뛰어넘는 요소가 완전히 유학의 형식 내부로 조직될 수 있었다. 왕조 변천의 역사에서 유학은 변화무쌍한 방식으로 정치, 경제, 각종 사회 문제를 다루었고 윤리적 실천은 가정으로 개괄할 수 없는 일련의 사회 구조 안에서 이루어졌다. 따라서 유교윤리를 가정 윤리나 혈연공동체의 범위 안에 두는 논점은 지나치게 좁은 견해다. 진정한 문제는 '왜 이 유럽 근대성의 자기 이해가 바로 청말 변혁운동의 문제틀이 되었고, 왜 이 틀이 보편적 의미를 갖는가'다.[93]

바로 이 때문에 옌푸에 대한 장타이옌의 반박은 중국 역사의 독특성, 보편주의 역사 서술의 특수성에 기초한다. 그리고 독특성과 보편성이라는 새로운 틀 안에서 중국 민족혁명의 의미를 논한다. 달리 말하면, 그

---

92 偉伯, 『儒教與道教』, 南京 : 江蘇人民出版社, 265~266쪽.

93 이 문제에 대한 서술은 『現代中國思想的興起』(北京 : 三联书店, 2008年版) 第8章 참조.

는 중국의 독특성으로 이론의 보편성에 대항하지 않고 우선 이 보편 이론의 특수성에 의문을 던졌다. 다음으로 이 이론을 중국에 적용할 때의 오류를 분석하고 마지막으로는 중국 역사의 독특성을 논의함으로써 이 독특성을 받아들이는 보편성을 재구성했다. 따라서 세계와 보편주의 역사에 대한 장타이옌의 의식은 이 보편주의 역사에 대한 저항으로 특징 지워진다. 옌푸가 법칙으로 추켜세운 사회이론에 대해 장타이옌은 콩트 이후의 사회이론이 비록 자연과학의 방법을 모방했지만 대부분 한 시기 한 장소의 경험에 기초한 것이기 때문에 보편적 이론이라 말할 수 없다고 지적했다. 그는 이렇게 말했다. "사회에 관한 학문은 화학質學과 다른 분과다. 기하의 방면, 중력의 형식, 소리와 빛의 쏘임, 물질의 분화는 저곳에서는 옳다고 증명되지만 이곳에서는 옳지 않다고 판명된다. 무릇 마음은 흘러 퍼질 수 있고 인사는 각양각색이니 한쪽 면만으로 헤아릴 수 없음을 확연히 할 수 있다! 그리고 사회학의 시초는 사실 콩트이고 풍류가 전파된 지는 100년도 넘지 않았다. 따라서 이 학문을 전하는 학자도 궁극적 성취를 하지 못했다고 생각한다."[94] 젱크스의 사회학은 기껏해야 유럽 사회의 현상만을 반영했다. 옌푸의 오류는 우선 젱크스의 이론을 보편적 법칙으로 삼고 중국을 해석하는 데 적용한 것이다. 가령 젱크스가 말하는 종법사회와 '중국 고유의 종법사회'를 비교해서 부합하지 않는 부분을 중국의 약점이라고 본다. 다음으로 그의 이론을 견강부회해서 "민족주의와 종법사회를 비견해서 동일시"하는 잘못

---

94 章太炎,「『社會通詮』商兌」,『民報』第12號, 4쪽.

을 저지르고 "오늘날의 정객"에게 구실을 준다. "신주神州의 광복에 골치를 앓으니 만주족을 배척하는 것도 종법사회의 일이라고 말한다. 그래서 취할 바가 없을 뿐 아니라 이해득실에서도 좋은 점이 없다."[95]

장타이옌의 정치적 취지는 사실 아주 명확하다. 즉 배만排滿 혁명은 "내 나라를 전복하고 내 주권을 던지는 것일 뿐"이지 결코 옌푸가 말하는 것처럼 종법사회에서 우리 종족이 아니라고 말하는 식의 배외주의가 아니다.[96] 그는 「혁명도덕설」에서 이렇게 말했다. "내가 말하는 혁명은 혁명이 아니라 광복이다. 중국 종족의 광복, 중국 각 지역州郡의 광복, 중국 정권의 광복이다. 혁명은 이름일 뿐이고 실질은 광복이다."[97] 혁명은 곧 광복이기 때문에 그는 진화론적 시간관의 논리를 따를 수 없다. 같은 이유에서 중국의 역사에는 반드시 광복을 되찾을 옛것들이 있다. 장타이옌은 중국의 종법사회와 젱크스가 논한 종법사회 사이의 차이로부터 접근해서 사회학의 구조 유형 서술이 사회 형태의 역사적 다양성과 그 역사적 변이를 간과한다고 따졌다. 그리고 이것을 출발점으로 삼아 중국 역사 변천의 독특한 궤적을 새롭게 제시했다. 젱크스가 "주목한 것은 모든 근대 민족 사이의 공통적인 특징이지 그들 간의 차이가 아니다." 더 나아가 옌푸는 종법사회 범주를 보편화했다. 두 사람은 각자 다른 이유에서 서로 다른 시기, 지역의 독특한 형태를 간과했다. 젱

---

95 같은 글, 1쪽.

96 같은 글, 15쪽.

97 章太炎, 「革命之道德」, 『民報』第8號, 1906年 10月, 13쪽. 『太炎文錄初編』에 수록되었다. 후에 제목을 바꾸었다. 「革命道德說」, 『章太炎全集』第4卷, 276쪽.

크스는 '농민이 정착해서 거주할 수 없음'을 종법사회의 첫 번째 특징으로 꼽았는데, 장타이옌은 이 관점이 시간에 따른 종법사회의 형태의 차이를 간과했고 동일한 범주의 배후에 있는 사회 변화를 관찰할 수 없다고 다음과 같이 비판했다. "옛날의 종법은 대부, 원사元士[98] 사이에서 시행되었고 평민은 해당되지 않았다. 오늘날의 종법은 촌락의 일반인에게 적용되고 도시인에게는 적용되지 않는다. 옛날의 종법은 세습되어 대종大宗이 주가 되고 작위를 부여함으로써 존귀함을 표시한다. 오늘날의 종법은 자격을 갖춘 족장이 주가 되고 차례를 지냄으로써 존귀함을 표시한다. 이것이 바로 고금의 차이다. 그러나 젠크스가 서술한 네 가지 내용은 모두 여기에 부합하지 않는다."[99] 농민은 한곳에 머물고 싶어하지만 여러 번 이동하고, 귀족은 작위로 존귀해지는데 둘은 분명 서로 다르다. 근세부터 이동해온 인구는 한 지역에 20년을 살면 토지와 주택을 소유할 수 있다. 즉 토지를 취득하고 호적을 소유할 수 있다. 이 또한 고대의 종법사회와 다르다.

종법사회는 "외부 세력을 배척하고 다른 종족을 제거한다"라는 옌푸의 관점에 대해서도 마찬가지로 장타이옌은 역사 변화의 관점에서 비판했다. 그는 주대周代의 각종 외래 종족 명칭을 거론하며 고대 중국의 다원병존을 설명했다. 그리고 '다른 종족'이라는 이유로 배척하지 않은 정황도 설명했다. "중국에서 종법이 성행한 시대는 춘추시대 이전이었

---

98 고대 중국 주나라의 관리 등급 중 하나로 대부보다 아래고 중사中士보다 위다. 제후의 士가 아니라 천자의 士이므로 원사라고 불렀다.─옮긴이

99 章太炎, 「『社會通詮』商兌」, 『民報』第12號, 7쪽.

다. 근본적으로 외부 세력을 배척하는 일이 없었고 그 시기 외부인이 내부로 들어온 사례도 드물다."[100] 따라서 중국이 종법사회이기 때문에 배외주의가 성행한다고 비판하는 것은 역사의 변화를 간과하는 것이다. 장타이옌은 종법사회가 "신분이 높은 자에 의해 통솔된다"는 젱크스의 관점을 고금 변이의 관점에서 분석했다. 즉 고대에는 "종법이 높은 자에 의해 통솔되고, 제도는 원사 이상에서만 시행되었고 종족 구성원族人의 재산이 남으면 종宗에 귀속시키고 부족하면 종宗에서 조달한다. 위로는 세경世卿까지 미치고 종손이 항상 대정大政을 집행한다. 따라서 공수와 읍으로 아랫사람에게 예를 표하고 정권을 가졌음에 근거해서 상벌을 집행할 뿐이다"[101]라고 분석했다. 그러나 근세 사회의 종법관계는 일반 민중에까지 연장되고 상황에 다른 점이 있다. "인민의 일처리는 사당에는 전혀 책임이 없다. 사당의 소유물은 바로 나누어 고아와 과부를 돕고 교육을 일으킨다. 종족 구성원에게 혜택을 주기에 충분하지만 종족 구성원은 그 소유물을 사당에 귀속시킬 필요는 없고 원하는 대로 남겨둔다. 다만 계절마다 묘에서 제사를 지낼 때는 약간 책임이 있다. 또 묘에 딸린 논밭에서 수입이 있으면 값을 치르고 멀리 나가서 장사하면 작은 이익은 받지 않으며 묘제에서는 방족에게도 책임을 지운다."[102] 근세 종법사회의 윤리 규범과 재산관계는 군국사회와 많은 부분에서 겹친다.

---

100 같은 글, 9쪽.
101 같은 글, 11쪽.
102 같은 글, 12쪽.

종법사회는 필연적으로 높은 사람이 통솔하는데 인민의 개체본위에 주목하는 군국사회와 동일하게 취급하는 것은 오류다. "따라서 예전의 종법 시행은 자연적으로 나누는 것이었고. 오늘날의 종법 시행은 풍족한 것으로 부족한 것을 보충하는 것이다. 오늘날의 세인들로 말하자면 제 한 몸을 본위로 하지 않는 사람을 나는 본 적이 없다. 따라서 젱크스가 제시한 세 번째 특징을 중국 고유의 종법과 견주면 고대에는 부합하고 현재에는 맞지 않다."[103]

종법사회는 "생존 경쟁을 섬기지 않고" 옛것을 따른다는 『사회통전』의 관점에 대해 장타이옌은 다음과 같이 말했다. 종법사회 흥성기에도 "생업을 바꿀 수 없고 법을 고칠 수 없다"고 규정하지 않았다. 중국사의 다른 시기, 가령 "종법이 파산한 뒤에는 틈새를 보아 이익을 추구할 수 있었다. 따라서 공자는 '어려서 비천했고 자질구레한 일을 많이 했다'고 말했고 편작도 '객사를 지키다가 의술로 전향'했지만 못하게 막았다는 말을 들어보지 못했다."[104] 따라서 생존 경쟁은 역사를 관통하는 보편적 현상이지 군국사회에만 해당되는 특별한 사례가 아니다. "만약 이 네 가지 조건을 중국에서 일어난 일과 견주어보면, 하나만 고대에 부합하고 나머지는 모두 고금에 해당되는 것이 없다. 즉 지금의 종법사회는 분명 고대의 종법과 크게 다르다. 고대의 종법에도 젱크스가 본 종법과 다른 점이 있다. 요컨대, 민족주의와는 모두 상관없다. 이 주장은 옌푸에도

---

103 같은 글.
104 같은 글, 13쪽.

해당될 것이다."[105] 달리 말하면, 장타이옌은 젱크스의 분석이 그가 관찰한 사회를 정확할 수 있음을 인정하지만 기껏해야 그 사회이론이 특수함을 증명할 뿐이고, 옌푸처럼 그것을 보편적으로 적용되는 이론으로 삼아서 중국이나 다른 사회에 적용하면 말이 안 된다고 보았다.

그러나 장타이옌은 결코 독특성으로 보편성에 대항하려 한 것이 아니다. 역사의 변천과 차이 속에서 보편적인 분석틀을 재정의하려 했다. 장타이옌은 젱크스의 토템사회—종법사회—군국사회라는 진화 단계를 분석하고 문제 삼으면서 민족주의 혹은 배외주의와 종법사회 간의 필연적 연관을 해체했다. 그의 서술에는 다음 네 가지 차원이 담겨 있다. 첫째, 형태가 다른 사회에는 모두 합군合群과 배외의 요소가 있다. 따라서 합군과 배외의 요소는 결코 종법사회만의 독특한 현상이 아니다. 둘째, 근대 민족주의가 종법사회 해체의 산물이 아니라면 필연적으로 종법사회의 와해도 초래한다. "그리고 오늘날 민족주의는 종법사회와 일치하지 않는다. 그 힘은 충분히 종법사회를 녹아버리게 할 수 있다." "그것이 싹트면 반드시 종법사회의 흔적이 사라진다. 이것이 성취되면 법을 제정해서 사당, 족장 제도를 바꾸고 종법사회의 법칙을 모조리 파기한다."[106] 셋째, 미국 흑인에 대한 미국의 차별과 비교하면, 중국 역사에서 몽골, 이슬람 지역, 티베트와 한족의 관계는 언어, 습속, 구성원 측면의 장기적 교류와 다중적 변화, 상호 동화를 기초로 형성되었

---

105 같은 글, 13~14쪽.
106 같은 글, 18, 19쪽.

다. 그래서 외부의 압력을 받을 때 종법, 종족, 혈족관계를 뛰어넘는 유기적 공동체를 형성하기에 더욱 용이했다. "현재 외부의 강적이 우리가 갈라지는 틈을 노리는데 한마음으로 협력해서 싸워 막으려 한다. 그 연원을 추측해보면 400조를 일족으로 여기고 성씨와 가계를 따지지 않는다. 그 기술을 관찰하면 사람들이 스스로 단련해서 사지의 힘을 내서 동족과 연대한다."[107] 넷째, 정치적 관점에서 혁명당원의 민족주의는 원래 종족과 혈육의 테두리를 뛰어넘어 정치 공동체를 형성하는 것이 목표다. 핵심 가치는 합군과 배외가 아니라 불평등한 역사적 관계 속에서 정치적 주권을 되찾는 것이다. 따라서 종법사회와는 조금도 관계가 없다. "또 하물며 우리 당의 뜻은 바로 우리 민족의 국가와 주권을 회복하는 것에 있다. 만약 적을 이겨서 성과를 이루어 만주의 황제가 완평宛平에서 멀리 떨어져 황룡부黃龍府(금나라 수도―옮긴이)로 가면 일본, 샴(타이의 옛 이름―옮긴이)과 동등해진다. 종족은 순화되고 이로써 그 상황을 받아들일 뿐이다. 어찌 우리 종족이 아니라고 의관을 갖추는 나라에서 함께 살 수 없을까. 주권이 회복되어도 여전히 끝없이 원수를 찾아 하황河湟의 강족羌族이 하는 대로 하겠는가? 만약 그렇다면 그것은 종법사회가 아니라는 것도 분명하다."[108] 바로 이 때문에 중국이 직면한 과제는 종법과 국가, 배외와 개방 사이의 선택이 아니라 '어떤 정치 형식으로 새로운 국가를 건설하는가'다.

---

107 같은 글, 18쪽.
108 같은 글, 16쪽.

2) 공간의 차원: 신분, 지역, 주권

1907년 1월부터 5월까지 양뒤楊度(1874~1931)는 자신이 총편집자를
맡은 『중국신보中國新報』 1호에 「『중국신보』 서」를 발표했다. 그는 중국
에 빈곤과 쇠약함이 누적된 근본 원인이 무엇보다 "중국의 정체가 전제
정체이고 그 정부는 방임 정부이기 때문"이지만 더 깊은 원인은 국민의
자치 능력이 비교적 낮고 자치 능력 저하의 원인 중 하나는 또 "그 정도
가 일정하지 않고 차이가 있는데 그것은 대체로 종족의 차이에서 연원
한다. 같은 나라를 구성하는 종족을 헤아려보면 대체로 한족, 만주족,
몽골족, 후이족(이슬람), 티베트족의 다섯 종족으로 나눌 수 있다"[109]고
지적했다. 옌푸가 번역한 『사회통전』의 논리에 따르면 "오족 중에 이미
국가사회에 진입해서 국민의 자격을 갖춘 민족은 한족이 유일하다. 만,
몽, 후이, 티베트 4족은 아직 종법사회에 머물러 있거나 유목 종족, 농경
종족이므로 국민의 자격은 아직 불완전하다."[110] 양뒤는 해결 방안을 제
시하기 위해 『중국신보』 1호부터 5호까지 장문의 「금철주의金鐵主義」를
연재했다. 이 글에서 그는 자신의 정치사상을 체계적으로 서술했고 격
렬한 논쟁을 야기했다. 문장 서두에서는 '오늘날 중국이 처한 세계'를 논
하는데 이 시대가 경제적 군국 시대라고 단언한다. 그리고 세계적 국가
주의를 주장했다. 이 입장은 량치차오의 제국주 판단, 국가주의적 입

---

109 楊度, 「『中國新報』序」, 『中國新報』 第1號, 1907年 1月, 1, 2쪽.
110 같은 글, 2쪽.

장과 아주 유사하다. 동시에 옌푸가 번역한 『사회통전』의 사회 형태론의 틀에서 전개되었다. 이른바 제국주의 시대의 기본적 성격, 즉 금철주의 또는 '경제 전쟁국'에 대해 양뒤는 이렇게 말한다. "금은 황금, 철은 흑철이다. 금은 금화, 철은 철대포다. 금은 경제, 철은 군사다. 중국을 금의 나라로 만들고 철의 나라로 만들려 한다. 바꾸어 말하면 경제국, 군사국이고 합쳐서 경제 전쟁국이다."[111] 이 시대적 도전에 대한 중국의 방안 또한 아주 명확하다. 즉 내적으로 상공업을 발전시키고 외적으로 군사를 강화해서 국가를 건설한다. 전자는 민권 확장이 전제가 되고 후자는 국권을 공고히 하는 것을 목표로 삼는다.

량치차오, 옌푸의 관련 주장이 논란을 불러일으켰듯이 양뒤의 거시적 판단이 야기한 논쟁은 그의 판단에서 나온 국내의 정치적 전략에 집중되었다. 전략의 내용은 다음과 같다. 세계적 도전에 응하기 위해 중국은 '금철주의' 전략을 통해 자신을 '경제 전쟁국'으로 변신시킬 필요가 있다. 그리고 국내 정치의 전제는 청조의 국토와 인구 전부를 토대로 국가 통치권을 행사하고 이 통치권은 군주입헌이라는 정치 형식을 취하는 것이다. 이른바 전 국토와 인구 전부는 무엇을 말하는가? "오늘날의 중국 국가를 말하자면, 토지는 21개의 행성, 몽골, 후이부回部, 티베트西藏 등이다. 나라의 인민은 한, 만, 몽, 후이, 티베트 5족의 인민이다. 국내적 현실에서만 그런 것이 아니고 국제적 현실에서도 그렇다."[112] "오늘

---

111 楊度,「金鐵主義說」,『中國新報』第1號, 1907年 1月, 27쪽.

112 楊度,「金鐵主義說」(續第1號),『中國新報』第2號, 1907年 2月, 54~55쪽.

날 중국의 토지란 바로 오족의 토지를 합한 것이다. 오늘날 중국의 인민이란 바로 오족 인민을 합한 것이다. 그리고 이들을 하나의 통치권 아래 모음으로써 하나의 국가가 된다. 이 나라 밖에서는 아직 여러 강대국이 주위를 둘러싸고 중국에 대해 세력 균형 정책을 취한다. 그래서 영토 보전, 문호 개방을 주장함으로써 영토를 분할瓜分하자는 주장을 저지한다."[113] 토지, 인민이 청 조정의 세력 범위에 따르고 통치권은 반드시 청조를 정치적 상징으로 삼은 군주입헌 형식을 유지해야 한다. "따라서 중국은 오늘의 세계에서 한, 만, 몽, 후이, 티베트의 토지 중 어느 곳 하나도 잃어서는 안 된다. 한, 만, 몽, 후이, 티베트족 인민 중 어느 종족 하나도 잃을 수 없다. 반드시 토지를 그대로 유지하고 인민을 그대로 유지하며 통치권을 그대로 유지해야 한다. 셋 중 하나라도 변동이 있어서는 안 된다. 하나라도 변동이 생기면 나라는 망한다. 그래서 나는 늘 현재 중국의 국가 형태는 변할 수 없고 국체도 변할 수 없고 오직 정체政體만 바꿀 수 있다고 말한다."[114] 제국주의가 경제적·군사적 경쟁을 벌이는 정세에 대한 이러한 판단은 바로 국내의 입헌정치를 주장하는 전제이기도 했다. 둘은 서로 표리 관계를 이룬다. "영토를 보전하려면 몽, 후이, 티베트를 보전하지 않을 수 없다. 몽, 후이, 티베트를 보전하려면 군주를 보전하지 않을 수 없다. 군주를 보전해야 한다면 입헌 역시 군주입헌을 말할 수 있지 민주입헌을 말할 수는 없다. 이것이 내가 입헌을 주장하

---

113 같은 글, 89쪽.
114 같은 글, 91쪽.

는 유일한 이유다."[115]

'금철주의'는 혁명당원의 배만 민족주의를 공격했다. 양뒤는 종법사회 개념으로 민족주의를 해석하지 않고 민족혁명의 결과와 민족혁명의 전제에 따라 배만의 의미를 직접적으로 부정했다. 결과의 측면에서는 "만약 한족이 갑자기 민족주의를 갖게 되면, 민족주의의 관점에 따라 21행성만 중국의 토지로 간주하고 몽골, 후이부, 티베트는 제외하게 된다. 만주족 배척 다음으로 몽골족, 후이족, 티베트족에 대한 배척으로 나아가지 않으면 하나의 민족이 하나의 국가를 이룬다는 목적에 도달해 민족주의를 보전할 수 없다."[116] 바꾸어 말하면, 배만 혁명의 효과는 만주족의 전복만이 아닌 중국의 붕괴와 분리라는 것이다. 민족혁명의 전제라는 측면에서 양뒤는 금문경학의 관점들을 채택해서 문화의 측면에서 중국 개념을 해석하고 중국의 종족적 의미를 부정했다. "중국이란 중中과 외外로 지역의 거리를 구별하는 것이다. 한 민족과 다른 한 민족의 차이는 문화가 결정한다. 중화는 화華와 이夷로 문화의 수준을 판별한다. 이에 따르면 중화라는 용어는 한 지역의 국명도 한 혈통을 가진 종족의 명칭도 아닌 하나의 문화를 지닌 족명族名이다. 따라서 『춘추』의 대의는 성이 같은 노나라와 위나라든 다른 성을 가진 제나라, 송나라든 다른 종족인 초나라, 월나라든, 중국이 이적으로 퇴화할 수도 있고 이적이 중국으로 진화할 수도 있는 것이다. 오로지 예교가 기준이 되고 친소

---

115 楊度, 「金鐵主義說」(續第4號), 『中國新報』第5號, 1907年 5月, 33쪽.

116 楊度, 「金鐵主義說」(續第1號), 『中國新報』第2號, 55쪽.

의 구별은 없다. 그 후 수천 년이 지나 수많은 종족이 섞였고 이들을 변함없이 중화라고 불렀다. 이렇게 추측하면 화華가 화인 까닭은 문화 때문임을 알 수 있다. 따라서 중화민족이 어떤 민족인지를 알려면 민족이 명명되는 순간에 이미 그 안에 정의가 있다. 서양인의 학설로 표현하면 그야말로 문화설에 부합하고 혈통설에 위배된다. 화華는 화花의 원 글자다. 화로 이름을 지은 것은 문화의 아름다움을 형용한 것이지 그 상태와 혈통의 기이함을 말함이 아니다. 이는 가차와 회의를 통해 얻을 수 있다."[117]

이에 혁명당원은 응답하지 않을 수 없었다. 장타이옌의 「중화민국해中華民國解」는 역사와 현실이라는 두 가지 차원에서 '중화민국'의 영토, 인구, 정치제도의 구체적 규정과 함의를 해설해서 양두와 입헌파의 '문화중국'설에 반박했다. 장타이옌은 다음과 같은 곤경에 직면했다. 혁명당원은 중국 개념의 규정성을 논해야 했다. 그런데 비교적 유연한 '문화중국설'을 비판하는 과정에서 종족 중심의 본질주의의 함정에 빠져서도 안 되었다. 이는 지식과 정치의 이중적 도전이었다. 이에 장타이옌은 지식의 경로의 면에서 고전 문자학과 고문경학의 해석 방식을 채택하고 명명의 역사를 통해 담론을 폈다.[118] 「언어연기설語言緣起說」에서 장타이옌

---

117 楊度, 「金鐵主義說」(續第4號), 『中國新報』第5號, 17~18쪽.

118 명명과 서술의 관점에 따른 장타이옌의 '중국' 서술에 관해서는 陝慶, 「命名和論述 '中國'的方式─對『中華民國解』的一種解讀」에서 깊이 있고 상세하게 분석했다. 여기서는 이 서술을 참조했다. 『"晚淸思想中的中西新舊之爭"學術硏討會論文集』, 淸華大學 道德與宗敎硏究院 主辦, 2016年 12月 10~11日, 194쪽 참조.

은 표실表實(즉 사물 자체), 표덕表德(즉 사물의 특성), 표업表業(사물의 기능) 세 차원을 구분했다. 예를 들면, "사람, 말은 실實이고 인仁, 무武는 덕德이다. 금金, 화火는 실實이고 금禁, 훼毀는 업業이다"[119]라고 말했다. 그리고 이 세 차원으로부터 명명의 역사성을 이해했다. 장타이옌은 '금철주의설'이 근거로 삼은 '문화중국설'에 대해서도 같은 논리에 따라 다음과 같이 공격했다.

첫째, '문화중국설'은 "이름으로 식별하는 작업을 명확히 하지 않고 억지로 글자의 의미에 따라 견강부회했다."[120] 그래서 화의 본뜻과 문화 개념의 차이를 제대로 밝힐 수 없고 문화의 유무를 중국인인지와 동일시하기 어렵다. 장타이옌은 중국 개념의 다중적 의미를 명실 관계의 역사적 형성 속에서 고찰했다. 구체적으로, 중국에 관한 몇 가지 용어(하夏, 화華, 한漢)의 어원학적 고증을 통해 중국이 무엇인가라는 문제를 역사적, 정치적으로 논증했다. 그의 고증은 다음과 같은 결론을 내렸다. 화는 원래 나라 이름이지 종족의 명칭이 아니다. 종족의 의미를 생각한다면 하가 더 가깝다. 그러나 하라는 이름은 하수夏水에서 온 것이다. 하수는 무도武都에서 발원했고 한중漢中 부군의 세가 가장 크고 옹주雍州와 양주梁州 사이에 있다. 이 강의 다른 이름은 한, 양漢, 면沔 등이다. "모두 차이가 작고 호환된다." 하는 애초에는 부족 이름이었지 '나라의 명

119 章太炎, 「語言緣起說」, 『國故論衡』, 上海古籍出版社, 2003, 31쪽. 이 글은 1906년 「論語言文字之學」이라는 이름으로 『國粹學報』 24, 25期(1906年)에 처음 발표되었고 후에 장타이옌의 수정을 거쳐 『國故論衡』에 수록되었다.

120 章太炎, 「中華民國解」, 『民報』 第15號, 1907年 7月, 3쪽.

칭'이 아니었다. 따라서 '제하諸夏'라고 부르기도 한다. 이 용어들의 정의는 역사의 변화 속에서 점점 모호하고 복잡해졌다. 따라서 화, 하, 한 등은 "하나의 이름을 언급하면 세 가지 의미가 서로 뒤섞인다. 한이라는 이름은 종족을 의미하지만 나라의 의미도 있다. 화라는 이름은 나라를 의미하지만 종족의 의미도 있다. 이 때문에 중화민국이라고 부른다."[121]

둘째, '문화중국설'은 예악, 왕의 교화를 중심으로 하고 초기 유학과 송명 이학의 화이관계를 상대화했다. 이것은 청대 경학의 맥락에서 전개된 정당성 담론이다.[122] 장타이옌은 고문경학의 논리에 근거해서 이렇게 반박했다. 화와 이를 상대화한 청대 공양학의 해석은 『춘추』의 원래 취지에 부합하지 않는다.("대체로 『춘추』에는 제하를 폄하해서 이적과 동일시하기는 해도 이적을 높여 제하와 동일시하지는 않는다.") 또한 공양의 구설舊說과 다르고 "만주족의 나라에서 벼슬하는 것에는 오랑캐 추장을 모신다는 뜻이 있다"[123]라는 전적으로 유봉록劉逢祿(1776~1857)의 발명이다.

셋째, 중화의 의미는 반드시 '연표와 계보表譜, 실록 서적'[124]을 존중하는 전제에서 해석해야 한다. 제멋대로 해석해서 "중화민족의 모형을 보전한 채 다른 사람의 자제를 빈 곳에 앉힐 수는 없다."[125] 장타이옌은 역

---

121 章太炎, 「中華民國解」, 『民報』第15號, 2쪽.
122 『現代中國思想的興起』第2卷의 청대 금문경학에 관한 해석을 참조.
123 같은 글, 4쪽.
124 같은 글, 5쪽.
125 같은 글, 6쪽.

사민족 관념으로 문화민족 관념에 대항했다. 즉 역사 문헌을 통해 종족 형성을 논증할 수 있었다. "무릇 하나의 종족은 (⋯) 반드시 다수의 동일 혈통이 주체가 된다. 왜 그런가? 문화의 동일성은 동일한 혈통에서 비롯되고 이에 내가 다른 종족을 보살피고 다스리면 이에 그들을 움직여서 받아들일 수 있다. 만약 두 혈통이 대치하고 있는 곳에서는 동화시키고 싶어도 할 수 없다." 여기서 종족과 혈통을 언급한 것은 주로 역사적 관점에서 공허한 문화 개념을 비판한 것이지 과학 실증의 관점에서 본질주의적(혈연, 피부색 중심의) 종족 개념을 논한 것이 아니다. 결론적으로 역사 담론의 핵심은 정치성이다. 즉 "이족을 포용해서 동화시킬 수 있는 까닭은 주권이 우리에게 있어서 저들을 충분히 거둘 수 있기 때문이다. 만주족의 동화는 저들을 보살피고 다스려서 되는 게 아니라 나를 배격하고 전복해야 가능하다."[126] "만주족을 배척하는 것은 내 나라를 뒤집는 것이요 내 주권을 내던지는 원인이다."[127]

그러나 만주족 배척의 핵심이 정치적 주권 문제라면 장타이옌은 반드시 양둬와 다른 입헌파의 정치적 질의에 직면하게 된다. 양둬와 입헌파는 혁명이 필연적으로 중국의 내부 분열과 외부 세력에 의한 분할을 야기할 것이라고 생각했다. 이것은 '금철주의설'이 지닌 '문화중국설'의 전제 전부다. 이 주장은 다음과 같이 이어진다. 몽골족, 후이족, 티베트족의 문화는 한족 문화와 다르고 문화적 불평등이 존재한다. "이는 종

---

126 같은 글.
127 같은 글.

법사회 구성원이 국가에 대한 복종을 모르는 데서 온다. (…) 묻는다. 지금 몽골족, 후이족, 티베트족이 오늘의 중국에 대해 어떤 관념을 갖고 있는가?"[128] 그들은 청나라의 대황제만 인정하고 국가는 인정하지 않는다. 따라서 국민 전체가 발달하려면 먼저 문화가 통일되어야 한다. 각 종족 간의 문화 차이와 불평등을 고려하고 국민이 통일되는 정책을 실행하려면 등급이나 기한을 두지 않고 문화를 기준으로 삼고 중국어 보급을 조건으로 삼으며 만주족과 한족의 평등과 몽골족, 후이족, 티베트족의 동화를 촉진해야 한다. 문화 동화의 과정이 길기 때문이 지금 단계에서는 오직 군주입헌을 통해 국회를 개설하고 국회 대표제로 각 종족 인민의 단결과 협력 문제를 해결해야 한다. 만약 민주주의를 조급하게 실행해서 만민 평등을 전제로 삼아 원수와 국회를 선출하면 문화가 불평등한 조건에서 그 결과는 통일을 유지한 채 평등을 전제로 한 종족 차별 정책을 실행하는 것, 차이를 존중하고 각 민족의 분리자치를 실행하는 것, 즉 양둬가 말하는 '내부 분할', 둘 중 하나가 될 뿐이다.[129] 중국은 군사력이 약하기 때문에 미국처럼 먼로주의를 시행할 수 없고 자치 분립은 필연적으로 열강에 의한 분할을 초래한다. 따라서 입헌과 혁명의 정치 노선 선택은 제국주의 시대 중국의 운명과 일일이 연관된다. 양둬는 이렇게 말했다. "영토를 보전하려면 몽골, 후이부, 시장을 보전해야만 한다. 몽골, 후이부, 티베트를을 보전하려면 군주를 보전하지 않을

---

128 楊度,「金鐵主義說」(續第4號),『中國新報』第5號, 30~31쪽.
129 같은 글, 24쪽.

수 없다. 군주가 보전되면 입헌 역시 군주입헌만을 말할 수 있지 민주입헌을 말할 수는 없다. 이것이 입헌을 주장하는 유일한 이유다."[130]

일찍이 옌푸와 『사회통전』을 두고 논쟁할 때 장타이옌은 이미 세계적 범위에서의 민족주의 또는 민족-국가 구성상의 또 다른 형식을 언급했다. 그의 역사민족론은 민족의 범주 안에서 서로 다른 종족 집단을 수용하려 시도한다. 『구서旭書』 「서종성序種姓」 편에서 그는 이렇게 말했다. "따라서 지금은 같은 종족이 옛날에는 다르기도 했고 다른 종족이 예전에는 같기도 했다. 역사에 한정지어서 판단하면 이것을 역사민족이라 부르는데 원래 처음부터 그런 것은 아니다."[131] 역사 형성의 관점에서 볼 때, 중화민국이 직면한 문제는 결코 '다른 민족을 배척하느냐 마느냐'가 아니라 '전한 시대에 설정한 군현을 경계로 삼느냐, 명나라 때 설치된 직성直省을 근본으로 삼아야 하느냐'에 있다. 만약 명나라의 직성을 근본으로 삼으면, 몽골, 후이부, 티베트 등 '3황복荒服'[132]은 "비록 고유의 영토는 아니지만 다른 조정 소속도 아니므로 자연히 그들을 다스릴 수 있다." 도리어 조선, 베트남, 미얀마의 '2군郡 1사司'보다 더 쉽게 획득할 수 있다.[133] 따라서 진정한 도전은 결코 종족 문제가 아니라 '제국

---

130 같은 글, 32쪽.

131 章太炎, 「旭書(重訂本)」, 『章太炎全集』 第3卷, 170쪽.

132 황복은 『서경』 「우공」 편에 등장하는 천하의 구획 단위 중 하나다. 수도를 중심으로 500리를 단위로 다섯 단계로 나누어 5복으로 구분했고, 차례로 각각 제후를 배치하는 후복候服, 문치文治·무단武斷 정책이 갈리는 수복綏服, 만이蠻夷가 사는 요복要服이라 규정했다. 황복荒服은 마지막 단계로 주로 유형지로 사용했다. ― 옮긴이

133 章太炎, 「中華民國解」, 『民報』 第15號, 7~8쪽.

주의라는 조건에서 어떻게 역사적으로 형성된 다민족 사회의 정치적 주권을 되찾아와서 공고히 하는가'였다.

먼저 그가 2군 1사와 3황복이 중국 민족의 형성에서 차지하는 지위를 어떻게 서술했는지를 살펴보자. 우선 조선, 베트남은 진한 시대에 모두 "화민華民이 경작을 하던 지역이고 화華의 이름이 이로써 비로소 넓어졌다. 화는 원래 나라 이름이지 종족의 명칭이 아니다. 그러나 오늘날에는 이미 통용어가 되었다."[134] 몇 단락 뒤에서 그는 고증학과 지리학 지식을 동원해서 고전문헌 속의 조선, 베트남, 캄보디아, 미얀마의 범위, 언어, 종족, 지배 종속 관계를 분석했다. 이는 사실상 중화민국 정치 주권이 미치는 지역과 인구에 역사적 근거를 제공했다. 그러나 장타이옌의 논의는 역사민족의 관점에서 중화민국의 정치 주권을 다룬 데 그치지 않고 역사적 맥락을 제국주의 시대의 패권에 대한 저항, 즉 해방의 명제와 결합했다. 그는 조선, 베트남의 상황을 다음과 같이 서술했다.

이 두 나라는 독자적인 힘으로 다스리지 않았다. 옛 영토를 찾는 것은 우리가 다해야 할 책무다. 이 나라들이 다른 나라의 제약을 받는 것을 보아 제지하고 쇠락을 막고 폭력을 금하는 것은 인도적으로 당연하지 않은가. 조선에 군을 설치하는 일은 한나라, 위나라 때 멈추었다. 베트남은 위로는 진시황 때 아래로는 오계五季(후량後梁, 후당後唐, 후진後晉, 후한後漢, 후주後周 오대)까지 모두 지관地官의 통치 영역이었

---

134 같은 글, 1쪽.

다. 중간에 느슨해지고 단절되었다가 명나라 때 다시 직성을 설치했다. 오늘날 두 나라는 다른 나라에게 짓밟힌다는 것은 같으나 정치 방법의 어질고 포악한 정도는 약간 다르다. 따라서 경영에는 순서가 있어야 한다.[135]

이 논리에 따르면 조선과 베트남의 광복은 옛 영토를 회복하는 것일 뿐 아니라 "다른 나라에 짓밟히는" 운명을 피하도록 하고 "쇠락을 막고 폭력을 금하는" 인도 정치도 된다. 이 이중의 원칙(역사적 원칙과 현실적 원칙)은 미얀마에도 적용되었다. "미얀마는 전한의 영토가 아니다. 명나라 때만 토사土司를 많이 세워 윈난雲南, 승선承宣 지역에 예속시켰다. 원주민의 풍속은 비록 화와 다르지만 한족이 많이 이주해서 살았고 간애干崖, 잔달盞達과 이웃이 되었다. 그러나 유관流官을 설치하지 않았으니 마땅히 조선의 다음에 있다. 외지인이 미얀마를 대하는 것은 베트남보다 관대하니 구조가 시급하지 않음은 의심의 여지가 없다."[136] 장타이옌의 논리에 따르면, 미얀마 문제가 약간 완화될 수 있는 원인은 이중적이다. 왜냐면 조선, 베트남과 달리 미얀마는 전한의 옛 영토가 아니지만 제국주의자가 미얀마를 대하는 방식도 조선, 베트남을 대하는 태도보다는 약간 낫기 때문이다.

역사 민족의 관점에서 보면, "티베트와 후이부는 명나라 때 모두 책

---

135 같은 글, 7쪽.
136 같은 글, 7~8쪽.

봉을 실시했다. 전한 시대 이곳은 36개국이 비록 도호에 예속되어 있었지만 속국에 비견되었지 중국 영토는 아니었다. 지금의 후이부는 36개국과도 다르다. 몽골은 예전에는 복속되지 않았다. 3황복과 선후를 따져보면 티베트는 종교로 더 가깝고 후이부와 몽골은 한족과 통하는 것이 하나도 없다."[137] 따라서 "중화민국의 통치에 따라 말하면 베트남, 조선 2군은 반드시 회복해야 하고, 미얀마 1사는 그 다음이며 시장, 후이부, 몽골 3황복은 내버려두는 것이다."[138] 그렇지만 2군 1사는 일본, 프랑스, 영국이 식민지로 점령했고 3황복은 제국주의 통치의 '약한 고리'다. 장타이옌은 이렇게 말한다. "오늘날 중화민국은 전한의 옛 영토를 회복할 수 없다고 걱정하는데 (미얀마를 제외한) 명나라의 직성을 근본으로 삼아야 한다. 베트남, 조선의 회복은 쉽지 않다. 미얀마 역시 하루아침에 회복할 수 없다. 3황복은 비록 옛 영토가 아니지만 다른 나라에 속하지 않아 순조롭게 이끌 수 있다. 2군 1사보다 오히려 쉽다."[139]

표면적으로 보면, 장타이옌과 양둬의 차이는 중국의 통일이 문화적 동화를 전제로 하느냐 마느냐에 집중되어 있다. 그러나 이 전술적 차이는 사실 제국주의 세력과 그들의 간섭 방식에 대한 각자 다른 판단에 따라 형성되었다. 양둬는 이렇게 생각했다. 만약 열강이 에워싸고 있는 국면이 없다면 반만 혁명을 통해 청 제국 내에서 분립 구도를 만들어

---

137 같은 글, 8쪽.
138 같은 글.
139 같은 글.

'기꺼이 자기만의 이익을 추구'할 수 있었다. 그러나 경자년 이후 중국 분할론과 중국 보전론에 관한 제국주의의 논쟁이 끊이지 않았다. 보전에 가장 심하게 반대한 러시아는 이렇게 말했다. "지금 중국 각 종족의 분리 상황을 보자. 몽골과 후이부 정도는 한 나라로 자립하기에 부족한데 어떻게 몽골, 후이부 땅에 들어가서 점령하지 않을 수 있는가? 러시아는 이미 몽골, 후이부에 들어갔고 영국은 티베트에 프랑스는 윈난, 광둥에 진입할 것이 틀림없다. 그리고 한족의 영토도 보전되지 않을 것이다. 직접적으로는 내부 분열이 원인이 되어 외부에 의해 분열되는 결과를 초래할 것이다."[140] 장타이옌의 반박도 전적으로 국제적 조건과 국내적 조건의 대비에 기초했다. 그는 다음과 같은 이유를 내세웠다. 첫째, 8개국 연합군의 간섭 이후 분할이 아직 시행되지 않았다. 이는 주로 제국주의가 서로를 견제하고, 하나의 제국주의 국가가 광활한 영토와 인구의 중국을 정복하기 어렵기 때문이다. 둘째, 혁명이 아직 성공할 수 없다면, 만주 정부가 여전히 존재하고 가장 멀리 떨어진 "후이부는 자체적으로 분리될 수 없다. 분할의 길이 없기 때문이다." 만약 혁명이 성공한다면, 설령 군사적 역량은 "유럽인에 저항하기에 역부족일지라도 그 기상이 새로워지고 명성이 멀리까지 퍼진다. 저들 유럽인은 나라를 살필 때 먼저 명목을 보고 나중에 실질을 보며 스스로 바람을 일으키지 않고도 대세를 굳힐 수 있다. 또한 경솔하게 적을 불러 군사력을 소모하고 비용을 쓰지 않고도 후이부가 이탈할 수 있는데, 우리가 어떻게 그곳과

---

140 楊度,「金鐵主義說」(續第4號),『中國新報』第5號, 24~25쪽.

섣불리 분리되겠는가? 그곳은 인재가 드물고 정치가 갖추어지지 않아 일일이 한족에게 도움을 청하고 동맹으로 삼을 것이다. 서로 기각掎角을 이루면 충분히 러시아인의 오른팔을 끊을 것이 명백하다."[141]

장타이옌과 양뒤는 모두 다민족 중화의 통일을 지지했다. 둘의 차이는 주권 형식의 차이 즉 한족 주도인가 만주족 통치 유지인가에 있었다. 이에 따라 '혁명공화인가 군주입헌인가'라는 정치적 대립으로 파생되었다. 장타이옌은 양뒤의 '문화중국설'과 동화와 의회선거로 수립되는 국가 형식을 비판했다. 먼저 장타이옌은 정치 공동체 형성을 촉진하고 공고하게 하는 기본 방식으로서의 동화를 비판한 것이 아니라 동화가 길고 복잡한 과정이고 20세기 초의 긴박한 정세에서 정치적 진로를 제시할 수 없다고 동화론을 비판한 것이다. 만주족, 몽골족, 티베트족, 후이족 네 집단 중 만주족이 동화 정도가 가장 높고 언어, 문자 능력도 이미 완전히 동화되었다. 그러나 통치자의 자리에 군림하면서 생산에 종사하지 않고 세금을 납부하지 않아서 "백성이 업으로 삼는 이른바 농공상에 대해서는 조금도 알지 못하게 되었다."[142] 만주족의 경우 "마땅히 혁명 이후에는 갑미甲米(팔기군에게 녹봉으로 주는 쌀―옮긴이)를 모두 삭감하고 물러나서 농경에 종사해야 비로소 한족과 동화된다. 그런 뒤에 중국의 정치에 참여할 수 있다."[143] 만약 문화 동화의 시각에

---

141 章太炎, 「中華民國解」, 『民報』 第15號, 16쪽.

142 같은 글, 11쪽.

143 같은 글, 12쪽.

서만 만주족이 의회 선거에 참여하고 "대의사代議士 자격"을 갖는다면[144] '동화'와 '평등'의 진정한 함의를 제대로 이해하지 못하게 된다. 따라서 만주족 동화의 진정한 전제는 정치 혁명이다.

둘째, 후이부, 몽골, 티베트 세 지역의 상황은 각자 다르고 단순하게 문화, 언어의 관점에서만 동화를 말하기도 어렵다. 언어, 문자의 관점에서 보면 신장에는 한족 인구가 많고 후이부 주민은 똑똑하다. 몽골은 한족과의 무역 거래가 많아 말이 서로 통한다. 그들에 비해 시장은 "타지크蒲犁 문자를 익혀서 문명의 학문이 있고 다른 영향을 받지 않아" 동화가 더 쉽다.[145] 그러나 주거, 식생활, 직업의 측면에서 보면, "후이부의 농경은 한족의 풍습과 크게 다르지 않고 궁실宮室에 거주하고 밖에 성곽이 있다." 시장 고원에서는 비록 유목이 행해지지만 산골짜기가 험하고 깊으며 산세가 널리 퍼져나갈 수 없다. 그리고 토지는 "쌀·보리를 심기에만 적합하고 위로는 대맥에서 멈춘다. 그리고 매벼를 심기에는 토질이 맞지 않는다. 목성木城이 비록 비루해도 천막보다 낫다." 몽골 고비 지역의 유목과 비교하면 "천막을 쳐서 지낼 수밖에 없고" 거주 형태가 가장 동화시키기 어려운 것이 오히려 몽골이다. 법령의 측면에서 보면, "티베트는 신권을 따르지만 청 정부도 만주족 관원을 다수 파견해서 관리의 통치를 돕는다. 오늘날에도 한족 관리가 통치할 수 있다. 몽골에는 자체에 추장이 있고 율법도 중원과 크게 다르다. 그러나 요새 밖에 있는

---

144 같은 글.
145 같은 글, 8쪽.

귀화한 성들에서는 소송은 모두 동지사同知司가 판결을 내리고 태길台吉
들이 옆에 둘러앉는다. 응답은 조심스럽고 조금이라도 마음에 안 들면
손으로 책상을 쳐서 질책한다. 따라서 한족 관리가 통치를 맡고 내외의
여러 맹盟에서 실행되지 않을 수 없다."[146] 비교하면, 후이부의 상황이 가
장 복잡하다. 만주가 후이부를 정복한 역사는 아주 잔혹하다. 만주와
몽골이 동맹을 맺는 상황과 완전히 다르고 청 조정이 티베트 불교를 숭
상하는 상황과도 다르다. "비록 지금은 잠시 행성을 설치했지만 매년 후
이부 백성을 윽박질러 왕들에게 사역을 제공하게 했다. 만주는 후이부
를 하찮게 취급했고 후이부도 만주인을 심하게 미워했다. 증오는 한족
관리에까지 번졌다. 조금이라도 마음에 들지 않으면 소란과 사건이 일
어났다."[147] 따라서 법령이 동화되는 문제는 후이부가 가장 어렵다.[148] 회
족이 그들이 한족이 아닌 만주족에게 박해받았음을 알게 되면 자신의
이익을 위해서 그들이 스스로 나서서 한족과 동화되지 않았을까?

셋째, 장타이옌은 동화가 "꼭 20년은 걸려야 내지와 동등해질 수 있
고"[149] 더 나아가 중앙 권력과 지방 자치가 결합한 정치 모델을 설계할
수 있다고 판단했다. 그는 일단 동화가 완성되면 민족 평등을 철저히 실
시하고, "미국이 흑인을 대하는 것과 달리 그들이 선거를 할 수 있게 한
다고 말하는 것은 공허한 말이나 사기가 아니다"라고 강조했다. 그러나

---

146 같은 글, 9쪽.
147 같은 글, 9쪽.
148 같은 글.
149 같은 글.

이는 "아직 순화되기 전에 정해진 규칙을 어기는 이를 특정해서 죽이는 것"도 아니다. "아직 순화되기 전에는 선거에 참여시키지만 않는 것이다."[150] 동화가 장기적이고 복잡한 과정이기 때문에 그전에는 국회를 설립하고 대의원을 선출하는 것을 조건으로 건다. 이는 "인민 평등만을 위한 계획이 아니다. 나무꾼에게 묻는 것은 그 사람의 말에서 정치에 도움을 받고자 함이다. 만약 그 말에서 중요한 점을 얻을 수 없고 말하지 않는 것과 다름없으면 선거를 폐지할 수 있다." "따라서 오로지 언어로 동화되었다고 반드시 나라의 정치에 참여할 수 있는 것은 아니다."[151] 요컨대 "공무 집행의 득실을 따지지 않으면 뇌물을 받는 관리에게도 아첨할 수 있다. 민생의 말 못할 고충을 고려하지 않으므로 정당하지 않은 일을 하는 사람도 선출할 수 있다. 저들은 또 오늘날의 만주족이 의원이 될 수 있다고 한다. 어떻게 3황복 사람도 직분이 있다고 말할 수 있는가!"[152] 이러한 과도기에 "3황복에 각각 의회를 설치"할 수 있고 "선출된 사람은 오직 그 지역의 일에만 관여할 뿐이고 나라 전체의 대사에는 참여하지 않으니 폐해가 없을 것이다."[153] 3황복이 자주적으로 의정을 실현하도록 허락하는 것은 3부에 "각자 총독부를 하나씩 설치하는 것과 같다.(중화민국 건국 이후 각 성의 독무는 폐지되고 오로지 포정사만 남아서 장관직을 수행했다. 총독은 황복에만 설치하는 것이다.) 그 아

---

150 같은 글, 10쪽.
151 같은 글.
152 같은 글, 13쪽.
153 같은 글, 10쪽.

래에는 모두 정관政官(군정을 담당하는 관리)을 설치하고 그곳 백성 역시 각자 훌륭한 지도자를 뽑아서 총독부가 설치되기를 기다린다. 그리고 그 지역의 법률, 재화 운용, 정령을 논하고 여러 일반 관리를 임명해서 시행한다. 농업을 육성하고 기술을 권장하며 언어를 가르치고 서명書名을 깨우친다. 20년을 기다려 그곳 백성이 중앙의회를 세울 수 있도록 한다. 이렇게 하면 평등을 잃지 않고 국사를 모른 채 의정을 제멋대로 하는 사람도 없을 것이다. 사당에서는 인도를 도모하고 양쪽에서 손해를 보지 않아도 되는 것이다."[154] 이것을 현대 언어로 해석하면 통일된 주권의 틀 아래서 지방의회 선거와 중앙에서 파견한 지방장관이 결합한 민족 지역 자치 모델이다. 그러나 이 자치 모델은 20년의 기한을 두었고 전민 공동 통치로 이행하는 모델이다. 이런 모델에서 "만약 3황복이 모두 동화되면 민족주의는 더 널리 행해질 것이다. 그 후 2군 1사는 도리어 폐기되고 전한의 영역이 비로소 완성된다. 그리고 중화민족은 여기서 진정으로 성립된다."[155]

카우코 레이티넨Kauko Laitinen, 이시카와 요시히로石川禎浩 등 몇몇 학자는 청말 반민주의를 상세하게 관찰했다. 그들은 모두 반만 종족주의가 청말 혁명 선전에서 중요한 역할을 했고 중국인의 종족의식을 촉진했으며 혁명 참여를 가속화했다고 주장한다. 이시카와 요시히로는 20세기 초 인류학이 중국에서 발흥한 것과 반만주의의 관계에 주목하

154 같은 글, 14쪽.
155 같은 글, 16쪽.

고 중국 근대 민족주의의 인종주의적 성격 또는 색채를 증명했다.[156] 청말 민족주의 사상은 서양 민족주의 지식의 내용을 대거 흡수했다. 정치적 주장부터 민족 정체성까지, 경제 체제부터 인종주의 지식까지, 민족주의와 지식은 서로에게 영향을 주며 재구성되었다. 많은 부분에서 중국의 저자, 소개자들은 과학 실증주의에 매료되어 유럽의 원작자보다 인종주의의 흔적을 훨씬 강하게 남겼다. 예를 들어 량치차오는 우키다 가즈타미浮田和民(1859~1946)의 『사학통론』 『서양상고사』의 영향을 받아 『신사학』을 집필했다. 그는 우키다가 사용한 '역사적 인종' 범주를 사용하면서 과학주의적 인종학 개념에 더 근접했다.[157] 그러나 청말 민족주의는 제국주의 시대에 대한 저항과 비판적 사고를 거쳐 탄생했다. 파르타 차테르지Partha Chatterjee가 인도의 맥락에서 관찰했듯이 "아시아와 아프리카의 민족주의적 상상 중 가장 힘 있고 창조적인 부분은 서양이

---

156 Kauko Laitinen : *Chinese Nationalism in Late Qing Dynasty : Zhang Binglin as an Anti Manchu Propagandist*(London : Zurzon Press, 1990); Ishikawa Yoshihiro : "Anti-Manchu Racism and the Rise of Anthropology in Early 20th Century China," *Sino-Japan Studies*, no.15(April, 2003 (http://www.chinajapan.org/articles/15/15ishikawa7—26.pdf); 石川禎浩, 「20世紀初年中國留日學生"黃帝"之再造 —排滿, 肖像, 西方起源論」, 『淸史硏究』2005年 4期 참조.

157 이시카와 요시히로는 우키타 가즈타미의 '역사적 인종'이 주로 "역사적으로 형성된 인종historically formed races"인데 량치차오는 '역사가 만든 인종'에 더 가깝게 사용했다고 본다. 이 차이점 때문에 우키타는 역사의 인종주의적 해석을 거부한다. 왜냐면 그는 '역사적 인종은 역사의 후과이지 원인이 아니라'고 믿었기 때문이다. 그러나 량치차오는 역사는 서로 다른 민족이 싸우면서 발전한 결과라고 믿었다. Ishikawa Yoshihiro : "Anti-Manchu Racism and the Rise of Anthropology in Early 20th Century China," *Sino-Japan Studies*, no.15(April, 2003), p.15(http://www.chinajapan.org/articles/15/15ishikawa7-26.pdf)

제시한 민족 공동체 모델에 대한 동의가 아니라 이 '모델'과의 차이에 대한 탐구다. 우리는 어떻게 하면 이 또 다른 모델에 대한 탐구를 간과하고 식민주의에 반항하는 민족주의를 일종의 우스꽝스러운 모방으로 단순화시키는 것을 방지할 수 있을까?"[158] 사실 식민주의에 대한 저항은 일찍이 제국에 대한 민족운동의 저항 이전에 시작했다. 이 운동에서 서양의 물질적 측면에 대한 모방(가령, 오랑캐의 장기를 배워서 오랑캐를 제압한다는 구호로 표명되는 것)은 정신적으로 자주, 독립, 서양 모델과의 구별을 추구한 것과 서로 일치되었다. 서양의 물질에 대한 모방이 성공할수록 정신적으로 주권성 획득이 필요하다. 이 때문에 정신 영역은 주권의 영역이기도 하며 후자의 목표는 바로 비서양 영역을 확립하는 것이다. 이렇게 반식민지 민족주의가 차이를 추구했음을 출발점으로 삼아야 식민지 민족주의 문화(문학을 포함)의 창조성을 발견하고 이런 독특한 문학적·문화적 실천을 비서양 지역에서 복제한 유럽 모델로 치부하지 않을 수 있다.

장타이옌의 '역사민족론', 특히 언어 연기론의 방식을 통한 종족 개념 서술은 본질주의적 종족관과 그 파생 담론을 유력하게 해체했다. 비록 중화민국에 대한 그의 구상이 유럽 식민주의 지식과 여전히 용어상(종족, 민족, 총독제 등)으로 중첩되고 그의 동화설 역시 완전히 자족적이지 않지만 그 요점은 역사적 맥락 내부로부터 유럽 민족주의와 다르고

---

158 Partha Chatterjee, "Whose Imagined Communities?," *The Nation and Its Fragments: Colonial and Post-Colonial Histories*(Princeton University Press), p.216.

제국주의 침략에 충분히 저항할 수 있으며 피억압 민족의 평등한 공존을 촉진하는 길을 찾는 것이었다. 따라서 장타이옌 민족주의의 윤리적 성격은 그 정치적 내포로부터 서술할 필요가 있다.[159] 윤리는 항상 일정한 역사 공동체에 상대되어 언급된다. 일단 공동체의 경계 자체가 도전받으면 어떤 공동체의 측면에서 말하는 개방과 포용이 또 다른 공동체의 측면에서는 패권을 감추고 있을 가능성이 많다. 「중화민국해」에서 '2군 1사'와 '3황복'에 관한 서술은 이 개념들이 다루는 맥락 속에서 완전히 다르게 읽히기 마련이다. 양뒤의 (어느 정도 량치차오도 해당되는) '문화민족' '문화중국'과 장타이옌의 '중화민국'의 근본적 차이는 결코 전자가 폐쇄적이고 후자가 개방적이라는 데만 있지 않다. '문화중국' 개념도 미국에서 대하는 인디언과 흑인 노예제의 인종주의적 토대를 비판하면서 탄생했고 인종 중심주의에 상대되는 것이다. 이 개념에는 모종의 개방성도 담겨 있다. 나는 장타이옌과 양뒤의 근본적 차이는 정치성, 따라서 즉 윤리성이라고 생각한다. 양뒤의 '문화중국'론은 제국주의가 '경제 전쟁국'이 되는 국면에 적응하고자 구상한 국가상이다. 그래서

159 장즈창張志強은 이 글에 대한 분석을 통해 아주 설득력 있는 주장을 내놓았다. "장타이옌의 민족주의는 자신을 높이고 타인을 깎아내리는 자기연민적 민족주의가 아니라 도덕적 함의를 가진 민족주의" 즉 "윤리적 민족주의다." "이런 민족주의는 한편으로는 근대 이후 주체철학의 토대 위에서 수립된 폐쇄적이고 배타적인 민족주의 상상을 뛰어넘었고 역사 속에서 부단히 개방하고 도덕적 감통성感通性을 지닌 윤리적 민족주의를 형성했다. 다른 한편으로 이런 민족주의는 『춘추』대의에 기초한 '문화 민족' 관념이 약화시킨 정치성을 보완하고 '문화민족'이 가설로 세운 한漢문화 중심주의를 극복했다." 張志強, 「論章太炎的民族主義」, 章念馳 編, 『章太炎生平與學術』(下), 上海: 上海人民出版社, 2016, 1035쪽.

'금철주의' 논리를 수립했다. 장타이옌은 제국주의('금철주의' 시대)의 숙명론을 비판하고 문화, 역사, 정치 영역에서 '경제 전쟁국' 논리에 복종하는 것을 거부했다. 이 때문에 '중화민국'과 중화민족주의에 대한 장타이옌의 역사적 해석 전체에서 핵심은 '경제 전쟁국'의 모델과 '금철주의 논리'에 따라 설계한 미래 중국의 정치적 청사진을 거부하는 것에 있다. 이는 일종의 반항적 세계의식 또는 반(제국주의적) 세기 의식이다.

3) 내재적 차원: 기호, 언어, 주체

제국주의에 대한 인지에는 이중의 수요가 담겨 있다. 그것은 자기 인지와 자기 확인의 수요와 타인에 대한 인지와 세계 관계 속에서의 교류에 대한 수요다. 제국주의를 극복하기 위해 혁명가와 개혁자는 민족주의, 아나키즘, 공산주의적 기획을 제시했다. 이 기획들은 그들이 상대방을 겨냥해서 국가, 정체, 사회 형태에 대해 내놓은 주장이다. 그뿐만 아니라 그들이 자신을 표현하는 형식, 즉 언어 자체에도 지대한 영향을 주었다. 20세기는 보기 드문 언어적 자각의 시대이자 보기 드문 언어 개혁의 시대다. 자아와 타인, 자아와 자아라는 이 두 차원과 관련해서 우리는 두 가지 다른 언어관을 구분할 수 있다. 하나는 언어를 교류의 도구로 규정하고 다른 한 가지는 언어를 자기표현으로 규정한다. 전자는 도구론적 언어관이고 후자는 창조론, 주체론적 (또는 상호주체론적) 언어관이다.[160] 언어

---

160 서술 구조의 수요에 따라 언어 문제에 관한 논의는 나의 글 「聲之善惡 : 什麼是啓蒙」,

기호에 관한 탐색은 음악, 예술, 희극, 디자인 등 다른 형식에서도 마찬가지로 발견된다. 이러한 탐색은 각종 서로 다른 사회정치적 목표에 복무하며 다양한 형식을 통해 이 사회정치적 목표들을 재구성한다.

공산주의자, 아나키스트, 사회주의자는 대부분 교류의 언어관을 지니고 있다. 캉유웨이는 『대동서』에서 이렇게 말한다.

> 무릇 언어와 문자는 인위에서 나왔고 모든 형식이 가능하다. 그러나 간편한 것을 취해서 소통하기에 편리하면 충분하다. 수학, 법학, 철학에 일정하고 사람들에게 필수적인 것이 있는 것과 다르다. 그래서 너무 번잡하거나 뒤떨어진 것을 빼고 하나로 동일하게 정하는 것이 핵심이다.[161]

언어는 교류를 위한 것이고 교류의 편리를 위해서 우리는 번잡한 것을 버리고 간략한 것을 취하며 차이를 없애고 하나의 원칙을 정한다. 교류의 관점에서 볼 때 서로 다른 언어의 존재, 방언의 존재는 곧 교류의 장애다. 가령, 북방인이 광저우, 푸젠, 상하이로 가면 교류할 방법이 완전히 없음을 발견한다. 방언이 이러하니 언어 간의 차이는 더욱 그렇다. 아나키스트는 바로 여기에 근거해서 번잡한 것을 버리고 간략한 것을 취하라고 부단히 요구했다. 그뿐만 아니라 한자를 철폐하고 세계어를

『開放時代』2010年 10期의 일부를 참고하고 또 인용했음을 밝힌다.

161 康有爲, 「大同書」, 『康有爲全集』第7集, 134쪽.

통용할 것을 요구했다. 우즈후이吳稚暉(필명 연료燃料)는 이렇게 말했다.

> 언어 문자의 용도는 다름 아닌 사람과 사람이 상호관계를 맺도록 제
> 공하는 것이다. 사람과 사람이 상호관계를 맺는 도구이므로 강하고
> 부드러움, 넘침과 거두어들임에 따라서는 안 되고 다섯 가지 토지(산
> 림, 천택, 구릉, 수변과 평지, 원습)에 적합하도록 해야 한다. 천연의
> 많고 다양한 소리에 맡기고 사람의 힘을 가해 일률적으로 바꾸지 않
> 는다.
> 소리의 많고 다양한 사례를 갖고 추리하면 원래 하나로 통일할 수 있
> 는 합치점이 없고 큰 기교에 따라 정해진다. 그러나 그렇기 때문에 끌
> 어당겨서 앞으로 나아갈 수 있다. 더 나아가고 합치점에 더 가까워져
> 서 세계에 마침내 진화의 이론이 생겼다.[162]

같은 글에서 그는 또 이렇게 말했다.

> 그 원리에 대해 말하자면, 언어 문자는 상호 교류의 도구다. (…) 오늘
> 날 세계의 인류는 모두 '상호 교류할 수 있는' 자격이 있다. 언어가 각
> 자 소리가 다르고 문자가 형식이 달라 서로의 이익을 줄이는 것이 인
> 류의 결점이다. 이 결점을 보완하려는 것이 어찌 인류 유일의 천직이
> 아닐까?

---

162 燃料(吳稚暉),「書駁中國用萬國新語說後」,『新世紀』第57號, 1908年 7月 25日, 11쪽.

오늘날 한 나라를 위하는 사람이라면 이 의미를 안다. 따라서 언어 문자는 통일된 소리를 내야지 많은 사람을 두려워하게 하는 과장된 말로 말을 해서는 안 된다. 즉 작자가 옛것을 좋아하는 선입견을 제멋대로 휘두르는 것 역시 그런 말을 되풀이하는 것이다. (…) 따라서 지난 어떤 날의 일을 예로 들면, 일본은 에도시대 말이 전국을 바꾸었고, 독일은 게르만어, 영국은 잉글랜드어, 프랑스는 프랑스어가 나라를 바꾸었다. 구주九州, 사국四國, 작센, 스코틀랜드 등의 언어는 모두 자연 도태되었다. 종족의 경계를 말할 때는 불가피하게 피차의 감정을 갖고, 학문적 원리를 말할 때는 번잡하고 장황함 때문에 막힘을 알면 삭제한다. 언어 문자의 편리함이 늘어나면 언어 문자의 직무는 좀더 많이 완수된다. 어찌 서로 간섭하지 않는 연대감으로 서로의 직무 밖에서 흩어지겠는가![163]

교류의 편리를 중심에 둔 이런 언어관에 근거해서 아나키스트는 "만국이 전쟁을 멈추게 하려면 반드시 만국의 새로운 언어가 각국에서 통용되도록 해야 한다. 만국의 새로운 언어는 실로 세계 평화를 추구하는 선도자이자 대동주의 실행의 장본인이다."[164] "만약 우리가 중국을 날로 문명화하고 교육을 전국에 보급하려면 현재의 중국 문자를 폐기하고

163 같은 글, 11, 12쪽.
164 醒,「萬國新語」,『新世紀』第6號, 1907年 7月 27日, 3쪽.

만국 신어를 채택하지 않으면 안 된다."[165]

아나키스트 또는 대동주의자의 언어관은 평등, 교류, 전쟁 중지를 표방하고 언어의 다양성과 문화의 차별성은 부정한다. 그런데 후자는 민족주의적 언어관의 핵심 내용이다. 장타이옌은 「규신세기規新世紀」에서 이렇게 말한다.

> 문자는 언어의 기호이고 언어는 생각의 표식이다. 비록 천연의 언어라도 역시 우주에 원래 있던 것은 아니고 그 발단은 여전히 인위에 있다. 따라서 대체로 사람의 일이 기준이 된다. 삶의 일은 일정하지 않다. 따라서 언어 문자도 일정할 수 없다.[166]

언어는 자연적 존재가 아니라 인간의 창조물이자 내면의 표현이다. 인간에게는 차이가 있고 인간으로서의 내재적 표현 역시 필연적으로 차이가 있다. 언어는 일단 형성되면 역사적 타당성을 갖는다. 장타이옌은 1910년부터 1911년까지 「제물론석齊物論釋」을 썼다. 여기서 불교 유식학으로 장자 제물론을 해석하고 '차이를 동등하게 인정할 것以不齊爲齊'을 강조하며 평등을 정의했다. 즉 우주에 있는 사물의 독특성을 평등의 전제와 조건으로 삼았다. 개체, 국민, 시민은 법률적 단위로서 형식적으로 완전히 평등하다. 그러나 개인, 민족은 모두 저마다 자신의 역사성

---

165 醒,「續萬國新語之進步」,『新世紀』第36號, 1908年 2月 29日, 2쪽.
166 章太炎,「規新世紀」,『民報』第24號, 1908年 10月 10日, 55쪽.

이 있고 그 언어도 항상 '표실, 표덕, 표업'의 다중적 기능을 갖는다. 『신세기』를 발행하던 시기의 우즈후이, 『대동서』를 쓰던 시기의 캉유웨이는 비록 정치적 입장은 아주 달랐지만 보편적 통일의 형식, 즉 이른바 제일齊—의 형식으로 세계를 기획한 점은 일치한다. 그들은 백화의 형식을 쓰거나 병음문자의 형식을 사용할 준비를 하면서 세계 언어의 통일에 도달하기를 바랐다. 그러나 장타이옌, 루쉰은 전혀 다른 형식의 '차이평등'관에 근거해서 전 세계의 차이를 언어관의 전제로 삼았다. 그들은 언어의 교류 기능을 회피하지 않았다. 그러나 그들의 전제는 '어떻게 언어를 통해 자신과 자신의 관계를 수립하는가' 달리 말하면, '어떻게 언어를 통해 자아를 형성 또는 창조하는가'였다.─나 또는 우리는 더 이상 타자와의 관계 속의 한 점에 불과한 것이 아니라 깊은 내면을 가진 자아다.

이런 독특성과 자주성 중심의 언어관은 당연히 민족 정체성과 밀접한 관계를 갖는다. 그러나 내포는 훨씬 복잡하다. 민족주의 언어관에는 제국주의 언어를 거절한다는 내포가 담겨 있다. 예를 들면, 유럽 민족주의 운동에서는 영어, 이탈리아어, 게르만어, 프랑스어를 사용해서 라틴어에 대항했고 전 지구화의 조류에서는 민족 언어가 영어에 대항했다. 유럽 민족주의의 언어적 대항은 민족 언어의 차이 원칙이 중심이 된다. 그러나 이 차이는 자연 현상이 아니라 민족 창조성의 표현이다. 장타이옌, 루쉰의 시대에 아나키스트, 대동주의자는 모두가 동일한 언어를 사용하고 문화적 다양성을 없애며 모든 차이를 없애자고 건의했다. 이는 언어 차원에서 자아와 자아의 관계를 없애는 것이다. 이런 관점은 루쉰의 언어관과 완전히 상반된다. 루쉰은 언어의 참된 본질은 마음의 소리心聲를 전달하는 데 있다고 보았다. 마음의 소리를 전하려면 자아의 에너지가 필요하고 언어의 독특한 형식도 필요하다. 그의 '마음의 소리' 개념이 강조하는 것은 언어와 자아(개체아와 민족아)의 관계다. 「파악성론破惡聲論」 서론에서는 이렇게 말한다.

근본이 무너지고 정신이 방황한다. 화국華國은 장차 후손들의 공격으로 말라 죽을 것이다. 그런데도 온 천하에 경계하라는 말이 없이 정치는 적막하고 천지는 닫혀 있다. (…) 나는 아직 다가올 날에 대한 큰 기대를 버리지 않았으니 지자知者의 마음의 소리를 경청하고 내면의 빛을 살피려 한다. 내면의 빛은 어둠을 파괴하고 마음의 빛이란 허위·속임수와 거리를 둔다. (…) 하늘의 시간과 인간의 일은 사람의 마음을 바꿀 수 없고 마음속 진실이 말을 한다. 마음에 맞서면 비록 천하가 모두 노래 부른다 해도 그것과 어울리지 않는다. 말을 하는 것은 충실해서 스스로 그만두지 못하고 마음에서 밝은 빛이 나오며 파도가 뇌에서 일어나기 때문이다. (…) 오직 소리가 마음에서 나오고 자신이 자신으로 되돌아 갈 때 사람은 비로소 스스로 자기 정체를 갖는다. 사람이 각자 자기 정체를 가질 무리의 큰 각성이 가까워진다. (…) 그러나 지금의 중국은 적막한 상태다.[167]

---

167 魯迅, 「破惡聲論」, 『魯迅全集』 第8卷, 北京 : 人民文學出版社, 1981, 23~24쪽.

적막은 소리가 없어서가 아니라 '우르르 몰려다니고, 수많은 사람이 한목소리를 내기' 때문에 생긴다. 마음의 소리는 바로 인간이 진실로 자신을 표현하는 것이자 진실한 자기 목표를 갖는 것이다. 진실성에 대한 이러한 추구는 개체를 넘어 민족적 자아로 나아간다. 민족마다 각자의 언어가 있는 것은 사람마다 자신의 내면세계, 각자의 자아 의지가 있는 것과 같다. 언어가 인간의 창조물이라면 그것은 교류의 도구일 뿐 아니라 내재적 감정과 의지가 겉으로 드러난 것이기도 하다. 따라서 장타이옌, 루쉰은 약속이나 한 듯 문학을 예로 든다. 시가 형식으로 표현된 그리스 인도의 신화 전설, 자연, 사회 현상, 굴원, 두보의 위대한 시가, 마라파 시인의 도전적인 소리, 시골 농민의 순박한 신앙. 이 모든 창조적인 '신사神思'는 모두 '마음의 소리'의 표현, 자아의 창조다.[168] 이런 의미에서 언어가 교류를 위해서 존재하는 것이 아니라 교류가 창조적 과정이고 자아 의지와 감정 간 상호작용의 산물이다.

청말의 언어 운동도 두 가지 다른 맥락을 담고 있다. 하나는 백화白話의 맥락이다. 이 맥락은 5·4 시기의 장관으로 발전했다. 다른 맥락은 장타이옌, 루쉰, 국수학파로 대표되는 고문古文의 맥락이다. 형식적으로 볼때 고문은 과거 정규화 이후의 문언과 대립했고 백화와도 대립한다. 우리는 이 복고적 형식과 새로운 형식의 계기, 즉 문학 혁명 사이의 관계를 어떻게 해석해야 할까? 앞에서 이미 몇 가지 실마리를 제시했다. 첫째, 고문과 백화는 모두 문언과 그 체제를 자신의 대립물로 본다. 둘째,

---

168 章太炎, 「演說錄」, 『民報』第6號, 1906年 7月 25日, 11쪽.

단기 20세기: 중국 혁명과 정치의 논리

고문론자와 백화론자는 모두 언어와 내면의 관계를 언어 변혁의 핵심적 고리로 본다. 셋째, 고문론자는 고문을 고대의 구어로 보지만 백화론자는 백화를 현대인의 구어로 본다. 둘 다 '소리가 자신의 마음을 발산한다'라는 음성론에 기초한다. 넷째, 고문운동은 '민족어' 창조에 힘쓰고 백화운동은 '국어' 건설에 힘쓴다. 둘 다 민족주의 운동과 밀접한 관계를 갖는다.[169] 그러나 앞에서 말했듯, 청말 백화 잡지가 연이어 창간되어 백화와 구어의 짝짓기가 문화인들 사이에서 공감대를 형성했는데, 장타이옌, 루쉰은 왜 백화의 관점에서 언어의 구어화를 추구하지 않고 고문을 회복하려 노력했고 송나라 이후 점차 경직되어온 문언에 대항했을까? 장타이옌과 루쉰의 언어의 역사적 형성과 그 타당성에 대한 사유, 앞서 말한 언어관의 대립을 모르고는 그 선택을 이해할 수 없다. '소리가 자신의 마음을 발산한다'는 자주성에 대한 부름이다. '사람마다 자기 정체가 있다'고 할 수 없다면 '소리가 자신의 마음을 발산한다'고 할 수 없다. '소리가 자신의 마음을 발산한다'고 할 수 없으면 '사람마다 자기 정체가 있다'고 할 수 없다. 중국과 세계의 앞날인 '사람의 나라' 역시 건설할 수 없다.

20세기 언어운동의 방향은 장타이옌, 루쉰이 한때 기대한 고문의 방향으로 전환되지 않고 백화문, 구어화, 통속화, 대중화, 병음화, 간체자

---

169 이런 관점에서 기야마 히데오木山英雄은 청말의 '문학복고'와 5.4 '문학혁명'을 단순한 대립이 아닌 변증법적 전환으로 본다. 이는 아주 통찰력 있는 견해다. 木山英雄, 「'文學復古'與'文學革命'」, 木山英雄, 『文學復古與文學革命─木山英雄中國現代文學思想論集』, 趙京華 編譯, 北京: 北京大學出版社, 2004, 209~238쪽.

화의 방향으로 나아갔다. 루쉰 자신이 바로 이 전환의 과정에서 현대 중국문학의 거물이 되었다. 그러나 엘리트 언어와 대중언어의 결합, 광활한 내용을 표현할 수 있으면서 '유럽화 경향'을 탈피한 민족 형식의 탐색은 결코 교류의 수요에서만 비롯된 것이 아니다. 그것은 새로운 주체—계급 주체, 민간 주체, 민족 주체 등—와 그에 걸맞은 언어 형식의 창조이기도 하다. 교류와 자기표현은 원래 서로 대립하지 않는다. 개체의 독특한 표현은 상호 교류적인 집단적 실천 속에서도 의미를 획득한다. 언어는 주체 사이의 매개이자 자아의 형식이고 주체와 자기 관계의 지표이자 이 관계가 존재하고 지속적으로 변하는 전제다. 근대 중국의 자기표현은 20세기에 확립되었다.—루쉰의 자기비판과 마찬가지로 이 자기표현은 내재성의 차원 혹은 진실성의 차원에서 나온 시대적 주장에 대한 검증이자 비판이다.

4) 초월성의 차원: 종교, 도덕, 사회적 이상

내재적 차원은 자기표현, 자기이해와 관계될 뿐 아니라 신앙과도 관계된다. 20세기 초 혁명의 물결은 신앙 재구성의 물결과 서로 격돌하면서 서로 표리를 이루었다. 이 시기 신앙에 관한 토론에는 (불교, 유교, 기독교 등) 종교적 방향과 같은 여러 방향이 담겨 있다. 또한 여러 차원도 담겨 있었다. 중국의 군치群治 문제, 민족 해방 문제를 해결하기 위해 신앙과 도덕의 문제를 제기하거나 더 높은 형태의 사회적 이상(공화주의, 사회주의, 공산주의 또는 대동주의 등)을 위한 신앙의 문제를 제기했다.

4-1) 신앙과 군치

량치차오의 「불교와 군치의 관계를 논한다」와 더 유명한 또 다른 글 「소설과 군치의 관계를 논한다」는 하나의 맥을 이루어 불교 신앙 재건과 '군치' 문제를 연관 짓는다. 즉 군치를 목표로 삼고 종교를 창도한다. "우리 조국의 앞날에는 큰 문제가 있다. 그것은 바로 '중국의 군치는 신앙 없이 이루어질 것인가 아니면 신앙을 가지고 이루어질 것인가?'다. 신앙은 반드시 종교에 근거하고 종교는 비문명의 최고 법칙이다. 비록 오늘의 세계는 완전한 문명을 제외하면 여전히 그 밑에 수십 개 등급이 있다. 따라서 종교는 하늘과 땅 사이에서 불가결한 것이다. 어떤 이는 교육이 종교를 대신할 수 있다고 한다. 하지만 나는 아직 선뜻 그렇다고 말할 수 없다. 과연 교육이 보급된 나라에서 사람들이 모두 종교에 서서히 물들었고 습관이 제2의 천성이 되었다. 그들의 덕력德力과 지력智力은 날로 평등해진다. 이렇게 되면 신앙이 있어도 오히려 해롭지 않다. 오늘날 우리 중국은 아직 그때가 되지 않았다. 그래서 신앙 문제를 말하지 않을 수 없다."[170] 그리고 량치차오는 바로 교육과 신앙의 관계에 근거해서 스승 캉유웨이가 공교孔敎를 세운 취지를 어기고 불교를 '중국 군치'를 달성하는 전제로 삼았다. 그 이유는 공교는 교육이 근본정신이지 신앙이 특징이 아니기 때문이다. "우리의 공교는 교육의 교이지 종교의 교

---

170 梁啓超, 「論佛敎與群治之關系」, 『新民叢報』 第32號, 1902年 12月, 45쪽.

가 아니다. 그것이 교가 되는 까닭은 실행 위주이지 신앙 위주가 아니다. 따라서 문명 시대에는 효과가 꽤 있지만 야만 시대에는 효과가 적다. 또 한 서양 바람에 마음으로 취한 부류들이 있다. 이들은 구미 사람이 네 스토리우스교를 믿어서 부강을 이루었다고 보고 온 몸을 던져 그것을 따르고 스스로 대체하려 한다. 이는 더욱 핵심을 잘 모르고 하는 말이 다. (…) 우리는 예전에 신앙이 없는 나라였는데 새로운 신앙을 추구한 다. 이것 역시 가장 고상한 것을 추구하는 것일 뿐이다. 동일시를 모색 하는 것이 필연적 추세가 된다."[171] 량치차오의 서술은 20세기 혁명 운 동의 한 단면을 보여준다. 그것은 바로 신앙에 대한 수요다. 대중운동, 정당정치, 국가 건설, 더 나아가 경제 형태 어느 것 하나 신앙과 가치 문 제와 서로 침투하고 뒤얽히지 않은 것이 없고 결국 다른 시대와 구별된 정치시대를 형성했다.

량치차오는 사회진화론적 의미에서 신앙에 대한 관점을 제시한 것이 다. 그는 젱크스의 사상에 따라 사회 형태를 야만 시대와 문명 시대로 구분했다. 동시에 당시 중국에는 교육보다 신앙이 더 필요하다고 생각 했다. 그리고 분명히 중국을 야만적 또는 야만 시대의 특징이 아직 남 아 있는 사회로 보았다. 따라서 그는 불교를 "세상에서 가장 고상하고 완벽하며, 넓이와 깊이를 겸비한 명쾌한 학설"이라고 보았다.[172] 그리고 '군치'를 목표로 삼은 동시에 스펜서주의의 문명진화론 학설을 인정하

---

171 같은 글, 45~46쪽.
172 같은 글, 54쪽.

는 것을 전제로 삼았다. 그의 말에 따르면 "근세의 다윈, 스펜서 등 제현의 진화학설은 그 공리와 대례가 이 두 글자(불교의 인과론을 가리킴)의 범위를 넘지 못한다. 저것은 그 원리를 말하고 이것은 그 법칙을 상세히 설명한다. 이것이 바로 불교가 인간사에 필요한 까닭이고 이것은 실용에서 증명된다."[173] 스펜서주의의 '공리'에 따르면, 중국의 군치가 교육이 아닌 종교를 수단으로 삼아야 하는 이유는 중국은 여전히 모두가 평등한 서구사회의 단계에 도달하지 않았고 종교를 진화의 사다리로 삼을 수밖에 없기 때문이다.

우리가 21세기에 종교정치가 다시 흥성하는 흐름 속에서 량치차오의 관점을 되돌아본다면 이렇게 물을 수 있다. 왜 혁명이 지나간 시대에 북아프리카, 중동, 중앙아시아에서 이슬람교를 주체로 한 종교운동이 점점 격렬해질 뿐 아니라 유럽과 북미 등 근대 세속화 운동을 거친 이후의 기독교 세계에서도 탈세속화 추세가 나타났는가? 만약 1979년 이란 혁명과 20세기 초 '아시아 각성' 운동을 연관해서 관찰한다면 '아시아 각성' 운동에 담긴 신앙에 대한 수요는 1979년 이란 종교혁명의 기점이 된 종교 부흥운동과 관계에는 어떤 복잡성과 우여곡절이 있는가? 20세기의 종결은 종교 또는 문명의 이름으로 전개된 각종 부흥운동의 발생과 서로 이어진다. 후자는 전자로부터 비판과 저항의 내포를 섭취했다. 그러나 더 이상 생산 형태의 개조, 사유재산권, 시장제도, 고용노동, 소비주의 등이 변혁의 목표가 되지 않는다. 문화와 종교의 급진주의

---

173 같은 글, 70쪽.

는 19~20세기의 세속적 급진주의(근대적 혁명)와 확연히 구분된다. 더 나아가 보수주의의 모습으로 신세기의 입구에 서 있다. 이에 대해 말하자면, 모두 신념정치의 특징들을 띠지만 20세기의 혁명과 변혁운동의 신념에 대한 수요는 이미 탈정치화의 조류에 따라 근본적으로 치환되었다.

4-2) 정신正信과 미신迷信

랑치차오와 대립적으로, 장타이옌과 루쉰은 신앙 문제의 의미를 바로 공리, 진화, 자연, 유물 등 문명 등급론의 보편 법칙에 반격하는 것으로 제시했다. 루쉰은 마음의 소리, 내면의 빛, 하얀 마음을 자신의 출발점으로 삼아 '허위의 선비'에 관한 판단을 내렸다. "허위의 선비가 사라지고 미신이 잔존하는 것이 오늘날의 급선무다."[174] 청말 시대는 이른바 '계몽의 시대' 또는 '혁명의 시대'다. 그런데 바로 이때 루쉰은 보편주의 진보사관을 날카롭게 비판했고 더 나아가 '미신'을 변호했다. 「파악성론」에서 언급한 '미신을 타파한다'라는 계몽적 명제가 바로 그가 타파하려는 '악성'의 하나다. 그가 비판하는 '허위의 선비'는 바로 '진보, 국민, 세계인, 전 지구화'를 입에 달고 대중을 가르치던 지식인이다. 루쉰이 제기한 것은 '올바른 믿음(정신正信)'에 관한 문제다.

---

174 魯迅, 「破惡聲論」, 『魯迅全集』 第8卷, 28쪽. 이 글에서 루쉰과 그 종교관에 관한 논의는 「聲之善惡: 什麼是啓蒙」, 『開放時代』 2010年 10期의 일부 논의를 참조했음을 밝힌다.

미신 타파가 오늘날에 와서 격렬해졌다. 선비의 입에서 들끓어오를 뿐 아니라 한데 모여 거대한 책을 만들었다. 그러나 누구도 올바른 믿음을 먼저 설명하지 않는다. 올바른 믿음이 서지 않으면 또 어떻게 비교해서 그릇된 것을 파악하겠는가.[175]

'올바른 믿음'이 없으면 미신이 무엇인지 판단할 수 없다. 올바른 믿음이 없으면 '사람마다 자기 정체를 갖고 내가 나로 돌아가는 것' 모두 불가능하다.

올바른 믿음에 대한 이러한 수요는 그 후 공산주의 운동과 분명 모종의 호응관계를 갖는다. 비록 후자는 무신론의 기치 아래 더 격렬한 반미신운동을 이끌었지만. 루쉰은 내재성의 차원으로부터 신앙 문제를 논했다. 미신 타파라는 계몽적 주장에 맞서 그는 미신을 전혀 다르게 정의했다.

무릇 사람이 하늘과 땅 사이에서 살면서 지식이 혼돈스럽고 사려가 비루하다면 더 말할 것도 없고 물질생활이 안정되지 않으면 스스로 형이상을 찾으려 한다. 따라서 베다의 민족은 음산한 바람이 불고 궂은비가 내리며 먹구름이 몰려오고 번개가 칠 때면 인드라(인도 신화에 나오는 뇌신雷神)가 적과 싸우기 때문이라 생각하고 벌벌 떨며 경

---

175 같은 글, 27쪽.

건한 생각을 한다.[176]

비록 중국의 지사志士는 그것을 미신이라 하지만 나는 이것이 위를 지향하는 민족이 이 유한하고 상대적인 현세에서 벗어나 무한하고 절대적인 지상至上으로 가고자 하는 것이라고 생각한다. 사람의 마음은 반드시 의지할 곳이 있어야 한다. 믿음이 없으면 마음을 세울 수 없으니 종교의 성립은 어쩔 수 없는 일이다.[177]

미신은 형이상학적이고 물질생활을 초월한 수요로 정의된다. 바로 이 때문에 우리가 지금 미신이라고 부르는 것은 바로 고대 선조들의 굳건한 신념이고 그들의 내재적 수요(마음의 소리, 내면의 빛, 마음 표현)에 기초해서 만들어낸 초월적 수요와 창조성이다.

이 초월성의 차원, 또는 '믿지 않으면 성립하지 않는다'는 관점에서, 루쉰은 종교에 대한 논의를 이어갔다. 그는 종교를 초월성의 차원에서 정의했다. 안으로부터 밖, 아래에서 위로의 자주적 에너지를 강조하고 밖으로부터 안, 위로부터 아래로의 종교 제도와 종교적 권위에 무게를 두지 않았다. "종교의 유래는 원래 위를 지향하는 사람이 스스로 세운 것이다. 추종 대상에 다자와 일자, 공허와 실질의 구별이 있지만 위로

---

176 같은 글.
177 같은 글.

향하려는 심리적 수요를 충족시킨다는 점은 같다."[178] "추종 대상에는 다자와 일자, 공허와 실질의 구별이 있다"는 말은 다신교와 일신교 또는 무신교를 가리킨다. 그것들의 형태는 각각 다르지만 "위로 향하려는 심리적 수요를 충족한다"는 점에서는 일치한다. 또한 바로 신앙이나 숭배 자체를 숭배 대상의 차이(다신, 일신, 무신)로부터 해방시키기 때문에 루쉰은 유럽에서 전파되었고 통치의 지위를 차지한 종교 서사를 깰 수 있었다. 서양이나 이슬람 사회가 종교사회이고 중국 문명은 세속적 성격을 가진 사회라는 통상적인 관념과는 달리 루쉰은 중국이 유럽 사회나 이슬람 사회보다 더 종교화된 사회라고 생각했다. 중국의 국가, 가족, 사회 제도가 모두 원시적이고 만물 우주에 대한 보편적 숭배에 뿌리내렸기 때문이다.

우리 중국을 돌아보면 예부터 보편적으로 만물을 숭배하는 것이 문화의 근본이다. 하늘을 경외하고 땅에 예를 갖추었다. 그것이 예법이되어 발육해서 커지고 흐트러짐 없이 정연해졌다. 하늘과 땅을 으뜸으로 삼고 만물을 그다음으로 삼으니, 무릇 모든 예지와 의리, 국가와 가족 제도가 여기에 근거하지 않은 것이 없다. 효과는 현저해서 말로 표현할 수 없다. 이로써 오랜 고향을 경시하지 않고 이로써 계급이 생겨나지 않았다. 비록 풀, 나무, 대나무, 돌일지라도 모두 신비한 성령이 깃들어 있고 현묘한 이치가 담겨 있으며 보통의 사물과는 다

---

178 같은 곳.

르다고 보았다. 숭배하고 아끼는 것이 이렇게 많은 나라는 세상에 보기 드물 것이다. 그러나 민생이 많이 어려워지자 성품이 날로 각박해져서 오늘에 와서는 옛날 사람들의 기록이나 타고난 기품을 잃지 않은 농민에게서나 겨우 볼 수 있다. 사대부에게서 그것을 찾으려면 거의 성공하기 어렵다.[179]

이 관점은 '동서 문명 논쟁' 시기 우팅팡伍廷芳의 관점과 약간 유사하다. 그러나 루쉰은 자주성에서 신앙의 의미를 강조했고 우팅팡은 아시아 문명에서 종교의 의미를 강조했다. 1915년 초 첸즈슈錢智修가『동방잡지』에「우팅팡 군의 중서문화관」을 발표해서 우팅팡[180]의 중서문화론을 소개했다. 우팅팡은 이렇게 말했다.

그 사회 제도에는 아시아 밖에서는 알지 못하는 것이 많다. 서양 문명에서 종교는 영향력이 아주 미미하다. 그러나 아시아 문명에서는 종교가 사회의 기초가 아닌 것이 없다. 그 결과를 추적하면 실제를 중시하는 백인종은 경제 문제를 놓는 자리에 유색인종은 도덕 문제

---

179 같은 글, 27~28쪽.

180 伍廷芳(1842~1922). 본명은 名叙, 자는 文爵, 伍才라는 이름도 썼다. 호는 秩庸이고 원적은 광둥성 신회新會다. 청말 민국초의 걸출한 외교가이자 법학자다. 청말 시기 여러 나라 사절로 파견되었다. 신해혁명 이후 난징 임시정부 사법장관을 역임했고 위안스카이가 집권한 후 사임했다. 홍헌 제제 이후 돤치루이 정부 외교부장이 되었다. 1917년 '부원지쟁府院之爭' 이후 총리 대행에 임명되었고 그 후 쑨원이 호법정부 외교부장으로 임명했다.

단기 20세기: 중국 혁명과 정치의 논리

를 둔다. 우리의 뜻에 따르면 백인종은 안락이 어떤 것인지 모른다. 왜 그런가? 여가를 가지고 안락을 즐기는 일이 없기 때문이다. 백인종은 재산 축적을 인생의 기준으로 삼는데 우리는 도덕을 인생의 기준으로 삼는다. 가정의 유지에서 이른바 유색인종은 저 무책임한 백인종에 비해 더욱 완강하다. 따라서 사회의 감각도 더 예민하나 개인의 고통은 그보다 적다.[181]

우팅팡의 관점은 유럽과 아시아를 나누는 기본적 판단 위에서 형성되었다. 이런 구분에 따르면 사회제도, 종교, 기타 생활 방식은 인종적 차이의 토대 위에서 문명적으로 구분된다. 루쉰은 민족의 형성은 역사적이고 종교적 형식은 부차적이라고 생각했다. 종교가 문제가 되는 까닭은 '정신이 세워지지 않았기 때문이다.' 따라서 믿음의 상태야말로 가장 중요한 것이다. 그는 어떤 특정한 종교 형식이나 어떤 특정한 민간 미신으로부터 종교와 미신을 논하지 않는다. 정반대로 그는 '믿음'을 종교와 미신 문제의 핵심으로 삼아서 서술한다.

중국 종교에 관한 이러한 관찰과 유럽 계몽운동을 비교하면, 우리는 무엇을 발견할 수 있을까? 여기서는 헤겔을 예로 들겠다. 그는 중국에 종교가 존재함을 근본적으로 부인했다. 헤겔은 전형적으로 철학과 종교

---

181 錢智修,「伍廷芳君之中西文化觀」,『東方雜誌』第十二卷 第一號(1915年 1月), 1~4쪽. 우팅팡은 단언했다. "나는 아시아가 다시 서양에 문화로 힘을 쓸 수 있을 것이라 장담한다. 이것은 비꼬는 말이 아니다. 정말로 백인종은 유색인종 동포에게 배워야 한다. 이런 일이 일찍이 많다. 인도, 중국, 일본에서 그렇다……."

를 계몽주의적으로 대비시키며 이렇게 말했다.

범신론으로 무신론을 대체해서 철학을 질책하는 것은 주로 근대 교
육(교양), 즉 신건경파, 신신학新神學에 속한다. 그들은 철학에 신이 너
무 많다고 본다. 많다 못해 그들의 보증에 의하면, 신은 더 나아가 모
든 것이 되어야 하고 모든 것은 모두 신이어야 한다. 이런 신신학은
종교를 주관적 감정에 불과한 것으로 만든다. 그리고 신의 본성에 대
한 인식을 부인한다. 그래서 그것이 보류하는 것은 다름 아닌 객관적
규정이 없는 일반적 신이다.(신은 여기서 명사로 셀 수 있는 단수다.)
그것에는 구체적이고 충실한 신 개념에 관심이 없다. 그리고 이 개념
을 다른 사람들이 이미 관심을 가졌던 것으로 간주한다. 그래서 신의
구체적인 본성 이론에 관한 것을 어떤 역사적인 것으로 간주해서 다
룬다. 규정되지 않은(불확정적인) 신은 모든 종교에서 찾을 수 있다.
어떤 경건한 방식(§72) ─ 원숭이, 소에 대한 인도인의 경건함, 달라이
라마에 대한 경건함, 수소에 대한 이집트인의 경건함 등 ─ 은 모두 대
상에 대한 숭배다. 이 대상은 갖가지 터무니없는 규정에는 무관심하
고 유類, 일반적 신의 추상을 담고 있다.[182]

---

182 黑格爾,「精神哲學」,『哲學科學百科全書鋼要』(簡称『哲學全書』) 第三部分, 楊祖陶 譯,
人民出版社, 2006年, 385~386쪽.(독일어 원서는 Georg Wilhelm Friedrich Hegel,
Enzyklopädie der philosophischen Wissenschaften im Grundriss, Werke. Auf der
Grundlage der Werke von 1832─1845 neu edierte Ausgabe. Redaktion Eva
Moldenhauer und Karl Markus Michel, Frankfurt a. M.: Suhrkamp, 1979, Bd. 10, S.
pp.381~382.)

그는 또 이렇게 말했다.

직접적 지식이 진리의 기준이 되어야 한다. 이로부터 제2조를 도출할
수 있다. 모든 미신과 우상 숭배는 모두 진리라고 불린다. 가장 불공
정하고 부도덕한 의지적 내용이 정당하게 비친다. 인도인은 결코 이
른바 간접적 지식, 사고, 추리를 통해 소, 원숭이 또는 바라문, 라마
를 신으로 여기고 그들을 숭배하는 것이 아니다.[183]

진리와 미신, 인식과 신앙의 대립은 계몽의 가장 중요한 원리 중 하나
다. 헤겔은 바로 이에 근거해서 동양의 종교와 그의 눈에 저급하게 보이
는 미신과 우상 숭배로 보이는 갖가지 것들을 한 종류로 묶었다. 헤겔,
베버의 전통에서 유럽 종교 제도―특히 신교와 그 제도―는 이성화의
산물이고 이성화의 전제는 바로 초기 숭배와의 단절이다.

　루쉰의 관점은 완전히 다르다. 그는 계몽운동 이후 고대 신화와 동양
종교에 대한 태도를 비판했다. "그 대략을 들어보면, 먼저 신화를 조소
하는 자가 있다. 그들은 언제나 그리스와 인도를 싸잡아 비방하면서 크
게 웃음거리가 될 만하다고 말한다."[184] 그는 만물을 널리 숭배하는 종
교는 결코 헤겔이 비판하는 신물 숭배가 아니라 "모든 예지와 의리, 국
가와 가족 제도"가 발생할 수 있는 근원이고 이에 따라 유럽적 의미에서

---

183 黑格爾, 「小邏輯」, 『哲學全書』 第一部分, 賀麟 譯, 商務印書館, 1980年, 166쪽.(독일어
원전은 *Ibid.*, Bd. 8, S. p.162.)
184 魯迅, 「破惡聲論」, 『魯迅全集』 第8卷, 30쪽.

의 종교와 세속의 엄격한 구분은 존재하지 않는다고 생각했다. 루쉰은 유럽 중심의 종교관을 향해 다음과 같은 질문을 던졌다. "만약 누군가가 중국인이 숭배하는 것은 무형의 것이 아니라 실체이며 유일신이 아니라 온갖 사물이어서 이러한 신앙은 미신이라고 말한다면, 감히 묻겠다. 어째서 무형이나 유일신만 올바른 신이라고 하는가?"[185]

주목할 만한 점은 다음과 같다. 첫째, 종교와 미신에 대한 루쉰의 정의는 인간의 초월성에 대한 정의이고 초월성은 내면의 수요와 연관된다. 이 판단은 이른바 '올바른 믿음' 개념과 직접 연결된다. 그러나 이 '올바른 믿음'은 일상생활 세계의 원리와 떨어져 있는 공리公理가 아니라 제도, 일상생활과 밀접하게 관련된 신앙이다. "무릇 모든 예지와 의리, 국가와 가족 제도는 여기에 기초하지 않은 것이 없다."[186] 제도, 습속, 국가는 모두 보편적 숭배와 연관되어 있다. 즉 종교와 제도, 종교와 세속생활의 엄격한 분계도 존재하지 않는다. 루쉰은 다신, 일신으로부터 무신으로 향하는 종교적 진화론을 거부했고 이 3단계 종교 분류에서 파생된 정체政體 진화론도 거부했다. 따라서 이러한 종교관을 기초로 수립된 제도 구상은 귀족정치, 군주정치, 공화정치와도 무관하다. 이것은 만물을 널리 숭배하는 종교와 사람마다 자기 정체가 있는 정치다.

둘째, 미신과 종교에 대한 루쉰의 정의는 근대 사상의 산물이다. 그는 종교의 내부(가령 기독교의 창세설 내부)로부터 종교의 성립을 해설

---

185 같은 글, 28쪽.
186 같은 글.

하지 않고 인간의 자아 창조 능력에 착안해서 인류사회의 가치 관념과 사회제도의 형성을 이해했다. 한편으로 루쉰은 장타이옌의 관점을 따라 중국 종교와 인도 종교의 차이를 강조했다. 즉 중국에서는 만물을 총괄하는 자연에 대한 숭배가 제도와 관련되어 있지만 인도에서는 종교 형태와 짝이 맞는 국가 체제가 결핍되어 있다고 보았다. 그러나 동시에 다른 한편으로 루쉰은 원시 종교는 지금에 와서는 이미 효력을 잃었고 종교를 새롭게 세워야 한다고 주장했다. 그렇다면 어디부터 착수하는가? 첫째는 "옛날 사람에게서만 드러날 수 있는 기록", 둘째는 "부여받은 기품을 잃지 않은 농민"이다. 달리 말하면 '올바른 믿음'은 '거짓 선비'의 계몽, 민주, 자유, 과학, 문명, 진보 등의 '공리'에서는 만들어질 수 없다.[187] 루쉰은 니체를 인용해서 이렇게 말한다. "니체에 와서 다윈의 진화 학설을 채택해서 네스토리우스를 공격하고 초인을 따로 말했다. 비록 과학을 근거로 삼는다고 말하지만 종교와 환상의 냄새가 가시지 않았다. 즉 그의 주장은 신앙을 바꾸자는 것일 뿐 신앙을 없애자는 것이 아님이 분명하다."[188] 초인학설은 진화, 과학을 근거로 한 듯 보인다. 그러나 사실은 종교와 환상의 냄새로 가득 차 있고 그 근본 주장도 마찬가지로 신앙을 바꾸자는 것이지 신앙을 소멸시키자는 것이 아니다. 루쉰은 과학을 창조하는 자 본인이 신앙인이며 과학의 '목사들'이라고 보았다. 즉 과학을 교조, 원리로 대하는 사람들은 심지가 공허하고 멍하

---

187 같은 글.

188 같은 글, 28~29쪽.

며 내재성이 없는 '거짓 선비'라고 보았다. 과학은 신앙을 근거로 삼는다. 따라서 과학과 종교, 미신은 사실상 근원이 같다. 그들 사이의 대립은 신앙 사이의 대립으로 해석할 수 있지 신앙과 반신앙의 차이로 해석할 수 없다. 루쉰의 이러한 해석은 근대사회에 대한 독해이기도 하다. 그는 다음과 같은 문제를 제기했다. 근대사회는 세속화되고 탈신앙, 탈종교화, 탈주술화한 세계인가, 신앙을 새로 만드는 세계인가?

종교 문제에 대한 루쉰의 문제제기를 '거짓 선비'에 대한 그의 공격과 결합하면 이른바 세속화에 대한 루쉰의 태도를 알 수 있다. 인민의 세속생활과 신앙 세계는 엄격히 구분되지 않는다. 시골 백성의 예의, 습속, 도덕, 제도와 만물을 널리 숭배하는 종교적 신앙은 한 몸으로 융화한다. '거짓 선비'들은 세속화라는 이름 아래 신앙과 공존하는 세속생활을 훼손한다. 따라서 종교, 미신에 대한 루쉰의 독특한 태도를 이해하려면 세속생활과 세속화를 구분할 필요가 있다. 유럽 계몽운동이 종교와 세속화 사이에 세워놓은 경직된 대립에 의존해서는 안 된다. 이 점에서 그의 관점은 (발생학적 의미에서) 전前 종교적이면서 근대적이다. 즉 신이나 신령이 인간을 창조한 것이 아니라 인간이 신과 신령을 창조했다는 뜻이다.

바로 이러한 전도에 기초해서 루쉰은 종교, 신화, 시골의 미신을 동일한 평면에 두고 서술하고 인간의 신앙, 신사神思, 창조력을 예찬했다.

무릇 신화라는 것은 고대인이 만들었다. 천물天物의 기이한 술잔을 보고 신사神思를 거쳐 인간화가 되었다. 고풍스럽고 특이한 생각을 했

단기 20세기: 중국 혁명과 정치의 논리

고 기이함은 한눈에 알 수 있다. 비록 믿기에는 타당성을 잃었지만 그
것을 조소한다면 크게 미혹된 것이다. 태고 때의 백성은 심사를 이
렇게 했으니 후세인에게는 당연히 진기하고 경이로운 일이다. 더구나
서구의 예문藝文이 대부분 신화의 은택을 입었고 사상과 문장은 여기
에 기대어 있으니 얼마나 장엄하고 멋진지 모르겠다. 만약 서양의 인
문을 탐구한다면 인문을 공부하는 것이 최우선되는 일이다. 신화를
모르고는 그 예문을 이해할 수 없다. 예문에 어두우면 그 내부에서
문명을 어떻게 획득할 수 있을까.[189]

중국이 '근본이 상실되고 정신이 방황하는' 시절에 처해 있다면 우리
는 어디에서 이러한 근본을 찾을 것인가? 우리는 고대인의 신사, 신화,
신앙, 미신, 종교 그리고 여기서 전화한 문학, 예술, 과학 속에서 계발을
얻을 것이다. 따라서 루쉰은 미신과 종교적 신앙을 상상력의 원천이라
고 보았다. "온갖 사물을 돌아보고 만물을 자세히 살피면, 영각이나 묘
의를 가지지 않는 것이 없다. 이것이 바로 시가詩歌, 즉 미묘함이며 오늘
날 신비에 정통한 선비들이 돌아갈 곳이다. 중국은 이미 4000년 전에
이것이 있었다. 이것을 미신이라 부르며 배척하면 올바른 믿음은 장차
어떻게 되겠는가."[190] 「파악성론」의 종교 관련 논의를 「마라파시력설」의
낭만주의 시인 관련 논의와 연관 지으면 낭만주의 시인에 관한 루쉰의

---

189 같은 글.
190 같은 글.

논의가 미신, 종교에 대한 논의와 동전의 양면을 이룸을 알 수 있다. 「마라파시력설」에서 그는 셸러, 바이런 등 이른바 강직하고 반항적인 시민을 '신신사종新神思宗'이라고 명명했다. 그렇다면 신新이 있으면 반드시 구舊가 있는 법, 또 누가 '구신사종'일까? 바로 고대의 조상과 민간의 신앙이다. 조상의 미신과 민간의 신앙은 비록 결코 올바른 믿음은 아니지만 그 믿음의 힘과 여기에서 생겨난 신사는 '올바른 믿음'으로 통달하는 다리다. 20세기 중국 혁명 전체를 돌아보면 그 신앙의 원천은 근대적 계시를 획득한 이후에 있는 것이 아니라 시골 백성과 그들의 일상생활을 다시 돌아보고 사회생활의 개조, 정치 조직의 건설, '올바른 믿음'을 반복적으로 구증하면서 새로운 정치 주체와 그들의 신념 정치가 형성된 것은 아닐까? 루쉰의 사상세계에서 '진정한 믿음眞信'은 '올바른 믿음'보다 더 본질적 의미를 갖는다. 루쉰은 바로 '진정한 믿음'을 지속적으로 추구하면서 '올바른 믿음'의 이름으로 출현한 이론 학설에 질문을 던지고 비판을 가했다.

4-3) 자기 인식을 최고 가치로 삼는 종교와 본체 없는 본체론

'올바른 믿음'에 대한 루쉰의 생각은 슈티르너, 니체, 유럽 낭만파 철학과 문학 사상을 종합한 것이다. 미신이 '올바른 믿음'에 통달할 수 있다는 그의 생각은 불교 삼성론三性論 중의 '의타기자성依他起自性'에 관한 장타이옌의 서술에서 연원했을 가능성이 있다.

장타이옌은 1906년 출옥한 후 일본으로 망명했고 『민보』 편집자로 초빙되었다. 1904년 4월부터 1906년 5월까지 장타이옌은 옥중에서 불경을 연구했고 출옥 후 불교의 원리로 세계를 해석하려고 시도하면서 정치에 개입했다. 그리고 장자 학설과 다른 사상 자원을 종합해서 비교적 완결된 제물론 철학을 형성했다. 1906년 7월 15일 장타이옌은 일본에 도착했고 '도쿄 유학생 환영회'에 초청받아서 연설을 했다. 여기서 자신의 주장을 "종교로 믿음을 일으키고 국민의 도덕을 증진한다" "국수로 종성種姓을 격려하고 애국의 열정을 증진한다"[191]고 개괄했다. 장타이옌이 말하는 종교는 비록 불교 교의가 주였지만 통용되던 불교가 아니었다.[192] 그는 「종교건립론」 「몽암夢庵에 답한다」 「철쟁鐵錚에 답한다」 「연기설」 「불법과 종교, 철학과 현실의 관계를 논함」 「인무아론人無我論」 「도한미언菿漢微言」 「사중 불자에게 고하는 편지告四衆佛子書」 등을 연이어 발표했다. 이 글들에서 화엄종과 법상종을 종합하고 유식학을 주요 근거로 삼아 내면을 탐색하는 철학을 모색했다. 량치차오의 「불교와 군치의 관계를 논한다」와 호응해서 "종교로 믿음을 일으킨다"도 '국민의 도덕 증진'을 직접적 목표로 삼았다. 그러나 장타이옌의 종교론은 '자기 인식'을 근본정신으로 삼았을 뿐 아니라 진화의 사회 형태론과 문명 등급론을 완전히 부정했다. '믿음'과 '도덕'에 대한 장타이옌의 해석은 모두 량치차오와 달랐다.

「종교건설론」에서 장타이옌은 불교 삼성설을 근거로 주체 없는 주체

---

191 章太炎, 「演說錄」, 『民報』 第6號, 1906年 7月, 4쪽.
192 장타이옌은 이렇게 말했다. "오늘날 통용되는 불교는 불순한 성분도 많고 그 원래의 종교와 다르다. 반드시 방도를 세워 개량해야 사용할 수 있다." 「演說錄」, 『民報』 第6號, 6~7쪽.

론을 해석했다. "삼성이란 무엇인가? 변계소집자성遍計所執自性, 의타기자성, 원성실자성圓成實自性이다."[193] 변계소집자성이란 사물 사이의 각종 차별, 즉 색공色空, 자타自他, 내외內外, 능소能所, 체용體用, 일이一異, 유무有無, 생멸生滅, 단상斷常, 내거來去, 인과因果 따위이고, 모두 "의식의 주변에서 지어내고 그래서 만들어진 것"이고 "의식을 떠나면 이런 차별은 없다."[194] 의타기자성은 "8아뢰야식阿賴耶識, 7말나식末那識과 눈, 귀, 코, 혀, 몸 등 오식의 허망한 분별에서 생긴다."[195] '허망한 분별'은 '변계소집자성'이 의식에 의존해서 만드는 색공, 자타 등 개념(명상名相)상의 구분과 다르고 앞에서 아뢰야식을 제외한 7식이 "객체를 요별了別(판단하고 분별)하는 경지"다. '요별'은 의식상의 구분이 아니라 "자식自識으로 분分을 보고 자식 속의 모든 종자를 상분相分이라고 본다."[196] 유식학 이론에 따르면 이상의 현상에 대한 요별은 심식心識 안에 맺힌 경상境相이다. 경상은 능연심能緣心이 일으키는 것이다. 따라서 경상에 대응하는 '견분見分' ('능취분能取分'이라고도 할 수 있다. '견'은 곧 비추어 안다는 뜻이다)은 즉 비추어 알 수 있는 것이다. 변계소집자성 속의 명상 분별과 달리 상과 견의 분리는 심식의 내분이다. 자식은 경상(상분)을 드러내는 동시에 자신(견분)도 드러낼 수 있다. 색공, 자타 등은 사실 "각자 자상自相이 있고 서로에 속한 적이 없다. 그것은 이 자상에서 말미암고 이 자상 종

---

193 章太炎, 「建立宗教論」, 『民報』第9號, 1906年 11月, 1쪽.

194 같은 글, 1쪽.

195 같은 글.

196 같은 글, 2쪽.

자에서도 말미암는다." 따라서 심식 요별 즉 '자증분自證分(스스로 분을 증명함)'은 변계소집의 명언名言과 다르다.[197] 이른바 원성실자성은 변계 소집의 명언 이외를 벗어난 자성으로서 "진여眞如, 법계法界, 열반涅槃이 라고도 한다."[198] 장타이옌은 원성실자성이 플라톤이 "지식을 명료히 하 는 거울이다"라고 한 이데아와 매우 가깝다고 생각했다. 예로부터 "철학 이 종교를 만들 때는 일물一物을 세우는 것을 본체로 삼지 않은 것이 없 다." 본체의 내용은 다르지만 형식은 유사하다. 그렇다면 원성실자성으 로 이루어진 본체와 다른 본체는 어떻게 다른가? 첫 번째 변계소집자성 이다. 즉 명언을 실체로 오인한 것으로 식별하기가 비교적 쉽다. 두 번째 본체는 유무 사이에 개입한 의타기자성이다. "그것을 식별하는 것은 그 렇게 쉽지 않다. 여러 철학자와 종교가는 그 결과로 본체를 건립했다. 즉 본체 안에서 다시 그 내용을 그려 넣고 차별을 헤아렸다. 그러나 그 유有 가 변계소집의 유라는 것을 깨닫지 못했다." "그 본체는 즉 본체가 아니 다."[199]

삼성론과 이러한 이론적 시야의 본체 없는 본체론에 근거해서, 장타 이옌은 세 가지 '도견倒見(전도된 망견)'을 비판했다. 첫 번째는 힌두교의 신아론神我論이다. 존재가 불생불멸이라고 여기는 우주본체론적 신아론 에 따르면, 일반 '아'가 그것과 합일되면 영혼은 해탈할 수 있다. "신아를

---

197 같은 글.
198 같은 글.
199 같은 글.

말하는 사람은 실제로 불생불멸하는 장부丈夫가 있다고 믿는다. 그 주장은 아견我見에서 일어났다. 이에 아我라는 것은 아뢰야식을 버리면 다른 것은 없음을 알지 못한다. 이 식識은 진眞이고 이런 나는 환영이다. 이 환영을 부여잡고 본체라고 여기는 것이 첫 번째 도견이다."[200] 둘째는 유럽과 인도 유물론자의 본체론이다. "물질을 말하는 이들은 유럽에서는 아톰(원자)이 실제로 있다고 믿고, 인도에서는 바라와 마누가 실제로 있다고 믿고, 아주 미세한 것을 부여잡고 이 미세한 것으로부터 그것을 해부하면 그 미세한 것이 무궁해진다." 본체 없는 본체론의 관점에 따르면 오진五塵을 떠난 물질은 존재하지 않으며 오진에서 떠난 에너지도 존재하지 않는다. 무한히 분리할 수 있는 물질은 '무후無厚', 즉 연장되지 않고, 형식이 없으며, 거칠지도 가늘지도 않을 뿐 아니라 성, 색, 향, 미, 촉 등 감각으로부터도 떨어져 있다. 따라서 힘(에너지)의 존재도 말할 수 없다. "힘과 오진은 서로 의존한다. 즉 연생緣生한다고 말하지 않을 수 없다. 연생을 말하는 것은 본체가 알 수 있는 것이 아니다."[201] 즉 힘과 오진은 견분에 의존해 나타날 수 있는 심의 상분이다. 따라서 "이 심은 진眞이고 이 질質은 환幻이다. 이 환영을 부여잡고 본체라고 여기는 것이 두 번째 도견이다."[202] 세 번째는 각종 종교에 대한 숭배다.『주례』에 적힌 제사 대상(가령 마보馬步, 제구諸逑 등 신령)부터 산천山川, 토곡土谷, 사

---

200 같은 글, 6쪽.
201 같은 글.
202 같은 글, 6~7쪽.

화祠火 더 나아가 제신諸神까지 "가장 높은 것은 일신, 범신의 여러 교다. 그 숭배물은 다르고 숭배할 수 있는 마음은 다르지 않다. (…) 즉 나의 몸 밖에는 반드시 일물이 있어서 나를 이끈다. 따라서 숭배함으로써 복을 달라고 기도한다."[203] 이 종교들은 번뇌에 의해 막히고 아는 것이 곤란함에 막힌다. "물러서서 스스로 마음을 보고 삼계유심三界唯心이 드러나는 것을 알 수 있고 이 때문에 그것을 외부에서 구한다. 외부에 있는 것은 신의 이름으로 그것에 관여하고 인격도 있다고 여긴다. 이 마음이 진이고 이 신神이 환이다. 이 환영을 부여잡고 본체라 여기는 것이 세 번째 도견이다."[204] 종교만 그런 것은 아니다. 플라톤 이론의 이데아, 제논(이오니아학파의 철학자)의 '만물은 모두 변화한다', 칸트의 형상계와 도덕계 구분 등도 "의타기자성을 말하지 않으니 궁극의 미래가 되기에 부족하고 궁극의 주재자로도 부족하다."[205]

본체 문제를 철저하게 청산한 뒤에 장타이옌은 현실로 돌아와서 다음과 같이 강조했다. 종교는 "위로는 진을 잊지 말고 아래로는 생민生民의 도덕에 유익할 것을 기준으로 삼아야 한다." 설령 널리 만물을 숭배하더라도 "인도가 모욕당하지 않으면 널리 포용해서 그것과 병존할 수 있다"고 강조했다.[206] 그는 중생 평등 관념을 도입해서 상하귀천의 구분을 없앴다. 즉 근대 종교관의 종교적 등급론을 철저히 부정하며, 인류사

---

203 같은 글, 7쪽.
204 같은 글.
205 같은 글, 9쪽.
206 같은 글, 10쪽.

는 토템 사회, 종법사회, 군국사회의 정치적 진화사로 귀결될 수 없을 뿐
아니라 범령론, 다신교, 일신교, 범신교, 무신교라는 종교적 진화사로도
단순화될 수 없다고 보았다. 장타이옌은 종교를 설립할 때의 문제는 외
물에 대한 숭배를 확립하는 것이 아니라 "자식自識을 최고 가치로 삼는
것"이라고 생각했다. "식識이란 무엇인가? 진여眞如가 바로 유식실성惟識實
性이고, 이른바 원성실성圓成實性이다."[207] 그는 플라톤, 라이프니츠, 스피
노자, 칸트, 헤겔 등의 철학을 긍정했다. 그 까닭은 그들이 의타기자성의
차원에서 경상境相을 분석해서 견분見分의 존재를 밝혔고 그들의 범신론
적 사상이 종교를 만들 잠재력이 가장 높았기 때문이다. 달리 말하면,
원성실은 크게 비어 있고 형상이 없기 때문에 그것에 다가가려면 의타
기자성에 의존하지 않을 수 없다. "원성을 확실히 깨달으면 의타도 스스
로 떠난다."[208] 장타이옌은 신유식론을 근본정신으로 삼아 아뢰야식에
모든 유정有情이 담겨 있고 중생이 곧 나이고 내가 곧 중생이며 명상과
일체의 우상을 타파하고 자식에 들어가야만 진정한 종교를 세울 수 있
다고 강조했다. 그는 중국의 공자와 노자, 그리스의 소크라테스와 플라
톤이 "모두 철학으로 종교를 대신했고" 소크라테스, 플라톤으로부터 파
생된 기독교와 공자, 노자로부터 변형되어 내려온 한나라 유학이 '철학
이 다기 종교가 되는' 길을 걸었으며[209] 명청 시대의 유자儒者가 철학으

---

207 같은 글, 19쪽.
208 같은 곳.
209 같은 글, 25쪽.

로 전향한 후 석교釋敎 철학을 근거로 한 새로운 종교를 수립해야 했는데 그것은 바로 자식自識을 최고 가치로 삼은 철학적 종교였다고 보았다.

시간, 공간, 내재성, 초월성 등 네 가지 차원에 대한 20세기 초의 완전히 새로운 논의를 심도 있게 알아보았으니 이제 20세기 중국의 사회적 이상, 국가 형태, 정치 주체(계급, 정당, 인민 등)와 변천으로 주제를 옮겨 보자.

2장
'아시아의 각성'의 순간, 혁명과 타협[1]
: 중국의 '단기 20세기'의 발단에 대하여

1. 중국의 단기 20세기
: 두 가지 독특성

20세기가 막을 내렸다. 에릭 홉스봄은 유럽의 입장에 서서 이 세기를 1914년 세계대전 발발에서 시작하고 1991년 소련 해체로 끝나는 '극단의 시대'로서의 단기 20세기로 정의했다. 이는 그가 정의한 1789년부터 1948년까지의 '혁명의 시대'와 대비를 이룬다. '극단의 시대'는 폭력으로 가득 찼지만 '이중 혁명'(프랑스 대혁명과 영국 산업혁명)이 제공

---

1 이 글은 章永樂, 『舊邦新造 1911—1917』, 北京 : 北京大學出版社, 2011 서문을 고쳐 쓴 것이다.

한 창조성과 유사한 역사적 유산을 품고 있지는 않다. 그의 관점과 다르게 나는 『탈정치화된 정치』[2]라는 책에서 중국의 20세기를 1911년부터 1976년까지의 '기나긴 혁명'의 단기 20세기로 정의했다. 이 시대는 극단의 시대이지만 동시에 혁명의 시대다. 신해혁명은 바로 이 '기나긴 혁명'의 위대한 서막이다. 그리고 '아시아 각성'의 시작을 알린 일련의 사건 중 가장 영향력이 큰 사건이다. 이렇게 서로 중첩되지만 다른 시각은 '단기 20세기'를 하나로 모아 우리는 20세기 중국이 이 '짧은 세기'에 보여주는 독특성을 두 가지로 나누어 판별할 수 있다.

첫 번째 독특성은 '짧은 세기'의 시작은 곧 혁명과 건국 과정에서의 제국과 국가의 연속성 문제다. 20세기의 시작은 아시아 민족의 혁명과 헌정 민주주의로 장식되었다. 1905년 러시아 혁명, 1907년 이란 혁명, 1908~1909년 터키 혁명, 1911년 중국 혁명을 '아시아의 각성'의 시작을 알린 사건이라 할 수 있다. 1911년 중국 혁명은 극히 짧은 시간에 아시아 첫 번째 공화국을 건설했다. 이 때문에 이 혁명은 진정한 시작의 의미가 있다. 내가 1905년 러시아 혁명도 아시아 혁명의 서열에 넣는 이유는 그것이 청나라 국경 안에서 벌어진 러일전쟁과 러시아의 패배가 직접적인 도화선이었으며 이 전쟁과 혁명으로 중국 민족혁명이 일어났고 (바로 이해에 동맹회가 결성되었다) 공화와 개량의 대토론이 벌어졌고, 이란 혁명과 그 이후의 터키 혁명에 영감을 주었기 때문이다. '아시아의 각성'과 제1차 세계대전은 제국 붕괴의 시대로 볼 수 있다. 1905년 혁명

---

2 汪暉, 『去政治化的政治 ─ 短20世紀的終結與90年代』, 北京 : 三聯書店, 2008. ─옮긴이

단기 20세기: 중국 혁명과 정치의 논리

은 실패했지만 광활한 국토와 복잡한 민족으로 이루어진 러시아 제국이 점점 쇠락하는 모습을 보였고 결국 혁명과 전쟁의 포화 속에서 붕괴되었다. 러시아 혁명과 민족주의의 세력은 동반자였다. 민족자결 원칙이 폴란드, 우크라이나 등 주변 지역에서 승리했다. 비록 그 후 주변 민족이 '공화국연방' 형식으로 소련에 가입했지만. 그러나 1991년 사건은 소련의 구조와 민족 원칙의 깊은 연계를 보여주었다. 1867년에 탄생한 오스트리아 - 헝가리 제국이 1919년 와해되어 오스트리아와 헝가리가 각자 공화국을 건설하고 원래 오스트리아 - 헝가리 제국의 틀에서 거주하던 작은 민족이 민족국가의 지위를 획득했다. 오스트리아 사회민주당이 기획한 제국 범위 안에서 혁명과 변혁을 실행하는, 오토 바우어Otto Bauer(1881~1938)로 대표되는 민족주의 구상이 철저히 실행되었다. 오스만제국은 영토가 광활하고 인구가 많았고 유럽과 아시아에 걸쳐 있었다. 오스만제국의 부상은 유럽의 해상 탐험이라는 세계사적 사전을 촉발시켰다. 그러나 전쟁의 포화와 조금 이른 혁명 속에서 요행히 살아남은 제국은 점점 붕괴되었고 신생 터키가 기존의 제도적 다원주의에서 빠져나와 상대적으로 단일한 구조와 영토가 축소된 민족국가로 변신했다. 이 같은 3대 제국의 연속적 붕괴 속에서 민족주의, 헌정 개혁, 복합형 제국의 붕괴는 한 가지 스토리의 다른 측면이었다. 1918년 윌슨의 14개조 선언이 민족자결주의의 이름으로 민족 원칙을 왕조 제국의 원칙보다 우위에 두었다. 민족, 민족주의, 민족국가가 제국에 대한 안티테제로서 20세기 전체의 정치 논리를 지배했다. 청 제국의 운명은 처음에는 다른 제국과 아주 유사해 보였다. 1911년 국부적 봉기가 왕조 체제의 붕괴를 초래했고 분리와 독립의 조류가 제국의 내부 영토에 퍼졌다. 이론적 영역에서 종족중심론적 민족주의 목소리가 한족, 몽골족, 티베트족, 후이족 거주지 모두에서 울려 퍼졌다. 혁명파의 사상적 지도자 중 한 사람인 장타이옌은 청나라와 오스트리아-헝가리 제국을 비교했다.[3] 그러나 놀랍게도 격렬한 동요, 분열의 위기, 외세의 침략을 겪은 뒤 취약한 공화국은 기존 제국의 지역과 인구 규모를 유지하며 국가의 통일성을 유지했다.[4] 이 복합형 제국과 주권국가 사이의 독특한 연속성을 어떻게 이해해야 할까?

두 번째 독특성은 이 '짧은 세기'의 종결, 곧 혁명과 포스트 혁명의 연속성 문제에 집중되어 있다. 1917년 러시아 혁명은 아시아의 '짧은 세기'의 민족혁명 운동이 더 이상 단일한 지역, 부르주아 헌정 민주주의와 결합하지 않고 사회 혁명과 사회주의적 색채를 띤 모종의 건국운동과 결합되었음을 상징한다. 10월 혁명은 유럽 전쟁의 산물이지만 그 속에는 아시아 혁명의 숨결이 울리고 있다. 그 혁명이 1911년 민족혁명과 사회주의적 성격의 경제 강령과 건국 구상을 결합한 노선을 연결했기 때

---

3 章太炎,「正仇滿論」,『辛亥革命以前十年之時論選』第一卷, 北京 : 三聯書店, 1963, 98쪽.
4 제2차 세계대전 이후 1948년 UN은 보편 인권선언을 발표하며 "모두가 국민이 되는 권리를 가진다"고 선언했다. 이는 제2차 세계대전의 종결은 민족 원칙의 승리이기도 함을 의미한다. 연이어 밀려오는 민족주의 운동의 충격으로 해양제국 체제는 점점 와해되었다. 영국, 프랑스, 네덜란드, 벨기에, 일본의 식민제국 체제가 민족주의로 대체되었다. 1997년 홍콩, 1999년 마카오의 중국 반환은 이런 구식 식민체제의 종결을 상징한다. 그러나 홍콩특별행정구, 마카오특별행정구의 설치는 중국이 또 다른 제국과 국가의 연속성을 찾아냈음을 보여주는 예증이다.

문이다. 레닌은 1912년부터 1913년까지 중국 혁명의 특수성을 선도적으로 주목했다. 한편으로는 "사회주의 혁명 (…) 제국주의의 억압을 받는 모든 식민지, 모든 국가, 모든 예속 국가가 제국주의에 반대하는 전쟁을 일으킬 것이다."[5] 다른 한편으로 낙후한 농업국가에서 자본주의(부르주아가 없는 자본주의)가 발전하기 위해서는 반드시 사회주의적 국가와 사회주의적 행동 강령(프롤레타리아가 없는 사회주의 운동)이 필요하다.[6] 신해혁명의 '사회주의적 색채'라는 것은 쑨원의 건국 강령이 민족주의를 지향하는 정치 혁명이었을 뿐 아니라 자본주의 폐단 극복을 내세운 '사회 혁명'을 목표로 삼았기 때문이다. 그 주된 내용은 평균지권平均地權(중국 삼민주의三民主義 가운데 민생주의적 정책의 하나—옮긴이)과 헨리 조지 이론의 영향을 받은 것으로서 토지 가격 인상분을 공공 부문으로 환수하는 개혁 방안이다. 민족운동을 사회주의 건국운동, 국제 혁명과 연관 지어보면 1911년 중국 혁명은 1905년 러시아 혁명, 1905~1907년 이란 혁명, 1907~1909년 터키 혁명의 핵심 지점과 구별된다. 그것은 20세기 혁명이 18~19세기 그리고 미국 혁명과 프랑스 혁명으로 대표되는 혁명 모델과 아주 다른 혁명이 될 것임을 예고한다. 따라서 1911년 혁명은 1905년 이후 이어진 혁명의 대열에서 아주 중요한 전환점이다. 달리 말하면 1905년 러시아 혁명이 아니라 1911년 중국 혁

---

5 『列寧全集』第30卷, 北京: 人民出版社, 1957, 137쪽.

6 신해혁명에 대한 레닌의 '발견'은 汪暉, 「亞洲想像的政治」, 『去政治化的政治』, 北京: 三聯書店, 2008 참조. 한국어판은 왕후이 지음, 송인재 옮김, 「아시아에 대한 상상의 정치학」, 『아시아는 세계다』, 글항아리, 2011.

명이야말로 ('극단의 시대'에 그치는 것이 아닌) '단기 20세기'의 진정한 서막일 수도 있다. 단명한 신해혁명은 기나긴 중국 혁명의 나팔이다. 중국 혁명과 러시아 혁명 그리고 세계 사회주의 진영의 확립은 19세기 이후 자본주의에 의해 일방적으로 형성되던 세계의 판도를 바꾸었다. 따라서 '혁명'의 시야를 떠나서는 사실상 19세기 후반 이후 세계의 판도를 이해할 수 없다. 그렇지만 냉전이 끝나면서 소련과 동유럽 사회주의 국가 체제가 연이어 해체되면서 민족 원칙과 시장 - 민주 자본주의 체제가 이중적 승리를 거두었다. 서양에서 이 과정은 그보다 먼저 발생한 제국의 해체—민족과 인민이 전제(소련)제국의 속박으로부터 해방되고 새로운 헌정 민주주의로 나아갔다는 점에서—에도 비견된다. 소련과 동유럽 지역에서 혁명과 포스트 혁명의 단절은 한눈에 알 수 있다. 그러나 왜 홉스봄이 말한 '극단의 시대'가 끝난 뒤에 바로 중국이—우리는 소련과 동유럽 전환의 도미노가 1989년 베이징에서 초래되었음을 간과해서는 안 된다.—정치 구조, 인구 구성과 국가 규모의 완결성을 유지할 뿐 아니라 사회주의 국가 체제의 토대 위에서 시장경제로 향하는 대전환을 완성 또는 완성하고 있는가?

앞에서 말한 두 가지 문제에서 첫 번째 것은 제국과 민족국가, 황제 체제와 공화의 관계와 관련된다. 두 번째 문제는 사회주의 국가체제와 시장경제의 관계와 연관된다. 바로 1911년 이후 격변과 분열의 시간 속에서 사람들이 중국의 미래를 판단하기 어려웠던 것처럼 1989년 이후 누구도 중국 사회가 정치적 연속성 속에서 이처럼 빠르게 경제 성장을 이룰 수 있을 거라고 예상하지 못했다. 정치 구조 측면에서 중국의 정치체제는 1949년 혁명 건국의 산물이다. 국가 규모와 주권 관계에서 오늘날 중국의 완결성은 청 왕조와 1911년 혁명으로 탄생한 신생 공화국 사이의 연속성 위에 있다. 바꾸어 말하면, 혁명과 연속성 문제에는— 불가피하게 그것은 연속성 속의 단절 문제이기도 하다 —중국의 '단기 20세기'의 중요한 비밀이 응집되어 있다. 20세기 중국의 역사를 해석하든 오늘날 중국과 그 미래에 대해서 논하든 이 문제에 대한 기본적 판단에서 비껴갈 수 없다.

2. 혁명과 연속성의 창제

혁명과 연속성의 연관은 역사적 숙명이 아니고 어떤 문화적 원리의 필연적 산물도 아니다. 이들은 모두 특정한 역사적 사건에서 탄생했고 사건의 참여자가 역사 속의 여러 힘이 복합적으로 제약하는 과정에서 만들어낸 창조물이다. 사건은 유형의 인물과만 관련된 것이 아니다. 이야기, 사상, 가치, 습관, 전통 등 무형의 역량도 사건에 참여한다. 그리고 이 둘은 사건이 일어날 때 새롭게 조합한다. 혁명이 일어나지 않았다면 우리가 여기서 논하는 연속성 문제는 존재하지 않았을 수도 있다. 그러나 연속성은 혁명의 자연스런 파생물로 볼 수 없다. 1911년 우창 봉기와 그 후 중국 남부 지방에서 형성된 '성 사이의 느슨한 혁명 연맹'에는 전국적 범위에서 혁명 건국을 완수할 힘이 없었다. 1912년 2월 12일 남부의 혁명당원과 북부 세력이 대결하고 담판한 뒤 청 황제는 왕위에서 물러난다는 조서를 내렸고 혁명파, 입헌파, 베이양 그룹은 '오족공화'의 기치 아래 뜻밖에 협정을 맺었다. 초기 혁명 건국 운동은 이처럼 우여곡절을 겪는 복잡하고 어수선한 사건이었다. 이 과정을 어떻게 평가해야 할까? 우선 일본의 헌법학자 아리가 나가오有賀長雄(1860~1921)는 남북 협정과 청 황제의 양위를 청 조정과 민국 사이의 주권 계승 관계의 영향 속에서 서술했다. 그는 1913년에 발표한 「혁명 시대 통치권 전이의 본말」에서 주권 문제를 혁명 건국(우창 봉기와 난징 임시정부 수립)에서 남북 협의와 청 황제 양위조서로의 전환을 두고 중화민국의 주권은 청 황제가 '선양'한 데서 수립되었다고 주장했다. 아리가의 신분은 위안스카이의 헌법 고문이었다. 그의 법리적 서술에는 뚜렷한 정치적 목표가 있었다. 즉 위안스카이가 민국 대총통에 앉는 것에 정당성을 부여하려 했다. 훗날 그는 위안스카이의 복벽復辟(퇴위했던 천자나 임금이 다시 복위함 — 옮긴이) 활동에도 직접 참여했다. 혁명사에 등장하는 남북 협정, 청 황제의 양위, 위안스카이의 임시대총통 취임은 혁명이 불철저하고 실패였다는 것을 보여준다. 사실 황제가 물러난 후 위안스카이가 '임시공화정부 조직의 전권'이라는 명목으로 내정과 외교를 장악할 때 쑨원은 "공화정부가 청 황제로부터 위임을 받은 조직이 아님"을 분명히 했다.[7] 그 후 국민당 1차 당대회 선언에서도 혁명 이후 "반혁명 전제계급과 타협했던" 문제에 대해서도 자기반성을 했다.[8] 그러나 남북 협정과 최

---

7 中國社會科學院近代史硏究所中華民國史 組編, 『中華民國資料叢稿大事記』 第一輯, 北京 : 中華書局, 1973, 53쪽.

8 『孫中山全集』 第九卷, 北京 : 中華書局, 114쪽.

종적으로 '오족공화'라는 지점에서 도달한 협의는 국민당의 흥망 관계 또는 연속성의 창제를 꿰뚫어보는 하나의 창이 될 수 있다. '주권재민'이라는 최고 원칙이 확립되었기 때문에 이 타협은 주권의 연속성을 창출하는 하나의 고리일 뿐이다. '단기 20세기'의 '기나긴 혁명'에서 새로운 투쟁은 누가 '인민'인가, '인민'을 어떻게 정의할 것인가, '인민'을 누가 대표할 것인가라는 근대 혁명의 중심 문제를 둘러싸고 전개되었다. 그러나 앞서 말한 타협의 결과는 여전히 피해갈 수 없다. 이 결과는 그 후에 발생한 황제 체제 복원, 5·4운동, 남북전쟁, 중일전쟁, 국공 게임과 국제적 승인을 둘러싸고 전개된 내외적 투쟁 속에서 이 연속성이 부정되거나 버려지지 않고 재건하고 갱신하면서 각기 다른 정치 세력이 암묵적으로 인정하는 전제가 되었기 때문이다. 위안스카이의 황제 즉위에 반대하는 '호법전쟁'에서 '독립'을 내세우는 각 성도 분리주의를 요구하지 않고 통일된 민국을 재건하는 것을 전제로 삼았다. 세계의 여러 대제국—합스부르크, 호엔촐레른, 로마노프, 오스만—이 연이어 해체될 때 중국의 각종 정치 세력—구세력과 신세력—으로부터 중원 쟁탈이라는 정치적 목표는 전부 국가 통일의 쟁취를 전제로 했다.

3. 제국과 국가, 북부와 남부

홉스봄은 19세기를 대표하는 주제는 바로 민족국가라고 했다. 제1차 세계대전이 끝난 후 민족국가가 제국을 대체하는 것이 20세기를 이룬다는 의미다. 민족주의, 인민주권, 헌정체제, 주권의 단일성, 조약과 담판이 전후 민족주의 서사의 주된 측면을 구성했다. 이와 대립되는 것은 바로 제국, 군주 권력, 전제정체, 다원적 종주관계, 조공과 군사 정복이다. 그러나 민족주의 서사에서 '공화로 가는' 것은 바로 제국에서 민족국가로 향하는 정치적 과정이다. 그리고 국제정치 영역에서 주권은 이미 민족국가가 규범적으로 상호 관련을 맺는 영역이 되었다. 역사 연구 영역에서 국가 건설, 민족주의, 대중 동원, 공론장에는 민족국가라는 범주와 밀접하게 관련되지 않는 것이 없다.

그러나 이 글 서두에서 언급한 첫 번째 독특성 즉 혁명에서 탄생한 제국과 국가의 연속성 문제는 바로 이 거침없는 서술에 생각할 만한 문제를 남긴다. 우선, 앞에서 이미 말했듯 제1차 세계대전 이후 각 대제국이 '공화로 가는' 과정에서 여러 민족국가로 분열하거나 공화국에 가입한 것과 달리 신해혁명은 '오족공화'의 기치 아래서 '대타협'을 거쳐 청조와 민족국가의 주권 이양을 완수했고 주권의 연속성은 그 후 국내 정치 게임의 규범적 전제가 되었다. 소련이 붕괴한 후 중국은 20세기 이전 농업제국 중에서 이러한 연속성을 20세기까지 유지한 유일한 국가가 되었다. 둘째, 제국에서 민족국가로의 전환에는 일련의 역사적 전제가 있다. 앞의 측면에서 보면, 청대 역사 속에서 제국 건설과 국가 건설은 약간 중첩되어 있다. 그러나 이 중첩들은 제국에서 국가의 이행이라는 자연스러운 과정과 동일시 할 수 없다. 청조의 중원 지배에서 19세기 보편 제국체제의 형성까지 그 후 19세기 중후반 서양 열강의 침략과 압박, 일련의 불평등 조약 체결로 발생한 제도 개혁들을 거치면서 청 조정의 내외 관계는 지속적으로 변했다. 국경 획정, 국경 내에서의 행정관할권 행사, 무역 진입과 그 규모에 대한 심사와 허가 등 통상적으로 민족국가의 상징이라고 여겨지던 현상들은 청 조정의 대외관계—특히 북방 내륙관계—에서 이미 존재했고 부단히 발전했다. 1884년 신장 성 정부 수립도 이러한 과정의 일부다. 그것은 다원 권력 중심의 제국 체제가 고정불변이 아니고 주권 단일화 과정도 제국체제가 스스로를 공고히 한 산물임을 말해준다. 뒤의 측면에 대해 말하자면, 현대 중국은 종족 집단 관계, 종교 관계, 지연 관계에서 청 조정의 유산을 이어받았고 주권 이양을 통해 합법성을 획득했다. 그리고 그 후의 제도 설계에서도 민족지역자치와 같은 다원체제를 설계했다.—혁명의 관점에서 보면, 이 제도 설계가 구현한 사회적 내용(토지 개혁의 각기 다른 진도와 방식 등)도 바로 '필수적인 타협'이다. 1997년 홍콩 반환, 1999년 마카오 반환은 유럽 식민주의 제국체제가 정식으로 종결되었음을 상징한다. 제국 내부의 집중화 추세가 민족국가의 맹아가 아니라 제국 건설의 일부인 것과 마찬가지로 민족 지역 자치는 제국이 남긴 자연적인 유물이 아니라 역사적 전통이 새로운 주권 원칙과 민족 평등의 원칙 아래 만들어낸 새로운 제도 창조다. 바로 100년 뒤 중국의 서남, 서북 지역의 자치 구역과 홍콩·마카오 특별행정구의 모순과 충돌 역시 여전히 제국–국가의 복합관계와 역사적 관련을 맺는다. 이런 현상들은 제국과 국가가 확연히 다른 두 체제로 나뉠 수 있음을 분명히 보여준다. 청 조정과 민국 사이의 주권의 연속성이 중국의 독특성을 상징한다면 제국과 민족국가의 상호 침투 현상은 보편적인 것이다. 우리는 미국, 러시아, 인도 그리고 수많은 '민족국가' 체제와 그 행위 방식에서 '제국의' 요소를 발견할 수 있다. 19세기부터 20세기 자본주의의 가장 적합한 외피(레닌의 말)로 여겨지는 민족국가가 점점 효력을 다해가는 21세기에 사람들은 자본주의를 제국으로 그려내고 있다. 20세기가 막을 내리면서 역사학자들은 제국에서 민족주의로의 전환이 지나치게 단일하게 서술되어 있고 사실 둘 사이에는 수많은 교차와 중첩이 있고, 제국의 특징이라고 여겨지던 것이 과거와 현재에 존재할 뿐 아니라 유럽의 지역 통합 과정에서도 어떤 새로운 정치 형태를 보여주고 있음을 발견했다. 이런 의미에서 제국 형태와 민족 ─ 국가 형태 자체는 결코 가치 평가의 근거를 제공할 수 없다. 사람들에게는 서로 다른 정치체제가 특정한 역사적 조건에서 갖는 존재 상태를 판단할 근거가 필요하다. 즉 상대적으로 단일한 종족 집단 구성과 종족 집단 구성의 정치 형태 자체는 정치적 판단이나 도덕적 판단의 근거를 결코 제공하지 않는다. 정치체제를 판단하는 근거는 역사적이고 정치적이다.

혁명이 일어나는 상황에서 형성된 위와 같은 연속성은 아주 복잡하고 드라마틱한 산물이다. 무대 위의 모든 세력─남부의 혁명당원, 위안스카이로 대표되는 북부 세력(군인 집단, 몽골 세력, 공화에 찬성하지 않는 북부 성), 황실, 입헌 인사─들은 각기 다른 이해와 요구, 정치적 목표가 있었다. 그러나 "만주족, 한족, 몽골족, 후이족, 티베트족 다섯 민족의 영토 전부를 합쳐서 하나의 대중화민족大中華民族으로 만들자"(『양위조서』)라는 전제에는 모두 동의했다. 곧바로 남북이 전쟁 상태에 빠져들었는데 이 전제 자체는 여전히 합법성을 잃지 않았다. 이 현상을 어떻게 해석해야 할까? 주권의 연속성과 혁명−반혁명의 관계를 어떻게 분석해야 할까?

이 문제를 해석하기 위해서는 먼저 청나라 말기와 민국시기 초기 북부와 남부, 내륙과 해양으로 나뉘어 전개된 두 가지 중국관을 살펴봐야 한다. 이 두 가지 중국관은 결코 단순히 지역적인 것이 아니다. 거기에는 정치적 가치도 내포되어 있다. 전자는 청조의 지역과 인구가 중심이 된 다민족 공동체다. 청말 입헌파의 군주입헌, 허군虛君 공화와 상대적으로 '내부에서 다투는' 한족 민족주의에 비해 '외부와 다투는' '대민족주의'로 다민족 공동체가 정치적으로 표현되었다. 후자는 전통 명나라 지역과 그 인구가 중심이 된 한족 공화국이다. 청말 혁명가의 배만혁명론, 한족 민족주의(국수주의)와 '주권재민' 이론은 모두 이 한족 또는 한족이 절대적 중심이 되는 민족국가가 정당성을 갖는 근원이다. 혁명당원의 '배만론'은 일종의 정치 혁명의 요구이지 결코 '한족 민족주의'와 필연적으로 혹은 전적으로 동일한 것이 아니다. 그러나 그 안에 한족 공화국의 구상이 보일 듯 말 듯 존재한다는 것을 수많은 역사적 자료를 통해 알 수 있다. 혁명사학에서는 역대로 남방, 해양이 중심을 이루었다. 이는 동맹회同盟會와 그 전신 흥중회興中會, 광복회光復會, 화흥회華興會 등의 혁명 활동의 중심 지역과 밀접한 관련을 맺고 있다. 1980년대 해외 사학계에서는 혁명의 중심이 남양南洋인가[9] 국내─주로 후난, 후

---

9 옌칭황顔淸湟 교수는 그의 저서에서 이렇게 말했다. "(1) 남양 화인사회는 1908년과 1911년 혁명 활동의 중심이다. (2) 남양 화인사회는 혁명 망명자의 집결지다. (3) 남양화인은 혁명에 필요한 물자를 기부했다." 이는 "화교가 혁명의 어머니"라는 쑨중산의 주장

베이, 저장[10] ─ 인가를 두고 논쟁이 벌어졌다. 그러나 더 넓은 시야에서 보면 후자는 해외 화인華人이 상상한 명대 중국의 판도가 중심이 된 중국과 완전히 중첩될 뿐 아니라 근대 사학의 해양 중심론과 호응한다. 중국 학계에는 청말 양무운동, 상공업 발전, 연해도시와 신흥계급 및 집단에 관한 수많은 연구가 쏟아져 나왔다. 이 작업들과 미주, 일본, 남양의 혁명 관련 연구를 종합하면, 우리는 혁명 활동을 지지하고 혁명 활동이 전개된 남부─연해의 지역적 맥락을 분명히 볼 수 있다. 해양 중심론은 자본주의의 전 지구적 발전과 밀접하게 관련되어 있다. 해외 화인은 인종차별의 고통을 심하게 받았다. 중국에 대한 그들의 이해와 반청복명 反淸復明 요구는 서로 얽혀 있다. "중국의 정부가 만주족이 아닌 한족으로 구성되었다면 해외 화인이 신해혁명에 대규모로 참여하는 상황은 아마 발생하지 않았을 것이다."[11] 이 점이 바로 쑨중산 등의 "오랑캐를 몰아내고 중화를 회복하자"는 민족주의 사상과 서로를 격하게 울렸던 것이다.

을 뒷받침한다. 이전의 일본 도쿄, 같은 시기 미주와 국내의 후베이를 간과했기 때문에 이 주장은 약간 과장된 듯하다. 그러나 대체로 혁명의 남부와 해양의 스타일 ─ 우창봉기 이전 ─ 을 반영하기도 한다. 1907~1908년 대부분의 봉기는 모두 하노이, 싱가포르, 홍콩에서 조직되었다. 顔淸湟, 「辛亥革命與南洋華人」, 『辛亥革命與南洋華人硏討會論文集』, 臺北: 國立政治大學國際關係硏究中心, 1986, 410쪽.

10 1970~1980년대 미국 수정주의 학파 ─ 즉 당시의 신좌파 ─ 학자들은 혁명의 중심이 해외가 아닌 중국이라는 관점을 제기했다. 예를 들면, Joseph W. Esherick의 후난, 남북의 개량과 혁명에 관한 연구, Mary B. Rankin과 Edward J. M. Rhoads의 상하이와 저장의 급진혁명가에 대한 연구가 있다. 이 연구들은 중국 대륙의 신해혁명 연구와 호응관계를 이룬다.

11 顔淸湟, 「辛亥革命與南洋華人」, 『辛亥革命與南洋華人硏討會論文集』, 臺北: 國立政治大學國際關係硏究中心, 1986, 417쪽.

혁명 이후 혁명당원은 그들의 반만 민족주의 주장을 재빠르게 조정했고 '오족공화'를 분명하게 표방했다. 그러나 우리는 쩌우룽鄒容, 천텐화陳天華, 장타이옌, 쑨중산, 왕징웨이汪精衛, 주즈신朱執信 등의 혁명 사상에서 청나라에서 분리해 한족 공화국을 독립적으로 건설하자는 내용을 어렵지 않게 찾을 수 있다. 1911년 우창 봉기 이후 악군鄂軍 도독부에서 반포한 문서와 전국 공개전보는 모두 한족이 사는 '18개 성'에 서로 호소함으로써 혁명을 명조의 판도에 따른 한족의 독립된 민족국가를 건설하는 것과 동일시하는 착각을 쉽게 일으킨다. 정치 세력의 실제적 분포에 따르면 난징 임시정부와 참의원 의석 역시 내지 성별 대표와 한족에 의해 완전히 점유되었다. 이는 혁명 이후 남부와 북부에 두 개의 정부가 수립된 구도와 정확히 대응한다.

4. 민족자결과 '낙후한 북부'

1911년 혁명 운동의 관점 또는 이른바 '공화제도의 요구를 띤 완결된 민족주의'[12] 강령이라는 관점에서 보면 부르주아의 공화제와 독립된 민족국가는 자본주의 발전의 정치적 외피다. 그러나 이 외피의 형성을 막는 여러 원인이 있었다. 그것은 제국주의가 중국을 나누어 먹으려고 시도했고 중국의 향촌 보수 세력과 청 조정과 북부 군사 집단으로 대표

---

12 『列寧全集』第21卷, 北京：人民出版社, 1990, 427쪽.

되는 '낙후한 북부'다. '낙후한 북부'는 레닌의 용어다. 그는 1912년 남북 대결에 대해 다음과 같이 단언했다. "위안스카이의 당이 의존하는 것은 중국의 낙후한 북부" 즉 "중국에서 가장 낙후한 지역의 관료, 지주, 부르주아다."[13] 그는 1912년에 위안스카이가 황제를 자임하게 될 것을 예언했고 이 문제를 중국 혁명이 직면한 '북부 문제'와 연관 지었다. 그러나 레닌의 '낙후한 북부'에 대한 이해는 완전히 계급 분석, 특히 위안스카이 집단으로 대표되는 이익집단에 집중되었고 '가장 낙후한 지역'(즉 자본주의 발전에 방해가 되는 지역), 종족 집단, 종교 등의 요소는 등한시했다. 레닌이 훗날 천명한 민족자결권 관련 이론에 따르면 그는 민족국가를 자본주의의 '항상적 상태'로 보았고 종족 집단이 복잡하게 구성된 제국이 바로 자본주의 발전을 저해하는, 반드시 없애야 하는 정치적 외피라고 생각했다. 그의 지도로 볼셰비키가 민족자결의 원칙 아래 폴란드, 우크라이나의 독립을 지지한 것은 이 같은 정치적 판단의 연장이다.

그렇지만 레닌은 왜 중국 혁명을 논할 때 쑨원의 건국 강령을 높게 평가하고 몽골, 티베트 또는 이슬람 지역의 독립 요구를 한 번도 지지하지 않았으며, '낙후한 북부'를 혁명의 장애물로 간주했을까? 방법론의 시각에서 민족 문제에 대한 레닌의 태도는 "법적 권리의 각종 '일반 개념'으로부터 도출한 법률적 정의 속에서 답안을 찾은 것"이 아니라 "민족운

---

13 『列寧全集』第23卷, 129쪽.

동에 대한 역사적·경제적 연구로부터 답안을 찾은 것"이다.[14] 민족운동의 경제적 토대는 바로 "상품 생산이 완전히 승리를 거둘 수 있도록 부르주아가 반드시 국내 시장을 탈취하고 반드시 동일한 언어를 사용하는 사람이 거주하는 지역이 국가 형식으로 통일되도록 해야 하며 이 언어의 발전을 저해하고 이 언어를 문자로 고정하려는 것을 막는 모든 장애물을 없애는 것이다." 바로 이런 의미에서 "근대 자본주의의 이러한 요구를 가장 잘 만족시킬 수 있는 것은 일체의 민족운동 추세(경향)다."[15] 바로 이런 입장에서 레닌은 오스트리아 사회민주당의 오토 바우어의 '민족문화자치'론을 거절했을 뿐 아니라 로자 룩셈부르크가 폴란드 독립을 반대하면서 내건 일련의 논증을 반박했다. 레닌은 로자 룩셈부르크의 주된 오류가 "가장 주요한 사정, 즉 부르주아가 민주 개혁에서 일찍이 완성한 국가와 완성하지 못한 국가 사이의 차이를 간과했다는 데" 있다고 지적했다. 즉 1789~187년의 유럽 민주 혁명 이후 서유럽은 이미 "부르주아 국가의 체제를 형성하고 통상적으로 단일한 국가 체제를 형성했다. 따라서 현재 서유럽 사회당의 강령에서 민족자결권을 찾는 것은 마르크스주의의 최소한의 원칙도 이해하지 못하는 것이다." 그리고 "동유럽과 아시아에서 부르주아 민주주의 혁명 시대는 1905년에야 비로소 시작되었다. 러시아, 페르시아, 터키, 중국의 혁명, 발칸 전쟁 등이 바로 이 시대에 우리 '동양'에서 발생한 일련의 세계적 의미의 사변이다.

---

14 列寧,「論民族自決論」,『列寧全集』第2卷, 507~608쪽.

15 같은 책, 508쪽.

눈이 멀지 않고서야 이 일련의 사변에서 부르주아 민주민족운동이 발발한 것을 보지 못할 수 없다. 바로 러시아와 그 이웃 국가가 이런 시대에 처했다는 바로 그 하나의 이유로 우리는 우리의 영토에서 민족자결권이라는 조항을 제시할 필요가 있다."[16] 따라서 레닌의 경우에서, 민족원칙은 절대적인 것이 아니고 민족자결을 지지할 것인가의 여부는 독립과 분리가 낙후한 지역의 자본주의 발전에 유리할 것인가에 달려 있고 동시에 특정한 국가의 지정학적 상황에 달려 있는 것이다. 가령, 오스트리아의 "헝가리인, 체코인은 오스트리아로부터의 분리를 바라지 않고 오히려 오스트리아의 완결성 유지를 바란다. 그 목적은 바로 민족의 독립을 유지함으로써 더욱 잔학하고 드센 이웃 국가에 의해 완전히 파괴되는 것을 면하기 위해서다! 이런 특정한 상황 때문에 오스트리아는 중심이 두 개인(이원적인) 국가가 되었고 지금은 또 세 개의 중심으로 이루어진(삼원적인: 독일인, 헝가리인, 슬라브인) 국가로 변했다."[17] 이와 반대로 러시아의 '이민족'은 인구에서 다수를 점하고(총인구의 약 57퍼센트) 대다수가 국경 지역에 살고 있다. 그들이 받은 압박은 그들 이웃 국가(레닌은 "게다가 유럽 각국에서가 아니다"라고 특별히 지칭했다)에서 받은 것보다 훨씬 심할 것이다. '이민족' 경계 지역의 자본주의 발전 정도와 일반적인 문화 수준은 보통 국가의 중부 지역보다 높다. "마지막으로 바로 아시아 각국에서 우리는 부르주아 혁명과 민족운동이 이미

---

16 같은 책, 517~518쪽.
17 같은 책, 519쪽.

발전되고 부분적으로 러시아 국경 내의 동일 혈통 민족에게로까지 퍼져 있음을 보았다."[18]

이상의 분석에 따라, 우리는 중국 국경 지역 문제에 대한 레닌의 기본 입장을 추론할 수 있다. 첫째, 오스트리아의 헝가리인, 체코인의 처지와 비슷하게 중국 국경 지역에서 독립을 추구하는 운동은 "더욱 잔학하고 드센 이웃 국가"의 지배에 맞닥뜨릴 가능성이 농후하다. 청일전쟁에서 '삼국 간섭'까지, 의화단운동에 대한 합동 진압에서 러일전쟁까지 우리는 러시아, 일본과 영국, 프랑스 등 유럽 열강이 중국을 분할, 지배하고 눈독을 들이는 것을 똑똑히 보았다. 둘째, 중국 '중부 지역'의 '자본주의 발전 정도와 일반적인 문화 수준'은 국경 지역보다 높았고 "부르주아 혁명과 민족운동이 이미 발전하고 있었다." 따라서 중국의 완결성을 남겨두는 것이 혁명 운동의 발전에 더욱 유리했다.(그래서 자본주의 발전에도 유리하다.) 바로 이런 점에서 레닌은 위안스카이와 그와 동맹을 맺은 북부 지역을 '낙후한 북부'라고 불렀던 것이다. 그리고 북부 지역에서 혁명의 장애를 극복하고 해결할 수 있으리라 기대했다. 레닌은 중국의 급진적 혁명파가 부득이하게 혁명의 원칙을 벗어나서 타협한 것을 깊이 분석하지 못했는데 이는 앞에서 본 그의 정치 이론적 시야와도 관련이 있다. '낙후한 북부'는 남부의 혁명당원이 타협하도록 압박했지만 이는 중국 혁명이 결코 분리의 방식으로 자본주의 발전을 꾀한 것이 아니고 '북부 문제'는 중국 혁명과 중국 자본주의 발전에 속하는 '북부 문제'라

---

18 같은 책, 519~520쪽.

는 점도 말해준다. 이상의 역사적 맥락을 고려하지 않고 청조와 민족의 주권 연속성 문제를 해석하기란 어렵다.

이른바 '북부 문제'에서 '북부'에는 둥베이, 몽골, 베이양 세력이 통제하는 화베이 지역만 포함되지 않는다. 이 지역과 밀접한 관련이 있는 시베이 지역과 서남쪽에 위치한 티베트 지역도 포함된다. '오족공화' 개념에서 언급하는 4대 종족 집단과 그들의 활동 범위가 여기에 포함되어 있다. 중화인민공화국이 건국된 후에도 몽골, 티베트 지역의 토지 개혁은 다른 지역보다 완만하게 진행되었다. 이것은 '북부 문제'와 혁명의 진행 과정에서의 '타협'의 관계가 장기적이었음을 의미하는 것이기도 하다. 1912년 1월 1일, 쑨중산은 「중화민국 임시대총통 선언서」(그리고 「중화민국 임시약법」)에서 '오족공화' 개념을 다음과 같이 제시했다. "국가의 근본은 인민에게 있다. 한漢, 만滿, 몽蒙, 후이回, 티베트藏족의 지역이 하나의 국가로 합쳐지고 한, 만, 몽, 후이, 티베트 여러 민족이 하나의 민족이 되는 것이 바로 민족의 통일이다."[19] 그의 초기 민족관과 비교하면, '오족공화' 개념은 더 이상 공화를 명나라의 지배 범위 내에 있는 한족 공화국으로 한정되지 않고 청나라의 대일통 제국을 '공화로 향하는' 다양하고 광활한 공간으로 만드는 것에 가깝다. 후자의 측면에서 보면, 쑨원은 입헌파의 중국관을 이어받았지만 동시에 '공화'를 정치적 대체물로 삼았다. 무라다 유지로村田雄二郎, 양양楊昻, 창뉘常女 등이 말하듯, '오족공화' 관념의 연원은 더욱 이르다. 그 자체는 "청말 이래의 입헌파, 혁

---

19 孫中山, 「中華民國臨時大總統宣言書」, 『孫中山全集』第2卷, 北京: 中華書局, 1981, 2쪽.

명파가 민족관에 관해 논쟁하면서 수차례 부딪치고 대화하면서 도달한 산물이다."[20] 캉유웨이, 량치차오, 옌푸, 양뒤 등은 각자 다른 방식으로 그 앞날을 제시했다. 그러나 그들은 '오족헌법'을 중국 통일의 전제로 삼았고 군주제가 오족통일의 일관된 전제였다. 그래서 1911년 혁명 이전 '오족군헌五族君憲'과 배만 혁명의 한민족주의가 양극 대립에 처했던 것이다. 신해혁명 이후에는 공화가 새로운 공감대로 변했고 쑨원도 '오족공화'를 호소했다. 그러나 앞에서 거론한 문헌 이외에 무라다 유지로가 밝혔듯 "몽골, 티베트, 이슬람 각 민족과 팔기의 대표 이전에 그(쑨원)가 비로소 오족공화를 건드렸다."[21] 그리고 그 반대편에서 왕조가 쇠락함에 따라 군주제가 유지될 수 없었고 혁명 이전에 주장한 '오족군헌五族君憲'이라는 입헌파의 입장이 전향하기 시작했다. 즉 '오족군헌'에서 '오족공화'로 전환한 것이다.[22] 이런 전환은 근대 평등정치의 토대를 닦았다. 그리고 이로부터 법률과 제도 실천을 통해 보수적인 종교-정치 문화(가령 티베트 종교사회의 정치경제체제)와 급진적 계급 정치 사이에서 균형과 장력을 어떻게 유지하는가라는 과제가 생성되었다.

중화민국 건국 이후 남북문제는 '오족공화' 관념이 생산, 유통, 소멸되었기 때문에 벌어진 것이 아니다. 혁명의 소용돌이 속에서 한족 공화국을 건설하자는 요구와 호응해서 쿠룬庫倫(오늘날의 울란바토르)이 앞

---

20 常女, 「淸末民初憲政世界中的 '五族共和'」, 『北大法律評論』 2010年 第2期.

21 村田雄二郎, 「孫中山與辛亥革命時期的 '五族共和'論」, 『廣東社會科學』 2004年 5期.

22 같은 글.

장서서 독립했고 티베트가 뒤를 이어 한족 추방령을 선포했다. 남북협정 기간에는 몽골의 왕공王公들이 "남쪽 사람들이 말할 때는 다수가 공화의 주장을 갖고 서로 협박한다."[23]라며 극도로 의심했다. 그들은 쿠룬의 독립이 "대황제를 배반한 것이 아니고 공화가 어떤 것인지 깊이 알지 못하는 것도 아니다. 실은 민주로 와전되었는데 아마 하나의 존엄이 통하는 이점을 상실할 것"[24]이라고 강조했다. 그 어조는 혁명 이전의 캉유웨이, 량치차오, 양뒤 등의 주장과 긴밀하게 어울린다. 양뒤 등의 발언은 몽골 세력이 '오족군헌'에 동의하고 '오족공화'에 동의하지 않는데 그것은 정치체제의 변화가 결국 몽골의 구체제와 왕공의 이익을 간섭하기 때문임을 분명히 밝힌다. 이는 평등정치와 전통 정치 사이의 대결이다. 남부회담 대표단 우팅팡伍廷芳에게 보낸 서한에서 몽골 왕공들은 만, 몽, 티베트, 후이족 "인민의 관습에는 군주만 알지 공화가 무엇인지 모르고 여러 군자 소수가 독재를 하는 공화를 더욱 두려워한다"고 강조했다. 그들은 "여러 군자가 주장하는 공화가 18개 성에서만 조직될 것인가? 아니면 만, 몽, 티베트, 후이에서 모두 조직될 것인가?"를 물었다.[25] 따라서 광활한 북방 지대에서 군주제와 공화제의 투쟁은 합의에 이르지 못했다. '오족군헌'도 '오족공화'로 바뀌지 않았다. 바로 이 때문에 각 측의 의

---

23 古宮檔案館 編, 「蒙古起義淸方檔案·宣統三年十一月初七日蒙古代表及那彦圖等致內閣袁世凱函」, 『辛亥革命資料叢刊』 第七冊, 298~299쪽.

24 같은 글.

25 「蒙古王公致伍廷芳函」, 渤海壽臣, 「辛亥革命始末記」, 沈雲龍 主編, 『近代中國史料叢刊』 第1編 第42輯, 臺北 : 文海出版社, 1969, 901~905쪽.

견을 받아들인 '대타협'으로 주권 이양을 이루지 못하면 "혁명에 참가하지 않고 공화에 찬성하지 않는 지역과 여러 외번을 민국의 영토에 포함시킬 수 없었다." 내외 몽골 10 동맹, 차하르, 우량하이烏梁海, 카자흐족 등 여러 번은 말할 것도 없고 청 조정이 발상한 동 3성, 독립에 찬성하지 않거나 독립을 선언하지 않은 직예, 산둥, 산시, 허난 4성은 "청 황제에 복종할 의무만 알았지 민주공화가 무엇인지 몰랐다." 그들은 '민국의 일부'가 되는가가 큰 문제였다.[26] 남북협상 과정에서 국민회의 주비를 둘러싸고 각성 대표도 남북 양측에서 각자 전보를 보내 소집한 것이다. 이 중 장쑤, 안후이, 장시, 후베이, 후난, 산시, 저장, 푸젠, 광둥, 광시, 쓰촨, 윈난, 구이저우는 난징 임시정부가 맡았고 직예, 산둥, 허난, 간쑤, 신장, 동북 3성은 청 조정이 맡았으며 몽골, 티베트는 양 정부가 전보를 보내 소집했다. 베이징에서 국민회의를 소집하기 위해 위안스카이에게 내놓은 구실은 몽골과 티베트 대표는 상하이로 내려가고 싶어하지 않는다는 것이었다. 청 황제의 양위조서가 국제 문제에서 쑨원의 「중화민국 임시대총통 선언서」와 「임시약법」의 표현과 일치를 이루었지만("통치권은 전국에 귀속시키고 공화입헌국체로 정한다" "항상 인민의 편안한 삶, 국내의 평온을 꾀하고, 만, 한, 몽, 후이, 티베트 다섯 종족의 모든 영토를 대중화민국으로 합한다"[27]), 그러나 양위와 이양의 형식과 "위안스카이가 전권을 발휘해서 임시공화정부를 조직하고 군민과 협상해서 방법을

26 有賀長雄, 「革命時期統治權轉移之本末」, 『法學會雜志』 1卷 8號, 1913年 10月.
27 第一歷史檔案館 소장 『清帝遜位詔書』 원본 영인본.

통일한다"는 정치적 계획에는 북방세력을 회유하는 뜻이 분명히 담겨 있다. 이러한 불안정한 타협과 주권의 연속성을 다지는 양도 형식, 그리고 그 후 이 주권의 연속성을 공고히 하는 혁명과 국가 건설 과정이 없었다면 오늘날 중앙아시아, 중앙 유라시아, 내륙 아시아, 내륙 유리시아라 불리는 광활한 지역(서쪽 볼가강으로부터 동쪽 싱안링興安嶺까지의)과 히말라야 고원의 구도는 아마도 달라져 있을 것이다.

몽골, 이슬람 지역, 티베트와 중원 지역의 관계는 아주 먼 시기까지 거슬러 올라갈 수 있다. 그러나 근대 중국의 구성에 관해서 우리는 두 가지 정치공동체의 관계 속에서 이 혁명과 연속성의 관계를 해석할 필요가 있다. 내륙 아시아의 측면에서 보면, 중국 혁명의 이 타협은 특히 17세기 이후 청대 역사의 발전과 긴밀하게 연계되어 있다. 1980년대부터 수많은 학자가 내륙 아시아를 다른 문명 중심의 주변 지역이 아닌 유라시아 대륙 역사의 중요한 단위로 보려고 노력했다. 그들은 5세기부터 15세기까지 1000년 동안 내륙아시아 민족이 유라시아 대륙의 변화를 이끌었고 13세기부터 14세기까지 전성기를 누린 몽골 제국이 세계사에서 가장 큰 육지 제국이라고 보았다. 그러나 15세기 이후 무역 노선이 변하고 다른 농업 제국(모스크바 공국, 오스만튀르크, 무굴제국, 사파위 왕조, 명·청 왕조)이 부상하고 그들이 기술과 군사적 우위를 점하고 더 나아가 종교적 영향도 미치자 세계사에서 가장 중요한 요소였던 몽골과 초원 유목 문화는 결국 "청의 통치하에서 합작과 정복의 수단을 거쳐 끝나버렸다. 최후의 국면에서 몽골 준가르의 액로특厄魯特 부족이 마지막으로 통일 몽골과 장대하고 빛나는 민족을 이으려고 했지만 두 대제국의 건국자—차르 러시아와 청대 중국이 그때 초원을 양분하던 세력이었다—사이에서 밀려 실패했다."[28] "강대하고 독립된 몽골 유목 정권이 초원에서 사라진 것은 세계사적 사건이다. 초원 지역이 나뉘었다는 것은 유동, 자유 왕래, 정복 전쟁, 경계 변동의 시대가 끝났음을 의미한다. 동시에 몽골인의 분열, 분산, 소멸도 의미한다.(그들은 현재 볼가강에서 중국 북부까지의 넓은 지역에 분포해 있다.) 이는 유라시아 대륙에서 발생한 가장 넓은 비자발적 집단 분산 중 하나다."[29] 역사학자들은 또 청나라가 해양 업무와 내륙 업무를 처리하던 방식의 차이도 비교하고 내륙 아시아 정책이 상대적으로 성공했다고 여겼다. 17세기부터 18세기까지 청나라와 러시아의 관계는 19세기 유럽의 국제법과 외교모델의 특징을 구비했다. 이는 또 청 왕조가 청나라—러시아 경계 내의 몽골과 기타 민족에 관한 업무를 처리하는 전제를 제공했다.[30] 17세기부터 몽골의 법률, 경제, 군사, 기타 요소는 한편으로는 청대 사회 내부의 구성(가령 팔기제)의 영향을 받았고 다른 한편으로는 만주족과의 관계를 통해 점차 산해관 안쪽의 농경문화로 녹아 들어갔다. 19세기 해양 세력과 상공업이 흥하고, 도시가 중국 연해 지역에서 발달하면서 새

28 司徒琳, 「世界史及淸初中國的內亞因素—美國學術界的一些觀點和問題」, 范威 譯, 『滿漢硏究』 第5輯, 北京 : 民族出版社, 2000.

29 Peter C. Pedue, "Boundaries, Maps, and Movement : Chinese, Russia, and Mongolian Empires in Early Modern Central Eurasia," *The International History Review*, 20.2(June 1998), p.263.

30 Mark Mancall, *Russia and China : Their Diplomatic Relations to 1728*, Cambridge : Mass Harvard University Press, 1968, pp.267~273.

로운 생산양식의 대치가 다시 강렬하게 변했다. 그래서 레닌이 자본주의 발전의 추세라는 측면에서 이 지역을 '낙후한 북부'라고 불렀다. 그렇지만 쑨원은 17세기 이후 '중국'의 통합 추세에 착안해서 '오족공화' 이념을 점차 버리고 새로운 단일 '중화민족'으로 전향했다. 1920년 쑨원은 상하이 중국국민당 본부회의 연설에서 '오족공화'라는 말을 비판했다. "아주 적절치 못하다. 우리 나라에는 다섯 민족만 있는가? 내 말은 우리 중국 모든 민족이 중화민족으로 융화되어야 한다는 뜻이다.(예를 들면 미국은 원래 유럽의 수많은 민족이 합쳐진 것이지만 오늘날에는 미국 하나의 민족만 있고 세계에서 가장 영광스러운 민족이 되었다.) 그리고 중화민족을 문명화한 민족으로 만든 뒤에야 민족주의가 완성된다."[31] 그럼에도 1912년의 '오족공화'론은 1949년 이후 중화인민공화국 헌법의 틀 내에서 민족 지역 자치 제도를 수립하는 데 영향을 주었고 '중화민족' 개념 내부에는 여전히 앞에서 말한 남북관계의 흔적이 담겨 있다.

5. 세 가지 정치의 통합
: 의회다당제, 행정 집권, 혁명 건국

청말 신정에서 추진한 '지방자치'는 민국 초기 각 성의 이탈 경향에

---

31 孫中山, 「在上海中國國民黨本部會議的演說」(1920年 11月 4日), 『孫中山全集』第5卷, 394쪽.

정치적 조건을 제공했다. 중앙정부의 군사, 재정은 아주 안 좋았고 전국 군대를 일률적으로 통제할 수 없었다. 또 각 성에 세금을 중앙에 납부하라고 할 수도 없었다. 혁명으로 구 관료체제의 유효성은 상실되었다. 국경 지역의 분리운동과 국제 정세의 악조건이 모두 직접 헌정 건설에 영향을 주었다. 신해혁명 이후 타협은 잠시만 이루어졌을 뿐 거의 동시에 새로운 정치적 분열, 군사적 충돌과 지방 분리운동이 일어났다. 베이양 정부는 수중의 군정 권력으로 중앙집권을 꾀했고 남부와 의회 다수를 점한 동맹회—국민당은 권력을 의회에 집중하고자 했다. 1912년 위안스카이가 임시대총통에 선출된 후 난징 측에서 일방적으로 제정한 「중화민국 임시약법」은 총통의 권력을 제한하는 것이 특징이었다. 1913년 국민장이 의회를 지배하는 상황이 되자 '슈퍼의회제'를 골자로하는 「톈탄헌법초안天壇憲法草案」이 작성되었다. 이와 대조적으로 쑹자오런宋敎仁이 피살된 후 일어난 '2차 혁명' 이후 위안스카이가 1914년 별도로 조직한 특별제헌의회는 위안스카이가 몸소 제정한 「중화민국약법」을 통과시켰다. 이 '슈퍼총통제' 헌법의 틀에서 의회의 지위는 자문기구로 격하되었다.[32] 이에 따라 1915년 복벽이 가까워졌다.

'정치적 통합'을 역사라는 큰 그림의 중심에 놓고 본다면 1912년 이전에 출현했던 두 가지 대립적 정치 모델이 재빨리 눈에 들어올 것이다. 한 가지는 새로운 '공개 정당'과 의회정치가 핵심이 되는 헌정 민주주의

---

32 '슈퍼의회제'와 '슈퍼총통제'에 대해서는 章永樂, 『舊邦新造 1911~1917』 第5章, 北京：北京大學出版社, 2011, 150~166쪽 참조.

다. 1912년 3월 쑹자오런 등은 난징에서 동맹회 성회원 대회를 소집해서 '공개 정당' 형식으로 조직을 확대하고 국회 경선에 참여하며 내각 구성에서 경쟁할 것을 천명했다. 그 정강에는 행정통일 완성, 지방자치 촉진, 종족 동화 실행, 국가사회 정책 채용, 의무교육 보급, 남녀평권 주장, 징병제도 이행, 재정 정리, 세제 확정, 국제평등 도모, 이민 황무지 개간사업 관심 증대 등 여러 가지가 담겨 있다. 1912년 남북회의가 이루어진 때부터 1913년 3월 20일 쑹자오런이 상하이역에서 암살될 때까지 국회 선거가 중심축이 되어 전국적으로 각종 정당이 연이어 쏟아져 나왔고 정당정치가 일세를 풍미했다. 그러나 쑹자오런 암살사건 이후 '2차 혁명'이 실패하자 의회―정당을 통합 기제로 삼는 민주주의적 흐름은 종말을 고했다. 의회―정당을 정치 통합의 기제로 삼는 것은 유럽 민주주의의 주요 형태(미국의 대통령제와는 다르다)다. 이런 형태에서는 행정이 수임을 받아 집권하되 정치성은 띠지 않는 관료기구로 머문다. 그리고 정치 통합 기능을 갖추는 것을 거부한다.

이러한 의회―정당 중심의 정치 통합 방안에 반대되는 것은 행정 권력이 중심에 서는 정치 통합 방안이다. 1912년 1월 1일, 쑨중산은 「임시대총통선언서」에서 '임시정부의 책임'을 이렇게 서술한다. "국민은 국내에는 통일된 기관이 없고 국외에는 대우할 주체가 없다고 생각한다. 건설 사업은 더구나 늦출 수 없다. 따라서 임시정부를 조직하는 책임이 뒤따른다."[33] 사회적 의지에서 이견이 속출하고 이익이 다원화되었기 때문

---

33 孫中山, 「臨時大總統宣言書」, 『孫中山全集』 第1卷, 1쪽.

에 정치 통합자로서 행정 권력이 정치적 통일을 유지하고 행정을 효과적으로 행사하는 세력이었다. 신구가 교체되는 시대에 정부와 그 정부의 행정은 더욱 국내외의 승인을 받는 정치적 기구가 되었다. 단순히 의회—정당 체제라는 조건에서 관료행정 체제에 머무르지 않았다. 그러나 혁명 이후 행정 권력은 위안스카이로 대표되는 북부 세력이 탈취했고 동맹회—국민당 구성원은 의회정치로 돌아섰으며 헌법의 형식으로 행정 권력의 정치적 통합 기능을 부정하려 했다. 더 나아가 관료제적 집행기구를 폄하했다. 이렇게 복잡한 정치적 구도에서 의회정치에 회의적 태도를 보이는 초기 입헌파가 '주권재국'의 이름으로 초기 국가주의적 주장을 행정 통합 정치이론으로 전환했다. 한편으로는 행정 권력의 중요성을 강조하고 다른 한편으로는 또 '국國' 개념으로 확장할지도 모르는 군권을 제한했다. 청나라 말기, 캉유웨이, 량치차오가 제기한 국가 이론(특히 독일 국가주의에서 연원한 국가 유기체론)의 목적은 군권을 제한하는 군주 입헌에 헌법적 근거를 제공하는 것이었다. 따라서 청말 국가주의 이론의 최우선적 대립물은 군주 권력이었고 혁명은 그다음이었다. 그러나 1911년 혁명 이후 특히 1912년 청 황제가 퇴위한 이후 입헌파가 '주권제국'을 다시금 제기한 목적은 급속히 확장하는 의회 권력에 맞서기 위해서였다. 캉유웨이는 분쟁하는 의회가 국민 전체를 대표해서 위탁정부를 통해 그 의지를 이행할 수 있는지 물었다. 이는 정부 자체가 국민의 의지를 통합하고 효과적인 행정을 시행할 능력이 있어야 하며 이로써 이론적으로 행정 권력의 정치적 통합 직능을 강화함을 암시한다. 캉유웨이는 정치적으로는 쑨원과 대립했지만 주권재국론은 임시정부의 책임에 대한 쑨원의 기대와 사실 유사한 면이 있다. 즉 행정 권력이 정치적 통합의 책임을 동시에 짊어져야 한다는 생각이다.

이 대립되는 정치적 주장에는 관련 국가와 관련된 서로 다른 개념이 작동한다. 한편에서는 의회－정당을 국민의 대표, 즉 정치적 의지의 발산자로 본다. 이는 행정 권력을 비정치적(대표성을 띠지 않는), 도구적 권력, 즉 순수하게 관료제적이고 형식적으로 최고 합리성을 갖는 권위 유형으로 보는 것과 마찬가지다. 이것은 막스 베버가 행정 권력을 비정치적 도구로 본 이론과 일맥상통하며 근대 자유주의의 주된 정치적 관점을 대변했다.[34] 이와 달리 캉유웨이, 량치차오는 '주권재국'의 이름으로 행정 권력을 강화하기를 희망했다. 그들이 구상한 행정 권력은 분명 관료제적 의미의 국가와 달랐다.[35] 캉유웨이의 '주권재국'은 일종의 '주권재민' 이론의 변형태다. 그것은 '국가'가 '국민 전체'의 의미를 대변할 수 있기 때문에 국가로 대표되는 행정 권력을 비정치적 관료체제가 아니라 일종의 정치 권력—사회적 의미의 통합자—으로 보았다. 따라서 주권재국은 주권에 관한 이론이라기보다 정치 통합에 관한 이론이다. 행정 권력과 정치 통합의 관계가 체계적인 이론의 뒷받침을 받지 않았

---

34 이와 대조적으로 공공선택 이론은 경제적 자유주의 진영 경제학자의 가설(이익 추구 극대화)을 정치 영역에 적용해서 행정 권력을 정보 비대칭의 장막에서 납세인의 이익을 희생시키는 이기적이고 지대추구적인 영역으로 본다. 오늘날 공권력을 비판하는 담론에서 이따금 이런 공공선택 이론의 그림자를 보게 된다. 이런 역사적 시야에서 행정 권력은 모두 제한의 대상이었고 통상적으로 부정적 의미가 있다.

35 캉유웨이가 제기한 '주권재국'에 관한 연구는 章永樂, 『舊邦新造 1911~1917』第3章, 北京 : 北京大學出版社, 2011, 82~109쪽 참조.

　　　　　　　　　　　　　　단기 20세기: 중국 혁명과 정치의 논리

으므로 이 정치이론은 주권 개념에 직접 호소했다. 1913년 논쟁을 총통과 의회의 대립 속에서 보면 우리는 두 가지 차이를 발견할 수 있다. 전자는 주권을 군주에서 국가로 이행하는 것으로 보고 후자는 공공 행정을 정치적 통합자public administration as political integrator로 본다. 캉유웨이는 총통과 총리에 관한 규정을 반복적으로 제기하는 동시에 국교를 정치 통합의 정신적 연원으로 삼기를 희망했다. 그의 기본 생각은 효과적인 행정 역량으로 중앙과 지방, 남부와 북부의 여러 이해와 요구를 통합하는 것이었다. '주권재국'이라는 주장이 토지 개혁을 둘러싼 논쟁과 연관된 것이라면 우리는 민국 초기 '정치 통합'의 또 다른 면을 볼 수 있다. 그것은 바로 토지 소유권과 국가의 관계다. 캉유웨이는 연성자치 또는 연방제 정치 구상을 반대하면서 그보다는 향을 단위로 하는 기층 사회자치에 찬성했다. '주권재국'론은 기층자치, 토지 집단 점유, 대일통 국가 구상으로 종합되어 있다. 이러한 행정 권력 중심 국가 이론에서 공공 행정은 일종의 정치적 통합 기제이지 단순한 관료제적, 형식주의적, 비정치적 집행기관이 아니다.

'주권재국'의 이론적 모호성은 국가이론 자체에서 왔을 가능성이 있다. 독일 학자 볼프강 자이벨Wolfgang Seibel은 재미있는 관찰을 했다. 헤겔, 베버가 20세기 정치이론에 가장 중요한 영감을 주었지만 독일의 현실정치에는 헤겔주의도 베버주의도 아닌 것이 적용되었다. 헤겔은 "국가가 정당하게 법률을 행사해야만 국가기구(즉 관료제도)의 구성원이 보편적 이념을 충실히 지키고 그럴 때 국가—즉 정부와 행정—가 이성의 화신이 된다고 생각했다. 이는 베버가 법률 원칙을 구체화하는 관료제 개념과 맞대응한다." 헤겔은 합법적 국가 권력과 보편적 공동선이라는 추상적 개념을 연관지었다. 이에 따라 국가에 목적과 가치를 부여했지만 베버는 형식적 합법성의 합법화 효과에만 주목했다. "이에 대해서 말하면, 헤겔과 베버는 모두 공공 행정이론의 '이성주의' 학파를 대표한다. 이 학파는 국가를 조직화된 현상으로 보는 유기체론적 시야를 간과했다." "독일 공공 행정은 조직적 기능과 일관성을 확보하기도 하지만 도전하는 사회 집단을 통합하면서 갖추게 되는 실질적 속성은 완전히 그 두 사람 이론으로 파악할 수 있는 범위 밖에 있다."³⁶ 공공 행정을 정치적 통합자로 보는 이론에 따르면, 공공권력은 인민의 참여와 이익 관련자의 협력을 조직함으로써 상징적인 의미와 공감대 창조의 모델을 제공한다. "독일에서 정치적 통합자로서 공공 행정은 정당과 의회보다 훨씬 먼저 등장했다. 19세기 초 심지어 헌법 정부의 또 다른 선택지로도 여겨졌다."³⁷ 통합자로서 행정이론은 근대에 독일의 분열과 밀접한 관련이 있다. 그것의 핵심은 중앙의 통합 능력과 지방의 적응 능력이다. '30년 전쟁' 이후 상비군을 조직하고 재정 지원을 제공하기 위해 행정 효율을 종합하는 동시에 도전하는 사회 집단을 통합할 수 있는 정부의 대처를 위해서 생겨났고 유럽 사회에서 늘 보이는 상비군과 토지귀족 간의 충돌을 극복하는 것이 그 목적 중 하나였다. 19세기와 20세기 초 이 이론의

---

36 Wolfgang Seibel, "Beyond Bureaucracy-Public Administration as Political Integrator and Non-Weberian Thought in Germany," *Public Administration Review*(September / October, 2010), p.721.

37 *Ibid.*, pp.719~720.

주된 대표자 로렌츠 슈타인Lorenz von Stein은 공공 행정을 '일하는 국가the working state'라고 간주했다. 즉 살아 있는 유기체이자 도구로서 정부를 대체하고 이를 통해 국가와 그 조직이 사회 속 실체에 깔아놓은 길이라고 본 것이다. "헤겔이 말한 이성의 실제 물질로 드러나는 국가는 재통합이라는 신화적 방식으로 그 역할을 한다. 그것(일하는 국가)은 중심이 사라지고 지역적으로 사분오열된 행정기구 사이에 연관성을 형성하는 데 도움이 된다. 로렌츠 슈타인의 일하는 국가 개념은 독일 행정학에서 베버의 방식을 따르지 않는 관점을 나타내는 핵심어다." 슈타인은 헤겔의 국가 관련 개념인 법률 인격the juristic personality 개념에서 아이디어를 얻어 국가의 실질적 생활이 개인의 실질적 생활과 마찬가지로 행위deed와 일work로 구분되는 특징이 있다고 주장했다. 국가의 행위는 법률 반포, 공소의 선고 또는 기타 결정의 형식으로 완성된다. 그러나 국가의 실질적 생활은 결코 개인이 내리는 일련의 결정에 토대를 둘 수 없다. 개인의 실질적 생활에서 일의 방식으로 하나의 결정이 완성되듯이 국가의 실질적 생활은 곧 행정이다. 따라서 행정은 '일하는 국가로서 국가the state as a working state의 실질적 생활'이다.[38] 슈타인 이외에 오토 힌체Otto Hintze도 토지귀족이 국왕 군대에 흡수되는 경우를 모사할 때 공공 행정의 조정 능력이 초기 근대 독일 정부 안정의 선결 조건이었음을 강조했다. 루돌프 스멘트Rudolf Smend는 행정적 결정과 공공정신 사이의 상호 협조를 강조했으며 이런 관점에서 통합 기제로서 정부기구

---

38 *Ibid.*, p.722.

전체를 서술했다.[39] (여기서 거론한 행정적 결정과 공공정신의 관계는 캉유웨이가 국교를 제창한 것을 연상시킨다.) 이 모든 논점은 하나의 방향을 지향한다. 즉 공공 행정은 정치 통합의 기제이지 단순하게 관료제적, 형식직, 비정치적 집행 기구가 아니라는 점이다.

행정 권력이 정치적 통합자라는 것은 행정 권력이 사실상 국가와 사회의 중개자라는 것도 의미한다. 독일의 '정치적 통합자로서 공공 행정' 이론과 마찬가지로 '주권재국론'도 분열 국면에서 형성되었다. 그들 사이의 공통점은 국가나 공공 행정에 정치적 통합자 역할을 부여한다는 것이다. 이런 의미에서 '주권재국'은 결코 합당하지 않은 표현이다. 캉유웨이와 량치차오의 경우, 이 표현에는 청말 국가주의의 흔적이 남아 있다. 그리고 공공 행정이 정치 통합 기능을 하리라는 기대를 정확히 표현할 수 없다. '정치 통합'은 정치의 과정이다. 즉 분화된 사회 세력과 사회 이익, 요구를 행정으로 수렴하는 유기적 운영 방법의 하나다. 또한 바로 이런 의미가 있어야만 공공 행정은 형식적, 관료제적인 것을 뛰어넘어 정치적인 것, 즉 국민 전체의 의지를 통합하는 존재가 된다. 행정 권력의 상징적 인물은 정부 수반(대통령 또는 총리)이다. '주권재국'론은 군주를 없앤 군주론과 같은 모습을 하고 있다. 견제와 균형이 부족한 조건에서는 자유주의자가 그것을 인격적 독재로 전향할 소지가 있다.(위안스카이의 칭제가 바로 이를 예증한다.) 그리고 민주주의자도 이 원칙 아래서 '주권재민' 정신이 명목만 남고 실질은 사라질까봐 걱정할 소지가 있

---

39 *Ibid.*, p.720.

단기 20세기: 중국 혁명과 정치의 논리

다. 그러나 그들은 '통합'의 정치적 직능과 그 구성 조건을 간과했다.—
'정치 통합'은 위에서 아래로 향하는 권력에 의해 일방적으로 완성될 수
없다. 반드시 아래에서 위로 향하는 참여와 승인이 필요하다. 1913년 이
후 상황에서는 진정한 사회 동원이 없었고 동시에 남북이 정치적으로
대립했기 때문에 행정 권력은 정치적 통합이라는 중요한 임무를 맡을
수 없었다. 어느 면에서 보더라도 이 이론의 쇠락은 아주 자연스러운 일
이었다.

　'주권재국론'과 '정치 통합자로서 행정'을 하나하나 비교하면 전자의
'국'은 여전히 추상적이고 헤겔이 말하는 목적으로서 국가와 유사하지
만 후자는 구체적이라는 점을 알 수 있다. 캉유웨이와 량치차오는 정치
적 통합을 실행할 구체적 기제, 특히 정치적 통합에 합당한 정치 세력
을 찾지 못했다. 행정 권력(국가라는 이름 아래 놓인)을 정치 통합자로
보는 관점은 분열이라는 상황에서 형성되었다. '정치 통합'은 정치 과정,
분화된 사회 세력, 사회의 이익과 요구를 행정의 유기적 운영 속으로 수
렴하는 과정이다. 민국 초기 상황에서 의회와 행정의 모순은 동시에 남
부 세력과 북부 세력의 모순, 군사 세력과 정치 세력의 모순, 구정권의
잉여 세력과 혁명 세력의 모순이다. 따라서 형식화된 절차로는 해소할
수 없다. 청 황제의 양위조서는 모종의 법리적 연관성을 가장 크게 제
공했지만 남은 문제는 조서 한 장으로 해결될 수 없었다. 위안스카이가
집권한 이후 황제 체제를 복원하려는 자들은 '통일'이라는 말을 내세워
국민에게 호소했다. 대외관계와 국경 지역에서 어느 정도 역할을 한 것
이외에 남부의 혁명 세력도 북부의 군인 집단도 진정한 의미에서 통합

하지 못했다. 중앙과 지방의 밀고 당기는 관계는 여전했고 광활한 농촌이 양자의 주권 표명과 아무런 관계도 없었음은 두말할 나위가 없었다. 이런 상황에서 정치 통합을 어떻게 할 것인가, 어떤 역량을 정치 통합의 토대로 삼을 것인가가 피하기 어려운 과제가 되었다. '현대의 군주'는 '나라' 또는 '행정 권력' 자체일 수 없다. 그것은 국가 권력을 장악하려는 동시에 사회적 의지와 요구를 통합하려는 정당이다. 그러나 제1차 세계대전이 끝난 후 이 정당은 첫 번째 정치 통합 모델, 즉 쑹자오런으로 대표되는 정당—의회제가 아니라 새로운 형태의 세력이었다. 혁명, 타협, 의회 투쟁, 슈퍼 총통제와 복벽 등 일련의 희극이 지나간 후에는 19세기 정당이 아닌 20세기에 동일하게 정당이라고 불리는 정치적 발명품이 주된 정치 무대를 점거했을 뿐 아니라 관료제 국가의 성질을 크게 바꾸어놓았다. 이 특수한 정당—국민당과 공산당—유형은 마음을 정하지 못하고 의회 투쟁에 참여하기도 했다. 그러나 직접적 사회 동원에 더 관심을 두었고 대항적 정치의 방식으로 정치 통합을 추진했으며 궁극적으로 행정 권력과 정치 통합(정치 동원)을 결합했다. 이 정치조직의 경우, '헤게모니' 또는 문화권력은 인민 의지의 형성과 표리를 이루었으며 '혁명'은 그 합법성의 연원이었다. 「후난 농민운동 고찰 보고」에서 마오쩌둥은 신해혁명에 관해 유명한 평가를 했다. "국민당에는 큰 농촌 변동이 필요하다. 신해혁명에는 이 변동이 없었다. 그래서 실패했다."[40] 이는 새로운 혁명 운동의 관점에서 내린 평가다. 그러나 '주권재국론'이 정치

---

40 毛澤東, 「湖南農民運動考察報告」, 『毛澤東選集』, 北京 : 人民出版社, 1966, 17쪽.

단기 20세기: 중국 혁명과 정치의 논리

적으로 실패한 근본 원인도 뚜렷이 보여준다. 마오쩌둥이 이 평가를 내릴 때 새로운 정당이 지도하는 운동이 위에서 아래로 이동해 정치 통합을 진행하고 있었다. '주권재민' 원칙이 보편화하는 상황에서 캉유웨이, 량치차오가 바라는 '국'이 아니라 그들에게는 아주 생소하고 두려운 혁명 운동(바로 캉유웨이가 말한 '농부혁명'+'사대부혁명')이 통합—국가의 행정 통합이 아니라 사회 동원을 통해 국가 자체를 철저히 재건하는 것—을 추진했다. 따라서 운동에서 정당은 특정한 정치적 공감대가 형성된 조건에서 정치 통합의 조직적 역량—그것은 민국 초 의회정당 조건 아래의 정당이 아니라 사회적 의미로 정치 권력을 직접 장악하는 정치 집단—을 형성했다. 국민당의 개조와 공산당의 출현은 모두 이러한 진정한 정치적 변동에 대응한 것이었다. 그들의 문화와 대항은 새로운 역사적 대결 속에서 전개된 것이다. 북벌 전쟁 시대, 당은 사회 동원의 조직자, 참여자, 정치 통합자였고 바로 이러한 정치 통합 직능을 통해 국가 권력을 장악할 조건을 확보했다. 그러나 그 후 진행된 정치에서는 국민당이 사회운동을 버리고 관료제적 특징이 더 높은 당-국 체제를 갖추었다. 계속해서 공산당은 당, 국가(변방 정부)와 토지 개혁을 토대로 한 대규모 사회 동원을 결합했다.

이 정치조직 용어 중 국민, 농민 또는 노동계급, 노고대중勞苦大衆(노동하층민)은 모두 중성적인 서술 개념이 아니라 새로운 정치의 범주다.—국민혁명에서 혁명의 대상이 되는 것은 베이양 군벌을 포함해 '구세력' '봉건 세력'이라 규정된 지역 엘리트 세력이었다. 그리고 국민당과 공산당이 대립하는 상황에서 농민혁명과 기타 피억압 계급의 해방운동은 대립물을 혁명으로부터 탈바꿈한 중국 관료 계급과 그것을 대표하는 봉건적 세력과 관료 매판 세력이다. 유명한 「중국 사회 각 계급 분석」(1926년 3월)에서 마오쩌둥은 적과 동지를 구분하는 방식으로 중국 사회를 제국주의에 예속된 지주 계급과 매판 계급, 지역 자본주의 생산관계를 대변하는 중산계급(민족 부르주아), 자영농, 수공업자, 소지식계층이 주체가 되는 프티부르주아, 근대적 공업 프롤레타리아와 수적으로 적지 않은 부랑 노동자계급으로 구분했다. 지주 계급, 매판 계급, 군벌, 관료 등 제국주의에 빌붙은 세력은 '우리의 적'이고 산업 프롤레타리아는 '우리 혁명의 지도 세력'이다. 반프롤레타리아와 프티부르주아는 '우리의 가장 가까운 동무'다.[41] 여기서는 사실 반복적으로 등장하는 '우리'가 가장 핵심 개념이다. 이 우리가 없으면 적도 동무도, 더 나아가 혁명 지도자도 없다. 이 우리가 바로 혁명 정당이다. 마오쩌둥의 중국 사회 각 계급에 대한 분석은 정태적 사회계층 분화에 관한 것이 아니라 혁명 정당이 운동을 추진하는 입장에서 전개한 전략적 분석이다. 이 분석에서 모든 범주는 정치적, 즉 정치적 통합을 목적으로 삼은 정치적 범주다. 예를 들면, 현실의 동원에서 농민, 노동자, 도시 프티부르주아계급 등의 용어는 현실 생활의 영농인, 일하는 사람 또는 장사하는 사람에게도 적용되었다. 그러나 이 개념들은 대중, 통일전선과 마찬가지로 처음부터 정치적 동원의 범주였다. 중국 혁명에서 '인민' 개념은 곧 이런 정치적 범주들 위에 수립되었거나 이 정치적 범주들을 통합하면서 만들

---

41 毛澤東, 「中國社會各階級的分析」, 『毛澤東選集』 第1卷, 北京 : 人民出版社, 1966, 3~9쪽.

어졌다. 혁명 정당과 그것의 지도를 받는 각급 정부는 대중에서 나와서 대중 속으로 들어가는 조직 노선을 따랐다. 이를 통해 한편으로 통일전 선을 확대하고(정치적 통합) 한편으로 정당과 혁명정부의 지도권을 공 고히 했다. 무장투쟁과 토지 개혁을 거치면서 초기 혁명에서 제기한 '평 균지권平均地權' 요소를 실현했다.—이 모든 것이 이 정치조직의 '정치 통 합' 방법이자 책략이라 할 수 있다. 혁명 정당의 주된 기능은 각기 다른 형식의 동원과 투쟁을 거쳐 '인민'과 그들의 혁명, 전쟁(인민전쟁)—인 민은 일반 노동자, 농민 또는 기타 노동자의 단순 집합이 아니라 적·우 방 관계를 포함한 정치적 범주다—을 창조했다. 정당 건설, 노동자 조 직, 농민 동원, 토지 개혁, 군사 투쟁, 근거지 창건 등의 실천이 바로 이 적敵—아我—우방友邦의 운동 속에서 노동자, 농민, 학생, 청년, 여성 등을 인민으로 재구성하는 과정이다.

정치화는 시대 전체의 특징이었다. 사실 1920년대 개조 이후의 국민 당과 1921년에 창당한 공산당 모두 당으로 국가를 통치하는 방침을 따 랐고 서로 다른 차원에서 국가 행정에 개입했다. 이로써 공공 행정은 더 는 일반 관료의 논리를 따르지 않았고 그 조직 구조는 각 사회의 세포 속으로 깊숙이 침투했다. 국공 양당이 경쟁한 결과물은 대부분 정치 통 합의 깊이가 다른 데서 기인했다. 그러나 어찌 되었든 '정치적 통합'을 공공 행정에 수렴시킨 것이 차원에 따라 다르기는 했어도 이 두 정치조 직의 공통된 특징이었다. 여기서 정당은 국가와 인민(사회)의 중개자가 되었다.—그것은 인민의 대표이면서 국가 행정의 주도자였다. 당-국의 상호 소통, 특히 정당이 행정에 직접 개입하고 국가도 정치적 통합을 이

행하는 공공 행정이 되면서 새로운 국가 유형이 만들어졌다. 그것은 의
회 다당제와 관료 행정체제가 결합한 체제와 다른 당-국체제다. 체제
는 정당체제가 주도하는 국가, 즉 정치적 통합과 공공 행정 두 가지 직
능을 겸비한 '성치적 통합 기제로서 공공 행정체제라고도 할 수 있다.

'기나긴 혁명'과 여러 역사적 정세에 대응한 혁명 전략 때문에 정당,
국가의 사회 통합 능력은 그 어떤 다른 관료제 국가도 따라잡기 어려운
수준까지 도달했다. 그들의 동원력과 통합 기능은 대항적 투쟁(민족전
쟁과 계급 투쟁)의 틀에서 전개된 것으로 '민주와 독재'의 이중적 합체
였다.―'민주'는 광활한 정치 통합 능력과 대표성을 갖추었음을 가리키
고 '독재'는 이 정치적 통합이 배척하는 성질을 띠고 폭력적임을 가리킨
다. 이 독특한 정치적 과정을 '주권의 연속성'이라는 명제에 둔다면 중
국의 혁명과 건국 과정에서 형성된 '주권의 연속성'이 새로운 정치 주체
의 탄생과 이 정치 주체의 통합 능력 강화와 확장으로만 경신되고 완성
될 수 있음을 발견하게 된다. 그것은 결코 베이양 정부처럼 국제적 승인
으로만 주권의 연속성을 인정받지 않았다.―국제적 영역에서 국가 간
관계는 결코 일반적 규범에서의 국제적 승인관계에서 발생하지 않고 국
제적 투쟁과 통일전선의 정치적 전개 속에서 형성된다. 소련, 동유럽 사
회주의 국가와 달리 중국 혁명의 결과물로서 사회주의 국가 제도(비관
료제)의 특징도 가장 두드러진다. 왜 '극단의 시대'가 끝난 뒤 중국의 정
치체제가 여전히 모종의 안정성을 여전히 유지하는지에 대답하려면 이
독특한 근대 정치의 유산을 해석하는 일은 피하기 어렵다. 이것은 결코
이 정치체제가 관료제를 벗어났음을 말하는 것이 아니다. 사실 정당이

운동의 형태에서 국가 결합의 형태로 전화하면 어느 정도 관료화되는 것은 피할 수 없다. 시장화와 법제화의 시대에는 이 조직체제가 점점 법에 따라 행정을 하는 관료제 체제로 변하거나 그런 추세를 걷고 정치적 통합 기제는 날로 쇠락한다. 나는 『탈정치화된 정치』에서 이 과정을 당국黨國에서 국당國黨으로 전환하는 것이라고 표현했다. 통합형 국가가 시민의 권리를 억누르는 것을 억제하기 위해(사실상 인민의 진정한 항의는 관료제 국가의 과도기 통합형 국가로 향했다. 1957년과 1960년대의 운동은 모두 이렇게 볼 수 있다. 그러나 주류의 관점은 통합형 국가의 관료화 추세를 혁명 시대에 형성된 사회정치적 통합과 그 정치 형식 자체로 본다) 사람들은 시민과 국가 사이의 거리를 넓히라고 소리 높여 주장한다. 사실상 이는 국가가 통합형 국가에서 관료형 국가로 전환하기를 바라는 것이다. 그러나 정치적 통합 기제가 쇠락하면서 공공 행정의 대표성 위기도 함께 찾아왔다. 그래서 대중 노선 또는 공공 참여 요구가 새롭게 등장했다.[42] 이상의 모순된 요구에는 이중적 현상이 숨어 있다. 한편으로 세계적 범위에서 정치적 자유와 법제의 구호가 대의정치의 대표성 위기를 구할 수 없다. 다른 한편으로 공공 행정이 정치적 통합자에서 비정치적 관료체제로 전환하면서 당-국체제의 대표성 균열이 나타나는 일도 불가피해졌다. 이것은 전문적으로 규명해야 할 복잡한 문제다. 여기서는 개략적인 문제제기만 하고 한 가지 논점만 말하겠다. 즉 '인민주권'이 심화되든 주권의 연속성이 완성되든 19세기 의

---

42 위의 책, 519쪽.

회-정당 모델의 새로운 정치조직과 그 조직이 수행한 사회와 국가의 이중적 구성을 떠나서는 사실상 도대체 어떤 힘과 정신적 자원이 '단기 20세기' 중국의 '정치적 통합'을 일구었는지 인식할 수 없다. '인민주권'의 정당성이 확립되고 혁명의 형태로 이 정치적 통합을 완성하면 어떤 종류의 거스를 수 없는 추세가 형성된다. 그리고 이 '혁명의 형태'에서 우리는 두 가지 측면에 특히 유연할 필요가 있다. 즉 '5·4에서 1960년 대까지 지속된 격렬한 '문화혁명', 북벌 전쟁에서 혁명 근거지 건설까지, 중일전쟁에서 해방 전쟁까지 '인민전쟁'의 전개까지가 그렇다.—'인민전쟁'은 일반적 군사 투쟁이 아니라 토지 개혁과 농민계급의 재편이 맞물린 혁명 과정이다. 20세기 중국의 '문화'와 '전쟁'이라는 두 주제는 다른 글에서 다룰 것이다.

3장

문화와 정치의 변주
: 전쟁, 혁명과 1910년대의 '사상전'[1]

서론: '각성'의 시대

수많은 중요한 역사적 사건과 마찬가지로 '5·4운동'이 지금까지 90년 동안 중국사에서 차지하는 의미는 지금까지도 뚜렷해지지 않고 도리어 갈수록 모호해졌다. 많은 학자가 뚜렷하게 논증했듯이 '5·4문화운동'이 제기한 수많은 명제, 과학, 민주, 공화, 백화문운동 그리고 5·4 문학의 수많은 요소가 모두 그만의 독창적인 것이라고 할 수 없다.

---

1 이 글은 필자의 첫 번째 5·4 관련 연구 결과물이다. 같은 제목으로 스탠퍼드대학(2009년 2월 27일), 뉴욕대학(2009년 3월 3일)에서 공개 강연을 했다. 이 글은 2009년 4월 3일 캘리포니아대학 버클리분교에서 열린 「중국 사상사의 핵심적 시각과 방법Moment and Methodology in Chinese intellectual History」 주제 강연의 원고다.

일찍이 청나라 말기부터 5·4의 각종 요소가 있었다. 순수한 실증적 의미에서 5·4는 분명 청 말기의 각종 조류에서 흘러 내려왔다. 그러나 내 질문은 조금 다르다. 5·4는 순수한 실증적 견지에서 그 의미를 설명할 수 있을까? 5·4의 새로운 의미는 도대체 무엇인가?

지난 20년간 우리는 5·4에 관한 서술 중 가장 영향이 크고 생각이 완전히 반대되는 두 가지를 발견할 수 있다. 하나는 현대 중국의 문학과 사상의 원류를 청말에서 찾고 5·4를 중심으로 현대사를 구획하는 정통 서사를 거부한다. 다른 하나는 양무운동, 무술변법, 신해혁명, 5·4운동을 하나의 흐름을 이루는 순차적 단계로 규정한 채 5·4를 보는 것이다. 즉 물질-제도 차원의 변혁에서 관념 차원의 변혁으로 전화하고 돌파하는 것으로 보는 시각이다.[2] 이상 두 가지 서술은 각각 다음

---

2 5·4 시기 문헌을 근거로 한다면, 천두슈의 「우리 최후의 각성」이 그 의미를 가장 먼저 드러냈다. 천두슈는 명말에서 5·4까지 동서 접촉을 일곱 시기로 나누었다. 그중 아편전쟁 이후 양무운동이 세 번째 시기, 무술변법이 네 번째 시기, 신해혁명이 다섯 번째 시기고 신해혁명 이후 문화운동이 여섯 번째 시기다. "공화체제는 과연 근심거리 없이 공고해질 수 있는가? 입헌정치는 과연 장애 없이 시행될 수 있는가? 이런 측면에서 보면, 이런 정치가 근본적으로 해결할 문제는 여전히 우리의 최후 각성을 기다리는 것이다. 이것이 바로 일곱 번째 시기, 즉 민국헌법 실행 시대다." 陳獨秀, 「吾人最後의 覺悟」, 『靑年雜誌』第1卷第6號, 1916年 2月, 1~4쪽. 비록 시기 구분이 약간씩 다르기는 하지만 이 관점은 훗날 여러 사람에게 계승된다. 줘순성左舜生은 "원래 청나라 사람이 인식한 서양은 처음에는 견고한 갑옷과 날카로운 병기였고, 두 번째는 상공업과 정치였다. 세 번째에야 사상 학술과 문학, 예술 등이다. 우리가 이런 인식의 진도를 시기로 명확히 구분할 수는 없지만 갑오년 이전에는 1단계에 머물렀고 갑오년 이후 두 번째 단계에 진입했으며 5·4 전후에야 진정으로 세 번째 단계에 들어섰다고 한다면 대체로 정확하다." 左舜生, 「中國近代三度改革運動的檢討: 戊戌, 辛亥, 五四」, 周玉山 編, 『五四論集』, 臺北: 成文出版社, 1970, 681쪽. 5·4 80주년이 되는 해에 진야오지는 "5·4는 응당 중국 근대화의 이정표로

과 같은 사항에 중점을 둔다. 전자는 전통적인 5·4의 역사적 위상에 의문을 던지면서 청말과 5·4의 연속성에 더 관심을 두고 후자는 5·4가 중국 근대사에서 차지하는 창조적 의미를 강조한다. 그러나 이 '창조성'은 사실 전형적인 근대화 서사 안에서 규정된 것이다. 5·4를 '중국이 근대화로 향하는 전면적 시동'으로 규정하는 더 정통적 관점[3]과 비교하면 이 역사 서사에는 새로운 의미가 있다고 할 수 없다.

5·4를 물질, 제도와 관념의 진화로 서술하고 청말 이후 변혁을 직선적 발전의 맥락에 놓는 것은 '5·4의 문화적 전환'에 담긴 '전향'의 의미를 제대로 이해하지 못하는 것이다. 5·4를 일으킨 '문화적 전향'은 물질, 제도의 변혁에서 앞으로 뻗어나간 진보 관념에 그치지 않고 새로운 문명적 '각성'을 다시 창조하는 것이다. 제1차 세계대전을 겪은 중국의 공화가 위기를 겪을 때는 18, 19세기 유럽 근대성 모델이 막 심각한 위기에 처했을 시기다.—부르주아계급의 민족국가, 자유경쟁 자본주의 경제 그리고 이와 관련되는 가치 체계가 갑자기 선진성을 명백히 상실했다. 공화의 위기와 국가의 존망은 이제 더는 중국의 전통만을 탓할 수 없었다. 그것은 19세기 서양 근대 문명의 산물로도 보인다. 따라서 '공화의 제도와 가치를 어떻게 평가하는가' '19세기 말 이후 모범으로 여겨지

자리매김해야 한다. 중국 근대화는 양무운동의 '물질과 기능 차원'에서 변법유신, 신해혁명의 '제도 차원'으로 상승했고 다시 신문화운동의 '사상 행위 차원'으로 올라섰다"는 관점을 되풀이했다. 金耀基, 『從傳統到現代』, 臺北: 時報出版公司, 1986, 161~166쪽; 金耀基, 「五四與中國的現代化」, 郝斌, 歐陽哲生 編, 『五四運動與二十世紀的中國』, 北京: 社會科學文獻出版社, 2001, 63~64쪽.

3 彭明, 「五四運動與二十世紀的中國」, 『五四運動與二十世紀的中國』, 23쪽.

던 서양 모델을 어떻게 보는가', 더 나아가 '중국 전통을 어떻게 보는가'
가 '5·4의 문화적 전향'의 기본 문제를 구성했다. 이 전환을 촉진한 중
요한 요소에는 공화의 위기 이외에 유럽의 전쟁과 혁명 시대 서양 형상
의 변화도 있다. 량치차오가 젊은 시절 발표한 『신민설』과 유럽의 전쟁
시기에 쓴 『구유심영록歐遊心影錄』을 비교하면, 전자는 완벽한 서양의 형
상을 담았지만 후자는 서양 문명의 온갖 상처를 분명히 보여준다. 량치
차오가 이때 논한 '중국인의 자각'은 더는 서양 문명을 본받은 자각이
아니라 서양 문명의 위기 속에서 자신을 돌아보는 자각이다.[4] 1917년
4월 두야취안杜亞泉(1873~1933)은 「전후 동서 문명의 조화」에서 이렇게
말했다. "전후 인류의 생활이 반드시 크게 변해야 함에는 의심할 여지가
없다. 개혁 시대가 우리 눈앞에 현실로 다가왔다."[5] 그리고 "이번 대전으
로 서양 문명은 현저한 결점을 드러냈다." "동서양의 현대생활은 모두 완
만하다고 볼 수 없다." "동서양의 현대 문명은 모두 모범적 문명이라 할
수 없다"는 '각성'이 저절로 생겨났다. "그래서 신문명이 역시 인심의 각
성에 따라 부득이하게 발생하는 상황이 되었다."[6]

　이런 '문화적 전향'은 '보수파'만의 관점인가? 분명 그렇지 않다. 시어
도어 후터스Theodore Huters는 황위안융黃遠庸의 글을 분석하면서 다음과

---

4 량치차오는 "서양의 문명을 들여와 우리 문명을 확충하고 우리 문명으로 서양 문명을
보충하여 그것을 변화하고 합친 새로운 문명이라고 하자"라고 제안했다. 이것에서는 이
관점과 『신민설』의 서술에서 차이를 헤아릴 수 없다. 『歐遊心影錄』 「中國人對於世界文明
之大責任」.
5 傖父, 「戰後東西文明之調和」, 『東方雜紙』第14卷 第4期, 1917年 4月, 1~7쪽.
6 傖父, 「戰後東西文明之調和」, 『東方雜紙』第14卷 第4期, 1917年 4月, 1~7쪽.

같이 분명히 논증했다. "『청년잡지』의 대담하고 독단적인 서술 방식은 당시 유명했던 『동방잡지』를 직접 본받았다."[7] 『신청년』의 기본적인 정치적 주장은 진정한 공화의 기초를 다지자는 것이었다. 황제 체제로 회귀하려는 정치적 기도를 반격하면서 황제 체제로 회귀하려는 사회적 토대를 제거하는 것이었다. 그러나 그들은 전쟁의 위기를 보고도 못 본 체할 수 없었다. 그래서 그들에게 러시아 혁명과 독일 혁명은 서양 역사를 다시 보는 계기가 되었다. 천두슈는 「1916년」에서 이렇게 말했다. "20세기의 새로운 문명을 창조하려면 19세기 이전의 문명을 이어받는 데 멈추어서는 안 된다." 그는 다음과 같이 단언했다. 유럽 전쟁의 영향으로 군사, 정치, 학술, 사상이 "급하게 변하고 이전과 크게 달라질 것은 확실하다." 중국은 1915년 황제 체제로 돌아갔다가 실패했으며 "새롭게 참회하고 잘못을 고쳐 자기 혁신을 해야 한다." "개벽 이후 1915년까지를 모두 고대사로 본다."[8] 1년 뒤 러시아에서 2월 혁명이 일어나자 천두슈는 이렇게 단언했다. "이런 대전쟁은 예전에는 없었다. 전후의 정치 학술, 모든 제도의 개혁과 진보 역시 지금껏 보기 드문 일이다. 유럽의 역사를 헤아려보니 대전 이후에는 반드시 완전히 모습이 바뀔 것이다. 전쟁 이전의 역사 관념으로 전후 세계의 대세를 추측한다면 맞는 구석이 하나도 없을 것이다."[9] 2년 뒤 리다자오李大釗는 다음과 같이 선언했다.

---

7 胡志德, 「餘波: 1910年間的中國文化論戰」, 『五四運動與二十世紀的中國』, 482쪽.

8 陳獨秀, 「一九一六年」, 『青年雜誌』 第1卷 第5號, 1916年 1月, 1~4쪽.

9 陳獨秀, 「俄羅斯革命與我國民之覺悟」, 『新青年』 第3卷 第2號, 1917年 4月, 1~3쪽.

"1789년 프랑스 혁명은 프랑스 인심 변동의 상징에 그치는 것이 아니라 19세기 전 세계 인류의 보편적 심리가 변했다는 증거다. 1917년 러시아 혁명은 러시아의 인심 변동을 보여주는 징조이면서 20세기 전 세계 인류의 보편적 심리가 변했음을 보여주는 징조다."[10] 신문화운동은 '과학'과 '민주'의 기치를 높이 들고 공화의 가치에 충실했다. 그리고 이로써 캉유웨이와 그 일파의 복벽 주장을 전면적으로 비판했다. 그러나 그들이 내건 구호는 이제 더는 19세기의 낡은 논조를 반복하지 않았다. 그들은 프랑스 혁명과 그 가치를 다시 천명하면서도 점점 19세기의 정치 - 경제 체제와 결별하자는 의지도 함께 내비쳤다.

19세기의 정치 - 경제 모델과 갈라서겠다는 의지가 없으면 중국의 급진적 정치는 형성될 수 없었다. 마찬가지로 이러한 단절 의식이 없이 중국에서 '보수주의'라고 불리는 문화이론도 형성될 수 없었다. '19세기'에 대한 이런 태도는 결코 처음부터 이처럼 명확하지는 않았다. 그러나 전쟁이 진행되면서 문화 논전의 양측 모두가 점점 이 문제를 깊이 생각하기 시작했다. '5·4의 문화적 전향'은 제1차 세계대전에 인류가 경악한 데서 비롯됐다. 우리는 이 '의식적 전변'의 보편적 의미를 어느 정도 이해할 수 있다. 이때는 '자각'의 시대였다. '자각'으로 새로운 정치에 숨을 불어넣는 시대였고 서로 대립하는 '자각'을 바탕으로 논쟁하고 각종 주장을 이론으로 만드는 시대였다. 이 시기의 각종 인쇄물을 들추어 보면 '자각'과 '각성覺悟'이라는 글자가 곧잘 눈에 띈다. 1915년 『청년잡지』

---

10 李大釗, 「BOLSHEVISM的勝利」, 『新靑年』 第5卷 第5號, 1918年 11月, 442~448쪽.

1권 1호부터 3호에는 가오이한高一涵이 「공화국가와 청년의 자각」을 연재했고[11] 같은 해 10월 『동방잡지』 12권 10호에는 두야취안이 「앞으로 우리의 자각」을 발표했다.[12] 1916년 2월 천두슈는 『청년잡지』 1권 6호에 「우리 최후의 각성」을 발표했고[13] 류수야劉叔雅는 『신청년』 2권 2호에 「유럽 전쟁과 청년의 자각」을 발표했다.[14] 1917년 4월 『신청년』 3권 2호는 천두슈의 「러시아 혁명과 우리 국민의 각성」을 게재했고[15] 같은 해 8월 두야취안은 『동방잡지』 14권 8호에 「앞으로 시국에 대한 각성」을 발표했다.[16] 1917년 말 『동방잡지』 14권 12호는 장스자오章士釗의 「유럽의 최근 사조와 우리의 각성」을 게재했고[17] 1년 뒤인 1918년 12월 쌍안雙眼(천두슈)은 『매주평론』 2호에 「유럽 전쟁 이후 동양 민족의 각성과 요구」를 발표했다.[18] 1919년 1월 『동방잡지』 16권 1호에는 두야취안의 「대전 종결 후 국민의 각성은 어떻게 해야 하는가」를 실었으며 같은 해 5·4운동 과정에서 톈진 학생단체 '각오사覺悟社'가 결성되어 그다음 해 1월 『각오覺悟』라는 이름의 기관지를 펴냈다. 상하이의 『민국일보』 부록

---

11 高一涵, 「共和國家與靑年之自覺」, 『靑年雜誌』 第1卷 第1,2,3號, 1915年 9月, 1~8쪽, 1~6쪽, 1~8쪽.

12 高勞, 「吾人今後之自覺」, 『東方雜誌』 第12卷 第10號, 1915年 10月, 1~4쪽.

13 陳獨秀, 「吾人最後之覺悟」, 『靑年雜誌』 第1卷 第6號, 1916年 2月, 1~4쪽.

14 劉叔雅, 「歐洲戰爭與靑年之自覺」, 『新靑年』 第2卷 第2號, 1916年 10月, 1~8쪽.

15 陳獨秀, 「俄羅斯革命與我國民之覺悟」, 『新靑年』 第3卷 第2號, 1917年 4月, 1~3쪽.

16 高勞, 「今後時局之覺悟」, 『東方雜誌』 第14卷 第8號, 1917年 18月, 1~5쪽.

17 行嚴, 「歐洲最近思潮與吾人之覺悟」, 『東方雜誌』 第14卷 第12號, 1917年 12月, 1~9쪽.

18 雙眼, 『每週評論』 第2號, 1918年 12月 29日.

『각오』는 5·4 시기의 유명한 부록 중 하나다. 이 모든 '자각' 또는 '각성'은 모두 유럽 전쟁과 공화의 위기를 전제로 했다.—전자는 청말 이후 중국 지식인이 창조한 완벽에 가까운 서양 형상에 타격을 주었고 후자는 공화정치 자체에 의존하기만 하면(그러나 각자 다른 견지에서 공화의 가치를 평가한 것은 확연히 대립된다) 중국을 어려운 상황에서 구할 수 있다는 환각을 깨뜨렸다. 요컨대 새로운 정치는 반드시 새로운 '자각' 위에 수립되어야 했다. 그러나 정치와 자각의 이런 관계는 도대체 무엇을 의미할까? 나는 이것이 정치와 역사의 단절—정치는 역사 속에서 자연스럽게 확장될 수 없고 정치가 역사의 단절 속에서 만들어진다는 의식—을 의미한다고 생각한다. '보수주의'는 단절을 전제로 전통의 지속 문제를 논했고 '급진주의'는 단절을 전제로 완전히 다른 신세계를 창조하는 문제를 논했다.

　문화와 정치는 모두 인류 생활의 기본 특질이다. 그들 사이에는 결코 필연적인 경계가 없다. 그러나 왜 전쟁과 공화의 위기라는 정치적 배경에서 5·4문화운동이 문화와 정치라는 밀접하게 연관된 범주를 구분하는 데 힘썼을까? 왜 이렇게 명확한 정치운동이 문화운동으로 이해될까? 사료를 깊이 분석하기 전에 여기서 『신청년』의 태도를 근거로 몇 가지 다른 문제를 늘어놓음으로써 진일보한 사고의 계기를 제공하겠다. 첫째, 어떤 조건에서 5·4운동이 문화와 정치를 구분하는가? 『청년잡지』 1권 1호 「통신」란에 실린 왕융궁王庸工과 기자(천두슈)의 글은 이 문제에 가장 직접적인 답을 제기한다. 왕융궁의 편지는 주로 주안회가 국체와 황제 체제 회복을 논하는 문제를 다루었고 잡지가 직접 개입할 수 있으면 좋겠다고 했다. 천두슈는 답장에서 주안회의 복벽 이론을 명확히 반박했다. 그러나 동시에 『청년잡지』는 이 논의에 개입하려 하지 않겠다고도 밝혔다. "청년의 사상을 개조하고 수양을 이끄는 것이 본지의 본분입니다. 시정을 비평하는 것은 취지가 아닙니다. 국민의 사상이 아직 근본적으로 깨어나지 않았다면 집권을 비난할 이유가 없습니다. 최근 정치 현상의 향방은 모두 중국의 법을 어기지 않아 국수를 보존한다지만 비난을 받는 것은 사실입니다. 정치는 어려운 일입니다! 이웃 나라의 뜻으로 국민에게 경고하시렵니까? 우리 국민은 정치에 참여하고 소식을 들으려 하지 않습니다. 일본의 최후통첩도 그들을 일깨우기에 부족했습니다. 본지의 글 한 편이 무슨 의미가 있겠습니까?"[19] 첫머리의 「사고社告」는 이렇게 시작했다. "나라의 기운이 기울고 도가 쇠락하고 학문이 망가졌다. 이후 책임은 청년에게 있다. 본지를 창간한 취지는 앞으로 수신과 치국을 어떻게 할지 청년 제군과 논하려는 것이다."[20] 『청년잡지』를 창간한 일 자체가 정치 행위지만 이것이 반드시 정치와 단절하는 방식―즉 이른바 "청년의 사상을 개조하고 수양을 돕고" 국민의 "근본적 자각"을 촉진하는 것―으로 비로소 완성된다는 것을 분명히 판정할 수 있다. '문화'와 문화의 '운동'이 바로 정치 행위를 완성하는 방식이다.

둘째, 왜 『청년잡지』는 꼭 정치와 거리를 두는 방식으로 정치에 개입

---

19 「通訊」, 『靑年雜誌』 第1卷 第1號, 1915年 9月, 1~2쪽.
20 「社告」, 『靑年雜誌』 第1卷 第1號, 1915年 9月, 1쪽.

해야 했나? 정치는 일상생활, 즉 사회단체에서 국가 영역까지 인류 생활의 각 방면에 존재한다. 그러나 현대 정치의 독특성은 정치와 국가가 긴밀히 연관되어 현대인이 정치 문제를 논할 때는 반드시 국가와 관련된 활동을 지칭하게 된다는 데 있다. 바꾸어 말하면 정치가 국가의 활동 범주가 된다는 것이 현대 정치의 가장 근본적 특징이다. 그렇지만 5·4 시대의 근본적 자각은 공화정치가 진정으로 뿌리내리지 못했음을 의식하는 것뿐 아니라 18, 19세기 서양 근대성을 환멸하는 것으로도 형성된다. 이 때문에 정치 행위를 재구성하는 것이 특정한 정치 모델을 바꾸는 전제가 되었다. 천두슈는 「우리가 중국 정치를 해결하는 방침」이라는 연설에서 이렇게 말했다. "우리는 정치 문제를 소홀하게 여기는 것이 아니라 18세기부터 내려온 정치제도가 이미 파산했기 때문에 사회적 토대 위에서 새로운 정치를 만들려는 것입니다. 우리에게 헌법이 필요하지 않은 것이 아니라 사회에서 새로운 헌법의 실질이 자연스럽게 필요하도록 조성하려는 것입니다. '터무니없는 토론 형식의 조문은 무익한 일입니다.' 정치는 어디에나 있습니다. '인류는 정치를 떠날 수 없습니다.' 그러나 국가의 정치 제도가 중심이 된 18세기 정치 모델, 민국 이후 권력 탈취와 이익 침탈로 점철된 정치 현실은 모두 '가짜 정치'입니다.[21] 국가가 중심이 된 정치, 즉 '국가주의' 정치는 '탈정치화된 정치'다. 천두슈는 "사회적 토대 위에서 새로운 정치를 만드는" 임무가 곧 문화운동의 임무라고 반복해서 주장했다. 이 판단은 마찬가지로 중국의 정당

21 陳獨秀, 「談政治」, 『新靑年』 第8卷 第1號, 1920年 9月, 1~9쪽.

정치에도 부합한다. 정당정치가 사회에 기반을 두지 않고 국가에 내재한 탓에 "정치는 가혹한 정치고 당은 사적인 당"이었기 때문이다. "정치가 다수 국민과 소통하지 않습니다. 본지는 청년의 교육을 목적으로 매호 국민의 근본적 각성을 의도합니다. 따라서 오늘날 추구하나 존재하지 않는 정당정치를 성취하기 위해 백척간두에서 한 걸음 더 내딛습니다."[22]

셋째, 왜 정치와 거리를 두면서 정치 문화를 재건하려 하는가? 중국 고전의 어원과 라틴어에서 '문화'는 모두 동태적 과정을 의미한다. 문화의 라틴어 어원은 동사 'Colere'로 토지를 경작한다는 의미다. 훗날 사람의 관심, 정신, 지혜를 배양한다는 의미가 되었다. 중국의 문화 개념은 '문'과 '화' 두 글자를 합성한 데서 연원한다. 전자는 자연의 무늬(『역易』 「계사하繫辭下」 "사물의 모양은 복잡하다. 그래서 '문'이라고 한다")와 예악질서(『논어論語』 「자한子罕」 "문왕이 이미 돌아가시니 '문'이 여기에 있지 않은가?")라는 의미다. 후자는 문의 양성 과정(생성, 조화, 변화)이라는 뜻을 담고 있다. 정치적 범주와 마찬가지로 근대적 '문화' 개념은 국가와 밀접하게 관련되어 있다.—마르크스의 관점에 따르면 자본주의적 생산관계에서는 '상부구조'가 형성되고 문화는 이 상부구조의 기초를 다지는 기능이다. '신문화운동'은 문화의 방식으로 정치('근본적 각성')를 격발했지만 그 사회 개조 방안에는 완전히 새로운 국가 정치, 정당정치에 대한 흥미를 일으키는 것이 포함되어 있다. 즉 '문화'와 문화 '운동'

---

22 陳獨秀, 「通信」(答汪叔潛), 『新靑年』 第2卷 第1號, 1916年 9月.

은 사회적 토대에서 새로운 사람('청년')을 창조할 뿐 아니라 새로운 사람과 그들의 '근본적 각성'을 바탕으로 국가와 정당의 탈정치화 추세를 역전시킬 수 있는 것으로 생각되었다. 이상의 문화와 정치 개념은 모두 18, 19세기 국가 정치에 실망하면서 그것과 고별함으로써 비롯된 것이다. 이런 의미에서 '신문화운동'은 전형적인 '20세기'적 현상이다.

20세기 정치가 결코 18, 19세기의 기본 틀에서 벗어나지 않았고 국가와 정당이 여전히 '정치'의 주된 담당자임은 분명하다. 혁명정치도 마찬가지다. 5·4의 문화운동과 정치운동의 직접적 산물은 새로운 정당정치를 형성하는 것이다.—공산당 창건에서 국민당 개조, 청년당 등 기타 정치 단체 탄생까지가 여기에 해당된다. '문화'는 이 때문에 이중적 임무를 지녔다. 한편으로는 사회적 토대 위에서 새로운 정치 주체를 창조·배양하고 다른 한편으로는 국가와 정당의 운동(또는 '혁명') 안에 자리잡음으로써 정치의 생성·조화·변화를 촉진했다. 20세기 문화운동은 항상 '국가 정치의 바깥'과 '국가 정치의 안' 사이에서 동요했다. 전자의 대표적 예는 5·4문화운동이고 후자의 대표적 사례는 정당과 국가 내부에서 끊이지 않았던 '문화혁명'이다. '외재'하든 '내재'하든 문화와 정치를 구분해 정치에 개입하고 정치를 격발하는 방식은 20세기 중국의 독특한 현상을 이루었다. 이런 의미에서 5·4문화운동은 19세기 이후 새로운 정치의 중요한 시발점의 하나다.

내가 여기서 사용하는 5·4문화운동은 '신문화운동'과 구별되는 개념이다. 1920년 1월 「해외 국민당 동지에게 보내는 서신」에서 쑨중산은 이렇게 말했다.

단기 20세기: 중국 혁명과 정치의 논리

베이징대학 학생들이 5·4운동을 시작한 때부터 일반적인 애국청년이라면 누구나 혁신 사상으로 장래의 혁신 사업을 준비했다. 이에 활기가 넘치게 의견을 내놓았다. 국내 각계 여론이 함께 일었다. 열정적인 청년들이 다양한 새 출판물을 연이어 즉각 출판했다. (…) 악랄한 가짜 정부도 그 기세를 선뜻 흔들 수 없었다. 이러한 신문화운동은 그야말로 우리 나라에서 유례없는 사상계의 대변동이다. 그 시작점을 추적하면 출판계에서 깨어 있는 사람 한두 명이 앞장섰고 그 뒤를 이어 여론계가 크게 빛을 냈으며 학생 시위가 전국에서 일어났다. 사람들은 모두 양심을 발동해서 죽음을 맹세하고 애국 운동을 벌였다. (…) 우리 당이 혁명에 성공하려면 꼭 사상의 변화를 발판 삼아야 한다. 『병법』에서 "마음을 공격하라"고 하고 『논어』에서 "마음을 바꾸라"고 한 것은 모두 이 때문이다. 따라서 이러한 신문화운동이 사실상 가장 가치 있는 일이다.[23]

쑨중산의 근본 목표는 "우리 당이 혁명에 성공하는 것"이었고 "사상의 변화"가 전제 조건 중 하나였다. 여기에 이미 문화운동과 정당이 상호 결합하는 동기가 드러났다. 그는 '신문화운동'이라는 말로 『신청년』 『신조新潮』 등 출판물이 일으킨 사상 조류를 개괄했다. 이는 천두슈, 후스胡適, 부쓰녠傅斯年, 뤄자룬羅家倫 등 신구 세대 참여자도 인정했을 뿐 아니라 이 운동과 새로운 정당정치가 필연적으로 연관될 것임을 예견하기

---

23 孫中山, 「致海外國民黨同志函」, 『孫中山全集』, 第5卷, 北京 : 中華書局, 1985, 140쪽.

도 했다. 5·4시대의 '사상전' 구도에서 볼 때 '신문화운동'이라는 범주는 이상의 간행물과 그 지지자가 중심이 된 문화 조류를 특정하지만 그것과 대립하거나 논전을 벌인 간행물은 담아낼 수 없다. 문화운동은 대항, 토론으로 만들어지고 그 정치성은 사상과 가치의 대치와 상호관계 속에 숨어 있다. 논적, 논전, 동맹, 분화 없이는 '문화운동'이 무엇인지 제대로 이해할 수 없다. '5·4문화운동'을 대상으로 한 것은 단순히 '신문화운동'을 진술하는 것이 아니라 서로 다른 파별, 관점, 주장 사이의 대항과 논전이 생산, 형성, 전개, 전화되는 것을 대상으로 삼는다. 이 열렬한 운동을 관찰하면서 '문화'가 어떻게 '새로운 정치'의 핵심 요소가 되는지를 본다.

1970년대부터 북아메리카 그리고 중국에서 연이어 5·4문화운동을 급진주의적 사상운동으로 규정하려는 방식이 점점 공감을 얻었다. 유명한 '계몽과 구망救亡의 이중 변주'라는 논법은 계몽주의와 민족주의가 역사적으로 뒤엉키는 양상을 분석했고 중국 계몽운동의 비극적 운명을 개탄하는 것이 한결같은 기조다.[24] 그리고 슈워츠가 창안한 자유주의, 보수주의, 급진주의의 3종 구분[25]은 주로 5·4 급진주의를 겨냥한 사

---

24 이 관점은 일찍이 베라 슈워츠가 지지했다. 「重評五四運動: 在民族主義與啓蒙運動之間」, 『五四: 文化的闡釋與評價, 西方學者論五四』, 太原: 山西人民出版社, 1989, 69~89쪽. 리쩌허우李澤厚의 「계몽과 구망의 이중 변주啓蒙與救亡的雙重變奏」(『中國現代思想史論』, 北京: 東方出版社, 1987)는 『미래를 향하여走向未來』(1989) 창간호에 처음 실린 후 널리 영향을 미쳤다.

25 Benjamin Schwartz, 「論五四前後的文化保守主義」, 『五四: 文化的闡釋與評價, 西方學者論五四』, 太原: 山西人民出版社, 1989, 149~163쪽 참조.

유 방식이다. 린위성林毓生은 5·4의 문화적 전환을 '문화사상으로 문제를 해결하는 방법the cultural-intellectual approach'으로 해석하고 이런 방법이 (일종의 무의식으로서) 전통적 유교문화에 깊이 뿌리박았기 때문에 5·4의 반전통주의와 급진주의가 전통적 사유 방식이 근대적으로 발현된 것이라고 생각했다. 이것이 바로 이른바 '중국 의식의 위기'다.[26] 그러나 5·4문화운동이 새로운 정치를 창조한 것은 어떻게 해석할 것인가? 급진주의 정치의 핵심이자 전조가 급진주의 문화운동이라면 20세기 중국의 이처럼 독특한 문화와 정치의 변주를 어떻게 해석하는가? 이 문제들은 이상의 두 가지 해석으로는 뚜렷이 설명되지 못했다.

대략 40년 전 모리스 마이스너Maurice Meisner는 선도적으로 5·4와 중국의 1960년대를 동일한 맥락에 두고 관찰했다. 그는 반세기 정도 된 이 운동이 모두 '의식의 전환'을 취지로 한 '문화혁명'이라고 했다.[27] 이는 아주 의미 있는 관찰이지만 충분히 논증되지는 않았다. 슈워츠는 5·4의 '문화주의'를 논할 때 마이스너와 린위성의 관점을 연결하려고 했다. 그는 이렇게 말했다. "물론 마오쩌둥이 문화혁명은 정치 혁명으로 전환될 때만 현실에 영향을 줄 수 있다고 했다. 그러나 '문화'가 1969년에 결정

---

26 Yu-sheng Lin, *The Crisis of Chinese Consciousness: Radical Anti-traditionalism in the May Fourth*, University of Wisconsin Press, 1978.

27 Maurice Meisner, "Cultural Iconoclasm, Nationalism, and Internationalism in the May Fourth Movement," *Reflections on the May Fourth Movement: A symposium*, edited by Benjamin I. Schwartz, published by East Asian Research Center, Harvard University Press, 1972, p.15.

적 속성을 갖추었다면 1919년에도 그러하다는 것은 여전히 진실이다."[28] 이렇게 '문화적 전향'을 유교 전통의 사유 방식에서 기원을 찾는 식으로 5·4운동의 '단절의식'을 기나긴 역사 과정의 내부로 다시 연결하면 마이스너의 질문에 담긴 20세기 중국 정치의 독특성에 대한 관찰은 흔적도 없이 묻혀버린다. 여기서 다음과 같은 질문을 던질 수 있다. 5·4의 문화적 전향에 담긴 단절의식은 도대체 어디서 왔는가, 20세기 중국의 혁명정치는 왜 늘 문화혁명과 밀접하게 관련되었는가?

5·4의 문화 논전이 다룬 범위가 넓어서 자료의 선별과 논의에 제한이 있을 수밖에 없다. 이 글에서는 상, 중, 하 세 부분으로 나누어 5·4문화운동의 형성과 전환을 검토하겠다. 상편에서는 『동방잡지』를 중심으로 중국 지식인이 유럽 전쟁과 공화의 위기를 정치·경제적으로 분석하면서 왜 문명 문제 논의로 방향을 틀었는지 분석한다. 중편에서는 『신청년』 『신조』를 중심으로 '신문화운동'의 문화 정치와 5·4정치운동의 관계를 분석한다. 하편에서는 1920년대 초반의 정치운동 특히 새로운 형태의 정당정치가 형성되는 것을 중심으로 문화운동과 정당정치의 관계를 논하고 '신문화운동'의 퇴조와 전향을 분석한다.

---

28 Benjamin Schwartz, 「五四運動的反省」, 『五四：文化的闡釋與評價, 西方學者論五四』, 太原：山西人民出版社, 1989, 2~3쪽.

1. '문명 충돌'에서 '문명 조화'로

1) 사건과 역사

1918년 9월 『신청년』 5권 3호에는 편집주간 천두슈의 「『동방잡지』 기자에게 묻는다 ─『동방잡지』와 복벽 문제」가 실렸다.[29] 석 달 뒤 『동방잡지』 편집주간 두야취안은 「『신청년』 잡지 기자의 질문에 답한다」를 발표해서 응답했다.[30] 두 달 뒤 천두슈는 또 「『동방잡지』 기자에게 다시 묻는다」[31]를 발표했고 두야취안(본명은 웨이쑨煒孫, 자는 추판秋帆이다. 1900년 이후 별호인 야취안亞泉으로 세상에 알려졌다. 창푸傖父, 가오라오高勞 등을 필명으로 사용했다)은 응답하지 않았지만 그 시기 '동서 문명은 조화될 수 있는가'를 둘러싼 사상 논쟁이 대규모로 전개되었다. 1919년 말 두야취안은 『동방잡지』에 「통속문에 대하여」를 발표해서 언어와 문학의 측면에서 신문화운동의 두 가지 주요 지점, 즉 백화문운동과 신문학운동을 비판했다.[32] 이는 공격으로 수비하는 전략적 전환을 예고한 것이다. 그러나 이는 벌어지기도 전에 끝나버린 투쟁과 같았다. 내외적 압력을 받은 두야취안은 한 달 뒤 『동방잡지』 편집책임자에서 침울하게 물러났다. 그때 『신청년』이 주도하는 사상운동, 언어 변혁, 문

---

29 陳獨秀, 「質問『東方雜誌』記者 ─『東方雜誌』與復辟問題」, 『新青年』 第5卷 第3號, 1918年 9月.

30 傖父, 『東方雜誌』 第15卷 第12號, 1918年 12月.

31 陳獨秀, 「再質問『東方雜誌』記者」, 『新青年』 第6卷 第2號, 1919年 2月.

32 傖父, 「論通俗文」, 『東方雜誌』 第16卷 第12號, 7쪽.

학 혁신이 이미 거대한 조류로 성장해서 새로운 방향으로 발전하려 했다. 두야취안이 퇴출된 뒤『동방잡지』의 편집 방침은 '실제로 실행될 수 있는 구체적 문제에 주목'하는 것으로 바뀌었다. 이는『동방잡지』가 이 단계의 언론 주도권 쟁탈전에서 물러났음을 의미하기도 한다.[33]

'동서 문명과 그 조화'는 두야취안이 어쩌다 우연히 한 말이 아니라『동방잡지』가 오랫동안 주목한 화제였다.[34] 이 문제는 어떤 상황에서 형성되고 어떤 문제를 겨냥했을까? 이 논전의 전후 인과를 명확히 알기 위해서는『동방잡지』자체의 발자취를 고찰하고 문명과 관련된 논쟁으로 방향을 잡은 역사적 동력과 사상적 맥락을 분석해야 한다. 상무인서관이 발행한『동방잡지』는 1904년 3월 11일에 창간되어 1948년 12월 폐간되었다. 출판 권수는 44권이고 중간에 세 차례 정간되었다(1911년

---

33 1920년 1월『동방잡지』는「본지의 희망」을 발표해서 잡지 발행 취지를 새롭게 설명했다. "잡지계의 직무는 스스로 언론을 가장 중요하게 여기고 언론이 헛되게 나오지 않도록 하는 것이다. 즉 첫째로 언론의 방향을 반드시 잡아야 한다. 둘째는 언론이 실행될 근거를 갖도록 해야 한다. 본지는 우리 나라의 희망이 오로지 사회적 자각에 달려 있고 정권을 잡은 사람과는 관계가 없다고 본다. 따라서 앞으로 언론은 대부분 사회의 자각을 재촉할 테고 정론의 한편에 치우치지 않을 것이다. 공허하고 규칙 없는 언사로 사실에 도움이 안 되는 것은 이 사회에 널려 있다. 따라서 앞으로 사회에 의견을 내놓을 때는 실제로 실행될 수 있는 구체적 문제에 특히 주목해야 한다. 본지에 실린「論提倡國貨宜設消費協會」와「說協濟會」등이 여기에 해당한다. 堅瓠,「本誌之希望」,『東方雜誌』第17卷 第1號, 1920年 1月, 1~3쪽.

34 두야취안이 편집권을 갖고 처음 펴낸『동방잡지』에는 유럽에서 반향을 일으킨 글(제목은 Letters from John Chinaman이고 중국 무명씨를 저자로 소개했다)이 게재되었다. 그 주된 내용은 '동서 문명의 충돌'인데 중국에 대한 서양의 오해(즉 서양에 대한 중국의 오해)에 반박하는 동시에 두 문명의 차이를 간략히 서술했다.「聳動歐人之名論」,『東方雜誌』第8卷 第1號, 1911年 2月, 6~10쪽.

12월~1912년 3월, 1932년 2~10월, 1941년 11월~1943년 3월). 총 간행 시기는 장장 45년에 달한다. 초대 편집주간은 장웨이차오蔣維喬이고 5권 이전에는 쉬커徐珂(1869~1928)가 편집을 맡았으며 1908년 8월 21일에 출판된 5권 7호부터는 멍썬孟森이 편집을 맡았다. 1911년 8권 1호부터 『동방잡지』는 초기의 다이제스트 모음 유형을 일신하고 판형도 바꾸면 서 모습이 크게 달라졌다. 두야취안이 『동방잡지』 편집주간을 맡은 것 은 1912년 7월 1일에 출판된 9권 1호부터였다. 그러나 멍썬이 1909년 장쑤성 자의국 의원에 선출되면서 그해 6월 12일에 출판된 6권 5호부 터 이미 두야취안이 편집 작업을 전적으로 담당했다. 따라서 『동방잡 지』 개편은 두야취안이 주도하던 시기의 산물이다. '동서 문명' 문제는 바로 그가 편집주간이던 시기에 점점 중요한 의제가 되었고 결국 『동방 잡지』와 『신청년』 사이의 논쟁을 일으켰다.

청나라 말기에 이미 '중체서용' 문제로 대토론이 일어났지만 5·4 전 후의 '동서 문명 논전'은 확연히 다른 의미가 있다. 요약하면 이 토론은 제1차 세계대전과 공화의 위기라는 두 가지 중대한 사건에 대한 중국 지식계의 반응으로 직접 형성되었다. 핵심 문제는 '제1차 세계대전의 원 인과 결과가 무엇인가?' '민국 초기 특히 홍헌洪憲(위안스카이) 체제 시 기의 공화 위기를 어떻게 이해해야 하는가?'였다. '동서 문명 논전'은 문 명, 문화, 사상의 깃발을 걸고 토론을 진행했지만 그 정치적 함의는 모 두 이 두 문제와 관련되어 있었다. 1919년 1월 두야취안은 『동방잡지』 16권 11호에 발표한 「대전쟁이 끝난 뒤 후 국민의 각성은 어떻게 이루어 지는가」에서 감정이 북받쳐 이렇게 말했다.

우리는 이 시국에 대해 각성하지 않을 수 없다. 즉 세계 인류가 이 대결투와 대희생을 치른 후 물질과 정신 두 측면에서 반드시 일종의 대개혁이 있을 것이다. 지구상에 나라를 세운 이는 이 대개혁의 영향을 받지 않을 수 없다. 이런 각성은 우리 국민 중 세상일에 조금이라도 관심이 있는 사람이라면 공감하지 않는 이가 거의 없을 것이다. 즉 우리 나라의 남북전쟁은 본디 참전이 원인이었고 근래에는 이 영향을 받아 군사를 물리고 전쟁을 끝냈다. 여기서 우리 국민이 시국에 대해 약간 각성했음을 알 수 있다. 그러나 각성 정도가 어떠하냐가 앞으로 우리 나라가 세계의 대개혁에 어떻게 적응할지와 크게 관련된다. 따라서 우리는 대전쟁의 영향이 미치는 범위를 우리 국민에게 알려서 국민의 각성을 촉구하기를 간절히 바란다.[35]

여기서 그는 제1차 세계대전과 중국의 남북전쟁을 내재적 연관이 있는 사건으로 보았다. 그리고 이를 근거로 '국민의 각성'을 촉진할 필요가 있다고 주장했다. 여기서 '각성'은 무슨 뜻인가?

중화민국 수립 이후 『동방잡지』는 늘 공화시대의 정치적 위기에 관심을 두었다. 전쟁 시기에는 공화의 위기에 대한 논의가 전쟁을 일으킨 문명의 위기에 대한 사유와 차츰 연결되었다. 1914~1919년에 잡지 매호에 중외대사기中外大事記가 실렸는데 여기에 국제정치와 군사에 대한 분석이 다량 발표되었다. 이때 동서 문명의 차이·충돌·조화에 대한 분석과 유

---

35 傖父,「大戰終結後國人之覺悟如何」, 『東方雜誌』 第16卷 第1號, 1919年 1月, 1~8쪽.

럽 전쟁에 대한 분석이 긴밀하게 연관되었다. 제1차 세계대전이 없었다면『동방잡지』는 청말 계몽의 기본 관점을 그대로 유지했을 것이다.[36] 공화의 위기가 없었다면『동방잡지』는 민주주의 정치를 낙관했던 민국 초기의 관점을 그대로 유지했을 것이다. 그러나 전쟁은 잡지의 면모와 의제를 깊숙이 바꿔놓았다. 두야취안이 사직한 후『동방잡지』는 다음과 같은 성명을 발표했다. "본지가 출간된 후 지금까지 17년이 지났다. 열일곱 번째 되는 해는 곧 유럽 전쟁이 끝난 뒤 첫 번째 해다. 세계정세가 바뀌니 잡지계도 시대에 맞추어 세계의 조류에 순응해야 함을 알아야 한다."[37] 이 말에서 두야취안의 사직과『동방잡지』의 전향이 사상문화의 '전후 시대'가 시작된 데서 기인했음을 알 수 있다.

홉스봄은『극단의 시대』에서 '단기 20세기'가 1914년 제1차 세계대전이 일어난 시점에 시작되었고 1991년 소련 동구권이 해체되면서 끝났다고 보았다.[38] 전쟁과 혁명은 이 시대의 두 가지 중심 주제다. 이는 20세기 역사 전체와 제1차 세계대전과 그것이 일으킨 혁명의 관계가 밀접하고, 그것의 종결이 바로 이 전쟁이 만들어낸 역사적 패러다임의 종결이라는 것도 의미한다. 역사의 진행을 바꾸는 중대한 사건으로서 유럽 전쟁은 각기 다른 영역, 각기 다른 사회에서 일련의 연속적 사건을 일으

---

36 두야취안이『동방잡지』편집일을 이어받기 10년 전인 1900년 두야취안은 청나라 말기에 과학 계몽 간행물『亞泉雜誌』를 창간했다. 이 잡지는 청나라 말기 과학 계몽에서 선도적 역할을 했다.

37 堅瓠,「本誌之希望」,『東方雜誌』第17卷 第1號, 1920년 1月, 1쪽.

38 Eric Hobsbawm, *The Age of Extremes, A History of the World*, New York: Pantheon, 1994.

켰다. 중국에서 시작된 공화의 위기도 그중 하나다. 여기서 말하는 '중대한 사건'은 역사 진보의 궤적을 바꾸고 새로운 가치와 패러다임을 창조한 사건을 가리킨다. 프랑스 대혁명, 제1차 세계대전, 러시아 혁명, 제2차 세계대전, 중국 혁명 등이 여기에 해당한다. 그러나 이 역사적 변동이 역사의 진전을 바꾸는 사건을 구성하는 이유는 그것들이 규모가 크기 때문만이 아니다. 기존에 형성된 역사의 패러다임을 끝냈기 때문이다. 그 사건들 뒤에 일어난 모든 것은 역사의 자연스러운 연속이 아니라 새로운 사건으로 창조된 패러다임의 순차적 전개였다.

사건은 늘 사건에 대한 사람들의 인식, 판단, 감각 그리고 이 새로운 인식, 판단, 감각으로 일어나는 행동에 의존한다. 전쟁과 혁명은 이 시대와 긴밀하게 연관되지만 사람들은 이 사건들의 의미를 저마다 다르게 이해한다. 『동방잡지』와 『신청년』은 똑같이 전쟁과 공화라는 이중적 위기를 마주했다. 그러나 둘이 역사를 서술하는 방식은 전혀 달랐다. 『동방잡지』는 전쟁의 전개와 공화의 위기의 궤적을 면밀하게 추적하고 전쟁과 현대 문명의 관계를 성찰했다. 『신청년』은 혁명(프랑스 혁명과 그후 러시아 혁명)을 실마리로 삼아 혁명이 불러오는 역사적 변동과 가치 지향으로부터 전쟁과 공화의 위기에서 벗어날 길을 찾으려 했다. 『동방잡지』는 위기 속에서 중국 '문명'의 의미를 새롭게 사유하고 전통의 근대적 에너지에 주목하고 중국의 미래를 구상했다. 『신청년』은 '청년' '청춘' 위에 발을 딛고 서서 '신문화' '신사상'으로 '새로운 주체'를 불러내면서 제3의 시대를 창조할 토대를 닦았다. 따라서 자신과 역사의 관계를 서로 다른 방식으로 설정했으므로 성격이 다른 두 가지 문화 정치가 직접 형성되었다. 두야취안이 사직하면서 『동방잡지』와 『신청년』은 달라진 처지에서 사상 언론에 영향을 주게 되었다. 이런 전환은 전후 시기 중국의 정치와 사상의 중심 문제 변천과 밀접한 관계가 있다.

유럽 전쟁과 중국의 공화 위기는 시기적으로만 서로 중첩된 것이 아니라 밀접하게 연관되어 있다. 1914년 7월 28일 오스트리아—헝가리 황제가 독일의 종용으로 세르비아에 전쟁을 선포하면서 많은 나라에서 대전이 일어났다. 1개월여 지난 1914년 9월 20일 유명한 독일 생물학자이자 일원론 종교의 제창자인 에른스트 헤켈Ernst Haeckel이 『인디애나폴리스 스타Indianapolis Star』에 글을 발표했는데 여기서 '제1차 세계대전'이라는 개념이 처음 사용되었다.[39] 직접적 원인을 말하면 이 전쟁은 프로이센-프랑스 전쟁(1870~1871) 이후 점점 형성된 독일—오스트리아 동맹과 영국, 프랑스, 러시아 '협약' 사이의 군비 경쟁과 식민지 쟁탈에서 비롯됐다. 그러나 전쟁이 진행되면서 러시아, 일본, 미국, 이탈리아 등 28개 국가가 연이어 교전국이 되었고 사상 유례없는 세계대전의 구도가 형성되었다. 대전 기간인 1915년 말 주안회와 여타 정치 세력의 부추김과 위안스카이 자신의 획책 아래 홍헌 제제가 등장했다. 기존의 정치적 위기와 달리 황제 체제 복귀는 당연히 공화 위기의 산물이다. 그러나 여기서 초래된 국가의 통일 문제를 둘러싼 논쟁은 제1차 세계대전의 독특한 형식—민족국가 간의 전쟁-과 밀접하게 연관된다. 전쟁이 일어난

---

39 *Indianapolis Star*, September 20, 1914. Fred R. Shapiro, ed.(2006), *The Yale Book of Quotations*, Yale University Press, p.329.

뒤 일본은 일영 동맹의 의무를 이행하고 동아시아의 평화를 지킨다는 명목으로 대독 참전을 선포했다. 1914년 8월 27일 일본군은 자오저우만을 봉쇄하고 칭다오를 공격한다는 명목으로 산둥으로 군대를 출동시켰다. 1915년 1월 18일 위안스카이 정부는 '21개조'를 발표했는데 여기에는 산둥, 난만南滿, 몽골, 한야핑공사漢冶萍公司, 연해 항만과 도서를 조차하고 정치, 재정, 군사, 경찰 등의 영역에서 중국을 통제한다는 조항이 있었다. 그리고 5월 7일 40시간 안에 답변하라고 최후통첩을 했다. 황제 체제의 신속한 패망과 위안스카이가 일본의 '21개조'를 수용한 것은 긴밀하게 연관되어 있다. 그러나 황제 체제에 대한 은밀한 동정은 결코 위안스카이가 죽으면서 곧바로 사라지지 않았다. 그 원인은 간단한데 황제 체제에 대한 동정이 곧 위안스카이에 대한 동정은 아니었기 때문이다. 전자는 민국 초기의 정치적 혼란과 합법성 위기(몽골, 티베트 문제가 이 정치체제 전환이 만들어낸 위기의 징후다)에서 비롯된 것인 동시에 중국 지식인이 전쟁 기간에 유럽 근대국가의 형태를 사유한 것과도 관련이 있다. 황제 체제가 실패한 후 참전 문제를 둘러싸고 전쟁을 주장하는 돤치루이段祺瑞 정부와 참전을 반대하는 총통 리위안훙黎元洪 사이에 격렬한 '부원지쟁府院之爭(총통부와 국무원 사이에서 벌어진 권력투쟁—옮긴이)'이 벌어졌다. 이 부원지쟁의 결과로 뜬금없이 1917년 6월 장쉰張勳의 복벽 사건이 벌어진 것은 의외였다.[40] 홍헌 제제에서 장

---

40 총통 리위안훙의 초청으로 독군단督軍團 단장 장쉰이 1917년 6월 14일 베이징에 들어와서 부원지쟁을 중재했다. 장쉰은 베이징에 입성한 후 선통을 보위에 복귀시키려 했지만 결국 총리 돤치루이에게 진압되었다.

쉰 복벽까지 중국의 정치 영역에서 정치체제 문제에 따른 모순과 투쟁은 제1차 세계대전의 국제정치적 선택 문제와 얽혀 있다.

마찬가지로 1917년 러시아 2월 혁명과 10월 혁명이 연달아 일어났고 레닌과 독일이 브레스트-리토브스크 조약을 맺고 대전에서 발을 빼겠다고 선포했다. 1918년 독일에서 1월 혁명이 일어났고 사회민주당이 임시정부를 수립해 독일공화국이 세워졌다. 전쟁의 동인과 결과를 관찰하는 과정에서 중국 지식인은 무게중심을 점점 전쟁에서 혁명으로 옮겼고, 이에 따라 새로운 사유와 분화가 일어났다. 1919년 5·4운동은 직접적으로는 파리강화회의와 베르사유 조약에서 중국의 권익을 팔아버린 데서 기인한다. 그러나 이 위기는 일본과 독일이 산둥의 권익을 쟁탈하고 독일이 패한 데도 근본적 원인이 있다. 이런 의미에서 5·4운동은 제1차 세계대전의 결과 중 하나다. 전쟁의 종결과 소련의 성립은 중국이 진행하는 문화운동과 정치 변혁에 새로운 계기를 제공했다. 중국공산당 창당, 중국국민당 개조, 북벌 전쟁 전개라는 일련의 중대한 사건이 짧은 시간 일어났다. 그들은 언뜻 확연히 다른 것처럼 보이지만 서로 관련이 있다.

이 격렬한 변천 속에서 '동서 문명'은 어떻게 중국 사상 영역의 중심 문제가 되었을까? 또 왜 5·4 이후에 점점 사라져갔을까? 우리는 '동서 문명' 문제가 발생·전개·변이되는 상세한 사정과 결말을 자세히 살펴볼 필요가 있다.

2) 유럽 전쟁에 대한 민족주의적 반응

제1차 세계대전이 역사적 계기를 제공하지 않았다면 중국 지식계의 이처럼 수많은 사선은 세계적 사건의 계통적 전개 속에서 사유될 수 없을 것이다. 1911년 『동방잡지』는 기사에서 프로이센-프랑스 전쟁 이후 유럽의 정세와 각국의 외교 정책을 논하면서 유럽의 큰 재난이 유럽 안에 있다고 예언했다. 그러나 1915년 영일동맹이 시한이 만료되어 일본, 영국, 러시아가 만주와 몽골에서 각축을 벌이고 중국과 러시아가 그 재난을 피하기 어려워 "그 후 15년간 유럽과 아시아 두 대륙의 존망이 실로 위태로운 시기에 처할 것"이라는 예감이 수면 위로 떠오를 거라고는 생각하지 못했다.[41] 유럽 전쟁이 일어나기 전인 1914년 7월 1일 『동방잡지』 1권 1호에는 「미국과 멕시코의 교섭」 「일본 정계의 풍조」 「아일랜드 문제의 새로운 국면」 등 국제 평론이 실려 국제 시국에 대한 추적 보도와 분석을 했다. 일본 수상 오쿠마 시게노부大隈重信가 영일동맹을 주장하고 첸즈슈錢智修가 「영일 대 중국 동맹에 관하여」를 발표해서 중영동맹의 필요성을 제기했다. 이 글에서는 일본이 협약국에 가담해서 중국의 이익을 침해할 거라고 예견했다. 그는 또 다른 글인 「영국 왕 프랑스 방문 기사」에서 영국, 프랑스, 러시아 '삼국협상의 대문제'를 거론했다.[42] 다시 말해 대전이 막 일어나려 할 때 중국 지식인이 이미 이 유럽에서

---

41 某西人來稿, 「最近歐洲各國之外交政策」, 『東方雜誌』 第8卷 第2號, 1911年 3月, 1~4쪽.
42 錢智修, 「英王遊法紀事」, 『東方雜誌』 第11卷 第1號, 1914年 7月 1日, 44~46쪽.

벌어질 전쟁이 중국과 피할 수 없는 관계가 있을 것임을 예언했다. 이 광활한 세계적 시야에서 『동방잡지』는 민국 건국 이후 정치 문제의 무게중심을 '정치'(입헌, 의회, 정당)에서 '국가'(주권, 통일, 독립)로 옮겼다. 이 잡지가 1911년 통치권 이전을 지향하는 '혁명 전쟁'과 공화입헌을 전면 긍정한 것과 비교하면[43] 이 정치적 사유의 무게중심 이동은 중요한 사건이다.

두야취안이 「접속주의接續主義」라는 글을 11권 1호에 발표한 때가 바로 유럽 전쟁이 일촉즉발이던 시기였다. 그는 "국가는 일시적 업業"이 아니라 과거, 현재, 미래를 포함한다. "무 자르듯이 중단하면 국가의 토대는 그로써 흔들리게 마련이다. 대체로 오랜 습관이 상실되면 각자 의견이 분분히 일어나고" 공감을 형성할 수 없다. 국가와 그 연속성의 판단에는 혁명이 국가 토대를 흔들 것이라는 생각이 은연중 들어 있다. 이런 판단에 기초해 두야취안은 '보수'와 '신구 간 접속'의 필요성을 제기했다.

국가에서 접속주의로 정치를 시행하면 전진 중이라도 보수에 주목하게 되는 것은 필연적이다. 그렇지만 보수는 변화를 많이 이끌어내지도 않을뿐더러 복고를 추구하고자 힘쓰지도 않는다. 국가가 혼란에 빠진 뒤에는 기존 법제 일부가 이미 파괴된다. 접속이 아직 치유痊癒되지 않았는데 약간 유지하고 끊어버리지 않아도 상처도 자연히 치유된다. 만약 파괴가 이미 심하고 접속이 모두 끊겼다면 오직 현

---

43 傖父, 「革命戰爭」, 『東方雜誌』 第8卷 第9號, 1911年 11月, 1~3쪽.

재 상황으로만 그것을 수식, 정리하게 되어 접속하지 않은 접속을 하게 된다. 반드시 옛 제도를 다시 일으키고 새로운 기구를 파괴하고자 한다면 파괴한 다음 다시 파괴하게 되어 나라의 근본이 더욱 흔들린다……

국가의 접속주의를 유지하고 그것이 파열되지 않게 하는 것은 국법이 제한할 수 있는 일이 아니다. 국민의 도덕을 믿고 구제해야 한다. 국가는 국민 개인이 모여서 성립되었다. 그러나 개인과 국가는 궁극적으로 같은 것이 아니다. 따라서 국가의 목적과 개인의 목적은 당연히 모두 같을 수 없다. 개인의 목적을 버림으로써 국가의 목적에 복종하는 것, 이것이 국민정치에서 도덕이다.[44]

'접속주의'는 두 가지 맥락에서 이해할 필요가 있다. 한편으로 신해혁명 이후 임시정부가 각국의 승인을 구할 수밖에 없었다.―혁명에는 이미 파열이 내포되었고 승인을 다시 획득하는 것은 필연이었다. 그러나 혁명 이후 중국이 중국의 정통을 잇지 않는다고 할 수 있을까? 승인을 구하는 것은 국가 자신의 단절을 인정하는 것과 같을까? 이상의 맥락에서 접속주의가 국가의 연속성을 거듭 천명한 데는 황권과 공화가 날카롭게 대립하는 혁명 관념에 대한 비판과 수정이 은연중 들어 있다. 그 진정한 동기는 중국의 주권을 보호하는 것이다.

다른 한편에서는 청 왕조가 멸망하면서 중국 주변의 정세가 날로 심

---

44 傖父,「接續主義」,『東方雜誌』第11卷 第1號, 1914年 7月 1日, 1~3쪽.

각해졌다. 러시아의 책동으로 외몽골이 먼저 독립을 추구했다. 책봉 등의 문제를 둘러싸고 일어난 쿤룬 정부와 위안스카이 정부의 이견은 중국의 주권과 직접 연관된다. 더 나아가 외몽골의 범위에 속하지 않는 하이라얼海拉爾에서도 독립 문제가 불거졌다. 이곳은 러시아와 협약을 맺고 중국의 종주권 승인을 거부했다. 신해혁명 이후 티베트에 주둔하던 청 왕조 군대에서는 내홍과 반란이 일어나 티베트인과 심각하게 대립했다. 1912년 네팔인의 중재로 티베트 주둔 청군 전체가 무장해제를 했고 카샤 정부가 통행료를 청구하자 티베트에 주재하던 모든 관리와 군대가 인도를 경유해 다시 내륙으로 돌아갔다. 이것이 이른바 '임자사변'이다. 그 후 얼마간 중앙정부와 티베트의 관계가 느슨해지고 중단되기까지 하는 상황에 처했다.[45] 1913년 1월 달라이 라마 13세가 자신의 러시아인 시독 캄푸 더얼즈德爾智를 외몽골 수도 쿤룬으로 파견해서 외몽골과 그들이 '독립국가'임을 상호 승인하는 '몽만협정'을 맺었다. 1913년 10월 중국, 영국, 티베트 3자가 참가하는 심라 회의에서 티베트 지역 대표 사라 판첸 도르제Shédra Penjor Dorjé는 영국의 종용하에 '티베트 독립'을 요구했다. 1915년 말 '중영장사藏事회의'가 런던에서 열렸는데 주된 내용은 광서 32년(1905)에 체결한 원 협약과 부수 조건을 수정하는 것이었다. 1905년 원 협약 5조에는 "티베트 대원은 베이징 정부의 훈령을 따르고 티베트의 법률을 개정해서 각국의 법률과 같아지기를 희망"하며 영국은 중국이 치외법권을 포기할 것을 승인할 것 등이 명시되어 있다. 그러

---

45 石碩, 『西藏文明東向發展史』, 成都: 四川人民出版社, 1994, 427쪽.

나 민국 건국 이후 영국은 "중국의 사법이 아직 충분히 개량되지 않았고 티베트 지역은 특히 심하다"라는 이유로 "10년간 약장約章을 수정한 사례를 들어 이 조항을 취소하고 중국에 라싸 개방을 요구했다."[46]

 '접속주의'가 다룬 것은 국가의 연속성 문제인데 사실 이는 아주 심각한 문제다. 청 조정의 황권은 다변적이고 모호한 대표성을 지녔다. 중국 황제, 몽골 칸, 만주족장, 유교 정치체제 대표, 라마교 신도 등이 그것이다. 따라서 '중국'이라는 복합사회를 각종 실마리로 연결된 방대한 왕조 체제 안에 응집시켰다. 중화민국은 청을 계승했지만 정치 문화는 크게 바뀌었다. 몽골, 티베트 등 주변 지역에서 발생한 분리 경향이 오래도록 이 신흥 국가를 감싸는 위기가 되었다. 캉유웨이는 1911년 겨울에 쓴 「공화정체론共和政體論」에서 이렇게 말했다. "만청晩淸이 사라진다면 몽골과 티베트를 보호하지 못하게 될 것이다." 1913년 1월부터 3월까지 그는 잡지 『불인不忍』 1, 2책에 「몽장애사蒙藏哀辭」를 발표해 이 관점을 되풀이하고 이렇게 말했다. "비록 몽골과 티베트의 자립이 재작년의 혁명 때문이지만 지금의 정부만 나무랄 수는 없다."[47] 그가 공화를 논하고 복벽의 논조를 제기하고 공자교를 창도한 것은 모두 앞서 말한 위기와 밀접한 관련이 있다. 5·4 시기 문화 논쟁은 점점 정체 문제를 전제정체와 공화정체의 대립으로 해석했고 청말 혁명의 기운이 폭발한 뒤 뿌리치기 어려운 황권의 다중 대표성 문제는 오히려 늘 가려졌다. 이 때문에 두

---

46 「國內大事記―中英藏事會議」, 『靑年雜誌』, 第1卷 第4號, 1915年 12月.

47 康有爲, 「共和政體論」, 「蒙藏哀辭」, 『康有爲全集』 第10集, 北京: 中國人民大學出版社, 1~14쪽.

정체 사이에 접속 문제가 존재하는지는 분명 문제가 된다. '접속주의'가 발표될 때는 몽골 문제가 이미 일어났고 티베트 문제도 싹터서 진행되었다. 그리고 외교적 승인은 중국 주권의 완결성과 직접 관계되었다. 두야취안은 국가가 연속성에 기반을 두어야 하며 이것이 당시 역사에 대한 응답임을 논증했다. '접속주의'라는 개념은 국가의 연속성이 국민 개인이 국가의 목적에 자각적으로 복종하는 것에 의존함을 강조한다. 따라서 정치적 전승 문제와 공민의 도덕적 상태 사이에 관계가 밀접하고 국체 문제는 항상 윤리 문제와 연관된다.『동방잡지』는 정치에 대한 관심을 문명 또는 문화 문제로 돌려 복선을 깔아 두었다.

『동방잡지』11권 2호는 전쟁이 일어난 뒤 처음 발행된 호다. 출판일이 1914년 8월 1일로 표기되어 있는데 이는 전쟁이 일어난 때와 며칠 차이 나지 않는다. 이 호 첫머리에는 참정원, 약법회 등의 사진 말고도 특별히 오스트리아─헝가리 신임 황태자와 세르비아에서 살해당한 페르디난드 왕세자 부부의 사진, 영국과 프랑스 해군 군함 사진이 실렸다. 사진으로 전쟁 과정, 인물과 사건을 추적하는 사례는 중국 간행물에서는 극히 드물다. 그러나『동방잡지』는 그때부터 수년 동안 그 방법을 유지했다. 두야취안이 쓴 「책소극」이 머리기사로 실렸는데 "외국이 독촉하는" 조건에서 '우리'는 소극적 태도를 극복하고 기꺼이 사회적 책임을 져야 한다고 강조했다. 이러한 기본 생각은 앞에서 거론한 '접속주의'와 같다. 이 짧은 기사 뒤에 실린 같은 필자의 장편 보도기사 「유럽 대전쟁 시작하다」는 7월 31일 이전 유럽 전쟁 전황으로 채워졌다. 글쓴이는 이렇게 말했다. "이번 전쟁은 유럽 각국에 영향을 주었다. (…) 일본은 동양에서 영국의 동맹국이 되었다. 만약 영국과 독일이 전쟁하면 동아시아의 속지까지 전쟁의 영향이 미칠 것이다. 그러나 일본이 영국을 도와 공덕을 세울 거라는 사실 역시 어렵지 않게 예측할 수 있다. 전쟁 소식이 풍문으로 돌아 홍콩, 칭다오, 시궁西貢 등 항구마다 방어 준비를 하느라 분주하다. 우리 나라는 열강들과 특별한 관계가 없고 완전히 중립적 위치에 있지만 약삭빠르게 영토를 확장하고자 하는 마음이 어느 나라라고 없을까? 그 기회를 틈타 일어나서 이익을 탈취하고 패권을 획득하고 중립을 깨는 것 또한 어찌 사전 방비되지 않을 수 있을까?"[48] 같은 호에 실린 쉬자칭許家慶의 「러시아 몽골 교섭의 내용」은 러시아 외교부가 발표한 대몽골 외교에 관한 '오렌지북'을 상세하게 해설했고 러시아가 달라이 라마의 '배러연중背露連中'(러시아에 등을 돌리고 중국과 연대함)에 불만이 있다고 공개적으로 알렸다.[49]

유럽 전쟁이라는 중대한 사건은 도대체 중국에 어떤 영향을 주었을까? 몽골, 티베트, 산둥 등의 문제를 지속적으로 토론한 것 말고도 1914년 전쟁 발발부터 1919년 조약 체결까지 어떤 다른 잡지도 『동방잡지』만큼 유럽 전쟁의 매 국면의 진행과 전면적 변화를 추적하고 각종 연구와 평론을 발표하지 않았다. 1914년 9월에 출판된 『동방잡지』 11권 3호 머리기사인 두야취안의 「대전쟁과 중국」에서는 이렇게 말한다. "오늘날 유럽 각국의 대전쟁은 사실 최근 100년간 벌어진 대변화다. 그러

---

48 高勞, 「歐洲大戰爭開始」, 『東方雜誌』 第11卷 第2號, 1914年 8月 1日, 5~12쪽.

49 許家慶, 「俄蒙交涉之內容」, 『東方雜誌』 第11卷 第2號, 1914年 8月 1日, 15~18쪽. 이 호에는 선위바이沈與白의 「西藏社會調査記」도 실렸다.

나 우리 중국에 미치는 영향은 10년 동안의 작은 변화가 될 것이다." 확실히 중국에서 앞으로 일어날 변천을 유럽 전쟁이라는 사건의 맥락 속에 둔 것이다. 기자는 유럽 민족의 충돌이 어느 면에서는 전면 승리로 끝을 맺었지만 중국은 앞으로 더욱 준엄한 도전과 유례없는 압력에 직면할 거라고 보았다. 그는 다음과 같이 가정했다. 독일과 오스트리아의 축이 전면 승리한다면 "중세의 신성로마제국이 유럽에 다시 등장할 것이다. 러시아인이 동유럽으로 남하할 의지는 이미 막혀서 어쩔 수 없이 아시아를 노려 동진을 시도한다. 영국인도 인도 방호에 신경 쓰느라 분주하다. 현재 남양의 네덜란드 식민지인 보르네오섬, 수마트라섬, 자바섬, 술라웨시 등은 면적이 넓고 수치로는 일본의 몇 배다. 네덜란드와 독일이 손을 잡으면 칭다오와 독일에 예속된 태평양 군도가 연합하게 되어 아시아 동쪽에서 그 세력은 영국, 일본, 러시아, 프랑스 등 여러 나라보다 클 것이다. 네 나라가 동아시아의 세력 균형을 위해 상호 협상해서 각종 이익을 취함으로써 서로 제재할 것은 필연이다. 그러면 우리 나라는 사면초가에 빠진다. 그러나 독일과 오스트리아가 완전히 굴복하면 영국, 러시아, 프랑스 세 협상국은 (⋯) 유럽에서 맞설 자가 없는 힘을 갖게 되고 (⋯) 먼 곳까지 내달려 그 세력을 동아시아로 확장할 수 있게 된다."[50] 중국은 자오저우만 문제 때문에 전쟁에서 협약국 쪽으로 기울었다. 그렇다 하더라도 일찍이 전쟁이 일어나기 전 『동방잡지』는 프로이센-프랑스 전쟁 이후 유럽 열강의 세력 균형을 분석하고 유럽 위기의

---

50 傖父, 「大戰爭與中國」, 『東方雜誌』 第11卷 第3號, 1914年 9月 1日, 1~7쪽.

폭발과 세력 범위 쟁탈을 직접 연관 지었다. 예를 들면, 1911년 모로코 문제로 독일과 프랑스 사이에 긴장이 조성되고 1912년 이탈리아와 터키가 평화조약을 맺자 발칸국은 또 터키와 전쟁을 벌였고 더 나아가 열강의 간섭을 불러왔다. 아시아 지역에서는 영국이 인도를 점령하고 러시아가 시베리아를 지배하고 프랑스가 베트남을 점령했으며 영국과 러시아는 아프가니스탄과 페르시아에서 패권을 다투었다. 조선과 만주 지역에서는 일본과 러시아의 패권 쟁탈 전세가 이미 일본 쪽으로 기울었다.[51] 요컨대, 유럽 전쟁은 전쟁의 방향이 다른 지역으로 확장되는 것은 필연이었고 그 우려는 결코 일방적인 것이 아니었다.

제1차 세계대전에 대한 중국 지식인들의 이해는 대체로 세 가지 해석으로 갈린다. 첫 번째 해석은 유럽 전쟁을 (같은 종류이나 민족은 다른) 민족국가 간의 전쟁으로 해석한다. 그리고 이에 따라 두 가지 관점으로 진행된다. 하나는 중국의 민족국가적 지위를 강화하는 것이고, 다른 하나는 서양의 민족국가를 뛰어넘어 새로운 정치체를 만드는 것이다. 두 번째 해석은 유럽 전쟁을 민주국가와 전제국가 간의 전쟁으로 해석하는 것이다. 영국과 미국은 민주주의 국가이고 독일과 러시아는 전제군주국가였다. 따라서 전쟁을 민주와 독재, 공개 정치와 비밀 정치, 공화와 군주의 정치적 대립으로 해석한다. 세 번째 해석은 주로 러시아 혁명과 독일 혁명 이후 나온 것으로, 전쟁의 원인과 결말을 계급 간 전쟁과 계급 투쟁의 성과로 귀결시킨다. 왜냐하면 러시아와 독일은 국내 혁명과

---

51 凡將, 「十年以來世界大戰綜論」, 『東方雜誌』 第11卷 第3號, 1913年 1月, 1~8쪽.

정권 교체라는 배경에서 전쟁에서 발을 떼고 평화협정을 체결했다. 전쟁의 첫 번째 단계에서 사람들은 주로 전쟁과 민족국가 체제의 관계 문제에 주목했다. 많은 사람은 바로 이 체제에서 민족 정체성이 종족 정체성을 뛰어넘고 동종이지만 동족이 아닌 정치체 사이에서 유례없이 참혹한 전쟁이 일어났다고 보았다. 과분瓜分과 분열의 운명에서 벗어나기 위해 중국인의 민족 정체성과 민족적 자각('우리 국민의 애국심' '우리 민족의 자각심')을 불러일으킬 수밖에 없었다. 이것이 두야취안과 『동방잡지』가 유럽 전쟁에 보인 첫 번째 응답이다.[52] 따라서 '접속주의'의 관점에서 국가의 연속성을 논하는 것 자체도 신해혁명 전후 형성된 정치적 의제에 따라 한 차례 자리 이동을 했다. 즉 정체 문제에서 국가 문제로 방향을 돌렸다.

3) 민족국가의 구상, 문명 충돌, 종족 핵심을 뛰어넘는 민족주의

3-1) '백인종 연합론'과 '대아시아주의'

전쟁이 처음 일어났을 때 『동방잡지』의 유럽 각국 충돌 분석에는 또 다른 시각이 투영되어 있었다. 그것은 민족국가 관계의 시각을 뛰어넘어 전쟁 결과와 향후 진로를 관찰하는 시각이다. 유럽 전쟁을 계기로 유럽인은 민족주의를 다시금 생각했다. 유럽인은 '종족과 문명 단위로서

---

52 傖父, 「大戰爭與中國」, 『東方雜誌』 第11卷 第3號, 1914年 9月 1日, 1~7쪽.

유럽이 전쟁을 없애고 궁극적으로 연합으로 향할 수 있을까?'라는 문제를 던졌다. 이것은 정치적 민족주의를 반성하고 종족주의로 돌아가려는 논리—종족주의로 민족국가의 충돌을 극복하려는 논리—다. 중국 지식인에게는 자연스럽게 '만약 국가, 민족을 초월한 문명결합체가 등장하면 중국은 또 어떤 국면을 맞을 것인가?'가 문제가 되었다. 첸즈슈의 「백인종대동맹론」이 이 담론의 서막을 열었다고 볼 수 있다. 이 글에서 그는 메이저 스튜어트 머리Major Stewart Murry가 『19세기The Nineteenth Century』지에 기고한 글을 인용했다.

메이저는 나폴레옹이 세인트헬레나섬에서 했던 예언을 증거로 들었다. "때가 다가왔다. 유럽 열강은 반드시 종의 형식으로 연합하게 된다." 그래서 백인종에게 전 세계 패권을 장악하려 한다고 말하면 브리튼의 앵글로색슨족, 유럽과 북미 합중국의 백인종은 견고한 단체를 결성하지 않을 수 없다. (…)

메이저 씨 의견에 따르면, 유럽 전쟁이 일어나면 대륙 각국 더 나아가 대브리튼이 모두 태평양에서 모두 발 딛고 서 있을 곳이 없다. 이것은 일본인에게는 기회이고 중국인은 필연적으로 일본의 후원자가 된다. 따라서 아프리카에서 소란이 일어나면 아시아에서도 군사가 일어나 출정한다. (…) (다음은 메이저 씨 말이다.) (…) 중국에는 결혼하지 않는 남녀가 없어 1750년부터 1800년까지 50년 동안 배로 증가했다. 따라서 앞으로 50년 동안에는 또 배로 증가하지 않을 거라는 것을 어떻게 알까. 이 팔백조의 중국인을 생각해보면 우리는 또 그들을 어떻게 막을까? 앞으로 50년 후를 생각해보면 그것은 또 얼마나 중요할까?

　글쓴이는 백인종대연합 또는 유럽 통일의 관점을 상세하게 인용한 뒤 런던 왕립학교 교장 콜더컷Caldecott 박사의 '인류의 연합'에 관한 관점을 간략히 언급했다. 그의 관점은 "예수교는 인류 전체가 이 종교를 받아들일 수 있는 교리로 활동하는가"에 집중되어 있다.[53] '백인종연합론'이 '문명 충돌론'으로 서양의 내부 분열을 봉합한다면 '인류의 연합론'은 기독교의 보편주의를 중심으로 삼아 둘 중 하나는 충돌론이고 다른 하나는 조화론이 된다. 그러나 (서양) '문명' 주축론으로 동서양 관계를 서술한다는 점에서는 상당히 일치한다.

　'문명' 개념은 종족과 종교의 함의를 통섭하면서 민족국가를 뛰어넘었다. 유럽 전쟁은 민족국가가 주체였지만 전쟁을 반대하고 억제하는 노력은 문명 개념과 유럽 통일의 구상으로 민족국가를 뛰어넘으려고 했다. 그러나 앞에서 말한 '백인종연합론'과 '인류 연합론'의 논리에서 보면, 문명 중심의 유럽 구상은 유럽의 민족 충돌 또는 기독교 국가 간의 출동을 충분히 봉합할 수는 있어도 충돌 자체를 없앨 수는 없다. 그것은 충돌을 새로운 패턴, 즉 문명 간의 경쟁과 충돌로 이끄는 것에 지나지 않는다. 1911년 두야취안이 전 영국령 인도 총독이 쓴 동서 양양론東西兩洋論을 소개했다. 그 첫 번째 조항에서는 '동양의 의미'를 다음과 같

---

53 錢智修,「白種大同盟論」,『東方雜誌』第11卷 第2號, 1914年 8月 1日, 22~26쪽.

이 서술하며 "사실 서양에서 동양은 서양과 대치되는 상황에서 사용되는 명칭이다"라고 했다. 그리고 동서 양양은 아프가니스탄, 페르시아, 아랍 지역, 아나톨리아, 터키 등에서 충돌이 일어날 수 있다고 보았다.[54] 1915년 11월 쉬자칭은 「유럽합중국론(외교시보 번역)」을 발표해서 다음과 같이 경고했다. "유럽 역사에서 그것을 증명한다. 그들의 결합과 일치가 강대한 정국이 서로 압박한 이래로 가장 공고하다." "따라서 결성될 유럽합중국은 유럽이 비록 스스로 그 평화를 유지하지만 아직 일부 평화론자들이 주장하듯 세계 평화를 가장 잘 보장하지는 않는다. 경쟁 단위가 변하고 발전하는 것뿐이다. 그 사이에서 새로운 재난의 싹이 올라오는 것을 여전히 면할 수 없다."[55] 유럽 연합 개념은 종족주의의 토대 위에서 수립되었다. 이 점은 아시아의 시각으로 바라보면 가장 뚜렷하다. 『신청년』에 실린 류수야劉叔雅의 글 「유럽 전쟁과 청년의 자각」과 『동방잡지』의 관련 서술은 북채와 북처럼 긴밀하게 호응한다. 류수야가 열거한 '우리 청년 제군의 자각' 두 번째 조항, 즉 "황인종, 백인종은 서로 양립하지 않는다"고 한 것이다.[56] 왜 『신청년』처럼 '프랑스 문명'을 부르짖은 잡지도 이런 목소리를 냈을까?

유럽 전쟁 초기, 독일의 침입과 압박에 맞서 프랑스 정치인 스테판 피숑Stephen Pichon(1857~1933)은 "일본을 서양의 전장으로 불러들여 조

---

54 傖父, 「加查氏之東西兩洋論」, 『東方雜誌』第8卷 第2號, 1911年 3月, 5~7쪽.

55 許家慶, 「歐洲合衆國論(譯外交時報)」, 『東方雜誌』第12卷 第11號, 1915年 11月, 1~4쪽.

56 劉叔雅, 「歐洲戰爭與靑年之自覺」, 『新靑年』第2卷 第2號, 1916年 10月 1일, 1~8쪽.

력자로 쓰자"고 주장했다. 그러나 프랑스 여론은 "황인종의 도움을 받는 것은 실로 유럽의 고귀한 민족의 커다란 수치다"라며 들끓었다. 이와 동시에 독일의 유명한 두 지식인인 루돌프 오이켄Rudolf Eucken(1908년 노벨문학상 수상자)과 에른스트 헤켈이 연합 선언을 발표해서 영국이 황인종을 전쟁에 끌어들이는 것에 반대하고 러시아인을 "반동양 반야만 민족"이라 비난하며 "영국인은 그들과 연맹을 맺어 동종을 해쳐서는 안 된다"[57]고 주장했다. 오이켄의 철학은 동양 사상을 전쟁과 문명에 대한 생각에까지 융합했고 헤켈의 일원론 철학도 정신과 무질, 자연과 신의 모순을 조화하려고 시도했다. 그들의 사상은 1910~1920년대 중국에 큰 영향을 미쳤다.[58] 그러나 이 선언에서 오이켄이 말하는 '정신생활' '내적 생명의 분투'와 헤켈이 말하는 "만물에는 모든 신의 교리가 있다"라는 주장은 민족주의의 입장에서 벗어나지 못했을 뿐 아니라 모두 백인에게만 해당하는 것이었다. "동양의 모든 민족을 개, 양, 너구리와 동일시했다. 그러니 그들이 우리 동양을 천시하고 우리 황인종을 천시한다는 것은 그냥 보아도 알 수 있다. 아! 석학대사의 생각도 이러하니 군인, 정치가라고 동양인을 인류라고 볼까?"[59] 류수야는 다음과 같이 묻는다. "프랑스가 존망이 위급한 상황에서도 황인종에게 도움을 받지 않아서 백인종의 존엄을 스스로 해치지 않았다고 한다면 평소에는 우리

---

57 같은 글.

58 루쉰은 젊었을 때 헤켈의 이론을 소개하는 데 힘썼다. 1916년 마쥔우馬君武는 『신청년』 2권 2호(1916년 10월 1일)에 「헤켈의 일원철학赫克爾之一元哲學」을 발표했다.

59 劉叔雅, 「歐洲戰爭與青年之自覺」, 『新青年』 第2卷 第2號, 1916年 10月 1日, 1~8쪽.

황인종을 얼마나 천시했을까! '아시아의 일은 당연히 아시아인의 피로 해결해야 한다' '아시아인은 우리 노예일 뿐이다'라는 말들이 늘 런던의 신문지상에 보인다. 더욱이 각국이 노예를 대하는 경우로 따져보면, 백인종은 그 정도가 더 심하다. 유색인종을 소와 말 보듯 하고 적으로 대하고 노예로 대한다. 이렇게 대우하는 폭과 깊이는 차이가 아주 현저하다." 따라서 그는 이렇게 단언했다. 유럽 전쟁이 끝난 뒤에는 "황인종과 백인종이 군사를 모두 모아 출정을 준비하게 될 것이다."[60]

유럽의 여론에서 '유럽합중국'을 세워서 전쟁의 위기를 극복하자는 여론은 불가피하게 유럽―아시아, 백인종―황인종의 충돌과 대립이라는 관점과 얽히게 되었다. 바로 이런 배경에서 1916년 1월 장시천章錫琛은 「유럽, 아시아 두 대륙의 미래 대전쟁」(독일 원저를 근거로 씀)을 발표해 민족국가가 충돌한 이후 새로운 문명 충돌이 이어질 것이라고 예언했다.

> 유럽 대전란이 정리된 후 그 뒤를 이어 일어날 문제는 결코 각 국가 각 민족의 투쟁과 충돌이 아니라 한 문명과 다른 문명의 투쟁, 한 인종과 다른 인종의 충돌이 될 것이 분명하다. 정확히 말하면, 유럽과 아시아의 투쟁과 충돌이다.
>
> 동부 아시아는 원래 특별한 문명 권역을 형성했다. 그 권역의 중심이 중국임은 묻지 않더라도 알 수 있다. 그리고 인도의 문화의 일본의

---

60 같은 글.

정치 세력이 덧붙여져 일혼일체一渾一體를 이루었다. 따라서 일본은 동아시아 문명의 그릇이고 중국은 동아시아 문명의 뇌다.

오늘날 일본의 상태는 바야흐로 분분하고 소란스러우며 내부 분쟁에 빠져 있다. 그러나 유럽의 전운이 사그라들고 전쟁에 참가한 각국이 평화조약을 맺으면 동아시아 여러 나라가 연합 동맹을 맺어 강국의 혼일체가 될 것은 필연이다. 그러면 황인종과 백인종 두 인종의 문명은 이에 반드시 막대한 충돌을 일으킬 것이다.

따라서 이 충돌로 일어난 전쟁은 세계에서 유례없는 선례를 남길 것이다. 대체로 이런 전쟁은 예전처럼 온전히 군사나 산업의 관계에서 비롯되지 않고 두 가지 인생관, 종교관, 민족정신의 충돌에서 연원한 전쟁일 것이다.[61]

널리 알려져 있듯이, '문명 충돌론'은 냉전 시대 이후 유행한 화제다. 새뮤얼 헌팅턴Samuel P. Huntington의 분석에 따르면, 냉전 종결 이후 이데올로기의 충돌과 민족국가의 충돌이 점점 퇴장함에 따라 일종의 '문명 간 충돌'이 새로운 충돌 패턴을 형성한다.[62] 그러나 '문명 충돌론'은 결코 오늘날 우연히 발명된 것이 아니라 유럽 사상에서 오래도록 유지된 명제다. '유럽—아시아 전쟁론'이 바로 제1차 세계대전에 등장한 '문명 충

---

61 章錫琛, 「歐亞兩洲未來之大戰爭」(根據德國人臺利史原著所寫), 『東方雜誌』 第13卷 第1
號, 1916年 1月, 23~25쪽.

62 Samuel Philips Huntington, "The Clash of Civilizations?," *Foreign Affairs*,
Summer, 1993.

돌론'이다. 오늘날의 '문명 충돌론'이 탈냉전시대의 사고에서 형성된 것과 유사하게 이 더 이른 버전의 '문명 충돌론'은 전후 정치 구도 탐구에서 형성되었다. '문명 충돌론'은 유럽 전쟁에 대한 성찰로 민족국가를 뛰어넘는 생각과 '포스트 민족국가 시대'(그때는 민족주의가 한창이었더라도)의 국제적 충돌 형태에 관한 생각을 보여주었다.

청나라 말기부터 '유럽—아시아 문명 충돌론' 또는 '대아시아주의'는 결코 신선한 화제가 아니었다. 『동방잡지』는 1904년 러일전쟁 시기에 창간되었는데 창간호 속표지에 바로 상하이 상무인서관 발행 『러일전쟁』과 『러시아』 광고가 실렸으며, 삽화로 러일 황실과 러시아군 고급 장교의 사진이 쓰였다. 창간호 첫 기사 「새로 출간하는 동방잡지의 간결한 규정」 첫 번째 조항에는 "국민을 계도해 동아시아를 소통시키는 것이 근본 취지다"라고 적혀 있다. 이 시기 『동방잡지』는 "일본과 앞다투어 전력으로 동아시아 패권을 쥐면 천하의 일은 예측할 수 없다"는 기대를 품었을 뿐 아니라[63] 황인종 민족주의와 관련된 담론도 그 안에 가득 들어 있었다.[64] 그렇지만 일본 근대의 '대동아' 사상과 유럽의 '문명 충돌

---

63 孤行, 「論中國不能破壞中立」, 『東方雜誌』 第2期, 光緒 30年 2月 25日, 27~29쪽.

64 창간호는 사실상 러시아 전쟁 특집호다. 머리기사 「論中日分合之關係」에서는 다음과 같이 말한다. "최근 일본이 러시아에 맞선 일은 바로 거원지사拒元之事의 결과다. 유럽과 아시아의 영락, 황인종과 백인종의 흥망, 전제와 입헌의 강약은 모두 여기에 달려 있다." 別土, 「論中日分合之關係」, 『東方雜誌』 第1期, 光緒 30年 正月 25일, 1~3쪽. 「중국의 무거움 책임에 대하여」 「황인종이 장차 흥성하기를 기원한다」 등 다른 편에도 모두 미국 먼로주의에 의거해 아시아, 황인종과 구미, 백인종과 서로 겨룬다는 뜻이 담겨 있다. 閑閑生, 「論中國責任之重」, 『東方雜誌』 第1期, 3~5쪽.

론'은 서로 파생 관계가 있을 뿐 아니라[65] 모두 제국주의적 성격을 띠었다. 러일전쟁 이후 '만주선후滿洲善後' 문제가 일어나자 『동방잡지』는 정부가 자신의 국토에서 중립을 지키는 형세에 대해 깊은 굴욕을 느끼고[66] 영국과 러시아가 티베트를 두고, 일본과 러시아가 동북 지역을 두고, 독일과 러시아가 자오저우만을 두고 쟁탈하는 것을 보고 큰 우려를 표했다. 그들은 "황인종과 백인종의 경쟁이 날로 격렬해지는" 조건에서 중국, 일본, 한국이 연합할 필요성이 있다고 믿는 한편,[67] 일본이 다른 열강과 마찬가지로 호시탐탐 "국권을 뒤집으려 하므로" 황인종 연합이 구국의 정도가 아니라고도 했다.[68] 1905년 이후 황인종이 중심이 되고 중일연합이 실질적 의미인 아시아론이 점차 퇴조했다.[69] 그 대신 제국주의의 범주로 일본을 포함한 패권국가의 확장 책략을 관찰하고[70] 이에 대처해

---

65 아시아 관념의 다중적 함의와 변천에 대해서는 汪暉, 「亞洲想像的政治」, 『去政治化的政治: 短二十世紀的終結與九十年代』, 北京: 三聯書店, 2008 참조.

66 孤行, 「滿洲善後」, 『東方雜誌』 第2期, 光緒30年 2月 25日, 21~29일.

67 可權, 「論各國對現時旅順之意見」, 『東方雜誌』 第5期, 光緒30年 5月 25日, 79~82쪽. 『동방잡지』 5기에는 『대공보大公報』 8월 2일자의 사론 「중국의 쇠락은 일본의 복이 아니다中國衰落非日本之福說」를 전재하면서 중일한 연합의 필요성도 제기했다. 그러나 일본의 '전승으로 갖는 위력' '중국을 다방면으로 노리는 것'에 대해서 깊은 우려를 느꼈다. 같은 호 231~233쪽.

68 新華, 「論中國無權論」, 『東方雜誌』 第5期, 光緒30年 5月 25日, 82~86쪽.

69 이 시기 러일전쟁에 대한 독해도 황인종, 아시아 등의 문제에서 정치체제 문제로 전향했다.(즉 입헌정체가 전제정체에 승리를 거두었다.) 한 예로, 『동방잡지』 6기(광서 31년 6월 25일)에는 『중외일보中外日報』 8월 8일자에 실린 「일본의 승리가 헌정에 주는 징조에 대해서論日勝爲憲政之兆」를 전재했다. 이 글에서는 러일전쟁을 사례로 들며 전제정체를 비판하고 중국의 입헌 개혁을 고취했다. 115~117쪽.

70 佩玉, 「日本之帝國主義」, 『東方雜誌』 第8卷 第4號, 1911年 5月, 16~18쪽.

서 국가의 권익을 보호하려는 정치적 민족주의도 필연적으로 발전했다.

러일전쟁 이후 상황과 대략 유사하게 1914년 8월 일본은 독일에 전쟁을 선포했고 산둥의 권익 문제가 다시 중국 여론계가 주목하는 초점이 되었다. 1915년 11월 중국이 협약국에 가입하는 것에 관해 파병과 참전이 필요 없다는 주장이 퍼지기 시작했다. 여기에는 다음 네 가지 조항이 언급된다. 중국에 있는 모든 독일 세력 축출, 일본의 중국 침략 억제, 중국이 협약국에 군수품을 제공할 필요성, 인도·러시아 부근의 '모든 화근' 두절. 이 주장은 일본 각계의 반발을 샀고 중국 참전에 관한 여론은 일본의 압박을 받았다.[71] 1917년 8월 14일 펑궈장馮國璋 총통 대리가 결국 독일과 오스트리아에 전쟁을 선포했다. 그러나 참전 동기 중 하나는 바로 일본에서 차관을 받아 남부의 혁명당원과 싸우는 것이었다. 유럽 전쟁이 끝나갈 무렵 중국이 전후 세계 경제전의 전장이 될 거라는 관점이 서양과 일본에서 점점 피어올랐고 중국 지식계에서 일본이 전후에 설정한 역할에 대한 의구심이 점점 깊어갔다.[72] 1919년 파리강화회의가 열리고 '베르사유 조약'이 체결되자 독일은 산중의 권익과 자오저우 만의 조차지 전부를 일본에 내주었다. 이런 조건에서 중국 각계에는 일본판 '대아시아주의'에 대해 이미 조금의 흥미도 남지 않게 되었다. 그

---

71 관련 논의는 『동방잡지』에만 있었던 것이 아니다. 『청년잡지』도 마찬가지로 관심을 가졌다. 그 예로, 『청년잡지』 1권 4호(1915년 12월)에 실린 「국내대사기」 첫 번째 기사가 바로 '협약 가입 문제'였다. 이 기사는 관련 보도를 전재한 것이다.

72 鮑少游, 「戰後之中國與日本」(譯日本『東方時論』雜誌), 『東方雜誌』 第14卷 第6號, 1916年 6月, 44~52쪽.

들은 '대아시아주의'의 제국주의적 함의에 더 관심을 보였다.[73] 『동방잡지』는 중일관계와 '아시아주의' 문제를 논하는 데 많은 힘을 쏟았다. 예를 들면, 두야취안이 12권 4호에 「일본 요구 사건」을 실었고, 장시천이 12권 6호에 「일본 요구 사건의 해결」을 실었으며(같은 호에 번역 기사 「일본의 군국주의」도 발표했다) 쉬자칭은 13권 10호에 「전후 극동 열강의 땅」(『태양보太陽報』에 실린 스에히로 시게오末廣重雄의 글 번역)을 발표했다. 이들은 여러 각도에서 중국과 일본의 교섭 과정을 폭로하고 자오저우만 문제를 심도 있게 설명했다.[74] 따라서 「유럽과 아시아의 미래 대전쟁」이 발표되고 석 달 후 장시천이 내용을 수정·보완해서 「대아시아주의의 운명」을 발표한 것은 결코 이상한 일이 아니다. 그는 대아시아주의의 두루뭉술함과 실천 계획 결함을 비판하고 '대아시아주의'의 앞날을 가로막는 조건을 일곱 가지 측면에서 분석했다. 그것은 '열강이 기존에 차지한 위치' '아시아 여러 나라가 현재와 장래에 실질적으로 기초가

---

73 일본의 아시아정책과 대아시아주의 문제에 관해서 『동방잡지』는 지속적으로 관심을 쏟았다. 1917년 『동방잡지』 14권 3호는 랴오궈쥔了君實이 번역한 「중일친선론에 대한 일본인의 의견」(13~16쪽), 「일본인의 방론放論」(27~39쪽) 등을 게재했다. 그 후 발표된 글에서 일본의 원작자는 명확히 세계 평화 문제와 동서 문명 관계를 관찰의 각도 중 하나로 간주했다. 그는 일본의 대동아주의가 미국의 먼로주의와 동등한 것일 뿐 아니라 일본의 대중국 정책이 서양 열강과 협동하고 일치(열강의 공약을 존중)해야 한다고 명확히 선언했다. 그리고 이러한 협동과 일치에서 "반드시 일본이 주가 되고 열강은 객이며 그 공동 행동은 일본의 지도를 받는 것이 원칙"이었다.
74 1917년 1월 후쉐위胡學愚는 「유럽대전 속의 일본歐洲大戰中之日本」을 번역, 해설했다. 그는 일본이 전쟁에서 유럽 각국과 동맹을 맺고 대립하는 등의 문제를 상세히 분석했다. 결론에서는 영국인의 관점에서 일본이 중국에 야심이 없다는 견해를 내놓으니 논조가 다른 면이 있다. 『東方雜誌』 第 14卷 第1號, 9~15쪽.

박약함' '집행 기관의 결함' '아시아 여러 나라의 상호 질투' '여러 나라 목적의 상이함' '이익의 불균등' '사상의 결함'이다. 그는 이에 근거해 이렇게 단언한다. "대아시아주의라는 것은 세계 다른 지역의 반감을 불러일으키기 충분한 데다 헌신에 전혀 도움이 되지 않는다. 아시아주의를 다루는 사람들이 깊이 생각해서 별생각 없이 떠벌려 한때의 생각에 기뻐하지 않기를 간곡히 바란다."[75] 1년 반 뒤 두야취안은 또다시 일본의 『외교시보外交時報』에서 「세계인의 세계주의」라는 글을 번역했다. 이 글은 인종의 융합과 투자, 이민의 자유라는 두 측면에서 백종연합론, 범미주의, 아시아주 등이 종족과 지역 관계 위에 구성된 개념의 한계를 서술하고 '세계인의 세계주의'를 주장했다.[76] 두야취안은 전후 이민 문제와 그 영향에 관심을 둔 몇 안 되는 인물 중 하나다. 그의 문명 조화론은 근대 세계의 경제이동과 인구 이동에 대한 자신의 연구와 긴밀한 관계가 있다.[77] 1918년 11월 그는 또 우키다 가즈타미浮田和民의 대아시아주의 관련 글도 번역해서 발표했다. 어떤 초국가 문명체에 대한 생각에

---

75 『東方雜誌』 第13卷 第5號, 1916年 5月, 16~18쪽. 그는 다음과 같이 비판했다. "큰소리 치기 좋아하지만 실천 계획도 예정되어 있지 않은 것이 아시아인의 일반적 폐단이다. 지금 아시아주의라는 것도 바로 같은 폐단을 가지고 있다. 거대한 표식을 들어 호소하려면 반드시 먼저 계획이 있어야 한다. 어떻게 구미 세력을 제거할 것인가, 아시아 강토를 어떻게 경영할 것인가, 군사·경제·행정 측면에서 공고한 기초를 확립한 후에야 진행을 도모할 수 있다."

76 高勞, 「世界人之世界主義」(譯日本, 『外交時報』), 『東方雜誌』 第14卷 第12號, 54~57쪽.

77 1918년 그는 「해외이민의 이해에 관하여論移民海外之利害」(譯『新日本』雜誌)를 발표해서 '해외이민이 본국의 경제와 사회에 어떠한 영향을 주는가'를 상세하게 논했다. 『東方雜誌』 第15卷 第2號, 1918年 2月, 44~49쪽.

여전히 흥미가 있는 것이 분명했다.[78]

 '대아시아주의'는 『동방잡지』가 다룬 화제에 그치지 않았고 당시 사상 영역에서 공동으로 관심 있는 주제였다. 1919년 리다자오는 잡지 『국민國民』에 「대아시아주의와 신아시아주의」와 「신아시아주의 재론」을 발표했다. 그의 글은 『동방잡지』의 논의와 서로 참조가 될 만하다. 리다자오는 일본의 '대아시아주의'가 아시아 먼로주의의 방식으로 전개되는 '대일본주의'이고 실질은 "평화주의가 아닌 침략주의, 민족자결주의가 아닌 약소 민족을 병탄하는 제국주의, 아시아의 민족주의가 아닌 일본의 군국주의, 세계 조직에 적응하는 조직이 아닌 세계 조직을 파괴하는 조직"이라고 생각했다.[79] 그래서 그는 '신아시아주의'를 대안으로 제시했다. 여기에는 두 가지 요점이 담겨 있었다. "첫째, 일본의 대아시아주의가 파괴되기 전에 우리 아시아의 약소민족이 연합해 대아시아주의를 파괴해야 한다. 둘째, 일본의 대아시아주의가 파괴된 뒤에는 아시아 민중 전체가 연합해서 세계 조직에 가입한다.—세계 조직에 가입하는 것

---

78 1918년 11월 두야취안은 『동방잡지』 15권 11호에 일본 『태양잡지太陽雜誌』에 실린 우키다 가즈타미의 「신아시아주의新亞細亞主義」를 번역해서 발표했다. 이 글의 부제는 '동양먼로주의에 대한 새로운 해석'이었다. 저자의 해석에 따르면, 이것은 인종 관념을 배제하고 평화와 아시아 자치의 주의를 숭상한다. 또 1919년 5월 『동방잡지』 「내외시보」란에는 「신아시아주의를 꾸짖는다咄咄亞細亞主義」를 실어 우키다 가즈타미의 '신아시아주의'를 신랄하게 비판했다. 이 기사는 "신아시아주의는 바로 '대일본주의'의 다른 이름일 뿐이다"라고 했다. 같은 호, 197~199쪽. 그다음 호, 즉 15권 6호는 '5·4학생운동' 이후 출판되면서 가장 앞에 학생 시위 사진을 실었으며 뤄뤄羅羅의 「제국주의 자본주의의 일본帝國主義資本主義之日本」(35~39쪽)을 실었다.
79 李大釗, 「大亞細亞主義與新亞細亞主義」, 『國民』雜誌, 第1卷 第2號, 1919年 2月 1日.

은 당시에는 이루어질 수 있었다."[80] 분명 리다자오가 중시한 것은 국가 간 연합이나 문명 충돌론이 아닌 '전체 민중'의 연합이었다. 따라서 지역이나 세계 조직은 사회 혁명과 사회운동이 전제가 된 '민중대연합'이어야 했다.

3-2) 문명의 조화와 현대 서양 문명의 초월

'대아시아주의'에 대한 중국 지식계의 비판은 하나의 결과를 낳았다. 일본 각계에서 제기한 '아시아 문명'(일본 중심의 '아시아 문명' 또는 '동양 문명'이었음은 당연하다)을 단위로 서양에 대항하는 것이 아니라 문명 조화를 방향으로 삼아 아시아와 유럽의 문명 충돌론을 수정하고 조정하자는 의견이 제시되었다. 리다자오와 『동방잡지』의 정치적 견해차는 매우 크지만 문명 조화를 주장했다는 점에서는 일치한다. 구체적인 판단이 어떻든 간에 유럽과 아시아가 양극이 되어 문명 충돌 또는 조화를 이룬다는 가설은 이미 이 시대의 '문제의 틀' 중 하나가 되었다.[81] 1915년 초 첸즈슈는 「우팅팡 군의 중서문화관」에서 우팅팡伍廷芳[82]의 중

---

80 李大釗, 「再論新亞細亞主義」, 『國民』雜誌, 第2卷 第1號, 1919年 11月 1日.

81 1917년 10월 쥔스君實는 『동방잡지』 14권 10호에 「아시아주의」(일본 잡지 『亞細亞時論』 기사 번역)를 발표해서 아시아주의에 긍정적 태도를 보였다. 그 기본 입장은 '동서 문화의 융합과 조화를 기준으로 삼아' 범미주의와 유사한 '대아시아주의'를 형성하자는 것이었다. 같은 호, 17~20쪽 참조.

82 우팅팡伍廷芳(1842~1922). 본명은 밍수名敍, 자는 원줴文爵, 또 다른 이름으로 우차이伍才가 있고 호는 즈융秩庸, 원적은 광둥 新會신후이다. 청말 민국 초 걸출한 외교가이

서문화론을 소개했다. 우팅팡은 담화에서 아시아 문화의 우월성을 강조했다.

> 그 사회제도는 다수가 비아시아에서 알려져 있다. 서양 문명에서 종교는 대체로 그 영향력이 아주 미약하다. 그러나 아시아 문명에서는 종교가 사회의 기초가 아닌 것이 없다. 그 결과 백인종은 현실을 중시해서 경제 문제의 지위를 높이 평가했고 유색인종은 도덕 문제를 중요하게 생각했다. 우리가 보기에 백인종은 안락이 무엇인지를 이해하지 못한다. 왜 그런가? 여가가 없고 안락을 향유하지 못하기 때문이다. 백인종은 재산 축적을 인생의 기준으로 삼지만 우리는 도덕을 인생의 기준으로 삼는다. 유색인종은 가정을 유지하려는 의지가 특히 무책임한 백인종보다 훨씬 강고하다. 그래서 사회의 감각도 더 예민하고 개인이 고통을 비교적 덜 받는다.[83]

유럽과 아시아를 나누는 기본 개념은 백인종과 유색인종의 인종 구

자 법학자다. 청말 시대 여러 나라에 외교관으로 파견되었다. 신해혁명 이후 난징 임시정부 사법총장을 지냈고 위안스카이 집권 후 사임했다. 홍헌제 체제에서 돤치루이 정부의 외교부장을 지냈고 1917년 '부원지쟁' 이후 총리 대리를 지냈다. 그 후 쑨원이 호법정부 외교부장 등으로 임명했다.

83 錢智修,「伍廷芳君之中西文化觀」,『東方雜誌』第12卷 第1號, 1915년 1月, 1~4쪽. 우팅팡은 이렇게 단언했다. "나는 아시아가 당연히 다시 문화를 서양에 공급할 것이라고 단언한다. 이것은 결코 비꼬는 말이 아니다. 사실 백인종이 유색인종 동포로부터 배운 사례가 이미 많다. 인도, 중국, 일본이 그렇다."

분에 근거해서 성립되었다. 그리고 사회제도, 종교, 기타 생활 방식이 인종 구분의 토대 위에서 문명의 구분을 구성했다. 그러나 라빈드라나트 타고르Rabindranath Tagore(1861~1941)가 동양 문명을 선양할 때와 마찬가지로 이 동서 문명 이원론은 충돌과 대항을 기본 취지로 삼지 않았고 현대 문명의 위기 극복을 지향했다. 1916년 타고르의 일본 방문은 큰 반향을 일으켰다.『동방잡지』는 그해 연말에 후쉐위의「인도 명인 타고르 씨의 방일 연설」을 실었다. 기사는 이렇게 전한다. "우리 동양인이 서양 문명을 흠모할 필요는 없다. 동양 고유의 문명을 고수하고 발전시키고 확대하는 것이면 충분하다. 우리 동양 문명은 정치적이지 않고 사회적이다. 침략적·기계적이지 않고 정신적이다. 동양 문명은 인도주의적 관계에 기초한다. 우리 동양은 오늘날 이미 세계의 조류를 좌우하고 있다. 세계의 문제를 우리의 문제로 끌어들여 동양의 문명을 발휘해 지구상 각국 역사와 조화시킨다."[84] 타고르가 종교와 정신문명의 시각에서 유럽 전쟁과 근대성을 분석하자[85] 중국 지식인은 극도로 고무되어 문명에 대한 사유에 골몰했다. 량치차오의『구유심영록歐遊心影錄』, 두야취안의「정적 문명과 동적 문명靜的文明與動的文明」, 량수밍의『동서 문화와 그 철학東西文化及其哲學』등 다량의 저작이 타고르와 장단을 맞추었고 여러

---

84 『東方雜誌』第13卷 第12號, 1916年 12月, 49~51쪽.
85 타고르의 일본 방문에 대한 토론은 아주 오랫동안 지속되었다. 전쟁 기간부터 1920년대 중국 방문 때까지 끊이지 않았다. 종교의 시각에서 전쟁을 사유한 글은 바오사오유鮑少游가 번역한 일본『중앙공론中央公論』지의「유럽 전쟁과 세계의 종교문제歐洲戰爭與世界之宗敎問題」를 참조할 수 있다.『東方雜誌』第14卷 第2號, 1917年 2月, 17~29쪽 참조.

판본으로 근대의 위기 극복을 취지로 삼은 동서 문명론을 제공했다.[86]

『동방잡지』가 문명을 단위로 동서의 차이를 고찰한 지는 오래되었다.[87] 그러나 이 문명의 차이를 서양숭배 심리에서 벗어나 '문명 자각'을 형성하는 경로로 간주한 것은 새로운 동향이다. 『동방잡지』의 경우 여기서 '자각'은 가장 먼저 서양(또는 근대)을 맹목적으로 추종하는 경향을 수정하는 것이고 두 번째로 맹목적으로 중국(또는 전통)을 부정하는 경향을 수정하는 것이다. 이 점에서 『신청년』의 입장과 첨예하게 대립한다. 첸즈슈는 일방적으로 서양을 숭배하고 중국을 폄하하는 사상을 애국주의와 대립되는 '질국주의嫉國主義'라고 정의했다. 이는 정치적으로 두야취안의 '접속주의' 담론과 일맥상통한다.

---

86 타고르는 1923년과 1929년 두 차례 중국을 방문했다. 이것은 한 시대를 뒤흔든 문화적 사건인 동시에 각기 다른 유파 지식인의 격렬한 논쟁을 불러일으킨 사건이었다. 그 근원 역시 타고르의 동서 문명론에 대한 각기 다른 평가에 있었다. 그가 중국을 방문하기 전 펑유란馮友蘭은 유럽에서 타고르를 방문하고 「인도 타고르와의 담화(동서 문명의 비교관)與印度泰谷爾談話(東西文明之比較觀)」이라는 제목으로 대화 내용을 『신조新潮』 3권 1호(1921년 9월)에 발표했다. 이와 동시에 『동방잡지』 18권 17호(1921년 9월)에는 위즈愈之의 「타고르와 동서 문화비판臺莪爾與東西文化批判」을 발표해서 스위스 철학자의 타고르 동서 문명 조화론에 대한 비판을 소개했다. 타고르가 중국을 첫 번째로 방문한 다음 중국공산당원은 타고르의 관점을 비판하는 글을 썼다. 천두슈는 스안實庵이라는 필명으로 『중국청년中國青年』 27호(1924년 4월)에 「타고르와 동서 문화太戈爾與東西文化」를, 취추바이瞿秋白는 『향도嚮導』 61호(1924년 4월)에 「타고르의 국가 관념과 동양太戈爾的國家觀念與東方」 등을 발표했다. 이들은 각자 다른 관점에서 타고르의 동서 문명론을 비평했다. 루쉰이 「분·논조상지류墳·論照相之類」와 「華蓋集·馬上支日記之二」에서 타고르의 중국 방문 사안을 풍자한 것이 훨씬 유명한 사례다.

87 두야취안은 잡지 편집권을 물려받고 얼마 후 「동서양 사회의 근본적 차이 일본「태양잡지」戸田박사 논문 번역」을 발표했다. 「東西洋社會根本之差異 譯日本「太陽雜誌」戶田博士論文」, 『東方雜誌』第8卷 第3號, 1911年 4月, 1~6쪽.

최근 우리 나라의 민정民情을 살펴보면 크게 달라졌다. 크게는 전장 제도典章制度에서 작게는 입는 것, 타는 것, 취미까지 모든 것이 구미를 최고 규칙으로 삼는다. 본국을 언급하자면, 늘 무시하는 마음을 품은 이가 중국인임은 말할 만한 가치가 또 있겠는가. 그들은 애국에 참여하지만 지나치고 대체로 생각이 하나같이 한쪽으로 치우쳐 각자 반대의 극단에 있다. 나에게는 그것을 부를 명칭이 없으니 질국주의라고 한다.[88]

2년 뒤 천두슈는 『신청년』에 「나의 애국주의」를 발표해서 이 사조와 견해에 정식으로 응답했다. 천두슈는 애국을 두 가지로 나누었다. 한 가지는 민덕民德과 민력民力이 수평선 위에 있는 것이고 다른 한 가지는 민덕과 민력이 수평선 아래 있는 것이다. 그리고 다음과 같이 단언한다. 후자의 경우는 "스스로 모욕하고 스스로 치는 것으로서 자석이 바늘을 당기듯이 강적과 독재자를 불러올 테고 국가는 언제나 멸망할 가능성이 있게 된다. 망하는 것은 스스로 망하는 것이고 멸하는 것도 스스로 멸하는 것이다. (⋯) 그것을 망하게 하는 것은 강적이나 독재자가 될지라도 그것을 망하게 하는 원인은 국민의 행위와 자질이다. 근본적으로 멸망에서 구제하려면 국민의 자질과 행위를 개선할 필요가 있다." 따라서 "나의 애국주의는 나라를 위해 목숨을 바치는 것이 아니라 스스로에 대한 사랑을 충실히 실천하는 인사가 국가를 위해 명예를 아끼고 국

---

88 錢智修, 「正娸國主義」, 『東方雜誌』 第11卷 第4號, 1914年 10月 1日, 1~4쪽.

가를 위해 혼란의 근원을 끊어내며 국가를 위해 실력을 늘리는 것이다. 우리 애국하는 여러 청년이여!" 그는 뒤이어 '근면勤' '검약儉' '청렴廉' '결백潔' '성실誠' '신의信' 등 몇 가지 덕목을 '나라를 구하는 중요한 교의'로 꼽았다. 그리고 일종의 '이른바 지속되며 근본을 다스리는 애국주의'와 '질국주의'로 지목된 것을 서로 대치시켰다.[89]

문명 논전이 동시에 정치 논전이기도 했음은 분명하다. '우리의 자각'은 직접 중국과 그 정치를 어떻게 평가하는지와 관련된다.─만약 서양을 보편적 적토와 정치적 규범으로 삼는다면 중국에는 여전히 자신의 전통과 정치적 가치가 존재할까? 중국의 위기가 문화 쇠퇴에서 초래된 토대의 위기라면 중국의 개조는 반드시 이 문화 전통을 철저하게 개조하는 것(그리고 서양의 진보적 가치를 전면 도입하는 것)이 전제되어야 할까? 『동방잡지』와 『신청년』의 격렬한 토론은 문명 조화론과 반문명 조화론의 충돌이라기보다는 '무엇이 자각인가'에 관한 토론이라고 하는 편이 타당하다.

---

89 陳獨秀, 「我之愛國主義」, 『新青年』 第2卷 第3號, 1916年 10月 1日, 1~6쪽.

2. 홍헌 제제, 정치적 위기와 '신구사상' 문제

1) 공화의 위기, 권력 배치와 국가 전통

이른바 '문명 자각'과 민국 초기 지식인의 정치적 태도의 관계 문제를 깊이 논하기 전에 먼저 홍헌 제제를 둘러싸고 일어난 각기 다른 파벌 지식인 사이의 심각한 분열을 다루고자 한다. 이 정치적 분열과 문화 논전 사이에는 깊은 연계가 있다. 앞에서 말한 문명론이 만들어낸 논리와 민국 초기 정치의 관계를 이해하지 않는다면 정치 논전이 왜 '신구사상' 문제로 전환되었는지 이해하기는 더욱 어렵다.

위안스카이가 칭제(1915년 12월 12일)하기 전 주안회가 활동을 하고 프랭크 존슨 굿노Frank Johnson Goodnow(1859~1939)가 황제 체제를 옹호하는 글을 발표하면서 이른바 '국체 문제'를 해결하기 위한 일련의 활동이 점차 시작되었다. 이에 중국 정치 영역에서 군주입헌과 공화가 다시금 가장 민감한 의제가 되었다. 1915년 12월 11일 "국체 해결이 전면적 이슈로 떠올랐고" 홍헌 제제가 그다음 날 탈을 쓰고 정치 무대에 등장했다. 『동방잡지』는 매월 초 발행되었다.(다른 시기에는 월중에 발행되기도 했다.) 따라서 1915년 마지막 호에는 칭제 문제에 대한 어떠한 보도나 논평도 없었다. 그러나 1915년 10월 『동방잡지』 「내외시보」란에 첫 주제로 '주안회의 토론에 관하여'를 내걸고 굿노의 「공화와 군주론」, 양뒤楊度의 「군헌구국론」(상·중·하) 등 황제 체제를 높이 선전하는 장문 두 편과 왕펑잉汪鳳瀛의 「주안회에 보내는 편지」, 량치차오의 「괴이하구나! 이른바 국체 문제여」 등 반박문 두 편을 실었다. 1916년 초에 발행된 13권 1호에서도 매호에서 꼭 실었던 '중국대사기'의 전월 11, 12, 13, 14, 15일 각 조에 위안스카이의 칭제 과정과 그 자세한 사정을 상세히 소개했다. 두 호의 보도는 모두 객관성을 엄격히 유지했지만 명확한 견해를 밝히지는 않았다. 그러나 『동방잡지』가 이 사건에 큰 관심을 보인 것은 명백하다. 왜 잡지가 황제 체제 사건에 신속하고도 명확하게 대응하지 않았을까? 그 기본 태도는 도대체 무엇일까? 잡지의 정치적 분석은 전쟁 분석, 문화 문제와 어떤 관계가 있을까?

1915~1916년의 『동방잡지』를 자세히 읽어보면 그 미묘한 태도에서 단서를 발견할 수 있다.[90] 한마디로 황제 체제 문제에 대한 『동방잡지』의 태도는 두 가지로 볼 수 있다. 첫째는 정치적 태도로, 『동방잡지』는 칭제 사건이 민주공화와 황제 체제의 충돌을 보여준다기보다는 신해혁명 이후 중국의 정치체가 유기적 통일을 할 수 없는 위기를 드러낸 것이라고 보았다. 따라서 『동방잡지』는 황제 체제에 결코 찬성하지는 않았지만 국가의 통일과 독립 문제의 중요성을 무겁게 실감했다. 민국 1년에 두야취안은 「중화민국의 앞날」에서 '지방제'와 '외채' 문제를 민국의 약점이라고 보았다. 그리고 그가 같은 시기에 발표한 「혁명성공기」에서는 냉정한 시각을 바탕으로 신해혁명이 성공한 원인이 '각 성의 호응' '해군의 결합' '협상의 진행' '국경 지역의 수동성' 등이라면서 그것이 단순한 혁

---

90 두야취안이 홍헌 제제에 관심이 많았다는 것은 그가 가오라오高勞라는 필명으로 출판한 『제제운동시말기帝制運動始末記』(상무인서관, 1923)에서도 증명된다. 이 책의 밑바탕이 바로 그가 『동방잡지』를 편집했을 때 추적 관찰한 것이다.

명당원의 봉기가 아니라고 했다.[91] 1914년 두야취안은 또 다른 글에서 "오늘날 시사를 논하는 이들은 늘 크게 탄식하며 이렇게 말한다. 민국 정부가 수립되고 벌써 일 년이 넘었다. 그런데 내치는 이렇게 어수선하고 재정은 이렇게 부족하고 외교는 이렇게 급박하다. 이런 상태가 영원히 지속된다면 우리 나라는 제 힘으로 살아남지 못할 것이다"[92]라며 사람들이 국가정체성이 약하고 중앙정권이 무력하며 중앙재정이 궁핍한 국면에 관심을 두도록 했다. 그의 「접속주의」는 민국시대의 정치와 전통적 정치의 단절을 비판한 글이다. 분명 정치체의 차이를 뛰어넘는 국가 연속성을 국가의 통일 문제를 해결하는 경로로 여긴 것이다. 1915년 2월 그는 또 「자치에 대한 검토」에서 민국정부 수립 이후 지방자치의 존폐를 분석하며 다음과 같이 결론을 내렸다. "대개 자치는 일반인에게 일을 스스로 처리하는 권한을 주는 것인데 우리 나라 일반 인민의 학식과 경력은 유치한 상황이다. 따라서 지도하고 제한하지 않을 수 없다."[93]

이런 시각에서 보면 시급한 일은 민주와 전제의 가치를 토론하는 것이 아니라 중국 정치체제의 위기를 해결할 길을 찾는 것이었다. 1916년 3월에 출판된 13권 3호 머리기사는 자이家義가 쓴 「건국의 근본 문제」였다. 시기나 제목에서 모두 홍헌 제제를 다루었다는 것을 알 수 있다. 그렇지만 기사 전문을 자세히 읽어보면 저자는 공화정치라는 말을 사용하지

---

91 傖父, 「中華民國之前途」, 『東方雜誌』 第8卷 第10號, 1911年 4月, 1~6쪽; 高勞, 「革命成功記」, 같은 호, 6~16쪽.

92 傖父, 「現代文明之弱點」, 『東方雜誌』 第9卷 第11號, 1913年 5月, 1~6쪽.

93 傖父, 「自治之商榷」, 『東方雜誌』 第12卷 第2號, 1915年 2月, 11~14쪽.

않았고 황권 전제 문제도 다루지 않았다. 그 대신 '건국의 근본 문제'를 중앙과 지방의 권력 분배 문제로 귀결시켰다. 저자는 이렇게 말했다.

> 오늘날의 정세에서 나라를 세우려고 하면 당연히 (…) 정권 분배주의를 취해야 한다. 첫째, 중앙집권과 지방분권이 배치의 문제이지 배척의 문제가 아님을 알고 둘째, 중앙정부와 자치단체가 서로 협력하는 기관이지 대립하는 기관이 아님을 알면, 종족을 둘러싼 가치 없는 논쟁은 모조리 청산하고 장래에 합당하게 해결할 수 있다. 이것이 건국의 근본 문제다.[94]

이 주제는 같은 해 7호와 8호에 이어서 논의되지만 그때는 이미 홍헌 제제가 무너진 뒤였다. 『동방잡지』는 한편으로 황제 체제 운동이 민의와 천의를 배반한 행위라는 점을 분명히 했지만[95] 다른 한편으로는 중앙 - 지방의 충돌이 해결되지 않으면 이 사변 때문에 "집권 정책이 좌절되고 분권 세력이 팽창할 것임은 의심할 여지가 없다"[96]고 보았다.

『동방잡지』의 판단은 황제 체제 복벽 이후의 정세를 근거로 한 것이다. 신해혁명 이후 각 성의 분열 위기, 중앙정부의 위기, 외교적 위기가 여기저기서 일어났고 권력의 통일 문제가 전혀 해결되지 않았다. 청 왕조

---

94 家義,「建國根本問題」,『東方雜誌』第13卷 第3號, 1916年 3月, 1~6쪽.

95 傖父,「天意與民意」,『東方雜誌』第13卷 第7號, 1916年 7月, 1~4쪽.

96 傖父,「集權與分權」,『東方雜誌』第13卷 第7號, 1916年 7月, 5~10쪽.

의 멸망은 혁명의 결과이기보다는 청대 정치의 통일성의 부재와 지방 군 사화의 산물이라고 보는 편이 낫다. 두야취안은 다음과 같이 분석했다.

> 혁명군이 봉기하자 각 성에서 동시에 응답했다. 독립의 기치를 들고 각자 군사정부를 수립하고 도독을 추대했다. 정세가 무르익자 통일 임시정부를 그 상위에 수립했다. 난징의 임시정부는 대체로 연방정부로 비쳤다.[97]

이러한 정세는 중국의 전통적 행성 체제와 달랐기 때문에 민국 초기 정치 문제가 오랫동안 집권과 분권 사이에서 혼란에 빠졌다. 황제 체제 복벽 이후 앞에서 말한 각 분야에서 총체적 위기 국면이 닥쳐왔지만 지 방이 분열할 것 같은 위기가 가장 뚜렷했다. 위안스카이가 황제라 자처 하고 얼마 지나지 않아 차이어蔡鍔, 다이칸戴戡, 리례쥔李烈鈞이 윈난에서 가장 먼저 봉기해서 독립을 선포했고 구이저우, 광시 등이 그 뒤를 이었 다. 황제 체제가 실패한 후에도 독립의 바람은 멈추지 않았다. 광둥이 먼저 독립을 선포하자 저장, 산시, 쓰촨, 후난 등이 각자 다른 방식으로 그 뒤를 이었고 다른 성 세력도 각자 자신의 역량을 보여주면서 한순 간 정국의 난맥상이 이어졌다. 이에 따라 중앙정부도 위기를 맞았다. 호 국군의 의기義旗가 발생하자 중앙정부는 차오쿤曹錕, 장지야오張繼堯, 리 창타이李長泰 등에게 진압을 명했지만 쓰촨, 샹시湘西, 구이볜桂邊 등에서

---

97 傖父,「中華民國之前途」,『東方雜誌』第8卷 第10號, 1911年 4月, 1~6쪽.

도 전란의 불길이 일어났다. 그리고 베이징의 내부 권력투쟁도 격화되어 돤치루이, 쉬스창徐世昌이 황제 체제에 찬성하지 않는다는 이유로 연이어 사직했다. 1916년 6월 15일 중앙이 통제하는 해군이 황제 체제를 공개적으로 반대하며 해군 주력군 제1함대가 주축이 되어 리딩신李鼎新(1862~1930)을 총사령관에 공동 추대하고 호국군에 가입하면서 독립을 선포했다. 앞서 말한 군사와 정치 두 부문에서 중앙정부와 군사 체제의 위기가 조성되었다. 중국 정치체제의 위기, 중앙정부의 분열, 지방 할거의 격화에 따라 각국 외교가 긴박하게 돌아가면서 외교적 승인 문제를 놓고 중국에서 이익을 취할 기회를 엿보았다. 만주와 몽골 등 국경지대가 심각한 불안정 상태에 놓였고 산둥과 기타 지역의 권익도 위태로워졌다. 중화민국의 외교적 위기는 국가 영토의 완전성, 주권의 독립과 직접 연결되어 있었다.

이런 판단에서 『동방잡지』는 민국의 위기를 공화와 독재의 정치적 가치 충돌이 조성한 위기가 아닌 '순환 정치'의 위기로 읽었다.[98] 독립의 물결이 일어난 것은 황제 체제 복벽과 직접 관계가 있었으며 지방의 분열

---

98 錢智修, 「循環政治」: "민국정부가 수립된 지 5년이 되었다. 이 5년 동안 정체는 급작스럽게 형성되었고 인물은 유달리 너무 많다. 미루어졌던 것이 모두 활기를 찾으면서 국민의 이목을 일신하는 듯하다. 이에 살펴보니 정치적 쟁점은 서넛을 넘지 않고 정쟁의 중심은 서너 사람을 벗어나지 않는다. 처음에는 내각제에서 총통제로 갔다가 얼마 후에는 총통제에서 내각제로 간다." 그렇다면 순환 정치 논리를 어떻게 극복할 것인가? "평平과 정正이다. 다스림을 논할 때는 국정에 부합하고 사람에 대해서는 서서히 그 나중의 효과를 본다. 너무 빨리 자라게 해서 반동이 발생하도록 촉진하지 않는 것을 평이라 한다. 정치제도가 확정되면 가볍게 바꾸지 않는다. 어려움이 오면 의연히 물리치고 한번 해보고 그만두지 않는다." 『東方雜誌』 第13卷 第12號, 1~6쪽.

추세는 신해혁명 전후에 늘 있었지만 해결할 수 없는 위기였다. 이 시기 『동방잡지』에서 중앙집권, 지방분권, 사회 자치의 긍정적 관계를 논의한 것이 정치사상의 중요한 맥락을 구성한다. 그것은 신해혁명 이전 이 잡지에서 '중앙집권'과 '과두 전제'를 신랄히 비판한 것[99]과 대조적일 뿐 아니라 신해혁명 이후 두야취안 본인이 '멸정주의滅政主義'를 앞세운 것과 크게 다르다.[100] 「집권과 분권」에서 두야취안은 이렇게 말했다.

> 최근 반년간의 사변, (…) 각 성의 현상은 거의 연방과 다르지 않다. 집권 정책의 효과는 어떻게 이렇게까지 되었는가? 그 원인을 추적하면 첫째, 정부의 집권 정책에 관철하려는 정신이 없기 때문이고 (…) 둘째, 극단적 집권은 결코 실현될 수 없기 때문이다. 상당한 분권이 없다면 집권 역시 자연히 소멸할 것이다.[101]

그는 "최근 반년 동안의 사변이 원래 황제 체제운동 때문에 일어났고 분권과 집권 문제와는 관계가 없음"을 인정했지만 동시에 다음과 같이 강조했다. "우리 나라의 현 정세에서 극단적 집권은 근본적으로 불가능하고 극단적 분권도 불가능하다고 강조했다. 분권이 너무 심하면 대외

---

99 두야취안 자신의 서술뿐 아니라 다른 문장에서도 다수 언급한다. 가령, 며칠 후 청년당 창립 구성원 중 한 사람인 천치톈陳啓天은 성제 문제를 전적으로 다룬 글을 써서 홍헌제제 이후 중앙집권과 지방 권력의 관계 문제에 대응했다. 陳啓天, 「省制論略」, 『東方雜誌』 第14卷 第1號, 1917年 1月, 10~16쪽.

100 杜亞泉, 「滅政主義」, 『東方雜誌』 第8卷 第1號, 1911年 2月, 4~10쪽.

101 傖父, 「集權與分權」, 『東方雜誌』 第13卷 第7號, 5~10쪽.

역량이 더욱 약해지고 각 성 사이의 충동 방지가 확보되지 않아 국가의 통일을 파괴한다. 지금 말하는 지방분권은 사실 지방분권이라고 할 수 없고 지방에서의 개인 전제권에 불과하다고 할 수 있다." 전면적·정치적 위기 앞에서 그는 다음과 같이 제안했다. "한곳에서 통솔하던 정무를 통치, 관치, 자치 셋으로 분리한다." "군사, 외교, 교통 셋은 중앙이 직접 관할하고 집권주의를 취함으로써 국가의 통일을 공고히 한다." "재정, 사법, 민정 중 경찰 사무는 관치로, 교육·실업 및 기타 공익 사무는 자치로 귀속시켜 지방단체가 인민을 강제하지 못하고 인민의 복리 추구에만 전념하도록 한다."[102]

2) '국가주의'와 '정치주의'의 구분

건국 문제, 집권과 분권 문제로 훙헌 제제의 위기에 대응하면서 『동방잡지』의 국가 통일과 독립 문제에 대한 관심이 공화와 독재의 정치적 가치에 대한 관심보다 훨씬 크다는 것이 두드러졌다. 국가의 통일과 집권의 필요성은 민주 정체의 관점에서 독재 전제를 반대하는 것과 다를뿐더러 국가 경계의 과도한 확장에 찬성하는 것과도 다르다.[103] 두야취안

---

102 같은 글.

103 1917년 3월 두야취안(가오라오)은 첫 기사로 「개인과 국가의 정의」를 발표해서 '개인의 지위를 공고히 할' 필요성을 제기하고 "개인이 국가에 대해 각자 상당한 책임을 지닌다"고 주장하며 "강한 개인으로 국가를 몰입시키는 것" "강한 국가로 개인을 영합시키는 것" 모두에 반대했다. 『東方雜誌』第14卷 第3號, 1~5쪽.

은 대정부주의를 반대했지만 대정부주의를 전통적 전제제도의 산물로만 환원하지도 않았다. 정반대로 대정부주의가 당시 세계 각국의 보편적 현상이라고 보았다. 이런 관점에서 보면, 정부의 대소 문제는 전통과 근대의 이원본적 관계에서 논할 수 없을뿐더러 민주와 전제의 이원론적 관계에서 분석할 수도 없으며 오로지 근대 정치 자체의 위기 속에서 관찰할 수밖에 없다.[104] 이 서술은 하나의 전환점이다. 그것은 『동방잡지』와 그 동인들이 중국 정체의 위기를 근대 정체의 위기라는 틀에 놓고 논의하기 시작했고, 황제 체제 문제를 전제적 전통의 서사에만 놓고 분석하지 않았다는 것을 의미한다. 홍헌 제제가 실패한 후 두야취안은 명확히 선포했다. "공화정치는 우리 나라의 국가적 상황에 적합하지 않다는 황제 체제파의 공언은 국체를 바꾸려는 구실일 뿐이다. 지금 기자는 감히 저들의 입을 빌려 '민주입헌의 정치주의는 지금 시세時勢에 맞지 않는다'"고 말한다. 두야취안은 민국정부 수립 초기에는 '연방과 비연방' '분권제와 집권제' '공화절충제' 등의 문제에 관심이 있었다.[105] 그러나 혁명과 입헌은 진심으로 환영하는 태도를 보였다. 1913년 발표한 「중국 정치 통람」에서 그는 중국 정치의 조류를 혁명 운동과 입헌 운동으로 개괄했다. 전자는 '군주국을 민주국으로 바꾸는 것'이고 후자는

---

104 「멸정주의」에서 그는 이렇게 말했다. "오늘날 각국 정부는 복잡한 관료정치를 조직해서 사회의 모든 사무를 보며 모든 것이 정치 안에 포함되어 있다. 정부가 그렇게 하는 것이 허락이 안 되는 것도 아니고 그렇게 할 수 없는 것도 아니다. 정권이 날로 무거워지고 정치 비용이 날로 많아지고 정치 기관이 강대한 것이 실로 사회의 근심이다." 杜亞泉, 「滅政主義」, 『東方雜誌』 第8卷 第1號, 1911年 2月, 4~10쪽.
105 傖父, 「論共和折中制」, 『東方雜誌』 第8卷 第11號, 1911年 5月, 1~5쪽.

"독재제도를 대표제도로 바꾸는 것"이었다. "민주입헌의 중화민국은 이 두 정치 조류가 대결하면서 성립된다."[106] 그러나 몇 년 간격을 두고 그는 '민주헌정주의'가 중국에 적용되는지 질문을 던졌다.

그렇다면 '정치주의'는 무엇인가? 두야취안은 이렇게 말했다.

민주 헌정은 우리 국민의 정치주의다. 우리가 그것이 시세에 적합하지 않다고 말하는 것은 결코 이 정치주의를 제거해야 시세에 적합하다는 뜻이 아니다. (…) 내 의견은 이렇다. 정치주의를 반대하는 것이 아니라 오히려 적극적으로 지지하며 이것이 하루속히 완성되기를 바란다. 반드시 이 주의가 완성된 후에야 우리 국민이 시세의 요구에 대응해 20세기의 세계에서 열강과 경쟁할 수 있다. 따라서 정치주의가 시세에 맞지 않는다고 하기 때문에 우리 국민에게 시세를 관찰하고 정치주의의 진행을 도모하며 우리 나라가 짧은 시간 안에 이 정치주의 시대를 거쳐 국가주의 시대로 진입하라고 경고한다. (…) 무릇 한 나라의 진보에는 일정한 순서가 있다. 유럽의 나라들은 정치주의에서 국가주의로 나아갔다. 우리 나라의 앞날은 이런 순서에서 스스로 뛰어넘을 수도 없다. 만약 오늘날 우리 나라가 이 정치주의를 폐기하게 하면 필연적으로 국가주의는 발생할 수 없다. (…) 20세기를 살면서 우리 나라가 정치주의 속에서 그것을 찾는 것은 적절하지 않으며 정치주의의 완성 여부로 그것을 예측해야 한다. (…) 내부 정치 문

---

106 傖父, 「十年以來中國政治通覽·通論(上編)」, 『東方雜誌』 第9卷 第7號, 1~2쪽.

제에 대해 당적이 있는 정객이 그르치거나 관료화된 무인 때문에 재
난을 당해서 벗어날 수 없다면 우리 국민이 앞으로 어떻게 국가주의
를 실현해서 20세기의 난국에 대처할 수 있을까.[107]

'정치주의', 즉 민주헌정주의는 정부가 중심이 되어 국가 내부의 환경
을 개조하는 데 중점을 두며 사회와 국가 권리의 경계를 연구해서 민권
신장을 지향하고 국가 권력을 제한한다. 그러나 '국가주의'는 국가가 중
심이 되어 외부 환경의 개조와 적응에 중점을 두며, 국가의 권리 보호에
대한 인민의 책임을 강조하고 국권을 개인의 권리 위에 둔다. '정치'가
완전히 정부의 범위에 포섭되는 근대주의와 달리 두야취안의 '국가' 개
념은 어떤 자연적 속성을 지닌다. 이른바 '정치주의'와 구별되는 '국가주
의'는 국가가 모든 정치 생활을 통섭하는 것과 결코 같지 않다. 두야취
안은 결코 정치주의를 배척하지 않았지만 그것이 국가주의의 틀 안에
들어가기를 바랐다. '시세'에 대한 그의 분석에 따르면, 국민이 과도하게
'정치주의'를 중시하면 아주 쉽게 내부 분열 추세가 생겨 외부의 적이
빈틈을 타고 들어온다. 『동방잡지』에서는 민국이 만주, 몽골, 티베트 등
의 문제에서 받는 손실을 여러 차례 논했다. 두야취안은 열강의 패권 이
외에 '정치주의'도 그런 결과를 초래했다고 보았다.[108]

---

107 傖父, 「論民主立憲之政治主義不適於今之時勢」, 『東方雜誌』第13卷 第9號, 1916年
9月, 1~5쪽.
108 창푸는 다음과 같이 말했다. "국민이 정치주의만 따지면 이웃 나라에 욕심이 생겨
외교적 굴욕을 초래한다. 그것은 우리 나라의 최근 사례에서 더욱 잘 증명된다. 5년 동안

'정치주의'의 핵심은 의회정치를 뼈대로 삼는 정당정치다. '정치주의' 비판에는 필연적으로 정당정치 비판이 포함된다. 신해혁명 이후 입헌과 정당 문제에 관한 논의가 분출되었다. 두야취안은 "입헌이 결실을 보는 곳은 어디에나 정당이 있다"고 말한 뒤 정당은 "정무 조사, 정책 연구, 국민 지도를 목적으로 한다"고 주장했다.[109] 그러나 민국 정부가 수립된 후 의회정치의 난맥상이 연이어 드러났다. 홍헌 제제 시기 각지의 반란 운동은 정당인들이 책동한 것이었고 지방 분열과 중앙집권의 위기는 모두 정당 문제와 관계되었다. 이는 "정당은 결코 지역에 따라 존립할 수 없고" 반드시 "주의와 결합하지 감정과 결합하지 않는다"는 두야취안의 생각과 아주 다른 방향으로 흐른 것이다.[110] 국가가 위태로운 시기에 정당들은 자신의 목적만 추구하며 경쟁했을 뿐 아니라 항상 외부의 힘을 끌어들였다. 그 결과 국가의 분열만 가중했다. 1912년 『동방잡지』에 실은 글에서 셴란玄覽은 청년지나당青年支那黨과 청년튀르크당 Jöntürk을 비교하고 중국 혁명과 터키 혁명은 모두 "전체 국민의 혁명이 아니라 소수 정치인이 우연히 얻은 승리"이며 "광둥 진보주의자의 언행은 테살로니키 청년당의 언행과 같다. 집권 세력이 부패하고 국가가 위기에 처하면 외국 자본이 크게 세력을 넓히고 개인의 공명심만 커지며

세 차례 혁명이 일어났는데 정치가 얼마나 개량되었는가. 만주, 몽골, 티베트에서 받은 손실은 묻지 않아도 알 만하다. 이 모두가 정치주의를 견지한 국민이 시기적절하게 스스로에게 경고하는 말이다." 「論民主立憲之政治主義不適於現今之時勢」, 『東方雜誌』 第13卷 第9號, 1916年 9月, 1~5쪽.

109 傖父, 「政黨論」, 『東方雜誌』 第8卷 第1號, 1911年 2月, 10~14쪽.

110 傖父, 같은 글, 109쪽.

국민의 분발력은 약해져 진지하고 용감하며 근심을 우선시하고 쾌락을 뒤로 미룬 애국자는 도리어 정권 수립에 공헌해 관직에 오른 서생에게 배척받고 거만하고 사나운 군대에 억압받는다"[111]고 했다. 청년튀르크당은 1906년 통일진보위원회를 결성했으며 1913년 통일진보당으로 이름을 바꾸었다. 이 당은 압둘 하미드 2세의 전제 정권 전복과 1876년 헌법 회복을 근본정신으로 삼았지만 정변이 실패하자 많은 구성원이 해외로 망명했다. 이 망명 집단은 다음 몇 가지 주요 계파로 나뉜다. 그 중 무라드가 이끄는 일파는 범이슬람주의 사상의 영향을 받아 수단과 타협하는 길을 모색하고 온화한 개혁을 추구했다. 아흐마드 리자Ahmed Riza가 이끄는 계파는 수단 전제제도 반대 투쟁을 지속하며 보편적이고 평등한 비밀선거 실시, 의회 권력 부여, 사법 독립 시행을 요구했다. 샤바헤딘 베이Sabahheddin Bey가 이끄는 튀르크 자유주의자는 각 민족이 광범위한 자치 실행을 요구하는 동시에 유럽 열강이 터키 내정에 간섭할 것을 주장했다. 1909년 4월 청년튀르크당은 왕권을 축출했고 대오스만주의를 추진하며 민족운동을 억압했으며 친독일 정책을 채택했다. 1911~1912년 이탈리아-오스만튀르크 전쟁이 일어났고 1912년 제1차 발칸 전쟁이 일어났다(불가리아, 그리스, 세르비아, 몬테네그로 동맹과 오스만튀르크 사이의 전쟁). 1914년 11월 2일 독일의 조장으로 영국, 프랑스, 러시아에 선전포고를 하면서 오스만튀르크는 제1차 세계대전에

111 玄覽, 「靑年支那黨與靑年土耳其黨之比較論(譯National Review)」, 『東方雜誌』 第9卷 第6號, 1912年 12月, 8~9쪽.

휘말렸다. 1917년 1월 두야취안은 「대외폭언外交曝言」을 발표해 중국에 외교적 위기와 분할 위협이 닥쳤음을 상세히 분석했다. 그는 다시 청년 튀르크당을 예로 들면서 정당과 국가 분열의 관계 문제를 분석하고 이렇게 경고했다.

> 만약 우리 나라의 정당이 시세를 고려하지 않고 청년튀르크당의 행위를 교훈 삼지 않는다면 발칸 분열의 국면에 이르게 된다. 즉 과분瓜分의 화가 목전에 있을 것이다.[112]

두야취안이 이 글을 발표하고 1년 반이 지난 1918년 튀르크는 전쟁에서 패배하고 항복했다. 10월 30일 튀르크가 「무드로스 정전협정」을 체결하면서 청년튀르크당 정권이 막을 내렸다. 11월 4일 이 정당은 스스로 해산했다.

이상의 논의는 두야취안이 천두슈와 논쟁에 휘말렸을 때 발표한 것이다. 그러나 정당에 관한 두 사람의 관점을 비교해보면 유사점이 없지 않다. 「우리 최후의 각성」에서 천두슈는 중국 정치가 위기에 처한 원인을 인민이 국가와 정치에 참여하려는 열정이 없는 데서 찾았다. "일반 상민商民은 정치에 간여하는 것은 본분이 아니라고 생각하는 것 같다. 국정의 변천은 모조리 정부와 당원들의 손에 맡긴다."[113] 그러나 추

---

112 傖父, 「外交曝言」, 『東方雜誌』 第14卷 第1號, 1917年 1月, 1~8쪽.
113 陳獨秀, 「吾人最後之覺悟」, 『靑年雜誌』 第1卷 第6號, 1916年 2月, 3쪽.

론을 계속하면 분기점과 중점의 차이도 나타난다. 천두슈가 바란 것은 일종의 전민全民정치다. 그는 '최후의 각성'을 '정치적 각성'과 '윤리적 각성' 두 차원으로 정의하고 '정치'에 '윤리'적 내포를 부여했다. 다시 말해 윤리를 정치의 궁극석 함의로 간주했고, 공중의 참여와 언론의 자유가 이 윤리정치에 꼭 필요한 조건(또는 윤리적 정치 형식)이라고 보았다. 1916년 천두슈는 자신의 정당정치 비판에 대한 왕수첸의 질문에 답하면서 '당론'과 '국민의 전체의지'를 구분하고 후자야말로 입헌정치의 토대라고 강조했다. "정치를 여론에 따라 하는 것이 입헌정치의 정신이다. 이 정신을 소홀히 하면 정치는 가혹한 정치苛政가 되고 당은 사당私黨이 된다."[114] 정치 형태의 측면에서 그는 국회를 '국민을 대변해서 행정부의 불법행위를 감독하는' 기구로 간주하면서 긍정적 태도를 견지한다. 그리고 바로 국회가 정부의 차관, 외몽골과 러시아의 협약, 쑹자오런 암살 사건 등에서 민주적 역할을 발휘했다고 본다.[115] 이와 달리 두야취안의 관심은 정당정치와 국가 안정의 관계에 있었다. 그는 정당을 조직하는 목적이 "정치의 균형과 평온을 유지함으로써 국가가 발달하도록 하는 것"이라고 했다. 그런데 중국의 정당은 청년튀르크당의 전철을 밟아 "그

---

114 陳獨秀,「通信」,『新靑年』第2卷 第1號, 1916年 9月 1日, 3쪽.

115 천두슈는 이렇게 말했다. "세상 사람들은 국회의 가장 큰 죄로 혼란 야기와 쓸모없음 두 가지를 꼽는다. 혼란을 야기했다는 것은 대체로 국회가 정부와 충돌하거나 서로 충돌하는 것을 가리킨다. 쓸모없다는 것은 대체로 국회가 국가와 국민에게 이로운 일을 아직 하지 않았다는 것을 가리킨다. 이런 말들은 국회가 무엇을 하는 곳인지 몰라서 하는 말들이다. 국회의 유일한 책임과 역할은 다름 아닌 국민을 대표해서 행정부의 불법행위를 감독하는 것뿐이다."「隨感錄(二)」,『新靑年』第4卷 第4號, 1918年 4月 15日, 345쪽.

형식을 남용하고 날마다 서로를 선전하면서 무의식적 경쟁을 일삼으며 본말을 전도할 가능성이 크다. 사회의 한 측면에서 보고 말한다면 도덕의 신구 차이, 이론과 사실의 차이는 서로 용납하지 않고 충돌이 생긴다"[116]고 했다.

정당 문제는 의회정치의 조건 아래서 언론의 자유 문제와 긴밀하게 관련된다. 그러나 언론 자유의 운용 자체에도 새로운 위기가 생겼다. "언론의 자유, 출판의 자유, 타인이 문명을 촉진하는 데 사용하는 것을 내가 배우니 의견 분쟁으로 바뀐다."[117] 언론의 자유가 국민의 전체 의지를 반영하지 못하고 정당정치의 조건에서는 개인 의견에 치우친 분쟁에 빠진다는 점에서 두야취안의 판단과 천두슈의 관점은 정말로 대립하는 것은 아니었다. 「언론 세력 타락의 원인」에서 두야취안은 근대 언론의 상황이 심지어 전통적인 청의淸議보다 못하다고 생각했다. 그는 언론이 바뀌지 않으면 정치의 흥망, 국시國是의 득실뿐 아니라 일반적 사회 문제도 근대 언론이 교정하고 감독하는 효과가 없다고 보았다. 그 원인에 대해서는 근대 언론이 한편으로는 공공 여론이라고 자임하지만 다른 한편으로는 권력, 당파, 금전 관계에 좌우되어 본질적으로는 사회적 합의에 도달할 수 없다고 논했다.[118] 이 관점은 그가 훗날 '동서 문화 논전'에서 근대 중국의 정치에는 '분화'와 '통합' 결핍만 있다고 비판한 관

---

116 傖父, 「現代文明之弱點」, 『東方雜誌』 第9卷 第11號, 1913年 5月, 1~6쪽.
117 傖父, 「現代文明之弱點」, 『東方雜誌』 第9卷 第11號, 1913年 5月, 1~6쪽.
118 高勞, 「言論勢力失墮之原因」, 『東方雜誌』 第15卷 第12號, 1~5쪽.

점과 일맥상통한다. 홍헌 제제 이전에 그의 정당정치 비판은 중국 정당
정치의 혼란에 집중되었고 '동서 문명' 문제의 맥락에서는 점점 서양 근
대 정치 자체로 향했다. 이런 판단에 따라 중국 정치의 위기는 전통적
정치의 위기가 아니라 서양 근대 정치 모델을 맹목적으로 모방하는 위
기였다.[119]

두야취안이 겉으로는 제정과 공화 모두 비판해 뚜렷한 정치적 편향
이 없는 듯하지만 이 시기(1917)에 그가 황제 체제 실패와 청년튀르크
당의 국가 분열을 증거로 들면서 비판 대상을 암암리에 '당 인사'와 '당
파' 그리고 공화정치 전체로 설정한 것은 분명하다. 그는 이렇게 말했다.

이번 운동에서 제정과 공화 옹호 양 측면에서 뚜렷한 국제적 관계는
없지만 외국인이 개인적으로 참여한 적이 없지 않았다. 외국 고문이
위안스카이를 위해 바삐 움직이고 타국 지사志士가 민당民黨을 위해
온 힘을 다하면서 은연중에 대치하는 형세를 이루었다. 앞으로 정객
과 당 인사는 반드시 경계하고 외교 사건에 대해 애써 당파의 의견에
서 벗어나야 한다. 외부 세력을 정쟁에 끌어들이면 안 된다.[120]

---

119 근대 정치의 위기가 정치 세력(예를 들면 정당) 국가의 틀을 다시 짜야 해결될 수 있
고 정권 배치에 관한 논의는 직접적 해결 방안을 제공할 수 없다는 점은 주목할 만하다.
『동방잡지』는 정치 분석에 힘썼지만 새로운 정치 세력을 형성하는 방안을 제시하지는
못했다. 『신청년』은 국체와 정당 문제를 직접 다루지는 않았지만 그들이 추진한 '신문화
운동'은 새로운 정치 세력의 형성과 재조직에 큰 역할을 했다.
120 傖父, 「外交曝言」, 『東方雜誌』第14卷 第1號, 1~8쪽.

두야취안의 정당정치 비판은 '정치주의'와 '민주 헌정'에 대한 자신의 성찰을 보충하고 심화했다. 황제 체제와 공화가 서로 대립하는 정치 환경에서 그의 태도를 훗날 천두슈가 '복벽' 지지로 읽은 것은 전혀 이상한 일이 아니다. 진정한 문제는 두야취안이 '국가주의'로 '정치주의'를 비판할 때 그의 담론이 '정치 문제'에서 '문명 문제'로 넘어가는 실마리를 내포했다는 사실이다. 5·4문화운동 시기의 정치 토론이 문명 토론과 문화 논전 방식으로 전개된 데는 내재적 맥락을 따른 면이 있다.

3) 두 가지 국가 개념: 문명국가와 민족국가

두야취안은 국가와 정치를 구분하면서 서로 다른 국가 유형 간의 차이를 은연중 보여주었다. 그의 관점에서 '정치주의'의 토대에서 건설된 국가는 독특한 문명의 유형이다. 중국은 '시세'의 압력 때문에 '정치주의'의 요소를 받아들일 필요가 있지만 국가 자신의 연속성에 더 주목해야 한다. 즉 국가의 기초는 그 자신의 문명과 역사이지 다른 외래의 요소가 아니다. 이는 문명을 핵심으로 삼는 국가 개념이며 그 정치적 함의는 정체 형식이 아닌 문명국가 사이의 차이와 대항에 있다. 다른 글에서 그는 이렇게 주장했다. "정치는 사무를 집행하는 기관이지 물질과 역량이 만들어지는 산지가 아니다. 반드시 민력民力이 왕성하고 온갖 사무를 진흥해야 정치가 기댈 곳이 생긴다."[121] 이 생각은 겉으로는 정치 영역을

---

121 高勞, 「吾人今後之自覺」, 『東方雜誌』 第12卷 第10號, 1915年 10月, 1~4쪽.

제한한 것이지만 실질적으로는 '정치'를 일상의 두꺼운 토대 위에 놓는 것이다. 우리는 그가 좀더 일찍 발표한 글에서 관련 맥락을 찾을 수 있다. 예를 들면, 1913년 3월에 발표한 「현대 문명의 약점」 결론에서 두야취안은 이렇게 말했다. "국가의 토대가 처음 확립될 때는 혼란이 빈번하게 일어나고 대내적 보완이 쉬지 않고 일어나서 문명으로 열강에 맞설 여력이 아직 없고 문명으로 세계와 접촉할 시기에 아직 도달하지 않았다." 그리고 오늘날 해야 할 노력은 바로 "물질의 힘을 발전시키고 정신의 작용을 촉진해서 문명 경쟁을 준비하는 것이다. 이것이 절박하고 조금도 늦춰서는 안 되는 일이다"[122]라고 했다. 여기서 문명 경쟁의 주체는 국가이지만 경쟁하는 국가는 서로 다른 문명에 속한다.

따라서 유럽 민족국가 간 경쟁과 달리 중국과 서양 국가의 경쟁은 문명국가 간 경쟁이다. 이것은 민족국가가 보편적 국가 형태가 아니라 국가의 문명적 유형에 불과함을 넌지시 말해준다. 두야취안의 관찰에 따르면, '정치'는 반드시 독특한 문명국가와 생활 형태를 토대로 삼아야 하는데 중국이 꼭 유럽 국가의 정치 문화를 복제할 필요는 없다. 따라서 두야취안은 '국가주의'를 내세우는 동시에 군국주의 경향의 근대 국가주의를 엄중히 비판했다.[123] 그는 이렇게 서술했다.

우리 사회에는 단체라는 것이 없다. 성城, 진鎭, 향鄕은 지리적 명칭이

---

122 傖父, 「現代文明之弱點」, 『東方雜誌』第9卷 第11號, 1913年 5月, 1~6쪽.

123 傖父, 「國家主義之考慮」, 『東方雜誌』第15卷 第8號, 1918年 8月, 4~9쪽.

단기 20세기: 중국 혁명과 정치의 논리

고 성省, 도道, 현縣은 행정상의 구획이다. 거기에는 원래 인격적 관념
이 없다. 국가라는 명칭은 봉건시대의 유물이고 공후公侯가 분봉 받
은 영역을 지칭한 것이다. 국가 위로는 천하라고 하는데 요즘 말하는
국가의 의미는 없다. 왕에게는 외부가 없고 더는 상대적 관계가 없다.
그것은 인격으로 알 수 있는 것이라 여겨지지 않는다. 민족 관념 역
시 우리 나라에는 없다.[124]

이런 서술에 따르면, 중국이라는 국가는 인격적인 민족주의 주체와
다르고 중국의 지방 또는 지역도 이에 따라 유럽 국가처럼 스스로 주체
를 만들어낼 수 없다. 이런 비인격화된 국가 형태에 함축된 것은 바로
분열에 대한 두려움이다. 이런 의미에서 이 독특한 국가론은 분열 위기
를 극복하는 문명적 경향을 함축했다. 국가의 차이가 곧 문명의 차이라
면 『동방잡지』의 황제 체제 문제와 공화 위기에 대한 분석도 필연 적으
로 정치적 태도에서 문명적 태도나 문화적 태도로 바뀐다.[125] 중국과 서

---

124 伧父, 「靜的文明與動的文明」, 『東方雜誌』 第13卷 第10號, 1916年 10月.
125 1915년 1월 두야취안은 '사회협력주의'를 주장했다. 그는 제국주의와 평화주의가
서양 사상의 양극단이라고 보고 이렇게 말했다. "국가주의의 극단은 비평화의 군국민주
의, 민족의 제국주의이고 평화주의의 극단은 비국가적 세계주의, 사회주의다." 이와 대
조적으로 "우리 나라는 오래도록 통일되어 있었다. 수천 년 동안 문호를 닫고 독립되어
국가주의가 유럽만큼 발달하지 못했다. 평화주의 역시 우열을 보일 만큼 모습을 갖추지
않았다. 따라서 두 주의의 충돌은 아직 경험하지 못했다." 그는 '협력주의' '평화적 국가
주의' '국가적 평화주의'를 주장했다. 「社會協力主義」, 『東方雜誌』 第12卷 第1號, 1915年
1月, 1~6쪽 참조. "우리 나라의 현 정세를 논하면 국가의 평화를 지키는 것이 국제적 평
화를 지키는 것보다 더 소동을 일으킬 요인이 된다. 따라서 평화적 국가주의가 직접적으

양을 구분한다는 전제에서 두야취안이 제기한 것은 두 가지 다른 국가 유형에서 두 가지 다른 가치 성향이다. 이런 틀에서 제국주의와 평화주의, 민족주의와 세계주의의 대립은 서양 정치의 기반에서만 수립되는 두 가지 성향이 아니었다. 두야취안이 규명하려 한 것은 이런 대립 밖에 있는 문명의 차이였다. 이 분석 논리는 정체 문제에 대한 그의 분석과 일치한다. 즉 공화와 전제는 유럽의 정치적 전통에서 대립하는 양극단이고 유럽 정치 문화의 내부 모순이다. 두 문명의 기반 위에 서 있는 국가 형태의 차이야말로 진정한 가치의 차이다. 이것이 바로 그가 말하는 '사상전'의 함의다. 우리가 국가 문제에 대한 이와 같은 그의 독특한 이해를 이해하지 않는다면 그 자신도 명확히 정의하지 못한 서로 다른 국가와 국가주의 개념 안에서 허우적댈 것이다.

4) '사상전'과 '동서 문명' 이원론

『동방잡지』가 건국, 집권과 분권 문제를 제기한 것은 결코 정치적 가치의 모순을 회피하려는 것이 아니다. 그보다 그들은 '정치'의 의미를 다시 정하려고 했다. 여기서 관건은 정치 문제를 문명이나 문명 문제로 돌렸다는 점이다. 그들은 중국 정치 문제를 단순하게 공화와 입헌군주의 충돌로만 읽는다면 단일한 문화 – 정치라는 가치의 틀에 빠지게 되어 서

로는 국내의 평화를 지키고 간접적으로는 국제적 평화를 지킨다." 협력주의의 요지는 국가, 국민, 종족의 차이를 인정하고 "각국이 세계에 병립하고 각자 번영과 진보를 도모하는 것을 승인하고" 이를 전제로 '협력'하는 데 있다.

양 근대국가 형태를 문명 차이를 뛰어넘은 보편적 정치 형태로 오해하게 된다고 보았다. 여기서 근본적 가치문제는 신-구 관계와 동서 문명의 차이 문제다. 첸즈슈는 「타성의 국민」에서 이렇게 물었다. "오늘날 우리 나라에서 병의 근원은 어디에 있는가? 종족 문제를 장애물로 보고 혁명으로 고치려 해도 그것은 여전하고, 전제정치가 국민을 괴롭힌다고 말하며 그것의 처방으로 공화를 내려도 병은 여전하다." "우리 나라의 증상을 나는 '타惰' 한 글자로 개괄하고자 한다. 화和로 고치는 것은 정신상의 보약을 쓰는 것일 뿐이다. 도덕, 종교는 그 보약 중 임금이고 학술, 정치는 보약 중 신하다."[126]

이런 관점에 근거해서 그들은 '신구사상'의 관계 문제를 제기했다. 그전 1916년 2월 『동방잡지』 13권 2호 머리기사에 두야취안의 제자 위안성遠生(황위안융黃遠庸)의 「신구사상의 충돌」을 실었다. 위안성은 명확히 '신구의 충돌'을 '사상 충돌'로 보았다.

> 서양 문화가 수입되고 난 후 신구의 충돌이 오늘날만큼 심한 때가 없었다. (…) 우리는 알아야 한다. 신구의 차이는 원래 총과 대포, 공예, 법정 제도 등에 있지 않다. 물 한 방울, 푸른 잎처럼 본원은 거기에 있지 않다. 본원은 바로 사상에 있다.[127]

---

126 錢智修, 「惰性之國民」, 『東方雜誌』 第13卷 第11號, 1~6쪽.

127 遠生, 「新舊思想之衝突」, 『東方雜誌』 第10卷 第2號, 1916年 2月, 1~5쪽. 위안성은 글에서 이렇게 서술했다. "학자는 시대 사상의 변천을 서술할 때 세 가지 시대를 말한다. 첫 번째는 무의식의 시대, 둘째는 비평의 시대, 셋째는 학설 구성 시대다. 중국은 오늘날 대체

논조상 위안성의 태도는 여전히 신사상 편에 있고 태도도 비교적 격렬하다. 그리고 두 달 후 두야취안이 발표한 답변서는 신-구, 동-서의 조화를 더욱 강조하고 둘 사이에서 꼭 하나를 선택하기를 거부한다. 그는 중국 국민의 사상이 비록 서양 사상과 접촉하면서 충돌했지만 그것을 동서 사상의 충돌로만 개괄할 수 없다고 보았다. 그는 이렇게 말했다. "우리 국민 중 신사상자라는 이들은 아직 고유의 동양 사상에서 벗어날 수 없고 서양 사상 일부를 흡수했을 뿐이다. 그리고 구사상자라는 자들도 고유의 동양 사상을 전적으로 고수해서 서양 사상을 배척할 수 없다. 그러므로 신도 구도 정도의 문제에 지나지 않는다. 그 정도에 차이가 있는 것은 복잡다단하지만 그 요지를 모아보면 지식의 차이이거나 감정의 차이다." 그는 선천적 요소 이외에 '이욕利欲과 의기意氣'를 신구두 세력이 구분되는 후천적 요소로 추가했다. "기자는 우리 나라가 어느 날 결국 멸망한다면 그 원인이 결코 유신에도 수구에도 있지 않고 오

로 무의식의 시대에서 비평의 시대로 넘어가는 중이다." "이른바 신구사상의 충돌 지점은 헤아릴 수 있는 범위 안에 있다. 첫째 구사상은 하나의 존엄을 숭상하고 옛 관습에 얽매인다. 그러나 신사상은 꼭 의심하려 들고 연구하려 한다. 둘째, 신사상이 수천 년 동안 신성불가침의 도덕, 습관, 사회제도를 비평하고 연구하려는 까닭은 인류가 각자 자유의지를 지녔음을 확인하기 위해서다. (…) 셋째, 신사상이 인류가 이 자유를 가졌음을 확인하려는 이유는 이를 통해 개개인이 자각하고 개인 해방을 추구하기 위해서다. 즉 인류가 각자 독립된 인격을 가졌음을 확인하기 위해서다. (…) 넷째, 신사상이 개인의 자유를 추구하고 국가의 자유를 추구해야 하는 이유는 사회에 대한 애정을 끊을 수 없고 국가에 대한 애정을 끊을 수 없기 때문이다. 그러나 구사상은 지난날의 관습과 형식에 얽매이고 사랑이 무엇인지 알지 못한다. 따라서 한쪽은 독단을 한쪽은 비평을 숭상하고, 한쪽은 타인의 힘을 한쪽은 자율을, 한쪽은 통합을 한쪽은 분석을, 한쪽은 연역을 다른 한쪽은 귀납을, 한쪽은 정지를 다른 한쪽은 활동을 숭상하는 현상이 나타난다."

직 이욕과 의기에 있다고 생각한다."[128]

여기서 바로 '신구조화론'이 기원한다. 반년 뒤 두야취안은 신구 문제를 '정도의 문제'로 보지 않고 문명의 차이로 보아 '신구'와 '동서'의 관계를 설명했다. 이 담론에서 조화의 기조는 여전히 바뀌지 않았지만 동서 문명의 가치 충돌은 두드러졌다. 「정적 문명과 동적 문명」은 이 전환을 대변하는 글이다.

> 우리 의견은 대략 이러하다. 서양 문명과 우리 고유 문명의 성격 차이는 정도 차이가 아니다. 우리 고유의 문명은 서양 문명의 폐단을 고치고 서양 문명의 곤경을 구제하기에 충분하다.[129]

"우리 나라의 문명이 지금 믿을 만하지 못하다는 것은 불가피한 사실이 되었다"[130]는 초기 두야취안의 논조에 비하면 이 논설의 어조에는 중요한 변화가 있다.—변화한 것은 중국의 현상에 대한 판단이 아니라 유럽 전쟁 위기가 확실히 문명 위기라는 기본 판단이다. 두야취안은 동서 문명의 차이가 동서양 사회 형태의 두 가지 차이에서 만들어졌다고 보았다. 첫째, 서양 사회는 민족을 단위로 하고 민족의 국가를 구성한다. 그러나 중국에서는 각 민족이 높은 수준에서 동화되었다. 즉 할거시대

---

128 伧父, 「再論新舊思想之衝突」, 『東方雜誌』 第13卷 第4號, 1916年 4月, 1~6쪽.

129 伧父, 「靜的文明與動的文明」, 『東方雜誌』 第13卷 第10號, 1916年 10月, 1~8쪽.

130 伧父, 「現代文明之弱點」, 『東方雜誌』 第9卷 第11號, 1913年 5月, 1~6쪽.

(남북조, 오대, 요·금 시대) 또는 소수민족 왕조 시대(원·청 양대 왕조) 에도 "하나의 가문이 흥하고 망하는 전쟁을 민족 전쟁이라고 볼 수 없 다." 둘째, 서양 사회는 해양 무역의 발달로 경쟁이 격렬한 경제 형태를 형성했다. 그러나 중국의 내륙 경제는 농업 본위이고 정#[131] 안에서 안 정되었으며 경쟁이 덜하다. 이 두 가지 사회 형태의 차이가 동서양 문명 에서 각자 '정적 문명과 동적 문명' '자연 존재와 경쟁 존재'라는 태세를 드러나게 했다. 두야취안은 인위와 자연, 외부 지향과 내부 지향, 단체의 경쟁과 자연적 개인, 경쟁의 승리와 도덕의 수양, 전쟁의 항상태恒常態와 평화의 항상태 등 대칭되지만 확연히 구별되는 이원론으로 이러한 문 명 태세를 묘사했다. 그는 문명이 차이가 있다고 해서 꼭 충돌하거나 대 립하는 것은 아니며, 교류가 날로 왕성해지고 서로 가까워지며 문명끼 리 상호 배우고 '포합抱合과 조화'를 하는 것이 진정 나아갈 길이라고 보 았다.[132]

어떻든 문명의 다른 속성에 대한 판단은 정치적 사유와 사회적 사유 에 깊은 낙인을 남기지 않을 수 없었다. 『동방잡지』의 정체 문제 분석과 전쟁 원인 규명에는 내재적 연관이 있다. 그것들은 공통적으로 '문명 문 제'와 '신구사상 문제'에 대한 사유를 지향한다. 『동방잡지』는 편집 방 침에서 전 지구적 시야를 바탕으로 중국의 정치와 사회 문제를 관찰하

---

131 고대 중국에서 토지를 9개의 큰 땅덩어리, 즉 구주九州로 나눈 것을 가리킴. 이를 정 전제井田制라 한다. 가로 두 개의 선이 황허강과 창장강이고 세로 두 개의 선이 두 강의 상류, 중류, 하류의 임계점이다. ─옮긴이

132 倫父, 「靜的文明與動的文明」, 『東方雜誌』 第13卷 第10號, 1916年 10月, 1~8쪽.

고 해결하려고 했다. 그렇다면 양자(국제 전쟁과 국내 정치)는 어떻게 관련되는가? 첫째, 전쟁과 중국 정체라는 성격이 다른 문제에서 『동방잡지』는 모두 '사상'의 역할을 강조했다. 즉 전쟁의 핵심은 사상의 전쟁이고 정치적 충돌의 핵심은 사상의 충돌이라 여겼다. 이것이 바로 전쟁 분석과 정치 논전을 문명 충돌과 사상 논전으로 이끄는 길을 열어주었다. 둘째, 유럽 전쟁과 중국의 정치적 모순은 서로 다른 역사적 맥락에서 일어났지만 둘은 모두 같은 시대적 상황에 속했고 동일한 논리의 제약을 받았다. 따라서 전쟁의 위기를 극복하는 방법과 정치적 모순을 해결하는 길은 모두 '사상 문제'와 관련이 있었다. 1915년 3월 『동방잡지』 12권 3호는 두야취안의 「사상전에 대하여」를 머리기사로 실었다. 두야취안은 "전쟁이 일어나는 원인은 인류의 진화 정도에 따라 세 등급으로 나뉜다"고 보고 "처음에는 득실을 다투고 조금 지나서는 이해를 다투며 더 나아가서는 시비를 다툰다. 득실을 다투는 것은 사실전이고 이해를 다투는 것은 사실전이자 사상전이고 시비를 다투는 것은 사상전이다"라고 했다. 이에 근거해서 그는 이렇게 단언했다.

이 시대는 사상전의 시대다. 18세기 민권 사상 보급, 미국 독립, 프랑스 대혁명, (…) 19세기 민족사상 발달, 이탈리아 합병, 발칸 분열, 각지에서 일어난 기타 민족 전쟁 등 모두 얼마나 되는지 알 수 없다. 이번에 팽창하는 사조는 더욱이 태평양, 인도양에서 멀리 아시아 동쪽으로 넘어와서 우리 나라에 미쳤다. 그래서 신해년의 사건이 있었다. 우리 나라의 사상전은 대개 이 때문에 생겼다.

'사상전' 개념은 각종 형식의 전쟁, 충돌, 모순을 사상의 충돌로 환원시킨다. 이런 논리에 근거하면, 청 말기의 정치 문제는 모두 전 세계 사조의 변천에서 왔고 "신해년의 혁명은 무술년부터 있던 극단적 수구 사상에 대한 반동이다. 최근의 복고 역시 신해혁명 이후의 극단적 혁신 사상에 대한 반향이다. 지구는 원심력과 구심력이 대항하고 조화를 이루기 때문에 존재한다. 사회는 이기심과 이타심이 대항하고 조화를 이루기 때문에 성립한다. 따라서 조화의 원리를 알지 못하고 일시적 기회를 틈타고자 할 때 그 사상을 극단적으로 내놓고 반대를 불러일으키며 재난과 혼란이 빨리 온다."[133] 보편적 연관의 관점에서 전쟁에 대한 생각(예, 「접속주의」에서 국가 문제 분석)과 정체에 대한 논의(예, 「민주 입헌의 정치주의가 현재의 시대적 상황에 맞지 않는 것이 대하여」에서 '정치주의' 비평)에는 모두 국가와 그 문명의 가치에 대한 관심이 들어 있다. 유럽 전쟁과 국내 전쟁에 대한 성찰은 단순히 '전쟁'에 대한 부정으로 나아가지 않았으며 '전쟁'을 사상 영역으로 돌려놓고 전쟁과 폭력이 억압하는 정치를 사상과 문화로 재구성했다. 이에 따라 '문화' '문명' '사상' 등의 범주가 점점 사고와 논의의 초점으로 올라왔다.

---

133 傖父, 「論思想戰」, 『東方雜誌』 第12卷 第3號, 1915年 3月, 1~3쪽. 두야취안은 한 걸음 더 나아가 이렇게 말했다. "오늘날 유럽 대전의 발생 원인은 기자가 관측해보니 모조리 사상과 관계되어 있다. 독일의 대게르만주의, 러시아의 대슬라브주의, 영국의 대브리튼 주의가 모두 사상적으로 예견할 수 있는 단서들이다."

3. 조화론과 20세기 신(구)문명

1) 19세기 정치 모델의 쇠락

정치 문제를 문명 문제에서 다루는 것은 정치, 경제, 군사, 제도, 기술 등의 문제를 '문화' '문명' '사상' 문제에 흡수해서 다루는 일이기도 하다. 따라서 전쟁을 반성하고 공화의 위기를 탐색하는 것도 모두 신구사상과 동서 문명에 대한 성찰로 모인다. 앞에서 말했듯이, 이 방식은 유럽 전쟁과 사회적 위기에 대한 관찰에서 비롯됐다. 그 자체가 바로 19세기의 정치와 경제 체제에 대한 전면적 심판을 담고 있다. 즉 19세기 유럽이 대표하는 정치 모델, 경제 모델과 그 배후에 숨겨진 가치체계가 총체적 위기에 빠졌고, 이 총체적 위기를 회피한 어떠한 방법도 모두 중국의 미래 변혁에 적합한 방법과 기준을 줄 수 없다. 두야취안은 이렇게 말했다. "현대 문명의 기초와 내력이 되는 사회 조직 역시 사멸할 것이다. 이 조직에서 포식하는 정치조직도 당연히 사멸할 것이다." "지금 대전의 종결은 사실 구 문명이 사멸하는 것이다. 지금은 신문명이 만들어지는 시기다." 그는 또 '두 가지 문명'을 구분하며 이렇게 말했다.

구 문명은 권리 경쟁을 토대로 한 현대 문명이고 현대 문명은 공의와 공도를 토대로 하여 바야흐로 도래하는 문명이다. 그러나 이것은 유럽에서나 그렇다. 우리 나라에서는 마땅히 신문명의 사멸은 구 문명 부활의 다른 말이다. 대체로 우리 나라에서는 오늘날 권리 경쟁을 신문명으로 보고 정의와 인도를 구 문명으로 본다. 최근 20년간 우리 나라의 분규는 사실 권리 경쟁이 그 발단이며 모두 이른바 신문명을 받아들였기 때문에 일어났다. 유럽 국제 분규의 근원과 사실 같은 것이다. 유럽에서 경쟁은 국가 권리를 위해 벌어졌으므로 국제 전쟁이 일어났다. 우리 나라에서 경쟁은 개인의 권리를 위해 벌어졌으므로 국내 전쟁이 발생했다. 범위의 크기가 다르지만 인과관계는 하나다. (…) 따라서 우리 나라의 국내 전쟁은 사실 유럽 국제 전쟁의 축소판이다.[134]

유럽 전쟁과 공화의 위기가 모두 근대 문명 자체의 위기라면 근대 문명과 근대의 정치적 가치가 날카로운 문제가 된 것은 어떻게 평가할까? 두야취안과 다른 동인들이 '신구 문제'라는 문제를 제기한 목적은 19세기의 새로운 관념과 가치정치의 쇠락을 심사하고 미래의 '신문명'을 다시 그리려는 것이었다.

무술년 이후 새로운 정치 또는 '서양의 근대 문명'은 무엇인가? 한마디로 민족국가 중심의 정치 문화와 물질문명 중심의 자본주의 경제다. 그것들의 공통된 특징은 권리 본위의 사회 - 정치 시스템이고 이 시스템의 기본 틀을 지탱하는 것은 국가다. 국가와 정치의 관계는 지도권 문제에서 연원한다. 막스 베버는 이렇게 말했다. "모든 자주적 지도 행위는 그 안으로 모두 들어간다. 사람들은 은행의 통화정책과 중앙은행의 어

---

134 僋父, 「大戰終結後國人之自覺如何」, 『東方雜誌』 第16卷 第1號, 1919年 1月, 1~8쪽.

음할인 정책은 물론 노동자의 파업 정책을 말하고 대도시와 성읍의 교육 정책도 말한다. 어떤 자원 단체 책임자의 정책은 물론 주도면밀한 아내가 그 남편을 지배하려는 정책까지도 말한다. 오늘 밤 우리 생각은 당연히 이런 넓은 개념에서 조직되지 않는다. 우리는 다만 하나의 정치단체, 즉 오늘날 국가의 지도권 또는 이 지도권의 영향력이라는 각도에서 정치를 이해할 생각이다."[135] 19세기에는 새로운 정치 주체, 즉 민족국가가 등장했고 오늘날까지도 우리가 정치 개념을 논할 때는 국가 정치(정당, 군대, 의회, 외교 등)를 논하는 것 같다. 그 결과 정치와 국가의 독특한 연관 모델이 19세기 정치의 특징일 뿐이라는 사실을 완전히 잊어버린다. 유럽 전쟁은 19세기 국가와 그 정치 문화가 벌인 전쟁이다. 전쟁을 촉발한 독재 정치, 비밀 외교, 군비 경쟁, 경제 착취는 근대적 국가 유형과 정치 문화의 파생물이다. 두야취안은 영국·미국·프랑스의 민주주의 정치가 독일·오스트리아·러시아의 군주 정치와 다르다고 인정했다. 그러나 후자 역시 전통적 국가의 범주에 들어가지 않는다고 생각했다.[136] 전쟁이 끝난 뒤 발표된 「국가주의의 고려」에서 두야취안은 독일 국가주의에서 대내적으로 전제를 실행하고 대외적으로 확장을 실행한 것을 예로 들며 "이 잔혹한 국가주의라면 실로 인간의 이성이 편안해질 수 없

---

135 馬克斯·韋伯(Max Weber), 「以政治爲業」, 『學術與政治』, 北京 : 三聯書店, 1998, 54쪽.
136 遜齋는 「대전쟁과 세계 평화 문제大戰爭與世界和問題」(미국 Carles W. Elliot의 원저 발췌 번역)에서 이렇게 말했다. "독재, 전제란 무엇인가? 한 나라 정권을 군주나 소수 집권자가 독점적으로 좌우하는 것이다. 헌법이 있지만 군권이 독존적이고 의회가 있지만 행정 능력을 절제하지 못한다. 대개 한 나라의 대권이 한두 사람에 의해 좌우된다." 『東方雜誌』第15卷 第2號, 1918年 2月, 11~18쪽.

다"고 말했다.[137] 여기서 독일 국가에 대한 비판은 결코 독일 한 나라에만 국한된 것이 아니라 문명 유형으로서 민족국가와 그 정치 문화에 대한 비판으로까지 확장된다.

앞서 말했듯이, 두야취안이 초기 국가주의적 견해를 수정한 것은 사실상 그가 두 가지 국가 유형을 구분한 데서 비롯된다. 그의 여러 글에서 볼 때 그에게 국가는 전통적 정치 형태와 구분되는 근대적 정치 형식이다. 따라서 국가에 대한 그의 비평은 전통적 정치 형식을 비평한 것이 아니라 근대국가의 정치 형식, 즉 의회 다당제 정치와 군사 체제를 성찰한 것이다. 1917년 7월과 9월 『동방잡지』는 각 호의 머리기사로 두야취안의 「미래의 세계정세」와 「진정한 공화는 무력으로 성취할 수 없다」를 실었다. 이 글에서는 중국 정치 문제의 두 가지 응어리, 즉 국체와 정당 문제를 모두 분석했다. 앞의 글에서 그는 다음과 같이 물었다. "정당이 사적으로 치우치고 군인이 함부로 날뛰는 것이 민주주의의 필연적 결과가 되었다. 그러면 민주 정체는 과연 실행 불가능하고 군주제는 과연 없애지 못하는 것인가?"[138] 뒤의 글에서는 다음과 같이 말했다. "진정한

---

137 그는 또 다음과 같이 보충했다. "우리가 오늘 내세우는 것은 독일주의가 아니다. 오늘날 세계에서 통용되는 국가주의는 독일처럼 극단으로 치닫지 않았지만 그 주된 취지는 인심을 하나로 모으고 세력을 단결시켜 대외적으로 발전하는 것의 범주에 있다. 따라서 타인을 배척하고 자신을 키운다는 의미를 늘 가지고 있다. 그래서 군국주의, 음모주의와 속고 속이며 서로 해를 끼치는 각종 정책이 모두 금지되지는 않는다. 그러나 이런 주의와 정책은 국제적으로 승리하지만 사회적으로는 폐해로 흘러가는 것을 면할 수 없다." 高勞, 「國家主義之考慮」, 『東方雜誌』 第15卷 第8號, 1918年 8月, 4~9쪽.

138 창푸는 이렇게 말했다. "민주주의 시험 기간은 아직 100여 년이 넘지 않았고 아직 고칠 곳도 있는데 물론 적지 않다." "최근의 민주주의 국가가 공고해진 까닭은 그 정체가 영

공화가 수립되는 원인은 다음 두 가지밖에 없다. 첫째는 국내에서 농업, 상업, 공업이 발달하는 것이고 둘째는 국민 교육이 보급되는 것이다."[139] 이런 관점에 미래의 정체에 대한 두야취안의 관점, 즉 민족국가가 앞으로 쇠락하고 초대형 국가나 초대형 국가 집단이 출현하며 이 초대형 정치에서 전통적 민족국가의 두 정치 세력인 정당과 군인이 쇠락할 것이라는 생각이 종합되어 있다. 미래의 시각에서 보면 민주 정체는 결코 '불변의 공리'가 아니다. 두야취안은 이렇게 말했다.

정당에 바라는 것은 그 운동과 그것으로 얻게 되는 지위에 의존하지 않고 스스로 진정으로 민의의 대변자라고 여기는 것이다. 그러나 정당, 내각의 미몽에 연연하는 것이 만세불변의 일반적 광경이다. 군인에게 바라는 것은 실력이 있다고 해서 어떤 일이든 할 수 있다고 생각하지 않는 것이다. 민주주의는 그들의 좋은 뜻을 바탕으로 존재하지만 결코 불변의 공리가 아니다. 나는 우리의 흐릿하고 생각 없는 국민이 미래의 대세에 주목하고 과학적 노동자가 되어 20세기의 주인이 될 준비를 하기를 고대한다.[140]

민하기 때문이다. 운영할 때 국가주의에 대부분을 의존하고 그 사이에서 조절하는 나라의 민주주의가 사실 최근 가장 유행하는 적당한 주의다." 「未來之世局」, 『東方雜誌』第14卷 第7號, 1917年 7月, 1~6쪽.

139 傖父, 「眞共和不能以武力求之論」, 『東方雜誌』第14卷 第9號, 1917年 9月, 1~4쪽.

140 창푸는 이렇게 말했다. "유럽 전쟁 이후 세계의 국가에는 정당과 군인의 소란으로 점점 융해 세력이 생겨났다. 그래서 여러 국가가 연합한 큰 단체가 앞으로 이때 출현할 것이다." 「未來之世局」, 『東方雜誌』第14卷 第7號, 1917年 7月, 1~6쪽.

여기서 '20세기의 주인'을 언급했지만 그것은 민주 정체의 주체(정당과 같은)와 완전히 다르고 미래 정체의 주체가 되는 '과학적 노동자'다.

　　'과학적 노동자'는 새로운 정치 주체다. 이 주체의 출현은 19세기에 형성된 국가와 정치의 굳은 연계가 바뀌는 것을 예견한다. 국가 간 전쟁과 계급 간 전쟁, 정치·군사 투쟁과 시장 조건 아래서의 권리 경쟁, 정당, 군대 등 정치 주체와 '미래의 주인'으로서 노동계급이 역사의 무대에 등장하고 후자가 국가 범주를 초월하는 새로운 정치의 출현을 촉진할 것이다. 즉 전쟁과 평화 문제에서 계급 투쟁과 노동운동도 항상 각국 정부보다 더 정치적 결정을 하는 역할을 한다. 두야춰안이 편집권을 이어받은 때부터 『동방잡지』에는 언제나 '20세기의 정치 문제'를 탐색하는 맥이 있었다. 가령, 1911년 4월 쉬자칭이 발표한 「20세기의 정치 문제」(『신일본』 2권 1호에 실린 「비천하태평론」 번역)에서는 "인류의 해방, 개인의 자각, 아시아와 아프리카 두 세력의 자주 운동, 노동계의 저항운동, 사회당의 정치 운동, 여성 해방운동, 여성 참정운동"이 새로운 세기 정치의 주된 과제라고 했다.[141] 1915년 3월 펑진이彭金夷가 『동방잡지』 12권 3호에 '20세기의 3대 문제'를 개괄하는 글을 발표하며 이렇게 말했다. "19세기부터 20세기로 이어진 문제가 비록 많지만 그중 20세기에 해결해야 하는 문제는 세 가지다. 첫째, 남녀 문제, 즉 여성이 정치적·사회적으로 남성과 동등한 지위를 차지하는 문제다. 둘째, 노동 문제, 즉 노동자에 대한 자본가의 문제다. 셋째, 식민 문제, 즉 국가와 국가 간의 문제

---

141 許家慶, 「二十世紀之政治問題」, 『東方雜誌』 第8卷 第10號, 1911年 4月, 1~5쪽.

다. 이상에서 거론한 세 가지 문제에는 하나의 공통점이 있다. (…) 그것은 바로 강자에 대한 약자의 문제다."[142] 국체와 정당 문제가 아니라 이런 광범위한 사회 문제가 미래 정치의 내용이었다.

이런 변화는 두야취안과 『동방잡지』가 '사회의 질병'과 평등 문제에 오랫동안 관심을 둔 것과 밀접하게 관련된다. 1913년 두야취안은 '생산 분자'와 '비생산 분자'의 구분에 따라 '사회 질병'을 '비생산 분자'가 너무 큰 비중을 차지하는 데서 찾았다. 그리고 토지, 자본, 노동력 등 정치경제학의 범주에 따라 중국 사회의 생산과 분배 원리를 탐구하려고 했다.[143] 그러나 '평등' 문제는 생계, 남녀, 정치적 권리 등에 해당하는 문제였다. 그래서 『동방잡지』는 전쟁, 국제관계, 국체, 정당 등의 문제를 깊이 있게 탐구하는 동시에 혼인, 가정, 언어, 개인, 계급, 노동, 토지, 인구, 이동, 교육, 기타 사회 문제(계급의 분투, 이성의 분투 등)에 많은 지면을 제공했다.[144] 두야취안이 이 실마리를 따라 20세기의 '신정치' '신문명'을 탐색할 때 그의 정치 개념은 19세기의 정부, 정당, 국민경제 중심의 국가론을 뛰어넘었다.

결론적으로 유럽 전쟁의 위기를 분석함으로써 정치의 범주를 국가의 틀에서 벗어나게 할 가능성이 생겼다.

---

142 彭金夷,「二十世紀之三大問題」(日本安部磯雄原著),『東方雜誌』第12卷 第3號, 40~44쪽.

143 傖父,「吾人將以何法治療社會之疾病乎」,『東方雜誌』第9卷 第8號, 1913年 2月, 1~4쪽.

144 傖父,「推測中國社會將來之變遷」,『東方雜誌』第15卷 第1號, 1918年 1月, 1~6쪽.

2) 19세기 경제 제도의 위기

19세기의 정치 형식에 대한 『동방잡지』의 비판은 항상 토지, 자본, 노동의 관계에 대한 분석과 관련되었으며, 또한 정치적 사유에도 새로운 방향을 제시했다. 그것은 바로 사회주의적 방향이고 그 중심은 권리 경쟁 중심의 자본주의를 비판하는 것이었다.[145] 이 문제에 대한 두야취안의 비판도 마찬가지로 국제 전쟁과 유럽 사회 계급 투쟁의 관계에 대한 분석에서 비롯됐다. 「대전 종결 후 국민은 어떻게 각성하는가」에서 그는 다음과 같이 주장했다. 자본주의와 자본주의적 사회 분배체제가 격렬한 계급 투쟁을 초래하며 진정 평화를 추구하는 이들은 결코 정치 지도자가 아니라 '각국의 하층 인민'이다. 국가 간 전쟁이라는 시각에서 보면 영국, 미국, 프랑스, 이탈리아가 전승국이지만 계급 투쟁의 시각에서 보면 러시아, 독일, 오스트리아의 "사회당이 그 나라의 제왕, 관료, 군벌을 상대로 승리했고 그 나라를 새로 만들었다." 이런 의미에서 파리 강화회의는 "계급 전쟁의 강화회의라고 하는 것이 어떻게 불가능할까?" 러시아 혁명과 '과격 당원', 독일 혁명과 사회당원, 오스트리아-헝가리 제국 붕괴 이후 민족 해방운동, 벨기에·네덜란드·스페인 등 각국의 사

---

145 '사회주의와 사회 정책' 문제는 『동방잡지』에 꽤 일찍 등장했다. 1911년 6월 훗날 두야취안을 대신해서 잡지를 편집하게 되는 첸즈슈가 「사회주의와 사회 정책」이라는 제목으로 긴 글을 발표했다. 여기서 그는 유럽 사회 정책의 발생 과정을 비교적 체계적으로 소개했고 중국도 그 실행을 늦춰서는 안 된다고 주장했다. 「社會主義與社會政策」, 『東方雜誌』第8卷 第6號, 1~10쪽. 그 후 각 권(8월 12호 등)에서 유럽 사회당, 특히 독일 사회당과 프랑스 사회당의 상황도 상세하게 소개했다.

회민주주의 조류 같은 모든 운동이 아래에서 위로 형세를 발현하고 회담 국면을 함께 만들고 있다.[146]

국가 간 전쟁과 계급 전쟁에 대한 이런 구분에 따라 국가의 범주를 뛰어넘은 사회주의 정치의 씨앗이 싹텄다. 두야취안은 이렇게 말했다.

> 우리 나라의 뜻있는 사람은 이 시점에 한편으로는 국민이 정치적·정신적으로 사회주의를 실행해서 미래의 재난을 없애도록 권해야 하고 다른 한편으로는 세계 개혁의 대세에 뜻을 두고 그 진상을 명확히 알며 그 주의를 충분히 알고 그 이해를 상세히 파악해야 한다.[147]

여기서 '사회 정책'은 자유경쟁의 자본주의에 대한 제한이고 "미래의 재난을 없앤다"는 말에는 볼셰비키식 급진 혁명의 경고가 암암리에 들어 있다. 앞에서 말했듯이 두야취안은 분명 '과학적 노동자'가 '20세기의 주인'이라 생각했고 19세기의 정치와 20세기의 정치를 뚜렷이 구분하려 했다.[148] 전쟁이 끝났을 때 그는 유럽의 노동 쟁의 해결 방법을 전

---

146 傖父, 「大戰終結後國人之覺悟如何」, 『東方雜誌』 第16卷 第1號, 1919年 1月, 1~8쪽.
147 같은 책.
148 여기서 새로운 의제도 마찬가지로 유럽 전쟁 기간 유럽 사회 관찰에서 나왔다. 전쟁 초기에 그는 이렇게 말했다. "유럽의 국가에서는 전쟁이 일어나면 온 나라가 하나가 된다. 그곳의 강한 국가 관념은 실로 우리를 경탄하게 한다. 그러나 사회의 일부분, 즉 노동 계급의 관념은 모두 권력을 쥔 계급과 다른 성향을 띤다. 그들은 전승의 이익이 다수가 권력 계급에 돌아가고 노동계급에게는 아주 적게 분배된다는 것을 잘 알고 있다. 따라서 늘 군비의 제한과 전쟁 반대를 기조로 삼고 오랫동안 다른 나라의 같은 계급과 친밀하게 지내고 같은 나라의 권력 계급과는 항쟁을 벌인다. 저들의 관념은 계급을 경계로 삼지 국

문적으로 연구해서 미래 중국의 수요와 대비했다.[149] 그리고 '노동주의' 관념의 기원을 중국 전통 내부에서 찾았다.[150] 1917~1918년 두야취안 과 『동방잡지』는 러시아 혁명과 독일 혁명의 발생과 사회적 토대를 추적 관찰했다. 이때 자본주의와 자본주의적 생산양식에 대한 사회주의자의 비판에 완전히 공감했을 뿐 아니라 '과격주의'가 '자본주의의 횡포' '전제주의의 고집' '생활고의 고통' '지혜·도덕의 저하' 등 근대사회의 결함에 대한 응답이라는 것도 인정했다. 이런 분석을 리다자오의 「서민의 승리」, 차이위안페이의 「노동신성」, 타오리궁陶履恭의 「유럽 전쟁 이후의 정치」에서 한 분석과 비교해보면 차이점보다 유사점이 더 많다.[151]

그러나 『동방잡지』의 주장은 유럽 사회당원에 가깝고 그 핵심 관념은 '사회 정책 이행' '민주주의 확립' '식산흥업 진흥' '평민 교육 보급' 등 사회주의적 방법으로 자본주의의 병폐를 극복하자는 것이었다. 이런 관점과 『신청년』의 차이는 더욱 구체적인 해석의 불일치에 있다.(리다자오의 「볼셰비즘의 승리」의 관점을 참조해도 좋다.) 「러시아의 근황에 대한 후속 기록」에서 두야취안은 프랑스 혁명이 중간 계급의 동정에 호소했지만

가를 경계로 삼지 않는다. 저들의 국가 관념은 계급 관념만큼 강하지 않다. (…) 그리고 저들 세력은 실로 유럽의 국가적 추세를 이끌기에 충분하다. (…) 유럽 각국이 군사력을 총동원해서 전쟁을 일삼는 것이 능사가 아님을 점점 깨달을지도…….'

149 高勞, 「勞動爭議之解決方法」, 『東方雜誌』 第15卷 第1號, 1918年 1月, 13~22쪽.

150 傖父, 「勞動主義」, 『東方雜誌』 第15卷 第8號, 1918年 8月, 1~3쪽.

151 李大釗, 「庶民的勝利」, 蔡元培, 「勞工神聖」, 陶履恭, 「歐戰以後的政治」는 모두 "유럽 전쟁에 관한 연설 3편"이라는 제목으로 『新青年』 5권 5호(1918년 11월 15일), 436~441쪽에 실렸다.

러시아 혁명은 하층이 일으킨 급진 혁명이라고 단언했다. 그는 러시아 황제 체제가 정교합일의 특징이 있기 때문에 정체를 전복하면 반드시 종교의 쇠락도 가져오며 종교가 쇠락한 결과 도덕과 신념이 기낼 곳이 없기 때문에 사회 혼란은 필연이라고 생각했다.[152] 러시아 정체에 대한 이 관점과 공교에 관한 캉유웨이의 관점에 상통하는 면이 없다고는 할 수 없다. 「미래 세계는 어떻게 준비하는가」에서 두야취안은 이렇게 말했다.

사회주의는 현 세계 경제 제도의 근본적 오류가 생산 분배의 불균등, 빈부 격차의 심화에 있다고 본다. 과격한 인사는 이 때문에 지주, 자본가의 특권을 없애고 모든 생산물을 노동자 손에 고루 나누어주려고 한다. 이들 균부 이론, 공산 이론 등은 듣는 사람을 깜짝 놀라게 한다. 우리는 그 논조를 전혀 본받으려 하지 않는다. 그러나 그 이론들은 세계 경제 제도의 약점이 사실 이미 가릴 수 없음을 보여준다. 우리가 생각하는 미래의 세계는 최근의 것으로 말하자면 (…) 국가는 균부 공산이 실행될 수 있다고 인정하지 않는다. 18, 19세기부터 이어진 자유 경쟁주의는 반드시 생존권의 저항을 받아 그 세력이 없어지게 된다.[153]

이런 사상에 따라 『동방잡지』는 사회주의와 '과격주의'(볼셰비즘), 이

---

152 高勞, 「續記俄國之近狀」, 『東方雜誌』 第15卷 第1號, 37~42쪽.
153 傖父, 「對於未來世界之準備如何」, 『東方雜誌』 第15卷 第10號, 1918年 10月, 1~11쪽.

론상 공산주의(그리고 아나키즘)와 '과격주의', 민주주의와 '과격주의'를 구분하려 했다. 1919년 6월『동방잡지』는 「과격사상과 방지책」이라는 특집을 내면서까지 '과격주의'를 피하는 방법을 탐색했고[154] 기본 입장을 아주 분명히 했다.

『동방잡지』가 취한 '러시아 혁명' 특히 '과격주의'에 대한 태도는『신청년』의 향후 입장과 크게 달랐다. 그러나『신청년』은 마르크스주의와 러시아 혁명으로 대대적으로 전향하지 않았다. 볼셰비즘과 '과격파' 문제는 결코 두 잡지가 논쟁을 벌인 초점이 아니었다.『신청년』과『동방잡지』모두 동서 문명 또는 신구사상을 중심축으로 토론했고, 바로 이 공유되는 전제 때문에 광범위한 논전이 문화 논전 형식으로 진행될 수 있었다. 따라서 두야취안, 천두슈 등이 정치 분석을 문명 분석의 틀에 어떻게 놓았느냐가 주목할 만한 점이다. 여기서는 두야취안의 「중국 정치혁명이 성취되지 않고 사회 혁명이 일어나지 않는 원인」만 예로 들겠다. 이 글에서 두야취안은 정치 혁명과 사회 혁명을 서로 다른 사회적 조건과 문화 전통 속에서 관찰했다. 그는 정치 혁명과 사회 혁명이 구체적인 역사적 조건과 문화적 전통에 의존하며 그 성패는 우연한 인위적 요소에 달리지 않으므로 반드시 혁명의 방식과 문명의 관계가 박자가 맞는지를 고려해야 한다고 생각했다.[155] 러시아 '10월 혁명'을 분석할 때 두야취안은 역사적 관계 속에서 혁명 주체의 탄생을 밝히려고 했다. 그는

---

154 君實, 「過激思想與防止策」, 『東方雜誌』第16卷 第6號, 1919年 6月, 1~10쪽.

155 傖父, 「中國政治革命不成就及社會革命不發生之原因」, 『東方雜誌』第16卷 第4號, 1919年 4月, 1~7쪽.

다음과 같이 말했다. 무산계급에는 '노동계급'과 '중등계급'이라는 두 가지 다른 부문이 포함된다. 전통사회에서 '중등계급'은 귀족, 무사, 승려 등 계급과 대립하면서 형성되었다. 그들은 관리, 교원, 프리랜서, 전문 인재로 충원되는데 사실상 '사회 조직의 중견'이다. 그러나 자본주의적 조건에서 '신중등계급'의 경제적 지위는 '무산계급화'하는 지경에 놓였다. 따라서 유산계급과 구분되는 일부 '중산계급'으로서 사회계층이 되었다. 혁명 또는 '과격주의'는 바로 이런 독특한 계층이 앞장서서 일으킨 것이다.[156] 러시아에서는 부르주아가 발달하지 않았으므로 귀족계급에서 분화된 지식계급이 직접 노동계급과 결합했고 정치 혁명의 단계를 넘어 유례없는 사회 혁명을 일으켰다. 독일에서는 정치 혁명이 성공하지 못했으며 귀족계급과 부르주아가 연합해서 노동계급에 공동 대응했다. 왜 제1차 세계대전이 독일 주도의 도발로 시작되었을까? 그 근원은 무산계급이 발생하자 귀족계급과 부르주아가 대외전쟁으로 자기 세력을 확장하려고 했고, 결국 노동계급이 군국주의를 반대하고 사회 혁명을 일으켰다는 데 있다.[157]

두야취안의 '중등계급' 분석과 중국 유민 계층 관찰에는 내재적 연관이 있다. 진나라 정권 이후 중국 사회는 각종 제도 설계에서 지식계급의 수가 많아진 반면 지식 정도는 점점 낮아졌으며 동시에 다른 지능으로 일상생활을 지탱하지도 않았기 때문에 점점 재산 계급에도 노동계

---

156 高勞, 「中等階級」(譯日本『太陽』雜誌),『東方雜誌』第16卷 第6號, 19~23쪽.
157 傖父, 위의 책, 같은 곳.

급에도 속하지 않는 '과잉 지식계급'이 늘어났다. 그리고 노동자도 아이를 너무 많이 낳았지만 이들의 자질은 높지 않았다. '과잉 노동계급', 즉 '유민계급'이 양산되었다. 중국 역사에서 가장 많은 혁명이 이 두 계급이 공동으로 구성하고 귀족사회를 다시 만들 것을 규칙으로 삼는 유민혁명 또는 제왕혁명이다. 중국의 신해혁명은 비록 유럽 정치 혁명의 영향을 깊이 받았지만 중국의 부르주아는 "대부분 입헌공화가 무엇인지 몰랐고 처음에는 그 일에 대해 들어본 적도 없다. 입헌공화를 내세운 이는 과잉 지식계급 중 일부였고 가담한 사람은 과잉 노동계급 중 병사였다. 사실 이전의 제왕혁명과 전혀 다르지 않았다. 유럽의 정치 혁명과 비슷한 점이라고는 중화민국의 명칭과 있는 듯 없는 듯한 몇 조항짜리 약법뿐이었다. 혁명 이후 명목상으로는 귀족정치를 몰아낼 수 없었으며 실질적으로 정권을 잡은 관료, 군인은 대부분 유민의 지도자가 귀족이 된 이들이었다. 우리는 정치 혁명이 이루어지지 않았다고 거침없이 말할 수 있다."[158] 따라서 중국이 변혁하려면 정치 혁명과 사회 혁명의 길을 걷는 것보다 두 과잉 계급과 그들의 문화를 청산하는 데 손을 대는 것이 더 낫다. 혁명을 반대하는 이러한 결론은 루쉰이 『아Q정전』에서 신해혁명을 관찰한 양상과 사실 공통점이 아주 많다. 그러나 두야취안은 문명 조화론으로 중국 정치의 문제를 해결하려 했고 루쉰은 중국 혁명의 불가피함을 암시했다는 점에서 다르다.

결론적으로 19세기 경제 모델과 계급 투쟁 문제에 대한 사회주의적

---

158 같은 책.

단기 20세기: 중국 혁명과 정치의 논리

분석으로 사회와 문명의 기초 위에서 정치가 형성될 여지도 생겼다.

3) '신구 문명'의 변증법

18~19세기의 서양 정치 모델 비판에서 『동방잡지』와 『신청년』은 수많은 전제를 공유했다. 천두슈가 "18세기부터 정치제도가 이미 파산했다"고 판단한 것은 앞에서 이미 다루었다.[159] 그가 말하는 "사회의 토대 위에서 신정치를 만든다"는 것은 바로 정치 혁명의 단계를 뛰어넘어 사회를 개조하는 것이지 국가, 정당이 '신정치'의 기초가 된다는 것은 아니었다. 이 신정치의 개념에 따르면 정치는 더 이상 국가와 동등한 것이 아니고 정치 문제도 더는 국제 및 정당 문제와 동등한 것이 아니며 정치 영역과 경제 영역 그리고 기타 사회 영역의 뚜렷한 경계도 그에 따라 사라진다. 이런 관점은 『동방잡지』에서도 기본 태도로 취했다. 이런 의미에서 두야취안과 천두슈는 비록 공화와 전제의 가치에 대한 관점에서 확연히 달랐지만 자본주의적 경제와 정치제도의 비판과 분석에서는 일종의 새로운 생활 방식, 18~19세기 유럽 자본주의 문명과는 전혀 다른 신문명을 지향했다.

정치 영역이 국제와 정당 등의 범주에서 사회의 범주로 전환한 것에 맞춰 정치 범주도 객관적 영역에서 주관적 영역으로 전환했다. 정치는 정치조직 등 물질적 토대에 따라서만 결정되는 것이 아니라 이 물질적

---

159 陳獨秀, 「談政治」, 『新靑年』 第8卷 第1號, 1920年 9月, 1~9쪽.

토대를 구성하는 주관적 조건에 따라서도 결정되었다. 신문화운동은 정치가 아닌 문화를 운동의 중심 위치에 두었다. 이 점에서 두야취안의 견해와 그렇게 차이 나지 않는다. 그는 '정치적 분란의 원인'을 '개인의 무도덕' '국민의 무능력' '경제의 결핍' 세 가지에서 찾았다. 그중 앞의 두 항목은 주관적 상태와 관련이 있다. 더욱 확실하게는 다음과 같이 말할 수 있다. 신문화운동과 두야취안으로 대표되는 사상 조류는 문화와 윤리를 정치 개념의 핵심에 두었다. 그들의 문화적·윤리적 대립은 일종의 깊은 정치적 대립이기도 했다. 두야취안은 "최근의 정치적 분란은 심리 작용에서 기인한다. 즉 정신 상태가 불안하기 때문이다"라고 말했다. 관료, 민당, 정관, 군인은 신분이 다르고 주장도 각자 다르다. 그러나 그들 사이의 뒤숭숭한 소란, 세력 변화는 어떤 실질적 변화도 만들어내지 못한다. 중요한 것은 그들의 정신 상태가 위축되었고 도덕적 인격이 떨어질 뿐 아니라 추하다는 사실이다.[160] 바로 이 때문에 그는 "사회주의는 국가 정치에서 실행되기보다 국민의 정신에서 실행되는 것이 더 좋다"고 단언했다.[161] 따라서 신정치는 국가의 정치가 아니라 사상의 정치다.

 '5·4시대' 논전의 전장은 '동서 문명'과 '신구사상'이었다. 그 전제는 논전의 양측이 사실상 몇몇 전제를 공유했다는 데 있다. 이 논전에서 토론, 대립, 상호 침투로 여러 사상과 설說이 이론화되고 이런 이론과 관련 있는 신정치의 창출이 촉진되었다. 『동방잡지』와 『신청년』의 '과

---

160 傖父, 「政治上紛擾之原因」, 『東方雜誌』 第15卷 第2號, 1918年 2月, 7~10쪽.

161 傖父, 「大戰終結後國人之覺悟如何」, 『東方雜誌』 第16卷 第1號, 1919年 1月, 1~8쪽.

격주의'와 러시아 혁명에 대한 판단은 명확히 구분된다. 그런데 왜 이 논전은 러시아 혁명, 독일 혁명, 공화정치 등 정치 문제에 대한 각자의 차이를 둘러싸고 전개되지 않고 '신구조화론'을 중심으로 전개되었을까? 이 문제를 설명하려면 '신구조화론'의 논리를 제대로 알아야 한다. 1917년 봄 두야취안은 「전후 동서 문명의 조화」를 발표했는데 글 첫머리에 타고르의 어록을 인용했다. "바야흐로 지금의 세계는 개혁의 시대다. 인류의 생활에 큰 변화가 일어나고 있다. (…) 중국, 인도, 파키스탄, 터키, 러시아, 일본 등 동양 국민의 천직은 유럽 문화의 정수만 받아들이지 않고 반드시 진정한 자유의 모범을 인류에 보여주는 것이다." 이것은 전쟁이라는 배경에서 서양 문명의 위기에 대해 문명론적 진단을 제기한 것이다. 두야취안은 이렇게 말했다. 이번 전쟁을 거치면서 서양의 강권주의, 제국주의, 물질주의적 윤리는 반드시 정반대 방향으로 나아갈 것이고 자본주의 경제 위기가 만들어낸 사회주의의 물결이 반드시 미래 국면을 지배하게 될 것이다. "동양 사회를 대표하는 우리 중국은 이 세계 조류가 역전하는 때에 자각하고 자신감을 가지지 않을 수 없다."[162] 같은 해 연말 장스자오章士釗는 『동방잡지』에 「유럽의 최근 사조와 우리의 각성」을 발표해서 이 '자각과 자신'의 내포를 아주 명확히 짚어내며 이렇게 말했다. "예전 유럽 사상의 변천은 르네상스의 혜택을 얻은 것이다. 현재의 사상은 여전히 복고의 악취가 약간 난다. 우리나라의 장래 신사업은 새로운 지식을 창조하고 고학古學을 연마하는 것

---

162 傖父, 「戰後東西文明之調和」, 『東方雜誌』 第14卷 第4期, 1917年 4月, 1~7쪽.

이다. 둘의 관계는 아주 밀접하므로 반드시 동시에 행해야 한다."[163] 따라서 '복고'가 새로운 것이고 르네상스 이후 신사상이 도리어 낡은 것이 될 것이다.

『동방잡지』의 서술 기조는 신구의 변증법이 지배했으며 동서 문명의 문제에만 국한되었다. 1918년 2월, 두야취안은 「모순의 조화」를 발표해서 유럽 정치 영역의 병치 현상, 즉 '민중주의'(평등, 민권 등)와 '경제계의 전제주의'(트러스트 등 집중적 경제 형식)의 병치, '국가주의'와 '사회주의'의 병치를 관찰했다. 그는 이 병치 현상 속에서 다음 '몇 가지 깨달음'을 얻어야 한다고 생각했다. 첫째, 천하의 이치에는 한 가지 주의만 있지 않고 여러 주의가 병존하며 이들은 상호 보완할 수 있다(예, 정치적 자유와 경제적 간섭). 둘째, 두 가지 대립주의 사이에 어떤 유사성 또는 중첩이 있는 것, 즉 그것을 조화시킬 수 있는 것이 존재한다(예, '사회주의'와 '국가주의'). 셋째, 주의는 인정하는 규정이지 자연적 범주가 아니다. 이론적 질서정연함은 현실 속의 분명한 경계와 다르다. 대항과 조화는 구체적 조건에서 존재한다.[164] 이 병치주의와 유사한 것으로 장둥쑨張東蓀은 헤겔 철학의 틀에 따라 "주의에는 반드시 정과 반의 양면이 있고" "두 가지 주의는 반드시 각자 진리의 한 면을 갖게 되어 한쪽을 소홀히 할 수 없"어서 "조화의 수요"를 창출한다고 생각했다. 이에 따라 그는 '다수결주의와 소수결주의' '대표주의와 자유의지주의' '평등주의와

---

163 行嚴, 「歐洲最近思潮與吾人之覺悟」, 『東方雜誌』 第14卷 第12號, 1917年 12月, 1~9쪽.

164 高勞, 「矛盾之調和」, 『東方雜誌』 第15卷 第2號, 1918년 2月, 1~6쪽.

등급주의' '단조주의와 복조주의' '비이성주의와 개성주의' '동반주의와 선도주의' '개인본위주의와 사회본위주의' '인민주의와 국가주의' '공리주의와 이성주의' 사이의 조화를 시도했다. 이것이 바로 그가 말하는 조화를 수단으로 한 '능력정치'다.[165] 따라서 조화 문제는 동서·신구 문명을 다루는 방식이면서 보편적인 방식이다.

「신구사상의 절충」에서 두야취안은 '시세'와 사건을 서술의 틀로 삼는 신구관을 제시했다. 첫째, 신구는 늘 특정한 시점, 즉 '시세의 변천'에 존재하고 직선적인 시간관념으로 신구를 판별할 수 없다. 둘째, 신구는 사건과 그 발생 과정에 존재한다. 따라서 반드시 사건을 축으로 신구를 구분한다. 이 두 척도에 따르면, "무술 시기에 말하는 신구"와 "유럽 전쟁 이후 현시대에 말하는 신구"를 하나로 혼동할 수 없고 상호 부정도 할 수 없다. 무술 시대에는 "서양 문명을 모방하는 것을 신으로 삼았으므로 중국의 관습을 고수하는 것이 구라고 주장했다." 그러나 전쟁이전 세계의 국면을 바꾸었고 "서양의 현대 문명(무술 시대의 새로움이었던 것—글쓴이)은 새로운 시세에 적합하지 않게 되어 그 효용을 잃는다."[166] 가령, 중국의 전쟁과 이 전쟁을 낳은 정치적 토대는 유럽의 19세기 문명을 모방하면서 형성되었다. 형식적으로는 새로움을 추구해서 이루어졌지만 실질적으로는 낡은 것을 추구해서 이루어졌다. 또 유럽의 '평민주의'와 중국의 '인정仁政' 사상, 유럽의 평화주의와 중국의 '대일통

---

165 張東蓀, 「賢能政治」, 『東方雜誌』第14卷 第11호, 1~44쪽.
166 傖父, 「新舊思想之折中」, 『東方雜誌』第16卷 第9號, 1919年 9月, 1~8쪽.

주의' 관념, 유럽의 사회주의와 유가의 '대동' 이상은 전혀 거리감 없이 기꺼이 합치된다. 복고처럼 보이는 것이 실은 새롭게 하는 것이다.[167] 전후 "중국과 서양 각국은 반드시 동일한 상황에 놓이게 된다. 따라서 미래 문명의 창조는 서양인만의 요구라고 볼 수 없다." 따라서 "중국 고유의 문명"(전후시대의 새로운 것—글쓴이)이 '미래 문명'에 공헌할 가능성이 있다.[168] 이런 의미에서 전쟁을 중심축으로 신구 관계가 역전했다. 즉 중국의 '구 문명'이 새로운 것이 되고 무술년 이후 '신정치'가 낡은 것이 되었다. 신시대의 요구는 변해서 '복고'가 되었다. 이로부터 다음과 같은 결론을 어렵지 않게 얻을 수 있다. "신문명은 중국의 전통과 20세기 유럽 신문명의 조화 속에서 탄생한다."

천두슈는 『동방잡지』에 질문을 던진 첫 번째 격문에서 글 세 편을 거론했다. 그것은 핑이平佚가 일본 『동아의 빛東亞之光』에 실린 글을 번역해 15권 6호에 실은 「중서 문명의 비판」,[169] 첸즈슈의 「공리주의와 학술」[170]과 같은 권 4호에 실은 창푸의 「어리둥절한 현대인의 심리」다. 두야취안의 글은 중국 정치의 위기를 문명 문제의 맥락에서 전형적으로 서술한 것이었다. 이 글에 대한 천두슈의 비판도 전면적이고 날카로웠다. 그렇다면 천두슈의 신구조화론은 어떻게 '동서 문화 논전'을 일으킨 핵심 텍스트가 되었을까? 이 글의 제목은 중국의 위기를 '현대인의 심리'로 돌

---

167 같은 책.

168 平佚, 「中西文明之評判」, 『東方雜誌』 第15卷 第8號, 81~87쪽.

169 傖父, 「大戰終結後國人之覺悟如何」, 『東方雜誌』 第16卷 第1號, 1919年 1月, 1~8쪽.

170 錢智修, 「功利主義與學術」, 『東方雜誌』 第15卷 第6號, 1918年 6月, 1~7쪽.

렸을 뿐 전통으로 돌리지는 않았다. 이 전제가 가장 핵심이다. 이 전제 하에 두야취안은 '국시의 상실' '정신계의 파산' '정치계의 강력주의' '교육계의 실용주의' 네 측면을 중국 현대 위기의 징조로 거론했다. 그리고 이 네 측면은 파생 관계로 서로 긴밀하게 연결되어 있는데 그중 '국시의 상실'이 가장 근원적이라고 했다. '국시의 상실'은 "현대의 사상이 발전 되었지만 통일되지 않고 분화되었음을 말한다. 통합을 진보라고 할 수 있으니 분열이 퇴보라는 데는 의심할 여지가 없다." 이는 사실상 의회정 치, 다당 경쟁, 언론 자유 또는 이익의 부분적 제한, 논쟁을 위한 논쟁, 일치된 결론을 얻지 못하는 것, 여러 사람의 의견을 모으지만 전체 의 지를 형성할 수 없는 것을 암암리에 지적한다. '정신계의 파산'은 현대인 이 "물질생활에 빠져 다른 곳을 돌아볼 겨를이 없고 도무지 주의·주장 이라고 할 것이 없음"을 말한다. 그리고 소수의 이른바 "주의·주장이 있 는 자들 역시 권리를 경쟁하고 사치를 추구하는 수단과 방편을 위해 어 쩌다 거짓으로 위탁한다." 즉 현대의 '주의'는 모두 물질적 이익을 직접 나타낸 것이며 '주의' 자체는 초월적 성격이 부족해서 오직 투기의 수단 일 뿐이다. 따라서 근본적으로 총의總意를 구성할 수 없다. 시비와 총의 가 쇠락함에 따라 '정치계의 강력주의', 즉 강권 정치도 생겨난다. 중국 의 '진시황주의', 유럽의 '독일주의', 공화시대의 강자주의는 사실 여러 의견이 뒤섞이고 천하에 도가 없어서 나온 산물이다. 앞서 말한 각 측면 과 상호 호응하는 것이 '교육계의 실용주의'다.—실용주의 교육은 정신 생활과 생활 가치의 고전 전통을 버리고 교육을 완전히 "물질생활 속에 매몰해버린다." "실용을 교육의 주의로 삼는 것은 생활을 생활의 주의로 삼는 것과 같고 무주의를 주의로 삼는 것일 뿐이기도 하다."[171]

이상의 현상은 당시 각 유파 지식인들이 거의 공감한 것이다. 두야취안이 이런 현상을 '어리둥절한 현대인의 심리' 탓으로 돌린 것과 달리 천두슈는 전통 중국의 낡은 병폐가 다시 발동한 것이라고 보았다. 두야취안의 진단에 따르면 중국의 병소는 '분화'를 중시하고 '통합'을 결여한 것, '물질'을 중시하고 '정신'이 없는 것, '실용'을 중시하고 '가치'가 없는 것이다. 정치적으로는 강자 정치가 바로 이 현대병의 산물이다. 이 질병을 치료하려면 서양 문명에만 의존해서는 안 된다. 원인은 서양 문명 자체가 "바야흐로 스스로 혼란과 모순 속에 빠졌고 구제를 몹시 기다린다"는 데 있다. 서양사상은 원래 그리스와 히브리 두 전통이 혼합된 것으로 내재적 통일성이 부족했다. 따라서 "구제의 길은 우리 고유의 문명을 통합하고 그 원래 시스템을 잘 이해하며 그중 잘못된 것을 고치는 것이다." 결론적으로 통합된 중국 문명을 키워 서양 문명을 잘 통하도록 해석하고 받아들이는 것이다. "앞으로 서양사상을 융합해서 세계를 통합하는 문명을 만들 수 있다면 우리 자신만이 이로써 구제되는 것이 아니라 전 세계도 구제된다."[172] 바꾸어 말하면, 중국에 수입된 모든 '주

<hr>

171 偉父, 「迷亂之現代人心」, 『東方雜誌』 第15卷 第4號, 1918年 4月, 1~7쪽.

172 두야취안은 다음과 같이 결론 내렸다. "이전의 여러 운동은 처음에는 역시 새로운 세력을 만들어서 구세력에 대항하려 했지만 결과적으로 구세력에 의존해서 그것을 이용했다. 결국 구세력이 날로 성장하고 신세력은 전혀 성취하지 못했다. 그 오점은 다음 두 가지에 있다. 첫째, 사회생활에서 세력의 근원지를 찾지 않고 정치에서 그 세력을 행사하려 했다. 둘째, 개인의 수양에서 세력 발생의 근본을 찾지 않고 권모술수를 세력 확장의 도구로 삼았다. 이 둘 중 하나만 있으면 그 세력은 성공할 수 없다. 따라서 신세력은 여기

의'는 중국의 분화와 와해, 중국 정신 영역의 혼란과 공황을 가속화하
므로 이를 해결하는 길은 모두 중국 문명에 발을 딛고 서서 '통합'하는
것이다.

두야취안이 문명의 중심 문제로 보는 '통합'과 '분화'를 유럽 전쟁과
공화 위기에 대한 분석에 두었다면 우리는 그것이 집권과 분권, 대일통
과 분열, 전통적 정체와 공화, 청의清議와 언론의 자유 등 각 차원의 정
치적 판단과 밀접한 관련이 있음을 어렵지 않게 발견할 수 있다. 차이가
있다면 이 이원 범주는 거의 현상을 귀납한 것이지만 '통합'과 '분화'의
범주는 더욱 추상적이고 보편적이라는 것이다. 두야취안은 이런 기초
위에서 중서 문명의 서로 다른 성향을 개괄했다. 그것이 신/구, 동/서
라는 지렛대로 형성된 문명 조화론의 정치 지향임은 아주 분명하다. 천
두슈는 이런 어조에 일곱 가지 문제를 제기했다. 1. 중국 문명은 도대체
유가의 통일 이전에 흥성했는가, 통일 이후에 흥성했는가? 2. 중국 문명
은 유술儒術로 통일되었는가, 여러 학술을 품고 있는가? 3. 통일된 유럽
중세와 경쟁하는 현대 서양은 어떻게 우열을 가리는가? 4. 서양 학술을
수입하기 전 중국 정신계는 파산했는가? 5. 공화의 조건 아래서 군주의
도와 신하의 지조, 강상명교綱常名教를 보존하는 것은 '공화에 대한 모반'
인가? 6. '중국에 지금 강한 힘이 없다'는 것을 유감으로 여기는 필자는
홍헌 시대에 '쾌재를 불렀'는가? 7. 고대의 정신생활을 강상명교라 할 수

서 길을 찾을 수 없기 마련이다." 傖父, 「中國之新生命」, 『東方雜誌』 第15卷 第7號, 1918年
7月, 1~4쪽.

있는가, 서양 물질문명에는 정신문명이 없었는가?[173] 이 질문들의 용어는 날카롭다. 여섯 번째 질문이 좀 억지스럽지만 다른 질문은 모두 핵심을 콕 찔렀다.

유럽 전쟁, 러시아 혁명, 근대 자본주의의 보편적 위기 국면에서 '동서 문명 논전'은 궁극적으로 근대의 위기와 중국의 미래 진로를 어떻게 판단할 것인가에 관한 대논쟁이었다. 논쟁이 얼마나 복잡하게 가지를 쳤든 간에 이 논쟁은 궁극적으로 이 길을 만드는 주체가 도대체 누구인가로 향한다. 「중국의 신생명」에서 두야취안은 이렇게 말했다.

중국의 신생명이 어디 있는지를 알고 싶으면 다음 두 가지로 통괄하면 된다. 하나, 신세력이 발생해서 구세력을 몰아낸다. 둘, 구세력을 조정해서 신세력을 형성한다. 세계 여러 나라 중 프랑스와 미국은 앞의 방식으로 신생명을 얻었고 일본과 독일은 뒤의 방법으로 신생명을 획득했다. 무릇 신세력이 생겨나기는 매우 어렵다. (…) 구세력이 없어지지 않는 한 더욱 쉽지 않다. (…) 따라서 편리함을 추구하고 효율을 계산해서 자체적으로 신구세력을 조정해 신세력을 형성하는 것이 가장 합당하다.[174]

세계정세와 중국의 곤경에 대한 『동방잡지』의 묘사는 다른 어떤 잡

---

173 陳獨秀, 「質問『東方雜誌』記者 ―『東方雜誌』與復辟問題」, 『新青年』 第5卷 第3號, 1918年 9月, 206~212쪽.
174 傖父, 「中國之新生命」, 『東方雜誌』 第15卷 第7號, 1918年 7月, 1~4쪽.

지도 따라갈 수 없을 정도로 뛰어났다. 그렇지만 그들도 누가 '신구 세력을 조정해서 신세력을 형성하는가?'에 응답할 수 없었다. 정객, 정당인, 관료, 학자가 모두 어리둥절해 있는데 우리가 그들에게 자기 수양과 즉각 성불을 기대할 수 있을까?[175] '자각'의 종소리가 그들 마음속에서 울리지 않는데 누가 그들에게 종을 쳐서 들려줄 수 있을까? 나는 『신청년』과 『동방잡지』의 차이를 동/서, 신/구 개념 아래서 모두 설명할 수 없다고 생각한다. 이 둘은 18, 19세기의 '구 문명'(정치 모델에서 경제 형태까지)을 비판했고 20세기의 '신문명'(사회주의)을 옹호했다. 그러나 정치적으로 각자 다른 것을 취사선택했다. 더 뚜렷한 차이는 다음에 있다. 『청년잡지』는 '청년' 문제에서 시작한다고 창간 취지를 밝혔다. 이는 곧 새로운 세대의 창조를 정치 변천과 사회 변천의 경로로 삼았다는 것을 의미한다. 『신청년』과 『동방잡지』가 공동으로 사용한 구 궤도는 이미 끝났다는 역사의식이 여기서 일종의 '청춘의 철학'으로 전화한 것이다. '문명 조화론'의 틀에서 동서 문명, 신구사상은 객관적 구조 속에 놓인다. 두야취안은 취사선택하는 방법을 자세하게 묘사했다. 그러나 누가 취하고 조사할지는 설명할 수 없었다. 그래서 일종의 '주체 없는 방법론적 순환'에 빠졌다. 그래서 '신문화운동'은 '운동'으로 '문화'를 정의하고 '문화'로 '운동'을 정의했다. 신문화운동은 운동의 주체와 이 운동 주체의 정치를 소환했다. 여기서 전통에 대한 격렬한 비판과 신정치 주체에 대한 소환은 완전히 일치한다. 두야취안은 신정치의식이 기존의 역

---

175 주 171과 동일.

사와 문명에서만 생산될 수 있다고 보았다. 그러나『신청년』은 신정치는 역사와 단절해야만 생산될 수 있다고 보았다. 두야취안이『동방잡지』에서 묵묵히 퇴장하는 그 시각에 5·4학생운동의 함성이 여전히 중국 하늘에서 울려 퍼졌다. 일종의 새로운 정치가 막 등장하려고 했는데 이 새 정치는 정치에 대한 거절, '사상전'의 연기 속에서 형성되었다. 문화와 윤리가 신정치의 핵심을 차지했다 이것이 근대 중국의 첫 번째 '문화와 정치의 변주'다. 우리는 '단기 20세기'에 다시 한번 그 메아리를 듣게 된다.

2009년 2월 6일 금요일 초고 작성, 3~4월 수정

4장
20세기 중국사의 시야에서 본 한국전쟁[1]

한반도 정전 60주년이 된 지금 즉 세계화와 탈냉전 시대라 불리는 이 시대에 한반도의 분단체제, 대만해협의 분리 상태가 여전히 지속되고 있다. 이런 분리 상태는 역사적 기억의 영역에서도 모습을 드러낸다. 한

---

1 이 글의 초고는 장샹張翔과 인터뷰한 내용을 바탕으로 작성되었다. 그 후 수차례 수정과 보완을 거쳐 현재 모습이 되었다. 장샹은 인터뷰 기록을 정리하고 일부 문헌 검토에 도움을 주었다. 원고를 교정하는 과정에서 가오진高瑾이 주석을 약간 확인하고 보충했다. 쑨거, 구라시게 다쿠倉重拓가 일본 참전 관련 실마리를 찾는 데 도움을 주었다. 이 지면을 빌려 감사를 전한다. 이 글 초판이 『문화종횡文化縱橫』에 발표된 후 양구이쑹楊奎松이 『東方早報·上海書評』(2013年 12月 29日)에 「以論帶史的尷尬」라는 제목으로 논평을 발표했다. 이 글이 기본적으로 나의 논점과 표현에 대한 왜곡과 오해에서 쓰였음은 이미 여러 논자가 지적했다. 여기서 일일이 답하지는 않는다. 이 글에서는 몇몇 역사적 문제도 언급한다. 주로 '정치적 범주에서 인민전쟁' 절에서 중국공산당사와 관련된 부분 중 몇 가지다. 나는 글에서 주석 형식으로 그들이 제기한 문제를 분명히 밝혔다.

국, 북한, 미국, 일본, 중국 대륙, 대만의 전쟁 기억과 역사적 기억은 각자 다르다. 서울의 전쟁기념관과 평양의 조국해방 전쟁승리기념관을 비교하고 중국 대륙의 한국전쟁에 관한 서술, 미국의 한국전쟁에 대한 고의에 가까운 망각을 참조한다면 이 사건에 대한 서로 다른 얼굴 모습을 뚜렷이 볼 수 있다. 한국전쟁은 1950년 6월 25일에 시작되었다. 이 전쟁을 북한에서는 '조국해방 전쟁'이라 부르고 한국에서는 '6·25전쟁' '한국전쟁'이라 부르며 미국에서는 '한전'이라 부른다. 중국은 이 전쟁에 1950년 10월 8일 개입했다. 그때 미국은 인천에 상륙한 것을 넘어서 압록강까지 군사를 몰고 왔다. 그래서 '항미원조전쟁抗美援朝戰爭'이라고 부른다. 명명의 정치는 기억의 정치이기도 하다. 중국군이 전쟁에서 맞닥뜨린 것은 미국이 주도하고 한국군이 포함된 60개 국가의 군대로 구성된 이른바 유엔군이었다. 미국에서는 베트남전쟁에 비해 한국전쟁에 대한 기억은 모호하며 최근에는 의도적으로 망각하고 있다. 그렇다면 일본은 어떠한가? 『일본 해상군사력의 전후 재군비』에 따르면, 일본은 비밀리에[2] 해상 요원을 파견해서 참전했다. "1950년 10월 2일~12월 12일

---

2 미국은 일본에 한국 해역에서 임무를 수행할 소해선掃海船에 국제신호인 E기만 달고 명령했다. 일본 방위성 방위연구소가 2013년에 펴낸 『조선 전쟁과 일본朝鮮戰爭と日本』에 수록된 스즈키 우에다鈴木英隆의 「조선 해역에 출동한 일본 특별 해상청소대: 그 빛과 그림자朝鮮海域に出した日本特別掃海隊 : その光と影」, 17쪽 참조. 스즈키는 동시에 자료를 인용하면서 다음과 같이 설명했다. 국제·국내 관계는 요시다가 해상 청소 활동을 비밀리에 수행하는 출발점이었다. 한국전쟁이 일어나기 전 존 덜레스John Foster Dulles가 수차례 일본을 방문해서 요시다 시게루吉田茂와 회담했다. 일본이 조약을 체결하려 할 때 국제관계가 민감한 상태에 있었다. 그래서 요시다도 헌법 제9조를 위반하는 것에 대한 우려를 표명했다. 그래서 오쿠보大久保에게 소해작전을 비밀리에 수행하

사이 소해선이 모두 46척 출동했고 한 척은 압력 기뢰를 건드려 터뜨리는 임무를 띤 대형 개조기뢰선으로 사용했다. 해군 전역자 1200명이 한국 항구인 원산, 군산, 인천, 해주, 남포에서 활동했다. 일본군은 해로 327킬로미터와 해역 1573제곱킬로미터를 청소했다."[3] 미군에 후방 지원을 한 것 말고도 인천에 상륙할 때 상륙함에 있던 탱크 총 47대 중 30대를 일본인이 운전했다.[4] 따라서 일본까지 포함하면 미국이 이끄는 연맹은 16개국이 아닌 17개국이다. 2013년 7월 일본이 한국에서 열리는 정전 60주년 행사에 참석하겠다는 의사를 밝혔지만 거절당했다. 1953년 7월 27일 「한국 정전협정」에 북한, 중국 측과 미국이 대표하는 연합군이 서명했다. 그보다 앞선 4월 12일 한국의 이승만 대통령이 정전을 강하게 반대하는 성명을 발표하고 단독으로 북진할 것을 선언했다. 그리고 4월 21일 국회에서 북진 통일 결의를 통과시키면서 협정에 서명하지 않았다. 한국전쟁 휴전 협상 기간에 명확히 휴전에 반대하고 전쟁을 요구한 쪽은 미국의 보호 아래 운 좋게 살아남은 장제스 정권이다. 이 두 사안의 세부 사정은 지금도 잘 거론되지 않은 채 사람들은 마오쩌둥이

라고 명령했다. 鈴木英隆의 글 주 26에 인용된 大久保武雄, 『海鳴りの日々 – かくされた後史の斷層』, 海洋問題研究會, 1978, 208~209쪽, 주 27에 인용된 James Auer 저서의 일본어판 『よみがえる日本海軍(上)』, 212쪽 참조. http://www.nids.go.jp/publication/mh_tokushu/pdf/mh004.pdf(검색일: 2013년 10월 28일)

3 James E. Auer, *The Postwar Rearmament of Japanese Maritime Forces*, 1945— 1971, New York: Praeger Publishers, p.66.

4 Curtis A. Utz, "Assault from the Sea: The Amphibious Landing at Inchon," in Edward J. Maroldaed., *The U.S. Navy in the Korean War*(Annapolis, MD: Naval Institute Press, 2007), p.76.

'38선'을 넘었다고만 비판한다.

지난 20년 동안 한국전쟁 연구는 중국사 연구에서 매우 활발한 영역 중 하나였다. 학자들은 소련 문서, 미국 문서, 일부 중국 문서, 당사자 기억의 출판과 공포를 결합하고 현대 사회과학과 역사 연구의 새로운 규범에 따라 한국전쟁을 연구했다. 특히 중국이 한국전쟁에 개입한 역사를 탈이데올로기라는 이름 아래 두고 한국전쟁을 냉전사 연구의 틀에서 보았다. 이것이 이 분야 연구 영역의 주된 경향이 되었다. 각기 다른 관점을 지닌 연구에서 우리는 대체로 방법론상의 민족주의를 귀납할 수 있다. 그 특징은 한국전쟁 연구가 점점 자본주의와 사회주의, 제국주의와 국제주의 등의 대립적 범주에서 벗어나 국가 간 관계와 국가 이익을 중심에 두고 역사적 의미를 규명하는 쪽으로 전환하는 것이다. 중국의 한국전쟁 참전을 지지하는 쪽에서는 이것이 신중국을 건설하는 전쟁이라고 강조한다. 비판하는 쪽에서는 이 전쟁 때문에 사상자가 대량 발생했을 뿐 아니라 중소동맹과 중미 대립이라는 냉전 구도가 속도를 더했으며 중국 대륙이 대만을 수복할 기회를 잃었다고 본다. 냉전 구도는 다양한 이익 관계로 구성되었다. 그중 민족국가라는 국가의 척도가 가장 중요한 자리를 차지한다. 그렇다고 이 시대의 열전Hot war과 냉전의 동인과 동기가 민족과 국가의 이익과 척도로 단순화된다는 것은 아니다. 이 글에서는 오늘날 중국 대륙의 한국전쟁 관련 최신 연구를 참조해서 중국의 한국전쟁 참전을 20세기 중국의 혁명과 전쟁의 맥락에서 재검토할 것이다. 이른바 '20세기 중국의 혁명과 전쟁의 맥락'은 일종의 '내재적 시야'다. 그것은 우리가 중대한 사건을 정치적으로 결단하고

단기 20세기: 중국 혁명과 정치의 논리

그 형성을 이해하는 데 실마리를 제공한다. '내재적 시야'는 다른 '내재적 시야'들과 교착·병존·충돌하면서 그 시대의 정치가 생성하는 동력을 공동으로 구성한다. 정치적 결단을 역사 이해의 내부에 두려는 시도는 객관적 지위를 자처하는 사회과학자처럼 그 시대 인간들의 행동을 지배하는 원칙, 가치관, 대상성의 정치를 철저하게 배제할 수 없다. 동북아시아의 내재적 분단, 분리 대항이 지속되는 과정에서 우리는 이 구도를 돌파하는 정치적 에너지를 찾아야 한다. 이런 의미에서 우리는 전쟁을 국가 이익의 범주 안에서만 생각해서는 안 되며 정치적 결단이 이루어지는 역사적 맥락 속에서 그 과정을 탐색할 필요가 있다.

우리는 20세기 중국의 혁명과 전쟁에서 어떤 경험과 교훈을 얻을 수 있을까?

1. "중국, 북한, 동방, 세계 모두에 이익이다"
: 한국전 참전의 역사적 조건

1) 항미원조, 보가위국과 신중국의 의의

비밀문서와 당사자의 기억에 따르면 한국전쟁이 일어났을 때 중국과 미국 쌍방은 모두 개입할 준비가 되어 있지 않았다. 그러나 이것이 전쟁이 우연한 사건으로 일어났다는 것을 의미하지는 않는다. 1949년 10월부터 1950년 9월까지 중국이 전쟁에 개입할 수 있음을 처음 밝힌

것은[5] 신중국이 건설되고 아직 1년이 되지 않았을 때다. 지체된 일을 모두 해야 했기 때문에 중국공산당 내부의 주된 의견은 전쟁에 뛰어들지 않는 것이었다. 1949년에는 잔당을 숙청하는 일, 중국인민해방군과 각급 당의 기관이 신속히 직능을 전환하는 일, 업무 중점을 농촌에서 도시로 옮기는 일, 해방군을 정규화하고 문화 교육을 하는 일, 이미 논의 중인 민족 지역 문제가 더 강조되었다. 전후 회복과 재건은 말할 것도 없었다. 1950년 6월 전국 정치협상회의 제2차 회의가 열렸으며 회의에서 반복된 주제는 바로 토지 개혁이었다.[6] 마오쩌둥은 "전면 출격을 하지 말라"라고 전당全黨에 당부했다.[7] 한국전쟁이 일어났을 때 중국인민해방군 주력부대는 신장과 티베트로 가는 중이었고 동남부에서 국민당과 연해 도서를 두고 쟁탈전을 벌이고 있었다. 요컨대 신중국은 아직 이 전쟁에 뛰어들 준비가 되어 있지 않았다.

그러나 한국전쟁이 중국과 전혀 관련이 없지는 않았다. 중국과 북한의 관계 측면에서, 일본 식민주의 통치 아래 한반도 저항 세력은 일찍부터 중국 인민의 민족 해방 전쟁과 밀접하게 관련되어 있었다. 1949년

---

5 1950년 9월 5일 마오쩌둥은 중앙인민정부위원회 제9차 회의에서 「한국전쟁의 상황과 우리의 방침朝鮮戰局和我們的方針」이라는 연설을 했다. 여기서 그는 이렇게 말했다. "미제국주의가 지금 망동을 할 수도 있다. 그들은 무슨 짓도 할 수 있다. 그들이 그렇게 할 때 우리가 준비되어 있지 않은 것은 좋지 않다. 우리가 준비해야 잘 대처할 수 있다." "전쟁이 일어나면 규모는 작지 않고 클 것이며 단기전이 아니라 장기전일 것이고 일반적인 전쟁이 아니라 원자탄 전쟁일 것이다. 우리는 충분히 준비해야 한다." "1951년의 국가 예산도 이렇게 제정해야 한다." 『毛澤東文集』第6卷, 人民出版社, 1999, 93~94쪽.

6 毛澤東, 「在全國政協一屆二次會議上的講話」, 같은 책, 79쪽 참조.

7 毛澤東, 「不要四面出擊」, 같은 책, 73쪽 참조.

5월 마오쩌둥은 이들의 중국 해방 전쟁 참가에 동의했고 원래 중국인민 해방군 제4야전군에 속했던 3개 조선인 사단을 북한으로 인계했다. 그 중 두 개 사단은 그해 7월 말 북한으로 갔고 다른 사단은 사단 하나와 단 하나로 재편되어 1950년 3~4월 북한으로 인계되었다.[8] 이것은 중국 혁명과 주변 관계의 역사적 연장이자 한반도 남북 대체 국면에 대해 중국 혁명가가 실질적으로 응답한 것이었다. 미국의 아시아 정책이라는 각도에서 보면, 한국전쟁과 대만해협 문제는 처음부터 연관되어 있었다. 1950년 6월 25일 전쟁이 일어나고 이틀 후 미국 대통령 트루먼은 한국 전쟁을 확대하겠다는 성명을 낸 동시에 대만, 베트남, 필리핀을 연관지었고 명확히 중국을 겨냥해서 이렇게 말했다. "공산당 부대가 대만을 점령하면 태평양 지역의 안보와 이 지역에서 합법적·필수적 직무를 수행하는 미국 군대를 직접 위협하는 것이다. 따라서 나는 제7함대에 대만에 대한 어떤 공격도 막으라고 명령했다."[9] 1950년 10월 초 마오쩌둥은 참전을 결정했다. 이 결정은 전쟁을 누가 시작했는지에 따라 내린 것이 아니라 전쟁의 진행과 그것이 전 세계정세에 어떤 영향을 주느냐에 따라 내린 것이다. 그는 당시 소련에 있던 저우언라이에게 전보를 보내 참전이라는 적극적 정책을 채택하는 것이 "중국, 북한, 동방은 물론 세계에 모두 매우 유리하다"[10]고 밝혔다.

---

8 金東吉,「中國人民解放軍中的朝鮮師回朝鮮問題新探」,『歷史硏究』2006年 第6基, 103쪽.

9 『周恩來傳』三, 北京 : 中央文獻出版社, 1998, 1008쪽.

10 毛澤東,「中國人民志願軍應當和必須入朝參戰」,『毛澤東文集』第6卷, 103쪽.

"항미원조抗美援朝, 보가위국保家衛國(미국에 대항해서 북한을 돕고, 가정을 보호하고 국가를 지킨다)"이라는 구호에는 중국의 참전이 '중국·북한에' 매우 유리하다는 뜻이 압축되어 있다. 인천상륙작전 이후 미국은 군사적 우세를 점하고 신속하게 북진해서 중국 동북 지역을 위협했으며 북한군은 붕괴 직전에 있었다. 중국의 출병이 북한을 지원한 것임은 불을 보듯 분명하다. 미국 중앙정보국은 중국 출병의 가장 직접적 원인을 연합군이 동북에 침입해서 수풍수력발전소와 압록강 기슭 발전시설을 파괴할까 두려웠기 때문이라고 추정한다.[11] 1950년 11월 10일 프랑스가 유엔에 중국군이 북한에서 철수할 것을 호소하고 중국 국경을 침범하지 않을 것을 보장하는 안건을 제출했다. 이 안건은 즉각 미국, 영국 등 6개국의 지지를 받았지만 소련에 의해 부결되었다. 이 사실은 중국이 오판하는 상황에서 소련이 이 안건을 부결함으로써 중국이 전쟁에 개입했다는 소재를 현대사 서술에 제공한다. 미국이 중국을 공격할 계획이 없었는데 중국이 북한에 군대를 보냈다면, '가정을 지키고 국가를 보호한다'는 의미는 어디에 있는가? 여기서 잠시 두 가지 해석을 내놓겠다. 첫째, 미국 대통령과 국무원의 전문 또는 미국이 조종하는 연합국이 통과시킨 한두 개 결의는 결코 전쟁 진행을 결정할 수 없다. 제국주의 전쟁은 항상 그들의 '계획'을 뛰어넘는다. 역사적으로 일본이 일으킨 '9·18사변' 또는 '7·7사변'도 천황이나 일본 내각이 직접 명령을

---

11 1950년 11월 1일. 중앙정보국 국장 월터 스미스가 대통령에게 보낸 비망록. FRUS1950, vol.7, Korea, pp.1025~1026. http://digital.library.wisc.edu/1711.dl/FRUS.FRUS1950v07 (검색일: 2013년 11월 17일)

내린 것이 아니라 최전방 군 지휘관이 결정한 것이다. 오늘날까지도 이 것을 근거로 일본의 전쟁 정책을 변호하는 사람이 있다. 브루스 커밍스 는 한국전쟁에 대한 간섭과 미국 외교 정책의 결정은 항상 개별자의 지 시가 아닌 '매트릭스matrix'에 따라 만들어졌다고 했다.[12] 공개된 몇몇 문 서와 그중 한두 건의 전문이나 문건만으로는 미국이 중국과 전쟁을 치 를 수 있을지, 미국이 압록강변까지 압박하려 했는지를 판단할 수는 없 다. 맥아더가 북상을 지휘했을 때 효과적으로 저지하지 않았다면 북한 과 북·중 국경의 군사 태세에 어떤 돌발 상황이 일어났을지 예측할 수 없다. 사실, 프랑스가 안건을 내기 얼마 전 미국은 이미 11월 8일 압록 강 도로 교량을 폭파하기 시작했고 미국이 다리를 폭파할 때 "중국 영 공을 침범했으며 일부는 중국 국경의 시와 읍에 폭격과 사격을 했다."[13] 그전에는 1950년 8월 27일부터 미군 항공기가 수차례 북·중 국경을 넘 어서 도시, 향진郷鎭, 항구에서 사격과 폭격을 했고 재산과 인명피해를 냈다. 미국 해군은 공해상에서 중국 상선을 무장으로 제지했다. 중국 정 부가 미국에 항의하고 연합국 안보리에 공소를 제기했지만[14] 미국 항공

12 Bruce Cumings, "China's Intervention in the Korean War and the Matrix of Decision in American Foreign Policy," a paper for the conference "China and the Cold War" in Bologna, Italy, September pp.16~18, 2007.

13 軍事科學院軍事歷史研究所, 『抗美援朝戰爭史』(修訂版) 上卷, 軍事科學出版社, 2011, 303쪽.

14 1950년 8월 27일 「周恩來外長致美國國務卿艾奇遜電 — 嚴重抗議美國侵略朝鮮軍隊的 軍用飛機侵入我國領空并掃射我國人民」, 「周恩來外來外長致聯合國安理會主席馬立克及秘 書長賴伊電 — 要求制裁美國侵略朝鮮軍隊的軍用飛機侵入我國領空的嚴重罪行」, 『中美關 係資料彙編』第2輯, 上册, 世界知識出版社, 1960, 146~149쪽.

기의 침입과 습격 행위는 여전히 지속되었다.[15] 둘째, 중국의 마지노선은 미군이 중국을 직접 침공하지 말라고 요구하는 것이 아니라 '38선'을 넘는 것을 허락하지 않는 것이었다. 1950년 10월 3일, 저우언라이는 인도 주중 대사 파니카Kavalam Madhava Panikkar(1884~1963)를 약식 방문해서 영국에 우회적으로 메시지를 전달해 미국이 '38선'을 넘으면 중국은 북한에 파병할 것이라고 밝혔다. 그러나 미국은 분명 이것이 중국의 마지노선임을 알아차리지 않았다.[16] 10월 7일 미국의 조종으로 미국이 주도해서 북한을 점령하고 더 나아가 한반도를 통일하자는 결의가 통과되었고, 그다음 날 미군은 바로 '38선'을 넘었다. 마오쩌둥은 파병하지 않으면 우선 동북 지역에 불리하고 동북 지역의 국경군을 모두 동원하지 못하면 남만주 전력은 모두 통제될 것이라고 보았다. 이런 판단의 배후에는 신중국이 군사적 위협을 받는 것을 용납하지 못한다는 결단이 있었다.

중국의 군사정치적 마지노선은 미군이 '38선'을 넘는 것을 용납하지 않는 것이지 중국의 수풍댐과 강변 시설을 보호한다는 단순한 사안이

---

15 「伍修權1950年11月28日在聯合國安理会的講話」,『中美關係資料彙編』第2輯, 上册, 世界知識出版社, 1960, 309쪽.

16 저우언라이는 파니카에게 이렇게 말했다. "미국 군대가 38선을 넘으려고 하면 전쟁은 확대됩니다. 미국 군대가 정말 이렇게 한다면 우리는 좌시할 수 없습니다. 관여하려 합니다. 귀국 정부 총리께 이 점을 보고해주시기 바랍니다." 1년여 뒤 주미 인도대사인 네루의 여동생이 저우언라이에게 다음과 같이 알렸다. 저우언라이와 파니카가 회담할 때마다 인도 정부는 인도대사관과 미국 국무부에 연락했지만 "미국 국무원은 우리 동양 국가는 말만 할 뿐이라고 생각했다." 『周恩來傳』 3, 1016쪽.

아니었다. 이 마지노선은 처음에는 미국의 대북 전략과 겹쳤지만 그 의미는 결코 같지 않았다. 사실 마오쩌둥은 '38선'을 넘을 수 없는 분계선으로 삼지 않았다. 그는 한국전쟁에 참전하기 전 두 차례 전투가 끝난 뒤 "반드시 38선을 넘어야 한다"고 말한 적이 있다.[17] 1950년 12월 13일 영국과 미국이 중국군에 '38선'에서 멈추라고 요구했다. 그 이전 지원군이 평양에 입성한 다음 날, 즉 12월 7일 인도 주중 대사 파니카가 중국 외교부 부부장 장한푸章漢夫에게 '38선'에서 휴전하라는 아시아 13개국의 연합 제안이 담긴 비망록을 보냈다. 그러나 저우언라이는 13개국이 왜 미군이 '38선'을 넘었을 때는 말하지 않았는지, 왜 외국 군대의 북한 철수 요구와 미국의 대북·대중 침략을 공개적으로 규탄하지 않는지 물었다. 연합군이 한국전쟁 양측에 군사행동 중지를 요구한 다음 날인 12월 15일 트루먼은 미국의 전시 돌입을 선포했다. 1950년 말까지 중·미 양국은 선전포고 없이 공격하는 전쟁 상태에 있었고 양국 모두 전국적 전쟁 동원 상태에 들어섰다. 따라서 마오쩌둥이 '38선'을 넘기로 결정한 데는 두 가지 동기가 있었다. 첫째, 영국과 미국의 동기를 동요시킨다. 제4차 전투 이후 미군이 다시 '38선'을 넘었고 측면 후방 상륙을 계획했다. 군사적인 면에서 '38선'을 넘지 않으면 연합군 특히 미군의 전투 의지를 꺾기 어려웠고 그들의 공격에 숨 돌릴 기회를 주는 것이었다. 또한 적군을 재공격함으로써 스스로 정비할 시간을 갖기 어려웠다. 둘째, 연합군이 패퇴하는 상황에서 미국은 연합군의 결의 발표를 이용해

---

17 「中國人民志願軍必須越過三八線作戰」, 『毛澤東文集』第6卷, 114쪽.

서 양측이 '38선'에서 휴전할 것을 요구했다. 마오쩌둥은 이때 연합군은 미국에 조종당하는 전쟁의 한편인 '국제기구'이며 중국이 그들의 결의나 규정을 받아들일 의무가 없다고 생각했다. 이런 의미에서 '38선'을 치는 것은 미군의 패권 경계 인정을 거부하는 것인 동시에 군사적 방식으로 미국의 정치 공세에 반격하는 것이다. 1951년 4월 군사적으로 실패한 맥아더가 중국 본토 폭격과 무장 국민당군의 한국전쟁 투입을 제안했지만 트루먼은 중국과 전면전을 불러올 수 있음을 이유로 곧바로 거부했다. 트루먼의 결정은 중국이 한국전쟁에서 미군에 크게 승리를 거둔 것과 밀접한 관련이 있다.

중국은 장기간 온갖 고초를 겪었지만 결국 혁명에 승리함으로써 노예적 운명에서 벗어난 아시아 국가다. 중국은 통상적인 의미에서 강국이 아니다. 제국주의 시대의 국가와 확연히 다른 국가에 대한 약속, 역사적으로 기존의 국가 또는 왕조와 다른 모습에 대한 약속, 인민이 주인이 되는 민주적 사회주의 국가에 대한 약속을 상징한다. 1950년 9월 5일 마오쩌둥은 「한국전쟁의 전황과 우리의 방침」에서 중국 혁명과 한국전쟁을 명확히 연관지었다. "중국 혁명은 세계성을 띠고 있다. 중국 혁명은 동양에서 첫 번째로 세계 인민을 교육했다. 한국전쟁은 두 번째로 세계 인민을 교육했다."[18] 1951년 10월 즉 한국전 참전 1주년이 되던 해 마오쩌둥은 전국정치협상회의 제3차 회의 개회사에서 한국전쟁을 특별히 언급하며 이렇게 말했다. 첫째, 이 전쟁은 가정을 보호하고 나라

18 『毛澤東文集』第6卷, 人民出版社, 1999, 93쪽.

를 지키는 전쟁이다. 미국 군대가 우리 나라의 대만을 점령하고 조선민주주의인민공화국을 침략하고 우리 나라의 동북 국경을 타격하지 않았다면 중국 인민은 미국 군대와 싸우지 않았을 것이다. 둘째, 미국 침략자가 우리에게 공격한 이상 우리는 반침략의 기치를 들지 않을 수 없다. 이것은 정의의 전쟁으로 비정의의 전쟁에 반대하는 것이다. 셋째, 한국전쟁은 당연히 평화적으로 해결해야 한다. 미국 정부가 공평하고 합리적인 토대에서 문제를 해결해야 한국의 휴전회담이 성공할 수 있다.[19] 이 중 첫 번째 사항에서 마오쩌둥은 대만 문제, 미국의 북한 침략 문제, 미군의 중국 국경 위협 문제가 없었다면 중국은 이 전쟁에 직접 참가하지 않았을 거라고 특별히 말한다. 예전에 한 역사학자는 만약 중국이 부산에서 전면전이 일어나기 전에 파병했다면 미국은 인천에 상륙할 기회를 잃었을 것이라고 말했다.[20] 이 관점은 1950년 10월 맥아더가 웨이크섬에서 트루먼과 중국·소련이 파병할지를 토론했을 때 관점과 완전히 일치한다. 중국이 가장 좋은 파병 기회를 놓쳐서 출병할 수 없었다는 생각이다. 군사적 관점에서 이 판단에는 일정한 근거가 있다. 그러나 이렇게 순수한 군사적 관점에서 전쟁 경과를 판단하는 방식과 마오쩌둥이 전쟁을 이해하는 방식은 크게 다르다.

---

19 『毛澤東文集』 第6卷, 182~186쪽.

20 "인천 상륙 전에 중국군이 후방 방어에 합류해서 인민군 주력부대가 전방에서 승리하고 인천 상륙 후에 중국 군대가 38선에 방어선을 구축해서 적군이 계속 북진하지 못하도록 했다면 10월 초에 인민군 주력부대가 거의 전멸하고 38선이 뚫려 중국 군대가 한국전쟁에 참전할 호기는 더 존재하지 않았을 것이다." 沈志華 主編, 『一個大國的崛起與崩壞』 下, 沈志華, 「難以作出的抉擇」, 社會科學文献出版社, 2009, 845쪽.

왜 그런가? 앞에서 말한 '반침략'이라는 점 이외에 우리는 미국의 전쟁 진행 정도를 더 분석해야 한다. 미국은 전쟁 초기 북한이 남침했다는 이유로 자국의 군사적 간섭을 일종의 국제법상 경찰 행위로 간주했다. 연합국의 권한 부여가 일방적이었지만 미국은 이것으로 간섭을 연합국의 틀에서 합법화했다. 전쟁 초기 이 합법적 틀은 미국의 군사 행동을 제한하기도 했다. 예를 들면, 국회 상원의원 토론에서 상원의원과 정부를 대표한 발언자들은 모두 대통령의 허가권을 38선 이내에 두는 데 동의했다. 즉 미군이 이 임시분계선을 넘어서 북한군을 공격하는 것을 허락하지 않은 것이다.[21] 그러나 인천 상륙 후 이 틀은 곧 무너졌다. 주유엔 미국대사 워런 오스틴Warren Austin(1877~1962)은 '침략자의 군대'를 용인할 수 없다고 선언하고 "상상 속의 경계선 보호"를 수락했다.[22] 한반도 군사 개입에 대한 미국의 자기 합법화는 여기서 이중적으로 뒤집혔다. 첫째, 북한의 남진과 국내 통일 전쟁을 '침략'으로 본 것 자체가 이미 매우 마지못한 것이었다. 딘 애치슨Dean Acheson(1893~1971)이 전쟁 초기에 전쟁의 목표가 한반도 통일임을 부정한 것은 국내법 집행에서 '범죄 제지와 원상회복'과 유사하다.[23] 둘째, 30선을 넘으면서 그 이전 미국이 말한 유한전쟁의 틀을 깼을 뿐 아니라 "미국의 목표'가 무력

---

21 Glen D. Paige, *The Korean Decision-June 24— 30, 1950*, New York : Free Press, 1968, pp.218~219.

22 John W. Spanier : *The Truman-MacArthur Controversy and the Korean War*, Cambridge, Mass : Belknap Press, 1959, p.88.

23 이상의 서술은 Michael Walzer, 『正義與非正義戰爭Just and Unjust War』, 任輝献 譯, 南京 : 鳳凰出版傳媒集團, 2008, 133쪽 참조.

으로 한반도를 통일하고 하나의 새로운(민주적) 정부를 수립하는 것, 즉 무력으로 국가 전체를 정복하는 것으로 바뀌었다."[24] 미국이 북한의 남진을 '침략'으로 보았다면 미국은 어떻게 '원상회복'이라는 전쟁 목표를 스스로 깨는 행위를 정의할까? 미군이 38선을 넘은 시각 미국은 이미 정치체제 교체와 최종 승리를 한국전쟁의 목표로 삼았다. 그래서 미국의 초기 약속과 미국이 조종하는 유엔이 허락한 틀에서 보면 이 전쟁은 어떠한 정의로운 성격도 가지지 못한다고도 할 수 있다. 미국이 '유한 전쟁'의 약속을 깬 행위가 다시 한번 유엔의 권한을 부여받은 것이지만 이는 유엔이 이미 일방적으로 조종되는 기구가 되었으며 전쟁의 정당성을 더할 수 없음을 다시 한번 증명한 것이다. 따라서 미국이 38선을 넘은 후 중국이 한국전쟁에 개입한 것은 침략에 반대한다는 이유가 될 뿐 아니라 국제법적 근거도 확보한다. 마오쩌둥은 결코 역사학자가 묘사한 것처럼 국제법을 전혀 모르지 않았다. 정반대로 중일전쟁 기간에 그는 이미 서양의 전쟁 이론과 국제법 규정을 깊이 공부했고 독자적인 방식으로 활용했다. 마오쩌둥이 전쟁 개입을 선택했을 때와 전쟁 기간은 물론 종전 후 신중국의 민첩한 외교 투쟁은 모두 마오쩌둥, 저우언라이 등이 전쟁의 정치성을 이해했고 전쟁과 국제법 지식을 능수능란하게 활용했음을 뚜렷이 보여준다. 사실 1953년 말의 평화공존 5원칙은 바로 이런 토대에서 제기된 것이다. 이 원칙은 중국 지도자가 미국 지도자보다 국제법 원칙을 더 잘 운용해서 전쟁과 외교에서 정의 원칙을 확립했

---

24 Michael Walzer, 위의 책, 133쪽.

음을 드러낸다.

신중국의 공고화 자체에 냉전 구조 돌파의 계기가 포함되어 있다. 첫째, 제1차 세계대전 이후 소련이 10월 혁명의 포성 속에서 탄생했다. 그러나 독일, 이탈리아, 일본 제국주의 3국이 세계 패권을 장악하려 꾀한 일을 막지는 못했다. 마오쩌둥은 현재의 국면은 완전히 다르다고 보았다. "외국 제국주의가 세계의 패권을 차지하는 시대에 사회주의 소련은 이미 건설되었다. 중화인민공화국은 이미 건설되었다. 각 인민민주주의 국가가 이미 건설되었다. 위대한 중소 양 대국이 우호협력동맹조약의 토대 위에서 단결을 공고히 했다. 전 세계 평민 진영이 단결을 공고히 했고 세계 각국의 광범위하고 평화로운 인민이 이 위대한 진영에 깊은 공감을 표했다. 그래서 영원히 종결을 선고했다."[25] 둘째, 20세기 중반에 세계 역사상 처음 나타난 구도, 새로운 세계체제가 출현했다. 아시아에서는 중국 혁명이 승리하자 여기에 자극받아 고무된 반식민주의 움직임이 점점 전개되었다. 이 움직임의 목표는 제국주의에 저항하고 평화를 실현하는 것이다. 따라서 평화를 실현하는 방법에는 전쟁도 포함되어 있다. 이것이 바로 마오쩌둥이 말하는 '전쟁을 평화로 전화, 평화를 전쟁으로 전화'다.[26] 이것은 중국 혁명 전쟁의 연장선에 있는 전략이다. 일찍이 중일전쟁이 전면적으로 일어나기 전 마오쩌둥은 전쟁을 소멸하는 수단은 오직 한 가지라고 명확히 밝혔다. "그것은 바로 전쟁으로 전쟁을

---

25 毛澤東, 「在全國政協一屆三次會議上的講話」, 『毛澤東文集』 第6卷, 185쪽.
26 毛澤東, 「在成都會議上的講話」(1958年 3月), 『毛澤東文集』 第7卷, 374쪽.

단기 20세기: 중국 혁명과 정치의 논리

반대하고 혁명 전쟁으로 반혁명 전쟁을 반대하고, 민족 해방 전쟁으로 민족반혁명 전쟁을 반대하고 계급혁명 전쟁으로 계급반혁명 전쟁을 반대하는 것이다."[27] 한국전쟁은 반침략 전쟁으로 침략 전쟁에 반대한 것이다. 이것이 바로 정의와 비정의 전쟁을 정치적으로 나눈 것이다. 마오쩌둥은 신중국이 '국내외적으로 위대한 대단결의 역량'을 응집할 수 있는 전제이고 한국전쟁과 그 이전 중국 혁명이 혁명 중인 모든 전쟁을 나누는 경계라고 보았다. 미국에 대항해서 북한을 도와 승리하지 않으면 1949년 10월 1일 톈안먼 성루에서 한 그의 선언이 증명될 수 없었다.

2) 한국전쟁과 중소 관계 문제

지난 10년 동안 중국 대륙의 한국전쟁 연구에는 전환이 생겼다. 국제주의적 시각을 철저히 버리고 단순한 민족주의적 시야에서만 이 전쟁을 바라보는 쪽으로 돌아섰다. 또 하나 추세는 연구의 중심을 중국과 미국의 힘겨루기에서 중소 관계로 바꾼 것이다. 비교적 영향력 있는 관점은 다음과 같이 정리할 수 있다. 1. 스탈린과 김일성이 손을 잡고 마오쩌둥을 등진 채 한국전쟁을 기획했고 함께 중국의 참전을 유도했다.[28] 2.

---

27 毛澤東:「中國革命的戰略問題」(1936年 12月),『毛澤東文集』, 北京: 人民出版社, 1951, 167쪽.

28 예를 들면, 선즈화沈志華는 "스탈린은 한반도에서 취하는 군사 행동의 구체적 내용과 계획을 조금도 중국에 밝히지 않았다"라고 본다. 沈志華,『毛澤東, 斯大林與朝鮮戰爭』第3章 "越過三八線", 廣東人民出版社, 2003. 紀坡民은『夾陸中的奮鬪: 毛澤東出兵援朝的艱難決策』에서 이렇게 말한다. "'3국 공모론'을 철회할 수 있다." 한국전쟁은 스탈린과 김일성

소련이 북한의 통일 전쟁을 방관한 것은 중국이 동북 지역을 통제하는 것에 대한 믿음을 잃었기 때문이고, 중국이 파병한 목적 중 하나는 미국이 국경까지 쳐들어오는 것을 이유로 소련이 동북 지역 주둔군 통제를 강화하는 깃을 방지하기 위해서다.[29] 또는 소련이 북한의 공격을 지지한 이유는 마오쩌둥이 아시아의 티토Josip Broz Tito(1892~1980)가 되는 것을 방지하기 위해서다.[30] 3. 소련이 한국전쟁에서 보는 손해 가운데 가장 큰 것은 그들이 중국 동북부에서 이익을 잃었을 뿐 아니라 중국이 156개 항목의 중대 사업을 건설하는 데 원조했으며 이에 따라 중국

이 중국을 등지고 비밀리에 기획했다. 이들은 생쌀이 거의 밥이 될 무렵에야 마오쩌둥에게 알렸다. 스탈린의 속셈에서 가장 핵심은 싸움은 북한에서 하고 북한이 이기면 소련이 가장 크게 이익을 얻지만 져도 손해는 제한적이라는 사실이다. 하지만 사실상 가장 큰 이해관계자는 중국이다. 『香港傳眞』no.HK2011-41, 2011年 6月 9日에 수록.

29 예를 들면, 선즈화는 스탈린이 1950년 초 중소동맹이 결성된 뒤 중국에서 권익을 대부분 억지로 내놓은 다음 한반도에서 뤼순을 대체할 부동항不凍港을 얻음으로써 중국에서 입은 손실을 메우기 위해 한반도 정책을 바꾸어 북한의 공격 계획에 동의했을 가능성이 있다고 추정했다. 沈志華, 『毛澤東, 斯大林與朝鮮戰爭』 第3章 "越過三八線", 廣東人民出版社, 2003; 『冷戰在亞洲: 朝鮮戰爭與中國出兵朝鮮』, "保障蘇聯在遠東的戰略利益", 九州出版社, 2013. 선즈화는 이렇게 말했다. "미국이 북한을 침략한 뒤 더 나아가 압록강을 넘을 수도 있다. 그렇게 되면 전쟁의 불길이 중국 동북 지역에서 일어나고 중소동맹조약에 따라 소련이 동북 지역에 파병할 수 있다. 그 결과 미국이 동북 지역을 점령하는 것이 아니라 소련이 동북 지역을 통제하게 된다. 이것은 동북 전장이 누구 손에 들어가든 중국은 동북 지역의 주권을 잃게 됨을 의미한다. 마오쩌둥은 충분히 이렇게 추리했을 수 있다." 沈志華, 『冷戰在亞洲』, "中國出兵朝鮮的決策過程", 九州出版社, 2013.

30 "스탈린은 '어떻게 이 사납고 고분고분하지 않은 마오쩌둥을 대할 것인가?'를 계산했다. (…) 스탈린은 한바탕 전략을 세우고 하나의 국면, 세계 범위에서의 대국면을 조성해서 막 잠에서 깬 '동양의 잠자는 사자'를 자신이 철저히 설계하고 주조한 철상자 속에 가두려고 했다." 紀坡民, 「夾陸中的奮鬪」, 『香港傳眞』 no.HK2011-41, 2011年 6月 9日, 28쪽.

이 신중국 공업화의 토대를 닦았다는 사실이다.[31] 4. 한국전쟁이 중소동맹의 진행을 가속화했고 미국과 관계 개선을 파괴했다.[32] 여기서 자연히 다음과 같은 질문이 제기된다. 중소관계가 중국 파병에 얼마나 영향을 주었는가?

첫째, 한국전 파병 문제를 말할 때 마오쩌둥은 중국과 북한에 이익이 된다고 말하는 데 그치지 않고 특별히 동방, 세계에도 이익이라고 언급했다. 이것은 일반 민족주의와 국가 이익의 틀에서는 해설할 수 없는 새로운 범주다. 동방은 동서방 전선에서 동방, 특히 소련 중심의 사회주의 진영을 의미한다. 그리고 중소동맹이 바로 '동방' 범주의 핵심 내용 중 하나다. 세계는 제국주의의 통제에서 해방되고자 하는 전 세계 피억압 민족을 의미한다. 건국 때부터 한국전쟁, 그리고 그 후 얼마간 중국 대외정책의 무게중심은 소련과 동유럽 국가의 동맹 체결이었다. 이것은 돌발적 전환이 아니라 중국 혁명이 진행되는 과정에서 확정된 동맹관계

---

31 예를 들면, 장원張文은 키신저의 "한국전쟁의 최대 패배자는 소련"이라는 관점을 인용해서 미국과 소련이 모두 한국전쟁의 최대 '패배자'이고 중국이 최대 승자라고 했다. 그는 소련이 중국 동북부에서 실질적 통제권을 정식으로 포기했고 이 때문에 소련 제국의 기틀이 중국 동북부라는 주변 지대에서 두 번째로 느슨해졌다고 강조했다. 張文, 『全球視野中的中國國家安全戰略』中卷·下, 山東人民出版社, 2010, 720~726쪽. 지포민은 소련이 중국의 156개 항목을 원조한 것이 한국전쟁 참전으로 중국이 얻은 '전리품'이라고 보았다. 紀坡民, 「夾陸中的奮鬪」, 『香港傳眞』 no.HK2011-41, 2011年 6月 9日, 69~76쪽 참조.

32 "……더 나아가 전쟁으로 촉발된 마오쩌둥의 혁명적 충동 때문에 미국과 적대국이 되는 소용돌이에 소련보다 더 깊이 빠졌다." "중국이 제때 전략 방침을 바꾸지 못한 또 다른 결과(인용자: 38선에서 멈추는 것) 스스로 국제정치에서 고립되었다." 沈志華, 『毛澤東, 斯大林與朝鮮戰爭』, 廣東人民出版社, 2003, 361, 359쪽.

의 연속이었다. 1950년 6월 마오쩌둥은 전국정치협상회의 1기 2차 회의
폐회사에서 이 문제를 이렇게 말했다. "중국은 원대한 목표를 갖고 전국
인민의 생각이 성숙해진 각종 조건이 갖춰지는 조건 아래서 타당하고
적절하게 사회주의 신시기로 나아가야 한다." 이 원대한 목표를 이루기
위해 마오쩌둥은 반드시 해외에서 소련, 각 인민민주주의 국가 그리고
전 세계의 평화·민주 세력과 단결을 동시에 고려해야 하며 이에 대해서
는 조금도 망설이거나 동요해서는 안 된다고 주장했다. 국내에서는 각
민족, 각 민족계급, 각 민주당파, 각 인민단체, 모든 애국 민주 인사와 단
결해서 혁명적 통일전선을 공고히 해야 한다고 주장했다. 달리 말해, 전
쟁이 군사 협력을 촉진했지만 중국과 소련은 한국전쟁이 일어나고 나서
야 동맹을 맺을 수 있던 것이 아니었다. 중국과 소련 그리고 기타 사회주
의 국가의 동맹은 아주 중요한 새로운 정세의 결과다. 대혁명 시기 국민
당이 소련과 손을 잡은 적이 있다. 그렇지만 대혁명이 실패한 뒤 중국공
산당과 국제공산주의 운동, 소련의 관계는 널리 알려졌다. 결코 한국전
쟁 때에 와서 출현한 것이 아니었다. 그러나 1945년 이후 국공내전 시기
국민당에 대한 미국의 편파적 태도는 결국 막 탄생한 신중국이 빠르게
소련 편에 서도록 촉발했음은 인정할 수 있다.

마오쩌둥은 미국과 그 추종 세력의 한반도 군사 개입에 반대하는 동
시에 사회주의 진영에 대한 약속도 유지했다.[33] 그의 수사에는 두 가지

33 장원은 沈志華 編, 『朝鮮戰爭 : 俄國檔案館的解密文件』, 臺灣 : 中央研究院 近代史研究
所, 2003 등을 근거로 다음과 같이 말했다. 1949년 5월 마오쩌둥은 김일성의 대변인 김
일과 북한의 군사 행동 문제를 토론하고 북한이 남한에서 군사 행동을 취할 때 가능한 몇

내용이 들어 있다. 한편으로 중국과 북한에 유리하다는 말은 중국 인민 전체, 특히 민족 부르주아에게 한국전쟁에 참전하는 이유를 설득할 수 있다. 다른 한편으로 동방과 세계에 유리하다는 말은 세계 전체 구도에 대한 기본적 판단과 관련된다. 이러한 세계 구도의 새로운 특징은 동서 양대 진영이 출현했고 중국은 바로 동방 진영의 일원이라는 점이다. 1950년 1월 한국전쟁이 일어나기 5개월 전 소련은 중국이 연합국에 재가입한다는 안건이 통과되지 못하자 안보리 탈퇴를 선언했다. 그래서 6월 25일 한국전쟁을 논의하기 위해 열린 안보리 회의에 출석하지 않았다. 이 자세한 사정을 현재 몇몇 학자는 '일부러 져주기(물 빼기)' 행위로 해석한다. 즉 소련이 결석했기 때문에 부결권을 행사할 수 없었고 이에 따라 유엔이 미국 주도로 연합군을 조직하고 한국 내전에 개입하는 안

가지 결과를 분석하는 데 도움을 주었다. 여기에는 일본이 개입할 가능성도 포함되었다. 그리고 "당신들은 걱정할 필요 없습니다. (…) 필요할 때 우리는 중국 병사들을 좀 보낼 수도 있습니다. 머리색이 모두 검으니 아무도 못 알아봅니다"라고도 명확히 말했다. 張文,「柯瓦廖夫關於毛澤東通報與金一會談的情況致斯大林電」(1949年 5月 18日), 沈志華 編:『朝鮮戰爭: 俄國檔案館的解密文件』上册, 臺北: 中研院 近代史研究所, 2003, 187~188, 189~190쪽. 이 논의는 그해 3월 스탈린과 김일성의 모스크바 회담에서 연속된 것이다. 장원은 또 마오쩌둥, 스탈린, 김일성이 1950년 5월 전쟁에 대해 소통하는 실마리도 정리했다. 5월 13일 김일성이 베이징에 가서 마오쩌둥에게 '북한이 행동을 개시할 수 있다'는 스탈린의 지시를 전달했고 마오쩌둥은 필리포프(스탈린) 동지 본인이 이 문제를 설명할 필요가 있다고 밝혔다. 5월 14일 스탈린이 마오쩌둥에게 전보를 보내 '통일을 실현하겠다는 북한 사람의 제안에 동의'하고 '이 문제는 최종적으로 중국과 북한의 동지가 공동으로 해결해야 한다'고 명확히 밝혔다. 소련의 명확한 지지 태도를 확인한 마오쩌둥 역시 북한의 행동을 지원할 의사가 있다고 밝혔다. 張文,『全球視野中的中國國家安全戰略』中卷・下, 山東人民出版社, 2010, 634~636, 652~654쪽.

건을 통과시켰다고 해석한다.[34] 이 추측은 그로미코 회고록에서 스탈린이 소련 대표가 안보리 회의에 참석해서 거부권을 행사하도록 하는 것을 거부했다는 내용에서 더욱 힘을 받는다. 이것은 사전에 계획된 행동이었을까? 1950년 초 스탈린과 김일성이 비밀회담을 열었으면시도 소련을 방문한 마오쩌둥에게 통보하지 않은 사건을 참조하면, 이런 추론에 일리가 없는 것은 아니다. 그러나 소련이 북한의 통일전선을 지원하는 마당에 무엇 때문에 일부러 그렇게 많은 연합군이 한국전쟁에 합법적으로 개입하도록 놔두었을까? 비교적 설득력 있는 근거는 러시아 학자가 발표한 자료, 즉 스탈린이 체코슬로바키아 대통령 클레멘트 고트발트Klement Gottwald(1896~1953)에게 보낸 전보다.

> Мы ушли временно из Совета Безопасности с четверной целью
> во-первых, с целью продемонстрировать солидарность Советского
> Союза с новым Китаем; во-вторых, с целью подчеркнуть глупость
> и идиотство политики США, признающей гоминдановское чучело в
> Совете Безопасности представителем Китая, но не желающей до-
> пустить подлинного представителя Китая в Совет Безопасности;
> в-третьих, с целью сделать незаконными решения Совета Безо-
> пасности в силу отсутствия представителей двух великих держав
> в-четвертых, с целью развязать руки американскому правительст-
> ву и дать ему возможность, используя большинство в Совете Бе-
> зопасности, - совершить новые глупости с тем, чтобы общест-
> венное мнение могло разглядеть подлинное лицо американского
> правительства.

이 전보에서 스탈린은 소련이 안보리에서 나온 네 가지 목적을 설명했

---

34 沈志華, 『冷戰在亞洲·朝鮮戰爭與中國出兵朝鮮』, 九州出版社, 2013; 紀坡民, 『夾陸中的奮鬪: 毛澤東出兵援朝的艰難决策』, 「斯大林策划朝鲜战争的决策動因初探」.

다. "첫째, 소련과 중국의 일치단결을 분명히 밝힌다. 둘째, 미국 정책의 황당하고 어리석음을 강조한다. 그것은 국민당 정부라는 어릿광대가 안보리에서 중국의 대표임을 인정하면서 중국이라는 진정한 대표가 안보리에 진입하는 것은 불허하는 정책이다.[35] 셋째, 두 대국 대표가 결석한 가운데 안보리에서 내린 결정은 위법이다. 넷째, 미국의 양손을 풀어주어 미국이 다수표를 이용해서 다시 어리석은 행동을 하게 함으로써 공중 여론 바로 앞에서 미국의 실체를 폭로한다."[36] 스탈린이 제시한 네 번째 내용은 사실상 한국전쟁을 가리킨다. 뒤이어 그는 이렇게 말했다. "우리가 안보리에서 퇴장한 후 미국은 북한에 대한 군사적 간섭에 빠져들어 군사적 명망과 도의 측면에서 자신들이 차지하는 감제고지瞰制高地를 파괴했다. 현재 정직한 사람이라면 누구도 미국이 북한에서 가해자이자 침략자 역할을 했음을 의심할 수 없다. 군사적으로도 그들이 떠벌린 것처럼 강하지 않았다. 그 밖에 미국이 주의를 유럽에서 극동으로 옮겼음

---

35 1950년 11월 28일 우슈취안伍修權은 안보리에서 미국의 대만 침략을 고발하는 연설을 하면서 안보리 상임이사국 중 인구가 4억인 중국의 합법적 대표가 없다면 "어떤 중요한 문제에서도 합법적 결정을 내릴 수 없고 아시아 관련 문제에서는 특히 그렇다." "중국인민이 그렇게 내려진 어떤 결의나 결정을 따를 이유가 없다"고 강조했다. 『中美關係資料彙編』二輯 上册, 世界知識出版社, 1960, 291쪽.

36 스탈린이 고트발트에게 보낸 전보는 선즈화가 『冷戰在亞洲·朝鮮戰爭與中國出兵朝鮮』, 53~54쪽에서 인용했다. 이 글을 수정하는 과정에서 가오진高瑾이 러시아 국립 사회 정치 문서관에 이 전보의 출처와 해석의 정확도를 질의했다. 러시아 측은 2013년 10월 30일에 스캔본을 보냈다. 대조한 뒤 여기서는 가오진의 번역에 근거해서 번역문을 고쳤다. 주되게는 선즈화가 3조 첫머리를 '확신하다'로 번역한 것을 "안보리가 양 대국 대표가 결석한 상황에서 내린 결정이 불법이 되도록 했다"로 고쳤다. 그 밖에 개별 문구에서 번역을 고쳤으며 전보 스캔본은 사진을 참조하라.

이 아주 분명했다. 국제적 세력 균형의 관점에서 이 모든 것은 우리에게 유리하지 않은가? 당연하다."[37] 그 후 사태 전개는 스탈린의 추측을 어느 정도 증명했다. 안보리 결의 후 트루먼은 극동에서 미국의 군사 역량을 모두 동원해 이승만 정권을 지원하라고 명령했다. 동시에 제7함대가 대만해협을 봉쇄함으로써 중국이 대만에 공격할 가능성을 막으라고 명령했다. 스탈린의 계산에 따르면, 미국의 주의력은 분명 유럽에서 극동으로 이동했다. 그러나 미국으로서는 극동 사안 개입, 이 지역에서 소련과 세력 범위 쟁탈 태세는 모두 1950년에 시작된 것이 아니었다. 소련의 안보리 결석이 북한에 미국이 군사 개입을 한 핵심 원인은 아닌 듯하다.

소련이 동방 진영에서 특수한 지위에 있었기 때문에 소련의 행위에서 국가 패권과 냉전 정치 구도하의 정치 지도권을 어떻게 구별하는지는 더 깊은 분석이 필요하다. 스탈린 시대부터 브레즈네프 시대까지 소련은 거대한 국제주의적 책임을 지고 있었다. 또한 여러 수준과 형식 성격의 패권주의가 존재했다. 중소 관계의 측면에서 양당은 상호 합작에서 내부 분열을 거쳐 다시 공개 토론을 했다. 양국은 정치 협력에서 정치적 충돌을 거쳐 군사적 대립에 이르렀다. 1950년대와 1960년대 이후 소련의 행위에는 중요한 차이가 있다. 이것은 복잡하고 구체적인 맥락 속에서 연구해야 한다. 제2차 세계대전 이후 소련은 동북 지역에서 거대한 영향력을 발휘했다. 당시 서방 특히 미국에서는 소련이 중국 동북 지역을 완전히 병탄할 것이라는 의견이 나왔다. 1949년 후기부터 1950년 한

---

37 같은 자료. 번역은 일부 고쳤다.

국전쟁이 일어나기 전까지 미국 국무원은 이 문제를 다시 한번 서술했다. 그러나 미국과 서방 세계의 이런 주장들은 마오쩌둥이 러시아를 방문했을 때 영국 신문에서 마오쩌둥이 러시아에서 연금되었다고 보도했듯이, 어떻게 '사실'처럼 서술될 수 있을까? 이런 주장은 오늘날의 학자가 발견한 것이기보다는 미국 국무장관 애치슨이 발견한 것이다. 즉 미국 정부가 전쟁 패권 정책과 중소관계를 분화하고자 하는 전략에 근거해서 의도적으로 만든 주장이다. 신중국 건설 이후 중소 양국은 동북 지역에서 소련의 권익(중국 창춘철도, 뤼순항 등의 문제를 포함한)에 관해서 일련의 협상을 했다. 중국이 동북 지역을 전면적으로 관할하는 것을 가속화하는 데 한국전쟁이 영향을 주었다. 그렇지만 한국전쟁이 일어나지 않았다면 중국 동북부가 소련에 편입되었을 것임을 말하지는 않는다. 나는 여기서 두 가지 예를 들겠다. 이는 모두 일반적이고 마오쩌둥이 명확히 표현해서 사람들에게 널리 알린 사례이지만 문제를 충분히 설명해준다.

1950년 1월 20일 당시 중앙인민정부 신문총서 서장 후차오무胡喬木는 이런 주장을 콕 집어 반박하는 담화를 발표했다. 바로 같은 날 신화사는 마오쩌둥이 기초한 평론 「애치슨의 파렴치한 유언비어 날조를 반박한다」를 발표해서 미국 국무장관 애치슨이 1950년 1월 12일 미국 전국 언론클럽에서 한 긴 연설을 반격했다. 마오쩌둥은 그중 두 관점을 반박했다. 첫 번째, 미국과 아시아 각국의 관계 문제다. 애치슨은 "우리의 이익은 아시아 각국 인민의 이익과 부합한다." 미국의 이익과 중국 인민의 이익은 "같이 실행되어도 상충되지 않는다." "문호 개방 정책을 선포한 때부터 9개국의 공동 서명, 유엔대회의 최근 결의까지 모두 이 하나의 원칙이었고 우리는 그 점에 대해 조금도 변함이 없다"고 주장했다.[38] 애치슨의 두 번째 주장은 이렇다. "소련은 지금 중국 북부에서 합법적 병합을 실시하려고 한다. 이런 것은 외몽골에서 실행한 방법이고 만주에서도 거의 실행될 것이다. 나는 소련 대리인이 내몽골과 신장에서 모스크바까지 잘 보고했을 것이라고 믿는다. 이것이 바로 현재 상황이다. 즉 중국인이 거주하는 넓은 지역 전부가 중국에서 이탈해서 소련에 병합되는 것이다. 소련이 중국 북부의 네 지역을 점거하는 것은 아시아와 관련 있는 강국에 중요한 사실이고 우리에게도 아주 중요한 사실이다."[39] 마오쩌둥은 다음과 같이 반박했다. 미국의 기본 국가 정책은 모든 방법을 동원해 중국에 침투해서 중국을 미국 식민지로 만드는 것이다. 그 근거는 1945~1949년 중국 내전 시기 국민당 정권에 대한 미국의 지원과 미국의 대만해협 개입이다. 1월 14일, 즉 애치슨이 연설한 다음 날 타스 사는 워싱턴에서 다음과 같은 내용을 보도했다. 1949년 10월 24일 중국에서 체포되고 11월 1일 판결을 받아 12월 중순 추방된 주 선양 미국 총영사 앵거스 워드Angus Ivan Ward(1893~1969)가 미국으로 돌아간 후 미국 국무원 관료와 담화를 했다. 이 담화 후 기자회견에서 그는 소련이 중국 동북부에서 철도를 공동 관리한다는 조약 권력을 행사하지만, "소련이 만주를 감독한다는 어떤 흔적도 보지 못했고" "소련이 만주를 병

38 「駁斥艾奇遜的無恥造謠」, 『毛澤東文集』第6卷, 人民出版社, 1999, 44쪽.
39 같은 책, 45쪽.

단기 20세기: 중국 혁명과 정치의 논리

탄한 어떤 흔적도 보지 못했다"고 말했다. 만주 공산당 정권이 베이징의 감독을 받느냐는 질문에 워드는 "모든 공산당 정권이 고도의 집중관리를 받고 그가 아는 한 만주는 곧 공산당 중국의 일부분이다"라고 답했다. 마오쩌둥은 "사람들은 서반구 토지에서 어떤 이야기가 나오는지 볼 수 있다. 한 사람은 만주와 소련의 병합을 말하고 한 사람은 보지 못했다고 말한다. 이 두 사람은 다름 아닌 모두 미국 국무원의 유명한 관료다"라고 비꼬았다.[40]

소련은 상대적으로 오랫동안 동북부에서 영향력을 갖고 싶어했다. 그러나 여기서 중국이 동북부를 잃는 것이 근거가 부족한 것임을 추론할 수 있다. 중소 관계는 제2차 세계대전 이후 아주 중요한 대국 관계 중 하나다. 그러나 이 대국 관계는 기존의 대국 관계와 다르다. 이것은 신중국과 소련의 관계, 막 출현한 사회주의 진영 내부의 관계다. 이는 이 관계가 이미 국가와 국가의 관계가 아니라 이 시기 국제정치 관계가 그 이전과 그 이후의 국제관계와 다른 함의와 성격이 있음을 말해준다. 사회주의 국가 간의 관계에는 국제주의적 지향이 담겨 있다. 중소 관계는 중소 관계이면서 동방 집단 내부의 관계다. 일반적으로는 중소 분열이 소련 공산당 20차 당대회 때 시작되었고 1960년대 논전이 공개되면서 세상에 알려졌다고 말한다. 그러나 미국 중앙정보국 비밀 해제 문서에 따르면 중국과 소련이 논전을 벌이는 상황에서 미국 정부기구는 여전히 중소동맹이 정말로 결렬되지 않았다고 판단했다. 근본으로 돌아가면 미국

---

40 같은 책, 46쪽.

의 판단은 한국전쟁 등의 경험에서 나온 것이다. 미국은 사회주의 진영 내의 국가관계가 일반적 의미의 주권국가 관계와 다르다는 것을 알았다. 이 관계의 핵심은 당과 당의 관계다. 따라서 이데올로기와 가치관이 국가 간 관계에 아주 중요한 역할을 한다.

중국이 참전한 조건 중 하나는 소련의 지지였다. 그러나 이 조건은 결코 중국의 참전 여부를 최종적으로 결정한 요소가 아니었다. 1950년 10월 13일 저우언라이에게 보내는 전문電文에서 마오쩌둥은 세 번째와 네 번째 지점을 알지 못한다고 말했다. 이른바 세 번째 지점이 가리키는 것은 1950년 5월 11일 스탈린과 저우언라이가 중국공산당에 보낸 공동전보다. 전보에서는 소련이 중국에 필요한 비행기, 대포, 탱크 등 무장을 완전히 충족시켜줄 수 있음을 약속했다. 마오쩌둥은 무기를 빌릴지 살지를 물었다. 그는 구매가 아닌 빌리는 방식을 희망했다. 신중국 정부가 막 수립되었기 때문에 경제, 문화 등의 과제 수행과 일반 군정에 쓰이는 자금이 몹시 필요했기 때문이다. 이미 빠듯한 자금을 무기 구매에 사용한다면 중국의 경제 회복이 늦춰질 것이 분명했다. 그러면 중국의 민족부르주아, 프티부르주아가 모두 반대할 것이며 이 때문에 "국내 다수의 단결을 유지"할 수 없었다.[41] '국내 다수의 단결을 유지'하는 것은 1950년 12월 2일 마오쩌둥이 톈진 상공업연합에 보낸 전문에서도 언급된다.[42] 톈진시 상공업연합은 11월 말 보가위국 집회를 열고 11월

---

41 「中國人民志願軍應當和必須入朝參戰」, 『毛澤東文集』 第6卷, 人民出版社, 1999, 103~104쪽.

42 「堅決站在抗美援朝保家衛國的愛國立場上」, 『毛澤東文集』 第6卷, 人民出版社, 1999,

30일 마오쩌둥에게 보낸 전보에서 '미국에 대항하고 북한을 도와 가정을 보호하고 나라를 지킨다'는 애국적 입장을 굳게 지지했다. 그런데 한국전쟁에 참전하면서 전국에서 인력이 동원되었는데 마오쩌둥은 왜 농민, 노동자, 학생에게 전문을 보내지 않고 상공업연합에 전문을 보냈을까? 이것은 국내의 단결에 대한 마오쩌둥의 우려와 관련이 있다. 즉 전쟁이 연장되고 전쟁 부담이 더해지면 중국의 민족부르주아가 불만을 표시하고 더 나아가 정치·사회적 안정에 영향을 줄 수 있다는 것이다. 전보의 네 번째 조항에서는 소련이 두 달 또는 두 달 보름 안에 공군을 출동시켜 북한에서 벌어지는 작전을 지원하고 중국의 북방 지역을 엄호할 것을 요청했다.[43] 10월 11일 저우언라이가 마오쩌둥과 중앙에 전보를 보낸 지 몇 시간 지나지 않아 몰로토프의 전화를 받았다. 그는 소련이 준비가 안 되어 공군을 파견할 수 없다고 했다. 마오쩌둥은 한편으로 저우언라이에게 소련에서 며칠 더 머무르면서 소련의 더욱 명확한 약속을 받아내라고 요구했다.[44] 그러나 다른 한편으로 소련 공군의 지원 없이 중국이 참전하겠다는 결심도 이미 했다. 앞서 말한 전보를 보낸 다음 날인 10월 14일 마오쩌둥은 지원군을 북한에 투입하기 위한 작전 배치를 시작했다.[45] 10월 23일 펑더화이와 가오강高崗에게 편지를 보내 '견실하고 믿을 만한' 토대 위에서 가능한 한 모든 승리를 쟁취해야 한

110쪽.

43 「中國人民志願軍應當和必須入朝參戰」, 『毛澤東文集』 第6卷, 人民出版社, 1999, 104쪽.

44 「中國人民志願軍應當和必須入朝參戰」, 『毛澤東文集』 第6卷, 人民出版社, 1999, 104쪽.

45 같은 책, 105~106쪽.

다고 말했다.[46]

3) 냉전체제의 확립과 탈냉전의 계기

전쟁 초기 마오쩌둥은 세계 각국의 일은 각국 인민이 관할하고 아시아의 일은 아시아인이 맡아야 한다고 말했다. 이 관점은 몇 년 후 열린 반둥회의 원칙에도 구현되었다. 이는 그가 중국의 한국전 참전을 필요하고도 정의로운 일이라고 보는 정치적 전제다. 카이로회담 개막 때부터 미국은 이미 아시아 지역의 다른 세력을 어떻게 연합할지 궁리했다. 여기에는 전후 일본, 국민당 통치하의 중국이 포함되었는데 그 목적은 소련을 억제하는 것이었다. 유럽에서 전쟁이 끝나갈 무렵 얄타회담, 포츠담회담이 연속 열렸고 전후 각자의 세력 범위를 어떻게 확정하느냐가 이미 미소 간 게임의 현실적인 과제였다. 여기서 1945년 8월 미국이 일본에 원자탄 공격을 하면서 소련을 위협하는 한편 소련이 번개같이 일본에 선전포고를 하고 만주와 북한 북부, 사할린 남부, 쿠릴열도를 공격해 점령하도록 자극했음을 떠올릴 필요가 있다. 미군은 1945년 여름 이미 한반도에 진입했고 소련과 세력 범위 쟁탈전을 벌이기 위해 먼저 군사분계선을 그었다. 이란 사건 이후인 1946년 3월 처칠선언으로 철의 장막이 내려졌다. 1947년 7월 마셜플랜에는 소련이 포함되지 않았

46「在稳當可靠的基础上爭取一切可能的勝利」,『毛澤東文集』第6卷, 人民出版社, 1999, 107~109쪽.

다. 소련의 김일성 남침 지지는 다분히 미국이 발칸과 중동에서 도발한 데 대한 응답이었다. 그중 1949년 4월부터 8월까지 북대서양조약기구가 결성되어 각국의 비준이 끝나자 소련과 동구권은 큰 자극을 받았다. 1949년 8월 소련이 원자탄 폭발 실험에 처음으로 성공하면서 핵 위협 국면이 모양을 갖추었다.

한반도의 분단 통치 구도는 처음에는 얄타회담의 틀에서 국제 신탁의 형식으로 만들어졌다. 그러나 한국은 결코 전쟁책임국도 패전국도 아니었을 뿐 아니라 한국 인민에게는 자신의 운명을 결정하는 이 사건에 관여할 방법이 없었다. 한국의 가까운 이웃인 중국도 이 '국제적 결정'에 참여하지 않았다. 베를린이 함락되면서 미소 양국은 전쟁의 무게 중심을 극동으로 돌렸다. 포츠담회담의 안건 중 하나가 이미 대일 작전 문제와 한국 점령이었으며, 이것이 양국의 전쟁 계획으로 이어졌다. 얄타회담의 신탁통치 계획도 깨졌다. 1945년 5월 트루먼의 특사가 스탈린을 만났는데 스탈린은 여전히 얄타협정에서 확정한 4국의 한국 신탁통치 방안을 고수했다. 그러나 포츠담회담 이후 소련군은 일본에 선전포고를 하고 한국에 진입했으며, 미국은 한국의 '38선'을 경계로 주둔하는 방안을 제시했다. 이는 신중국 건설 이전에 한반도의 정세가 변하는 중요한 사건이었다.

신중국이 건설된 후 아시아 지역에서 미국의 새로운 임무는 바로 신중국을 억제하는 것이었다. 신중국이 건설되기 전 중국공산당 지도부는 이미 소련과의 동맹과 동방 진영 합류 방안을 확립했다. 이 구도가 바로 스탈린이 북한의 남침에 반대하다가 지지하게 되는 태도 변화를 일으킨 관건일 것이다. 현존 문서에 근거하면, 1950년 1월 스탈린은 마오쩌둥에게 북한의 남침을 지지하는 태도를 통보하지 않았다. 그러나 신중국 건국과 중소우호조약 체결이 스탈린의 태도 변화를 이끌었다고 추정할 수 있다. 따라서 전쟁은 결코 1950년의 산물이 아니라 지금까지 말한 과정이 연장된 것이다. 이른바 세계 각국의 일은 각국 인민이 관리한다는 것, 아시아의 일은 아시아인이 관리한다는 말은 1945년 얄타회담 이후 특히 포츠담회담 이후 패권국가가 약소국의 운명을 좌우하고 그들을 자신의 세력 범위 안에 넣으려는 정세를 겨냥한 것이다.

소련군이 이미 대거 한국에 진입하고 서울 가까이 들어오자 미국은 소련이 한국 전역을 장악하는 것을 막기 위해 북위 38도선을 미소 각자가 일본의 항복을 받아내는 군사분계선으로 정하자는 결정을 내렸다. 이런 관점에서 한국전쟁은 중국의 내전과 비슷하게 민족 통일에 대한 요구가 있지만 다른 침입 사건과 같을 수는 없다.[47] 내전인 만큼 어떤 외부의 군사적 간섭, 특히 패권적인 전략 이익에서 비롯된 군사적 간섭은 정당한 이유가 될 수 없었다. 1945년 9월 미군정은 남쪽에서 일제의 투항을 받은 후 10월 중순까지 미국에 오래 머물렀고 한국 임시정부와 어느 정도 갈등이 있는 이승만을 먼저 전용기 편으로 귀국시켰다. 중국 국

---

47 브루스 커밍스Bruce Comings는 1981년 『한국전쟁의 기원The Origins of the Korean War』, Princeton University Press, 1981, 1990)을 두 권 출간한 이후 한국전쟁 관련 저서를 다수 출판해서 여러 측면에서 이 문제를 언급했다. 최근의 저작은 *The Korean War: A History*, Modern Library Chronicles, 2010이다.

민당정부가 특별히 육성해온[48] 한국 임시정부 요인(우익 김구, 좌익 김규식 등)은 미군정이 허락하지 않아 개인 신분으로 귀국해야 했다.[49] 김구 등은 11월 5일 충칭에서 상하이로 간 뒤 10여 일을 머물렀고 국민당 정부가 미군 측과 교섭한 뒤에야 미군이 전용기로 김구 등을 귀국시켰다. 김구는 당시 한국 임시정부의 중심인물이었으며 그의 정견도 공산주의에 반대하는 미국에 가까웠다. 미국은 한국 임시정부의 합법성을 고집스럽게 부정했다. 미국이 전후 넓은 아시아에서 중국이 영향력을 갖지 않기를 바랐고 한반도 더 나아가 아시아 전체에서 최대의 권익과 패권적 독점을 얻고자 했던 것도 부분적 원인일 수 있다.[50]

---

48 『中國國民黨秘書處向蔣介石呈文』中國國民黨黨史會 韓國檔016—26—5에는 국민당 정부가 김구를 특별히 육성시켜 그가 국민당 정부가 한반도 정국에 간섭하는 경로가 되기를 바랐다는 사실이 거리낌 없이 드러나 있다. 石源華·蔣建忠 編, 『韓國独立運動與中國關係編年史』下 一vol.3, 1505~1506쪽 재인용. "한국의 전체 정세를 보면 미소가 분리해서 통제하는 상황에 있고 우리 나라는 국내 정세에 간섭할 수 없다. 오직 소련과 중공만 한통속이 되어 옌안에서 성장한 한국 공산분자를 북한의 점유 세력으로 만들었다. 반면 우리 중앙이 길러낸 김구 등은 남한에 입국한 후 도무지 중요한 역할을 하지 못하고 있다. 앞으로 미소가 공동으로 물러나면 남한의 모든 민주 세력 중 북한의 붉은 물결에 참여하지 않을 사람은 거의 드물다."

49 김구는 『백범일지』에서 자신이 임시정부의 현 상태를 유지할 것을 바랐다고 말한다. "미국은 서울에 이미 미국 군정이 수립되었고 임시정부의 이름으로 귀국하는 것이 허락되지 않고 오로지 개인 명의로만 귀국할 수 있다고 말한다. 우리는 어쩔 수 없이 각 개인 자격으로 귀국했다. 金九(김구) 著, 宣德五, 張明惠 譯, 『白凡逸志』(附錄「白凡金九先生年表」), 重慶出版社, 2006, 249쪽.

50 장제스는 루스벨트가 제기한 중국의 류큐 직접 관할 문제에 줄곧 적극적으로 응답했다. 이는 미국의 전후 질서 구상을 명확히 알고 있었고 더 많은 부분에서 미국을 거슬리지 않기를 바랐기 때문이다. 汪暉, 「琉球與區域秩序的兩次巨變」, 『東西之間的"西藏問題"(外二篇)』, 北京: 三聯書店, 2011 참조.

1945년 12월 모스크바 3상회의에서 미국, 소련, 영국이 조선을 5년 간 국제적으로 신탁통치할 것을 결의했다.[51] 그 결과 한국 남측에서는 민중의 항의가 일어났다. 미국은 신탁통치 협의를 소련이 주도했다며 서울의 여론을 고의로 오도하면서 반탁운동의 창을 반소련으로 돌리려 했다.[52] 동시에 북측에서는 토지 개혁이 시작되었고 소련군은 한국의 북측에서 주둔군을 대부분 철수시켰다. 1946년 미국 점령군이 시행한 경제 정책이 심각한 통화 팽창을 불러오자 남측 인민이 항쟁을 일으켰다. 그중 가장 규모가 컸던 것은 9월 총파업이었고 10월에도 '300만여 명이 참가하고 300여 명이 사망하고 3600여 명이 실종되었으며 2만 6000여 명이 부상당한' 인민항쟁, 즉 '10월 민중항쟁'[53]이 일어났다. 폭동에 참가한 농민의 구호 중 하나는 바로 북한과 같은 토지 개혁이었다.[54] 1947년 10월 미국은 유엔이 제출한 1948년 3월 31일 전 남북한 동시선거 시행 통일정부 수립안을 통과시켰다. 그러나 북한이 승인과 대선 참가를 거절한 상황에서 미국이 조종하는 유엔의 안건은 사실상 남한 단독 선거를 지지하는 것과 다름없었다. 1948년 2월 10일 '한국의 국부'라고 불리던 김구는 「삼천만 동포에게 읍고함」이라는 성명을 발표

51 Foreign relations of the United States: diplomatic papers, 1945(The Far East, China), Volume VII, pp.882~883. http://digital.library.wisc.edu/1711.dl/FRUS. FRUS1945v07(검색일: 2013년 10월 24일).

52 曹中屛, 張璉瑰 等 編著, 『當代韓國史 1945—2000』, 南開大學出版社, 2005, 42쪽.

53 姜萬吉(강만길) 著, 陳文壽, 金英姬, 金學賢 譯, 『韓國現代史』, 社會科學文獻出版社, 1997, 194쪽.

54 『當代韓國史 1945~2000』, 60쪽.

해서 한국의 단독 건국을 반대했지만 성과는 없었다. 김구는 남북이 협상해서 통일정부를 수립하자고 주장하면서 한국이 단독으로 대선을 치르라는 유엔 결의에 반대했고 북한을 방문해서 김일성과 협상을 했다.[55] 그가 남북의 통일 협상 주장을 고수하며 김일성을 접촉하자 이승만은 미국이 지지하기에 가장 좋은 인물이 되었다. 총선은 그해 5월에 치러졌고 7월 24일 이승만이 대한민국 대통령으로 취임했으며 1948년 12월 유엔은 대한민국 정부를 승인했다. 같은 해 9월 9일, 남측에서 이미 단독 선거를 치렀다는 전제하에 북측에서는 김일성을 조선민주주의인민공화국 주석으로 선출했으며 동방 그룹의 승인을 얻었다. 그해 말 소련군 전체가 북한에서 철수했고 미군은 이듬해 6월 대부분이 철수했다. 1949년 6월 26일 즉 미군이 철수하던 때 김구는 한국 육군 소령 안두희에게 암살되었다.[56] 미소 양측이 철수한 뒤 남북한의 적대적 상태가 수시로 폭발하는 상황에서 북한은 적극적으로 전쟁을 준비했으며 미국은 독자적으로 남한을 무장시켜 양측의 마찰이 빈번히 일어났다. 흐루쇼프의 기억에 따르면, 1949년 말 김일성이 스탈린에게 통일 전쟁을 일으킬 의도를 알렸으며 그 후 상세한 전쟁 계획을 세워 스탈린의 지지를 얻었다.[57] 전쟁이 일어나기 전인 1950년 6월 18일 덜레스가 갑자기 '38선'에 나타났다. 이는 동방 진영에 보편적으로 미국이 전쟁을 일으키

55 金九(김구) 著, 宣德五, 張明惠 譯, 『白凡逸志』(附錄「白凡金九先生年表」), 重慶出版社, 2006, 274쪽.

56 같은 책, 275쪽.

57 『赫魯曉夫回憶录』, 北京：東方出版社, 1997, 532~533쪽.

려는 신호로 보였다. 미군은 나중에 이 일을 우연한 사건이라고 해명했다. 우연이었든 그렇지 않든 제2차 세계대전의 뒤를 이어 일어난 한국전쟁이 미소 양측의 전략 균형과 균형 상실의 산물임은 분명한 사실이다. 따라서 전쟁을 일으킨 동인은 어느 한 세력의 어느 한 시점의 동향만이 근거가 될 수 없고 대치하는 양측의 전략 변동 과정에 따라 판단할 수밖에 없다. 누가 한반도 분단 국면을 조성했는가? 누가 남북 양측이 통일로 가는 길을 파괴했는가? 누가 대치 국면 이후 또다시 자신의 요구에 따라 전략 균형을 깨뜨렸는가? 전쟁이 일어난 원인을 물을 때 이 문제들이 아마 누가 먼저 총을 쏘았는가보다 훨씬 중요한 것 같다.

중소동맹과 사회주의 진영의 존재가 '동방에 이익이다'는 말의 물질적·이념적 전제가 된다면 '세계에 이익이다'라는 말은 더욱 광활한 역사적 과정에서 판단할 필요가 있다. 1951년 한국전쟁에서 좌절을 겪은 미국은 일본의 재무장을 시도하면서 여름에 일본과 미일협정을 맺었으며 9월에는 샌프란시스코에서 협약을 맺었다. 일본의 한국전쟁 참전의 세부사항은 미일 양측이 줄곧 인정하려 하지 않는다. 그것은 다음 두 가지 원인 때문일 것이다. 첫째, 「유엔헌장」 제53, 77, 107조는 모두 제2차 세계대전 추축국에 관한 조항으로 이 국가들을 모두 '적국'으로 규정했다. 따라서 일본이 한국전쟁에 참전한다면 국제적 상황을 복잡하게 만들 수 있다.[58] 둘째, 미일 단독 강화와 일본의 한국전쟁 승인 제의가 함

---

58 「유엔헌장」 제53조는 다음과 같이 규정했다. "이 헌장의 어떠한 규정도 제2차 세계대전 중 이 헌장 서명국의 적이었던 국가에 관한 조치로서 그러한 조치에 대하여 책임을 지는 정부가 그 전쟁의 결과로서 취하였거나 허가한 것을 무효로 하거나 배제하지 아니한

께 제출되면 인도, 필리핀, 미얀마, 인도네시아 등의 반대에 부딪혀 대규모 민중 저항을 불러온다. 요시다 정부는 헌법 제9조 위반을 고려했기 때문에 오쿠보에게 비밀 행동을 명령했다. 강화를 체결하기 전인 민감한 시기였으므로 일본 정부는 부득이하게 일본이 중무장하는 것에 우려를 표시했다. 1951년 9월 8일 「미일안보조약」과 「샌프란시스코 강화조약」이 같은 날 체결되었다. 소련 등은 샌프란시스코 강화조약 서명을 거부했다. 1953년 한국 전장에서 전쟁과 협상이 교착상태에 빠지자 아이젠하워는 동남아전쟁 개입을 시도했고 동남 연해로부터 중국에 압박을 가함으로써 한국 전장의 중국 병력을 견제했다. 그러나 미국은 한국전쟁에서 실패한 일을 교훈 삼아 '38선'을 넘지 말라는 중국의 경고를 두려워했으며 베트남전쟁에서도 줄곧 17도선을 넘지 않고—이것이 바로 중국 정부가 미국에 명확히 표현한 마지노선이다—북베트남에 군사적 공격을 효과적으로 진행할 수 있었다. 이것은 한국에서의 군사적 실패가 미국에 가져다준 장기적인 속박이었다. 이런 관점에서 베트남전쟁에 말려든 미국이 결코 실패로 끝나지 않은 것은 한국에서 겪은 좌절과 관련이 있다. 여기서 군사와 정치가 상호 전화하고 전쟁과 평화도 상호 전화하지만 평화를 쟁취하는 조건은 군사적 승리지 군사적 실패와 타협이 아님을 알 수 있다. 한국전쟁이 끝난 후인 1953년 12월 말

다." 제107조에서는 "이 헌장의 어떠한 규정도 제2차 세계대전 중 이 헌장 서명국의 적이었던 국가에 관한 조치로서 그러한 조치에 대하여 책임을 지는 정부가 그 전쟁의 결과로서 취하였거나 허가한 것을 무효로 하거나 배제하지 아니한다"라고 규정했다. 그 밖에 제77조의 신탁통제 관련 규정에서도 제2차 세계대전 중의 '적국' 문제를 언급했다.

저우언라이는 인도 대표단을 접견하면서 평화공존 5원칙을 제시했다. 1954년 4월 한국 문제, 인도차이나 문제를 주제로 제네바회의가 열렸는데, 여기서 중국, 소련, 북한은 모든 외국 군대가 한국에서 철수하고 한국 전역에서 자유선거를 실시할 것을 제안했다. 그러나 미국이 거절했고 남한 대표는 중국과 소련이 반대할 수밖에 없는 모든 지역의 이른바 대한민국헌법에 따른 선거 실시를 제안했다. 제네바회의에서 있었던 한국 문제에 관한 국제적 협상은 미국이 조금도 성의를 보이지 않아 성공하지 못했다. 그러나 두 번째 주제인 인도차이나 문제는 진전이 있었다. 바로 이 담판을 진행하면서 미국과 영국 그리고 기타 동맹국 사이의 동맹관계에 부분적 변화가 생겼다. 일정한 의미에서 이것은 1970년대 마오쩌둥이 제시한 '제3세계' 이론의 정치적 전제이기도 했다. 1년 뒤인 1955년 4월 아시아, 아프리카 국가의 민족 독립을 중심 의제로 내세운 반둥회의가 열렸다. 회의에 참석한 각국은 넓은 범위에서 식민주의에 반대하고 민족 해방을 쟁취하는 문제를 제기했고 아시아, 아프리카 등 피억압 민족 사이의 경제, 문화, 정치 협력을 추진했다. 그뿐만 아니라 국제관계 문제에서 국제관계를 이끄는 원칙 10항도 제시했다. 이 10항은 1953년 저우언라이가 제시한 5항 원칙을 심화·확장한 것이다.

한국전쟁, 베트남전쟁과 앞에 서술한 정치 과정은 밀접하게 연관되어 있다. 또한 제국주의에 저항하는 군사 투쟁이 폭넓고도 복잡한 정치 과정을 수반했다는 것도 분명히 말해준다. 바로 이 과정에서 제국주의 패권의 약화와 퇴조가 추세를 이루었다. 1960~1970년대까지 식민지 해방운동과 민족 해방운동이 아시아, 아프리카, 라틴아메리카에 널리 퍼겼고 미국과 서방 세계 내부의 반전운동과 제3세계 민족 해방운동을 지지하는 운동도 바람을 타고 거세게 일어났다. 1950년 유엔은 미국의 전쟁 정책을 지지하는 정치기구로 전락했지만 국제 조직의 운영 형태는 여전히 유지했고 한국전쟁에서 제국주의 패권의 꼭두각시라는 사실이 충분히 드러났다. 이는 그 후 유엔 내부의 정치투쟁에서 길을 닦은 셈이 되었다. 한국전쟁(항미원조)과 이에 따른 일련의 결과가 없었다면 1960년대 아시아 지역에서 민족 해방운동이 점점 무르익기는 어려웠다. 한국전쟁(항미원조)에서 군사 투쟁, 제네바회의에서 서방 세계 내부 분열, 중국·베트남 그리고 기타 국가 사이의 연맹, 반둥회의에서 표출된 민족 해방의 새로운 분위기, 그 후 베트남전쟁에서의 군사 투쟁과 정치적 게임을 연관지으면 한국전쟁(항미원조)이 열전熱戰으로 평화를 촉진함으로써 전 세계 피억압 민족의 통일전선을 촉진하고 새로운 민족 해방운동 시대를 재촉했다고 단언할 수 있다. 이런 의미에서 신중국의 탄생, 세계 인민의 단결, 동방 그룹의 출현, 이런 배경 아래서 폭발한 민족 해방운동은 근대 이후의 역사적 구도 전체를 깨뜨린 것이다. 반제국주의 전쟁 논리가 항미원조전쟁은 물론 그 후 아시아, 라틴아메리카, 아프리카에서 식민주의와 제국주의 패권을 반대하는 식민지 해방운동을 연결했다. 이것은 예전에 없던 정치 주체가 출현하면서 조성될 수 있는 구도다. 우리는 이런 역사적 과정에서만 마오쩌둥이 말하는 '동방, 세계 모두에게 큰 이익이다'라는 말의 의미를 이해할 수 있다. 그러나 이 의미는 바로 오늘날 수많은 학자의 고의로 가려진다. 그들은 동방 전체와 세계를 소련으로 대신하고 이에 따라 20세기에 명확히 존재한 '동방 진영'

과 피억압 민족의 해방운동과 그들의 관계를 단순히 중소 간 관계로 바꿔놓는다. 그리고 항미원조전쟁에 담긴 국제주의적 성격, 더 정확히 말하면 제국주의 침략과 패권에 반대하는 민족 해방운동이 필연적으로 갖는 국제적 의미를 말살했다. 항미원조전쟁 개념을 미국인의 한국전 개념으로 대체한 것도 마찬가지다. 이 역사 연구의 수사修辭 변화가 전쟁의 정치적 의미까지 바꾸었다. '세계에 유리하다'는 판단, 앞서 말한 폭넓은 역사적 과정에 근거하면 우리는 한층 더 나아가 다음과 같은 사실을 증명할 수 있다. 중국이 한국전쟁에 참전한 단기적 효과는 중소동맹을 견고하게 한 것이고 장기적 효과는 냉전의 패권 구도를 해체한 것이다.

따라서 지원군의 한국전 참전은 북한 지지, 동북 지역 보호, 미국의 대만해협 봉쇄에 대한 반격, 유엔의 중국 거부에 대한 항의, 패권이 주도하는 세계 구도에 대한 거부 등 다중적 의미를 담고 있다. 이 모든 내포는 모두 마오쩌둥이 1950년 6월 28일 중앙인민정부회의에서 제기한 "전 세계 인민이 단결해서 미제국주의를 무찌르자"라는 구호에 응축되어 있다. 유럽에서 1948년은 냉전체제가 확립된 상징적인 해다. 그러나 아시아에서 1948년은 한반도가 아직 통일의 희망이 있던 남북 분치分治에서 남북 저항의 전쟁체제로 돌아선 전환점이다. 한국전쟁에서 미군의 무기 공급을 보장하기 위해 미국은 일본의 군수산업 회복을 허락했고 원래 전쟁배상금이던 군수공장 850좌를 일본 정부에 돌려주고 한국 전장에 군비를 제공하게 했다. 일본은 한국전쟁을 이용해서 경제를 회복했고 극동에서 미국의 최대 냉전 우방이 되었다. 그리고 미국의 아시아 최대 군사기지 오키나와도 이 전쟁 중에 정식 사용되었다. 한국 전장에서 중국과 미국의 무력 충돌로 미국은 대만의 무장과 보호, 대만해협의 봉쇄를 강화했다. 1953년 한국전쟁이 중단되고 한반도의 분단-정전체제가 아시아 냉전 구도의 상징이 되었다. 한국전쟁은 앞서 말한 세계 구도가 형성되는 핵심적 시기에 발생했다. 장기적인 시각에서 중국의 한국전 참전(항미원조)은 그 후 냉전 구도에 큰 영향을 주었다. 그러나 신중국의 탄생, 제네바회의와 반둥회의의 성과, 동남아 민족해방운동의 발전 등 후속 사건 역시 냉전체제를 흔드는 어떤 계기를 제공했다.

2. 인민전쟁에서 국제주의 연맹전쟁으로의 전환이 갖는 정치적 의미

1) 정치적 범주로서 인민전쟁

중국 인민지원군의 한국전 참전에는 그 이전에 벌어진 국내의 인민전쟁과 다른 점이 있다. 그중 주된 두 가지 특징은 국경 밖 전쟁이라는 점과 핵 위협 속 열전, 즉 전 세계 냉전 상황에서 벌어진 열전이었다는 점이다. 국경 밖 전쟁에 '혁명'의 성격이 있는가, 아니면 민족적 성격만 있는가? 핵이 위협하는 상황에서 인민전쟁의 원칙이 그래도 의미가 있는가? 또는 한국전쟁과 중국 혁명에서 인민전쟁은 어떤 관계인가? 이 문제는 항미원조는 물론 20세기 중국 역사에서 항미원조의 의미를 이해하는 데 중요하다.

이 문제를 설명하려면 인민전쟁을 이론적으로 해석할 필요가 있다. 첫째, 인민전쟁은 순수한 군사적 개념이 아니라 정치적 개념이다. 20세기 중국의 독특한 조건에서 인민전쟁은 새로운 정치 주체를 창조하는 과정이자 이 정치 주체에 상응하는 정치 구조, 그것의 표현 형식을 창조하는 과정이다. 인민전쟁에서 현대 정치의 대표성 문제는 근본적으로 전환되었다. 농민이 주요 내용이 되고 노동연맹이 정치적 외피가 된 인민이라는 주체가 탄생해서 모든 정치 형식(지역 정부, 정당, 농민회, 노동조합 등)의 생성과 전환을 촉진한 것이다. 중국공산당은 창당기에는 주로 마린馬林이 프티부르주아라고 부른 지식인으로 구성되었다. 그들과 노동자, 농민의 관계는 아직 국민당과 노동자, 농민의 관계처럼 두텁지 않았다.[59] 1925, 1926년 국민당이 연소연공聯蘇聯共(소련·공산당과

---

[59] 당사黨史 전문가 양구이쑹楊奎松은 이 글에서 언급한 '중국공산당 창건 시기'를 '1921년에서 장시江西 시기까지 확대하고 "이 시기의 중국공산당이 소수 지식인으로만 구성되었다고 말하는 것은 무지가 아니라 허튼소리다"라고 의도적으로 말했다. 楊奎松, 「以論帶史的尷尬」, 『東方早報·上海書評』 2013年 12月 29日. 중국공산당 창건 초기의 당원 구성에 대해서는 馬林, 「馬林給共産國際執委會的信」, 「馬林在中國的有關資料」, 人民出版社, 1980, 11~21쪽 참조. 그 밖에 쑨잉솨이孫應帥가 제공한 중국 공산당 창건 초기의 당원 수 데이터에 따르면 1차 당대회는 53명, 2차 당대회는 195명, 3차 당대회는 420명이다. 孫應帥, 「中國共産黨黨員數量與結構變化及發展趨勢」, 『北京行政學院學報』 2009年 第5期. 중국공산당은 노동자 신분을 중시했지만 1922년 2차 당대회에서 노동자 비율은 10.7퍼센트밖에 안 되었고 1923년 3차 당대회의 노동자 비율도 37.9퍼센트에 불과했다. 그 후 노동자와 농민의 비율, 특히 노동자 비율이 높아진 것은 국공합작 조건에서 국민당이 노동자, 농민운동을 추진한 결과다. 본 주석과 이하 각주 3조는 모두 陸云, 「從學術攻

연합―옮긴이) 정책을 받아들이고 국민당과 공산당이 연합해서 농민
운동과 노동운동에 관여했다. 마오쩌둥이 이끈 광저우 농민운동 강습
소가 바로 이때 농민운동의 산물이다.[60] 북벌 시기 국민당의 주된 정치
적 혁신은 두 지점에 집중되었다. 하나는 구 군벌에서 벗어나 당군黨軍
을 건설하는 것이고 다른 하나는 공산당과 함께 농민운동과 노동을 일
으켜 대중운동을 북벌 전쟁에 결합하는 것이었다. 당군 개념은 무장한
혁명으로 무장한 반혁명에 맞선다는 것으로 처음 단계에는 결코 공산
당이 발명한 것이 아니었다. 여전히 혁명단계에 있고 국제공산주의 운
동의 영향을 받은 국민당이 창안한 것이다. 그러나 1927년 이후 국민당

陸到'暴力學術'―楊奎松兩批汪暉的案例分析」(http:∥dangdai14.culstudies.hsftp.
net/index.php?m=content&c=index&a=show&catid=39&id=585) 참조.

60 양구이쑹은 앞의 글에서 내가 마오쩌둥이 이곳 소장을 맡았던 시기의 농민강습소만
언급했음에 문제를 제기하고 내가 강조한 1925, 1926년 전후에 국민당과 공산당 모두가
노동운동과 농민운동에 관여했다고 지적했다. 이에 여기서 간략히 답한다. 농민강습소
는 여섯 차례 열렸으며 여기서 마오쩌둥이 소장을 맡은 시기만 언급한 것은 마오쩌둥만
이 그 후 벌어진 인민전쟁과 직접 관련이 있기 때문이다. 1925년 이전 국민당이 노동운
동에 관여했고 공산당의 농민운동도 활발했다. 그중 뛰어난 인물인 펑펑彭湃이 이끈 하
이루펑海陸豐 농민운동이 당사 교재에서는 더 중요한 내용이다. 내가 1925, 1926년만 언
급하고 다른 연도는 언급하지 않은 것은 이 두 해의 농민운동과 노동운동이 가장 활발했
고 국공합작의 정치적 토대도 상대적으로 안정적이었기 때문이다.(문제는 있었지만 파
열이 심하지는 않았다.) 1925년 유명한 우저우五州운동이 일어났고 광둥성 농민협회 1
차 대표대회가 5월 광저우에서 열렸다. 1926년에는『중국농민中國農民』이 출간되었고 4
월에 1차 전국농민대회가 광저우에서 열렸다. 바로 1925년 겨울에도 후난에서 조직적
농민운동이 시작되었고 1926년 11월 각 현 농민협회 회원이 총 136만 7727명이었다.
『第一次國內革命戰爭時期的農民運動』, 人民出版社, 1953, 257~262쪽 참조. 물론 1927년
에도 운동의 기운이 거셌다. 그러나 이때는 국민당과 공산당 사이의 정치적 위기가 이미
봉합 불능 상태에 있었고 바로 이해에 둘은 철저히 갈라섰다.

은 점점 사회운동을 버렸고 당-국가 일체 경향에 따라 군대의 정치성은 점점 크게 쇠락했다. 공산당으로서는 북벌 전쟁에 실패한 후 점점 발전하는 인민전쟁을 외면한 채 정당의 틀을 바꾼다는 것은 이해할 수 없는 일이었다. 구성원의 구성과 사회적 토대에서든 업무 형식에서든 혁명 정치의 내포에서든 1921년에 탄생하고 소수 지식인으로 구성되어 노동계급, 농민계급과 모두 실질적 관계가 없는 정당은 장시 소비에트 시기의 정당과 큰 차이가 있다. 대혁명이 실패한 후 취추바이瞿秋白, 리리싼李立三, 왕밍王明이 주도한 도시 폭동과 노동 투쟁도 농촌으로 도시를 포위하는 군사전략으로 점진적으로 전개한 인민전쟁과 다르다.[61] 정당이 인민전쟁에서 군대와 결합한 것, 정당이 인민전쟁에서 적색 정권과 결합

---

61 왕밍은 앞의 글에서 왕밍이 도시 폭동과 노동 투쟁을 주도한 적이 없다고 논증했는데 이는 근거가 없다. 미프Pavel Mif의 제자인 왕밍은 줄곧 도시 중심의 노동자 무장 폭동을 고취했다. 이것은 왕밍이 쓴 『武裝暴動』 서언(1928년 5월 16일)에서 적나라하게 드러난다. "대중을 무장시키는 과정에서는 반드시 공업도시의 무산계급에 가장 크게 주목해야 한다. 결코 노동계급의 무장 폭동을 농촌 유격전쟁에 대한 단순한 호응이나 보충으로 볼 수는 없다. 공업도시만이 폭동의 중심 조직임을 알지 못하고 무산계급만이 폭동의 지도 세력임을 모르는 사람은 마르크스주의 폭동 전략에 대해 조금도 모르는 사람이다." 余子道 等 編選, 『王明言論選輯』, 北京: 人民出版社, 1982, 15쪽 참조. 리리싼 노선이 실패한 후에는 중국공산당 지도자 중 소비에트의 역량을 동원해서 중심도시를 공격할 것을 다시금 주장하는 사람은 소수였다. 그러나 왕밍은 도시 중심의 노동자 투쟁을 줄곧 포기하지 않았다. 리리싼 노선이 폐기된 뒤에도 그의 주장은 여전히 급진적이었다.(그는 리리싼이 '좌경'이 아니라 우경이라고 주장했다.) 사실 1931년 5월까지 왕밍은 대중을 광범위하게 움직여서 각종 노동자 투쟁을 일으킬 것을 지속적으로 요구했고 그것이 소비에트정권 건설에 버금가는 중요한 임무라고 생각했다. 『中共中央文件選集』 7冊(1931), 北京: 中共中央黨校出版社, 1983, 173, 289~290쪽 참조. 따라서 왕밍이 도시 폭동과 노동자 투쟁을 주도하지 않았다는 말은 정확하지 않다.

한 것, 정당이 인민전쟁에서 토지혁명을 통해 농민을 주체로 하는 대중과 결합한 것, 정당이 인민전쟁에서 다른 정당이나 다른 사회계급과 그들의 정치적 대표와 관계를 개선한 이 모든 것이 인민전쟁이 역사 속의 정당과 전혀 다른 정당 유형을 창조했고 역사 속의 무산계급과 전혀 다르고 농민이 주요 성원이 되는 계급 주체를 창조했음을 우리에게 일깨워준다. 나는 정당을 초월하는 요소를 지닌 이 정당을 초超정당이라고 부른다.

둘째, 인민전쟁은 전쟁의 독특한 형식도 창조했다. 추수秋收봉기와 난창南昌봉기에 참가한 부대가 징강산에 집결해 장시소비에트혁명 근거지를 창건한 것은 인민전쟁이 전개될 수 있는 이정표다. 근거지의 토지 개혁과 무장투쟁은 정당정치가 대중운동으로 바뀌는 기본 방식이다. 징강산 투쟁의 중심 문제는 이를 통해 혁명 전쟁이 벌어지는 조건에서 토지 개혁과 정권 건설로 바뀌었다. 당과 군대의 결합, 당이 군대를 통해 농민전쟁·토지 개혁과 결합하는 것, 당과 당이 지도하는 소비에트 정부의 경제생활 관리, 당이 민중 업무에서 취하는 문화운동은 혁명의 구체적 내용과 중심 임무를 바꾸었을 뿐 아니라 정당, 군대, 정권, 농민운동의 다중 결합으로 전혀 새로운 혁명적 정치 주체를 창조했다. 이것이 인민전쟁의 정치적 토대다. 앞서 말한 전쟁에서 전개되는 정치적 과정이 인민전쟁에 다른 전쟁과는 다른 특징을 부여했다. 마오쩌둥은 병민兵民이 승리의 근본이라고 말했다. 이 명제에 인민전쟁의 일반원칙이 들어 있다. 첫째, 대중을 동원하고 그들의 힘으로만 전쟁을 할 수 있다. 둘째, 강대한 정규군뿐 아니라 지방의 무장과 민병도 반드시 있어야 한다. 셋째, 병민의 범주는 군사 투쟁과 밀접하게 관련되어 있으며 토지 개혁과 정권 건설이 중심이 되는 정치적 과정을 의미한다.

셋째, 인민전쟁의 핵심적 성과 중 하나는 권력을 분할한 적색 정권의 확립이다. 적색 정권의 주된 정치적 형식은 변경 지역 정부 또는 변경 지역 소비에트다.[62] 변경 지역 정부는 일상생활의 조직 형식을 띤다. 따라

---

62 양구이쑹은 앞의 글에서 다음과 같이 비판했다. "모두가 잘 아는 '변경정부' 개념은 중일전쟁 기간 산시陝西, 간쑤甘肅, 닝샤寧夏와 산시山西, 차하르察哈爾, 허베이河北에 사용된 것이다. 누구도 그 정부를 소비에트 시기의 적색 정권이라고 부를 수 없다. 왕후이가 사용한 '변경지구' 개념이 『마오쩌둥 선집』의 「중국의 적색 정권은 왜 존재할 수 있는가中國的紅色政權爲什麼能夠存在?」에서 가져온 것은 맞다. 마오쩌둥은 이 글에서 '변경지구' 개념을 정확히 사용했다. 그러나 왕후이는 너무 부주의했다. 이 글이나 『마오쩌둥 선집』의 다른 글에서 마오쩌둥은 '변경지구'와 '정부'를 합쳐서 사용하지 하지 않고 중일전쟁 시기의 글에서만 '변구정부邊區政府'라는 말을 사용했다. 왕후이는 이 점을 소홀히 했다. 바꾸어 말하면, 소비에트 혁명 시기 마오쩌둥이 쓴 글에는 '변구邊區(변경지구)' 두 글자만 있다. 그러나 이 '변구'는 저 '변구'가 아니다." 여기서 간략히 분석해보겠다. 첫째, 「중국의 적색 정권은 왜 존재할 수 있는가?」에서는 '변구'라는 말을 사용하지 않았다. 둘째, 내가 변경정부나 변경소비에트 개념을 사용한 것은 역사적 맥락에서 도출한 근거 있는 개념이지 마오쩌둥의 글 한 편에만 국한된 것이 아니다. 마오쩌둥은 「중국의 적색 정권은 왜 존재할 수 있는가?」에서 "한 나라 안에서 사방으로 백색 정권에 포위당하면서도 하나 또는 몇몇 작은 적색 정권 지역이 장기적으로 존재한 일은 세계 각국에 없던 일이다"라고 말했다. 『毛澤東文集』第1卷, 1991年版, 48쪽. 여기서 말하는 '하나 또는 몇몇 작은 적색 정권 지역'은 변경 지역이 아니란 말인가? 이 변경 지역의 적색 정권은 변경정부가 아니란 말인가? 마오쩌둥은 '공산당이 지도하는 하나 또는 몇몇 작은 적색 정권'이라는 표현도 사용하면서 "후난, 장시 접경지의 할거가 바로 이 수 많은 작은 것 중 하나다"라고 말했다. 같은 책, 49쪽. 셋째, 마오쩌둥이 말한 '적색 정권'은 바로 이 백색 정권 통치 지역 사이에 끼어 있는 작은 적색 변경 지역이다. '닝강寧岡현 중심의 후난-장시 접경지의 노동 무장할거'를 서술할 때 그는 '접경지의 토지혁명과 민중 정권의 영향'을 거론했다. 그 뒷 단락에서는 또 홍군, 적위대, 노농폭동대의 발전도 거론했고 그들의 사명이 '접경지의 정권을 충분히 보존할 수 있는 것'이라고 말했다. 같은 책, 52쪽. 여기서 말하는 '접경지邊界'와 '변구邊區(변경 지역)'는 의미가 다르지 않다. '변구'가 바로

서 세계 역사 속의 국가 경험을 참조해야 한다. 그러나 이 정권 형식은 일반적 의미의 부르주아 국가와 다르다. 지속되는 정치와 전쟁 동원에서 그것은 자각을 획득한 계급의 정치 형식이다. 「중국의 적색 정권은 왜 존재할 수 있는가」라는 유명한 글에서 마오쩌둥은 이렇게 말했다. 중국은 제국주의 국가, 제국주의가 직접 통치하는 식민지 국가가 아니라 내부 발전이 불균등하고 제국주의가 간접 통치하는 나라다. 이런 조건에서 군벌이 여러 제국주의에 의존하게 되므로 국가 내부의 분할 국면은 불가피하다. 바로 이런 국면이 계급 통치의 굳세지 못한 고리를 만들었다. 이것이 바로 중국의 적색 정권이 존재할 수 있는 외부 조건이다. 대혁명은 실패했다. 그러나 혁명 시기에 형성된 국내 동원은 불씨처럼

'접경 지역'의 약칭이기 때문이다. 따라서 '접경지邊界 정권'은 바로 변경 지역 정권이기도 한 것이다. 이 증거들이 접경지 정권, 변경 지역 정권 등의 개념을 설명할 역사적 근거가 되기에 부족하다고 할 수 있는가? 1928년 11월에 쓴 「징강산의 투쟁井岡山的鬪爭」에서 마오쩌둥은 '지역 할거' '적색정권 지역' '접경지' 등의 용어를 썼을 뿐 아니라 이 지역의 지방 업무에 '토지 분배, 정권 수립, 당 발전, 지방 무장 조직' 등도 포함된다고 말했다. 그는 또 "적색 지역에서 토지 대부분은 분배되었고 일부가 분배 중이다. 지역 정권이 보편적으로 되었다. 닝강寧岡, 융신永新, 롄화蓮花, 수이촨遂川 등에 모두 현 정부가 있어 접경지 정부가 수립되었다"라고 했다. 같은 책, 58, 62쪽. 여기서 말하는 '접경지 정부'와 각 현의 정부는 '접경 지역 정부'의 범주에 포함시킬 수 없는가? 넷째, 『펑더화이자술彭德懷自述』 6장 「징강산에 오르다上井岡山(1928년 7월~1929년 7월)」와 7장 「후난, 후베이, 장시 변경지구로 돌아오다重返湘鄂贛邊區(1929년 8월~1930년 6월)」에서 모두 '변경 지역' 개념이 쓰여 후난·장시 변경 지역, 후난·후베이·장시 변경 지역이라는 표현이 나온다. 이뿐만 아니라 펑더화이彭德懷도 '후난·장시 변경 지역 정권'이라는 표현에서 '변경 지역 정권' 개념을 사용했다. 彭德懷, 『彭德懷自述』, 人民出版社, 1981, 116쪽. "모두가 잘 아는 '변경 정부' 개념은 중일전쟁 기간 산시陝西, 간쑤甘肅, 닝샤寧夏와 산시山西, 차하르察哈爾, 허베이河北에 사용된 것이다. 누구도 그 정부를 소비에트 시기의 적색 정권이라고 부를 수 없다"는 양구이쑹의 비판이 틀렸음을 잘 알 수 있다.

살아 있다. 대혁명에서 좌절을 맛보았지만 다행히 살아 있는 중국공산당은 기존과는 다른 길을 찾아야 한다. 이 정권은 전쟁이라는 조건에서 독립 할거하는 적색 정권을 수립하고 정당, 군대, 정권, 대중 정치를 상호 결합해 인민전쟁의 새로운 정치를 창출하려고 한다. 이것이 바로 적색 정권이 존재할 수 있는 내부 조건이다. 중일전쟁 시기 중국공산당과 정권이 거대한 발전을 이루는 데 무장투쟁, 대중 노선, 통일전선은 승리를 보장했다. 해방 전쟁 시기 항일 유격전쟁은 대규모 운동전으로 전환했고 중심도시를 탈취하면서 운동전과 진지전이 유격전을 대체하고 전쟁의 주도적 형식이 되었다.

넷째, 인민전쟁의 조건에서 중국공산당과 근거지 정부가 다룬 것은 단순한 군사 문제가 아니라 일상생활의 조직 문제다. 이것이 바로 정당과 정부의 대중 노선 문제를 구성했다. 그 주된 내용은 다음과 같다. 첫째, 가장 광대한 대중을 위해 이익을 도모하는 것이 당 업무의 출발점이자 귀착점이다. 둘째, 변경 지역정부가 대중 생활의 조직자다. 모든 노력을 대중 문제 해결에 쏟고 대중의 생활을 실제에 맞게 개량하고 변경 지역 정부에 대한 대중의 신뢰를 얻어야 광범위한 대중을 홍군에 가담시켜 전쟁을 도와 포위를 깨뜨릴 수 있다. 따라서 인민전쟁은 군사 투쟁의 수단, 적을 소멸시키는 효과적 방식을 채택하는 동시에 토지, 노동, 생필품, 여성, 학교, 자유시장 거래 등 인민의 생활을 구성하는 주요 문제도 처리하려 했다. 군사와 일상생활의 상호 침투와 전화가 인민전쟁의 핵심 문제가 되었다. 마오쩌둥은 공산당 관계자들에게 반복적으로 주의를 불러일으켰다. 대중이 당을 옹호하고 전력을 쏟아 전장에 나아가게 하려면 대중과 함께하고 대중의 적극성을 발동시켜야 한다. 대중의 아픔과 가려움에 관심을 두고 진심으로 대중을 위해 이익을 도모해야 한다. 대중의 생산, 생활문제, 소금 문제, 쌀 문제, 집 문제, 옷 문제, 출산 문제 등등을 해결해야 한다.[63] 대중 노선은 인민전쟁의 기본 전략이다. 그것은 정당의 정책이자 당을 재구성하는 방식이다. 한편으로 조직이 없다면 우리는 대중이 어디 있는지 알 수 없다. 다른 한편으로, 대중과 한편이 되지 않고 대중에게서 배우는 과정이 없다면 조직은 활력이 없고 대중에 군림하는 구조가 된다. 광활하고 아직 산업화하지 않은 향촌에서 농민이 주체가 된 정당이 운동을 통해 정치적 표현을 확보한 것이다. 이런 의미에서 바로 인민전쟁의 조건에 있는 정당과 대중 노선이 계급의 자기표현을 창조했고 이로써 정치적 계급도 창조했다. 기존 정당은 농민이 주체인 무산계급을 창조할 수 없었다. 인민전쟁으로 자아를 재구성한 정당만이 이 사명을 완수할 수 있었다. 정당, 정당정치, 소비에트 정부 등 19세기 유럽과 20세기 러시아의 정치 현상에 비해 인민전쟁은 중국 혁명에서 더욱 창의적인 발명이다. 이런 의미에서 인민전쟁을 이해하지 못하면 중국 혁명의 독특성을 알 수 없고, 이 혁명에서 '당 건설'과 그 이전 정당정치 사이의 깊은 차이를 알 수 없으며, 대중 노선·통일전선 등 20세기 중국에서 만들어진 독특한 정치적 범주의 내포를 이해할 수 없다.

---

63 「關心群衆生活, 注意工作方法」, 『毛澤東文集』第1卷, 人民出版社, 1951, 136쪽.

2) 국방전쟁과 국제주의 전쟁

20세기 중국의 역사에서 한국전쟁 참전은 인민전쟁의 연장이다. 그것은 전통적 인민전쟁과 다르다. 한국전쟁 참전을 홍군 시기의 혁명 전쟁, 중일전쟁, 해방군 등 인민전쟁의 계열에서 관찰하면 이 전쟁의 몇몇 특징을 관찰해낼 수 있다. 첫째, 한국전쟁 참전은 신중국이 국외에서 벌인 첫 번째 전쟁이다. 홍군 시기의 혁명 전쟁과 중일전쟁은 전쟁의 주체가 백색 지역 안의 적색 정권 또는 항일의 적 후방 근거지였다. 그러나 한국전쟁 참전은 신중국의 건설이 전제가 되었다. 이 때문에 전쟁의 형식이 전통적인 인민전쟁에서 국가 방위가 주된 내용이 된 전쟁으로 바뀌었다. 중화인민공화국이라는 진지를 잃어버릴 수 없을 뿐 아니라 그 주권과 영토를 조금도 잃는 것을 허락하지 않았다. 이것이 인민전쟁에서 국방전쟁으로 된 전환점이다. 한국전쟁 참전은 지원군 형식으로 등장한 국방군과 미군이 주도하는 연합군이 국경 밖에서 벌인 목숨을 건 싸움이다. 한국전쟁에 참전한 목적은 해외에 근거지를 건설하거나 인민전쟁으로 새로운 정치적 계급을 만드는 것이 아니라 신중국을 지키는 것이다. 바로 이 전쟁에서 중국인민해방군이 새로운 단계로 나아갔다. 즉 혁명화, 정규화, 현대화한 국방군을 건설한 것이다. 과거에는 혁명 군대로서 농민의 토지혁명으로 씨를 뿌리고 선전했으며 무장한 혁명으로 무장한 반혁명 폭력 기구에 대항했지만 현재는 가정을 보호하고 나라를 지키는 것을 최고 책임으로 삼는 정규 부대가 되었다.

둘째, 한국전쟁에 참가하면서 군대와 국방 건설, 산업화 과정 사이에 깊은 관계가 형성되었다. 바로 고양된 전쟁 동원 속에서 신중국의 첫 번째 산업화 중심의 5개년 계획이 순조롭게 진행된 것이다. 가정을 보호하고 나라를 지키자는 구호가 사회 전체의 정치적 열정을 높였고 전대미문의 사회 동원을 창조했다. 이것이 전후 회복의 주요 동력이었다. 전쟁 중에는 중국이 동맹관계를 바탕으로 소련의 대규모 원조를 받았는데, 이는 중국 산업화에 토대를 제공했다.[64] 한국전쟁은 중국이 핵보유국이 되는 과정에서 핵심 요소이기도 하다.

셋째, 국토방위 요구가 한국전쟁 참전에 정치적 마지노선을 제공했다. 즉 미국의 중국 위협을 허락하지 않고 북한의 붕괴를 허락하지 않았기 때문에 중국과 북한의 군대는 '38선'에서 퇴각할 수 없었다. 1952년 10월 회담 진행 중 미군이 휴회를 선포하고 6일 뒤 상감령전투(한국에서는 저격능선전투—옮긴이)를 일으켰다. 이 공방전은 양쪽 모두에게 정치적이었다. 신임 미군 총사령관 클라크는 미국 민주당 선거를 도우려 했고 중국 군대의 진지전은 '38선'에서 퇴각하지 않는다는 정치적 원칙을 마지노선으로 삼았다. 국외에서 전쟁을 치렀기 때문에 한국전쟁 참전의 기본 형태는 조국의 후방 지원에 의존하고 기동 공격과 기동 방

---

64 원톄쥔溫鐵軍은 선즈화의 「新中國建立初期蘇聯對話經濟援助的基本情況: 來自中國和俄國的檔案材料」(上·下), 『俄羅斯硏究』2001年 1期, 53~66쪽; 2期, 49~58쪽에서 제공한 자료를 근거로 신중국의 1차 5개년 계획의 산업화 과정을 "두 초강대국의 지정학적 전략에 따라 조정되고 전략적 외자 투입이 객관적으로 주도하는 중국 산업화"로 개괄했다. 그리고 '전반 소련화'라고도 불리는 이 산업화가 결코 1952년에 시작된 것이 아니라 1950년 한국전쟁 발발과 그 후 소련의 중국 전면 지원에서 시작되었다고 말한다. 溫鐵軍, 『八次危機』, 東方出版社, 2012, 10~44쪽.

어를 중심으로 하는 전쟁일 수밖에 없었다. 지원군과 북한 인민군이 연합해서 싸웠고 북한 민중의 지지를 얻으려 애썼으며 가끔 교란과 유격 전술도 취했다. 그러나 전쟁의 기본 형식은 기동전에 진지전을 더한 형태였다.

더욱 큰 차이점은 한국전쟁 참전이 여전히 인민전쟁의 몇몇 특징을 계승했다는 사실이다. 첫째, 전쟁이 국외에서 벌어졌지만 중국 전쟁사에서 보기 드문 전국적 동원이 전제되었다. 20세기 중국에서는 전국적으로 인민을 동원한 전쟁이 두 차례뿐이다. 첫 번째는 중일전쟁이다. 국민당이 정면전장正面戰場과 정치적 틀을 주도하는 전제에서 중국공산당은 항일 통일전선의 형성을 계기로 전면적 항전 동원을 촉진했다. 두 번째가 바로 한국전쟁 참전이다. 기나긴 혁명과 전쟁을 거치면서 중국은 대만 지역을 제외한 전국적 통일을 이루었으며, 이는 보편적으로 깊숙한 정치적 동원, 경제적 동원, 문화적 동원, 군사적 동원에 전제를 다졌다. 1950년부터 1953년 전후까지 마오쩌둥의 고민과 최후의 결심은 모두 이 전쟁이 전국 인민의 지지를 받을 수 있을까와 관련이 있었다.

둘째, 국외 전쟁이라는 조건에서 군대와 인민의 관계에 중요한 변화가 생겼다. 인민전쟁 때의 군대처럼 근거지 인민과 사이에 물과 고기 같은 관계를 발견하기 어려웠다. 그러나 지원군이 북한에 진입하는 초국적 상황에서 이런 관계를 재건하려고 시도했다. 1950년 10월 8일 마오쩌둥이 서명한 '중국인민지원군 조직 명령'에서는 지원군이 북한 국경에 진입하면 "반드시 조선(북한) 인민, 조선인민군, 조선 민주정부, 조선노동당, 기타 민주당파와 조선 인민의 지도자 김일성 동지에게 우애와 존중을 표하고 군사 규율과 정치 규율을 엄정하게 준수해야 하는데, 이것이 군사적 임무를 완수하는 데 아주 중요한 정치적 기초"라고 특별히 언급했다.[65] 이 명령은 한편으로 국외 작전이라는 특수한 환경에 대한 중국 공산당의 뚜렷한 인식을 분명히 보여주고, 다른 한편으로 지원군이 국외 환경에서 중국 혁명의 인민전쟁 경험을 민첩하게 활용할 것임을 드러냈다.

그 밖에 한국전쟁 참전의 국내적 전제는 신중국 건설이었으며 국제적 전제는 인민민주주의 국가가 주체가 되는 동방 체제와 이를 토대로 하는 국제적 단결이었다. 전쟁은 이제 과거의 인민전쟁이 아니라 인민전쟁의 전통이 초국가적 전쟁이라는 조건에서 확장된 전쟁이다. 여기에도 마찬가지로 통일전선과 대중 노선 등의 요소가 동일하게 포함된다. 그러나 기본 환경이 변했고 그 의미도 필연적으로 변했다. 전쟁이라는 조건에서 전 세계 인민민주주의 국가(소련 포함)와 아시아, 아프리카, 라틴아메리카 지역에서 등장한 민족 해방운동이 국제적 통일전선을 공동으로 구축했다. 한국전쟁 참전이 동방은 물론 전 세계에서 갖는 의미를 고려한다면 이 전쟁의 깊은 정치성은 바로 그것과 새로운 세계 구도 속 혁명 연속 문제의 긴밀한 관계로 발현된다. 한국전쟁 참전과 가정과 나라를 보호하는 정치는 양대 진영의 대치 국면에서 나왔다. 따라서 전쟁의 정치성이 일반적으로 말하는 국가 간 전쟁의 의미를 뛰어넘는다. 한국전쟁을 이러한 정치적 함의를 이해하지 못하고 민족 전쟁 또는 국가

---

65 「組成中國人民志願軍的命令」,『毛澤東文集』第6卷, 人民出版社, 1999, 100~101쪽.

전쟁으로만 본다면 그 역사 해석은 철저하지 못한 것이다. 따라서 한국전쟁은 민족 전쟁의 성격에서 더 나아가 제국주의에 대항하는 국제주의 전쟁이라는 이중적 성격을 지닌다. 따라서 중국의 한국전쟁 참전은 무장투쟁, 대중 노선, 통일전선 등 인민전쟁의 논리를 국제 영역으로 확장하면서 20세기 중국 혁명 전쟁의 연속선상에 서게 된다.

국외 전쟁의 핵심 문제는 전쟁의 성격, 즉 국제주의 원칙에 기초한 원조 전쟁이냐 단순한 국가 이익에 기초한 민족 전쟁이냐다. 민족 전쟁을 전반적이고 무차별적으로 부정하는 논조로는 민족 전쟁의 정치적 의미를 정확히 규정할 수 없다. 민족주의에는 억압 민족과 피억압 민족의 민족주의, 제국주의 전쟁과 민족 해방 전쟁, 구세계의 민족주의와 신중국과 기타 민족의 반제국주의·반식민주의 사이의 구분이 존재한다. 중국의 경우 한국전쟁 참전과 베트남전쟁 개입은 모두 제국주의와 식민주의에 반대하는 것이다. 따라서 국제주의적 특징을 갖는다. 그러나 1979년 베트남에 대한 '자위반격전'은 이런 정치적 성격을 갖지 않는다. 이런 의미에서 '자위반격전'은 중국의 '단기 20세기' 내부의 전쟁이기보다는 이 혁명 세기가 막을 내리는 시기의 전쟁이라고 할 수 있다.

3) 위협받는 조건에서 첫 번째 전쟁: 전쟁의 승패는 사람이 결정하나, 물질이 결정하나?

한국전쟁은 인류 역사에 핵무기가 출현한 이후 일어난 첫 번째 대규모 전쟁이다. 1945년 미국이 히로시마와 나가사키에 핵폭격을 한 후 냉전 개념을 맨 먼저 사용한 사람은 『1984』의 작가 조지 오웰이다. 왜 '냉전'인가? 핵무기와 핵 위협이 출현했기 때문이다. 핵 위협이라는 전략적 균형 아래서 전쟁이 냉전 형식으로 출현했다. 한국전쟁에서는 중국과 첫 번째 핵사용 능력 보유국인 초제국주의 대국 사이에 군사적으로 아주 불균형적인 전쟁이 벌어졌다. 제2차 세계대전 이전에는 누구도 핵무기를 연구·개발하고 생산할 줄 몰랐다. 그러나 중국이 참전해서 핵무기를 보유한 패권국가와 전쟁을 벌였는데 어떻게 핵전쟁 가능성을 생각하지 않을 수 있었을까? 이렇게 불균형한 무장 상태의 전쟁이 인민전쟁의 가능성을 근본적으로 바꾸었을까?

미국은 한국전쟁 중 두 차례나 핵무기를 사용할 구체적인 계획을 세웠다. 그리고 두 차례 계획 모두 일본의 재무장과 대만의 참전에 관한 구상과 연계되었다. 1945년부터 미국은 핵무기 사용 가능성에 대한 연구를 멈추지 않았다. 1950년 11월 말 미군이 군사적으로 붕괴할 국면에 처하자 맥아더가 장제스에게 전보를 보내 52군을 한국전쟁에 지원하라고 요구했고, 장제스는 빠르게 답변을 보냈다. 그 이전 맥아더는 중국 군대와 중국 후방을 겨냥해 핵 공격을 감행하는 '지체 계획'을 세웠다. 12월 30일 그는 또 미국 육군에 다음과 같은 군사작전을 실시하자고 제안했다.

1. 중국 해안 봉쇄
2. 해군과 공군의 화력을 동원한 중국의 전쟁 지원 산업시설 파괴
3. 대만 국민당 군대의 지원 확보

4. 국민당 군대에 대한 현재의 제한을 해제해 중국 군대 견제, 더 나아가 국민당군의 중국 대륙 반격[66]

11월 30일 트루먼은 기자간담회에서 핵무기 동원 여부에 대한 기자의 질문에 답하면서 핵무기를 포함한 모든 무기의 사용 가능성을 명확히 밝혔다. 이는 두 가지 측면에서 미국이 기존에 약속한 마지노선을 깰 여지가 있는 것으로 여겨지면서 세계 여론이 들썩였다. 1953년 아이젠하워가 집권하자 다시 옛날 버릇이 나와서 한편으로는 핵 공격 계획을 재시동하고 다른 한편으로는 장제스의 중국 대륙 공격을 책동했다. 마오쩌둥은 핵무기의 위협을 모르지 않았지만 동요하지 않았다. 1945년 미국이 핵무기를 사용한 후 마오쩌둥은 1945년 8월 13일 「중일전쟁 승리 후의 시국과 우리의 방침」에서 핵무기에 대해 직접 논했다. 그는 원자탄이 있다고 인민이 투쟁하지 않는다면 전쟁을 끝낼 수 없으며 단순한 군사적 관점, 대중과 괴리된 관료주의와 개인주의, 무기 제일론이 바로 핵이 위협하는 조건에서 출현한 사상적 변질이라고 지적했다. 마오쩌둥은 핵공포증을 앓는 몇몇 동지보다는 원자탄이 전쟁을 해결할 수 없다고 단언하는 영국 귀족 루이스 마운트배튼Louis Mountbatten(1900~1979) 백작이 낫다고 비판했다.[67] 1946년 8월 마오쩌둥은 미국 기자 애나 루이스 스트롱Anna Louise Strong(1885~1970)과 인

---

66 「遠東總指揮官(麦克阿瑟)致美國陸軍部」, FRUS, 1950, Korea, vol.VII, pp.1630~1633.
67 『毛澤東文集』第4卷, 人民出版社, 1960, 1133쪽 참조.

터뷰하면서 원자탄은 '종이호랑이'라는 유명한 명제를 내놓았다.[68] 물론 마오쩌둥은 원자탄이 대규모 살상 무기라는 것을 알고 있었다. 그러나 그는 전쟁의 승패를 최종적으로 결정짓는 것은 인민이라고 믿었다. "원자탄은 종이호랑이다"라는 명제는 사실 판단이 아니라 정치적 결단이다. 핵 위협을 받는 상황에서 중국이 한국전쟁에서 미국과 대결하려고 나서지 않았다면 이른바 중국 인민 치욕의 역사가 돌이킬 수 없게 됨은 명확하다. 이른바 동방은 10월 혁명에서 비롯됐고 소련, 중화인민공화국, 그 외 인민민주주의 국가의 건설에서 비롯됐다. 제국주의적 패권이 하고 싶은 대로 하며 군림하는 구도가 돌이킬 수 없다는 것은 아Q식 호언장담에 불과하다. 중국이 미국의 침입을 효과적으로 저지하지 않았다면 중화인민공화국의 역사적 의미 전체는 다시 쓰였을 것이다. 더 나아가 동방세계가 출현하고 형성된 세계 구도도 다시 쓰였을 것이다. 마오쩌둥의 선언은 물러설 수 없는 정치적 성격을 지닌다.

'인민이 전쟁의 승패를 결정하는가, 무기가 전쟁의 승패를 결정하는가'는 인민전쟁과 제국주의 전쟁이 구별되는 핵심적 명제 중 하나다. 왜 미국이 핵무기 동원 제안을 그토록 빨리 보류하고 이 전쟁의 최종 승리를 목표로 하지 않고 평화회담 가능성을 열었을까? 이에 대해서는 더 많은 자료를 살펴보고 논증할 수 있다. 그러나 이것은 마오쩌둥이 전 세계 정치와 군사 구도를 분석하고 내린 정확한 군사적 판단이었고, 전쟁의 승패를 결정짓는 것은 사람이지 물질이 아니라는 인민전쟁의 논리

---

68 같은 책, 1192쪽.

가 핵 위협을 지렛대로 삼은 냉전 논리에 승리한 것임은 부인할 수 없다. 인민전쟁의 기본 원칙은 사람의 힘에 의지하고 인민의 일상생활을 동원하는 토대에서 민첩한 전략·전술과 강인한 전투 의지로 상대에게 승리를 거두는 것이다. 사람의 힘을 중시하는 것이 결코 핵무기의 중요성을 부정하는 것은 아니다. 마오쩌둥은 전쟁 초기에 소련의 공군 지원, 무장 군비 지원, 기술 지원을 요청했고 중국 인민해방군의 현대화를 매우 중시했다. 그러나 이 모든 것이 전쟁 진행 과정과 그 정치적 성격에 대한 그의 판단을 바꾸지는 않았다. 1950년 마오쩌둥이 해방군에 문화를 배우라고 호소하면서 군대 제도 마련에서 정규화 행보가 뚜렷이 가속화되었다. 그러나 군대의 정규화, 유격전을 대체해서 기동전과 진지전이 주요 전법이 되는 군사사상이 무기가 아닌 사람 중심의 인민전쟁 이념을 바꾸지는 않았다.

한국전쟁 참전은 신중국 군대가 해외에서 펼친 첫 번째 작전, 인류 역사에서 핵무기가 있는 상황에서 벌어진 첫 번째 대규모 전쟁, 신중국 건설 후 첫 번째 전쟁이다. 이 세 가지 독특성은 하나의 문제를 제기한다. 즉 이 세 가지 조건 이후 벌어진 전쟁은 도대체 인민전쟁인가, 인민전쟁이 아닌가? 마오쩌둥이 한국전쟁에 파병한 것은 그가 전쟁의 승패를 결정짓는 것은 핵무기가 아닌 사람이라는 인민전쟁의 논리를 바꾸지 않는다고 믿었음을 보여준다. 무기는 전쟁의 중요한 요소지만 결정적 요소는 아니다. 전쟁의 결정적 요소는 사람이지 물질이 아니다. 따라서 전쟁의 승패는 양측의 군사, 정치, 경제, 자연의 갖가지 객관적 조건에만 달려 있지 않다. 전쟁 당사자의 능력, 의지, 전략, 전술 등 주관적 조건도 전쟁의 승패를 결정하는 근본적 고리다. 마오쩌둥은 「중국 혁명 전쟁의 전략 문제」에서 이렇게 말했다. 군사 전문가는 물질이 허락하는 조건 범위를 넘어서 전쟁의 승리를 창조할 수 없다. 그러나 군사 전문가는 물질적 조건이 허락하는 범위 안에서 전쟁의 승리를 쟁취할 수 있다.[69] 이것이 바로 전쟁에서의 능동성 문제다. 마오쩌둥은 이렇게 말했다. 자각적 능동성은 인류의 특징이다. 인류는 전쟁에서 이러한 특징을 강렬하게 표출한다. 따라서 전쟁의 승패는 양측의 정치·경제적 지위, 전쟁의 성격, 국제원조 등의 조건에 달려 있다. 그러나 이런 것들은 승패 가능성만 줄 뿐 승패를 가르지는 않는다.[70] 능동적·주관적 정치는 중국 혁명 정치의 특징이다. 한국전쟁 참전은 혁명 시대의 대중 노선을 신중국의 조건하에서 전면적 사회 동원으로 바꿔놓았다. 여기서 정치적 능동성이 발휘되었다. 톈진의 민족자본가가 이 전쟁을 지지한 것은 마오쩌둥에게 큰 기쁨과 위안을 주었다. 민족자본가가 모두 동원되어 전쟁을 지지한다는 것은 중국 인민이 이미 충분히 동원되었고 인민전쟁의 논리가 통일전쟁의 논리와 완전히 다른 전쟁의 조건에서 새롭게 결합했다는 것을 의미한다. 신중국은 국제동맹과 타국에서 벌인 전쟁으로 국내 혁명의 통일전선 논리를 효과적으로 국제 전쟁에 이용했다. 1951년 개성 회담 결렬 후 미국은 공군의 우세를 이용해서 이른바 '말살전술'을 전개했다. 그러나 신중국의 전민적 지지와 중국 군대의 전면적 동원으로 극

---

69 『毛澤東文集』第1卷, 人民出版社, 1950, 180쪽.
70 「論持久戰」, 『毛澤東文集』第2卷, 1952, 440쪽.

히 어려운 상황에서도 지원군은 고공폭격과 포격에도 허물어지지 않는 후방 보급선을 형성했다.

전쟁은 정치의 연속이고 인민전쟁은 정치의 최고 형식이다. 한국전쟁은 정치적 전쟁이지 기술적 전쟁에 멈추는 것이 아니다. 전쟁의 높은 정치성은 바로 인민전쟁의 특징이다. 마오쩌둥은 1936년에 쓴 「중국 혁명 전쟁의 전략 문제」에서 이렇게 말했다. 전쟁은 "민족과 민족, 국가와 국가, 계급과 계급, 정치 집단과 정치 집단" 간 상호 투쟁의 최고 형식이다.[71] 전쟁과 그 관련 조건들을 이해하지 않으면 "전쟁의 정황, 성격, 전쟁과 외부 사정의 연관을 알지 못하고 전쟁의 법칙을 알지 못하며, 전쟁을 어떻게 지도해야 하는지 모르고 어떻게 승리해야 하는지 모른다."[72] 무장투쟁이 대중 노선, 통일전선, 근거지 건설 등 정치적 과정과 결합하면서 전쟁의 정치성이 발현된다. 전쟁에 정치성이 있고 전쟁의 결정적 요소는 사람이기 때문에 정의로운 전쟁과 정의롭지 못한 전쟁이 구분된다. 제국주의가 세계를 나누어 먹는 전쟁은 정의롭지 못하며 제국주의의 패권에 반대하고 그들에게 찢기고 억압받는 민족의 전쟁은 정의롭다. 이런 판단이 바로 정의로운 전쟁 개념의 기초다. 중일전쟁과 항미전쟁은 형태가 다르다. 그러나 둘 다 제국주의의 세계 분할, 세계 쟁패 태세에 저항한 것이다. 무장혁명으로 무장한 반혁명을 격퇴한 것이 중국 혁명의 특징이다. 국경을 뛰어넘는 저항 전쟁의 형식으로 제국주의 전

---

71 「中國革命戰爭的戰略問題」, 『毛澤東文集』 第1卷, 180쪽.

72 같은 책.

쟁에 대항하는 것은 바로 신중국 건설 초기 평화를 지키기 위해 채택한 군사적 정치 수단(또는 정치적 군사 수단) 중 하나다.

한국전쟁 참전은 국내 혁명 전쟁, 민족 해방 전쟁 등 인민전쟁과 구별되는 정의로운 전쟁이다. 정의로운 전쟁의 범주에는 두 측면에 대한 판단이 포함된다. 즉 목표를 평화로 설정하고 반드시 일반적으로 말하는 평화주의를 뛰어넘어 전쟁으로 평화를 가져와야 한다. 마오쩌둥은 한국전쟁 상황에서 「지구전론論持久戰」에서 탐색한 평화와 전쟁의 변증법을 다시 끌어들여 핵 위협이 형성한 전략적 균형은 결코 평화를 가져올 수 없다고 지적했다. 정의로운 전쟁의 개념은 제국주의 전쟁의 논리를 반드시 끝장내자는 호소와 밀접하게 관련된다. 혁명 전쟁, 정의로운 전쟁의 최종 목표는 영구평화다. 그러나 기왕 전쟁이 일어났으면 평화라는 목표가 반드시 효과적으로 적을 타격하는 살아 있는 힘과 관련되어야 한다. 제2차 세계대전 이후 미국은 핵무기를 옹호했을 뿐 아니라 세계에서 가장 선진적인 항공기, 군함, 탱크, 대포 그리고 각종 경중 무기로 무장한 강한 육해공군을 보유했다. 미군은 막 유럽과 아시아의 전화를 겪었기 때문에 전쟁 경험이 풍부했다. 한국전쟁에서 미군은 육군 제1사단, 기병 제1사단 등 정예부대를 보유했을 뿐 아니라 절대적 제공권, 제해권도 장악했다. 그러나 놀랍게도 미군은 중화기를 사용할 수 없는 유격전이 아니라 대규모 병력이 작전을 수행하기에 유리한 기동전과 진지전의 대치 상황에서 결국 전쟁의 승리를 쟁취할 수 없었다. 이런 군사적 실패가 전쟁 초기의 손댈 수 없는 상황에서 벌어졌다면 변명의 이유라도 찾을 수 있다. 그러나 전쟁의 중반과 후반에도 미군은 지원군의 후방 보급에 어려움을 겪었고 탄약이 떨어지고 식량이 끊기는 상황에서만 군사를 재정비해서 제한적인 반격만 할 뿐 기울어지는 형국을 전체적으로 뒤집지는 못했다. 미국의 군사지도자는 군사적 실패를 겪자 비로소 중국 군대의 죽음을 두려워하지 않는 용기와 영리하고 탁월한 전술에 "중국은 이미 지난날의 중국이 아니고 중국 군대는 이미 지난날의 중국 군대가 아니다"라며 어쩔 수 없이 경의를 표했다. 제2차 세계대전 이후 미국의 중국 인식은 한국전쟁의 실패로 새롭게 다져졌다. 위에서 내려다보는 거만하고 독단적인 학술적 태도를 좀더 면밀하고 신중한 태도로 조정해야 했다. 미국에 한국전쟁과 '베트남전'은 모두 이중적 실패, 즉 군사적 실패이자 정치적 실패다. '베트남전'의 정치적 실패는 미국에서 더 뚜렷하다. 그러나 그 기반은 한국전쟁 실패와 관련이 있다.

전쟁과 평화는 서로 뒤바뀔 수 있다. 전쟁과 평화에는 변증법이 존재한다. 이는 주로 전쟁의 정치성이 결정한다. 전쟁의 정치성은 적아敵我 관계의 확립과 전변에서도 구현된다. 전쟁은 적과 아我 사이의 뚜렷한 정의를 전제로 한다. 이에 따라 전쟁은 항상 자신을 보존하고 적을 소멸시키기 위해 전개된다. 그러나 바로 전쟁이 정치의 한 형식이기 때문에 정치적 범주의 적아관계는 역사적 조건의 변동에 따라 변동된다. 따라서 전장의 적대적 관계는 다른 조건에서는 비적대적 관계가 될 수 있다. 즉 적이 비적대적 존재로 바뀔 수 있고 우방으로도 바뀔 수 있다. 적대적 모순은 비적대적 모순으로 전화할 수 있고 투쟁하면서도 단결하는 관계로 바뀔 수 있다. 적대적 모순의 전화는 적대적 모순의 소멸이 아니다. 모순의 전화라는 결과로 모순 전화 이전의 투쟁을 판단할 수 없다. 중일전쟁에서는 민족 모순이 주요 모순으로 상승했다. 노동자계급, 농민계급과 민족자본가, 지주계급 간의 적대적 모순이 점점 투쟁하면서도 단결하는 부차적 모순으로 바뀌면서 광범위한 민족통일전선이 이 모순의 전화 속에서 성립되었다. 이 모순과 전화의 논리는 한국전쟁 시기 국내외 관계에도 마찬가지로 존재한다. 전쟁은 정치적 형식이자 새로운 정치의 전개에 길을 열어준다. 모순과 모순의 전화를 이해하지 못하면 새로운 정치가 전개되는 전제를 이해할 수 없다.

3. 결론을 맺지 못하며
: 정전체제와 탈정치화한 조건에서 벌이는 전쟁

한국전쟁이 정전된 지 60년이 지난 지금 정전체제가 한반도에서 지속되고 있다. 북한은 고립된 상태에 놓여 있고 핵 위협은 한반도에 핵을 보유하게 했다.—한반도의 핵 문제는 미국이 한반도에 개입하면서 시작되었다. 이 점은 언제라도 잊어서는 안 된다. 미국이 '아시아로 회귀(떠난 적은 있는가?)' 정책을 펴면서 한반도 정세는 더욱 긴장되었다. 중국과 일본, 한국과 일본, 중국과 동남아 국가, 북한과 한국 사이의 모순과 충돌은 격화되는 추세다. 모순과 충돌의 격렬한 정도로 말하자면, 현재가 과거보다 더 위험하다고 하기는 어렵다. 그러나 지금은 전쟁의 정의로움과 정의롭지 못함의 뚜렷한 구분이 점점 모호해진다. 제3세계 약소민족의 단결을 촉진한 기존의 역사적 유산, 패권 쟁탈 체제에 충격을 줄 수 있는 해방운동과 저항운동은 이미 깨끗이 사라져버렸다. 우리는 여러 곳에서 패권과 억압 구조를 볼 수 있다. 그러나 이 구조를 바꾸는 능력을 지닌 역량은 발견하기 어렵다. 어디서부터 정치적 역량을 생산할까? 어디서부터 정의의 척도를 만들까? 어디서부터 냉전 구도를 뛰어넘는 새로운 국제주의를 찾을까? 이 모든 문제가 바로 우리가 한국전쟁을 20세기 역사의 진행 과정에 놓고 고찰하는 원인이다.

마오쩌둥은 「지구전론」에서 전쟁이 정치의 최고 형식임을 논증한 바 있다. 정치적 범주로서 인민전쟁은 이 명제를 가장 깊숙이 구현한다. 그러나 20세기가 끝남에 따라 이 명제가 수정되는 것 같다. 현대의 조건에서는 전쟁은 정치의 최고 형식이 아닌 정치의 실패 또는 소실이 초래한 나쁜 결과라고 할 수 있다. 제국주의가 전쟁을 의미한다는 명제는 여전히 정확하다. 그러나 전쟁으로 촉발된 혁명은 이제 현실이 아니다. 우리 시대에 성행하는 탈정치화한 전쟁 형식은 사람의 결정적 역할을 구현하지도 못하고 정의로움과 정의롭지 못함도 구분하지 못한다. 따라서 서로 다른 국가, 집단의 운동은 1960년대 서방 사회의 반전운동과 기타 지역의 민족 해방운동처럼 서로 격동시키고 힘 있게 지지하지 못한다. 이것이 바로 우리가 한국전쟁의 의미를 되돌아보는 이유다. 핵 위협이 현실이 된 후 한국전쟁과 그 뒤에 일어난 베트남전쟁에서는 조지 오웰이 생각한 것처럼 냉전 상태에 빠진 것이 아니라 열전 형식으로 평화를 쟁취하기 위해 싸우는 정치적 과정을 전개했다. 초기 인민전쟁과 비교하면, 한국전쟁에서 기술은 전례 없이 큰 역할을 했다. 그러나 전쟁 중 의지, 전쟁의 목표, 지휘관의 전략·전술과 임기응변 능력, 전투 요원의 사기와 이념, 기술과 전술의 수준이 여전히 이 전쟁의 승패를 결정지었다. 여기서 말하는 '사람의 역할'은 전장에서의 투쟁만 말하는 것이 아니라 거세게 일어나는 민족 해방운동, 미국과 서방 세계 내부에서 나타난 반전운동, 유엔 내외의 풍부한 외교 투쟁을 포함한다.—바로 이 폭넓은 정치적 과정이 미국의 전쟁을 막다른 골목으로 몰아넣었고 결국 이 패권국가는 군사와 정치 두 전선에서 동시에 실패했다.

이 문제를 오늘날 다시 거론하는 것이 무슨 의미가 있을까? 베트남전쟁 이후 제국주의는 포클랜드전쟁, 유고슬라비아전쟁, 두 차례의 이라크전쟁, 아프가니스탄전쟁, 리비아 내전, 현재도 벌어지고 있는 시리아 내전 등 일련의 침략 전쟁을 일으켰다. 그러나 20세기 인민전쟁에서처럼 전쟁에 맞서는 저항운동과 사회운동은 일어나지 않았다. 오늘날 전쟁의 성격은 뚜렷이 변했다. 선진적 무기가 없으면 전쟁에서 승리할 수 없다. 각자 이익을 노리는 대국의 패권 다툼만 있고 무장투쟁, 대중 노선, 통일전선, 문화 정치가 상호 결합해 생성되는 깊숙하고 광범위한 정치적 프로세스는 이제 존재하지 않는다. 그렇다고 인민전쟁의 기본 원칙, 전쟁의 정치적 성격이 점점 사라졌을까? 이 문제에는 여러 답변이 있지만 내 답변은 이렇다. 신식 무기의 출현이 전쟁의 성격을 바꾼 것이 아니라 정치의 조건이 바뀌었다. 따라서 인민전쟁의 논리가 더는 주도적 지위를 차지하지 않는다. 전쟁에서 인간의 역할은 인간과 무기의 대비 관계 속에서 드러날 뿐 아니라 정치와 비정치의 구분 속에서도 보인다. 결론적으로 전쟁에서 인적 요소는 바로 전쟁의 정치성이다.

군사 영역에서 인민전쟁의 부정, 인간의 결정적 요소 부정, 군사 기술

숭배가 탈정치화의 이론적 배경을 공동으로 구성한다. 『탈정치화된 정치』에서 내가 말했듯이, 탈정치화 과정은 전쟁과 군사의 범주를 크게 뛰어넘는다. '정당의 국가화, 정부의 기업화, 매체의 정당화, 정객의 매체화' 등 복잡한 현상이 바로 이 과정을 표상한다. 이런 상황을 바꾸기 위해 사람들은 20세기의 역사적 유산에서 경험을 취한다. 정치 영역과 이론 영역에서 대중 노선을 다시 제기하는 것이 바로 그런 시도 중 하나다. 그러나 20세기와 완전히 다른 맥락에서 인민전쟁의 산물로서 대중 노선을 다시 제기하는 것의 정확한 의미는 무엇일까? 형성과정에 있는 정치적 주체로서 대중의 탄생은 새로운 정치 형식의 탄생을 의미한다. 대중 노선을 다시 제기하는 것은 한 시기의 역사로 회귀하려는 것이 아니라 가능한 불확실한 미래를 탐색하려는 것이다. 그것은 불가피하게 다음과 같은 문제와 밀접하게 관련된다. 우리는 어떤 정치적 역량을 창조하고 어떤 정치 주체를 단련하고 어떤 정치의 미래를 지향해야 하는가?

이상의 논의는 한국전쟁의 맥락에서 벗어났다. 그러나 이 전쟁을 둘러싸고 전개되는 오늘날의 토론을 이해하는 데는 의의가 있다. 여기서 나는 다음과 같은 명제를 다시 제기한다. 중국의 한국전쟁 참전과 그후 벌어진 베트남전쟁 개입은 20세기 인민전쟁의 연장이자 종결이다. 우리는 이미 인민전쟁 이후 탈정치화 시대의 맥락에서 평화를 탐색한다. 이 새로운 역사적 시기에 제국주의 전쟁을 억제하고 한반도와 해협 양안의 분단체제를 타파하며 동아시아 지역 내의 국제적 충돌을 완화할 수 있는 조건은 어디에 있는가? 인민전쟁은 하나의 정치적 범주이자 정치적 역량을 생산하는 과정이다. 많은 사람이 소련의 해체, 동방 그룹의 붕괴 같은 남의 재앙을 보며 기뻐한다. 그러나 이라크전쟁, 리비아 내전이 일어나고 미국 패권이 거칠 것 없어지는 시대가 온 것은 이 과정의 또 다른 단면이다. 사람들은 20세기 중국의 정치적 혁신을 헌신짝처럼 내버린다. 그러나 오늘날 중국이 1949년처럼 유례없는 미래로 향하는 정치적 과정을 대표하는지는 이미 자명한 문제가 아니다. 지금은 인민전쟁도 정의로운 전쟁도 없다. 따라서 전쟁은 정치의 연속이 아닌 정치의 중지를 의미한다.

이런 의미에서 20세기는 끝났고 재정치화가 새로운 시대적 과제가 되었다.

(설명: 필자는 이 글을 발표하기 전날에도 약간 수정했지만 원고 편집이 이미 완료되었기 때문에 발표 원고상에서는 고치지 못했다. 이 원고가 최후 버전이다.)

2013년 6~8월 초고 작성 및 탈고, 10월 수정

5장
탈정치화된 정치, 패권의 다중 구성
그리고 1960년대의 소멸

1. 중국과 1960년대의 종결

2005년 8월 초 국립 싱가포르대학 100주년 기념행사로 일련의 학술회의를 열었다. 그중 한 주제는 '아시아의 60년대'였다. 토론 과정에서 한국, 일본, 말레이시아, 타이, 미국 등에서 온 학자들이 중국의 60년대를 반복해서 다루었다. 그렇지만 내가 이 발표의 논평자로 참석한 것 이외에 중국 학자는 여기서 논문을 발표하지 않았다. 내 경험상 이것은 우연이 아니었다. 1988년 유럽, 아시아, 아메리카 등 전 세계에서 모두 1968년 학생운동과 사회운동 30주년을 기념할 때 60년대와 관계가 아주 긴밀한 중국은 이에 대해 침묵했다.

그때부터 나는 이 침묵의 의미를 생각했다. 내가 관찰한 첫 번째 현상은 이 침묵이 60년대의 급진 사상, 정치적 실천 거부, 즉 중국 '60년대'의 상징인 '문화대혁명'을 거부한 것일 뿐 아니라 20세기 중국 전체를 부정했다는 사실이다. 내가 여기서 말하는 '20세기' 중국은 신해혁명(1911) 무렵부터 1976년 무렵의 '단기 20세기', 즉 중국 혁명의 세기다. 이 세계의 서막은 대개 1898년 무술개혁 실패(특히 1905년 즈음)부터 1911년 우창봉기 발발 시기이고 그 끝은 1970년대 후기부터 1989년까지 이른바 '80년대'다.[1] 중국 혁명에는 갖가지 형상이 담겼지만 결코 핵심 내용이 없는 것은 아니다. 그것은 다음 세 가지로 추릴 수 있다. 첫째, 토지혁명을 중심으로 농민의 계급적 주체성을 세우고 이를 토대로 노농연맹과 통일전선을 결성해 현대 중국 정치의 토대를 닦았다. 둘째, 혁명 건국을 전략으로 삼아 전통적 정치 구조와 사회관계를 개조하고 중국을 하나의 주권적 공화국으로 만들며 더 나아가 향토 중국의 산업화와 현대화를 정치적으로 보장하게 되었다. 셋째, 계급 정치의 형성과 혁명 건국이라는 목표는 현대 정당의 형성을 불러왔고 현대 정당정치의 성숙을 전제로 삼았다. 이 시대에는 프랑스 대혁명과 러시아 혁명이 차례로 중국 지식인과 혁명가의 모델이 되었고 이 두 차례 혁명의 각자 다른 성격이 중국 혁명의 정치적 분기를 명확히 표현하기도 했다. 5·4 시기 신문화운

---

1 정당과 국가 체제의 전화 측면에서 1970년대 중반 이후 이론 논쟁은 '80년대' 전체까지 이어졌다. 80년대 중반부터 이 체제 내 논쟁의 패턴에 중요한 변화가 생겼다. 신생 역량의 분출과 논제의 전환에 따라 문화와 정치에 관한 논의가 더는 당-국가 체제 내부에만 제한되지 않았다. 이 시대의 수많은 발전이 1990년대 '탈정치화된 정치'에 기초를 다졌지만 이 시대 자체로 보면 우리는 여전히 당-국가 체제 내부와 체제 외부에서 그리움을 자아내고 장력 가득한 '정치 문화'를 발견할 수 있다.

동은 프랑스 대혁명과 자유, 평등, 박애의 가치를 열렬히 찬양했다. 1세대 공산당원은 러시아 혁명을 모델로 삼았고 프랑스 혁명의 부르주아적 성격을 비판했다. '80년대'에는 사회적 위기와 개혁의 출현으로 러시아 혁명의 아우라는 점점 사라졌고 다시 프랑스 혁명의 의미가 두드러졌다. 그러나 이 혁명적 세기가 종결됨에 따라 프랑스 혁명도 러시아 혁명과 함께 '급진주의'의 온상으로 취급받으며 비판받고 부정되었다. 60년대에 대한 거부와 망각은 고립된 역사적 사건이 아니라 지속적이고 전면적인 '탈혁명' 과정의 일부분이다.—'단기 20세기'를 세 가지로 요약한 내 의견이 타당하다면 '탈정치화 과정'은 필연적으로 노동자·농민 계급 주체의 소멸, 국가와 그 주권 형태의 전변, 정당정치의 쇠락 등으로 표현될 것이다.

　60년대 아시아에서는 동남아시아 민족 해방운동이 연이어 일어났고 식민주의 시대가 저물었다. 일본, 한국, 타이, 인도와 기타 지역에서 대규모 사회운동이 연이어 폭발했고 냉전과 미국 주도 자본주의 질서가 준엄한 도전에 직면했다. 60년대의 미국과 유럽에서는 반전운동과 제국주의 패권에 반대하는 비판이 거세게 일었고 전후 자본주의와 정치체제가 강렬한 회의에 부딪혔다. 그러나 왜 60년대 문제는 서양의 화제인 것만 같고 아시아의 화제는 아닌 것처럼 보일까? 더 깊이 답하기 전에 다음 두 가지 지점을 거론할 수 있을 듯하다.

　첫째, 서양의 60년대와 아시아의 60년대는 서로 연관되어 있지만 중요한 차이도 있다. 이 차이는 우선 다음과 같이 드러난다. 유럽과 미국의 반전운동, 반식민운동은 대부분 서양 사회 내부의 비판운동으로 문화 영역에서 자본주의 세계에 대한 문화적 비판으로 드러났다. 이와 대조적으로 동남아시아(특히 인도차이나)와 기타 지역에서 60년대의 투쟁은 서양의 식민 통치와 국내의 사회적 억압에 대한 무장투쟁과 군사투쟁의 성격을 깊이 가지고 있다. 서양의 60년대가 전후 당-국가 체제 party-state or parties state와 그 내외 정책을 격렬히 비판한 것이라면 아시아의 60년대(일본은 예외다. 일본의 사회운동은 유럽의 상황과 유사한 점이 더 많다)는 사회운동과 무장투쟁으로 패권적 국제관계 속에서 독립되고 자주적인 국가, 즉 신형 당-국가 체제를 건설하려 했고 자기 사회의 개조와 경제발전을 추구했다. 오늘날의 맥락에서 아시아의 60년대 무장투쟁, 군사투쟁은 이미 이 시대에 대한 사람들의 기억에서 사라졌다.—초국가주의가 서양 지식인의 상상력을 주도하는 가치가 되었을 때 60년대 아시아의 독립 운동과 당-국가 건설은 도대체 무슨 의미가 있을까? 아시아 좌파가 60년대의 사회운동을 회상할 때도 이 문제로는 60년대를 다시 사고하는 중심주제를 구성하기가 어렵다.

둘째, 중국 60년대의 독특한 성격과 자신의 60년대에 대한 중국의 자기부정이다. 1950년대부터 중국은 항상 제3세계의 해방운동과 비동맹 운동을 지지했다. 그리고 한반도와 베트남에서 세계 최강국인 미국과 맞섰다. 60년대 유럽 지식인이 스탈린주의와 소련의 현실을 비판하기 시작했을 때 중국이 더 일찍부터 소련의 정통 노선과 이론적·정치적 투쟁을 오랫동안 했음을 발견했다. 중소관계 변화는 소련의 패권적 요구와 중국의 국가 주권에 대한 수호에서 직접 기원한다. 그러나 이 충돌은 일반적으로 국가 간 관계 범주 안에서 해석된다. 충돌 자체가 양국 공산당 사이의 정치적 대립과 이론적 차이를 부각했기 때문이다. 새로운 형태의 사회주의 당-국가 체제가 거의 확립될 때 혁명정치는 '탈정치화'의 침식에 직면했다. 국내 측면에서 그것은 주로 당-국가 체제의 관료화와 권력 문제 중심의 '정치투쟁'으로 표면화되었다.─이런 투쟁은 당내의 자유로운 토론과 참여자의 정치적 주체성을 없애버릴 뿐 아니라 위에서 아래로의 권력체제로 지식인, 청년·학생, 기타 사회계층 내부의 비판적 사고와 사회운동을 억압하기도 한다. 국제관계에서 사회주의 진영 내부의 패권 구조가 최종적으로 형성되면서 각국 사회주의자가 자체적으로 발전을 탐색하는 길이 막혔고 자주적이고 평등한 국제관계 원칙도 훼손되었다. 중소 논전은 이론투쟁 형식으로 전개되었고 국제 사회주의 운동 내부의 정당과 국가, 사회주의의 방향에 대한 서로 다른 이해를 보여주었다.

중국의 60년대는 중소 논전과 마오쩌둥의 사회주의 국가, 공산당 자체의 변천에 대한 우려와 밀접하게 관련된다.[2] '문혁' 시기에 제기된 '4대 자유', 즉 '대오·대방·대자보·대변론大鳴大放大字報大辯論'은 대중의 참여로

---

2 중소 논전에서 문화혁명 시기까지 일련의 이론 토론은 모두 이 두 정치운동 사이에 직접 연관이 있음을 증명한다. 마오쩌둥이 일으킨 '문혁'의 부분적 원인은 소련 사회주의의 변천에 대한 평가에서도 형성되었다. 즉 마오쩌둥은 그 변화가 지도 집단에서 직접 나왔다고 생각했다.(1965년 8월 11일 뤄루이칭羅瑞卿(1906~1978)의 보고를 듣다가 끼어들어 한 발언, 1965년 8, 9월에 열린 중앙업무회의 발언 등이 그 증거다.) 중앙 상층부에 수정주의가 출현할 가능성이 있거나 이미 출현했다는 판단에서 마오쩌둥은 대중을 움직이게 하는 것 외에는 이 과정을 멈출 다른 방법이 없다고 생각했다. 바로 이 대중운동의 구상과 실천 노선으로 마오쩌둥은 '정치'를 정당과 국가 영역에서 해방할 수 있었다. 그러나 이 구상은 곧바로 대중운동을 지도집단과 다른 지도자 사이의 투쟁 속으로 빠지게 했다. 이 권력투쟁은 계급 투쟁의 이름으로 진행되었다. 계급과 계급 투쟁 문제는 다음 글에서 상세히 논한다.

당-국가라는 관료체제의 틀을 뛰어 넘어서려 했다. 그러나 이 투쟁들 자체는 군중 운동 내부에서 파생되었고 당-국가 체제 내부의 권력의 알력과 얽혀 있었다. 따라서 대규모 군중폭력과 정치적 박해를 불러왔다. 일찍이 1976년 전 60년대의 수많은 중국인에게 이 투쟁은 빛을 잃은 것으로 보였다. 1970년대 중반 문화대혁명이 끝나고 마오쩌둥이 죽은 뒤 권력을 잃은 지도자가 다시 권력의 무대에 오르면서 중국의 국가와 사회는 '문화대혁명'을 철저하게 부정했다. 1980년대 '문혁'시대 문제에 대한 일련의 정리가 진행된 후 전국 인민대표대회는 헌법에서 이른바 '대오·대방·대변론·대자보'를 긍정하는 조항을 폐지하기로 결의했다.[3] 최근 30년 동안 중국은 이미 계획경제체제에서 시장사회 모델로 전환했고 '세계혁명'의 중심에서 가장 활발한 자본 활동의 중심으로 전환했으며, 제국주의 패권에 대항하는 제3세계 국가에서 그들의 '전략적 파트너'이자 적수

---

3 1985년 5월 20일 덩샤오핑은 천구잉을 만났을 때 문혁의 '4대'와 '부르주아계급의 자유화'를 직접 연관지었다. 그는 이렇게 말했다. "중국은 '4인방'을 분쇄한 후 새로운 사조가 출현했습니다. 그것은 부르주아 자유화라고 불립니다. 서양 자본주의 국가의 '민주' '자유'를 숭배하고 사회주의를 부정하는 것입니다. (…) 그들이 하는 일은 대오·대방·대자보나 다름없습니다. 불법 간행물을 출판하는 것은 사실상 동란이며 '문화대혁명'이 남긴 방법입니다. 이런 바람이 불도록 할 수는 없습니다. 전국인민대표대회는 1980년대 헌법에서 '대오·대방·대변론·대자보'를 긍정하는 조항을 없애기로 특별 결의를 했습니다. 이 조항은 '문화대혁명' 와중에 헌법에 삽입되었습니다. 서양의 '민주'를 숭배하는 저 사람들은 항상 이 '4대'를 하려 합니다." 鄧小平, 「搞資産階級自由化就是走資本主義道路」, 『鄧小平文選』 第3卷, 北京: 人民出版社, 1993, 123~124쪽. 여기서 우리는 비록 정치적으로 문혁을 철저히 부정했지만 1980년대 초 '사회주의적 자기 수정'을 취지로 삼은 '사상해방운동'과 '문혁'의 정치적 전통 사이에 내재적인 이론적 연관성이 있음을 발견할 수 있다. 이 점에 대해서는 다음 글과 각주 34)의 1983년 "마르크스주의적 휴머니즘과 소외" 문제에 대한 분석 참조.

가 되었고, 계급 소멸로 가는 사회에서 '재계급화'(많은 사람은 '더 자연스럽다'거나 '정상적'이라고 본다) 사회로 전환했다. (…) 역사적 시각에서 볼 때 60년대에 시작한 '문화대혁명'에 대한 실망, 회의, 근본적 부정은 1970년대부터 지금까지 역사적 과정의 기본 전제를 이룬다. 비판적 지식인이 오늘날 삼농 위기, 도농 차별, 지역 차별과 학대, 체제적 부패 등 사회의 위기를 분석하려 할 때 그들을 공격하는 강력한 무기는 다음과 같다. 당신은 '문혁'으로 돌아가려는 것인가? 이 '철저한 부정'의 태도가 오늘날의 역사에 대한 진정한 정치적 분석의 가능성을 없애버렸다.

나는 60년대의 소멸이 독특한 '탈정치화' 과정이라고 본다. 60년대는 풍부한 의미를 담고 있다. 그것의 가장 중요한 특징은 전후 국제체제의 양극화를 타파하고 전후 두 유형의 당-국가 체제, 즉 위기에 빠진 다당 정치를 특징으로 하는 서양 민주주의, 마찬가지로 위기에 빠진 일당 정치를 특징으로 하는 사회주의적 당-국가 체제에 충격을 주는 것이다. 우리는 이 시대의 '정치화 과정'을 세 가지 연관된 과정에 놓고 이해할 수 있다. 첫째, 제2차 세계대전의 종결로 원래 유럽 중심이었던 국제관계 체제, 세계 권력 구도가 미국과 소련이라는 양대 집단으로 서로 대립하는 냉전 시대로 진입했다. 1950년대 반둥회의부터 60년대에 고양된 민족 해방운동까지 아시아, 아프리카, 라틴아메리카의 사회운동과 무장투쟁은 이 양극화된 세계 구도 내부에서 돌파구를 열었다. 이는 냉전의 양극 구조(그것의 불가피한 결과는 국제관계의 '탈정치화 권력 구조'다)의 '정치화 과정'이다. 마오쩌둥의 '세 개 세계 이론'이 바로 이 새로운 역사적 형세와 정치투쟁에 응답한 것이다. 둘째, 민족 해방운동이 서방 제국주의의 일통천하를 타파했다면 중소 논전으로 시작된 사회주의 체제의 내부 분열은 동방 집단 내부에 사회주의의 미래와 세계적 패권 구조를 다시 생각하는 공간을 제공했다. 이는 이론투쟁과 정치투쟁으로 전개된 사회주의 진영 내부의 날로 경직되는 (즉 '탈정치화된') 권력 구도에 대한 도전이다. 따라서 사회주의 체제 내부의 '정치화 과정'이라고도 볼 수 있다. 사회주의의 내부 분열은 직접 일종의 새로운 정치적 시도가 출현하게 했다. 즉 사회주의 체제에서 '문화혁명'을 일으킨 것은 이론적·사상적·정치적으로 당-국가 체제의 '소외'(또는 탈정치화)를 억제했다.―사회주의 당-국가 체제에 대한 깊은 회의와 격렬한 파괴를 떠나서는 중국의 60년대를 이해할 수 없고, 이 체제의 재구성과 재확립을 떠나서는 중국 60년대의 종결을 이해할 수 없다.

바로 앞에서 간략히 말한 파벌투쟁, 정치적 박해, 당-국가 권력 체제의 재공고화가 보여주는 것은 60년대 내부에 포함된 자기부정 추세, 즉 '탈정치화 추세'다. 우리는 이 복잡하게 얽힌 국면이 '포스트 혁명' 시대에 준 영향을 어떻게 이해해야 할까?

2. 탈정치화된 정치와 당-국가 체제의 위기

1) 탈정치화와 정당정치의 전변

1960년대 민족 해방운동에 관해서는 이미 수많은 학자가 연구했다. 나는 여기서 주로 '탈정치화'라는 명제에 근거해 중국의 당-국가 체제와 그 전화 문제를 논한다. 이탈리아 사회학자 알레산드로 루소 Alessandro Russo는 중국의 '문혁'을 오랫동안 연구했다. 「'문화대혁명'을 어떻게 번역할 것인가」[4]에서 그는 '문화대혁명'이 고도로 정치화된 시기에 일어났고 이 정치화 시기의 종결은 결코 사람들이 보통 생각하듯 1970년대 후반에서 온 것이 아니라[5] '문혁'이 시작되고 차츰 발생한 파벌투쟁, 특히 파벌투쟁에 따른 폭력 충돌로 조성되었으며 60년대 자체의 '탈정치화'에서도 비롯됐다고 보았다. 파벌투쟁과 폭력투쟁은 '문혁' 초기의 공개적 정치 토론, 다양한 정치조직, 이것을 토대로 형성된 정치문화를 위기로 내몰았고 당-국가 체제가 다시금 공고해지는 계기를 제공했다. 이런 의미에서 '문혁'의 종결은 '탈정치화' 과정에서 비롯된 것이다.[6] 루소는 탈정치화가 '포스트 혁명' 시대 중국에서만 일어난 현상이

---

4 "How to Translate Cuntural Revolution?," *Inter-Asia Cultural Studies*, vol.7, Iss.4, 2006.

5 지금까지 '문혁' 연구는 베이징, 상하이, 우한 등 중심 도시에 집중되어 있고 문혁이 전국 각 지역에서 각자 다르게 전개되는 양상은 상세하고 실증적인 고증이 부족하다. 이 때문에 사람들이 생각하는 문혁 종결 시기는 1968년, 1969년, 1976년 또는 다른 시기 등으로 여러 가지다. 그러나 지역과 시간의 차이가 문혁이 내부적으로 전화하는 기본 논리를 배제하지는 않는다.

6 2004년 말 볼로냐대학 고등연구센터 초청으로 이 센터에서 3개월 동안 고등연구원으로 지냈다. 이때 나는 알레산드로 루소, 클라우디아 포차나Claudia Pozzana 교수와 광범위하고 심도 있는 토론을 했다. 그들은 "How to Translate Cultural Revolution?"을 비롯된 논문들을 나에게 제공해서 참고하도록 했다(이 논문은 이 글의 영어본과 함께 Inter-Asia Cultural Studies에 게재되었다). '문혁'과 '탈정치화' 문제는 우리가 읽고 토론한 중심 의제다. 이 글을 빌려 그들에게 깊은 감사를 표한다.

아니라 현대 서양 정치의 특징이기도 하다고 생각한다.

통치권이 전통적 군주에서 현대적 정당으로 바뀐 것은 정치적 근대성의 근본적 특징이다. 일당독재와 다당정치의 기본 틀은 모두 현대 당-국가 체제다. 이런 의미에서 상술한 두 가지 국가 모델은 모두 당-국가라 부를 수 있으며 여기에는 예외가 없다. "현대에 새로운 『군주론』을 쓴다면 그 주인공은 영웅 한 사람이 아니라 정당일 수밖에 없다. 구체적으로 각자 다른 시기마다 각자 다른 민족마다 서로 다른 내부 관계에서 새로운 국가를 건설하는 데 힘을 쏟는 정당이다.(이 목적을 위해 정당을 건설하는 것은 역사적 요구이자 이지理智의 요구다.)"[7] 20세기 중국 정치는 정당정치와 밀접한 관계가 있다. 기나긴 역사 시기에서 정당 정치는 결코 전체가 기존 국가 정치의 궤도에 수렴되지 않는다. 그러나 서로 다른 유형의 당-국가 체제를 수립하는 것은 항상 이 시대 정치 발전의 기본 문제다. 이는 정치적 행위로서 정당정치가 늘 자신의 가치와 이상에 따라 새로운 국가를 창조하는 정치 실천에 투신하기 때문이다. 정당이 집권 과정에서 점점 국가 체제의 주체로 변하면서 정당과 각자의 사회적 토대의 관계는 더 이상 선명하고 투명하지 않다. 정당의 정치, 이념과 그 정치적 실천의 관계는 날로 내재적 연관성이 떨어지고 있다. 간략히 말하면, 정당 체제는 이중의 전화를 내포한다. 첫째, 정당 자신이 '탈가치화' 과정에 놓여 있다. 정당 조직의 팽창과 정당 구성원이 인구에서 차지하는 비율의 확대는 결코 정당의 정치적 가치의 보편화를

---

7 葛蘭西, 「獄中札記」, 『葛蘭西文選(1916~1935)』, 北京: 人民出版社, 1992, 341쪽.

대변할 수 없다. 둘째, 정당이 날로 항상적 국가 권력에 침투하고 전화한다. 더 나아가 일정 수준에서 '탈정치화'하고 기능화한 국가 권력 기구가 된다. 이 두 가지 변천이 '당-국가 체제'에서 '국가-당 체제'로 전환한 것이다. 전자는 정치적 경향을 포함하지만 후자는 권력의 공고화에만 주의를 기울인다. 이 '정당의 국가화 과정'은 20세기가 낳은 '정당' 체제를 일종의 국가 중심 통치체제로 바꾸어 버린다.─국가의 정당화 과정도 불가피하다. 그러나 이 정당화 과정은 초기 정당의 확장과 완전히 다른 함의를 갖는다. 원인은 초기 정당의 확장은 정치적 과정이고, 조직을 갖춘 정당행위로 자신을 구축하는 과정이기 때문이다. 그러나 현대의 정당 국가화 과정에서 정당은 이미 완성되거나 정형화되었고 국가와 같은 역할을 하는 중립적이고 서로 다른 이익을 조화시키는 기능을 하는 체제로 간주된다. 이런 의미에서 정당의 정형화와 완성은 곧 정당의 종말 또는 정당의 조기 종결이기도 하다.[8]

60년대의 종말은 거대한 위기를 맞은 두 사회체제의 재공고화를 의

---

8 그람시Antonio Gramsci(1891~1937)의 다음과 같은 논의는 현대적 상황에서도 여전히 생각할 만한 가치가 있다. "당은 영원히 철저하게 정형화되고 완성될 수 없다. 그러나 이는 매번의 진전이 새로운 임무와 책임을 제시함을 의미한다. 몇몇 정당에는 다음과 같은 황당한 말을 적용하는 것도 성립한다. 이런 당은 더 존재하지 않는, 즉 그들의 존재가 역사에서 불필요해지는 때가 와야 비로소 이 당들은 철저하게 정형되고 완성되는 셈이다. 이때 개개 정당은 계급의 고유명사일 뿐이다. 그렇다면 계급의 구분·소멸을 주장하는 당은 생존을 멈출 시기가 와야 철저하게 자기완성에 도달하게 됨을 말하지 않아도 알수 있다. 계급이 존재하지 않으면 계급의 구현자도 더는 존재하지 않기 때문이다." 같은 책, 344~345쪽. 또한 이러한 의미에서 내가 '정당의 조기 종말'이라는 명제를 제시하는 원인은 계급과 계급 정치가 계속 존재하고 확장하는 때 정당은 도리어 국가화되면서 미리 종말을 맞기 때문이다.

미한다. 이 공고화 과정은 '탈정치화' 방식으로 진행된다. 따라서 두 사회체제의 정치적 토대를 흔드는 것은 필연이다. 정당정치가 쇠퇴하고 전화하는 상황에서 국가는 '정치 없는 국가' 또는 '탈정치화한 국가'가 된다. 이 새로운 정치적 국면을 설명하기 위해 두 정치체제의 전화를 간략히 설명할 필요가 있다. 고전적 대의제 민주주의는 공동선 또는 공동의 이익을 목표로 하고 집단적 참여로 공적 결정을 하는 방식으로 설계되었다. 의회 민주주의는 사회 구성원의 정보를 경청, 관찰, 독해하는 능력을 갖추는 동시에 이성과 논리에 부합하는 방식으로 이 정보들에 질의, 응답, 점검하는 능력도 갖춘다. 대의제 민주주의의 조건에서 사회적 자기 결정의 기본 조건은 정보의 투명함과 인민과 대표 사이의 소통이다. 그러나 공동 이익과 공동선을 핵심으로 하는 이러한 민주주의 개념은 현대에는 준엄한 도전에 직면했다. 수많은 민주주의 이론가는 이러한 공동 이익이나 공동선이 근본적으로 존재하지 않고 보편적 대표성을 지닌 대의제도 존재하지 않는다고 생각한다. 그들은 정당정치의 토대 위에서 구성되는 민주주의 개념을 제시한다(한스 켈젠Hans Kelsen, 조지프 슘페터Joseph A. Schumpeter, 애덤 프셰보르스키Adam Przeworski, 로버트 달Robert A. Dahl).[9] 다당의회 민주주의 제도도 일종의 형식적 민주주

---

9 Adam Przeworski, "Consensus and Conflict in Western Thought on Representative Government," Revised paper prepared for the 2006 Beijing Forum, pp.2~30 참조. 괄호 안에 있는 민주주의 이론가의 주요 저서는 다음과 같다. Hans Kelsen, *La Democratie, Sa Nature-Sa Valeur*, Paris: Economica, 1988(1929) and General Theory of Law and State, Cambridge, MA: Harvard University Press, 1949; Joseph A. Schumpeter, *Capitalism, Socialism, and Democracy*, New York: Harper&Brothers,

의로 간주된다. 그것은 이성적 대화와 공론장을 정치 개념의 핵심으로 삼는다. 이 민주주의의 형식적 틀 안에서 각종 이익 간의 게임이 최종적 균형을 이룰 수 있다. 형식적 평등의 시민 개념이 주인과 노예식의 위계적 관계를 없앴기 때문에 그것은 이성적이고 평등한 교류 또는 소통 범주로 '적과 아' 관계 중심의 투쟁적 정치 개념을 대체할 수 있다.

그러나 1960년대가 끝나면서 출현한 것은 민주주의 이념 자체가 신자유주의 방향으로 전환한 것이었다. 그 요점은 다음과 같다. 민주주의는 시장경제의 기반 위에서 수립되는 의회제도다. 정부는 일종의 강제적 권력이기 때문에 의회민주주의도 정부의 행위를 제한하는 기제다. 개인이 자기 이익을 추구하는 것은 헌법의 보호를 받는다. 전통적 정치에서 주인-노예 관계는 헌정 민주주의와 시장경제를 계기로 철저히 사라졌다. 고도로 사유화되고 생산이 초국가화하는 조건에서 의회민주주의 제도는 이중의 곤경에 놓였다. 한편으로 사회의 공동 이익을 규정하기 어렵고, 다른 한편으로 의회와 시장의 관계가 점점 긴밀해졌다. 전자의 문제에서는 기업과 이익단체가 공공정책에 미치는 영향이 시민 개인보다 훨씬 크다. 의원의 투표 성향은 주로 후원자 또는 후원자가 속한 계급의 수요와 복지에 따라 결정될 뿐 인민이나 공동 이익에 달린 것이 아니다.—어떤 의제가 선거에 영향을 미치지 않는 상황에서만 정당은

1942; Anthony Downs, *An Economic Theory of Democracy*, New York : Harper and Row, 1957; Robert A. Dahl, *Polyarchy: Participation and Opposition*, New Haven : Yale University Press, 1971; *Democracy and Its Critics*, New Haven : Yale University Press, 1989.

의원이 자기 양심에 따라 투표하는 것을 허용할 수 있다. 후자의 문제에서 의회는 시장화되고 항상 블랙박스가 조작하는 이익 게임 기제가 되었다. 인민은 그들의 대표와 심각하게 괴리되었다. 이에 따라 민주주의 정치의 '소통 위기'와 공론장의 '재봉건화'가 조성되었다. 다당제의 전제는 정당에 명확한 대표성과 정치적 가치를 갖는 것이다. 그것은 국가라는 틀 아래의 특정한 제도 설계에 따라 사회의 공동 이익을 전제로 당파 간 상호 경쟁을 형성한다. 경쟁적 정당정치의 토대가 없다면 의회 민주주의는 활력을 잃을 수 있다. 현대 의회민주주의의 주된 문제는 다음과 같다. 민주주의의 전제를 구성하는 공동선이나 공공 이익이 정치적 결정 밖으로 배제되었고 양당 또는 다당 사이의 정치적 차이가 거의 없을 정도로 축소되었다. 후자는 다당정치의 정치적 수렴 현상으로 개괄할 수 있다. 영미 의회민주주의의 사례에서 각 정당은 국제정치 의제에서만 이른바 '공동 이익'에 호소할 수 있다. 그들은 경쟁적으로 타인에 대한 공포, 증오, 통제, 욕망으로 유권자를 선동하고 그들의 지지를 얻는다. 이런 의미에서 현대 다당 의회민주주의(여기서 말하는 것은 일반적인 의회제도와 정치적 대의제가 아니라 그것의 현존하는 형식이다)의 주요 위기는 역설적이다. 즉 한쪽은 깊은 정치적 냉담이고 다른 한쪽은 열광적인 군사적 동원기제다. 이 역설은 민주공화국이 과두제와 제국으로 변질되는 기본 조건이다.[10]

---

10 Tom Crumpacker : "The Politics of Depoliticization and the End of History," *State of Nature* 2, Winter 2006.

중국 혁명으로 형성된 국가-정당 체제는 다당 의회민주주의 제도와
전혀 다른 이론적 가설과 정치적 실천을 보인다. 이론적으로 사회주의
당-국가 체제는 '하나의 계급이 다른 한 계급을 전복한다'는 혁명적 행
동에서 벗어났다. 따라서 그것은 명확한 '적-아' 관계를 전제로 하고 국
가는 계급 통치의 폭력적 기관이라고 간주한다.[11] "세계에는 구체적 자
유, 구체적 민주주의만 있을 뿐 추상적 자유, 추상적 민주주의는 없다.
(…) 부르주아의 민주주의만 있지 프롤레타리아와 노동 인민의 민주주
의는 없다."[12] 대의제 민주주의가 독재주의를 전복하는 과정에서 형성
된 '부르주아 독재'와 마찬가지로 프롤레타리아 민주주의는 제국주의,
자본주의, 봉건 통치를 전복하는 계급적 대항 과정의 산물이다. 따라서
프롤레타리아 민주주의는 프롤레타리아 독재 또는 인민민주주의 독재
다.[13] 바로 국가가 통치계급의 도구라는 가설을 견지하기 때문에 사회주
의 국가의 정치체제는 여전히 일당독재 체제다. "공산당이 지도하는 정
부가 '절대권력 정부'라면 반은 맞는 말이다. 이 정부는 내외의 반동파
에 전제 또는 독재를 시행한다. 어떤 내외의 반동파에게도 반혁명의 자

---

11 마오쩌둥의 표현을 빌리면 "우리는 반동파와 반동 계급의 반동 행위에 결코 인정을
배풀지 않는다. 우리는 인민 내부에서만 인정을 베풀지 인민 외부의 반동파와 반동 계급
의 반동 행위에는 베풀지 않는다."「論人民民主專政」,『毛澤東選集』第2版 第4卷, 1476쪽.
12 마오쩌둥은 이렇게 말했다. "인민민주주의 독재의 토대는 노동자계급, 농민계급, 도
시 프티부르주아이고 노동자와 농민의 동맹이 주를 이룬다 이 두 계급은 중국 인구의
80~90퍼센트를 점하기 때문이다."「關於正確處理人民內部矛盾的問題」,『毛澤東文集』第
7卷, 208쪽.
13 毛澤東,「論人民民主專政」,『毛澤東選集』第2版 第4卷, 1478~1479쪽.

유 활동을 할 어떤 권리도 주지 않는다." 그러나 "인민 내부에서는 전제나 독재가 아니라 민주주의다. 이 정부는 인민 자신의 정부다."[14] 민주주의 이념에서 사회적 자치는 프롤레타리아 혁명에서 집중적으로 유일하게 계급 통지로서 인민자치에 사용된다. 이론적으로 그것은 계급 통치이면서 계급 자체의 소멸에 힘쓰는 계급 통치다.

사람들이 '문혁' 시기에 발생한 군중폭력, 정치적 박해, 극단적 혈통론이 표방하는 '계급 투쟁'을 '프롤레타리아 독재의 조건인 계속혁명'의 필연적 결과로 귀결하기 때문에 집권당이나 야당 쪽에 있는 사회주의자는 '프롤레타리아 독재' 개념을 마음속으로 부끄러워하거나 침묵을 지킨다. 그러나 여기서 나는 여전히 서로 다른 두 가지 '프롤레타리아 독재' 개념을 구분해야 한다고 생각한다. 첫 번째 개념은 마르크스가 파리코뮌을 관찰하면서 만들어진 것이다. "코뮌은 바로 제국의 직접적 대립물이다. 파리 프롤레타리아가 2월 혁명의 '사회공화국' 구호를 환영한 것은 계급 통치를 없앤 군주제 형식 수립에 대한 희망을 보여주는 동시에 계급 자체가 사라진 공화국으로의 모호한 지향도 보여준다. 코뮌이 바로 이런 공화국의 일정한 형식이다."[15] "당신들은 프롤레타리아 독재가 어떤 모습인지 알고 싶은가? 파리코뮌을 보라. 이것이 바로 프롤레타리아 독재다."[16] 파리코뮌이 채택한 원칙은 보통선거 제도로 선출한 대

---

14 毛澤東, 「爲什麽要討論白皮書?」, 『毛澤東選集』第2版 第4卷, 1502~1503쪽.

15 馬克思, 「法蘭西內戰」, 『馬克思恩格斯選集』第2卷, 374쪽.

16 恩格斯, 「恩格斯寫的1891年單行本導言」, 「法蘭西內戰」, 같은 책, 336쪽.

표로 기존의 관리를 대체한다. 그들에게 일반 노동자의 임금만 주며 그들을 수시로 바꿀 수 있다. 상비군을 폐지한다 등 간단한 몇몇 조치뿐이다. 마르크스가 보기에는 이 조치가 국가기구에 대한 근본적 개조를 의미한다. 그것은 "모든 부르주아 혁명에서 제출한 염가 정부 구호를 실현했다." 그뿐만 아니라 "공화국에 진정한 민주주의 제도의 토대를 닦았다."[17] 파리코뮌은 한편으로는 "노동자계급의 정부이고 생산자 계급과 점유자 계급의 투쟁 결과이며, 마침내 발견한 노동자가 경제적 해방을 획득할 수 있도록 하는 정치 형식이다." 다른 한편으로는 자신의 역사적 범주를 뛰어넘어 일종의 모든 '원래적 의미에서 국가'와 다른 정치 형식, 진정한 사회적 자치이기도 하다.

이런 의미에서 "프롤레타리아 독재는 참여적 민주주의다. 그것은 정치선거 차원에서만이 아니라 생산관계의 실질적 토대 위에서 형성된다. 프롤레타리아 독재는 입법기관이면서 행정기관이다. 그것에는 선거제도도 있고 입법 관리와 행정 관리를 파면하는 제도도 있다."[18] 독일 사회민주당이 의회에서 권력을 잡았을 때 엥겔스는 '프롤레타리아 독재'를 실현하겠다는 생각을 버렸다. 그 후 유럽 의회의 조건에서 사회주의 정당 투쟁은 코뮌이 굳건히 거부한 부르주아 국가와 그 모든 제도적 틀을 받아들였다.—베른슈타인은 1900년 출판한 『진화된 사회주의』에서 계급타협적 사회공화국 또는 초급 복지국가의 출현을 포함한 부르주

---

17 馬克思, 「法蘭西內戰」, 같은 책, 378쪽.

18 柄谷行人, 「通向"無產階級專政"」, 『印跡』第一輯, 南京 : 江蘇教育出版社, 2002, 242쪽.

아 국가의 변화를 서술했다. 이 '수정주의적' 국가 이론의 전제는 계급관계의 변화, 자본가와 노동자가 기업의 이윤을 공유할 수 있고 반드시 대항적 계급 투쟁에만 호소하지 않아도 되는 것이다. '프롤레타리아 독재' 개념을 부활한 이들은 레닌과 중국에 있는 그의 추종자들이다. 일찍이 1905년에 레닌은 '신이스크라파'와 벌인 투쟁에서 이미 그들의 '혁명코뮌' 이념과 '프롤레타리아와 농민의 혁명적 민주주의 독재'를 구별했다. 그는 전자는 '혁명적 공담'이라며 배척했고 후자는 '임시혁명정부'라는 '불가피하게 일체의 국가적 사무'를 집행하는(임시적이고 '부분적'인 잠깐의 집행일지라도) 절대 '코뮌'이라고 잘못 부를 수 없는 정치 형식과 연결했다.[19] 레닌의 이 관점들은 마르크스 자신이 반복적으로 강조하는 코뮌과 모든 국가적 사무 사이의 첨예한 대립과 결코 일치하지 않는다. 10월 혁명 이후의 러시아에서 인민민주주의 독재 또는 프롤레타리아 독재는 두 가지 중요한 전변을 거쳤다. 첫 번째는 다당 협력 용인과 연합 집권 실행에서 서로 여러 방식으로 '공산당이 국내의 유일한 합법 정당', 즉 일당독재라는 정치적 구도를 확립하는 것으로 전환한 것이다. 두 번째는 혁명 정당의 지도, 노농동맹을 토대로 한 정치 형식에서 관료화된 당-국가 체제를 틀로 하는 모든 국가 사무를 행사하는 권력 체제로 전환한 것이다. 즉, 프롤레타리아 독재가 모든 '원래적 의미의 국가'와 다른 정치 형식, 일종의 진정한 사회적 자치와 참여민주주의에서 독점과 폭력을 합법화하고 권력이 고도로 집중된 국가 구조로 전변했

---

19 列寧, 「社會民主黨在民主革命中的兩種策略」, 『列寧選集』第一卷, 572쪽.

다. 중국의 '인민민주주의 독재'는 공산당을 유일한 합법 정당으로 규정하지 않지만 일당독재와 고도의 권력 집중이라는 국가 구조를 여전히 채택한다.

이런 전환으로 프롤레타리아 정당의 지도적 지위와 국가의 입법, 행정 체제 사이에 반드시 있어야 하는 구분과 장력은 점차 사라진다. 베버가 말했듯이 노동 분업이 일정한 단계에 도달한 역사적 시기에는 어떤 정치 형태도 철저하게 관료제도에서 벗어날 수 없다. 파리코뮌의 실패든 19세기 민족국가 체제의 공고화든 모든 경우에서 국가가 이 시대의 지배적 정치 형식이 되는 것을 피하기 어려웠다. 이런 측면에서 단순히 사회주의 국가가 관료기구나 국가를 남겨두었다고 비난하는 것은 진정 깊이 있는 견해가 아니다. 문화대혁명 시기 국가 기능의 해체, 개혁 시기와 세계화 상황에서 국가가 행한 중요한 역할은 모두 사람들에게 국가의 중요성을 다시금 인식하게 해주었는데, 근본적 문제는 다음과 같다. 국가가 계속 존재하고 부단히 강화되는 상황에서 '군중이 이끄는' 혁명당은 어떻게 자신의 관료화를 피하고 나아가 국가가 자기부정 추세를 포함한 정치 형식, 즉 참여적 민주주의의 활력을 지닌 정치 형식이 되도록 할 수 있을까? 베버는 『직업으로서의 정치』에서 다음과 같이 말했다.

소비에트는 고소득 기업가, 성과급, 테일러 시스템, 군사와 공장 규율 그리고 외국 자본을 찾는 것을 그대로 두거나 되살려 사용했다. 따라서 한마디로 소비에트는 부득이하게 다시 볼셰비키가 부르주아의 제도가 그들과 싸울 때의 모든 사무를 전면적으로 받아들였다. 국가와 경제가 정상 궤도를 유지하도록 하려고 그들은 부득이하게 이렇게 해야 했다. 그 밖에 소비에트는 이전의 '경비대'도 다시 조직해서 국가 권력의 수요 노구로 삼았다.[20]

레닌은 볼셰비키와 소비에트를 반드시 구분하고 유지하라고 다시 한 번 강조했다. 마오쩌둥도 "계급의 독재와 당의 독재는 다른 것이다. 당은 계급에서 최후로 각성한 일부의 조직이다. 당은 당연히 프롤레타리아 독재 국가에서 지도적 역할만 할 수 있고 당연히 계급이 독재를 시행하는 것을 대체할 수 없다."[21] 그러나 사회주의 국가는 결국 독특한 당-국가의 합체로 발전했다. "모든 주요하고 중요한 방침, 정책, 계획은 모두 반드시 당중앙이 규정하는 것으로 통일한다."[22] 그러나 정당의 국가화는 한편으로 중심화된 권력을 정당에 집중했고 다른 한편으로 정당과 대중의 거리를 날로 멀어지게 했다. 정당의 역할이 바뀜에 따라 사회주의적 국가 체제는 굳어졌고 마르크스가 가정한 국가체제의 자기부정은 철저하게 없애버렸다.[23]

---

20 馬克斯 韋伯, 「以政治爲業」, 『學術與政治』, 82쪽.

21 毛澤東, 「同延安『新華日報』記者其光的談話」(1938年 2月 2日), 『解放』第31期.

22 毛澤東, 「黨對政府工作的領導責任」(1952年 12月), 『毛澤東文集』第6卷, 252쪽.

23 1980년대 중국은 당정 분리를 지향한 정치체제 개혁을 시도했다. 그러나 1989년 사회 위기가 도래하면서 이런 지향은 1990년대에 점차 쇠퇴했다. 새로운 형식의 당-국가 합체 모델이 시장의 조건에서 다시 모습을 갖추었다. 이 점은 이 글 후반부에서 더 자세히 설명한다.

'문화대혁명'은 정당의 국가화 과정이 하나의 단계로 발전한 산물이다. 정당의 국가화라는 조건에서 사회 동원을 다시 진행하는 것, 즉 당–국가 밖에서 정치 영역과 정치 가치를 활성화하고 대중의 참여민주주의를 형성하는 것이 문화대혁명 초기의 특징 중 하나다. 마오쩌둥은 혁명 정당의 정치적 가치를 다시 제시하면서 사회운동과 정치 토론을 바탕으로 정당과 국가의 절대적 권위를 타파하려고 했다. 그 목적은 자기부정을 담은 사회체제, 즉 더는 과거 의미에서의 국가가 아닌 국가를 다시 세우는 것이었다. 문화대혁명의 취지 중 하나인 '57지시'는 문화대혁명을 사회 분업의 유연성과 연관 짓고 근본적으로 관료제가 확립될 수 있는 사회 분업 모델을 없애려고 했다. 사회주의의 실천은 그 근본 취지에서 불가피한 사회 분업을 기존의 모든 신분주의적 사회 모델(귀족 계급적·봉건적 등) 또는 대항 관계(계급적·자본주의적 등)와 구분하고 나아가 인간이 자주적 인간이 되게 하는 것이다. 그리고 이 목적에 도달하려면 반드시 위계적 관계와 대항적 관계를 재생산하는 정치 기제, 생산양식, 문화적 조건을 철저히 개조해야 한다. 문화대혁명 초기에 파리코뮌을 모델로 한 공장, 학교, 기관의 자치적 사회실험(얼마 후 출현한 이른바 '삼대회' 즉 '노동자대표회' '농민대표회' '홍군대표회' 같은 군중 조직도 포함되는)이 각지에서 잠깐 출현했다. 이는 기존의 국가기구를 개조하는 실험이자 국가기구를 초월한 문화–정치적 실천이다. 운동과 파벌투쟁, 당–국가 체제, 그 권력 쟁탈전이 서로 엉키면서 국가와 정당 외부에 활성화된 이 정치 모델은 급속도로 변질되었다. 1960년대 말 '3결합' 형식으로 구성된 혁명위원회는 대중운동과 관료화한 당–국가

체제가 타협한 산물이다. 이러한 정치 형태에는 코뮌운동의 각종 요소가 담겨 있다. 예를 들면 노동자, 농민, 병사 대표가 정부와 당의 지도기관에 선발되어 참여하는 것, 각급 정당과 정부 지도자가 몇 팀으로 나누어 정기적으로 농촌과 공장으로 들어가서 사회 실천을 하는 것 등이다. 노동자, 농민, 학생, 병사의 대표가 당-국가 체제의 수요에 적응하지 못하고 내내 권력 구도의 주변에 있었지만[24] 국가의 시대에 국가를 혁신하는 이러한 경험이 전혀 의미 없는 것은 아니다.—많은 관찰자는 바로 이러한 정치적 실천이 있었기에 소련공산당이 지배하는 관료제에 비해 중국의 '포스트 혁명' 시대 정치제도가 더 탄력적이고 사회적 요구에 응답하는 능력을 갖추었다고 믿는다.

이 시대의 역사적 전환을 재검토할 때 우리는 다음과 같이 질문할 필요가 있다. 1960년대 정치 자체의 '탈정치화'는 도대체 어떤 역사적 조건들에서 조성되었는가? 이 시대의 수많은 비극적 사건의 원인을 어떻게 해석해야 할까? 이는 깊이 연구하고 전면적으로 생각해야 할 문제다. 여기서는 임시로 세 가지 요점만 간략히 정리하려 한다. 첫째, 앞에서 이미 검토했듯이 대중운동이 파벌투쟁으로 변질한 것, 즉 대중운동이 양극화·폭력화된 것이다. 둘째, 마오쩌둥이 대중을 일으켜서 당-국가 체제에 충격을 줄 때 부득이하게 개인의 명망에 호소했는데 이 '임시적' 방식(즉 훗날 말하는 '개인 숭배')이 사람들에게서 국가-당 체제에 반

---

24 이 현상에 대한 반작용으로 1960년대 말 몇몇 지역(가령 우한)에서 '삼결합'의 실현을 요구하는 군중적 '반복고운동'—'반복고'는 혁명위원회가 기존의 당정 관료체제로 회귀하는 데 반대하는 것을 의미한다—이 일어났다.

항하는 정신을 불러일으키는 동시에 대중의 주체성 자체를 아주 쉽게 잃도록 하는 결과를 초래했다. 이상 두 가지는 공통적으로 대중운동의 탈정치화를 조성했다. 셋째, 정치 토론이 끊임없이 국가-당 체제 내의 권력투쟁 안으로 들어왔다(즉 정치 노선과 이론투쟁의 탈정치화). 국가-당 체제 자체가 심각한 위기를 맞는 조건에서 이 투쟁은 제도적 규정 범위 안에만 제한될 수 없었다. 그래서 대규모 정치적 박해를 초래했다. 바로 이런 원인으로 1970년대 후반에 1960년대의 각종 정치적 실천이 문화대혁명 시대의 각종 비극과 같은 성질의 것으로 연루되었고 당과 정부의 '혼란을 뿌리 뽑고 정상으로 돌아가기' 정책의 주된 대상이 되었다. 그리고 집권당과 정부 지도기관에서나 인민대표대회의 대표 명부에서 노동자와 농민은 점점 사라졌다. 1960년대 정치적 계급 투쟁에 대한 반성과 비판으로 사회주의 국가-당 체제는 한편으로는 경제건설, 특히 시장경제 건설을 현대화로 가는 보편적 길로 삼았고 다른 한편으로 발전과 사회 안정을 이유로 공개적 정치 토론을 제한했다. 시장경제의 조건에서 정당은 이미 특정한 정치적 가치를 표방하는 단체에서 구조적이고 통제적인 권력체제로 변했다. 정당 내부의 분기는 현대화의 기본 노선의 기술적 분기 속으로 빨려 들어갔고, 이에 따라 분기를 해결하고 공감대에 도달하는 방식은 이론 토론이 아닌 권력체제에 의존할 수밖에 없었다.[25] 1960년대가 종결되면서 국가-당 체제는 정치 영역을 매

---

25 1988년 후야오방은 동료와 적수에게 널리 퍼져 있는 네 마디 말로 국가-당 체제의 상황을 생동감 있게 표현했다. "사회주의를 고수하는 데 방향이 없다. 인민민주주의 독재를 고수하는 데 대상이 없다. 당의 지도를 고수하는 데 역량이 없다. 마르크스-레닌주의

우 적절하게 자신의 틀 안에 안착시키려고 했다. 즉 '탈정치화 방식'으로 사회 안정을 유지하려 했다.

정당의 대표성이 모호해지는 현상이든 국가의 공적 정책 결정이 자본의 이익에 좌우되는 현상이든 현대 세계의 두 가지 대표적 정치체제 사이에 유례없는 유사성과 일치성이 출현했다. 이런 각도에서 우리는 중국의 정치 상황과 서양의 민주주의 위기를 서로 연관된 하나의 과정으로 놓고 관찰할 수 있다. 지난 30년 동안 둘은 모두 '탈정치화'의 흐름 속에 있었다. 이는 결코 의회민주주의를 제도적 틀로 하는 다당제와 일당 집권의 조건에 있는 정치적 틀 사이에 중요한 차이가 없음을 말하는 게 아니다. '탈정치화' 흐름 속에서 의회민주주의적 다당제에는 '정치적 수렴' 현상이 출현하고 일당제 아래 두 가지 또는 다수 노선이 병존하는 구조도 사라졌으며 둘이 공동으로 정당정치 중심의 20세기 정치 모델의 위기를 이룬다는 사실을 말하는 것이다. 우리는 이에 따라 다음과 같은 두 가지 결론을 얻을 수 있다. 첫째, 현대 정치에서 위기의 핵심은 정당정치의 위기다. 정당정치의 위기는 1960년대 말부터 점차 강화된 '탈정치화' 과정의 결과다. 둘째, 현대 정치의 위기는 중국과 구사회주의권 국가의 정치체제 위기에만 국한되지 않고 유럽의 다당 의회민주주의와 영미식 양당 의회민주주의의 위기도 포함한다. 즉 그것은 일종의 보편적 위기다.

지금 우리는 새로운 유형의 '탈정치화된 정치'와 직면하고 있다. 현대의 조건에서 보편적 민주주의의 위기(그 핵심은 정당정치의 위기)와 그

를 고수하지만 너무 추상적이다." 鄧力群, 『十二個春秋』, 486쪽.

사회적 조건을 무시하거나 은폐한 채 전개되며 일방적 바람에서 비롯된 정치 변혁 방안은 모두 '탈정치화한 정치'가 확장된 것에 지나지 않는다. 우리에게는 그렇게 판단할 증거가 이미 아주 많다.[26]

2) 탈정치화와 이론 토론의 종결

정당정치의 위기를 말하는 것은 결코 조직 형식으로서 정당이 사라졌다는 것이 아니라 현대 정당(그리고 당-국가 정치)을 구성하는 전제에 변이가 생겼음을 말하는 것이다. 여기서 우리는 특히 '정치적 시야'를 통해 문화대혁명 이후 점점 사라진 '노선 투쟁' 개념을 다시 이해할 필요가 있다.

비록 이 개념은 대부분 승리가가 당내 투쟁을 정리할 때 쓰였지만 중국공산당 발전사에서 중요한 현상을 보여주기도 한다. 여러 차례의 중대한 정치투쟁은 항상 진지한 이론적 사고와 정책 토론과 이어져 있었다. 1927년 대혁명이 실패한 후 당내의 여러 세력은 혁명의 실패를 이론적으로 정리하며 정치투쟁을 했다. 1930년대 초에는 좌익과 우익 그리고 좌익 내부에서 중국의 사회 성격과 중국 혁명의 성격을 역사적으로 연구하고 이론적으로 토론을 했다. 중앙 소비에트와 옌안 시대에는 중국공산당 내부에서 정치, 군사, 국내외 정치에 대한 분석이 여러 가지

---

26 러시아와 기타 구소련 국가의 민주화와 과두정치의 관계를 고려하면, 이 보편적 민주주의의 위기는 구사회주의 국가의 전면을 새롭게 이해하는 것과도 관련된다. 지면의 제한으로 여기서는 상세하게 서술할 수 없다.

있었다. 문화대혁명 시대까지 중국공산당 내부에는 중국 사회 모순의 성격을 놓고 토론이 지속되었다.—우리는 중국 혁명의 역사적 단계마다 서로 다른 정치 집단 간은 물론 개별 정치 집단 내부의 이론적 분기와 이를 둘러싸고 전개된 정치투쟁을 발견할 수 있다. 이러한 이론적·정책적 토론을 보장하고 건강하게 지속 발전하는 제도적 조건이 부족했으므로 토론과 분기는 종종 권력투쟁이라는 강제적 방식으로 '해결'했다. 문화대혁명 이후 수많은 정치투쟁의 피해자가 '노선 투쟁'을 깊이 증오하고 '노선 투쟁' 개념을 철저히 부정했다. 그들은 권력을 다시 잡은 뒤 당내 '노선 투쟁'이 '무정한 타격'의 권력 운영으로 전화하는 기제나 조건을 분석하기를 거부했고 이런 투쟁을 억압하거나 회피함으로써 당내 의지의 통일을 얻어냈다. 그리고 당내의 정치 생활을 철저히 억압했다.—이 때문에 정당과 민주주의의 관계를 탐구하는 내적 계기도 상실했고 정당의 국가화, 즉 정당 탈정치화의 기반을 닦았다.

지속적인 이론 토론과 정치 실천의 긴밀한 관계는 20세기 중국의 혁명과 변혁에서 가장 두드러진 특징이다. 바로 이러한 정당 체제 내부의 이론 토론과 정치투쟁이 정당정치의 내적 활력을 유지했기 때문에 정당은 상대적으로 안정된 권력 구조 안에서 '탈정치화된' 정치조직으로 변하지 않을 수 있었고 정당이 이론과 실천의 이중적 검증 아래 노선 투쟁을 벌여 자신의 오류를 수정할 수 있었다. 이것이 바로 정당의 오류 수정과 혁신 기제다.[27] 중국의 1960년대는 그 자신의 이론적 특징을 가

―――――――――

27 마오쩌둥은 『모순론』에서 이렇게 말했다. "레닌이 말했듯이 '혁명적 이론 없이 혁명

지고 있다. 역사와 그 동력을 어떻게 이해하는가, 상품·상품경제·노동·생산양식을 어떻게 이해하는가, 생산력과 생산관계의 관계를 어떻게 이해하는가(특히 '생산력 우선주의'에 관한 논쟁), 계급과 계급 투쟁·부르주아의 법적 권리를 어떻게 이해하는가, 중국 사회의 성격과 세계혁명의 추세, 서로 다른 정치적 관점과 정치 세력 간의 격렬한 대결을 어떻게 이해하는가. 이 시대 이론 토론을 그 이전 모든 시대의 이론투쟁과 비교하면, 우리는 지나간 어떤 시대의 이론 토론도 이 시대처럼 엘리트, 종교, 정당 또는 국가의 범위를 넘어서 전 인민적 사건은 아니었음을 받아들일 수 있다. 우리는 이 시대의 정치 문화와 이론성의 관계가 어떻게 형성되었는지 묻지 않을 수 없다.

나는 '단기 20세기'가 담고 있는 이론과 실천의 거대한 분기가 바로 동인 중 하나라고 생각한다. 20세기 중국이 전 세계 변동의 급진성을 대표하고 이런 변혁의 급진성이 낡고 농업 위주이고 근대적 계급관계가 충분히 발전되지 않은 현실과 놀랄 만큼 갈라섰기 때문에 혁명과 변혁

적 운동은 없다'는 시기를 맞아 혁명이론의 창립과 제창은 결정적 역할을 했다. 어떤 일(어떤 일도 마찬가지로)을 해야 하지만 방침, 방법, 계획, 정책이 없을 때 방침, 방법, 계획, 정책을 확립하는 것 역시 주요하고 결정적인 것이다. 정치·문화 등 상부구조가 경제적 토대의 발전을 막아서는 시기에는 정치와 문화에 대한 혁신이 주요하고 결정적인 것이 된다." 『毛澤東選集』 第2版 第1卷, 325~326쪽. 마오쩌둥이 여기서 인용한 레닌의 어록은 레닌이 1901~1902년에 쓴 『무엇을 할 것인가?』에서 따온 것이다. 그리고 레닌이 이 책에서 인용한 것은 『독일농민전쟁』에서 엥겔스가 이론투쟁에 관해 서술한 내용이다. 이 책에서 레닌은 사회민주주의 운동의 위대한 투쟁은 결코 두 가지 형식(정치와 경제)이 아니라 (…) 세 가지 형식이고 이 두 가지 투쟁과 병렬되는 것은 바로 이론투쟁이라고 했다. 『列寧選集』 第1卷, 242쪽.

의 급진성은 가장 먼저 이론투쟁으로 드러났다.―이것은 사람들의 주체성을 개조하거나 전화하는(이른바 '영혼을 건드리는 혁명') 과정이다. 여기에 이론투쟁을 실천으로 전화하려는 강렬한 욕망이 투사된다. 마르크스가 독일 혁명의 모순을 논하면서 말했듯이 "혁명에는 수동적 요소가 필요하고 물질적 토대가 필요하다. 이론이 한 국가에서 실현되는 정도는 그것이 이 국가의 수요를 충족시키는 정도에 달려 있다. 그러나 독일 사상계의 요구와 독일 현실의 이 요구들에 대한 답안은 놀랄 만큼 일치하지 않았다. 그것은 시민사회와 국가 사이 그리고 시민사회 자체 사이의 동일한 분기와 일치할 수 있을까? 이론적 요구가 직접 실천적 요구가 될 수 있을까? 사상이 현실로 실현되기를 바라는 것만으로는 불충분하다. 현실 자체가 사상으로 향하려고 해야 한다."[28] 1970년대 중반 이전 계급, 계급 투쟁, 사회주의, 공산주의에 관한 혁명이론이 그랬고 1970년대 중반에 전개된 상품 생산, 부르주아의 법적 권리에 관한 이론투쟁도 그랬다. 마르크스의 말을 빌리면 "그것은 이론적으로 이미 초월의 단계에 올라 있지만 실천적으로는 아직 도달하지 못했다."[29] 이 이론투쟁에서 소련과 중국 사상 내부의 상품 생산이 생산자본주의를 생산할 수 있는가, 노동 분배에 따라 부르주아계급의 법적 권리를 만들 수

---

28 馬克思, 「『黑格爾法哲學批判』導言」, 『馬克思恩格斯選集』 第一卷, 北京: 人民出版社, 1972, 10쪽.

29 같은 책, 10쪽. 마르크스는 결론부에서 계급 정치와 이론의 뗄 수 없는 관계를 명확하게 설명했다. "독일인의 해방은 인간 해방이다. 이 해방의 두뇌는 철학이다. 심장은 프롤레타리아다. 철학이 프롤레타리아를 소멸시키지 않으면 현실이 될 수 없다. 프롤레타리아는 철학을 현실로 바꾸지 않으면 자신을 소멸시킬 수 없다." 같은 책, 15쪽.

있는가에 관한 이론적 사유에 대해 마오쩌둥과 그의 추종자들은 진정한 이론적 공격을 일으켰다. 이 이론적 공격과 그것이 불러온 사고와 토론이 중국 개혁의 이론적 서막이라고 보는 것이 지나치지 않을 것이다. 그것은 이론 토론 방식으로 1970년대 말 시작된 중국 개혁의 기본 문제와 기본 방향의 기반을 마련했다.

현재 중국의 '탈정치화 과정'을 이상의 과정에서 관찰한다면 이 과정은 다음 두 가지 특징을 분명히 보여준다. 첫째, 이데올로기 영역의 '탈이론화', 즉 '논쟁하지 않음'을 계기로 20세기에 점진적으로 형성된 이론과 실천의 명확한 상호관계가 '돌다리도 두드려보고 강을 건넌다'라는 개혁 실천으로 전화했다. 둘째, 당 내부의 노선 투쟁 종결이다. 즉 경제 개혁 중심이 당 전체 업무를 '건설'('혁명과 건설'이 아닌)로 이전시켰다. 이 정치적 선택은 1970년대에 민심을 크게 얻었다. 이는 분명 문화대혁명 후기의 혼란한 정치적 국면과 권력투쟁에 대한 반응이다. '돌다리도 두드려보고 강을 건넌다'라는 비유는 이 시기 구도로 주목받은 '실사구시'와 '실천은 진리를 검증하는 유일한 기준'이라는 이론 토론과 관련된다. 그것 자체는 1970년대 중반 마오쩌둥과 그의 추종자들이 일으킨 이론적 공격에 대한 이론적 응답이었다. 그러나 이 전략적 선택이 결국 일종의 '탈정치화된' 정치 노선으로 변천했을 때 이론 토론이 정치 문화에서 점차 사라졌을 뿐 아니라 1960년대 한 차례 출현했던 정치와 국가, 정치와 정당의 분리와 긴장도 완전히 사라졌다. 정치와 국가(당-국가 체제)를 서로 통일하면서 '정치가 곧 국가가 아니다'는 조건에서 형성된 정치 토론과 이론적 탐색은 형체도 없이 사라졌다. '돌다리도 두드려보고 강을 건넌다'는 개혁은 현재 경험이 없으므로 반드시 실천 속에서 종합하는 것이 정확하다는 점을 묘사한 것이다. 그러나 이것은 개혁 자체에 이론적 강령이 존재함을 부정할뿐더러 현실에도 맞지 않는다. 1975년 전후의 이론투쟁과 그 후 이 이론투쟁에 관한 청산은 개혁 시대 이론적 강령의 기초를 공통으로 다졌다. 이 점에 대해서는 여기서 간략하게 두 가지 논증만 할 수 있다.

첫째, 1970년대 전기부터 중반까지 마오쩌둥의 계획에 따라 덩샤오핑이 업무에 복귀했다. 이에 당내 두 가지 정치 노선이 이론 토론을 전개할 계기를 마련해주었다. 가령, 1975년 7월 덩샤오핑의 지지 아래 국무원이 일군의 당내 이론가가 핵심이 된 정치연구실이 3개 세계의 구획, 소련 사회의 성격, 전쟁과 평화 문제, 자본주의 세계 경제의 위기, 프롤레타리아 독재, 부르주아의 법적 권리 등의 문제를 집중 토론했다. 그리고 그들의 반대편에서 장춘차오張春橋 등이 마오쩌둥의 지시에 근거해서 '양보일간兩報一刊'(인민일보, 해방일보, 홍기)과 『적역摘譯』 등의 간행물을 이론 진지로 구축하고 이 문제에 대해 이론적 방향이 전혀 다른 연구를 했다. 둘 사이의 이론 논쟁은 정치적 분기에 따라 날로 심해졌다. 이 시기에 중국공산당 내에서 중국 사회의 성격, 상품, 노동, 생산력, 가치 규범, 노동에 따른 분배, 부르주아의 법적 권리 등의 문제에 대해 벌인 격렬한 이론 토론과 정치투쟁은 이후 중국의 개혁이 직면하는 기본적 이론 문제와 맞닿는다. 이런 이론 토론과 정치 구도의 변화 이후 이 토론을 사상적으로 종합하고 정치적으로 청산하지 않았다면 이후 개혁이 생산력 해방-상품경제 발전-시장경제-재산권 개혁의 경로로 발전하리라고 생각하기 어렵다.[30] 1975년의 이론 토론은 분명히 훗날의 사회주의 상품경제 개념을 이미 잉태했고 사회주의 시장경제 이론의 수많은 중요한 전제를 제공했다. 이 토론에 대한 이론적 성찰과 정치적 청산이 없었다면 덩샤오핑이 두 번째로 복권된 후 그렇게 신속히 개혁의 방향을 조정할 수 없었을 것이며, 첫 번째 복권되었을 때의 방침—정돈을 통해 계획경제를 재건하는 방침—에 따라 현대화가 진행되었을 개연성이 높다. 사실 1975년의 토론은 중소 논전이 이론적으로 심화된 것이기도 하다. 이 시기 이론적 비판(특히 부르주아의 법적 권리, 상품 생산과 노동에 따른 분배에 관한 이론적 탐색)의 대상에는 소련에서 출현한 상품, 화폐, 자본, 종교 문제에 관한 이론적 탐색이 포함될 뿐 아니라[31] 스탈린

---

30 당사자의 회고에 따르면, 1977년 대규모 개혁이 전개되기 전 국무원 재무팀에 부설된 이론팀이 「'사인방'이 사회주의 상품 생산과 자본주의 상품, 화폐 관계를 부정할 때의 오류」,「마르크스·엥겔스·레닌·스탈린의 사회주의 제도 아래서 상품 생산에 관한 일부 논술」두 자료를 정리해서 내놓았다. "우리는 '사인방'의 사회주의 상품 생산, 화폐 부문에 관한 자료를 수집한 뒤 그들이 경제학적으로 확실히 체계적인 반동이론을 가졌으며 그것은 사회주의 상품 생산에 대한 공격, 비방에서 집중적으로 드러났고" "자본주의 상품 생산과 자본주의 이전 상품 생산의 특징을 모든 상품 생산의 특징이며 (…) 상품 생산이 존재하면 반드시 부르주아가 존재한다고 말하는 데"서 집중적으로 드러난다. 鄧力群,『十二個春秋(1975~1987)』, 香港: 博智出版社, 2005, 99쪽.
31 소련 이론계가 제기한 상품 생산이 자본주의를 생산할 수 없다는 논제는 '사회주의 상품경제'의 이론적 전제라고 할 수 있다. "부자 100만 명이 자본가로 변할 수 없다"는 논제는 '일부를 먼저 부유하게 하자'의 이론적 전제라고 할 수 있다. 그리고 화폐 문제에 관한 이론적 탐색은 사회주의 시장경제 개념에 길을 깔았다. 내가 직접 수집한 자료로 1975년에 출판된『摘譯』第5期에는 '상품화폐 관계'와 '소련 종교' 특집이 실려 있다. 여기에는 '상품화폐 관계'란에 N. N. 普納諾夫 등의「商品生産不可能產生資本主義, 貨幣不能成爲資本」, A. H. 馬拉菲夫 등의「百萬富翁不會變成資本家」, 格·格利戈連의「社會主義商品貨幣關係中若干方法論問題」등이 실려 있다. 이 시기 발생한 상품, 노동에 따른 분

의 『소련사회주의 경제 문제』의 사회주의 상품 생산에 관한 이론도 포함된다.[32] 이것은 왜 개혁 시기 덩샤오핑이 자신이 참여하고 주재한 중소 논전과 그 이론 노선에 염증과 혐오감을 느꼈는지도 해석해준다.[33]

둘째, 1970년대 말부터 중국공산당 내부와 중국 사회에서 일련의 사회주의, 휴머니즘, 소외 문제, 상품경제, 가격 개혁, 소유제(재산권) 문제 등에 관한 이론 토론이 벌어지고 다양한 시각에서 중국 개혁의 방향이 논의되었다. 이것이 바로 '사상해방운동'이다. 그러나 논제 측면에서나 토론 참여자 측면에서나 이 두 차례 토론은 연속된 과정이다.—비록 정치적 국면이 변했기 때문에 주장의 정치적 방향도 변하지만.[34] 1983년

배, 부르주아의 법적 권리 등에 관한 이론투쟁도 소련에서 이미 출현한 '3불 이론'(사회주의 제도에서의 상품 생산에는 착취가 출현할 수 없다. 자본주의를 생산할 수 없다. 자본주의적 상품 생산으로 전화할 수 없다)을 겨냥한 것이다. 이는 상품 생산에서 '3불주의'라고 할 수 있다. 秦景池, 「蘇修鼓吹"三不"主義的目的何在?」, 『摘譯』, 1975年 第5期 上海: 上海人民出版社, 1975, 1쪽(사실 이는 『摘譯』 칼럼니스트의 글이다).

32 1957년 2월 27일 마오쩌둥은 「인민 내부의 모순을 정확히 처리하는 문제에 관하여」(연설문)에서 스탈린이 인민 내부의 모순을 적과 아의 모순으로 처리하는 오류를 범했다고 분석했다. 그러나 스탈린은 1952년에 쓴 「소련 사회주의의 경제 문제」에서 생산력과 생산관계의 모순을 인정했고 양자의 충돌을 정확히 처리할 수 있다면 둘 사이의 모순이 적대적 모순으로 발전하는 것을 피할 수 있다고 했다. 이 연설은 반복적인 수정과 토론을 거쳐 정식으로 발표되었다. 정식으로 발표된 글에서는 스탈린의 「소련 사회주의의 경제 문제」를 직접 거론하지는 않았다.

33 각주 34의 저우양이 제기한 '소외' 문제에 대한 덩샤오핑의 비판을 참조.

34 다음 몇 가지 사례가 이 사실을 설명하는 데 도움을 준다. 가치 법칙에 관한 쑨예팡孫治方의 논의가 이 시기에 나왔다. 그와 구준顧準은 1956~1959년 무렵 이미 이 문제에 관심을 갖고 「가치 법칙의 토대 위의 계획과 통계」(孫, 1956), 「사회주의 제도하의 상품 생산과 가치 법칙에 대한 시론」(顧, 1957), 「가치에 대하여」(孫, 1959) 등을 발표했다. 사실 바로 이 시기에 마오쩌둥이 스탈린의 『소련사회주의 경제 문제』를 읽고 상품과 사회주

강제로 끝난 마르크스주의 휴머니즘에 관한 논쟁에서 진정한 차이는 소외 개념에 관한 이론적 해석에서 나왔다. 마르크스는 헤겔 이론에서 온 소외 개념을 피착취자의 사회적 상황을 해석하는 이론으로 만들었다. 이 이론에서 마르크스는 생산수단의 사적 점유를 끝내고 타인을 위한 노동을 끝내며 더 나아가 계급을 소멸시켜야 인류의 소외를 최종적으로 없앨 수 있다고 보았다. 이 토론에서는 정치적으로 '문혁'을 사회주의적 소외의 범주에 끌어들여 성찰했다. 그러나 이론적으로는 1975년 이전 반복해서 토론한 노동에 따른 분배와 부르주아의 법적 권리 문제와 일맥상통했고 '60년대'의 사상 노선, 즉 사회주의 자체의 변이와 퇴화에 대한 각성과 근원이 같다. 바로 이 때문에 저우양이 정치적으로 '개혁·개방파' 또는 '사상해방운동'의 문화적 기수로 여겨졌다. 그러나 오히려 소외이론을 제창했다고 해서 개혁파에게 숙청당했다.[35] 이런 각

의의 관계 문제를 다시 제기했다. 개혁의 이론적 토대는 사실상 사회주의 역사 내부에서 싹텄다.

35 마르크스주의 휴머니즘과 소외 문제에 관한 토론은 1983~1984년에 벌어졌다. 논쟁은 1983년 3월 7일 마르크스 서거 100주년을 기념하고 열린 기념행사에서 저우양이 「마르크스주의의 몇 가지 이론적 문제에 대한 논의關於馬克思主義幾個理論問題的探討」(훗날 같은 달 16일 『인민일보』에 발표되었다. 이 글은 왕위안화王元化, 왕뤄수이王若水, 구상顧驤의 도움으로 완성되었다.)을 발표한 후 일어났다. 주목할 만한 점은 다음과 같다. 이 논쟁의 이론적 연원은 결코 80년대가 아니라 더 이른 시기다. 저우양의 주장에 따르면, 1964년에 그가 마오쩌둥과 소외 문제를 논했으며 마오쩌둥이 그의 소외에 관한 견해에 찬성했다. 1983년 9월 30일 10월 11일에 열리는 중국공산당 12기 2중 전회를 준비하기 위해서 덩샤오핑이 연설을 했는데 그중 이런 말이 있었다. "저우양 동지가 마오 주석이 그의 소외에 관한 글에 찬성했다고 말한다. 마오쩌둥은 그 때문에 손해 본 것은 아닌가? 그때 머릿속에는 온통 소련의 변질에 관한 생각뿐이었다. 그것은 우리 자신도 변질되었다고 말하게까지 되었다. 주자파를 말하고 부르주아계급이 공산당 내에 있으며 자

도에서 보면, 개혁·개방 자체에 두 가지 다른 이론적 입장과 사상 노선의 내재적 대립이 들어 있음을 알 수 있다. 그 핵심은 사회주의와 사회주의의 자기개혁운동을 어떻게 이해하느냐다. 그러나 '탈정치화의 정치적 추세'와 '개혁과 반개혁'의 틀에서 이러한 대립은 잠시 이론적 대결을 한 뒤 제대로 전개되지 않았다. 우리는 '정신 오염을 청산하자' '부르주아 자유화에 반대한다' 등 한쪽으로 쏠린 정치운동 속에서 그 단서를 볼 수 있을 뿐이다. 개혁의 지도자가 볼 때 '정신 오염'과 '부르주아 자유화'는 서양에서 온 것이라기보다 문화대혁명에 깊은 연원이 있었다. 이론적 깊이와 토론의 넓이 측면에서 이 논의는 이미 1975년과 1977년의 이론에 견줄 수 없다.[36] 나는 1970년대 중반부터 1980년대 초까지의 이

본주의의 길을 걷는 당권파를 타도하자고 했다. 중앙에서만 아니라 각급 지도부에서 타도해야 한다고 했다. 이것은 소외 사상이 그렇게 만든 것 아닌가? (…) 또 이상하다. 어떻게 몇 가지를 빼냈는가? 사실 마르크스주의, 사회주의, 공산주의에 대한 믿음이 없는 것 아닌가, 평생 공산주의를 위해 싸운다고 말하지 않았는가? 공산주의가 막연한 것이고 선망하나 도달할 수 없는 것이 되었다. 사회주의 자체도 소외된 이상 무슨 공산주의에 도달하는가? 첫 번째 단계에서 본인이 스스로를 부정하면 어디까지 부정할 셈인가? 사회주의 소외는 어디까지 갈 것인가? 자본주의까지 소외될 것인가? 봉건주의까지 소외될 것인가? 사회주의가 공산주의까지 소외될 것이라고는 말하지 않겠다!" 鄧力群, 『十二個春秋』, 272쪽 재인용. 陳爲人, 『唐達成: 文壇風雨五十年』, 溪流出版社, 2005, 154쪽도 참조. 이런 시각에서 보면, 사상해방운동의 이론적 강령은 1950년부터 1970년대의 사회주의 역사 속에서 잉태되었다. 그것과 덩샤오핑이 주도한 개혁 노선 사이에 존재하는 분기는 간접적으로 1970년대 말을 경계로 하는 두 시기 사이의 정치적 지향의 차이로 표출된다. 이 점은 아마 아직 사람들에게 주목받고 고려되지 않은 것 같다.

36 2004년, 나는 루소 교수, 포차나 교수와 함께 관련 문헌을 읽었다. 그들의 수많은 통찰력이 내가 관련 자료를 다시 검토하고 이 시기에 대한 사유와 '포스트 혁명' 시대 전체에 대한 성찰을 연관 지을 수 있게 해주었다. 이에 감사하는 마음을 전한다. 이 문제에 대한 몇몇 생각은 내 영문 저작에 대한 루소와 포차나의 논평은 Claudia Pozzana and

대토론이 20세기 사회주의 운동사 최후의 고도로 이론적인 정치 토론이라고 생각한다.

현재 우리는 '탈이론화'라는 사상적 형국을 맞이하고 있다. 이 형국에 대한 대응으로 중국의 지식계는 1990년대에 격렬한 사상 토론을 벌였다. 이 토론은 일종의 새로운 모델을 구축했다. 첫째, 토론이 결코 정당 체제 내부에서 기원하지 않고 지식인 사이에서 일어났다. 둘째, 지식인의 사상 토론이 국가 변혁의 방향과 직접 맞닿아 있고 이에 따라 국가 변혁의 방향과 정책에도 영향을 주었다. 이는 체제 내외에서 발생하지만 안정되지 않은 상호작용이다. 정치와 국가의 관계라는 차원에서 볼 때 이 논쟁의 모델은 바로 1960년대에 시작한 정치를 국가의 틀에서 해방하는 실험과 일맥상통한다.

3) 탈정치화와 계급 문제

중국의 맥락에서 국가-당 체제의 재확립은 계급 개념이 모호해지거나 쇠퇴하는 것과 직접 연관된다. '탈정치화된 정치 이데올로기'는 문화대혁명 종결 이후 계급과 계급 투쟁에 대한 철저한 부정과 밀접하게 관련된다. 계급이 거의 소멸된 사회주의 시기의 계급 투쟁을 어떻게 이해할 것인가? 또 사회를 다시 계급으로 분화하는 과정에서 계급 담론이

Alessandro Russo, "China's New Order and Past Disorders : A Dialogue Starting from Wang Hui's Analysis," *Critical Asian Studies*, vol.38, no.3, September 2006, pp.329~351 참조.

도리어 사라지는 것을 어떻게 해석할 것인가? 분명 계급 범주가 중국 정치에서 수행한 역할과 변화를 다시 연구하는 것은 오늘날 '탈정치화된 정치'의 형성을 이해하는 데 핵심 역할을 한다.

계급 개념 특히 계급 투쟁 명제는 마르크스주의 이론의 초석 중 하나다. 일찍이 1843년 발표한 「『헤겔 법철학 비판』 서설」에서 마르크스는 그의 계급관과 계급 정치 일반 이론을 자세히 서술했다.[37] 그러나 그 자신은 계급 개념이나 계급 형성 문제를 미처 체계적으로 분석하지 못했다. 『자본론』 3권 마지막 1장, 즉 52장 제목이 계급이다. 그러나 수고는 한쪽 남짓 진행된 채 중단되었다. 한쪽 남짓한 지면에서 계급 문제에 대한 마르크스 사유의 실마리를 발견할 수 있다. 첫째, 자본주의 생산양식의 토대 위에서 근대사회는 3대 계급, 즉 순수한 노동력 소유자(임금을 받는 고용 노동자), 자본 소유자(이윤을 취하는 자본가), 토지 소유자(지대를 받는 토지 소유자)로 분화된다.[38] 둘째, 근대사회의 경제 구조가

---

37 마르크스는 이 글에서 프롤레타리아가 "자연 발생적으로 성립한 빈민이 아니라 인위적으로 생산된 빈민이, 사회의 중압에 기계적으로 짓눌린 인간 대중이 아니라 사회의 급격한 해체에서, 특히 중간 신분의 해체로 출현한 인간 대중"이라고 주장했다. 또 부르주아 사회의 계급관계는 일종의 대항적 관계이기 때문에 프롤레타리아의 출현 자체가 "세계질서의 사실적 해체"이고 "프롤레타리아가 사적 소유의 부정을 요구할 때 프롤레타리아는 사회가 프롤레타리아의 원리로 고양시켰던 것, 프롤레타리아의 조력 없이 이미 프롤레타리아 속에 사회의 부정적 결과로 체현된 것을 사회의 원리로 고양시킬 따름이다"라고도 설명했다. 『馬克思恩格斯選集』 第一卷, 14~15쪽. 한국어 번역은 「헤겔 법철학 비판을 위하여」, 최인호 외 번역, 『칼 맑스 프리드리히 엥겔스 저작 선집』 1권, 박종철출판사, 1999, 14~15쪽 참조.
38 근대사회의 세 가지 주요 계급에 관한 이론은 李嘉圖, 『政治經濟學及賦稅原理』 참조.

이미 최고도로 가장 전형적으로 발전한 영국에서도 계급 구조가 아직 가장 순수한 형식으로 드러나지 않았다. 그중 몇몇 과도기적이고 중간적인 계급이 앞서 말한 뚜렷한 계급적 한계 규정을 혼동시킨다. 셋째, 계급적 한계 규정이 이렇게 모호한 상태가 존재하지만 자본주의적 생산양식이 상술한 계급적 경계를 선명하게 하는 추세가 더욱 뚜렷해진다. 이 추세들은 생산수단과 노동의 점증적 분리, 분산된 생산수단의 점증적 대량 집적, 자본과 노동에서 토지소유권의 분리와 독립(자본주의 생산양식으로 전화하는 데 조응하는 토지소유권 형식)으로 개괄할 수 있다.[39] 이것은 구조적 또는 이론적 유형의 계급 개념이다. 마르크스에게서도 이 개념은 현실의 계급관계와 사회투쟁을 서술하는 데 직접 사용할 수 없다. 「루이 보나파르트의 브뤼메르 18일」 등의 글에서 마르크스는 계급관계에 대해 '정치적 사태 분석'으로 볼 수 있는 서술을 했다. 즉 역사 변천의 시야에서 부르주아, 프롤레타리아, 대토지소유주, 금융 과두, 농민, 프티부르주아, 중간계급, 룸펜프롤레타리아, 산업자본가, 상층 귀족 등의 계급과 계급, 단체, 사회유형, 계층 그리고 기타 역할의 정치 무대에서의 복잡한 상황을 보여준다. 계급관계의 이러한 복잡한 상황은 특정한 사회가 구성한 주된 생산관계의 역사성에서 비롯된다. 즉 여기에는 과거가 남긴 갖가지 생산관계(과거의 생산관계에서 주도적 지위를 점하는 사회 계급들의 잔여물)뿐 아니라 미래 생산양식의 핵심 요소

---

39 馬克思, 『資本論』第三卷, 北京: 人民出版社, 2004, 1001~1002쪽. 한국어판은 강신준 옮김, 『자본』Ⅲ—3, 「제52장 제계급」, 이론과실천, 1990, 1099~1100쪽 참조.

도 담겨 있다.[40] 따라서 우리는 이것을 구조적 계급 개념과 구별되는 정치적 계급 개념이라고 개괄할 수 있다. 그러나 마르크스에게 둘은 완전히 일치하는 것이다. 상술한 두 계급 개념을 종합적으로 분석해보면 마르크스의 계급 개념을 다음 몇 가지 요점으로 정리할 수 있다. 첫째, 계급관계의 광경이 얼마나 복잡하든 계급의식과 계급 투쟁은 항상 토대인 계급 구조의 제약을 받으며 반드시 특정한 생산양식 또는 계급 구조에 대한 자각적 개조로 표현된다. 둘째, 계급은 관계적 개념이다. 즉 어떤 계급은 다른 계급과 관계에서만 정의된다. 따라서 계급관계는 내재적·근본적이고 착취와 피착취라는 특정한 관계를 객관적 토대로 하는 대립성을 내포한다.[41] 셋째, 계급 간 대항성은 계급 형성의 필수 조건이다. 즉 계급 대립이라는 형국이 없으면 계급 자체가 형성될 수 없다. 또 계급 대립의 형국을 창출해야 계급적 주체를 낳을 수 있다. 바로 후자의 특징이 계급 개념을 객관적 개념에서 주관적·정치적 개념으로 전화하고 운동의 내재적 시야에 근거를 두어야 거기에 내포된 개념이 드러날

---

40 Erik Olin Wright, *Classes*, London : Verso, 1997, p.7. 현대 이론가들은 마르크스가 제기한 계급적 한계 규정의 모호함, 중간계급의 존재 그리고 '신계급'(가령 기술 관리 계급)의 분출, 지식인의 '목적성', 노동자계급의 모호화 등의 현상에 대해 한층 더 깊이 사유해서 '문화자본' '취미'와 기타 범주를 통해 계급 개념을 다시 정의하는 가능성과 필요성을 제기했다. 그러나 이들 이론적 노력은 근본적으로 생산양식의 재생산이라는 기초적 해석 틀에서 결코 벗어나지 않았다. 사실상 레닌을 포함한 고전적 마르크스주의자는 계급 상황의 복잡성을 한 번도 부정하지 않았고 마르크스가 『공산당선언』에서 말한 '계급 모순의 단순화'가 부르주아 시대의 특징일 뿐임을 부정하지 않았으며 그것이 각자 다른 사회의 더 복잡한 사회적 조건들을 포섭하지는 못할 거라고 생각했다.
41 같은 책, 28~37쪽.

수 있다. 즉 계급은 계급을 형성하는 과정이고 계급을 정치 주체로 세우는 과정이다.[42] 이 계급 개념은 마르크스의 다음과 같은 판단 위에서 수립된다. 오직 현재 제도의 붕괴가 임박했을 때, 즉 혁명의 시대에 객관적 계급의 지위와 주관적 계급의 각성이 일치할 수 있다. 따라서 계급과 계급관계는 결코 실증주의적 방법론으로는 보여줄 수 없다. 계급의식을 싹틔우는 관념, 가치, 이론은 결코 직접 객관적인 경제-사회 구조에서 끌어낼 수 없다.

'매우 짧은 20세기 중국'에서 계급 개념을 규정하는 이상의 두 가지 방식은 혁명이 진행되는 동안 다중의 변주를 보여주었다. 종합의 방법으로 계급 문제를 이해할 수 없다면 중국 혁명을 이해할 수 없다.[43] 우선 우리 앞에는 정당과 계급의 관계 문제가 놓여 있다. 중국공산당은 창당 초기에 "중국공산당은 프롤레타리아의 전위대다. 프롤레타리아를 위해 투쟁하고 프롤레타리아를 위해 혁명을 하는 당이다"라고 선언

---

42 우리는 이 개념을 피억압 계급의 각성과 공동 이익감을 촉진하고 이해하기 위한 계급 개념으로 개괄할 수 있다. 예를 들면, 소공업가, 소상인, 수공업자, 농민 등 중간 신분도 부르주아와 투쟁한다. 그러나 이 투쟁은 보수적이고 심지어 반혁명적이다. 그들은 자기 이익을 위해 역사의 수레바퀴를 거꾸로 돌리려고 하기 때문이다. 그러나 혁명 정당은 그들을 혁명적이라고 볼 수 있다. "그것은 그들에게 임박한 프롤레타리아로의 이행을 목격하는 한에서 그렇다. 이때 그들은 그들의 현재 이익이 아니라 미래 이익을 옹호한다. 그리하여 그들은 프롤레타리아 입장에 서기 위해 자기 견해를 포기한다." 馬克思,「共產黨宣言」,『馬克思恩格斯選集』第一卷, 262쪽.

43 레닌은 이렇게 말했다. "어떤 사회 또는 몇 개 사회 전 구성원의 의향의 총화를 알아야 이 의향의 결과를 과학적으로 판단할 수 있다. 거기에 모순된 각종 의향이 있는 이유는 사회마다 분화되어 성립된 각 계급의 생활 상황과 생활 조건이 다르기 때문이다."「馬克思的學說」,『馬克思恩格斯選集』第一卷, 北京 : 人民出版社, 1972, 13쪽.

했다.[44] 그러나 중국공산당 창건에 직접 참여한 코민테른 대표 리진利金 (1895~?, 원래 성은 크르지자노프스키Krzhizhanovsky, 1921~1922년 코민테른 극동 서기처 중국 대표를 지냈다), 마린馬林(1883~1942, 본명은 헨드리쿠스 스네플리트Hendricus Josephus Franciscus Marie Sneevliet로 네널란드인, 1902년 네덜란드 사회민주당에 가입했고 1913~1918년 네덜란드 식민지 자바에서 마르크스주의 선전 업무를 했으며 1920년부터 코민테른 집행위원회 실무자, 1921~1923년에 코민테른 집행위원회 주중국 대표를 지냈다) 등은 초기 중국공산당이 지식인 중심으로 획일적으로 구성되었고 중국 노동자 대중과 완전히 동떨어져 있는, 기껏해야 '공산주의 소조' 정도라고 생각했다.[45] 초기 중국공산당의 계급적 성격에 대한 자기규정과 코민테른 대표의 중국공산당 구성원의 계급적 속성 규정 사이에는 뚜렷한 차이가 있다. 그러나 이런 차이가 있다고 해서 간단히 서로를 해체하거나 부정할 수는 없다. 정치조직의 계급적 속성과 조직, 구성원의 정치적 가치와 사회적 이념은 긴밀한 관계가 있다. 그것은 결코 직접적으로 조직 구성원의 계급 출신에 달려 있지는 않다. 정치적 의미에서 프롤레타리아가 공산당의 존재론적 전제라기보다는 "프롤레타리아가 계급으로 형성되도록 하고" 궁극적으로 "부르주아의 통치

---

44 「中國共產黨對於時局的主張」, 『中共中央文件選集』第一冊, 北京: 中共中央黨校出版社, 1989, 37쪽.

45 바로 이런 판단에 근거해서 그들은 중국공산당원이 중국국민당을 지지하거나 더 나아가 당에 가입할 필요가 있다고 건의했다. 中共中央黨史研究室第一研究部 編, 「共產國際執行委員會給其派駐中國南方代表的指令」(1922年 8月), 『共產國際, 聯共(布)與中國革命檔案資料叢書』第2卷, 北京: 北京圖書館出版社, 1997, 324~325쪽.

를 뒤엎고 프롤레타리아의 정권 쟁취"를 실현하는 사명이 공산당 성립의 직접적 동력을 제공한다.[46] 이런 사명이 없으면 이 사명과 관련된 정치적 의지와 정치적 행위도 없고 이 정당도 존재하지 않는다.

따라서 구조적이고 정치적인 계급 개념을 구분하고 새로운 정치 주체의 각도에서 현대 중국의 계급 정치를 해석하는 것은 중국 혁명 정당의 각종 정책과 그들이 추진한 투쟁을 이해하고 이 운동들을 추진한 정당 자신의 성격을 분석하는 데 필요하다. 현재 수많은 정치이론가는 계급 정치가 각자 다른 사회에서 드러나는 형식을 해석하려고 시도했다. 그들은 다음과 같은 '원리'를 가설로 세웠다.

상세하고 고도로 제도화한 지위 구조와 통상 산업사회에서 발견되는 계급적 긴장, 이 둘의 상호 결합이 특징인 산업사회는 지위 신분이 명확하지 않고 정식으로 승인되지 않는 사회보다 계급적으로 각성된 정치가 출현할 개연성이 훨씬 높다.[47]

예를 들어, 전 산업사회의 경직된 지위 체계를 유지하는 사회(독일 같은)는 계급의식과 마르크스주의 정당이 생겨나기 훨씬 쉽고 봉건적 신분 전통이 부족한 미국에서는 강대한 계급 정치와 계급적 각성을 띤 정치조직이 생겨나기 어렵다. 그러나 계급 정치와 계급 구조의 관계는 무

---

46 馬克思, 「共產黨宣言」, 『馬克思恩格斯選集』第一卷, 264쪽.

47 李普塞特(Seymour Martin Lipset), 『一致與衝突(Consensus and Conflict, Essays in Political Sociology)』, 張有華 等 譯, 上海: 上海人民出版社, 1995, 66~67쪽.

척 복잡하다. 계급 정치를 계급 구조로 간단히 환원하는 방법으로는 중국 혁명의 진정한 동력을 해석할 수 없다. 중국 농촌의 대부분 지역에는 엄격한 의미에서의 봉건적 신분제가 존재하지 않았고 과열된 계급 투생을 진행한 몇몇 마을조차 지주가 없다. 그러나 왜 바로 중국과 같은 드넓은 농촌에서 유례없는 격렬한 계급 투쟁이 출현했을까? 왜 바로 중국에서 높은 계급적 각성을 바탕으로 계급 투쟁을 추진하는 정당이 출현했을까?

혁명 정당 자체는 초기 구성원의 계급 구성으로 연역할 수 없다. 그러나 이는 혁명 정치와 특정한 사회적 조건, 일정한 사회의 계급 구조와 전혀 관계가 없다는 말이 아니다. 1926년 마오쩌둥은 「중국 사회 각 계급 분석」 첫머리에서 '적과 동지의 판별'이라는 정치적 의제를 가장 먼저 제기했다.

> 누가 우리의 적인가? 누가 우리의 동지인가? 이는 혁명에서 가장 중요한 문제다. (…) 혁명당은 대중의 안내자다. 혁명에서 혁명당이 길을 잘못 안내하지 않는 한 혁명은 실패하지 않는다. (…) 우리가 진정한 적과 동지를 구분하려면 중국 사회 각 계급의 경제적 지위와 혁명에 대한 그들의 태도를 개략적으로 분석하지 않으면 안 된다.[48]

마오쩌둥의 분석에는 두 가지 방법론적 특징이 있다. 첫째, 그는 구조

---

48 毛澤東, 「中國社會各階級的分析」, 『毛澤東著作選讀』 上冊, 北京 : 人民出版社, 1986, 4쪽.

적 계급관계를 매우 중시했지만 이런 구조적 분석이 운동의 관점, 운동을 이끄는 혁명당의 관점에서 전개되어야 함을 항상 잊지 않았다. 따라서 분석의 중심은 각 사회계층이 혁명운동에서 취하는 입장과 태도에 집중되어 있다. 이른바 '혁명당은 대중의 안내자'라는 것은 혁명 정당은 반드시 대중이 적과 동지를 판별하는 데 도움을 주고 계급 정치를 형성하는 책임을 맡아야 함을 요구하고 있다. 적과 동지의 정치적 구분은 바로 계급적 자각 또는 계급의식이 형성되었다는 지표다. 이런 의미에서 마오쩌둥의 계급 분석은 비록 계급 구조가 객관적 조건이지만 서술의 중심은 혁명정치의 형성 자체다.— 위의 인용문에서 가장 많이 중복되는 개념은 '우리' '혁명' '혁명당'이다. 계급 분석을 적과 동지하는 분석은 이 세 가지 개념을 둘러싸고 전개된다. 둘째, 마오쩌둥의 분석 방법에는 종합적 관점도 있다. 그것은 중국 사회 각 계급과 혁명의 관계를 제국주의라는 세계적 관계, 즉 '경제적으로 낙후한 반식민지 중국'이라는 독특한 사회적 성격 속에 놓고 고찰하는 시야다. 이 분석 방법은 마르크스의 구조적 분석 방식과 일치한다. 그러나 다른 점이 있다면 마르크스는 영국을 모델로 계급에 관한 구조적 분석을 했고 마오쩌둥은 전 지구적이고 제국주의적인 정치-경제 관계 속에서 중국 혁명과 계급 정치의 동력과 방향을 해설했다는 데 있다. 이 세계적 관점을 떠나서는 중국 혁명가는 농민을 프롤레타리아 혁명의 주체라는 지위에 둘 수 없다. 이 독특한 중국의 사회 성격에 대한 개괄이 없다면 마오쩌둥은 국제적 부르주아(제국주의), 민족 부르주아(도농자본주의적 생산관계), 프티부르주아(자영농, 수공업주, 소지식인 계층), 반프롤레타리아(반자영농, 빈농, 소수공업자, 점원, 소상인), 산업 프롤레타리아, 유민 프롤레타리아(땅 없는 농민, 일자리를 잃은 노동자) 등의 범주를 뚜렷이 구분할 수도 없었다. 바로 이런 역사적 판단이 전제되어 「농촌계급을 어떻게 분석하는가」(1933), 「우리의 경제 정책」(1934), 「중국 혁명과 중국공산당」(1939) 등에서 마오쩌둥이 마르크스식의 구조적 계급 분석 방법(소작과 고용 관계에 근거한)을 중국 농촌사회에 적용하고 중국공산당의 토지 개혁에 이론적 근거를 제공했다.

둘째, 우리는 중국 혁명과 농민계급, 농촌의 계급 투쟁 관계 문제, 즉 혁명 주체의 형성 문제를 분석해야 한다. 중일전쟁에서 승리한 후 국공내전이 벌어지는 배경에서 중국공산당은 대규모 토지 개혁 운동을 일으켰다. 황쭝즈는 「중국 혁명에서 농촌계급 투쟁」에서 객관적 실현, 표현적 실현과 이 둘 사이의 불일치를 들어 중국 혁명 속의 계급 분석을 묘사했다. 객관적 실현 측면에서 보면 토지 개혁은 전국 경지 면적의 43퍼센트에서 이루어졌고 지주와 부농이 소유한 토지 대부분(그중 지주가 토지 전체의 3분의 1을 장악했고 부농이 나머지 15~20퍼센트를 장악했다)을 빈농과 고용농에게 나눠주었다. 국가는 토지 개혁으로 세수를 확보하고 저가 수매 방법으로 원래 지주 또는 지주가 소비하던 농업 잉여를 획득했다. 고용농에게 일부를 나누어준 것 이외에 전부 국가에 의해 도시 공업화 과정에 투입되었다. 이런 의미에서 토지 개혁은 중대한 사회-경제 혁명이다. 그러나 표현적 실현의 측면에서 보면 위와 같은 거시적 계급관계와 개별 부락의 실현 사이에는 중요한 차이가 있다. 예를 들면 화베이 지역 지주는 주로 도시에 거주하는 부재지주고 수많은 부락에는 근본적으로 지주가 없었다.[49] 몇몇 연구자가 제공한 조사 자료와 구두 인터뷰에 근거하면, 한딩韓丁의 『반신翻身』, 저우리보周立波의 『폭풍과 소나기暴風驟雨』, 딩링丁玲의 『태양은 쌍간허를 비춘다太陽照桑乾河上』 등에서 묘사하는 부락에서는 심지어 토지법 대강에서 정의하는 지주가 늘 존재하지 않고 소작과 고용은 통상적으로 지주와 소작동, 부농과 빈농 사이에서 발생하지 않고 중동과 빈농 사이에서 발생했다. 주목할 만한 점은 이 현상이 중국공산당이 추진한 토지 개혁의 지도 사상과 결코 완전히 일치하지 않았다는 사실이다. 1946년 5월 4일 중국공산당 중앙은 「토지 개혁 문제에 대한 중공중앙의 지시」를 통과시키고 "광대한 대중의 요구 아래 우리 당은 대중이 반간反奸, 청산, 지대 삭감, 이자 삭감, 지대 반환, 이자 반환 등을 위한 투쟁에서 지주의 손에서 토지를 획득하고 '경자유전耕者有田'을 실현하는 것을 단호하게 지켜야 한다"고 강조했다. 그리고 중농 토지 침범 반대, 부농의 토지는 일반적으로 변경하지 말 것, 부농과 지주에 대한 구별 등 그에 상응하는 토지 개혁 방법을 규정했다.[50] 마오쩌둥, 류사오치劉少奇, 덩쯔후이鄧子恢 등

---

49 黃宗智, 「中國革命中的農村階級鬪爭」, 『中國鄕村硏究』 第二輯, 2003.

50 引自羅平漢 著 『土地改革運動史』, 福州: 福建人民出版社, 2005, 12쪽. "'5·4지시'는 토지혁명 전쟁 시기의 토지 전부를 몰수하는 방법이 아닌 다양한 방법으로 농민의 토지 문제를 해결하는 방법을 제시했다. 대한간大漢奸 토지의 몰수와 분배, 지대 삭감 이후 지주의 자발적 토지 매도, 소작농의 토지 매입 우선권, 지대 삭감 이후 농민의 소작권이 보장되었기 때문에 지주는 여전히 자발적으로 농민에게 7할 또는 8할의 토지를 주었고 3할 또는 2할의 토지를 스스로 경작하게 할 것을 요구했다. 대부이자, 강점, 부담 및 기타 불합리한 착취를 청산할 때 지주는 토지를 농민에게 매도하면서 모든 빚을 청산했다." 같은 책.

지도자는 토지 개혁 업무를 지도하면서 반드시 중동의 이익을 침범하고 부농과 중소 지주를 과하게 타격하는 방법을 고쳐야 한다고 항상 강조했다.[51] 그러나 토지 개혁은 반드시 부락 내의 사회관계를 지주계급과 고용농이 중심이 된 절대적 대립 관계를 규정했고 농민의 토지 획득 요구는 완전히 토지정책의 규정 틀 안으로 한정되기 어렵다. 혁명 전쟁과 군사적 동원이라는 배경에서 수많은 비지주 부유농이 이 때문에 계급의 적으로 여겨져 살해되었다. 따라서 황쭝즈는 이렇게 생각했다. 1946~1952년의 토지 개혁과 1966~1976년의 문화대혁명에서 농촌 계급 투쟁의 '표현적 구축'은 점점 객관적 실천에서 멀어졌고 양자의 불일치는 공산당의 선택과 행위에 강하게 영향을 미쳤다. "문화대혁명은 인류 역사에서 표현적 현실과 객관적 현실 사이가 서로 맞지 않은 극단적 사례다."[52] 계급의 객관적 현실과 표현적 현실의 이중 구분은 중국 혁명

---

51 예를 들면, 1946년 4월 11일 마오쩌둥은 이렇게 말했다. "가장 먼저 주의해야 할 것은 중농의 이익을 침범하는 일이 발견되면 반드시 신속하게 고치고 다음으로는 지대와 이자 삭감 이외에 과하게 부농과 중소 지주를 타격하는 일도 반드시 적당한 시기에 교정하도록 신경 써야 한다." "한간, 지방 토호, 악질 토호, 반동분자를 엄중히 타격할 때도 진정한 대중의 행동으로만 하는 것은 잘못이 아니라 필수적인 것이다. 대도시에서 지방 토호, 지주의 목소리가 큰 것은 필연적인 현상이다. 우리는 결코 그들에게 좌우되어서는 안 된다. 그러나 대중 투쟁이 승리하고 청산과 지대 삭감이 이미 실현되는 때 당은 더욱 대중에게, 지주 계급에게 타격 정책에서 끌어들이기 정책으로 전환하라고 권고해야 한다. 도망한 지주의 귀향, 지주에 대한 생활 진로 제공, 개명된 신사에게 몇몇 작업에 참가하라고 연락하는 일 등이 여기에 해당한다. 그 목적은 반대 세력을 줄여서 긴장된 분위기를 완화하는 데 있다. 따라서 필수적인 것이다. 그러나 포용을 너무 과하게 해서 대중의 이익을 해치고 대중의 정서에 영향을 주지 않도록 주의해야 한다. 『毛澤東文集』第四卷, 北京 : 人民出版社, 1996, 103~104쪽.
52 黃宗智, 「中國革命中的農村階級鬪爭」, 『中國鄕村硏究』第二輯, 2003.

에서 농촌 계급 투쟁의 타당성을 해석하고 이 투쟁이 객관적 현실이 정한 경계를 넘어서면서 조성된 거대한 손실과 비극도 설명한다. 이 해석은 사실상 중국공산당이 이 역사 시기를 반성하면서 제시한 '계급 투쟁의 확대화'라는 명제와 '실사구시' 방침과 거의 일치한다.

이상 분석의 설득력은 명확하다. 그러나 이 구조적 서술은 계급 투쟁과 혁명정치 사이의 내재적 관계를 다루지는 않았다. 비극은 혁명 정치의 필연적 결과인가, 혁명 정치의 내재적 원칙과 그 지향을 위배한 역사적 산물인가? '단기 20세기'에 중국 혁명 정당의 첫 번째 임무는 농민운동과 토지 개혁 중심의 중국 프롤레타리아 혁명으로 계급 주체를 창조하는 것이었다. 토지 개혁은 혁명의 목적이자 수단이었다. 『반신』 『폭풍과 소나기』 『태양은 쌍간허를 비춘다』에서 계급관계 묘사의 정확성 여부도 같은 맥락이다. 그러나 그들이 그 시대의 독자를 사로잡을 수 있었던 이유는 이 작품들이 무수한 농민이 토지 개혁으로 만들어진 노예적 지위에서 탈피한 주체 의식과 존엄감을 서술했기 때문이다. 농민계급과 그들의 혁명성은 구조적 계급관계가 아닌 이 구조적 관계를 변동시키는 광활한 역사적 국면, 농민을 계급적 정치 세력으로 전화한 정치적 역량, 정치의식, 정치적 과정에서 온 것이다. '적과 아의 모순' 또는 '인민 내부의 모순'을 불변의 관계로 고착화하는 관점과 달리 혁명 정치는 투쟁을 통한 주체적 전화의 획득을 고취한다.—이 시대의 계급 분석과 통일전선전략에는 항상 이 주체적 전화를 촉진하는 역사변증법이 있다. 이는 정치적 계급 개념이 생산양식의 틀이라는 구조적 계급 개념을 벗어날 수 있다고 말하는 것이 아니다. 농민을 혁명의 주체(그리고 군사적 주체)로 창조하는 것을 목표로 한 토지 개혁과 정치적 동원 자체가 바로 농업사회의 생산양식을 개조하고 산업화의 조건을 창조하는 구성 요소임을 말하는 것이다.(그것은 결코 생산양식이 규정하는 계급관계 변경, 혁명적 개조와 관련되지 않을 수 없다.)

혁명 주체의 창조는 계급적 전화(농민계급에서 프롤레타리아로 전화)의 정치적 과정이다. 그렇다면 계급의 대립성은 주체의 전환으로 해결할 수 있다. 정치의 대립성은 결코 계급의 대립성과 동등하지 않다. 후자는 조화될 수 없는 것이다. 그러나 전자는 대립적 관계 자체의 전화를 가정한다. ─ 적이 친구가 되고 더 나아가 동지가 될 가능성이 존재하며 친구와 동지가 적이 될 가능성도 존재한다. '적아' 관계는 특정한 사회적 조건과 역사적 국면의 산물이다. 사회적 조건과 역사적 국면이 변화하면 '적아' 관계는 전화할 수 있다. 마오쩌둥은 「십대 관계에 대해서」(1956년 4월 25일)에서 '반혁명은 전환할 수 있는가?'라는 문제를 논했다. 그는 특히 이렇게 말했다. "우리 나라 상황에서 그들 중 대다수는 앞으로 여러 수준으로 변할 것이다. 우리가 정확한 정책을 채택했기 때문에 현재 적지 않은 반혁명 세력이 반혁명을 하지 않게 되었고 몇몇은 유익한 일도 했다."[53] 지주가 지주일 뿐이라면 그는 "여전히 농촌사회의 사회적 내지는 정치적 통치차가 될 수 없다. 지주가 한때 경제적 부와 폭력적 수단을 동원해 사실상 그곳의 패주가 되었을지라도 통치의 정당성을 확보하려면 반드시 관료나 사 계층(거인, 생원) 등의 신분으로 집권적

---

53 毛澤東, 「論十大關係」, 『毛澤東著作選讀』 下冊, 北京 : 人民出版社, 1986, 735쪽.

　　　　　　　　　　　　단기 20세기: 중국 혁명과 정치의 논리

국가기구에서 자기 지위를 확보해야 한다."[54] 과거제도가 정규화되면서 중국 사회의 신분 변동에 대한 효력 있는 법적 장애가 기본적으로 제거되고 계층과 직업에 큰 유동성이 생겼다. 따라서 어떤 학자는 사 계층이 독점하는 지식 상태와 계급적 내용의 변통성을 특징으로 하는 계급제도를 '도덕적 계급제도'라고 부른다.[55] 1905년 과거제가 폐지된 이후에도 농촌사회의 관계에서 문화와 정치적 통치권 문제가 여전히 존재했다. 이 계급제도와 국가기구의 내재적 연관을 보면, 이른바 '도덕적 계급제도' 역시 '정치적 계급제도'다. 따라서 지주계급의 통치적 지위를 없애는 것은 주로 이 계급 통치의 정치적 토대를 없애고 이러한 계급관계와 관계된 재생산 기제와 완전히 다른 재생산 기제를 창조하는 데 집중된다. 사회주의 정권이 지배적 지위를 차지하는 조건에서 '적아 간 대립적 모순'은 사회 개조 방식으로 해결할 필요가 있고 '적'의 육체를 소멸시키는 방법으로 해결해서는 안 된다. 우리는 20세기 중국사에서 많은 사례를 찾고 그 근거를 제공할 수 있다. 예를 들면, 민족 모순이 주요 모순으로 상승한 역사 시기에 혁명 정당은 때마침 통일전선이라는 주장을 제

---

54 高橋芳郎,「關於宋代的士人身份」,『史林』第69卷 第3號, 1986.

55 小島佑馬,「中國的學問的固定性與漢代以後的社會」,「中國古代的社會經濟思想」,『古代中國研究』, 東洋文庫, 平凡社, 1988 참조. 사실상 중국 계급제도의 형성은 주로 정치-도덕적이지 신분적이고 세습적이지 않다. 『荀子』「王制」편에서는 이렇게 말한다. "왕, 공, 사대부의 자손이라도 예의에 속할 수 없으면 서인으로 돌린다. 서인의 자손이라도 학문을 쌓고 몸가짐을 바르게 하고 의례에 속할 수 있으면 경, 상, 사대부로 돌린다." 小島佑馬,「中國的學問的固定性與漢代以後的社會」,「中國古代的社會經濟思想」,『古代中國研究』, 東洋文庫, 平凡社, 1988 참조.

시했고 지주계급과 민족부르주아를 포함한 혁명 대상 전부를 통일전선의 범주 안으로 끌어들였다. 또 다른 예로, 사회주의 시기 마오쩌둥은 두 가지 다른 모순, 즉 적과 아의 모순과 인민 내부의 모순을 엄격히 구분하는 이론을 제시했다.[56] 중국공산당은 주로 사상 개조, 사회 실천으로 전범을 개조하고 더 나아가 중국 '봉건주의'의 최고 상징이자 제국주의의 부속물이었던 푸이 황제도 인민의 보통 일원으로 '전화'할 수 있었다.[57] 이 '적아' 관계의 전화라는 전제는 계급 주체성의 전화 가능성이다. 이 주체적 전화는 반드시 사회적 관계의 개조 위에서 이루어져야 한다.

---

56 적과 아에 대한 마오쩌둥의 서술은 정치적이다. 따라서 구체적 상황에 따라 바뀌기도 한다. 그는 이렇게 말했다. "적과 아, 인민 내부의 두 가지 다른 모순을 정확히 인식하려면 먼저 인민이 무엇이고 적이 무엇인지를 명확히 알아야 한다. 인민 개념은 서로 다른 국가, 서로 다른 국가의 서로 다른 역사 시기에 그만의 내용이 있다. 우리 상황에서는 중일전쟁 시기에는 일본에 항거하는 모든 계급, 계층, 사회 집단이 모두 인민의 범위에 속한다. 일본 제국주의, 한간, 친일파는 모두 인민의 적이다. 해방 전쟁 시기 미 제국주의와 그의 개, 즉 관료 부르주아, 지주계급, 이들을 대변하는 국민당 반동파가 모두 인민의 적이다. 이런 적들을 반대하는 모든 계급, 계층, 사회 집단이 모두 인민의 범주에 속한다. 현 단계, 사회주의 건설 시기에는 사회주의 건설 사업에 찬성하고 참가하는 모든 계급, 계층, 사회 집단이 모두 인민에 속한다. 사회주의 혁명을 적대시하고 사회주의 건설을 파괴하는 사회 세력과 사회 집단은 모두 인민의 적이다." 「關於正確處理人民內部矛盾的問題」, 『毛澤東著作選讀』 下冊, 757~758쪽. 그러나 여기서 '적아'라는 틀에는 관계 전화의 가능성이 존재하지만 적대관계는 조화되기 어렵다. 따라서 마오쩌둥은 '적'에게 '발언의 자유' '언론의 자유' 등을 줄 수 없다고 명확히 말했다. 이 점은 훗날 각종 정치운동 내부의 독단적 방식에 복선을 깔았다.

57 '적아' 사이의 관계 변동성 이외에 마오쩌둥은 적아의 모순과 인민 내부 모순을 구별하는 것도 각별히 중시했다. 이러한 구별로 모순의 성격을 구분해서 '정치'의 다중성을 제시했다. 마오쩌둥의 정치 개념은 계급 정치의 전제하에서 '통일전선', 사상투쟁, 사회 개조 등 정치적 실천에 이론적 전제를 제공했다. 많은 사람이 관찰했듯이, 두 가지 모순을 구분하는 이 원칙은 많은 시기, 특히 문화대혁명 시기에도 진정으로 실천되지 못했다.

이런 의미에서 토지 개혁 과정에서 '계급 투쟁 확대'는 계급의 객관적 현실과 표현된 현실 사이의 불일치를 낳을 뿐만 아니라 '주체적 전화' 원칙으로부터 혁명의 괴리도 초래했다.[58]

사실 '적아'의 대립은 항상 내재적—사상적·가치적·문화적·정치적—대립으로 드러나지 계급 구성원 사이의 폭력적 대립으로만 표현되지는 않는다. 1944년 중일전쟁에서 승리할 무렵 마오쩌둥은 '문화 업무 속의 통일전선'이라는 명제를 기술했다.

> 해방구의 문화에는 이미 진보적인 면이 있다. 그러나 낙후한 면도 있다. (…) 인구가 150만인 산시·간쑤·닝샤 변경구역 인구 150만 중 100만 명이 아직도 문명인이고 무속신이 2000개 있어서 미신 사상이 아직도 폭넓게 대중에게 영향을 준다. 이들은 모두 대중의 뇌 안에 있는 적이다. 우리가 대중의 뇌 안에 있는 적을 반대하는 일은 항상 일본 제국주의을 반대하는 것보다 더 어렵다. 우리는 반드시 대중에게 말해야 한다. 스스로 일어서서 자신의 문맹, 미신, 비위생적 습

---

58 많은 연구자가 이미 주목했듯이, 1946~1952년의 토지 개혁은 가장 격렬한 정치투쟁과 가장 긴박한 군사적 동원이 벌어지는 배경에서 발생했다. 간단한 원칙적 설명으로는 이 시기에 발생한 문제를 해석하기 어렵다. 더 중요한 것은 혁명정치의 이론적 논리와 혁명정치가 발생한 구체적인 역사적 조건이 긴밀하게 연관되며, 이 둘을 뚜렷하게 구분해서 추상적 이론으로 설명하기 어렵다는 점이다. 내가 혁명정치 내부의 시각에서 문제를 제기한 것도 그러한 역사적 효과의 목적론적 해석에서 벗어나기 위해 시도한 것이고, 혁명정치에 여전히 다른 역사적 가능성이 존재하는지를 분석함으로써 역사적 비극을 성찰하는 또 다른 관점을 제공하기 위해서다.

관과 투쟁하라고. 이 투쟁을 하기 위해서는 광범위한 통일전선이 없으면 안 된다.[59]

이런 의미에서 '적아'의 정치적 관계는 통일전선과 상호 보완 관계에 있으면서 '자기 투쟁' '자기개조'라는 의미도 갖는다. 앞의 논설에서는 중국 혁명의 내재적 모순, 즉 농민계급이 혁명의 주체라는 것을 보여준다. 그러나 농민계급의 사상에 내재한 '적'은 역시 혁명의 대상이다. 마오쩌둥이 1970년 발표한 생각에서 우리는 여전히 농민에 대한 이중적 이해를 볼 수 있다. 이 모든 것은 적과 아의 구분이 중심이 된 정치적 계급 개념이 반드시 육체의 소멸이나 강제적 통제라는 폭력 형식을 설정할 필요가 없고 정반대로 투쟁과 전화는 정치 개념의 두 가지 상호 연관된 고리임을 분명히 보여준다. 중국 혁명의 중요한 내용 중 하나는 자기에 대한 자기 혁명이다. 이런 관점에서 '문화혁명'이라는 명제와 임무는 중국 혁명의 논리에 내재한 것이다. 중국 혁명에서 과도적 폭력은 계급의 표현적 현실과 객관적 현실 사이의 불일치에서 왔다기보다는 계급 개념 자체의 '탈정치화'—정치적 계급 개념을 객관적 틀에 놓고 위에서 아래로 가는 강제적 방식으로 '계급 투쟁'을 전개하는 것—에서 비롯됐다.

사회주의 개조가 완성된 이후 마오쩌둥은 부르주아가 혁명 정당 내부의 장기적 추세를 만들 수 있음을 꿰뚫어 보았다. 그러나 그때 정치투쟁은 계급 투쟁 범주로 해석하기 어렵다.—1976년 이후 사람들은 다음과

---

59 毛澤東, 「文化工作中的統一戰線」, 『毛澤東選集』, 北京 : 人民出版社, 1966, 1009쪽.

같은 정확한 결론을 얻었다. 이 시기에 발생한 정치투쟁은 결코 서로 다른 계급 사이에서 네가 죽고 내가 사는 계급 투쟁으로 구체화될 수 없다. 1965년 1월 문화대혁명을 발동하기 1년 전 마오쩌둥은 중공중앙에서 천정런陳正人더러 보이보薄一波에게 보내는 편지를 전달하라면서 한 가지 지시를 내렸다. 간부의 특수화와 간부와 대중의 관계 변화에 대해 "관료주의자와 노동자계급, 중하층 빈농의 첨예한 대립을 지적했다. 이 사람들은 노동자 피를 빨아먹는 부르주아 분자가 이미 되었거나 현재 변하고 있다. 그들은 어떻게 충분히 인식할 수 있을까? 이 사람들은 투쟁 대상, 혁명 대상이다. 사회 혁명은 그들에게 의지할 수 없다. 우리가 의지할 수 있는 것은 오직 노동자의 미움을 사지 않으며 혁명정신이 있는 간부다." 비록 언사는 날카롭지만 관료주의적 간부와 대중의 대립을 계급 대립으로 묘사하고 둘의 투쟁을 계급 투쟁으로 규정하는 이러한 관점은 그가 줄곧 찬성하던 정치적 계급 개념을 완전히 위배한 것이 아니다. 바로 같은 지시에서 마오쩌둥은 이렇게 말했다. "관리자가 작업장에 가서 '같이 먹고 생활하고 일하지三同' 않고 선생들의 하나 또는 몇 가지 재주에 절을 한다면 평생 노동자계급과 첨예하게 대립할 테고 결국 필연적으로 노동자계급이 그들을 부르주아로 간주하고 타도하게 된다."[60] 모순의 성격에 대한 마오쩌둥의 규정은 1950년대 '인민 내부 모순'에 관한 연설과 분명히 다른 점이 있지만,[61] 계급 투쟁에 대한 독특한 서술과 규정은 독

---

60 『毛澤東傳(1949~1976)』, 中央文獻出版社, 2003, 1389쪽.

61 毛澤東, 「關於正確處理人民內部矛盾的問題」(1957年 2月 27日), 『毛澤東著作選讀』下册, 763쪽. 마오쩌둥의 말에 따르면, 적아의 모순과 인민 내부의 모순은 상호 전화할 수

특한 정치관과 계급관을 가지고 있다.—간부가 현실에 깊이 들어가 '계급 변질' 문제를 해결하는 것과 '단결-비평-단결'의 '민주적 방법'을 내세워서 '인민 내부의 모순'을 해결하는 데는 내재적 일치성이 있다.

그러나 왜 군사 투쟁의 조건에서만이 아니라 사회주의 국가가 건설된 후에도 '계급 투쟁'의 폭력성이 끝나지 않았을까? 왜 바로 이 역사적 조건에서 혁명 정당이 추구한 정치적 민주주의와 언론의 자유(근대사회에 없어서는 안 되는 정치적 가치와 정치적 권리)가 도리어 크게 억제되었을까? 이 문제에 답하려면 개별 지도자 더 나아가 정당의 정책적 오류의 측면으로만 접근하는 것으로는 불충분하다. 반드시 이론적으로 해석할 필요가 있다. 사회주의 시기에는 한편으로 계급 개념적 재산권의 의미가 이미 사라졌고 공산당의 계급적 대표성 문제도 날로 모호해진다. 다른 한편으로 중국 혁명은 마르크스가 예견한 것처럼 역사적으로 모든 국가 형식과 다른 국가, 국가가 사라지는 추세를 걷는 국가를 낳지 않았다. 도리어 독특한 방식으로 합법적 독점 폭력 기구로서 국가 형태를 중복했다. 관료제 국가가 지속해서 공고해질 때 혁명 정당은 자신이 지속하는 혁신과 개조를 이념으로 삼아 계급과 계급 투쟁에 호소함으로써 당 내부와 전 사회의 정치 토론과 정치투쟁을 일으킴으로써 혁명 정당이 집권의 조건에서 벗어나는 것을 피하려 한다. 여기서 정치적 계급 투쟁이 주목하는 것은 사회계층의 구조적 상황이 아니라 서로 다른 사회 세력과 정치 세력의 태도와 입장이다.—태도와 입장은 이론

있다.

단기 20세기: 중국 혁명과 정치의 논리

적 탐색, 사회적 실천, 정치투쟁을 통해 변화되는 영역, 즉 능동적 정치 영역이다. '프롤레타리아 문화대혁명' 개념은 사회주의 국가와 프롤레타리아 정당의 자기 혁명이다. 그것은 일종의 정치적 계급과 계급 투쟁 개념에 호소한다. 그렇지 않으면 이 '혁명'은 '문화'로 정의될 수 없다.

이 정치적 계급 개념이 구조적이고 고정불변의 본질주의적 개념으로 경직되면 서로 다른 집단 간의 대립적 투쟁으로 전화할 수 있다. 따라서 이 개념의 정치적 능동성을 철저히 말살하고 이를 발휘하는 이론적 탐색과 자유토론도 말살한다. 위에서 아래로 기계적으로 구획한 계급 구성은 국가 정치와 대중투쟁에서 '잔혹한 투쟁, 무정한 타격'이 일어나는 데 전제를 제공한다. 따라서 우리는 계급의 표현적 현실과 객관적 현실의 불일치와 모순, 즉 계급적 행위가 현실에서 이탈했다는 시각에서 '계급 투쟁의 확대'라는 비극을 종합해야 할 뿐 아니라 계급적 신분론이 정치적 능동성을 억누른다는 각도에서도 해석해야 한다. 신분 우선주의, 출신 중심주의는 20세기 중국 혁명의 주관적·능동적 정치관을 부정하고 배신한다.―20세기 혁명정치의 중심 임무는 폭력 기제와 재산 관계가 빚어낸 안정적 계급관계를 파괴하고 해체하는 것 아니었는가? 이런 의미에서 정치적 능동성의 측면에서 혈통론에 대한 위뤄커遇羅克(1942~1970)의 비판을 해석할 필요가 절실해진다. "그의 투쟁과 희생은 '탈정치화'가 결코 20세기 정치나 혁명정치의 동력 또는 추세 밖에 있지 않고 이 과정에서 지배하는 계급과 계급 투쟁 개념 내부에 포함되어 있음을 분명히 보여준다. 문화대혁명의 비극성은 '정치화(그것의 징표는 정치 토론, 이론탐색, 사회적 자치, 당-국가 체제 내외의 정치투쟁,

그리고 정치조직과 발언 영역이 없는 활성화다)의 산물이 아니라 '탈정치화'(사회적 자치의 가능성을 없애는 양극화된 파벌투쟁, 정치 토론을 권력투쟁으로 전화하는 정치 모델, 정치적 계급 개념의 신분 우선주의적이고 본질주의적인 계급관 등)의 결과다. 신분론을 반대하는 투쟁은 개인의 자유, 계급 해방, 미래사회와 관련된 선명한 가치판단 위에 수립된다. 따라서 이 진행 과정에 대해 '탈정치화'된 해석이 아닌 '재정치화'된 이해를 하며, 이러한 이해를 토대로 새로운 신분론(즉 계급관계의 재생산)을 제거하고 억제하는 제도적 조건을 창조하는 것이 이 시대의 비극을 극복하는 진정한 방식이다.

　현재 우리는 계급 담론이 사라진 계급사회에서 살고 있다. 문제는 결코 단순히 과거의 계급과 계급 투쟁 개념을 회복하는 데 있지 않다.(우리는 여전히 20세기 계급 정치에서 조성된 비극을 되돌아보고 있다.) 바로 어떤 정치적 시야에서 근대사회의 평등 문제와 계급 분화를 대하느냐에서 성립된다. 또는 문제는 계급 개념을 어떻게 구조적 범주 내부에서 해방시켜 계급 분화를 저지하는 지향을 지닌 새로운 정치 개념으로 전화하느냐에 있다. '단기 20세기'에 근대적 평등주의 원칙은 혁명적 계급 담론을 사회 전체에 깊이 침투시켰다. 그 누구도 다른 사람에게 종속되어서는 안 되고 그 누구도 다른 사람을 마음대로 조종하거나 착취해서는 안 되며 그 누구도 노예가 될 수 없다. 이를 위해서는 반드시 주인-노예 관계를 소멸시키고 이러한 대립 관계에서 벗어난 경제를 형성하며, 더는 사회 불평등을 복제하지 않는 교육체계를 수립하고 기존의 모든 국가 형식을 뛰어넘은 국가를 창조해야 한다. 사회가 계급으로 다시 분화되었지만 계급 담론 자체는 또 상실되는 때 근대적 평등정치는 필연적으로 준엄한 도전에 직면하게 된다. 근대사회에서 반드시 평등을 자기 사회의 합법성 근거로 삼아야 한다면, 평등주의 정치의 와해와 근대사회 합법성의 위기는 함께 온다. 합법성이 위기를 맞은 조건에서 국가의 폭력 기관(군대, 경찰, 법률 체제 등), 경제발전, 사회적 안정에만 완전히 의존한 사회 안정은 취약해진다. 계급 개념이 부정적 방식(계급 차별의 소멸)으로 평등정치를 규정했다면 새로운 역사적 조건에서 근대적 평등정치는 어떤 형태로 자신의 활력을 획득할까? 현실의 발전은 '탈정치화된 국가'에서 '정치 생활이 풍부한 국가와 사회'로 전환하고 계급이 크게 분화하거나 형성되는 사회에서 비계급화한 사회로 이행할 것을 요구한다.

3. 탈정치화된 정치와 현대사회

'탈정치화' 현상과 그 운동을 어떻게 해석하느냐는 복잡한 문제다. 우리는 중국 내부에만 국한에서 분석해서는 안 된다. 역사적 각도에서 보면 거의 매번 정치적 변동 이후, 즉 프랑스 대혁명 이후, 1848년 유럽혁명 실패 이후, 유럽과 아시아의 60년대 이후, 1989년 사회운동 이후 모두 광범위하고 각자 다른 '탈정치화 조류'가 존재한다. 현대 중국의 상황에서 현대화, 시장화, 세계화, 발전, 성장, 전면적 소강小康, 민주 개념을 모두 '탈정치화적' 또는 '반정치적' 이데올로기의 핵심 개념으로 볼 수 있다. 바로 이런 개념이 유행하면서 사람들이 깊이 있는 정치적 사유를 할 능력을 잃게 된다. '탈정치화' 개념에서 말하는 '정치'는 국가 생활이나 국제정치에서 영원히 빼놓을 수 없는 권력투쟁이 아니라 특정한 정치적 가치와 이익 관계에 기반을 둔 정치조직, 정치 토론, 정치투쟁, 사회운동, 즉 정치 주체 간의 상호 운동에 기반을 둔다.

'탈정치화된 정치'라는 명제를 논하기 위해 나는 여기서 '정치'라는 범주를 임시로 정의하겠다.

첫째, 정치는 주관적·능동적 영역이지 객관적 구조가 아니다. 다시 말하면 주관의 능동적 역할 아래 만들어지는 주객 통일의 영역이다. 예를 들면, 계급은 '객관적' 존재가 아니다. 그러나 '객관적' 존재는 결코 계급 정치의 존재를 필연으로 의미하지는 않는다. 계급이 자신의 정치적 주체성을 획득할 때 정치적 계급으로서 계급이 비로소 존재하고 계급 정치도 발생할 수 있다.[62] 마르크스는 프랑스 농민전쟁을 서술할 때

---

62 「『헤겔법철학 비판』 서설」에서 마르크스는 '철저한 혁명, 전 인류의 해방'과 '부분적이고 순전히 정치적인 혁명' 두 가지 형태를 구분했다. 이른바 '부분적이고 순전히 정치적인 혁명의 토대'는 바로 "시민사회 일부가 자신을 해방시키고 보편적 지배에 도달하는 것, 바로 어떤 특정 계급이 자신의 특수한 상황으로부터 사회의 보편적 해방을 도모하는 것이다." 그리고 '철저한 전 인류의 해방' 가능성은 "뿌리 깊은 굴레에 묶인 한 계급, 결코 시민사회의 계급이 아닌 시민사회의 한 계급, 모든 신분의 해체인 한 신분, 자신의 보편적 고통 때문에 보편적 권리를 지니고 있고, 특수한 부당함이 아니라 부당함 자체가 그들에게 자행되기 때문에 어떤 특수한 권리도 요구하지 않는 한 더는 역사적 권원權原을 증거 삼을 수 없고 단지 인간적 권원만 증거 삼을 수 있다." 馬克思恩格斯選集』第一卷, 11~12쪽. 이런 서술에 따르면, 마르크스가 말하는 '순수하게 정치적인 혁명'은 바로 부르주아 혁명이고 '철저하고 전 인류적인 혁명'은 프롤레타리아 혁명이다. 따라서 정치는 영원히 계급 정치다.

단기 20세기: 중국 혁명과 정치의 논리

일종의 역설적 논법을 동원했다. 한편으로 소농민 중 많은 수가 다른 계급과 생활 방식, 이익, 교육 정도가 다르고 게다가 서로 적대적이다. "따라서 그들은 하나의 계급으로 형성된다." 그러나 다른 한편으로 "각각의 소농민은 서로 지역적 연계만 있고 그들 이익의 통일성은 그들 서로 어떤 공동 관계도 형성하거나 어떤 전국적 연계, 어떤 정치조직도 형성하게는 하지 않는다. 따라서 하나의 계급을 형성하지 않는다. 이 때문에 그들은 의회를 통해서든 국민공회를 통해서든 자기 이름으로 자신들의 계급적 이익을 보호할 수 없다. 그들은 스스로 대변할 수 없고 반드시 다른 사람이 그들을 대변해야 한다. (…) 근본적으로 소농의 정치적 영향은 행정 권력의 사회 지배로 표현된다."[63] "소농의 정치적 영향력이 행정 권력의 사회 지배로 표현"되는 것이라면 마르크스는 소농이 계급으로 전화하면 행정 권력이 사회를 지배하는 모델이 끝날 것임을 암시한 것 아닌가?

둘째, 정치활동은 능동적 주체의 지도 행위다. 따라서 정치와 지도권 문제는 밀접한 관계가 있다. 베버의 말에 따르면, "모든 자주적 지도 행위는 모두 그 안에 들어간다. 사람들은 은행의 통화 정책, 중앙은행의 채권 할인 정책, 노동자의 파업 정책을 말하고 꼼꼼한 아내가 남편을 지배하려는 정책도 말한다. 오늘 밤 우리 생각은 물론 이렇게 광범위한 개념 위에서 수립된 것이 아니다. 우리는 다만 한 정치단체, 즉 오늘날 국가의 지도권 또는 이 지도권의 영향력이라는 각도에서 정치를 이해하

---

63 馬克思, 「路易·波拿巴的霧月十八日」, 『馬克思恩格斯選集』第一卷, 693쪽.

려 할 뿐이다."[64] 니콜로 마키아벨리Niccolò Machiavelli(1469~1527)는 『군주론』에서 군주를 하나의 새로운 정치 주체의 형상으로 만들었다. 그러나 군주가 진정한 정치 주체를 구성하려면 반드시 자신의 주체성과 대표성을 확보해야 한다. 그람시는 동일한 생각으로 정당을 '현대 군주'—일종의 정치조직으로서 정당은 현대사회의 독특한 정치 주체를 구성한다—가 자신의 가치관과 대표성을 가지고 이 시대의 정치 발전에 적응하는 조직이자 운동 방식을 가진다고 이해했다. 군주와 정당은 각자 방식으로 자신의 '지도 행위'를 전개한다. 그람시는 이렇게 말했다.

현대 군주, 신화 군주라는 존재는 실제로 존재하지 않고 구체적으로 누구라고 지칭할 수도 없다. 그는 집단 의지가 이미 사회에서 승인된 것이고 많든 적든 행동으로 자기 존재를 표현했으며 구체적 형식을 취하기 시작할 때 출현하는 복잡한 성분의 사회 유기체다. 역사는 이미 이런 유기체를 제공했다. 그것은 바로 정당이다. 이것은 일종의 기본 세포다. 그 안에 보편적이고 무엇이든 포섭하는 집단 의지의 각종 싹을 품고 있다. 현대 세계에서는 절박하고 반드시 미처 손쓸 틈도 없는 빠른 수단으로 제때 즉각 판단을 내리는 정치적 행위여야 비로소 구체적인 개인에 의해 신화적 방식으로 발현될 수 있다. (…) 그러나 이런 위급한 임시 행위는 그 성격 때문에 오래 지속될 수 없고 유기적일 수도 없다. (…) 새로운 국가를 세우거나 민족 구조와 사회 구조

64 馬克斯·韋伯, 「以政治爲業」, 『學術與政治』, 北京: 三聯書店, 1998, 54쪽.

를 수립할 때는 이 수단을 채택해서는 안 된다.[65]

정치행위, 특히 현대 정치행위는 이런 의미에서 일종의 조직적 행위이지 개인의 영웅호걸 행위가 아니다. 정치가 주관성과 능동성에 의존하고 정치행위의 조직화된 특징은 역사 속에서 늘 일치하거나 충돌하면서 동태적으로 구성된다.

셋째, 어떤 정치 주체도 반드시 정치 주체 사이의 관계(적아 관계든 대화하는 관계든) 속에서 유지될 수 있다. 어떤 방식으로 이런 관계를 없애도 반드시 정치 주체를 부정하게 된다. 이상의 관점에서 보면, 이른바 '탈정치화'는 다음과 같은 현상을 가리킨다. 정치활동을 구성하는 전제와 토대인 주체의 자유와 능동성에 대한 부정. 특정한 역사적 조건 아래서 정치 주체의 가치, 조직 구조, 지도권의 해체, 특정한 정치를 구성하는 대결 관계를 전면적으로 없애거나 이 대결 관계를 비정치적인 허구적 관계 속에 놓는 현상. 근본적으로 '탈정치화'는 정치의 특정한 형식이다. 그것은 정치 관계를 없애지도 없앨 수도 없으며 비정치적 방식으로 특정한 지배 방식을 서술하고 구축한다. 이 때문에 이 정치 형식을 나는 '탈정치화된 정치'라고 묘사한다.

여기서는 '탈정치화된 정치'가 초래한 몇 가지 지점에 대해 설익은 설명을 시도한다.

첫째, 근대 시장경제의 발전은 정치와 경제가 분리되었다는 가설 위

---

65 葛蘭西, 「獄中札記」, 『葛蘭西文選(1916~1935)』, 人民文學出版社, 1992, 323~324쪽.

에서 이루어졌다. 이런 가설은 초기 부르주아가 봉건국가와 지주계급의 정치·경제적 독점, 지배와 폭력이 점유한 역사 의지에서 벗어났음을 반영한다. 슘페터는 '정치적 교환' 개념으로 초기 부르주아의 권력 구성을 서술했다. 즉 만약 비부르주아의 실체적 보호가 없으면 부르주아는 정치적으로 절망적 상태에 빠질 뿐 아니라 그 국가를 지도할 힘을 잃으며 심지어 이 계급의 특수한 이익을 보호할 수 없다. '정치적 교환'은 정치와 경제라는 두 영역이 자본주의 시대에 어떤 형태로 분리되었고 이러한 분리가 없었으면 교환도 존재하지 않음을 의미한다. 이런 관점에서, 정치와 경제의 분리는 실제로 존재하는 현실이라기보다는 자본이 권력과 교환하는 과정에서 더 높은 권력 지분을 가지려는 욕망에서 조성된 것이다. 기나긴 19세기에 정치와 경제가 상호 분리된 초기 부르주아의 요구는 점점 국가와 초국가 체제가 되어 시장경제 모델 자체를 구축한다. 부르주아가 정치 권력과 경제 권력을 한 몸에 집중함에 따라 정치적 기획도 그에 따라 시장경제의 법칙 자체로 전화했다. 즉 정치 영역이 경제활동에 종속되면서도 경제활동의 외부에 있는 듯한 영역이 된 것이다. 정치와 경제의 분리를 중심으로 근대 자본주의는 자체 순환하는 시장경제와 '탈정치화된' 질서를 창조하려고 시도한다. 이런 요구의 역사적 타당성은 중상주의 시기 중소기업주 계급이 국가, 귀족, 군주의 독점을 저지하는 과정에서 형성되었다. 그렇다면 금융자본주의 시대에 이런 요구는 이미 금융자본이 이끄는 대자본(과 그 대리인)이 경제, 정치, 사회적 요구를 조종하는 것으로 변했다.─이 독점적 관계는 바로 신고전주의 경제학의 '자생적이고 자발적인 질서spontaneous order'로서 시장 개넘을 합법화했고 일종의 '탈정치화된 정치 이데올로기'로 합법화했다.

둘째, 정치적 각도에서 부르주아가 프롤레타리아와 기타 사회계층과 연합해 정치 혁명을 일으키고 국왕—귀족 권력-을 전복시킨 후 일종의 탈정치화된 프로그램의 국가 정치가 점점 부르주아 혁명 시대의 다양한 정치 국면을 대체했다. 그 실질은 바로 정치적 교환관계가 통치 집단 속의 자본주의적 속성과 비자본주의적 속성을 연결하는 것이기도 했다. 정치 토론은 이로써 권력 다툼으로 전화한다. 그리고 그 근본적 고리는 일종의 중성적 국가 개념과 그 현실적 기제의 탄생이다. 이 연결이 자본주의적 방식으로 진행되기 때문에 연결과정 또는 정치적 교환 자체는 '탈정치화된' 방식으로 진행된다.(가령, 입헌 과정은 신부유층이 사회 더 나아가 국가를 착취하는 것을 합법화한다.) 이 과정은 민주주의가 점점 정치적 민주주의에서 절차적 민주주의로 전화하는 과정, 국가가 점점 정치 영역에서 정규적 정치 권력 구조로 전화하는 과정, 정치 정당이 점점 정치적 대표성 사이의 정치 게임에서 안정적 권력 구조 아래의 권력분배 기제로 변질되는 과정이다. 이론적 측면에서 이 국가 형태의 출현은 직접 고전 작가들이 정치적 계급 투쟁의 목표로 삼은 국가 정권과 국가기구의 분리를 가져왔다. 즉 한편으로 국가가 억압성, 일정 영역 내에서 폭력을 사용하는 독점권을 지닌 기구임을 인정하지만 다른 한편으로 국가 정권과 국가기구는 반드시 분리됨으로써 정치적 계급 투쟁의 목표를 국가 정권의 문제로만 한정한다. 그들은 이를 근거로 정권을 탈취하는 정치적 계급 투쟁을 정치 문제의 핵심으로 삼는다. "따라서 우리에게 '정치'는 바로 권력 공유를 쟁취하고 영향력을 분배하려는 노력을 의미하며, 이는 국가 사이에서 발생하거나 한 국가 내부의 집단 사이에서 발생한다."[66] 그러나 정치적 계급 투쟁이 쇠퇴하고 형식적 민주주의가 지배적 국가 모델로 출현하면서 국가 정권과 국가기관의 분리는 날로 모호해진다. 이런 새로운 국가 형태는 강렬한 구조-기능적 특징을 지닌다. 그것은 심지어 각종 사회운동과 저항운동을 국가 교향곡의 각종 변주를 그 기구 내부의 일상적 운행 속으로 끌어들인다.

바로 루이 알튀세르Louis Althusser(1918~1990)가 말했듯이 마르크스주의 고전적 이론가들이 정치를 실천하는 과정에서 본 국가는 '마르크스주의 국가 이론'의 국가에 대한 정의보다 훨씬 복잡한 현실이다. 그의 관점에 따르면 국가에 대한 이러한 정의는 '국가적 이데올로기 기구'라는 현실에 대한 묘사가 부족하다.―여기에는 국가와 다른 억압 기구, 각종 종교제도, 교육제도, 가정제도, 법률제도, 노동조합제도, 당파 체제, 매체제도, 문화 영역 등이 있다.

국가기구는 단 하나뿐이지만 국가적 이데올로기 기구는 많다. 통일된 국가적 억압 기구는 완전히 공적 영역에 속한다. 정반대로 절대다수의 국가적 이데올로기 기구(그들이 분산되었음은 명확하다)는 사적 영역의 구성 요소다.

공사의 경계 구분은 부르주아적 법의 범위에서만 유효하고 국가는

---

66 馬克斯 韋伯, 「以政治爲業」, 『學術與政治』, 55쪽.

'법 위에 있다.'

> 국가는 통치계급의 국가다. 공적이지도 사적이지도 않다. 반대로 국
> 가는 공과 사 사이 모든 구분의 전제다.[67]

전 자본주의 국가와 자본주의 국가를 비교하면 전자는 "통치적 지위
를 점하는 국가적 이데올로기 기구-교회가 존재"하고, 후자는 사회에
보급된 교육(학교-가정)-감시 기제를 이데올로기 기구로 삼는다. 전자
는 주로 공적 영역에서 작동하고 후자는 사적 영역에서 활동한다.(사회
주의 시기의 중국에는 중앙선전부, 문화부, 교육부가 중심이 된 이데
올로기 기구 시스템이 존재한다. 그것은 국가적 이데올로기와 국가적 억
압 기제라는 두 가지 성격을 지닌다. 그러나 국가적 이데올로기 기구가
주다. 오늘날 중국에서 중앙선전부와 같은 이데올로기적 기구는 비록
이데올로기적 직능을 발휘하려고 애쓰지만 이데올로기-감시의 효과
를 거두기 어렵고 이미 상당한 수준에서 국가적 이데올로기 기구로부
터 순수한 국가적 억압 기구로 변했다.ㅡ미디어나 다른 이데올로기 영
역에 대한 통제도 주로 '이데올로기적'이 아니라 '안정 유지'라는 '탈이

---

67 陳越 編,「意識形態和國家的意識形態機器(研究筆記)」,『哲學與政治 : 阿爾都塞讀本』,
吉林人民出版社, 2003, 336쪽. 원문에는 "이데올로기와 이데올로기적 국가"라고 되어 있
는데 治中은 '이데올로기적 국가기구'라고 번역하는 것은 부적절하니 '국가적 이데올로
기 기구'로 번역해야 하고, '억압적 국가기구'는 '국가적 억압 기구'로 바꾸어야 한다고
제안한다. 여기서는 그의 의견에 따라 표현을 바꾸었다. 인용문에서는 일률적으로 '국가
적 이데올로기 기구' '국가적 억압 기구'로 바꾸었다.

데올로기화된' 이유를 준칙으로 삼는다. 물론 이러한 변화는 과도기적 현상이다. 국가적 이데올로기 기구는 바로 자신을 조정하는 전략을 구상하고 소비주의, 시장주의, 전통주의 등 사회주의 이데올로기와 대립하는 이데올로기를 자신의 범주 안으로 끌어들여 새로운 이데올로기를 형성하려 한다.) 국가기구가 사회적 생활의 일상 기제 내부로 깊이 침투하면서 국가의 존재 형태는 모종의 '탈정치화된 정치 형태'를 띠었다.

알튀세르의 분석에는 두 가지 전제가 있다. 즉, 국가와 정권의 구분과 국가적 억압 기구와 국가적 이데올로기 기구의 구분이다. 이 두 가지 구분에 따르면 정치투쟁은 정치적 지도권을 쟁탈하는 계급 투쟁이고 이 투쟁에서 승리하려면 반드시 국가적 이데올로기 기구 범주 안의 정치적 계급 투쟁을 해야 한다. 정치는 여기서 국가에 내재한 영역이다. 1960년대 정치의 시각에서 볼 때, 알튀세르 이론의 주된 한계는 다음과 같다. 국가 이데올로기 기구라는 개념은 교회, 교육, 정당 등 전부를 국가기구의 범주 안에 넣고 정치와 국가를 구분하지 않는다. 만약 1960년대 정치가 당-국가를 뛰어넘어 새로운 정치 영역을 실험했다면, 1960년대 서양 사회운동의 이론적 자원인 알튀세르 이론은 이러한 정치 실천에 대한 완전한 해석이 될 수 없다. 학교, 교회 등을 전부 '국가(이데올로기) 기구'의 범주 안에 넣음으로써 알튀세르는 이론적으로 문화 영역과 국가 영역의 기본적 경계 구분을 없애버렸다. 따라서 일종의 보편화된 정치 개념(국가 정치의 일반화)을 불러왔을뿐더러 교육 영역, 종교 영역, 기타 문화 영역의 정치 모두를 국가 범주 안에 넣어 문화 정치의 공간을 제한했다. 그럼에도 이 이론은 국가 정치가 이상의 영역에 지속적으로 개입하는 것을 해석하는 측면, 즉 현대사회의 '탈정치화된 정치'의 구성을 해석하는 측면에서는 여전히 중요한 해석력을 지닌다.

알튀세르가 이데올로기와 국가적 이데올로기 기구라는 관점에서 통치 합법성의 '탈정치화' 형태를 분석한 것과 달리 슈미트의 '탈정치화' 개념은 16세기 이래 유럽사가 '중성화'되는 지속적 과정과 긴밀히 연관된다. 이 과정의 최종 결과는 경제와 정치를 일종의 '중성화'된 사회 형태로 생산하고 공고히 하는 것이다. 1929년에 발표한 「중성화와 탈정치화 시대」에서 그는 잠바티스타 비코Giambattista Vico(1668~1744), 콩트 등의 인류사 발전 3단계론, 즉 신학 단계에서 형이상학 단계로, 형이상학 단계에서 과학 단계 또는 실증주의의 단계로와 16세기 이래 4세기 동안의 발전을 직접 연결한다. 이는 세속화 과정이면서 중성화, 즉 탈가치화를 지속하는 과정이다. 그것은 16세기 신학에서 형이상학으로, 17세기 형이상학에서 18세기 휴머니즘-도덕으로, 18세기 휴머니즘-도덕에서 19세기 경제로 넘어가는 과정이다. 이런 전환에서 17세기의 기독교 신학에서 자연과학으로 이행하는 것이 가장 핵심이다. 왜냐하면 바로 이 이행에서 신학 토론이 해결할 수 없는 가치 분기의 곤경을 일종의 대화, 의견 교환으로 기본(또는 최소화된) 공감대를 찾는 중성화 영역을 통해 해결했기 때문이다. 이러한 중성화 과정에서 19세기와 20세기의 두드러진 현상은 기술과 기술에 대한 숭배가 점점 지배적 지위를 차지한다는 점이다.—기술은 누구나 어느 세력이나 이용하는 중성적 영역이고 더 나아가 기술이 지배하는 정치는 점점 중성화, 즉 탈정치화했다. 종교-신학적 사무가 중심 영역에서 물러서자 국가 문제의 핵심은 문화적 단계에서 경제적 단계로 전화했다. 즉 이 시대의 중성화 추세는 여기서 정치적 권력—국가—을 최종적으로 장악한다. "결국 국가는 특정한 중심 영역에서 그 현실성과 권력을 획득했다. 적과 아에 관한 결정적 토론도 이 중심 영역에 달려 있기 때문이다."[68] 슈미트는 이렇게 말했다

여기서 실질은 동질화된 경제국가와 경제적 사회가 서로 적응하는 것이다. 이렇게 한 국가는 근대적 국가, 즉 자신의 시대와 문화적 처지를 이해하는 국가로 향한다. 이 국가는 반드시 총체로서 역사발전을 이해한다고 천명한다. 이것이 국가 통치권의 토대다. 이러한 경제 시대에 경제 관계를 이해하고 지도할 것을 표명하지 않는 국가는 반드시 자신이 정치적 문제와 정치적 결정에서 중립을 지킬 것이라 천명하고 이 때문에 통치 철회 의사를 밝혀야 한다. 현재 주목할 만한 것은 19세기 유럽 자유국가가 자신을 중립적 국가의 형상에 따라 자신의 모습을 빚어낼 수 있고 중립성을 자신의 본질적 합법성으로 간

---

68 슈미트는 매 단계의 인류 생활이 모두 각자 단계의 요소를 갖지만 시대마다 '중심 영역'이 있고 인류 생활의 모든 개념은 이 중심 개념과 관련을 맺는 과정에서 비로소 구체적 의미를 획득한다고 강조했다. 예를 들면 신, 자유, 진보, 인성, 공적 영역, 합리성, 합리화 그리고 자연과 문화 등 개념의 의미는 '기술 영역'과의 관계 속에서만 의미를 획득한다. 이러한 중심 영역을 벗어난 상황에서는 이 범주들의 내포를 이해할 수 없다. *The Age Of Neutralizations And Depoliticizations*(1929), By Schmitt, Carl, Telos, 00906514, Summer93, Issue96, p.130.

주한다는 사실이다.[69]

슈미트는 19세기 중립 국가 원칙이 이 시대 총체적 지식의 중립성 추세에 속한다고 생각한다. 따라서 위와 같은 현상은 총체적 문화 중립성의 징후이고 국가와 문화 영역에서 국가의 중립화는 기술 시대의 산물이라고 생각한다. 그러나 기술은 결코 중립의 토대를 제공하지 않는다. 모든 유형의 정치에서 기술을 이용하려 하므로 이른바 기술 시대라는 명명은 임시적일 뿐이다. 그러나 슈미트의 통찰은 엄밀히 말해서 유럽의 역사에 한정되어 있고 그의 장기 고찰 방식은 19~20세기 내부의 정치화와 탈정치에 대한 역사적 해석을 제공할 수도 없다.[70]

셋째, 자본주의 역사에서 비판적 사고와 문화는 근본적으로 정치 문화가 매우 활발한 역사적 과정에서 형성된다. 19세기 사회주의 운동, 정치 정당, 서로 다른 정치적 파벌의 분화, 20세기의 민족 해방운동, 학생 운동, 지식인 운동, 노동자 운동, 혁명 운동은 모두 '정치화 과정'으로 개괄할 수 있다. 이 운동들의 기본 목표는 자본주의적 패권의 '자연 상태'를 파괴하는 것이다. 그렇다면 자본주의적 생산의 '자연 상태'는 무엇인가? 정치와 경제의 분리라는 원칙 아래 자본주의 경제 체제와 노동 분

---

69 같은 책.

70 사실상 슈미트는 '중립화'와 '탈정치화'가 근대성의 내재적 특징이고 기술의 지배성이 그 속에서 핵심 부위를 구성한다고 본다. 그는 소련을 적대시하기 때문에 소련을 '중성화'된 국가의 최고 형식으로 보지만 사회주의 혁명이 왜 20세기에 '정치화'의 조건을 창출했는지는 해석하지 못했다.

업 모델을 '정치적 간여'의 산물로 폄하하며 1970년 말부터 주류를 점한 신고전주의 경제학은 시장경제가 정치, 문화 그리고 사회의 다른 영역까지 무한히 확장하는 것이 '탈정치화'되고 '자연적' 또는 '자생적이고 자발적'이라고 해석했다. 어기서 모든 생산 활동은 반드시 생산 조건의 재생산을 전제로 하며 그렇지 않으면 1년도 유지할 수 없다는 고전적 정치경제학의 생산과 관련된 기본 논점을 여기서 다시 거론할 가치가 있다. 알튀세르는 생산 조건의 재생산 문제를 논하면서 이렇게 말했다.

> 우리는 지금 (『자본론』 2권이 발표된 후) 특히 인간이 보고도 못 본 체하는 영역에 진입하고 있다. 생산을 고립적으로 파악하거나 그것을 (생산과정으로부터 추상화해서) 순수한 생산 실천으로 보는 관점에는 완고하고도 쉽게 눈에 띄는 것이 있다.(이데올로기적으로 쉽게 눈에 띄는 이것들은 경험주의 유형에 속한다.) 그것들은 이미 우리의 일상 '의식' 속에 침투해 있다. 그래서 우리가 자신을 재생산의 관점으로 끌어올리는 것은 매우 어렵다. (…) 그러나 이 관점에서 벗어나면 모든 것은 여전히 추상적(편면적인 것보다 훨씬 나쁘고 왜곡된 것)이다.—즉 생산 차원에서 보아도 그렇고 순수한 실천 차원에서는 말할 것도 없다.[71]

---

71 阿爾都塞, 「意識形態和國家的意識形態機器(硏究筆記)」, 『哲學與政治 : 阿爾都塞讀本』, 321쪽.

재생산의 관점에서 보면 '탈정치화'는 생산 조건(생산수단의 재생산과 생산력의 재생산)의 생산을 생산과정에서 제거하고 추상적인 생산과정을 구축한 것이다. 예를 들면, 연해 지역의 재생산을 위해서는 반드시 저가 노동력 시장을 창조해야 하고 저가 노동력 시장을 구축하려면 또 반드시 관계를 변화시켜야 하며(농촌의 사회관계와 생산 조건을 파괴하는 것도 포함된다) 더 나아가 수많은 농민공이 연해 도시로 이동하게 해야 한다. 결국 농민공이 새로운 생산관계에 적응하려면 그들이 생산 기능을 학습하도록 해야 할 뿐 아니라 그들이 현행 생산 질서의 규범을 준수하는 자유 노동력이 되도록 해야 한다. 그러나 주류 매체의 평론가와 정치가들은 어떤 의미에서 농민공 문제를 논하던가? 첫째, 그들은 노동력의 자유로운 이동과 가격 문제에서 연해의 생산과정에 대한 논의는 농민공이 재생산의 자연적 요소일 뿐이고 새로운 재생산 조건에 적응하기 위해 발생한 사회관계 전체의 산물이 아니라는 식으로 말한다. ─이런 논의 방식은 재생산 과정에 대한 '탈정치화된' 이데올로기의 특징을 전형적으로 반영한다. 둘째, 그들은 시민 권리의 평등이라는 의미에서 농민공의 지위를 논한다. ─이런 의미에서의 평등은 이중적 지향에 호소한다. 한편에서 그것은 전통적 도시와 농촌 간 신분 분할을 타파하는 데 도움이 되며 다른 한편으로는 이 해방으로 농민이 재생산 조건에 부합하는 노동력 '주체'가 되라고 외친다. 노동력이 '주체'가 되는 까닭은 그들이 주어진 조건에서(즉 재생산의 조건에서) 자발적으로 자신을 저가 노동력으로 만드는 행위를 선택하기 때문이다. 여기서 이른바 주체는 개인의 주체성과 어떤 관계도 없다. 그것은 새로운 예속관계의 산물이다.

생산과정을 추상화(즉 재생산 조건을 은폐하는 것)한 결과 발전주의 이데올로기가 지배적 지위를 확립했다. 20세기 역사에서 '탈정치화' 과정은 냉전 시대의 두 가지 사회체제에 들어 있다. 사회주의 운동과 민족 해방운동은 단순한 정치운동이 아니라 혁명과 독립으로 국가를 건설하는 운동이다. 그것들은 다른 측면에서 자본주의 시장경제의 소유권 관계와 식민주의의 조건 아래서 노동 분업의 기본 구도를 바꾸었다. 바로 발전주의 이데올로기가 지배적 지위를 획득한 시대에 20세기 정치의 핵심, 즉 사회운동, 학생운동, 정당정치, 노동자운동, 농민운동 그리고 국가를 통해 경제를 조직하는 방식은 모두 시장화·국가화·세계화 방향으로 발전했다. 이러한 조류 속에서 자본주의 위기 시대의 국가 간섭, 사회 불안, 혁명 운동은 모두 자연적 시장 과정에 대한 정치의 파괴로 해석되었다. 이런 의미에서 신고전주의 경제학의 '자생적이고 자발적인 질서'로서 시장 개념은 독점관계에 대한 '탈정치화된' 은폐이자 공격적·적극적이고 목표를 명확히 부정하는 '탈정치화된 정치 이데올로기'다. 따라서 '정치화'의 핵심은 이 '자연 상태'를 타파하는 것, 즉 이론과 실천 두 측면에서 '탈자연화'로 '탈정치화'에 대항하는 것이다.

오늘날 중국의 '탈정치화' 과정은 여전히 '정치적 거래' 과정이다. 전통적 정치 엘리트는 스스로 특수한 이익 집단의 대변자로 변신하지만 여전히 정치 권력을 장악하고 있다. 특수한 이익집단과 초국적 자본은 반드시 거래 형식으로 권력 기구의 지지를 얻는다. 시장화 개혁은 국가가 추진하는 과정이다. 현대화와 개혁의 이름 아래 국가 권력기구(국가-당 체제하에서도 불가피하게 정당 기구를 포함한다)가 서로 다른 방향에서 전면적으로 경제 범주에 말려 들어가면서 이 '정치적 거래'는 바로 '탈정치화된 권력 거래'로 전화한다. 그 주된 형식은 불평등한 '재산권 개혁'과 여기서 유발되는 대규모 이익 재조직(부패는 이 제도적 전화 과정의 필연적 산물인 동시에 공공 여론 속에서 더 큰 불평등하고 정의롭지 못한 재산의 전환과정을 감추는 명목이다.—재산권을 명확히 하고 법제화한다는 명목 아래 진행되는 반부패 활동은 특정한 각도에서 이 '정치적 거래' 과정을 합법화했다. 즉 법의 이름으로 재산권 전환과정을 '탈정치화'했다)의 새로운 발전은 다음과 같은 전제에서 이루어진다. 첫째, 시장화와 사유화 과정에서 권력 엘리트와 부르주아의 경계가 점점 모호해지고 정당은 점점 계급적 조직에서 '탈계급화'된 조직으로 전화한다. 둘째, 세계화 조건에서 민족국가가 점점 경제를 관리하는 부분적 권력을 초국가적 시장체제(WTO 등)와 연관 짓자 일종의 세계화된 탈정치화가 합법화된 질서가 현재 확립되고 있다. 셋째, 시장과 국가가 점점 상대적으로 '중성화'된 영역이 되면서 공적 영역에서 발전 문제에 대한 이견은 시장조절과 국가 조절 비율에 대한 기술적 차이로 변했다. 이에 따라 좌우를 나누는 정치적 지표가 사라졌다. 이 몇 가지 전개는 1970년대 말에 시작되어 1980년대에 흥성했으며 1990년대에 맹위를 떨친 신자유주의 세계화에 역사적 토대를 제공했다. 나는 현대 세계의 '탈정치화' 과정이 바로 이러한 역사적 전변 속에서 형성된 정치 현상이라고 본다. 새롭고 정치적인 기획이 '탈정치화'의 표상 안에 놓이면서 새로운 사회적 불평등이 '자연화'되었다. 이런 의미에서 불평등한 사회적 기획에 대한 비판은 반드시 '재정치화'한 조건을 전제로 한다. 즉 '탈정치화' 또는 '자연화'의 표상을 타파하는 것을 전제로 삼는다.

4. 패권의 3중 구성과 탈정치화된 정치 이데올로기

새로운 역사적 조건에서 '탈정치화' 논리를 어떻게 타파하느냐는 오늘날 비판적 지식인의 공통된 관심사다. 지식인들은 1960년대의 정치 문화를 새롭게 회고하던 중 그 시대의 정치 문화 관계를 구성하는 개념—진보와 보수, 좌와 우 등—이 이미 효력을 잃었거나 모호한 상태에 빠졌음을 발견했다. 또한 바로 이 때문에 현대 세계의 수많은 반대 운동은 힘이 약해졌거나 새로운 패권과 공모한다. 그래서 '탈정치화된 정치' 논리를 타파하려면 반드시 오늘날 패권의 새로운 구성방식을 분석해야 한다. 내가 분석해보니 패권은 최소한 세 가지로 구성되며 이들 사이에는 복잡한 역사적 연관이 있다.

첫째, 그람시의 헤게모니 개념, 알튀세르의 국가적 이데올로기 기구 개념은 패권과 국가의 폭력적 통제가 국가적 이데올로기 기구의 유효한 작동과 관련됨을 보여준다. 이는 서구 마르크스주의 전통에서, 부르주아 국가의 합법성을 비판하며 만든 이론적 개념이다. 또한 정치적 계급 투쟁 속에서 만들어진 지도권 관련 정치 개념이다. 이 개념은 주로 민족국가 내부, 계급 간 정치투쟁에서 사용되었다. 그람시는 이 헤게모니 개념을 두 가지 작동 방식, 즉 '주재권과 지식·도덕적 지도권'으로 해석한다. 주재권은 강제적 영역이지만 '헤게모니'는 통치 집단이 격렬한 충돌을 일으키는 문제를 '공동'의 차원에 놓고 획득한 별도의 권력을 의미한다. 그람시의 『옥중서신』의 해석에 따르면 국가는 특수한 집단을 위한 기구이고 특수한 집단의 이익 확장에 유리한 조건을 창조하게 되어 있다. 그러나 이 특수한 집단의 발전과 확장도 '국가' 전체 에너지의 공통된 확장과 발전의 원동력으로 여겨지는 것은 분명하다. 알튀세르는 마르크스의 『독일이데올로기』의 이데올로기 개념을 재조명함으로써 이데올로기와 국가적 이데올로기 기구 문제를 제기해 그람시가 다룬 헤게모니 문제를 이론적으로 심화했다. 서양 좌파 전통에서 패권 개념에 대한 분석은 자본주의의 합법화 구축과 그 위기, 특히 부르주아 국가의 '탈정치화된 절차 정치'의 실질과 이것에 수반되는 민주주의의 위기를 밝혔다.

둘째, 헤게모니 개념은 처음에는 국가 간 관계와 밀접하게 관련되었다. 이 때문에 내 분석 방법은 수많은 서양 학자처럼 그람시의 헤게모니 개념과 중국 정치에서 국제적 패권hegemony에 대한 비판을 두 개념으로 나누지 않고 둘 사이에 원래부터 존재하는 이론적·역사적 연관을 재건하려고 시도한다. 마오쩌둥의 패권 개념은 항상 전 지구적 관계 속에서 운용되었다. 그는 제3세계의 체제적 관계 속에서 미국과 소련을 '패권' 국가로 묘사한다. 그 정치적 함의는 제3세계가 주체가 되어 제2세계를 연합하고 분화해서 양극단의 패권에 대항하고 새로운 국제관계를 형성하는 것이다. 이뿐 아니라 이론적 연구, 정치 토론, 도덕적 호소의 방식으로 미국과 소련 체제의 이데올로기적 권위를 타파하는 것이다. 따라서 '반패권'의 실천에는 문화적 지도권을 쟁탈한다는 함의가 있다. 중국 고대 경전 『춘추좌씨전』은 '백권伯權'과 '패권' 개념으로 제나라, 진普나라, 초나라, 진秦나라 등 제후국의 폭력적 통치와 의례를 통한 지배의 이중적 능력을 종합했다. 중국어에서 패권 개념은 주로 정치, 경제, 군사적 지배와 조종을 가리키지만 다른 차원에서 이데올로기 문제, 즉 통치의 합법성 문제도 언급한다.─춘추전국시대에 패권의 확립은 비록 왕권 의례의 위기가 낳은 산물이지만, 이 위기 국면 자체는 패권이 합법화되는 조건도 구성했다.─패권 구성에는 지도권에 대한 다른 제후국의 승인이 담겨 있다. 이런 내용은 역대 중국 학자의 『춘추』 해석에 명확히 표현되어 있다. 따라서 중국어에서는 주로 제후국 관계의 패권 개념과 그람시의 패권 개념이 완전히 무관할 수 없다.

서양의 정치 전통에서 합법적 통치권으로서 패권 개념은 국제정치에서 패권 개념과도 완전히 무관한 것이 아니다. 『장기 20세기』에서 아리기는 그람시의 헤게모니 개념과 마키아벨리의 권력 개념을 연결해 이 개념을 계급 간 관계에서 국제정치 관계 속으로 되돌려놓았다. 이는 두 가지 다른 유형의 패권 개념의 내재적 연관을 재건하는 데 또 다른 가능한 경로를 제공한다. 마키아벨리에게 권력은 허가와 강제의 결합체다. 강제는 물론 무력이나 효력을 구성하는 무장 위협을 의미하고 허가는 도덕적 지도를 암묵적으로 지칭한다. "헤게모니라는 말이 어원학적 의미인 '지도권'과 파생 의미인 '주재권' 측면에서 보면 통상 국가관계를 가리키기 때문에 그람시는 완전히 이 용어를 비유적 의미로 사용하면서 국제관계의 유비를 들어 사회 집단 간의 관계를 규명했을 가능성

단기 20세기: 중국 혁명과 정치의 논리

이 있다. 그람시의 사회적 헤게모니 개념이 국가 내부 관계에서 국제관계로 전환할 때 (…) 우리는 그람시의 사고 과정을 간명하게 반대로 추적할 수 있다."[72] "지배 역할을 하는 국가가 주권국가 체제를 예상된 방향으로 끌고 간다면 패권적 직능을 행사하는 것이고, 이 과정에서 공동의 이익을 추구하는 것으로 여겨진다. 바로 이런 지도권이야말로 지배역할을 하는 국가가 패권적 지위를 갖게 한다."[73] 바로 미국의 국제적 지배와 세계화 추세가 중첩되면서 미국은 세계적 패권이라는 자기 지위를 확립했다. '탈정치화'의 표본(세계화, 근대화, 시장화, 발전, 민주주의 등의 표본)으로서 미국은 전 세계적 범위에서 일정한 사상적·도덕적 지도권을 형성했다. 이것이 바로 서양 정치학자가 말하는 이른바 소프트파워다. 미국 패권은 폭력 독점, 경제 독점, 이데올로기 지도권, 국제관계의 모델이 변하는 다중적 조건에서 확립된 것이다. '9·11' 이후 침략전쟁에서 미국의 무분별한 전쟁과 일방주의로 미국의 지도권은 위기를 맞았다. 반대로 세계는 각종 세력의 반전과 '탈미국화'를 계기로 상호작용하고 연합했다.[74] 이런 의미에서 '세계화' 과정은 국가와 국제 두 측면

---

72 阿銳基, 『漫長的二十世紀—金錢, 權力與我們社會的根源』, 南京: 江蘇人民出版社, 2001, 34쪽.

73 같은 책, 35쪽.

74 국제관계에서 공동의 이익을 규정하는 것은 국내 이익을 규정하는 것보다 더 어렵다. 국제관계의 기본 특징이 여전히 국가 권력 경쟁 모델이라면 세계적 패권은 확립하기 어렵다. 따라서 아리기는 이렇게 단언했다. 각국이 서로 권력을 추구하는 것이 국가 행위의 유일한 목표가 아닐 때만 세계 패권이 출현할 수 있다. 같은 책, 35쪽. 이런 의미에서 미국의 세계 패권은 결코 전통적 유형의 국가 패권이 아니라 진정한 전 세계적 패권이다.

에 보급되어 '탈정치화된 정치 구도'를 타파할 가능성도 이 두 측면에 존재한다.

셋째, 패권은 결코 국가나 국제관계와만 연관된 것이 아니라 초국가 자본주의, 국제적 자본주의와 밀접하게 연관되어 있다. 자본주의 세계화의 조건에서는 패권을 국가 영역과 국제관계 영역에서 정의해야 할 뿐 아니라 국가와 국제관계에 내재했으면서 국가 범위를 뛰어넘는 시장 관계 내에서도 정의해야 한다. 현대 시장 관계는 우리의 일상생활에 내재하지만 민족국가의 경계와 권력으로는 정의할 수 없는 힘이다. 고전적 정치경제학자는 재생산 과정이 '무궁무진한 연쇄'이고 전 지구적 과정이라고 강조하는데 이런 점은 오늘날에 그 어떤 시대에보다 선명하게 드러난다. 금융자본이 주된 형태인 시장주의가 패권이 될 때 많은 사람이 현실적 시장의 확장과 정치적 지배를 모든 사람에게 유리한 역사적 진보의 역정이라고 설명하면서 시장 확장과 지배의 정치적 의미를 분석하지 못할 수도 있다. 신고전주의 경제학은 세계화의 이데올로기적 패권을 파악하는 표준적 독본으로 여겨진다. 그것은 각종 초국가기구의 규정과 운영법칙에 깊이 파고들었다. 예전의 관세 및 무역에 관한 일반 협정GATT, 현재의 세계무역기구WTO와 여타 시장 일체화 협력 기구 형식으로 조직된 각종 초국가 조직은 모두 세계화의 이데올로기 기구로 볼 수 있다.─물론 그것들은 이데올로기 기구에만 그치지 않는다. 그 기구들은 경제와 도덕을 모두 지배하는 이중 권력을 지녔다고 볼 수 있다. 시장주의 이데올로기 기구의 더욱 직접적인 표현자는 매체, 광고, 대형마트 그리고 각종 상업 기제다.─이 기제들은 상업적인 동시에 이데올로기적이다. 그중 가장 강력한 지점은 감각기관과 '상식'에 호소하는 이른바 일상성과 감각적 수요에 호소해서 사람을 소비자로 전화하고 그들을 일상생활에서 자발적으로 그들의 논리에 복종하게 하는 것이다. 시장주의 이데올로기와 이데올로기 기구는 강력하게 '탈정치화'된 특징을 지닌다. '탈정치화'되는 사회적 과정에서 그것은 때맞추어 '탈정치화된 정치 이데올로기'를 구성했다.

세계화의 환경에서 우리는 국가, 국제(국가 간의), 전 지구(초국가적이고 시장적)적인 3중 범주와 이들의 상호관계 내에서 패권과 이데올로기의 역할을 논의해야 한다. 이상의 다중 패권 구성은 서로 전혀 다른 범주가 아니고 서로 침투하고 얽혀 있는 권력망이다. 이들은 현대사회의 각종 기제와 네트워크에 내재하고 사람들의 행동과 신앙 속에 내재한다. 바로 이상의 패권망의 상호작용 속에서 '탈정치화된 정치'가 구성된다. 이 점은 오늘날 중국의 사상과 이데올로기 상황을 이해하는 데 절대적으로 필요하다. 오늘날의 이데올로기 패권은 항상 국가의 내재적 모순을 이용해서 그 기능을 발휘한다. 가령, 중국의 경제 정책과 발전 방안, 자본주의 세계화의 역사적 과정은 기본적으로 중첩되어 있다. 이 과정은 수많은 경제위기, 사회 분열, 불평등 조건을 낳았다. 그러나 또 다른 측면에서 자본주의 세계화는 이 과정에 편입된 국가 간의 모순과 이익의 충돌을 없애지 않았고 정치 권력과 경제 권력 사이에 있는 세계 모두를 없애지도 않았다. 역사적 자본주의의 전개 과정에서 전 지구적 세력과 중상주의 세력(즉 국가 역량이 주도하는 국민경제)이 충돌하는 것은 일상적 현상이다. 예를 들면 1997년 아시아 금융위기에서 전 지구적 금융자본과 '국민경제'의 충돌이 아주 명확한 형태로 출현했고 세계화의 조류 속에서 민족국가가 '국민경제' 혹은 '국민경제의 변형체'(가령 지역연합)를 재구성할 결심을 하게 만들었다. 이 때문에 세계화 조건에서 국가 이익의 충돌, 정치 엘리트와 경제 엘리트 사이의 모순은 전보다 격렬하다. 더 많은 이익을 얻기 위해 패권의 전 지구적 역량은 종종 특정 국가 내부의 세력을 이용해 정치적 권위에 도전할 수도 있다. 그리고 정치적 권위는 그것과 다른 사회 역량의 교환 관계가 외래의 간섭을 받았음을 인지하면 곧바로 민족의 이익이나 다른 정당성에 호소해서 이 내부의 도전을 억제하려고 할 것이다.

1970년대부터 1980년대까지 국가 통치 이데올로기가 개방이라는 상황에서 느슨해지면서 사회사상과 입장의 정당성이 국가적 이데올로기 기구에 대한 도전과 긴밀하게 연관되었다. 이는 당시 독립성과 자유를 정의하는 주된 근거였다. 그렇지만 지식인과 사회비판적 입장의 이 '탈국가화 과정'은 결코 우리가 예견한 것처럼 '재정치화' 효과를 제공하지 않았고 도리어 또 다른 차원의 '탈정치화' 과정에 끌려 들어갔다.

첫째, 이 '탈국가화 과정'은 전 지구적 역사 전환, 즉 민족국가의 주권적 권위가 지구적 역량의 도전을 받는 과정에서 생성되었다. 따라서 이 '탈국가화 과정'의 상징은 독립성과 자유의 합법성에 관한 서술은 국제적 이데올로기 패권의 확립과도 서로 연관되어 있다. 사실상 '탈정치화' 과정은 바로 두 국가 집단, 두 정치체제, 두 이데올로기가 격렬하게 싸운 결과물이다. 이 과정에서 생성된 이른바 '탈국가화 과정'에서 국가는 단지 어떤 이데올로기적 견지에서 지목된 국가(즉 사회주의 국가)다. 따라서 '탈국가화 과정'은 또 다른 국가 형식의 패권을 인정하는 과정이다. 오늘날 중국에서 '반사회주의 이데올로기'는 일종의 반국가적 표상으로 그것과 신형 국가 및 그 합법성 사이의 내재적 연관을 감춘다. 따라서 그것은 반국가적 국가(즉 '제국') 이데올로기일 뿐이다.—패권 개념의 다중 구성에 관한 이상의 분석에 따르면 이러한 신형 국가 이데올로기 자체는 초국가적 성격을 갖는다. 따라서 항상 초국적 입장에서 '국가'를 비난하는 입장으로 표현된다.

둘째, 이 '탈국가화 과정'은 동시에 이데올로기적 '탈정치화'를 수반한다. 그것은 근대화, 세계화, 발전, 시장의 신형 이데올로기 패권 속에서 자연적으로 조직되었다. 시장화와 세계화 역량은 전통적 사회 유대를 와해했기 때문에 19세기부터 점점 확립된 주권 관계를 바꾸는 동시에 사회 안정과 시장 운행을 유지하는 국가 기제도 강렬하게 요구했다(예를 들면, 현대의 세계화 과정과 기제는 한편으로 금융, 생산, 소비가 국가의 범위를 뛰어넘을 것을 요청하고 다른 한편으로 이민 문제를 노동력 수요와 민족국가의 주권관계 틀 안으로만 제한하려 한다). 따라서 '탈국가화' 또는 반국가적 태도 자체는 모순적으로 법제화·제도화 등의 구호와도 결합한다. 그리고 후자가 바로 재산권 재편을 핵심으로 전개되는 국가 건설 과정이다. 현실의 조건에서 문제는 법제화·제도화가 필요하느냐가 아니라 어떤 법제화와 제도화인가, 사회 전체 구조(와 그 전통) 전부를 법제와 제도의 틀 안에 넣어야 하느냐에 있다. 그리고 '탈국가' 또는 '반국가'에 있지 않고 어떤 국가와 제도를 건설해야 하는지와 국가와 그 정치 밖에 진정한 정치 공간을 형성할 수 있느냐에 있다.

셋째, '탈국가화 과정'이 '탈정치화'인 까닭은 그것이 국가 정권과 국가기관의 구분이 갈수록 모호해지는 것을 전제로 하기 때문이다.—앞에서 말했듯이, 정치투쟁은 주로 누가 국가 정권 또는 국가 정권의 가치 지향을 장악하느냐는 핵심 문제에 집중되어 있다. 국가 정권과 국가기관의 구분이 소멸되는 것은 정치활동의 영역과 정치투쟁의 필요성을 없애는 것과 동일하다. 그리고 정치적 문제를 비정치적 또는 탈정치화된 '탈국가화 과정'으로 전화한다. 신자유주의 또는 신고전주의 경제학이 부르짖는 '국가퇴출론'이 바로 전형적인 '탈정치화된 정치 명제'다.

이상 몇 가지 논의에 근거해 우리는 다음과 같은 결론을 낼 수 있다. 국가와 관계에서 정의된 독립성과 신형 패권 관계(정치적·경제적·문화적·이데올로기적 다중 패권)의 확립은 동일한 역사 부침 과정의 산물이다. 따라서 (국가) 관계에서 벗어나는 앞의 과정과 (국가적·국제적·초국적) 관계로 진입하는 후자 과정은 거의 역사적으로 중첩되지 않는다. 전 지구적 역량과 국가적 역량이 상호침투하면서 국가와 관계 또는 초국적 패권에 의존하는 관계에 의존해서만 자기 입장을 정의하는 방식은 모두 곤경에 빠진다. 이것이 바로 오늘날 수많은 반대 운동이 결국 반대에만 그치는 원인이다. 사실 현대사회의 각종 사회보호운동은 새로운 정치적 가능성을 담았지만 동시에 그 자신도 '탈정치화'하는 과정을 거치고 있다. 그들은 경제적 목표에만 한정되거나 국가기관의 파생물로 전락하거나 각국 기금회 프로그램의 요구와 논리에 완전히 제약된다. 이들은 발전, 민주, 참여에 관한 새로운 이해를 내놓을 수 없을 뿐 아니라 운동 속에서 각종 국가적·초국가적 기제로 전화한다.[75] 여기서 사회운동 자체의 '탈정치화'를 어떻게 극복하고 비판적 국제주의와 민족주의 국가 내부의 정치투쟁을 어떻게 결합하느냐는 '탈정치화된 정치'의 기본 논리를 타파하기 위한 필수 단계다. 가령 중국의 개혁은 국가 분권 상황에서의 시장화 과정이고 이때 중앙정부, 지방정부, 국가 각 부문 사이에는 커다란 불일치가 존재한다. 국가기관의 각 부서와 국내·국제 시장, 기타 사회 집단에는 아주 복잡한 연결 방식이 있다. 이러한 갖가지 연결 방식은 그들 사이에서 이익이 일치하거나 충돌하는 다중적 관계도 만들어내고 더 나아가 공공정책 결정 과정에서 정치적 대결과 다중적 지향으로 드러난다. 바로 이 때문에 우리는 '국가 행위' 속에서 대량의 모순된 지향을 발견할 수 있고 서로 다른 차원과 서로 다른 기구의 정책 결정 방향에서 일치와 충돌이 동시에 존재함도 발견할 수 있다. 사실 오늘날 국가와 관련된 논의는 '중앙-지방', '국가-지역-전 지구' 등의 관계를 둘러싸고 전개되지 국가 또는 반국가의 축을 둘러싸고 전개되지는 않는다.

---

75 예를 들면, 오늘날 중국의 환경운동이 공중의 환경 의식을 고양하고 정부의 정책을 전환하는 측면에서 중요한 역할을 하지만 수많은 원인으로 이 운동들은 곤란한 상황에 놓였고 각종 기금 지원을 신청해서 유지할 수밖에 없다. 국제기금은 늘 자기 의제와 지향이 있기 때문에 기금을 신청하려면 기금의 논리를 따를 수밖에 없다. 이 때문에 수많은 운동이 현지에 뿌리내리기 어렵다. 그 밖에 수많은 비정부기구가 생태 보호, 빈곤 감소 등의 부문에서 많은 일을 하지만 정부가 근본적으로 바뀌도록, 즉 발전형 정부에서 사회 서비스형 정부로 전환하도록 압력을 행사하기 어렵다. 수많은 지방정부는 이 일들을 비정부기구에 넘기고 자신은 경제성장 자체에만 집중하고 싶어한다. 따라서 NGO운동을 포함한 수많은 사회운동의 주체성 수립은 복잡해질 수밖에 없는 사회적 프로젝트다.

이런 의미에서 '국가'를 단일한 분석 단위로 놓고 분석하는 것은 이데올로기의 가설에 더 가깝다. 여기서 진정 깊은 문제는 국가와 반국가의 태도를 확립하는 것이 아니라 국가 위기를 어떻게 대하느냐다. 고전적 정치이론에서 인민주권국가는 일반의지의 산물이다. 인민 의지의 표시로서 일반의지는 일치할 수만 있다. 시민 집단이나 정당이 표현하는 각자의 이익 사이의 협의는 '전체의지'로 발현된다.─전체의지는 개별 의지의 총화이고 일반의지는 공공의 이익에 착안한다. 전체의지로서 민주 정부에는 정치적 분열이 존재할 수 있다(예를 들어 정당정치). 그러나 일반의지로서의 국가에서 개별 집단이나 그들의 이익은 해롭다고 여겨진다. 근대 주권국가는 인민의 보편적 권리를 최고 근거로 삼는다. 즉 국가는 반드시 인민의 공동의지와 보편적 이익을 발현해야 한다. 사회관계에서 이익의 차이와 가치의 충돌은 정당정치(다당정치 또는 당내 노선 투쟁) 형식으로 표현된다. 그러나 이렇게 정당정치 형식으로 드러나는 정치적 분열은 의회와 정부라는 특정한 틀 안으로만 제한되지 인민주권으로서 국가 정치 분열로까지 상승하지는 않는다. 이러한 고전적 정치이론에 대해서는 각종 논쟁이 벌어진다. 그러나 이 논쟁들은 근본적으로 주권의 단일성과 통일성이라는 국가론을 바꾸지는 않는다. 그러나 오늘날 세계의 가장 깊숙한 정치적 위기는 바로 주권국가가 내적 분열을 보이는 것으로 드러난다. 이러한 국가는 사회의 보편적 이익을 대변할 수 없고 국가의 공공정책 결정은 특수 이익집단의 영향을 받는다. 중국의 경우, 예전에는 사회의 여러 이익과 의지를 발현하고 조절했던 정당정치가 갈수록 국가 구조에 스며들어 사실상 분열된 국가관계 속에 통일을 구현하는 정치 역량이 되었다. 이런 의미에서 국가와 정당의 새로운 상호 침투와 일체화는 바로 시장화·세계화 조건에서 주권 일치성의 산물을 유지하기 어렵다. 따라서 국가–당의 새로운 결합체는 세계화 과정에서 주권국가와 정당정치의 이중 위기의 결과다. 여기에는 이중 문제가 있다. 첫째, 정당 체제가 '탈정치화'·국가화함에 따라 도대체 어떤 역량이 그 이전의 정당정치 모델을 대체하고 갈수록 복잡해지는 사회관계 속의 서로 다른 정치적 의지, 서로 다른 정치 역량을 조화시킬 것인가? 둘째, 정당의 국가화는 정당 자체가 복잡한 이익 관계에 개입할 수밖에 없다는 것도 의미하고 현대 세계의 국가 위기도 정당의 위기로 전화하는 것이 필연적인데 그렇다면 어떤 역량이 보편적 이익을 발현하는 역량이자 기제가 되는가?

정당정치의 변질은 가치 영역의 모호함과 모순으로 직접 드러난다. 국가의 개혁 실천과 사회주의 가치 사이에 중대한 충돌이 존재하기 때문에 개혁운동과 국가적 이데올로기 기관의 운행 사이에는 내재적 모순이 존재한다. 바로 이런 내재적 모순 때문에 국가적 이데올로기 기관은 사실상 이미 또는 현재 일반적 국가기관, 즉 폭력에 의존하거나 권력을 행사함으로써 조작되는 체제로 바뀌고 있다. 이런 의미에서 오늘날 중국에서 국가적 이데올로기 기관의 작동 방식은 결코 특정한 가치나 이데올로기에 의한 것이 아니라 '탈이데올로기' 또는 '탈정치화' 논리에 따라 움직인다.—비록 항상 이데올로기의 언어에 호소할지라도 말이다. 오늘 중국의 좌우 양 진영은 항상 탈정치화된 정치 앞에서 속수무책이다. 원인은 간단하다. 이 국가의 작동 기제가 이미 전통적 좌우 모델에서 가늠하고 평가할 수 있는 것이 아니기 때문이다. 중국공산당은 주로 합법성의 필요에 따라 문화대혁명 이후 이를 '철저하게 부정'했다. 그러나 다른 한편으로 중국 혁명과 사회주의의 가치, 특히 현대적 전통의 종합으로서 마오쩌둥 사상을 '철저하게 부정'하지는 않는다. 이런 조건은 두 가지 결과를 가져온다. 첫째, 국가 개혁 측면에서 이 전통이 내부에서 제약하는 힘을 이룬다. 즉 '국가-당 체제'가 중대한 결정과 전환을 할 때마다 반드시 이 전통과 대화하고 대결해야 하며 적어도 반드시 특수한 수사 방식으로 이러한 전환과 전통을 어떤 방식으로든 조화시켜야 한다. 둘째, 노동자, 농민, 기타 사회 집단에 이 전통은 정당성의 힘이다. 그들은 이 전통을 이용해 국가가 추진하는 불합리하고 불공정한 시장화와 사유화 과정과 대결하고 타협하며 이로써 신자유주의 역량의 확장을 어느 정도 제한한다. '철저한 문혁 부정'과 '혁명과의 고별'이라는 역사적 과정에서 20세기 중국의 역사적 유산을 되살리는 데는 분명 미래 정치 발전의 계기도 담겨 있다.—이 계기는 결코 20세기로 돌아가는 입구가 아니라 '포스트 혁명의 시대'(즉 혁명 시대가 끝난 시대)에 '탈정치화된 정치 이데올로기'와 '탈정치화된 정치'의 통일 국면을 타파하는 것을 모색하는 기점이다.

20세기 정치는 정당과 국가가 중심이 된 정치다. 20세기의 정치 위기는 주로 정당과 국가라는 두 정치 형식 안에서 생성되었다. 그러나 20세기는 국가적 정치 실천과 다른 정치도 낳았고 참여성과 제도 구축을 상호 결합한 실험도 낳았다. 현대 정치의 주체인 정당, 계급, 국가가 모두 '탈정치화' 위기에 처한 조건에서 새로운 정치 주체를 다시 찾는 과정은

단기 20세기: 중국 혁명과 정치의 논리

반드시 정치 영역을 다시 정의하는 과정과 함께해야 한다. 정치 영역을 정의하는 문제는 다음 여러 방면과 관련된다. 국가 생활과 정당정치에서 정치 토론을 어떻게 다시 활성화하는가? 국가와 정당 사이에 어떻게 새로운 정치 영역을 형성하는가? 시장경제의 조건에서 진정한 공론장과 시민문화를 어떻게 창조하는가? 어떻게 교육체제를 사회적 신분제의 재생산 기제로 전락하지 않도록 하는가? 전 지구적 범위 안에서의 정치 투쟁과 중국 사회의 평등정치를 어떻게 연관 짓는가? 오늘날 세계의 두 가지 사회체제가 공통적으로 위기에 직면한 때 우리는 어떻게 더 참여성을 갖춘 제도적 틀을 구상하고, 이런 틀을 정치 선거 차원만이 아니라 생산관계의 실제적 토대에서도 만들어내는가? 이 모든 요구는 우리에게 새로운 종합, 즉 역사적 전통(전 근대의 전통, 근대혁명과 사회주의 전통, 개혁 경험)에 대한 비판적 정리와 창조적 종합으로 민주주의 제도와 급진 민주주의의 각종 요소를 섭취해서 새로운 정치 창조에 가능성을 제공할 것을 요청한다. 이것은 진정한 창조와 종합이지 어떤 단순한 복제가 아니다. 세계화라는 환경에서 이 종합은 반드시 중국의 정치적 전통과 현실에서 출발해야 하며 동시에 현대 세계의 보편적 민주주의의 위기도 고려해야 한다. '탈정치화'의 핵심이 정치적 가치의 전도와 쇠퇴에 있다면 '재정치화'는 반드시 정치적 가치를 재건하고 우리의 정치 공간과 정치 생활을 활성화하는 길을 걸어야 한다. 감동적인 음악, 즉 화려한 교향곡이든 은은한 서사곡이든 서로 다른 원소 사이의 대화와 대항, 각종 주제 사이에 구성되는 창조적 장력이 유기적으로 드러나는 것과 마찬가지로, 정치는 하나의 원소와 또 다른 원소 사이에 독특한 관계를 형성하는 방식이다. 차이, 다양성, 대항, 창조적 긴장을 없애고 다중적 음악 원소가 각자의 노래에서 형성하는 복조複調, bitonality식 조합과 대항을 없앤다면 진정한 '관계'로서 음악은 생산될 수 없을 것이다.

이것이 바로 내가 오늘 60년대와 '단기 20세기'를 다시 찾는 진정한 의미다.

2004년 12월 초고, 2006년 7월 3일 재고, 2006년 10월 2일 수정

이 글을 완성한 후 위즈중于治中, 왕사오광王紹光, 왕시王希, 린춘林春, 차오톈위曹天予, 추이즈위안崔之元, 알레산드로 루소, 클라우디아 포차나, 페리 앤더슨Perry Anderson, 첸융샹錢永祥, 천광싱陳光興, 크리스토퍼 코너리Christopher Connery, 시어도어 후터스Theodore Huters, 한사오궁韓少功, 왕샤오밍王曉明, 천이중陳宜中, 왕차오화王超華, 뤼신위呂新雨, 린사오양 등이 여러 관점에서 비평과 제안을 해주었다. 이에 감사를 표한다.

6장

1989년 사회운동과 중국 '신자유주의'의 역사적 근원
: 현대 중국 대륙의 사상 상황과 근대성 문제 재론

20세기는 1989년에 끝난 것처럼 보인다. 그러나 역사는 여전히 이어지고 있다. 이해에 베이징에서 발생한 사건은 소련과 동유럽 해체의 시발점이 되었고 신자유주의가 전 세계의 경제와 정치 구도를 주도하는 발단이 되었다.[1] 중국 사회에는 소련, 동유럽과 같은 해체 과정이 없었

---

[1] 신자유주의는 정치 강령에 불과한 것이 아니고 항상 반정치 형식으로 출현하는 정치 강령이기도 하다. 신자유주의 담론은 '경제' 범주—자유시장, 자유무역, 금융관리 해체, 효율 우선, 이윤극대화, 국가 간섭 반대, 사유화, WTO, IMF 등 새로운 경제질서 중개 조직의 기능 등—에 포장되어 있다. 한 학자의 말에 따르면, 신자유주의는 "각종 강력한 관계가 구성하는 세계에서 완전히 강자의 편에 서고" "순수한 시장 법칙에 장애가 될 법한 어떤 집단적 구조에도 문제를 제기한다. 이 집단적 구조에는 민족국가, 업무 단체, 노동자의 권리를 보호하는 집단적 조직, 노동조합, 협회, 협력 구조가 해당되고 심지어는 가정도 포함된다." 신자유주의가 지칭하는 시장 관계는 전부터 모두 이론적—더 정확히 말하면 이데올로기적—추상인데, 그 실질은 이런 추상으로 경제와 정치, 더 정확히 말하

다. 따라서 사회 변천이 어떤 연속성을 띠었다. 간략하고 그래서 불완전하나마 이 과정을 개괄한다면 이렇게 말할 수 있다. 중국 사회는 국가 권력 구조가 연속되는 형식에서 급진적 시장화 과정을 추진했고 이러한 국가 정책의 주도 아래 세계 경제체제의 적극적 참여자가 되었다. 이 연속과 비연속의 이중적 특징은 중국 신자유주의 사조의 특수성을 구성했다. 신자유주의는 때로는 반정치적 방식(또는 반역사적 방식, 전통적 사회주의 이데올로기와 대립하는 방식)으로 자기와 국가의 모순을 표출했다. 그러나 이 방식은 현실에서 신자유주의와 국가 주도 경제 정책 간의 견고한 관계를 감출 수 없다. 신자유주의는 초국적·국가적 정책 역량과 경제 역량에 의존하고 형식주의 경제학이 중심이 된 이론 담론에 근거해 자신의 담론적 패권을 수립한다. 신자유주의의 비정치적이고 반정치적인 특징은 정치와 내재적 연관으로 형성되는 것이다.[2] 신자

면 경제적 과정과 사회적 과정을 철저하게 분리하고, 더 나아가 민주주의와 그 제도적 실천을 현대 세계의 사회생활, 특히 경제생활 밖으로 배제하는 것이다. 이런 의미에서 신자유주의에 대한 투쟁은 주로 넓은 범위에서 민주주의를 쟁취하는 투쟁이자 시장 조건하에서 민주주의 제도를 수립하는 노력이다. 신자유주의의 국가 간섭 비판, 정치성 배척은 이러한 이데올로기와 이익집단, 정치 권력, 정책의 내재적 연관을 조금도 감출 수 없다. 예를 들면, 전쟁과 새로운 국제경제와 정치질서의 형성 문제에서 신자유주의는 그 정치성을 조금도 숨긴 적이 없다. 비록 이러한 정치성이 항상 갖가지 '주류 문명'류의 위대한 신화 속에 포장되어도 새로운 경제질서의 제정자는 초국적 기업과 국내 경제 집단일 뿐 아니라 늘 민족국가 자신이었다. 따라서 신자유주의 비판은 국가의 과도한 간섭과 반시장에 찬성하는 것과 결코 같은 것이 아니다. 나는 이러한 점을 역사적 분석으로 알아볼 것이다. 皮埃爾 . 布迪厄, 『無止境剝削的烏托邦 —新自由主義的本質』, 何增科 編寫, 「法國學者布迪厄談新自由主義的本質」, 『國外理論動態』, 1999年 第4期에서 재인용.

2 형식주의 경제학에 관한 분석은 汪暉, 「經濟史, 還是政治經濟學? —『反市場的資本主義』導論」, 『天涯』 2000年 5期. 『反市場的資本主義』는 中央編譯出版社에서 발행했다.

단기 20세기: 중국 혁명과 정치의 논리

유주의는 이러한 정책 또는 정치적 전제 없이는 실업, 사회보장의 상실, 빈곤 인구의 확대 및 기타 사회적 분화의 현실을 '과도過渡'의 신화 속에 은폐할 수 없다. '과도'는 현대 중국 사회를 논할 때 핵심적이고 말하지 않아도 알 수 있는 전제다. 그것은 현실의 불평등 과정과 궁극적 이상의 필연적 연관을 설정한다. 따라서 국가 간섭이 존재한다고 신자유주의의 패권적 지위를 거절하는 것은 완전히 핵심을 잡지 못한 것이다. 중국 신자유주의의 패권적 지위는 국가가 경제개혁으로 자신의 합법성 위기를 극복하는 과정에서 형성된 것이다. 이론적 차원에서 1989년부터 번갈아 나타난 '신권위주의' '신보수주의' '고전적 자유주의', 시장 급진주의와 국가 현대화의 이론적 서술과 역사 서술(각종 민족주의 서사 속의 근대화 담론과 가장 가까운 부분도 포함)은 모두 신자유주의 이데올로기의 형성과 긴밀하고 이러저러한 관계를 갖는다. 명칭의 이러한 상호교차(더 나아가서는 상호 모순)는 현대 중국과 현대 세계 권력 구조의 전환을 보여주었다.

신자유주의는 강력한 담론 체제이자 이데올로기다. 그것은 국가 정책, 지식인의 사상적 실천, 미디어의 가치 지향 속에 침투한다. 이것은 유토피아식 현실이다. 실제적 사회관계와 경제 관계를 그려낼 능력이 없지만 실제적 사회관계, 경제 관계와 무관하지도 않다. 따라서 이 글의 목적은 신자유주의의 이론 담론(자유시장, 발전, 세계화, 공동 부유, 사유재산권 등)과 사회적 프로세스 사이의 역사적 연관 속에서 신자유주의의 내재적 모순, 특히 그것의 표현과 실천 사이의 복잡한 관계를 밝히는 것이다. 현대 세계의 각 지역, 가령 북아메리카, 서유럽, 러시아, 중국 등에서 신자유주의는 저마다 자신의 역사적 근원과 사회 형태를 갖는다. 역사적 조건의 차이는 다음과 같은 점을 결정했다. 추상적 차원에서만 신자유주의의 이론적 특징을 개괄하면 믿을 수 있는 결론을 도출할 수 없고 규범적 이론 서술은 신자유주의의 진정한 내포를 통찰하기 어렵다. 이 글의 목적 중 하나는 바로 역사적 분석을 바탕으로 중국 신자유주의의 담론 패권이 수립되는 독특한 국내적 조건과 국제적 조건, 국가 정책적 토대, 이데올로기 상황과 국내외 여론의 분위기를 밝히고 중국 신자유주의의 여러 형태와 내재적 모순, 신자유주의 문제에 대해 전개된 각종 이론적 탐색과 실천적 비판을 분석하는 것이다. 신자유주의의 이론적 실천과 사회운동에는 각종 상호 모순되는 요소, 즉 급진, 온건, 보수의 요소가 담겨 있다. 나는 현대 중국 진보 세력의 주된 임무는 이 요소들이 보수적 방향(구체제로 돌아가려는 방향)으로 나아가는 것을 피하고 이 요소들이 중국과 세계 범위 안에서 더 넓은 민주주의와 자유의 동력을 쟁취하는 노력으로 전화하도록 촉진하는 것이라고 본다.

1989년 특히 1992년 이후 나는 줄곧 이 지배적 이데올로기의 사회적 토대를 생각하고 넓은 시야 속에서 현대 중국의 현실, 지식인 역할의 변화를 이해하려고 했다. 1994년에 초고, 1997년에 수정 원고를 발표한 장문 「오늘날 중국의 사상 상황과 근대성 문제」가 바로 나의 처음 생각이다.[3] 이 글에서 주로 다룬 것은 1989년 이후 대륙 지식계에 관한

---

3 이 글의 초고는 1994년 한국의 『창작과 비평』 86호에 발표했고 완성된 중국어판은

내 관찰과 사고인 동시에 나 자신의 사상에 대한 성찰과 자기정리다. 따라서 엄밀한 이론적 글이라고는 할 수 없다. 1994년부터 지금까지 이미 6, 7년이 지났다. 나는 역사를 연구하는 동시에 현재 문제에 관련된 글도 조금 쓰려고 생각했으며 현재 독자들에게 선보이는 글이 바로 관련 문제를 다시 사고한 결실이다. 나 자신의 관점에 동의하는지와 상관없이 나는 여러 관점에서 대화와 토론을 원한다. 나는 앞으로도 이 글을 계속 고치겠다. 문제, 논점, 자료를 조금씩 바꿀 것이다. 1978~1989년의 경제개혁은 범위가 넓은 변혁 과정이고 '혁명'이라는 말로 이 변동의 깊이를 설명하는 것이 지나치지 않음은 굳이 밝힐 필요가 있다. 이 짧은 글로는 중국 개혁의 성과와 내적 위기 전부를 개괄할 수 없고 1989년 사회운동의 상세한 과정 전체를 서술할 수도 없다. 여기서 다룬 세부 묘사는 모두 전문가의 논증과 상세한 조사를 거쳐야 한다. 이 글에서는 1989년 사회운동의 동인을 초보적으로 고찰하고 현대 중국 문제를 이해하는 역사적 시야를 재구성하려고 한다. 먼저 이 점을 밝힌다.

1997년 『天涯』1997年 5期와 『香港社會科學學報』에 발표했다. 1998년 미국 Social Text(55), 일본 『世界』(10, 11, 12호), 동북 지방의 『文藝爭鳴』(6)에서 각각 이 글의 영어판, 일본어판, 더 완결된 중국어판을 실었다. 2000년 한국의 『당대비평』 10, 11호에 완결판을 다시 번역해서 발표했다. 대만의 『臺灣社會研究季刊』(2000年 夏季號)에서 이 글을 다시 실었을 때 첸융샹錢永祥, 취완원瞿宛文, 자오강趙剛의 비판과 답변을 실었다. 이에 감사를 표한다. 그리고 그들에 답하는 글을 쓸 기회를 찾고 있다.

1. 1989년 사회운동의 역사적 조건과 '신자유주의'의 반역사적 해석

1989년 사회운동은 중국뿐 아니라 세계적 범위에서 모두 깊고 지속적인 영향을 주었다. 1990년대 대륙 지식계에는 첨예한 사상적 분기가 일어났다. 이 분기의 근원 일부는 1989년 사회운동에 대한 서로 다른 이해에서 비롯됐다. 이 주제는 아직 충분히 다루지 못했으며 쉽게 떨쳐낼 수 없는 주제다. 국내에서든 국외에서든 관영 매체의 선전에서든 도처에 흐르는 기억과 분석에서든 절대다수의 토론이 학생운동과 지식인의 사상운동에 집중되어 있다. 이른바 시민사회와 관련된 분석도 운동 과정에서 쓰퉁공사四通公司와 같은 경제 그룹의 역할에 대한 분석에 집중되어 있다. 그러나 1989년 사회운동의 광범위한 사회 동원, 자발성, 광범위함은 이 운동에 비교적 직접적이고 조직 역량이 매우 강력한 사회적 동인이 있음을 분명히 보여준다. 1980년대 사상해방운동과 계몽운동은 낡은 이데올로기를 와해하고 저항의 사상 자원을 제공하는 데 중요한 역할을 했다. 그러나 집단으로서 지식인은 실행 가능한 사회적 목표를 제시하지 않았고 이 동원을 진정 깊이 이해하지도 않았다. 그 원인은 국가의 사회주의 실천에 대한 비판 사조로 1980년대 사회사상은 새로운 사회 모순의 특징을 감지하고 이해할 능력이 없었고, 기층에서 발원한 사회 동원의 사회주의적 경향을 이해할 수 없었으며 냉전 이데올로기가 제공한 사상적 틀을 뛰어넘을 수 없었다는 데 있다. 여기서는 반드시 두 가지 사회주의 개념을 구분해야 한다. 한 가지는 낡은 국가 이데올로기이자 국가 독점이 특징인 제도적 기획으로서 '사회주의'이고

단기 20세기: 중국 혁명과 정치의 논리

다른 하나는 국가 독점과 시장 확장 속에서 발전한 사회보호운동이다. 후자의 특징은 독점에 반대하고 사회민주주의를 요구하는 것이다.[4] 냉전이 끝난 국제적 환경과 '사회주의' 실천을 반성하는 국제적 분위기에서 사회 모순 내부에 깊이 감추어져 있고 독점, 특권 반대, 민주주의 쟁취를 지향하는 사회보호운동은 충분히 이해되지 않았다. 그래서 비록 많은 사람이 민주주의 운동의 의미와 세계적 범위에서 그것의 상징성을 다방면으로 검토했지만 나는 1989년 사회운동에 대한 관점을 간략히 밝히고 싶다. 이는 1989년 사회운동에 대한 다음 몇 가지 문제 제기에서 출발한다.

첫째, 1980년대 중반부터 1989년까지 중국 대륙에서는 학생운동이 많이 일어났지만(1986년 말 후야오방의 실각을 초래한 학생운동까지) 규모가 크지 않았고 넓은 사회 동원도 끌어내지 못했다. 그렇다면 왜 1989년 후야오방 서거로 촉발된 학생운동은 전국적 범위에서 사회 각 계층에서 이렇게 광범위한 동원과 참여를 이끌었을까? 왜 1989년 5월부터 언론기관 즉 중앙방송, 『인민일보』, 신화사, 『광명일보』 등은 운동을 대규모로 보도하기 시작해 중국 현대사에 보기 드문 국가 선전기관 내의 '언론 자유 시기'가 출현했고 이에 따라 전국적·전 사회적 동원에 동력과 조건을 제공했는가?

---

4 내가 여기서 말하는 사회주의적 경향은 계획경제가 특징인 국가 경제 모델이 아니라 새로운 시장 확장 과정에서 사회의 자기 보호 운동이다. 그것은 자연히 사회적 평등과 공정을 호소하는 경향을 띠고 이런 입장에서 사회적 민주주의에 요구한다. 포스트 사회주의 상황에서 이 운동의 동원은 사회주의 가치관의 영향도 받았다.

둘째, 학생운동의 요구와 다른 사회계층의 요구는 어떤 관계가 있는 가? 이 문제를 제기한 원인은 1989년 사회운동은 학생운동이면서 광범위한 사회운동이었기 때문이다. 노동자, 개인 상공업자, 국가 간부, 교사, 그 밖에 사회계층이 참여했고 그중에는 중국공산당 중앙, 국무원 각 부와 위원회, 전국인민대표대회, 전국인민정치협상회의 각 기관(『인민일보』 『광명일보』 신화사 등 미디어도 포함) 구성원도 있다. 농민계급이 이 운동에 직접 참여하지 않은 것을 제외하면 대체로 그 외 다른 사회 각 계층, 특히 대중 도시 거주민이 모두 이 운동에 참여했다고 할 수 있다. 노동자계급, 지식인, 기타 사회계층이 이 운동에 참여한 것은 이해하기 어렵지 않다. 그런데 국가가 국가에 반대하는 상황, 더 정확히 말하면 국가 행위의 내재적 모순(권력 권계, 이익 충돌, 가치 지향 차이에서 발생하는 국가기관 전체와 일부의 모순, 국가기관 일부와 일부의 모순)은 왜 발생했을까?

셋째, 사회 각 계층이 개혁을 지지하는 과정에서 왜 개혁 과정 자체에 대한 비판이 나왔을까? 운동의 비판대상은 누구 또는 어떤 사회적 조건인가? 사회 동원의 이데올로기는 어떤 요소로 구성되었을까?

이상의 문제에 분명히 답하려면 1978년 이후 중국의 개혁 진행 과정을 간략히 회고할 필요가 있다. 1978~1989년 사회개혁은 두 주요 단계로 나뉜다. 즉 1978~1984년의 농촌 개혁 단계와 1984년부터 현재까지의 도시 개혁 단계다. 1978~1984년 또는 1985년까지 개혁 성과는 농촌 문제에 집중되어 있다. 그것의 핵심은 도시와 읍 거주민의 사회적 지위가 농촌 거주민보다 보편적으로 높은 '도농 분할'이라는 이원적 사회체제를 부분적으로 바꾸었다.[5] 이 개혁의 주요 내용은 다음 두 가지다.

첫째, 인민공사 해산, 국가의 농촌 토지 재균분, 농가별 생산 책임제 실시. 둘째, 국가의 정책 조절을 통한 농산품 가격 상향, 다품종 경작 장려, 향진기업 발전, 마오쩌둥 시대 도시 공업화를 위해 제도화된 도농 차별 완화. 이에 따라 1978~1985년까지 도시와 농촌의 수입 격차는 점차 줄어들었다. 이상의 두 가지 개혁의 성과는 점진적으로 느슨해진 소시장 관계에 수반된 것이다. 그러나 대체로 그것은 전근대 중국의 토지 분배 경험과 평등 원칙의 토대 위에서 수립되었다. 우리는 이를 공사제 성격의 국가 독점에 대한 '소농사회주의' 형식을 통한 부정이라고 개괄할 수 있다. 농민의 적극성 향상은 주로 생산의 유연성과 도농 차별의 축소에서 왔지 단순한 시장 개방에서 오지 않았다. 정반대로 농촌 개혁 정책은 지역사회 성격의 농산물 교역 소시장을 보호했고 농산품 가

---

5 사회학자의 연구에 따르면, 이 '도농 분할' 체제는 주로 네 방면으로 나타난다. 첫째, 정치 권력의 차이다. 즉 농민은 정치, 경제, 문화 등 각 영역에서 정부의 전면적 지도를 받고 정부를 대표하는 각급 관리와 실무자가 전부 비농촌 인구에 속한다. 둘째, 경제적 지위의 차이다. 공산품과 공산품의 가격 차이를 두는 '협상가격차' 제도가 도시공업이 자금을 축적하는 동시에 경제 자원과 발전 기회를 독점하고 농촌의 공업 진흥을 제한했다. 셋째, 경제 수입의 격차다. 도시와 농촌의 수입 비율이 높게는 3 대 1에서 6 대 1까지 올랐다. 넷째, 복리 혜택의 차이다. 시, 읍 거주민 주체(전민 또는 집단 소유제 직원 또는 국가 간부)는 평생 무상의료·퇴직 양로금의 대우를 누렸고 식량·기름·육류 등을 안정적으로 공급받았다. 그러나 농민은 이런 복리 혜택을 받지 못했다. 다섯째는 사회적 지위의 차이다. 도시 거주민의 사회적 지위가 농민보다 월등히 높았다. 王漢生, 張新祥, 「解放以來中國的社會層次分化」, 『社會學硏究』, 1993年 第6期; 李强, 「當代中國社會分層結構變遷報告」, 李培林 主編 『中國新時期階級階層報告』, 瀋陽: 遼寧人民出版社, 1995, 65~67쪽; 張宛麗, 「中國社會階級階層硏究二十年」, 『社會學硏究』, 2000年 第1期, 26쪽의 요약과 논평 참조.

격 조절은 중요한 조절 수단이었다. 농촌사회는 잠시 도시 중심의 시장경제 관계에 조직되지 않았다. 생산력 저하, 잉여 상품의 유한성, 도시 상품 경제의 미발달이라는 환경에서 농촌사회의 빈부 분화는 결코 아주 심각한 수준에 이르지 않았고 동시에 가격 조절과 이를 통한 소시장 보호는 도시-농촌 이원관계의 완화를 촉진했다. 이에 농촌사회의 분화 추세는 도농 사회관계가 평등해진다는 전제 위에서 수립되었다. 이상의 요소는 농촌사회의 초보적 분화를 이루었지만 극단적 사회 불안의 전제는 조성하지 않았다.[6] 시장은 1980년대 농촌의 한 요소일 뿐이었다. 당시 어떤 경제학자는 "농업이 주로 정책에 따라 발전했다"며 농업 개혁의 상황을 개괄했는데 대체로 상황에 맞다.

농촌 개혁의 이러한 과정은 우리가 1984년에 시작한 도시 개혁 단계를 이해하는 기본 배경이다. 또한 시장경제의 발전과 곤경의 역사적 조건을 이룬다. 도시 개혁은 삼라만상을 포괄한다. 사람들은 보통 이 개혁의 핵심을 시장 기제 도입으로 개괄한다. 그러나 '권한과 이익의 양도', 즉 기존 국가가 직접 통제하고 지배하던 몇몇 사회자원을 분산·이전함으로써 사회의 이익 관계를 재조직하는 것이었다.[7] 연구에 따르면,

---

6 루쉐이陸學藝는 농민 집단을 농업노동자, 농민노동자, 고용노동자, 지식형 직업인, 개체 상공업자와 개체 노동자, 사영 기업주, 집단기업 관리자, 농촌사회 관리자 여덟 계층으로 나눈다. 즉 陸學藝, 「重新認識農民問題」, 『社會學研究』 1999年 第6期.
7 장완리張宛麗는 이 현상을 다음 두 측면에서 개괄한다. 첫째, 기존의 제도적 구조 밖에서 새로 생겨난 지위 집단과 그들이 점유하는 자원의 대폭 상승, 개체 경영자, 프리랜서, 민간기업주, 합자·외자·민간기업의 고급직원, 비공유제 기업가 등. 둘째, 기존 제도적 구조 속 지위 집단의 지위 상황 변화 시작. 즉 농민, 간부, 전문 인력, 노동자 등 집단 지위

1953~1978년까지 26년 동안 중국 재정 수입이 국민 수입 분배에서 차지하는 비중은 34.2퍼센트(그중 1978년은 37.2퍼센트)였고 1979년부터 해마다 내려가서 1988년에는 19.3퍼센트가 되었다. 중앙재정이 위축되는 상황에서 예산 외 자금이 크게 확장되었고 지방정부는 더 독립된 이익과 지배권을 획득했다.[8] 세금 탈루, 비용 배당, 지방정부의 은행 대출 통제, 대규모 민영화는 상술한 과정의 부산품이다.[9] 도시 개혁의 중점은 국유기업 개혁이었다. 이는 대기업 자주권을 확대하는 개혁(즉 국가가 일부 권리를 기업에 나누는 것)에서 몇몇 기업의 폐쇄, 운영 정지, 합병, 전환, 재분배로 향했고 최종적으로 경영권 개혁에서 재산권 관계 개혁으로 전향했다. 실업과 대기발령의 압박 아래 국가는 부득이하게 얼마 동안 합병, 전환, 폐쇄, 운영 정지 등의 정책을 써야 했다. 그러나 기본 방향은 변하지 않았다. 도시 개혁은 분명 농촌 개혁보다 훨씬 복잡했다. 그 원인은 다음과 같다. 첫째, 공업자산을 추산하는 것이 농촌 토지와 기타 생산수단을 추산하는 것보다 훨씬 어렵다. 공업자산 재분배는

의 변화와 분화. 張宛麗, 「中國社會階級階層硏究二十年」, 『社會學硏究』 2000年 第1期, 28~29쪽.

8 王紹光, 「建立一個强有力的民主國家 —兼論 "政權形式" 與 "國家能力" 的區別」, 『當代中國硏究中心論文』 1991年 第4期, 15~17쪽.

9 왕사오광은 다음과 같이 결론 내린다. "'권한과 이익의 양도'라는 개혁 방침은 공공권력 구조(각급 정부와 그 산하 조직)가 국민 수입 분배에서 갖는 역할을 축소하지 않았고 국민 수입 분배에서 중앙정부의 역할만 축소했다. (…) 지방정부는 재정권 확대에 따라 행정 수단으로 경제생활을 간여하는 능력이 약해지지 않고 강해졌다. 이러한 간섭은 그 이전 중앙정부의 간섭보다 더 직접적이었다. '권한과 이익의 양도'라는 개혁 방침은 전통적 명령경제를 없애지 않았고 전통 체제의 소형화를 조성했다." 같은 글, 20쪽.

아주 복잡한 기술적·제도적 조건과 관련되고 업종, 분업, 지역의 갖가지 차이(그리고 이 차이로 조성되는 불평등)와도 관련된다. 둘째, 농촌 개혁과 도시공업 개혁의 소유제 전제가 완전히 다르다. 기존의 공업체제 안에서 국가는 계획에 근거해서 자원을 분배했지만 자원의 점유와 경제적 효용과 이익, 집단과 개인의 실제 수입은 완전히 불일치했다.(대형 국영 공장이 자원 점유에서 독점적 우위를 차지했지만 직원의 실제 수입과 기타 집단 소공장 직원의 수입차는 크지 않았다.) 그러나 국가가 공업과 상업 영역에서 절대적인 지배 권력을 포기하고 계획의 제정자와 집행자에서 조절자 역할로 전화했을 때 기존 자원 점유의 불평등은 즉각 수입 불평등으로 전화했다. 이 때문에 도시 공업개혁은 기업의 소유제 문제뿐만 아니라 국가 정체의 경제체제 문제와도 관련되었다. 이런 복잡한 조건에서 이에 상응하는 민주적 감독과정이 없고 이에 상응하는 경제체제를 배양하지 않으면 자원과 자산 재분배 과정은 심각한 불평등을 초래할 것이 뻔하다. 이상의 여러 요인은 도시 개혁이 왜 초기 농촌 개혁처럼 평등 원칙을 실천하지 못했는지를 해석한다. 이 과정에서 노동자 집단 더 나아가 국가 공무원 계층의 지위와 이익에 심각한 위기가 발생했다. 사회학자들의 연구에 따르면, 그것은 주로 지위 하락, 내부 계층분화, 고용노동자 이익의 수동적 상태, 노약자·병자·장애인·임산부 등 직원의 이익은 여러 방면에서 보장받지 못했다.[10]

---

10 경제 수입의 격차는 우선 개체 경영자 수입과 국영 기업 직원 수입 비율의 불균형으로 나타났다. 趙人偉, 「中國轉型期中收入分配的一些特殊現象」, 趙人偉 主編, 『中國居民收入分配研究』, 北京 : 中國社會科學出版社, 1994. 내부 분화는 관리자, 기술 인력, 노동자

1985년부터 1989년까지 중국 경제계는 줄곧 이른바 개혁(비교적 급진적인 재산권 개혁)과 조정(국가가 간섭하는 경제 구조 조정)에 관한 논쟁을 벌였고, 중국 개혁은 가격 개혁이 선도하는가(즉 이전의 계획 가격제 개혁을 통한 시장 관계 운영), 기업소유제 개혁이 선도하는가(즉 국유 대기업의 대규모 민영화)를 두고도 논쟁했다.[11] 이 논쟁의 원인 중 하나는 1985년부터 중국 경제에 부단히 발생한 통화 팽창과 경제 혼란이었다. 적절한 가격조건, 이에 상응하는 시장 조건의 조성이 없다면 소유권 개혁은 대규모 사회 혼란을 초래할 것이 뻔했다. 논쟁 결과 가격 개혁을 통해 시장 환경을 조성하는 동시에 기업 개혁(주로 도급제)을 추진하자는 의견이 우위를 점했다. 이 개혁노선은 대체로 성공을 거두었다. 가격조정의 역할이 전통 체제의 독점성을 억제하고 시장 기제를 활성화했기 때문이다. 러시아의 '자발적 사유화' 방안과 비교하면, 이 성공의 의미는 충분히 평가되어야 한다.

그러나 동시에 이 과정에는 내재적 위기도 잠재되었고 그 후 지속적인 사회 문제를 일으켰다. 시장 환경 측면에서 이 개혁은 이른바 이중가

사이의 격차 확대로 나타났다. 馮同慶 等, 『中國職工狀況, 內部結構及相互關係』, 北京 : 中國社會科學出版社, 1993. 고용노동자 계층의 지위와 이익에는 노동 시간, 노동보호, 노동 계약이 보장될 수 없었고 노동능력 약화 계층의 초기 노동 가치는 정당한 보상을 받지 못했다. 張宛麗, 「中國社會階級階層硏究二十年」, 『社會學硏究』, 2000年 第1期, 29~30쪽.

11 통상 우징롄吳敬璉이 가격 개혁과 기업 개혁 협상을 한 대표자로 알려져 있고 리이닝厲以寧이 1980년대에 주식화를 주장한 것으로 알려져 있다. 1988년 우징롄은 중기 개혁 계획 총보고를 주관했다. 『中國改革大思路』, 瀋陽出版社, 1988. 기타 관련 자료는 『中國經濟改革總體規劃集』, 中央黨校出版社, 1987; 『中國經濟改革的整體設計』, 中國展望出版社, 1990; 「價格改革和體制轉軌的成功保證」 『改革』, 1988年 6期 참조.

격제(즉 국가 계획 가격과 시장 가격의 병존 상태, 전자는 주로 생산수단과 원자재―계획생산지표를 완성하고 남는 생산수단과 원자재―가격에 집중되었고 후자는 주로 소비품 가격에 집중되었다)에서 시작되었다. 이중가격의 동시 운영은 바로 부패와 공무원 불법 전매(공무원과 공공기관이 가격 체제를 이용해서 투기·전매 활동을 하는 것)에 계기를 제공했다. 기업 개혁 측면에서 도급제와 정경 분리가 병행되었지만 후자는 정치체제가 움직이지 않으면 제대로 실행되기 어려웠다. 정경 분리의 구호 아래서 분리된 것은 정치와 경제의 관계가 아니라 소유권과 경영권이었다. 이 혼란스러운 권력의 이행 과정에서 대량의 국가 자산이 '합법적'·불법적으로 소수의 경제적 이익으로 전화했다. 많은 경제학자가 1988년을 '도급의 해'라고 부른다. 도급제가 기업 도급에서 무역 도급, 부문 도급, 재정 도급 등으로 확대되었기 때문이다. 이 '도급' 과정은 기업, 지방, 부문이 더 독립적인 이익을 취하게 했지만 이중가격제가 낳은 모순을 격화했다. 지방과 이익집단은 권력 행사와 각종 기타 경로를 거쳐 계획 내 생산품을 계획 밖(시장)으로 밀어냈으며 이에 따라 통화가 팽창하고 사회 분배 불균형이 심해졌다.[12] 도급 과정에서 상시적인 부패 형식은 세금 탈루, 커미션 수수, 공금 남용, 권력을 통한 금전 취득(발주권을 이용한 뇌물 수수 등) 등이다. 개혁이 시작된 후 집단구매력이 지속해서 상승했고 장려금 증가액이 부단히 확대되었으며 총공급과 수요의 불균형이 조성되자 중앙정부는 조정에 쓸 만큼 충분한 재정

---

12 郭樹清, 『經濟體制轉軌與宏觀調控』, 天津 : 天津人民出版社, 1992, 181쪽.

자원이 부족했다. 1988년 5, 6월 사이에 정부가 가격 돌파를 대대적으로 선포하고 점진적으로 계획 가격을 없애고 시장 가격으로 전향했다. 그러나 그에 따라 사재기와 사회 불안정이 일어났다. 그 후 일정 기간 정부는 부득이하게 그전에 시작한 국가 고정 강화 정책으로 전향했고 국가와 자신의 창조물─지방과 부문의 이익집단─간의 모순을 일으켰다.[13]

이 단계의 개혁은 일련의 성과를 얻음과 동시에 약간의 새로운 요소도 만들었다. 그것들은 여러 측면에서 새로운 불평등한 사회 조건을 반영했다. 이 요소들은 1989년 사회 동원이 실현된 직접적 동인이다. 첫째, '이중가격제'와 권력의 시장화가 분배 불평등과 이중가격의 차이를 취해 단기적 부를 축적하는 '지대추구' 행위를 조성했다. 학자의 연구에 따르면, 1988년 이러한 이중 체제 아래서 이중가격 차액(즉 임대료)이 3569억 위안에 달했는데 이는 당시 국민 수입의 약 30퍼센트를 차지했다.[14] 사실상 권력을 통한 금전거래는 국민 소유 자산을 '지대추구자'의 주머니 속으로 넣었다. 지방과 부문 이익집단의 형성(이는 1990년대 제도적 부패의 주된 근원이다)은 이 과정과 밀접하게 관련된다. 지방 국가와 중앙 국가 사이의 이익 모순도 이에 따라 첨예해졌다. 둘째, 도시 각 계층의 수입이 심각하게 분화되기 시작했다. 노동자계급의 '철밥통'이

---

13 '치리정돈治理整頓' 정책의 주된 목표는 1989년 11월 9일 발표된 「中共中央關於進一步治理整頓和深化改革的決定」(『中國金融年鑒(1990)』), 『十年計劃體制改革概覽』, 中國計劃出版社, 1989 참조.

14 胡和元, 「1988年中國租金價值的估算」, 『經濟體制比較』, 1989年 第7期.

위기에 직면하고 수입이 줄어들었으며 실직과 실업이 오늘날처럼 심각한 사회 문제가 되지는 않았지만 일종의 현상으로 국유기업 노동자에게 감지되었다. 셋째, 세수 구조 조정과 권력의 시장화 등의 요소가 출현하면서 경상계층의 구조가 변하고 기존의 도시 개체 상공업자의 이익이 위축되었으며 관상官商 또는 권력과 밀접하게 연관된 이익집단이 특정한 사회계층으로 등장했다. 넷째, 주거, 의료, 임금, 기타 사회 복지 개혁이 크게 추진되지 않았고 통화 팽창이 사회 안전감을 위협했다. 이 요소들은 임금노동자 계층의 불만을 샀을 뿐 아니라 수많은 국가 공무원(관료)의 일상생활에도 영향을 주었다(특히 일반 국가 공무원과 다른 계층의 수입 격차, 시장 활동에 개입하는 공무원과 다른 국가 공무원의 수입 격차가 급격히 확대되었다).[15] 주목할 만한 점은 1989년 사회운동이 대부분 도시를 근거지로 했고 1984년에 시작된 '도시 개혁' 단계의 시장 확장 역사와 내재적으로 연관되었다는 사실이다. 그러나 우리는 이 운동의 또 다른 배경 조건을 잊어서는 안 된다. 도시 개혁이 추진되고 농촌 개혁이 지지부진하면서(가격 체제, 호구 체제, 노동보호 체제, 생태 문제, 기층사회 조직 문제 등에서 집중적으로 나타났다) 도시와 농촌의 차이가 다시 확대되었다. 1985~1989년에 농민 계층의 수입이 줄어들기 시작했지만 농촌사회에는 1990년대와 같은 시장 질서 편입과 위기가 없었다. 도시사회 유동 인구도 오늘날처럼 규모가 크지 않았다.[16] 이 계

---

15 개혁 전후 간부 계층의 변화에 관해서는 李强, 『當代中國社會分層與流動』, 北京 : 中國經濟出版社, 1993 참조.

16 통계 자료에 따르면, 1979~1984년 전국 농민 1인당 수입 평균은 매년 15.1퍼센트 상

층은 당시 사회운동에 직업 참여하지 않았다.

1980년대의 정치적 안정은 국가가 사회를 강력하게 통제하는 능력을 바탕으로 수립되었다. 그러나 이런 통제 능력은 단순한 국가가 실시한 강력한 통제라고만 단순화할 수 없다. 이 시기에 국가는 경제개혁을 추진했고 지식인 계층은 개혁에 직접 참여하고 개혁 이데올로기를 제공했다. 사회 기층(특히 농민 계층)은 개혁의 장점을 직접 체감했다. 이 세 부문의 상호작용이 1980년대 개혁에 정당성을 제공했다. 그러나 1989년 즈음 새로운 상황이 출현했다. 첫째, 국가 내부에서 이익 대항이 출현했다. 부문, 계층, 권력 중심, 지방과 중심 사이에서 모순이 발생한 것이다. 둘째, 국가의 내부 분화가 지식인의 내부 분화를 불러왔다. 한편 개혁 정책 제정 과정과 이데올로기 선전에 직접 참여한 지식인은 사실상 국가 체제 내의 지식인이다. 그들은 국가 내부의 분화에 매우 민감하다.[17] 다른 한편에서 국가 내부의 분화는 국가 직능의 전변과 사회 분업 체제

승했고 1985~1988년 상승폭은 5.1퍼센트, 1989~1991년 성장률은 1.7퍼센트에 불과했다. 1992년 국가가 수수 가격을 올려서 농민의 수입이 다시 증가한 뒤 1997년부터 농산품 총량이 거의 안정되었는데 시장 가격은 도리어 30퍼센트 하락했다. 陸學藝, 「"農民眞苦, 農村眞窮"?」, 『讀書』 2000年 1期, 3쪽.

17 사람들이 통상 '신시기'(1978~1988)라고 부르는 역사 시기에서 중요한 역할을 한 지식인 중 노년 지식인(경제학자, 정치학자, 철학자, 역사학자, 문학비평가 등) 대다수가 대학과 연구체제 내의 지도자였다. 예를 들면, 경제학의 몇몇 논쟁은 국가 정책의 내부 논쟁에서 기원했다. 이 역사 시기에 중국 사상 영역의 '좌'와 '우'는 실질적으로 국가 체제 내부의 논쟁과 파벌에서 기원했다. 이 사람들이 지위가 높고 권위가 무거웠기 때문에 이들 사이의 분기는 항상 지식계 전체의 '좌' '우' 분립으로 이해되었다. 현재까지도 몇몇 사람은 당내 투쟁의 틀로 중국 사회 분화 과정의 '좌'와 '우'를 이해한다.

의 개혁도 내포한다. 지식인의 취업 경향 상당 부분과 사회적 태도가 중요한 변화를 일으켰다. 셋째, 도시사회계층은 대부분 그들이 개혁과정에서 잃을 수 있는 이익을 직접 느꼈고 더는 개혁의 신화를 단순히 믿지 않았다(비록 개혁에는 기본적으로 긍정적 태도를 지녔더라도). 넷째, 도시 개혁의 전개와 도농 관계의 재변화 때문에 농촌사회에 새로운 위기가 출현하기 시작했다. 이상의 몇 가지 측면이 심각한 정당성 위기를 구성했다. 그 위기는 계획경제의 몇 가지 요소를 남겨둔 국가의 정당성 위기이면서 시장사회로 이행하는 국가의 정당성 위기다. 사람들이 여기서 의문시하는 것은 결코 계획경제와 그 결과가 아니라(이는 물론 사람들이 계획경제를 찬성한다는 의미가 아니라 현실 문제가 제도적으로 전환하는 과정에서 발전한 것이다. 따라서 의문은 먼저 이 과정 자체로 향해야 한다) 개혁이라는 이름 아래 진행된 이익 분배의 정당성(국가가 누구의 이익을 대변해 재분배하는가?)과 분배 과정의 절차적 정당성(무엇에 근거해서 어떤 절차로 행정 관리와 감독을 하는 것이 합법적인가?) 등이다.

위와 같은 상황이 1989년 사회운동과 사회 동원의 기본 조건이다. 학생운동과 지식인의 기본적 요구는 정치적 민주주의, 언론의 자유, 표현의 자유, 집회와 결사의 자유, 법제 실행('인치'에 상대되는) 등 헌법적 권리를 보장하고 국가가 운동의 정당성(애국 학생운동으로서)을 인정하는 것이었다. 사회 각 계층은 이 요구를 지지하고 이 요구에 더 구체적인 사회적 의미를 부여했다. 즉, 부패 반대, 국가와 관리의 투기 반대, 태자당(특권계급 반대), 물가 안정, 하이난다오 양푸洋浦 반환, 사회보장과 사회 공정 요구 등을 제기하면서 민주적 방식으로 사회적 이익을 재조직하는 과정에서 개혁과정의 공정성을 보장하라고 요구했다. 여기서 주목해야 할 문제는 1989년 사회 동원은 전통 체제를 비판했지만 그것이 비판한 것은 과거의 국가가 아니라 개혁을 추진하는 국가 또는 점점 시장을 향해 사회가 전환하는 중국과 그 정책의 결과라는 사실이다. 내가 여기서 이렇게 구분하는 것은(과거의 국가와 개혁을 추진하는 국가로) 결코 개혁을 추진하는 국가와 과거의 국가 사이의 연속성을 부정하는 것이 결코 아니라 개혁과정이 국가 직능과 사회적 조건의 전변을 촉진했음을 강조하는 것이다. 실제 상황에서 시장 개혁과 사회 전환을 추진하는 국가는 과거 국가의 정치적 유산과 이데올로기적 통치 방식에 의존한다. 과거 국가는 이데올로기와 분배 방면에서는 평등을 중시했다. 그러나 과거 국가는 강제적이고 계획적인 방식으로 제도적 불평등을 보호했다. 개혁 조건에서 이 제도적 불평등은 빠르게 계급과 계층 수입의 격차로 전화하면서 사회 분화를 촉진했다. 따라서 두 국가의 실질적 구분은 그들 간의 내재적 연관을 의미하기도 한다.

사회의 자기 보호 운동으로서 1989년 사회운동은 불평등한 시장 확장에 대한 자발적 반항, 개혁 프로세스를 추진하는 국가에 대한 비판을 담았다. 그러나 사회적 항의운동으로서 1989년 사회운동은 전능주의적 국가와 그 통치 모델에 대한 비판을 계승했다.[18] 그러나 국가에 관한

___

18 중국 정부와 집권당은 항상 1949년에 확립된 정치제도를 합법성의 전제로 삼는다. 따라서 사람들은 연속성의 관점에서 마오쩌둥 시대와 덩샤오핑 시대의 관계를 보는 데 익숙하다. 그러나 개혁 시대의 국가와 국가 주도 정책과 마오쩌둥 시대의 국가와 국가 정

이상의 구분이 결코 사실상 국가가 두 개 존재한다는 것을 의미하지 않는 것처럼 사회적 항의운동도 복잡한 요소를 내포한 사회운동이다. 여기서 다음과 같은 복잡한 상황에 특별히 주목해야 한다. 1989년 사회운동에 참여한 운동에도 몇몇 이익집단이 참여했다. 이들은 1980년대 권한과 이익의 양도를 특징으로 하는 개혁과정에서 광범위한 장점을 확보했다. 이 이익집단들은 도래하는 조정 정책에 대한 불만에 근거해 자신의 요구를 사회운동에 주입함으로써 국가가 더욱 급진적인 사유화 개혁을 추진하도록 압력을 넣으려 했다. 이 집단은 개혁 시대만의 산물이 아니라 개혁 시대 권력과 시장의 거래 관계가 직접 표현된 것이다. 따라서 그들의 요구는 상층 국가와 사회운동 사이에서 전개되었다. 이들은 자금을 투입하고 상층부에 로비하면서 국가와 운동 사이에서 소식을 전달했다. 이로써 사회운동을 이용해 국가 내부의 권력 구조가 자신의 계층 또는 집단의 이익에 유리한 쪽으로 바뀌도록 압박하게 되었다 (이 운동에서 캉화공사康華公司, 쓰퉁공사, 기타 이익집단의 역할을 떠올려도 무방하다). 이 현상은 국가 권력과 긴밀한 관계를 맺은 몇몇 지식

책 사이에는 중요한 차이가 있다. 바로 이 때문에 국가 이데올로기 기관이 이데올로기적 연속성을 견지할 때 그것과 국가의 개혁 정책과 실천 사이의 내재적 모순도 남김없이 드러난다. 국가 이데올로기 기관과 집권당의 이중적 합법성(마르크스주의 정당과 시장경제 개혁을 추진하는 정당)은 국가에 대한 비판이 혼합된 관점을 갖도록 한다. 즉 그 비판은 항상 구제도를 반대한다는 이름으로 현실의 국가 정책과 실천을 비판한다. 1989년에 '관제 투기' 반대, '부패' 반대, '태자당' 반대 등의 구호로 비판 운동을 동원한 것은 단순히 전통적 사회주의 국가에 대한 비판으로만 돌릴 수 없다. 그것은 개혁 중인 중국에 대한 비판이거나 이중적 비판이다.

인 사이에서도 일어났다. 1989년 국가의 내부 분화와 국가 자체의 이익 집단화에는 긴밀한 관계가 존재한다. 중국의 맥락에서 오늘날 '신자유주의'라고 불리는 이데올로기는 이미 싹트기 시작했다. 그것의 핵심 내용은 권한과 이익의 양도와 도급제 개혁을 급진적으로 바꾸는 것이고 민주적 제도 보장이 없는 전제에서 자발적 사유화 과정을 전면적으로 진행하고 입법 절차를 거쳐 인위적으로 만들어낸 계급과 이익 분화 과정을 합법화하는 것이다.

따라서 '신자유주의'(즉 '신보수주의')는 주로 국가의 이익집단화 과정에서 형성된 사회 집단의 이익 관계로 발현된다. 그것의 몇몇 원칙은 이미 행정 권력, 경제 권력의 네트워크에서 국가의 개혁 정책으로 변했다. 이 시장적 급진주의는 국가 정당성 위기가 벌어진 시기에 '신권위주의'와 '신보수주의'(즉 국가의 권위와 엘리트를 이용해 시장을 급진적으로 확장하는 것)로 표출된다. 다른 몇몇 사람은 또다시 '신자유주의'의 방식으로 출현한다. 여기에는 분명 어떤 전환이나 권력 또는 권위의 전이가 존재한다. 세계화의 물결에서 '신자유주의'는 초국적 자본과 국내 자본의 역량을 이용해 중국의 사회와 시장을 재조직할 수 있다고 생각한다. 그들은 국가가 세계화의 물결과 국내의 시장 확장 속에서 어떤 보호·억제·조절 역할을 했음을 알아차렸다. 따라서 단순히 시장 확장의 동력을 국가 자체만 맡기지 않는다. 이것이 바로 '신권위주의'와 '신자유주의'가 서로 얽히는 역사적 비밀이다. 이런 의미에서 '신자유주의'와 국가의 모순은 19세기와 20세기 전기의 자유주의와 국가의 관계와 완전히 다르다. 그것은 새로운 이익 관계의 산물이다. 강대한 사회적 압력 아래 중앙 국가와 지방, 부문 이익집단은 개혁의 길과 관련된 이익 관계로 수시로 충돌한다.(그것은 개혁과 조정이 멈추지 않은 정책적 토론에도 반영되었다.) 세계화 조건에 중앙 국가, 지방 국가, 이익집단, 초국가 자본 사이에 복잡하게 얽힌 모순관계가 더해져 '신자유주의'는 항상 '민간' '사회' '시장'의 이름으로 한편에서는 국가의 개혁 정책에 영향을 줄 수 있고 다른 한편으로 해외 매체(특히 대만과 미국의 매체)에서 '계획경제' '공산주의' 또는 '독재주의' 국가를 반대하는 역할도 한다. '신자유주의'의 중국판과 극단적 보수 이데올로기 국가기관의 모순은 국가 실천의 내재적 모순을 최대한 반영한다. 그것은 여러 장소에서 자신을 '대항자'로 만든다. 그러나 이는 결코 이 시장 이데올로기와 국가 실전의 관계가 대립적 관계임을 증명하지 않는다. 정반대로 그들 사이에는 복잡한 상호 의존관계가 존재한다. 이것이 바로 '신자유주의' 이데올로기가 전 지구적 통치 이데올로기로 중국의 맥락에서 갖는 모호성과 이중성이다. 이런 의미에서 '신자유주의'가 빌려온 명목적 부정은 '민간' '사회' '시장'에 대한 부정으로 이해되어서는 안 된다. 정반대는 반시장, 반사회, 반민간적 독점관계를 부정하는 것이다. 신자유주의의 목적에 대한 반성은 이론적으로 시장의 민주적 제도, 사회의 자기관리, 민간 역량의 배양 가능성과 관련된 현실적 토대를 제공한다.[19]

---

19 여기서 내가 말하는 '신자유주의'가 일종의 이데올로기임을 특별히 밝힐 필요가 있다. 이 글에서 개별 학자의 관점과 이 이데올로기가 많이 중첩되지만 여기서 내 분석은 개별 학자의 관점에 착안한 것이 아니다. 그 밖에 이데올로기 개념은 지배적 통치 사상을 지칭한다. 그것은 사람들이 문제를 비판하는 방식으로 전화할 수 있다. 예를 들면, 중국

이상의 의미에서 전통적 계획경제의 위기는 바로 새로운 독점적 시장 관계 위기로 전화하고 있다. 1989년 사회 모순은 국가가 개혁을 추진하고 사회 각 계층이 개혁에 반대하는 상황으로 치부할 수 없다. 반대로 구체제가 쇠락하는 상황에서 사람들이 요구한 것은 개혁의 심화다. 문제의 핵심은 어떤 개혁을 요구하느냐다. 학생이든 지식인이든 사회운동에 참여한 다른 계층이든 모두 개혁을(정치개혁과 경제개혁 모두) 지지하고 민주주의를 요구했다. 그러나 그들의 개혁에 대한 기대와 이해, 개혁 과정에서 그들의 이해관계는 천차만별이다. 더 넓고 종합적인 시야에서 본다면 광범위한 민중이 기대하는 개혁, 이상적인 민주주의와 법제의 절차적 정치 구조는 법률 조문만이 아니다. 정치와 법률 구조를 다시 세워서 사회의 공정과 경제생활을 보장하는 민주화다. 사람들이 요구하는 것은 민주적이고 공정한 토대 위의 경제개혁이지 절대적 평등의 요구나 도덕적 이상주의가 아니다. 비록 이 충돌이 당시에는 충분히 이해되지는 않았지만 이 요구와 현재 형성되고 확대되는 이익집단의 급진적 사유와 개혁 요구는 근본적으로 충돌한다. 이상의 복잡한 조건은

과 미국이 WTO 협정에 서명한 후 거의 모든 매체가 편향된 보도를 했고 동시에 광범위한 사회적 반향을 얻었다. 그러나 일반 민중, 더 나아가 지식인은 이 협정의 내용을 전혀 알지 못한다. 왜 그들이 이 때문에 신바람 났을까? 시장주의와 발전주의 이데올로기가 없이는 이 현상을 이해하기 어렵다. 1989년 이후 중국의 이데올로기 국가기관은 계속 작동했다. 그러나 마오쩌둥 시대와 비교하면 이 이데올로기 국가기관은 이미 이데올로기적 직능을 효과적으로 행사할 수 없었다. 그보다는 행정적 수단과 강제적 수단으로 '법규위반' 현상을 처리한다. 최소한 내가 보기에, 국가의 이데올로기는 양면성을 띤다. 즉 시장주의와 발전주의 면과 전통적 사회주의의 이데올로기 면이다. 후자는 어떤 설득력도 없고 극단적으로 경직된 선전으로 변했다.

왜 개혁과정에서 혜택을 본 계층도 사회운동에 참여했는지, 심지어 수많은 국가기관과 국가 공무원도 창안제長安街 거리로 나와 사회 각 계층의 시위와 항의에 참여했는지를 부분적으로만 설명해준다. 이런 의미에서 개혁과 반개혁으로는 1989년 사회운동의 특징을 설명하기 어렵다.

이상의 분석에서 우리는 1989년 사회 동원을 형성한 이데올로기적 요소에는 민주와 자유의 가치도 있으며 일상생활의 평등 관념, 전통적 사회주의 이데올로기가 특정한 시점에 비판적 동원 역량으로 전화했다고 대체로 말할 수 있다. 사회 각 계층의 광범위한 참여라는 측면에서 후자는 매우 잊기 쉽고 중요한 측면이고 우리의 일상생활에 깊이 파고들어 있다. 따라서 나는 1989년 사회운동의 의미는 다중적이며 다른 시대와의 고별이자 새로운 시대에 내재한 사회 모순에 대한 항의라고 생각한다. 그것은 (학생과 지식인)의 민주와 자유에 대한 호소이면서 (노동자와 기타 시민계층)의 사회적 평등과 공정에 대한 호소다. 이 다중적 태도는 운동의 민주적 요구를 광범위한 의미로 해석해준다. 그러나 냉전 이데올로기, 국가 폭력과 이로 발생한 정당성 위기, 학생과 지식인 운동의 위와 같은 역사적 과정에 대한 깊은 이해 부족, 이 운동의 가장 보수적 측면(즉 사유화 과정에서 권력의 이전으로 형성된 이익집단)과 '신자유주의' 세계질서 사이의 공모관계는 1989년 사회운동을 세계적 범위에서 급진적 사유화를 주장하는 이익집단에 유리한 방향으로 해석했다. 이 집단은 진정 '급진적 개혁자'라는 신분으로 그것과 국가권력, 국내 이익집단과 초국적 자본 집단의 복잡한 관계를 은폐했으며, 이 과정에서 현실의 이해관계를 은폐하고 전 세계 앞에 자신을 세계시장과 민주적 진보를 지향하는 역량인 것처럼 연출했다.

1989년 6월 4일에 세계를 놀라게 한 톈안먼 사건이 일어났고 이에 따라 동유럽과 소련이 와해되었다. 냉전이 종결되고 '역사가 끝났다.' 1989년에 발생한 동요는 사회 해체의 징조를 드러냈다. 그리고 국가도 이런 배경 아래서 안정을 정당성의 전제로 삼았다. 국가 폭력 기관이 안정을 유지하는 유일한 역량이라고 이해되었기 때문에 결국 개혁 이후 점차 형성된 국가의 정당성 위기를 은폐했다. 여기서 기본적인 역사적 사실 또는 역설은 다음과 같다. 국가가 주도하는 신자유주의 경제 정책이 사회 동요를 불러왔고 동요 이후의 안정은 또 정부 권력이 사회로 확장되는 합법적 근거가 되었다. 따라서 신자유주의의 '자기조절론'(그리고 국가 간섭 배척)은 결국 통제와 간섭의 수요로 변했다. 1989년 폭력 이후 사회운동에 대한 사람들의 관심은 '6·4' 사건, 소련과 동유럽의 해체, 냉전 종결에 집중되었다. 이 사회운동이 일어날 수 있던 역사적 조건과 기본적 요구는 도리어 관심 밖으로 밀려났다. 이로써 이 운동이 내포하는 역사적 가능성도 운동의 실패에 따라 사라졌다. 앞에서 말했듯 이 1989년 사회 동원은 권한과 이익 양도의 불평등한 과정에 대한 사회 각 계층의 항의이고 중앙정부의 조정 정책에 대한 지방과 부분 이익집단의 불만에서 기원했다. 국가 내부의 분화에서 기원했고 사회 각 계층과 국가기관 사이의 상호관계에서도 기원했다. 1989년 매체를 예로 들면 우리는 다음과 같은 질문을 할 수 있다. 각 계층의 사회 동원과 민주주의의 요구가 어떻게 국가가 통제하는 미디어로 침투할 수 있었을까? 나는 다음 세 가지 조건이 핵심 요소라고 생각한다. 첫째, 정치 집단 간의 차이, 중앙과 지방의 분화 때문에 미디어가 단일한 방향으로 운동 과정을 보도할 수 없었다. (동시에 다음과 같이 설명할 수도 있다. 권한과 이익의 양도 과정에 대한 비판은 전반적 비판이 아니다. 전통적 계획경제가 실패하는 배경에서 권한을 내놓는 것은 필연적이고 필요한 것이다. 문제는 어떻게 민주적 정책을 안배해 사회적 재산 재분배의 투명성과 공정성을 보장하느냐, 어떻게 사회민주의 원칙 아래서 분권 과정이 또 다른 차원에서 발생하는 이익 재집중을 막느냐.) 둘째, 사회 동원의 폭이 넓어서 국가가 전통적인 방식으로 언론을 통제할 수 없었다. 셋째, 운동의 민주주의와 평등에 대한 요구가 국가 이데올로기와 미묘한 중첩 관계가 있고(그렇지 않으면 우리는 학생운동 스스로 국가에 자신을 '애국운동'으로 인정하라고 요구한 것을 해석하기 어렵다), 이에 따라 모종의 정당성을 갖는다. 이상의 세 측면은 사회운동과 국가 사이에서 모종의 불안정한 상호작용 관계를 형성했다. 달리 말해 1989년 5월에 잠시 나타난 언론 자유와 공개 토론은 국가, 이익집단, 사회 각 계층의 역량이 상호작용하는 기본 조건이었다. 그것의 와해는 위와 같은 사회적 역량 간의 균형이 무너지는 전제가 되기도 했다. 운동이 실패한 직접적 원인은 국가가 운동을 폭력으로 진압한 데 있고 간접적 원인은 사회운동 자체가 민주주의라는 정치적 요구와 사회 동원이 제시한 평등한 요구 사이의 다리를 놓지 못하고 안정적 사회 역량을 형성하지 못했기 때문에 운동의 직접적 목표와 그것의 물질적 조건을 연결하지 못했다는 데 있다. 이런 배경에서 이 세 가지 측면의 상호작용 조건은 너무 취약했고 최소한의 제도적 보장도 없었다. 그러나 그 짧은 과정은 동시에 우리에게 민주주의적 프로세스가 바로 이상의 조건에 존재하고 어떻게 그리고 어떤 역량이 이 취약한 상호관계를 제도화하느냐가 가장 중요함을 일깨워준다.

1989년 사회운동을 국내 시장과 국제 시장 확장이라는 조건에 놓고 보면, 이 운동의 수많은 요구는 1999년 11~12월 시애틀, 2000년 4~5월 워싱턴에서 일어난 WTO와 IMF에 반대하는 항의와 내재적으로 연관된다. 이 운동이 모두 사람들의 일상생활을 정치적으로 기획하는 데 대한 것이었기 때문이다(비록 자유시장의 이름으로 제기되었지만). 이런 항의운동에는 복잡하고 다른 여러 성향이 담겨 있다. 그러나 그 사이의 개별 요소만 보고 이런 운동을 개혁이나 자유 교역을 부정한 것이라고 보는 것은 잘못이다. 이 운동에서 보호를 요구하는 데는 평등하고 민주적인 개혁, 자유로운 교역에 대한 갈망이 담겨 있다. 이 운동들은 민주, 자유의 가치와 사회보호운동이 긴밀하게 연관되었다는 역사적 예증이다. 이런 사회적 압력이 없다면 시장 민주주의와 관련된 제도를 창조할 구상이 존재하지 않는다. 그러나 1989년 이후 유행한 '역사종말론'은 1989년 사회운동에 가장 명확한 해석을 제공했다. 즉, 서방 사회체제가 최종 승리했고, 중국은 아직 끝나지 않은 역사의 고독한 예증이라는 해석이다. 1989년 사회운동의 이중적 의미가 일방적으로 이해되어 이것이 전 세계를 떠도는 서사가 되고 현존 체제의 우월함을 확증하는 것으로 변하고 항의가 송가로 변함에 따라 그것의 진정한 의미, 비판적 잠재력, 역사적 의미도 사라졌다. 어떤 이는 이것이 과도기의 필연이라고 말한다. 그러나 필연이라는 해석은 우리의 일상생활에 깊이 자리 잡은 모순을 간과했을 뿐 아니라 비극적 과정에 도덕적 합리성도 부여했다. 6월의 총성에 따라 사회적 항의와 사회운동은 새로운 방향으로 전향했다. 사람들은 이 새로운 사태에 따라 1989년의 사회운동을 관찰하고 이해하기를 더 원했다. 무수한 매체의 운동 해석에서 이 운동이 해외에서 새롭게 진행되는 방식 모두가 하나의 강력한 추세를 표현했다. 이 추세는 1989년 중국에서 발생한 사회운동을 '역사 종말' 과정의 한 예외로 이해하고 1989년 전 지구적으로 발생한 거대한 전변이 동시에 새로운 역사적 관계, 새로운 독점과 강제에 대한 비판과 항의임을 알지 못한다.

나는 '신자유주의'적인 역사해석이 엄혹하고 때에 따라서는 상당히 아이러니한 몇 가지 사실을 거론하지 않을 수 없다.

첫째, 현대 시장사회는 자생적이고 자발적인 질서가 아니라 국가의 간섭과 폭력으로 형성되었다. 1989년 이후 국가는 경제조정과 개혁을 지속해서 진행했다. 폭력의 위협 때문에 이상의 위기에 대한 사회적 불만은 아주 작은 범위 안으로 억눌렸다. 1980년대 후반 두 차례 무산된 가격 개혁이 1989년 이후의 상황에서 완성되었다. 1988~1991년 3년에 걸친 정비 시기, 특히 1989년 이후 경제적 변화는 다음 몇 가지로 개괄할 수 있다. 화폐정책이 주된 제어수단이 되었다. 공식 환율을 대폭 조정하고 환율을 통일함으로써 수출을 촉진하고, 대외무역은 경쟁적이고 손익을 자체로 떠안는 경영 기제를 형성했다. '이중가격제'의 가격차가 줄어들었다. 상하이 푸둥 지구가 전면 개방되었고 각지 개발구가 속속 편승했다. 이런 의미에서 시장 가격 체제의 형성과 시장제도의 상대적 완결은 한편으로는 이전에 실행한 일련의 개혁 조치의 성과이면서 다른 한편으로는 국가의 조정과 폭력의 결과다. 1989년 폭력은 이 과정에서 일어난 사회적 동요를 제지했고 가격 체제가 거의 형성되었다. 주목할 만한 점은 1988년 하반기에 중지된 가격 개혁이 1989년 9월, 즉 '6·4'가 벌어진 뒤 3개월 만에 전면적으로 실시되었다는 사실이다. 당시 조정은 주로 가격, 환율, 이율에 집중되었다. 달리 말하면, 새로운 시장제도와 그 핵심 가격 기제는 결코 이른바 '자생적이고 자발적인 질서'가 아니라 정부 간섭 또는 정부 기획의 결과다. 따라서 정치 권력 구조와 시장 관계의 호환은 새로운 경제체제 내부로 전화하지 않을 수 없었다. 예를 들면 이 과정에서 사회 각 계층, 집단, 지역의 수입 격차가 전면 확대되었고 새로운 빈곤 인구가 빠르게 늘어났다.[20] 이 역사적 전환

---

20 중국 사회과학원 경제연구소 '수입분배'연구팀(趙人偉 등)은 재식농업에 종사하는 농민의 수입과 기타 농촌 인구의 수입 격차를 다음과 같이 서술했다. 재식업栽植業에 종사하는 농민과 향진기업 노동자의 수입 격차는 1~2배, 상업·서비스업 종사자와 수입 격차는 2~5배, 개별 운수·건설업 종사자와 수입 격차는 5~8배다. 1980년대 전국 농민의 평균 수입은 191.33위안이다. 동부, 중부, 서부 지역 농민의 수입 비율은 서부를 1로 하면 1.39:1.11:1이다. 그리고 1993년에는 전국 농민의 1인당 수입이 931위안으로 늘었다. 그러나 동부, 중부, 서부의 수입 비율은 2.25:1.75:1로 늘었는데 각각 1380위안, 786위안, 604위안이다. 고용노동자와 고용주의 수입 격차는 고용노동자의 상황에 따라 다르지만 격차는 극심하게 벌어졌다. 대도시 거주자의 수입 격차도 전면적으로 확대되었다. 이는 주로 다음 몇 가지 현상으로 나타났다. 1. 지역 간 격차의 확대. 1983년 서부와 중부 성과 진 거주민의 생활비 수입과 동부의 격차는 각각 80위안과 50위안이다(액수는 각각 458, 493, 543위안). 1994년에 이 세 지역의 1인당 생활비 수입은 각각 2402위안, 2805위안, 4018위안으로 늘어났고, 수입 차액은 1616위안과 1213위안으로 커졌다. 차액 비율은 각각 14.2배, 32.3배로 확대되었다. 2. 업종별 종사자 수입 격차 확대. 금융, 보험업의 수입은 원래 고수입의 지위를 차지했던 전력, 가스, 수자원 등 생산 업종을 뛰어넘었고 농업, 임업, 축산업, 어업의 평균 2.4배였다. 두 업종의 절대적 액수 차이는 더 크다. 3. 소유제 유형별 종사자의 수입 격차 확대. 1986년 삼자기업三資企業의 1인당 임금은 1527

은 국가의 기존 이데올로기(평등 지향의 사회주의 이데올로기)와 그 실천을 모순적 상황에 빠뜨렸다. 이 때문에 그 이데올로기적 직능은 발휘될 수 없었다. 1989년 사회운동의 실패는 동시에 국가 이데올로기의 실패도 수반했다. 이는 오늘날 중국의 이데올로기적 상황을 이해하는 핵심 고리다. 1989년 이후 국가가 실행한 이른바 '두 마리 토끼 잡기' 전략은 사실상 독재정치적 수단(이전의 이데올로기적 수단과 상대되는)과 경제개혁의 결합으로 변했다. 그것은 기존의 국가 이데올로기가 기본적 효능을 이미 상실했음을 상징한다. 바로 이런 조건에서 '신자유주의'는 그것을 대신해서 새로운 통치 이데올로기가 되어 국가 정책, 국제관

위안으로 그해 전국 노동자 평균 임금의 1.14배다. 둘 사이의 절대 액수 차이는 200위안이다. 1994년 1월부터 2월까지 삼자기업 등 경제 유형 종사자의 1인당 수입은 지속 상승했다. 당시 중국 노동자 임금 증가의 평균 속도는 26.3퍼센트인데 삼자기업의 증가 속도는 무려 92.2퍼센트에 달한다. 이는 전년 동기 증가 폭에서 41.7퍼센트 증가한 것이다. 2000년 삼자기업, 향진기업 종사자의 1인당 수입은 이미 정당 기관, 연구 단위 등 종사자 수입의 2배에서 3배 또는 그 이상이었다. 4. 기업 내부 집단 간 수입 격차의 확대. 이는 두 가지 상황으로 나뉜다. 하나는 사영기업과 삼자기업 고용주의 고용노동자 수입 격차이고 다른 하나는 공유제 기업의 공장장, 경리, 노동자의 수입 격차다. 중국의 외자기업에서 관리자의 연평균 수입은 6600달러에 달했는데 이는 일반 노동자의 10배 정도다. 그리고 공유제 기업의 경영 관리자와 노동자의 수입 격차는 이미 상당히 컸다. 기업 경영 관리자가 임금 이외에 다양한 이익을 취하는 것은 보편적인 현상이었다. 5. 새로운 빈곤계층의 출현. 이는 주로 기업 구조조정에 따른 실직자, 보이지 않는 실업자, 생산을 전부 또는 반쯤 멈춘 기업 인력, 퇴직 인력, 재정 지원을 부분적으로 받는 임금 인력, 성과 진을 떠도는 비성·진의 빈곤 인구 등이다. 1994년까지 전국 노동자 중 생활 빈곤자 비율은 5퍼센트에서 8퍼센트로 상승했고 1억 명이 빈곤 상태에 처했다. 이는 중국 대륙 인구의 8퍼센트다. 이상 연구 성과의 출처는 趙人偉 等『中國居民收入分配研究』, 北京 : 中國社會科學出版社, 1994; 張宛麗, 「中國社會階級階層研究二十年」 등이다. 모두『社會學研究』 2000年 第1期, 36쪽 참조.

계, 매체의 가치 지향에 기본적인 방향과 합리성을 제공했다. 그리고 몇몇 신자유주의 지식인이 국내와 국외 매체에서 이중적 역할(즉 국가 정책 고취와 이른바 '민간 지식인')을 하는 데 제도적·이데올로기적 전제를 제공했다.

둘째, 정치적 기획으로서 시장사회의 형성은 1989년 사회운동의 대상이었던 역사적 조건들을 없애지 못하고 도리어 이를 합법화했다. 1989년 이후 지식계에서 이 운동에 대한 반성은 이미 '역사종말론'이라는 큰 조류에 휘말렸다.(물론 불행히도 대륙에서는 '역사'가 끝나지 않았다.) 따라서 소수만이 1989년 사회운동의 역사적 조건과 기본 요구를 자세히 분석할 수 있었다. 1992년 덩샤오핑이 남부를 순방하고 시장경제 개혁을 다시 추진할 때 지방 이익집단, 지식인, 해외 여론은 이를 일제히 환영했다. 3년의 불경기와 정치적 억압을 겪은 뒤에 이렇게 반응하는 것은 완전히 이해할 수 있다. 그러나 주목할 만한 점은 1989년 사회 동원을 이룬 기본 요소는 어떤 식으로도 제대로 해결되지 않았다는 사실이다. 따라서 1990년대에 발생한 주요 사회적 위기는 1989년 이전의 사회적 조건과 밀접하게 연관되어 있다. 부패, 밀수, 불공정한 분배, 공공 정책 결정에서 이익집단의 영향, 과도한 개발(상하이, 하이난 등지의 부동산) 그리고 이것이 초래한 금융위기, 사회복지 체제의 곤경, 환경 위기 등 사회 문제를 관찰하면 이들 사이의 내재적 연관이 규모가 더 클 뿐 아니라 '세계화'의 영향으로 더 넓게 퍼지고 있음을 볼 수 있다. 이는 제도적 부패와 '이중가격제'가 철저하게 청산되지 않은 것과 관련이 있다. 외화 도피와 집단적 밀수는 지방과 부분 이익집단, 무역 계통의 도급제와 관련된다. 금융 체제 위기는 부동산 시장의 투기 및 과도한 개발과 관련이 있다. 국유기업 상황의 악화는 이상의 각종 시장 환경의 악화(완벽하게 하는 것이 아닌)와 관련이 있다. 새로운 금융 개혁과 기타 조치들이 일으킨 문제는 그해 '이중가격제' 문제와 아주 가까이 연관되어 있다. 물론 구체적인 내용과 관련 범위는 이미 완전히 다르다. 달리 말하면, 1989년 사회운동이 개선을 요구한 기본적 사회 조건은 진정으로 호전되지 않았으며 오히려 많은 방면에서 심화되었다. 실업, 빈곤, 사회의 불공정, 통화 긴축, 직위 해제, 농민공, 농촌자원 등의 문제는 많은 학자가 연구했다. 나는 여기서 이 내용을 일일이 되풀이할 능력이 없다. 여기서 이 몇 가지 문제를 제기한 이유는 1990년대 중국 대륙이 직면한 주된 문제와 1980년대 개혁 정책의 역사적 연관을 설명하기 위해서다. 불평등한 시장 확장은 사회 분화를 촉진하고 사회 안정의 토대를 파괴하며, 이에 따라 다시 권력 집중과 독점에 이유와 조건을 제공했다. 바로 이런 의미에서 사유화 과정과 국가의 몇 가지 모순은 그것과 권력 집중 정치의 공모관계, 민주화 운동과의 심각한 모순은 가리지 못한다.

셋째, 1989년 사회운동은 한 도시의 사회운동이다. 그것은 도시 경제 개혁의 내재적 모순과 도시 시장 확장 과정이 조성한 새로운 사회적 모순을 폭로했다. 사람들은 보통 농촌 개혁과 도시 개혁을 서로 독립된 개혁 단계로 놓고 분석한다. 이 둘의 관계에 관심을 두는 사람은 거의 없다. 1989년의 운동 참여자는 절대다수 인구를 차지하는 농민의 처지 문제를 고려하지 않았다. 그러나 1989년과 지금 모두 이것은 현대 중국의 불평등한 시장 확장을 해결하는 선결 조건이다. 시장 개혁은 1984년에 시작되었고 도농 차별은 1985년에 확대되기 시작했다. 1989부터 1991년까지 농민 수입은 거의 정체되었고 도시와 농촌의 수입 격차는 1978년 이전 상황으로 되돌아갔다.[21] 1980년대 후기 농촌 인구의 외부 유출 속도가 크게 상승했다. 사람들은 보통 이 현상을 중국 인구와 토지의 심각한 모순 때문이라고 생각한다. 그러나 문제는 결코 이렇게 간단하지 않다. 이 현상을 구성하는 몇 가지 제도적 원인을 간략히 설명하면 다음과 같다.

첫째, 도시 개혁의 발전이 인프라 건설 규모의 확대를 촉진했고 개방 정책이 외래 투자를 대량으로 끌어들였다. 이 두 측면은 노동력의 대량 수요를 일으켰다. 둘째, 도시 개혁 과정에서 농촌 개혁은 결코 그에 따라 심화하지 않았다. 반대로 도시와 농촌 두 체제의 기본구조는 바뀌지 않았기 때문에 도시와 농촌의 수입 격차 확대를 초래했고 농업 인구가 이주하는 속도를 높이고 규모를 늘렸다. 셋째, 호구제도 완화가 이주의 상대적 자유(농촌 노동력의 상품화 과정)를 촉진했다. 그러나 변동하는 역사적 조건에서 새로운 제도와 이에 상응하는 노동 보호조치는 없었다. 이 때문에 통화 긴축, 경제 불경기라는 상황에서 도시 지역 지방정부는 외래 인구를 크게 제한했고 신분적 차별 정책이 다시 형성되었다. 농촌 노동력의 이런 자유/부자유의 모호한 상황은 노동력 공급을 보장하는 동시에 인구 이동이 도시사회에 압박을 주었다. 이것이 오

---

21 盧邁, 「始終不能忘記農村的發展」, 羅峪平 방문보도, 『三聯生活週刊』, 1998年 14期, 1998年 7月 31日, 總 68期, 26쪽 참조.

늘날 중국의 '불평등한 발전'의 전제다. 다음 사례가 도농 관계를 형성하는 제도적 조건을 전형적으로 말해준다. 1993년 국가가 다시 곡물가를 높이고 향진기업과 외지에 나가서 일하는 노동자 수가 많아지자 농업 수입은 증가했다. 그러나 1996부터 1999년까지(특히 금융위기 이후) 향진기업의 이익이 줄어들고 도시 노동력이 많이 남았다. 많은 지역에서 이주와 과도한 개발 때문에 농촌의 기존 구조를 회복하기 어려워졌다. 이것은 아주 심각한 역설이자 곤경이다. 한편으로 경지 면적이 줄어드는 상황에서 농업 인구가 1978년에 비해 7800만 명 늘었다. 다른 한편으로는 노동보호 결핍과 호구제도의 제한으로 도시 경제가 부침함에 따라 농민공은 제도적으로 귀향해야만 했다. 중국 대륙에서는 현재 인구의 10분의 1이 성 경계를 넘어서 이동한다. 성내의 이동 인구까지 더하면 이동 인구 수는 더 많아질 것이다.[22] 우리는 이상의 배경 아래서 1990년대 농촌 노동력의 이동과 새로운 빈곤 문제의 동인을 이해할 필요가 있다. 도시 개혁과 농촌 개혁의 서로 다른 성격은 평등 문제에서 집중적으로 나타난다. 농촌 문제 전문가의 말에 따르면, 오늘날 중국 농촌 위기의 주된 원인은 '도시와 농촌의 분치, 일국양책一國兩策'에 있다.[23] 이 제도적 불평등은 도시 중심의 도시 확장과 경제발전을 전제로 한다.

---

22 최근 몇 년 동안 갈수록 많은 학자가 '도시화'와 '비농촌화' 등의 주제에 관심을 둔다. 원인 중 하나는 경제 불경기라는 상황이 농촌 노동력 잉여를 거대한 사회 문제로 만들었기 때문이다. 이런 배경에서 1980년대 '소성진, 대문제'(페이샤오퉁費孝通)에 집중한 토론이 점차 도시화에 관한 토론으로 바뀌었다. 王穎, 「城市發展硏究的回顧與前瞻」, 『社會學硏究』 2000年 1期, 65~75쪽.

23 陸學藝, 「走出"城鄉分治, 一國兩策"的困境」, 『讀書』 2000年 5期, 3~9쪽.

그것은 도시·농촌사회 구조의 변화에 아주 중요하고 예측하기 어려운 영향을 주었고 앞으로도 계속 그럴 전망이다.

농촌 문제는 1989년 사회 위기의 직접적 동인이다. 그러나 오늘날의 농촌 위기는 '포스트 1989'의 조건에서—도시 시장 확장의 조건에서—심화되었다. 중국의 농촌 위기는 노동 자유계약과 사회평등 사이에 내재하고 서로 의존하는 연관(대립이 아닌)을 설명해줄 뿐 아니라 수많은 농촌지역이 직면한 심각한 위기도 해석한다. 불평등한 시장 확장은 농민과 토지를 반자유 상품으로 전화한다. 따라서 농촌사회의 사회 조직과 자기회복능력을 와해했다. 중국 농촌의 위기는 불평등한 발전을 전형적으로 예증한다.[24] 따라서 다음과 같은 문제를 제기할 필요가 있다. 첫째, 농촌노동력과 보장 기제는 시장제도와 노동 계약 자유 사이의 관계를 이해하는 핵심적 문제다. 둘째, 노동력의 자유로운 이동은 자유로운 방임이 아니라 광범위한 제도적 기획이다. 그것은 반드시 불평등한 제도적 구조(호구제도만이 아닌)를 없애려 노력하는 것이 전제되어야 한다. 노동 계약의 자유문제(이민의 자유를 예로 들 수 있다)

---

24 중국의 농촌 개혁과 농촌 위기는 항상 수많은 경제학자와 개혁실험자의 관심사다. 그러나 1997년 금융폭발 이후 경제성장 속도가 방만해지고 동화가 긴축되는 현상이 지속적으로 출현하자 농민문제가 비로소 널리 관심을 받았다. 그러나 농민문제에 관심을 두는 학자 상당수는 경제발전을 자극하고 도시화 압력을 완화해야 한다는 관점에서 이 문제를 언급한다. 그들은 농민의 자유로운 권리라는 관점이나 사회관계의 평등이라는 관점이 아니라 경제성장, 특히 도시 경제성장의 관점에서 농촌과 농민문제를 제기한다. 달리 말하면 농민의 노동 계약 자유와 사회적 평등은 경제성장이 제약받는 상황에서야 주목받는다.

는 중국만이 아니라 오늘날 세계의 시장 기획이 진정한 자유시장적 기획인지를 가늠하는 중요한 기준 중 하나다. 아마르티야 센Amartya Kumar Sen은 '자유로서의 발전'이라는 이론적 틀에서 발전의 두 가지 중요한 측면을 언급했다. 즉 한편에서는 노동력이 각종 형식의 속박에서 해방되어 개방된 노동력 시장에 들어가야 한다. 다른 한편으로 이 과정은 결코 사회적 지지, 공공 관리, 공공관제 또는 정부 간섭 정책을 이용하는 것을 배척하지 않는다. 생산과 소비가 국가의 범위를 뛰어넘는 시대에 이러한 설명은 확장되고 되돌아보아야 한다.

첫째, 노동 계약 자유는 민족국가 내부에서뿐 아니라 전 지구 경제 관계 속에서 실시될 필요가 있다. 둘째, 자본주의 시장 확장의 핵심 동력 중 하나는 노동력의 자유와 부자유의 병존이다. 따라서 이 자유/부자유의 상황과 사회발전의 관계를 연구할 필요가 있다. 셋째, 시장제도의 확장은 교역 활동과 가치가 모든 생활 영역에 침투했음을 의미한다. 그것은 기존의 사회 구조(지역사회와 그 가치)를 파괴했고 기타 사회 집단(가령 소수민족)의 생활 방식을 저급한 생활 방식으로 깎아내렸다. 이런 의미에서 노동 계약 자유의 의미에서만 발전을 논하고 사회의 각 조건과 관계를 고려하지 않는다면 사회 해체를 불러올 수 있다. 따라서 반드시 노동 계약의 자유와 제도적 사회평등, 다원문화 존중, 발전 문제 사이에서 수립되는 견고한 연관을 보호해야 하고 농촌 문제에 대한 논의와 도시문제에 대한 논의를 연관지어야 한다. 노동력의 자유로운 이동, 공공 통제 또는 정부 간섭은 시장제도의 필요조건과 관련된다. 그리고 이 제도적 확장이 초래하는 자연, 전통, 풍속, 의례, 기타 생활 방식과 가치의 파괴를 어떻게 억제하느냐가 오늘날 발전 문제 연구에서 중대한 과제다. 또한 '자유'의 가치를 갖가지 강제적 관계 속에서 특히 단일한 경제 관계 속에서 해방시키고 더 넓은 시야 안에 두는 필수적 절차다. 더 급진적인 시야에서 보면 노동 계약의 자유(즉 개인 노동 계약 형식으로 출현하는 교환관계)는 개인이 창조하는 유효한 잉여가치를 착취하는 것으로 정치적 의존과 강제적 신분제도를 대체한다. 이러한 역사 발전에서도 반드시 시장계약 관계를 재고해야 한다.(중국 연해에서 출현한 계약 형식 노예노동 상황을 생각해보라.) 달리 말하면, 노동 자유계약은 오늘날 사회의 수많은 문제 중 하나지만 사회의 최종 목표로 설정해서는 안 된다.

넷째, 중국의 현대 개혁은 국제사회의 역사적 정세 변천에 호응한 것이고 더욱이 국가가 대외정책을 적극적으로 조정한 결과다. 개혁과 개방은 동전의 양면이다. 주목할 만한 것은 개방 개념이 그 이전 중국 대륙은 완전히 폐쇄적인 사회였다는 중요한 오해를 불러일으킬 수 있다는 사실이다. 여기서는 반드시 냉전 구도와 그 동인을 청대에 실시했던 폐쇄정책을 기본으로 해서 구분해야 한다. 첫째, 중국과 서방, 특히 미국의 대항 관계와 중국공산당의 집권은 밀접한 관계가 있다. 제2차 세계대전 이후 형성된 냉전 구도와 열전 국면은 중국 대륙의 대외정책에 특별히 중요한 배경을 제공했다. 1950년대 벌어진 한국전쟁, 제7함대의 대만해협 봉쇄, 1960년대 미국이 지원한 인도네시아 군사 정변과 그 후 출현한 반화교 물결, 베트남전쟁, 인도차이나전쟁 등 모든 것이 아시아 지역을 전혀 다른 두 세계로 나눈다. 이데올로기적 원인과 지정학적 고려에 따라 중국은 소련, 동유럽과 기타 아시아 국가와 우방이 되는 길을 찾았다. 둘째, 1950년대 말 중소 관계에 위기가 나타났고 중국과 소련, 동유럽에 각자 다른 동맹관계가 존재했다. 중국은 중소 분열과 반둥회의 이후 형성된 대외정책을 유지했고 중국과 제3세계 국가의 비동맹운동과의 광범위한 정치, 경제, 문화적 관계를 발전하는 데 힘을 쏟았다. 1972년 중국 대륙 정부는 중국을 대표해서 유엔에 복귀했다. 이 결과는 절대다수 제3세계 소국의 추진으로 완성되었다. 이로써 반둥회의 이후 중국 대륙의 대외정책이 국제적으로 중요한 성공을 거두었음이 드러났다. 그리고 국내에서 민중의 광범위한 환영을 받았다. 개방 정책은 문화대혁명 시기에 시작했고 중국 대륙과 절대다수 국가의 수교도 이때 이루어졌다. 서방을 향한 개방 정책의 주된 동력은 동·서방 관계 속에서 중국의 전략적 지위를 조정함으로써 미국과 연합해 소련의 침략 위협에 대항하는 것이었다.

　1978년 이후 중국 정부는 점점 제3세계, 비동맹운동과 연합하는 외교 노선을 버리고 외교의 중심을 미국, 일본 등 선진자본주의 국가와의 관계에 두었다. 이 시기에 중국의 대외 개방은 장족의 발전을 이루었다. 특히 경제 영역과 정치 영역에서 중국과 서방 선진국은 점점 깊은 무역 거래 관계를 형성했다. 그러나 이 관계의 형성에 조건이 없는 것은 결코 아니다. 1979년 2월부터 3월까지 베트남을 공격하는 대외 전쟁이 일어났다. 이 전쟁은 1949년부터 발생한 모든 전쟁—한국전쟁, 베트남전쟁, 중국인도전쟁, 중소전쟁—과 전혀 다른 전쟁이다. 전쟁의 직접적 동인은 그보다 복잡하다. 사례를 보면, 베트남은 1975년 통일 이후 군사력이 크게 향상되었고 1978년 11월 군사동맹의 성격을 띤 「베트남·소련 우호동맹조약」이 체결되었으며 소련과 베트남이 남북 양쪽에서 중국을 전략적으로 위협했다. 1978년 11월 25일 베트남군이 '번개작전'으로 캄보디아를 공격했다. 그러나 아주 중요하고 더 핵심적인 요소도 있다. 그것은 바로 이를 계기로 중·미관계에 큰 변화가 생겼다는 사실이다. 중국 정부가 베트남에 전쟁을 선포하는 동시에 중·미 양국은 수교를 공식 발표했다. 전쟁 자체가 중국이 미국 주도 경제질서로 들어가는 진정한 발단이 되었다. 그것은 또 다른 측면에서 시장과 폭력 사이의 역사적 연관을 보여주었다. 이때부터 예전의 사회주의 국가가 실시했던 국제노선은 점점 역사의 무대에서 내려갔다. 중국의 대외정책은 하나의 단일한 방향에서 또 다른 단일한 방향으로 개방하는 것으로 전향했다. 즉 서방(일본과 기타 선진국도 포함된다)을 향해 개방했다. 1999년 5월 8일 나토(미국) 항공기가 유고 중국대사관을 폭격한 이후 국제적 반응보다 문제를 더 잘 설명해주는 것은 없다. 폭격 문제를 논의하는 유엔의 긴급회의에서 서방 연맹이 한편에 섰을 뿐 아니라 제3세계와 중국의 전통적 우방도 기본적 지원 성명을 하려 하지 않았다.

1980년대 개방 정책은 과거의 속박과 문화대혁명의 후유증에서 빠져나오는 해방적 역할을 한다. 따라서 전 사회, 특히 지식인의 광범위한 환영을 받았다. 중국의 개혁·개방 정책과 성과에 대해 나는 많은 지식인과 마찬가지로 긍정적으로 평가하고 환영하는 태도를 취했다. 그러나 역사적 분석으로서 우리는 이 과정이 남긴 아주 심각하고 복잡한 역사적 기억과 결과에 주목하지 않을 수 없다. 그것이 국가 이데올로기가 창조한 세계상의 편향성을 폭로했기 때문이다. 특히 문화대혁명 이후 성장한 세대에서 주도적 지식은 서양, 특히 미국에 관한 지식(그리고 과거와 마찬가지로 또 다른 편향적 지식)이었다. 아시아, 아프리카, 라틴아메리카, 동유럽, 남유럽에서 우리가 잘 아는 사회와 문화는 현재 거의 완전히 유행하는 지식의 시야 밖으로 사라졌다. 1980년대 베트남전쟁과 관련된 사상적 반성과 문학창작에서 절대적으로 지배적 지위를 차지한 것은 전쟁과 새로운 국제관계에 대한 사고가 아니라 문화대혁명에 대한 반성, 문화대혁명을 나무라는 것이 이 성찰의 도덕적 합리성 전부를 지탱했다. 이것은 문화대혁명 부정을 이유로 지배적 이데올로기와 국가 정책을 옹호하는 명백한 예증이다. 이런 방식은 이때부터 성행했고 그 뒤로도 잦아들지 않았다. 여기서 현대에 대한 모든 비평은 문화대혁명으로 회귀하는 것으로 간주될 수 있기 때문에 어떤 합리성도 갖지 않는다. 1980년대부터 1990년대 초까지 10년간 개혁·개방을 겪었지만 중국 지식인의 논의 공간은 여전히 민족국가 현대화의 틀에 갇혀 있었고 최소한의 국제적 시야도 갖추지 못했다. 따라서 민족주의, 민족 문제, 세계화 같은 모든 문제를 민주주의 문제의 범주 안에서 사유할 수 없었다. 이러한 사상적 상황은 1989년 운동이 실패한 후 왜 사람들이 어떤 비판적 자원도 찾지 못한 채 이 운동의 동력과 실패를 생각했는지, 왜 사람들이 미국, 서구, 일본, 동아시아 네 마리 용(즉 선진자본주의 지역)의 역사적 경험을 토대로 세계화와 시장의 경험을 이해하고 이 경험의 또 다른 측면—인도, 중동, 라틴아메리카의 곤경—은 간과했는지, 왜 1989년 사회운동(특히 학생운동과 지식인 운동)이 고르바초프의 신사고, 필리핀 민주화운동, 한국 학생운동에 환호하면서도 이 운동들이 발생한 각자의 사회적 조건과 구체적 목표를 이해하지 못했는지를 명확히 설명해준다.

바로 이런 배경에서 1990년대에 근대성 성찰을 계기로 한 연구와 토론은 새로운 역사적 시야를 열었다. 따라서 아주 광범위한 영향을 주고 해방 작용을 했다. 이 점은 이 장 마지막 부분에서 서술하겠다.

2. 1990년대 사상의 세 단계와 주요 문제

1) 1989~1993: '급진주의' 성찰

1989년 사회운동과 그것이 발생한 역사적 조건을 연결하면 우리는 이 운동의 민주와 자유의 요구가 왜 사회적 평등의 요구와 밀접하게 연관되는지를 분명히 관찰할 수 있고, 이 사회운동 자체가 제시한 민주주의에 대한 광범위한 이해가 현대 생활을 날카롭게 비판했음을 분명히 관찰할 수 있다. 이런 관점에서 1990년대 중국 지식계의 수차례 토론, 특히 1989년대 사회운동에 관한 이해를 되돌아보면 나는 운동과 관련된 해석이 아직도 운동 자체가 제공한 내용의 풍부함과 깊이가 부족했음을 느끼지 않을 수 없다. 분석의 편의를 위해 임시로 1989년부터 지금까지의 토론을 서로 연관된 세 단계로 구분하겠다. 그들은 서로 밀접하게 연관되어 있고 또 침투해 있다.

첫 번째 단계는 1989년부터 1993년까지다. 이 단계는 주로 여러 각도에서 1989년 사회운동을 종합했고 급진주의 비판으로 공감대가 형성되었다. 1989년 사회운동의 실패는 중국 사회에 거대한 심리적 진동을 일으켰다. 지식계에서는 이 준엄한 역사적 국면을 마주하고 사회운동이 실패한 원인을 돌아보지 않을 수 없었다. 이 성찰 과정에서 지식인과 학생운동 사이의 분기가 점점 두드러졌다. 많은 지식인은 운동의 실패가 학생운동의 급진적 성격과 민주주의에 대한 옅은 이해 때문이라고 생각했다. '급진주의'에 대한 사고와 1980년대 '지식인'의 사회적 역할, 사상운동은 밀접한 관계가 있다. 전자의 측면에서, 1980년대 지식인에는 여러 계층이 포함되어 있었으며, 그중 상층 인물은 개혁과정에서 중요한 역할을 했다. 그들은 개혁 이데올로기를 만드는 데 직접 참여했을 뿐 아니라 각 차원의 국가개혁 프로젝트를 만드는 데도 참여했으며 더 나아가 국가 내부의 각종 정치 집단, 이익집단과 관계가 밀접했다. 오랫동안 공동 작업을 한 결과 이 지식인들은 국가 내부의 개혁파가 권력을 잡아야 모든 문제가 자동으로 해결될 거라고 보았다. 따라서 그들은 한편으로는 국가 내부 모순을 '개혁'에 유리한 방향으로 가도록 하는 데 모든 것을 걸었고 다른 한편으로 학생운동이 급진화해서 국가개혁의 점진적 구조를 깨고 보수 세력이 다시 무대로 올라설까 걱정했다. 후자의 측면에서는 수많은 지식인이 1980년대 신계몽 사조가 이미 시작한 중국 현대사에 대한 성찰을 1989년에 대한 사고에 적용했다. 이에 따라 근대혁명 운동과 그들이 도의적으로 지지하는 새로운 사회운동을 연결했다. 따라서 급진주의에 대한 이러한 비평은 곧바로 현대 중국사에서 혁명과 개혁운동 전체에 대한 사고로 진행되었다. 급진주의를 근대적 사회운동, 정치 혁명, 문화혁명의 주된 특징이라고 본 것이다. 어떤 유명한 학자는 중국이 신해혁명부터 급진주의의 길에 들어섰으며 긍정할 만한 것은 무술변법과 신정개혁이라고 했다. 다른 젊은 학자는 5·4 이후 과학, 민주를 중시하면서 근본적인 문제가 자유와 질서라는 것을 잊었다고 비판했다.[25]

이상의 이론과 역사적 사고가 1989년 사회운동의 정치 전략에 대한 성찰, 민주주의 이론 자체에 대한 검토라고 본다면 그것은 지금도 여전히 중요한 논의라고 생각한다. 그러나 이런 분석은 일종의 반역사적 시야에서 수립되었다. 이 논의들은 사회운동의 역사적 조건과 운동이 급진화된 동인을 간과했고 운동에 대한 전략적 분석을 역사적 사고와 혼동하기도 했다. 그 결과 신보수주의(즉 신자유주의)의 역사 서사의 전제를 다졌다. 사회가 심각하게 분화된 상황에서 '급진주의 반성'은 1990년대 초 지식인의 가장 중요하고도 결정적인 논제가 되었다. 1998년까지

---

25 1988년 9월 위잉스余英時는 홍콩중문대학에서 열린 강연 '중국 근대 사상사에서 급진과 보수'에서 1989년 이후 급진주의와 보수주의 논쟁에 논제를 내놓았다. 간양甘陽의 「'민주와 과학'을 버리고 '자유'와 '질서'를 다지자揚棄"民主與科學", 奠定"自由"與"秩序"」(『二十一世紀』總3期, 7~10쪽)도 널리 영향을 준 또 다른 글이다. 1990년대 초 급진주의에 관한 토론은 주로 『21세기二十一世紀』에서 진행되었다. 林崗, 「激進主義在中國」(3期, 17~27쪽), 余英時, 「中國知識分子的邊緣化」(6期, 15~25), 姜義華, 「激進與保守 : 與余英時先生商榷」(10期, 134~142쪽), 余英時, 「再論中國現代思想中的激進與保守 —答姜義華先生」(10期, 143~149), 汪榮祖, 「激進與保守贅言」(11期, 33~136쪽), 許紀霖, 「激進與保守的迷惑」(11期, 137~140쪽), 李良玉, 激進, 保守與知識分子的責任」(12期, 132~134쪽), 王紹光, 「"保守"與"保守主義"」(12期, 135~138쪽), 胡成, 「激進主義抑或是暴力主義」(13期, 139~145쪽), 劉述先, 「對於激進主義的反思」(31期, 40~42쪽) 등 참조.

몇몇 사람은 이런 생각을 거쳐 무술변법 이후 중국의 역사를 더욱 체계적으로 논증하고 현대 민주주의를 이론적으로 설계했다. 그 핵심 관점은 무술시기의 변법개혁에서부터 캉유웨이, 량치차오가 급진주의를 잘못 선택했고 지방 고위 관리들이 실시한 개혁만이 점진적이었고 좋은 성과를 거두었다는 것이다.[26] '직접민주주의'를 거부한다는 이름으로 기층사회의 정치 참여를 반대하고 간접적(엘리트적) 방식으로 정치적 민주주의의 기본 전제를 세우려 했다.[27] 최근 몇 년 동안 '신자유주의자'가 1980년대 정치개혁의 급진적 방안을 사유재산 확립이 중심이 된 '개헌운동'으로 고친 것은 의미심장한 일이다. 그 실질은 입헌 과정을 거쳐 불합리한 분배 관계를 합법화하는 것인데 여기에는 공공자산의 불법적 착취를 합법화하는 것도 포함되었다. 이런 역사관에 근거했으니, 사회의 평등하고 민주적인 관계를 부정하는 것은 필연적이었다.

'급진주의 반성'은 결코 통일된 흐름이 아니었다. 예를 들면, 1990년대 초 학술사 관련 토론은 주로 1980년대의 학술 기풍에 대한 것이었지 결코 완결된 보수주의 이론이 배경이 된 것이 아니다. 따라서 이러

---

26 1998년 『독서』와 天則經濟硏究所가 연합해서 개최한 무술변법 기념 100주년 학술회의에서 왕옌王焱의 발언 인용. 무술변법에 관한 역사 연구는 지금까지 주로 캉유웨이, 량치차오 중심의 개혁파 연구에 치중했고 지방의 변화 또는 중앙과 지방의 관계 변화에 대한 관심은 상대적으로 적었다. 따라서 역사 연구에서 지방 차원의 변화가 청대 사회개혁에 주는 의미에 주목하는 것은 필요한 일이다. 그러나 1990년 유사한 연구와 성향은 결코 무술개혁에 대한 관점에만 한정된 것이 아니라 더 넓은 정치관을 전제로 한 것이다.

27 류쥔닝劉軍寧이 1998년 중국국무원 체제개혁위원회가 편집 출판한 『中國改革報』에 실은 일련의 문장 참조.

한 학술적 경향에 대한 비평은 결코 비평자가 정치철학적 보수주의로 전향하는 것에 지장을 주지 않는다.[28] 이른바 '신자유주의' 이데올로기는 거의 급진적 시장주의, 신보수주의, 신권위주의 등에서 공동으로 구성된다. 안정된 조건에서 권한과 이익 양도 과정의 급진화를 요구하고 혼란한 조건에서 권위로 시장질서를 보호하고 세계화 물결에서 국가의 전면 퇴장을 요구한다. 이것이 바로 중국 '신자유주의'의 주된 특징이다. 1989년 새뮤얼 헌팅턴Samuel Huntington(1927~2008)의 『변혁사회 속의 정치질서』(한국어판 『정치발전론』)가 번역되었다. 보수주의 정치이론과 지식계의 급진주의에 대한 반성이 요동쳤고 신권위주의도 시류에 편승해서 등장했다. 이런 배경에서 심리적 이데올로기적으로는 프랜시스 후쿠야마Francis Fukuyama의 역사종말론을 받아들였지만 역사 서술에서는 1989년 사회운동의 기본 문제를 근대혁명과 개혁의 급진주의 탓으로 돌렸다. 따라서 사실상 1980년대 사상 계몽운동이 내세운 비교

---

28 한 예로, 주쉐친朱學勤이 1995년 출판한 『도덕이상국의 멸망道德理想國的覆滅』은 프랑스 대혁명의 급진 민주주의를 비판했다. 그러나 1996년에 그는 위잉스의 중국 근대사에서 급진과 보수에 관한 논의와 1990년대 일부 학자가 몸담았던 학술사 연구를 비판하는 쪽으로 돌아섰다. 그는 위잉스의 중국 근대사에서 급진과 보수에 관한 논의가 대륙에 들어온 상황이 5·4 이후 마르크스주의가 중국에 들어온 것과 약간 유사하고 역사적 사실과 정치사의 방법 모두에 문제가 있다고 말했다. 「五四思潮, 八十年代與九十年代」, 『現代與傳統』1995年 1期; 「問答錄: 對一種反省的反省」, 日本『中國研究』月刊1996年 9期. 그러나 이 비평은 결코 그가 보수주의 정치이론에서 물러섰음을 의미하지는 않는다. 그와 반대로 얼마 후 그는 정치철학적 보수주의를 다시 들고나왔다. "급진주의는 비판하지 않을 수 없지만 이것과 상대되는 보수주의는 이론 형태에서 학리적 요구가 엄격하기" 때문이다. "보수주의가 아직 엄격한 학리적 형태를 갖추지 않았고 이미 서로 쫓고 쫓기는 유행의 꼬리표로 변했다"는 것이 그의 비평의 요지다.

적 급진적이고 서방화된 개혁 모델과 사상 모델을 비판했다. 자유주의의 이름을 내걸고 보수주의(어떤 이들은 그것을 직접 신권위주의로 구현한다)를 핵심으로 삼는 것이 이 시기 '자유주의' 논의의 핵심이 되었다. 1989년 이후 스코틀랜드 자유주의 또는 '고전 자유주의'의 중국판은 사실상 신보수주의의 중국판에 지나지 않았다. 그것은 학생운동의 전략, 시기, 도덕적 수준을 공격했고 급진주의적 중국 혁명을 해체하는 데 열중했으며 사회운동의 급진성을 비판했다. 그렇지만 1989년 사회운동의 근본적 동인과 사회적 조건은 어떤 깊은 성찰도 하지 않았다. 신자유주의 이데올로기는 급진주의와 보수주의적 현대화 이론에 대한 반성의 영향을 받아 부패 등 제도적 현상에 관대했고 사회운동, 민주주의 건설, 제도 개혁의 상호작용을 통한 민주주의 프로세스를 추진하는 기회를 버렸다. 따라서 중국의 민주주의 더 나아가 세계적 범위에서 민주주의에 근본적으로 공헌할 수 없었다.

바로 이 때문에 덩샤오핑이 3년간의 경제 조정을 거친 뒤 남부를 순방하고 개혁을 재가동했을 때 지식계는 이 새로운 동향을 환영하기만 했을 뿐 어떤 새로운 건설적 분석도 하지 않았다. 지방과 부문의 이익집단이 이 동향을 환영한 이유는 새로운 개혁이 권한과 이익의 양도를 의미했고 조정 시기에 등장한 중앙 통제와 지방 이익관계의 모순이 해소될 수 있었기 때문이다. 지식인이 이 동향을 환영한 이유는 그들이 개혁하고 시장경제를 형성하기만 하면 중국의 민주화가 점진적으로 도래할 것이라고 믿었기 때문이다. 해외 여론에서 이 동향을 환영한 이유는 중국이 '역사 종말'이라는 정해진 목표로 다시 나아갔기 때문이다. 1989년 사회운동이 제시한 기본 문제는 한쪽으로 밀려나버렸다. 1992년부터 1993년까지 가격 문제가 3년간의 조정 시기와 폭력적 과정을 거쳐 해결되고 동남 지역 향진기업과 비국유기업이 발전하면서 시장 조건이 상대적으로 완결되고 경제가 빠르게 성장했다. 그러나 많은 구조적 문제는 해결되지 않았다. 국유기업의 과중한 부담과 개혁 문제, 농촌 발전과 이에 수반되는 실업과 새로운 소비주의 문제 등이 그렇다. 반대로 1992년 이후 가격 기제의 형성, 지방의 자주적 증강 등 적극적 요소는 결코 이에 상응하는 민주적 감독 기제의 건립을 수반하지 않았다. 그리고 국유기업 개조에 진정한 혁신 기제가 도입되지도 않았다. 그래서 이 과정은 제도적 부패, 대규모 밀수, 금융 환경 악화, 빈곤 문제 제조의 온상이 되었다. '남순'의 직접적 성과는 대략 개발구의 출현과 선물시장, 증권 주식시장, 부동산 시장의 개방이다. 이 요소들은 오늘날 중국 신부유계급의 출현과 제도적 부패의 정책적 전제이자 시장적 조건을 구성하며 갖가지 차원에서 정치 엘리트와 경제 엘리트(국내적·국제적)를 하나로 합하는 역사적 조건을 제공했다. 이는 불평등한 조건에서 사회 분화와 계급 분화를 새롭게 만드는 과정이었다. 그리고 기나긴 사회적 위기를 잉태했다.[29] 그러나 1989년부터 1992년까지 중국 지식계의

---

29 이상 3대 시장을 개방했지만 금융시스템은 완전히 개방되지 않았고 농촌사회에는 구조적 변동이 일어나지 않았다. 이에 따라 이러한 사회 분화는 잠시 대규모 사회 동요와 충격을 불러왔다. 이는 부분적으로 왜 1997년 중국이 안정적으로 금융위기를 넘길 수 있었는지를 부분적으로 해석해준다(그러나 동시에 중국 금융 시스템의 심각한 위기도 폭로했다). 여기서 문제는 여전히 시장 개방에 반대하거나 국가보호를 주장하는 것이 아니라 어떻게 시장을 개방하는가, 어떤 조건에서 시장을 개방가 하는 문제이고, 국가의 시장

관련 논의는 이 문제를 다룰 수 없었다. 억눌린 3년이 지난 후 사람들은 드디어 시장화 과정에서 약간 희망을 보았다. 이 희망은 매우 얻기 어려웠으므로 3년 동안의 급진주의 토론은 이 과정이 급진의 문제를 담았는지를 고려하지 않았을 뿐 아니라 1989년 사회운동이 일어난 사회적 조건이 이 과정에서 심화되고 발전했는지를 고려하지 않았다. 나는 바로 이런 토론이 1990년대 '신자유주의'에 서사의 전제와 역사적 합리성을 제공했다고 말하고 싶다.

나는 1990년대 초 급진주의에 대한 반성을 모조리 부정하지는 않는다. 1989년 학생운동과 지식인 집단은 실현 가능한 행동 방안을 내놓지 못했고 이상의 복잡한 역사적 과정을 자각해 이론적 비판과 정치실천을 하지도 않았다. 이 문화적 상황은 왜 1989년 사회운동이 내포한 평등 요구와 민주주의 요구의 내재적 연관이 항상 자발의 범주에 속박되었는지를 해석한다. 또 왜 당시에나 그 후에나 지식계의 토론은 학생의 정치적 요구와 광범위한 사회 동원을 이론적으로 연결하지 못하는지도 해석한다. 여기에 숨겨진 최대 문제는 다음과 같다. 급진주의와 보수주의 개념은 모두 1989년 사회운동의 진정한 성격과 사회적 조건을 은폐

조절을 강도 높게 요구하는 문제, 즉 어떻게 시장 조건에서 민주주의를 형성하느냐는 문제다. 권한과 이익을 급진적으로 양도하면 국가 조절 능력이 전면 상실될 수 있다. 따라서 사회복지 체제의 기초적 조건의 상실도 가져올 수 있다. 충분한 세수가 없으면 국가는 효과적으로 시장을 조절할 수 없고 기존의 사회보장체제가 무너지기 전에 사회보장체제(주거, 의료, 양로금 체계)를 새롭게 수립할 수 없다. 그리고 사회보장체제를 재건해 국영기업 개혁에 제도적 토대를 제공할 수 없다.(국영기업 개혁의 곤경 중 하나는 이 기업들이 과도한 사회적 부담을 떠안았다는 것이다.)

단기 20세기: 중국 혁명과 정치의 논리

한다. 1989년 운동이 실패한 후 역사적 상황에서 많은 청년지식인이 근대 중국사를 연구하고 사유했다. 중국의 학술 전통과 사상 전통에 대한 그들의 정리와 연구는 얼마 후 근대성을 성찰하는 사상적 실천에 일정한 자원을 제공했다.[30] 그러나 앞서 말한 사상적 논리의 지대한 영향 때문에 이 탐색은 현대 중국 사회의 내재적 모순을 광범위하게 분석하지 못했다. 나는 1994년부터 점진적으로 진행된 지식계의 분화가 바로 이 과정에 직접 참여한 지식인이 자아성찰을 한 결과라고 생각한다.[31]

---

30 1991년 『학인學人』 창간은 이 과정에 대한 성찰과 연구가 시작되었음을 상징한다. 『학인』의 학술적 성향은 결코 통일되지 않았다. 그것의 출현은 학술에 종사하는 젊은 학자의 바람을 대변했다. 그것은 어떤 조건에서도 엄숙하고 진지한 학술 토론이 항상 필요하다는 바람이다. 각종 사회 위기가 출현하면서 1990년대 후반 지식계의 논쟁이 다시 시작되었다. 그러나 여전히 상당수 학자는 사회 문제에 관심을 두는 동시에 개인의 학술 연구를 실체 문제에 대한 직접적 응답으로 축소하기를 거부했다. 나는 이 제한적인 수의 집단이 존재하는 의미는 긴 시간이 흘러야 이해할 수 있다고 생각한다. 나는 결코 이런 종류의 연구를 모조리 이른바 '보수주의'의 범주로 돌리는 것에 동의하지 않는다.
31 그러나 문제는 여기에 그치지 않는다. 우리는 다음과 같은 질문을 던질 필요가 있다. 첫째, 학생운동과 운동에 참여한 지식인이 명확한 개혁 목표를 제시할 능력이 없고 이 자발적이고 광범위한 사회운동이 일어날 수 있는 동인을 다루지 못했다면 도대체 어떤 사상적 역량과 이데올로기가 그들을 제한했을까? 둘째, 학생운동과 학생운동의 민주주의적 요구가 1980년대 개혁과정의 내재적 모순에 응답할 수 없었고 광범위한 사회 동원과 그 요구의 직접적 목표를 내재적으로 연관하지 못했다면, 학생운동 자신의 동원 역량은 무엇이었는가? 내가 1993년부터 1997년까지 쓰고 발표한 「오늘날 중국의 사상 상황과 근대성 문제」가 바로 이를 분석한 글이다. 쓰고 생각하는 과정에서 1980년대 사상해방운동의 내적 한계는 운동의 실패와만 직접 관련된 것이 아니라 1990년대 지식계의 시장 확장, 제도적 독점, 세계화 과정에서 비판성과 창조적 대응 능력 결여의 사상적 원인도 관련되었다는 사실을 발견했다.

2) 1993~1997: 시장주의, 사유화 방안과 비판

두 번째 단계는 주로 1993년부터 1997년까지다. 그것의 기점은 1992년 덩샤오핑의 남부 순방이고 종점은 1997년에 발생한 아시아 금융위기라고 불리는 경제적 위기다. 이 단계에는 수많은 지식계의 논의가 등장했지만 명확한 공감에 도달했다고 말하기 어려우며 지식계의 분화가 첨예해졌다. 이 시기의 사상 상황을 이해하기 위해 1993년부터 1997년까지 발생한 몇 가지 중요한 사건과 관련 논쟁을 간략히 설명하겠다. 첫째, 덩샤오핑의 남부 순방 이후 경제발전과 대외 개방의 발걸음이 빨라졌고 도시 상업문화(특히 소비문화)가 크게 발전했다. 베이징방송과 중앙방송 그리고 몇몇 지방방송이 주축이 되어 차례로 수많은 소비적 텔레비전 드라마를 방영했다. 유명한 '왕숴 현상'과 기타 지식, 예술이 이른바 대중문화의 발전을 촉진했다. 둘째, 장사의 물결이 거세게 일자 일부 지식인, 학자도 시장에 뛰어들었다(이를 샤하이下海라 한다). 제도 내 수입과 제도 외 수입 격차가 급격히 커졌고 지식인의 사회적 지위가 위기를 맞았다. 셋째, 향진기업 발전, 국유기업 위기, 국가 세수 곤경이 병존했고 동아시아 경제 모델이 널리 주목받았으며, 여러 방향에서 중국 사회와 경제발전의 길을 탐색하도록 흥미를 유발했다. 넷째, 1993년 국제적 범위에서도 몇몇 중요한 사건이 중국 사회의 심리, 특히 지식인의 심리에 미묘한 영향을 주었다. 이해에 중국 정부는 1989년 이후 국제적 곤경에서 벗어나기 위해 베이징 정부가 2000년 올림픽 개최를 신청했다. 이전의 아시안게임이 불러온 심각한 부패 때문에 지식인은 대부분 이에 비판적 태도를 보였다. 그러나 서양 국가 특히 미국 정부가 신청 과정에 간섭하자 중국이 올림픽을 개최할 기회를 잃었다. 이 사건에서 드러난 서양 중심주의가 중국의 사회 심리를 자극했다. 같은 해 10월 러시아 대통령 보리스 옐친이 무장한 군대에 선거로 구성된 합법적 의회를 폭격하고 진압하라고 명령했다. 구공산주의 분자를 반대한다는 명목으로 자행된 이 폭력과 위헌 행위는 러시아 개혁, 특히 미국과 다른 국가의 지지하에 이루어진 개혁의 이른바 '자발적 사유화 과정'의 극심한 위기를 드러냈을 뿐 아니라 서양 국가, 특히 미국의 국가 정책이 민주주의, 인권 등의 문제에서 앞뒤가 안 맞고 극단적으로 이기적이며 반민주적인 성격을 지녔음을 반영했다. 이러한 폭력에 대한 미국의 지지는 1989년 중국의 폭력을 견책한 것과 대비된다. 이상주의의 눈으로 서방 사회를 보는 사람, 역사가 이미 끝났다고 믿는 사람, 냉전이 이미 과거가 되었다고 보는 사람에게 러시아 10월 사건은 의미심장하다. 거의 이와 동시에 1989년 이후 미국 지식계에 영향력이 큰 헌팅턴이 미국 외교 계간에 「문명의 충돌인가?」라는 장문을 발표했다. 홍콩의 『21세기』와 베이징의 『참고소식』이 재빨리 번역해서 실었고 사회의 광범위한 관심과 사상계의 토론을 불러일으켰다.[32] 이상의 국제적 사건 몇 건은 유교 이상의 대동 관념, 계몽주의의 '영구평화' 또는 '300년 동안의 공동의 길'로 세계화를 해석하는 중국 학자들에게 심사숙고해야 할 일련

---

32 亨廷頓, 「文明的衝突?」, 『二十一世紀』 總19期, 5~21쪽. 金觀濤, 「西方中心論的破滅 ― 評全球文化衝突論」, 같은 호, 22~25쪽, 劉小楓, 「利益重於文化」, 같은 호, 26~27쪽, 陳方正, 「論中國民族主義與世界意識」, 28~35쪽.

의 사상적 진동을 뛰어넘은 것이다.

이상의 배경에서 중국 지식계는 연이어 일련의 토론을 벌였다. 이 중 가장 중요한 토론은 다음과 같다.

첫째, 시장과 시민사회에 관한 토론.[33] 이 토론은 분명히 이전 시기 급진주의 성찰을 계승했다. 그 함의는 두 가지다. 정치개혁이 명확히 좌절된 상황에서 시장 개혁이 순조롭게 진행되어야 국가 기제가 이에 상응하는 변화를 일으킬 수 있고 이에 따라 자발적으로 민주주의도 따라온다. 민주주의의 진정한 토대는 시민사회의 형성에 있다. 시민사회가 일단 형성되면 사회의 분권 형식도 만들어진다. 여기서 이 토론의 이론적 배경을 자세히 분석할 수는 없지만 다음과 같은 점은 짚고 넘어가야 한다. 이 토론은 1980년대 정치 변혁 관련 토론이 전향한 것이다. 즉 정치 구조를 급진적으로 개혁해서 민주주의를 수립하는 것에서 시장 과정, 지방과 부문 이익집단의 형성, 종족 등 전통적 자원의 발굴로 이행해 최종적으로 정치적 민주주의를 획득하려는 것으로 전향하는 것이다. 시민사회와 관련된 토론은 민간자원을 발굴하려는 작업이지만 만족스러운 소득은 없었다. 그러나 급진주의에 대한 성찰의 연속으로서 이 토론은 중국의 시장과 시민사회, 그들이 기대하는 중산계급의 형성 기제, 이 경제 역량과 국가의 매우 복잡한 관계를 분석하지 않았고 국가에 내재한 분화(중앙과 지방, 국가의 이익집단화, 사회의 국가 침투 등)를 분

---

33 주로 『中國社會科學季刊』과 기타 잡지에서 관련 토론이 등장한다. 汪暉, 「當代中國的 思想狀況與現代性問題」의 관련 논의와 주석 참조.

석하지도 않았다. 따라서 이 과정의 심각한 위기를 예견할 수 없었고 1980년대부터 점점 쌓인 사회 모순도 분석할 수 없었다.

여기서 진정한 문제는 급진주의를 반성한다는 전제 아래 시민사회에 관한 토론이 바로 국가와 이익집단 사이에서 사회운동에 대해 달성한 새로운 연맹이 되었다는 점이다. '사회'를 국가 범위 밖에 놓음으로써 이 개념에서는 시장의 자기운동을 민주주의로 향하는 자연적 과정이라고 상상한다. 따라서 보편적 민주주의에 관한 정치적 사고를 막는다. 급진주의 반성에서 시민사회 토론까지 지식계는 운동 과정과 운동의 민주적 요소를 종합할 수 없었다. 시민사회 개념은 최초에는 민주주의의 가능성과 조건을 논의하는 것이 목표였다. 이 토론은 아주 쉽게 이론의 함정에 빠진다. 즉 이론의 요구와 실천의 역사적 과정을 동등하게 보기 때문에 불평등한 시장 과정을 민주주의를 달성하는 자연적 과정이라고 간주한다. 1992년 덩샤오핑의 남부 순방은 1988년부터 1991년까지 경제조정 시기의 중앙과 지방(그리고 부분 이익집단)의 긴장 관계를 완화했고 이익의 분화로 보편적 사회 동원의 가능성을 무너뜨렸다. 따라서 나는 1990년대 민주주의가 지체된 원인을 다음 몇 가지에서 찾는다.

첫째, 1989년 막 출현한 사회운동과 제도 개혁 사이의 상호관계가 철저히 무너졌고 사회 각 계층은 정치 세력을 형성해서 국가가 이익 관계를 조정하도록 할 수 없었다. 둘째, 국가가 폭력의 형식으로 사회 동원의 압력을 해제했다. 그러나 이것을 동력으로 민주 개혁을 추진하고 지방과 부분 이익집단을 민주적으로 감독할 기제를 형성할 수 없었다. 셋째, 지방 국가와 중앙 국가가 시장 과정을 통해 더 넓은 연맹을 형성했고, 지방과 부분 이익집단이 더는 사회가 중앙 국가에 권한과 이익을 양도하라고 압박할 필요가 없었다. 반대로 그것은 이익관계로 유대를 맺어 국가의 공공정책 결정에 영향을 줄 수 있다.[34] 독점적 시장 관계에서 일반 노동자는 독점적 가격과 이익관계에 저항했다. 그들은 국가가 가격을 조절하고 시장 경쟁을 보호하라고 요구한다. 그러나 국가는 다시 한번 독점의 보호자가 되었다. 이런 의미에서 정치적 민주주의와 관련된 토론은 반드시 시민의 기본권 보장을 전제로 하고 제도화된 방식으로 국가와 이익집단의 이원적 연맹을 제지해야 한다. 이것이 바로 공평한 시장을 형성하는 기본 전제다. 따라서 일반 시민의 참여가 핵심이 되는 혼합제도(즉 국가, 엘리트, 대중의 3층 구조) 구상은 생각해볼 만한 민주주의 방안이다.[35] '3층 구조'의 구상이 강조하는 것은 민중의 요구를 국가 정책으로 전화하고 새로운 귀족제도와 국가와 이익집단의 이원

---

34 여기에 중앙 국가의 어떤 묵인과 관용이 없었다고 생각하기 어렵다. 지방 국가와 이익집단의 밀수 활동이 이렇게 창궐하는 지경에 이르렀고 이 제도적 밀수 활동은 국내 시장, 특히 국유기업 운영을 심하게 악화시켰다. 따라서 광대한 노동자계급의 이익을 간접적으로 훼손했다.

35 이런 의미에서 중앙정부, 지방 엘리트, 일반 국민 셋의 관계를 중심으로 이상 3자가 유기적으로 상호작용하는 '혼합헌법' '혼합제도'의 가능성을 다시 생각하는 것은 여전히 생각해볼 만한 민주주의 방안이다. 추이즈위안은 정치이론의 관점에서 일종의 혼합형 헌법과 제도를 구상해서 '상'(중앙 국가), '중'(지방정부와 자본 대부호), '하'(일반 민중) 세 계층이 상호작용하는 양성 순환을 수립할 것을 구상했다. 崔之元,「"二元聯邦主義"的消亡」,『讀書』1996年 9期;「混合憲法"與對中國政治的三層分析」,『戰略與管理』1998年 第3期. 그의 논의는 주목할 만하고 진전된 토론을 할 가치가 있다. 이런 구상은 자연히 급진적이다. 그러나 만약 이 문제를 1989년 이후 중국 대륙 사회의 사회계층 분화라는 각도에서 놓고 보면 비판적 의미가 지대하다.

동맹을 억제하는 것이다. 이 정치 구상과 시민사회 운동은 선명히 대조를 이룬다. 이 논의는 우리가 주목하고 논의를 진전할 가치가 있다. 여기서 특히 다루어야 할 것은 사회운동과 제도 혁신 사이의 상호관계로 민주적 감독 기제를 형성하고 국가의 감독에 의존하는 신귀족계층이 아닌 각 차원의 민주적 기제로 국가의 권력 남용과 지방집단의 부패를 막는 것이다. 이런 의미에서 어떤 역량이 어떤 방식으로 여러 차원에서 공적 공간을 형성하는 것은 아주 중요한 일이다. 나는 이 혼합제도가 반드시 하나의 기본 전제 위에서 수립되어야 한다고 생각한다. 즉 일반 시민이 사회운동, 공적 토론 등으로 여러 차원에서 공공정책 결정에 관해 공개적으로 토론하는 것이 전제되어야 한다. 여기서 사회운동과 여러 차원에서의 공적 공간 형성은 특별히 중요한 중간 고리다. 즉 공적 토론과 사회운동은 전국적 공적 공간 속에서 발생할 뿐 아니라 지방의 각종 공적 공간에서도 발생한다. 이를 통해 일반 시민이 공적 범주 안에서 그들의 일상생활과 밀접한 관계를 맺는 사회적 의제를 발견할 수 있다.[36] 이것이 민주주의와 자유의 요구가 구체적 내용을 확보하는 경로이자 민주주의와 자유가 급진적이지만 실제 내용은 없는 구도로 전락하지 않도록 하는 중요한 방식이다. 중국의 구체적 상황을 염두에 둔 구상은 국가와 시민사회의 거리 확대를 가설로 세운 시민사회 개념과 완전히 반대다. 후자는 시민사회를 비정치화의 자발적 과정이라고 간주하기 때문

---

36 査理斯 泰勒, 「公民與國家之間的距離」, 汪暉, 「『文化與公共性』導論」의 관련 논의 참조. 汪暉, 陳燕谷 主編, 『文化與公共性』, 北京: 三聯書店, 1998, 199~220, 38~47쪽.

에 사회 동원과 제도 개혁 사이의 적극적 상호작용 관계를 와해했다.

둘째, 인문정신과 포스트모던 토론이다. 1994년 상하이의 몇몇 젊은 지식인이 『독서』에 일련의 대화를 발표해서 '인문정신'의 상실 문제를 토론했다. 이는 새로운 상업문화와 시장 과정에 직관적으로 반응한 것이다. 여기서는 이 과정을 긍정하는 전제 아래 현대화 과정의 도덕적·정신적 면모를 토론했다. 이 토론을 시작한 주요 멤버(왕샤오밍王曉明, 장루룬張汝倫)의 말 따르면, 1994~1995년 '인문정신' 토론 중 일부 내용은 시장 확장 운동에 대한 본능적 반응이며 또한 시장 조건하에서 지식계가 스스로 비판적 사명을 버리지 않아야 함을 환기시킨 것이다.[37] 그러나 시민사회와 급진주의에 관한 토론과 마찬가지로 인문정신 토론은 1980년대 이후 사회 변천을 깊이 분석하지 않았고 거의 1980년대 신계몽사상의 기본 가설을 이어받았다. 이 토론에 호응해서 작가 한사오궁, 장청즈張承志 등이 시장 이데올로기를 비판하고 그것에 반항했다. 그들의 몇 가지 통찰은 인문정신 토론이 대중문화로 깊이 들어가는 데 중요한 다리를 제공했다. 이 토론은 거의 같은 시기(또는 약간 앞선 시기)에 일어난 포스트모던 비평의 공격을 받았다.[38] 포스트모던 비평도 마찬

---

37 張汝倫, 王曉明, 朱學勤, 陳思和, 「人文精神尋思錄之一 人文精神：是否可能和如何可能」, 『讀書』 1994年 3期와 4~7期의 후속 토론 참조. 오늘날 중국의 다른 토론과 마찬가지로 이 토론의 참가자는 통일된 사상 집단이 아니라 그들 사이의 이론적 입장에는 거의 차이가 있다.

38 장이우張頤武, 천샤오밍陳曉明은 포스트모던의 관점에서 인문정신을 비판했고 왕명은 세속과 엘리트 또는 세속과 이상의 관점에서 비판했다. 張頤武, 「人文精神：最後的神話」, 『人大複印報刊資料 文藝理論卷』, 1995年 7卷; 王蒙, 「人文精神問題偶感」, 『東方』

가지로 통일된 이론 집단이 아니다. 이 중 몇몇은 근대성 서사를 해체함
으로써 비판의 칼날을 현대사회의 프로세스 자체에 겨누었다.[39] 그러나
1993년부터 1995년 사이에 포스트모던 사조의 주류는 인문정신 논쟁
을 엘리트주의 서사로 간주했다. 그들은 구조 해체 전략으로 상업과 소
비주의 문화를 논증하고 시장적 성향을 전면 포용했다. 이런 의미에서
포스트모던의 이런 측면은 1980년대 신계몽운동의 비판적 목표와 별
개가 아니다. 즉 혁명과 동요 속의 국가에서 형성된 것이다. 포스트모던
비평과 인문정신 논쟁에서는 모두 일부 지식인이 중국 개혁과정의 심각
한 위기를 언급했다. 그러나 이런 두 가지 토론에는 모두 시장주의와 유
사한 낙관주의가 담겨 있다.[40] 이어서 포스트모던 비평가와 나이가 약
간 많은 논자들이 장청즈의 작품 『심령사』를 비평한 것을 거론할 만하
다. 누구도 이 작품이 다루는 내부 민족관계의 역사에 주목하지 않은
채 이 작품을 문화대혁명의 유산, 특히 홍위병 정신의 상징으로 간주하
고 성토했다.[41] 이 사례는 중국 지식인의 가장 심각한 사상적 위기를 드

1994年 5期; 「想起了日丹諾夫」, 『讀書』 1995年 4期; 「絕對的價値與殘酷」, 『讀書』 1999年
1期; 「革命, 世俗與精英訴求」, 『讀書』 1999年 4期. 왕샤오밍은 토론 후 관련 토론을 묶어
책으로 펴냈다. 王曉明, 『人文精神尋思錄』, 上海 : 文匯出版社, 1996.

39 다이진화戴錦華, 장쉬둥張旭東은 모두 포스트모던 비평의 대표자로 여겨진다. 그러
나 그들의 성향은 장이우, 천샤오밍과 중요한 차이가 있다. 그들은 세계화와 시장 과정
자체에 서로 다른 수준의 비판적 태도를 취한다.

40 시장주의, 특히 소비주의 이데올로기를 비판한 이들은 사회학자, 새로운 문화 연구
실천자들이다. 李陀, 「開心果女郎」, 『讀書』 1995年 2期, 戴錦華, 『鏡城突圍』 등과 황핑黃
平의 소비주의 연구는 서로 다른 차원에서 시장 이데올로기를 비판했다.

41 이런 문제를 다룬 글에는 張承志, 「劉介廉的五更月」, 『讀書』 1999年 4期; 伍貽業, 「世

러냈다. 이처럼 관계가 중대한 문제에서 비평자는 최소한의 토론도 하지 않고 심지어 문제가 도대체 무엇인지도 잊었다.—모든 것을 그들이 이해하는 '문혁'과 '반문혁' '엘리트'와 '반엘리트' '세속'과 '반세속'의 관계 안에 넣었다. '인문정신' 토론은 결국 이상주의에 관한 논쟁으로 변질했고 현대사회의 변천과 내재적 모순을 분석하기를 포기했다. 이 점은 논쟁의 양측이 모두 사용한 방법이다.

셋째, 포스트식민주의, 민족주의, 세계화 이론. 1994년부터 1996년까지『독서』『천애』에서 에드워드 사이드의『오리엔탈리즘』과 미국 포스트식민주의 비평을 소개하는 글을 연이어 발표하면서 서양중심주의와 문화 식민주의의 현실성과 가능성을 날카롭게 비평했다.[42] 이 시기에는 종속이론, 세계체제 이론에 근거해서 전 지구적 관계와 문화이론을 해석한 글도 출현했다. 이 글들은 그다음 단계에 세계 자본주의를 검토하

界不會大"同",『讀書』1999年 6期 등도 있다.

42 리디아라우劉禾가『독서』1992년 10월호에 발표한「검은 아테네黑色的雅典」는 포스트 식민지 비평을 언급한 최초의 글이었지만 주목받지 못했다. 성훙盛洪이『독서』1992년 12호에 발표한「오리엔트 세계의 발흥」은 경제사의 관점에서 서양중심주의를 재검토한 글이다. 이런 글은 1993년 사이드의 오리엔탈리즘이 소개되기 전 중국 지식계가 이미 서양중심주의 문제를 논의하기 시작했음을 분명히 보여준다.『독서』1993년 9월호에는 장콴張寬의「歐美人眼中的非我族類」, 첸쥔錢俊의「談薩伊化」, 판사오메이潘少梅「一種新的批評傾向」등이 실렸고 잡지 집행주간은「그들은 문명적인가?他們文明嗎?」라는 제목으로 후기를 썼다. 장콴은『독서』1994년 10월호에「사이드를 다시 말한다再談薩伊德」,『천애』1996年 2월호에「문화식민의 가능성文化新殖民的可能」등을 발표해 이전의 관점에 대해서 보충 논증을 했다. 그 후 리퉈李陀가『천애』1996년 4월호에「차이문제 필기差異性問題筆記」, 리디아 리우가『독서』1996년 8월호에「이론과 역사, 동양과 서양」을 발표했다.

는 데 실마리를 제공했다.[43] 이 인문사조는 바로 헌팅턴의 『문명의 충돌』이 격발한 민족주의와 세계화에 관한 토론이 일어났을 때 여기에 합류에서 격렬한 토론을 형성했다. 세계화와 시장주의를 굳게 믿는 사람에게는 서양중심론을 어떻게 비판하든 모두 민족주의였고 서양중심주의 비판은 확실히 현실에서 이상의 각종 사건이 일으킨 각종 민족주의적 관점과 대중문화 차원의 민족주의를 불러일으켰다(『노No라고 말할 수 있는 중국』『요괴가 된 중국의 배후』 등의 출판).[44] 이 논의들과 전통의 재사유, 본토 자원과 근대성 문제에 대한 이론적 성찰은 서로를 흔들면서 1980년대부터 주도적이었던 계몽주의와 지식 구조의 틀에 체계적 의문을 던졌다.[45] 포스트식민주의 관련 논의는 대다수 서양 학술서를 소개하고 의미를 밝히는 데 집중했고 토론 자체는 식민주의 역사에서 중국의 지위, 중국의 현대화 과정과 세계화 사이의 복잡한 역사적

---

43 汪暉, 「秩序還是失序? ―阿明與他對全球化的看法」, 『讀書』, 1995年 7期; 陳燕谷, 「文化多元主義與馬克思主義」, 『原道』 第3期.

44 관련 논의는 李慎, 「數量優勢下的恐懼」; 張旭東, 「民族主義與當代中國」, 『讀書』 1997年 6期 참조. 성훙은 『베이징청년보北京青年報』 등 신문에 사회다원주의와 서양중심주의를 비판하는 글을 발표했다. 이 시기에 발생한 민족주의 관련 논의에서 나는 쇄국론의 논조도 발견하지 못했고 '문혁' 시대로 돌아가자는 주장도 발견하지 못했으며 이른바 의화단식 배외주의도 발견하지 못했다.

45 汪暉, 『汪暉自選集』, 朱蘇力, 『法律的本土資源』, 梁治平, 『淸代習慣法』 등 참조. 이 연구서들은 중국 자신의 역사적 자원과 현대적 의미에 주목했고 내부와 외부 시야의 상호관계에 근거해서 근대 중국 역사의 전환을 해석하려 했으며 근대변혁 과정에서 역사와 민간의 자원을 고려하고 존중할 것을 요구한다. 이런 연구 자체는 결코 현대 문제를 대상으로 하지 않는다. 그러나 시장이 확장하는 환경에서 이 연구들은 내재적 역사 자원과 민간 전통에 주목했다. 이는 주류 연구와 분명히 다르다.

관계는 깊이 논의하지 않았다. 더 중요한 것은 포스트식민주의의 민족주의 해체든 문명 충돌론과 기타 역사적 사건이 촉발한 민족주의와 세계화 연구든 모두 '민족주의'를 다양한 역사적 현상(식민주의적 민족주의, 반식민주의적 민족주의, 문화 민족주의, 군사 민족주의, 국가 민족주의, 대중 민족주의 등)과 이 현상의 각종 역사적 동력으로 보고 분석하지 못했으며 세계화 과정과 민족주의의 관계는 선명히 해석하지 않았다. 토론은 갖가지 유형의 '정치적 정확성'을 구실로 중지되었다. 그러나 이 시기 관련 토론은 중국 지식계가 서양 중심주의적 역사관에서 벗어나고 민족주의 문제를 비판적으로 이해하는 데 긍정적 의미가 있다.

넷째, 제도 혁신, 이론 혁신, 국가 능력 문제에 관한 토론. 1993년부터 1997년까지 중국 지식계에서 비판적 성향의 지식인이 사회 공정 문제를 생각하기 시작했다. 그들은 러시아, 동유럽 개혁, 동남아시아, 중국 향진기업의 경험을 근거로 여러 방향에서 이 문제를 다루었다.[46] 이 논의는 조금 일찍(1992년) 시작된 국가 능력에 관한 연구와 모종의 호응 관계가 있다(성향이 일치한다는 말은 아니다). 그러나 이론적 틀에는 중요한 차이가 있다. 국가능력 문제는 1990년대 사회 불평등의 구조

---

46 甘陽, 「鄕土中國重建與中國文化前景」, 『二十一世紀』, 總16號, 4쪽; 甘陽, 「反民主的自由主義還是民主的自由主義?」, 『二十一世紀』 總39號, 4~17쪽; 崔之元, 「制度創新與第二次思想解放」, 『二十一世紀』 總24號, 5~16쪽; 王紹光, 「效率, 公平, 民主」, 『二十一世紀』 總26號, 21~33쪽; 秦暉, 「離土不離鄕? 一也談鄕土中國重建問題」, 『東方』, 1994年 1期; 蘇文, 「山重水復應有路」, 『東方』 1996年 第1期 등. 친후이秦暉와 추이즈위안의 이론적 관점은 아주 다르다. 그러나 그들은 둘 다 오늘날 중국의 사회생활 또는 경제생활에서 공정과 평등을 되돌아보는 작업의 중요성에 주목한다.

적 동인을 다루었다. 즉 중앙 국가와 지방 및 부문 이익집단의 관계 문제를 다루었다. 1991년부터 1993년까지 논의에서 '국가능력' 문제 논의는 보편적으로 국가주의 경향을 띤 정책 연구로 비쳤다. 따라서 대부분 지식인이 널리 영향을 미치고 더 중요한 가치를 지닌 이 연구에 정면으로 대응하지 않았다.[47] 1997년 세계 금융위기가 금융자본의 초국가적 이동이 사회와 경제에 미치는 파괴적 성격을 환기했다. 이에 따라 사람들은 초국가주의의 파괴성과 내부 사회보장 기제의 필요성 관점에서 '국가'의 의미를 다시 생각하고 민주주의와 국가의 관계를 생각하고 국가의 다중성, 자본과 국가 이원론의 내재적 모순을 논의했다.[48] 국가 문

---

[47] '국가능력' 문제는 1991년에 처음 제기되었다. 王紹光, 「建立一個強有力的民主國家: 兼論"政權形式"與"國家能力"的區別」, 『當代中國研究中心論文』 第4期, 1991年 2月 ("Building a Strong Democractic State: On Regime Type and State Capacity," *Papers of The Center for Modern China*, no.4, Feb., 1991) 참조. 王紹光, 胡鞍鋼, 「中國政府汲取能力的下降及其後果」, 『二十一世紀』, 總21號, 5~14쪽; 崔之元, 「"國家能力"辯證觀」, 『二十一世紀』 總21號, 19~21쪽. 1990년대 중국 경제와 동아시아 발전에 관한 논의도 관련 문제를 다룬다. 張曙光, 「經濟增長和國家興衰」, 『讀書』 1996年 9期는 린이푸林毅夫와 국외 경제이론을 논평했다. 이는 국가와 이익집단 관계 문제와 연관된다.

[48] 王瑾, 「"國家"三議」, 『讀書』, 2000年 4期(이 글은 발표될 때 일부가 삭제되었는데 나는 삭제되지 않은 글을 읽었다). 이 문제에 대한 더 강력한 해석은 추완원瞿宛文의 「세계화와 후진국의 경제발전全球化與後進國之經濟發展」이다. 그는 세계화의 조건에서 "후진국은 선진국을 따라가야 하고 반드시 민족국가 단위로 산업정책 등을 도구로 삼아서 산업 발전 정책을 수립하고, 상벌을 병용하는 방식으로 발전하지 않은 공업을 성장시켜야 한다. 그리고 현지 기업을 정착시키고 선진 기술을 가능한 한 빨리 배워야 한다. 이렇게 해야 경쟁이 날로 심각해지고, 선진·후진의 격차가 날로 커지는 상황에서 국제 시장에서 한 자리를 차지할 수 있고 국제 분업의 사다리에서 점차 위로 올라가 본국의 비교이익을 전환하고 상승시킬 수 있다. 이렇게 해야 경제가 지속해서 발전하고 생산력이 진보할 수 있다." 『臺灣社會研究季刊』 第三十七期, 2000年 3月, 91~117쪽.

제를 제기한 데는 이중적 배경이 있다. 1991년 국가 또는 국가 능력 문제를 제기할 때는 주로 중앙 국가의 능력을 다루었다. '권한과 이익의 양도'를 따르는 개혁 정책과 그 결과를 문제 삼았다. 1997년 이후 국가 문제의 핵심이 세계화 과정에서 중국의 역할과 지위 문제로 바뀌었다. 그러나 둘 사이에는 내재적 연속성이 존재하고 발전과 사회보장 문제가 중심이 되었다. 오늘날 중국의 국가 문제는 가장 민감하고도 복잡한 이론적 문제다. 국가 능력의 쇠락과 기층사회와 시장 활동에 대한 국가의 과도한 간섭(시장에 대한 행정적 분할)은 병존하고 자유시장, 초국가적 운동 등 반국가적으로 보이는 세력이 국가 필요성의 전제가 된다. 이 역설적·역사적 조건 아래서 국가 문제를 논하면, 어떤 민주적 요구도 국가에 대한 비판과 시장사회의 운동에 대한 비판을 분리할 수 없다. 민주주의 문제는 이런 환경에서 두 가지 방향에서 의미가 있다. 한편으로는 시장과 관련된 민주주의 제도를 수립하고 자본 유동이 인간의 일상생활을 파괴하는 것을 억제한다. 다른 한편으로는 민주주의의 제도적 틀을 수립하고 반시장적 세력을 억제해 국족國族중심주의, 국가주의, 전체주의로 전화한다. 나는 1993년부터 1996년까지 발생한 각종 토론 중 제도 혁신, 이론 혁신에 관한 논의가 비교적 깊이 있는 논의라고 생각한다. 이 논의들은 이론과 실천의 차원에서 1980년대 이후 중국 개혁과정의 진정한 위기를 다루었고 더욱 민주적인 개혁 방안을 적극적으로 제기했기 때문이다.[49] 이 토론의 실질은 '신자유주의' 제도와 물신교를 반

---

49 昂格, 崔之元, 「以俄爲鑒看中國」, 『二十一世紀』總24號, 17~25쪽. 중국 사회개혁의 길

대하고 권위주의적이거나 외래에서 강제로 도입된 제도를 민족이 피할 수 없는 운명이라고 보는 것을 반대하며 민주화된 시장방식을 탐구하는 것이다. 이 토론에서는 근대사회의 경제적·민주주의적 경험이 다원적인 것으로 이해되었다. 가장 중요한 것은 그것이 러시아가 이미 실행하고 중국이 현재 추진하는 권력 통제하의 자발적 사유화 과정을 명확히 비판하고 이 시장경제 모델의 반민주적 특징을 밝혀내며, 현재 실행되는 각종 사유화 방안과 민주제 사이의 내재적 모순을 증명하고 더 나아가 보통 민중의 직접 참여, 기술 선진과 기술 후진의 연맹, 기업과 정치제도의 개혁에 새로운 방향을 제공했다는 점이다. 이 이론 사유는 정치적 민주와 경제 과정의 민주화를 연결했다. 이는 1980년대 그리고 그보다 더 이른 시기 중국의 역사적 경험을 종합한 것이고 이론적 차원에서 민주 개혁에 현실적 동력을 찾았으며 민주주의를 신화로 만들지 않고 심화하는 데 새로운 시야를 제공했다. 그러나 이 중요한 통찰들은 진정한 토론으로 이어지지 않았고 막 고개를 들었을 때 지식계 자체에 억압되었다. 그것의 의미는 조금 뒤의 단계에서 점진적으로 이해될 수 있었다.

1993년부터 1997년까지 토론은 서술의 중심을 전통적 거시 서사에서 오늘날 중국과 세계에서 발생하는 전환 자체로 옮기기 시작했고 그 후 단계에서 신자유주의를 더 체계적으로 비판하는 데 사상적 시야와

에 대한 연구는 그 후 발표된 글들을 참고할 수 있다. 林春,「社會主義與消滅貧窮」,『讀書』 1999年 9期;「敎條突破與制度創新」,『讀書』1999年 11期 참조.

현실적 자원을 제공했다. 서양중심주의 비판은 1990년대의 중요한 사상해방 역량이다. 그것은 인간을 역사 목적론과 서양 관련 환상에서 해방해주었다. 1997년 현대 자본주의의 체제적 위기가 아시아를 휩감았고 아시아 금융 위기라는 이상한 이름으로 불렸다. 1993년부터 1997년은 바로 중국의 경제발전이 가장 빠른 시기였다. 경제학자와 몇몇 문화론자는 유교 자본주의와 동아시아 모델에 취해 이 위기의 도래와 심각성에 대한 반응 능력을 완전히 결여했다. 세계적 위기 자체는 '신자유주의' 이데올로기에 대한 첨예한 도전이다. '인문정신' 논쟁이 이 과정에 대한 본능적 반항이었기 때문에 시장주의 시대의 내재적 모순을 제대로 이해하지 않았다면 중국 포스트모더니즘 사조도 마찬가지로 이 짧은 시기에 흥성했다가 단기간에 활력을 상실한 것이다. 이 담론은 현대 자본주의의 내재적 위기를 인식하고 이해할 기본 시야를 제공할 수 없었다. 도리어 급진적 사유화 방안을 내세운 사람들과 마찬가지로 시장을 구시대를 이해하는 가장 좋은 처방으로 여겼다. 그리고 이 시장주의가 더 거대한 거시 서사임을 깨닫지 못했다. 포스트모던 사조는 신자유주의의 몇몇 가설을 공유했다. 그것의 해체주의적 태도와 몇 가지 해방적 작용은 자신이 내포한 보수성과 병존했다. 나는 이 시기 가장 중요한 사상적 발전이 서양중심주의를 비판하는 사조 속에서 형성된 근대성 문제에 대한 이론적 사고와 제도 혁신과 이론 혁신에 대한 사상적 탐색이라고 생각한다.

3) 1997년부터 현재까지 : 신자유주의 토론

세 번째 단계는 1997년부터 현재까지다. 사람들은 이 시기의 논쟁에
'자유주의와 신좌파' 논쟁이라는 부적절한 명칭을 붙인다. 이상의 분석
에 따르면, 이 논쟁의 핵심은 '신자유주의'에 관한 것이다. '신자유주의'
는 자유시장의 이름으로 사회를 계획적으로 분할한다. 따라서 몇몇 지
식인은 이에 자극을 받아 자유주의 이념으로 이 프로세스의 강제성과
허위성을 밝히려 했다.[50] 「오늘날 중국의 사상 상황과 근대성 문제」가
『천애』에 발표된 데서 이 논쟁이 촉발되었다고 보는 이도 있다. 그러나
그것은 명확하고 체계적인 방식으로 이전의 논쟁을 현대 중국사에 대
한 새로운 이해로 확장했고, 이에 따라 어느 정도에서 역사관을 흔들어
놓은 데 불과하다. 1989년부터 '신자유주의'와, 신보수주의와 신권위주의
(이들 사이에는 모순이 있지만 이론적으로는 약간 공통된 전제를 갖는
다. 이들은 '급진주의'와 자신들이 고발하는 '신좌파'를 비판함으로써 동
맹을 맺었다)는 1980년대 신계몽 사조의 풍부하고 복잡한 사상적 유산
을 왜곡하고 '신자유주의' 이데올로기야말로 1980년대 사상해방운동
의 합법적 계승자라고 주장한다. 이런 환경에서 '신자유주의'를 비판하

---

50 허칭롄何清漣의 『現代化的陷阱』(北京 : 今日中國出版社, 1998)과 친후이의 시리즈
글들이 바로 그 사례다. 그 밖에 何清漣, 「經濟學理論和"屠龍術"」, 『讀書』1997年 3期 ; 「金
融危機挑戰經濟奇跡」, 『讀書』1997年 12期 ; 「"適者生存"與"有閑階級"」, 『讀書』1998年 10
期 ; 卞悟(秦暉), 「拒絕原始積累」, 『讀書』1998年 1期 ; 「有了真問題才有真學問」, 『讀書』
1998年 6期 참조.

는 지식인은 우선 1980년대의 사상적 유산을 비판적으로 종합하지 않을 수 없었다.[51] 오늘날 '신자유주의자'들에게 적대시되는 비판적 지식인은 사실 1980년대 사상 유산의 비판적 계승자 또는 계승적 비판자다. 그들은 1980년대의 해방적 역량과 또 다른 사상을 '신자유주의' 이데올로기로부터 새롭게 해방하려 한다. 각종 사회·역사적 문제를 탐구하면서 비판적 지식인 집단은 사상과 발언의 공간을 크게 열어젖혔다. 그들은 헌법이 보장하는 공적 공간, 발언의 자유, 공적 토론의 추구와 투쟁이 없다면 비판사상의 생존 공간과 민주주의의 가능성이 없다고 굳게 믿는다. 어느 이론에 근거하든 정치적 자유를 차선으로 또는 허위로 돌리는 논의 방식을 모두 거부해야 한다. 이와 동시에 사회적 독재 자체는 결코 국가권력에서만 오는 것이 아니라 몇몇 사회 집단과 지식인 집단 그리고 그 작동 기제에서도 온다. 이런 복잡한 역사적 조건에서 비판적 지식인은 더 넓은 범위에서 서로 다른 형식을 띠면서 합치되는 문화 전제주의와 기나긴 투쟁을 해야 한다. 토론에는 1997년부터 주목할 만한 또 하나의 특징이 나타났다. 그것은 바로 새로운 비평 공간이 출현한 것

---

51 1980년대의 사상적·문화적 유산에 대한 비판과 성찰은 이 유산을 거절하는 것이 아니다. 따라서 어떤 이가 성토하는 것처럼 비판적 지식인이 1980년대를 총체적으로 부정하는 현상은 근본적으로 존재하지 않는다. 현실은 이렇다. 1980년대에 관한 비판적 논의는 대다수가 당시에 참여한 사람들이 내놓은 것이다. 그들은 동정적이면서 비판적 태도로 각자 다른 관점에서 이 시대의 사상적 유산을 분석, 연구, 성찰하려 했다. 리퉈李陀가 잡지 『오늘今川』에 발표한 「1985」와 「1987」, 장쉬둥의 논문집 『환상의 질서幻想的秩序』, 香港：牛津大學出版社, 1998과 「80년대를 다시 찾는다重訪八十年代」, 『讀書』1998年 2期 등은 모두 1980년대 문학과 문화 현상을 새롭게 정리한 것이다.

　　　　　　　　　　단기 20세기: 중국 혁명과 정치의 논리

이다. 한국, 일본, 미국, 유럽에서 온 학자와 지식인, 대만, 홍콩의 학자들은 모두 중국 대륙의 간행물에 직접 글을 발표하면서 토론에 참여했고 중국 대륙의 학자도 다른 지역의 토론에 참여했다. 이 공간에서 중국 문제에 관한 국제적 시야가 점점 모습을 드러냈다.

1997년부터 진행된 사상 논쟁은 사실 현대사회에서 첨예해지면서 촉발된 것이다. '아시아'로 명명된 금융 파동은 이에 더 넓은 세계적 배경을 제공했다. 파동 과정에서 한국, 홍콩, 동남아시아 국가의 경제는 심각한 좌절을 맛보았는데 이와 거의 동시에 중국 향진기업의 쇠퇴가 뚜렷했고 중국 경제—특히 금융시스템—의 내재적 모순이 여지없이 폭로되었다. 그러나 도대체 어떤 요인 때문에 중국이 즉각 심각한 타격을 받지 않았을까? 이런 배경에서 사람들은 현재 자본주의 체제의 내재적 모순을 엄숙히 대하게 되고 장기적으로 본보기로 떠받들어진 시장 모델이 중국의 현대적 발전과정에서 어떤 의미인지를 진지하게 생각하지 않을 수 없으며, 입법 개혁에서 민주화를 요구하는 표상 아래 숨겨진 기존 이익 관계를 합법화하는 시도를 냉정히 관찰해야만 한다.—1980년대부터 점진적으로 형성된 사상적 전제들을 성찰할 때는 반드시 이 모든 과정을 동반해야 한다. 바로 이런 역사적 시야에서 '역사종말론'의 현실적 함의가 철저히 폭로되었고 민주주의 명제의 현대적 의의가 이론적으로 확장되었다.[52] 1998년에 일어난 코소보전쟁, 주유고슬라비아 중국대사관

---

52 汪暉, 「當代中國的思想狀況與現代性問題」, 『天涯』 1997年 5期; 安德森(Perry Anderson), 「文明及其內涵」, 『讀書』 1997年 11 – 12期; 陳燕谷, 「歷史終結還是全面民主?」, 『讀書』 1998年 12期.

피폭, WTO 문제의 갈등, 개혁과정에서 더욱 심해진 실업·실직, 제도적이고 날로 국제화되는 부패(밀수에서 돈세탁, 개인의 비도덕적 이익 추구에서 집단적 행위까지), 빈부 분화, 환경위기, 기타 사회 모순 등은 근대사회에 대한 천신한 환상과 이론적 환각을 깨뜨렸다. 이 과정 자체가 세계화는 더 이상 중국 사회 밖의 문제가 아니며 우리가 합류해야 할까 말까 하는 문제가 아니라 사회에 내재하는 문제임을 충분히 증명했다. 정치 권력과 시장 기획의 관계, 새로운 사회적 빈곤과 불공정한 제조, 낡은 권력 네트워크와 새로운 사회 확장의 내재적 연관이 여기서 근현대사를 다시 생각할 기회를 촉발했고 사회주의의 유산을 새롭고 창조적으로 이해하는 토론을 촉발했다. 1989년 사회운동 내부에 깊이 자리한 잠재적이고 비자각적인 요소는 현재 점점 명확해졌다. 따라서 한편으로 『독서』와 『천애』를 중심으로 경제위기, 발전주의, 정치적 민주주의, 세계화, 사회적 평등, 여성 문제, 교육 문제, 전쟁과 혁명, '신자유주의', 식민주의 등의 관점에 대한 여러 공적 논의와 토론이 나타났다. 다른 한편으로 '신자유주의'(때로는 고전적 자유주의라고 직접 표현되는) 경전으로 판단되는 저서들이 번역·출판되었고 자유주의자들의 저서와 글이 보수주의적 방향에서 급진화함에 따라 '신자유주의'가 자신의 이데올로기를 체계적으로 해석하고 선전하는 시기로 들어섰음이 명확해졌다.

'신자유주의'는 경제이론을 중심으로 한 광범위한 이데올로기다. 그것은 현대사회 각 부문에 침투했고 상당히 강력한 지배력을 보유했다. 따라서 '신자유주의'/신보수주의 비판은 서로 구분되는 여러 측면으로 나타났다. 지난 20년의 역사에서 중국 대륙의 사회사상에는 유례없이 복잡한 국면이 출현했다. 이 현상은 현대 세계의 지배적 관계 자체의 균열과 위기다. 그래서 이 비평을 소개하기 전에 반드시 몇 가지 설명이 필요하다. 첫째, 이 비평들은 광범위한 논제를 다루지 결코 모두 다 '신자유주의'를 이론적으로 비판하지 않는다. 그러나 여기서 언급되는 사회관계 자체는 '신자유주의' 자체와 이러저러한 연계가 있다. 둘째, 이 비평들은 결코 통일되고 일관된 논리가 없다. 그들 상호 간에는 중요한 불일치와 모순이 존재할 뿐 아니라 자유주의를 비판하는 요소도 있고 전통적 마르크스의 요소도 있으며, 국제주의적 요소가 있으면서 민족주의적 요소도 있고 전통적 학술과 문화의 요소도 있으면서 포스트모던적 요소도 있다. 따라서 '신자유주의' 비판은 통일된 사상운동으로 볼 수 없다. 셋째, 나의 개괄은 불가피하게 몇몇 명확한 토론과 대결에 집중되며 수많은 분과 영역에서 전개되는 학술 연구를 깊이 설명할 수 없다. 그러나 이는 결코 이런 연구와 무관하다는 뜻이 아니다. 마지막으로 여기서 이 토론과 '신자유주의'/시장급진주의의 관계를 핵심적으로 분석하지만 그렇다고 결코 이 모든 논의와 저서의 논점에 동의하는 것은 아니다. 내가 제공하는 것은 하나의 역사적 분석이다.

1997년부터 계속된 토론은 다음 몇 가지 측면에 집중했다.

첫째, 자유주의 전통과 현대 문제에 관한 토론. '신자유주의'는 자유주의의 이름을 달았지만 핵심은 보수주의적 정치이론과 시장급진주의다. 오늘날 중국의 맥락에서 '신자유주의'는 독단적 방식으로 각종 비판적 이론을 비판할 뿐 아니라 자유주의 내부의 다른 전통, 이를테면 존 롤스John Rawls(1921~2002), 로널드 드워킨Ronald Dworkin(1931~2013)

등의 평등주의적 경향, 공동체주의와 공화주의에 관련된 토론에 조금도 관용적이지 않다. 권력이 시장화하는 시대에, 사유화의 명의로 공공재산을 나누어 갖는 과정에서 자유와 평등, 자유와 민주, 개인과 사회를 대립시켜 '민주가 자유를 방해하는 것'을 명확히 반대하는 이론적 방식과 논조는 의미심장하다.[53] 프리드리히 하이에크Friedrich Hayek(1899~1992)의 이론에 대해 '신자유주의'는 그것을 '자유시장'의 합법성으로 논증할 뿐이다. 그들은 사회의 전통적이고 급진적인 시장계획 모두를 해체하는 것을 '자유' 관념과 동일시한다. 따라서 하이에크 이론 내부의 역사성 논의에는 절대 관심이 없다. '신자유주의'의 이론적 특징 중 하나는 시장 질서와 정치 과정 사이의 긴밀한 관계를 부정하고 국가를 해체한다는 명목으로 시장화 조건 아래에서 민주주의 문제를 탐색하도록 두는 것이다. 바로 이런 배경에서 1997년부터 몇몇 학자가 자유주의 전통을 다시 정리해서 자유주의 내부로부터 신자유주의의 반민주적 실질을 밝히기 시작했다. 이론 토론은 알렉시 드 토크빌, 이사야 벌린, 한나 아렌트, 하이에크, 위르겐 하버마스, 롤스, 테일러 등 사상가와 근대 유럽 자유주의 정치 전통과 현대 자유주의 이론을 재해석

---

53 보수주의적 자유주의에 관한 논의는 劉軍寧,「當民主妨礙自由的時候」『讀書』1993年 11期;「保守的柏克自由的柏克」,『讀書』1995年 3期;「毋忘我」,『讀書』1995年 11期;「善惡: 兩種政治觀與國家能力」,『讀書』1994年 5期 등 참조. 1990년대 후기, 신권위주의의 주요 해석자 중 한 명인 샤오궁친蕭功秦은 그와 현대 중국 '자유주의자'의 관점이 가깝고, 중국 최대 위험은 '신좌파'라고 공개적으로 밝혔다. 권력이 시장화되는 과정, 중국의 특정한 정치적 조건에서 민주주의가 자유에 '방해'라고 말하는 것은 중대한 발견이다. 저자는 자연히 누구의 자유인가, 어디의 민주주의인가 묻지 않을 것이다.

했다. 이 과정에서 그 내재적 곤경을 밝히는 동시에 여러 차원과 관점에서 자유주의가 내포한 평등주의적 경향을 회복시키고 발전시켰다. 귀족의 자유주의인가, 평민의 자유주의인가? 정치적 자유주의인가, 보수주의적 근대화 이론인가? 진정 전통을 존중하는가, 모든 사회적 관계를 파괴하는 시장급진주의인가? 자생적이고 자발적인 질서인가, 사회를 인위적·계획적·강제적으로 계급으로 분화하는 것인가? 이 일련의 질문은 비판적 자유주의를 '신자유주의'/신보수주의적 소란에서 해방시킨다. 이런 방식은 자유주의 전통 내부에서부터 '신자유주의'의 합리성을 뒤집고 자유주의 논의에 새로운 요소를 주입했다.[54] 중국의 자유주의는 하나의 통일된 집단이 아니다. 몇몇 자유주의자는 현실의 시장화 과정과 부패, 독점의 대내적 관계를 폭로하고 분석하며 사회 공정을 요구하고 그들을 '신자유주의'와 분리하려고 한다. 이로써 서로 다른 상황

---

54 甘陽, 「反民主的自由主義還是民主的自由主義?」, 『二十一世紀』 總39號, 4~17쪽; 甘陽, 「柏林與後自由主義」, 『讀書』 1998年 4期; 甘陽, 「自由主義: 貴族的還是平民的?」, 『讀書』 1999年 1期; 汪暉, 「『文化與公共性』導論」; 錢永祥, 「"我總是活在表層上"」, 『讀書』, 1999年 4期; 趙剛, 「杜威對自由主義的批判與重建」, 『學術思想評論』 第三輯, 遼寧大學出版社, 1998年 3月; 石元康, 「道德, 法律與社群 ─ 哈特與德弗林的論辯」, 『學術思想評論』 第4輯, 1998年 11月; 羅永生, 「經濟學還是自由主義?」, 『讀書』 1998年 9期; 萬俊人, 「全球化的另一面」, 『讀書』 2000年 1期 등 참조. 하이에크는 1990년대에 뜨거운 화제였다. 그러나 신자유주의자는 그들의 급진적·시장주의적 주장과 하이에크의 역사성에 대한 태도가 내재적으로 모순됨을 보지 못한 듯하고 그들의 보수주의적 정치 태도와 자유시장의 급진적 계획이 하이에크의 '계획'에 대한 비판과 내재적 모순이 있다는 것도 생각하지 않았다. 이런 의미에서 '신자유주의'에 대한 나의 비판은 결코 자유주의 이론에 대한 검토를 간단히 부정하는 것이 아니다. 나는 정반대로 이런 이론들을 더 체계적이고 깊이 연구할수록 '신자유주의'의 이론적 취약성을 밝힐 수 있다고 생각한다.

에서 이 학자들은 어쩌다 '신좌파' 또는 '인민주의자'라고 불리기도 한다.[55] 이런 환경은 자유주의에 관한 이론적 사고와 성찰을 촉진했고 비교적 온화한 자유주의자는 이에 상응해서 자기 입장을 조절했으며 자유주의 이론과 다른 이론의 적극적인 대화를 시도했다.[56] 나는 현대 자유주의의 신화, 즉 '신자유주의'가 창조한 '자유주의'와 '신좌파'의 이원론을 반드시 타파해야 한다고 생각한다. '신자유주의'는 일종의 우파 사상이다. 그것은 각종 비판 이론과 대립하면서 자유주의 자신의 수많은 요구와도 대립한다. 이런 의미에서 자유주의 내부도 좌와 우로 나눌 수 있다. 다른 한편으로 부패와 독재에 대한 항의는 결코 자유주의와 신자유주의 사이에 그어진 선명한 경계선에서 자명하게 표명될 수 없다. 우

---

55 이 시기에 허칭롄은 자신이 자유주의라고 명확히 밝혔다. 그러나 그는 부패 등 문제를 폭로했다는 이유로 '신좌파'라고 불렸다(1998년 『中國圖書商報, 書評週刊』에 실린 인터뷰 참조). 친후이는 러시아의 인민주의를 격렬히 비판했지만 자신도 항상 '인민주의'라는 꼬리표가 달렸다. 이러한 상황 변화는 그들이 '신좌파'를 끊임없이 비판하자 다소 바뀌었다. 사실 허칭롄과 친후이의 부패, 농민 문제에 대한 관심은 이른바 '신좌파'와 많은 지점에서 교차한다. 이 점에서 신자유주의자가 그들을 성토하는 것이 아무런 근거가 없는 것은 결코 아니다. 당연히 세계화 과정을 어떻게 평가하는가, 서양의 시장을 어떻게 이해하는가, 민주주의를 어떻게 이해하는가 등의 문제에서 많은 학자 사이에는 중요한 차이가 있다. 아쉽게도 중국 사회의 비판 역량은 건설적인 대화 관계를 형성하지 못했다. 자유주의와 신좌파의 이원론은 각자의 이론과 시야를 진지하게 생각하고 이해하는 것을 제한한다. 따라서 긍정적인 논쟁을 생산할 수 없었다. 여기서 우리는 담론의 힘을 보았고 양질의 정치 문화 결여가 중국 지식인의 토론에 크나큰 손해라는 것을 보았다.

56 토론에 참여한 몇몇 사람은 자신의 관점을 끊임없이 조절했다. 우리는 그들이 몇몇 사람 사이에서 균형을 맞추기 위해 노력했음을 볼 수 있다. 이런 조절, 균형, 진동은 앞으로도 지속될 것이다. 許紀霖, 「上半個世紀的自由主義」, 『讀書』 2000年 1期; 汪丁丁, 「中國九十年代改革的政治經濟學問題」(나는 인터넷에 발표된 버전을 보았다); 汪丁丁, 「社會選擇, 市場經濟與自由」, 『讀書』 1999年 1期.

리는 여전히 부패와 독재를 대체하는 방안을 검토해야 한다. 이런 의미에서 비판적 관점에서 자유주의를 새롭게 규명하고 검토하고 성찰하는 것은 특수한 해체 작용을 하는 동시에 중국의 민주주의 방안을 구상하는 데 필수적인 단계다.

둘째, 역사적 자본주의에 대한 이론적 탐구와 역사적 분석이다. 신자유주의는 시장을 '자생적이고 자발적인 질서'로 간주하고 자유무역을 시장경제의 천연 법칙으로 보며, 이익의 최대화를 시장 시대의 유일한 윤리법칙으로 간주한다. 이러한 이론적 시야는 날로 심각해지는 빈부 분화, 부단히 심화하는 경제위기, 그칠 줄 모르는 부패와 권력의 시장화 과정과 첨예하게 대비된다. 신자유주의의 추상적 '시장' 개념은 중국 사회와 현대 세계의 심각한 사회적 불평등, 개혁과정에서 급진적 사회 분화, 이러한 사회경제적 과정과 정치의 내재적이고 불가분의 연관 등을 은폐한다. 이런 '신자유주의'적 특징은 보편적이고 추상적인 시장주의 물신교로 평등의 가치를 거세하고 추상적 경쟁과 효율이라는 명목 아래 사회 내부와 세계적 범위에서 형성된 거대한 빈부격차, 자유무역의 이름으로 실행되는 낙후 지역에 대한 약탈적 개발과 무역 등을 비판적으로 분석하는 것을 포기했다. 이에 따라 이런 불평등 구조 자체가 정치적 기획의 일부라는 점을 은폐했다. 중국의 개혁과정에서 이러한 관점은 시장 법칙의 형성과 보편적이고 민주적인 참여, 최소한의 평등에 대한 요구 사이의 관계를 생각하기를 거부한다. 이 때문에 권력을 이용해서 국유자산을 나누어 먹고 독점으로 초과이윤을 획득하며 권력과 초국적 자본 또는 국내 자본의 연합을 이용해서 시장자원의 이익을 점유하면서 일종의 공모관계를 형성했다. '신자유주의'는 자각적·비자각적으로 독점과 반시장적 추세를 강화했다. 그러나 도덕적 차원에서만 '신자유주의'를 나무라는 것은 무기력하다. 이는 자유주의 경제학자가 과학의 이름으로 이런 유의 도덕적 비평을 거부하는 이유기도 하다.[57] 이런 상황에서 도덕적 비평을 뛰어넘고 이론, 역사, 현실 차원에서 '신자유주의'의 기본적 이론 가설에 응답하는 것이 절박한 요구가 되었다. 이전 시기 전 지구적 관계와 근대성 문제에 대한 성찰을 이어 1998년부터 『독서』『천애』와 다른 몇몇 간행물이 역사적 자본주의 이론과 역사 연구를 연이어 발표해서 이론, 역사, 현실(특히 금융위기) 등의 측면에서 신자유주의의 시장 신화에 아주 강력하게 반격했다. 이런 논의에서는 칼 폴라니, 브로델의 이론과 마르크스의 정치경제학 전통이 중요한 사상 자원을 제공했고 정치·경제학적 또는 경제사적 관점의 비판에서 비판적 지식인이 역사적 자본주의의 주된 특징, 그것과 현대 경제위기 사이의 연관을 다시 검토하고 신자유주의적 정치와 경제, 국가와 시장, 자연과 사회, 국가와 사회 이원론을 분석함으로써 이 이론적 가설이 일종의 역사적 허구이자 이데올로기임을 밝혀냈다. 이런 연구는 더 현실적이고도 직접적으로 신자유주의 비판의 길을 열었다.[58] 이상의 논의는

---

57 樊綱,「"不道德"的經濟學」,『讀書』1998年 6期; 張曙光,「批評規則, 交往理性和自由精神」之一, 之二,『讀書』1999年 10期; 2000年 3期.

58 沃勒斯坦,「進退兩難的社會科學」,『讀書』1998年 2~3期; 許寶強,「危中之機」,『讀書』1998年 4期; 安德森(Benedict Anderson),「"奇跡"背後的幽靈」,『讀書』1998年 8~9期; 汪暉,「科學主義與社會理論的幾個問題」,『天涯』1998年 6期; 盧荻,「東亞經驗與歷史資本主義」,『讀書』, 1998年 9期; 韓毓海,「"自由主義"姿態的背後」,『天涯』1998年 5期; 盧荻,「重讀

자본주의 시장과 권력, 폭력, 독점 사이의 내재적 연관을 부각했고, 정치·경제와 문화 사이의 끊임없는 연대 관계를 밝혔으며, 시장과 자본주의에 대해 이론적으로 반드시 해야 할 구분을 했다. 또 평등하고 공동으로 참여하는 시장 관계와 민주주의 정치 구조를 구상하는 데 역사적 시야를 제공했을 뿐 아니라 전통적 사회주의의 역사적 실천을 성찰하는 데 새로운 가능성을 제공했다.

셋째, 역사적 자본주의의 분석과 직접 관련된 WTO와 발전주의 관련 논의. 이 논의는 '신자유주의'와 국가, 이익집단, 초국적 자본 사이의 내재적 연관을 집중적으로 폭로했다. 국가와 국가가 지도하는 매체는 WTO 협상을 장기적·일방적으로 선전하면서 미국 매체의 관련 보도와 호응했다. 몇몇 지식인이 인터넷과 학술간행물에서 WTO 문제를 진지하게 연구했다. 그러나 WTO에 대한 거의 모든 비판적 의견은 공개적인 매체에 등장할 수 없었고 WTO에 대한 진정한 공개적 토론도 없었다. '신자유주의'는 'WTO'를 '자유시장' 계획의 위대한 발전으로 보고 이 계획이 중국에 민주주의로 가는 길을 열어주었다고 생각한다. 그러나 이는 수억 명의 일상생활과 관계있지만 어떤 공적 논의도 없는 정치적 기획이다. 심지어 중미협상 이후 관련된 소식도 공개되지 않았다.[59] 그러

孫治方的帝國主義論」, 『讀書』 1999年 6期.

59 1999년 11월 16일 중국과 미국이 중국의 WTO 가입에 합의했다. 그날 『多維新聞』이 류쥔닝劉軍寧의 기고문 「중국 WTO 가입의 정치적 의의中國加入WTO的政治意義」를 발표하면서 중미협의에 지지를 표시했다. 『파이낸셜타임스』는 James Kynge와 Mark Suzman의 "China to Enter WTO after Signing US Deal"이라는 보도를 실었는데 WTO 가입이 1978년 실시된 개방 정책의 두 번째 단계라는 중국 학자의 말을 인용했다. 이틀

나 이 문제를 발언의 자유, 공적 논의 문제와 연관 지은 사람은 거의 없었다. 왜 그랬을까? 내가 읽어보니, WTO 협상을 비판한 대다수 학자 중원칙적으로 중국의 WTO를 반대한 사람도 없었고 무조건적·추상적으로 세계화를 반대한 사람도 없었다. 그들은 수많은 구체적 분석에서 두가지 주된 문제를 내놓는다. 하나는 중국이 어떤 조건에서 WTO에 가입해야 하는가이고 다른 하나는 공개적 논의, 구체적 분석, WTO가 내표하는 세계질서에 대한 비평이 존재하는가다. 여기서 진정한 문제는 민주주의 문제에 있다. 즉 공개적·민주적 논의가 존재하는가, 국제규칙을 제정하는 민주적 절차가 있는가가 문제다. 우리는 WTO 규칙의 제정이 공개적·민주적인지 물어야 하고, 중국이 WTO에 가입하는 것과 어떻게 WTO에 가입하는가 하는 문제가 민주적이고 모두 참여하는 원칙이 있는지 물어야 한다. 이렇게 공개적·민주적 참여 없이 세계화와 민주주의의 관계를 크게 논하는 것은 민주주의의 외피로 독재 규칙을 합법화하는 것과 다를 바 없다. 영향력이 크지 않은 몇몇 매체(가령 『국제경제평론』), 인터넷과 몇몇 해외 신문의 논의에 따르면 WTO에 대한 이론적 비평과 구체적 검토, 그리고 다른 소수 경제학자와 정치학자의 관련 문제에 대한 날카로운 분석은 '신자유주의'와 그것의 국내·국제적 질서에

날 『워싱턴포스트』는 John Pomfret과 Michael Laris의 WTO Deal Welcomed by China's Reformers를 보도했다. 이 보도는 王山, 李克, 茅于軾, 徐友漁 등의 WTO 환영 발언을 인용했다. 주된 내용은 WTO가 중국의 민주주의와 법제에 도움이 된다는 것이었다. 이런 의견은 국가와 매체의 목소리와 거의 다르지 않다. 또한 미국 매체의 환영을 받았다. 이런 문제에서 이른바 '경제적 자유주의'와 '인문적 자유주의'를 구분할 수도 없었다.

단기 20세기: 중국 혁명과 정치의 논리

대한 날카로운 도전을 이루었고 급진적 시장주의와 민주주의의 대립적 관계를 밝혔다.

이상의 논의는 인문학자와 사회학자의 발전주의 논의와 서로 호응한다. 이 논의들은 모두 '발전'의 환상과 '이행'의 신화가 어떻게 정치적 자유와 사회적 민주주의 문제의 절박성을 감추는지를 밝혀냈다.[60] 발전주의에 대한 비평은 발전에 대한 비평이 아니라 발전과 자유의 내재적 연관을 다시 세우는 것이고 이 과정에서 민주주의와 다원성의 중요성을 재천명하는 것이다. '신자유주의'는 발전주의를 좁은 의미의 경제성장으로 이해하고 이 성장과 정치적 자유, 사회 복지 사이의 관계에 무관심하다. 이에 따라 무심코 경제성장의 정치적 전제를 간과했다. 바로 이런 의미에서 발전주의 관련 논의가 다루는 것은 단순한 경제성장과 성장 모델 문제가 아니라 정치와 경제의 관계 문제다. 발전주의는 국가 정책의 핵심이 아니고 WTO, IMF 등 국제기구가 현대 세계를 기획하는 근거이기도 하다. 그것의 이론적 지주는 바로 '신자유주의' 또는 시장급진주의다. 발전주의는 성공적 발전 모델을 보편적 발전 모델로 간주하면서

---

60 崔之元,「中國加入世界貿易組織之我見」,『聯合早報』, 1999年 7月 4日 ; 溫鐵軍,「"三農問題": 世紀末的反思」,『讀書』1999年 12期;『國際經濟評論』1999年 7~8月號(1999年 第4期)는 "WTO와 중국" 특집에서 중국의 WTO 가입의 구체적 조건을 논했다. 특집에 실린 글은 다음과 같다. 宋泓,「工業優勢, 比較優勢和競爭優勢 — 中國加入世界貿易組織的收益與代價」; 孫振遠,「加入世界貿易組織的中國農業及對策思考」, 王松奇,「加入世界貿易組織會影響中國的金融安全嗎?」, 賈力平,「銀行業的競爭主要是非價格競爭 — 加入世界貿易組織與完善中國銀行機構的支付服務體系」, 張燕生,「中國應如何走進世界貿易組織」, 汪曉亞, 許國平,「進入世界貿易組織對中國銀行業的影響」.

이 발전 모델들 자체가 불평등한 중심/주변의 종속관계에서 만들어졌음을 은폐하고 이에 따라 자유 선택과 발전의 내재적 연관을 끊어버렸다. 이러한 '자유시장' 계획은 생태 위기, 빈부 분화를 조성하는 동시에 민족국가 내부와 세계적 범위 안에서 각종 식민지 관계를 구축했고 사회를 민주적으로 조절하기를 거부했다.[61] WTO 관련 토론은 발언의 자유와 공적 토론의 필요성을 깊이 반영했다. WTO와 기타 중대한 사회 문제의 출현은 동시에 지식인에게 발언의 권리를 쟁취하기 위한 투쟁을 하라는 새로운 요구를 했다. 현대사회의 아주 복잡한 상황에서 발언의 자유와 언론의 자유를 쟁취하려는 투쟁은 반드시 더 넓은 민주적 시야 안에서 이루어져야 한다. 따라서 이상의 헌법적 권리는 사회 각 계층의 요구, 사회운동과 밀접하게 관련된다. 여기서 핵심 문제는 이익집단이 이런 권리를 독점하는 것을 방지하며 공적 영역이 다시 봉건화 하는 것을 방지하고 우리의 사회적 공간을 실질적으로 확장하는 것이다.[62]

---

61 汪暉, 「現代性問題答問」, 『天涯』, 1999年 1期; 許寶强, 「知識, 權力與"現代化"發展論述」, 『讀書』1999年 2期; 許寶强, 「發展主義的迷思」, 『讀書』1999年 7期; 黃平, 「關於"發展主義"的筆記」, 『天涯』2000年 1期. 1999년 10월 하순, 하이난성 작가협회, 남방항공사 하이난지사가 공동 주최한 "생태와 문학" 국제 학술회의가 하이난에서 열렸다. 회의 기간에 회의에 참석한 일부 학자가 환경, 생태, 발전 등의 문제에 대한 좌담을 했다. 『天涯』 2000年 1期에 이 좌담을 정리한 「남산기요」가 실렸다. 이 좌담은 생태 문제에 근거해서 발전주의를 체계적으로 비평했다. 참가자는 黃平, 李陀, 陳燕谷, 戴錦華, 王曉明, 陳思和, 南帆, 王鴻生, 耿占春, 韓少功 등이다.

62 공적 공간의 확장은 반드시 발언의 자유에 대한 호소로 표현되지는 않고 항상 각종 중요한 영역에서 적극적 논의가 이루어지고 각종 사회 문제를 다루는 것으로 표현된다. 이런 의미에서 여러 한계가 있지만 다년간 노력을 거쳐 지식계의 논의가 이미 사회 문제의 각 방면을 다루었고 복잡한 조건에서 일정한 논의 공간을 쟁취했다. 지식계의 논의에

단기 20세기: 중국 혁명과 정치의 논리

넷째, 민족주의 문제에 대한 논의. 이는 1993년 민족주의와 세계화 문제에 관한 논의의 연장선에 있는데, 코소보전쟁과 중국대사관 피폭으로 다시 격화되었다. 1999년은 극적인 해다. 연초 멀리 중유럽의 유고슬라비아에서 일련의 분열이 일어난 후 코소보 위기가 다시 폭발했다. 미국을 필두로 한 나토는 유엔과 인도주의의 명목으로 무장 간섭을 자행했다. 5월 8일 중국대사관 참사가 발생하자 베이징과 다른 도시 대학생과 시민계층이 항의 시위를 벌였고 미국 등 나토 국가 대사관에 돌을 던졌다. 1980년대부터 5·4계몽 전통에 관한 논의가 '구망이 계몽을 압도한다'는 한탄을 자아냈는데 이 상황과 완전히 일치한다. 1999년부터 어떤 이는 근대 중국사의 양대 병소를 '민족주의'와 '인민주의'로 돌렸다. 그러나 마찬가지로 사회운동의 복잡한 요소와 역사적 원인에 대해서는 어떠한 역사적 분석도 하지 않았다. 새로운 사태에 대해 국내외의 중국 민족주의에 대한 비판과 선동에 몇몇 지식인이 그들의 생각을 발표했다. 첫째, 나토 간섭의 성격은 과연 인도주의적 간섭인가, 지정학적 이익관계의 발현, 초제국주의의 성전인가? 나토가 전쟁에서 사용한 고성능 무기, 매체 동원, 이전과 다른 전쟁 목표는 보통의 제국주의와 달라 보인다. 그러나 이 모든 것은 그것의 초제국주의적 성격을 감추지 못

는 일종의 경향, 즉 사상적 능력의 결함을 외재적 조건 탓으로 돌리는 경향이 있다.(외재적 조건이 중요하지 않다는 뜻은 아니다.) 나는 이것이 사실상 책임을 전하는 방식이라고 생각한다. 발언의 자유와 언론 문제에 대한 직접적 논의는 呂新雨,「當代中國的電視紀錄片運動」,『讀書』1999年 5期; 林旭東, 陳虻,「'生活空間': 一種記錄／媒體實踐」,『讀書』1999年 5期; 卜衛,「V－chip與美國的言論自由」,『讀書』1999年 5期; 王華之,「媒體與今日之現實」,『讀書』1999年 8期 등 참조.

하고, 이 군사 행동과 전통적 제국주의 사이의 이론적·역사적 연관을 감추지 못한다.[63] 둘째는 민족자결권과 인권문제다. 1945년부터 1960년 대까지 서방 국가는 유엔헌장의 민족자결권 조항에 줄곧 냉담하게 반응했다. 그러나 민족 독립과 해방이 세계적 조류가 되었을 때 서양 국가는 방향을 전환해서 '자결권' 이론에 '대내적 자결권'이라는 새로운 의미를 부여했다. 이에 따라 민족자결권 이론을 인권, 민주적 선거와 연결했다. 1990년대 초 슬로베니아, 크로아티아가 투표를 거쳐 독립을 선언했다. 크로아티아가 독립한 뒤 사실상 인종청소(강제 인구 이동)를 조성했다. 그러나 독일이 결정 결과를 승인한 영향을 받아 서양 국가는 차례로 그들의 독립을 승인했다. 따라서 많은 민족이 섞여 살던 지역이 공동결정 방식으로 '대내적 자결'을 시행했고 필연적으로 인종청소를 불러왔다. 이런 의미에서 민주적 선거는 기존 정치체제 내부의 일만 결정할 수 있을 뿐 정치체제의 경계를 결정하는 데는 소용이 없다. 유고슬라비아 해체는 대내적인 정치적 틀과 관계를 변화시킨 것 이외에 (1974년 헌법은 각 공화국에 연방 결정에 대한 부결권을 부여했다) 'IMF'의 긴축경제적 '충격요법'을 받아들인 것과도 관련 있다. 이 정책은 대량의 실업과 경제 쇠퇴를 불러왔으며 이에 따라 분리주의 경향이 격화되었다. IMF는 유고슬라비아의 상환능력을 보장하기 위해 '구조개혁 방안' 기간에 경제 권력의 고도 집중을 요구했다. 이는 유고슬라비아가 코소보의 자치

---

63 陳燕谷,「超帝國主義時代的聖戰」,『天涯』1999年 4期; 樂鋼,「解構科索沃」,『讀書』 1999年 11期; 張汝倫,「哈貝馬斯和帝國主義」,『讀書』1999年 9期; 王希,「民主的非民主化」,『讀書』1999年 10期 등.

성 지위를 직접 없앤 원인 중 하나다. 유고슬라비아의 실기는 민족주의의 범주 안에서만 분석할 수 없고 반드시 이 나라와 국제적 정치경제 관계 속에서 고찰해야 한다. 무차별 폭격 형식의 '인도주의적 원조'와 인권 요구 사이의 취약한 연계는 이 분석에서 완전히 해체된다.[64] 우리는 이렇게 묻지 않을 수 없다. 왜 냉전이 끝난 뒤 서방 국가가 민족자결에 반대하던 장기 정책에서 방향을 바꾸어 수많은 국가의 내부적 민족자결을 고취했는가? 서방 국가는 식민지 확장 시대에 제3세계 국가의 민족자결(그들이 요구한 것은 시장개방이다)에 반대했다. 그리고 경제적 세계화 시기에는 이 국가들의 내부적 민족자결을 고취하고 선동하기까지 했다. 전자는 자원, 시장, 노동력의 직접적 점유고 후자는 지역 자치 또는 민족자결로 이 민족국가들을 해체하는 것이다. 이로써 이들 지역과 국가를 더 크게 미국과 서방 국가가 주도하는 세계화 질서에 종속시킨다. 대내적 자결 과정에서 형성되는 민족 충돌과 인종청소는 서방 국가의 전면 간섭에 (인권과 인도주의라는) 구실을 제공했다. 따라서 유고슬라비아의 정치적 위기 과정을 되돌아보는 과정에서 우리는 이 나라의 국내 정책에 대한 비평과 국제적 조건을 분리해서 이해할 수 없다.

코소보전쟁 때문에 일어난 항의운동과 각종 민족주의는 함께 얽혀 있다. 이 항의운동이 지배적 정치 역량이 미리 정해놓은 궤도로 떨어지지 않으려면 사회적 항의운동과 국족중심주의를 이론적·실천적으로 구별해야 한다. 따라서 다음과 같은 질문을 해야 한다. 국가 매체와 서

---

64 崔之元, 「民族自決權, 人權與主權」, 『讀書』, 1999年 8期.

방 매체의 편향적 보도 속에서 패권에 대한 항의와 국가에 대한 민족주의적 동원의 비판을 구분할 이론적 필요성이 있는가? 국가는 매체를 동원해서 폭격 사건을 널리 보도하고 사회여론을 이용해서 미국, 서양 국가와 흥정한다. 그러나 항의운동이 만연할 때는 즉각 조직, 제한, 권유의 방법을 쓴다. 이와 동시에 서방 매체는 폭격의 진상과 전쟁이 조성한 더 큰 규모의 '인도주의적 재단'을 감추고 일반 민중의 폭력적 항의를 배외주의와 민족주의의 열광으로 그린다. 따라서 항의운동은 반드시 이론적으로 패권과 폭력에 대한 항의를 배외주의와 구별해야 하고 민중의 정치 참여와 사회운동이 중국 민주주의 운동에서 갖는 의미를 설명해야 한다. 이론적으로 폭력에 대한 항의와 민족주의를 구분해야 사회운동의 다중적 가능성을 적극적으로 지지하거나 비판할 수 있다. 사회운동을 이상적이거나 낭만적으로 볼 어떤 이유도 없고 각각의 사회사상이나 사회운동이 발생할 조건을 분석해야 한다. 이것이 이론적·실천적으로 사회운동을 판단하는 기본 근거다. 이런 의미에서 사회의 프로세스에 대한 민중의 참여와 요구, 패권에 대한 항의를 싸잡아 '인민주의' '민족주의' 또는 '급진주의'로 간주해서 제도 개혁 밖으로 배제하는 관점은 국가의 민족주의 선전과 대립하는 것처럼 보이지만 기본 논리는 일치한다. 이 두 가지 서로 다른 정치적 성향은 각자 다른 방향에서 사회운동 내부에서 배태되는 민주주의적 잠재력과 평등의 요구를 와해했다. 역사적 현상으로서 민족주의를 말하려면 그것을 일종의 사조로만 보아서는 안 되고 지배적 지위에 있는 세계관계를 분석해야 한다. 세계주의라는 명목으로 전 지구를 석권하는 역량이 바로 가장 큰 민족주의다. 따라서 서로 다른 각종 민족주의를 어떻게 구분하는가, 민족주의의 역사적 조건을 어떻게 분석하는가, 특정한 상황에서 좁은 의미의 민족주의를 어떻게 비판하고 뛰어넘는가, 세계화 조건에서 국제주의의 역사적 전통을 어떻게 재건하는가가 절박한 이론적 과제가 된다.[65]

민족주의에 관한 논의에서 성별 문제와 여성주의 논의는 독특한 시각을 제공한다. 이들은 현대 이론의 시야 안에서 시장사회가 구획한 강제적·잠재적 폭력을 드러낸다. '신자유주의'적 세계질서는 빈부의 거대한 분화만 창조하지 않았으며 성별 간 경계도 새롭게 확대했다. 그리고 각종 거대 서사 속에서 이런 관계를 합법화했다.[66] 바로 이런 배경과 조건 아래서 1999년 『독서』는 여성주의와 관련된 약간의 논의를 발표했다. 이 글들은 인도, 파키스탄, 유고슬라비아, 청 말기의 성별과 민족주의의 관계를 논제로 내세우고 현대 문제를 급진 민족주의의 틀에 놓는 이론적 노력과 사회적 반응을 날카롭게 비판했다. 이상의 논의는 현대 중국의 성별 문제를 직접 분석하지도 '민족주의'의 다양한 역사적 조건과 여러 내포를 분석하지도 않았다. 그러나 성별을 보는 데 빠져서는 안

---

65 汪暉, 『死火重溫』 「自序」, 北京 : 人民文學出版社, 2000; 韓少功, 「國境的這邊和那邊」, 『天涯』, 1999年 6期.

66 어떤 이는 여성에 대한 평론과 혁명적 급진주의에 대한 비판을 연결해 "여성은 때때로 병적인 열광을 수반한다"고 생각한다. 그리고 이 시대가 "여인에 아첨하는 시대, 여성의 구미에 맞게 설계된 시대이며 남성의 머리 모양에서 자동차 디자인, 심지어 혁명사에 마저 속이 허해지고 입이 바짝 마르는 아첨의 언사가 있다"고 했다. 이런 수사 자체가 혁명에 대한 비판이 일상생활 차원에서 어떤 수렁에 빠졌는지 여실히 보여준다. 朱學勤, 「平靜的壞心情」, 『天涯』, 1996年 3期.

되는 성찰적 시각을 제공했다. 이로써 현대 중국의 동요와 격해진 정서 속에서 자신이 새로운 지배와 폭력에 빠져들지는 않았는지를 다시 생각하게 했다. 중국 지식계의 민족주의 논의는 전체적으로 긍정적 대화 관계를 형성했다. 그것은 초제국주의와 세계화 논제, 민족주의와 국제주의 논제, 민족자결권과 신자유주의의 세계 구획 문제, 성별과 여성주의 문제를 종합해서 민족주의를 이해하는 다중적 시각을 형성하고 패권 승인과 극단적 민족주의의 이원론을 해체하는 데 사상적 자원을 제공했다.[67]

다섯째, 아시아 문제와 중국 혁명에 관한 논의. 이 문제는 근현대중국사를 이해하는 시각을 제공했을 뿐 아니라 1980년대가 창조한 근대화 역사관과 서양 중심적 세계관을 명확히 넘어섰다. 1996년부터 2000년까지 『독서』는 중국, 일본, 한국의 여러 학자와 지식인의 아시아 문제 관련 논의를 발표했고 대만, 홍콩의 관련 토론과 상호 대화했다. 아시아 문제에 관한 이 논의는 1997년 금융 파동 이후 새로운 의미를 획득했다. 즉 세계 자본주의 압력에 대항해 형성된 더욱 긴밀한 지역 관계를 생각하게 되었다. 세계화와 중국이 서양에 개방하는 과정에서 아시아 문제를 제기하는 것은 비록 모호하지만 오히려 지식과 관심의 변화와 조절을 가져왔다.[68] 나는 아시아 문제 논의에서 가장 주목할 만한 것은 '아시

---

67 夏曉虹,「從父母專婚到父母主婚」,『讀書』1999年 1期.『讀書』1999年 3期 '여성주의와 민족주의' 특집에 劉健芝「恐懼, 暴力, 國家, 女人」, 戴錦華「見證與見證人」, 陳順馨「強暴, 戰爭與民族主義」, 孫歌「理想家的黃昏」등이 실렸다.
68 아시아 문제에 관한 논의는 1996년 쑨거가 『독서』에 일본 학자의 시리즈 학술문집

아' 문화에 관한 논의만이 아니라 전쟁, 식민, 혁명, 민족주의 관련 토론이라고 생각한다. 지식의 대상, 내재적 연관을 지닌 총체 개념인 '아시아'는 식민, 전쟁, 침략, 혁명, 왕래의 산물이다. 이 문제에 대한 어떠한 논의도 이상의 구체적인 역사적 관계를 벗어날 수 없다. 따라서 이 역사적 관계를 관찰하는 여러 관점과 상호 대화를 떠날 수도 없다. 이 논의는 아시아, 특히 동아시아 지역 미발전에 역사적 시야를 제공한다. 일본학자의 전쟁 책임 반성은 또 다른 방향에서 근대화 이론 밖에서 중국현대사와 현대혁명을 다시 이해할 필요성을 제공한다. 그들은 이 과정을 아시아와 세계의 구체적·역사적 관계에 놓고 이 과정이 발생한 조건과 역사적 함의를 묻는다.

오늘날 중국의 맥락에서 아시아, 세계화, 중국 혁명 문제를 제기하는 것은 역사의 순환인 것처럼 보인다. 그러나 이들은 이미 비판적 발전이지 결코 혁명적 세계관의 재판이 아니다. 어떻게 중국 혁명을 새롭게 이해하고 사회주의의 유산을 새롭게 이해하고 이 유산의 성취와 비극을 새롭게 이해하느냐는 오늘날 중국 지식계가 절박하게 대답해야 하지만 대답할 수 없는 중대한 과제다. 신자유주의 이데올로기의 정당성이 바로 이 유산을 철저히 부정하고 도덕적으로 질책하면서 수립되었기 때

『아시아에서 생각한다』에 대한 논평 몇 편을 실으면서 시작했다. 더 체계적이고 깊이 있는 논의는 다음을 참조. 孫歌, 「亞洲意味着什麼?」, 『學術思想評論』 第5輯, 瀋陽: 遼寧大學出版社, 1999; 白永瑞(韓), 「世紀之交再思東亞」, 『讀書』 1999年 8期; 小島潔(日), 「思考的前提」, 『讀書』 2000年 3期; 溝口雄三(日), 「"戰爭與革命"之於日本人」, 『讀書』 2000年 3期, 崔元植(韓), 「第三種答案」, 『天涯』 1999年 3期; 曠新年, 「在亞洲的天空下思考」, 『天涯』 1999年 3期.

문이다. 1970년대 말부터 1990년대까지 중국 지식계는 사회주의 역사를 오랫동안 성찰하고 종합했으며 이 과정에서 벌어진 각종 비극을 검토했다. 오늘날 중국에서 일어난 혁명 성찰에서 가장 기본적 추세는 혁명의 잘못된 결과(즉 새로운 불평등과 사회적 독재)에 대한 비판이 혁명의 역사적 조건 분석을 대체하는 것이었다. 여기서 근본적 문제는 이 혁명 역사 속 비극을 어떻게 변호하느냐가 아니라 이 비극을 어떻게 이해하고 이 비극과 식민주의, 자본주의 시장 확장과 중국 사회의 역사적 조건의 연관을 어떻게 이해하느냐다. 사회 혁명이든 민족혁명이든 그것들은 사실상 자신이 평등을 요구하는 과정에서 여러 수준에서 불평등 관계를 새로운 제도로 끌어들였다. 따라서 어떤 이는 과거 반세기의 역사적 교훈을 평등 문제로 돌리고 이에 따라 오늘날 현실의 불평등한 조건을 정당화한다. 그러나 그들은 마오쩌둥 본인조차 3대 차별을 인정한 것을 어떻게 대할까? 산업화와 현대화라는 국가적 목표를 위해 도농 차별이 제도화된 것이 평등인가? 문화대혁명 시작 전후에 사람들은 관료제와 새로운 사회적 신분제 문제에 관심을 두었다. 사회 동원의 부분적 동력도 여기에서 왔다. 그런 사회 현실이 사회적 평등인가? 위뤄커가 비판한 혈통론은 문화대혁명의 유산 중 하나다. 그것이 만들어낸 비극은 모두 목격했다. 그렇다면 혈통론은 사회적 평등의 요구인가, 신분제 이데올로기인가? 중국 사회주의에는 깊은 교훈이 있다. 그러나 이런 교훈은 그것이 평등을 실현하기 때문이 아니라 평등의 목표가 진정으로 실현되지 않았기 때문에 나왔다. 달리 말하면, 비판해야 할 것은 사회주의 운동이 평등 부분에서 성취한 것이 아니라 그것이 이 과정에서 조성한 새로운 위계제도와 신분론이다. 그리고 평등의 요구와 다른 요구 사이의 복잡한 관계를 검토해야 한다. 혁명이 탄생하는 조건을 분석하는 것은 혁명을 외치는 것과는 다르다. 사회적 평등의 요구는 혁명의 요구와 같은 것이 아니다. 이런 의미에서 핵심 문제는 혁명이 탄생한 구체적 조건을 탐구하고 민주적이고 평등하며 이에 따라 자유롭기도 한 사회의 가능성과 역사적 조건을 사고하는 것이다. 따라서 진정한 문제는 평등의 가치와 사회적 실천을 간단히 부정하는 것이 아니라 "왜 평등을 목표로 한 사회운동 자신도 새로운 위계제도를 만들었는가?" "그 역사적 기제는 무엇인가?"다. 식민주의 시기부터 중국과 세계가 겪은 잔혹한 역사적 경험을 이해하고 중국 사회주의 운동의 해방적 작용을 이해하며 냉전 이데올로기에서 벗어나 사회주의의 경험과 교훈을 이해해야 이 운동의 실패를 즐기는 심리를 갖지 않을 수 있다. 한편으로는 사회주의 역사를 매도하지 않으며 다른 한편으로는 식민주의 시대의 전쟁, 학살, 인종청소, 각종 폭행을 쉽게 망각하지 않을 수 있고, 더 나아가 중국 사회주의 역사와 그 과정 사이의 연관에 대한 진지한 관찰을 놓치지 않을 수 있다.

『죽은 불 다시 살아나』 서문에서 나는 '신자유주의' 논쟁의 초점을 사회적 평등과 사회적 공정의 문제로 맞추었다. 여기에는 국내의 평등도 있고 국제적 평등도 있으며, 경제관계의 평등도 있고 다른 여러 사회관계(성별, 민족, 정치, 도시와 농촌, 자연과 인간 등의 관계) 등의 평등도 있다. 이것이 바로 여성주의, 민족주의, 탈식민주의, 아시아 문제, 생태 문제, 발전 문제에 관한 각종 논의가 '신자유주의'에 대한 광범위한 비판이 될 수 있는 이유다. 바로 이런 관찰에 근거해서 나는 비판적 지식인 집단을 범위가 넓고 내부적 차이가 크고 논의 범위도 일치하지 않는 비판적 사상운동이라고 본다. 그것은 단순한 정치학이나 경제학적 논의가 아니다. 비판적 사상 집단의 공통된 특징은 경제와 정치의 관계를 밝히고 지식인 집단의 습관적 사유·방식과 관념과 이 불평등한 발전과정의 내재적 연관을 밝히며, 민주적 정치 요구를 경제와 기타 사회 영역으로 확장하고, 더 공평하고 민주이며 인도적인 변혁의 길을 찾는 것이다. 내가 여기서 말하는 평등은 이론적인 선험적 설정이 아니고 역사적 관계와 권력관계가 낳은 위계구조에 대한 비판이자 국가와 몇몇 이익집단이 신봉하는 '신자유주의' 이론과 정책을 비판하는 것이다. 평등을 요구하는 데는 아주 복잡한 사회적 요구가 담겨 있다. 그렇다면 이론과 실천의 차원에서 볼 때 오늘날 중국의 좌와 우의 근본적 분기는 여전히 민주주의 문제에 있다. 비판적 지식인은 시장과 시민사회의 운동이 특정한 정치 구조를 떠난 적도 떠날 수도 없다고 생각한다. 따라서 사회변혁의 임무는 민주적 참여 기제를 창조하는 것이라고 본다. 신우파는 이론적으로 시장과 시민사회의 자기운동을 강조하고 두 영역의 비정치성을 강조한다. 따라서 자유의 요구를 민주주의에 대한 요구 위에 놓는다. 문제의 핵심은 반드시 정치적 자유에 실질적 내용을 부여하는 것이지 정치적 자유의 기본 요구를 버리는 것이 아니다. 오늘날의 맥락에서 자유로 민주에 반대하고 개인의 권리로 평등을 비판하는 것을 단순히 자유주의에 대한 이론적 검토로 볼 수 없다. 그것은 현재 작동하는 불평등한 시장 확장 과정(소수인의 자유롭고 합법적인 사회 재산 약탈 과정)과 밀접하게 관련된다. 이 과정은 정치적인가, 비정치적인가? 정치적 자유를 독립 과정이라고만 보거나 정치개혁을 경제개혁의 성과를 보장하기 위한 것이라고만 보고 정치와 경제의 관계를 소홀히 하며 정치·경제 영역의 새로운 발전과 다른 각종 사회 영역의 관계를 고려하지 않는다면, 이는 사실상 경제와 다른 사회 영역의 기획이 정치를 뛰어넘는 영역이고, 이 영역을 '자생적·자발적인 시장질서'에 맡겨 알아서 조절하도록 할 수밖에 없다고 말하는 것이다.

1989년 이후의 급진주의 성찰에서 1997년 이후의 '신자유주의' 논쟁까지 중국 대륙 지식계의 현실 이해가 심화된 것은 분명하다. 그러나 1989년 이후 지식인의 사고와 급진적 사회운동에 대한 성찰이 시작된 것은 이러한 성찰이 어느 정도 보수주의적이고 '신자유주의'적인 몇몇 전제를 공유했기 때문이다. 따라서 사회운동과 제도 개혁의 상호관계가 이론적으로 중시되지는 못했다. 그러나 그것은 반드시 이루어져야 한다. 노동자, 농민, 여성, 기타 사회 집단의 이익 문제가 각종 지식 논의에서 점점 떠오르지만 이 사회 집단들의 자기보호 운동과 제도 개혁의 관계는 이론적으로 설명되지 않는다. 1978년부터의 개혁운동은 일정 정도 사회 분업의 전문화 과정이자 사회계층의 재분화 과정이다. 개혁 시대의 수혜 계층인 지식인은 국가, 교육기관, 과학연구기관, 상업활동, 하이테크 영역, 매체 등 업종의 내재적 연관 속에서 점점 완전하게 조직되고 있다. 이 계층과 노동자·농민계급의 역사적 연관은 이미 완전히 단절된 듯하다. 그들은 사상의 자유, 표현의 자유, 집회·결사의 자유 등 헌법적 원리 실행에 주목하지만 이 요구와 다른 사회계층의 생존 쟁취와 권리발전 요구를 밀접하게 연결하지 못한다. 사회보호운동에 관심을 두는 비판적 지식인조차 효과적인 방법을 찾지 못하고 이론적 실천, 제도 혁신, 사회운동 간의 상호작용 관계를 수립하지 못했다. 나는 바로 이 때문에 제도 혁신, 이론 혁신, 보편적·참여적인 경제적·정치적 틀에 대한 사고가 여전히 비교적·추상적인 단계에 있지만 현대사회의 모순은 이미 상당히 첨예한 수준에 도달했다고 생각한다. 한 가지 짚고 넘어가면, 나는 결코 이론 작업의 중요성을 부정하는 것도 무조건적 사회운동을 지지하는 것도 아니다.(1989년의 경험은 우리에게 운동 자체가 복잡한 요소와 성향을 띤다는 것을 알려준다.) 그와 반대로 나는 바로 사회운동과 제도 개혁의 관계를 이론화할 수 없기 때문에 우리가 이론과 실천의 내재적 관계를 잇는 진정한 계기를 보지 못하고 사회 변천과 사회운동을 역사적으로 이해하지 못하며 민주적 과정을 거쳐 사회 분화와 해체를 피할 수 있는 진정한 길을 찾지 못한다고 생각한다.[69]

---

69 사회의 모순과 위기가 불거지면 사람들은 현실의 사회 문제에 관심을 두고 이론 작업자는 더 직접적으로 사회적·사상적 논쟁에 참여한다. 이 과정은 매체 시대의 상업화 경향과 결합해서 이론 작업 자체에 대한 배척을 가장 쉽게 불러온다. 그러나 사회 문제가 절박할수록 넓은 시야와 범위에서 이론적 탐구를 하고 역사와 현실을 보는 시야를 새롭게 수립해야 한다. 이론적 차원의 진지한 대화와 연구가 없으면 현실도 깊이 파악할 수 없다. 학자들에게 사상의 자유라는 명제는 반드시 이런 이론작업 자체의 엄밀함 위에서 실현되어야 한다. 이런 의미에서 이론작업을 거부하는 사이비 비난, 문제의 현실성을 평계로 이론 혁신을 부정하는 태도를 거부해야 한다.

단기 20세기: 중국 혁명과 정치의 논리

3. 왜 근대성 문제에서 출발하는가

1990년대 중국 대륙의 맥락에서 신자유주의 비판과 근대성 성찰은 밀접하게 연관된다. 신자유주의가 오늘날 중국에서 하나의 사조이지 완결된 이론이 아닌 것과 마찬가지로 신자유주의 비판은 체계적인 이론 비판이 아니라 근대성 문제를 다시 사고함으로써 점진적으로 전개된다. 근대성은 광범위하고 복잡하며 다소 혼란스러운 개념이다. 그렇다면 왜 이 추상적인 이론적 개념에서 출발해야 할까? 이 문제를 이해할 때는 다음 몇 가지를 고려해야 한다.

첫째, 1980년대 중국 사회주의에 대한 성찰은 전통·근대의 이원론 속에서 이루어졌다. 따라서 사회주의 문제에 대한 비판은 개혁과정과 그것이 신봉하는 모델인 서양 자본주의 모델에 대한 성찰로 이어지지 못했다. 정반대로 사회주의 비판이 탈냉전 시대에 대한 자기 확증으로 변했다. 근대성 성찰의 시야에서 사회주의와 그 위기는 근대성 위기의 일부로 이해되었다. 현대의 진행은 결코 우리의 성찰과 비평 범위 밖에 있을 수 없다. 따라서 바로 근대성 문제에 대한 시야에서 사회주의와 오늘날의 위기 사이의 밀접한 관계가 드러나게 된다. 중국 사회주의 운동은 일종의 저항운동이자 건국 운동과 산업화 과정을 거쳐 전개되는 근대화 운동이다. 그 역사적 경험과 교훈은 모두 근대화 과정 자체와 밀접하게 연관된다. 이 운동의 평등, 자유에 대한 요구가 어떻게 제도적 불평등과 위계제도의 과정으로 떨어졌는지 검토하는 일은 근대화 과정(건국운동과 산업화)에 대한 재사유와 뗄 수 없는 관계다. 비록 우리는 이 운동이 오늘날의 현대화 역사('신시기')의 시작점인 것을 부정하지만 어떤 의미에서 우리는 여전히 동일한 역사의 진행 속에 있다. 따라서 우리는 한편에서 사회주의의 역사를 비판하고 거부하면서 다른 한편으로 이 비판과 거부를 오늘날 현대화 과정에 대한 자기 확증으로 삼는다.

둘째, 1980년대 그리고 '5·4' 때부터 중국 지식계의 중국 사회 문제에 대한 사고는 중국·서양 이원론 속에서 전개되었다. 따라서 여기서 중국 문제에 대한 비판은 식민주의 역사와 계몽운동이 제공한 지식과 진리에 대한 성찰로 이어질 수 없었다. 반대로 중국 전통에 대한 비판이 서양 근대성 모델과 근대사에 대한 자기 확증으로 변했다. 근대성 성찰의 시야에서는 중국의 근대 문제가 근대성 위기의 일부로 이해된다. 그리고 유럽 자본주의와 그것의 전 지구적 확장의 역사는 자명하게 중국을 평가하는 준칙이 될 수 없고 반드시 성찰과 비평의 대상이 되어야 한다. 따라서 근대성 문제에 대한 시야 속에서 비로소 중국 문제와 역사적 자본주의 사이의 밀접한 연관이 드러날 테고 중국의 역사적 유산과 근대 경험 그리고 현대적 의의도 존중되고 이해될 수 있다. 따라서 근대성 성찰은 하나의 비판적 과정인 동시에 역사의 의의와 새로운 가능성을 새롭게 발굴하는 과정이다.

셋째, 이상의 의의에서 근대성 성찰은 근대 경험을 전면 부정하는 것이 아니다. 반대로 그것은 우선 일종의 해방운동, 역사 목적론과 역사 결정론의 사유 방식에서 벗어나는 운동, 각종 제도와 물신교에서 해방하는 운동, 중국과 다른 사회의 역사적 경험을 이론 혁신과 제도 혁신의 원천으로 삼는 노력이다. 지식 측면에서 보면 근대성 성찰은 우선 각종 이론 모델에 대한 성찰이자 실질적 역사 과정을 역사 이해의 대상으로 놓는 것이다. 가령 19세기부터 고전경제학자는 자본주의와 시장의 운동을 연구하기 위해 수많은 이론적 개념과 모델을 구축했고 이것을 활용해서 가치체계, 자유무역, 이익 극대화 등 원칙을 논증했다. 기나긴 역사적 과정에서 이 이론들은 식민주의에 이론적 근거를 제공했을 뿐 아니라 다른 지역의 근대화 운동에도 표본이 되었다. 그러나 이 개념들이 제공한 것은 이론적·목적론적 서사지 현실적 역사 관계가 아니다. 이른바 시장주의 담론이 감추는 것은 바로 반시장적 역사 관계다. 바로 이런 의미에서 '신자유주의' 비평은 무엇보다 역사 비평이고, 실질적 역사 과정에 근거해서 근대화 서사를 비판하는 과정이다.

넷째, 근대성 문제를 제기하는 것은 근대화 이론에 대한 비판, 근대화 모델에 대한 더 복잡한 사고, 청 말기 이후 중국 사회와 지식인의 각종 노력에 대한 성찰적 태도(결코 단순한 부정적 태도가 아니다)를 의미한다. 이러한 이론적 시야가 없다면 오늘날 중국 지식계는 이론적으로 발전주의, 민족주의 문제를 더 깊이 분석할 수 없다. 비판적 지식인의 발전주의에 대한 날카로운 비판을 예로 들면, 그들은 중국과 전 지구적 범위 안에서 이 발전주의 논리에 들어 있는 강권, 폭력, 반민주의 실질을 폭로했고 생태, 환경, 발전, 인간의 자유로운 사고를 오늘날의 조건에서 검토하고 더 넓은 민주주의와 연결했다. 발전 문제는 고립된 경제 문제도 고립된 사회 문제도 아니고 반드시 구체적인 사회와 전 지구적 범위에서 동시에 전개되는 문제다. 바로 이런 의미에서 근대성 성찰은 아주 자연스럽게 전 지구주의적 시야와 내재적 관계를 맺는다. 그리고 결코 민족국가의 총체론적 틀에 국한되지 않는다. 이런 넓은 시야 안에서 민족주의와 민족자결권, 민주화, 시장 관계, 발전, 개인의 권리 그리고 문화 다원성에 대한 사고는 반드시 광범위한 관계망과 역사적 맥락 속에서만 충분히 이루어질 수 있다. 어떤 측면에 대한 사고도 모두 다른 측면에 대한 사고와 이어지게 된다. 현대의 조건에서 이런 광범위한 시야가 없다면 문제의 복잡성과 상관성을 드러낼 수 없고 자신도 모르게 또 다른 중심주의로 전락할 수 있다.

　근대성 문제는 여기서 논의의 출발점을 이룬다. 그것은 반드시 더 구체적인 각종 논의로 전개되어야 하고 이 논의들 자체가 동시에 근대성 문제에 대한 성찰이 된다. 문제의 구체성과 역사성 자체가 이 개념의 모호함에 질문을 던지고 그것을 성찰 대상의 하나로 만든다. 문제가 일단 더 구체적이고 광범위한 범위에서 전개되면 이 시야 자체의 해방적 역할도 끝나며 우리는 더 광활한 역사 자체와 대면할 것이다. 역사의 구체성과 복잡성이 드디어 목적론, 결정론, 냉전 시기의 역사적 편견에서 해방되는 때 이 개념의 의의도 사라질 것이다. 이것이 내가 기대하는 것이다. 구체적으로, 형식주의 이론을 뛰어넘어 실질적 역사 관계를 다루는 기대, 이론과 실천의 차이를 뛰어넘는 기대, 각종 편견을 뛰어넘는 기대다. 그러나 역사를 대하는 태도와 마찬가지로 나는 이론, 성찰, 심지어 교류 자체에도 회고적이고 낭만적인 태도를 가진 적이 없다. 역사, 경험, 지식은 우리가 끊임없이 스스로 뛰어넘는 원천이지만 우리가 뛰어넘기 어려운 한계다.

이것이 바로 우리의 자유이자 자유의 한계다.

2000년 5월 시애틀에서 초고, 2000년 8월 베이징에서 수정

7장
자주와 개방의 변증법
: 중화인민공화국 60주년에 부쳐[1]

중국 경제의 발전은 수많은 예언을 깨뜨렸다.─1989년 이후 부단히 중국 붕괴론이 등장했지만 중국은 붕괴하지 않고 오히려 이 붕괴론들이 붕괴했다. 사람들은 이 때문에 왜 중국이 붕괴하지 않고 오히려 지속적으로 발전했는지 결산하기 시작했다. 개혁과정에서 개혁에 대한 긍정과 부정의 논의가 반복적으로 출현했다. 이 논의는 때때로 사회주의 시기와 개혁 시기를 어떻게 평가하는가 하는 문제와 관련되었다. 중국의 사회주의 시기와 개혁·개방의 성취와 곤경을 어떻게 평가하든 중국의 경험은 두 가지 전통의 기반 위에서 수립되었다는 것을 갈수록 많은 사

---

1 이 글은 2008년 말 베이징대학에서 열린 토론회 "공화국의 60년대와 중국 모델"에서 발언한 것을 2009년 9월 수정한 것이다.

람이 믿는다. 이와 동시에 눈앞의 세계경제 위기와 장기적으로 축적된 모순도 중국이 단순히 과거의 발전 모델로 돌아갈 수 없고 그래서도 안 된다는 것을 보여준다.—전통적 계획 모델이든, GDP 성장을 유일한 목 표로 삼은 발전주의 모델이든 우리는 방법을 바꾸어 지난 60년간 중국 의 경험을 결산해야 한다.

1. 독립 자주와 그것의 정치적 함의

중국 모델 관련 논의에서 많은 학자가 중국 발전의 안정성을 강조하 고 중대한 위기가 출현하지 않았다고 생각하지만 이런 논법은 정확하 지 않다. 개혁·개방 30년에서 중국의 최대 위기는 1989년의 위기다. 중 국은 이 거대한 위기를 넘겼지만 그 후유증은 지금까지도 여러 영역에 서 찾을 수 있다. 위기는 국제적 위기의 일부이기도 하다. 그러나 그 시 기의 위기는 주로 경제적 위기가 아니라 정치적 위기였다. 중국의 위기 는 소련과 동유럽 위기의 전주곡으로 비칠 수 있다. 다른 점이 있다면 이 나라들은 모두 무너졌지만 중국은 기본 체제의 안정성을 유지했다 는 점이다. 중국과 마찬가지로 이들도 공산당이 지도하는 사회주의 국 가였는데 왜 중국은 그들처럼 무너지지 않았을까? 도대체 어떤 요소가 중국의 안정성을 유지하고 고속성장의 조건을 제공했을까? 30년의 개 혁을 거친 뒤 이 조건 자체에는 어떤 변이가 생겼을까? 중국의 길 또는 중국의 독특성 등을 말하려면 먼저 이 질문에 답해야 한다.

단기 20세기: 중국 혁명과 정치의 논리

소련과 동유럽 체제의 와해에는 복잡하고 깊은 역사적 원인이 있다. 관료체제와 민중의 대립, 냉전 정치 중의 독단 정치, 결핍경제가 가져온 민중의 생활 상태 등이 그것이다. 이에 비해 중국 체제는 자기 갱신을 하려는 의식이 더 강하다. 문화대혁명 시기의 충격을 겪으면서 당과 국가의 중고급 관리가 마오쩌둥에 의해 공장, 농촌, 기타 사회계층으로 보내져 일하고 생활했다. 그들이 1970년대 말 권력의 위치로 돌아왔을 때 국가는 기층사회의 요구에 비교적 강한 반응력을 가지고 있었다. 이러한 측면은 소련, 동유럽 국가와 아주 다르다. 그러나 나는 여기서 이 문제들과 맥락을 상세히 논할 시간이 없다. 오직 중국 체제가 소련, 동유럽 체제와 구별되는 첫 번째 특징에만 집중할 수 있다. 그것은 독립·자주적으로 사회발전의 길을 탐색하고 이에 따라 형성된 독특한 주권적 지위다. 동독 공산당 마지막 서기장 에곤 크렌츠Egon Krenz는 1989년 이후 국가 전체가 무너진 원인을 해석했다. 그는 여러 가지를 거론했는데 그중 매우 중요한 원인의 하나는 소련의 전환과 이것이 낳은 동유럽 집단 전체의 내부 변화다. 냉전 시대에 서방 정치가는 항상 '브레즈네프 독트린' 개념으로 동유럽 국가의 '불완전한 주권' 상태를 비웃었다. 바르샤바 조약 체제에서 동유럽 국가는 완전한 주권이 없었으며 소련의 지배를 받았다. 소련에 문제가 생기자 소련·동유럽 체제 전체가 같이 무너졌다. 제2차 세계대전 이후 민족국가의 주권 체제가 확립될 수 있었지만 사실상 세계적 범위에서 진정한 독립 주권을 가진 나라는 아주 적었다. 소련·동유럽 국가뿐 아니라 서유럽 연맹 국가도 그렇지 않을까? 아시아에서 일본, 한국 등은 모두 냉전 구조 안에 있었다. 이들의 주권은 미국의 세계 전략에 따라 제약을 받았고 마찬가지로 불완전한 주권국가였다. 냉전 구조에서 두 진영은 모두 동맹적 국가체제를 구축했고 진영마다 패권 국가에 변화나 정책적 전환이 있으면 다른 국가가 모두 큰 영향을 받을 수 있었다.

중국의 내전이 끝남에 따라 중화인민공화국이 건국되었고 새로운 사회주의 국가가 탄생했다. 건국 초기, 중국은 냉전의 양극 구조 속에서 사회주의 체제에 서 있었다. 1950년대 초의 한국전쟁으로 중국은 미국 및 그 동맹 국가와 더욱 군사적으로 맞서게 되었다. 이 시기 특히 제1차 5개년 계획 시기에 중국의 공업발전, 전후 회복, 국제적 지위는 소련의 큰 도움을 받았고 어떤 의미에서 소련에 어느 정도 종속된 관계에 있었다. 그러나 바로 중국 혁명 과정 자체가 독특한 길을 걸었듯이 중국은 건설 시기에도 독립·자주적 발전의 길을 탐색했다. 1950년대 초반부터 중국은 비동맹운동을 적극적으로 지지했고 그 후 다시 소련공산당과 공개적으로 논쟁을 벌였다. 정치적 측면과 경제적·군사적 측면 모두에서 점점 몇몇 학자가 말하는 소련과의 '종주 관계'에서 벗어나 사회주의 체제, 더 나아가 전 세계에서 독립된 지위를 확립했다. 대만해협이 여전히 분리되어 있지만 중국이라는 국가의 정치적 성격은 주권적이고 고도로 독립·자주적이다. 이 자주성이 전제되지 않으면 중국 개혁·개방의 길을 상상하기 어렵고 1989년 이후 중국의 운명을 생각하기도 어렵다. 개혁·개방이 시작될 때 중국에는 이미 독립·자주적 국민경제 체제가 있었고 이것이 개혁의 전제다. 중국의 개혁은 내재 논리와 자주성을 갖춘 개혁, 수동적이 아닌 능동적인 개혁이다. 이는 동유럽과 중앙아시아의 배경이 복잡한 각종 '색깔혁명'과 확연히 다르다. 중국의 발전은 라틴아메리카의 종속경제와 다르다. 일본, 한국, 대만과 비교하더라도 동아시아 모델로 단순화할 수 없다.(국가의 역할, 정부의 산업 정책, 몇몇 발전 전략의 측면에서 유사성과 상호작용이 존재하지만) ─ 정치적 측면에서 볼 때 중국 개혁의 전제는 자주적이지만 나머지 각국의 발전은 매우 종속적이라고 개괄할 수 있다.(라틴아메리카와 달리 이 냉전 시대의 종속관계는 바로 정치발전의 전제가 되었다.)

이렇게 상대적으로 독립되고 완비된 주권의 성격은 정당의 실천으로 완성되었다. 이것은 20세기 정치에서 두드러지는 특징이다. 마오쩌둥은 과거 무장투쟁, 대중 노선, 통일전선을 중국 혁명의 3대 비결로 꼽았고 그 후 당 건설을 추가했다. 마오쩌둥은 계급과 계급 투쟁을 말했지만 이론에서는 불완전하게 고전적 계급 개념으로 중국 사회를 말했다. 그가 가장 자주 인용한 인민 개념과 인민 내부의 모순 같은 개념은 모두 중국 혁명의 경험에서 발전한 것이다. 중국공산당이 이론과 실천에서 얼마나 잘못을 저질렀든 당시 중국공산당의 반제국주의 후 소련과 벌인 논쟁은 중국의 주권성을 완성하는 기본 요소다. 이 문제들은 세부 사정만으로 판단할 수 없다. 중국은 소련과 공개 토론을 하면서 먼저 양국 공산당 사이의 종주 관계에서 벗어났고 뒤이어 국가 간 종속 관계에서 벗어나 새로운 독립 모델을 형성했다. 달리 말하면, 이 주권의 근원은 정치적이었고 정당 관계와 정치적 과정에서 발전된 일종의 특수한 정치적 독립성이 국가, 경제 등의 영역에서 출현했다. 규범적 주권 개념으로는 독립·자주의 함의를 이해하기 어렵다. 식민주의 역사에서 규범적 주권개념은 독립·자주와 관계가 거의 없다. 가령, 불평등조약을 체결한 국가는 국제법적 의미에서 반드시 주권국가여야 하지만 이 주권은 독립·자주와 전혀 무관하다. 사실, 냉전 시대 양극화 구조의 점진적 와해는 양극화 구조에 대한 중국의 지속적 비판, 투쟁과 관계가 있다. 중국의 개입이 없었다면 미소 간에 직접적 대립이 일어날 가능성도 더 컸을 것이다.

경제, 정치, 문화의 영역에서 사회주의의 길에 대한 중국의 탐색과 개혁 실험은 모두 각종 편차, 문제, 심지어 비극적 결과도 보여주었다. 그러나 1950년대, 1960년대와 1970년대에 중국의 국가와 정당은 끊임없이 자신의 정책을 조절했다. 이 조절들은 외부 간섭을 받지 않았고 주로 실천 속에서 등장하는 문제에 따른 자기조절이었다. 정당 노선으로서 오류 수정 기제, 이론 토론, 특히 공개적 이론 토론이 정당과 국가의 자기조절, 자기개혁에서 중요한 역할을 했다. 공산당 내부에 민주적 기제가 없었으므로 노선 투쟁은 항상 냉정한 타격을 동반하는 권력투쟁으로 전화하기도 했다. 그러나 이 요소들이 노선 투쟁과 이론투쟁이 역사에서 발휘한 중요한 역할을 가릴 수는 없다. 이런 관점에서 개혁 이후 일련의 관용적 표현을 다시 생각해볼 필요가 있다. 예를 들면, 개혁에는 기존의 모델이나 정책이 없다는 면에서 "돌다리도 두드려보고 강을 건넌다"라는 표현은 물론 정확한 것이다. 그러나 사실 기존 모델이 없다는 것이 중국 혁명 전체의 특징이다. 마오쩌둥은 『모순론』에서 비슷한 말을 했다. 모델이 없을 때는 무엇에 근거해야 할까? 이론 논쟁, 정치투쟁, 사회적 실천에 근거를 두어야 한다. 말하자면 실천에서 이론으로 가는 것이다. 그러나 실천의 총화 자체는 이론적인 것이고 실천은 전체와 방향을 가지지 않으면 안 된다. 기본적 가치 성향이 없다면 "돌다리도 두드려보고 강을 건넌다"고 할 때 어디를 두드릴지 모르게 된다. 마오쩌둥은 『실천론』에서 "혁명적 이론 없이 혁명적 운동 없다"라는 레닌의 말을 인용했다. 혁명이론의 창립과 제창은 몇몇 중요한 시기에도 결정적 역할을 했다. 어떤 일에서든 일이 닥쳐서 그 일을 해야 하지만 방침, 방법, 계획 또는 정책이 없을 때 방침, 방법, 계획, 정책을 수립하는 것이 주된 결정적 역할을 한다. 정치, 문화, 상부구조 등이 경제적 토대의 발전을 막을 때는 정치와 문화가 바로 핵심적 소재이고 주된 결정적 요인이 되었다. 이는 그 시대 중국공산당이 자기 모델을 탐색할 때 장기간 투쟁이 있었음을 말해준다.

이론 토론은 중국 혁명과 개혁과정 모두에서 중요한 역할을 했다. 개혁의 이론적 원천인 사회주의 상품경제 개념이 바로 상품, 상품경제, 가치법칙, 부르주아의 법적 권리 등에 관한 이론적 논의 속에서 산출되었고 사회주의 실천 속에서 모색되었다. 가치 법칙 문제 논의는 1950년대에 있었다. 이때 쑨예팡孫冶方과 구준顧準이 가치와 가치 법칙 문제에 관한 논문을 발표했으며 중소 분열과 마오쩌둥의 중국 사회 모순에 관한 분석이 거시적 배경이었다. 이 문제는 1970년대 중반에 다시 당내 토론의 중심과제가 되었다. 이런 이론 토론이 없다면 그 후 중국의 개혁이 가치법칙, 노동에 따른 분배, 사회주의 상품경제를 거쳐 사회주의 시장경제로 가는 논리적 발전을 이룬다는 것은 상상하기 어렵다. 오늘날에는 발전의 길에 관한 토론은 지난날처럼 완전히 정당 내부에 한정되지 않지만 정책 노선 조절에서 이론 토론의 의의는 중대하다. 체제 내외에서 발생한 GDP 성장에만 주목한 발전주의에 대한 비판과 저항이 없었다면, 새로운 과학적 발전 모델에 대한 탐색은 어젠다로 제시되지 못했을 것이다. 1990년대 중국 정치 구조가 변하면서 지식계의 토론이 부분적으로 기존의 당내 노선 투쟁 기능을 대체했다. 1990년대 말부터 계속된 삼농 문제에 대한 관심, 2003년 이후 의료개혁에 관한 성찰, 2005년 국유기업 개혁과 노동 권리에 대한 주목 그리고 생태 환경을 보호하기 위한 이론적 선전과 사회운동 등은 모두 국가 정책을 조절하는 데 영향을 주었다. 이론 토론이 문제를 이끄는 측면에서 큰 작용을 한 것이다.

현재는 민주주의가 오류 수정 기제라고 늘 말하지만 사실 이론 토론과 노선 토론도 오류 수정 기제이고 정당의 오류 수정 기제다. 당내 민주주의 기제가 부족했기 때문에 20세기 역사에서 당내 노선 토론은 수시로 폭력적이고 독단적인 특징을 드러냈다. 이에 대한 심도 있고 장기적인 성찰은 반드시 필요하다. 그러나 당내 투쟁의 폭력화에 대한 비판은 이론 토론과 노선 투쟁을 부정하는 것과 동일시될 수 없다. 사실 후자가 바로 독단에서 벗어나고 자기 수정을 하는 경로이자 기제다. "실천은 진리를 검증하는 유일한 기준이다"라는 구호는 실천의 절대적 중요성을 제기했다. 그러나 이 명제 자체가 이론적인 것이다. 우리는 이론 토론의 의미에서만 이 구호의 의의를 이해할 수 있다.

2. 농민의 능동성

중국 혁명은 전통적 농업사회에서 일어났고 농민은 혁명의 주체가 되었다. 초기의 혁명과 전쟁에서나 사회주의 건설과 개혁 시기에서나 농민계급의 희생과 공헌은 절대적이다. 그들이 보여준 능동정신과 창조력도 깊은 인상을 남겼다. 제3세계의 많은 국가와 비교할 때 20세기 전체에서 농촌사회의 동원, 농촌사회 조직의 변화는 매우 전면적이었고 유례없는 것이었다. 토지혁명과 토지 개혁에 따라 농촌 질서 전체가 근본적으로 재조직되었다. 이렇게 유구하고 격렬한 농촌 변혁은 세 가지 중요한 결과를 가져왔다. 첫째, 토지혁명과 농촌 질서의 변천으로 농민계급이 강렬한 정치의식을 획득했다. 동유럽 국가 심지어 소련에서도 이처럼 장구한 무장투쟁과 토지혁명은 드물다. 이런 배경이 없다면 토지 관계 변경이 중심이 된 기나긴 농민 동원은 없었을 것이다. 많은 사회주의 국가 또는 포스트 사회주의 국가와 비교할 때, 평등의 가치가 중국 인민의 마음속에 뿌리내리는 과정이 더 수준 높고 훨씬 깊이 있다.

둘째, 중국 사회주의 운동과 농민운동의 관계를 제대로 이해하려면 중국 혁명 정당의 역할도 반드시 이해해야 한다. 중국공산당 창건은 국제 공산주의 운동의 산물이다. 그러나 다른 점은 이 사회주의 정당의 중심 임무는 농민 동원이었고 농민운동으로 새로운 정치·사회를 창조하는 것이었다. 30년 동안의 무장혁명과 사회투쟁을 거치면서 이 정당은 결국 가장 기층에 있는 사회운동, 특히 농민운동과 노동자운동에 뿌리내린 정당이 되었다. 그것의 풀뿌리적 성격과 조직 동원 능력은 동유럽 사회주의 국가의 정당과 크게 다르다. 현대의 매체와 관찰자들은 중국 혁명의 성패를 과도하게 개별 지도자들에게 돌린다. 그리고 혁명 진행 과정 자체는 충분히 논하지 않는다. 중국 혁명 과정의 폭력을 성찰하지만 여기서 생산된 새로운 사회적 주체성을 무시하고 더 나아가 부정하는 것도 그 원인이다. 농민이 주체가 되는 사회에서 사회주의 혁명을 할 때, 주관 능동성과 지도자의 주관적 의지는 중요한 지위를 점하지 않을 수 없다. 그러나 이 관점에만 근거해서는 역사를 해석할 수 없다.

셋째, 중국 혁명과 건설에서 형성된 새로운 토지 관계가 중국의 개혁에 전제를 제공했다. 이러한 깊은 사회적 전환을 거치지 않은 조건에서 전통적 농민과 그들의 농촌공동체 조직이 이처럼 강렬한 능동적 정신을 보여준다는 것은 생각하기 어렵다. 이 점은 아시아, 특히 남아시아 또는 라틴아메리카의 기타 농업사회와 시장 조건 아래 농민의 상태를 참고한다면 선명한 인상을 받을 수 있다.―이들 사회는 지금까지 이렇게 격렬한 토지 개혁을 경험하지 않았다. 농민은 여전히 지주나 장원경제에 깊이 종속되어 있고 강렬한 자주의식도 형성할 가능성이 없다. 토지 개혁의 진행은 농촌 교육의 보급, 식자율 향상, 자기조직 능력과 기술 능력의 상승과 밀접하게 관련된다. 시장 개혁의 조건에서 이런 초기 유산들은 비교적 성숙한 노동시장의 전제 조건으로도 전화할 수 있다.

신자유주의의 조류에서 중국 사회는 다른 사회보다 평등에 대한 요구와 부패에 대한 불관용이 훨씬 강렬하다. 이에 따라 기층에서도 강렬한 제어작용을 발휘한다. 이 점은 1990년대 초 몇몇 국가의 신속한 과두화와 다르다. 그 원인은 국가와 정당의 역할로만 해석할 수 없고 사회 역량의 관점에서도 설명해야 한다. 지난 세기말, 삼농 문제와 농민공 문제를 둘러싸고 시장 조건 아래서 도농 관계를 어떻게 해결할 것인가, 중국의 토지 문제를 어떻게 해결할 것인가가 다시 오늘날 중국의 핵심 의제가 되었다. 농촌경제가 도시경제와 도시화 과정에 고도로 종속되었기 때문에 농민이 대규모로 이동했고 새로운 도시 노동자계급이 되었다. 농촌의 토지 관계에 속했던 농민이 연해와 도시 상공업의 저가 노동력으로 전화했다. 이 과정은 오늘날 농촌의 위기와 깊이 연관되어 있다.

3. 국가의 역할

개혁 시기 중국을 이해하는 또 다른 핵심 요소는 중국의 국가적 성격과 그 변천을 어떻게 이해하는가다. 수많은 역사학자가 밝힌 것처럼 동아시아 지역에는 풍부하고 유구한 국가적 전통과 국가 간 관계가 있다. 조반니 아리기는 『베이징의 애덤 스미스』에서 이렇게 단언했다. "민족국가와 국가 간 체제와 비교해서 국가시장은 결코 서양에서 발명한 것이 아니다. (…) 18세기 전체에서 가장 큰 국가시장은 유럽이 아니라 중국에 있었다." 더 나아가 그는 오늘날 중국 경제발전의 동인 그중에서 외래자본 흡인력을 분석하고 이렇게 말했다. "중화인민공화국의 외자에 대한 주요 흡인력은 결코 풍부한 저가 노동력 자원이 아니다. (…) 주된 흡인력은 건강, 교육, 자기관리 능력에서 이 노동력의 높은 소양이다. 게다가 그들이 중국 국내에서 생산적으로 유동하는 제조 공정 환경이 빠르게 확대되고 있다." 아리기의 해석에 따르면, 스미스는 자발적 시장질서의 제창자가 아니라 국가의 규제와 감독 아래 시장을 분명히 통찰한 사상가다. 대체로 이런 생각에 따라 베이징대학 경제학자 야오양姚洋은 중국 경제발전의 조건을 결산하면서 중성 정부 또는 중성 국가가 중국 개혁이 성공하는 전제라고 보았다.

개혁에서 국가자원은 중요한 문제다. 나는 아리기와 야오양의 두 전제를 보충하겠다. 아리기는 중국과 아시아의 시장을 기나긴 전통에 놓고 서술했다. 그러나 중국에 혁명이 일어나고 이로써 사회관계가 재조직되지 않았다면 전통적 '국가시장'이 자동으로 새로운 국가시장으로 전환될 수 있으리라고 생각하기는 어렵다. 청 말기에는 국가의 힘으로 군사와 상업 체제를 건설하려고 노력했고 신해혁명 이후 지속적으로 토지혁명을 거치면서 전통적 국가시장과 다른 새로운 내외적 관계를 창조했다. 레닌은 쑨원의 『건국대강』을 평할 때 이 점을 거론했다. 즉 토지혁명과 새롭고 사회주의적 성격 또는 민생주의적 성격을 지닌 국가 방안은 농업자본주의 발달의 전제가 된다고 했다. 현대 중국의 국가 성격은 중국 혁명이 불러온 토지 관계 변화와 농민 신분의 변화라는 전제를 떠나서 논할 수 없다. 예를 들면, 사람들은 인민공사 실험을 비판하지만 이 실험이 현대 중국이 지속한 토지 관계 변경의 결과이기도 하다는 사실은 거의 말하지 않는다. 인민공사에서 한편으로 가정-가정 단위 노동경제가 종결되었고 다른 한편으로 가정, 가족, 지연 관계가 또 다른 방식으로 새로운 사회관계 속으로 조직되었다. 농촌 개혁은 공사제도를 개혁한 것이다. 동시에 이 실험으로 바꾼 사회관계를 수립한 기반 위에서 이루어졌다. 초기 농촌 개혁은 국가가 추진했고 다양한 경영과 농산품 가격 조절을 중심으로 발전한 개혁운동이다. 이 개혁운동은 실제로 수많은 요소를 계승했다. 향진공업에서 향진기업으로의 발전은 모두 신자유주의와 다른 논리로 전개되었다.

야오양의 이른바 중성화 정부는 현대혁명과 사회주의 역사를 통해 제기되는데 그 정치적 전제는 결코 중성화나 중립화가 아니다. 중국의 사회주의 실천은 대다수와 절대다수 인민의 보편적 이익을 대변하는 국가를 만드는 데 힘을 쏟았다. 국가나 정부와 특수한 이익의 유대는 이것을 전제로 할 때 단절된다. 이론적으로 이 사회주의 국가의 실천도 초기 마르크스주의의 계급이론을 수정하면서 진행되었다. 마오쩌둥의 「10대 관계를 논함」「인민 내부의 모순을 정확히 처리하는 것에 대한 연설」 등이 바로 이 새로운 국가이론의 토대다. 사회주의 국가가 대다수 인민을 대표하는 것을 근본 취지로 삼기 때문에 시장 조건하에서 그것은 도리어 다른 국가 형식보다 더 이익집단과 관계에서 벗어난다. 우리는 이런 의미에서만 그것을 중성화국가라고 할 수 있다. 이것이 초기 개혁이 성공하는 관건이자 개혁의 정당성을 보여주는 소재다. 이런 전제가 없다면 각자 다른 사회계층은 국가가 추진하는 개혁이 이 계층들 자신의 이익을 대표한다고 믿기 어려워진다. 그러나 중성화라는 용어는 '중성화'의 내포를 감춘다. 즉 국가가 대표하는 이익의 보편성은 중국 혁명과 사회주의 실천의 기반 위에서 수립되고 적어도 초기에는 개혁의 정당성은 바로 사회주의 국가가 대표하는 이익의 보편성에서 나온다.

단일한 규정성에만 근거해서 중국의 국가적 성격과 그 내부에 존재하는 서로 다른 전통을 규정하기는 어렵다. 개혁이 진행될 때 사람들은 항상 개혁과 반개혁, 진보와 보수로 이 전통 간의 모순과 투쟁을 묘사한다. 그러나 동태적 역사의 관점에서 그것들 사이의 상호 협조, 견제, 모순은 중요한 역할을 한다. 사회주의 시기에 우리는 두 가지 또는 다중적 역량이 번갈아 성쇠했고 '극좌' 또는 '극우'를 극복하는 과정을 보았다. 시장화 개혁이 주류가 된 시점에 국가 내부, 정당 내부, 사회 전체 영역에 존재하는 사회주의 역량의 견제가 없다면 국가는 신속하게 이익집단과 밀착했을 것이다. 1980년대 중반 사유화를 해야 한다는 주장이 한 차례 있었다. 그러나 체제 내외에서 모두 강렬하게 제지당했고 그 결과 우선 시장 기제를 형성하자는 관점이 우위를 점했다. 이것은 중국이 러시아처럼 충격요법을 채택하지 않은 핵심적 이유다. 즉, 사회주의 시기에 축적한 사회적 자원은 이 시기 이런 관계로 사회 정책을 제약하는 역량이 되었다. 이런 의미에서라도 우리는 이 비판적 역량을 반개혁이라고 규정하기 어렵다. 사실 1990년대에 발발한 사상 논쟁에서도 유사한 현상을 볼 수 있다. 발전주의에 대한 비판이 결국 과학적 발전 또는 대안적 발전이라는 관념의 형성을 촉진한 것이다. 중국 사회에서 보편적으로 부패에 염증을 보이고 거부하는 것도 제도 개혁을 추진하는 동력 중 하나다. 국가의 중립성은 이상의 비중립적 역량과 이들의 상호관계가 촉진한 것이다.

중국 개혁에는 총결산할 가치가 있는 경험이 많다. 인재전략, 교육개혁, 기타 경제 정책 실시 등이 그것이다. 그러나 나는 이상의 몇 가지 영역에서 가장 근본적이기 때문에 늘 간과된다고 생각한다. 이 몇 가지 지점은 20세기 중국의 가장 독특한 경험이기도 하다.

4. 주권 구조의 변이

세계화, 블록화, 시장화라는 새로운 조건에서 이상의 각 조항은 중요한 도전에도 직면했다. 그것은 사회관계, 경제활동, 정치 주체의 토대에 변이가 생긴다는 사실이다. 역사적 조건과 그 변동 방향을 이해할 수 없으면 새롭고 효과적인 기제와 정책을 형성하기 어렵다. 이들 변화를 이해하려면 현대 세계의 새로운 추세를 점검해야 한다.

첫째, 세계화 추세에서 전통적 주권에 중대한 변이가 생기고 있다. 현재의 세계화 과정은 주로 두 방향에서 진행된다. 하나는 자본의 초국가적 운동과 여기서 파생되는 초국가적 생산·소비·유동이다. 대규모 이민, 무역 투자로 형성된 시장의 의존성, 각종 위험성을 띤 세계화다. 다른 하나는 이 자본의 초국적 운동을 관리·대응하고 위험을 통제하기 위해 조직된 새로운 국제적 조절 기제, 즉 WTO, EU, 기타 국제적·지역적 기구들이다. 전자는 무정부적 역량에 가깝고 후자는 무정부적 역량에 협조·통제 기능을 추가했다. 이 두 가지 동력은 동시에 작동한다.

이 중요한 변화에 따라 국가 주권의 형태도 필연적으로 변한다. 앞의 측면에서는 주로 1980년대 말 이후 중국이 점점 수출주도형 경제형태가 되었고 생산이 초국가화하면서 중국이 '세계의 공장'이 되었고, 이전의 완전히 다른 노동력과 자원의 배치, 연해와 내륙, 도시와 농촌 사이에 새로운 관계가 조성되었다. 금융 체제가 점점 개방되면서 외환 보유가 세계 1위를 점했고 경제발전의 국제 시장, 특히 미국 시장 의존도가 높아졌다. 이른바 차이메리카Chimerica 개념은 좀 과장되었지만 상대적으로 독립된 국민경제가 어느 정도 종속된 경제로 전환했다는 면에서 이 개념의 풍자적 의미는 강하다.

후자의 측면에서 중국은 WTO와 여타 국제조약과 협정에 가입했고 여러 지역조직에 적극적으로 참여했다. 이에 전통적 의미의 주권으로는 중국의 주권 구조를 설명하기 어려워졌다. 눈앞에 금융위기가 보이는데, 위기 자체는 바로 사회의 자주성이 흔들린 데서 비롯됐다. 즉 어떤 지방의 위기도 우리 자신의 위기가 될 수 있다. 그리고 위기를 극복하는 방식도 단순히 구식 주권으로 표현할 수 없다.(예를 들면, 국제무역에서 반덤핑, 금지보조금 또는 긴급 수입 제한조치 등의 문제에 직면했을 때 중국은 국가 주권 단독으로 이 문제를 해결할 수 없고 반드시 국제적 중재로 해결해야 한다. 고액 외환보유의 위험도 전통적 주권으로는 보호할 수 없고 마찬가지로 어떤 국제규약이나 보호가 필요하다. 유행병과 방역은 지금도 국제적인 사무다.) 국제 협력은 불가피한 선택이다. 따라서 세계화의 조건과 개방적 국제 네트워크 속에서 자주성의 새로운 형식을 형성하려면 반드시 역사를 참조하는 동시에 새로운 탐색을 해야 한다. 이것이 바로 현재의 새로운 과제다.

그다음으로, 전 지구 관계의 영역에서뿐 아니라 국내 관계에서 국가 역할도 변했다. '전체주의 국가'라는 개념으로 간단히 중국의 국가 역할을 묘사한다면 항상 국가 역할의 적극적 측면과 부정적 측면을 혼동한다. 중국의 개혁은 러시아와 같은 '충격 요법'을 거치지 않았다. 국가가 경제 영역을 조절하는 능력이 더 강력하다. 중국의 금융 체제는 상대적 안정성을 보였는데 중국이 완전히 신자유주의의 길을 걷지 않았기 때문이다. 중국의 토지는 사유화되지 않았다.(그러나 상대적으로 자유롭게 유전되어 시장 조건에 적응한다.) 그러나 중국 농촌사회의 낮은 원가 보장 체제에 토대를 제공했다. 중국의 국유기업이 제공하는 대량의 세수도 위기의 조건에서 정부의 조절 능력에 토대를 제공했다. 이 측면들은 모두 국가의 능력, 바람과 관계있다. 중국이라는 국가는 져야 할 책임은 져야 한다. 농촌 위기를 적극적으로 해결해야 하고, 사회보장제도를 재건해야 하고, 생태 환경을 보호해야 하고, 교육에 대한 투자를 확대하고 교육체제 개혁을 추진해야 한다. 이런 부분에서 중국의 정부는 발전형 정부에서 사회 서비스형 정부로 전화할 필요가 있다. 이 전화는 중국 경제가 수출의존에서 내수형으로 전환하도록 재촉할 수 있다.

이 적극적 사회 정책들이 실시될 수 있는지는 단순히 국가 의지에만 달려 있지 않다. 30년 동안 개혁을 거치면서 시장 개혁의 추진자로서 국가기구는 시장 활동에 깊숙이 개입했다. 각각의 국면에서 중성화 국가 개념으로 오늘날 국가를 설명하는 것은 타당하지 않다. 국가는 고립되어 있지 않고 사회 구조, 사회이익 관계 속에 파고들어 존재한다. 오늘날 부패 문제는 관리 개인의 부패뿐 아니라 사회 정책, 경제 정책, 특수한 이익 간의 관계 문제와도 관련된다. 예를 들면, 탄소 과다배출 산업과 에너지 사업 개발은 항상 개별 이익집단에 견제되고 주도되기까지 한다. 이 이익집단들이 공공정책에 미치는 영향을 억제하는 것은 주로 공적 토론, 사회보호운동, 국가와 정당 내부에서 연원한 서로 다른 전통이다. 예를 들면, 1990년대 말 삼농 문제 대토론이 국가의 농촌정책 조절을 촉진했고, 2003년 '사스' 위기가 일으킨 의료보장제도 관련 대논쟁이 의료개혁의 방향성 변화를 촉진했다. 2005년 전개된 국유기업 개혁 토론과 대규모 노동자운동은 일련의 관련 정책이 나오게 했다. 국가 내부에서 부패를 다스리고 엄정한 당 규율을 유지하라고 요구하면서 중국의 반부패운동이 내적 동력을 가졌다. (…) 그러나 국제와 국내의 이익관계도 유례없는 에너지가 국가 기제 안에 더 나아가 법률 제정 과정에 스며들었다. 이런 조건에서 어떻게 국가와 국가의 공공정책이 소수 이익집단에 휘둘리지 않고 광범위한 이익을 대변하게 하는가가 아주 첨예한 문제가 되었다.

5. 정당 국가화의 역설

국가와 관련된 논의는 직접민주주의 기제의 형성 문제와 연관된다. 중국의 국가 문제는 반드시 하나의 기본적 역설에 직면한다. 즉 한편으로 많은 나라의 정부에 비해 중국의 정부 능력은 널리 인정받았다. 원촨 5·12 대지진 이후 구조를 위한 동원, 금융위기 이후 신속하게 추진한 시장구제 계획, 올림픽의 성공적 개최, 조직적 발전과 위기 극복에서 각 지방정부의 효율 등은 모두 중국 국가 능력의 두드러진 우위를 보여준다. 그러나 다른 한편으로 각종 여론조사에서 정부에 대한 만족도가 높은 수준을 보이더라도 관민 모순은 몇몇 지역, 시기에 아주 첨예했고 정부의 여러 차원의 국정 능력과 청렴도도 의문시된다. 가장 핵심 문제는 이런 모순이 항상 정당성 위기라는 수준으로 상승해서 논의된다는 것이다. 다른 국가들을 돌아보아도 결코 체제적 성격의 정치적 위기가 존재하지 않는다. 이 문제는 정치적 정당성의 자원으로서 민주주의와 밀접하게 관련된다.

1980년대에 민주주의 문제는 아주 간명한 듯했다. 20년 동안의 민주화 물결을 거치면서 한편으로 민주주의는 여전히 가장 중요한 정치적 정당성의 자원이고 다른 한편으로 단순히 서양 민주주의를 들여오는 방법이 아시아 지역에서 더는 1980~1990년대처럼 흡인력을 갖지 않는다. 신흥민주주의의 위기와 '색깔혁명'의 퇴색에 따라 1989년 이후 동유럽, 중앙아시아, 기타 지역에서 발생한 민주화 물결이 쇠락하고 있다. 이와 동시에 서양 사회와 제3세계의 민주주의 국가(가령 인도)에서 민주주의의 공동화가 보편적 민주주의의 위기를 형성하고 있다. 민주주의의 위기는 시장화와 세계화라는 조건과 밀접하게 관련된다. 첫째, 전후 정치적 민주주의의 주된 형식은 다당 또는 양당 의회제다. 그러나 시장의 조건에서 정당은 갈수록 초기 민주주의의 대표성을 잃고 있다. 표를 얻기 위해 정당의 정치적 가치는 날로 모호해지고 대의제 민주주의가 명목만 남았을 뿐 실질은 잃었다. 둘째, 민주주의와 국가 사이의 관계는 세계화 조건에서도 도전에 직면했다. 경제관계가 날로 전통적 국민경제 범주를 뛰어넘기 때문에 이와 관련된 활동은 국내에서 타협하기가 어렵고 어떤 국가의 정치 기획도 반드시 국제 체제와 상응해야 하게 되었다. 셋째, 정당의 이익집단화, 과두화에 따라 형식적 민주주의가 날로 기층사회와 분리된 정치 구조가 되고 기층사회의 이익 요구는 정치 영역에서 표현될 수 없게 되었다. 따라서 하층사회는 무정부적 자위행동(인도에서 '마오 주석'이 뜨는 현상)을 취할 수밖에 없게 되었고, 형식적 민주주의는 물론이고 국가 자체도 많은 지역에서 공동화되었다. 넷째, 선거 과정이 대량의 금전과 재력에 의존하면서 여러 민주주의 국가에서 합법적·불법적 선거 부패가 존재하고 이에 따라 선거의 공신력도 파괴한다. 이것은 결코 민주주의 가치가 이미 쇠락했음을 말하는 것이 아니다. 문제는 "도대체 어떤 민주주의와 그 형식이 필요한가?" "어떻게 민주주의가 공허한 형식이 되지 않고 실질적 내포를 갖게 할 수 있을까?"다.

중국의 정치체제에도 중요한 변화가 생겼다. 그중 하나는 정당 역할의 변화다. 1980년대 정치개혁의 목표 중 하나는 당정 분리였다. 1990년대 이후 당정 분리는 이미 유행하는 구호가 아니었다. 구체적인 실천과 제도적 기획에서 당정합일은 더 항상적인 현상이 되었다. 나는 이 현상을 정당의 국가화 조류라고 개괄한다. 왜 이런 추세가 출현할 수 있는지는 깊이 분석할 만한 문제. 전통적 정치이론에 따르면 정당은 전체의 지를 대변하고 의회의 투쟁과 토론, 즉 절차적 민주주의로 국가의 일반의지를 형성하고 주권이라 불리는 일반의지를 표현한다. 중국에서 공산당이 지도하는 다당협력제도 각 정당의 대표성이 토대다. 그러나 시장사회 조건에서 국가기관이 직접 경제활동에 참여하고 국가의 여러 산하조직과 특정 이익의 관계가 얽히면서 개혁 초기 '중성화 국가'에 변화가 생기고 있다. 정당이 상대적으로 경제활동에서 멀리 떨어져 있기 때문에 도리어 상대적으로 자주적이고 '중성적'으로 사회의 의지를 표현할 수 있다. 1990년대부터 국가 의지는 주로 정당의 목표로 드러난다. '3개 대표' '조화사회' '과학적 발전관'이 모두 그렇다.─이 구호들은 더 이상 정당의 특수한 대표성을 표현하지 않고 범국민적 이익에 직접 호소한다. 이런 의미에서 정당은 주권의 핵심이 된다.

그러나 정당의 국가화는 이중적 도전도 의미한다. 우선, 정당과 국가의 경계가 완전히 사라지면, 어떤 역량과 기제가 정당이 국가처럼 시장사회의 이익관계에 빠져들지 않도록 보장할 수 있을까? 다음으로, 전통적 정당의 보편적 대표성(그리고 초기 사회주의 국가의 중립성)은 선명한 정치적 가치로 완성된다. 즉 정당의 국가화는 정당의 정치적 가치의 약화와 전변을 의미하기도 한다. 만약 '중성 국가'의 달성과 정당의 정치적 가치가 밀접한 관계라면 새로운 조건에서 중국이 항상 보편적 대표성을 유지할 기제는 도대체 무엇일까? 정당은 도대체 어떤 역량에 따라자기 갱신을 할 수 있을까? 일반 인민의 목소리는 어떻게 공적 영역에서표현될 수 있을까? 어떻게 진정한 표현의 자유, 협상 기제, 관민의 상호작용으로 국가와 정당의 기본 노선과 정책을 조정할까? 어떻게 국내적·국제적 역량을 광범위하게 흡수해서 가장 광범위한 민주주의를 형성할까? 이는 정당의 자기 갱신을 논할 때 피할 수 없는 문제다.

중국의 정치적 변혁 문제를 생각할 때 우리는 다음과 같은 문제를 고려해서 중국 민주주의의 진로를 구상할 필요가 있다. 구체적으로 최소한 세 가지를 고려해야 한다. 첫째, 중국은 20세기에 길고 가장 깊은 혁명을 경험했고 공정과 사회적 평등에 대한 중국 사회의 요구가 아주 강렬하다. 이 역사적·정치적 전통이 어떻게 오늘날의 조건에서 민주적 요구로 전화하는가? 즉 무엇이 새로운 시대의 대중 노선 또는 대중민주주의인가? 둘째, 중국공산당은 거대한 전환을 겪은 방대한 정당이다. 그것은 널로 국가와 혼연일체가 되고 있다. 어떻게 이 정당 체제를 더 민주적으로 만들고 정당의 역할이 변하는 조건에서 어떻게 국가가 보편적 이익을 대변하게 할 수 있을까? 셋째, 어떻게 사회적 기반 위에서 새로운 정치 형식을 형성해서 대중사회가 정치적 에너지를 획득해 신자유주의 시장화가 조성한 '탈정치화'를 극복할 수 있을까? 중국은 개방된 사회다. 그러나 농민, 노동자, 일반 시민은 공적 생활에서 충분한 참여 공간과 기회를 보장받지 못한다. 중국이 어떻게 사회의 목소리와 요구를 국가 정책 차원에서 표현되게 해서 자본의 독점 에너지와 욕망을 제어하느냐가 문제의 핵심이다. 자본의 자유인가? 사회의 자유인가? 이 둘에는 중대한 차이가 있다. 이들은 모두 구체적인 문제다. 그러나 중요한 이론적 명제도 담고 있다. 즉 "세계화와 시장화의 조건에서 인민중국의 정치적 변혁은 어떠한 방향으로 나아가야 하는가?" "개혁·개방의 조건에서 중국 사회의 자주성을 어떻게 형성할 것인가?"라는 명제다. 민주주의가 보편적으로 위기에 처한 상황에서 이러한 탐색의 전 지구적 의미는 말하지 않아도 알 수 있다.

6. 금융위기인가, 경제위기인가

이번 금융위기에서 중국이 보여준 모습을 사례로 중국이 직면한 도전을 살펴보자. 금융위기에 관해서 중국의 전문가와 일반 사회는 모두 다른 관점을 가지고 있다. 그중 논쟁이 되는 것은 이것이 도대체 금융위기인가, 경제위기인가 하는 문제다. 이 둘은 서로 얽혀 있다. 그러나 이론적으로 구분하는 것도 중요하다. 금융위기가 폭발한 후 대부분 매체는 분석의 중심을 미국의 서브프라임 모기지 위기와 금융 투기에 두었다. 그러나 로버트 브레너Robert Brenner 같은 몇몇 경제학자는 이번 위기가 일반적인 금융위기나 금융파생상품 문제에 불과한 것이 아니라 그 근원은 생산 과잉이 초래한 경제위기라고 주장했다. 금융위기와 경제위기의 관계는 연구할 가치가 있는 주제다. 금융 파생상품 문제에 불과하다면 과도한 투기와 효과적인 감독 결여가 일으킨 문제다. 경제위기라면 자본주의에 구조적 위기가 있고 소수의 투기만이 아닌 생산양식의 문제가 조성한 위기임을 말해준다. 사실 둘은 서로 연관된다. 금융위기는 생산양식 전체와 연관되지 않을 수 없다. 중국의 상황은 미국과 다르다. 위기가 주로 실물경제에 집중되어 있고 경제 구조가 국제 시장에 높게 의존하고 국내 소비도 심각하게 부족해서 국가의 부양 계획과 세수 감면이 경제성장을 유지하더라도 경제 구조를 바꿀 수 없고 사회보장과 사회평등으로 내수를 촉진하더라도 새로운 생산 과잉을 초래할 수 있다. 금융 영역에서도 두 가지 문제가 하나로 얽혀 있다. 예를 들면, 중국의 고액 외환보유와 미국 국채 구입의 안전성이 주목받는데, 이 문제는 수출경제에 대한 고도 의존, 미국 패권과 관련 있을 뿐 아니라 국제 투기꾼이 인민폐 가치 상승을 예견하고 행한 금융투기 때문에도 형성되었다. 실물경제 위기는 금융 투기와 연결된 것인지 확연히 구분할 수 없다.

또 다른 논쟁은 현재의 위기가 도대체 주기적인가 구조적인가다. 현재 관점에서 보면, 이 둘의 상황도 서로 얽혀 있다. 이른바 주기적 위기는 경제가 자기회복에서 위기에 이르는 상태를 의미한다. 구조적이라면 이전의 구도로 회복될 수 없고 구조적 변화도 있을 수 있음을 의미한다. 지금의 시점에서 보면, 경제 상황은 회복하고 호전될 수 있다. 따라서 위기에 주기적 특징이 있다. 그러나 반드시 이전의 구조로 회복될 수는 없다. 예를 들면, 금융 체제가 신자유주의 고조 시기 모델로 돌아갈 수 있을까? 위기에 대응하는 과정에서 구미의 금융기관은 대규모로 국유화되었고 각국 정부가 모두 경제와 금융에 크게 간섭했다. 정부가 부양계획을 조정하고 은행시스템에서 빠져나오기 시작하더라도, 금융시스템이 완전히 이전 모델로 돌아갈 가능성은 희박하다.

그 밖에도 환경위기, 에너지 문제, 발전과정에서 파괴된 사회관계는 회복해야 한다. 따라서 약탈적 개발 방식이 지탱하던 고속 경제성장을 지속하기는 어렵다. 일반 노동자의 사회적 대우를 향상하고 생태 환경을 점진적으로 변화시키는 것은 이미 거스를 수 없게 되었다. 최근 미국이 대기 온난화와 탄소배출 감소 문제를 제기하자 환경 문제가 점점 국제정치의 중요 이슈로 떠올랐다. 중국에는 여기에 신제국주의 문제가 있다고 제기하는 사람도 있다. 환경문제를 이용해 제3세계를 압박하고 선진국의 책임을 회피하려 하는 것은 분명 존재하는 현상이다. 그러나 기후변화가 가져온 보편적 영향을 부인할 수는 없다. 대기 온난화 문제는 아주 심각하다. 그리고 속도도 빠르다. 빙하가 녹고 습지가 사라지고 몇몇 지역이 사막으로 변하고 강과 호수가 심각하게 오염되고 수자원이 부족한 일련의 문제들은 원래 생활 방식을 지속할 수 없음을 의미한다. 오랫동안 이 방면을 조사·연구한 원자쥔文佳軍은 태양열온수기와 농촌 바이오가스 처리기 사용 등을 사례로 중국이 에너지 절약과 환경보호를 위해 많은 일을 했다고 설명하고 이에 상응해서 과거 한동안 클린에너지 기술 분야에서 선두에 올라섰고 풍력발전 등도 신속하게 발전했다고 밝혔다. 그러나 문제는 발전주의와 소비주의가 이미 중국의 발전 모델에 깊이 파고들어 신속하게 환경에 대한 압박을 조성한다는 점이다.

이상의 측면에서 보면 수출주도형 경제는 반드시 변하게 된다. 첫째, 장기적 경제 위험을 피하려고 내수 진작으로 과도한 수출 의존 상태를 바꾸면 경제 구조가 필연적으로 변할 것이다. 둘째, 세계시장이라는 조건에서 수출상품 등급을 올리는 일도 새로운 세계 경제 구조에 적응해서 국내 노동자원과 자연자원을 과도하게 착취하는 것을 개선하는 데 꼭 필요한 선택이다. 셋째, 미국의 경제적 지위가 점점 쇠락하면서 비교적 긴 시간 안에 세계 경제관계에 중요한 변화가 생길 것이다. 국제경제에서 위안화의 지위가 강화되고 다른 지역적 무역의 중요성이 증가할 것이다. 이 모든 것이 경제 구조 변화 가능성을 의미한다. 이 변화들은 일반적인 주기적 변화가 아니라 세계적이고 구조적인 변화일 가능성이 크다. 현재 중국 경제는 이미 바닥을 치고 올라가고 있다. 그러나 구조적 조절이 없다면 곧 새로운 구조적 위기를 맞을 것이다. 특히 새로운 생산 과잉이 초래하는 금융 체제 불안정과 여타 사회 문제가 생길 것이다. 세계 경제위기에 대응하기 위해서라지만 사회보장체제의 전면 재건, 환경 활동 수준 향상, 경제 구조 업그레이드 촉진, 도시와 농촌의 유기적 상호관계와 평등 관계 재건, 교육투자 확대, 맹목적 발전주의로 파괴된 사회관계 보수와 발전 등은 피할 수 없는 선택이다. 이 문제들은 모두 단기적 문제가 아니라 장기적이고 구조적인 문제다.

역사 속에서 대규모 경제위기가 발생한 뒤에는 사회체제와 사회 사조가 모두 그에 따라 변했다. 경제위기에 따라 새로운 사회 정책이 출현할 뿐 아니라, 그 부산물로 전쟁, 혁명, 사회운동도 일어났다. 구식 대규모 사회운동 모델─농민운동, 노동자운동, 계급 투쟁 등─이 새로운 형태로 바뀌고 국지적 전쟁이 일어나지만 제2차 세계대전과 같은 전쟁은 없다. 국지적 전쟁은 20세기의 폭풍우 같은 혁명을 일으키지는 않지만 새로운 형태의 저항 유형을 일으킨다. 중국에서 국유기업 개혁 때문에 일어난 충돌은 이미 수년간 지속되었다. 장기적으로 효과적인 방안을 내놓지 않자 몇몇 이익집단과 기층정부는 사유화 계획을 추진해서 최근 사회투쟁에서 폭력 현상을 불러왔다. 지역 차별, 도농 차별, 빈부 차별로 발생한 민족 모순도 첨예한 흔적을 갖고 목표 없는 사회적 보복이 초기 사회운동 모델을 대체했다. 정치적 측면에서는 경제위기와 정치적 변천의 관계도 확정적이지 않다. 미국에서 오바마가 대통령에 당선되고 의료보험 개혁을 추진함으로써 그 성공 여부와 관계없이 약간 왼쪽으로 돌아서는 듯한 모습을 보였지만 그 최종 결과는 결코 낙관적이지 않다. 유럽은 정치적으로 오른쪽으로 돌아섰다. 사르코지, 메르켈, 베를루스코니의 당선이 그 명확한 사례다. 영국 노동당은 혼란에 빠지면서 좌라고도 우라고도 할 수 없게 되었다. 최근 북한과 이란에서 발생한 사태는 지정학의 연속이다. 이런 배경에서 중대한 변천을 어떻게 분석할 것인가? 가장 중요한 것은 지도자를 바꾸었다는 것이 아니다. 진보적으로 보이는 어떤 지도자로 바꾸었더라도 국제 영역에서 그들이 어떤 역할을 할지는 말하기 어렵다.

경제위기가 가져온 진정한 변천은 신자유주의의 절대적 지위가 쇠락한 것이다. 신자유주의의 패권적 지위는 1980년부터 점점 강해졌고 1990년대 절정에 이르렀다. 그러나 코소보전쟁, 9·11 테러 이후 신자유주의와 신자유주의적 제국주의는 전 세계적으로 크나큰 도전을 맞았다. 이 위기가 오자 신자유주의의 패권적 지위가 널리 의심받았다. 경제위기가 오자 신고전주의 경제학을 중심으로 한 일련의 주장이 사회 대부분에서 더는 절대적 신임을 받지 못한다. 그렇다고 신자유주의의 영향력이 빨리 사라지는 것은 아니다. 그것의 여파도 빨리 사라지지 않는다. 사실 신자유주의의 여파는 앞으로도 오랫동안 우리를 따라다닐 것이다. 그러나 그것의 패권적 지위는 철저하게 흔들렸다. 새로운 발전 모델을 탐색하는 것이 이미 뚜렷한 사회의식과 정치적 가치로 상승했다. 신자유주의의 몇몇 기본 가치에 대한 논쟁은 여전히 지속될 것이다. 그러나 이것은 쇠락하는 과정에서 벌이는 논쟁이다.

또 다른 중요한 변화는 지정학적 관계에서 나타난다. 지정학적 관계와 전 지구 권력관계의 전변은 장기적인 과정이다. 그러나 경제위기는 하나의 상징적 사건일 것이다. 자본주의 역사에서 과거 중대한 위기 때마다 권력관계가 변했다. 예를 들면, 미국의 패권적 지위는 제1차 세계대전 이후 점점 확립되었고 소련의 패권적 지위는 제2차 세계대전 이후 성립되었으며 냉전은 두 패권이 지배하는 구조였다. 이 패권들이 확립되면서 기존의 패권체제는 돌이킬 수 없이 쇠퇴했다. 지금은 더 이상 단순한 제국주의와 민족주의의 시대가 아니다. 새로운 지정학적 관계와 권력관계의 전변을 분석해야 한다. 예를 들면 금융위기에서 미국 달러의 패권적 지위는 철저하게 동요되지는 않았지만 약해졌으며, 지위 하락은 장기적 과정일 것이다. 힐러리가 중국을 방문했을 때 원자바오는 미국 내에 있는 중국 자산의 안전에 대한 '우려'를 솔직하게 표현했다. 중국 지도자의 우려는 진실이었다. 그 전제는 종속적 경제 관계 형성이다. 그러나 외부에서 보면, 개발도상국 지도자가 이렇게 미국 지도자에게 그들의 패권적 화폐에 대한 우려를 솔직하게 표현하는 일은 10년 전에도 있을 수 없는 일이다. 달러화에 대한 중국의 믿음이 흔들리고 종속적 경제 모델을 바꾸려는 노력이 성공을 거두면 미국의 패권적 지위에 심각한 영향을 줄 것이다. 위기 전에 중국의 금융 체제는 신자유주의적 방향으로 변하고 있었다. 그러나 금융위기 동안 중국의 은행은 세계에서 상장주식 가치가 가장 높은 은행으로 바뀌었다. 중국의 은행시스템도 상대적으로 안정되었다. 즉, 미국과 유럽이 절대적 중심인 경제-금융체제는 도전받고 있다. 중국 경제에 도대체 어떤 모델이 존재하는가에 대해 지금 큰 논쟁이 벌어지고 있다. 그러나 모델을 논의하는 것은 지나간 모델, 지나간 패권을 회의하기 위해서가 아니다. 이것은 다른 지역에서 사람들이 중국 모델에 대해 중국인 자신보다 관심을 기울이는 이유기도 하다.

지난 수백년 간 세계 권력의 중심은 몇 차례 크게 변했고 그 변화는 매번 서양 내부에서 일어났다. 이번은 다르다. 미국과 유럽이 강력한 도전을 받았다. 아시아의 지위 특히 중국의 지위가 바뀌었다. 미국은 오랫동안 여전히 중요한 패권이다. 그러나 더는 절대적 패권이 아니다. 그리고 반드시 점점 기울어질 패권이다. 길게 보면, 이 변화의 세계적 영향은 클 것이다. 주목할 만한 점은 변화가 중국에서만 일어나지 않을 것이라는 사실이다. 브릭스 4개국 회의나 상하이 협력 기구 6개국 회의가 연달아 열렸고 이 회의에서 전 지구적 문제에 대한 견해가 제시되었다. 브릭스 4개국에 관한 논의는 논쟁과 이견이 많다. 그러지만 이 개념은 분명 낡은 세계질서에 도전하고 있다. 중국의 대외무역을 자국 화폐로 결산하는 비중이 점점 커지고 있다. 이런 양자 간 결제 모델의 의미는 당사자에게만 그치지 않고 전 지구적인 것이며 기존의 패권에 대한 도전을 의미한다.

경제성장의 중심 부분이 태평양 지역 또는 동아시아 주요 경제체제로 이동함에 따라 세계적 권력관계에 구조적 변화가 일어나고 있다. 경제위기가 일어나는 상황에서 중국의 경제발전 속도는 상대적으로 느슨해졌지만 세계적 범위에서는 여전히 가장 빠르다. 단순한 경제성장이 중국의 구조적 조정에 수많은 문제를 가져오기는 하지만, 이 성장 속도는 세계 경제에 긍정적 요소다. 중국 경제의 고속성장은 고립된 현상이 아니고 다른 지역과 비교하면 전체 동아시아 지역은 모두 성장 속도가 빠른 지역이다. 그리고 이 지역의 경제 융합도 빠르다. 중국의 부상은 중국이 미국의 지위를 대체하는 것과 같지 않다. 그러나 중국과 이 지역이 세계 경제 전체에서 차지하는 비중이 높아짐에 따라 전통적 1, 2, 3세계 구도가 바뀌고 세계의 다극화 형성에 공헌한다. 이 금융위기는 상징적 사건이다. 일반적 조절이 아니라 대규모 구조적 변천의 일환이다.

특히 주목할 것은 기존의 세계적 패권 구조가 단순한 경제적 패권과 경제적 구조일 뿐 아니라 정치사회적 관계와 문화적 가치이기도 하다는 사실이다. 현재의 경제 구조는 이미 조정되기 시작했다. 문화와 정치의 변화에도 더 많은 창조적 작업이 필요하다. 새로운 모델과 사회적 관계의 생산은 자연적 결과가 아니라 사람이 만들어야 하는 것이다. 이 위기가 가져온 구조적 전환이 지정학적 관계의 전환일 뿐이라면 그것은 패권 관계의 이전에 불과하다. 오늘날 논의해야 하는 아주 중요한 문제는 중국이 어떤 국제적 지위를 원하는가? 중국은 어떤 사회적 관계를 원하는가? 어떤 정치 문화를 원하는가 하는 것이다. 즉, 우리는 경제위기와 새로운 정치의 관계, 새로운 문화의 관계를 생각할 필요가 있다. 제 1차 세계대전 때 중국에서 신문화운동이 일어나 새로운 정치를 발생시킨 것처럼 우리도 금융위기와 정치의 관계를 물어야 한다.

중국 경제가 성장하면서 중국은 더 넓은 국제 협력과 시장을 찾고 있다. 아시아와 기타 지역에서 중국의 존재는 서양에서 수많은 논란과 불안을 일으켰다. 그렇다면 중국은 경제 세계화 과정에서 또 다른 발전 모델을 찾는 동시에 서양이 다른 지역에서 했던 방식을 되풀이하지 않아야 하는 것 아닐까? 이것이 바로 중요한 과제다. 중국에는 국제주의 전통이 있다. 그리고 제3세계의 운명에도 크게 관심을 가졌다. 제3세계, 특히 아프리카와 라틴아메리카에서 중국의 명망은 여전히 그 전통의 수혜를 받고 있다. 이 전통들은 시장화와 세계화 조건에서 여전히 생산적 역할을 할 수 있을까? 자본주의 경제 자체가 확장성을 가진다. 자본주의는 에너지와 기타 에너지를 필요로 하고 세계적 범위에서든 일국적 범위에서든 확장성을 갖는다. 바로 이런 의미에서 중국의 현대 국제주의 전통은 다시 거론될 필요가 있다.—혁명 수출식 국제주의가 아니라 제3세계 국가의 생존, 발전, 사회적 권리에 진지하게 관심을 두고 세계적 범위에서 평등, 민주, 공동 발전의 길을 모색하는 것이다. 패권적 세계구조를 분석하지 않으면 세계에서 중국의 지위를 깊이 있고 정확하게 분석할 수 없다.

국제적 지위문제는 국내 관계문제의 변화와 관계가 있다. 중국은 어떤 상업, 정치 문화를 발전시켜야 하는가? 중국과 미국식 패권은 어떻게 구별되는가? 중국은 초기 자본주의와 달라야 한다. 문화와 정치에서 시장은 중요한 역할을 한다. 그러나 시장 논리가 모든 것을 좌우하게 해서는 안 된다. 경제체제 측면에서 노동자의 지위는 뚜렷이 올라가야 하고 생태와 자연환경은 개선되어야 한다. 중점은 정치와 경제 관계의 변화에 있다. 그러나 이 점에 대한 논의는 가장 적다. 현재의 구조적 위기는 기존의 주도적 모델의 위기이기도 하다. 현재는 새로운 정치를 창조하는 때다.

1990년대는 끝났다. 2008년이 그 상징이다. 이 포스트 1989년의 과정은 지난 몇 해 끝나려는 모습을 보였지만 사건의 영향은 여전히 부분적으로 이어졌다. 그러나 2008년에 와서 이 과정은 끝났다고 할 수 있다. 그것을 상징하듯 세계적 범위에서 신자유주의 경제 노선이 중대한 위기를 맞았다. 중국에서 이 과정은 일련의 사건으로 드러났다. 3·14 티베트 사건에서 원촨대지진까지, 베이징올림픽에서 금융위기까지 중국 사회는 자신의 세계적 지위를 다르게 해석했다. 중국의 위험관리 기제는 여러 형태로 표출되었으며 서양 사회에서 중국의 부상에 관한 논의가 이미 한동안 있었다. 그러나 위기 속에서 사람들은 갑자기 중국이 이미 반드시 대면해야 하고 미국에 버금가는 경제체제가 되었으며 사람들의 예상을 뛰어넘는 속도로 그것에 상응하는 자신감을 드러내고 있음을 알아차렸다. 이 변화는 드라마틱하다. 교묘한 부분도 있지만 결코 우연은 아니며 다음과 같은 점이 문제가 될 것이다. 중국 사회가 시장화 과정에서 축적한 모순과 세계화 과정에서 직면한 위험도 마찬가지로 유례없는 것이다. 하나의 명제로서 '90년대의 종결'의 진정한 의미는 새로운 정치, 새로운 길, 새로운 방향을 탐색하는 것이다.

제2부

재정치화를
향하여

8장
두 가지 신빈민과 그들의 미래
: 계급 정치의 쇠락과 재형성, 그리고 신빈민의 존엄 정치

머리말

이것은 새로운 시대의 오랜 화제다. 중국에서 이 화제는 적어도 제1차 세계대전이 끝나는 시기로 거슬러 올라간다. 1918년 11월 16일 '유럽 전쟁'이 정전공보를 발표한 뒤 5일 후 베이징대학 총장 차이위안페이는 연합국 승리를 경축하는 강연에서 '노동자는 신성하다勞工神聖'라는 구호를 제시했다. 차이위안페이는 연설에서 이렇게 말했다.

> 내가 말하는 노동자는 금속공, 목공 등에만 국한되지 않는다. 스스로 노력해 타인을 유익하게 하는 일을 포괄적으로 지칭한다. 육체의 힘을 쓰든 뇌의 힘을 쓰든 모두 노동이다. 따라서 농민은 씨를 심는

노동자고 상인은 물건을 옮기는 노동자다. 학교 직원, 저술가, 발명가는 교육하는 노동자다. 우리는 모두 노동자다! 우리는 스스로 노동자의 가치를 인식해야 한다! 노동자는 신성하다.[1]

'노동자는 신성하다'는 관념은 지식계에서 빠르게 반향을 일으켰다. 1919년까지 이미 덕德(데모크라시), 새賽(사이언스) 두 선생을 대신해서 가장 크게 울려 퍼지는 구호가 되었다. 1920년 『신청년』 제7권 6호는 '노동절기념호'를 발행했고 속표지에 차이위안페이가 손수 쓴 "노동자는 신성하다勞工神聖"라는 표어를 실었다. "노동자는 신성하다'라는 구호가 노동자와 신성을 처음으로 연결하면서 노동자의 존엄 문제를 밝히는 동시에 '노력(체력)'과 '노심(뇌력)' 두 측면을 종합해서 새로운 노동 개념을 제시했다. 따라서 20세기 중국에서 노동자와 그 존엄에 대한 지속적 탐색의 장을 열어젖혔다. 이 탐색의 풍부함, 복잡성, 비극성은 구호를 내놓은 사람들의 예상을 훨씬 뛰어넘었다. 이 구호에 대한 배척과 확장에는 모두 20세기의 역사적 가치, 우리 각자와 관련된 이 시기 역사와의 관계에 대한 우리 판단이 담겨 있다.

20세기는 이미 역사가 되었다. 비록 중국은 전대미문의 세계의 공장 단계에 처해 있지만 '포스트 산업사회'라고 불리는 서양은 오히려 '생산 말기에 처해 있다.' 장 보드리야르Jean Baudrillard(1929~2007)는 이렇게

---

1 蔡元培, 「勞工神聖 ― 在慶祝協約國勝利大會上的演說(1918年 11月 16日」, 『北京大學日刊』, 1918年 11月 27日.

공언했다. 그는 이어 "과거 노동은 일종의 현실을 지칭했다. 즉 사회생산과 부의 축적이라는 사회적 목표였다. 더 나아가 자본과 잉여가치 안에서 노동이 착취당하는 때, 바로 이 시기에 그것은 자본의 확대재생산과 최종적 궤멸을 위해 여전히 일종의 사용가치를 지녔다." "오늘날은 그렇지 않다. 노동은 더 이상 생산적이지 않다. 그것은 노동을 파견하기 위한 재생산으로 변했다. 이것은 심지어 자신이 생산을 원하는지조차 모르는 사회가 드러내는 총체적 습성이다." "현재는 재생산노동이 더욱 필요하다. 이것을 사회적 위장, 반응, 도덕, 공감, 리듬, 현실 원칙으로 삼는다. 그러나 이것은 코드화된 현실원칙이다. 이것은 거대한 노동 기호 의식이다. 그것은 사회 전체로 확장되었다.—그것이 아직 생산되는지는 중요하지 않다. 그것은 자신을 재생산한다."[2] 보드리야르가 이런 주장을 발표했을 때 대부분 마르크스주의자는 이것이 유럽 포스트 산업사회의 현상일 뿐이라고 이해했다. 그들은 전 지구적 범위의 자본주의적 노동 분업이 여전히 항상적 상태로 존재한다고 생각했다. 즉 주변 지역의 노동이 전과 다름없이 생산성이 있고 그들을 불평등한 전 지구적 관계 속에서의 피착취자라고 생각했다.

여기서 나는 이 문제를 논의할 준비는 되어 있지 않다. 그 대신 또 다른 생산적 노동의 충분한 형식으로서 '비생산적 노동'을 관찰할 것을 제안한다. 예를 들면 경제위기 단계에 생산에 자극을 주기 위해 투입하는 생산이 바로 자신을 재생산하려는 생산이다. 또한 생산 과잉품의 생산

---

2 讓 波德里亞, 『象徵交換與死亡』, 南京 : 鳳凰出版傳媒集團, 2006, 11~12쪽.

이다. 이것은 현대 자본주의의 부가적 현상이다. 20세기 경제위기와 달리 오늘날의 경제위기는 장기화하는 특징을 지닌다. 오늘날 중국에서 대규모 산업화가 진행되는 과정에서 '생산적인' 생산이 여기저기서 노동자를 찾고 있다. 그러나 경세위기의 영향으로 생산 과잉과 '재생산노동'의 수요는 이미 항상적 상태가 되었다. 2008년 금융위기의 압력을 해소하기 위해 중국 정부는 4조를 투입해서 투자를 일으켰다. 그 결과 더 큰 규모의 생산 과잉을 낳았다. 어느 정도 의미에서 재생산을 유지하는 생산이라고 묘사할 수 있다.

2010년 광둥 둥완東莞시에 세워진 폭스콘에서 노동자 13명이 연이어 투신자살하는 참극이 벌어졌다. 그렇지만 노동자의 생명과 그 존엄에 대한 토론은 이제 막 등장했다. 폭스콘 사장이 노동자 100만 명을 로봇으로 대체하겠다고 선포하자 정부와 미디어 사회 전체에서 즉각 앞으로 다가올 실업을 우려했다. 노동자의 존엄이라는 문제는 아주 빨리 노동자의 재생산 문제로 전환되었다. 노동력이 밀집된 허난성에서는 연해 지역에서 이곳으로 막 이전한 대형 초국적 기업이 갑자기 노동자 부족 현상을 맞았다. 이 때문에 그곳 정부가 노동자 취업을 촉진하기 위해 폭스콘을 포함한 대형 기업에 대한 보조에 동의했다. 즉 기업에서 노동자 한 명을 고용할 때마다 정부에서 기업에 200위안을 보조하는 방안이다. 이는 결코 생산의 종말이 아닐 수도 있다. 그러나 확실한 것은 '재생산노동'을 위한 생산이라는 새로운 현상이라는 점이다. 노동자의 신성함이라는 명제에 '재생산노동' 문제를 근본적으로 해결하는 것에 그치지 않는다.

단기 20세기: 중국 혁명과 정치의 논리

20세기 중국을 구성한 존엄 정치의 주요 개념, 이를테면 계급, 계급적 정당 그리고 이와 관련된 정치적 범주들은 일찌감치 또는 현재 '발전'을 중심으로 한 근대화 개념에 대체되었다. 역사종말론이 끝내려는 것은 바로 이런 범주들로 조직되는 '역사'다. 1989~1991년의 거대한 변화 후 중국 혁명과 노동자 국가와 관련된 이러한 정치들은 심지어 현대의 존엄 정치와 대립되는 것으로 비친다. 이 진부한 화제들이 아직 의미가 있을까? 이 글의 제목에 대해 말하면 따옴표를 붙인 '포스트 계급사회'는 계급적 현상의 소멸을 가리키는 것은 아니다. 마르크스가 말하는 공산주의를 의미하는 것은 더욱 아니다. 이 표현으로 현대사회의 계급 현상과 19, 20세기의 계급 정치를 구분하려는 것이다. 계급 정치가 쇠락한 후 '계급'은 19세기부터 20세기적인 계급혁명의 정치적 함의를 꼭 담은 것은 아니다. '신빈민'도 20세기 무산계급과 동일할 수 없다. 이런 맥락에서 논의하는 존엄의 정치는 유럽 귀족체제와 그 영예관의 대립물인 근대적 평등주의와 결코 같지 않다. 그렇다면 우리 논의는 어떤 역사적 관계에서 어떤 행동을 소리쳐 불러야 할까?

　계급 또는 노동자계급이 이미 현대인에게 진부하고 낡은 개념이 되었다면 존엄의 정치라는 더 진부하고 낡은 개념의 운명은 또 어떻게 될까? 유럽 철학에 익숙한 사람에게 존엄 개념은 근대적 평등주의와 보편주의의 토대이며 반복적으로 논할 가치가 있고 오랜 시간이 지나면서 더 새로워지는 화제다. 헌정인권에서 문화다원주의까지, 개인 권리에서 집단적 정체성까지 전통적 계급제도의 토대에서 수립된 영예 관념과 구별되는 존엄이 반복해서 겉모습을 바꾸고 있다. 개인 영역에서 존엄은 개인의 정체성과 관련된 참신한 이론과 함께 연관된다. 라이오넬 트릴링Lionel Trilling, 찰스 테일러Charles Taylor 등의 견해에 따르면 이런 개인화된 정체성은 진정성, 내면성 또는 이성적 주체 개념과 밀접하게 관련된다. 전자는 그 기원이 루소가 다른 사상을 종합해서 형성한 담론까지 거슬러 올라가고(이런 관념은 헤르더에서 민족적 자아 식별에도 사용되었다) 후자는 칸트가 이성 개념에 기반을 두고 전개한 존중에 대한 담론, 즉 우리가 존엄한 존재가 될 만한 이유는 우리가 이성 원칙에 근거해 자기 생활을 주도하는 이성적 주체이기 때문이라는 담론에서 연원한다.[3] 공공적 차원에서 존엄 관념은 평등 승인의 정치에서 집중적으로 구현된다. 민족, 인종, 성별, 계급 등 정체성 차이는 모두 시민의 평등한 권리와 존엄에 따라야 한다.[4]

이 보편주의적 존엄관과 그것의 평등 승인의 정치에 대한 현대의 논쟁은 두 영역에 집중되어 있다. 하나는 성별, 인종과 문화연구에서 발생하는 다원주의적 담론이다. 그 중심은 차이의 정치 또는 정체성의 정치이고 특징은 평등주의의 토대 위에서 차이 인정 문제를 끌어넘으로써 차이와 평등, 이질화와 동질화에 대한 이론적 토론을 끌어내는 것이다. 다른 하나는 오래되었지만 오늘날 도리어 더 첨예하게 드러나는 토론이다. 평등이 시민권과 선거권에만 관련된다고 여기는 고전적 자유주의의 관점과 다르게 사회주의 또는 사회민주주의는 평등은 경제 영역으로 확장

---

3 泰勒, 「承認的政治」, 汪暉, 陳燕谷 主編, 『文化與公共性』, 北京 : 三聯書店, 2005, 303쪽.
4 같은 책, 292~301쪽.

되어야 하고 또 이미 그렇다고 믿는다. 따라서 존엄의 정치는 정반대 방향으로 향한다. 존엄에 관한 이러한 두 가지 공공 토론은 사실상 모두 보편주의적 평등정치의 내부적 위기를 불러일으켰다.—차이의 정치는 성별, 종족 또는 문화적 배경의 차이가 평등 승인의 정치를 가져올 것을 요구한다. 따라서 이 정치의 보편주의적 성격을 위태롭게 한다. 경제적 평등의 요구는 공동의 목표를 지닌 공동체와 그 분배 기제를 평등 승인의 정치로 가져오려고 함으로써 순수한 개인 본위의 권리관과 충돌했다.

19세기와 20세기에 우리는 사회주의 운동과 노동자국가가 자유주의적 민주주의 모델과 서로 대립하면서 경쟁하는 것을 목격했다. 이런 대립과 경쟁은 보편주의적 존엄 정치 또는 평등 승인의 정치적 투쟁에 내재한다. 계급 범주와 그와 관련된 정치도 마찬가지로 전통적 영예관의 쇠락에서 기원한다. 그것이 해결하려고 한 것은 근대사회 내부 계급제의 재생산이다. 따라서 근대의 존엄관과 내재적 연관을 가진다. 바로 보편주의적 평등 승인의 정치 토대 위에서 계급, 성별, 민족 등의 개념은 존엄 문제를 사유하는 주된 정치적 범주가 된다. 1989년 이후 차이의 정치를 주요 형식으로 하는 문화다원주의 담론이 20세기 계급 담론을 대체하고 자유주의적 민주주의와 그것의 공공 승인 또는 평등 존중에 도전하는 의제가 되었다. 그리고 금융위기 시대에 이른바 1퍼센트 대 99퍼센트의 충돌이 경제적 불평등을 두드러지게 했고 빈민, 신빈민의 범주가 다시 자본주의를 극복하는 상상을 촉발했다. "계급으로 돌아가자"가 사회계층 분화와 사회 분화 연구의 일부 현상이 되었다. 일부 현상이라고 말하는 이유는 계급 개념이 이런 연구에서 막 사용하기 시작한 개념에 불과하기 때문이고 현실 정치, 심지어 평등정치에서도 계급 개념이 힘을 잃었기 때문이다. 자유파가 열광하는 시민사회, 급진좌파가 제시하는 다중multitude과 신마르크스주의자가 규명하는 '신빈민'은 사실은 모두 전통적 계급관념을 대체한다.

차이와 평등 문제에 관해서는 「대표성의 균열—다시 묻는다 '어떤 평등'인가」에서 분석했다. 이 장에서는 두 가지 '신빈민' 문제를 이중의 배경, 즉 자본주의 세계화와 노동자 국가의 파산의 상호작용 속에서 논의하려고 한다. 나는 이런 질문을 던져보려 한다. 평등정치의 위기와 가능한 미래가 계급, 존엄 등 고전적 문제와 여전히 관계가 있는가?

1. 신빈민과 신노동자의 탄생

빈부 분화, 노동 분화, 지역 분화는 자본주의 시대의 항상적 상태다. 이 상태에서 누가 빈민이냐는 문제는 말하지 않아도 자명하다. 자본가보다 노동자가 가난하고 도시민보다 농민이 가난하고 발달 지역 또는 제1세계보다 저발달 지역 또는 제3세계가 더 가난하다. 마르크스는 생산양식을 분석해 노동과 자본의 상호관계 속에서 계급 착취와 가난의 관계를 해석했다. 『빈민의 경제학』의 저자 슈워츠는 농민에 집중해서 빈민을 분석했다. 그는 인력 자본 개념을 통해 산업화 과정에서 농촌 발전 문제를 해결하는 데 공을 들였고 실제로 발전 각도에서 결국 고전적 계급문제를 없애버렸다. 종속이론은 자본주의 생산이 중심-주변 관계를 부단히 재생산하고 제3세계 국가를 제1세계 주변 지역으로 만들어 자주적으로 발전할 수 없도록 하며 장기적으로 빈곤 상태에 빠지게 한다고 여긴다. 이 논단은 레닌 이후 계급 개념을 세계 관계 분석에 적용한 이론적 결과다. 따라서 파산했거나 자주 파산하는 농민, 프롤레타리아화 과정에 처한 노동자, 제3세계 농촌과 도시 빈민굴에서 옷을 제대로 입지도 못하고 먹을 것을 배불리 먹지 못하는 사람들이 빈민 개념을 설명한다.

냉전이 끝난 뒤 위와 같은 빈민의 정의가 변했다. 이 변화를 촉진한 가장 주된 요소는 바로 금융세계화의 지배 아래 전 세계에 영향을 주는 신산업화 과정과 정보기술의 발전, 노동자 국가의 파산과 연관된 새로운 국제 노동 분업의 형성이다. 21세기의 첫 번째 10년 동안 신흥 경제체제가 제조업 분야에서 주목할 만한 성과를 이루었다. "중국이 신흥 경제체제를 추진한 것이 전 세계 제조 영역에서 차지하는 비중이 상승한 주된 원인이다. 2000년 중국이 전 세계 제조업 생산에서 차지하는 비중은 7퍼센트였다. 2015년에는 비율이 9.8퍼센트로 상승했다. 6년 후인 2011년에 중국이 차지하는 비중은 한 차례 더 바뀌어 19.8퍼센트에 달해 미국이 전 세계 제조업에서 차지하는 비율을 넘어섰다. 이것은 역사적 변화다. 2011년은 미국이 한 세기를 뛰어넘는 동안 처음으로 전 세계 제조업 생산 1위의 왕좌를 잃은 해다."[5] 신산업혁명은 선진국과 개발

---

5 彼得 · 馬什(Peter Mash), 「21世纪的新工業革命」, 『FT中文網』 2012年 9月 4日 머리기사 (http : / / www.ftchinese.com / search / 彼得 • 馬什 / relative_byline?t=m). 이 글은 저자의 저서 *The New Industrial Revolution : Consumers, Globalization and the End of Mass Production*, New Haven : Yale University Press, 2012를 개괄한 것이다.

도상국이 전 세계 경제에서 갖는 관계와 지위를 바꾸는 동시에 새로운 빈민 모델도 창조했다. 중국 사회과학문헌출판사가 2012년 9월에 출판한 『사회관리청서: 중국 사회관리개혁 보고』 1호에 따르면 1980년대 초 중국의 지니계수는 0.275였고 2010년에 이미 0.438을 달성했다.[6] 인구 측면에서 중국 신빈민의 주요 구성원은 이른바 농민공 집단이다. 도시-연해의 공업과 서비스업에 의존하고 어느 정도 농촌에서 분배받은 토지를 유지하면서 농업 생산에서 이탈한 유동 집단으로, 이들은 순수한 전통적 농민 또는 땅을 잃은 농민(고용농, 떠돌이 또는 도시 빈민굴에 사는 라틴아메리카 또는 남아메리카 빈민처럼 땅을 잃은 자)이 아니다.

개혁 초기에는 농업 체제가 도시와 농촌 간의 차이를 줄이는 방향으로 개혁되었다. 그러나 1980년대 중반 도시 개혁이 실시되면서 도시와 농촌의 차이가 지속적으로 커졌다. 1990년대 말 "농촌이 진짜 곤궁하다, 농민이 진짜 힘들다, 농업이 진짜 위험하다."라는 징후로 나타난 삼농 위기가 사회여론의 중심을 차지했고 빈민과 농민의 신분적 연계가 도시와 산업개혁이라는 배경에서 더욱 두드러졌다. 바로 농촌의 파산, 농민의 빈곤화, 농업의 위기가 날로 확장되는 '세계의 공장'에 끊이지 않는 노동력 대군을 제공했다. 1999년 이후 진행된 삼농 문제에 대한 대토론과 그 후 국가가 추진한 신농촌 건설은 바로 이런 상황을 겨냥한 것이다. 그리고 농업세 감면과 의료보장제도의 농촌 확장 등의 부문에

---

6 連玉明 主編, 武建忠, 朱潁慧, 劉俊華, 石龍學 副主編, 『中國社會管理創新報告 no.1: 社會管理科學化與制度創新』, 北京: 社科文獻出版社, 2012.

서 일정한 성과를 거두었고 농민의 상태를 부분적으로 개선했다. 그러나 '삼농위기'는 결코 근본적으로 해결되지 않았다. 광활한 농촌 지역은 여전히 젊은 세대의 이탈, 노약자 농민의 경작, 농촌공동체의 공동화라는 곤경에 직면해 있다. 호구 통계에 따르면, 2008년까지 농촌에서 도시로 이동해서 일하는 사람이 2억 4000만 명이고 그중 60퍼센트 이상이 농업 생산에 종사한 경험이 없고 농촌으로 돌아갈 준비가 안 된 신세대 노동자다. 토지 유통 전략 정책이 실시되면서 노동자 집단이 토지를 약간 점유한 농민공 집단에서 도시 노동자 집단으로 바뀌고 있다. 도시에서 생활하는 그들은 고향에 돌아갈 수 없으며 도시 주민과 평등한 지위를 갖지 못한 집단이다. 그러나 경제적으로는 고전적 프롤레타리아가 아니고─그들은 결코 토지를 잃은 농민으로서 도시와 공업생산 체제에 진입한 것이 아니다─사회주의 시대에 수립된 토지 관계의 계승자로서 새로운 시장사회에 진입했다. 그중 대다수가 고향에 땅을 약간 소유해서 '무산자'가 아니다. 그들은 도시에 가도 신분이 변하지 않는다. 그러나 경제위기 조건에서도 그들 중 많은 수가 고향이나 고향 주변 지역으로 돌아가지만 반드시 다시 농업 생산에 종사하지는 않는다.

황쭝즈黃宗智는 최신 연구에서 이렇게 말했다. 전통적 '노동자'와 '농민' 범주는 이미 오늘날 중국의 사회적 현실에 적용되지 않는다. 이 낡은 범주에 근거한 국가의 노동 법규는 현실 속 노동 인민과 맞지 않기 때문에 이미 상당 부분 소수 특권 블루칼라 노동자와 화이트칼라 공무원, 사업자, 대형·중형 기업 직원을 보호하는 법규로 변했다. 그는 더 나아가 이렇게 말했다. 오늘날 대다수 중국 노동 인민은 전통적 의미의 산업노동자가 아니며 전통적 의미의 농민도 아니다. 반노동자·반농민, 노동자이면서 농민인 농촌 호적 보유자다. 그들 대다수는 노동법이 보호하는 범위 밖에 있고 임시적 '노무' 인력으로 취급받으며 '노동관계'가 아닌 '노무관계'에 처해 있다. 그들의 생활 상황은 진정한 중산계급과 격차가 커서 거의 각자 다른 세계에 속한다. 황쭝즈의 통계에 따르면 중산계급을 포함한 노동법의 보호를 받는 정규 경제 인구는 취업 인구의 16.8퍼센트에 불과하고 반노동자 반농민으로 노동법의 보호를 받지 못하는 비정규 경제 노동 인민이 83.2퍼센트다.[7]

신노동자 집단은 자본주의 세계 공장이 형성되는 과정 속의 계급관계, 도농 대립, 지역 분화의 산물이다. 2013년 국가 통계국의『농민공점검보고』통계에 따르면 제조업 종사 노동자가 농민공 집단의 27.5퍼센트, 건설업이 20퍼센트를 차지하고 나머지는 모두 3차 산업에 종사한다.[8] 건설업에는 재하청, 외주가 많아서 소수의 건설 노동자만 노동 계약을 맺고 절대다수 건설 노동자는「노동 계약법」의 보호를 받을 수 없다. 칭화대학, 베이징대학, 홍콩이공대학 등 대학교수와 학생이 이끈 '신세대 농민공 주목 프로젝트'에서 실시한 전국 건설업의 고용 상황에 대한 대규모 설문조사와 분석에 따르면 2011년에는 건설업 농민공 75.6퍼센트가 노동 계약을 맺지 않았고 노동 계약을 맺은 표본 중 63.6퍼센트

---

7 黃宗智,「重新認識中國勞動人民: 勞動法規的歷史演變與當前的非正規經濟」,『開放時代』2013年 第5期, 69쪽.

8 國家統計局,『2013年農民工監測調查報告』, 國家統計局網站, http://www.stats.gov.cn/tjsj/zxfb/201405/t20140512_551585.html.

가 손수 노동 계약을 맺지 않아서 노동 계약이 '유명무실'했다.[9] 2013년에는 건설업 농민공 82.6퍼센트가 노동 계약을 맺지 않았다. 정저우, 우한, 청두 등 공사 현장이 증가하는 도시에서는 노동 계약 미체결 비율이 더 높아서 93.2퍼센트, 87.9퍼센트, 85.5퍼센트에 달한다.[10] 건설업의 상황이 이러니 2차 산업 노동자는 노동 보호를 받기가 더 어렵다. 현재까지는 제조업에서 일하는 농민공이 일정한 불만과 항의의 목소리를 냈다. 앞서 말한 신노동자의 상황과 서로 조응하고 연관된 것은 사회주의 시기 특수한 지위에 있던 노동자계급의 쇠락이다.—그들은 모종의 주체적 지위에 있는 도시계층에서 아주 빠르게 도시 빈민 또는 실업자 신분으로 전락했다. 이런 전환의 역사적 깊이는 현대인의 상상을 훨씬 뛰어넘었다. 우리는 아마 한 세대가 지나서야 그 역사적 함의를 이해할 수 있을지도 모른다. 20세기의 노동자계급과 비교해서 신노동자 수와 규모는 훨씬 방대하다. 그러나 이 집단은 정치 영역과 문화 영역에서 거의 자기 지위가 없다. 그래서 그들이 도대체 계급인가 계층인가가 아직도 학자들이 논쟁하는 주제로 남아 있다.

정치와 문화 영역에서 더욱 활발히 움직이는 이들은 전통적인 노동자 계급과도 다르고 신노동자 집단과도 다른 이른바 '신빈민'이다. 그들도

---

9 北京行在人間文化發展中心, 安全帽大學生志願者流動服務隊, 「2011年京, 渝, 滬, 深四城市建築工人生存狀況調査報告」, 2011年 12月 4日, 百度文庫. http://wenku.baidu.com/view/907ae51d10a6f524ccbf8593.html.

10 潘毅, 吳瓊文倩, 「一紙勞動合同的建築民工夢 —2013年建築工人勞動合同狀況調査」, 『南風窓』2014年 第3期, 57쪽.

마찬가지로 전 지구적 조건에서 새로운 공업화, 도시화, 정보화 과정의 산물이다. 그러나 일반적 농민공 집단과 달리 그들은 내수가 부족한 소비사회의 피해자다. 그들은 통상 고등교육을 받았고 여러 업종에서 취업했으며 도시 주변에 모여 산다. 그들의 경제적 능력은 블루칼라 노동자와 거의 차이가 없다. 그들의 수입은 소비문화에 자극된 소비 수요를 충족하지 못한다. 물질적 궁핍뿐 아니라 학자들은 늘 이른바 '정신적 빈곤' '가치관의 결핍' 등의 개념으로 이 집단을 설명한다(즉 서술자의 정신은 결코 서술 대상보다 풍족하지 않다). 이런 빈곤은 결코 경제상태가 개선된다고 근본적으로 바뀌지 않는다. 그들은 소비사회의 신빈민이면서 빈곤한 소비주의자다. 신빈민은 전 세계에 퍼져 있다. 소비사회에 진입했거나 일부 진입한 곳에서 특히 그렇다. 지그문트 바우만은 『노동, 소비, 뉴푸어Work, Consumerism and the New Poor』에서 이러한 소비사회 속 '신빈민'을 준비가 안 된 소비자로 묘사했다.[11] 만약 고전적 의미의 빈민이 자본주의 생산과정의 산물이라면 '신빈민'은 소비사회와 소비문화의 부산물이다. 그들도 마찬가지로 자본주의 경제가 산업경제에서 금융자본으로 실물경제에서 가상경제로 전환하는 과정의 산물이다. 신노동자와 신빈민 이 두 집단은 현대 중국 '빈민' 개념의 양면을 이룬다.

소비 측면에서만 '신빈민'을 본다면 이 집단이 지닌 정치적 에너지를 간과할 수 있다. '신빈민'은 항상 비교적 높은 문화, 교육, 기술 수준을 보유

---

11 齊格蒙特·鮑曼, 『工作, 消費, 新窮人』, 仇子明, 李蘭 譯, 長春 : 吉林出版集團有限責任公司, 2010. 한국어판은 지그문트 바우만, 이수영 옮김, 『새로운 빈곤─노동, 소비, 그리고 뉴푸어』, 천지인, 2010 ─ 옮긴이

하므로 세계에 대한 그들의 상상은 소비사회의 운동과 밀접하게 관련된다. 정치 영역에서 우리는 이집트·튀니스의 저항운동, 미국의 월가 점령운동 그리고 다른 지역까지 확장된 각종 '점령' 운동, 모스크바 거리 시위 활동에서 그들의 그림자를 보게 된다. 유럽과 미국의 탈산업화 과정에서 탄생한 '신빈민'과 달리 중국의 신빈민은 사회주의 체제에서 포스트사회주의 체제로 전환하는 과정에서 싹텄다. 그들의 운명은 노동 가치의 중심 원천에서 자본가치 증식의 중개적 역할로 바뀌는 것에 발맞춘다. 그러나 유럽과 미국의 상황과 비슷하게 이 집단은 신흥 매체의 적극 참여자로서 신노동자 집단에 비교해서 아주 강렬한 정치 참여 의식과 동원 능력을 보여준다. 웨이보와 각종 인터넷 매체에서 종이 매체까지 '신빈민'은 모두 아주 활발히 활동하며 그들의 화제가 사회 각 영역에 보급된다.

그러나 현재까지 이 집단의 동원 능력과 정치적 요구는 신흥노동자계급 또는 농민 집단의 운명과 직접적 연관이 별로 없다. 그들은 장기적인 사회적 목표가 부족한 집단으로 대표적 인물들은 대부분 가난에서 벗어났고 소비적 매체에서 활약하며 전 지구적 정치-문화 담론을 조롱하는 인물이다. 수사를 어떻게 바꾸든 간에 이 정치 담론은 여러 다른 방식과 수사로 '역사종말'의 운명을 펼쳐놓는다. '신빈민'의 정치적 잠재력은 아직 탐색되지 않은 영역이다. 그들은 불만의 원천이지만 새로운 정치적 상상을 전개하지 않았다. 그들은 소비 부족 속에서 환멸을 느끼지만 소비사회에 적합한 행동 논리를 끊임없이 재생산한다. 그들은 사회 변혁에 관심을 두고 자유민주, 평등다원, 민족주의, 세계화 등 각종 다르고 모순된 가치를 퍼뜨리지만 그들의 운명에 대한 생각을 또 다른 신빈민 계층과 그들의 미래와 연관 짓는 사람은 소수다.

왜 신노동자 집단을 관찰하는 동시에 '신빈민' 집단의 역할과 운명을 논해야 하는가? 나의 해석은 이렇다. 전통적 농업사회에서든 산업사회 출현 이후에든 격렬한 사회적·정치적 변천의 동력은 결코 생산영역에 있는 노동자—전통적 농민 또는 근대 산업노동자—에서만 나오지 않았다. 두 가지 또는 더 많은 영역에서 '하층'의 상호 침투와 촉발로 만들어졌다. 현대 계급 정치는 사실 계급 경계의 중첩 지대에서 생산되었고 계급 경계의 산물이라고도 할 수 있다. 신해혁명 이후 보수적 견해를 지닌 한 평론가는 다음과 같은 분석을 내놓았다. 이번 혁명은 비록 유럽 정치 혁명의 영향을 깊이 받았지만 중국 부르주아는 "대부분 입헌과 공화가 무엇인지 모르고 처음에는 그 일을 듣지 못했다. 그것을 주장하는 이들은 잉여 지식계급 중 일부이고 가담한 이들은 잉여 노동계급 중 군인이다. 사실 이전의 제왕혁명과 조금도 다르지 않다. 유럽을 모방한 정치 혁명은 중화민국의 이름과 있은 듯 없는 듯한 몇 장으로 구성된 약법에 불과하다. 혁명 이후 명목상으로는 귀족정치를 다시 수립할 수는 없지만 사실상 정권을 장악한 관료 또는 무인은 대부분 유민遊民의 수령이 귀족이 된 것이다. 정치 혁명이 성과 없다는 사실은 결코 우리가 말하기 껄끄러운 일이 아니다."[12] 이 분석 역시 전통적 중국 농민 반란, 즉 농민 봉기가 보통 농민 계급과 신사 계층에서 몰락한 '유민'의 결합이었음에

---

[12] 傖父,「中國政治革命不成就及社會革命不發生之原因」,『東方雜誌』第16卷 第4號, 1919年 4月, 1~7쪽.

대한 관찰에 기초한 것이다. 따라서 그는 중국의 변혁과 그것이 따르는 정치 혁명과 사회 혁명의 길보다 두 가지 과잉 계급과 그들의 문화로 시작되는 것이 낫다고 제안한다. 사실 혁명에 반대하는 이 같은 결론은 루쉰이 쓴 『아Q정전』의 신해혁명에 대한 관찰과 공통되는 부분이 많다. 다른 점이 있다면 전자는 문명 조화론으로 중국 정치의 문제를 해결하려 했고 후자는 혁명의 불가피성을 암시했다는 것이다.

앞서 말한 유민 관련 분석과 마르크스주의의 유민과 프롤레타리아의 형성에 대한 서술을 비교하면, 우리는 산업화 과정에서 프롤레타리아를 구성하는 두 가지 설과 다르지만 연관되어 있는 두 집단을 발견할 수 있다. 『공산당선언』에서 마르크스는 이렇게 말했다. "산업의 진보에 따라, 지배계급 거의 대부분 계층이 프롤레타리아 대열로 내동댕이쳐지거나 적어도 그들의 생활 조건이 위협당한다. 또한 그들은 프롤레타리아에 대량의 교양 요소를 제공한다."[13] 사회적 지위를 잃은 집단은 어느 시대에나 존재한다. 그러나 산업자본주의 단계에서만 유민 집단이 프롤레타리아가 되는 현상이 일어난다. 사실 『공산당선언』을 쓰기 전부터 마르크스는 『독일이데올로기』에서 프롤레타리아 계급의 출현을 뚜렷이 서술했다. "프롤레타리아 계급 전체는 파산한 자산가, 파산한 무산자, 대량의 유민으로 구성된다. 유민은 어느 시대에나 존재했지만, 성 막스(슈티르너)가 영국 또는 프랑스의 법률과 관련 문헌에 근거해서 깊이 믿었듯이, 중세 제도 붕괴 이후 그들의 대량 존재는 프롤레타리아 계급

---

13 馬克思,「共産黨宣言」,『馬克思恩格斯選集』第1卷, 北京 : 人民出版社, 1972, 261쪽.

의 대량 형성에 우선한다. 우리의 성자가 프롤레타리아에 대해 하는 생각은 우리의 성자 입장은 '선량하고 안일한 시민', 특히 '충성스러운 관리'의 프롤레타리아에 대한 생각과 완전히 같다. 그는 한결같이 프롤레타리아와 극빈 현상을 동일시했다. 사실 극빈 현상은 파산한 프롤레타리아가 처한 상황일 뿐이고 부르주아의 억압에 저항할 힘이 없는 프롤레타리아가 빠질 수 있는 최후의 단계다. 이렇게 지칠 대로 지친 프롤레타리아야말로 극빈자다."[14] 따라서 마르크스 이론에서 프롤레타리아에는 유민이 포함되지만 극빈한 유민은 단지 저항력을 잃은 무산자일 뿐이다. 계급혁명은 생산체제의 내재적 모순에서 만들어지지만 단순한 극빈 현상에서 만들어지는 것은 아니다. 보수적 비평가는 근대혁명의 원인을 유민 현상에서 찾지만 유민 현상은 사실상 혁명을 회피하고 개량을 추구하는 길이다.

　그러나 제국주의 시대의 국제적 노동 분업과 민족 억압으로 피억압 민족의 계층 구성원—매판계층을 제외하고—은 시시각각 파산의 위기를 맞는다. 이런 파산의 위기는 우선 민족의 생존 위기 국면 자체에서 드러난다. 민족의 위기 극복으로부터 계급 정치 또는 계급 정치의 방식으로 민족 해방을 추구하는 것이 몇 세대에 걸친 대부분 선택이었다. 바로 이 때문에 근대 중국 혁명에서 계급 동원은 마르크스가 서술한 유럽 혁명 속 계급 상호작용과 다르고 전통 중국의 농민 반란 속 계층 교

---

14 馬克思,「德意志意識形態」,『馬克思恩格斯全集』, 3卷, 北京: 人民出版社, 2007, 219~220쪽.

착과도 다르다. 제국주의와 식민주의라는 조건에서 지배계급에서 몰락한 신빈민 이외에도 수많은 상류사회 또는 엘리트 출신이 재산권과 사회적 지위의 경계가 형성한 계급적 신분을 뛰어넘어 계급 해방과 민족 해방의 물결로 뛰어들었다. 신해혁명 시대의 많은 혁명 선구자, 즉 쑨원, 장타이옌, 쉬시린徐錫麟, 추진秋瑾, 쩌우룽, 차이위안페이 등은 모두 하층민 출신이 아니다. 5·4 세대의 천두슈, 리다자오와 훗날의 혁명지도자 마오쩌둥, 저우언라이, 덩샤오핑 등 역시 노동자계급이나 고용농 가정 출신이 아니다. 1935년 '12·9'운동이 일어나면서 많은 학생과 진보 인사가 구망운동에 뛰어들었다. 그중 많은 사람이 옌안으로 달려갔고 아주 어려운 조건에 처한 공산당원의 혁명 운동으로 자각적으로 동참했다. 이 몇 세대 혁명가는 모두 계급적 속성으로는 '파산한 부르주아'로 설명할 수 없다. 정반대로 그들이 혁명에 뛰어든 시기에 그들 자신 또는 가정은 그들이 사는 지역에서 모두 중상층 또는 엘리트계층에 속했다.

오늘날 중국의 신노동자 집단과 '신빈민' 계층에는 전통적 농업사회 또는 산업화 시대의 유민계급이나 프롤레타리아와 다른 특징이 있다. 신노동자 집단은 사회주의 국가의 역사적 유산 때문에 그들과 농촌의 연계가 여전히 토지 제도로 이어져 있다. 적어도 이론적으로 그들은 여전히 농촌의 일정한 토지자산을 가지고 도시경제에 참여하는 사람들이다. '신빈민' 집단의 경우, 그들은 결코 전통적 제도 붕괴의 산물이 아니라 시장 확장에서 일정한 교육 비경이 있고 상승의 꿈을 품으며 소비가 부족한 집단이다. 개인의 권리와 그와 관련된 정치적 변혁에 대한 그들의 관심은 현재 생성 중인 새로운 사회-경제체제의 기본 가치관과 근본적으로 충돌하지 않는다. 바로 미디어가 고도로 발달한 오늘날 계급 격차는 날로 심각해진다. 신노동자 집단과 '신빈민' 집단은 진정 사회적으로 단결하고 정치적으로 상호작용하기가 어렵다. 따라서 단결이나 상호작용으로 새로운 정치를 낳을 수 없다. 오늘날 중국의 지식계층이 직업화와 계층분화 현상의 제약을 받는다는 점도 명확하다. 이와 대조적으로 각자 다른 계층 구성원 사이의 상호작용과 결합이 20세기의 보편적 사회 동원을 일으켰고 이전 사회 구조와 전혀 다른 새로운 사회적 주체를 형성시켰다. 앞에서 거론한 가장 활발했지만 현재는 이미 철저히 무너진 노동자계급이 여기에 해당한다.

2. 불확정적인 주체: 농민공인가, 노동자계급인가, 신노동자인가

앞에서 말했듯이 신노동자계급은 바로 사람들이 흔히 농민공이라고 부르는 이들이다. 즉 신노동자는 업종이나 지역, 대우 면에서 얼마나 다른지에 관계없이 객관적으로 존재하는 사회 집단이고 도시에서 일하고 생활하지만 농촌에 호적을 둔 노동자 집단이다.[15] 이 집단은 국가가 주도하는 개혁과정의 산물이고, 중국이 스스로 세계의 공장으로 만드는 과정에서 창출한 정책, 법률, 윤리 규범, 노동관계, 사회 모델의 산물이다. 이 집단은 도시에서 거주하고 일하고 생활하지만 농촌을 자신의 '집'

---

15 呂途, 『中國新工人 : 迷失與崛起』, 北京 : 法律出版社, 2013, 11쪽.

이라고 생각한다.—그곳은 그들의 고향일 뿐 아니라 부모와 자녀가 그곳에 있다. 또한 사회주의가 남긴 토지 정책이 그들에게 남겨준 재산도 약간 있다.

그러나 '농민공'이라는 개념은 다시 정의할 필요가 있다. 첫째, 대중매체, 정부 문서, 일부 학자들이 사용하는 '농민공' 개념은 도시 정체성, 특히 도시 소비자의 시각에서 새로 유입된 사람들을 정의한 것이다. 시간이 지나고 노동자 집단의 성원 구성이 변하면서 새로운 노동자들에게 농촌의 집은 갈수록 돌아갈 수 없는 곳이 되었고 도시는 이미 그들이 진정 마지막으로 기댈 곳이 되었다. 베이징의 '노동문화예술박물관' 벽에는 '노동, 30년, 이동의 역사'라는 도표가 걸려 있는데 여기서는 이 집단의 역사가 만들어지는 과정을 분명히 볼 수 있다. 1978~1988년부터 농민은 제약받는 조건에서 도시로 들어와 일했다. '맹류盲流'라고 불린 그들은 1988년까지 총 2000만 명에 이른다. 1989년부터 2002년까지는 '농민공' 단계라 할 수 있는데 총인원은 1억 2000만 명에 달했다. 이 시기에 정부는 더 이상 인구 이동을 제한하지 않았다. 그러나 외부에서 유입된 인구에 대한 도시의 차별 정책(임시 거주 신분, 송환의 위험 등)이 항상 존재했다. 2003년부터 지금까지의 단계는 "노동자가 신노동자, 신시민이 되는" 단계다.[16] 총인원은 최소한 2억 4000만 명 이상이다. 이 시기에는 강제 송환 제도는 이미 폐지되고 노동 계약법이 시행되었다. 노동자는 도시에서 일하고 쪽방을 전전했으며 노동의 땀으로 받은 임금

---

16 같은 책, 8~9쪽.

은 항상 '돌아갈 수 없는 농촌'에 집을 짓는 데 썼다.

최근 농민공 집단의 상황 변화를 보면 농민공이라는 명칭을 거부하게 된다.―새로운 추세는 농민공이 궁극적으로 농촌에 돌아갈 수 있다는 생각은 환상일 가능성이 크다는 것을 보여준다. 토지가 집단 소유이기 때문에 호적이 농촌에 있다면 외지에서 일하는 사람은 최소한 이론적으로는 일정한 토지를 가지고 있어야 한다. 그래서 도시와 농촌의 수입 격차가 줄어들거나 경제가 위태로울 때 농촌으로 돌아올 수 있어야 한다. 그러나 이런 전망은 토지 유전流轉정책이 실시되고 그것이 토지 사유화 방향으로 갈 가능성이 생기면서 날로 불확실해지고 있다. 노동자는 도시에서 일하고 살고 생활하지만 그들의 마음속 또는 기호로서 '집'은 농촌에 있다. 그러나 그것은 실제적 존재를 지탱할 수 없고 그들의 자녀에게 미래를 제공할 수 없는 '집'이다. 이렇게 도시의 경계와 농촌의 경계에 끼인 상태는 그들을 '도시와 농촌 사이에서 길을 잃게' 만든다. 그러나 생산, 노동, 생존의 기본 현실로 볼 때 그들은 농민공이라 불리기보다 신노동자라고 불리는 것이 적합하다. 그들은 마땅히 도시 거주민과 동등한 대우를 받아야 한다. 사실 1970년대와 그 이전에 태어난 1세대 노동자와 다르게 1980년대 이후에 태어난 2세대 노동자는 대부분 농사를 지으며 산 역사가 없다. 1990년대에 태어난 3세대 노동자는 도시에서 나고 자라서 대부분 땅을 일구어본 적이 없다. 농촌에 살면서 농업 생산을 하지 않기 때문에 많은 지방정부도 더는 그들의 요구에 따라 토지 조정을 하지 않는다. 따라서 그들은 이 집단 중에서 더는 토지를 보유하지 않은 새로운 세대가 된다. 따라서 노동자라는 개념으로 농

단기 20세기: 중국 혁명과 정치의 논리

민공 개념을 대체하는 것은 글자의 뜻을 하나하나 따지는 것이 아니라 이 방대한 사회 집단에 대한 정확한 인식에 기초해서 묘사하는 것이다. 여기서는 다음과 같은 사안을 거론해야 한다. 오늘날 중국에서 토지제도에 대한 토론은 사유재산권과 집단재산권, 상업용지와 농업용지 등의 문제 이외에도 중국의 변천이 도대체 도시화와 농촌 건설을 동시에 집행하는 것인지 도시화를 유일한 중심으로 삼는 것인지도 다루어야 한다. 이 두 가지 경로의 서로 다른 선택은 노동자 집단의 운명에도 큰 영향을 준다. 이런 의미에서 그들은 확정적이지 않은 주체다.

신노동자는 특정한 생산체계에 존재하는 안정적인 사회 집단이다. 그런데 왜 그들을 노동자계급이라 하지 않고 신노동자 또는 신노동자 집단이라고 하는가? 우리는 계급 담론이 날로 상실되는 계급사회에 살고 있다. 신노동자와 관련된 절대다수의 연구서는 계급 분화를 분석하지 않고 사회계층 분화를 말한다. 그러나 내가 여기서 신노동자계급이라는 개념을 사용하지 않으려는 것은 결코 '탈계급화'된 사회과학 패러다임을 따르려는 것이 아니다. 정반대로 '신노동자 집단'이라는 개념은 바로 계급 문제를 사유하는 과정에서 만들어진 것이다. 생산양식의 전환이라는 관점에서 보면, 신노동자는 중국이 개혁·개방을 실시하는 조건에서 산업화와 도시화 과정에 따라 등장한 '신흥 산업 노동자' 집단이다. 농촌과 토지를 떠났기 때문에 그들은 점점 생산수단(토지)과 분리된 고용노동자가 된다. 그중 일부는 토지가 있지만 기본 생계는 완전히 생산 또는 '자본'의 가치 증식에 의존하고 전적으로 노동력을 판매하면서 꾸린다. 어떤 자본의 이윤에서 생활 수단을 얻는 집단이 아니다. 그러나 그중 대부분이 노동 법규의 보호를 받지 못하고 화복禍福과 존망存亡이 전부 시장이 노동을 얼마나 필요로 하는지에 의존한다. 따라서 그들은 고전적 프롤레타리아와 아주 비슷하지만 다른 점도 있다. 중국 노동자계급 관련 연구서를 뒤져보면 금방 관련된 정의를 볼 수 있다. "노동자계급은 근대 산업의 산물이다. 중국 노동자계급은 외국 자본, 중국 초기 관료자본, 민족자본이라는 세 가지 근대 산업에 따라 형성되고 발전되었다." 그리고 최초의 산업노동자는 "외국 자본이 중국에서 경영한 기업 안에서 형성되었다."[17] 이런 정의에 따르면 우리는 이렇게 말할 수 있다. 신노동자 집단은 중국이 스스로를 '세계의 공장'으로 개혁한 산물이고 초국적 자본이 들어오고 국유기업이 민간기업으로 전환·발전하는 세 가지 산업과 서비스업의 물결에 따라 형성되고 발전했다. 중국 근대 산업 노동자 대다수가 파산한 농민으로 이루어졌다면 오늘날 중국의 산업노동자는 도농 차별이 날로 확대되는 시대에 광활한 농촌에서 왔다. 객관적 사회 집단으로서 바로 그들이 산업화와 신경제발전의 생산자라는 점에서 신노동자와 20세기의 노동자계급은 사실 비슷하다.

정치적 관점에서 보면, 끊임없이 계속되는 불만과 항의에서 우리는 이 집단의 집단의식이 점점 싹트는 것을 분명히 볼 수 있다. 그러나 그들은 아직 하나의 정치적 계급을 이루지 않았다. 20세기 중국 혁명에서는 계급의식과 계급 정치가 매우 활발했다. 정당, 국가, 사회 등 갖가지 영

---

17 劉明逵, 唐玉良 主編, 『中國近代工人階級和工人運動』一册, 北京: 中共中央黨校出版社, 2002, 1쪽.

역에서 침투했으며 이에 따라 계급 개념의 다면성도 보여주었다. ―그것은 객관적이면서 주관적이고 구조적이면서 정치적이다. 개혁 시대에 '세계의 공장' 건설은 자본만 부른 것이 아니라 상품으로서 노동도 불러들였다. 시장화와 신산업화는 계급관계의 재구성으로도 표현되었다. 그러나 바로 대규모로 계급을 재구성하는 이 과정에서 계급 담론은 중국 또는 많은 구사회주의 국가에서 사라졌다. 이른바 '포스트 계급사회' 개념은 결코 계급적 현상과 계급 분화의 소멸을 지칭하는 것이 아니라 계급 정치가 약해졌음을 의미한다. 계급의 시야는 현대 중국 사회를 연구할 때 중국 노동자의 정치, 경제, 사회적 상황을 이해하는 데 필수적이다. 나는 다음과 같은 판단에 동의한다.

> 자본주의적 생산관계의 체험과 개혁 시기 이전 마르크스주의적 담론의 전승은 서로 결합되어 중국 노동자 일부에서 강렬하고도 수준 높은 계급의식을 산출한다. '계급으로 돌아가기'의 긴박성과 필요성은 중국에만 적용되는 것이 아니라 다른 기타 전 자본주의 국가에도 적용되며 노동자계급에만 적용되는 것이 아니라 자본가계급에도 적용된다.[18]

그러나 중국이 '계급으로 회귀'하는 과정을 연구하면 우리는 현실 속

---

18 李静君, 「中國工人階級的轉型政治」, 李友梅 主编, 『當代中國社會分層: 理論與實證』, 北京: 社會科學文獻出版社, 2006, 57쪽.

노동자 항쟁에서는 몇몇 사례를 제외하고는 계급의식을 통해 새로운 정치적 실험을 소환하는 노력이 결코 성공하지 못했음을 알게 된다. 나는 여기서 노동자 항쟁이라고 표현할 뿐 널리 사용되는 계급 투쟁이라는 개념을 쓰지 않는다. 여기에는 노동운동의 정치적 성격에 대한 새로운 이해가 담겨 있다. 가령 법적 권리 보호가 중심이 된 '계급 투쟁'은 어느 정도여야 계급 투쟁이라 부를 수 있고 어느 정도를 개인의 권리와 관련된 시민 투쟁에 불과하다고 할 수 있는가? 계급 투쟁은 사회와 생산체제를 바꾸는 운동이다. 시민의 권리 보호 운동은 이 체제의 법률 규범을 바탕으로 자기 이익을 보호하는 투쟁이다. 그 결과 체제 운영은 더 완벽해지고 체제는 전복되지 않는다. 그리고 노동 법규의 보호를 받지 않는 노동자들에게 법적 권리 보호라는 경로는 거의 또는 전부 소용이 없다.

따라서 '계급으로 회귀'하는 과정에는 계급 개념 자체에 대한 재분석이 필요하다. 그렇지 않으면 계급 정치의 상실과 약화라는 현상을 이해할 수 없다. 첫째, 생산과 생활 과정에서 신노동자는 모종의 소박한 집단의식을 점진적으로 형성했지만 그 폭과 깊이에 상관없이 모두 20세기 '계급의식'과 크게 다르다. 우리는 이 소박한 집단의식이 고전적 이론가의 말처럼 즉자에서 대자로 상승, 즉 노동 분업의 통제를 받는 계층에서 스스로 사회적 목표를 가지고 이 목표를 실현하려고 노력하는 정치세력 또는 정치적 계급으로 상승했는지 판단할 수 없다. 『자본론』에서 마르크스는 이렇게 말했다. "노동자는 독립된 사람으로서 개별적 인간이다. 그들은 동일한 자본과 관계를 맺지만 서로 간에는 관계를 맺지 않는다. 그들의 협력은 노동과정에서 비로소 시작하지만 노동과정에서 그들은 이미 더는 자신에게 속하지 않는다. 그들은 노동에 진입하는 순간 동시에 자본에도 병합된다."[19] 자본에 병합된 노동자는 자본 형식의 하나일 뿐이지 어떤 자아의식도 생산할 수 없다.

그래서 노동자계급의 객관적 존재는 정치적 노동자계급이 이미 존재한다는 것과 다르다. 영국 노동자계급의 형성을 관찰할 때 에드워드 파머 톰프슨Edward Palmer Thompson(1924~1993)은 교조적 계급론자들의 관점을 비판하며 이렇게 말했다. "계급은 역사적 현상이다. 그것은 각자 다르고 완전히 관련 없어 보이는 사건들을 결합한 것이다. 계급은 원래의 경험에도 있고 사상적 각성에도 있다." 계급은 "일종의 '구조'가 아니고 '범주'는 더더욱 아니다. (…) 그것은 인간과 인간의 상호관계 속에서 실제로 발생한(또한 이미 발생한 것으로 증명할 수 있는) 어떤 것이다."[20] "계급은 사회와 문화가 형성한 것이고 그 생산과정은 그것이 상당히 긴 역사 속에서 스스로 형성하는 것을 관찰할 때만 고찰할 수 있다. 그렇게 하지 않고 계급을 대한다면 계급을 이해할 수 없다."[21] 그러나 오늘날 연해 대공업 생산에서는 파이프라인식 생산 모델이든 도시사회에서 격리된 거주 모델이든, 숙소와 작업장만 왔다 갔다 하는 생존 상태든 노동자 집단 간 '인간과 인간의 상호관계'는 최저한도로 떨어졌다. 폭스콘 같은 공장에서는 노동자 간 관계가 가장 낮은 수준으로 떨어졌고 그

---

19 馬克思, 『資本論』第1卷, 『馬克思恩格斯全集』第23卷, 北京：人民出版社, 1972, 370쪽.
20 E. P. 湯普森, 『英國工人階級的形成』上冊, 錢乘旦 等 譯, 南京：譯林出版社, 2001, 3쪽.
21 같은 책, 4쪽.

것도 생산 장소 이외의 한정된 공간에만 있었다. 노동자 한 사람마다 단일지單一地와 동일 자본의 관계가 생길 뿐이다. 이런 조건에서 계급문화는 그 어떤 시대보다 형성되기 어렵다.

여기서 노동사의 처우와 생산장소의 변화라는 관점에서 노동자와 과거 국유기업 노동자의 처지를 비교해도 무방하다. 물질적 처우, 도덕적 지표뿐 아니라 법과 정치 측면에서도 신구 노동자의 위치는 확연히 다르다. 신노동자와 구노동자의 차이는 가장 먼저 대우 측면에서 드러난다. 즉 신노동자와 구노동자는 비록 같은 노동자지만 과거 국유기업이나 집단기업에서 일한 노동자는 국가 노동자 또는 집단기업 노동자의 편제와 그에 상응하는 대우를 누렸다. 그러나 신노동자에게는 그런 것이 없다. 많은 업종에서 그들은 심지어 노동 계약법의 보호를 받지 못한다. 신노동자와 구노동자의 차이 일부는 전통적 도농 신분에서 기원한다. 즉 신노동자는 결코 '과거 국유기업 노동자'의 도시 시민 대우를 받지 못한다.─여기서 '과거 국유기업 노동자'를 강조하는 것은 노동자 신분의 차이가 결코 기업 소유권의 산물에만 그치지 않고 사회체제 전환으로 나타난 결과임을 말하기 위해서다. 오늘날의 환경에서 국유기업과 사기업의 특징은 결코 노동자의 지위를 근본적으로 결정하지 않는다. 시장의 조건에서 국유기업이 노동자를 모집하는 원칙은 초국적 기업이나 사기업과 크게 다르지 않다. 즉 신노동자가 입사한 곳은 국유기업이지 사기업이나 초국적 기업이 아닌데 그들의 신분과 지위 역시 사회주의 시기 노동자계급과 완전히 다르다.

이 때문에 대우 측면에서 둘을 구분하면 문제의 한 면만 보게 된다.

그렇다 해도 이것은 사회체제의 차이가 낳은 결과다. 구노동자계급의 생활과 일은 단위, 즉 하나의 축소된 작은 사회에서 이루어졌다. 그러나 노동자의 생존공간은 단순하게 자본의 가치증식을 위해 재생산을 유지하는 생산기구다. 사람은 단위에서 생산자로서 서로 관계를 맺는 데 그치지 않고 같은 단위 사람들 사이에서 지속적으로 정치, 문화, 경제, 친연親緣 관계를 맺고 노동자가 참여하는 각종 가능한 실천을 만든다. 지난 20년 동안 사회주의 시기의 단위 제도에 대한 비판이 점점 트렌드가 되었다. 주된 원인은 사회주의 체제에서 단위가 점차 분배와 정치의 통제기구로 변질되고 더는 공동으로 생활하는 사회적 공간이 아니었기 때문이다. 그러나 이 비판이 간과한 점이 있다. 단위가 통제 메커니즘으로 완성된 것은 바로 단위가 날로 상대적으로 단순한 생산 공간이 된 사실과 관계가 밀접하다. 이에 따라 생산 참여성이 떨어지고 더 나아가 상실된 것은 중국 혁명에서 내세운 '인민민주'가 실패했다는 지표 중 하나다. 이것은 사회주의 생산체제에서 시장사회로 향하는 생산체제 전환의 전주곡이다.

둘째, 앞서 말한 생산과정과 거주 조건의 변화에 따라 발생하는 노동자 집단 간의 '인간과 인간의 상호관계' 축소 현상 이외에 우리는 신노동자와 기타 계층 사이의 정치적 상호작용을 거의 볼 수 없다. 20세기 노동자계급문화의 생산과 발전은 결코 노동자 집단이 자발적으로 운동한 산물이 아니라 서로 다른 '분자'가 그들 사이에 개입해서 정치를 창조한 복잡한 역사적 과정에서 나온 결과다. 초기 노동자계급의 정치적 대표는 노동자계급 내부에서 만들어지지 않고 프롤레타리아 집단에 내던져지거나 '원래 계급을 배반한' 지식인과 그들이 속한 정치운동에서 나왔다. 노동자계급의 전위대가 몸담은 혁명 정당 이외에 무수한 지식인, 예술가, 문화인, 법률가 등이 노동자 운동에 개입해서 고도로 정치화한 노동자계급 문화를 형성하는 데 공헌했다. 그러나 '소비주의 사회 속의 신노동자'와 프롤레타리아 사이로 내던져진 과거 지식인을 비교하면 그들의 정체성은 확정하기 매우 어렵고 정치적 요구도 더 다원적이다. 그들의 정치적 동원력은 신노동자보다 훨씬 강하다. 그러나 소비성 정치 담론—국가에 대항하는 담론도 포함—은 노동자계급과 관계가 아주 적다.

이 때문에 신노동자의 규모는 거대하고 '세계의 공장'에 가장 많이 공헌하지만 '신빈민'처럼 미디어를 통해 널리 조직화하기가 어렵다. 다른 측면에서, 계급 간 상호작용이 없고 신빈민 중 '교양 있는 계급'의 정치적 개입이 없으므로 그들의 계급적 운명은 항상 정치적 과제로 상승할 수 없다. 신빈민 집단 또는 기타 사회계층은 거의 20세기에 프롤레타리아 혁명에 참여한 지식인처럼 '계급적 배반'(본인의 출신 계급을 배반하고 노동자계급의 해방에 투신해서 전개한 정치적 과정)으로 특징 지어지는 행위를 하지 않는다. 소비주의 문화가 만연한 분위기에서 많은 신노동자는 신빈민의 꿈을 나눈다. 그리고 신빈민의 꿈, 더 나아가 정치적 요구에는 신노동자의 그림자는 거의 존재하지 않는다. 여기서는 20세기 정치 문화의 '계급적 배반' 현상이 없을뿐더러 새로운 보편성 창조에 뜻을 둔 혁명이나 사회 재건운동도 형성되기 어렵다. 이 모든 것이 새로운 사회체제 아래서 사회 구성원 사이의 정치적 단절을 보여준다. 그리고 신노동자와 신빈민의 괴리는 이 정치적 단절을 예증한다.—이들은 동일한 과정에서 만들어진 두 가지 상호 연관되어 있으면서 괴리되어 있는 계층이다. 공공영역에서는 노동자 문제 연구에 힘을 쏟는 소수의 학자가 끊임없이 정책적 건의와 권리 보호를 호소한다. 그러나 절대다수의 경우, 이러한 호소와 건의는 비정치적 형식, 즉 기술적 형식을 채택하려 한다.

셋째, 노동자계급의 전환은 물질적·법적 과정에만 관련되는 것이 아니라 도덕·정치적 과정과도 관련된다. 신빈민 집단이 새로운 미디어에서 활약하는 것에 비해 신노동자는 정치 영역에서 거의 숨소리를 내지 않는다. 이것은 문화, 교육, 기술적 배경의 차이에서만 비롯되지 않는다. 그보다는 계급관계를 재구성하는 정치적 과정의 산물이다. 신노동자가 정치 영역에서 자리를 잡지 못한 것은 20세기에 등장한 노동자 국가의 파산을 표상한다. 정치적 시각에서 보면, 노동자 국가의 파산과 노동자계급 정당의 전환―나는 이것을 노동자계급 정당의 대표성 균열이라고 한다―은 일체양면―體兩面의 과정이다. 노동자계급이 국가의 지도계급이라는 헌법의 원칙에서 철저하게 공허해진 것은 이런 과정의 필연적 결과다. 인민대표대회, 정치협상회의, 중국공산당의 각급 대표 구성에는 신노동자―당연히 농민 계층도 포함해서―의 그림자를 거의 볼 수 없고 그들 목소리는 더더욱 들을 수 없다. 이 때문에 신노동자와 자본의 연결체는 자본이 대변할 수밖에 없다. 자본과 권력이 중국의 기본적 정치 구조를 농단하는 것은 결코 우연이 아니다. 노동자 국가의 파산과 시장경제 형성에 적응하면서 만들어진 법적 변혁과 정치적 변혁 과정은 서로 중첩되어 있다.

3. 노동의 단기화, 법적 권리 보호, 정치적 정의

이 새로운 역사적 조건에서 노동자의 권리 문제는 이제 헌법과 정치의 문제가 아닌 법직 권리로 규정되는 문제다. 그러나 현재까지 법적 권리 보호는 신노동자 집단이 정치 영역에서 침묵하는 상태를 결코 바꾸지 못한다. 신노동자의 투쟁은 문화 측면에서 아주 많은 성과를 거두었다. 신노동자의 저술, 음악, 기타 형식(가령 노동자박물관)은 현재 이 집단의 형성을 문화적으로 지원한다. 그렇지만 신노동자 집단이 형성되는 과정에서는 20세기에 등장했던 활발한 정치적 과정을 발견하기 어렵다. 여기서는 주로 신노동자 투쟁의 주된 방식 세 가지를 분석하고 노동자운동의 '탈정치화'와 '재정치화' 가능성을 설명한다.

첫 번째 투쟁은 노동의 단기화다. 신노동자는 임금상승, 주택 소유, 노동보호, 가족이 한데 모여 사는 것, 도시인과 평등한 대우를 갈망한다. 항의와 파업 등 전통적 투쟁 수단 이외에 노동자는 '고용주 해고'라는 방식으로 자본가 측과 대결한다. 뤼투의 조사에 따르면, 노동자가 일을 바꾸는 주된 원인은 고용주에게 해고되었기 때문이 아니라 열악한 노동조건, 열악한 노동보호, 무료한 업무 때문이거나, 더 나은 대우나 기술적 발전을 찾아서 스스로 떠나려 하기 때문이다.[22] 또한 가짜 제품을 제조하는 불법 공장을 증오해서 떠나는 노동자도 소수 있다. 노동력이 넘치는 상황에서 중국의 노동자는 '노동력 부족'을 약자의 무기로 삼아

---

22 呂途, 『中國新工人: 迷失與崛起』, 北京: 法律出版社, 2013, 225~247쪽.

서 기업, 정부와 겨룬다. 이는 노자관계의 국면 변화를 추동하는 동력의 하나다. 노동자 집단에게 노동 단기화는 이중 효과가 있다. 한편으로 이것은 노동자의 소극적 저항 방식으로서 노동자 집단의 자아의식을 일깨울 수 있다. 다른 한편으로 이것은 노동자의 유동성을 지나치게 높임으로써 단결 역량을 형성하기 어렵게 만들기도 한다. '조기 퇴직'은 불리한 조건을 만든다. 즉 먼저 규약을 위반하기 때문에 노동 계약법은 노동의 권리를 보호할 수 없고 노동자 자신에게 손해가 된다. 더 나아가 자본가 측이 '합법적으로' 노동을 착취하는 토대를 제공한다.

사직에 따른 경제적 손실을 줄이기 위한 투쟁 형식에는 두 가지가 있다. 그중 한 가지는 법적 지원으로 손실 일부를 회수하는 것이다. 다른 하나는 연해 공장과 노동자 공급처 사이에 '작업반장제領工制'가 형성된 것이다. 즉 도급업자가 노동자 집단의 대표가 되어 자본가와 협상함으로써 노동이 단기화되는 조건에서 경제적 보상을 얻는 것이다. 작업반장제는 일찍이 유럽 초기자본주의의 형식 중 하나였다. 그것은 노동자의 경제적 손실을 줄이는 동시에 사실상 노동자를 이중 착취 상황에 처하게 하고 노동자의 경제적 투쟁이 계급 형성의 방향으로 전환하는 것을 제한한다. 노동의 단기화 때문에 노동자 집단은 안정적 관계를 형성하기 어려운 집단이 된다. 근본적으로 그것은 노동자들의 자발적 선택이 결코 아니라 세계화라는 조건에서 새로운 생산과 유통 조건의 결과다.

두 번째 형식은 법을 통한 권리 보호다. 노동의 상품화는 자본주의 시장 발전의 자연적 산물이 아니다. 이 시장 발전에 상응하는 국가 개입(법 제정, 정책 공포, 각종 정부 행위 등)을 떠나서는 고용 노동의 형성을 이해할 수 없다.[23] 새로운 사회주의 국가의 목표나 상상이 결코 존 재하지 않기 때문에 고용 노동에 관한 투쟁은 주로 새장—국가의 틀에 서 법적 권리 보호의 전략을 취한다. 리징쥔은 새로운 법률 제정과 노동 상태의 관계를 특히 강조하며 이렇게 말했다. "경제개혁을 요구하기 위 해 일하는 것 이외에(사유재산제 보호, 계약, 면허인가) 이 법규들은 또 한 여러 사회 집단의 권익을 규정했다. 사회적 충돌의 조절을 제도화한 다고 매개변수 내 공민의 법적 권리가 저절로 확장되는 것이 결코 아니 다. 1990년대에 공포된 「노동조합법」 「노동법」 「여성권익보호법」은 모두 노동자계급에 중요한 영향을 주었다. 그 밖에 노동 쟁의 중재, 사회보험, 최저생계수준, 실업구제를 포함한 일련의 노동자의 생활 각 방면을 망 라하는 관리규칙과 사회 정책도 공포되었다."[24] "현재의 계급 투쟁은 사 유재산을 소유한 (해외와 국내의) 사적 자본과 농민공 사이에서뿐 아니 라 경리제 개혁 이후에는 국유기업 경리(경영자)와 구노동자 사이에서 도 일어난다. 노동 충돌은 도시경제의 조건에서 급증하지만 더는 기업 차원에서 기층 당 조직이 개인에게 명령하는 방식으로 다루어지지 않 고 외재적·보편적(법적) 체제를 빌려온다. 국가의 법 집행 능력이 아직 완전하지 않지만 노동자가 그들의 권익을 확립하기 위해 투쟁하는 데 새로운 법적 요구의 잣대를 제공한다."[25]

---

23 Margaret Somers, "Class Formation and Capitalism : A Second Look at a Class," *European Journal of Sociology*, vol.37, no.1, 1996, p.194.

24 李靜君, 「中國工人階級的轉型政治」, 李友梅 主编, 『當代中國社會分層 : 理論與實證, 61쪽.

25 같은 책, 61쪽.

앞서 말한 몇 가지 항목의 법률 이외에 오늘날의 임금 충돌은 「노동계약법」 「물권법」과 관련된 조항을 둘러싸고도 전개된다. 법적 권익 보호는 신노동자 집단의 자아의식 형성에 중요한 역할을 한다. 또한 19, 20세기부터 노동자계급 운동의 중요한 부분이었다. 그렇지만 법적 권익 보호는 노동자를 전면적으로 보호하는 역할을 하기 어렵다. 첫째, 앞에서 인용한 황쭝즈의 연구에 따르면, 오늘날 절대다수 노동인구가 노동법이 보호하는 테두리 밖에 있고 그들의 권익은 법적 권익 보호로는 실현될 수 없다. 둘째, 법적 권익보호는 개인의 권리 보호에 집중되어 있다. 법적 정의를 둘러싼 투쟁은 개별적인 상황에서는 정치적 정의와 관련된 투쟁으로도 전화한다. 그 예로, 2003년 쑨즈강孫志剛 사건[26]으로 촉발된 수용제 폐지 투쟁과 도시 생활 속에서 노동자 지위를 확보하기 위해 전개된 도농호적구분 폐지 투쟁이 있다. 노동자의 권익 보호 행동은 항상 집단적 협상의 형식을 띤다. 이것은 노동정치의 형성에도 유리하다. 달리 말하면, 법적 정의와 정치적 정의에는 교차점이 존재하고 법적 투쟁과 정치적 투쟁에는 중첩되는 부분이 존재한다. 그러나 다수의 임금 분규에서 법적 권익보호는 결코 현대사회의 상태가 정의로운가 하는 문제를 건드리지 않는다. 따라서 이 투쟁은 법적 권익보호로 노동자

---

26 2003년에 발생한 사건으로 후베이성 황강성 출신 쑨즈강이 광저우에서 임시거주증을 소지하지 않았다는 이유로 구금되었다가 구타당해서 사망한 사건. 이 사건으로 중국에서 수용이송收容遣送제도에 대한 대토론이 벌어졌다. 수용제도는 합법적 신분증, 고정적 거주지, 안정된 수입이 없는 사람을 수용시설로 보내는 제도다. 1982년부터 2003년 6월까지 실시되었다. ─옮긴이

계급의 권익 범위를 확장할 수 있더라도 이 과정이 노동자국가의 실패 과정이 초래한 노동자 권익 상실과 어떤 관계가 있는지는 불명확하다.

신노동자와 그들의 투쟁을 구노동자와 그들의 투쟁과 비교해보자. 후자의 사회적 지위는 더욱 정치적 과정의 산물이다. 즉 구노동자계급은 자신의 운명을 새로운 사회체제와 연관 지으려 했고 자기 운명을 바꾸는 투쟁을 개인 권리의 보호나 계급 이익의 수호 범주 안으로 한정하지 않았다. 양저우 국유방직공장 구조조정으로 일어난 파업과 법적 투쟁을 조사하는 과정에서 나는 다음과 같은 사실을 발견했다. 구노동자의 투쟁도 권익에서 출발했지만 이런 투쟁은 늘 다음과 같이 보편적이고 공적인 가치에 호소했다. 노동자계급은 공장의 주인인가? 전민소유제란 무엇인가? 소송은 비록 민사소송 형식을 띠었지만 사실상 헌법을 둘러싸고 벌어진 한바탕 정치 토론이라는 편이 나았다.[27] 「중화인민공화국헌법」 제1조는 "중화인민공화국은 노동자계급이 지도하고 노동자·농민 연맹을 토대로 하는 인민민주주의 독재 사회주의 국가다……", 제2조는 "중화인민공화국의 모든 권력은 인민에게 있다……"[28]라고 규정했다. 노동자계급의 지도적 역할을 이해할 때는 동시에 "모든 권력은 인민에게 있다"는 헌법 원칙을 이해할 필요가 있다. 즉 노동자계급의 역할은 보편적 원리와 밀접하게 관련된 것이지 소수나 노동자계급 자신만을 위해 설정된 것이 아니다. 사회주의 시기 노동자의 지위는 이 헌법적 권리, 특

---

27 汪暉, 「改制與中國工人階級的歷史命運 ─江蘇通裕集團公司改制的調查報告」, 汪暉, 『去政治化的政治』, 北京 : 三聯書店, 2008, 275~364쪽.

28 『中華人民共和國憲法』, 北京 : 人民出版社, 1982, 9쪽.

히 이 헌법적 권리가 생성되는 정치적 과정과 밀접하게 관련된다. 20세기의 정치적 과정과 정치 문화의 생성을 이해하지 않으면 이 헌법적 원칙의 탄생도 이해하기 어렵다. 고참 노동자들은 법적 투쟁을 벌여 노동자계급의 헌법적 지위를 신장하려 했다. 그리고 지방정부가 소유자 명의와 투자 유치 방식으로 공장을 설치하는 것이 반대했다.—공장은 공공재산이고 이 공공재산의 운명에 노동자계급은 헌법 조항에 부합하고 공장 소유자의 하나로서 결정권을 지닌다. 그러나 신노동자 투쟁에서는 이런 유형의 법적 권익보호 형식으로 전개되는 정치투쟁이 거의 보이지 않는다.

법적 권익 보호 과정에서 더 복잡한 현상이 또 있다. 법적 권익 보호는 노사 분규에서 산출되었다. 그러나 노동자 투쟁은 늘 노동자와 국가의 대항에서 발생하고 다른 형태의 사회적 사건과 엮여 있다.[29] 경제 문제가 정치 문제로 번질 때 항의운동은 항상 지방정부를 겨냥한다.(몇몇 서술과 미디어는 한 발짝 더 나아가 인권을 위반한 '전제국가'를 겨냥한다.) 마치 이 새로운 모순과 충돌이 '사회주의 체제'의 부작용이지 노동자 국가의 실패와 자본주의 세계가 빚어낸 것이 아닌 것처럼 보인다. 이런 이데올로기의 논리에 따르면 노동자와 국가 간 게임은 반드시 시장

---

29 2009년 지린성 퉁강通鋼 사건, 신장 75 사건의 원인이 된 사오관韶關 위구르족 사건 등이 모두 그 증거다. 이 사건들은 2003년 하얼빈, 'BMW 사건', 2008년 구이저우 '웡안甕安 사건', 윈난 '멍롄孟連 사건', 2009년 후베이 '덩위차오鄧玉嬌 사건' '스다오石首 사건' 등과 성격은 다르지만 형태는 유사하다. 즉 구체적인 임금이나 이주노동자 분규에서 정부, 경찰과 대치하는 것으로 전화했다.

질서를 굳히는 것을 전제로 한다. 따라서 국가가 노자관계를 조절·관리·규범화·조형하는 측면에서의 역할을 다시 분석하지 않으면 법적 권익보호와 정치적 과정 사이의 관계를 정확히 파악할 수 없다. 19~20세기에 자본 운영은 늘 각종 권력, 특히 식민주의 국가와 관료체제 권력에 의존했다. 그러나 노자 간 모순은 노동과 자본의 직접적 대치로 표현되었다. 노동자 운동이 국가가 '부르주아의 사무관리 위원회'임을 깨달을 때 공장주를 향한 투쟁은 경제투쟁에서 정치투쟁으로 전화한다.

시장사회로 전환함에 따라 원래 노동자 국가가 자본과 노동의 이중 대리인 역할을 하기 시작했다. 자유 노동력 군대의 형성(느슨한 호적제도와 도농 관계 변천이 농민을 도시도 내던졌다)에서 자본 유치 정책 실시까지, 노동자 조직의 구성과 제한에서 금융체제의 규범까지 모두 국가가 주도하지 않은 것이 없다. 자본과 권력의 연맹이 날로 긴밀해지면서 국가가 노동의 권리를 '대리'하는 역할은 점점 알맹이가 없어졌다. 그러나 노동자의 대리인이라는 역할은 근본적으로 바뀌지 않았다. 노동자 국가가 격렬하게 전환하는 조건에서 노동자의 권익을 내세우는 노동자계급과 국가 사이에 심각한 단절이 생겼다. 노자 대립은 항상 노동과 국가 사이의 모순으로 드러났다. 그러나 19세기와 20세기의 노동자계급 투쟁과 달리 노동자와 국가의 직접적 대치는 노동자 국가를 창조하는 방향으로 나아가지 않았고 19세기와 20세기 전반기 경제 체제로 접근하는 방향으로 전화했다. 즉 국가에 노동자 국가의 성격을 철저히 버리고 물권법이 규정한 법적 권리를 실현하라고 요구했다.

법적 권익보호에는 집단 권력 영역이 있어서 개인 권리와 노동자 집단의 권리 사이에 정치적 공간을 제공한다. 이것이 바로 노동조합의 재건이다. 노동자계급 정당이 아직 출현하지 않은 19세기 전반기 유럽에서는 노동자가 농민 파업을 지도하고 노동자를 조직하고 자본가와 벌이는 투쟁에서 자기 권익을 보호하라고 설명했다. 동업조합, 직업연합, 노동조합의 발전은 초기 노동자 운동의 주요 형식이었고 노동조합은 현재까지 여전히 유럽 노동자 운동의 주요 조직 형태다. 19세기 중반부터 20세기 전반까지 유럽 사회에서 노동조합은 노동자계급 정당이 형성되는 전제이기도 했다. 달리 말하면 정당은 노동조합에서 분리된 것이다. 따라서 노동자계급은 정당의 산물이 아니다. 정반대로 계급정당이 노동운동의 토대 위에서 노동자계급 내부에서 탄생한 것이다.[30] 그러나 중국에서 그리고 근대 혁명이 일어난 수많은 농업사회에서 노동조합과 농민회는 정당이 노동자를 조직하고 계급운동을 추진하는 도구였다.

노동자 국가 내부에서 노동조합은 대중과 정당 국가 사이를 잇는다. 그 주요 직능은 '대중을 설득'하는 것이다. 레닌이 말한 "국가 정권의 '저수지'" 역할을 한다.[31] 그러나 노동자 국가가 정당 국가로 변하는 과정에

---

30 레닌은 이렇게 말했다. "노동조합은 자본주의 속에서 만들어졌다. 그것은 새로운 계급을 발전시키는 도구다. 계급 개념은 투쟁과 발전 속에서 형성된다. 성벽은 하나의 계급을 다른 계급을 나누어놓을 수 없다. 중국의 만리장성도 노동자와 농민을 나누어 놓을 수 없다. 사람들은 어떻게 연합을 배우는가? 처음에는 동업조합을 통해서, 나중에는 직업을 통해서 배운다. 프롤레타리아가 계급으로 형성될 때 그들은 아주 힘 있는 단체로 변해서 국가기구 전체를 자신의 손에 넣고 세계를 향해 선전포고를 하고 승리를 얻을 수 있다. 이에 따라 동업조합과 직업 노동조합은 뒤떨어진 것이 된다." 列寧, 「在全俄工會第三次代表大會上的講話」(1920年 4月 8日), 『列寧全集』第30卷, 北京 : 人民出版社, 1963, 470쪽.
31 列寧, 「論工會, 目前局勢及托洛茨基的錯誤」(1920年 12月 30日), 『列寧全集』第32卷,

서 노동조합은 사회주의 또는 공산주의로 이행하는 것을 '노동자에게 설득'하는 기구에서 시장사회로 이행하는 것을 '노동자에게 설득'하는 기구로 변했다. 노동조합과 국가가 이어져 있다보니 국유기업 구조조정 과정에서 노동조합은 노동자의 권익을 보호하는 직능을 거의 상실했고 지방정부와 자본가의 기업 재조직, 노동자 권리 박탈에 협조하는 기구로 변했다. 이 때문에 노동자들은 '노동조합 재조직'을 해야 했다.— 재조직은 선거로 노동조합 구성원, 특히 지도자 등을 바꾸는 것에 그치지 않고 노동조합의 역할을 바꾸는 것이다.—노동자 국가의 실패와 '정당의 국가화'에 따라 노동조합은 이제 노동자 국가와 대중 사이의 '설득 기제' 또는 노동자 국가의 '저수지'가 아니라 노동자의 권익을 보호하고 노동자 연합을 촉진하며 새로운 평등정치의 자주적 소통을 만들어내야 한다.

현재 자본은 이제까지 경험한 적이 없는 수준으로 국가에 침투했다. 국유기업 구조조정에서 자본의 창생은 확실히 19세기의 아나키스트 미하일 바쿠닌Mikhail Bakunin(1814~1876)이 말한 것처럼 "국가가 자본을 창조하고 자본가는 국가의 은혜를 입어야만 자신의 자본을 소유"하는 것 같다.[32] 그러나 이는 표면적 현상이다. 사실은 국가와 자본이 세계화 상황에서 재조직된 것이다. 이른바 '국가의 은혜'는 신자유주의 '국가의 퇴조'를 달리 표현한 것이다. 시장으로 전환한다는 근본적 전환을 떠

北京：人民出版社, 1963, 2~3쪽.

32 恩格斯,「致泰·庫諾」(1872年 1月 24日),『馬克思恩格斯文選』(兩卷集) 第2卷, 北京：人民出版社, 1958, 468~469쪽.

나서는 이 국가 행위들의 실질적 함의가 무엇인지 이해할 수 없다. 따라서 노동자가 직면한 문제는 또 다른 차원과 역사적 맥락 속에서 19세기 유럽 노동자 운동의 논쟁을 '되풀이'한다는 것이다. 노동자 투쟁의 대상은 국가인가 자본인가, 노동운동의 경제투쟁은 정치투쟁으로 전환하는가? 19세기 아나키스트는 혁명이 국가라는 정치조직을 폐지하는 데서 시작해야 한다고 보았다. 그래서 국가를 노동자 투쟁의 목표로 설정했다. 반면 공산주의자는 노동자의 곤경이 자본에서 온다고 보았다. 또는 "사회발전에서 오는 자본가와 고용 노동자 사이의 계급 대립"이라고 말했다.[33] 그리고 부르주아의 사상가나 자유주의자는 필사적으로 노동조합운동의 토대—경제투쟁—를 정치투쟁에서 벗어난 독립된 투쟁, 즉 법적 권익 범위 내에서 개량으로 바꾸려 했다.

오늘날의 맥락에서 앞의 세 가지 선택은 실패했다. 첫째, 19세기 공산주의자의 정치적 목표, 즉 노동자계급이 국가 정권을 장악해서 사회주의 이행을 추진하는 정치적 경로는 이미 노동자 국가의 실패에 따라 파산했고 자본에 대한 노동자의 투쟁은 더 이상 국가 정권 장악을 목표로 삼는 혁명을 채택하지 않는다. 노동조합은 레닌 등이 기대한 것과 같이 정권 탈취를 향한 과도적 '정치기관'이 될 수도 없다.[34] 둘째, 고도로 금융화된 전 지구적 자본주의 체제에서 전체 투쟁의 목표를 국가에 겨누

---

33 恩格斯, 「致泰·庫諾」(1872年 1月 24日), 『馬克思恩格斯文選』(兩卷集) 第2卷, 北京 : 人民出版社, 1958, 468~469쪽.

34 列寧, 「在全俄工會第二次代表大會上的報告」(1919年 1月 22日), 『列寧全集』第28卷, 北京 : 人民出版社, 1990, 396~397쪽.

면 신노동자의 처지와 자본주의적 생산과 유통 체제의 관계를 간과할 것이다. 고도로 유동적인 자본과 노동 단기화는 서로 호응한다. 보편적인 농촌 위기와 도시화 조건에서 형성된 노동관계는 서로 연관된다. 신노동자는 생산과정에서 비인격화하고 고도로 종합되며 생산 효율을 추구해서 고액의 이윤을 취득하는 것을 유일한 목표로 삼는 생산양식과 짝을 이룬다. 국가와 국가의 발전 정책은 단지 이 대전환에 적응하는 정치적 기제일 뿐이다. 한편으로 신노동자는 저임금, 저노동보호 생산과정 속에서 철저한 비인격화에 직면해 있다. 그래서 국가를 통해 기본적 사회보장과 재분배체제를 재건하는 것이 그들의 경제적 지위를 개선하고 노동 보장을 하는 데 필요한 방식이 된다. 다른 한편으로 신노동자는 불평등한 사회적 신분과 고향—광활한 중국 농촌—의 해체와 전환이 가져온 정서적 고통도 받고 있다. 이런 곤경은 단순히 재분배 과정으로만 개선되지 않고 도시화 과정이 가져온 도농 관계 악화를 개선해야 완화될 수 있다. 셋째, 금융화·자본화의 생산과정은 결코 노자관계에서만 발생하지 않고 다른 영역(도농 관계, 교육체제, 지역 차별, 초국적 관계, 발전과 자연보호의 관계 등)에서도 발생한다. 자유주의자처럼 오늘날의 기본적 생산관계, 발전 모델의 조건을 건드리지 않고 '시장체제'의 완성을 유일한 목표로 삼으려 하면 노동자의 투쟁은 법적 권익 범위 안에 갇히고 노동자 집단의 처지를 근본적으로 변화시킬 수 없다. 오늘날의 조건에서는 심지어 19세기의 노동조합 형식 자체도 오늘날의 도전에 적응하기 어렵다.

지금의 문제는 20세기가 아닌 19세기 노동운동의 문제에 더 근접해 있다. 즉 노동자 집단은 반드시 자신의 재조직 또는 재형성을 해서 스스로 정치 세력으로 구축해야 한다. 그리고 노동자 국가의 틀로는 스스로 '지도' 직능을 실현하기 어렵다. 그렇다고 사회주의 전통이 이미 의미가 없다는 말이 결코 아니다. 정반대로 노동자 집단의 정치적 요구는 바로 노동자 국가의 기본 원칙을 다시 신장하면서 스스로 결집해야 한다. 새로운 환경에서 노동자 집단의 경제투쟁과 이것을 중심으로 한 법적 권익 보호를 둘러싸고 정치적 정의의 잣대를 찾으려는 것은 공허하고 현실에 맞지 않는 몽상이다. 그러나 법적 정의를 이런 발전 모델을 바꿀 근본적 가능성으로 확장할 수 없다면, 즉 법적 정의와 정치적 정의의 관계를 논할 수 없다면, 노동자의 처지를 근본적으로 바꿀 수 없다. 그러나 사회주의 국가의 헌법적 권리를 신장하고 보호하는 것은 법적 정의와 정치적 정의를 연결하는 유효한 경로다. 19세기 유럽 또는 20세기 전반기 중국에 비하면 정치 영역은 이미 크게 변했다. 그 핵심은 계급이 형성되는 정치적 과정이 끝났고 계급 정치를 추진하는 혁명적 기구, 즉 노동자계급 정당이 이미 발전과 경제발전을 중심 임무로 삼는 국가 체제의 내부 요소로 전화했다는 사실이다. 바로 이상의 정치적 동력을 상실했기 때문에 중국에서 세계 최대 규모의 신노동자 집단이 탄생했지만 이는 계급 개념이 정치 영역에서 점점 효력을 잃는 것이다.

따라서 '재정치화'는 필수적 선택이다. 그러나 도대체 어떤 토대 위에서 어떤 형식으로 '재정치화'를 하는가? 자유파의 '역사종말론'과 급진 좌익의 '제국' '다중multitude' 등 범주는 좌우 분립 속에서 상호 대립하고 차이도 명확하다. 그러나 동시에 계급을 새로운 정치의 토대로 삼는 설정을 부정한다는 점은 공유한다. 현재의 문제는 이전과 다르다. 새로운 사회운동이 일어나고 활발해지는 시대에 새로운 정치는 계급의 범주 위에서 정초될 수 있을까? 여기서 진정한 문제는 정치적 정의라는 명제 또는 노동자계급의 지도적 지위라는 교조를 법적 정의로 바꾸는 데 있지 않다. 진정한 문제는 법적 정의와 정치적 정의가 연결되는 길을 찾는 것이다(이것은 말하지 않아도 알 수 있다). 그리고 정치적 정의를 어떻게 다시 정의하는가 하는 문제에 있다.

이 문제를 논하기 전에 신노동자 집단은 자신의 생활 경험, 자신과 타인의 상관관계 속에서만 새로운 동력과 희망을 찾았다. 혼다 노동자의 투쟁, 폭스콘 노동자의 소리 없는 항의, 위위안裕元 신발공장 파업에서 신노동자가 자신의 물질적 운명과 문화적 운명을 가꾸기 위한 작은 노력에서 우리는 이 집단이 내세우는 바람과 요구를 들었다. 그러나 이 집단이 어떻게 해야 자신의 바람과 요구를 정치적 에너지로 끌어올리고 더 나아가 보편적 존엄의 정치에 동력을 제공할 수 있을까? 이 집단의 노력은 어떻게 해야 자신 집단의 경계를 넘어서 인민대중의 보편적 정치의 일부가 될 수 있을까? 어떤 의미에서 중국 사회에서 평등을 쟁취하기 위한 투쟁은 필연적으로 권익보호와 사회주의 헌법의 확장 그리고 그 권리체계와 연결된 것일까?

4. 노동자 국가의 실패와 대표성의 균열

앞서 말한 문제는 반드시 20세기에 형성된 노동자 국가의 실패를 검토하면서 시작해야 한다. 노동의 해방, 노동자의 평등과 자유는 20세기 노동운동의 성과로서 노동자 국가와 그 헌법에 응집되어 있다. 노동자 국가의 헌법 원칙은 노동자계급과 그들의 이익을 보편적 이익 또는 보편적 이익의 핵심 부분으로 보는 정치적 과정의 산물이다. 헌법 원칙을 다시 제기하는 현대적 의미는 다음과 같다. 노동자 국가가 파산한 상황에서 현대 생활에서 노동자의 지위를 신장하고 노동자계급과 그들의 이익을 보편적 이익으로 보는 정치적 과정이 존재하는가? 또는 필요한가?

이 문제에 답하려면 다음과 같은 질문이 필요하다. 노동자계급은 사회주의 국가에서 어떻게 헌법적 지위를 획득했고 또 왜 잃었는가? 정당이 계급정당에서 '전면대표'의 방향, 즉 정당 국가화의 방향으로 전향함에 따라 우선 계급과 정당의 관계가 변했고 뒤이어 계급과 국가의 관계가 동요했다. 구노동자계급은 정치 영역에서 자신의 대변인을 잃었고 기업 구조조정 속에서 그 전체가 훼손되었다. 새로운 노동자 집단은 자유로운 이동 속에서 해방을 얻었으나 새로운 생산과 생활 체제 속에서 자신의 정치적 대표를 만들어낼 에너지가 없었다. 그들은 마르크스가 분석한 프랑스 농민처럼 "자신의 이름으로 자신의 계급적 이익을 보호할 수 없다. (…) 그들은 스스로를 대표할 수 없고 반드시 다른 사람이 그들을 대변해야 한다. 그들의 대표는 반드시 동시에 그들의 주재자이고 그들 위에 높이 서 있는 권위자, 제한을 받지 않는 정부 권력이다. 이런 권력은 그들이 다른 계급의 침범을 받지 않도록 보호하고 위에서부터 그들에게 비와 햇빛을 내려준다."[35] 이렇게 '대표되는' 상태에서 신노동자는 자신의 대립물이 어디에 있는지도 잘 모르고 자기 이익과 '보편적 이익'이 도대체 어떤 관계인지도 모른다.

정치적 과정의 측면에서 노동자계급의 지위 변화는 세 가지 고리에서 발생했다. 즉 노동자 국가의 전환, 이 전환의 핵심 고리인 노동자계급 정당의 거대한 변화, 이에 상응하는 정치적 정의 원칙의 해체가 그것이다. 나는 이 과정을 '대표성의 균열' 또는 정치 형식과 사회 형식이 어긋난 것이라고 한다. 노동자 국가의 정치적 정의는 그 나라의 헌법 원칙에 집중적으로 구현되어 있다. 바로 앞에서 거론한 「중화인민공화국헌법」 제1조와 제2조가 보여주듯이 이 원칙은 몇 가지 기본 개념 위에서 구현된다. 즉 지도적 계급으로서 노동자계급, 통치의 기초로서 노동연맹, 국가 정권의 조직적 형식으로서 인민민주주의 독재, 인민이 권력의 원천이라는 기본 설정 그리고 이 체제의 정치적 대표자로서 노동자 정당이다. 정당, 계급, 계급 연합, 인민과 이들로 형성되는 국가 형식은 현대 중국의 정치적 대표 관계를 말해준다. 정치적 대표 관계라고 말하는 것은 일반적 대표 관계가 아니라 하나의 정치적 과정이 없다면 이 범주들은 유기적으로 연관되지 않고 대표성이라는 문제도 존재하지 않기 때문이다. 대표성의 단절을 이해하는 전제는 바로 이 정치적 과정의 위기, 정체 또는 중단 그리고 여기서 발생하는 제도 차원의 대표성 관계의 해소를 분

---

35 『馬克思恩格斯全集』第8卷, 北京: 人民出版社, 1961, 217~218쪽.

석하는 것이다. 가령 인민대표대회 등 노동자 국가의 대표적 기구에서 노동자와 그들의 정치적 동맹자인 농민 대표의 비율이 크게 떨어졌다. 이는 대표성 균열의 징후이지 원인이 아니다. 지속적인 정치적 과정, 즉 더 많은 노동자나 농민 구성원을 대표로 추가한다고 해도 노동자 국가의 회복에 도움이 되지 않는다.

헌법 원칙의 계급 개념에서 분석을 시작해보자. 노동자 국가의 형성을 해석하든 실패를 분석하든 모두 계급을 토대로 한 대표성 정치와 보편적 이익의 관계가 어떻게 구성되는가 하는 문제에 답해야 한다. 따라서 이 계급 개념은 단순히 재산권의 각도에서 정의할 수 없고 반드시 지도권, 대표성 등 정치적 범주와 연관 지어야 충분히 이해할 수 있다. 지도권과 대표성 문제는 자본주의의 내재적 모순과 불균형한 계급을 분석하면서 도출된다. 마르크스는 이렇게 말했다. "나로 말하자면, 현대사회에서 계급의 존재를 발견하든 각 계급 간의 투쟁을 발견하든 모두 우리의 공이 아닙니다. 나보다 훨씬 이전에 부르주아 역사학자가 계급 투쟁의 역사적 발전을 서술했고 부르주아 경제학자도 각 계급을 경제적으로 분석했습니다. 나의 공헌은 다음 몇 가지를 증명한 것입니다. (1) 계급의 존재가 생산발전의 일정한 단계와만 연관된다. (2) 계급 투쟁은 반드시 프롤레타리아 독재를 불러온다. (3) 이 독재는 모든 계급이 소멸되고 프롤레타리아 사회로 이행하는 데 도달하는 과도기일 뿐이다……."[36] 여기서 말하는 프롤레타리아 사회로 이행하는 '프롤레타리

---

36 馬克思, 「致約·魏德邁」, 『馬克思恩格斯選集』, 第4卷, 北京: 人民出版社, 1958,

아 독재'가 바로 노동자계급 국가다. '프롤레타리아 계급 독재' 개념에서 프롤레타리아는 자본주의 생산에서 규정한 계급일 뿐만 아니라 보편적 계급이다. 이런 의미에서 볼 때 노동자 국가에서 노동자도 정치적 개념이다. 노동자 국가는 착취자를 착취하는 사회이므로 노동 인민의 공동체다. 그리고 이전의 황제, 자본가, 전범 등도 노동자 공동체의 구성원이다. 「중화인민공화국헌법」의 '인민민주주의 독재' 개념은 과도기적 역사 범주다. 여기서는 노동 분업 의미에서의 계급 구분을 보류하는 동시에 노동자계급이 보편 계급이라는 특징을 강조했다. 대표성 또는 지도권 문제는 바로 과도기 형식의 국가 형태 안에 들어 있다.

마르크스는 자본주의 생산의 착취적 성격을 해석하면서 다음과 같은 점을 발견했다. 이 생산 형식은 사회 전체를 양대 계급으로 나누며 이에 따라 자본주의 시대의 정치는 불가피하게 계급 대립 정치가 된다. 그러나 능동적 정치 역량이 계급의 존재를 계급을 소멸하는 혁명적 정치운동과 연결하지 않는다면 혁명의 대표성 정치는 발생할 수 없다. 계급의 존재와 계급 분화 자체는 결코 필연적으로 혁명정치를 불러오지 않는다. 우리는 다음 두 가지 측면에서 질문할 수 있다. 왜 노동자계급이 상대적으로 약한 현대 중국에서 프롤레타리아 계급 정치가 전 시대를 석권했는가? 왜 '세계의 공장'인 중국에서 노동자계급의 수가 3억 명에 달하는데 19세기와 20세기적 의미의 노동자계급 정치가 형성되지 않는가?

332~333쪽.

단기 20세기: 중국 혁명과 정치의 논리

계급 정치는 비록 노동자계급이라는 객관적 사회계층에 의존하지만 거시적 이론 분석에 기초를 두고 생산된 정치투쟁의 방향을 설정하고 계급 정치는 계급이 자신의 이익을 뛰어넘어 보편적 이익을 대표하는 조건에서 형성될 수 있다. 즉 계급과 계급의식을 소멸하는 것을 계급의 사명으로 의식할 때 계급 정치가 탄생할 수 있다. 자본주의적 생산과정과 모순에 대한 분석에 근거해서 노동자계급이 정치적 계급으로 확립되고 이 계급의 투쟁이 계급 소멸이라는 미래를 향하면서 인민의 보편적 이익과 인류의 최종적 해방을 대표하게 된다. 바로 이 때문에 혁명 과정과 노동자 국가에서 노동자 정치의 독특한 지위는 결코 노동자계급이 인구, 사회계층 분화, 정치 구조에서 갖는 실제적 존재 상태와 비율로만 설명될 수 없다. 이론적으로 계급 개념의 정치성을 없애면 계급 개념은 실증주의 논리에 따라 구조적인 계층 개념으로 잘못 이해된다. 노동자계급의 운동은 자기 계급의 이익을 목적으로 하고 노동조합을 주요 조직적 형식으로 삼는 운동에 그친다. 사회의 계층 분화, 중산계급, 농민공 등의 개념으로 구성된 실증주의적 틀에서 사람들은 사회의 계층분화를 강조하게 되어 처음부터 계급 정치를 넘어갔다.

노동자 국가의 파산은 노동자계급의 대표성 쇠락만으로 드러났을 뿐 아니라 노농연맹의 정치적 토대의 와해로도 집중적으로 드러났다. 중국 혁명은 농민이 주체가 된 사회에서 발생했고 노동자가 더 적고 자본가도 아직 형성되지 않은 국가에서 일어났다. 실증적 의미에서 중국의 현대 혁명은 부르주아 없는 부르주아 혁명 또는 프롤레타리아 없는 사회주의 혁명이다. 그러나 정치적 시각에서 보면, 중국에 성숙한 부르주아나 프롤레타리아가 존재하는지를 두고 논쟁한다고 부르주아 혁명이나 사회주의 혁명의 역사적 존재를 직접 부정하지는 않게 된다. 사실 혁명 정치와 계급 인구의 관계는 원래부터 직접적이지 않다. 또 이것은 중국만의 독특한 현상도 아니다. 19세기 중반 마르크스는 독일 문제 전체는 다시 일어나는 농민전쟁이 프롤레타리아 혁명을 지지하는가에 따라 결정된다고 보았다. 레닌은 훗날 다음과 같이 해석했다. "1871년 유럽 대륙 어느 나라의 프롤레타리아도 인민의 다수를 점하지 않았다. 당시에는 프롤레타리아와 농민이 함께하는 혁명만이 진정 다수를 운동으로 끌어들인 '인민'혁명이 될 수 있었다. 당시 인민은 바로 이 두 계급으로 구성되었다."[37] 프롤레타리아가 결코 인구의 다수가 아니기 때문에 그들은 한 차례 '인민혁명'으로만 계급적 운명 속에서 구현되는 보편적 이익 또는 '미래'를 실현할 수 있다. 이때 보편적 이익 또는 미래도 마찬가지로 이중성을 지닌다. 즉 한편으로는 프롤레타리아가 직접 인민의 보편적 이익을 구현하는 것이고 다른 한편으로는 계급 소멸과 계급 대립에 따라 자신도 소멸하는 미래를 의미한다.

노동자 국가의 대표성 정치에는 두 가지 주요 명제가 있다. 그것은 바로 노농연맹과 인민민주주의다.[38] 이 두 개념은 모두 주변 자본주의 범

---

37 列寧, 「國家與革命」(1917年 8~9月), 『列寧選集』第3卷, 北京：人民出版社, 1960, 204쪽.

38 1950년대 사회주의 개조 작업이 추진되면서 신중국 정권의 사회적 성격이 인민민주주의 독재인가, 프롤레타리아 독재인가를 두고 논쟁이 벌어졌다. 이때 전자는 신민주주의 혁명, 즉 부르주아 민주주의 혁명의 임무를 맡고 후자는 바로 사회주의 혁명의 임무를 맡는다. 그러나 민주주의 인사와 부르주아의 불필요한 공황 상태를 방지하기 위해 '54헌

주와 밀접하게 연관된다. 선진 자본주의 국가의 주변, 즉 중국과 러시아는 하나의 기본 문제에 직면했다. 즉 사회주의 사상과 운동이 싹트는 때이 지역들은 여전히 농업과 농민 위주의 사회였다. 19세기 말 러시아 인민주의자들은 토지를 점유한 농민을 서유럽 자본주의와 대립시켜서 러시아는 '농민 반자연경제'에 불과하다고 말했다. 량수밍과 그를 따르는 중국 사상가들은 향촌 건설이야말로 응결체 또는 중국의 헌정 실천이라고 보았다. 사회주의자가 3농의 거대한 역사적 존재를 확인했다는 점은 인민주의자나 향촌건설파의 관점과 아주 가깝다. 그러나 다음과 같은 점에서 다르다. 사회주의자는 자본주의의 불평등한 발전 속에서 상품 생산이 소유경제 형태를 자본의 지배 논리에 종속되도록 한다고 생각한다. 이런 종속은 항상 상업자본주의와 고리대자본으로 시작하고 그 후 산업자본주의—그다음은 금융자본주의—중심의 노동 분업으로 전환한다.[39] 19세기에 시작된 이 과정에서 농업은 공업에 종속되고 농촌은 도시에 종속되고 농민은 도시를 위해 일하는 농업 경작자와 농민 노동자 집단으로 나뉘는 것이 보편적 현상이다. 바로 이런 종속적 관

법'에서는 '노동자계급이 지도하고 노농연맹이 토대가 되는 인민민주주의 국가'라고 표현했다. 그리고 1975년과 1978년에 제정된 헌법에서 이 표현은 '노동자계급이 지도하고 노농연맹이 토대가 되는 프롤레타리아 독재의 사회주의 국가'로 고쳤다. 현행 '82헌법'은 다시 '인민민주주의 독재'로 되돌렸다. '54헌법'은 생산수단 소유제에 자본가 소유제를 포함한 다섯 가지가 있음을 명시했다. '82헌법'은 개혁·개방의 산물로서 자본주의 경제의 존재를 다시 용인했다. 그러나 두 가지 모두 노동자계급의 지도와 노동연맹의 토대를 강조한다. 따라서 나는 여전히 이 둘을 노동자 국가라고 통칭한다.

39 列寧, 「對歐洲和俄國的土地問題的馬克思主義觀點」(1903年 2月), 『列寧全集』第6卷, 北京: 人民出版社, 1984, 307쪽.

계가 사회주의 운동이 농민 문제를 세계적 범위에서 부르주아의 통치에 반대하는 구성 요소의 하나로 끌어들이는 데 토대를 제공했다. 노동자계급은 농민이 아니고 인민의 대표다. 노동자계급의 계급 해방은 최종적으로 자본주의 생산 시스템 자체를 겨냥하기 때문이다.

노동자계급은 단독으로 혁명의 승리를 쟁취할 수 없고 반드시 대표성 정치를 통해 인민의 지지를 얻어야 한다. 노농연맹은 일종의 정치적 연맹이다. 즉 특정한 조직 형식으로 완성된 정치적 동맹체다. 20세기 전체에서 중국 혁명의 지도 문제와 농업의 개조, 농민의 동원은 밀접하게 관련된다. 중국 혁명 정당의 지도권과 농민운동의 관계는 노동자 운동과의 관계보다 더 밀접하다. 앞에서 말했듯이 노동자계급의 지도적 역할이 노농연맹이라는 토대 범주와 연관되는 이유는 계급 정치가 일종의 종속적 관계 속에서 전개되고 실증적인 계급 구성을 환원될 수 없기 때문이다. 노농연맹은 일종의 정치적 연맹, 즉 특정한 조직 형식으로 완성되는 정치적 동맹체다. 따라서 현대 대표성 정치의 중심으로서 노동자계급 정당은 노동자계급의 전위일 뿐 아니라 노농연맹의 정치적 대표이기도 하다. 대표성 정치는 노동자계급이 노동자 국가에서 갖는 지도적 지위를 직접 구현한다. 또한 노농연맹에서 농민계급보다는 지도적인 지위로도 구현된다.

이에 상응해서 인민 범주도 계급 개념을 토대로 한다. 노동자와 농민이라는 양대 계급 이외에 프티부르주아, 민족 부르주아도 포함된다. 바로 계급 개념과 마찬가지로 자본주의 시대의 적아 관계에 대한 분석과 관련된 정치운동이 없이는 인민 개념도 성립될 수 없다. 노동자계급은 자본주의 생산의 부속물이자 부르주아계급과 그 정치적 대표의 대립물로 구성된 정치적 신분이다. 그것과 자본주의 정치와 경제 관계의 비타협적 투쟁은 인민이라는 확장된 주체를 구축한다. 정치적 대표성은 한편으로 노동자계급의 정치와 문화적 지도권으로 구현되고 다른 한편으로는 인민의 보편적 이익을 실현하는 에너지로 구현된다. 지도권 개념은 노농연맹 또는 인민이 동일한 계급을 포개놓은 것이 아니라 투쟁으로 만들어지는 새로운 정치 주체임을 말해준다.—노농연맹의 목적은 바로 농민을 부르주아의 영향 아래서 빼앗아 오고 혁명적 세력으로 조직하는 것이다.[40] 대표성은 지도권과 상호 중첩되기 때문에 투쟁 개념이기도 하다. 이른바 인민민주주의는 바로 노동연맹을 보호하고 노동자계급의 지도적 역할을 보증하는 대표성 정치의 제도적 형식이다.[41] 따라서 대표 관계에는 현저한 대립 통일 관계도 포함된다. 즉 이 대표성과 지도권은 반드시 보편적 이익을 구현해야지 단순한 계급과 집단의 이익을 구현하지 않는다. 그러나 이 보편적 이익은 또 계급 정치로만 실현될 수 있다. 이른바 노동자 국가의 실패와 대표성의 단절은 다음 두 차원에서

---

40 레닌은 이렇게 말했다. "'프롤레타리아와 농민의 연맹'을 프롤레타리아와 농민의 서로 다른 계급 또는 정당을 합병하는 것으로 이해해서는 절대 안 된다." "프롤레타리아가 혁명전위대의 절대적·독립적·자주적 정책을 집행할 농민과 자유파의 관계를 끊고 농민을 자유파의 영향에서 벗어나게 할 수 있고, 투쟁에서 그들을 지도해서 '연맹', 즉 농민이 혁명을 진행하는 조건하에서 연맹을 진정으로 실현할 수 있다." 列寧, 「談談對俄國革命的估計」(1908年 4月), 『列寧全集』第15卷, 北京: 人民出版社, 1963, 39쪽.

41 "독재의 최고 원칙은 프롤레타리아와 농민의 연맹을 보호해서 프롤레타리아가 지도적 역할을 하고 국가권력을 유지할 수 있게 하는 것이다." 列寧, 「共産國際第三次代表大會」(1921年 6月 22日~7月 12日), 『列寧全集』第32卷, 北京: 人民出版社, 1963, 477쪽.

집중적으로 나타난다. 첫째, 지도권과 계급적 토대의 균열, 둘째, 대표성 정치와 보편 이익의 충돌.

중국 혁명에서 대표성 정치와 계급 정치의 상술한 연관성은 민족 해방과 국가 독립의 문제와 동시에 다루지 않을 수 없다. 이것 역시 계급 개념을 중심으로 한 대표성 정치를 더 복잡하게 하는 면모다. 서구에서 발달한 자본주의 국가에서는 민족 문제가 이미 해결되었고 정치투쟁의 주도적 형식은 계급 연합과 계급 간 투쟁으로 전개된다. 그러나 식민지 또는 반식민지 국가에서 국가의 분열은 프롤레타리아 운동의 장애물이다. 따라서 각 계급을 연합해서 민족 해방을 쟁취하고 통일국가를 건설하는 것도 프롤레타리아의 임무가 된다. 마오쩌둥의 말을 빌리면, 이 시대의 조류는 바로 "국가는 독립해야 하고" "민족은 해방되어야 하고" "인민은 혁명을 해야 한다." 혁명이 프롤레타리아의 민족적·국가적 목표를 획득했기 때문에 계급 해방이 중심이 된 혁명정치는 통일되고 통상 제도가 단일한 국가제도와 연관된다. 국가의 분열과 민족의 위기라는 상태에서 분권제와 연방제에 반대하는 중앙집권제 국가 형식은 "중세기적 분산 상태에서 장래의 전 세계 사회주의로 향하는 거대한 역사적 발걸음"으로 비췄고 "이런 국가(자본주의 국가와 밀접한 연계가 있는 국가)를 거치는 것 이외에 사회주의로 가는 일은 있지 않고 있을 수도 없다."[42] 따라서 대표성 정치는 다민족 통일국가의 중앙집권 형식과

---

42 레닌은 또 이렇게 말했다. "각자 다른 민족으로 통일된 국가를 구성해야만 한다. 마르크스주의자는 결코 어떤 연방제 원칙 실행을 주장해서는 안 되고 어떤 분권제 실행을 주장해서도 안 된다." 「關於民族問題的批評意見」(1913年 10月~12月), 『列寧全集』第20卷,

역사적 연관이 있다. 바로 이 때문에 대표성 균열의 정치적 악영향 가운데 하나는 바로 민족 정체성 정치가 통일국가 안에서 자라나 정치 영역에서 이런 정체성 정치가 단일제도 국가 형식에 의문을 제기하는 것이다. 정치적 측면에서 오늘날 중국 민족지역 자치의 위기는 바로 대표성이 단절된 결과다.

노동자계급은 반드시 계급을 중심으로 민족관계를 재구성해야 한다. 그뿐 아니라 노동자 국가의 대표성 정치도 국제주의적 함의를 갖는다. "노동의 해방은 한 지방의 문제도 아니고 한 민족의 문제도 아닌 현대사회가 존재하는 모든 국가와 관련된 사회 문제다. 그것을 해결하려면 이 국가들이 실천적·이론적으로 협력해야 한다."[43] 노동자 운동의 정치조직으로서 노동자계급 정당은 19세기 유럽의 국제노동자협회가 그 기원이다. 이 조직의 최초 목적은 노동자계급의 자발적 운동을 연합해 공동의 길로 들어서게 하는 것이었다. 그러나 1930년대 민족운동이 진행되면서 이 정치조직의 민족화 과정이 아주 뚜렷해졌다. 공산당은 더 이상 단순한 노동자계급과 그들의 보편적 이익의 대변자가 아니었을 뿐 아니라 민족 해방운동의 대표가 되려고 했다. 공산주의 조직과 국가의 결합, 민족을 대표하는 방향으로 향하는 진로는 20세기 전체 공산주의 운동에 중대한 영향을 주었다. 1949년 이후 공산당은 노동자계급이나 노농연맹의 정치적 대표자일 뿐 아니라 국가 주권의 대표자였다. 이는 계급

北京: 人民出版社, 1958, 29쪽.

43 馬克思, 「國際工人協會章程和條例」(1866年 9月), 『馬克思恩格斯全集』第16卷, 北京: 人民出版社, 2007, 599~600쪽.

의 대표가 현재 반드시 동시에 국가의 대표가 되어야 함을 의미했다. 따라서 정당은 정치운동으로서 국가 권력과 서로 스며들었다. 정당과 국가가 고도로 합일되는 조건에서 정당정치의 내부 투쟁도 국가 권력의 내부 투쟁과 밀접하게 연관되었다.

대표성이 담고 있는 전국성과 국제성은 자본주의 발전의 논리에서 만들어졌다. 사회주의 국가의 연맹이든 제3세계의 비동맹운동이든 초국가적 '혁명수출'(즉 군사적·정치적·이데올로기적 방식으로 다른 국가 내부의 계급 투쟁과 연관되거나 호응하는 것)이든 모두 사회주의 시대 대표성 정치에 국제적 지향을 부여했다. 이런 대표성 정치의 국제적 지향에는 서로 구분되는 두 가지 차원이 담겨 있다. 하나는 국가를 초월한 계급 정치다. 마르크스의 말에 따르면 "일국적 범위의 노동자계급 조직은 다른 국가 노동자계급의 조직적 허약함 때문에 좌절할 수도 있다. 모든 국가가 세계 시장에서 경쟁하고 서로 영향을 주기 때문이다. 노동자계급은 국제적 연맹을 해야만 최종 승리를 보장할 수 있다."[44] 다른 하나는 민족 해방운동의 연장, 즉 주권을 가진 민족국가 간의 연맹 결성이다. 이 민족국가 간의 연맹 결성은 사회주의 국가 간의 동맹관계와 다르다. 그 연합은 마르크스가 말하는 계급 연합이 아니라 불평등한 국제적 노동 분업을 배경으로 형성된 국제적 통일전선이다. 그 정치적 논리도 국내 계급 연합과 유사하다. 바로 이 때문에 국제적 연맹도 필연적으로 지도권을 쟁탈하는 대표성 정치와 긴밀하게 연관된다.

---

44 같은 책, 365쪽.

노동자 국가의 정치적 정의는 계급 개념 중심의 보편적 정의다. 그것에는 노동자계급의 지도적 지위, 노농연맹의 정치적 토대, 민족국가의 보편적 대표, 피억압 계급과 피억압 민족을 향한 국제주의가 담겨 있다. 이런 틀 아래서 노동자계급의 존엄 문제는 계급 해방과 인류의 보편적 해방 문제이기도 하다. 이 '해방운동'을 추진하는 것은 노동자계급 정당이다.—그것은 노동자운동, 농민운동, 노농연맹, 통일전선, 초국적 계급 연합을 추진한다. 바로 이 때문에 '정당의 국가화'로 표상되는 정치적 전환은 경제적 형태의 전화일 뿐 아니라 탈정치화 과정을 표상하며, 노동자 국가의 실패와 계급 중심 정치적 정의의 와해를 의미한다. 계급이 새롭게 조직되는 과정에서 헌법이 확정한 노동자계급의 지도적 지위는 거대한 풍자가 되었다. 3농 위기와 노동 분화 속에서 노농연맹은 완전한 허구가 되었다. 지역 분화 속에서 경제와 사회의 분화는 민족 충돌로 직접 드러난다. 국제관계에서는 시장의 논리가 국제주의 연합을 대체했다. 이것이 바로 대표성 균열 또는 정치 형식과 사회 형식이 상호 연관성을 잃음을 내포한다.

오늘날 중국 노동자 집단의 운명을 논할 때 20세기의 정치적 유산은 어느 측면에서 고려할 가치가 있을까? 그것의 실패는 또 어떤 측면에서 우리에게 새로운 정치적 정의를 찾도록 할까? 바로 여기서 시작해서 우리는 '대표성 단절'과 새로운 평등 정치에 대한 분석으로 전향할 필요가 있다.

9장
대표성의 균열과 '포스트 정당정치'

1. 글로벌 정치의 대표성 위기

현대 정치의 '대표성 균열'에는 기존과는 다른 다중적인 정치적 위기가 담겨 있다. 여기서는 주로 정당정치의 위기를 다룬다. 정당정치는 19세기 유럽에서 형성되었다. 중국에는 20세기에 가장 중요한 정치적 혁신이다. 신해혁명 전후 정당정치는 유럽 헌정의 틀 아래서 다당-의회제를 도입하려 했다. 그러나 국가의 분열, 황제 체제 복원, 공화의 위기라는 배경에서 혁명당원과 수많은 정치 엘리트가 추구하는 주된 정치적 목표가 바뀌었다. 현대 중국의 독특한 정당정치를 형성한 데는 네 가지 조건이 있다. 첫째, 중화민국 정부 수립 이후 지방 분리, 무장 할거가 정당인 활동과 연관되었고, 새로운 전국적 정치를 어떻게 형성할 것인지가 민국 초기 정치적 사유의 중요한 맥락이 되었다. 둘째, 제1차 세계 대전 기간 서양 각 정당이 연이어 국가의 민족주의적 동원에 동참해 유럽 전쟁의 정치적 동력이 되었다. 이 때문에 전후 유럽 사상계에서 전통적 정치 모델에 관한 성찰이 고조되었다. 중국 정당정치 재조직은 바로 이렇게 정당정치를 돌아보는 분위기에서 실시되었다. 셋째, 제1차 세계 대전이 포화 속에서 러시아 혁명이 일어났고 볼셰비키 체제도 일부 혁명가들에게 부르주아 정당정치를 뛰어넘는 정치 모델로 여겨졌다.(볼셰비키와 그 정당 모델에 대한 논쟁과 사유 역시 거의 동일한 시기에 진행되었다. 여기서는 구구절절 논하지 않는다) 넷째, 북벌 전쟁이 시작되면서 현대 중국의 혁명 정당(1927년 이전의 국민당 포함)이 점점 군사적 투쟁, 정권 건설, 토지 개혁, 사회 동원을 결합한 정치적 실천을 형성했다. 이 정치적 실천(그 성숙한 형식은 '무장투쟁, 대중 노선, 통일전선'이 중심이 된 '인민전쟁'이라고 할 수 있다)은 그 후 중국공산당의 정치적 실천에 깊고 두꺼운 역사적 토대를 다졌다. '인민전쟁'은 전통적 정당과 그 대표성 관계를 뛰어넘는 새로운 형태의 정치를 창조했다. 달리 말하면, 이 혁명 세기의 정치적 중심을 점거한 정당 체제는 차라리 전통적 정당정치의 위기와 실패의 산물인 셈이다. 그것과 위기 속 정당 체제의 관계를 말하면, 러시아 혁명의 영향을 깊이 받고 인민전쟁으로 벼린 이 신형 정당 체제는 '슈퍼 정당'과 '초정당'이라는 이중적 요소를 갖추었다. '슈퍼 정당'은 경쟁하는 국·공 양당이 모두 의회를 형성하는 틀 안에서 경쟁하는 정당정치에 뜻을 두지 않고 패권적 정당(지도적 정당) 체제 형성을 목표로 삼은 것을 가리킨다. '초정당'은 양쪽의 대표성이 결코 의회라는 틀 아래의 다당 또는 양당 정치와 결코 같지 않음을 가리킨다. 그들은 그람시가 말한 미래를 대표할 수 있는 '신군주'에 더 가깝다. 서로 다른 정치적 토대 위에서 프롤레타리아, 노농연맹, 민족 해방의 통일전선을 정치적 대표성의 내포로 삼은 공산당이 농민운동과 대중 정치에서 날로 유리되고 국가 정치를 중심에 둔 국민당을 격파했다.

서양의 다당제든 중국의 일당 지도 아래의 다당협력제든 정당의 대표성은 점점 불분명해졌다. 중국의 경우 프롤레타리아, 노농연맹, 통일전성 등의 범주가 점점 모호해지고 정당의 대표성과 정치도 크게 바뀌어 내가 '대표성의 균열'이라고 부르는 현상이 생겨났다. 그 중요한 징후는 바로 정당의 국가화다. 정당의 국가화는 정당이 갈수록 국가 논리에 복종하고, 그 직능뿐 아니라 조직 형태도 점점 국가기구와 동일 구조를 이루며 이에 따라 정치조직과 정치운동이라는 정당의 특징을 상실했음을 의미한다. 우리는 정당이 국가화와 연관되어 있지만 같기만 하지는 않은 두 가지 형태로 구분할 수 있다. 한 가지 형태는 개혁 시기 이전 정당의 관료화다. 다른 하나는 시장화 과정에서 정부의 기업화 추세에 따라 형성된 정당과 자본의 유착이다. 정당에 '대표성의 균열'은 정당이 한편으로는 이전의 계급 범주를 뛰어넘어 보편적 대표성을 공언하면서 집중적으로 드러나고, 다른 한편으로는 대중, 특히 낮은 자리에 처한 대중과 더욱 소원해지면서 벌어진다. 노동자와 농민을 보호하는 정책을 찾을 수는 있어도 인민전쟁에서 형성된 노농정치와 정당정치 사이의 유기적 연관을 찾기는 어렵다.

정당체제와 사회 형식에서 벗어나는 일은 사회주의 또는 포스트 사회주의 국가에서만 일어나는 것이 아니라 서양과 서양 의회 정당 체제를 틀로 삼은 정치제도에서도 발견된다. 중국에서 정당과 계급적 토대의 관계는 날로 모호해지고 서양 정당의 좌우 구분 역시 그렇다. 오늘날 정당의 대표성 균열이 깊어지면서 사람들은 19세기부터 20세기적 의미의 정당정치가 더는 존재하지 않거나 일부 지역에만 존재하고, 국가-당 정치로 전화하거나 이미 그렇게 되었다고 생각하게 되었다. 즉 정당이 국가권력의 구성 요소가 되었다고 생각한다. 현대의 정당정치에서는 19세기나 20세기 전반기와 같은 목표가 뚜렷한 정치운동도 발견하기 어렵다. 정당 규모의 확대와 국가 권력에 대한 정당의 농단은 항상 정당의 확장으로 해석된다. 그러나 정당이 국가를 통제하는가, 국가의 논리가 정당을 지배하는가를 진지하게 묻는다면 답은 후자일 것이다. 정당과 국가의 경계가 점점 불분명해지고 양자가 동일한 구조를 갖게 된 결과 정당의 대표성이 상실되었다. 그 결과 정치 영역의 권력관계가 사회-경제 영역의 불평등을 바로잡거나 완화하기는커녕 불평등에 제도적 조건을 창조했다. 대표성에 금이 가는 조건에서 정객들의 수사 대부분이 권력을 얻기 위한 연기로 전락했고, 기술 관료의 위치가 필연적으로 대규모로 높아졌다. 서양의 다당제 또는 양당제 모델에서 정당이 하는 일은 대부분 선거를 중심축으로 4, 5년에 한 번 벌이는 선거 캠페인이다. 그것은 지도자를 바꾸는 국가기구에 더 가까워 보인다. 중국의 슈퍼 정당은 원래 강렬한 정치성을 띠었다. 이 정치성을 유지한 것은 엄밀한 조직, 뚜렷한 가치 지향, 이론과 정치적 실천 사이의 유력한 상호작용으로 진행되는 대중적 운동이었다. 그러나 오늘날 정당 모델에서 당의 조직은 형태가 행정 조직과 같아졌고 정당은 관리 기구의 일부가 되었다. 정당의 동원과 감독 직능은 점점 국가기구와 구조가 같아졌다. 관료 체제의 특징이 점점 뚜렷해지고 정치성은 반대로 점점 약해지거나 모호해졌다. 정당정치의 대표성 위기는 결코 집권 정당의 위기에만 국한되지 않고 비집권 정당의 위기도 포함한다. 중국에서 민주당파의 대표성은 그 어느 때보다 더 모호해졌다.

이상의 과정과 서로 호응해서 국가와 사회 사이에 있는 공공의 메커니즘(서양의 의회, 중국의 양회)은 점점 대표성을 잃어간다. 의회 민주주의 제도에서 의회의 의석은 항상 정당이 중심이 되고 정당이 국가화하는 과정에 따라 의회와 사회 사이의 연관이 날로 멀어진다. 중국의 인민대표대회는 대표비례제를 실시한다. 이론적으로는 정당 중심 의회제도와 약간 멀어 보이지만 이 제도는 실질적으로 인민이 중심이 된 정치적 지탱을 받아야 운영된다. 이 정치가 쇠락하거나 전환한다면 인민대표의 선출 과정이나 인민대표가 중국의 정치 생활에서 차지하는 지위둘 다 명실상부하지 않은 국면이 생길 수 있다. 지난 몇 년간 사람들이 인민대표대회의 대표비례제를 많이 비판했다. 예를 들면, 노동자와 농민의 비율이 너무 낮다고 했다. 대표성 기제와 사회 권력 관계의 동일 구조화는 바로 대표성 정치가 위태롭다는 징후다.

따라서 나는 여기서 다음과 같은 문제를 제기한다. 정당정치가 국가-당 정치로 탈바꿈함에 따라 '포스트 정당정치'가 출현할 가능성은 없는가? 현대 정당이 대규모로 존재하는 상황에서 우리가 논하는 '포스트 정당정치'는 결코 정당이 사라진 상태의 정치가 아니라 정당의 존재 상태가 '포스트 정당'이라는 특징을 갖고 있음을 말한다. 19세기의 정당정치는 정치운동의 토대 위에서 건설되었다. '포스트 정당'은 다음과 같은 것을 의미한다. 정당이 오늘날 비록 여전히 정치의 주된 행위자지만 사실상 이미 19세기와 20세기 정당의 대표성과 정치 논리를 상실했다. 그리고 이 새로운 전개에 따라 정치 형식의 안정성이 수반되었다. 즉 주된 정치제도가 이미 정당정치의 대표성 원리 위에서 수립되었다. 그러나 바로 이 때문에 대표성의 균열이 정치 위기의 주된 징후가 된다.

'포스트 정당정치'가 직면한 것은 대표성을 재건하는 문제인가, 대표를 뛰어넘은 어떤 정치를 형성하는 것인가? 중국의 20세기 정치실천과 정당정치에서 '포스트 정당정치'의 요소는 이미 활발한 존재였다. 그러나 당시에는 주로 '슈퍼 정당'의 형식으로 존재했다. 그러나 지금의 '정당정치'는 비록 '슈퍼 정당'의 실천에서 변천해왔지만 동시에 '슈퍼 정당'이 국가-당 체제로 탈바꿈한 산물이다. '대표성의 균열'을 극복하는 방안을 찾는 것은 첫째 어떤 의미에서 대표성을 재건할 것인가를 탐색하는 일이고, 둘째 '포스트 정당정치'의 새로운 경로를 탐색하는 일이다. 오늘날 '대표성 재건'은 지나간 구호와 실천으로 가볍게 달성할 수 있는 것이 아니다. 우리는 도대체 대표성 정치가 어떤 문제를 보였고 사회 구조의 변화와 정치체제가 어떻게 어긋났는지를 분명히 해야 한다. 이런 시야에서 '포스트 정당정치'에 대한 논의는 다음 두 가지로 시작해야 한다. 하나는 20세기 중국의 대표성 정치의 원리를 재인식하는 것이고 다른 하나는 '포스트 정당정치'의 조건과 가능성을 탐색하는 것이다.

2. 20세기 중국의 대표성 정치의 원리

먼저 20세기 중국의 대표성 정치의 원리를 새롭게 이해해보자.

대표성 문제와 여기서 파생된 대표제 문제는 현대 정치제도의 핵심 문제다. 19세기와 20세기에 정당, 계급 등의 범주가 국가 정치의 틀 안에서 작동하면서 대표성 정치의 구체적 내용을 구성했다. 군주제가 쇠락한 뒤 대표성 정치는 정당정치 중심의 정치적 민주주의 문제와 연관되었다. 중국의 대표성 정치는 현대 중국 혁명의 역사적 과정에서 형성되었다. 여기에는 서양의 의회다당제, 보통선거제 중심의 대표성 정치와 다른 정치 원리와 역사적 조건이 있다. 중국의 대표성 정치를 움직이는 원리를 이해하려면 먼저 직접 헌법부터 보아야 한다. 헌정을 연구하는 학자 중 중국의 헌법을 인용해서 헌정의 의의를 논하는 사람은 소수다. 「중화인민공화국헌법」 제1조는 중화인민공화국을 노동자계급이 지도하고 노농연맹이 기초가 되는 인민민주주의 독재의 사회주의 국가라고 규정한다. 제2조는 모든 권력은 인민에게 있다고 규정한다. 이 원리는 수많은 기본적 정치 범주로 구성된다. 이 정치적 범주들은 보통의 상식으로 단순화될 수 없고 단순한 선험적 원리로 증명될 수도 없으며 일반적인 실증적 사실로 환원될 수도 없다. 이것들은 20세기 중국 혁명의 정치적 실천과 이론적 탐색으로 나온 것이다.

예를 들면 '지도계급으로서 노동자계급'이란 무엇인가? 20세기 상반기 중국 노동자계급은 아주 미약했다. 중국 혁명, 특히 전쟁과 토지혁명이 중심이 된 혁명 운동에서 농민이 이 혁명의 주력군이었다. 그렇다면 노동자계급은 또 어떻게 지도계급이 되는가? 실증적 의미에서 이 계급의 대립물인 부르주아가 하나의 계급으로 구성되었는지에도 논란이 있다. 20세기 대부분에서 중국 노동자계급은 인구의 극소수만 차지했지만 계급혁명과 계급 정치를 형성했다. 오늘날 중국은 세계에서 가장 규모가 큰 노동자계급을 보유하고 있다. 그러나 이 규모에 상응하는 계급 정치는 존재하지 않는다.

계급과 계급 정치는 서로 관련이 있지만 반드시 구분해서 다루어야 하는 개념이다. 현대 중국의 계급 정치는 당연히 자신의 객관적 존재와 물질적 토대를 갖는다. 그러나 이 객관적 토대는 보편적 연계라는 시야 속에서만 파악할 수 있다. 이론적 분석, 정치적 동원, 제3세계 국가의 사회주의의 길을 통한 산업화 노력, 노동자계급 정치의 주체성을 창조하려는 노력이 없다면 노동자계급의 객관적 존재는 결코 자발적으로 노동자계급 정치를 생산할 수 없다. 노동자계급 정치조직이 형성되지 않고 노동자계급과 노동자 해방을 위해 분투한 운동이 없다면 노동자계급의 정치는 없다. 노동자계급이 지도계급이라는 것은 정치적 판단이지 실질적 판단이 아니다. 그것은 세계 자본주의가 발전하는 배경에서 중국과 다른 피억압 민족이 처한 정치, 경제를 분석해서 나온 것이다. 이런 의미에서 노동자계급의 정치는 자본주의의 내부 모순과 그 불균형성에 대한 이론적 분석에서 나왔다. 여기서 '계급'이라는 범주는 정치·경제학적 분석이지 일반적인 실증주의 분석이 아니다. 그것은 주로 자본주의 생산과정과 확장에 대한 분석에서 나온다. ─자본주의와 제국주의가 발전함에 따라 중국을 포함한 비서양 지역은 하나도 예외 없이 전 지구 자본주의의 노동 분업 내부에서 조직되었다. 모든 사회계층과 사회 영역이 서양 중심의 산업자본주의 발전에 속하게 되었다. 따라서 모든 사회가 저마다 자신의 불평등한 상태와 통치에 맞서 싸웠다. 궁극적으로는 계급 착취의 소멸을 목표로 삼았고 자본주의적 성격의 계급 착취가 바로 궁극적 형식이었다. 이것이 바로 현대 중국에 대규모 노동자계급은 존재하지 않지만 농민, 학생, 시민이 주체가 된 정치투쟁과 군사투쟁이 대규모로 그리고 항상 벌어지면서 노동자계급 정치가 대규모로 발전한 이유다. 이 정치의 발생과 진실성은 사람의 많고 적음에 따라 부정될 수 있는 것이 아니다. 달리 말하면, 계급 정치는 자본주의 논리하의 모순과 그것에서 파생된 계급적 불평등을 겨냥한 운동이다. 정치적 계급 개념 또는 지도로서 계급 개념은 사회계층 분화나 직업 분업 의미에서의 계급과 결코 같지 않다. 지도의 근본적 함의는 그것이 이 자본주의 논리를 바꾸는 추동력이라는 데 있다. 이런 추동력은 시기마다 다른 모습으로 드러난다.

노동자계급은 인민의 이익을 대표하는 지도계급으로서 중요한 두 가지 사회 현실에 기초한다. 첫째, 중국은 농업사회이고 인구의 90퍼센트 이상이 농민이다. 따라서 노동자계급의 대표성은 농민 문제와 관련 지을 수밖에 없고 노동자와 농민의 연맹을 토대로 프티부르주아와 민족 부르주아를 포함하면서 '인민'이라는 정치적 범주가 구성된다. 둘째, 노동자계급은 자본주의가 만들어낸 부속물이면서 부르주아의 대립물로서 구축된 정치적 신분이다. 이들은 인민의 보편적 이익과 미래를 대변한다. 따라서 보편적 계급으로서 프롤레타리아는 그들의 운동에 다른 사회계층 성원이 개입하는 것을 배척하지 않는다. 자본주의의 조건에서 민족적 억압은 전 자본주의 시대와 다른 특징을 지닌다. 따라서 계급 정치도 피억압 민족의 이익을 대변하고 계급 해방도 민족 해방의 의미를 포함한다. '시도' 개념은 사회의 선면적 운동의 정치적 추동력을 의미할 뿐 통치로서 정치 관료체제와 동등한 것일 수 없다.

　오늘날은 20세기의 정치 논리가 이미 퇴조했다. 지식인 대다수가 실증주의적 방식으로 중국 사회의 계층분화와 정치를 분석한다. 우익뿐 아니라 몇몇 좌익도 20세기에는 농민과 여타 사회계층에 비해 노동자계급 구성원이 중국의 정치 생활에서 점유하는 지위가 아주 제한적이고 부르주아도 아직 성숙하지 않아서 현대 혁명은 사회주의적 성격을 가질 수 없고 노동자계급도 진정한 지도계급이 될 수 없다고 믿는다. 이런 관점은 중국 혁명의 정치적 원리를 부분적으로만 이해한 것이다. 이 실증주의적 정치 관점이 공유하는 것은 구조적·본질주의적 '계급' 개념이지 자본주의의 정치경제에 대한 분석을 토대로 나온 능동적 '계급' 개념이 아니다. 이것은 탈정치화된 계급 개념이다. 그러나 결코 전혀 새로운 발명은 아니다. — 문화대혁명 시기의 '혈통론'과 신분제일주의(또는 성분론)가 바로 탈정치화한 계급 개념 위에서 수립된 것이다.

　'계급' 개념이 정치성을 잃으면 실증주의 논리에 따라 구조적 '계급' 개념으로 빨려 들어간다. 따라서 바로 계급 개념을 사용할 때는 이미 현대 사회학의 계층 개념과 그 의미가 거의 다를 바 없게 된다. 사회 계층 분화 개념은 국가를 중심으로 전개되고 계층은 객관적 사회 구조로 간주되지 정치적 능동성을 갖추었다고 파악되지 않는다. 그러나 계급 개념은 정치적인 것이고 그것과 국가의 연관—노동자 국가나 사회주의 국가의 개념이 그렇다—은 전위 정당과 이 정당의 계급적 연맹으로 드러난다. 계급적 계층 분석 개념 위에서 일종의 구조적 대표제가 이에 상응해서 수립된다. 예를 들면, 정당, 인민대표대회에서 대표비례제를 실시한다. 이와 반대로, 20세기의 계급 개념은 비록 사회계층 분화의 내포를 지니고 이에 따라 그 정치도 대표비례제 등의 요소를 포함하지만 동시에 계급 개념은 정치적이고 정치적 대표성과 정치적 지도권 개념과 밀접한 관계가 있다. 이른바 대중 노선이 바로 이 정치적 대표성과 정치적 지도권 개념의 현실체다. 이것이 바로 현대 사회과학이론이 현재의 대표성 위기를 설명할 수 없고 20세기 대표성 정치가 형성된 동력을 해석할 수 없는 이유다. 탈정치화된 조건에서는 정당, 인민대표대회 등 제도 내부에 몇몇 계층(노동자, 농민 같은)의 대표 의석을 늘린다고 해도 (이것은 필요하고 긍정적인 일이다) 결코 대표성 균열이라는 곤경을 해결할 수 없다. 대표성의 재건과 재정치화는 동일한 문제를 다르게 표현한 것이다. 이른바 재정치화는 현대 자본주의 내부의 모순과 불균형에 관한 재분석을 의미한다. 따라서 자본주의적 논리를 바꾸는 정치적 어젠다와 사회적 동력을 형성한다.

3. '포스트 정당정치'의 조건

20세기 계급 정치의 형성이라는 시각으로 돌아간다면 중국의 20세기 계급 정치는 이미 대표성을 초월한 정치의 요소를 갖추었다. 국공내전과 항일운동에서 무장투쟁, 대중 노선, 통일전선과 당의 건설이 중국공산당이 승리한 비결이다. 그리고 "모든 것은 대중을 위하고 대중에 근거하며 대중에게서 나와서 대중으로 들어간다"라는 대중 노선이 바로 '초정당적' 또는 '슈퍼 정당적' 정치가 형성된 주요 경로다. 근거지 건설과 전국적 집권이라는 조건에서 이 정치적 실천은 19세기부터 20세기까지 서양에서 탄생한 대표제의 몇몇 형식과 내포를 계승하고 참조했다. 대표 선거, 정당(공산당뿐 아니라 각 민주당파까지도 해당)의 대표성 표현 등이 이에 해당한다. 그러나 동시에 초정당 또는 포스트 정당의 요소도 분명히 드러났다. 정당정치의 초정당적 요소는 대표성 정치의 '초대표성' 요소로도 해석할 수 있다. 그것은 정치와 문화의 관계, 정당과 대중의 관계라는 두 측면에 집중적으로 구현되어 있다.

4. 이론 토론과 정당의 '자기혁명'

중국 근현대사에서는 문화운동이 새로운 정치의 토대를 구축했고 정당은 또 문화운동을 감시하려 한다. 이것은 반복적으로 등장한 현상이다. 현대 정치의 대표성과 정치적 주체성의 생성은 문화운동과 이론투쟁과 긴밀하게 이어져 있다. 현대 정치의 활력 중 하나는 문화와 정치 사이의 상호작용에서 연원한다.(따라서 그 활력의 상실도 부분적으로는 정당이 문화운동을 과도하게 간섭하고 감시한 데서 비롯된다.) 오늘날 문화는 이미 정치·경제와 구분되는 영역이고 새로운 정치적 주체성이 지속적으로 발생하는 공간이라고 규정된다. 이른바 문화산업이 경제사회에서 문화의 위치를 상징적으로 보여준다. 마오쩌둥은 『모순론』에서 낙후한 국가에서는 이론이 항상 제일이라고 말했다. 새로운 정치를 만들어내려면 이론 발전 없이는 불가능하다. 이른바 이론 창조는 문을 닫고 차를 만드는 것이 아니다. 이론투쟁의 성패—현실과 동떨어진 이론, 교조주의적 정치인가, 실천 속에서 오고 실천으로 들어가는 이론과 실천인가—는 궁극적으로 이론과 실천의 관계에 달려 있다. 실천의 중요성을 강조한다고 해서 사상 토론, 이론 토론, 노선 토론의 중요성을 부정하는 것은 결코 아니다 그것은 현실과 동떨어진 교조주의를 반대함으로써 정당의 정책이 사회의 요구와 어긋나는 것을 방지하는 것이다.

중국 혁명과 그 이후 사회주의 시기에 당내의 이론 토론은 정치적 에너지를 결집하고 전진 방향을 조절하는 방식 중 하나였다. 그러나 그 시기에 이론 토론은 대중 노선과도 긴밀하게 결합했다. 이론 토론은 정치적 실천에서 고립된 추상적 토론으로 볼 수 없다. 그것은 실천의 총화이면서 새로운 가능성에 대한 탐색이기도 하다. 중국 혁명은 실천을 토대로 이론 토론과 정치 투쟁을 벌여 지나간 잘못을 바로잡고 이를 전제로 새로운 방안과 실천을 창조하는 경험을 남겼다.

중국 혁명에서 노선 투쟁과 이론논쟁은 긴밀하게 연관되었으며 새로운 정치적 길은 바로 노선 투쟁으로 완성되었다. 개혁과정에는 사실 이런 투쟁이 가득 차 있다. 이 이론투쟁과 정치투쟁이 혁명 정치에서 오류를 수정하는 역할을 강조하는 것은 이 과정에서 폭력, 독재, 독점을 비판하는 것과 결코 모순되지 않는다. 정치적 박해는 곧 이론투쟁의 끝, 노선 투쟁의 끝, 당내 경쟁적 실천의 끝이었다. 역사 속의 폭력에 대한 종합 평가를 표방하는 수많은 책은 반드시 있어야 할 이론투쟁과 노선 투쟁을 부정하는 것을 취지로 삼는다. 그 결과 정당의 자기교정 기제가 효력을 잃고 정치 영역의 자기 봉쇄를 초래했다. 이 연구들은 하나같이 '탈정치화된 정치'의 산물이다. 정말로 연구해야 할 주제는 '왜 이론논쟁, 특히 정치적 노선 논쟁으로 상승한 이론논쟁이 폭력적 압제로 변질되었는가?'가다. 이 문제를 다루려면 정당 국가화 과정을 해석하지 않을 수 없다. 즉 정치 영역과 권력 영역이 완전히 한 몸이 되어 정당이 더는 상대적으로 자주적인 이론 공간을 갖지 않게 되는 현상을 해석해야 한다. 오늘날의 조건에서 이 문제는 미디어의 정당화 과정에 대한 설명과도 연관된다. 즉 미디어 세력이 국가나 자본의 대리인 역할을 하고 공적 영역을 식민화하고 조종하려 함으로써 이론 토론과 정치 토론을 없애는 현상을 문제 삼아야 한다.

5. 인민전쟁과 대중 노선

당-국이라는 조건에서 중국 국가와 정당 체제의 관료화는 사상 최고 수준이 되었다. 정당의 힘에만 의존해서 관료화를 약화하는 것은 역부족이다. 따라서 대중 노선은 정당정치가 정치적 활력을 유지하는 길이다. 더 나아가 새로운 내포도 확보해야 한다. 즉 정치의 개방성 또는 정치 참여성을 대폭 강화해야 한다.

대중 노선은 1929년 중국공산당 중앙이 홍4군에게 보내는 서신에서 최초로 제기되었다. 그러나 "모든 것은 대중을 위하고 대중에 근거하며 대중에서 나와서 대중으로 들어간다"라는 구호는 정치적·군사적 전략인 동시에 유기적 혁명정치에 대한 서술이다. '인민'과 마찬가지로 군중도 정치적 범주이고 정당과 대중의 결합으로 생성되는 새로운 정치적 주체성이라는 내포를 담고 있다. 대중 노선의 맥락에서 우리는 정당정치와 대중 정치가 긴밀하게 연관되어 있고 서로를 구성하는 요소가 됨을 뚜렷이 볼 수 있다.

북벌전쟁이 실패한 뒤 중국공산당은 도시 중심 투쟁에서 농촌을 근거지로 한 인민전쟁으로 전향했다. 인민전쟁은 정치적 범주이지 일반적인 군사적 개념이 아니다. 인민전쟁은 정치적 주체를 창조하는 과정이고 정치적 주체의 정치 구조를 창조하는 과정이자 정치적 주체의 자기표현 형식을 창조하는 과정이다. 인민전쟁으로 인민대중이라는 투쟁 주체가 형성되었고 모든 정치적 형식과 성격(정당, 변방 정부 등)이 그 수요에 따라 만들어지거나 형태를 바꾸었다. 전통적 정치의 대표성 관계는 이 범주가 출현함에 따라 근본적으로 전환되었다. 인민전쟁이 없었다면 중국공산당은 바뀌지 않았을 것이다. 정당은 인민전쟁에서 군대와 결합하고 적색 정권과 결합하고 농민이 주체가 된 대중과 결합했으며 다른 정당이나 사회계층, 정치적 대표자들과 관계도 바꾸었다. 이 모두가 인민전쟁이 역사 속 정당과 전혀 다른 정당 유형을 창조했고 역사 속 프롤레타리아와 전혀 다르고 농민이 주요 구성원이 되어 구성되는 계급 주체를 창조했음을 알려준다. 나는 이 정당을 초정당의 요소를 지닌 슈퍼 정당이라고 부른다. 인민전쟁은 북벌전쟁에서 이미 싹텄다. 추수봉기와 난창봉기를 일으킨 부대가 징강산에서 합류하고 장쑤구 혁명 근거지를 창건한 것이 인민전쟁이 전개되는 이정표다. 근거지에서는 토지혁명과 무장투쟁이 정당정치가 대중운동으로 전화하는 기본 방식이었다. 징강산 투쟁의 중심 문제는 이로써 혁명 전쟁의 조건에서 토지 개혁과 정권 건설로 바뀌었다. 당이 군대와 결합하면서, 정확히는 농민운동과 토지 개혁으로 당과 군대가 결합하면서 혁명의 구체적 내용과 중심 임무가 바뀌었고 정당, 군대, 정권, 농민운동이 다중적으로 결합하면서 전혀 새로운 혁명적 정치 주체를 창조했다. 이것이 바로 인민정치의 정치적 토대다. 정당, 정당정치 등 19세기 유럽과 20세기 러시아에서 연원한 정치적 현상과 비교하면 인민전쟁은 중국 혁명에서 창조적으로 발명된 것이다.

마오쩌둥은 병민兵民이 승리의 근본이라고 했다. 이 관점은 곱씹어볼 만하다. 첫째, 대중을 모으고 그들에 근거해야 전쟁을 치를 수 있다. 둘째, 강력하고 많은 정규군뿐 아니라 지방의 무장과 민병도 반드시 있어야 한다. 셋째, 병민이라는 범주는 토지 개혁과 정권 건설 과정에서 만들어졌다. 이른바 대중 노선은 바로 이런 역사적 조건의 산물이다. 여기에는 다음과 같은 내용이 담겨 있다. 첫째, 가장 광범위한 대중을 위해 이익을 추구하는 것이 당 업무의 출발점이자 종착점이다. 둘째, 소비에트는 대중 생활의 조직자다. 소비에트가 모든 노력을 기울여 대중 문제를 해결하고 대중의 생활을 적절하게 개선해서 소비에트에 대한 대중의 신임을 폭넓게 얻어야 대중을 홍군으로 끌어들여 전쟁을 돕고 포위망을 분쇄하게 할 수 있다. 겉으로 대중의 생활은 소비에트가 조직한 것처럼 보이지만 사실상 공산당은 반드시 대중 속으로 깊이 들어가 대중에게서 배우고 그들과 하나가 되어야 대중을 조직하고 이로써 자신도 재조직하는 임무를 완성할 수 있다. 따라서 한편으로 조직이 없으면 우리는 대중이 어디 있는지 모르고, 다른 한편으로 대중과 한편이 되고 대중으로부터 배우는 과정이 없으면 조직은 활력을 잃고 대중 위에 군림하는 구조가 된다. 대중은 소비에트라는 형식 속에서 형성된다. 공산당은 프롤레타리아가 자신을 표현하는 정치조직이다. 광활하고 아직 산업화되지 않은 농촌에서 프롤레타리아는 정당운동으로 표현될 수 있다. 이런 의미에서 정당은 계급의 자기표현을 창조하고 이에 따라 정치적 계급도 창조한다. 그러나 이 정당은 결코 인민전쟁을 벌이기 전의 정당이 아니라 토지혁명과 소비에트 건설, 대중 노선으로 다시 구성된 정당이다. 이전의 정당은 농민이 주체가 된 프롤레타리아를 창조할 수 없고 인민전쟁과 근거지 건설을 거친 정당만이 이 사명을 완수할 수 있다. 한마디로 대중 노선은 인민전쟁의 기본 책략이고 인민전쟁이 정당의 함의를 궁극적으로 변화 또는 재구성했다. 이것은 20세기 중국 혁명의 독창성 중 하나다.

대중 노선은 대중에서 나와서 대중 속으로 들어간다. '누구를 위하는가' '어떻게 할 것인가'라는 문화 정치는 정당과 대중, 사회의 관계 문제와 관련된다. 현대 정치의 기본적 외피는 국가다. 바로 이 때문에 정치운동이 정치 권력의 단독 운행에서 벗어날 수 없다. 대표제 문제는 사실상 정당과 국가가 긴밀하게 연관되는 조건에서 발생한다. 즉 정치체제는 반드시 일정한 대표의 형식으로 형성된다. 보통선거, 지방선거, 당내 선거, 추천, 순환 또는 추첨 등 기제는 모두 이 대표제가 돌아가는 갖가지 형식이다. 이 형식들의 우열은 절대적이지 않고 구체적 상황에 따라 구체적으로 분석해야 한다. 그러나 그 전제는 활발한 민중적 정치 민중을 위한 정치의 존재다.

그러나 오늘날 사람들은 대표제 문제를 논할 때 대표성 정치가 갖는 초대표제적 내포를 쉽게 간과한다. 사실 대중 노선이 이런 내포를 지닌다. 대중 노선은 정치적 과정이고 대중 노선에서 대중 개념은 출현과 형성을 기다리는 정치 주체라는 내포를 갖는다. 대중은 형성과정에 있는 정치 역량이고 정당과 대중의 관계 역시 이 과정에서 변하게 된다. 둘의 관계는 상대적으로 일체적 관계로 점점 변한다. 이런 관계는 불완전한 대표성 관계다. 달리 말하면 늘 대표성의 관계를 뛰어넘고 둘은 이 관계를 통해 서로 모습을 만들고 이로써 대중 노선은 새로운 정치 주체성이 태어나는 과정이 된다. 이 과정에서 대중은 정치적 범주가 되고 정당도 대중 정치의 일부가 된다. 둘은 잘 융합하지만 결코 정당의 전위적 성격이 없어지지 않는다. 따라서 시대 변화와 새로운 조건 아래서 서로 다른 대중의 구성에 어떻게 응답할지가 정치조직이 정치의 대표성을 재구성할 때 주요 어젠다가 된다. 이 과정이 없으면 어떤 형식이 출현하더라도 정치적 대표성은 공허해질 위험에 직면하고 이에 따라 정치체제와 대중의 생활이 아귀가 맞지 않게 된다. 대표성 정치의 초대표적 측면은 대표제 문제를 논할 때 늘 간과하는 문제다.

계급 정치가 퇴조하면서 정당정치가 포스트 정당정치로 전환하고 있다. 오늘날 중국은 계급 구조를 다시 구성하지만 계급 정치를 억압하는 역사적 과정을 겪고 있다. 이 과정은 바로 계급 정치가 아주 활발하지만 노동자계급의 규모는 상대적으로 미약한 20세기와 선명하게 대조된다. '포스트 정당'이라는 조건에서 '대중 노선'의 정치적 함의는 무엇일까? 중국 혁명, 특히 인민전쟁에서 대중 노선은 대체로 다음과 같이 묘사된다. 내부에 완비되고 고도로 엄정한 규율을 갖춘 정당이 명확한 정치적 방향과 사명에 근거해서 대중을 동원하고 대중 속 적극 분자를 흡수해서 자신을 키우고 개조하는 정치적 과정. 이와 동시에 대중단체와 대중운동의 자유와 법적 권리를 충분히 보장하고 그들의 독립을 존중하는 것. 한 예로, 중일전쟁이 일어난 후인 1937년 10월 16일 중국공산당 중앙은 「대중운동의 정책에 관해서」를 공포해 다음과 같이 강조했다. "대중 스스로 정치, 경제, 문화의 각종 요구 강령 위에서 진정한 대중의 노동조합, 농민회, 학생회, 상인회, 청년·여성·어린이 단체를 결성한다. 최대 다수 노동자, 고용농 조직이 노동조합에 가입하고 최대 다수 농민 조직이 농민회에 가입한다." 이들 대중단체는 내부에서 '광범위한 민주주의'를 실시하고 개중의 경제적 이익, 정치적 이익, 문화 활동의 실현을 촉진하는 동시에 자치 단체의 역할로 정부 업무에 참여한다. 오늘날 국가-당 체제에서 대중 노선 개념을 사용할 수 있지만 지나간 정치의 방식을 되풀이할 수도 없다. 정당이 국가화된 결과 중 하나가 바로 정치운동으로서 정당이 끝났다는 것이다. 정당과 대중의 관계는 점점 국가와 사회의 관계로 변모했다. 오늘날에는 20세기처럼 조직이 엄정하고 목표가 뚜렷한 정당이 존재하지 않을뿐더러 대중 노선을 통해 형성되는 대중 정치도 존재하지 않는다. 정치는 관리 범주로 탈바꿈했고 탈정치화된 정치로 변질되었다.

6. 계급의 재조직과 계급 정치의 쇠락

정당의 국가화는 대중 노선 시대의 종결을 의미한다. 20세기와 완전히 다른 환경에서 대중 노선을 다시 제기하는 의미는 무엇인가? 국가와 시민의 관계에서 대중을 논하는 것인가, 정당과 계급의 관계에서 대중을 논하는 것인가? 대중은 형성과정에 있는 정치 주체이고 이들의 탄생은 사실 새로운 정치 형식의 탄생을 의미한다. 대중 노선은 인민전쟁의 산물이다. 그러나 이 노선은 전쟁이 일어날 때만 운용되지 않는다. 1950~1980년대 중국공산당은 다양한 형식으로 대중 노선을 통해 관료정치의 폐단을 해결했다. 세계화와 시장화의 조건에서 대중 노선을 다시 제기하는 것은 도대체 어떤 의미가 있는가? 일종의 업무 방식으로 대중 노선은 어떤 정치 역량을 형성하는가, 어떻게 정치 주체를 구성하는가, 어떤 미래를 향하는가 하는 문제와도 연관될까?

따라서 이 문제를 다시 거론하는 것은 한 시기 역사로 회귀하는 것이 아니라 가능하고 불확정적인 미래를 탐색하려는 것이다. 대중에 근거한다는 것은 단순히 사회적 감독과 사회적 참여만 지칭하지 않고 대중이 참여하는 사회 조직 형식도 의미한다. 오늘날 20세기와 같은 의미의 계급 정치가 존재하지 않는다는 것은 활발한 계급운동과 시민정치가 존재하지 않음을 결코 의미하지 않는다 이 운동들은 서로 다른 형식으로 정치, 경제, 생태, 문화적 의제에 개입한다. 사회운동은 정치적 잠재력을 갖지만 새로운 정치를 창출하지는 못한다. 금융자본주의라는 조건에서 사회운동에도 항상 자본체제가 침투했기 때문이다.

확실히 현대 국가와 권력체계를 구성하는 몇몇 기초 개념―주권, 시민, 계급, 노동 등―은 모두 새로운 정세에 근거해 다시 정의하고 분석할 필요가 있다. 이를테면, 중국의 맥락에서 대표성을 재구성하려면 노동자계급 또는 노농연맹 개념을 다시 정의해야 하지 않을까? 금융자본주의의 조건에서 선진국이 아직도 탈산업화 과정을 겪고 혁명 계급으로서 노동자계급이 대규모로 축소되었으면 누가 새로운 정치의 주체인가? 중국과 수많은 비서양 국가에서 일어난 산업화로 우리가 농민공이라고 부르는 노동자계급이 대규모로 발생했다. 재계급화는 오늘날 중국 사회의 중대한 현상이고 계급 개념을 다시 사용하는 것은 불가피한 현상이다. 그러나 노동자계급 대오의 확장·재조직과 노동자계급 정치의 쇠락이 거의 같이 일어나고 새로 탄생한 노동자계급 정치는 이전만큼의 깊이와 규모에 도달하지 못하면서 20세기의 정치 모델을 되풀이하지 않을 가능성이 크다. 우리는 최소한 다음 두 가지 특징을 토론해야 한다. 하나는 노동자계급 정치와 정당정치의 탈구다. 다른 하나는 현재 운용되는 생산체계에서 신노동자계급의 집단적 안정성은 약한 편이다. 이 두 특징은 사회주의 산업화 시대의 노동자계급과도 다르고 초기 노동자계급의 형성과도 다르다.

우리는 대체로 노동자의 투쟁 형식을 네 가지로 분석할 수 있다. 첫째, 자신의 권익을 보호하기 위해 전개하는 파업과 자신의 조직(노동조합)을 찾으려는 노력으로 광저우 혼다자동차공장에서 일어난 파업운동이 있다. 이것은 고정적인 노동자계급 정치다. 둘째, 노동의 단기화 즉 노동자가 한 사업장이나 회사에서 오랫동안 일하기를 거부하고 한자리에서 한두 해만 머물고 직장을 바꾼다. 고전적 계급 정치의 관점에서 보면 이것은 노동자계급의 단결에 불리하다. 그러나 국가와 자본의 노동 대우 향상 측면에서는 매우 효과적인 행동 중 하나다. 셋째, 노동조합 등의 형식 이외에 과거 이중 착취라고 불렀던 '작업반장제'도 노동자 투쟁의 조직 형식 중 하나다. 즉, 비정규계약의 형식으로 노동자 이익을 보호한다. 그 밖에 향우회, 소수민족 노동자 자체 권익 보호 조직 등도 출현했다. 넷째, 개인의 권익 보호를 중심으로 한 법적 권익보호다. 그 밖에 농촌건설도 사실상 노동자 운동에 또 다른 지지자를 보낸다. 이상의 계급 정치 형태는 현대 자본주의와 중국적 조건에서 자본주의의 산물로 20세기 계급 정치와 다르다. 대표성의 균열이 정치 형식과 사회 형식 사이의 탈구로 드러났다면 일정한 사회 형식과 유기적으로 연계된 정치 형식은 무엇일까? 오늘날 중국 사회에는 계급과 계급 정치가 존재하고 있고 대표성을 재건하려면 불가피하게 중국 사회의 재계급화 문제를 해결하는 것과 직간접적으로 관련을 맺게 된다. 그러나 금융자본주의 조건에서는 정당의 국가화가 심화되면서 계급적 정당을 재건하는 것보다는 더 자주적인 사회정치(노동조합, 농민협회, 기타 사회단체 등을 포괄하는 광범위한 정치조직)와 생산체제 내부 관계를 바꾸려는 활발한 노동정치가 '포스트 정당'을 실현하는 경로 중 하나일 가능성이 더 크다.

사실 현대 자본주의의 모순은 도시와 농촌의 모순과 그것의 전화, 지역 차별과 그것의 전화, 계급관계와 그것의 전화, 현대적 생산과 소비 형태의 생태 환경 파괴에서 집중적으로 실현된다. 따라서 농촌건설, 생태 보호, 발전 모델의 변혁, 민족 평등과 문화다양성 보호, 노동자계급의 사회적 지위 개선 등이 현대 평등정치의 구동력이 될 것임은 당연하다.

7. '포스트 정당정치'와 헌정 개혁의 방향

왜 '포스트 정당정치'를 지향하는가? 이는 오늘날 정치 변혁을 내세우는 두 가지 대립적 방식은 모두 정당정치로 돌아가는 것을 전제로 한다. 우파가 생각하는 기본적 정치 모델은 바로 고전적 의회정치를 틀로 삼는 다당정치다. 좌파는 정당의 정치적 대표성을 회복하거나 재건하는 것이다. 따라서 계급과 그 정치적 형식과 관련된 문제들을 제기하게 된다. 중국의 현실에서는 좌파가 제기하는 문제가 더 긴박하다. 그러나 오늘날 정치 변혁은 결코 19세기나 20세기의 정치 모델로 돌아가는 길을 따를 가능성도 또 꼭 그럴 필요도 없다. 그 조건은 새로운 정치·경제적 현실이다. 대중 노선, 사상 논쟁, 조직 건설로 개방적 정치를 재건하는 것은 불가결한 정치적 과정이다. 그러나 그 목표가 낡은 정당 모델로 돌아가는 것은 아닐 것이다. 오늘날에는 정당이라는 이름을 건 정치조직이 여전히 존재하고 그 정치적 의미에도 중요한 변화가 일어났다. 이 변화는 20세기 전기에는 능동적이었다. 즉 슈퍼 정당을 건설함으로써 다당정치의 위기를 극복하면서 형성되었다. 그러나 20세기 말기와 21세기에 이 변화는 당–국가에서 국가–당으로 전환하면서 완성되었다. 이런 전환은 분명 수동적으로 이루어졌다. 이런 조건에서 어떻게 사회적 역량을 너욱 큰 규모로 더 직접적으로 성치적 과정에 참여하도록 하는가는 새로운 정치의 틀을 찾을 때 피할 수 없는 과제다. 또한 정당이 어느 정도에서 대중 노선을 실시할 수 있는가의 기본 전제다. 따라서 재정치화는 구식 정당정치에 의존할 수 없고 '포스트 정당정치'의 실천을 담아내야 한다. '포스트 정당정치'는 정치조직의 역할을 부정하는 것이 아니라 개방성, 형성성 지향, 비관료성이라는 특징을 강조한다. 대중 노선과 대중 정치는 정치적 활력의 원천이자 우파의 포퓰리즘을 막는 초석이다. 현재의 사회 구조는 바로 크게 변하고 있다. 그 변화와 재조직 방향은 모두의 이익에 호응해야 한다. 어떤 정치체제도 보편성을 창조할 때, 즉 보편적 이익을 대표할 수 있을 때 대표성을 갖춘다. 따라서 대표성을 재건하는 과정은 보편성을 창조하는 과정이기도 하다. 20세기는 하나의 예언, 곧 위기에 빠진다는 예언이다. 그러나 이 예언은 피억압의 가능성일 수도 있다. 20세기의 문화적·정치적 유산을 다시 거론하는 것은 단순히 이미 철 지난 실천으로 돌아가는 것이 아니고 그것이 품은 보편성이나 미래의 잠재력을 발굴하는 것이다. 이런 억압된 잠재력은 미래의 형식으로 우리에게 아이디어를 준다. 19세기의 낡은 정치로 돌아가는 것은 결코 우리가 나아갈 길이 아니다. 우리가 그것을 위해 힘을 쏟아야 할 것은 20세기의 역사적 유산 위에서 풍부한 역사적 유산을 섭취한 '포스트 정당정치'의 조건 아래 수립되는 헌정이다.

단기 20세기: 중국 혁명과 정치의 논리

10장
대표성의 균열
: 다시 묻는다 '어떤 평등'인가

현재 사회는 어느 쪽에서 나왔든 평등의 신조 이외에 다른 기초가 없다. 그렇다고 우리가 불평등이 여전히 지배적 지위를 점한다고 생각할 수 없는 것은 결코 아니다.

—피에르 루르

현존하는 부르주아 사회의 전체에서 상품은 가격과 상품의 유통 등으로 표현된다. 이는 표면적 과정일 뿐이다. 이 과정의 배후 깊은 곳에서는 완전히 다른 과정이 진행되고 있다. 이 과정들에서 개인 간의 이런 평등과 자유는 사라져버렸다.

—마르크스

서언: 정치체제와 사회 형식의 탐구

지난 30년 민주주의 문제를 둘러싼 토론과 분립이 끊이지 않았다. 1989년 즈음 출현한 '역사종말론'은 민주주의를 최후의 정치 형식이자 보편사 도래의 상징으로 여겨졌다. 이 민주주의 담론의 전제는 대중민주주의와 사회주의 운동의 실패다. 그것은 '인민민주주의'를 '정치적 전제'의 범주에 둠으로써 완성된다. 10월 혁명의 충격으로 자본주의 세계에는 자본주의의 대립면이 생겼다. 냉전 시대에 '자본주의'와 '사회주의'의 대립은 사상적 이분법도 낳았다. 그 결과 냉전 구도를 이용해서 민주주의에 대한 해석을 독점했고 다른 민주주의를 적대적 범주에 놓았다. 그러나 홉스봄이 말했듯이 이런 이분법은 일종의 독단적 사고구조로서 어떤 특정한 역사적 시공간에서만 받아들여질 수 있다.[1] 이런 이분법으로는 중국과 소련, 그리고 다른 사회주의 국가 체제의 차이를 설명할 수 없고 미국, 일본, 영국, 서독, 브라질, 북유럽, 한국, 인도 각자의 모델과 진로를 해석하기 어렵다. 물론 대립하는 사회체제가 경쟁 중 상대를 관찰·모방·섭취하면서 형성한 제도적 설계를 해석할 수는 더더욱 없다. 그러나 냉전과 탈냉전의 이데올로기적 틀에서 민주주의(그리고 인권)에 대한 규범적 해석에는 결코 사회적 내용이 담겨 있지 않다. 따라서 민주주의와 인권은 '독재정체'의 대립물일 뿐이고 더는 '민주주의 사회'의 변혁적 목표가 아니다. 사실 냉전의 적대적 구조에 근거해서 '독재' 범주를 다루는 방법은 대중매체에서 자기를 정당화하는 효과가 있는 것 이외에 민주주의의 위기를 검토하는 데 전혀 도움이 되지 않는다.

사회주의 체제가 와해된 후 곧바로 대테러전쟁, 종교 충돌, 생태 파괴 등이 연이어 일어났고 고위험사회, 금융위기로 폭로된 전 지구적 자본주의 체제의 깊은 모순이 문제로 대두되었다. 서양 민주주의의 공동

---

1 艾瑞克·霍布斯邦,『极端的年代』(上), 鄭明萱 譯, 臺北 : 麥田出版股份有限公司, 1996, 9쪽.

단기 20세기: 중국 혁명과 정치의 논리

화, 신흥 민주주의의 내재적 모순, 제3세계 국가 민주주의의 곤경은 이런 위기와 밀접하게 관련되어 있다. 그리고 현대 민주주의 문제를 논할 때 빠뜨려서는 안 되는 과제가 되었다. 민주주의의 위기는 사회주의 해체 이후 발생한 것이 아니고 사회주의의 위기 때문에 민주주의의 위기를 보지 못했다고 하는 편이 나을 것이다. 왜 20세기에 형성된 두 가지 사회주의 체제가 차례로 위기에 빠졌는가? 도대체 어떤 역량이 민주주의 사회의 사회적 조건이 변하게 했는가? 민주주의의 위기에 관한 각종 논의는 대체로 다음 몇 가지 지점으로 귀결된다.

첫째, 냉전 종결 이후 대규모 전쟁과 계급사회의 위협이 사라졌다. 냉전은 한 가지 사회체제의 승리로 끝났고 두 사회체제 사이의 경쟁은 더는 존재하지 않았다 사회주의의 유산은 이미 민주/독재의 이원론 속에서 그 정당성과 타당성을 철저히 잃었다. 그래서 우리는 투표정치 밖에서 해결 방법을 찾을 가능성을 보기 어렵다. 이렇게 거시적 조건이 바뀌면서 서양 민주주의의 자기 갱신 이외의 외부 동력이 약해졌다.[2]

둘째, 세계화와 세계 산업의 이전으로 영국, 미국 등 산업 강국이 탈산업화 과정을 거쳤고 그 결과 노동자계급의 세력이 극히 쇠약해졌다. 노동자계급은 사회적 평등을 추구하는 중요한 세력이다. 그들의 변화는 내부에서 국가가 타협과 조화의 형식으로 통치하는 전략을 채택하게 하는 동인이 쇠락했음을 의미한다.(예를 들어 독일과 미국을 비교해

---

2 이 점에 대해서는 다음 글에서 명확하게 논했다. Pierre Rosanvallon, "What is a Democratic Society?"(a paper for Tenth Indira Gandhi Conference, Dec., 2010).

독일의 사회민주주의가 왜 미국보다 상황이 약간 좋냐고 묻는다면 다음과 같은 답이 가능하다. 독일은 금융자본주의가 발전하는 동시에 비교적 큰 산업체계를 남겨두었다.) 사실 냉전이 끝난 후 계급 투쟁의 형식은 이미 거의 사회운동 방식으로 바뀌었다. 이에 따라 전통적 사회운동과 새로운 사회운동 간의 차이가 생겨났다. 새로운 사회운동이 부상했다는 것은 계급 정치—물론 계급 자체가 아니다—의 쇠락을 부분적으로 말해준다.

이것과 대조적으로 서양 사회의 산업 이전이 중국을 포함한 국가의 대규모 산업화를 가져왔고 노동자계급의 수가 급속히 증가했다.—중국은 20세기 말에 대규모 '노동자계급의 재형성' 시대를 맞았다. 산업의 전이는 계급관계와 계급 모순의 이전도 의미한다. 그러나 이 이전은 사회주의 체제의 쇠락과 전환 과정에서 발생했고 19세기부터 20세기까지의 계급 정치가 쇠락하고 전환하는 과정에서 발생했다. 프롤레타리아 정당이 급속도로 '중성화'한 것은 바로 이러한 전환의 정치적 특징이다. 그 결과 새로운 노동자계급은 정치 영역에서 자신의 대변자가 없고 공공정책이 자본집중의 방향으로 기우는 것을 피할 수 없었다. 이런 조건에서 사회주의 체제는 사회민주주의 정체와 마찬가지로 정치 형식과 사회 형식의 탈구를 낳았다.

셋째, 금융자본주의가 빠르게 발전하면서 금융자본이 산업체제의 속박에서 벗어났고 기존의 어떤 시기보다 투기적 성격이 높아졌다. 그것은 어떤 사회적 책임도 거부한다. 금융자본주의가 세계적 범위 내에서 제멋대로 움직이면서 문제를 일으켰다. 정치적 민주주의는 민족국가를 틀로 삼은 시민권의 토대 위에서 수립된 정치체제인데 이 세계화 국면에 전면적으로 대응하기 어렵다. 이는 세계화와 민족-국가의 정치적 전제 아래 있는 정치적 민주주의 사이에 모순 관계가 존재함을 의미한다. 이 모순은 다음 두 가지 부분에 집중되어 있다. 첫째, 시민권의 새로운 개념을 제시하거나 확장하지 않으면 이 개념의 토대 위에서 새로운 평등정치를 창출할 수 없다. 둘째, 세계화의 새로운 국면에 대응해서 결성된 각종 초국적 조직과 지역체제는 결코 진정한 민주적 기제를 형성할 수 없다. 국제정치 영역에서 자유주의와 사회민주주의 이론가는 세계 정의를 논하지만 아직 유효한 정치적 실천은 하지 못하고 있다. 그리고 좌파에서는 종속이론이 퇴조함에 따라서 역시 더 설득력 있고 더욱 종합적인 세계적 공정과 정의에 관한 정치 강령을 내놓지 못한다.

넷째, 금융자본의 개입과 보조를 맞추어 고도의 신기술 산업과 전통적 산업, 이익집단이 대립하고 갈라섰다. 산업화라는 조건에서 형성된 사회적 타협과 조화는 이론 새로운 이익관계를 보전할 수 없고 사회민주주의도 정치적으로 재조직되는 국면을 맞았다.[3] 정치의 재조직은 경

---

3 민주주의 체제의 정치적 재조직은 새로운 현상이 아니다. 가령 보수주의 경제학자 로버트 포겔Robert Fogel은 미국 현대사를 네 가지 '대각성'의 시기로 구분했다. 첫째는 1730년 미국 대혁명으로 사상적 기초를 다진 시기, 둘째는 1800년 노예제 폐지를 비롯된 일련의 대개혁을 이룬 시기, 셋째는 1890년부터 1930년까지 새로운 사회적 불평등에 대응해 복지국가와 사회적 다원화 정책을 마련한 시기다. 포겔이 말한 최후의 '대각성'은 1950년대 후반의 이른바 '정신(비물질)개혁' 또는 종교개혁 시기다. 이 '각성'과 '포스트모더니즘적 평등' 개념에 대한 논의가 나에게 그리 설득력 있게 다가오지는 않는다. 그러나 여기서 언급하는 것은 방법론적 문제다. 즉, 사회체제의 출현은 늘 한 특정 시대의 불평등 현상에 대응한 것이라는 관점이다. 이전에 경험했던 것처럼 20세기 후기에 날로 노

제 관계의 변천이 낳은 일정한 사회적 구조와 관련되고 도시화, 세계화, 정보화에 따른 새로운 규모가 불러온 사회 동원의 모델과도 관련된다. 둘 사이에는 연관이 있지만 같을 수는 없다. 팡닝房寧 등의 "동아시아 정치발전 연구" 과제팀의 보고에 따르면 타이에서 탁신으로 대표되는 하이테크 산업이 기존에 산업을 독점한 집단과 충돌하고 방향을 바꾸어 농촌의 농민들에게 눈을 돌렸다. 타이에서 지난 몇 년 동안 일어난 정치적 혼란과 도농 대립 그리고 이를 토대로 한 사회적 충돌은 밀접한 관계가 있다. 그러나 다른 사례(최근 아랍, 영국 등에서 일어난 저항운동)에서는 사회적 동원과 호소의 계급적 성격이 불분명하고 사회운동은 더 복잡해졌다. 우리는 이런 호소를 잠시 복합형 평등정치라고 정리할 수 있다. 따라서 우리는 계급관계를 재조직하는 시기에 처했다. 그러나 전자통신기술의 혁명에 따라 사회적 동원의 형태를 단순히 계급 정치의 시각에서만 파악하기 어려워졌다.

다섯째, 민주주의 정체와 사회 형식의 분리는 수많은 전환 국가의 특징이기도 하다. 신자유주의의 영향 아래서 사회주의 공유제와 복지체제의 쇠락과 사유화, 시장화는 세계화에 발맞추어 일어났다. 이러한 이중적 과정은 정치적 민주화와 민주적 사회 형식을 어긋나게 만들었다. 국유자산을 사유화하는 과정에서 권력과 자본이 결합하는 것은 포스트 사회주의 시기의 보편적 현상이다. 이에 사회 형식의 과두화와 민주

출되는 민주주의 정치 형식과 사회 형식의 탈구는 특정한 정치 형식이 새로운 불평등의 조건을 파악하지 못했기 때문에 생겨났다. 羅伯特 福格爾, 『第四次大覺醒及平等主義的未来』, 王中華, 劉紅 譯, 北京: 首都經濟貿易大學出版社, 2003.

단기 20세기: 중국 혁명과 정치의 논리

주의 정체(또는 비민주적 정체)가 동맹을 맺었고 거대한 평등의 재난과 사회적 분화가 조성되었다. 민주화가 원래의 사회주의적 분배제도와 평등 유산을 철저히 부정한 것이라면 의회 다당제와 양당제도 이에 따라 새로운 과두적 관계의 정치적 프레임으로 변했다. 다당제 민주주의와 과두적 재산분배제도는 서로 이어져 있다. 이런 민주주의적 전환 과정에서 무수한 정당이 출현했고 그중 의회정치에서 의석을 차지할 수 있는 쪽은 태반이 부의 재분배 과정에서 이익을 독점한 정당이다. 이러한 국가들은 이에 따라 일당제에서 다당 의회제로 바뀌었고 언론 자유의 수준도 대폭 향상되었다.(그러나 언론의 확장은 결코 시민적 언론 자유의 향상과 동일시될 수 없다. 오늘날의 상황에서 둘은 심지어 항상 대립하는 관계에 있다. 이 점은 별도로 논하겠다.) 그러나 정치적 민주화와 사회주의 역사에 대한 전면적 부정이 한데 엮이면서 사회주의 시기에 형성된 평등한 사회 형식, 특히 이 평등 실천을 있게 한 기본 가치도 함께 부정되었다. 이런 상황에서 정치적 민주화는 불평등한 분배와 새로운 독점 형식의 정당화 과정이 되었다. 민주주의 정체, 특히 정당정치는 자본과 언론에 고도로 의존한다. 독점집단—점유 형식이 국가든 개인이든 할 것 없이—은 종종 경제적 역량을 정치와 언론의 세력으로 전환하는데,[4] 그 결과는 아주 명확하다. 일반 대중은 정치적 민주화 과

---

4 폴란드의 사회학자 야체크 바실레프스키Jacek Wasilewski가 1988년부터 1993년까지 러시아와 동유럽 국가의 엘리트 구성을 분석한 결과에 따르면, 이 시기 국가 관료 중 3분의 1이 구엘리트였다. 그리고 정치, 경제, 문화 분야에서 구엘리트가 차지하는 비중은 더 높아 각각 50.7퍼센트, 48.2퍼센트, 40.8퍼센트에 달했다. 러시아의 구엘리트 중 8퍼센트

정 밖으로 밀려났을 뿐만 아니라 사회주의의 평등 가치를 근거로 이 독점 구조에 저항할 권리를 빼앗겼다. 빈부의 분화, 과두화, 정치적 민주화가 한데 묶여 진행되면서 정치적 민주화는 사회 해방의 과정에서 배척하고 과두화하는 과정으로 변질했다. 이것이 '색깔혁명'이 신속하게 변색된 주원인이다.

빈부 차별, 도농 대립, 지역 분화, 생태 위기의 중심축은 현대적 생산 조건 아래의 노자관계다. 그러나 이런 분화와 위기를 불러온 동인은 더 복잡하다. 따라서 민생 문제든 민주주의 문제든 모두 정치체제와 연관되는 동시에 사회 형식과도 관련이 있다. 정치 형식과 사회 형식에서 발생하는 균열이나 탈구라는 측면에서 사회주의 체제, 사회민주주의 체제 또는 자유민주주의 체제가 직면한 도전은 아주 유사하다. 바로 이런 균열과 탈구라는 조건에 근거해서 나는 중국이 정치 형식의 변혁을 탐색하는 동시에 반드시 새로운 조건에서 중국 혁명과 사회주의 혁명의 역사에서 형성된 평등의 유산을 재구성함으로써 정치 형식과 사회 형식의 탈구가 조성한 합법성 위기를 해결해야 한다고 생각한다. 사회주의와 사회주의 유산을 부정한다면 불평등한 분배가 지속될 것이다. 그러나 이 평등의 유산을 정치를 재조직하는 종합적 과정에 두지 않고 단

가 새로운 엘리트 계층으로 진입했고 10퍼센트만 원래 지위를 잃었다. 1996년에는 소련 시기 관료가 전체 대통령 기구의 75퍼센트, 정부의 74퍼센트, 정당 지도자의 57.1퍼센트, 지방 엘리트의 82.3퍼센트, 경제 엘리트의 61퍼센트를 점했다. 데이터는 「後蘇聯國家社會轉型的警示 — 馮玉軍博士訪談」, 『國外理論動態(Foreign Theoretical Trends)』, 2005. 3, 3쪽 참조.

단기 20세기: 중국 혁명과 정치의 논리

순히 되풀이하기만 한다면 위기를 해결하는 데 아무런 도움도 되지 않을 것이다. 시장사회는 자발적으로 균형을 맞추지 않는다. 정반대로 합리적 조절, 제도적 보장, 평등과 정의를 쟁취하기 위한 사회적 투쟁이 없다면 민주주의적 정치 형식과 사회 형식 간의 분리와 균열은 항상적 상태가 될 것이다. 이것은 무슨 좌파의 이론이 아니라 자본주의의 역사적 사실이다. 수많은 제3세계 국가에 평등의 사회적 유산이 없다. 남아시아, 라틴아메리카는 토지혁명을 성취한 경험이 없어서 평등의 유산이 없다. 그래서 민주주의의 두 측면의 협조와 발전을 가져오기 어렵고 새로운 사회적 충돌이 발생할 수 있다. 바로 이 때문에 많은 중국 지식인이 현대 중국의 유산을 헌신짝처럼 버리는 것과 완전히 다르게 많은 제3세계 국가의 지식인과 사회운동은 중국의 이러한 역사적 유산을 매우 중요하게 본다. 이는 오늘날 중국의 토지제도와 공유재산에 관한 논쟁이 왜 그렇게 중요한지를 말해준다. 오늘날 중국의 불평등은 주로 공공 이익을 효과적으로 정의하지 못한 데서 비롯됐다. 노동자, 농민 그리고 수많은 시민의 이익이 침해당하는 것은 바로 공공재산관이 파괴되는 것과 일치한다. 시민으로서 대중이 민주화 과정 밖으로 배척당한다면 진정한 민주주의는 있을 수 없다. 실질적 공정과 시민 사이의 상호평등과 관계없이 정치적 민주주의의 시민권은 공허한 형식주의 관념으로 변할 것이다.

이상의 몇몇 요소는 오늘날 민주주의 위기의 외적 동인이다. 나는 현시점 민주주의적 실천 자체의 위기를 '대표성의 균열'이라고 개괄하는 것이 가장 적절하다고 생각한다. 그것은 앞에서 말한 넓은 사회적·경제적 변천 속에서 대표성 정치가 중심이 된 두 가지 정치체제가 동시에 직면하는 전대미문의 위기를 가리킨다. 정치 엘리트, 경제 엘리트, 문화 엘리트와 그들의 이익이 사회 대중과 단절된 것이 대표성 균열의 사회적 토대다. 정당, 언론, 법률 체제—그들이 보편직 발언을 얼마나 하든 간에—가 그에 상응하는 사회적 이익과 공공의식을 대변할 수 없다는 데서 이러한 대표성 균열이 직접 드러난다. 대표성 균열은 민주주의 정치의 세 가지 위기로 직접 드러난다. 즉 정당의 위기(정당의 국가화에서 집중적으로 드러난다), 공론장(미디어)의 위기(미디어의 확장과 공적 공간의 탈구에서 집중적으로 드러난다), 법률 체제의 위기(절차주의가 이익관계에 조정되면서 집중적으로 드러난다)다. 이것은 다중적 위기다. 통속적 표현을 빌리면 우리는 규모 면에서 정당의 국가화, 국가의 기업화, 언론의 정당화, 정객의 언론화, 법제의 공동화가 새로운 정점에 도달하는 과정을 겪고 있다. 따라서 대표성의 균열을 논할 때는 다음과 같은 질문도 반드시 던지게 된다. 첫째, 정당정치가 국가 정치로 변질되면서 '포스트 정당정치(또는 후기 정당정치) 민주주의'가 출현할 가능성이 있는가? 여기서 말하는 '포스트 정당정치'는 19세기부터 20세기까지 정착된 정치 모델이 전제가 된다. 오늘날의 조건, 즉 실제로 존재하는 정치조직은 여전히 '정당'이라 불리면서도 반드시 19세기부터 20세기까지의 정당과 다른 특징을 지닌다. 둘째, '공론장'을 어떻게 다시 세우고 어떻게 법치의 정수를 섭취하는 토대 위에서 새로운 '정법체제'를 창조할까? '공론장'을 새롭게 구성하려 할 때는 언론 권력과 정치 권력이 상호 침투하는 현실이 전제가 된다. 언론은 '공공의식'을 조종함으로써 정치적 공론장에 지배적 영향력을 행사한다. '정법체제' 개념을 다시 제기하는 것은 형식과 절차의 중요성을 부정하는 것이 아니라 이런 형식과 절차가 운영될 수 있는 정치 문화적 조건을 탐구하는 것이다. 셋째, 어떤 역량이 새로운 평등정치에 사상적 토대와 도덕적 규범을 제공하는 문화의 형성을 촉진할까? 민주주의의 위기는 '대표성의 균열'로 읽힐 수 있고 국가는 기나긴 역사 속에서 여전히 정치 영역을 주도한다. 그렇다면 '민주적이면서 민주주의 이후 도래할 정치'는 과연 그리고 어떻게 가능할까?

이상의 논의를 간략히 정리해보자. 냉전 종결 이후 민주주의 정치체제는 형식상으로는 중대한 변화가 없었다. 그러나 사회·민주적으로는 보편적 위기가 등장했다. 여전히 사회주의 체제를 유지하는 중국에서 국가 정체와 그 형식도 근본적으로 바뀌지 않았다. 그러나 사회적 내포는 깊이 변했다. 그래서 중국이 도대체 어떤 사회인가에 대한 논의가 끊이지 않는다. 이에 따라 대다수 논자(그들은 첨예하게 대립한다)가 두 가지 정치체제의 차이를 모순의 두 측면으로 설정하는 것과 달리, 나는 현대 정치에서 위기의 핵심은 정치체제에 상응하는 사회 형식의 해체라고 생각한다. 정치적 합법성의 위기는 주로 정치체제의 대표성 균열, 즉 정치 형식과 사회 형식의 탈구에서 온다. '대표성 균열'이라는 정치적 위기와 그 몇 가지 특징을 논하기 전에 '탈구' 또는 '균열'이 두 사회체제에서 어떻게 구성되는지 반드시 분석해야 한다.

1. 다시 묻는다, '어떤 평등'인가

1) 기회의 평등과 분배 정의

화제를 사회적 민주주의의 곤경에서 시작해보자. 프랑스의 정치이론가 피에르 로장발롱Pierre Rosanvallon은 최근 논문에서 정치적 민주주의와 민주적 사회 형식의 각도에서 현대사회민주주의의 위기를 검토했다. 정치체제로서 민주주의에는 보통선거권, 개인 권리의 보장, 언론 자유, 다원주의 등이 포함되고 사회 형식으로서 민주주의의 핵심은 평등이고 주로 사회보장, 공공재의 사회 전체 구성원에 대한 개방, 재분배 등으로 실현된다. 이 둘의 결합을 바로 사회적 민주주의라고 한다. 그는 프랑스 혁명과 미국 혁명에서 민주주의의 두 측면에 완전히 중첩되었고 그당시 평등 개념은 개인의 사회적 관계의 성격까지 연루됨으로써 평등적이면서도 차별적이라고 생각한다.[5] 혁명 시대의 평등정치는 각종 신분과 위계제도를 타파하는 것으로 직접 실현되었고 국가-시민의 관계에 민주적 사회 모델을 형성했다. 이 역사 시기에 평등은 결코 기회의, 결과의, 분배의 등 제반 특수한 수식어가 필요하지 않았다.

그러나 19~20세기에는 민주주의 정치체제와 사회 형식이 지속적으로 분화했다. 한편으로는 보통선거, 언론의 자유, 법의 보호를 받는 재

---

5 Pierre Rosanvallon, "What is a Democratic Society?," a paper for Tenth Indira Gandhi Conference, Dec., 2010.

산권, 즉 헌정 민주가 있었다. 다른 한편에는 사회의 심각한 분화, 빈부 불균등, 갖가지 형식의 독점, 계급 대립 등이 격렬한 사회적 충돌을 불러일으켰다. 새로운 사회적 위계제는 대규모 계급투쟁과 혁명의 근원이자 민족국가 간 충돌의 근원 중 하나였다. 19세기 말, 특히 두 차례의 세계대전 이후 혁명에 대한 두려움과 전쟁에 대한 반성, 냉전 시대의 체제 경쟁 때문에 사회적 타협과 계급 조화를 어떻게 실현할 것인지가 민주주의 실천의 중요한 내용이 되었다. 이는 민주주의적 사회 형식의 발전을 촉진하는 데 핵심 역할을 했다. 사회 이론에서는 원자론적 개인주의와 이와 관련된 사회 권리체계에 대한 반성이 있었다. 이 반성은 권리와 의무, 복지와 책임, 자유와 단결 등의 관계에 대한 재해석을 계기로 집중적으로 이루어졌다. 오늘날 사회적 민주주의 모델에 대한 논의는 대부분 조세제도, 사회보장 기제, 합법화된 노동조합, 최저임금, 노동 계약법 등의 기제를 벗어나지 않는다. 사회민주 관념이 많은 사회주의 운동의 성과를 받아들였고 제도 설계에 따라 이 성과들이 민주주의의 사회적 형식으로 전화했다. 이것은 자본주의를 뛰어넘은 자본주의 모델이라고 할 수 있다.

오늘날 가장 영향력 있는 민주주의 이론(롤스와 하버마스)은 서로 다른 인간이 평화롭게 공존할 수 있는 평등주의적 절차 또는 합의에 도달하는 조건을 설계해서 그들이 보기에 더욱 공격적인 민주주의(이를테면 대중민주주의)를 대체하려 한다. 그들은 이 절차 또는 조건이 기초적 제도(헌법, 법률 등)를 주축으로 삼고 대화, 소통을 통해 합의 또는 중첩적 합의를 형성함으로써 이성의 요구(자유와 권리 보호)를 충족하면서 민주주의의 정당성(인민주권)도 충족한다고 생각한다. 그러나 분배는 항상 사회적 충돌과 밀접한 관련이 있다. 재분배를 위한 평등 투쟁이 대항성을 띠는 것은 불가피하다. 평등 문제는 궁극적으로 정치적 문제다. 샹탈 무페Chantal Mouffe가 말했듯이 절차주의 또는 합의주의 정치철학은 평등이나 정의 문제에 담긴 정감성, 충돌성, 정치성 그리고 모종의 집단적 정체성을 이해할 수 없다.[6] 또한 앞에서 거론한 각종 도전에 상응하는 강령을 제공하기도 어렵다.

이 평등 개념 또는 정의 이론을 현대 평등정치의 시야에 놓고 관찰할 수 있다면 정치 형식과 사회 형식의 탈구라는 문제를 이해하는 데도 도움이 될 것이다. 민주적 사회 형식의 위기는 평등 문제에 집약되어 있다. 나는 여기서 세 가지 평등 개념을 집중 분석한다. 여기서는 평등에 관한 윤리학—철학적 사유가 상당히 복잡하다는 것을 밝힐 필요가 있다. 롤스, 아마르티아 센Amartya Sen 등이 공리주의적 평등, 총효용의 평등 total utility equality, 롤스주의 평등 등 정교한 이론 개념을 상세히 분석한 것이 그 예증이다.[7] 이 이론들에 대한 검토가 불가피하기는 하지만 나

---

6 무페는 정치적political 시각에서 롤스의 다원주의, 정치적 자유주의, 정의론 등을 깊이 있게 분석했다. Chantal Mouffe, "The Limit of John Rawls' Pluralism," *Theoria*, March 2009, p.1; "Deliberative Democracy or Agonistic Plauralism"(Institute for Advanced Studies, Vienna, 2000b); *The Democratic Paradox*, London: Verso, 2000a 참조.

7 이 개념과 그들의 상호관계에 대해서는 Amartya Sen, "Equality of What"? Delivered at Stanford University, May 22, 1979, see The Tanner lectures on Human Values, pp.197~220에서 깊이 분석했다. 앞서 말한 로장발롱의 "What is a Democratic Society?"에도 요점이 정리되어 있다. 여기서는 자세히 서술하지 않는다.

는 여전히 이론들을 더욱 통속적인 관점으로 연결하려 한다. 평등의 첫 번째 개념은 기회 평등(공리주의적 평등 관념과 더 유사하다), 두 번째 개념은 재분배(또는 결과)의 평등(총효용의 평등과 더 유사하고, 사회계약론 관계와 더 밀접한)이다. 이 두 개념이 현대에 가장 유명했다. 평등은 우선 법적·정치적 정의 차원에서 정의되고 그것은 차별하지 않는 것을 강조한다. 부르주아 혁명 시대에 이 개념이 겨냥한 것은 귀족계급과 기타 특권 체제였다. 따라서 정치적 권리와 사회적 권리라는 이중적 내포가 담겼다. 프랑스 혁명의 고취자이자 참여자인 루이 생쥐스트Louis Antoine Leon de Saint-Just(1767~1794)가 말했듯이, 평등은 결코 한 개인이 다른 개인에 대해서 그 또는 그녀가 동일한 '권력'을 가짐을 의미하는 것이 아니라 모든 사람이 '주권의 평등한 부분equal portion of sovereignty'을 갖는 것이다.[8] 바로 이런 급진적·능동적 개념은 계급, 성별, 인종적 신분의 차별을 타파하고 평등정치의 가능성을 제공한다. 그리고 경제, 사회, 법률, 정치적 권리 문제를 평등 개념의 틀에 놓는다.

그러나 자본주의 논리가 모든 영역에 침투하면서 부르주아 혁명 시대의 급진적 평등 개념은 결국 시장 경쟁의 기회 평등 개념으로 바뀌었다. 즉 신분 차별의 충격도 경제가 정의 내린 이익의 맥락 속으로 들어갔다. 기회의 평등 원칙은 "수입과 여타 생활 조건의 불평등은 자연적 현상이지만 동시에 사회 하층민 스스로 노력해(근면, 의미, 재능, 정당한 수단

---

8 관련 논의는 Claudia Pozzana and Alessandro Russo : "Continuity / Discontinuity : China's Place in the Contemporary World," *Critical Asian Studies*, 43 : 2(2011), 272쪽 참조.

등으로) 자신의 경제적·사회적 지위를 상승시킬 수 있다"고 주장한다. 링컨은 이를 연방 정부를 오랫동안 존재하게 한 "위대한 원칙", 즉 "모두 평등한 기회를 갖는 것"이라고 말했다.[9] 이런 맥락에서는 계급, 계층, 인종, 성별의 평등을 위한 모든 투쟁이 시장적 조건 아래서의 자유노동과 그 가치를 계산의 척도로 삼는다. 마르크스의 관점에 따르면 기회 평등 개념은 상품 교환의 논리 위에서 수립되어 교환 관계로 인간관계를 표현한 것이다. 상품 교환의 전제가 모든 사람의 평등한 관계이기 때문에 평등과 상품의 관계에 역사적 연관이 형성된다 "모든 주체는 교환자다. 다시 말해, 모든 주체와 다른 주체 사이에서 발생하는 사회적 관계는 바로 후자와 전자 사이에서 발생하는 사회적 관계다. 따라서 교환으로서 주체들의 관계는 평등한 관계다."[10] 시장의 조건에서 "주체는 등가물을 통해서만 교환에서 서로 가치가 동등한 인간이 되고 그들은 서로 상대방 존재라는 대상적 교환을 통해서만 자신이 가치가 동등한 인간임을 증명한다."[11] "순수한 관념으로서 평등과 자유가 교환가치의 이상적 교환으로 그려진다. 법적·정치적·사회적 관계에서 발전한 것으로서 평등과 자유는 다른 차원에서 이러한 기초를 더한 것에 불과하다."[12] 상품 교환이 노동권과 소유권의 분리(마르크스가 말한 "노동=타인의 소유권

---

9 羅伯特·福格爾,『第四次大覺醒及平等主義的未来』, 6쪽.

10 馬克思,「1857~1858年經濟學手稿」,『馬克思恩格斯全集』第30卷, 北京 : 人民出版社, 1995, 195쪽.

11 같은 책, 196쪽.

12 같은 책, 199쪽.

을 창조하고, 모든 소유권이 타인을 지배하게 될 노동"[13])의 전제 아래서 전개되기 때문에 시장사회체제가 확립됨에 따라 그 급진적 내포는 점점 일종의 교환관계를 정당화하는 관념으로 전화한다. 이 기회 평등의 개념에 따르면, 평등은 결코 자본의 논리와 대립하는 사회적 이상이 아니라 부르주아 사회의 평등형식 중 하나다.

이것은 기회의 평등이 이미 흡인력을 전부 상실했음을 의미하지 않는다. 마르크스는 평등과 시민사회의 상품 교환을 연결할 때 새로운 생산-교환 방식에 집중했고 다른 지면에서 서술한 다음과 같은 문제는 상대적으로 덜 언급했다. 현대 자본주의 사회가 자본의 축적과 금권 구조를 통해 사회적 위계제와 새로운 신분론(특히 인종, 종교, 성별상 불평등, 즉 인종, 종교, 성별 관계에서 계급화 현상)을 부단히 재구성하기 때문에 물질에 대한 의존성을 기초로 한 인간의 독립성과 상호 간의 평등은 항상 불평등한 교환 형식―독점, 인종주의―을 수반한다. 19세기부터 20세기까지 자본주의 발전과 노예제, 인종 억압, 성차별, 식민주의 기타 통제 형식은 사실 결코 모순된 것이 아니다. 흑인 인권운동은 1960년대가 되어서야 큰 승리를 거두었다. 그러나 각종 형태의 인종차별은 여전히 현대사회를 곤혹스럽게 한다. 성차별은 오늘날 노동시장에서 공공연한 비밀일 뿐이다. 인종, 성별의 계급화 현상은 오랜 역사적 근원을 가지고 있다. 그러나 이미 현대 자본주의의 권력-이익 관계에 포섭되어 현대적 생산-유통 형태의 구체적 내용을 구성한다. 바로 이 때

---

13 같은 책, 192쪽.

문에 기회 평등 개념의 비차별적 내포는 여전히 어떤 해방적 성격을 띤다. 기회 평등의 기치 아래 현대사회는 이 차별 현상들을 전통사회의 유산이라 보고 더 나아가 자신의 위기를 극복하는 평등 투쟁을 자신의 정당성을 굳히는 투쟁으로 돌려버린다.

분배 정의와 평등관은 사회주의 운동의 유산이다. 그것은 또 다른 개념인 조건 평등과 중첩 관계를 이룬다. 자본주의적 생산, 특히 산업화라는 조건에서 기술과 자본 등 선결 조건은 이른바 기회 균등이라는 말을 거짓말로 취급했고 노동자는 조건의 평등을 협상 요소로 삼기 시작했다. "조건이 더욱 평등해지는 것은 주로 정부의 프로그램으로 완성된다. 이 프로그램들을 설계하는 목적은 주로 노동력 공급을 낮추고 (…) 노동조합의 임금상승 요구, 노동조건 개선 노력을 지지함으로써 임금 수준을 높이는 것이다."[14] 그 밖에 세수제도를 활용해 부를 재분배하는 것이 조건 평등의 중요한 내용이다. 롤스의 '분배의 정의'에 관한 서술이 관련 문제에 대해 가장 관심을 끄는 서술일 것이다. 이런 정의관의 틀에서 불평등한 현실은 명확히 폭로된다. 계약론(로크, 루소, 칸트로 대표되는) 전통으로 돌아감으로써 롤스는 주도적 지위를 점하는 공리주의(흄, 벤담, 스미스, 밀로 대표되는) 정의관을 비판했다. 롤스의 관점에서, 이러한 정의관은 개인이 자신의 욕망을 최대한 만족시키고 자신을 확장하는 복지 위에서 수립되었고 개인의 총화로서 사회도 개인의 욕망과 복지를 최대한도로 만족시킨다는 원칙 위에서 수립되었다. 공리주의

---

14 羅伯特 福格爾, 『第四次大覺醒及平等主義的未来』, 7쪽.

적 정의관은 자유와 권리의 요구와 사회 복지를 늘리려는 욕망 사이의 원칙적 구별을 뒤섞었고 정의 우선 원칙을 긍정할 수 없다. 그것은 공동체의 조절 원칙을 개인 선택 원칙의 확장으로 보고 일치 찬성 원칙의 중요성을 간과했다. 이 이론은 선의 양적 증가가 직접 정당성을 가져올 수 있다고 가정하지만 진정한 정의 원칙이 사전에 설정되어야 함을 이해하지 못한다. 따라서 결과론에 따라 그 시비를 판단할 수 없다. 그것은 인간의 욕망을 동력으로 삼고 욕망 사이의 성격 차이를 고려하지 못하며 여기서 발생하는 타인의 차별, 억압과 박해를 고려하지 못한다. 그는 로크, 루소 사상의 '자연상태'와 유사한 '원초적 상태'(즉 사회계약이 성사될 수 있는 조건)와 이성적 추리의 전제로서 '무지의 장막'을 설정하고 그것을 공평의 정의와 여러 원칙의 기초로 삼는다. 로크는 복잡한 이론적 가설로 정의관을 "자유와 기회, 수입과 부, 자존의 기초" 등을 포괄한 모든 사회적 가치('기본선')를 평등하게 분배하는 것이라고 정의했다. "그중 하나 또는 모든 가치의 불평등한 분배만 아니라면 모든 사람의 이익에 맞는다."[15] 정의관의 이 두 원칙은 매우 유명하다. 모든 사람이 자유와 평등을 누린다는 원칙, 분배 정의라고 부를 수 있는 원칙이다. 분배 정의 원칙에 따르면, 사회적·경제적 불평등은 두 가지 전제에서만 타당하다. 즉 불평등은 반드시 사회 모든 구성원의 이익에 부합해야 하며 지위와 직무가 모든 사회 구성원에게 개방되는 것과 연계되어야 한다. 첫 번째 원칙에서 헌정 민주주의는 정치적 자유의 공평한 가치를 보

---

15 約翰 羅爾斯, 『正義論』, 北京, 中國社會科學出版社, 1988, 58쪽.

장할 수 없고 부와 재산의 불평등한 분배와 정치적 자유가 병존함으로써 경제·사회 제도에서의 불평등이 정치적 평등을 와해시켰다. 두 번째 원칙에서 롤스는 정의 원칙과 효율 원칙을 엄격하게 구분하고 단순한 효율 원칙으로 정의 원칙을 서술하는 것을 부정했으며 분배 정의와 공리 추구의 결합을 주장했다. 이런 분배 정의를 위해 그는 또 '차별 원칙'을 설정했다. 어떤 차별의 존재도 반드시 사회 최하층 구성원의 이익에 부합하는 것이 전제되고 최소 수혜자가 이익을 얻을 때 사회 전체도 그에 따라 이익을 얻는 원칙이다. 이 차별 원칙을 실현하기 위해 천부적으로 또는 기타 조건이 조성한 불평등을 보상할 필요가 있고 반드시 사회적 왕래로 호혜 원칙을 달성하고 시민적 우의와 사회적 단결을 형성해야 한다. 그리고 이러한 공평의 정의를 실현하려면 모든 사회적 가치 기제를 조절·관리·조달·분배해야 한다. 여기서 시장과 국가는 민권과 빈곤이라는 양대 문제를 해결하는 기본적 기제다.

롤스는 '평등자유의 원칙'과 '기회평등 원칙, 차별의 원칙'을 종합하고[16] 평등 개념의 급진성을 회복하려고 했다. 그러나 자본주의의 현실에서 기회균등 개념과 결과 평등 개념은 늘 대립했다. 전자는 기점의 평등을 생각하는 데 치중했고 사실상 경쟁적 시장 관계에 전제를 제공했다. 그러나 불평등한 사회적 조건이 기회균등을 제한하는 현상을 분석하는 데는 무관심했고 기회균등의 조건에서도 독점과 불평등(마르크스주의적 관점에서 말하면 잉여가치의 생산과 재생산)을 불러올 수 있

---

16 같은 책, 6쪽.

단기 20세기: 중국 혁명과 정치의 논리

다는 점, 즉 불평등한 조건의 재생산, 더 나아가 새로운 기점의 불평등을 일으킬 수 있음을 논하지 않는다. 기회균등이나 기점의 평등 개념이 프랑스 대혁명이나 미국 혁명 시기에도 평등한 사회 형식이라고 불렸다면 자본주의가 발전하는 동안 이 개념은 항상 사회 불평등을 은폐하는 수사가 되었다. 후자는 자본주의 생산과 분배 과정 연구로 만들어졌고 제도 설계―시장제도 자신의 재설계도 포함―가 재생산되면서 야기되는 불평등(마르크스주의의 관점에서는 착취)을 유한한 정도까지 떨어뜨리려 했다. 사회민주주의에서 이런 제도 설계는 결코 사유재산권과 시장의 관계를 설정하지 않으며 이것을 전제로 세제를 중심으로 한 재분배로 계급 대립을 약화시키거나 조화시킨다. 더 나아가 이른바 사회민주주의라는 틀 아래서 '사회적 시장경제'를 형성한다. 바로 이 때문에 전후 사회민주주의는 분배적 의미의 평등에 특히 주목했다. 분배의 평등과 분배의 정의는 자원 분배를 언급할 뿐 아니라 결과 평등도 중요시했다. 재분배가 중심이 된 평등 실천이 직면한 난제는 사유재산권 보장이 다시 독점 자본으로 변모하고 최종적으로 복지 체제를 와해하는 것이다. 불행히도 1970년대부터 신자유주의 조류가 발전하고 냉전이 끝남에 따라 분배 중심의 평등이 큰 위기를 맞았다 그 정도는 롤스가 『정의론』을 쓴 1971년보다 훨씬 심했다.

2) 아마르티아 센: 능력의 평등

아마르티아 센은 「무엇의 평등인가Equality of What?」라는 글에서 롤스의 경로를 따르고 물질화의 방향 또는 물질과 인간의 관계라는 방향에서 '기본 능력의 평등the equality of basic capabalities' 개념을 추가로 제시했다.—여기서 말하는 기본 능력은 한 개인이 기본적인 일을 할 수 있는 능력을 가리킨다. 예를 들면 한 사람이 기본직 영양의 수요를 충족하는 능력, 필요한 옷·집 등을 획득하는 능력, 공동체 사회생활에 참여하는 능력 등이다. 능력의 관점에서 평등 관계를 연구한 것은 결코 완전히 새로운 것은 아니다. 마르크스는 이렇게 말했다. "어린이와 소년의 권리는 보호되어야 한다. 그들은 자신을 보호할 능력이 없다. 따라서 사회에는 그들을 보호할 책임이 있다. (…) 국가 정권이 실행하는 보편적 법률로만 할 수 있다."[17] 이런 관점에서 교육은 반드시 보호적인 보편적 권리여야 한다. 센의 이론은 다음과 같은 점에서 참신하다. 그는 능력 개념으로 정의와 관련된 논의 방향을 수입, 자원 등 분배 문제에서 개인 생활의 잠재력으로 돌려놓았다.—즉 어떤 사람이 될 수 있는 능력, 어떤 일을 완수할 수 있는 능력이다. 이 능력은 사실상 자유, 즉 각종 선택을 완성하는 자유이기도 하다. 그는 롤스의 평등 개념이 여전히 모종의 물신적 경향이 있다고 비판한다. 이런 경향에 따르면 분배의 정의 역시 주로 이익을 물질화하는 방면에 집중되고 인간과 물질의 관계 측면에서 이익을 이해할 수 없다. 한 사람이 빈곤이나 다른 요소에 따라 교육이나 다른 조건으로 능력과 그에 상응하는 사회적 위치를 얻지 못한다면, 그 사람은 경쟁 능력을 갖추지 못했을 뿐 아니라 사회생활에 참여할 능력

---

17 『馬克思恩格斯論教育』, 北京: 人民教育出版社, 1979, 127쪽.

도 갖추지 않은 것이다. 센의 관점에서, 효용의 평등이든 사물의 평등이든 둘의 결합이든 모두 능력 평등의 긴박성을 간파하지 못했다. 전자의 관점에 따르면, 기본 사물의 분배 개념에서 사물은 권리, 자유, 기회, 수입, 부, 자존의 사회적 기초 등으로 구분할 수 있다. 그러나 그렇다면 이 개념은 주로 사물에만 착안하게 되지 이 사물과 인류 생활의 관계는 도외시하게 된다. 후자의 관점에서 보면, 공리와 효용 개념은 사물과 인류 생활의 관계에 관심을 두지만 인간의 능력에 치우치지 않고 인간의 정신적 반응에 치중한다.[18] 따라서 능력의 평등이 없으면 기회 평등은 공허한 약속이나 다름없다. 상응하는 사회체제(재분배체제를 포함한)의 보장이 없이는 기회의 평등도 바로 불평등의 합법적 표현이고, 기본 능력의 평등 없는 기본 사물의 재분배 역시 평등의 실천을 보장하지 못한다. 능력의 평등은 반드시 사회 구성원의 평등한 정치적 지위와 사회적 지위가 전제된다. 그것은 개인의 자주성이라는 각도에서만 해석될 수 없고 사회보장의 범주 안에서도 해석되어야 한다. 따라서 우리는 최소한 세 가지 측면의 평등, 즉 기회의 평등, 분배의 정의, 능력의 평등을 논할 수 있다.

분배 정의에 대한 센의 논의(특히 그의 능력 개념)는 사회계약론적 정의론의 이론적 편향을 비판한 것이다.[19] 그는 사회계약론이 공정을 판

---

18 Amartya Sen, "Equality of What"? Delivered at Stanford University, May 22, 1979, see *The Tanner lectures on Human Values*, pp.217~219.

19 센은 2009년에 출간한 *The Idea of Justice*, London : Penguin, and Cambridge, MA : Harvard University Press, 2009에서 정의 개념을 더욱 체계적으로 서술했다.

별하는 사회적 기획에 집중되어 있고 '공정의 구조just institutions'를 정의론의 주된 임무로 본다고 판단한다. 센은 또 다른 이론적 맥락에서 애덤 스미스, 콩도르세, 메리 울스턴크래프트부터 마르크스, 밀 등을 종합하려고 했다. 이런 극단적으로 달라 보이는 이론가들이 하니의 이론적 관심을 공유함을 발견했기 때문이다. 그것은 그들이 모두 개인이 살아가는 각자 다른 길이나 방식을 대비하는 경향이 있다는 점이다. 이 다른 길과 방식은 제도의 운행, 인간의 실제 행위, 그들 간의 상호작용, 기타 현실 생활에 영향을 주는 사건 등 요소들의 영향을 깊이 받는다. 따라서 그들은 모든 사람을 그 속에 넣고 그중 일부분이 되는 계약을 찾지 않고 구체적 사례—예를 들면 노예제 폐지—로 어떤 합의가 공적 추론public reasoning의 토대 위에서 생산되는지를 탐구했다. 또한 '공정의 기제'를 판별하는 데만 주목하지 않고 인간의 현실 생활이 갖는 성격을 탐구해 정의 문제를 구조에서 인간으로 계약에서 현실적 과정으로 돌려놓았으며, 사회계약론처럼 정의 문제를 주권국가의 인민에만 국한하지 않고 전 세계인으로 확장했다. 정의 문제는 계약 문제가 아니라 합리적 협의reasoned agreements의 문제이기 때문이다. 정리하면, 센이 정의 문제를 탐구하는 중심 고리는 공정 기제에서 인간 생활 속에 실제로 존재하는 불평등을 어떻게 축출하느냐로 방향을 돌렸다. 이것은 인간이 실제로 가지고 있는 자유에서 비롯해야지 형식적으로 획득한 권리에 착안하지 않는다.

이처럼 형식적 권리가 아닌 실질적 자유에 대한 중시는 인도, 중국과 수많은 제3세계 국가의 맥락에서 볼 수 있다. 센은 중국과 인도의 발전

경로를 비교하고 한편으로는 인도 민주주의 정치체제의 우위를 거론하고(중국 대약진 시기와 같은 정보 불통이 일으킨 비극은 출현하지 않음) 다른 한편으로 중국에 비해 인도는 교육, 빈곤, 의료, 사망률 등에서 뒤떨어졌음을 지적했다. 영국의 식민지였다가 독립한 인도는 민주주의 정치체제를 선택했고 의회, 다당제, 보통선거권, 언론 자유 등이 있지만 여전히 고도로 불평등한 사회다. 카스트 제도는 극소수만 정치 영역에 진입하는 능력을 지녔음을 의미한다. 즉 프랑스 대혁명 시대 민주주의 정치체제와 사회 형식이 고도로 합일되었다는 관점에서 보면 이런 정치체제와 사회 형식의 분리는 사람들의 이목을 끈다. 인도 공용어는 영어지만 영어를 사용하는 인구는 전체의 10퍼센트뿐이다. 전국적 정치 공간에서든 고도로 유동적인 경제활동에서든 영어가 사회적 유동에서 기회를 얻는 데 중요성은 아주 크다. 토지 개혁이 없었기 때문에 많은 농업 노동자가 지주의 토지에서 거주하고 스스로 토지가 없을뿐더러 빈곤한 수준에서 살고 있다. 이는 능력 평등의 심각한 결핍과 능력 평등의 결핍이 궁극적으로 기회균등을 공허하게 만든다는 것을 의미한다. 인도(그리고 동남아 전체)의 토지관계는 아주 불평등하다.(이 점에서 인도 개혁의 전제는 중국과 크게 다르다.) 정치체제와 사회 형식이 탈구되었기 때문에 다당정치, 보통선거권, 언론 자유 기능이 크게 제한되었다. 이는 결코 정치적 민주주의가 중요하지 않다는 말이 아니다. 사실상 인도의 민주주의 체제는 인도 진보에 전제를 제공했을 뿐 아니라 인종이 복잡한 인도 사회에 정치적 공감의 근거를 제공했다. 인도 민주주의의 한계를 논하는 것은 정치개혁의 필요성을 부정하는 것이 아니라 이로써 단순한 형식적 민주주의 개념으로는 사회적 평등을 이룰 수 없음을 의미한다. 형식적 민주주의를 완성하는 것보다 정치체제와 사회 형식의 탈구 또는 그사이 균열을 메우는 것이 더욱 긴박한 일일 것이다. 사회직 평등의 기본직 내포를 결여한다면 민주주의 형식을 갖춘 사회를 '민주적'이라고 부르는 것은 문제가 된다. 많은 제3세계 국가가 서양의 정치적 민주주의를 모방하지만 민주적 사회를 이루지는 못했다. 차별, 독재, 독점은 항상 민주주의 정치체제와 충돌하지 않는다. 이는 민주주의 문제에 대한 논의 일부에만 해당되는 것이 아니다.

센은 공적 추론을 정의 개념에서 중심을 놓는다. 이는 사실상 그가 능력을 평등 문제의 중심에 두는 것과 일치한다. 이런 정의관은 그의 능력 개념에 새로운 가능성을 제공한다. 첫째, 어떤 형식적 권리에 그치지 않고 인간이 현실생활에서 갖는 자유를 정의에 대한 탐색에 끌어들이는 것은 북아메리카, 유럽의 민주주의 실천을 뛰어넘고 다른 사회적 실천에 존재하는 참여적 통치 경험(중국 현대사의 대중 노선 또는 기타 참여형식 등 중국의 유교 전통에서 사상 토론과 정치 참여, 향촌 자치 등)을 민주주의 탐색 공간에 끌어들이는 가능성도 연다. 둘째, 사회계약론의 논의 틀에서 벗어나서 정의와 평등 문제가 전개되도록 하고 주권국가 범위를 뛰어넘어 초국가적 활동, 조직, 개념을 전 지구적 정의 문제의 중심에 두도록 한다.[20] 그러나 능력의 평등 개념에도 맹점이 있다.

---

20 Amartia Sen : "Justice and the Global World," *Indigo*, vol.4, Winter 2011, pp.24~35.

이 맹점의 핵심은 다음과 같다. 센이 능동적 시각에서 분배 평등 개념이 담고 있는 '물화'적 경향을 비판할 때 '물' 자신의 '물화'(상품화)를 분석하지 않기 때문에 인간의 능력 역시 대상물을 획득하는 능력이라는 의미에서 정의하고 인간의 능력을 상품 노동의 대체 개념으로만 규정할 수 있다. 센은 '자유로서 발전'이라는 이론적 틀에서 발전의 두 측면을 거론한다. 즉 한편에서는 노동을 각종 형식의 속박에서 해방시키고 개방적 노동시장에 진입시키며 다른 한편에서는 이 과정이 결코 사회적 지지, 공공 제도 관리, 정치적 간여 정책을 이용하는 것을 배제하지 않는다. 우리는 이런 틀을 '능력의 평등'으로서 제도적 보장으로 삼을 수 있다.[21] '자유로서 발전'이라는 논제와 '능력의 평등' 개념을 연결하면 능력 평등이 자유로운 노동으로서 자유로운 계약체결 능력의 전제임이 자명해진다. 그러나 자유로운 노동 개념은 인간을 노동과 자본의 가치 관계에만 한정하고 이에 따라 인간과 능력을 완전하게 표현하지 못한다. '자유로서 발전'을 능력 평등의 표현으로 본다면, 저자가 '자유'를 새롭게 정의하지 않는다면 이 능력은 단면적으로 정의될 수밖에 없다. 따라서 우리는 두 가지 다른 방향에서 이 능력 평등 개념을 확장하고 돌아보아야 한다. 확장 측면에서는 우선 노동 계약의 자유가 민족국가 내부에서만 발현될 뿐 아니라 전 지구적 경제관계에서 시행되어야 한다. 다음으로 자본주의 시장경제가 확장되는 동력 중 하나는 노동력의 자유와 부자유의 병존이므로 이 자유/부자유 상태와 사회발전의 관계를

---

21 阿瑪提亞·森, 「作爲自由的發展」, 『中國學術』, 北京 : 商務印書館, 2004年 第1期.

연구해야 한다. 되돌아보아야 하는 측면에서는 시장제도의 확장은 교역 활동과 그 가치가 모든 생활의 영역에 침투함을 의미한다. 이는 인간의 물화를 일으키는 동시에 물질의 물화도 불러온다. 즉 '물질'이 완전히 상품화 논리 속에 놓인다. 그것은 농민, 토지, 삼림, 물 등을 반사유 상품으로 전화하면서 농촌과 기타 집단(공동체와 그 가치, 소수민족)의 생활 방식과 의의를 깎아내리면서 더 나아가 농촌사회의 사회 조직과 자기회복 능력을 와해한다. 이런 조건에서 이런 생활 방식과 상호 연관된 자연은 철저히 기능화·가치화되어 물 자신도 '물화'되는 과정을 거친다.

따라서 다음과 같은 문제를 제기할 필요가 있다. 첫째, 농촌노동력과 이를 보장하는 기제가 시장제도와 노동 계약자유의 관계를 이해하는 핵심 문제다. 둘째, 노동력의 자유로운 이동은 제멋대로 이루어지는 것이 아니라 광범위한 제도적 기획이다. 그것은 반드시 불평등한 제도적 구조(호구제만이 아닌)를 타파하는 것이 전제되어야 한다. 노동 계약의 자유 문제(이민 자유를 그 예로 들 수 있다)는 중국만의 문제가 아니라 현대 세계의 시장 기획이 진정 자유로운 시장적 기획인지를 가늠하는 중요한 기준이 된다. 그러나 노동 계약의 자유라는 의미에서만 발전을 논하고 발전과 사회 각 조건의 관계를 고려하지 않으면 사회의 해체를 불러올 수 있다. 따라서 반드시 노동 계약의 자유로 신분제도와 제도적 사회평등을 타파하고 다원문화와 발전 문제 사이에 견고한 연계를 확립해야 한다. 또한 반드시 농촌 문제에 대한 논의와 도시문제에 대한 논의를 연관 지어야 한다. 그렇지 않으면 노동 계약의 자유는 새로운 노동 소외 형식으로 갈 수밖에 없다. 노동력의 자유로운 이동, 공공 통제, 정부 간섭은 시장제도의 필수 조건과 관련된다. 그리고 이 제도의 확장이 자연, 전통, 풍속, 의례 그리고 기타 사회적 생활양식과 가치를 어떻게 파괴하는지는 오늘날 발전 문제를 연구할 때 중요한 과제다. 드리고 '자유'의 가치를 각종 강제적 관계, 특히 단일한 경제적 관계에서 더욱 광범위한 시야로 해방시키는 것은 꼭 필요한 일이다. 더욱 급진적 시야에서 보면, 노동 계약의 자유(즉 개인 노동 계약 형식으로 출현하는 교환관계)는 개인을 착취해서 창조하는 유효한 잉여가치로 정치적 종속 또는 강제적 신분제도를 대체한다. 이 역사적 진보 자체는 결코 시장계약 관계에 대한 재사유를 대체할 수 없다.(중국 연해에서 출현한 계약 형식으로 출현한 노예노동의 상황을 생각해보라.) 능력 평등 개념 속의 공평한 교육을 말하자면, 교육이 산업화와 정보화 요구에 적응했기 때문에 국민 교육은 시장에 이끌리게 된다. 즉 분업 방식으로 노동자를 훈련하는 방식으로 나아간다. 따라서 어떻게 능력 평등과 인간의 전면적 발전, 교육의 공평함과 정치 경제적 평등을 동일한 사회적 프로세스에서 종합하느냐가 능력과 평등의 관계를 재정의하는 중심 관건이다. '자유로서 발전'이라는 틀에만 한정해서 '능력의 평등'을 논하면 자본이 통제하는 자유를 탐색하는 길을 찾을 수 없을 것이다.

3) 노동자의 자리

능력의 평등은 분배의 평등을 수정한 것이다. 우리는 통상적으로 분배 평등의 의미에서 사회주의의 특징을 해석하기도 한다. 그렇다면 사회주의의 실천에는 기회 평등과 능력 평등의 요소가 없을까? 넓은 의미에서 사회주의의 진정한 목표는 결코 분배가 아니라 노동의 해방(즉 자유)이다. 그러나 현실의 역사적 과정에서 그것은 분명 '끊임없이 분배 투쟁을 하는 기획'이기도 하고, "생산과정에 대한 마르크스의 각별한 강조는 생산양식을 통제하기 위한 투쟁은 바로 분배를 위한 투쟁이라는 단순한 진리에 대한 인식을 가로막아서는 안 된다."[22] 생산양식의 변혁에 대한 마르크스의 이론은 평등정치와 충돌하면서 밀접하게 관련되는데 롤스와 센의 이론에서는 이 점을 다루지 않았다.(또는 바로 그들이 피하려는 것이다.) 사회에 실제로 존재하는 평등 쟁취 투쟁은 '분배 정의' 개념으로는 제대로 이해할 수 없다. 이 관념과 관련된 것은 두 사회체제의 구분 문제다. 분배 측면에서 보면 토지, 자본의 분배, 분할, 교환, 유통은 기초적 경제관계다. 사회주의 제도는 공유제를 수립함으로써 즉 노동자를 소유자로 전화함으로써 자본과 노동의 대립, 노동과 소유권의 분리를 시도한다. 사회주의의 생산 목적에서 생산의 중심적 지위를 차지하는 것은 수요이지 이윤이 아니다. 이런 분배 모델은 어떤 제도를 수립함으로써 분배할 것을 요구할 뿐 아니라 생산양식 전체를 다시 세우라고 요구한다. 마르크스는 교환가치의 생산이 "개인이 개인과 다른 사람과의 소외의 보편성을 만들어내는 동시에 개인 관계와 개인 능력의 보편성과 전면성도 만들어낼"[23] 수 있고 더 나아가 "자유인의 연합체"를

---

22 沃爾澤, 『正義諸領域 : 爲多元主義與平等一辯』, 11~12쪽.

23 馬克思, 「1857~1858年經濟學手稿」, 『馬克思恩格斯全集』 第30卷, 112쪽.

형성하는 조건을 창조할 수 있다고 생각했다.

사회주의 국가의 실천에서 노동과 소유권의 부조합을 끝내려는 노력은 산업화, 노동 분업 형태와 밀접하게 관련된다. 소유제 개혁 중심의 이러한 평등주의가 직면한 난제는 산업화가 재생산 과정에서 이윤을 과도하게 추구하는 것(발전주의와 생산력 제일주의)을 어떻게 통제하는가, 공유제 형식이 사실상 국가의 독점 그리고 여기서 비롯된 새로운 신분제(즉 새로운 독점과 착취관계)로 전화하는 것을 어떻게 피하는가였다. 사회주의 운동은 '3대 차별', 즉 공업과 농업의 차별, 도시와 농촌의 차별, 육체노동과 정신노동의 차별을 돌파하려고 노력했다. 그러나 산업화의 압력은 호구제라는 특징을 띤 도시와 농촌의 신분 구분을 낳았다. 도시와 농촌의 대립은 근대 자본주의 경제의 기본 특징이다. 그리고 산업화가 주된 임무 중 하나인 사회주의의 실천은 또 다른 형식으로 도시와 농촌의 분할을 낳았다. 이는 중국의 사회주의 시기 발전 모델과 자본주의 사이에 중첩 관계가 존재함을 분명히 보여준다. 도시와 농촌의 분할 측면에서 기회 평등은 차단되었고 분배 평등은 주로 분할된 체제 내부에서 실현되었다. 예를 들면 농촌사회 내부는 평등했고 공장 내부도 상대적으로 평등했으며 성별 간의 신분적 불평등이 크게 개조되었다. 그러나 사회주의 산업화가 국가 체제에 의존하면서 관료화, 특권, 각종 형식의 독점이 불가피하게 생겨났고 상대적으로 고정화된 이익 관계와 신분 차별이 조성되었다. 이 때문에 사회주의 역사에서 이러한 고정화된 이익관계를 겨냥한 운동이 반복적으로 벌어진 것은 우연이 아니다.—1960년대에 이 운동은 국가와 정당이라는 정치 형식에 직접 충격을 주는 방식을 택했다. 즉 대중을 동원해 당-국가의 관료제와 권력 독점을 바꾸었다. 1980년대에 이 운동은 경제개혁의 형태를 택했다. 즉 기회균등 개념을 도입해서 평등한 경쟁을 고취했고 시장 지향 개혁으로 도시 공업화가 불러온 고정화된 신분 관계를 타파했다. 이런 분위기에서 마르크스주의적 휴머니스트가 소외 개념으로 사회주의 시기의 신형 신분제와 이 새로운 생산관 형성에 밀접한 관계가 있다고 주장했다. 이 두 가지 아주 다른 운동은 모두 평등정치의 특징을 지닌다. 그러나 그들 각자가 추구한 평등에는 중요한 차이가 있다.[24]

그러나 경쟁기제의 활성화와 평등한 분배를 대립시키면 해방은 새로운 압제로 변할 수 있다. 도시와 농촌의 차별을 돌파하려는 노력 역시 이에 따라 농촌이 도시에 종속되는 새로운 종속구조로 전화한다. 예를 들면, 효과적인 농촌정책과 농산품 가격 조정 없이 1980년대 중반 이후에는 도시 개혁이 실시됨에 따라 도시와 농촌의 분화가 다시 확대되었다. 그리고 이것은 바로 오늘날 농촌 위기의 근원 중 하나이기도 하다. 즉 바로 유럽 사회민주주의 모델에서 분배 정의는 결과 평등과도 밀접하게 관련되어 있다.—조세제도와 재분배, 사회복지와 보장체제 등은

---

24 보충하면, 사회적 평등의 형식주의적 특징은 사회주의 시기에도 존재했다. 예를 들면, 사회주의 시기에 경쟁 기제를 활성화하기 위해 노동에 따른 분배를 실행했다. 이는 마오쩌둥이 말한 '부르주아적 법권'이다. 1950년대 말 이후 중국 농촌에는 농촌공업과 각종 경영이 등장했다. 이것 역시 도시와 농촌의 차별, 노동자와 농민의 차별을 타파하려는 실천이다. 그러나 사회주의 정치가 '부르주아의 법적 권리'를 동시에 확인한 것은 새로운 위계제의 조건을 낳았다. 이에 따라 그 발전 규모를 '제한'('제거'나 '부정'이 아닌)하는 것이 평등정치의 특징이 되었다.

단기 20세기: 중국 혁명과 정치의 논리

모두 분배정의가 제도로 실현된 것이다. 더 중요한 점은 경쟁적 기회균등 개념으로 사회주의 시기의 평등 성취를 부정하면 처음의 의도와 완전히 다른 결과를 초래하기 마련이라는 것이다. 즉 분배의 평등을 부정할 뿐 아니라 능력의 평등도 부정한다. — 능력의 평등은 결국 노동자가 사회 체제에서 차지하는 자리, 즉 노동자는 종속된 자인가 사회의 주인인가에 달려 있다. 공유제 개념은 모든 사람이 기본적 수요를 확보하는 능력을 가설한다. 중국 사회주의 시기에 형성된 의무교육 체제, 농민야학 또는 기타 평민 교육 형식은 보통 노동자와 배경이 서로 다른 사람들에게 교육 기회를 제공했고 능력 배양에도 전제를 제공했다. 그 시기에는 노동자·농민 집단에서 성장한 대학생의 비율이 높았다. 능력의 평등은 교육, 기술 부문에서 나타났을 뿐 아니라 능동성, 자주성 측면에서도 실현되었다. 이런 측면들에서 보면, 고전적 사회민주주의의 척도에 따라 중국 사회주의의 역사는 개혁 시기의 성취에 전제를 깔았고 민주적 사회 형식에도 토대를 제공했다. 이렇게 말하는 것은 이 역사적 시기에 치렀던 중대한 희생, 대가가 이 시기에 발생한 침통한 비극을 부정하는 것과 의미가 완전히 다르기 때문이다. 정반대로 노동자의 주인공적 지위를 다시 천명함으로써 자본주의(사회주의의 외피를 한 자본주의를 포함해서)적 생산과정의 소외를 극복하기 위한 것이다.

사회주의와 사회민주주의의 실패는 분배문제나 빈부 분화 문제에서만 나타나지 않았으며, 생산과정과 사회생활에서 노동자의 지위 문제로도 나타났다. 민주적 사회 형식과 경제 구조는 밀접하게 관련된다. 경제 구조가 민주화되지 않으면 사회주의적 민주주의는 말할 것도 없고 사회민주주의도 불가능하다. 따라서 국가가 세금을 징수해서 분배를 실행하는 정의 이외에 기업 관리 차원의 민주화—노동자의 경영 참여 여부가 여기서 중요한 지표다—가 중요한 측면이다. 여기서는 큰 영향을 주었으면서도 신자유주의의 물결 속에서는 점점 잊힌 두 저작을 거론해서 사회민주주의의 위기를 설명할 수 있다. 하나는 미셸 알베르 Michel Albert(1930~2015)의 『자본주의에 맞선 자본주의Capitalism Against Capitalism』다. 이 책은 라인 모델을 대상으로 삼아 '사회적 시장경제'를 주로 연구했다. 이른바 사회적 시장경제는 시장을 경제 번영의 도구로 보고 사회 각 계층이 이 번영을 공평하게 분배하라고 요구하는 것이다. "이런 관점에서, 라인 모델에서 가장 전진적 기제는 대기업의 공동관리제도다. 이런 공동결정제는 독일에서 강제로 실시되었다. 공동결정제에 따라 기업 감사회가 구성되는데 반은 주주고 나머지 반은 고용자 대표다." 오랫동안 이런 제도는 기업 차원에서 양호한 사회보장제도와 더 공평한 분배제도를 제공했을 뿐 아니라 효율 면에서도 더 우월했다.[25] 또 다른 책인 로널드 도어Ronald Dore의 『주식시장자본주의 대 복지자본주의: 일본/독일 대 앵글로 색슨Stock market capitalism: welfare capitalism: 'Japan and Germany versusthe Anglo-Saxons'』에서는 일본의 기업 모델 연구를 중심으로 "기업의 효율은 그것이 자본 소유자에게 돌아가는 것만 보아서는 안 되고 소비자, 지방, 국가 그리고 고용자(경영자와 노동자를 포함한)

---

25 米歇爾·阿爾貝爾(Michel Albert), 『資本主義反對資本主義』, 楊祖功, 楊齊, 海鷹 譯, 北京: 社會科學文獻出版社, 1999, 2쪽.

에게 돌아가는 것도 보아야 한다.""경영자가 효용을 발휘하게 하는 외적 통제는 금융시장보다 시장 소비자의 피드백과 조직 내부의 통제로 더 많이 생성된다……"[26]라고 강조했다. 도어는 일본 산업의 독특한 조직 형식을 특별히 거론했다. 예를 들어 종신고용제, 수직을 뛰어넘는 기업 경영 형식인 '모세혈관식' 경영, 고급 정책결정자로 구성된 대이사회(대기업은 50명에 달하는), 기업의 노동조합과 이에 상응하는 회계제도 등을 거론했다. 이 두 저서의 중심 생각은 오쓰카大塚 萬丈(1896~1950)가 1947년에 발표한 『기업 민주화의 시안: 수정자본주의 구상企業民主化試案』의 서언과 일맥상통하는데 그 핵심 생각은 다음과 같다. "간단히 말해서 경제 민주화의 목적은 기업 운영과 직간접적으로 관계있는 모든 사람이 하나도 예외 없이 기업 경영에 참여하도록 하고 그 의지가 경영에 반영되도록 하는 것이다. 바꾸어 말하면, 한 나라 산업의 운영은 모든 관련자의 공감과 창의에 기초하고 이런 경영은 관련자의 책임과 협력으로 완성되어야 한다. 이런 의미에서 경제민주화는 반드시 노동대중의 지위 향상으로 실현되어야 한다."[27] 전후 사회민주주의와 기업민주주의 실험은 모두 소유자, 경영자, 노동자의 공동 관리, 공동 소유 측면에서 이루어졌다. 이 실험들을 만든 것은 앞에서 거론한 이중의 공포, 즉 혁명에 대한 우파의 공포, 공산주의와 민족주의에 대한 자유파의 공포였다. 기업의 민주주의, 더 나아가 국가가 조절하는 분배 정의는 대체로

---

26 羅納德 多爾, 李岩, 李曉樺 譯, 『股票資本主義: 福利資本主義(英美模式 VS 日德模式)』, 鄭秉文 校, 北京: 社會科學文献出版社, 2002, 10쪽.

27 宋磊, 「道爾的鄉愁與日本型市場經濟的深層結構」, 『淸華政治經濟學學報』第1卷, 2013.

경제 민주주의의 내포를 구성한다. 이번 금융위기에서 월가는 금융 투기 세력에 좌우되었고 몇몇 기업 소유자와 경영층이 투기 소득을 나누어 가졌으며 그 뒷감당은 모두 사회와 국가가 떠안았다. 이는 신자유주의적 경제-사회 모델의 반민주적 특성에 따른 것이다.

도시의 산업화 과정에서 중국 사회주의의 실천은 주로 공유제 형식과 노동자의 경영 참여 실천이라는 두 측면에 집중되었다. '안강鞍鋼헌법'이 바로 가장 전형적인 예다.[28] 사회주의 기업에서 노동자의 지위는 공유제 조건에서 형성된 단위제도와 밀접한 관련이 있다. 이론적으로 볼 때 단위는 단순한 작업장이 아니라 생산, 생활, 정치, 문화 그리고 기타 영역을 하나로 종합한 사회 형식이다. 이 사회 형식은 노동자계급 정당이 국가의 지도권을 장악하는 것—노동자계급의 국가를 형성하는 것—을 전제로 한다. 단위제의 핵심은 추상화된 자본주의 생산을 변화시켜 노동을 새로운 사회화 과정에 놓는 것이다. 달리 말해서 단위는 산업화와 생산이 추상화되는 조건에서 사회적 연관을 새롭게 창조하는 실천이다. 능력의 평등은 이러한 조건에서 노동자가 정치-경제적 주체의 지위를 수립하는 것을 직접 표현한다. 즉 참여와 경쟁 능력으로 표현되는 동시에 종합적인 정치-사회적 능력으로도 드러난다. 따라서 능력은 단순한 경제적 의미에서만 정의될 수 없다. 단위가 다시 작업장으로 단순화되고 이에 따라 단위 구성원이 다시 단순한 노동자로 추상화될 때(정치적·문화적·사회적 인간이 아니라) 단위는 순수하고 생산과정

---

28 崔之元,「鞍鋼憲法與後福特主義」,『讀書』1996年 3期.

의 완전한 통제에 따르는 형식으로 변할 수 있다. 그렇지만 '탈냉전'시대에는 단위를 국가 통제 모델로 단순화해서 거부했고 이와 동시에 모든 단위—공장, 회사, 학교, 더 나아가 국가 자체 -를 이윤증식을 목표로 삼는 생산과 유통 기구로 바꾸어 사회적 논리가 추상적 또는 단편적 생산과정에 직접 종속되었다.[29] 시장의 조건에서 국유 자본이 사회분배체제에서 어떻게 사회평등을 촉진하는 기제가 될지는 깊이 탐구할 만한 문제다. 그 핵심 문제는 국유와 사유의 대립이 아니라 어떻게 진정한 국유를 형성하는가, 즉 국가 독점 형식으로 공공 점유의 의미에 구멍을 내는 것을 방지하는 것이다.—마르크스의 불분명한 해석에 의한 단언에 따르면, 공공점유는 궁극적 의미에서 개인 소유(생산수단의 사적 점유가 아니라 전자는 평등을 의미하고 후자는 독점을 의미한다)와 일치한다. 세금 징수와 사회적 이익 분배로 국유 대기업은 진정한 전민(모두가 공유하는) 기업이 되고 새로운 형태의 노자관계가 형성된다. 노동자가 동시에 소유자가 되고 경영에 참여하도록 하는 것이 이 탐색의 기본 방향이다. 국유기업이 개인의 과두화, 투기적 관리, 새로운 관료체제의 방향으로 나아가는 것은 곧 경제 민주주의의 실패를 의미한다. 자본주의의 형태에 중요한 변화가 생겼지만 그 기본적 모순, 즉 생산수단과 공

---

29 폭스콘 노동자의 자살은 일반적 작업 환경의 문제가 아니라 자본주의 생산의 추상화 과정에서 일어나는 필연적 산물이다. 즉 공장과 기업이 사회적 단위에서 철저히 추상화된 생산 기제로 바뀌었고 노동자는 그 속에서 도구의 확장에 지나지 않았다(도구가 인간의 확장이 아니라). 따라서 기업 제도와 사회 체제 안에서 노동자의 지위 문제를 삭제해 버렸다. 사기업이 국영 단위와 다르다는 것은 아주 명확하다. 사기업은 순수한 생산 단위이고 국영 단위는 공장의 직능을 갖추었을 뿐 아니라 고도로 종합된 소형 사회다.

유재산의 사적 점유는 결코 바뀌지 않았다. 이 문제를 해결하는 사회주의 역사가 제공한 경험 중에서 소유권 문제만 볼 것이 아니라 생산과정을 사회관계망 속에 다시 끼워 넣으려는 노력에도 주목해야 한다.

공유제는 실천 과정에서 자본-국가독점 문제를 진정으로 해결하지 않았다. 즉 진정한 공유형식(사회적 소유)이 전면적으로 시행되지 않았다. 따라서 다시 통제 논리로 빠져들 여지도 있지만 이런 실천 자체는 경영자와 노동자 신분의 상호작용과 이 상호작용으로 생성되는 정치적 에너지는 독점 또는 '신계급'의 생성을 극복하는 기본 경로이자 공유 형식이 지방정부의 독점과 이익집단 독점의 방향으로 향하는 것을 방지하는 기본적 조건이다. 몇 년 전 나는 한 방직공장의 구조조정 조사에 참여했다. 이때 노동자들은 공장이 도대체 공공의 것인가 지방정부의 것인가, 노동자가 국유기업의 소유자인가 등 이론적 문제—사실 이것은 노동자에게서 나온 민주주의 문제다—를 제기했다. 그리고 정치적 권력의 관점에서 소유권 문제, 즉 노자관계 문제를 제기했다. 개인적 또는 초국적 자본에서 노동의 권리도 민주주의의 핵심 문제다. 오늘날 중국 노동자의 투쟁은 경제적 이익뿐 아니라 다음과 같이 기업의 민주주의 문제도 제기한다. 노동자는 기업의 주인인가? 기업 제도는 민주적 경영과 공동 책임을 실현하는 틀과 조건을 제공하는가? 노동자는 동시에 소유자가 될 수 있는가, 노동자는 특정한 조직 형식으로 기업 경영에 개입할 수 있는가? 서로 다른 소유 형식을 가진 기업에서 주식 협력제 등 제도적 기획이 전통적 노자관계 모델을 뛰어넘는 산업 모델을 제공할 수 있는가?

토지소유제와 토지 유전 문제는 똑같이 경제적 문제이면서 민주적 사회 형식의 문제다. 시장의 조건에서 이런 점유관계를 시장 조건에 적응하면서 다른 한편으로 토지 관계 변천이 토지의 사회적 점유를 위협하지 않도록 하는 것이 중국 국유제 토지소유제와 집단 토지소유권이 직면한 중요한 과제다. 수많은 농촌연구는 기층의 민주적 선거에 집중하고 민주적 형식과 부유층이 이 형식을 조종하고 여기에서 이익을 취하는 것, 즉 농촌 기층 차원의 과두정치 문제는 간과한다.[30] 20세기에 운영된 각종 형식의 농업합작과 집단 형식을 새롭게 탐색하는 것은 정치와 경제를 연결해 농민의 정치적 주체성을 창조하는 데 전제를 제공하고 시장화와 도시화 과정에서 긴박한 문제가 된다. 경제 발전에 적응하기 위해 중국의 몇몇 지역에서는 '신농촌종합발전협회'라는 조직을 제안하고, 몇몇 연구에 근거해 '농협'이 집단, 개인의 자산, 정부의 협조를 받아 전문단체가 경영을 맡는 것을 구상한다. 그러나 이는 일반적 기업과 다르다. '농협'의 관리 구조는 촌민의 적극적 참여와 자유선거로 구성되는 자치이사회의 토대 위에서 수립된다. 이는 경영과 사회 조직의 상호 결합이기도 하다. 중국의 소농경제는 오랜 전통이 있고 현재는 도시화와 현대화의 도전에 직면해 있다. 우리는 서로 다른 형식의 농업경영 방식을 수용한 사회 형식을 찾아 가정, 지역사회, 농업형 경영 모델을 동시에 발전하게 할 수 있을까? 여기서는 경제나 효율의 의미에서만 수많은 재산권 형식의 종합적 실천을 독해하지 않고 경제와 사회, 문화, 풍습, 정치의 관계라는 의미에서 읽어야 한다. 즉 여러 재산권 형식과

---

30 林輝煌, 「寡頭政治與中國基層民主」, 『文化縱橫』 2011年 4月.

참여형 경영이 경제가 여타 사회관계망을 뽑아버리는 자본주의적 생산
양식에 저항하는 것이다. 도시와 농촌 관계 문제는 현대화 과정의 핵심
이다. 아니면 마르크스가 말한 대로 도농 대립은 자본주의의 기본 형식
이다. 발전과 도시 확장이라는 환경에서 보존과 혁신을 거쳐 평등한 도
농 관계를 어떻게 형성하느냐가 현대사회의 핵심 문제 중 하나다. 그러
나 여기서 평등한 도농 관계는 분배 평등이나 수익 평등의 의미에서만
전개되어서는 안 되며 반드시 사람들이 자주적으로 생활양식을 선택하
고 인간을 추상적 노동자로 변화시키는 것을 거절하는 의미에서 이해
해야 한다. 즉 자본주의를 뛰어넘는 방향에서만 도농 대립 문제를 제대
로 극복할 수 있다. 이전 세기 초기에 캉유웨이는 향鄕 단위 시민자치를
구상했다. 이는 상상의 공동체가 아닌 기초 위에서 사회적 자치를 구상
한 것이다. 오늘날에는 농촌사회를 떠난 농민공도 각자 방식으로 자신
의 '보이지 않는 지역사회'를 형성한다. 즉 고도로 추상화된 생산체제에
서 자신에 속한 사회적 연관을 재건한다. 그렇다면 어떤 제도 혁신이 이
런 사회적 연관을 노동자 지위 변화의 전제로 만들 수 있는가? 이런 의
미에서 농촌 관계에서 시민자치는 결코 농촌에만 국한된 것이 아니다.
그것은 다른 공간에서도 사회적 실천을 재건한다. 이러한 농촌 자치가
현대 경영의 이념과 결합하면 자본주의 논리를 뛰어넘는 사회-생산 모
델을 창조할 수 있다.

　요컨대, 민주적 사회 형식이라는 범주로 이 영역들에서 탐색과 실천
은 경제적 민주주의라는 범주보다 더 합당하다. 그 이유는 기업 민주주
의와 토지 관계는 결코 '경제' 범주에만 속하지 않고 노동자의 사회적

지위 문제와도 연관되고 도시와 농촌이 서로 영향을 주지만 종속되지 않는 관계 문제도 연관되기 때문이다. 자본주의 역사에서 정치적 민주주의와 민주적 사회 형식 사이에 필연적 연관은 없다. 그러나 민주적 사회 형식의 쇠락은 최종적으로 정치적 민주주의의 위기를 낳는다. 선거권, 다당제 등 정치체제 문제가 민주적 사회 형식과 결합하지 않는다면 갈라진 사회를 만드는 것은 필연적이다. 근본적인 의미에서 혁명과 사회주의 실천을 거친 중국의 민주주의 실천은 반드시 계급 분화를 극복하고 착취관계의 합법화와 다른 사회–정치 형식, 노동의 철저한 추상화를 거부하는 생산 모델을 창조해야 한다. 이른바 인간 본위는 모든 노예적·종속적 관계를 극복한 후 경제, 문화, 정치 관계를 종합한 조직 형태를 창조한 뒤 실현될 수 있는 것이 아닐까?

2. 제물평등과 '트랜스시스템사회'

1) 제물평등의 개념

앞서 말한 평등에 관한 세 가지 주요 개념 이외에 나는 제4의 평등 개념을 제안한다. 그것은 바로 장타이옌이 '제물평등齊物平等'이라고 부르는 의미의 평등 개념이다. 어떤 의미에서 제물평등은 현대 정치 이론이 다루는 다양성의 평등, 차이의 평등 또는 다원주의와 중첩되는 관계가 있다. 그러나 후자는 결코 전자의 내용 전부를 담을 수 없다. 다원주의 평등에 대해 일찍이 마이클 왈저Michael Walzer는 자신의 '복합평등' 개념에서 진술했다. 이 개념이 다루는 것은 "사회 모든 선의 구체적이고 일상적인 분배이지 중대하고 추상적인 철학적 문제가 아니다."[31] 복합평등 관념은 '분배 징의'의 내포를 크게 확장한 것이다. 그것은 "점유와 관련되고 존재being와 행위doing와도 관련된다. 소비와 관련되고 생산과도 관련된다. 토지, 자본 그리고 개인의 재산과 관련되고 신분, 지위와도 관련된다. 갖가지 분배는 저마다 정치적 기획으로 실시되어야 하며 저마다 이데올로기로 증명된다. 분배 내용에는 구성원의 자격, 권력, 영예, 종교적 권위, 신의 은총, 친족관계와 사랑, 부, 신체적 안전, 일과 휴식, 장려와 징벌 그리고 몇몇 좁은 의미의 그리고 더 실제적인 사물—식품, 주거, 옷, 교통, 의료, 각종 상품, 인민이 수집하는 모든 희귀한 물건(명화, 진본서, 도장이 찍힌 우표 등)—이 포함된다. 그리고 사물의 이러한 다양성은 다양해진 분배 과정, 기구, 표준과 짝을 이룬다."[32] 달리 말해서, 복합평등 속 다원주의는 분배 내용의 다양성에서 형성되는 분배제도와 이데올로기의 다양성에 집중되어 있다. '물의 다양성'이라는 면에서 제물평등과 복합평등은 어떤 교차 관계가 있다. 그러나 복합평등 개념과 사물의 다양성은 인류 중심론의 틀에서 서술된 것이다. 따라서 '물物'은 효용이라는 의미에서만 정의될 수 있다. 이런 효용은 바로 공리주의자가 정의한 '복지welfare' 또는 '선호의 충족satisfaction of preferences'이기도 하

---

31 邁克爾 沃爾澤, 『正義諸領域: 爲多元主義與平等一辯』, 南京: 鳳凰出版傳媒集團/譯林出版社, 2009, 1쪽.
32 같은 책, 1~2쪽.

단기 20세기: 중국 혁명과 정치의 논리

다. 제물평등에서 말하는 것은 바로 중국 고전 사상 속 '물관物觀'—즉 '물'을 능동적 주체로 보는 것—의 문제다. 따라서 인류 중심적 시각— 즉 단순한 효용과 욕구 충족의 시각—에서만 해석할 수 없다.

장타이옌이 말하는 제물평등은 우주의 모든 사물에 적용된다. 그는 주체의 평등한 위치로 이 사물—인류와 자연계 전체의 각종 사물을 포함—을 대할 것을 요청했다. 그러나 이른바 주체의 평등한 위치는 부정적 방향이나 공空과 무無의 방향('명상名相을 타파'하는 방향)에서만 전개될 수 있다. 따라서 그것은 불가피하게 무엇보다 철학의 문제이지 단순한 물질의 분배와 그 방식의 문제에만 그치는 것이 아니다. 유럽 사상의 시각에서 제물평등은 "존재하는 사물 하나하나가 하나의 전체(어떤 의미에서)를 구성"하고 "일체를 포용하는 이 전체는 신성한 것(어떤 의미에서)"[33]이라는 범신론의 관점에 가깝다. 우주에 존재하는 모든 사람의 평등은 신과 우주의 동일성, 즉 모든 것은 신이고 신이 곧 모든 것이라는 원리를 가정한다. 따라서 (1) 신은 인격성과 초월성을 가질 수 없다. (2) 사물마다 가진 독특성에는 신의 본질이 있다. 그러나 제물평등은 신 개념과 무관하고 그보다 장자 철학과 불교 유식학의 산물이다. 범신론에서 우주 전체와 사물마다 지닌 전체성에 대한 관점은 통상 반드시 모든 사물이 한 가지 유사한 본질을 갖추고 모든 사물이 각자의 유한한 특징을 드러내는 동시에 무한한 전체로도 드러난다고 가정한다.

---

33 Michael P. Levine : "everything that exists constitutes a unity (in some sense) and ⋯ this all-inclusive unity is divine (in some sense)". See his *Pantheism : A Non-Theistic Concept of Deity*, London and New York : Routledge, 1994, p.25.

그러나 제물평등은 결코 보편적 본질을 가정하지 않는다. 제물평등은 우주 모든 사물의 총체성을 강조하기보다 우주에 있는 사물 하나하나와 그 독특성이 반드시 존중받아야 한다는 윤리 원칙을 강조한다.

제물평등이 인류 중심론이 아니라고 해서 결코 이 사상체계가 인류의 생존과 조건을 고려하지 않았다고는 할 수 없다. 이런 '물관'은 인간을 자연사 내부에서 관찰하기 때문에 인간과 사물의 관계를 일방적 통제 논리에서 해방시킨다. 마오쩌둥은 프리드리히 파울젠Friedrich Paulsen(1846~1908)의 『윤리학 원리』를 비판하면서 이렇게 말했다. "인류는 자연물의 하나다. 자연법의 지배를 받고 태어나면 반드시 죽는다. 즉 자연물은 만들어지면 반드시 허물어진다는 법칙을 따른다."[34] "나는 비록 자연이 규정했지만 자연의 일부이기도 하다. 따라서 자연은 나를 규정하는 힘이 있고 나도 자연을 규정하는 힘이 있다. 나의 힘은 비록 미약하지만 자연에 영향을 주지 않는다고 할 수 없다."[35] 따라서 인간의 능동성을 부정하는 것이 아니라 이러한 능동성을 자연사의 관계 속에 놓는 것이다. 따라서 능동성과 한계를 사물과의 관계 속에 놓는 것이 바로 '물관'의 요지다. 인간은 자연의 일부로서 자연의 다른 부분과 동일하게 '물'이다. 인간은 사회관계의 총체이면서 자연관계의 응집체다. 인간의 사회활동과 자연에 대한 영향도 자연의 범주 안에서 해석해야 한다. 제물평등의 범주에서 물의 독특성은 곧 평등성이기도 하다.

---

34 毛澤東, 『毛澤東早期文稿』, 長沙 : 湖南出版社, 1990, 194쪽.

35 毛澤東, 『毛澤東同志的青少年时代』, 北京 : 中國青年出版社, 48쪽.

따라서 평등성과 자유가 통일된다. 제물평등은 인식론적 혁명으로 출현했다. 장타이옌은 이렇게 말했다. "제물은 평등을 지향하는 담론이다. 그 의미를 자세히 살펴보면, 중생을 동등하게 대하고 우열을 가리지 않는 것에 그치지 않는다. 말로 설명된 것言說相, 이름 지어진 것名字相, 생각한 것心緣相에서 벗어나는 것도 포함한다. 궁극적으로 평등은 제물의 의미에 부합한다."[36] "말로 설명된 것, 이름 지어진 것, 생각한 것에서 벗어나는 것"은 곧 각종 세계 그리고 우리 자신에 관한 각종 환각(또는 재현체계)에서 벗어나는 것이다. 이것이 바로 내가 인식론적 혁명이라고 부르는 것이다. 이 혁명/부정을 통해 '제물'은 물과 그 독특성을 통찰하는 눈을 만든다. 달리 말해서 '말로 설명된 것, 이름 지어진 것, 생각한 것에서 벗어나는 것'은 우주만물과 그 독특성에 관련된 인식 방법이다. 그러나 이 방법은 부정의 과정을 거쳐야만 도달할 수 있다. 사물의 독특성이 재현체계들로 뒤덮이면서 사물의 독특성을 회복하려면 우선 이 재현체계를 타파하는 인지적 실천을 회복해야 한다. 이 실천은 인류의 평등("정情이 있는 존재를 동등하게 보는 것")을 요구하는 동시에 인류가 말로 설명된 것, 이름 지어진 것, 생각한 것으로 만들어진 불평등한 관계를 철저하게 버릴 것을 요구한다. 이 관점에는 두 가지 차원이 담겨 있다. 첫째, 인간과 사물의 불평등한 관계는 바로 인간과 인간의 불평등한 관계가 거꾸로 비친 그림자다. 이 관계는 인간과 사물을 위계적 구조(가령 인간이 물을 생산, 분배 또는 소비하는 구조) 안에 안정시키고, 동시

---

36 章太炎,「齊物論釋」,『章太炎全集』六, 上海 : 上海人民出版社, 1986, 4쪽.

에 인간과 인간의 관계를 불평등한 구조 속에서 조절한다. 둘째, 불평등한 관계가 말, 명명命名, 마음으로 구성되면 이런 관계를 본질화한다. 다시 말해 물을 그 독특성에서 떼어내고 그 기능(인간에 대한 유용함)을 물의 본질로 삼는다. "사물의 소외는 바로 인간 자아가 소외되는 현실태다. (…) 이기주의적 수요의 통치 아래서 사람은 자신의 생산품과 활동을 밖에서 온 본질의 지배 아래 두고 그것이 외래의 본질—금전—의 역할을 갖게 해야 실제 활동을 하고 실제 생산품을 만들 수 있다."[37] 예를 들면, 인류 중심주의적 관점에 따르면 현대의 평등관은 인간과 사물을 주체와 객체로 구성하고 객체 세계를 효능이나 기능에 따라 불평등한 가치의 위계망으로 조직한다.

모든 사물이 각자 특징이 있고 그에 따라 평등하다면 이것은 평등한 정치일까, 무위 정치일까?

결코 그렇지 않다. 사물이 "자체의 기준에 따른 것"은 결코 정치적 무위가 아니다. '물의 역사는 말로 설명된 것, 이름 지어진 것, 생각한 것 속에 존재한다.—이들은 세계에 관한 '환각' '상상'인 동시에 일정한 생산방식, 유통방식, 사회 형식의 조직 방식과 그 평가 체계를 재현한 것이다. 따라서 '제물'은 기존의 사물과 그 질서에 대한 확인이 아니라 명상名相(이름과 형상) 질서 속에 조직된 '물에 대한 부정—즉 명상의 부정—으로 사물 자신을 다시 드러내고 이로써 불평등한 세계를 바꿀 시야를 제공한다. 특정한 질서 속에 있는 사물이란 단일한 관계의 신분 또

---

37 馬克思, 「論猶太人問題」, 『馬克思恩格斯全集』第一卷, 451쪽.

는 명상이고, 명상을 제거한다는 것은 명상으로 구성된 단일한 질서를 제거한다는 것이다. '물'은 그 안에서 지목되어 확인되므로 자신의 독특성(즉 보편성)을 잃었다. 제물평등은 물관을 통해 형성, 명명, 이용하고 전화하는 것과 달리 제물평등의 물은 물 자신에 근거해서—사물의 각도 또는 사물을 인간의 효용, 명명 체계에서 해방시켜—이해할 것을 요구한다. 물품의 분배—즉 다양성의 분배—라는 의미에서만 인간의 평등을 논한다면 사물에 대한 점유 형식과 그 변천이 통제와 불평등의 근원임을 밝힐 수 없다. 상품 교환의 토대 위에 있는 평등은 사물과 사물의 관계로 인간과 인간의 관계를 표현한다. '물'을 교환 관계 논리에서 해방시키면 사물과 사물, 사물과 인간, 인간과 인간 사이의 관계도 더는 단순히 상품의 논리에 복종하지 않는다.[38] 따라서 이 '물' 개념은 인간과 사물의 관계를 명명하기를 거부함으로써 '물'의 소외를 거부한다. '물'은 그 효능(즉 인간의 노동력 같은 사용가치), 더욱이 금전(즉 상품 교환)에 근거해서 판단할 수 없다. 이는 사용과 교환의 최고 현실태가 인간에 대한 분류—인간의 위계적 관계를 효용 원칙에 따라 확정하는 것—이기 때문이다.[39] 이 때문에 불평등한 재현 구조(명상)를 부정하는 것이 물질

---

38 평등 원칙을 구축함으로써 불평등을 영구적 구조로 보는 것은 바로 현대 주류 정의론과 평등 이론의 공통된 특징(약점)이다. 이런 관점으로는 평등(그리고 불평등)의 역사성을 해석할 수 없다.(상품 교환 의미에서의 평등은 일정 시기 인류사회의 특징일 뿐이지 인류사회의 본질이 아니다.)

39 인종주의 원칙은 인간이 인종 구분에 따라 효용과 교환가치상 불평등을 가진다고 가설한다. 프랑스 대혁명 이전 몇몇 유럽 국가의 유대인은 유대인에 대한 신분 표식을 했을 뿐 아니라 유대인의 직업 범위도 제한했다. 유대인 사상가 멘델스존Moses Mendelssohn

성을 개조하는 과정이 되는 것은 불가피하다.

제물평등의 내포를 한층 더 살펴보기 전에 이 범주를 평등과 관련된 두 가지 대립되는 서술 방식과 간단히 비교해보자. 롤스의 '무지의 장막'은 인간의 역사성을 가리는 원초적 상태를 추리의 전제로 삼는다. 공동체주의는 분배와 정의를 물품에 한정하지 않고 항상 특정한 가치, 세계관, 종속감과 밀접하게 연관 짓는다. 그래서 역사성을 평등에 관한 논의로 끌어들인다. 이 두 가설을 제물평등과 대비하면 문제를 어떻게 논할 수 있을까? 첫 번째 측면에서 제물평등과 '무지의 장막'에는 어떤 공통점이 있다. 즉 둘은 모두 현상이나 현상의 차이 관계에 따라 추리의 전제를 삼을 수 없다고 생각한다. 이 상태는 불평등하기 때문이다.—롤스의 경우 계약은 반드시 원초적 상태에서 사전에 설정되고 '무지의 장막'은 바로 원초적 상태가 드러나는 추리의 전제다. 장타이옌의 경우, 현실은 말로 표현된 것, 이름 지어진 것, 생각한 것 안에 포장되어 있고 이 명상들을 타파해야 평등을 말할 수 있다. 둘의 차이는 다음과 같다. 첫째, 롤스의 이성주의적 가설과 다르게 장타이옌은 부정의 논리, 즉 명상을 타파하는 투쟁 과정에서 전개된다. 이런 의미에서 제물평등은 처음부터 가설된 이성 상태나 추리 과정이 아니라 정치적 과정이다.—현실

(1729~1786, 음악가 멘델스존의 할아버지)는 그의 자식이 내과의사, 상인이 되지 않으면 거지만 될 수 있음을 원망했다. 몇몇 유럽 국가는 또 '유용함'을 들어 유대인을 구분해서 몇몇 '유용한' 유대인이 몇 가지 특권을 갖게 하고 그들이 정부에 전용 보호세를 내도록 했다. 프로이센의 국왕 프리드리히 2세는 자신의 관할하에 있는 유대인을 네 등급으로 나누고 등급마다 경제활동권을 상세하게 규정했다. 張倩红, 「從〈論猶太人問題〉看馬克思的猶太觀」, 『世界歷史』 2004年 6期.

의 질서가 재현체제 안에 존재하므로 인지체계를 재건하는 것(나의 물관에서 사물의 물관으로 전환하는 것)이 부정을 통해 자신을 전개하는 과정임은 불가피하다.[40] 둘째, '무지의 장막'은 일종의 차별 없는 상태를 가설하고 이것이 평등의 전제가 된다. 제물평등은 명상을 제거한 이후의 차별을 평등 논의의 전제로 삼는다.(이른바 '부제위제不齊爲齊'—차이를 그대로 인정하는 것) 그렇다면 무엇이 명상을 제거한 후의 차별인가? 명상을 제거한 후의 차별은 세계의 무한하고 풍부한 가능성을 보여줄 수 있다. 이런 독특성은 단일한 방향—즉 명상에 구속된 방향—에서 드러나는 차이를 거부하는 차이기도 하다. 따라서 자유도 의미한다. 이제 이 점에 근거해 우리는 제물평등과 공동체주의 담론—특히 정체성의 정치와 승인의 정치라는 명제—의 다른 점을 판단할 수 있다. 차이는 정체성 정치의 의미에서도 승인 정치의 의미에서도 정의할 수 없다.—정체성 정치는 명상이 상호 호소(인종, 언어, 종교, 성별 등 신분의 표지)하지만 승인 정치는 정체성 정치를 승인 체제 안으로 끌어들인다. 정체성과 승인은 모두 인간의 단면성으로 인간의 독특성을 교환한다.—단면성으로는 우주자연의 무한 풍부성을 드러낼 수 없지만 독특성은 이런 무한 풍부성이 특정한 시공의 조건 아래 응집한 것이다. 차이

---

40 여기서 역사적 맥락을 간략히 언급하는 것은 중요하다. 장타이옌이 「齊物論釋」을 쓴 시대는 바로 첫 번째 중국 혁명이 잉태되고 폭발한 시대다. 그의 사상이 복잡해도 그 이론과 혁명적 분위기의 관계는 결코 가려질 수 없다. 롤스의 『정의론』은 1971년에 출판되었는데, 이는 1960년대 분위기의 산물이다. 롤스 평등 이론의 급진성은 이것과 관련된다. 그러나 장타이옌의 급진성은 질서에 대한 부정으로 나타나고 롤스의 급진성은 질서의 개량, 즉 정당성의 재건으로 구현된다.

를 없애는 이성주의적 가설이 아닌 독특성(차이)의 인지적 실천에 근거하면 이 서로 다른 경로가 제물평등과 '무지의 장막' 사이에 경계를 만든다. 이 경계는 제물평등 개념을 계약론의 전통에서 멀리 떨어뜨린다. 계약은 동질적인 평등한 주체 간에 체결되기 때문에 제물은 동질성 개념과 대립하고 차이를 전제로 한다. 그러나 여기서 말하는 차이(무한 풍부성의 현실태, 즉 독특성)는 결코 자기 정체성—단면적 차이—을 지표로 삼지 않는다. 정체성은 늘 배척—타자에 대한 배척뿐 아니라 자신의 풍부성에 대한 배척—을 의미한다. 정체성의 토대 위에서 수립된 승인의 체제는 명상 체계가 되기 마련이다. 이런 의미에서 제물평등이 가정하는 '부제위제'는 공동체주의의 승인 정치와 겉모습은 유사하지만 내용은 다르다. 이러한 이론적 또는 철학적 차이점은 이후 파생되는 논의에서 핵심 부분이다.

2) 물과 차이평등: 제물평등 개념의 파생

제물평등 개념은 두 가지 다른 차원으로 전개된다. 첫 번째 차원은 '복합평등' 또는 '다원주의평등'에는 없는 차원, 즉 자연계와 인류의 관계를 평등 관계로 끌어들인다. 따라서 평등 개념 속의 인류 중심주의적 함의를 극복한다. 복합평등은 사회적 자치와 그것이 분배에서 갖는 의의를 강조하고 "반드시 모든 영역 내부로부터 지켜야 한다"고 생각한다. 이런 자치적 성격의 평등에는 다음과 같은 것들이 있다. "노동조합을 통한 자본의 폭정 저지, 교사를 통한 그들 학교의 독립성 유지, 좁은 의미의 정치(또는 종교)적 목적에 복무하는 것 거부, 의료 보건 전문인을 통해 그들이 아는 가장 취약한 병자를 돕는 경로 찾기, 복지제도를 활용해 사람들의 생활이 '빈곤선' 밑에서 사는 것으로부터의 회비 또는 시장 원칙에 따라 운명이 좌우되는 것으로부터 배제." "국가는 여전히 모든 상황에서 인민이 가장 나중에 호소하는 기관이어서 어느 때든 각 영역 내부의 노력이 실패했을 때만 국가가 개입한다. 그리고 늘 이렇게 된다."[41] 이러한 복합평등과 다원주의는 '사회'의 총체적 범주에서 전개된다. 자치 개념도 마찬가지다. 모든 사물 내부에서 그 자치성을 지키는 것을 강조하는 면에서 제물평등도 유사한 경향이 있다. 그러나 제물평등의 이런 경향은 사람에서 사물로 확장된다. 따라서 '물관' 방식으로 '사람의 자치'를 반성하는 시각을 제공한다. 자치적 개인, 자치적 집단은 도대체 어떤 면에서 자신의 자치를 정의하는가? 자아에 관한 이러한 지목 역시 '말로 표현된 것' '이름 지어진 것' '생각한 것'은 아닌가? '물'은 항상 인류에 의해 각자 다른 방식으로 분배되는 위치에 있기 때문에 물의 능동성을 새롭게 일깨우는 제물평등 개념은 철학적 또는 반성적일 수밖에 없다.

그러나 철학적 사고는 우리의 곤경을 뛰어넘는 데 필수적이다. 자연을 착취하는 과정 역시 사회적 부를 분배하는 과정의 일부다. 따라서 자연을 자원으로 삼고 점유하는 것은 불평등과 통제의 근원이다. 인류 문명이 어떻게 발달했든 간에 인류가 자연을 정복·이용하고 인류가 자기 생활 방식을 정하는 것은 여전히 자연사의 일부다. 이런 의미에서 인

---

41 邁克爾 沃爾澤, 『正義諸領域 : 爲多元主義與平等一辯』, 4쪽.

간과 자연의 관계를 다시 세우는 것은 평등을 실천할 때 필요하고도 핵심적 고리이기도 하다. 인간과 자연의 관계를 다시 세우는 것은 단순히 인간이 자연을 존중해야 한다는 입장에 근거해서 자연을 이해하는 것이 아니다. 인간 그리고 인간과 자연의 관계를 자연사의 일부분으로 새롭게 이해해서 해석하는 것이다. 이런 관점에 따르면, 제물평등은 생산, 유통, 교환 관계를 지배하는 연관식 구조에 대한 비판을 담을 뿐 아니라 생태주의 사상과 모종의 중첩 관계도 갖는다.─이론 차원에서 생태주의는 결코 인류중심론을 대체하는 자연주의적 물신숭배가 아니라 인간과 인간의 활동을 자연사의 시야에 놓고 관찰하는 방법이다. '물'은 하나의 전체다. 사'물'로 구성된 자연은 무한히 풍부함을 담고 있다. 따라서 전체로서 물도 이러한 풍부함을 갖고 있다. 공리주의자는 이렇게 주장할지도 모른다. 이익의 최대화 원칙에 따라 사람들은 자연을 보호하는 사상을 내놓았다. 자연 파괴는 결국 인류 자신을 해치기 때문이다. 그러나 자본주의적 생산과 소비 체제 안에서 자연은 이미 토지, 동물(야생동물, 가축 등), 수자원, 에너지, 목재, 공기 등 생산과 소비의 효용체계 안에서 분할된다. 제국주의, 식민주의, 초국적 자본주의는 어느 것 하나 자연의 효용을 쟁탈, 분할, 독점, 점유하는 동력이 아닌 것이 없다. 20세기에는 자연자원을 쟁탈하는 것에 대한 반성이 동물 윤리와 생태영역에까지 깊이 들어왔다. 많은 동물이 사라지자 동물의 권리를 생각하는 운동이 일어났다.[42] 생태와 환경이 전례 없는 위기를 맞이하자

---

42 이 분야의 대표적 저작 두 권은 Peter Singer, *Animal Liberation: A New Ethics for*

각종 논의와 운동이 끊이지 않는다. 히로시마 핵 위기 때문에 발생한 반핵운동이 공리주의의 틀 안에만 갇힌다면 진정 다른 선택을 제공할 수 없다. 하나의 파괴적 형식에서 또 다른 파괴적 형식으로 향할 수 있기 때문이다. 타인의 독특성(그리고 이와 관련된 복지 수요)을 인정하지 않는 것은 물을 인정하지 않는 윤리와 아주 비슷하다. 스코틀랜드의 철학자 스프리그T. L. S. Sprigge의 비인류에 대한 인간의 책임 문제에서 의견은 세 가지로 정리된다. 첫째, 인류 복지주의다. 즉 인류에게 시비를 판단하는 유일한 기준은 인류의 복지 증진이다. 둘째, 인류와 동물의 복지주의다. 즉 시비 판단의 기준은 인류와 동물의 세계에 유리한지에 달려 있다. 그러나 비동물 세계에는 적용되지 않는다. 동물이 아닌 사물에는 생명이 없기 때문에 생명을 비롯된 내재적 가치가 없다. 셋째, 보편주의라 부를 수 있는 태도다. 즉, 시비 판단의 척도는 모든 사물의 생존에 유리한가에 달려 있다. 이는 사물의 운명이 인류에게 어떤 영향을 주느냐에만 제한되지 않는다.[43] 인권 관념이 인간의 생명이 가치를 내재한다는 가설 위에서 수립되었듯이 이러한 철학 – 윤리학적 논쟁은 '자연은 내재적 가치를 지니는가Are there intrinsic values in nature?'라는 문제에 집중되어 있다. 문제는 가치다. 그리고 이것에서 만들어지는 '권리'가 '물'—인간도 포함한—의 세계를 판단하는 유일한 근거인가다.

Our Treatment of Animals(London : Jonathan Cape, 1976); Stephen R. L., *The Moral Status of Animals*(Oxford : Clarendon Press, 1977).

43 T. L. S. Sprigge, *The Importance of Subjectivity*, Oxford : Oxford University Press, 2011, p.333.

가치는 생명체와 그 의식과 관련되기도 하고 사용/교환과 관련되기도 한다. 권리는 법률 체제와 관련되거나 권리를 행사하는 활동과 관련되기도 한다. 이에 대해 동물, 식물 더 나아가 무기물의 경우 가치와 권리 범주는 사언을 존중하는 도덕적 토대가 될 수 없다. 이것이 바로 윤리학의 난제다. 제물평등 개념에서 가장 중심 개념은 '부제위제(차이를 인정하는 것)'다. 이 관점에 따르며 가치나 권리를 '물의 평등을 해석하는 기본 범주로 삼아도 '제기부제齊其不齊(차이를 없애는 것)'의 패턴에 빠져든다.

두 번째 차원은 차이를 평등의 전제로 삼는 것이다. 즉 평등은 차이를 없애는 것을 목표로 삼는 데 그치지 않는다. 도리어 차이를 평등으로 이해해야 한다. 현대 평등주의의 특징 중 하나는 형식의 평등이다. 그것은 사람들을 동일한 법적 주체의 자리에 둠으로써만 정의될 수 있다. 형식적 평등의 시각에서 보면 다양성은 항상 위계의 동의어다. 차이를 극복하는 것으로서 평등은 반드시 다양성을 생략하면서 재구성된다. 차이를 인정하더라도 차별의 역사성을 은폐하는 조건도 된다. 평등은 명상(형식)의 평등이다. 그것은 명상을 위계적으로 구별하는 것을 전제로 삼는다. 이런 의미에서 평등과 다양성 사이에는 늘 대립과 긴장이 존재한다. 이른바 차이를 평등으로 이해하는 것은 차이를 불평등한 명상 관계 속에 넣지 않을뿐더러 위계적 관계와 동일시하는 것이다. 또 평등을 차이를 없애는 것과 동일시하지 않는 것이다. 그렇다면 어떤 의미에서 차이는 평등의 전제 조건이 되는가? '제물'의 세계관에서 보면 명상이 제거된 차이가 바로 평등이고 이 평등은 곧 자유다. 즉 차이성의 평등은 능동적 주체성의 산물이다.—차이는 특정한 질서에 따라 제정, 지배되지 않고 특정한 시각으로만 규정될 수 없다. 그것은 모든 사물(인간과 집단을 포함한)이 능동적으로 결정한다. 이른바 '명상의 제거'는 사람들이 단면적이거나 주관적인 시각이 아닌 '물관'—물로 물을 바라보는—관점에서 다른 사물을 이해하라고 요구한다. 이것은 어디에나 있는 주체성이고 단일한 질서에 종속되기를 거부하는 독특성이다. 그 상호관계는 결코 근대의 인식론처럼 인간과 사물, 인간과 인간을 자아와 타자, 인류와 객체의 관계 속에 조직하지 않는다. 장타이옌은 "차이를 없애는 것은 하급 선비의 비루한 방법이다"라고 말했다. 이것은 차이를 없애는 평등이다. "다르지만 같은 것은 상급 철인의 오묘한 말이다." 이것은 차이로서 평등이다. 그리고 이 차이의 평등을 실현하는 길은 "스스로 명상을 제거하지 않으면 들어설 수 없다."[44] 즉 그것은 현대 세계(국가와 사회)가 창조한 위계적 분류체계(명상)를 철저히 버리는 것이다. 차이로서 평등이 명상 타파와 결합하고 '명상'은 직접 '국가'와 '사회'의 위계적 질서를 재현하기 때문에 명상을 타파하는 '차이의 평등'은 능동적이고 명상에 따라 규정되기를 거부하는 일종의 정치성으로도 읽힐 수 있다. 능동의 시각에서 차이를 정의하면 동시에 차이의 본질화도 거부하게 되고 더 나아가 차이를 능동적 과정과 정치성의 탄생으로 이해할 수 있다. 장타이옌 본인의 사상에서 제물평등의 '물'은 사물의 독특성과 독립성을 전제로 한다. 그러나 앞에서 다루었듯 이 독특성은 능동

---

44 같은 책.

적이고 창조적인 독특성이지 본질주의적 독특성이 아니다. 본질주의적 독특성은 바로 제물평등의 정반대다. 즉 '본질'은 명상이 지어낸 것이고 그 근거는 사물의 기능이나 사용가치, 교환가치다.

제물평등 사상의 두 번째 차원—즉 차이를 평등으로 삼는 것—은 모든 개체의 평등 측면에서 전개되는 것 말고도 최소한 또 다른 두 가지 방향에서 전개된다. 하나는 생태적 다양성과 짝을 이룬 문화적 다양성의 차원에 있다. 현대 세계의 평등 위기는 경제적·사회적 권리의 불평등으로만 나타나는 것이 아니라 문화와 생태 환경의 변화가 만들어낸 불평등으로도 나타난다. 사회체제에서 이러한 평등의 위기는 사회주의 민족지역 자치제도가 부분적으로 또는 대부분 효력을 잃는 것으로 직접 실현된다. 앞에서 말했듯 '차이가 곧 평등'이라는 규정은 급진적 평등 개념이지 차이를 승인함으로써 사회의 불평등을 인정하는 것이 아니다. 제물평등 개념은 세계의 모든 존재를 주체적 존재로 보고 개체 간, 문화 간 그리고 자연세계 속 모든 사물 간의 평등관을 표현한 것이다. 실천 차원에서 그것은 반드시 평등이 실현될 수 있는 구체적 전제와 조건과 관련된다. 공동체주의자는 인류사회의 '기본선'이 권리, 부, 자유, 기회 등뿐만 아니라 가치, 신념, 귀속감 등도 포함한다고 생각한다. 후자의 내용은 분명 모두 권리와 그 분배라는 범주에 들어갈 수 없다. 이러한 권리와 분배 범주는 일종의 보편주의 형식으로 출현한 특수주의기 때문이다.[45] 어떤 의미에서는 유럽 국가의 문화다원주의 정책의 실패가

---

45 19세기 중반 유럽 지식인의 유대인 문제에 관한 논쟁에서 자유주의자는 민족 정체성

민족국가의 시민권과 문화 범주 사이의 균열을 낳았다.─문화마다 권리, 부, 자유, 기회에 대해 각자 다른 관점 더 나아가 저마다 다른 개념을 갖는다. 분배의 평등을 말해도 이러한 '승인의 요구'를 충족하기 어렵다. '차이를 평등으로 삼는 것'은 또 다른 종류의 사회적 상상을 제공한다.─그것은 명상 간 차이를 없앰으로써 차이를 보존하는 실천이다. 즉 평등을 전제로 다양성을 존중하는 동시에 다양성을 평등의 내포로 삼으며 더 나아가 둘을 일종의 제도적 실천 속에서 종합한다. 제물평등은 결코 공동체주의 가치관과 같을 수 없다. 공동체주의가 다양성을 인정하는 것은 '정치성 정치'로 직접 표현되지만 제물평등이 사물을 정의할 때는 정반대로 우선 자본과 금전과 동질화 경향과 대립하고 다음으로 경제성장 중심의 발전주의를 지배적 법칙으로 삼는 사회 모형과 대립되며 그다음으로 차이를 위계적·단면적인 명상 질서와 대립시키기 때문이다. 제물평등의 시각에서 볼 때, 정체성의 정치─민족주의든 인종중심론이든─가 단일한 정체성을 가정하는 것은 바로 다양성의 평등을 부정하는 것이다. 이것은 결코 제물평등이 정체성 정치의 타당성을 완전히 부정하는 것이 아니라 물(인간과 집단도 포함한)의 독특성이 바로 그 풍부성과 다면성에 있음을 강조하는 것이다.

이 유대인 해방의 장애가 된다고 생각했다. 그래서 '동화'를 민족 평등의 전제로 삼았다. 그리고 유대인 집단 내부에서 '집단적 탈주'로 기독교 사회에서 벗어나자는 논조가 출현했다. 유대인이 국가주의를 회복한 것은 이런 의미에서 자유주의의 동화론에 대한 응답이기도 하다. 여기서 핵심 문제는 권리 개념이 정치공동체 개념과 밀접하게 관련되었고 동질적 주체를 설명한 뒤 분리를 거쳐 자신의 '동화되지 않는' 과정이 시작되었다는 사실이다.

3) 차이평등의 위기: 민족지역을 사례로

여기에서는 전통적 제도와 근대적 평등을 종합한 '민족지역 자치'를 사례로 분석하겠다. 이 개념의 핵심은 평등을 실천하는 구체성과 역사성이다. 시민은 추상적 개념에 그치는 것이 아니라 구체적인 역사, 습속, 문화적 조건 아래서 생활하며 각자 기호를 지닌 사람이다. 따라서 시민은 어떤 집단적 자치체와도 이어질 수 있다. 여기서 차이나 다양성은 본질주의적인 것이 아니라 역사적으로 변화된 것이다. 그러나 변화, 융합, 교류 등의 개념은 결코 차이와 다양성을 없애는 것이 목적이 아니다. '지역' 개념은 자연(장기간의 변천 속에서 형성된 지리, 기후 그리고 기타 지역적 조건)과 인류의 생활과 이동을 결합한 것이다. 안정, 변천, 다양성의 내재화(자연화)와 지속적 개방성이 지역의 특징을 이룬다. 따라서 지역의 형성은 사회사의 일부이면서 자연사의 일부분이다. 지역의 자주성(그것은 필연적으로 다양하다)은 단순하게 인류중심주의와 그것의 각종 표현형식의 관점에서 정의될 수 없다. 그것에는 지역을 이루는 자연적 요소에 대한 이해와 존중도 담겨 있다. 기나긴 역사적 과정에서 초원, 산맥, 강, 해양, 사막, 고비사막과 지리적 위치와 관련된 기후조건이 인류 생활의 기본 조건을 이룬다. 사람들의 생활 방식, 신앙, 습속, 사회적 관계도 바로 그에 상응하는 자연적 조건에 적응하면서 발전했다. 자연은 한번 만들어지면 바뀌지 않는 것이 아니다. 인류 활동도 자연의 변천을 촉진하는 내적 요인이다. 그러나 이런 변화가 얼마나 또 어떤 방식으로 지역 생태를 재구성했는지는 탐구할 만한 문제다.[46] 민족지역 자치는 일종의 차이평등을 실천하는 것이다. 이러한 차이평등은 종족 집단의 정체성이나 차이정치를 중심으로 전개되지 않고 자연적 변천이 빚어낸 다원일체 또는 일체다원에 따라 규정된다. 이 제도는 혼잡성의 '지역'을 공간으로 삼고 문화, 풍습, 신앙 이것들이 기대는 자연생태의 다양성을 존중한다. 동시에 또 평등한 방향으로 지역 간 경제, 정치, 문화를 재구성한다. 오늘날 중국의 민족지역 자치가 직면한 위기는 바로 일종의 '차이평등'의 위기다. 즉 민족지역 자치는 두 측면에서 무너졌다. 즉 한편으로 민족지역자치의 자치 요소(차이의 요소)는 대규모로 사라졌고 이에 따라 자치 개념이 공동화된 명상 구조로 변질되었다. 다른 한편으로 민족지역 자치의 민족 지역 개념이 민족 개념으로 단순화되어 다양성 평등의 내포가 배타적·단면적인 정체성 정치에 사로잡혔다.─정체성 정치는 인간과 인간 공동체의 풍부성을 전부 종족 집단 또는 종교적 정체성의 단일성에 응집했다. 이에 따라 또 다른 방식─심지어 다원주의적 방식─으로 사람을 단면화했다. 이상의 두 측면은 모두 경제 중심의 발전 논리가 사회 전체를 주도하는 과정에서 발생했다. 사회체제와 사회의 다중적 가치가 경제 논리에 따라 좌우되고 대체되면서 정체성 정치는 일종의 대항 방식으로서 또 정체성 구축('말로 표현된 것' '이름 지어진 것' '생각한 것')을 특징으로 한다. 이

---

46 지역, 민족 지역 개념에 대해서는 汪暉, 「跨體系社會與區域作爲方法」, 「東西之間的"西藏問題"」, 『東西之間的"西藏問題"』(外二篇)』, 北京 : 三聯書店, 2011 참조. 영어판은 Wang Hui, *The Politics of Imagining Asia*, Cambridge, MA : Harvard University Press, 2011. 한국어판은 『아시아는 세계다』, 글항아리, 2011.

두 가지 논리는 인간과 공동체의 단일성으로 귀결된다. 바로 이런 의미에서 위기는 두 가지 차원에서 해결되어야 한다. 첫 번째 차원은 차이를 평등 실천 속에 끌어들이는 것이다(여기에는 정체성에 대한 승인도 포함된다). 두 번째 차원은 명상질서로서 차이(통일된 위계관계와 그것의 대립면으로서 민족주의-종족주의 정치)를 부정하고 다양성의 평등을 명확히 인정한다. 이러한 평등관에 따르면 더는 다수 민족과 소수민족 등 정체성 정치(명상 정치)의 의미에서 차이를 논하지 않고, 이러한 명상을 타파함으로써 차이를 보존하고 궁극적으로 문화 문제와 개개인(추상적 개체가 아니라 구체적 역사 맥락, 가치체계, 귀속감에 서 있는 개인)의 문화적 창조성을 연결한다. 오늘날 다양성 평등의 개념은 인류의 평등 문제만이 아니라 생태문제와도 관련된다. 이 개념은 시장 경쟁, 발전주의와 뚜렷이 반대되는 평등 개념을 제기한다. 즉 경제, 정치, 문화, 사회적 평등을 융합하는 평등 개념이고 경제적 동질화를 거부하는 동시에 문화 정체성의 단면화를 거부하는 다원주의다.

민족지역 자치가 직면한 도전을 신장의 사례를 들어 논할 수 있다. 신장 지역 민족 구성은 복잡하다. 그곳의 거주민은 거의 중국 전체의 민족구성원을 포괄한다. 위구르족, 한족, 카자흐족, 몽골족, 티베트족, 후이족 등이 좀더 많으며 현지에서 주요 민족의 지위를 점한다. 여러 민족이 한 지역에 모여 산다는 이유만으로 필연적으로 충돌이 발생하지는 않는다. 각 민족 사이에 각각의 역사적 요소로 축적된 자치와 모순이 있더라도 결코 이 차이와 모순이 자연적으로 충돌을 일으키지는 않는다. 예를 들어, 신장의 이슬람족은 종족 집단의 측면에서 한족에 가깝고 종교적으로는 위구르족과 가깝다. 카자흐족, 키르키스족, 우즈벡족, 타지크족, 러시아족 등은 국경을 걸쳐 있는 민족이다. 중국 국경 밖에 각자의 종족 집단이 주체적으로 건설한 국가가 있고 이 나라들에 자연적인 친근감이 있다. 그러나 이것은 그들이 중국적 정체성이 없다는 뜻은 아니다. 위구르족은 문화적으로 이란, 터키, 중앙아시아 각국과 밀접하게 연관되어 있다. 그러나 이러한 연관은 결코 국가적 정체성이 아니라 문화, 종교, 민족적인 역사적 친근감이다. 이러한 역사적 관계는 특정한 역사적 시기와 권력관계에서만 충돌 구조로 상승한다. 따라서 종족 집단과 종교 차이가 아니라 정체성의 다면성 또는 다원적 정체성을 단일한 정체성으로 전환하려 할 때 차이를 충돌적 방향으로 전향하는 요소가 바로 충돌의 촉매제이자 사회적 기초다. 그리고 '민족 관계의 재계급화'야말로 이 핵심 요소 중 하나다.

'민족 관계의 재계급화'는 어떻게 해석하는가? 경제개혁과 시장 경쟁이 주도하는 사회적 전환 과정에서 어떤 민족 내부에도 계급의 분화가 있다. 한족, 위구르족, 카자흐족 또는 기타 민족 모두에 새로운 부유계층과 빈민 집단이 있다. 그러나 민족 지역의 독특성은 계급 구조와 민족구조가 매우 복잡하게 얽힌 연계에 있다. 신장 경제의 중심 산업 중 첫 번째는 석유, 천연가스이고, 두 번째는 석탄과 기타 유색금속이며 세 번째는 인프라 구축과 부동산 개발이다. 석유, 천연가스는 국유 대기업이 독점하는 영역이다. 1950년대부터 국가는 줄곧 에너지 자원을 개발하고 있다.—사회주의가 일종의 노동자 국가 형식이라는 전제에서 국가 소유 형식은 배척적인 민족 소유의 모델로 인식될 수 없다. 이 영역에서 평등 실천은 주로 다음 두 측면에 집중되어 있다. 첫째, 어떻게 세수와 지역 간 재분배, 기타 분배체계를 통해 민족 지역에 실질적인 보상을 하는가(가령, 석유와 천연가스 수입에서 전에는 2~3퍼센트를 잔존 비율로 설정했다가 나중에는 5퍼센트로 늘린다). 이 국가 발전 전략은 중앙과 지방의 균형뿐 아니라 민족 지역과 기타 지역 사이에 평등한 관계를 형성할 가능성과도 관련된다. 둘째, 어떻게 상응하는 제도와 정책으로 민족 지역 내부의 민족 평등을 확보하는가. 사회주의 시기에 국가는 민족 지역 자치를 법적 틀로 설정했고 제도적·정책적으로 소수민족 우대 정책을 실시했다. 출생과 양육, 입학, 일상생활 용품 분배에서 우대해주었을 뿐 아니라 취업에서도 일정한 비율로 분배했다. 방임 경쟁 기제로 형성된 이른바 '자연선택'이 아니었다. 국유 대기업은 노동자를 모집할 때 소수민족 노동자를 일정 비율 이상으로 채용할 것을 보장했다. 그러나 국유 대기업이 구조조정을 하면서 수많은 노동자가 일자리를 잃고 신분이 전환되었고 국영기업 노동자 신분 소수민족 노동자의 재취업은 전체적으로 한족 노동자보다 더 어려워졌다. 석탄과 기타 유색금속 채굴과 인프라 건설(도로, 철도, 기타 설비)과 부동산 개발은 결코 국가가 완전히 독점하는 영역이 아니라 사기업이 이 영역의 경영과 개발에 참여할 수 있다. 그러나 광업 생산이든 인프라 건설과 부동산 개발이든 모두 대규모 자본 투입, 상응하는 기술 조건과 숙련된 기술 노동자, 아주 중요한 정부와 은행의 지원은 모두 없어서는 안 되는 조건이다. 거시적 시각에서 볼 때, 내지 기업에 비해 현지 민족 산업은 이 영역에서 경쟁력이 부족하다.(신장, 위구르족이 독점하거나 주도하는 업종은 주로 소가죽, 양가죽 가공, 도시 건설 과정에서의 철거 등이다.) 경쟁 조건에서 다수 기업은 한족 노동자를 더 많이 고용한다. 이유는 한족 노동자들의 학력·기술 수준이 더 높기 때문이다. 이러한 경제 논리는 심지어 소수 민족 기업의 고용 원칙에도 파고들었다. 여기서 짚고 넘어가야 할 점은 민족마다 자신의 문화와 생활 방식이 있고 이른바 문화·기술 수준의 높고 낮음은 결코 문화 사이의 높고 낮음이 아니며 단일한 관계 또는 단일한 시야—즉 경제 논리와 시장 원칙—에서 규정하는 높고 낮음이라는 사실이다. 만약 이 법칙에 따라 '능력'과 능력의 평등을 규정한다면 그것은 불평등한 전제를 설정하는 것과 같다.[47] 장타이옌이 말한 명상名相 구조가 바로 단일한 역사관계의 산물이다. 따라서 시장경제의 대조

---

47 19세기 중엽 독일의 청년헤겔학파는 유대인 해방 문제를 토론했고 해방과 능력을 연결하기도 했다. 마르크스가 『독일이데올로기』에서 비판한 포이어바흐는 유대인 해방을 종교의 질곡으로부터 해방하는 것과 결합시켰다. 포이어바흐는 기독교도의 해방이 그들이 기독교 신앙을 버리고 기독교의 본질로부터 발전하고 형성된 '과학 비판'에 대한 신앙으로 전향하는 전제 위에서 성립한다고 생각했다. 그리고 유대인이 만약 '과학 비판'으로 개종하는 것은 유대인 자신을 철저히 버리는 것이나 다름없다고 여겼다. 이것은 '유대인 해방' 문제를 없애버리는 것과 마찬가지다. 마르크스는 「유대인 문제」에서 이 관점을 날카롭게 비판하고 유대인 문제를 신학 문제의 틀에서 해방시키고 정치 해방의 틀에 놓으려 했다. "일단 국가가 더는 신학의 방향에서 종교를 대하지 않고, 국가 즉 정치적 방향에서 종교를 대하면, 이러한 관계에 대한 비판은 더 이상 신학에 대한 비판이 아니게 된다. 그때 비판은 바로 정치 국가에 대한 비판으로 변한다." 신학의 시각에서 유대인은 '안식일의 유대인'일 뿐이고 세속의 틀에서 유대인은 '평소의 유대인'이며 세속 사회에서 갖가지 억압을 받고 있다. "정치 해방이 완성한 국가에서 종교는 존재할 뿐 아니라 생명력과 힘을 드러낸다. 이것은 종교의 존재가 국가의 완비와 결코 모순되지 않음을 증명한다." 종교의 존재는 일종의 '결함의 존재'다. 그러나 이러한 결함이 현재는 세속 사회이고 특히 국가 자신의 본질 표현이다. 『馬克思恩格斯全集』 第一卷, 425쪽.

류 속에서 경제의 발전이 아무리 각 소수민족에게 장점을 가져왔더라도 앞서 말한 구조에서 신장 지역 소수민족이 경제적으로 주변화하는 것은 간과할 수 없는 현상이다.

신장 지역 민족 문제와 분배평등의 위기는 밀접하게 관련된다. 그러나 시장 조건에서 이 위기는 능력 평등의 위기와도 관련된다. 분배평등의 위기가 신속하게 노동자와 자본가의 대립에서 민족적 차이의 축적으로 전환한 것은 능력평등 실패의 핵심이다. 그러나 능력 평등 개념을 새롭게 해석하지 않고 단일한 기준, 특히 경제적·시장적 경쟁 법칙에 따라 해석한다면 능력평등의 요구는 차별적이 된다. 능력은 단면적인 척도에서 정의될 수 없고 평등도 이에 따라 반드시 다양성이나 차이와 긴밀하게 연관된다. 능력평등은 각자 다른 민족 구성원을 자신의 문화적 전통과 조건에서 떼어내지 않고 이 문화적 전통과 조건을 새로운 평등한 환경의 창조 과정 속으로 끌어들여 그것을 평등 수준을 가늠하는 요소로 만든다. 시장의 조건에서 대다수 소수민족 구성원은 결코 평등한 경쟁의 트랙선상에 서 있지 않다. 차별적 관점은 이 현상을 능력 차이로 해석하고 이 차이가 주로 개체의 주관적 조건이 아닌 사회의 거시적 조건에서 왔음을 무시한다. 이 거시적 조건에서 능력은 단면적으로 평가된다. 노동력 시장의 경쟁을 예로 들면, 소수민족 인구에서 한족 언어를 구사하는 사람 비율은 한족 중 소수민족 언어를 구사하는 사람 비율보다 높다. 그러나 이 언어 능력의 우위는 거시 경제의 배경에서는 역할을 할 수 없다. 왜냐하면 현재 시장 환경에서는 한족 언어가 기본 언어이기 때문이다. 따라서 한족 언어는 각종 생산과 기술 기능을 이해하고 시장교역 관계를 형성하는 전제 조건이기도 하다. 설령 신장 대학 졸업생(특히 소수민족 졸업생)이라도 상당히 많은 사람이 일자리를 찾을 수 없다. 이 현상은 두 측면에서 해석되어야 한다. 첫째, 언어교육 문제다. 소수민족이 모여 사는 영역에서 이중어 교육을 주장하는 것은 타당한 선택이다. 그러나 시장의 압력이 언어교육을 한족 언어 위주로 가도록 압박하고 소수민족 교사의 한족 언어 실력은 그것을 따라가지 못하므로 한족 교사가 상대적으로 우월한 지위에 있다. 시장 경쟁의 압력 아래서 교육 기구 특히 대학의 평가 기제도 새로운 문제를 가져왔다. 예를 들면, 소수민족 연구 잡지 중 핵심 잡지로 선정된 것은 극히 일부인데 직급 평정에서는 또 핵심 잡지 논문 발표를 요구한다. 이는 문화적 영역에서 어떤 불평등한 경쟁을 조성한다. 이에 비해 소수민족의 한족 언어 학습은 강하게 요구되고 한족 학자와 학생의 소수민족 언어 학습과 이해는 필수가 아니다. 따라서 일방향이 아닌 많은 방향으로 언어교육을 형성하는 것이 능력평등을 촉진하는 조건 중 하나다. 둘째, 다언어 교육의 곤경은 경제 구성으로 드러난다. 최근의 충돌 이후 대학은 한족 학생 중 소수민족 전공 학생 모집을 확대했다. 동시에 대학 졸업자의 취업 정원 확대도 공포했다. 그러나 다언어의 거시적 경제 구조가 없기 때문에 그 발전 동력과 규모는 제한적이다. 앞에서 말했듯이 사회주의 시기의 소유에는 공유의 전제를 설정하기 때문에 민족이 다르다고 소유권도 달라지는 현상을 약화했다. 시장의 조건에서 민족 특성을 지닌 산업은 경제 구조에서 더 중요한 경제적 지분을 획득할 수 있을까? 문화 측면에서 마오쩌둥 시대의 평등 정책은 계급 문제가 중심이었다.

가령 언어 개혁의 목적은 식자율을 높이고 문화와 교육 수준의 차이가 낳는 계급 분화를 해소하는 것이었다. 이 정책은 민족 지역에서도 상응하는 언어 개혁 정책을 낳았다. 그러나 이 평등주의적 언어 개혁 방안(몇몇 한계는 확실히 존재한나)은 문화대혁명 이후 점차 폐기되었다. 문화 정책상 평등과 다양성 문제는 오늘날 다시 생각할 필요가 있다.

'민족관계의 재계급화'의 또 다른 측면은 도농 차별의 확대다. 인구정책에서 중국은 소수민족 우대 정책을 펼쳤다. 위구르족 인구를 예로 들면, 인구는 1949년 300만 명에서 현재 950만 명으로 늘었으며 상승추세는 명확하다. 그러나 소수민족 인구 증가에 따라 두 가지 중요한 현상이 일어났다. 하나는 토지와 인구 모순의 격화이고 다른 하나는 도시화, 시장화, 경제를 동력으로 한 대규모 인구 이동이라는 조건에서 한족 인구의 확장이다. 사실상 삼농 위기와 대규모 인구 이동은 중국 사회 위기의 축소판이다. 그것은 도농과 지역 간 불평등으로 드러난다. 그러나 이 삼농 위기와 인구 이동이 민족 지역에서 민족 모순이 되는 근원은 무엇일까? 여기서 문제는 크게 둘로 나눌 수 있다. 첫째, 신장 등 민족 지역에서 소수민족 인구는 농업 인구가 주이고 한족 인구는 도시 인구가 주다. 소수민족이 다수를 차지하는 난장南疆에서도 도시에서 민족 인구 비율이 신속하게 늘고 있다. 이에 따라 도시와 농촌의 대립은 아주 쉽게 민족 간 대립으로도 전화할 수 있다. 둘째, 자본과 노동력의 이동은 지역 불평등과 여기서 야기되는 종속관계를 지렛대로 삼는다. 지역 불평등이 자본, 사회 연결망, 능력 등 각 부문에서도 실현되기 때문에 대규모 인구 이동은 민족 지역에서 자본사회 연결망, 노동력의 질 사이에서 불평등한 관계도 조성한다. 이 구도는 결코 이 지역들로 흘러 들어간 사람들의 책임이 아니라 현대 시장경제의 거시적 구조가 특정한 고전에서 만들어낸 결과다. 인구와 토지의 모순, 그리고 농촌의 심화되는 주변화는 자연히 농촌 청년들을 도시 주변으로 내몰게 된다. 그리고 민족 지역에서 이렇게 도시 주변으로 내몰린 젊은이 중 많은 수도 소수민족이다. 따라서 현재 발전 모델은 각 민족 인민의 문화가 똑같이 힘있게 발전하도록 보장할 수 없다.

이상의 현상은 분배평등과 능력평등의 이중 위기 속에서 해석할 수 있다. 그러나 다민족 지역에서 이른바 분배평등과 능력평등의 위기는 차이평등의 위기라는 범주에서 해석할 필요가 있다. 차이평등은 분배의 정의, 능력의 평등, 그리고 문화적 가치, 생활양식과 그것들이 기대는 자연생태 조건에 대한 존중 등 각 방면을 포괄한다. 재분배 각도에서 사회주의 체제는 노자관계를 바꿈으로써 산업화 조건에서 사회 분화를 해결하려 했다. 그것은 반드시 분배와 능력이라는 두 측면과 연관된다. 세금 징수, 투자, 기타 수단으로 지역 관계의 불평등을 촉진하는 것 이외에 민족지역 자치 조건 아래 분배체제는 소수민족을 우대하고 돕는 식으로 집중적으로 시행되었다. 그리고 이 두 차원은 모두 사회주의 건설이라는 공동 목표를 전제로 했다. 공유제 조건에서 소유권 개념에는 결코 민족 간 경계 나누기가 없다. 그러나 시장 경쟁의 조건에서 사유화 과정은 재산권의 민족적 속성에 조건을 제공했다. 이전의 민족 정책은 순수한 경제 우대 정책(즉 돌봄 정책으로 기우는 것이 특징인 분배체제)으로 변질되었다. 그리고 후자가 시장경제 조건에서 발휘하는 역할은 이미 미미해졌다. 공동의 목표가 변질되거나 상실되면서 소수민족 우대정책은 현지 한족(특히 일반 노동자)이 평등하게 대접받지 못한다는 느낌이 들게 했다. 그리고 이는 민족 간 상호 차별의 근원 중 하나가 되었다. '민족지역'은 총체적 개념이다. 민족만 강조하고 지역을 소홀히 할 수도 없고 지역만 강조하고 민족을 소홀히 할 수도 없다. 정책적 측면에서는 민족지역과 내지의 차별을 중요하게 생각하는 동시에 민족 지역 내부 성원에게 평등 대우 정책을 실행하거나 점점 그쪽으로 방향을 바꾸어야 한다. 그러나 일정한 제도 개혁이 전제되지 않으면 이 평등 정책 자체도 새로운 불평등으로 해석될 수 있다.[48]

가치와 신앙의 자유는 생활 방식, 생활 모델과 밀접하게 관련된다. 중국의 민족지역, 특히 티베트와 신장지역에서 종교 기관과 인구 확장은 두드러진 현상이다. 전 세계 이슬람 지역에서 신장의 인구당 이슬람 사원 보유율은 매우 높은 지역 중 하나에 속한다. 민족 간 충돌은 주로 종교적 충돌과 문화풍속의 차이에서 야기되는 것이 아니라 '민족 관계의 재계급화' 현상과 이 현상의 배후에 있는 생산양식에서 연원한다. 이런 의미에서 민족 문제는 세속생활 밖의 종교 생활 문제로 취급할 수 없다. 그것은 세속 생활 세계 내부에서 해결해야 한다. 민족 생활의 독특성은 결코 현대사회의 주도적 논리와 격리된 문화적 특징으로만 해석되어서

---

48 예를 들면, 장기간 불균등 정책을 겪은 뒤 이런 평등 정책을 실시하면 각 소수민족의 불만을 불러올 수 있다. 최근 신장에서는 공무원 자리 7000개를 개방했고 소수민족을 배려하겠다고 했다. 그러나 채용자 중 역시 한족이 상당한 비율을 차지했고(이것은 정당했다) 몇몇 소수민족 젊은이가 불만을 표시했다.

는 안 된다. 민족 구성원은 정치, 경제, 기타 생활 실천의 일상생활 전부에 참여하고 종교 생활은 그중 일부에 지나지 않는다. '민족 관계의 재계급화'는 바로 신분 정체성을 다른 실천에서 떼어 놓음으로써 표출된다. 현실의 개인이 종교 생활 속에서 자신의 자주적 수요를 제시하는 동시에 자기 노동과 상호관계 속에서 보편적 평등의 요구를 제시할 때 평등한 사회 형식을 창조할 수 있다. 이런 사회 형식에서 사람은 자기 생활에서 온 주인으로 자신을 드러낸다. 이 진정한 사람이 바로 '다원일체'다.

차이를 없애거나 문화적 차이를 불평등한 사회적 관계로 전화하는 것은 현대 세계를 주도하는 발전 논리의 지배에서 비롯된다. 제물평등의 시야에서는 능력평등을 사람 능력의 다양성과 평등 문제로 전화해야 하는 것 이외에 '물'의 능동적 시야도 필요하며 둘의 재능을 종합해 차이평등의 실천을 창조하는 것이 필요하다. 인간의 물화(동질화·단면화)는 '물'에 대한 점유 논리를 전제로 하기 때문이다. 다른 사회와 자연의 관계망 속에 생산을 위치시킬 때 자본주의 생산의 추상화는 제한되고 인간은 자유를 획득할 수 있다. 시장화·도시화·세계화 과정이 심화되면서 민족 지역의 생활양식은 격렬히 변했다. '민족 관계의 재계급화'와 현대 생산양식의 연관은 자연에 대한 정복, 개조, 파괴 과정, 여기서 비롯된 소비주의적 생활 형태에 집중되어 있다. 마르크스가 말했듯이 "소비재는 어떻게 분배하든 모두 생산 조건 자체적 분배의 결과에 지나지 않는다. 그러나 생산 조건의 분배는 생산양식 자체의 성격을 드러낸다."[49] 새로운 사회

---

49 卡爾 馬克思, 「哥達綱領批判」, 『馬克思恩格斯全集』 第19卷, 人民出版社, 1995, 23쪽.

적 불평등은 일정한 생산양식을 전제로 한다. '재계급화'도 생산양식의 변경을 전제로 한다. 민족, 종교 관계가 극히 복잡한 지역과 인구 관계에서 이 과정은 지배적 생산양식과 그 수요가 단일한 척도가 되어 서로 다른 민족문화를 평가하는 것으로 직접 표현될 수 있다. 따라서 규범적 내용을 말하면, '민족지역 자치'에는 반드시 생태의 다양성과 문화의 다양성을 똑같이 중시하는 것이 담겨야 한다. '다원일체'의 진정한 사람도 반드시 자연사의 일부분이라는 위도緯度를 포용해야 한다. 바로 이상의 분석에 근거해서 제물평등은 비록 다양성 개념을 힘있게 받치지만 결코 통상적으로 말하는 다원주의와 다원주의적 차이의 정치와 다르다. 앞에서 말했듯이 제물평등은 '물'의 단일성에 대한 부정이다. 민족 정체성을 통해 차이의 정치를 강화하는 것은 앞서 말한 불평등 현상을 해결하는 데 도움이 되지 않는다. 그 결과는 항상 반대다. 즉 단일한 관념으로 또 다른 단일성의 역량에 대항하는 것은 문화적 다양성과 생태의 다양성을 보호하는 데도 평등을 실천하는 데도 도움이 되지 않는다.

4) 초국적 환경에서 차이평등

차이평등의 또 다른 차원은 국가 간 평등의 방향에서 전개된다. 즉 일종의 국제적 방향에서 평등이다. 이는 차이평등이 민족국가를 뛰어넘어 퍼진 것이다. 자본주의가 전 지구적 범위로 확장되면서 19세기의 저자들이 주목하는 사회 불평등의 주요 형식—계급관계와 같은—에 변화가 생기기 시작했다. 식민주의 종주국과 식민지 사이, 발달된 공업의 중심지와 주변 농업사회 사이(남북관계)의 모순이 시대의 주요 모순으로 떠올랐다. 이는 우리가 통상 말하는 남북관계 문제다. 세계 경제가 전환함에 따라 남북관계의 불평등이 여전히 존재하는 가운데 새로운 남남관계(예를 들면 아시아 신흥 경제체제와 아프리카, 라틴아메리카의 관계)가 더 복잡한 과제를 던져주었다. 나는 여기서 이상의 불평등한 전 지구 관계를 배경으로 삼아 사회 내부의 평등이 어떻게 하면 국제적 방향까지 포괄할 수 있을지 탐색하겠다. 이는 국가 간 또는 국제적 평등 정치의 조건이다. 현대 민주주의는 시민권을 토대로 하며 민주주의 평등과 민족국가 간 순환 논리를 설정한다. 그러나 민주주의, 평등과 민족국가 간의 이러한 순환 논리는 이미 엄중한 도전을 받았다. 나는 여기서 그것을 다음 세 가지로 정리한다.

첫 번째 도전은 민족국가 범위 안의 민주주의가 서양의 '민주주의 국가'가 다른 민족과 국가에 식민 통치와 무장 침입을 막은 적이 없었고 정반대로 민주주의 형식이 항상 식민과 무장 침입의 동원기제였다는 점이다. 근본적으로 민족국가 범위 안의 시민권(그것은 현대 평등정치의 핵심이다)은 결코 그 경계를 뛰어넘는 평등 내용을 제공하지 않는다. 사실 이런 의미에서 평등 개념은 남북 불평등이라는 세계적 조건을 바꾸는 데 거의 영향력이 없다.

두 번째 도전은 세계적 조건에서 민주주의, 평등과 민족국가의 순환 논리는 항상 다른 국가와 사회의 자원과 노동을 착취하는 전제가 되기도 했다. 이른바 세계화는 주로 자본, 생산과 소비의 초국적 발전에서 야기된 것이다. 그것은 어떤 국가 내부에도 침투하고 어떤 사회의 발전 모델도 다른 사회의 발전 모델에 영향을 준다. 미국, 유럽연합EU, 중국, 일본, 러시아, 인도, 브라질 등 초대형 공동체에서는 어떤 경제 사회적 정책결정도 다른 사회에 주는 영향이 크다. 민주주의의 절차가 제국주의에 동원된 것은 새로운 일이 아니다. 현재의 민주주의 모델에서 단일한 정치공동체 밖의 인간은 공동체의 중요한 정책 결정에 참여할 권리가 없다. 시민권은 이런 의미에서 배타적이다. 예를 들면, 에너지 소모가 가장 많은 미국이 교토의정서를 거부하면 국내의 지지를 받을 수 있지만 세계 다른 지역에는 재난이 된다. 미국이나 유럽연합 국가가 다른 나라에 전쟁을 일으킬 때는 국회에서 통과시키기만 하면 되지만(그것은 시민 합의의 결과로 볼 수 있다) 그 결과는 전 세계가 떠안아야 한다. 국제법과 국제연합이라는 절차가 있지만 그것이 제국주의 전쟁을 억제하는 능력은 극히 제한적이다. 이 논리는 다른 나라에도 동일하게 적용된다.

세 번째 도전은 대규모 이민 조류의 배경에서 나타나는 문화 다원주의의 실패다. 이민 조류는 세계화, 시장화, 전 지구적 범위와 단일한 국가 범위 안의 불평등한 관계 안에서 만들어진다. 이민이 수많은 지역의 인구 구성을 바꾸었지만 현지(타국과 타지도 포함) 사회는 자신의 이익을 지키기 위해 이민으로 노동력을 흡수하는 동시에 이민자의 문화적 정체성과 동질감은 거부한다. 이민사회의 정체성 정치는 바로 자본주의 생산의 추상화라는 특징에 대응한 것이다. 문화 다원주의는 이중으로 실패했다. 한편으로 민족국가가 순조롭게 이민자를 통일된 명상관계로 끌어들이지 못했고 다른 한편으로 이민자는 자신의 차이성을 추구함으로써 결국 현지의 사회화 과정을 끝장내버리는 결과를 초래한다. 대부분 조건에서 차이성을 명상 구조 내의 위계로 재구성한 것도 민족국가와 정체성 정치가 타협한 결과다.

19, 20세기 국제주의는 바로 민주주의, 평등과 민족국가(특히 제국주의적 민족국가)의 순환 논리를 뛰어넘은 위대한 실천이다. 그러나 세계화 조건에서 이러한 근대 국제주의의 경험은 냉정하게 부정되고 있다. 부정은 전지화 조건에서 생산과 소비의 탈국가화된 규모뿐만 아니라 사회주의 유산이 국제 영역에서 빠르게 사라진 데서도 비롯된다. 유럽연합의 실천을 둘러싸고 에티엔 발리바르 등의 이론가는 시민과 시민권 개념을 다시 정의하려고 시도했다. 그가 경계 기제를 제기한 민주화 개념은 이민과 상품 이동의 양자, 다자, 초국적 협상에도 방안을 제공한다. 바로 이런 문제들에 근거해서 그는 법률과 도덕의 형식주의에 의문을 던진다. 그는 후자가 해결 방안을 배타적 대표성 범주에서 현실화하기 때문에 오늘의 현실이 던지는 새로운 문제에 답할 수 없다고 생각한다.[50] 세계화라는 조건에서 초국적 시민 기제에 대한 탐색은 불가피하

---

50 사실상 발리바르가 제기한 민족국가의 경계가 양자 또는 다자가 지속적으로 협조하도록 하는 기제라는 관점은 내가 『근대 중국 사상의 흥기』 2권에서 논한 '상호 변방' 개념과 놀랄 만큼 유사하다. 이는 중국과 아시아 지역의 역사적 전통이 우리가 새로운 역사적 조건에서 새로운 조절 기제를 창조하는 데 경험, 범례, 시사점을 줄 수 있음을 의미한다. Étienne Balibar, "What is a border?" Politics and the Other Scene. (1998) trans. by Christine Jones, James Swenson, Chris Turner. London & New York : Verso, 2002. p.85f; Étienne Balibar, We, The People of Europe? Reflections on Transnational Citizenship. Trans. by James Swenson. Princeton and Oxford : Princeton University Press, 2004, pp.108~110.

다. 민족국가가 여전히 국제정치의 중심적 지위를 차지하는 조건에서 어떻게 단일국가 내에서 전 세계적 평등을 방향으로 삼은 제도적 틀을 만들고 국제관계에서 평등의 의미를 채우고 풍부하게 하느냐는 마찬가지로 진지하게 생각할 만한 문제다. 발리바르가 유럽이 반드시 다양성의 정치공동체 사이의 매개와 교류 과정에서 시민 공간과 창조적 다양화 기제를 만들어야 한다고 생각한 것처럼 우리도 다음과 같은 가능성을 생각할 수 있다. 중국인민정치협상회의에 특정한 협력 기제를 설치해서 협상 범위를 국내에서 국제로 넓힐 수 있을까? 중국인민대표대회에 어떤 심의와 감독 기제를 설치해서 이 국제적 방향의 평등을 제도 설계 안으로 끌어들일 수 있을까? 이 국내 기제의 개혁과 혁신을 지역적 기제의 형성과 연결할 수 있을까? 이러한 정치체제 변혁은 반드시 사회운동의 초국적 성격과도 동행해야 한다. ― 정치적 공공영역은 민족국가 범위 안에만 갇혀서는 안 된다. 그러나 동시에 민족국가의 경계를 뛰어넘은 정치 공간은 민족국가의 제도적 틀 안에서 펼쳐질 수 있어야 한다.

여기서 일반적 '국제'가 아닌 민족국가를 논의의 전제로 삼은 것은 예견할 수 있는 시기에 민족국가가 여전히 제물평등을 쟁취하는 투쟁을 할 때 비껴갈 수 없는 무대이자 공간이기 때문이다. 서로 다른 국가, 더 나아가 같은 국가 다른 시기의 가치 성향은 초국적 관계 속의 평등에 중요한 영향을 준다. '아프리카의 중국'과 같은 전 지구적 화제를 예로 들면 중국의 정책은 두 가지 다른 단계를 포함한다. 즉 마오쩌둥 시대의 '아프리카 원조' 국제주의 시대와 1980년대에 시작한 경제 중심 초국주의 시대다. 앞의 시기에 중화인민공화국의 대아프리카 관계는 제국주의와 식민주의를 반대하는 제3세계 국제운동의 한 구성 요소다. 1955년 중국은 반둥회의에 참가했고 제3세계 국가의 공산주의 운동에 대한 의견이 일치하지 않는 상황에서도 여전히 '구동존이求同存異' 입장을 유지했다. 잘 알려졌듯이 이 회의는 직접 1961년 비동맹운동을 발생시켰고 냉전의 양극 구조를 타파하는 데 국제적 기반을 다졌다. 중국은 1965년에는 탄자니아, 잠비아 정부의 요구에 응해서 탄자니아-잠비아 철도 건설 계획을 원조했다. 이 계획은 1968년부터 현지 조사를 시작했고 1976년 개통했다. 중국 측에서는 기술 인력 5만6000명을 파견했고 무이자로 9억8800만 위안을 빌려주고 물자와 기계도 대량 제공했다. 철도 건설을 완료하고 양국에 인계한 뒤 중국은 지속적으로 무이자 대출과 기술인력을 제공했다(1999년까지 기술 전문가 총 연인원 3000여 명을 파견했다). 개혁·개방 이후에는 중국-아프리카 관계의 상업적·무역적 성격이 두드러졌다. 20세기 10년 동안의 비약적 성장을 겪은 중국은 이미 아프리카 최대 교역파트너 중 하나가 되었다. 2008년까지 중국-아프리카 무역은 이미 1070억 달러에 달했다. 프랑스를 뛰어넘어 미국을 이어 2위에 오른 수치다. 중국-아프리카의 경제관계는 에너지, 지하자원, 제조업, 인프라 건설, 농업, 기술 등의 부분에서 무역과 교류에 걸쳐 형성되었다. 전 지구 체제의 일부분으로 중국-아프리카 관계의 성격은 경제와 무역 방면에서 서양 국가와 아프리카의 관계와 점점 더 많이 겹친다. 첫 번째 시기에 비해 아프리카에서 중국의 역할은 날로 복잡해진다. 몇몇 기업은 아프리카에서 경영하다가 서양 매체의 비판을 받고 아프리카에서도 각종 다른 목소리를 낸다. 그중 중국의 유색광물산

업그룹유한회사가 소유한 중국유색아프리카광업유한회사NFCA가 잠비아에서 경영하는 챔비시Chambishi 구리광산이 항상 거론되는 사례다 (이 광산에서는 2006년 임금 체불로 파업이 일어났다). 중국의 몇몇 사기업은 국영기업 같은 장기적 계획이 없다. 아프리카에서의 행위는 완전히 이익 추구를 목표로 한 것이다. 그러나 주목할 만한 점은 중국은 결코 서양의 아프리카 투자처럼 완전히 자연자원 채굴에만 집중하지 않았고 서양 국가가 고위험이라 생각하고 진입을 거부한 영역인 인프라 건설과 제조업에 뛰어들었다. 설령 정치적 변화, 전쟁, 기타 위험을 고려하지 않더라도 그중 몇몇 기업의 투자는 20~40년 더 나아가 더 긴 시간이 지나야 원금을 회수할 수 있다. 이 투자 방식은 결코 뒷일을 생각하지 않는 사심 없는 원조이고 기나긴 역사적 시각의 산물이다. 즉 멀리 내다보고 수익을 계산한 것이다. 이는 1960~1970년대 식민주의 반대의 기치 아래 전개된 주로 정치적 의미에 착안한 원조 프로그램과 같을 수 없다. 그러나 장기적 관점은 현지 경제의 장기적 발전을 경제적 이익 계산에 넣은 것이다. 이에 대해 말하면, 사회주의 시기의 경험이 중국 국가와 중국 국유기업의 전략적 목표에 긍정적 영향을 준다는 점은 분명하다.[51] 바로 이 몇 가지 요소가 중국이 서양의 비판을 받는 동시에 수많은 아프리카 국가의 지지를 받는 이유다. 2006년 11월 중국·아프리카 협력 포럼 중국 정상회담에 전 세계는 놀랐고 의견이 분분했다. 그러

---

51 Barry Sautman, 嚴海蓉, 「"中國在非洲"的三重誤讀」, 『南風窗』 2011年 第20期, 2011年 9月 19日.

나 이 포럼은 일찍이 2000년 10월 시작되었다. 1차 포럼이 통과시킨 「베이징 선언」은 포럼이 평등한 상호이익 협력에 기초한 집단적 대화 플랫폼임을 강조했다. 협력의 기초와 가능성에 대해 선언은 상품 교환, 국제무역 방면의 평등한 교환을 강조했고 나아가 거대한 남북 빈부격차, 현행 국제체제의 불공정·불평등, 아프리카의 정치적 불안정, 채무, 질병 등 여러 문제를 강조했다. 그리고 이 불평등한 조건을 극복하는 것을 경제와 무역 협력의 내용으로 설정했다. 이 점은 특히 주목할 만하다. 중국·아프리카 무역은 단순한 자유무역이나 상품 교환의 평등성을 토대로 한 것이 아니라 경제 협력을 현존하는 불평등한 상태, 현대 전 지구 체제의 지배논리, 경쟁 조건의 극복을 연관 지은 것이다. 사실상 이 포럼의 취지는 여기에 참여하는 모든 국가 내부에 상호작용할 수 있는 제도적 조건과 행위 규범이 있어야 제대로 실현될 수 있다.

세계화가 진전됨에 따라 인간의 초국적 이동이 사상 최대 규모다. 제물평등은 다른 방향에서 시민권을 중심 개념으로 하는 기존 민주주의의 틀을 뛰어넘는다. 그러나 동시에 더 넓은 범위에서 시민권과 그것의 평등 가치를 심화하고 확장한다. 제물평등과 자이 개념의 관계는 더욱 깊다. 그리고 자치는 결코 근대세계체제의 산물이 아니라 각자 다른 정치적 전통 속에서 서로 다른 형식의 자치 전통이 존재한다. 이는 우리가 더 넓은 역사적 범위에서 제물평등의 요소를 섭취할 수 있음도 의미한다. 제물평등 개념과 유사하게 국제적 지향을 지닌 평등도 마찬가지로 시민권 개념을 뛰어넘는다. 세계시민권 개념도 이러한 평등의 의미를 담기 어렵다. 지역과 국가성을 뛰어넘어 이동하는 평등은 반드시 복합형 사회체제를 말하게 되어 있다. 제물평등 개념을 이 맥락의 의미에 놓기 위해 여기서는 먼저 간략히 앞서 말한 평등 범주에 상응하는 지역 문명과 세계의 관계에 관한 개념을 제시하겠다. 그것은 바로 '초사회시스템supra-societal system'과 '트랜스시스템사회跨體系社會(trans-systemic society 혹은 a society of inter-systems)' 개념이다. 이 개념들은 새로운 시민사회와 포용적 시민 개념을 생각하는 공간을 제공한다.

'초사회시스템'은 마르셀 모스Marcel Mauss(1872~1950)가 제시한 것이다. 이 개념은 '몇 가지 사회의 공통된 사회현상'이 구성하는 문명을 가리킨다. 모스와 에밀 뒤르켐Emile Durkheim(1858~1917)은 문명을 몇몇 중개와 기원 관계를 거쳐 장기적으로 연관을 유지하는 사회집합체이고 "집단적 표상과 실천의 전파"라고 생각한다.[52] 이 시스템은 우리가 통상 정의하는 '민족체'의 지역적 성격과 정신적 관계를 뛰어넘는다. '물질문화' '지리' '경제'의 표현방식이 있으면서 종교, 의식, 법적 권리, 윤리의 표현방식도 있다. 현세적이면서도 우주론과 도덕-법적 권리의 성격도 띤다. 이런 시각에서 중국과 그 주변이 조공, 외교, 무역, 혼인, 종교, 언어 등을 매개로 구성된 네트워크, 즉 일본 학자가 늘 사용하는 한자문화권, 유교문명권 또는 동아시아 문명권 등의 용어 역시 모두 일종의 '초사회시스템'이라 할 수 있다.[53]

---

52 Marcel Mauss, *Techniques, Technology and Civilisation*, Nathan Schlanger, ed. New York / Oxford: Durkheim Press, Berghahn Books, 2006, p.58.
53 이상의 논의는 王斯福(Stephen Feuchtwang), 「文明的比較」, 劉源, 尼瑪扎西 譯, 彭文斌 校, 『西南民族大學學報(人文社科版)』 2008年 6期, 1쪽과 王銘銘이 작성한 "跨社會體

'트랜스시스템사회'는 사회 내부 자체의 '트랜스시스템적 성격'을 더욱 강조한다. 자본의 세계화라는 조건에서 '트랜스'라는 접두어가 남용된다. 그것은 민족, 국가, 지역 등 전통적 범주를 뛰어넘는 추세와 동향을 말해준다. 그러나 '트랜스시스템사회'는 그것과 다르다. 이 개념 속 '트랜스'는 일련의 문화, 풍속, 정치, 의례 등이 역량의 중심이 되고 경제관계는 이 복잡한 사회관계 속 교환 활동의 하나로만 들어가 있을 뿐이다. 현대 자본주의의 국가, 민족, 지역을 넘나드는 활동이 각종 문화와 정치의 요소를 경제활동의 추상적 역량에 통섭하는 것이라면 '트랜스시스템사회' 개념은 정반대다. 그것은 서로 다른 문화, 종족 집단, 지역이 교류·전파·병존함으로써 상호 연관된 사회와 문화 형태를 이룬다. 예를 들면, 혼거지역의 가정과 부락은 항상 서로 다른 사회시스템(종족 집단, 종교, 언어 등의 측면에서)을 함께 지녔다. 그래서 우리는 이 '시스템'들이 하나의 사회, 부락, 가정, 심지어 한 사람에게 내재한다고 말할 수 있다. 현대 인류학자의 새로운 이주민 지역에 대한 관찰에 근거하면, 서로 다른 지역에서 왔고 종족 집단도 다른 농민공 집단은 그들이 일하는 타향에서 업무 지역과 다른 이주민 집단을 점점 형성하고, 보이지 않는 '문화적 연계'로 집거 형태의 지역사회를 대신했다. 이런 집단은 '보이지 않는 지역사회'라고 불린다.[54] 이런 의미에서 현대의 인구 이동 조건에서 군락관계는 개인주의적 권리 개념이나 평등 개념으로는 전면적으

系—歷史與社會科學敍述中的區域, 民族與文明" 콘퍼런스 취지문 참조.
54 宋宇,「看不見的社區 : 一个珠三角彛族勞工群體的生活史研究」, 北京 : 中央民族大學 碩士學位論文, 2011年 5月, 1~96쪽.

로 평등의 요구에 대응하기 어렵다. 역사편찬학에서 하나의 종족 집단, 종교 또는 언어공동체를 서술 단위로 삼는 것은 민족주의 시대의 흔한 현상이었다. 그러나 이러한 종족 집단, 종교, 언어들은 하나의 지역 부락, 가성에 복삽하게 얽혀 존재한다. 그러하면 이 서술 방식은 이 복잡한 자신을 깎아내리고 부풀리고 왜곡할 수 있다. 내가 말하는 '트랜스시스템사회'는 이러한 독특하고 보편적인 역사적 현상을 개괄한 것이고 이에 따라 이 현상들을 새롭게 서술할 가능성을 제공했다.

이 개념이 다루는 것은 많은 사회의 문명망을 연결하는 것이 아니라 문화의 전파, 교류, 융합, 병존이 낳은 하나의 사회 즉 복잡한 체제를 내포한 사회다. '트랜스시스템사회'는 하나의 사회이므로 내부에 반드시 평등이 전제된다. 그러나 이 사회는 체제를 넘나들기 때문에 이 평등도 반드시 차이와 역사성을 전제로 한다. 트랜스시스템적 속성은 결코 공동체 간 관계의 의미에서만 발생하지 않고 어떤 기인이나 사회적 관계 속에서도 발생한다. 따라서 차이는 매 주체의 특징으로 위계적이고 서로 간 차이를 찾을 뿐 배타적인 정체성 정치의 근원은 아니다. 이는 평등과 차이에 서로 전제된 사회 개념이다. 또 '차이평등' 개념의 역사적·인류학적 전제다. 칸트는 국가를 "국가란 국가 자신을 제외하고는 어느 누구에게도 명령이나 지배를 받지 않는 인간의 사회다. 국가는 그 자체 뿌리를 지닌 줄기와 같다"고 말했다.[55] 그러나 칸트의 국가 개념은 민족

55 康德(Kant), 「永久和平論」, 『歷史理性批判文集』, 何兆武 譯, 北京: 商務印書館, 1991, 99쪽. 한국어판 번역은 『영구평화론』, 이한구 옮김, 서광사, 1992; 2008 개정판 1쇄, 16쪽 참조.─옮긴이

국가와 중첩된다. 앞의 논의에 따라, 우리는 칸트의 이 관점을 수정할 수 있다. 즉 하나의 인류사회로서 국가는 트랜스시스템적 정치 구조이고 그것의 통일성과 트랜스시스템적 속성이 서로 중첩될 때 이 국가를 '하나의 인류사회'라고 부를 수 있다.—이 인류사회는 약간 상호 침투한 사회가 독특한 방식으로 연결된 것이다. '하나'의 함의는 오직 '트랜스시스템'의 의미에서만 이해할 수 있지 '반시스템' 또는 '전일적' 의미에서 이해할 수 없다. 여기서 '하나'는 '여럿'이기도 하며 '여럿'은 '하나'이기도 하다. '하나의 인류사회'로서 국가는 물질문화, 지리, 종교, 의식, 정치 구조, 윤리, 우주관, 상상된 세계 등 각종 요소를 포함할 뿐 아니라 서로 다른 체제의 물질문화, 지리, 종교, 의식, 정치 구조, 윤리, 우주관, 상상된 세계를 연결한다.

이런 의미에서 '트랜스시스템사회'는 '민족체'의 각도에서 제시된 각종 사회 서술과 다르면서 다원사회 개념과도 다르다.—'다원일체'(페이샤오퉁) 개념과 비교해서 그것은 체제가 '원元'이 되는 성질을 약화하고 체제 간 운동의 능동성을 부각한다. 체제는 상호침투하는 체제이지 고립되어 존재하는 체제가 아니다. 따라서 체제는 사회연결망의 요소이기도 하다. '트랜스시스템사회'의 토대는 일상생활 세계의 상호 연관에 있다. 그러나 또한 생산과 소비과정을 다시 문화, 사회, 정치, 자연관계의 연결망 속에 넣는 창조적 실천이자 정치 문화다. 그것은 각종 시스템의 요소를 부단히 변동하는 관계 속에서 종합하지만 이 요소들의 자주성과 능동성을 결코 부정하지 않는다.

지역 관계 또는 지역 간 관계의 시야에서 볼 때, '트랜스시스템사회'

개념은 결코 '초사회시스템' 개념을 떠나서 단독으로 규정될 수 없다. 이는 어떤 사회 내부의 '트랜스시스템'적 요소도 늘 다른 사회와 밀접하게 관련되기 때문이다. 예를 들면 한자, 유교, 불교, 이슬람교 등은 중국 사회의 요소이면서 중국 사회와 다른 사회를 연결하는 실마리다. 한자문화권, 조공시스템 또는 배향 활동으로 연결되는 초국가적 연결망을 '트랜스사회시스템'이라 정의할 수 있다. 그리고 세계화 조건에서 생산되는 초국가화, 이민, 기타 활동은 이미 현대 세계를 하나의 '트랜스사회시스템'으로 통합했다.─이것은 불평등한 시스템, 생산과 소비의 초국가화가 유대를 형성한 시스템, 문화, 의례, 풍습, 정치과 기타 인류의 생활 조건을 없애버린 추상적 시스템이다. 따라서 세계화 조건에서 '트랜스사회시스템'과 모스가 말하는 '초사회시스템' 사이에도 첨예한 대립이 존재한다. 트랜스시스템사회와 트랜스사회시스템의 평등 실천은 현재 이미 국제관계의 차원에만 국한될 수 없다. 반드시 이 시스템 속 어떤 공동체 내부에서도 전개되어야 하고 그 평등정치의 실천은 바로 자본의 논리가 주도하는 이중의 현상─의미의 상실, 생활세계의 추상화 그리고 이것과 관계된 불평등한 관계의 합리화─을 겨냥해야 한다.

이상 제물평등, 트랜스시스템사회, 트랜스사회시스템의 잠재적 의미를 통해 '평등' 개념을 검토할 수 있다. 인간의 소외, 노동의 소외, 사물의 소외─그 핵심은 자본주의적 생산양식이다─등의 측면에서 제물평등 개념은 우리에게 전혀 다른 평등 개념과 가능성 있는 사회상을 제공한다.

2011년 초고, 2011년 8월 수정

제3부

20세기
중국과 대만

11장

양안 역사 속의 실종자
:『대만 공산당원의 슬픈 노래』와 대만의 역사적 기억

1993년 말 다년간 탐방한 후 란보저우藍博洲[1]가 드디어 자이嘉義시 신강新港향에 와서 윈린雲林현 베이강北港진 도로변에 있는 잡초 무성한 묘지로 향했다. 이곳에는 국민당의 백색테러에 희생된 공산당원 두 명과 그들이 세상에 남겼지만 스스로 목숨을 끊은 자식이 묻혀 있다. 지난 수십 년 동안 이 황폐한 묘를 찾은 외지인은 아무도 없었다. 묘 주인의 친척도 그들 평생의 자취를 제대로 이해하지 못했다. 작가가 오랫동안 조사·탐방·연구하지 않았다면 백색테러 시기 공문서에 남은 이름 이외에 그들은 영원히 어둠 속에 가라앉아 있었을지도 모른다. 책을 다 읽

---

1 대만 기자이자 보도문학 작가, 대만 최초로 대만 백색테러 역사를 폭로한 작가다. ─옮긴이

고 나서야 나는 작가의 깊은 탄식을 이해하게 되었다. "이 평범한 묘에는 놀랍게도 사람들에게 알려지지 않은 전기와 비장한 대만 근현대사, 어두운 역사에 침탈당한 3인 가족의 비극이 묻혀 있다."『대만 공산당원의 슬픈 노래』(이하『슬픈 노래』)[2]는 실증 자료와 당사자 구술을 근거로 1947년 '2·28' 사건과 그 후 '1950년대 백색테러'에서 벌어진 대만 공산당원의 비극적 이야기를 그려냈다. 작자는 이 매장된 '현대사'를 발굴해서 독자들에게 하나의 질문을 던진다. 이것은 확실히 깊이 묻혀 있고 잊힌 '대만 근현대사'다. 그렇다면 반세기가 약간 지나는 동안 이 역사를 지우고 형성된 대만 근현대사는 도대체 무슨 역사인가, 또는 어떤 역사일 수 있는가?

1.

란보저우는 먀오리苗栗 객가인이다. 1979년 푸런輔仁대학 법문학과에 입학했다. 이해에 중·미수교가 체결되었고 대만 정치 생태가 크게 변했다. 대륙도 또 다른 거대한 변화의 시작점에 서 있었다. 1981년 푸런대학 초원문학사 사장을 지내던 기간에 란보저우는 양쿠이楊逵, 천잉전陳映眞 등 향토문학 작가를 학교로 초청해 강연을 들었다. 두 사람은 모두 대만 계엄 시기 백색테러의 정치적 수난을 당했고 당적이 없는 좌파 인

2『臺共黨人悲歌 : 張志忠, 季澐與楊楊』, 中和 : 印刻出版, 2012. ─옮긴이

단기 20세기: 중국 혁명과 정치의 논리

사다. 천잉전은 1977년 4월부터 1978년 1월까지 국민당 정권으로로부터 탄압당한 '향토문학 논쟁'의 주요 참여자다. 양쿠이는 향토문학 논쟁에서 발굴된, 향토성을 지닌 좌파 항일작가다. 이와 동시에 란보저우는 루쉰과 중국 좌익 작가의 작품도 몰래 읽었다.[3] 지하에서 유통된 우쥐류 吳濁流의 자전적 장편소설 『무화과』에서 그는 오랫동안 말할 수 없었던 '2·28'의 역사도 건드렸다. 란보저우는 바로 이런 모색 과정을 거쳐 문학의 방식으로 대만의 현대사를 탐색하기 시작해서 대만 현대사와 중국 혁명의 역사적 연관을 재건하는 길을 걸었다. 그는 법문학부를 졸업했지만 모더니즘, 포스트모더니즘 조류와 다른 길을 가고 스스로 20세기 중국 좌익의 현실주의 전통에 놓는다.

란보저우의 문학 생애는 대만 역사가 전환하기 시작하는 때 시작했다. 1987년 7월 15일 장징궈가 계엄령 해제를 선포하자 대만은 파도가 세차게 일어나는 듯한 새로운 시기로 진입했다. 바로 그해 초에 란보저우는 천잉전이 주축이 된 잡지 『인간人間』 동인이 되어 '2·28 사건' 40주년 관련 민중사 특집 발행 팀에 참가했다. 같은 해 7월 그는 『인간』에 「아름다운 세기」를 발표해서 '1950년대 백색테러' 피해자인 궈슈충郭琇琮 대부의 이야기를 그려냈다. 다음 해에는 『포장마차의 노래幌馬車之歌』를 발표해서 '1950년대 백색테러'의 또 다른 피해자 중하오둥鍾浩東 교장

---

3 「계엄 시기 신문, 잡지, 도서관 관리방법戒嚴期間新聞雜誌圖書管理辦法」. 모든 출판물은 출판 시기에 반드시 성 보안사령부(훗날 경비총부와 지방경찰국으로 개편)의 검사를 받아야 했다. 루쉰魯迅, 라오서老舍, 바진巴金, 선충원沈從文, 마오둔茅盾, 궈모뤄郭沫若 등의 작품과 좌익 사상 저서는 금서였다.

의 생명사를 독자에게 헌사했다. 란보저우의 문학과 역사 서술에서 주요 줄기는 대만 의사의 저항 전통, 대만 혁명가의 비장한 분투 그리고 대만 좌익 문학의 역사적 맥락이다. 이 작품들은 1947년 2·28 사건과 그 후 '1950년대 백색테러'를 배경으로 삼아 잊힌 역사를 재조명함으로써 거대한 전환과 격렬한 역사/정치적 투쟁을 숙성하고 있는 대만 사회에 질문을 던진다. 허우샤오셴侯孝賢의 영화 「비정성시」에는 『포장마차의 노래』의 그림자가 남겨져 있고 「호남호녀好男好女」는 바로 『포장마차의 노래』를 각색한 것이다. 이런 경우도 있지만 란보저우의 작품은 새로운 물결 속에서 그보다 많이 냉대·배척되고 의식적으로 잊혔다.

1949년 중화인민공화국의 건국과 양안 분리 통치 국면의 형성은 대만 역사의 분수령이다. 이 분수령의 의미는 두 가지 측면에서 이해할 수 있다. 첫째, 신중국의 성립과 국민당의 대만 후퇴에 따라 국공내전이 양안 분리 통치를 기본 구도로 하는 시기로 진입했다. 그 시작은 계엄령 발포 시기로 잡을 수도 있다. 분리 통치 국면은 사실상 국공내전의 연장이다. 대만 계엄령의 정식 명칭은 「대만성 경비총사령부 포고계자 제1호臺灣省警備總司令部佈告戒字第壹號」. 경비총사령 천청陳誠이 1949년 5월 19일에 선포했고 그다음 날 실시했다. 국민정부가 1949년 12월 대만으로 넘어온 지 반년 만이다. 그전인 1948년 12월 10일 국민정부는 난징에서 첫 번째 전국계엄령을 선포했는데 대만, 신장, 칭하이, 티베트, 시캉 등 국공 쟁탈의 주요 전장과 거리가 있는 먼 지역은 계엄령의 범위에 들지 않았다. 1949년 7월 7일 총통 대행 리쭝런李宗仁이 다시 2차 계엄령을 선포했다. 그러나 국민당은 곧바로 패배했고 대만으로 전면 후퇴했다. 사실「중화민국형법」제100조(내란죄) 원본은 1928년의 형법 초안이다. 1935년 1월에 정식으로 반포되었지만 무용지물이었으며 1950년 대만 계엄 시기에 와서 시행되었고 1992년 개정되었다. 이 두 전국계엄령이 대륙에서 신속하게 해제되고 대만에서 연장된 것(1938년 또는 1956년) 사이에는 뚜렷한 연속관계가 있다. 이 둘은 공통으로 중국 역사의 거대한 전환과 국민당 정권의 역사적 운명을 반영한다.

둘째, 1950년 한국전쟁이 일어났고 양안은 냉전 시기에 돌입했다. 7함대가 대만해협에 진주하고 류큐가 미국의 최대 극동 군사기지가 되었다. 대만, 한국, 베트남은 미국이 아시아 냉전 정책의 전초기지이자 붉은 중국을 저지하는 가라앉지 않는 항공모함이 되었다. 이른바 '계엄 시기'는 사실상 내전과 냉전이 교차 중첩한 결과물이다. 천잉전은 이를 '쌍전구조'[4]의 역사적 조건이라고 불렀다. 양안 관계가 대치와 냉전 구조에 처했지만 한반도처럼 이중 승인의 국제정치는 없었다.[5] 사실 양안 관계

---

4 천잉전은 이렇게 말했다. "1950년 이후 동서 냉전과 국공 내전이 '쌍전 구조' 아래 미국이 대만해협에 무장 개입하는 조건에서, 대만과 중국 본부가 분리되었다. (…) 역사적으로 이는 제국주의의 대중국 억제와 중국의 반억제 투쟁의 역학관계의 결과다." 陳映眞, 「臺灣史瑣論」, 『歷史月刊』(臺北), 1996年 10月號, 50쪽.

5 천잉전은 한국 지식인이 한반도 남북관계를 묘사할 때 만들어낸 개념인 '분단체제'도 참고했지만 그대로 받아들이지는 않았다. 백낙청의 말에 따르면 이 개념을 제기한 목적은 "남북의 서로 다른 두 '체제'(즉 두 가지 사회 기구)가 어떻게 서로 기묘하게 얽힘 구조 속에서 자기 재생산을 하는지를 이해하는 것"이고 "분단체제의 이론적 전제는 만약 우리가 남북한 양 '체제'를 고립해서 본다면 스스로 '체제'라는 글자의 두 가지 면에 가두어 놓을 수 있고(즉 세계체제와 남북한 각자 체제만 있다고 보는 것), 그렇다면 한반도 분단 상황은 만족스럽게 해석될 수 없다. 분단된 한반도의 현실에서 남북 간에는 일정한 상호 의존과 대립이 존재하고 해외 세력의 지속적 영향도 존재한다." 白樂晴,「使超克分

든 양안에 대한 국제적 승인관계든 모두 '쌍전'의 연장선상에 있다. 이런 의미에서 양안의 평화는 궁극적으로 새로운 정치를 창조해서 '쌍전'이 가져온 단절, 대립, 적의를 해소하는 것이다.

계엄 시기에 국민당은 대만에서 당 활동 금지, 보도 금지, 출국 여행 금지 등의 정책을 폈고 공산당원, 좌익 인사를 잔혹하게 탄압했다. 좌익 운동에 정말로 참여하지 않은 많은 청년도 잔혹하게 살해했다. 계엄령 선포 이후 국민당 정부는 또 「계엄 시기 불법 집회, 결사, 시위, 청원, 파업, 휴업, 철시 등을 방지하는 규정 시행령」, 「계엄 시기 신문 잡지 도서관 관리법」, 「반란징벌조례」 등을 반포했다. 1952년에 반포한(1958년에 수정한) 「출판법」 제1조는 집회, 결사, 청원을 금지하고 '군사적으로 방해'된다고 판단되는 발언, 강연, 신문 잡지, 도서, 고백, 표어와 기타 출판물을 단속한다고 명확히 규정한다. 계엄법 실시에 맞춰서 1954년에 '붉은 독' '노란 해' '검은 죄' 제거를 목적으로 '문화청결운동'을 일으켰다. 백색테러가 계엄 시기 전체로 연장되었다. 그러나 1950년대 진압이

斷體制運動成爲一種日常生活實踐」, 羅小茗 編, 『製造"國民"』第一輯, 上海: 上海書店出版社, 2011年. 남북한의 서로 다른 '체제'가 서로 엮여 자기 갱신을 한다는 백낙청의 관점은 유의미하다. 그러나 나는 한반도의 구도는 양안 관계와 다르다고 생각한다. 그리고 양안 관계에는 분단체제 개념을 사용하지 않는 것이 좋다고 생각한다. 이유는 '분단'과 '체제' 두 개념은 쉽게 오해를 사기 때문이다. 첫째, 양안 관계에 대한 국제적 승인은 남북한과 다르다. 둘째, 양안 인민의 일상생활 형태의 공통성은 그 차이를 크게 넘어선다. 셋째, 양안을 나누는 것은 쌍전 구조를 연장하는 것이자 탈냉전 질서를 공고히 하는 것이다. 그러나 체제화와는 거리가 멀다. 천잉전은 실제로 단순하게 '분단체제' 개념을 가져와 사용하지 않았다. 「一個"新史觀"的破綻」, 『海峽評論』第82期, 1997年 10月號 등에서 천잉전은 '분단조국' '분단민족' '양안분단' 등의 개념을 더 고정적으로 사용하면서 '분단'('분단체제'가 아니라)을 직접 '국가'나 '민족' 같은 개념에 더 연결했다.

가장 처참했기 때문에 '1950년대 백색테러'는 이미 고유명사가 되었다. 그러나 지금까지 계엄 시기 피해를 받은 사람 수는 아직도 민간의 자체 통계에만 의존할 수밖에 없다. 1992년부터 대만 지역 정치 피해자 상호 부조회가 지하당원을 총살한 것으로 유명한 '마창딩馬場町'에서 사망 피해자를 공개적으로 추모했다. 초기에 파악되는 사망자 수는 1010명뿐이었다.[6] 천잉전의 추산에 따르면, "1949년 말부터 1953년까지 대만에서는 대규모적이고 장기적인 '백색테러'가 일어났다. 5000명 가까이 총살되었고 8000에서 1만 명이 투옥되었다."[7] 계엄령이 해제되면서 계엄 시기, 특히 '1950년대 백색테러'의 역사를 어떻게 대하고 어떻게 해석하느냐는 원래 대만 정치 생활에서 중요한 사건이 되어야 했다. 그러나 백

---

6 "지금 추도회장에는 1010명의 이름이 걸려 있다. 여기에는 우리의 친척, 우리의 동료도 있고 생전에는 몰랐던 이름도 있다. 3분의 2는 이곳에서 살다가 이곳에서 죽은 대만 본토인이다. 그리고 북쪽으로 헤이룽장에서 남쪽으로 하이난섬까지 대륙 동포도 있다." 林書揚, 「五〇年代政治案件殉難者春季追悼大會聲明(1995年 4月 2日)」, 『林書揚文集』第二卷, 臺北: 人間出版社, 2010年, 144쪽 참조. 대만 진상과 화해추진위원회가 내놓은 2013년까지 통계에 따르면 계엄 시기 정치사형수는 1061명이다.

7 陳映眞, 「在白色恐怖歷史的證人席上發言─序王歡先生『烈火的靑春』」, 王歡, 『烈火的靑春: 五〇年代白色恐怖證言』, 臺北: 人間出版社, 1999年. 천잉전은 란보저우의 『포장마차의 노래』 서문 「미국 제국주의와 대만의 반공 말살 운동」에서 이렇게 말했다. "미국은 국민당이 1950년 한국전쟁 발발 이후부터 1954년까지 대만에서 진행한 지속적이고 광범위하고 잔혹한 정치적 말살 운동을 지지했다. (…) 대만 본토와 대륙의 '공비', 애국주의 지식인, 문화인, 노동자, 농민 4000에서 5000여 명을 살해했고, 같은 수를 10년 이상 투옥하거나 무기징역을 선고해 옥에 가두었다." 『幌馬車之歌』, 「序言─美國帝國主義和臺灣反共撲殺運動」, 臺北: 時報文化出版企業股份有限公司, 1991年. 셰충민의 또 다른 추산에 따르면, 계엄령 시기 체포된 사람 수는 2만9407명이다. 그리고 왕성王昇의 말에 따르면, 사형자 수가 체포자 수의 15퍼센트, 즉 4500명 정도도. 陶涵, 「臺灣現代化的推手─蔣經國傳」, 林添貴 譯, 臺北, 時報文化出版企業股份有限公司, 2000年, 229~230쪽.

색테러에 관한 조사는 2·28 사건처럼 대만 사회를 뒤흔들 만한 사건이 되지 못했다. 사실 '1950년대 백색테러'는 때때로 2·28 사건의 관련 서사 속에 끼어 들어갔다. 그래서 일반인은 둘 사이의 차이와 연관을 잘 구분하지 못한다. 양안 관계의 전환에 따라 대륙과 대만이 20세기 중국 혁명과 양안에서 중국 혁명의 각자 다른 정세를 어떻게 대할 것인가도 피할 수 없는 문제가 되었다. 그러나 성찰의 초점도 되지 않았다.

란보저우가 양쿠이, 천잉전의 좌익 문학의 길을 따라갔을 때 대만에서는 당외 운동이 점점 세를 키웠다. 1972년 닉슨이 중국에 방문하면서 중미관계가 거대한 전환점을 맞았고 대만에서는 큰 충격을 받았다. 바로 이해에 미국은 류큐를 일본에 '귀환'시켜 관할권을 미국에서 일본으로 남겼다. 게다가 역사적으로나 지리적으로나 류큐에 속하지 않는 댜오위다오도 포함시켰다. 이 사건을 계기로 북미 대만 유학생 사이에서 '댜오위다오 보호운동'이 거세게 일어났다. 댜오위다오 보호운동은 중미관계 변화에 대한 특수한 반응이었다. 그리고 1960년대부터 중국과 서양에서 동시에 폭발한 '반란'운동과 반전운동의 여파와 서로 상승작용을 일으켰다. 여기에는 좌파, 자유주의, 통일 지지, 극소수 독립 지지 등 여러 성향이 혼재했다. 전체적 경향에서 이 운동은 1960년대부터 1970년대까지의 반전운동과 민족 해방운동의 물결 속에서 형성된 청년 운동이다. 그것은 알게 모르게 대만이 미국에 종속되어 있음을 폭로했고 1950년대부터 양안 냉전 구도에 충격을 주었다. 이 운동에서 국민당원 가정 출신의 많은 대만 청년이 적색 중국의 존재를 다시 보게 되었고 태평양을 횡단하는 여정을 시작했다. 댜오위다오 보호운동은 새로운 공간을 열었다. 이것은 양안 냉전 상태 종결의 발단이라고 볼 수도 있다.

다오위다오 보호운동이 1980년대 대만 사회운동의 서막이었는지는 여기서 잠시 논외로 하겠지만 역사가 다른 방향으로 나아갔음은 분명하다. 1978년 12월 16일 미국은 대만에 중국 대륙과 곧 수교할 것임을 통보했다. 다음 날 장징궈는 긴급처분령을 반포하고 모든 선거 활동 중지를 선포했다. 12월 25일 쉬신량許信良, 위덩파余登發 등이 「당외인사 국시성명」을 발표해서 선거 회복을 요구했고 그전에 이미 출현한 각종 대만 주민 자결권의 연장선상에서[8] "대만 인민이 자신의 운명을 스스로 결정한다"고 주장했다. 1979년 1월부터 당외운동과 국민당 정부 사이에 일련의 충돌이 일어났다. 12월 10일(국제인권선언일)에는 가오슝에서 '메이리다오美麗島 사건'이 일어나면서 당외운동이 고조되었고 국민당 계엄 체제가 심각한 충격을 받으며 새로운 변혁의 시대가 왔다. 1986년 9월 28일 장징궈가 내린 계엄령 해제가 1년도 안 남은 시점에 132명이 참가한 당외 후원회 추천대회가 타이베이 위안산호텔에서 열렸는데 개최 당시 당 조직 임시대회로 바뀌었다. 그 후 민진당이 입법위원과 국민대회 대표 선거에 참가했다. 대만이 양당 경쟁 시대로 진입한 것이다. '계엄해제' 문제를 논할 때 많은 학자가 수많은 유학생의 귀국, 소극장운동, 문화 토론 활성화, 장징궈의 공개적 태도를 주된 요소로 꼽는다. 그렇게 틀린 것은 아니지만 미국에 버려졌다는 원망스러운 분위기 속에

---

8 1964년 펑밍민彭明敏과 셰충민謝聰敏, 웨이팅차오魏廷朝가 공동으로 기초한 「臺灣人民自救宣言」과 1977년 대만 기독장로교회가 발표한 「인권선언」 등.

서 남색파와 녹색파가 형성되었음을 의식하는 사람은 거의 없다. 중미 수교는 마오쩌둥이 냉전 양극 구조를 뛰어넘으려는 장기적 노력의 결과이면서 국민당 계엄 체제를 깨뜨리는 결정적 요소 중 하나다.[9] 마오쩌둥이 '3개 세계' 이론을 내놓지 않고 중국과 미국, 중국과 유럽의 관계가 크게 바뀌지 않았다면 댜오위다오 보호운동이 계엄 시기 종결 그리고 대만의 정치적 변화가 이런 속도와 방식으로 이루어질 수 있었는지는 확신할 수 없다. 그러나 계엄체제가 끝나고 얼마 지나지 않아 역사는 바로 1989년 세계 사회주의 체제가 와해되는 시기로 가고 있었다. 미국 패권체제 밖에서 사회 변혁의 길을 찾을 가능성은 크게 줄어들었다. 리덩후이가 '국가통일강령'을 제정·반포한 후 단 3년 만에 그것을 완전히 방치하고 돌아보지 않은 것은 (1994년 리덩후이와 시바 료타로의 대화가 근거다) 바로 이 이중적 변천의 결과다. 이른바 '역사의 종말'이라는 분위기에서 대만 사회는 '세계민주주의 제3의 파도' 속에서 새로운 자리를 차지했다.

대만 당외운동은 '계엄 시기'에 형성된 반대 운동이다. 여기에는 좌익 자유주의와 사회주의 요소도 약간 들어 있다. 그러나 20세기 중국 혁

---

9 지면 관계상 중미 관계의 변화가 아시아 지역 관계에 준 영향은 논하지 않는다. 이 관계 변화가 '국가, 민족, 인민이 독립해야 한다'는 조류에 준 영향도 논할 수 없다. 확실한 것은 중미 관계 변화가 중일 관계, 중국과 동남아 관계의 변화를 가져왔고 이 지역 공산주의 운동과 무장투쟁도 이로써 좌절하거나 끝으로 향했다는 사실이다. 중미 관계의 변화는 대만 내부의 정치 생태가 변하는 조건을 제공했다. 국제적 승인관계가 변하면서 국민당의 합법성은 유례없는 도전에 직면했다. 내전에서 타협할 수밖에 없었고 본토화 방향으로 나아갔다.

명과 대만 내 민족민주주의 혁명의 전통과는 관계가 거의 없다. 이때 공산당과 혁명 좌파 세력은 이미 소탕되어 아슬아슬하게 생명을 유지했다. 오로지 '향토문학'의 기치와 극소수 좌익 사회운동 속에만 현대 민족민주혁명 전통을 계승해 대만의 민주주의를 추진하는 문화 일파가 약간 남아 역사의 지표처럼 오늘날 대만 민주주의 운동과 근현대 대만 민족민주혁명 사이의 역사적 관계를 보여주고 있다. 따라서 1970년대부터 1980년대까지 당외운동은 '1950년대 백색테러' 이후 냉전과 내전이 공동으로 조성한 단층 속에서 발생했고 국민당 독재정치에 불만이 있는 젊은 세대에게 '계엄 시기' 주된 사상 자원과 활동 공간은 전후 대만에서 절대적 지위를 점하는 미국에서 나왔다. 오늘날 대만 학생운동과 민주주의 사상의 변천을 정리하려면 대부분 1950년대의 『자유중국』, 1960년대의 『문성文星』 『대학』 그리고 1970년대의 댜오위댜오 보호운동을 추적할 것이다. 이 맥락의 외부—비교적 내부적이고 더 결정적 요소일 수도 있다—는 미국에서 들어온 자유주의(비록 그 내부 구성도 더 복잡하지만)이며 그 특징은 민주와 자유 추구를 호소하는 동시에 반공 이데올로기를 공유하는 것이다.[10]

---

10 물론 예외가 없는 것은 아니다. 초기 당위 운동에는 사회주의적 요소가 약간 있었다. 따라서 몇몇은 신중국에 대한 태도가 달랐다. 1976년 쑤신蘇新의 딸 쑤칭리蘇慶黎가 편집을 맡은 『하조夏潮China Tide』는 계엄 시기 후기 '좌익' 사상 노선을 공개적으로 천명했다. 그 전략 중 하나는 바로 잊힌 일제강점기의 '향토문학'을 출토하는 것이다. 천밍중은 『하조』 창간을 지지한 핵심 인물이다. 그는 2·28 사건 때 '27부대' 결사대에 참가했고 백색테러 시기에는 체포되어 10년간 투옥되었다. 1976년에 다시 공산당과 내통, 반란 음모(반정부 인사 황순싱黃順興의 대륙 잠복 획책) 등 죄목으로 사형을 선고받았다. 그 후

'계엄 시기' 백색테러에서 육체를 잃고 잔혹하게 진압당한 후 대만 좌익은 또 대만 내 정치 생태의 거대한 전환과 1989년 이후 사회주의의 쇠락에 직면했다. 1990년대 대만의 경제 형태가 전환을 겪었다. 자본이 내륙으로 이농하자 대만 노동역량이 감소했으며 계급적 사회운동이 제대로 성장하지 못한 채 쇠락의 추세를 맞았다. 리덩후이의 국족 만들기 프로젝트의 흡수 작용에 힘입어 환경운동, 농민운동, 학생운동 등이 여전히 활동을 지속하지만 역량과 방향은 이미 크게 변했다. 그 대신 일어난 것이 도시 중산계급을 중심으로 한 신사회운동이다. 극소수의 민감한 사상가와 노동자를 제외하고는 대다수가 해협 양안의 노동 분업과 불평등한 노자관계에 관심을 두지 않았고 통일과 독립의 관점에서 양안 관계를 해석하는 경향을 보였다. 이런 맥락에서 사실상 '독립 대만'(대만은 이미 주권독립국가라는 공언)과 '대만 독립' 사이의 노선 분열도 통일과 독립 투쟁으로 이해되었다. 통일과 독립 문제에서는 민족 정체성, 종족 집단 관계, 국가 건설, 이를 주축으로 조직되는 새로운 대만사가 현실 정치와 역사 현상을 지배하는 기본 요건이 된다.

새로운 환경에서 좌익 사회운동이 주목하는 계급과 사회 구조 문제는 점점 바뀌었다. 새롭고 좌익적 색채를 띠고 무대에 오른 세대는 이미 탈구조주의, 탈식민주의, 포스트모더니즘 문학과 예술 등으로 무장하고 구미(특히 미국)에 유학한 청년학자들이 주축이 된 신생 세대다. 정

해외 댜오위다오 보호단체 등의 조직적 지원을 받아 15년으로 감형되었고 1987년 병보석으로 석방되었다. 천잉전 등은 이 잡지 편집 활동에 참여했다. 란보저우는 중학 시절 『하조』 '좌익'에 계몽되었고 훗날 하조연합회 회장도 맡는다.

치적인 면에서 대만 좌익전통과 관계보다 이 새로운 운동과 비판대상의 관계가 더 깊을 수도 있다. 1970년대 '향토문학'과 '모더니즘' 논쟁, 1980년대 당외운동, 1990년대 '들백합' 학생운동은 범좌파, 자유주의 그리고 기타 사회 세력을 하나로 모으고 민주 변혁의 역사적 물꼬를 텄다. 그러나 1990년대부터 남녹藍綠체제가 굳어지면서 대만 사회운동의 주도적 의제는 통일과 독립 문제로 좁아지고 더 나아가 직접 대만 사회 내부의 모순에 대항하는 학생운동도 그것을 비껴가지 못했다. 예를 들면 2008년 '산딸기'운동과 2014년 '해바라기' 학생운동은 대만 사회의 내부 모순에 대한 응답이었고 신자유주의 경제와 대의제 민주주의를 비판했지만 운동의 계기는 양안의 '대삼통' 반대, 양안 '서비스 무역' 협의 반대였다. 이와 아주 대조적으로 미국이 추진하고 대만이 가입을 희망하는 환태평양경제동반자협정TPP은 신자유주의 프로젝트일 뿐 아니라 중국 대륙을 억제하고 냉전 구도를 지속하려는 선명한 의도를 담고 있다. 그러나 새로운 사회운동과 학생운동에서는 가끔 몇 사람이 언급하는 것을 볼 수 있을 뿐 정치행동 강령에 삽입되는 것은 차치하고라도 이에 대한 깊이 있는 분석조차 없다. 바로 이 때문에 이 운동들은 새로운 방향으로 포위망을 뚫고 전진하지 못하고 서로 다른 역량이 이끄는 대로 다시 오래된 '포위된 도시'로 들어간다. 달리 말하면, 1950년대 숙청 이후 중국 혁명과 아시아 혁명의 일익을 담당했던 대만 좌익 전통은 항상 주변적 지위에 있었다.

란보저우의 '현대사 고고학'과 '문학사 탐구'는 바로 이런 환경에서 탄생했다. 그는 자료를 뒤져 읽고 당사자를 인터뷰하고 좁은 골목과 무덤,

도시와 농촌, 대만 남북, 해협 양안을 누비며 치열하게 고민하고 힘겨운 일에 나선다. 비할 바 없이 고생스럽다. 『슬픈 노래』는 2012년에 출판되었다. 그러나 초고는 1994년 3월 16일에 이미 완성되었고 2007년 3월 16일 2차 원고, 2009년 10월 1일 3차 원고, 2010년 6월 6일 4차 원고, 2010년 7월 1일 5차 원고를 거쳐 2011년 1월 25일 최종고가 완성되었다. 시작부터 끝까지 장장 17년 동안 수정과 증보 과정을 거쳤다. 이 책을 준비하고 쓰고 수정하는 20년 동안 저자는 2·28 사건, 1950년대 백색테러와 관련된 수많은 책을 냈다.

『가라앉은 시체, 유랑, 228』(1991), 『일제시기 대만 학생운동 (1913~1945)』(1993), 『백색테러』(1993), 『인멸된 대만사와 대만인을 찾아서』(1994), 『가오슝현 228과 1950년대 백색테러의 민중사』(1997), 『1950년대 백색테러: 대만 지역 사건의 조사와 연구』(1998), 『인간의 정도는 풍파다: 먀오리현 문학자 작품집』(1999), 『오 탁류의 문학 원향: 서호』(린링林靈과 공동 집필, 1999), 『공산청년 리덩후이』(2000), 『맥랑 노래패: 1949년 49 사건을 추억한다(대만대학 편)』(2001), 『닭은 아직 밝지 않았다: 1949년 49 사건을 추억한다(사범대학 편)』(2001), 『대만의 좋은 여인』(2001), 『역사의 농무 속에서 사라진 작가의 그림자』(2001), 『덩굴에 휘감긴 나무』(2002), 『적색 객가인: 1940, 50년대 대만 객가인의 사회운동』(2003), 『적색 객가장: 다허디大河底의 정치파동』(2004), 『사라진 대만 의학계의 양심: 1950년대 백색테러에서 수난당한 고귀한 영혼』(2004), 『228 들백합』(2007), 『청춘전투곡: 228 이후의 대만 학생운동』(2007), 『228의 농무 속에서 사라진 왕톈덩王添燈』(2008), 『전풍자:

한 작가의 선거 기록』(2009),『늙은 빨간모자老紅帽』(2010),『조국삼천리
를 찾아서』(2010),『당신은 무슨 파인가』(2011) 등.[11]

란보저우는 장기적 연구와 축적으로 자료 조사, 인물 탐방, 문헌 실록
등의 형식에 아주 능숙해졌다. 그는 탐정소설을 쓰듯이 우연처럼 보이
는 한 청년의 자살 사건에서 시작해 국민당 기록물 자료, 서로 다른 당
사자의 회고, 기타 실마리를 검토해서 누에고치에서 명주실 뽑듯 조목
조목 대조하고 거짓은 버리고 진실만 남겨놓아 대만 공산당 지도자 장
즈중과 그의 아내 지원, 아들 샤오양의 생명사를 복원했다. 란보저우는
2·28 사건, 1950년대 백색테러 등 주요한 역사적 사건을 조사하는 동시
에 대만 좌익 문학의 전개 맥락을 자각적으로 그려냈고 이 문맥과 루쉰
으로 대표되는 20세기 중국 문학전통의 내재적 전통을 다시 세웠다. 그
의 글을 통해 1930년대 좌익 문학(루쉰), 1940년대 문학항쟁(쑹페이워
宋非我, 젠궈셴簡國賢, 뤼허뤄呂赫若, 레이스위雷石楡, 란밍구藍明谷, 우쥐류吳濁

---

11 원어제목은 『沉屍, 流亡, 二·二八』(1991), 『日據時期臺灣學生運動(1913~1945)』
(1993), 『白色恐怖』(1993), 『尋訪被湮滅的臺灣史與臺灣人』(1994), 『高雄縣二·二八暨五
〇年代白色恐怖民眾史』(1997), 『五〇年代白色恐怖：臺北地區案件調查與研究』(1998),
『人間正道是滄桑：苗栗縣文學家作品集』(1999), 『吳濁流的文學原鄉：西湖』(與林靈合作
編寫製作, 1999), 『共產青年李登輝』(2000), 『麥浪歌詠隊：追憶一九四九年四六事件(臺大
部分)』(2001), 『天未亮：追憶一九四九年四六事件(師院部分)』(2001), 『臺灣好女人』
(2001), 『消失在歷史迷霧中的作家身影』(2001), 『藤纏樹』(2002), 『紅色客家人：一九四〇,
五〇年代臺灣客家人的社會運動』(2003), 『紅色客家莊：大河底的政治風暴』(2004), 『消失
的臺灣醫界良心：五〇年代白色恐怖下受難的高貴靈魂』(2004), 『二·二八野百合』(2007),
『青春戰鬥曲：二·二八之後的臺北學運』(2007), 『消失在二·二八迷霧中的王添燈』(2008),
『戰風車：一個作家的選戰記事』(2009), 『老紅帽』(2010), 『尋找祖國三千里』(2010), 『你是
什麼派』(2011).

流), 1970년대부터 1980년대까지 향토문학(천잉전, 황춘밍黃春明과 다시 발굴된 양쿠이)의 전개가 거대한 돌에 눌린 들풀처럼, 아슬아슬하면서도 생명이 끊이지 않게 묘사된다. 그리고 행간에서 작자가 앞서 등장한 작가들을 본받아서 자각적으로 이 전통의 발굴자, 계승자, 창립자로서 사명을 짊어진다. 이 문맥은 일본 식민 통치와 국민당 백색테러 아래서 피투성이로 자라난 생명나무이자 대만 정치 생태의 거대한 전환, 좌익 문학 전통의 주변화라는 상황에서 맞바람을 맞으며 전진하는 수레다. 앞사람이 넘어지면 뒤에서 계속 그 뒤를 잇는 모습이 마치 비장한 서사시와 같다.

우리는 이 역사의 단층 속에서 문맥을 이으려는 노력을 어떻게 게 이해해야 할까? 그가 이토록 강인하게 망각을 기념하는 것을 어떻게 해석해야 할까?

2.

란보저우 작품의 주된 형식은 보고문학(대만 학자는 '보도문학'이라고 한다)과 역사 조사다. 가장 기본적인 역사적 사실과 역사적 인물의 사상과 감정을 다룬다. '믿을 수 있는 역사' 형식으로 전개되는 이 서사는 논변의 성격을 지니고 동시에 남색파와 녹색파 두 진영이 주도하는 서사, 즉 대만 서사와 국민당 정통성 서사와 그 변형체에 초점을 맞춘다. 그는 전자를 식민 통치에 반대하는 피억압 민족의 해방운동이라고 보고, 후자를 백색테러와 독재 통치에 반대하는 대중민주주의 좌익운동이라고 본다. 오랫동안 조사한 그는 일제강점기 대만 민중과 혁명가의 민족 해방 투쟁, 전후 대만 민중과 혁명가의 국민당 학살통치 반대 투쟁, '1950년대 백색테러' 시기 좌익 진보 인사의 분투와 희생을 독자가 일일이 구체적으로 느끼게 하고 진상을 똑바로 알려준다. 그는 그사이의 연속과 변화를 살펴보고 이 연속과 변화를 중국 혁명과 건국운동의 관계 속에 놓고 끊임없이 생장하며 광활하고 두꺼운 역사의 장면을 펼쳐 보인다.

이 장면은 1990년대 대만 정치의 거대한 변화와 보조를 같이해서 형성되는 것이다. 작자가 바로 이를 통해 남색파와 녹색파가 주도하는 역사관 관련 논쟁에 개입하는 것일지도 모른다. 이 역사전쟁에서 국민당은 수세에 처해 있고 당외운동의 지도권을 획득한 민진당은 공세에 처해 있다. "대만 인민이 스스로 자신의 운명을 결정한다"는 구호 아래 신대만사 서술은 생략과 왜곡의 서술 전략을 취해 대만 좌익 전통의 역사적 맥락과 민주화 운동에 대한 역사적 공헌을 은폐하고 대만의 파토스를 재구성한다. 이 왜곡된 역사적 맥락은 대만의 신사회운동, 특히 새로 태어나는 세대의 양안 관계에 대한 역사적 관점과 사상 감정에 짐작하기 어려운 영향을 준다. 새로운 대만사 서술에는 몇 가지 차원이 있지만 결코 복잡한 서술이 아니다. 가장 피상적인 진술은 대만 역사를 무차별적으로 식민지 역사로 간주하고 민진당 등장 이전 대만 정권을 모조리 외래 정권으로 간주해 스페인, 네덜란드, 정성공, 청나라, 일본, 중화민국 순으로 식민지 서열을 나열하는 것이다.

이러한 '외래 정권사'의 틀로 새로운 대만사 서술은 또 이 역사 서열의 내적 관계를 재조직한다. 첫째, 일본 식민 통치(그리고 네덜란드 식민 통치)가 '문명 정도' 또는 '근대화 수준'을 높이고 근대 제국주의의 중국 침입을 근대와 전통, 문명과 우매의 대립 구도에서 바라봄으로써 중국 대륙보다 식민지 대만이 우월하다는 느낌을 조성한다. 둘째, 일본 식민 통치와 2·28 사건을 대비함으로써 사실상 '황민화'를 위한 변명을 하고(즉 대비의 의미에서 그것을 합리화하고) 더 나아가 일본 식민주의에 대한 '그리움'을 '대만 독립'(중국 대륙과 다르고 일본, 미국이 주도하는 질서와 조화를 이루는) 분위기 속에 엮어버린다. 셋째, 중국 혁명과 혁명 중국을 지지하고 동정과 이해의 태도를 보이는 몇몇 사람이 있지만 미국식 자유주의로 냉전과 탈냉전의 대만 정치 구조를 포장하고 중화인민공화국을 폄하해 대만 사회와 중국 혁명의 역사적 연대를 끊어내는 것이 바로 대만사 서술의 주류다. 대만에서 '공산주의'와 '권위' 개념은 중국 대륙을 지칭한다. 그리고 이를 통해 냉전 시대 대만과 미국 제국주의 통치의 종주-식민관계를 은폐한다. 그것은 주류파의 정치 수사를 관통하는 공통 어휘다.

대만을 '중국의 타자'로 구성하는 객관적 역량은 대만 내 정치운동이라기보다는 두 가지 형태의 다른 정치질서다. 즉 '제2차 세계대전' 종결 이전의 일본 식민주의와 '제2차 세계대전' 종결 후, 특히 한국전쟁 발발 이후 형성된 미국 주도하의 내전 냉전체제다. 1954년 체결된 「미중(즉 장제스 정권—글쓴이)공동방어조약」은 미일, 미국—필리핀 협동방어 조약과 성격이 일치한다. 즉 중국을 무력으로 억제하고 조약으로 대만의 행위를 규정하며(자체적으로 대륙을 공격하는 것을 불허함) 연합 방어 형식으로 공산주의의 침투를 방어함으로써 궁극적으로 대만 주권이 미확정되는 구도를 조성하는 것이 취지다.[12] 1979년 중미수교 이후 미국은 일방적으로 「대만관계법」을 반포하고 국내법의 형식으로 「미중공동방어조약」을 대체했다. 이로써 양안의 대립과 분리라는 기존의 구도를 유지했다. "대만인의 운명은 대만인이 결정한다"는 구호는 원래 제국주의의 식민 통치를 반대한다는 의미였다. 그런데 이 구호가 중국 대륙에 대한 독립 운동을 위해 전환되었을 때는 두 가지 제국주의 식민 통치가 조성한 분리 국면에 상호 호응하는 의미를 갖게 된다. 따라서 자치나 독립이라는 명목으로 이 통치를 군혔다. 부득이하게 중화민국이라는 정치적 외피를 빌렸기 때문에 독립대만운동과 대만 독립 운동은 줄곧 "중화민국에서 대만으로" "대만의 중화민국" "중화민국은 대만이다" 등의 표현 사이에서 말을 얼버무린다. 다시 말하면, 오늘날의 맥락에서 말하는 '대만의 주체성'은 현대 대만이 대만의 식민성(일본 식민 통치에 대한 포스트 식민성과 미국 제국주의 지배에 대한 새로운 식민성)에서 벗어나려고 해온 힘겨운 투쟁과 역사적 연관이 없을 뿐 아니라 이 연관을 끊어내고 왜곡하는 것을 전제로 삼거나 미국 냉전체제 속에서 대만의 전략적 지위 전환을 계기로 삼아 '쌍전' 구조를 승인함으로써 조성한 지정학적 구도를 전제로 한다. 대만의 자기규정이 냉전의 지정학적 구도

---

12 이 조약이 효력을 발휘하는 범위는 대만과 평후 열도다. 그러나 대만 당국이 실질적으로 통치하는 진먼金門, 우추烏丘, 마주馬祖, 둥인東引, 둥사東沙, 난사군도南沙群島는 해당되지 않는다. 1979년 미국은 국내법 형식으로 「대만관계법」 제15조를 반포함으로써 이와 같은 「미중(장제스 정권)공동방어조약」의 범위를 계승했다.

속 '중국의 타자'에서 파생된 것이라면 서로 다른 방식으로 서로 다른 정도로 일본 식민 통치와 미국 주도의 패권적 지역체제를 합리화하는 것은 바로 새로운 자기규정의 필수적 과정이다.

비로 이 때문에 1990년대 고조된 대만 독립의 신역사관은 반드시 란 보저우가 찾아 나선 지하의 역사를 '망각'하는 것을 전제로 한다. 이것이 남색파와 녹색파가 대립하면서도 공유하는 인식이다. 1895년 시모노세키조약에서 1945년 일본 패전까지 대만은 50년 동안 일본의 식민 통치를 겪었다. 2000년 대만의 첫 번째 정권교체 후 민진당은 법리적·도덕적으로 일본의 식민 통치와 대만의 자주적 지위의 연속성을 긍정하기 위해 일본 식민 통치 시기를 거리낌 없이 '일치日治' 시기로 수정했고 교과서의 표준 용법으로까지 확장했다. 이에 따라 대만사 연구 속에서 '일치'와 '일거日據' 시기 몇몇에 관한 논쟁이 일어났다. 일본 식민 통치의 각도에 따르면 '일거' 시기 대만사는 세 시기로 구분된다. 1895년 을미전쟁에서 1915년 시라이암西來庵 사건[13]까지가 첫 번째 시기(대략 잔혹하게 대만 민중의 저항운동을 진압한 무관총독 시기와 중첩된다), 1915년 시라이암 사건(첫 번째 시기 최후의 한족 무력 저항)부터

13 1915년에 벌어진 무장항일운동. 지도자는 위칭팡余淸芳, 뤄쥔羅俊, 장딩江定 등이다. 이 사건은 식민지 시기 대만에서 벌어진 수많은 사건 중 규모가 가장 크고 희생자 수도 가장 많은 사건이다. 동시에 종교의 힘으로 일본에 항거한 첫 번째 주요 사건이다. 거사를 기획한 곳이 시라이암 오복대왕묘五福王爺庙이기 때문에 일본 측에서 시라이암 사건이라 부르고, 거사 지도자 이름을 따서 위칭팡 사건이라고도 한다. 또 위칭팡 등이 일본 군과 티파니噍吧哖(오늘날 타이난 위징玉井구)에서 교전했기 때문에 티파니 사건 또는 '위징 사건'이라고도 한다. — 옮긴이

1937년 일본이 중국을 전면 침략할 때까지가 두 번째 시기(대략 일본이 다이쇼 데모크라시 시대에서 파시즘 군국주의로 넘어간 것과 중첩된다. 이 시기 일본의 대만 통치 정책은 대대만 동화 정책, 즉 '내지연장주의'로 개괄할 수 있다), 1937년부터 1945년까지가 세 번째 시기(즉 '황민화 정책' 시기, 이 시기에 식민 당국은 자치적 사회운동을 금지하고 황민화 정책을 펴서 대만을 자신들의 '대동아전쟁'과 태평양전쟁의 예비 기지로 만들었다)다.

그러나 대만 중일전쟁의 관점에서 보면 일본 식민지 시대 시기 구분은 다르다. 1895년부터 1915년까지 대만 인민이 각종 형식으로 일본 식민 통치에 무력으로 저항했는데 이 시기를 대략 세 단계로 나눌 수 있다. 즉 1895년 대만 보위전쟁 시기, 1895년부터 1902년까지 북부 의용군 봉기와 이에 응답한 중남부의 유격전 시기, 1902년 핑둥屛東현 린사오먀오 사건林少貓事件에서 1915년 시라이암 사건으로 대표되는 산발적 항일무장봉기 시기로 구분된다. 무장저항 시기 전체에서 희생된 대만 인민 총수는 지금까지도 의견이 분분하다. 그러나 "대만 식민지 정복 전쟁에서 전사한 일본군 수는 청일전쟁 사망자보다 훨씬 많다. 대만 동포가 일본 군경에 무참히 살해당한 사람 총수에 대해 어떤 학자가 일본 측 정부 공식헌병사, 대만경찰 연혁지를 근거로 누적 통계를 냈는데, 약 40만 가까이다."[14] 이 숫자는 대만사(전후 포함)에서 종족 간 충돌 피해

---

14 許介鱗,『日本殖民統治讚美論總批判』, 臺北 : 文英堂出版社, 2006, 17쪽; 王國璠,『臺灣抗日史』, 臺北 : 臺北市文獻委員會, 1978, 327쪽. 그리고 천사오신陳紹馨은 일본 당국이 편찬한 대만 사망 통계에 근거해서 1937년의 경우 대만인 사망률이 대만 거주 일본인 사

자 총수보다 훨씬 많다. 1915년 이후 대만 인민의 무력 저항은 끝나지 않았다. 1930년 우서霧社 사건이 바로 일본 식민 통치에 대한 대만 원주민의 이정표다. 일본 식민 통치가 공고해지면서 대만 한족의 항일운동은 시라이암 사건 이후 무력 저항에서 문화적 저항으로 전환했다.

일본의 식민 동화 정책 앞에서 대만의 자치적 사회운동과 일본 제국주의에 맞서 싸우는 혁명투쟁이 여기저기서 일어났다. 장웨이수이蔣渭水(1891~1931)는 이 시기 문화 저항운동의 지도자이자 대표적 인물의 한 사람이다. 장웨이수이는 젊은 시절 의학을 공부했고 중국 혁명 운동에도 관심이 있었다. 일본이 중화민국의 통일을 방해한다고 고발하는 전보를 국제연맹에 보내기도 했다. 1921년에는 대만의회설립청원운동에 참가했고 린셴탕林獻堂으로 대표되는 우펑린霧峰林씨 가문의 자금 지원을 받아 대만문화협회를 설립하고 민권계몽운동을 이끌었다. 1927년 대만문화협회가 좌우로 나뉘자 장웨이수이는 중립을 지키는 대만민중당을 창립했다. 장웨이수이의 왼쪽은 대만 신흥 좌익이 지도권을 쥔 대만문화협회였고 장웨이수이의 오른쪽은 일본 통치자와 타협 정도가 비교적 높지만 대만 자치를 주장하는 린셴탕이었다. 1928년 대만공산당이 상하이에서 창립되고 대만 농민조합과 대만문화협회의 지도권을 연

망률의 두 배 이상이라고 보고했다. 陳紹馨, 『臺灣的人口變遷與社會變遷』, 聯經出版事業公司, 1979, 36~38쪽. 주목할 만한 점은 일제강점기 대만 인민의 희생자 숫자에 대해서는 신대만사 연구가 등장하면서 '실증' 방식으로 희생자 숫자를 체감하는 현상이 나타났다는 사실이다. 여기서 특히 생각할 점은 숫자 자체가 아니라 새로운 자료 논쟁에 담긴 경향과 입장이다.

단기 20세기: 중국 혁명과 정치의 논리

이어 탈취했다. 장웨이수이도 1928년 대만 노동자동지 총동맹을 설립하고 투쟁하는 과정에서 점차 급진, 좌경화되었다.[15] 장웨이수이와 함께 일본에 정확한 혁명지사 랴오진핑廖進平, 양위안딩楊元丁, 황츠黃賜 등은 훗날 모두 2·28 사건에서 살해당했다. 그의 셋째 아들인 동시에 중국공산당 지하당원인 장스친蔣時欽은 국민당 당국에 체포되었지만 중국 대륙으로 망명했다. 국민당과 복잡한 관계였던 친동생 장웨이이촨蔣渭川은 포살자 명단에 있었으며 딸은 죽고 아들은 다쳤다.[16]

란보저우의 모든 작품은 이 시대의 배경 속에 깊이 뿌리박고 있다. 그는 복잡미묘한 인간관계를 통해 중간중간 끊긴 대만사의 맥락을 연결했다. 그의 유명한 작품『포장마차의 노래』는 아내 장원위蔣蘊瑜(본명 장비위蔣碧玉)와 형제, 동료의 시각에서 보는 지룽基隆고등학교 교장 중하오둥鍾浩東(1915~1950)의 생명사다. 중하오둥은 이중 신분을 갖고 있었다. 하나는 국민당 독재 통치에 반대하다 총살당한 중국공산당원이다. 다

---

15 평생 좌우 사이에서 자리를 정하지 못한 장웨이수이는 결국 제3국의 계급적 입장과 '자본주의 제3시기'이론을 받아들였다. 이 때문에 '제3기'와 "무산계급의 승리가 목전에 임박했다"라는 글을 유언에 써넣었다. 그러나 '무산계급'이라는 말에 너무 민감했기 때문에 장웨이수이의 유언은 서거 후 여러 번 수정당했고 장웨이수이가 말년에 좌경화한 진상이 오랫동안 은폐되었다. 장웨이수이 유언의 각종 판본은 周穎君(韓嘉玲),「哪一個是蔣渭水眞正的遺囑」,『海峽』(臺北) 3期, 1987, 28~30쪽 참조.
16 2·28 사건 때 장웨이이촨은 2·28 사건처리위원회 주요 책임자였다. 대만인에게 정치선전을 하는 과정에서 사태의 원인이 국민정부의 부패, 부당한 행정, 점령자 의식이라고 지적하자 국민정부가 무장 경찰에게 장웨이이촨 총살을 명령했다. 무장 경찰이 사저에 들이닥쳤을 때 장웨이이촨은 홀로 도망가고 딸이 그 자리에 죽고 아들은 중상을 입었다. 사건 이후에는 대만성의회 참의원에 당선되었고 중화민국 내정부 차장도 지냈다. ―옮긴이

른 하나는 장웨이수이의 사위이자 유명한 향토작가 중리화鍾理和의 이복동생이다. 중하오둥은 중국을 침략하는 일본군의 명령을 듣지 않으려고 병역을 피해 일본으로 공부하러 갔다. 1940년에는 아내와 함께 대륙에 기서 항일운동에 참가했다. 광둥성 후이앙惠陽에서 일본 간첩으로 오인받아 구금되어 형 집행을 기다렸다. 다행히 대만 항일 선구자 추평자丘逢甲의 아들 소장참의 추녠타이丘念臺(1894~1967)에게 구조되었다. 그리고 그가 이끄는 국민당 제4작전구역 동구복무대에 들어가 일본군 포로 심문에 협조하고 적전·적후 정치 업무에 종사했다. 1945년 일본이 패전한 후 그들은 광저우로 발길을 돌려 광저우에 체류하는 대만인의 귀향을 도왔다. 이 대만인은 대부분 일본인에게 강제로 끌려온 군인이거나 의료인, 간호사였다. 중하오중 부부 등은 대만어와 일본어로 그들에게 대만 역사의 변화를 설명하고 조국으로 돌아간 후 대만인이 모두 중국 국민이 될 것이라 말하며 그들의 정서를 안심시켰다. 중하오둥은 젊은 시절 장제스를 숭배했고 그를 항일 지도자라고 생각했다. 그러나 5·4운동의 영향을 받고 사회주의 이론에 접촉하면서 사상이 점점 왼쪽으로 기울었다. 1946년에는 공산당에 가입했다. 2·28 사건 이후 그는 지하 투쟁을 이어갔으며 지하 간행물 『광명보』를 발행해서 "국공내전 정세의 전개를 선전하고 제국주의에 반대하는 계급 교육을 실시했다." 1949년 9월 초 체포되었고 1950년 10월 14일 광저우 해방주년에 희생되었다.

중하오둥도 『슬픈 노래』의 등장인물 중 한 사람이다. 1946년 5월 바로 장즈중이 대만공산당원 우커타이吳克泰가 소개한 중하오둥의 입장을 비준했다. 장즈중에 비해 중하오둥은 이 복잡한 공산당원 활동 계보에서 상대적으로 주변에 속할 뿐이다. 저자가 장즈중, 지원의 "무덤에는 뜻밖에도 사람들에게 알려지지 않은 전기적이고 비장한 대만 근현대사가 묻혀 있다"고 개탄한 이유는 이 두 역사적 실종자가 바로 이 활동 계보에서 핵심 위치에 있기 때문이다. 이 계보에서 우리는 웡저성翁澤生, 왕완더王萬得, 차이샤오간蔡孝乾, 허우차오중侯朝宗, 아키야마 요시테루秋山良照, 리덩후이李登輝, 셰쉐훙謝雪紅 등 각양각색의 인물들을 볼 수 있다. 그들은 서로 다른 경로로 중국 혁명과 공산주의 운동에 가담했고 잔혹한 투쟁의 시대에 각자 다른 인생의 길을 걸었다. 분투, 희생, 사수, 유리, 투항, 배반이 이 시대 서로 다른 정치적 선택을 표현한다. 장즈중과 그들의 교류 그리고 각자의 인생 궤적은 중국 대륙과 대만의 굴곡지고 복잡한 현대적 여정을 공동으로 굴절한다. 책에서 저자는 장즈중, 지원의 평생 사적을 상세히 묘사했다. 나도 다른 자료를 참고해 그 중요한 것을 뽑아 간략히 그려냄으로써 이 역사적 맥락의 광활함과 두께를 보여줄 것이다.

장즈중張志忠은 1910년 일제 치하 대만 남부 자이의 극빈 농가에서 태어났다. 1924년 샤먼 지메이학교集美學校에 입학했고 웡저성 등이 세운 민난閩南학생연합회에 가입해서 간행물 편집을 맡았다. 웡저성(1903~1939)은 타이베이 사람이고 지메이학교와 취추바이瞿秋白, 런비任弼 등 초기 공산당원이 창립한 대만중국공산당 주체의 대만 지역 공산당 조직 '일본공산당 대만민족지부'에 가입했다. 1932년 중화전국총노동자회 당단黨團 서기장에 취임했다. 1933년 3월 상하이에서 체포되어 일본 정부로 인계되었고 대만으로 송환되었다. 옥중에서 아무리 잔혹한 형벌을 받아도 지조를 굽히지 않았다. 1939년 고통 속에서 죽었다.

1926년부터 1927년까지 장즈중은 아나키스트가 조직한 대만 흑색 청년연맹 활동에 가담했고 이 조직의 지방 책임자가 되었는데 이 때문에 일본 당국에 체포되었다. 흑색청년연맹 지도자는 왕완더王萬德(1903~1985), 차이샤오간蔡孝乾(1908~1982)이다. 타이베이 사람인 왕완더는 1922년 린셴탕, 장웨이수이 등이 이끄는 대만문화협회에 가입했고 1927년 대륙에서 중국공산당에 가입했다. 이듬해 대만공산당으로 당적으로 옮겼다. 1931년 대만공산당 상무위원 겸 서기장에 당선되었고 같은 해 일본 당국에 체포되어 12년 동안 투옥되었다. 2·28 사건 이후 대륙으로 도주했다. 차이샤오간은 대만 장화彰化 사람이다. 윙저성과 마찬가지로 1924년 상하이대학에 입학했고 이 학교에 재직하던 취추바이, 런비 등의 영향을 받았다. 1928년 대만공산당 결성에 참가하고 중요 당직을 맡았다. 1932년 홍군이 장저우漳州를 공격하자 홍군 1군단 정치부 주임 뤄룽환羅榮桓의 소개로 차이샤오간과 많은 대만인이 함께 장시혁명 근거지로 갔다. 그는 대만공산당원 중 유일하게 장정에 참가한 인물이기도 하다. 1938년 팔로군 총부 야전정치부 부장 겸 적공부敵工部(적군 와해를 담당하는 부서―옮긴이) 부장에 취임했다. 1945년 중국공산당 대만성 당무위원회 서기에 취임했고 1946년 대만으로 돌아가 업무를 했다. 1950년 체포된 후 도주했고 두 번째 체포 후에는 '갱생自新'을 해서 유명한 우스吳石·주천즈朱諶之 사건[17]을 일으켰다.

---

17 1949년부터 1950년 중화민국 정부가 대만으로 퇴각한 초기에 시대를 뒤흔든 간첩 사

1932년 장즈중이 허우차오중의 소개로 중국 혁명상호공제회(인터내셔널 레드에이드International Red Aid 중국지부)에 가입했다. 또 왕덩차이王燈財의 소개로 중국공산당 청년단에 가입하고 같은 해 입당했으며 대만으로 돌아가 대만공산당 당조직을 재건했다. 허우차오중(1905~1968)은 자이 사람이다. 1926년부터 1927년까지 농민운동에 뛰어들었고 대만농민조합의 핵심 지도자가 되었다. 그 후 대륙에서 국민당 체계로 들어가 당직을 맡았다. 중일전쟁이 일어난 후 류치광劉啓光으로 개명하고 '충칭군사위원회' 총정치부에서 전업 선전업무를 했다. 훗날 두드러진 활동으로 제3작전지구 소장 겸 중앙설계위원회 위원으로 발탁되었다.

1945년 일본이 투항한 후 류치광은 대만행정장관공서 참의와 타오위안桃園, 신주新竹, 먀오리 3개 현을 관장하는 신주현장에 임명되었다. 1946년부터 1947년까지 화난상업은행華南商業銀行 설립을 준비했고(일제강점기 주식회사 화난은행과 대만신탁공사를 합병·개편해서 설립했다) 이사장에 취임했다. 이 때문에 대만 금융계의 거물이 되었다.『슬픈 노래』첫머리에서 바이양栢楊이 류치광을 방문하는 장면을 묘사한다. 이 장면은 바로 훗날 장즈중과 지원의 아들인 양양이 자살할 때 남긴 알아보기 힘든 유서를 실증적으로 검증한 것을 근거로 한다.

1932년 장즈중은 대만에 돌아간 후 상하이 반제동맹 '관계자' 대신고에 연루되어 체포 구금되었다. 그러나 당원 신분이 아직 탄로 나지 않아

건이다. 중화민국 국방부 중참모차장 우스와 대만에 잠복 중이던 공산당 요원 주천즈가 당사자였다. —옮긴이

1933년 미친 것으로 위장해 가석방된 후 도주했다. 1939년 장즈중은 옌안 항일군정대학에서 훈련받은 후 류보청劉伯承부대(팔로군 129사) 지난冀南 작전구역 적공부로 가서 대적군 선전을 수행했다. 아키야마 요시테루 등 일본 전쟁포로의 진보이론 학습을 도왔다. 아키야마 요시테루는 일본 제42사단 사병이었다. 지난 탕堂읍 지구 1차 전쟁에서 부상을 당해 포로가 되었다. 팔로군이 그를 치료해주었고 천자이다오陳再道 사령원, 쑹런충宋任窮 정치국 위원의 위문을 받았다. 그 후 '각성연맹 지난지부'(훗날 '재중 일인 반전동맹' 지난지부로 개편)를 발기·조직해서 서기에 취임했다. 1942년 아키야마 요시테루는 반전동맹 구성원을 이끌고 팔로군의 지난 지구 반소탕 투쟁에 참가했다. 용감한 투쟁으로 류보청 사령원의 높은 평가를 받았다.

1946년 장즈중이 비밀리에 대만으로 돌아가 셰쉐훙, 양커황, 우커타이 등 공산당원과 연계를 맺고 그들의 활동을 지도했다. 기존 조직 합병과 개편을 거쳐 대만성 당무위원회가 정식 출범했다. 장즈중은 위원 겸 무공부장武工部長에 취임해서 하이산海山, 타오위안, 신주 등 지역의 활동을 지도했다. 바로 이해에 장즈중이 우커타이가 소개한 리덩후이의 공산당 가입을 승인했다. 셰쉐훙(1901~1970)은 대만 장화 사람이고 모자 제조 노동자 출신이다. 1925년 상하이에서 '우저우五州운동'에 가담하고 중국공산당에 입당했다. 같은 해 말 모스크바 동방대학에 입학해서 공부했다. 1928년 상하이에서 일본공산당 대만민족지부 조직에 참여했고 중앙후보위원에 임명되었다. 1945년 10월 셰쉐훙은 타이중에서 인민협회 등을 조직했지만 훗날 천이 정부에 강제로 해산되었다. 2·28 사건에서 셰쉐홍은 타이중에서 인민 봉기를 호소해서 타이중경찰국과 공매국 타이중 분국을 공격했으며 '인민정부'와 '타이중지구 치안위원회 작전본 부'를 설립했고 친히 총지휘를 맡았다. 셰쉐홍의 지도로 봉기 참여자가 군영과 탄약고를 공격해서 자이, 후웨이虎尾 등지의 봉기군에게 탄약을 공급했고 3월 6일 유명한 '27부대', 즉 '대만민주연합군'을 조직했다. 봉기 실패 후 셰쉐홍은 1947년 5월 상하이를 홍콩으로 넘어가 '대만민주 자치동맹'을 조직했다.

2·28 사건 발발 후 장즈중은 쉬펀許分과 함께 둥시東石로 가서 구치소를 인수했고 범죄자를 석방했다. 그는 황원후이黃文輝가 핵심이 된 외곽 조직을 통해 자난嘉南지구에서 자발적 무장 대중조직을 조직했다. 자이 민중이 경찰 무장을 무장해제하고 정부를 점령했다. 장즈중이 이끄는 무장세력, 즉 '자난종대嘉南縱隊'는 '대만자치연합군臺灣自治聯軍'이라고도 불렸다. 장즈중은 1949년 12월 31일 체포되었지만 지조를 굽히지 않았 다 1954년 3월 12일 참모총장 저우즈루周至柔가 대만성 보안사령부 겸 사령 위훙쥔兪鴻鈞에게 장즈중 사형집행 명령을 냈다. 3월 16일 오후 2시 30분 장즈중이 보내져 사형이 집행되었다. 향년 45세. 그의 아내 지원은 그보다 먼저인 1950년 11월 총살당했다.

『대만 공산당원의 슬픈 노래』는 저자의 초기 사실 기록문학의 문맥을 이었다. 서술에서 문헌, 구술, 인물 이야기가 상호 인증하는 형식을 취했다. 그러나 『포장마차의 노래』 등 작품과 비교하면, 이 작품은 엄격한 의미에서 역사서다. 그것이 다루는 것은 2·28 사건에서 중국공산 당원의 활동과 역사적 규정 문제다. 일반적인 역사학자와 다르게 란보저우는 자신의 조사과정도 서술에 집어넣는다. 장즈중과 지원의 투쟁과 희생 경력을 근간으로 삼아 중요한 역사적 사건과 인물을 연결해서 2·28 사건이 담론의 왜곡에서 벗어나 역사의 현장으로 되돌아가게 했다. 저자는 이런 신중한 기록문학 서술(그러나 허구를 배척한) 형식이 통상적인 역사학 저작 형식보다 역사의 진상을 발굴하고 탐지하는 지난한 과정을 더 잘 드러낼 수 있다고 확신한다. 이것은 분명 땅속에 묻혔던 대만 현대사이고, 국제공산주의 운동이 그것을 관통한다. 저자의 상세한 설명과 검증은 분명히 이렇게 말한다. 이 복잡한 실마리들을 제거해버리면 대만 현대사는 성립할 수 없다.

3.

오늘날 대만 독립의 주체성에 관한 담론은 한편으로는 식민주의 패권 구도를 전제로 하고 다른 한편으로는 이 서술이 '본토'를 찾으려 시도하는 자원이다. 앞에서 말했듯이 대만 독립 담론의 역사적 자원 중 하나는 일본의 '화이변태華夷變態'에서 파생된 대만 근대화('낙후된' 중국에 상대되는)론이다.[18] 근대화 이론으로 대만 식민지사('일제강점' 시

---

18 '화이변태華夷變態'의 어원은 일본 에도시대 유학자 林春勝, 林信篤이 편찬한 『화이변태華夷變態』(1732)다. 이 책이 수록한 것은 중일무역 사료('『당선풍설唐船風說』책)다. 이 책 서문에서 편집자는 이렇게 말한다. 만주인의 입관入關 후 "사해 안의 모든 것이 호복胡服이면, 중화 문물은 하나도 안 남게 된다." "만주족이 중원에서 제멋대로 행동하

기와 전후 미국 주도 신식민지 시기까지 포함, 현재는 더 정밀한 방식으로 네덜란드 통치까지 올라간다)를 해석하는 효과 중 하나는 바로 식민지와 주종국의 정치적·경제적 종속관계를 가려준다는 것이다. 식민지 정치 구조는 종주국의 통제를 직접 받고 경제적으로는 종주국의 노동 분업에 따라 식민지사회를 중심 지역을 둘러싼 주변 지역으로 구성한다. 식민지사회에서는 주체성과 독립성을 말할 수 없다. 한편 근대화론으로 식민사를 포장하고 다른 한편 일제강점 시기를 지방자치 민중운동, 1947년 2·28 사건, 1950년대 백색테러 시기, 더 나아가 군사계엄령 시기 전체의 저항운동을 대만의 역사적 맥락으로 해석한다. 이런 담론의 진정한 동기는 식민주의 역사를 뛰어넘어 이 저항투쟁을 중국 대륙을 향한 정치투쟁과 접목하는 것이다. 따라서 '일제강점 시기' 대만 저항운동의 자치주장을 어떻게 해석하고, 2·28 사건에서 중국공산당의 활동과 강령을 어떻게 해석하느냐는 국민당과 민진당이 상호 보완하고 상생하는 역사 서술을 타파하는 데 특히 중요하다. 그뿐만 아니라 이 문제는 일본 식민지 시대부터 시작하고 전후 점점 고조된 저항운동과 중국 혁명의 관계를 어떻게 평가하는가와도 연관된다.

대만의 공산주의 운동은 중국혁명, 국제사회주의 운동과 어떤 관계인가? 그것은 중국 혁명의 일익인가, 대만 독립 운동의 서막인가? 이 문제는 2·28 사건을 해석하는 데도 아주 중요하다. 1947년 2월 27일 타

는 상태가 화가 이에 의해 변하는 상태다." '화이변태'는 직접적으로는 중국이 이적으로 변한 것을 진술하는 동시에 일본이 이미 중화 문화의 대표자가 되었고 더 나아가 중국보다 높은 문화적 우월성을 획득한 것을 가리킨다.

이베이 전매국 조사원이 담배상을 체포하면서 충돌이 벌어졌다. 많은 민중이 그다음 날 대규모 청원 시위를 벌였고, 사법적 수단으로 문제를 해결하는 천이의 방식으로는 민중의 오랫동안 쌓인 분노를 가라앉히지 못했다. 당시 대만에 주둔한 국민당 군대는 군비가 부족했고 항의하는 군중이 계엄군을 공격해서 총기, 무기, 탄약을 확보해 무장 충돌 태세가 형성되었다. 2·28 사건은 공산당원이 책동한 것이 아니라 현지 민중이 국민당의 악정惡政에 자발적으로 맞서 싸운 것이다. 그러나 공산당원은 정세에 따라 유리한 방향으로 이끌어 조직적인 무장과 정치활동을 전개했다. 국민당 국가안전국이 발행한 기밀문서 『역대 공산당 사건 처리 휘편歷年辦理匪案彙編』 1집 「공산당 대만성 당무위원회 반란 사건」에 실린 내용에 따르면, 2·28 사건 당시에는 지하 공산당원만 70여 명 있었다. 1948년 6월에는 약 400명까지 늘었고 1950년 8월 전면체포 때는 이미 900여 명까지 늘었다.[19] 이 숫자 변화는 2·28 사건이 수많은 청년의 사상적 전환을 촉진했음을 뚜렷이 보여준다. 2·28 사건에서 사망한 사람 중 많은 사람이 하층 민중이고 '1950년대 백색테러' 피해자 대부분은 진보적 청년이다. 대량의 무고한 사람 특히 대만에 연고가 없는 외성인이 피해를 보았다.[20] 둘 사이의 차이는 바로 국민당 정부의 악정에 저

---

19 李敖審定, 『安全局機密文件 : 歷年辦理匪案彙編』 上册, 臺北 : 李敖出版社, 1991年, 본문 18쪽.

20 계엄 시기에 백색테러의 피해자는 14~15만 명이다. 그중 40퍼센트가 이른바 외성인이다. 그리고 외성인은 대만 총인구의 15퍼센트다. 陳明忠 口述, 李娜 整理編輯, 『無悔 : 陳明忠回憶錄』, 臺北 : 人間出版社, 2014, 262~263쪽.

항하는 운동이 자발적 운동에서 조직적 운동으로 전환했다는 점이다.

백색테러가 만연한 계엄령 시기에 국민당은 2·28 사건을 공산당의 음모와 반란이라고 과장했다. 그리고 '계엄 해제' 이후 민진당과 독립파가 성적省籍 모순을 부각해 그것을 '대만인의 비정'이라고 해석하고 이를 통해 1895년 이후 각종 자치와 독립 주장으로 거슬러 올라갔다. 예를 들면 '2·28 사건처리위원회'와 그들의 처분 대강령 중 '정치적 자치' 조목을 해석할 때, 그들은 그중 자치와 독립의 주장을 의도적으로 부각하고 더 나아가 좌익 중에도 이 정치적 활동에 의문을 품었다. 그렇다면 도대체 대만 현대사 속 자치운동과 주장을 어떻게 이해해야 할까? 2·28 사건 이전과 사건이 경과되는 도중에 대만 역사에서 몇 차례 중요한 독립과 자치운동이 있었다. 1920년대 의회 설치 청원 운동과 같은 시기 자치를 쟁취하려는 각종 문화 저항운동 이외에 주목할 만한 운동이 세 차례 있었다. 첫째, 1895년 수립된 '대만민주국'이다. 이 건국 주장은 추평자가 민중대표로 순무巡撫 당경송唐景崧에게 제출했고 당경송과 대만 국방판幫辦 유영복劉永福의 지지를 받았다. 1895년 5월 25일 '대만민주국'이 건설되어 연호를 '영청永淸'으로 바꾸고 '남색 땅에 황색 호랑이'를 국기로 정하고, 당경송과 추편이 정부통령에 취임했다. '대만민주국'은 실제로는 몇 개월 존재했다. 그 지도자는 군사적 패배로 연이어 대륙으로 넘어갔다. 그러나 한족의 무장 항일운동은 1915년까지 이어졌다. '대만민주국'은 시모노세키조약으로 청조가 강제로 대만을 할양한 후 제기되고 건설되었다. 근본적으로 중국으로부터 대만의 독립 문제를 논할 수 없다. '대만민주국'의 업무를 주도하는 사람들은 이렇게 말했다.

"지금은 이미 머뭇거릴 시간이 없고 도와줄 사람도 없다. 대만에는 자주만 있다. 현자를 추천하고 대만 정부의 역할을 임시로 수행한다. 사태가 안정된 후에 당연히 중앙정부에 어떻게 해야 할지 명령해달라고 청한다." "각국이 정의롭게 공동 판단을 내려 대만을 중국으로 돌려주면 대만도 대만의 모든 이익으로 보답하기를 바란다."[21] 당시에는 "백성이 겁박당하지만 탈출할 방법이 보이지 않아 임시로 이곳에 남아 있다"고 깊이 느낀 당경송도 전보문에서 이렇게 말했다. "대만의 자립은 가능하지 않다. 왜를 거절하기에 부족하지 않으면 중국에 이런저런 말을 할 필요가 없다. 자립 이후 외국의 보호를 구하거나 각국의 공정한 의견을 바란다. 그러나 전기가 생기면 바로 중국으로 회귀한다. 절대로 홀로서기를 추구하지 않는 것 이외에 깃발을 바꾸는 것은 전쟁하려는 계획이다."[22] '대만민주국'은 일본 식민주의에 저항하는 정치적 기치다. 이것은 이른바 '대만지위 미정론'이나 "대만 귀속문제는 대만 인민이 스스로 결정해야 한다" 등 대만 독립 주장과 아무런 관계가 없다.[23]

두 번째 '대만 독립 운동'은 1928년부터 1931년까지 대만공산당이 추진했다. 대만에는 공산당 두 개가 연달아 조직되었다. 하나는 1928년 상하이 조계지에서 결성된 '구대만공산당'이고 다른 하나는 일본의 투

---

21 王炳耀 編, 『中日戰輯選錄』, 臺北 : 臺灣銀行, 1969, 67~71쪽.

22 「唐撫臺來電並致各省(光緒二十一年五月初七日未刻到)」, 苑書義 等 主編, 『張之洞全集』第8冊, 石家莊 : 河北人民出版社. 1998, 6416쪽 참조

23 蘇新, 「關於臺獨問題」, 『未歸的臺共鬥魂 : 蘇新自傳與文集』, 臺北 : 時報文化出版企業, 1993, 261~262쪽.

항 후 중국공산당이 대만에서 조직한 성 당무위원회다. 첫 번째 시기에 대만은 일본의 식민지로 전락했고 제3코민테른의 '1국 1당' 원칙에 따라 식민지 공산당 조직이 식민종주국 공산당에 예속되었다. 따라서 당 건설 초기 '대만공산당'의 명칭은 '일본공산당 대만민족지부'였다. 당시 일본공산당은 막 '315'대고발 국면을 맞았기 때문에 대만공산당 창건 작업에 신경 쓰기 어려웠다. 따라서 사실상 대만공산당은 중국공산당이 지도했고 '펑룽彭榮'으로 이름을 바꾼 린비스를 파견해 대만공산당 회의 주재를 맡겼다.[24] 일본 당국이 1931년 대만공산당원을 마구 체포해서 대만공산당 조직은 어쩔 수 없이 운영을 중지했다. 그러나 '구대만공산당' 멤버인 셰쉐훙, 랴오롼파, 양커황, 쑤신, 왕완더, 린르가오 등은 다양한 형식으로 투쟁을 이어갔고 드디어 1945년 대만 광복 이후 2·28 사건에서 중요한 역할을 했다.

쑤신의 회상에 따르면, 구 대만공산당은 1928년과 1931년에 강령을 두 개 내놓았는데 모두 "대만 혁명의 성격은 프롤레타리아가 지도하는 반제반봉건 '민족민주혁명'이고 목적은 '일본 제국주의 타도, 대만 독립'이다"라고 규정했다.[25] 두 강령은 표현은 다르지만 다음과 같은 대만공산당 창당 시기 강령과 유사하다. "제1조: 총독독재정치를 타도하고 일본 제국주의를 타도한다. 제2조: 대만 민족 독립 만세! 제3조: 제국주의 통치 전복, 대만 독립." 그리고 1931년의 새로운 강령은 다음과 같다. "제

---

24 郭傑, 白安娜, 『臺灣共產主義運動與共產國際: (1924~1932)硏究 檔案』, 李隨安, 陳進盛 譯, 臺北: 中央硏究院臺灣史硏究所, 2010, 69쪽.

25 蘇新, 「關於臺獨問題」, 『未歸的臺共鬥魂: 蘇新自傳與文集』, 263쪽.

1조: 제국주의 통치를 전복하고 대만이 독립한다. 제7조: 노농민주주의 독재의 소비에트 정권을 수립한다. 제8조: 국내민족의 일률적 평등." 첫 번째 강령의 "대만 민족 독립"이라는 표현에 비해 두 번째 강령의 "대만 독립"에는 '민족' 두 글자가 줄었다. 사실상 쑤신이 해석했듯이 이 두 구호에는 실질적 차이가 없다. 첫 번째 강령의 '대만 민족 독립'의 진짜 의미는 여전히 일본 식민을 대만의 피억압 민족과 구별하는 것이고 그 논리는 두 번째 강령의 '국내 각 민족'에 해당하기 때문이다.[26] 그러나 결코 중국과 구별되는 '대만 민족'을 의미하지는 않는다. 더 중요한 것은 이것이 일본 식민 통치하에서 "대만혁명 운동에서 가장 광범위한 통일전선의 가장 집중적인 정치구호"였고 이른바 독립이란 "일본 제국주의 통치에서 벗어나는 것"이었다는 사실이다. 두 번째 강령에서 제기된 "노농독재 소비에트 정권" 수립도 제도 수립 면에서 당시 장시소비에트구에서 형성된 '중국소비에트 정부'에 호응하는 것이다.[27]

셋째, 대만 독립 서사가 이용하고 몇몇 좌익 세력이 오해하는 것은 자연히 2·28 사건이다. 2·28 사건은 오늘날 대만 독립 운동이 감정 자원을 섭취하고 정체성 정치를 형성하는 핵심적인 역사적 사건이다. 여기

---

26 대만공산당 1928년 강령은 대만 원주민을 '대만 민족'의 형성 계보 밖에 둔다. 1930년 우서 사건 즈음의 「정치대강초안」(1930년 6월 이전)과 1931년 강령 사이의 일련의 문건에서 비로소 대만공산당은 원주민 쟁취 문제를 중요하게 생각했다. 이상의 문건은 각각 다음 문헌에 수록되었다. 臺灣總督府警務局 編, 警察沿革志出版委員會 譯, 『臺灣社會運動史』, "共產主義運動", 臺北: 創造出版社, 1989, 24~25쪽; 188~189쪽; 郭傑, 白安娜, 『臺灣共產主義運動與共產國際: (1924~1932)研究檔案』, 349쪽.

27 蘇新, 「關於臺獨問題」, 『未歸的臺共鬥魂: 蘇新自傳與文集』, 265~266쪽.

에서 주목할 만한 문제는 바로 사건 발생 이후 조직된 '2·28 사건수습위원회' 활동을 어떻게 이해하는가다. 특히 '수습 지침'에서 지방자치 관련 조항이 중요하다. 2·28 사건 발발 후 천이는 '수습위원회' 설립을 제안했고 공산당원은 무장투쟁을 적극 진행함과 동시에 '수습위원회' 협상 투쟁에도 적극 개입했다. 이 공산당원들의 역할에서 중요한 것 중 하나는 바로 대만에 뿌리내린 중국공산당 대만성 업무위원회다. '수습위원회'에는 좌파, 중도, 우파 인사가 망라되었다. 공산당원의 지도와 지지 아래 왕톈덩, 린르가오 등 좌파 인사가 임시 정권 성격의 수습위원회 지도권을 획득했고 정부 대표를 탈퇴시켰다. "왕톈덩, 린르가오는 완전히 지하당의 방침과 지시에 따라 투쟁했다."[28] 처리대강 제32조 '지방자치' 조항은 서로 다른 해석을 불러왔다. 2·28 사건의 참가자이자 대만 공산당원인 쑤신은 2·28 사건이 끝난 후 국민당에 체포되기 전 상하이로 도망했다. 같은 해 다시 홍콩으로 옮겨서 셰쉐훙 등과 '대만민주자치동맹' 창립에 공동으로 참여하고 『신대만』 총간 편집자에 취임했다. 일찍이 1948년 그는 대만혁명 운동과 '2·28' 사건 사료를 정리해서 『분노하는 대만』을 엮었다.[29] '처리위원회' 기획에 직접 참여한 공산당원이던 쑤신의 해석은 설득력 있다. "당시 지방자치운동은 국민당 통치에 자치를 요구한 것이고 국민당의 통치력 역량을 약화하고 대만 인민의 정

---

28 蘇新,「關於"二·二八事件處理委員會"」,『未歸的臺共鬥魂：蘇新自傳與文集』, 臺北：時報文化出版企業, 1993, 195쪽.

29 葉芸芸,「蘇新與日據下的臺灣共產主義運動」,『未歸的臺共鬥魂：蘇新自傳與文集』, 臺北：時報文化出版企業, 1993年, 131쪽.

치적 권리를 확대하기 위한 것이었지 대만을 조국으로부터 분열하기 위함이 아니었다. 오늘날의 '대만 독립'과 등치할 수 없다. 우리는 '2·28'이 '장제스 반대'라고 말하는데 장제스 측에서는 '조국 배반'이라 말하고 '대만 독립'분지는 '반중국'이라고 말한다. 어느 말이 맞는지 알려면 제32조 '수습 지침'이 가장 좋은 주석이 된다."[30] 사실상 2·28 사건 발발 후 옌안『해방일보』가 즉시 발표한 「대만자치운동」에서도 중국공산당의 당시 기본 입장과 전략이 드러나 있다. "수습위원회가 통과시킨 제32조 강령은 좋은 것이다. 마땅히 그것을 실현하기 위해 결연히 투쟁해야 한다. 장제스 정부의 재산을 몰수하고 자치운동 경비를 제공하며 민주적 재무국을 설립해 자치기관의 시작으로 삼는 것은 모두 맞는 의견이다. 그 밖에 군무국을 설립해 무장한 인민을 대만인민자치의 무장대오를 구성해야 한다. 광범위한 노동 인민을 무장시키고 이 무장을 지휘해 자위와 자치 쟁취를 위해서 투쟁해야 한다."[31]

그러나 2·28 사건은 중국과 아시아 지역의 국면이 변하는 시점에 일어났고 갖가지 세력이 개입하는 것이 불가피했다. 2월 26일 미국은 유엔안전보장이사회에 그들이 제출한 신탁관리협정 초안을 비준하고 미국에 류큐를 포함한 구일본 식민지 지역을 독립적으로 관리할 권리를 부여하라고 요청했다.[32] 최초의 신탁관리 구상은 카이로회담 선언에서

---

30 蘇新, 「關於"二·二八事件處理委員會"」, 같은 책, 196쪽.

31 「대만자치운동」 전문은 蘇新, 『憤怒的臺灣』, 臺北 : 時報文化出版企業, 1994, 156~161쪽.

32 「美正式要求安理會託管太平洋各島嶼」, 天津 『大公報』 1947年 2月 28日 第三版. 褚靜濤, 「美國與二·二八事件」, 王建朗, 欒景河 主編, 『近代中國, 東亞與世界』, 北京, 社會科學文

나왔다. 그러나 대만과 평후 열도는 명확히 중국에 돌려주는 것으로 규정되었다. 반면 일본이 점령한 다른 태평양 군도는 그때 아직 누가 신탁관리할지가 확정되지 않았다. 3월 1일 대만 내에는 신탁 문제에 관한 보도가 있었고 현지 엘리트에게 분명 암시작용을 했을 것이다. '2·28 사건수습위원회'의 구성은 아주 복잡하다. 3월 3일 오후 타이베이시 위원회가 린중센林宗賢, 린촨커林傳克, 뤼보슝呂伯雄, 뤄수이위안駱水源, 리완쥐李萬居 등을 미국 영사관으로 파견해 전보를 보내달라고 했다. 같은 날 영사관은 대표 141명을 포함해 807명이 서명한 청원서를 받았다. 내용에는 "연합국이 대만을 직접 관리하라" "중국과의 정치경제 관계를 단절하라"는 요구가 담겨 있었다.[33] 대만대학 학생 8명도 같은 날 미국영사관에서 지지를 청원했다. 우리는 미국 측 판단을 통해 이 현상들을 설명하고 쑤신의 해석을 증명할 수 있다. 미국은 1946년 봄 대만에 영사관을 설치했다. 미국은 전쟁이 끝나기 전에 대만을 미국의 해공군기지로 바꾸려고 했다. 대만 광복 후 이른바 '대만 지위 미결정론'도 미국이 의도적으로 퍼뜨린 것이다.[34]

2·28 사건 발발 후 1947년 3월 6일 주중 미대사관 존 스튜어트John

獻出版社, 2008年 7月, 890쪽. 이하 미국의 2·28 사건 개입 관련 서술은 모두 褚靜濤의 글과 인용 자료를 참조했다. 같은 책, 885~899쪽.

33 1947年 3月 5日「駐華大使司徒雷登致國務卿」, United States, Dept. of State. The Foreign Relations of the United States (1947, China). Washington Government Printing Office, pp.429~430.

34 褚靜濤,「美國與二·二八事件」, 王建朗, 欒景河 主編,『近代中國·東亞與世界』, 889~892쪽.

Leighton Stuart(1876~1962)가 미 국무장관에 전보문(제468호)를 보냈고 여기에 대만 영사관이 3월 3일 전보를 인용했다. 이 전보문에는 이렇게 적혀 있다. "대만인은 중국 국민이 되기를 강렬하게 희망한다. 그러나 현재의 정부가 군사적 수단을 사용하거나 3월 8일부터 논의해야 할 정부 개혁 요구에 만족하지 않는다면 그들이 정부에 저항할 것이라고 믿는다. 그들은 여러 수준에서 대륙이 대만에서 비대표적 권위 정부를 강화하는 것에 저항할 것이다. 중요한 경제적 아노미는 피하기 어렵다. 각 책임 부문은 불안정이 지속되면서 공산주의를 초래할 수 있음을 걱정한다." 사실상 대만인이 중국에서 벗어나겠다고 요구했기 때문이 아니다.(전문에서는 "대만인은 중국 국민이 되기를 강렬하게 희망한다"고 명확히 말한다. 장관 공관의 폭력적 수단이 대만 민중이 '공산주의'로 기울게 할까봐 걱정했기 때문에 영사관은 다음과 같이 제안했다. "진지한 고려 끝에 영사관은 유일한 실제적 해결 방법은 미국 자신이 직접 개입하거나 유엔을 대표해서 개입하는 것임을 확인했다. 미국이 개입해서 정부군이 타이베이에서 제멋대로 학살을 자행하는 재난을 막으면 군대는 손을 놓고도 일을 처리할 수 있다. 3월 3일에 볼 때는 바로 가능했다. 미국의 바람은 아주 높지만 대만인은 미국의 개입을 깊이 희망한다. 그들은 현재 일본이 법적 주권자의 지위를 누리는 상황에서 난징에 가서 교섭하고 유엔이 직접 간여하는 것이 합리적인 방안이라고 믿는다. 이렇게 되면 정부는 대륙에서 상황이 어려운 시기에 이 기회를 틈타 무겁고 지속적인 군사적 부담에서 벗어날 수 있다. 중국이 대만에서 대만인이 대폭적 권리를 향유하는 것을 회복하는 책임을 중국 정부가 진다

고 확정할 때 중국이 참가하는 임시정부회의가 중지될 수 있다. 대만인
은 유엔의 통제나 미국의 주도를 가정하고 있다. 그들은 항상 민주주의
정치훈련에 대한 갈망을 표면하고 궁극적으로 대만 정부는 대만인 자
신이 구성해서 중앙정부에서 대만을 대표하기를 기대한다. 이렇게 하지
않으면 대만에서 내전이 발생하면서 국면이 바뀔 가능성이 높다."[35]

미국은 분명 장제스에게 대만에서 군사행동을 하지 말라고 권유했다.
그러나 목적은 결코 민주주의가 아니라 국민당 정부의 손에서 대만 통
제권을 빼앗으려는 것이었다. 이는 3월 7일 천이가 장제스에게 보낸 전
보문에서도 실증될 수 있다. "이번 사건에는 미국인이 참여했고 반동분
자가 수시로 영사관에 갔다. 미 영사는 이미 각종 이유 없는 정부 반대
발언을 했다. 반동분자는 현재 대만 병력이 약해질수록 좋다고 속으로
생각한다. 폭력 사건에 관대하게 처리한다는 메시지를 세 차례 전파하
는 등 정치 문제에 대해 각부는 분명 본성인을 관용적으로 대한다. 현장
과 시장을 인민이 뽑을 수 있어서 다수 인민이 모두 아주 만족한다. 그
러나 반동분자는 또 '대만 사람이 수많은 외성인을 때려 죽였으며 정부
는 반드시 이처럼 관대해지지 않는다'는 유언비어를 퍼뜨린다. (…) 미국
대사관 측에는 대만 영사에 국제적 평판을 고려해서 대만 반동분자에
게 현혹되지 말라고 통지해서 요청한다."[36] 국민당 당국은 미국의 의도
를 속으로 훤히 알고 있었지만 공공연하게 대항하려 하지 않았다. 다만

---

35 「駐中國大使司徒雷登致國務卿電(四六八號)」, 王景弘 編譯, 『第三隻眼睛看二·二八—
——美國外交檔案揭密』, 臺北: 玉山社出版事業股份有限公司, 2002, 53~54쪽.

36 「陳儀呈蔣主席三月虞電(大溪檔案)」, 『二·二八事件資料選輯(二)』, 96~97쪽.

인민 공기를 공산당 음모로 돌릴 수만 있었다. 3월 18일 장징궈가 장제스에게 전보를 보내 이렇게 말했다. "신미파新美派(즉 친미파) — 린마오성林茂生·랴오원이廖文毅와 부영사 커Kerr가 미국에 총기와 금전 공급을 요청했습니다. 미국은 금전 지급을 승인했고 Cal. Daw가 왔는데 커가 관여했습니다. (…) 독립파獨—신화민주국新華民主國 10분의 3이 조직되었고 총통, 군사사령관은 아직 정해지지 않았습니다. 국기는 정해졌습니다.(천쑹젠陳松堅 경무성장警務省長.) 8일 밤 폭동을 결정했고 7일 밤 학생 두 명이 체포되고 비밀문건을 찾아냈습니다. 국군이 하루 늦어서 수습하지 못할 경우를 준비했습니다.(또 다행히 비가 왔습니다.) (…) 주석의 명령에 따라 위문을 왔습니다. C.P. 이외에는 모두 추궁하지 않았습니다. 유치한 행위만 있습니다."[37] 마지막 문장 "C.P.(공산당의 영문 약칭—인용자 주) 이외에는 모두 추궁하지 않았습니다"는 화룡점정이라 할 수 있다. 전보문이 언급하는 랴오원이와 그의 형 랴오원쿠이는 훗날 홍콩에서 '대만재해방연맹'을 조직한다. 이는 사실상 미국 중앙정보국CIA이 계획을 받아들인 결과다. 스튜어트가 그들에게 이렇게 말한 적 있다. "대만 독립은 길고 고된 길이다. 그러나 분투할 가치가 있다."[38]

역사 문헌에서 반복적으로 출현하는 수사들은 대만 독립 주장이 역사를 감추거나 왜곡하는 방식에 불과하다는 것을 일맥상통하게 잇고

---

37 「蔣經國電」, 林德龍 編, 『二·二八官方機密史料』, 臺北: 自立晩報社文化出版部, 1991年, 157, 159쪽.
38 褚靜濤, 「美國與二·二八事件」, 王建朗, 欒景河 主編, 『近代中國·東亞與世界』, 898쪽에서 재인용.

단기 20세기: 중국 혁명과 정치의 논리

있다. 근본적 문제는 이 자치운동, 독립 주장들이 어떤 역사적 조건에서 발생했고 어떤 정치적 목적에 근거했으며 어떤 정치질서와 국제관계를 지향하는가에 있다. 추평자가 시모노세키조약 체결 이후 제기한 '대만 민주국', 장웨이수이 등이 일제강점기에 한 차례 참여한 문화자치운동, 대만공산당이 일본 제국주의를 타도하기 위해 제기하는 '대만 독립' 구호, 그리고 2·28 사건에서 제시된 고도의 자치 주장, 이들은 모두 20세기 중국의 역사적 운명의 구성 요소이자 중국 혁명과 민족 해방운동의 독특한 측면이다. 1940년대에 성장한 대만 공산주의는 2·28 사건 이후 이 점을 확인했다. 당시의 역사적 맥락에 서서 쑤신은 이렇게 단언했다. "대만 문제는 중국 전체 문제의 일부다. 따라서 대만 해방 문제는 결코 중국 인민의 해방 전쟁과 분리될 수 없다. 반드시 중국 혁명의 편에 서야 대만이 해방될 수 있다." "'중국 혁명'을 떠나서 대만 해방의 길을 따로 찾는 것은 불가능하다."[39] 오늘날 대만과 중국 대륙에는 깊은 사회적 전환이 벌어지고 있다. 낡은 길을 되풀이하는 것은 불가능하다. 그러나 새로운 발전을 지향하고 새로운 정치로 '내전과 냉전의 쌍전 구조'를 극복하려면 선현의 전통을 새롭게 탐색하고 새롭게 사고하는 것이 필요하지 않을까?

공산주의 운동의 측면에서 제1차 세계대전 이후 운동은 점점 유럽 노동자 운동의 범위를 멀리 뛰어넘었다. 따라서 제3인터내셔널 창립 때

---

39 莊嘉農(蘇新), 「談臺灣解放問題」, 『光明報』(香港), 第2卷 第12期, 1949年 2月 16日, 4~5쪽.

부터 민족과 식민지 문제가 공산주의 운동에서 반드시 다루어야 할 중대한 문제가 되었다. 1920년 7월 19일부터 8월 7일까지 제3인터내셔널 제2차 대표대회가 페트로그라드에서 개최되었다가 후에 모스크바로 옮겨서 열렸다. 레닌은 회의 전에 「공산주의 운동에서의 '좌익' 소아병」을 발표했고 회의에서는 「국제정체와 공산주의의 기본 임무에 관한 보고」 「민족과 식민지문제위원회 보고」를 했다. 뒤의 보고에서 레닌은 이렇게 말했다. 반드시 "피억압 민족, 종속되고 평등한 권리가 없는 민족을 억압·착취하고 충분한 권리를 누리는 민족과 명확히 구분해서 부르주아 민주주의의 허위성과 대립해야 한다. 이런 허위성은 금융자본과 제국주의가 갖는 시대 특유의 현상, 즉 얼마 되지 않는 가장 부강한 선진자본주의 국가가 세계 절대다수에서 식민지 노예노동과 금융 노예노동을 실시하고 있음을 감춘다."[40] 「강요」에서는 상황을 잘 알고 있는 사람들에게 중국—조선—일본을 포함한 각지의 경험을 보충해달라고 특별히 요청했고 제11조 이후에서는 이렇게 주장했다. "서유럽 공산주의 프롤레타리아 계급과 동양 각 식민지, 일반적 낙후 국가의 농민혁명 운동 사이에 가능한 한 긴밀한 연맹을 실현해야 한다." "제국주의 열강이 정치적으로 독립된 국가의 모습을 수립하는 것을 타격함으로써 경제, 재정, 군사적 측면에서 완전하게 그들에게 의존하는 국가를 세우려고 한다"는 것을 반드시 폭로해야 한다.[41] 1935년 제3인터내셔널 7차 대

---

40 列寧, 「民族和殖民地問題提綱初稿」(爲共産國際第二次代表大會草擬的), 『列寧選集』 第四卷, 北京: 人民出版社, 1972, 271쪽.

41 같은 책, 275쪽.

표대회는 파시즘 등장의 원인을 분석하고 노동자계급 통일전선 수립의 토대 위에서 광범위한 인민전선을 수립하고 식민지 반식민 국가에서 공산당의 최우선 임무는 바로 광범위한 반제민족 통일전선을 구축해서 국가의 독립과 해방을 쟁취할 것을 주장하고 중국공산당이 제기한 항일통일전선 주장을 크게 긍정했다. 대회가 통과시킨 「코민테른 집행위원회 업무에 관한 결의」는 위원회의 주된 임무가 국제 노동자운동의 근본 정치와 전략 방침을 제정하고 날로 복잡해지는 각국의 정세에 따라 각 당의 내부조직 문제에 일반적으로 간여하는 것이 불가피해졌다고 말한다. 바로 이런 의미에서도 공산당원의 활동과 기타 민족 해방을 쟁취하는 운동 사이에는 고도의 일치성이 있다.

란보저우의 작품에서 공산주의자들의 사상적 기점은 대부분 일본 제국주의 반대와 반식민지의 민족 해방과 밀접하게 관련된다. 1949년 이후 양안 분리 국면은 미국이 아시아 지역의 냉전 구도를 직접 주도한 것과 직접 관련된다 이 새로운 조건에서 냉전 구도와 미국 주도의 지역 질서에 대한 분석을 떠나 추상적으로 주체성이나 독립을 논하는 것은 그 무엇이라도 지역과 전 세계 패권 구도를 승인하는 것에 불과하다. 아시아 지역의 냉전 구도는 지금도 끝나지 않았다. 그러나 1960년대부터 양극화 구조는 지속적으로 변동하고 있다. 1950년 한국전쟁 발발로 신중국과 미국이 한반도에서 군사적으로 대치했고, 1962년 수년간 내부 모순을 지속한 후 중소 논쟁이 공개되어 전 세계 공산주의 운동 내부의 대토론이 일어났다. 중국의 독립자주, 자력갱생의 국내 정책, 제3세계 민족 해방운동을 지지하는 국제 정책은 바로 냉전의 양극화 구도를 변화시키는 중심축의 하나다. 그리고 대만에서는 일본이 '미일안보협정'의 틀에서 댜오위댜오를 침략했고 결국 대만의 해외 유학생 주축으로 '댜오위댜오 보호운동'이 일어났다. 이 운동은 일본 식민 통치와 댜오위댜오 침략을 향한 것이면서 미국이 주도하고 미일안보조약 등 냉전 협정으로 상징되는 지역 질서를 겨냥한 것이기도 하다. 이는 양안 냉전 구도 변동의 발단이다.

『포장마차의 노래』 제2악장에서 저자는 중리허鐘理和의 『원향인原鄕人』이 한 구절을 인용해서 '원향인의 피'라는 표현을 부각시켰다.

> 아버지가 중국을 서술할 때 어조는 한 사람이 예전에 명성을 날렸다가 몰락한 외삼촌 집안을 서술할 때 5분의 2는 조소, 5분의 3은 존경, 반은 탄식했던 것과 같다. 따라서 여기에는 불만, 자랑, 슬픔이 모두 있다. 그들은 외삼촌 집이 일어나기를 진심으로 바랐다. 그러나 현실의 외삼촌은 그들 마음을 상하게 한다. 나는 항상 그들의 탄식을 들었다. "원향! 원향!" 나는 애국주의자가 아니다. 그러나 원향인의 피는 반드시 원향으로 다시 흘러들어와야 끓는 것이 멈출 수 있다! 둘째 형(중하오둥)이 그렇고 나도 예외가 아니다.

"원향인의 피는 반드시 원향으로 다시 흘러들어와야 끓는 것이 멈출 수 있다"는 소박한 표현이다. 포스트모더니즘 분위기에서 '원향'이라는 표현은 혈연, 지연 중심의 민족 서사로 단순화되기 쉽다. 그러나 사람들은 중리허가 표현한 복잡성을 잊었다. "나는 애국주의자가 아니다. 그러나 원향인의 피는 반드시 원향으로 다시 흘러들어와야 끓는 것이 멈출 수 있다!" 왜 '원향'을 말할 때 "애국주의자가 아니다"라고도 말했을까? '향'이 더 오래되고 기본적 범주다. '향'에 대한 감정과 민족주의에는 필연적 연관이 없다. 도리어 새로운 정치로 전화할 수 있다. 중하오둥의 생명사는 추펑차, 장웨이수이, 추녠타이, 공산당원의 투쟁, 그의 동료 대만 지사와 연결된다. 그들은 '성적' 문제로 정치적 갈등을 겪지 않았고 한 명도 예외 없이 일본의 식민 통치에 맞서는 투쟁에 투신했다. 20세기의 이 비장을 투쟁을 간략한 말로 표현한다면 "국가는 독립해야 한다. 민족은 해방되어야 한다. 인민은 혁명을 해야 한다"와 같은 말보다 더 이 시대의 정신을 표현하는 말이 없을지도 모른다. '독립해야 한다' '해방되어야 한다' '혁명을 해야 한다'는 세 마디로 국가, 민족, 인민을 표현하는 것은 국가, 민족, 인민이 결코 정태적 구조가 아니라 동태적 정치 프로세스임을 보여준다. 이 프로세스에서 각각의 한 측면은 다른 두 측면을 전제로 한다. 중리화의 이 말이 란보저우와 수많은 동반자의 마음을 움직인 것은 그의 소박한 표현이 이 시대의 정신을 발산했기 때문일 것이다. 장즈중, 중하오둥이 항일과 독재 폭정 반대로부터 최종적으로 좌파의 길로 향한 것은 바로 이 역사적 맥락의 연장이기도 하다. 란보저우는 루쉰의 '좌련' 5열사 기념 문장 "망각을 위한 기념"을 인용해서 결론의 제목으로 썼다. 시대가 변했고 기념은 결코 혁명이 걸어온 길을 답습하기 위한 것이 아니다. 그러나 "망각을 위한 기념"은 20세기 상반기에 있는 이 장렬한 투쟁에 대한 충성도 표현한다. 20세기의 잔혹한 투쟁에서 충성과 배반은 늘 기본적인 정치 윤리의 문제였다. 장즈중, 지원,

차이샤오간, 리덩후이 각자의 길도 이 시대 정치윤리의 심문을 받아들여야 한다. 중국 혁명은 식민주의와 제국주의 시대의 산물이자 날로 쇠락하는 사회에서 개조를 진행하는 비장한 행동이기도 하다. 혁명에 대한 성찰이 이런 전제를 빼놓는다면 혁명의 대립물에 대한 변호로 전화할 수밖에 없다. 포스트 혁명 시대에 이 역사적 과정에 대한 깊이 있고 비판적 성찰은 필수적이다. 그러나 중국 대륙에서 이 성찰은 이미 비웃음과 경멸로 변질되었다. 매체에는 역사적 중량을 생략하고 그 시대의 피비린내 나는 현장, 노쇠하고 부패하며 내외부적으로 곤란한 상황을 감춘, 그래서 필연적으로 그 시대에 해방을 쟁취하기 위한 정치적 과정을 부정한 '민국열'만 나부낀다. 지금 우리는 대만 독립이 확장하는 다중적 힘의 역사적 결합을 생각하지 않을 수 없다. 그러지 않으면 왜 이전에는 대만 독립에 결코 동의하지 않던 사회운동이 점점 대만 독립 이데올로기의 전향을 완성했고 정확한 정치적 주장을 했던 수많은 무명의 인물이 이 새로운 조류 속에서 각종 깃발 아래 한 무리씩 차례로 두려움 없는 투사가 되는지를 이해할 수 없다. 혁명의 관점에서 보면 배반은 이미 여러 가지로 위장해서 시대의 정신이 되었다. 이것은 무정한 전도다. 이 변화된 환경에서 충성과 배반을 어떻게 이해하는가? "망각을 위한 기억"에는 바로 복잡하고 첨예한 문제가 담겨 있다. 란보저우는 장중즈, 중하오둥의 생명사를 공산당의 활동과만 연결하지 않고 19세기 말부터 20세기 상반기까지의 대만 근대 저항운동의 역사에도 연결한다. 그의 작품에서는 추평자, 장웨이수이, 양쿠이, 장즈중, 셰쉐홍 등 여러 정치적 배경을 지닌 인물과 대만 일반 민중이 함께 역사운동의 계보를 만든다. "그러나 나는 안다. 설령 내가 아니더라도 앞으로 언젠가는 그들을 기억해내고 그들의 시간을 다시 말할 것이다."[42] 1933년 루쉰은 이렇게 말했다. 지금의 란보저우도 이렇게 생각한 것이다.

충성은 항상 "그들을 말한다" "다시 그들을 말한다"와 같은 말을 통해 과거에 대한 회귀로 표현된다. 그러나 이 행위들은 중하오둥과 장즈중이 단계와 정세에 따라 그에 맞는 여러 정치적 선택을 내린 것처럼 반드시 새로운 내용을 담았다. 충성은 맹목적 신임이 아니라 가치판단의 근원이다. 오늘날 대만 내 양당 정치의 상시화, 곳곳에서 일어나는 사회운동은 결코 '쌍전'의 조건에서 형성된 패권 구조를 바꾸지 않았다. 그러나 새로운 정세는 내전 이후 국공 양당이 대화를 주도하는 역사적 구도에 중대한 충격을 주었다. 양안 경제관계와 문화 교류가 심화되면서 일상생활 방식의 상호작용, 더 광범위한 대화를 통해 공동으로 노력할 목표를 설정하고 내전과 냉전의 유산을 뛰어넘는 것은 필연적 선택이다. 지금은 신자유주의 경제체제가 극복하기 어려운 위기에 직면한 시기, 19세기부터 20세기까지 형성된 정치제도가 '대표성의 균열' 위기에 직면한 시기, 열전과 냉전이 남긴 지정학 구도가 미묘하게 변하는 시기다. 또한 20세기 중국 혁명의 유산을 들추어내고 다시 말하는 시기기도 하다. 이는 결코 과거로 돌아가기 위함이 아니라 양안 관계의 새로운 구도를 창조하는 데 영감과 역량을 제공하기 위해서다. (어쩔 수 없이) 역사

---

42 魯迅, 「南腔北調集 : 爲了忘却的紀念」, 『魯迅全集』第4卷, 北京 : 人民文學出版社, 2005, 502쪽.

를 잃으면서 시작한 세대에게 "망각을 위한 기념"은 미래를 위해 기억을 되살리는 최후의 계기일지도 모른다.

저자는 30년 가까운 세월을 하루같이 이 잊힌 정령들을 발굴했다. 이것이 바로 "망각을 위한 기념"으로 미래에 관한 희망을 다시 내놓는 것 아닐까?

2014년 6월 22일 새벽 초고. 25일 새벽 수정. 28일 탈고

감사의 글: 이 글 초고를 완성한 후 몇몇 지인이 충실히 비평하고 제안을 해주었다. 추스쥐邱士傑은 의견을 제공했을 뿐 아니라 자료조사와 설명도 해주었고 베이징에서는 구하기 어려운 자료도 복사해주었다. 여기서 추스쥐과 다른 지인들의 도움에 깊은 감사를 표한다. 물론 글의 책임은 내가 진다.

12장

현대 중국사의 거시적 변화 속 대만 문제
: 2014년 '해바라기 운동'을 계기로[1]

대만 정치의 복잡한 변화는 정치지도자부터 사회운동까지 발생할 때는 바람과 구름처럼 모여드는 듯 성대하고 망할 때는 수은이 땅에 떨어지듯 홀연히 없어진다. 어느 순간 민감성을 상실하는 경우가 많다. 2014년의 '해바라기 운동'은 이전의 운동과 관련이 있는 것 같지만 다른 점도 있다. 젊은 세대의 태도는 확실히 앞 세대의 생각에 충격을 주었고 새로운 시기가 도래하는 것처럼 보인다. 그러나 사실 오늘날 대만 문제를 분석하려면 대륙 자체의 변화와 발전을 떠나서는 안 된다. 양안 관계도 양안 사이의 관계에 불과한 것이 아니라 양안 각자의 내부 관계가

---

1 이 글은 2014년 6월 말 필자와 대만 친구의 대화 기록을 정리한 것이다. 글이 발표되기 전에 필자가 검토하고 수정했다.

재구성되고 서로를 만들어낸 결과다. 대만에 대륙에서 벌어지는 매번의 중대한 변화는 모두 섬 안에서 여러 수준의 정치적 결과를 낳을 수 있다.—그 반대도 마찬가지다. 비록 규모는 다르더라도. 그러나 복잡한 것은 현제의 대만 문제와 양안 관계 문제는 대만과 양안에만 국한될 수도 없다. 그것은 자본주의 세계체제의 무게중심 이전 과정에서 벌어지는 '중심'과 '주변' 관계의 재조정, 유라시아 경제의 중심이 동쪽으로 이전하면서 초래한 육지와 해양 관계의 복잡한 변천 속에서 고찰해야 한다.

1. 양안 정치 관계의 위기와 통일파의 쇠락

서비스무역협정CCSTA 반대 운동은 두 가지 중요한 문제를 보여준다. 첫째, 양안 관계의 기반, 즉 국공 양당의 관계가 심각한 도전을 받았다. 둘째, 중요한 정치 세력이던 대만 '통일파'가 몰락했다. 이 두 가지 전환은 아주 두드러진 현상이자 모두 대륙의 '탈정치화된 정치'와 '대표성의 균열'과 관련이 있다. 오늘날 중국의 정치적 위기에서 핵심은 정치제도의 대표성이 끊임없이 부정된 데서 비롯된다. 표면적으로 이 문제들은 대만 문제와 무관한 것 같지만 사실상 긴밀한 관계가 있다. 우리는 몇 가지 측면에서 이 문제를 분석할 수 있다.

1) '중국'의 의미 변화

냉전 시대 마오쩌둥은 "우리는 반드시 대만을 해방시켜야 한다"고 말했고, 장제스는 "우리는 대륙으로 반격해야 한다"고 말했다. 한편에서는 사회주의와 민족 해방을 말하고 다른 한편에서는 삼민주의와 민족 통일을 말했다. '중국'은 쟁탈 중인 정치적 범주였고 대립하는 양측 모두 명확히 존재했다. 국제적으로도 그랬다. 좌익은 모두 대륙이 대만을 해방시키는 것을 지지했고 미국과 그 우방은 모두 대만을 지지했다. 그러나 전략적으로 미국은 협동방위조약의 형식으로 대만의 대륙 반격을 제한했다. 한국전쟁 시기 미국은 대만의 출전을 고려했고 장제스도 준비했다. 그러나 최종적으로 이 때문에 중국 대륙이 대만을 해방시키려는 반응을 불러올 것을 우려해서 포기했다. 양안 쌍방은 '중국'의 '정통'에 대한 쟁탈전을 아주 선명하게 벌였다. 미국은 오히려 줄곧 양안이 '가까워지는'(무력의 형식이든 회담의 형식이든) 힘을 억제했다. 현재는 상황이 달라졌다. 현재 중국에서는 더 이상 '대만 해방'이라는 구호가 나오지 않는다. 대만에서도 '대륙 광복'을 말하지 않는다. 양안은 더 이상 '중국'을 두고 쟁탈전을 벌이지 않게 되었다. 하나의 정치적 범주인 '중국'은 이미 지리적 범주로 퇴화했다. 대만은 싸우지 않았고 그들의 구호는 "중화민국에서 대만으로" "대만에서의 중화민국"에서 "중화민국은 대만이다"로 발전했다. 정치적 공간, 정치적 정체성의 근원으로서 '중국'은 더 이상 쟁탈할 필요가 없어졌다. 대륙의 시각에서 보면, 이 정치적 전변은 중국 자체의 정치적 관점에 중대한 변화가 생긴 결과다. 크게 보면, 이 문제는 사회주의 실천의 실패, 즉 사회주의 운동으로 정치적 정체성 문제를 해결하려는 노력의 실패에서 연원한다. 이 문제에서 사회주의 운동이 여전히 진행된다면 양안 관계는 여전히 기존의 정치적 통일도 이루지 못할 뿐 아니라 현재의 대만 위기도 존재하지 않았을 것이다. 양안 문제는 적어도 '중국' 범주의 쟁탈을 중심에 둔 또 하나의 문제였을 것이다.

중국 대륙 내부에서 사회주의 정치운동은 해방의 이념에 기댄다. 이 해방은 계급, 노동자계급, 노농연맹, 통일전선, 민족 해방이라는 일련의 정치적 구성물로 실현되는 것이다. 따라서 중국에서 이른바 '대표성의 균열'은 첫 번째로 노동자계급 정치의 쇠락, 노동자 국가의 쇠락으로 드러난다. 즉 19세기부터 20세기까지에 통용되던 의미의 사회주의 국가가 존재하지 않게 되었다. 두 번째로 지도계급으로서 노동자계급의 쇠락과 노동연맹의 철저한 와해로 드러났다. 즉, 이 두 범주가 존재하게 않게 되면서 노동자계급이 지도하는 노농연맹을 토대로 형성된 광범위한 통일전선의 인민 범주도 더는 존재하지 않게 되었다. 이런 의미에서 전개된 민족 해방 사업도 효능을 잃었다. 그것이 담고 있던 계급적 범주가 사라지자 피억압 민족 개념으로서 소수민족은 종족 집단, 종족의 후예 또는 종족성 중심의 민족 범주로 바꾸었다. 그들의 인정 정치도 종족 집단의 정체성을 둘러싸고 전개되었다. 국제적 시야에서 보면, 국제 영역에서 사회주의 중국의 대표성은 중국과 제3세계의 비동맹, 제3세계와 제2세계의 통일전선, 제1세계와 대결 관계에서 드러났다. 바로 이 유산 때문에 중국과 아시아, 아프리카, 라틴아메리카의 관계—특히 아프리카 국가와 라틴아메리카 국가―는 전 지구화의 조건에서 새로운 기회를 맞았다. 이는 현대 세계 구도에 영향을 주는 큰 사안이다. 이 관계는 현재 경제의 깊숙한 재건 과정을 거치며 자본 수출, 상품 수출, 자원 무역을 중심으로 한 초국적 유통이 기존의 국제주의를 대체했고 중국과 제3세계 국가 간 관계의 더욱 실질적 요소가 되었음은 의심할 여지가 없다. 오늘날 반둥회의 정신을 재음미하는 것은 더할 나위 없이 적절할지 모른다.―재음미하는 것은 1950, 1960년대로 돌아가기 위함이 아니라 21세기 국제주의의 가능성을 탐색하려는 것이다.

요컨대, 이 모든 것이 변했다. 바꾸어 말하면 기존의 정치적 실천의 모든 차원, 즉 계급동맹에서 인민, 민족, 국제까지 모조리 변했다.―정치적 실천의 전환에 따라 앞서 말한 정치적 실천과 관련된 정치 구조와 정치적 범주도 모두 와해되었다. 그리고 '대만 해방'은 원래 정치 구조에서는 이상의 정치적 범주 위에서 형성된 것이다. 대륙 입장에서, 대만 문제는 물론 중대한 문제다. 그러나 사람들은 대부분 주관 문제의 틀에서 이 문제를 이해하지 이 문제가 앞에서 말한 정치적 문제의 파생물임은 인식하지 못한다. 통일 문제가 종족성 문제 또는 종족 민족주의와 그것의 주권 형식 문제로 폄하되는 순간 그 진정한 중대성을 상실한다. 대만 문제가 날로 기능을 상실하는 기존의 주권 개념 속에 갇혀 있다면 그 정치적 함의를 상실할 수 있다.

중국 내부의 원심력은 앞서 말한 전환과 크게 연관되어 있다. 중국의 엘리트 더 나아가 대중 사이에서 중국의 정치체제, 사회주의 체제에 대한 의심과 거절은 정치적 성향으로는 자유주의 헌정, 민족 문제에서는 중심에서 이탈하려는 종족 모순으로 모습을 드러낸다. 대만의 '독립대만獨臺'과 '대만 독립臺獨'은 사실상 분리주의다. '국가는 독립해야 한다, 민족은 해방되어야 한다, 인민은 혁명해야 한다'는 20세기의 삼위일체 정치 조류와 반제국주의와 반식민지라는 역사적 맥락에서 벗어나서는 '독립'이라는 범주를 정의할 수 없기 때문이다. 분리주의의 무게중심이 '독립대만'에서 '대만 독립'으로 이전한 것, 즉 정치적 분리에서 현상 인정으로 전환한 것은 '독립'이라는 명제가 사실상 결코 실질적 의미를 갖지 않는다는 것도 보여준다. 대만 문제는 어떤 문제인가? 중국 대륙은 1940년대 말부터 1950년대에 형성된 대만 해방의 동력을 상실했다.— 그 동력은 중국 혁명 지속의 산물인데 이 과정이 존재하지 않자 동력도 존재하지 않게 되었다. 그리고 대만에서는 소수만을 제외하고는 거의 '통일파'가 존재하지 않게 되었다.

2) '통일파'의 몰락

'통파統派' '대만 독립' 또는 '독립대만' 등 통상적 표현에는 수많은 감정과 이데올로기적 내용이 담겨 있고 일정한 가치판단도 미리 설정되어 있다. 우리는 이에 대해 진일보한 해석을 내려야 한다. 그러나 이 개념들을 분석적 범주로 전환할 필요는 없다. 사람들이 너무 낯설게 느낄 수 있기 때문이다. 여기서는 잠시 서술상 의미에서 다음과 같이 사용하고자 한다. 대만 '통일파' 개념은 '독립파'와의 투쟁 속에서 형성되었다. 그러나 그 역사적 기반은 아주 광활하고 두텁다. 1895년 일본의 식민지로 전락했을 때부터 1945년 대만 광복까지 민족 해방에 대한 탐색은 잠시도 멈추지 않았다. 냉전 시대, 양안의 분리 통치 상황은 양안이 동시에 통일을 모색하도록 했다. 탈냉전 시대 이런 탐색이 (회담을 배척하지 않는) 무력 해방/광복 주도에서 (무력통일을 배제하지 않는) 평화통일 주도로 전환한 것은 중요한 진전이다. 따라서 여기서는 '통일파'의 의미를 광의와 협의로 구별한다. 협의의 '통일파'는 대만섬 안에서 조국의 통일을 주장하는 정치 세력이다. 광의의 '통일파'는 제국주의와 식민주의 통치에 반대하고 중화민족의 해방을 추구하는 20세기 중국의 큰 흐름의 여파다. 그 세력은 비록 섬 내 정치 지형에서는 세력이 약하지만 양안과 세계 각지에서 중국의 민족 독립과 해방을 지지하는 사람들과 연계되어 있다. 이런 의미에서 '통일파'는 비록 구성은 복잡하지만 20세기 세계 민족민주운동의 구성 요소라고 할 수 있다. 현재 일부에서 주장하는 것처럼 '통일파'의 몰락을 현재 정치 지형 속 어떤 유파의 몰락으로 해석할 수 없다. '통일파'가 대만 정치 계보에서 사라진다면 양안도 20세기 중국 정치의 기반 위에서 양안 사회 내부의, 통일 또는 통합을 지향하는 상호작용 과정을 창조할 능력을 잃는다.

대만 '통일파'의 몰락은 하나의 장기적 과정이다. 이것은 현재 통일을 지지하는 사람이 없다는 의미가 아니라 이 사람들이 고군분투한다는 의미다. 먼저 일종의 정치적 공감대가 하나의 정치적 파벌로 바뀌었고 현재는 정치적 파벌로서도 대만의 정치 지형에서 이미 팀조차 구성하지 못하게 되었다. 대만 문제의 핵심은 대만에 '독립파', 즉 분리파가 있느냐 없느냐가 아니다. 대만 문제의 핵심은 기존의 반공적 통일파와 공산당을 지지하고 살아 있는 정치 세력으로서 통일파(노동당 등 초기 좌파의 맥락을 유지하던 소수 세력은 줄곧 조국 통일의 입장을 유지했다. 그러나 대만정치의 계보에서는 언제나 주변의 지위에 있었다)가 모두 없어지고, 통일과 독립의 이름 아래 싸우는 범남泛藍 "독립대만"파[2]와 범녹泛綠 "독립대만"파[3]가 중심적 지위를 점했다. '통일파'의 퇴조는 일종의 상징이다. 그것은 20세기 중국 혁명과 민족 해방운동에서 형성된 민족의식이 점점 정치적 에너지를 상실했음을 의미한다. 유일하게 아직도 연관된 것이 이른바 '문화'다. 문화가 도대체 어떤 의미에서 정치적 정체성을 상승했는지는 완전히 정해지지 않았다. 이 점은 분리를 주장하는 많은 사람이 일찍부터 이렇게 말했다. 전통시대의 우수한 전통과 현대 중국인의 생존을 위해 분투하는 문화를 어떻게 결합할 것인가는 중국 대륙에서도 뚜렷하지 않았다. 이것은 양안의 담론 문화 방식에도 영향을 주었다.

---

2 범남파와 범녹파의 구도는 2000년 3월 대만 총통 선거 이후 등장했다. 이는 대만 정치 생태계의 깊은 변화였다. 기존의 국민당國民黨, 친민당親民黨, 신당新黨, 민진당民進黨, 대련台聯으로 형성된 정치 세력 구도가 범남파와 범녹파 양 진영으로 재편되었다. 현재 범남파에는 국민당, 신당이 속하며 표방하는 이데올로기는 국민당 이데올로기에 가깝다. 주요 주장은 대만의 독립, 중화민국 지지, 중화 문화 전승 강조다. 이들은 화인 개념을 강조하고 양안 관계의 평화적 발전을 통한 대치 해소를 주장한다. ─옮긴이
3 범녹파는 민진당 이데올로기에 가깝다. 민진당의 색이 녹색인 것에 유래한다. 민진당, 시대 역량, 대만당결연맹, 건국당, 자유대만당 , 대교회, 대만 독립건국연맹이 여기에 속한다. 본토 이데올로기를 강조하고 반공, 중국 민족주의 반대를 주장하며 대만 우선, 대만 민족주의, 양국론, 민족자결을 주장하고 대만국, 대만공화국 등의 국호를 제기한다. ─옮긴이

1992년 민진당이 아직 당외운동에서 정당운동으로 넘어가는 과도기에 그들은 대만 유학생 중에서도 소수였다. 그해 나도 하버드에 가서 마침 뤼슈롄의 하버드 초청 강연을 들었다. 대만 유학생이 뤼슈롄에게 이렇게 물었다. 당신은 대만의 독립을 원하십니까? 그러면 당신은 중국인이 아닌가요? 이에 뤼슈롄은 "종족적으로는 중국인이고 정치적으로는 대만인입니다"라고 답하며 종족 집단과 정치를 구분해서 말했다. 그는 문화를 거론하지는 않았다. 지금 많은 사람이 중화 문화를 말하는데 과거 통일을 지지하는 사람들이 중국 문화를 말하던 것과는 다르다. '통일파'가 몰락하고 '독립대만'이 주류가 되면서 독립대만을 전제로 중국 문화를 말하는 경향이 새로운 추세가 되었다. 이것은 사실 아주 자연스러운 일이다. 대만의 역사, 지정학, 문화 전통 때문에 중국 문화를 말하지 않게 되면서 대만의 내부 정체성 위기는 해결할 수 없게 된다. 따라서 대만 독립의 틀 또는 현상의 인정이라는 틀에서 중화 문화의 합법성을 인정하는 것은 통일—'문화적 통일'을 포함해서—과 어떤 관계도 없다. 흥미롭게도, 대만 통일파가 위축되는 시기 독립대만의 토대 위에서 새로운 통합을 이루기 위해 '기본교의파'의 대만 독립 주장은 대만사회 내에서 비판받고 지탄받는 대상이 되었고 일종의 환각을 만들면서 '대만 독립 기본교의파'에 반대하면 곧 통일파와 같은 것처럼 간주되었다. 지식 영역에서 이런 현상은 더욱 심했다. 독립파를 포함해서 스스로 기본교의파라고 말하고 싶어하는 사람은 거의 없었다. 이것은 독립대만의 이념이 중심적 지위를 차지한 결과다. 이런 정치 이념에 '통'의 자리는 없다.

'통'은 무엇인가? '통일'인가 '통합'인가? 철학적으로 일과 다의 관계와 관련되고 정치적으로는 통일과 제도 다양성의 관계와 연관된다. '일'은 내재적으로 '다'를 포함하고 '일'은 '다'가 상호작용하면서 형성하는 상태다. 그러므로 '일'은 일종의 관계적 상태이기도 하다. 이른바 '다원일체' '일체다원' 또는 '트랜스시스템사회' '트랜스사회시스템'은 모두 서로 다른 형식과 대포로 일과 다의 관계를 표현한다. 역사 속에서나 현대 중국에서나 제도의 다양성에 대한 실험은 그치지 않았다. 그러나 양안 관계에서는 이른바 '통일파'가 내부적 차이가 어느 정도인지에 관계없이 모두 하나의 중국을 원칙적 틀로 삼아 양안 관계를 해결하고자 했고 '일'이 내재적으로 '다'로 드러나면서 '일'에 대한 담론은 필연적으로 다중성을 포함했다. 그러나 이런 '다'는 '분리'되는 추세를 걷지 않았다. 이것이 바로 상호작용과 협상의 토대다. '통일파'의 위축을 말하는 것은 양안 사이에 민간, 역사, 친연, 지연 차원의 혈연관계가 결핍되었다고 말하는 것이 아니다. 다만 그 연계들이 이 과정을 진정하는 정치적 역량으로 상승할 수 없고 대중 정치의 지도권도 상실했음을 말할 뿐이다.

'통일파'가 없으면 어쩔 것이냐고 묻는 이도 있을 것이다. 나의 답은 이렇다. 통일파의 탄생은 '독립파'의 조류에 대한 응답이고 그것의 쇠락은 사회 조류가 바뀐다는 표시에 지나지 않는다. 이른바 통일파의 위축은 그것의 철저한 소멸을 의미하지 않는다. 그보다 흥망과 기복을 거듭하는 역사 속에서 쇠락과 침체의 단계에 처했을 뿐이다. 이 단계에서 일상생활의 세계에서 드러나는 역사적 연계와 정적 연계가 억압과 정치적 왜곡으로 비치기 때문에 대만 내부에서 진정한 사회적 단결을 이루기가 어렵고 균열과 감정적 틈이 장기적으로 존재하게 된다. '일'이 없으면 이른바 '다'가 공동의 무대를 잃어 고립, 소원함, 지속적 격리 상태에 빠진다. 양안 관계도 상호 소통의 교량을 잃어 지역 패권 구조를 바꿀 공동의 역량을 잃게 된다. 지연, 역사, 현실의 원인 때문에 대만과 대륙에는 갈라놓을 수 없는 경제, 정치, 문화적 연관이 존재하며 대륙을 떠나서 내외적 위기를 해결하려는 것은 불가능한 것이다. 양안 관계를 외면한 채 대만 정통성을 논하려 하면 대만 내부와 지역 내부의 정치적 단절은 불가피해진다. 달리 말해서, 통일파의 위축은 양안 관계에서 필연적으로 직면해야 할 근본적 문제이자 대만 내부 정치적 위기의 일부이며 아시아 지역에서 냉전과 탈냉전 구도를 바꾸는 핵심적 지점이다. 중국공산당이 롄잔連戰과 쑹추위宋楚瑜 등 국민당 2세대를 이용한 것이 대표적이다. 그들은 점점 역사의 무대에서 퇴장하는 세대에 속한다. 그러나 내전과 냉전 시대의 기억 일부(즉 '우통右統'의 기억)를 잇고 있다. 개혁 시기 양안 교류에서 그들의 새로운 역할을 더하면 그들을 연락대상으로 삼는 것은 자연스럽다. 그러나 그들을 '통'의 상징으로 간주하는 것은 내용적으로 이미 공허하다. 왜냐하면 그들은 미국과 일본의 지배구조에 익숙하고 젊은 세대에 대해 조금의 영향력도 없기 때문이다. 이 게임은 이미 끝으로 치닫고 있다. 양안 관계와 대만 내부 관계 모두가 통일파의 소멸 또는 '독립대만'파의 주류화로 곤경에 처해 있다.

대만 내부에서 비교적 명확하게 이 점을 인지하는 이는 사실 구전푸辜振甫(1917~2005)와 그 주변 인물들이다. ─여기에서는 그들의 복잡한 역사적 배경은 논하지 않는다. 여기서 자연스럽게 작은 일화가 떠오른다. 리덩후이가 '양국론'을 제기한 1999년 나는 구궁량辜公亮기금회가 『옌푸합집嚴復合集』 출판에 즈음해서 조직한 옌푸학술회의에 참석했다. 당시 나는 사회과학원에서 일하고 있었고 대만 입국 신청 수속이 아주 복잡했다. 조청기관에서는 선화를 걸어 나 대신 소통관계를 처리하겠다고 했다. 전화를 끊고 한 시간도 지나지 않아서 국무원 대만사무국國臺辦에서 나에게 전화를 걸어 내가 직접 대만입국증을 찾아가라고 했다. 대만 입국 후 구전푸의 비서가 공항으로 나를 마중 나왔을 때 비로소 그들이 핫라인을 사용했음을 알았다. 구전푸의 비서는 이동 중 나에게 이렇게 말했다. 구 선생 세대의 사명은 이미 완성되었다. 더는 하지 않는다. 내가 왜냐고 묻자 이렇게 답했다. 유도탄 위기 이후 구전푸가 1998년 10월 상하이와 베이징을 방문했고 10월 15일 상하이 신진장新錦江호텔 백옥란청白玉蘭廳에서 왕다오한汪道涵과 구전푸가 일종의 '가족적 분위기'에서 회담하면서 네 가지 합의에 도달했다. 협상은 사실 아주 어려운 과정이었다. 왕다오한은 환영 만찬에서 이렇게 말했다. 양안의 정치 협상을 촉진하는 것은 현 단계 양안 관계를 전면적으로 추진하는 핵심이다. 왕다오한과 구전푸는 단둘이 차를 마시며 회담했고 수행원들은 다소 멀리 있었다. 오찬을 마치고 네 가지 협의가 이루어졌고 당시 대만 해군 훈련 이후의 긴장 구도를 완화했다. 그러나 구전푸가 대만에 돌아온 후 대만 측은 결코 네 가지 협의의 정신을 진전시키지 않았고 도리어 쉴 새 없이 의중을 드러내면서 정치적 협상의 장애를 만들었다. 구전푸의 비서는 이렇게 말했다. 당시 네 가지 협의 이후 구전푸 스스로 지금부터 우리가 할 수 있는 일은 모두 다 했고 다 끝났다. 더는 할 수 없다. 새로운 수를 쓰려면 다른 사람이 해야 한다. 물론 리덩후이 이후 변화는 아마 그의 예상을 뛰어넘을 것이다. 사실 국민당 정부 입장에서 국통강령이 정식으로 완결된 1996년 즈음 리덩후이는 이미 '양국론'을 제기할 좋은 포석을 깔았다. 이른바 '특수한 국가와 국가의 관계'도 '독립대만'의 이론적 표현이다. '독립대만'—현재 상태를 인정하는 것으로 상징되는 분리파—이 주류가 되는 분위기에서 현재의 대만 정치가 여전히 리덩후이 시대 또는 리덩후이 시대의 기나긴 그늘에 있다고 말할 수도 있다.

정치적 영역에서는 정체성 위기가 더욱 일찍 일어났다. 이는 분명 중국 대륙의 변화와 관계가 크다. 1989년의 정치적 파동이 대만과 홍콩 더 나아가 전 세계에 준 충격은 저평가할 수 없다. 천잉전陳映眞이 1990년대 초 대륙에 왔을 때 매우 초조해한 문제는 중국공산당 내부의 변화다. 20세기 정치의 시야에서 대륙은 더 이상 사회주의 이념을 가지고 있지 않고 통일된 정치적 기초도 흔들렸다. 통일은 형식 주권의 문제에 그치지 않고 민족 해방의 문제이기도 했다. 1997년 나는 중앙연구원에 가서 학술회의에 참석했고 천광싱이 나를 대만사회과학연구 계간臺社 활동에 데리고 갔다. 나는 그때 나의 '대륙 정체성'을 처음 느꼈다. 그때 나는 천잉전도 만났는데 그는 매우 외로워 보였다. '독립파'가 공격을 받았고 젊은 좌파로부터도 소외되었으며 심지어 추종자 집단도 붕괴되어 뿔뿔이 흩어졌다. 천잉전이 처음으로 고립된 것은 1989년 대륙을 변호하는 글을 발표하면서부터였다. 이 사건은 모든 사람이 그를 공격하는 구실이 되었다. 그가 중국 대륙을 지지한 근거는 일반적인 중화주의적 입장에서 비롯된 것이 아니라 정치적 관점에서 미국 패권, 냉전 구도, 중국 사회주의 운동의 역사적 지위를 분석한 결과였다. 대륙의 정치인은 통일에 관심을 가지지만 통일에 대해 완전히 다른 시각이 있다는 것을 결코 알지 못한다. 그들의 통일관 역시 '탈징치화'되어 있다. 천잉선은 그가 인민대회당 연회에 초청되고 당시 그들을 박해하는 데 동참한 이들과 함께 밥을 먹었다. 마치 궁녀 선발을 피해 억지로 결혼하는 식이었다. 사실 정부에서는 정치경제 권력을 옹호한 우파를 더욱 중시했다.

1996~1997년 나는 홍콩중문대학을 방문했다. 돌아올 때쯤 대륙의 주관 기관은 점점 장기적으로 중국의 해방 사업을 위해 투쟁한 좌익과 점점 멀어졌고 도리어 홍콩의 몇몇 기업 총수를 가장 중요한 협력자이자 의존 대상으로 삼았다. 오늘날 홍콩의 위기와 이 노선 전화는 서로 연관된 것이다.

시대가 변했다. 냉전 시대의 진영 구도를 고집하는 것은 시대에 맞지 않는다. 통일전선은 원래의 계급적 경계를 깨고 단결할 수 있는 각종 세력을 단결시켜서 새로운 정치를 만들 필요가 있다. 그러나 경계를 깨는 과정이 모순과 그 전환에 대한 분석에 기초하지 않고 모순을 부정하거나 은폐하는 데 기초한다면 기회주의의 함정에 빠지는 것은 불가피하다. 이 함정은 바로 '역사종말론'을 받아들이고 새로운 사회적 진로 찾기를 포기하는 것이기도 하다. 진정으로 천잉전을 고독하게 만든 것은 그가 대륙에 간 이후 대륙에서 만난 대륙 작가와 전혀 교류할 수 없음을 발견했기 때문이다. 아청阿城은 어떤 글에서 그들이 아이오와에 있을 때 자신이 중국 혁명을 조롱하는 발언을 하자 천잉전이 크게 노했다고 한다. 어느 해인지는 기억나지 않지만 어쨌든 1990년대 왕멍 등이 칭다오에서 환경과 문학과 관련된 회의를 열었다. 이때 천잉전은 자본주의적 생산과 환경의 관계에 대한 유물론적 해석에 근거해서 환경 문제를 이론적으로 분석했다. 그 결과 모든 이의 반대에 부딪혔다. 회의에서 장셴량張賢亮은 모두가 '오염'되는 것을 닝샤에서 가장 환영한다(투자가 곧 오염이다)고 말했다. 칭다오에서 베이징으로 돌아온 후 천잉전은 나와 만나 한참을 한탄했다. 좌익 통일파의 대표로서 그의 분노는 정치적 입장 차이에서만 일어난 것이 아니었다. ― 이 부분에서는 오히려 스스로 '정치적 입장'에서 거리가 있는 대륙 작가나 지식인이 더 '정치적 입장'을 중시하고 편 가르기에 더욱 물들어 있다고 생각했다. 그의 분노에는 정치적 기반의 변동에 대한 느낌이 담겨 있다. 역사의 변천에 대한 천잉전의 예민함은 대륙에서 동일 업종에 몸담은 이들이 이해할 수 있는 것이 아니다. 그는 이 기반이 날마다 무너지고 있음을 보았고 걱정하는 마음으로 자신이 겪은 시대를 성찰했다. 그렇지만 그의 대륙 동료 작가들은 도리어 기뻐하고만 있었다.

3) 새로운 문화, 새로운 정치, 새로운 우리

대만 문제를 생각할 때 우리는 신장 문제도 돌아볼 수 있다. 항전 시기 마오둔茅盾은 두중위안杜重遠 초청으로 신장에 가서 신장문학회 회장이 되었다. 당시 마오둔 혼자 신장에 간 것이 아니고 여럿이 갔으며 천탄추陳潭秋, 마오저민毛澤民 등이 훗날 그곳에서 희생되었다. 마오둔과 자오단趣丹은 간신히 살아남은 자에 속한다. 동시에 마오둔 등은 신문화운동의 수많은 성과를 신장에 소개했고 수많은 위구르 엘리트들의 공감을 받았다. 그들은 신문화운동을 추구할 만하다고 생각했다. 이것은 신장의 중국 정체성에 큰 역힐을 했다. 여기서 말하는 '중국 정체성'은 정치적 개념이다. 정치와 일상생활 범위에서의 가치가 모두 담겨 있으며 종족과 주권의 개념을 넘어선다. 그때 신장 엘리트는 신문화운동이 한족의 문화가 아니라 새로운 시대이자 진정 진보된 목표를 대표하는 문화로서 위구르 민족도 인정해야 하는 문화라고 생각했다. 마오둔 등은 생명의 위험을 무릅쓰고 이 일을 했고 중화민족의 근대적 형성 과정에도 공헌했다. 그러나 이 일을 기억하는 사람은 아주 적다. 중국의 지식영역, 문화 영역에 있는 사람도 그 의의를 충분히 알지 못한다. 그들의 공헌은 지금도 거의 거론되지 않는다. 일반적인 한족 지식인이 근본적으로 그들이 그곳에서 무엇을 했는지도 모름은 말할 것도 없고 당시 어떤 위구르 엘리트들이 이 운동에 투신했는지를 아는 사람은 거의 없다. 이것은 한족의 운동이 아니고 신문화운동이다. 신장 카스사범대학喀什師範學院의 구리나얼古麗娜爾은 토론에서 현재의 신장을 1930년대와 비교한 적이 있다. 현재 많은 현지의 젊은이가 종교—비교적 보수적인 교파와 교의도 포함되는—로 회귀하고 있고 엘리트 계층—한족, 위구르족, 기타 민족 지식인을 막론하고—은 결코 어떤 새로운 가치도 대변하지 않는다고 한다. 우리가 현재의 문화생태 속에서 각종 종족 인민의 상호 조력과 단결을 이끌 수 있는 문화운동, 내면에서부터 보편적으로 공감하고 추구하고자 하는 문화적 가치를 찾기 어려운 것은 분명하다.

마오둔 등이 한 일은 바로 문화 정치 창조다. 그렇다면 새로운 문화 정치는 해협 사이에서 생성되는가? 이것은 아주 중요하다. 문화 정치가 없으면 통합 아니면 분리다.—상호 억제가 아니면 바로 무력 위협이다. 문화 정치는 문화 통일전선과 다르다. 통일전선은 통상 기존의 목표와 이념을 전제로 하고 그 실천 범위를 확장하려 애쓴다. 문화 정치의 실질은 이상을 구축하고 문화 통일전선은 이 이상을 실현하는 수단의 하나일 뿐이다. 문화 정치는 내용, 즉 궁극적 가치에 관심을 둔다. 그렇지만 문화 통일전선은 형식과 전략에 주목한다. 둘의 관계는 유기적이고 통일적이다. 통일전선 전략만 있고 새로운 정치적 목표와 이념을 제시하지 않으면 망망한 바다에서 키 없는 배가 될 뿐이다. 따라서 문화 정치는 이념을 생산하는 과정이다. 그리고 새로운 이념을 이행하거나 낡은 이념을 교체함으로써 낡은 정치 노선을 고치고 새로운 사회적 역량을 창조한다. 따라서 문화 정치의 목표는 하나의 정치적 파벌로서 통일파를 위한 것이 아니라 일종의 국면을 창조하는 것이다. 이 국면은 양안 인민의 공동 연대감을 불러일으킬 수 있다. 그리고 이를 통해 경직된 사회관계(남과 녹, 외성인과 본성인, 중국과 대만)를 뛰어넘는 정치적 에너지를 가져와서 새로운 사회적 세력을 형성한다. 이런 문화 정치는 기존의 세력 구분을 확인하는 것이 아니라 이러한 구분 자체를 바꾸는 것이다. 20세기에 사회의 단결을 진정 촉진하는 힘은 보편적 해방 과정을 대변하는 신문화운동이다. 위구르 엘리트는 필생의 노력을 다해 루쉰의 저작을 번역했다. 이를 통해 루쉰은 위구르 현대문화사에서도 금자탑이 되었다. 우리는 이 사실에서 무엇을 배울 수 있을까? 만약 루쉰의 작품이 한족의 작품으로만 취급되고 루쉰의 문화 정치가 한족의 문화 정치로 취급되었다면 새로운 정치로 인식될 수 없었고 19세기의 낡은 정치로 퇴색하고 변질되었을 것이다. 마오둔 등이 신장에서 남긴 족적은 아주 재미있다. 만약 그들이 한족만을 대표하고 진보한 문화를 대표하지 않았다면 우리는 루쉰이 수 세대 위구르 지식인의 마음속에 영웅으로 자리 잡는 것을 어떻게 생각할 수 있을까? 문화 정치를 논할 때는 책략의 문제만 다루고자 하는 것이 아니다. 진정 중국 각 종족 인민의 근본적 이익 문제를 고려하는 것이다. 그러나 이런 정치는 어떻게 만들어질까? 이것은 중요하지만 뚜렷한 답은 없는 문제다.

20세기 중국의 문화 정치는 고립된 과정이 아니라 사회개조 운동의 구성 요소다. 이 중 군사적 투쟁 정치제도의 혁신, 토지 개혁은 사회 개조운동의 구성 요소다. 대만의 상황을 티베트, 신장, 내몽골 등지와 비교해도 좋을 것이다. 국민정부가 신장을 지속적으로 중국화하는 과정에는 정치적으로 소련에 저항하는 행위도 담겨 있다. 청대부터 러시아의 개입은 러시아 문제의 일부였다. 10월 혁명 이후 소련은 이 지역의 문화와 정치에 큰 영향을 주었고 중국 혁명의 파도와도 호응했다. 이에 대해 양쩡신楊增新 시기에 저항이 있었고 성스차이 시기에도 저항이 있었다. 1940년대 국민당 정부 시기에도 저항이 있었고 그들의 저항은 모두 중국화 전략에 대한 것이었다. 중일전쟁 시기, 국민당의 주장은 '중화민족은 하나'였다. 이는 제국주의 침략에 반항하는 측면에서 적극적이고 중요한 주장이다. 그러나 외부 침략 문제를 해결한 후 이런 주장이 민족 평등의 새로운 정치와 결합하지 않으면 한족 중심론의 주장으로 간주될 수 있다. 반제 반침략의 맥락에서 세계 패권이 존재하는 조건에서 '중화민족은 하나'라는 구호는 정치적이다. 즉 국가가 독립해야 하고 민족이 해방되어야 한다는 정치적 조류에 내재하는 것이다. 이런 정치적 맥락과 떨어져 있고 새로운 정치가 개입하지 않으면 그것 역시 탈정치화된 구호로 변질될 수 있다.

1949년 이후 중국공산당은 민족평등 원칙하에서 민족 지역 자치를 실시했다. 티베트의 정치 구조와 종교 구조는 아주 분명했고 티베트 해방은 위에서 아래로 이루어졌고 완전히 외부로부터 진입한 것이었다. 1950년 해방군이 티베트에 들어갔을 때는 티베트 사회의 정치, 경제, 종교 구조를 건드리지 않았다. 마오쩌둥은 달라이 라마와 판첸라마에게 그들이 '돕는다'고 말했는데 결과적으로 1959년 위기가 발생했다. 재평가 과정에서 농회農會가 조직되었을 뿐 사실상 보통 농민이나 농노만 토지 개혁으로 새로운 사회적 프로세스에 진입하면서 비로소 신중국의 정체성이 진정으로 수립될 수 있었다. 정치적 측면에서 보면, 중국 대륙의 토지 개혁은 폭력성이 높다. 이것은 20세기 혁명과 반혁명 간 투쟁의 특징이다. 그러나 그것은 정치적 능동성을 창조한 측면에서는 성과가 많다. 즉 정치를 뒤집음으로써 새로운 정치 주체를 창조하고 정치적 정체성이 토지 개혁 과정에 따라 전환했다. 새로운 정치 주체를 창조하는 데 반드시 폭력이 필요한 것은 아니다. 그러나 폭력에 대한 성찰이 정치가 만들어낸 역사를 감추지 못한다. 분명히 말할 수 있는 점은 1980년대 이전 토지 개혁이 있었기에 중국공산당 정권이 아래로부터 운동을 톱다운식으로 일으켰고 둘이 만나서 티베트 사회를 재건했으며 공산당 통치의 정당성의 기틀을 다졌다는 사실이다. 티베트 토지 개혁 과정에는 정책적 착오도 있었고 간부의 수준과 업무 풍토 때문에 심각한 문제가 발생하기도 했다. 그러나 1980년대 말 이전 이 문제들은 결코 티베트인들 신중국에 대한 정치적 정체성을 동요시키지 않았다.

국민당은 왜 외래정권으로 인식될 수 있을까? 이것은 복잡한 문제다. 산지 부락 이외에 이른바 대만인도 서로 다른 시기에 대만으로 이주한 대륙인이기 때문이다. 바로 대만의 맥락에서 대륙에서 가는 것은 결코 외부에서 온 것과 동일하지 않다. 가오진쑤메이高金素梅, Ciwas Ali는 본토 민족의 시각에서 '외성인'을 배척하는 사람도 '외성인'이라고 비꼬며 아픈 곳을 찔렀다. 1945년 일본이 투항한 후 천이陳儀가 막 대만 행정장관에 임명되었을 때 어떤 이도 그 정부를 외래 정권이라 생각하지 않았다. 1949년 천청陳誠이 성 주석을 계승하고 국민당이 대만으로 물러났을 때도 외래정권이라 인식되지 않았다. 그때는 일본의 패배와 조국 귀환이 서술의 주요 틀이었다. 천밍중陳明忠의 설명에 따르면 대만 독립의 첫 번째 물결을 일으킨 이는 린셴탕 등이다. 무엇이 원인이었을까? 그들이 대변한 것은 대만 지주의 이익이었다. 린셴탕은 일제 시기 대만 자치운동에서 우파에 속했다. 그들은 토지 개혁이 그들의 이익을 해칠까 걱정했다. 일반적으로 대만의 토지 개혁은 오늘날 비교적 성공했다고 여겨진다. 대륙의 토지 개혁에 비해 대만의 토지 유상환수는 폭력성이 약했다. 이것은 좋은 측면이다. 그러나 수매 과정에서 대만 현지 인민의 자주적 참여와 개혁의 능동성은 결여되었다. 그리고 풀뿌리에서 생산된 정치적 주체성도 결여되었다. 대만 토지 개혁에는 아래로부터 위로의 과정이 없고 진정한 정치적 동원도 없었다. 공감의 기반이 매우 약했다. 이것이 바로 '대만 독립'의 싹이 된 최초의 요소 아닐까? 지식이 부족해서 결론은 내릴 수 없다.

내전, 민족전쟁, 기나긴 혁명을 겪으면서 중국의 사회 동원이 도달한 깊이는 과거 어느 때보다 깊다. 제국 역사에서도 그런 일은 없었다. 그러나 이 과정은 끝나지 않았고 정체성의 위기도 결코 과거의 것이 아니다. 청조를 예로 들면 1세대 유민은 여전히 저항이 여기저기서 일어난다. 2세대 유민이 벼슬길에 들어서면서 저항이 점점 사라졌다. 3세대에 와서는 정체성 문제가 대체로 해결되었고 주변 왕조도 청나라를 합법적 중국 왕조로 인정했다. 즉, 3세대가 지나서야 중국이 된 것이다. 공산주의 혁명이 새로운 정체성을 창조하는 측면에서 이룬 성취는 실로 놀랍다. 그러나 그것이 오래 지속되지 않은 상황도 뻔히 눈에 보인다. 몇몇 소수민족 지역에서 70세 이상 노년층은 중국으로서 정체성을 가지고 현 상황을 걱정한다. 50세 전후 중년은 마음에 불평이 가득하고 대체로 역사를 인정하지만 현재 상태의 변화를 요구한다. 3세대 즉 20~30세는 종교적 정체성을 추구할 뿐 아니라 폭력적 성향도 가지고 있다. 대만의 분리 경향이 거대한 정치적 조류가 된 것도 사실 1989~1991년 사이의 거대한 변화 이후다. 상황은 다르지만 분위기는 교차되어 있는 것이다.

양안 문제를 논할 때는 새로운 정치 담론과 떨어질 수도 없고, 보수주의로 회귀하는 문화 정치에만 의존할 수도 없다. 20세기는 양안 통일을 촉진하는 가장 깊고 두꺼운 정치적 전통을 제공했다. 양당 정치를 뛰어넘는 정체성 정치 역시 양당이 몰고 온 정치투쟁 속에서 형성된 것이다.

그러나 이런 모델은 이미 되풀이되기 어렵다. 어떤 이는 생각을 바꾸어 공동의 조상을 인정해야만 가능하고 정체성은 공통성을 찾는 것일 뿐 게임과 투쟁은 필요 없다고 생각한다. 이는 순진하지 않으면 너무 단순화한 생각이다. 중국의 정치적 보수파의 잘못된 생각이 바로 중국 문화를 말하기만 하면 된다는 것이다. 그러나 그는 정치적으로 통일과 소멸의 의미가 무엇인지를 이해하지 못한다. 대만 문제, 통일 문제에서 오늘날 가장 곤란하고 가장 중요한 도전은 바로 '중국'을 하나의 정치적 범주로 변화시키는 것이다. 그러나 현재의 중국에 무엇이든 있지만 이것이 없다. 이렇게 말할 수도 있다. '지리, 인구, 주권이면 충분하지 않은가?' '중국은 이미 역사 문명인데 왜 반드시 정치적 범주여야 하는가?' 우리가 유럽 통일의 과정과 왜곡을 본다면 하나의 교훈을 찾을 수 있을 것이다. 10여 년 전 『독서』지는 하버마스와 그림Grimm 등의 유럽연맹 헌법 문제에 관한 토론을 발표했다. 이 토론에서 그들은 도대체 헌법인가, 헌법 초안 또는 헌법 협정인가 등 절차적 문제 이외에 사회시장경제, 복지국가, 민주 등 정치적 가치도 공통으로 다루었다. 이 정치적 가치들은 유럽의 역사적 전통을 대변할 뿐 아니라 신자유주의의 파도에 대비해서 만들어지고 유럽의 근대전통에 서 있는 정치 담론이다. 이 정치 담론들이 강하고 힘이 있을 때 유럽 통일의 과정은 비교적 순조로웠다. 반대로 유럽 국가가 신자유주의 정책으로 기울어가고 사회민주체제가 위기를 맞을 때 유럽 통일은 위기와 분리의 국면을 맞았다. 나는 우리가 유럽의 가치를 가져와야 한다고 말하는 것이 아니라 참고삼아 설명하는 것이다. 힘 있는 정치 담론이 내부에서 잘 작동하지 않고 외부에서도 별

소용이 없고, 누가 적이고 누가 아군인지도 모르며 누구와 연합해야 하고 누구에 의존하고 누구를 반대하는지 모르면, 결국 내가 누구인지를 몰라서 원심력이 생기는 것은 필연이다. 이 모든 것이 정치적 위기의 핵심이다.

새로운 문화 정치는 새로운 '우리'를 창조해야 한다. 이 '우리'는 결코 대만의 통일파에 국한되지 않는다. 양안의 상호작용에서 만들어지는 앞서 말한 경직된 경계를 뛰어넘는 새로운 국면, 역량이다. 양안의 정치 협상 자체는 더 깊은 교류에 기회와 공간을 제공한다. 그러나 이 정치 협상을 촉진하는 것은 바로 점진적으로 형성되는 새로운 사회 정세와 사회적 역량이다. 양안 관계에도 뚜렷한 비대칭이 있다. 한편으로는 기세가 높지만 다른 한편으로는 강 건너 불 보듯 한다. 이는 여론에서의 비대칭을 형성할 뿐 아니라 양안 간의 공공 영역 형성도 가로막는다. 그런데 이런 공공영역은 사회적 단결의 토대다. 양안 관계와 중국 대륙 문제는 대만 사회의 중심 문제 중 하나다. 이해의 많고 적음이나 사실이고 전면적인지와는 별도로 대만에서 대륙에 대한 의식은 전민 동원의 특징을 지닌다. 이에 비해 대만 문제는 홍콩, 티베트, 신장 등 지역적 문제와 함께 중국 대륙의 사회심리와 미디어 환경에서 항상 주변에 자리 잡는다. '대만 독립' '독립대만'이 정치 동원의 사물이라면 대륙사회에서 대만에 대한 정치적 변천은 민감성을 결여했고 정치 동원이 아님은 말할 것도 없다. 공공 여론에서 대만은 단지 대만 문제로만 존재하고 대만 문제 전문가만 대만 문제를 논한다. 중국 역사, 중국 문학 그리고 기타 영역에서 대만을 전공하는 학자 이외에는 대만 문제를 굳이 논하려 하지 않는다. 이것은 인식론적인 '독립대만'이란 무엇인가가 아니다. 지식의 장벽이 일찍부터 쌓여 있었다. 그래서 대륙사회에서 대만을 반대하기는 하지만 몇 가지 부분에서 이미 '독립대만'의 구성을 묵인했다.—내가 말하는 묵인이란 정치적 승인이 아니라 지식과 기억의 정치에 기반을 둔 무의식이다. 대만에서 통일파의 위축과 상술한 비대칭은 호응하는 것이다. 이러한 여론상 비대칭은 진정한 정치적 교류의 결핍을 의미하며 필연적으로 정치적 환각을 낳는다.

여론상 비대칭은 또 다른 깊은 문제를 반영한다. 이것은 바로 고도의 정치 동원과 사회정치적 동원의 극도의 결핍 사이의 대비다. 대만에도 홍콩에도 정치 동원이 있고 신장에는 잠재적 정치 동원이 있고 시장에도 마찬가지로 모종의 정치 동원을 잉태하고 있다. 이런 동원들은 서로 다른 정치적 의제에 응답한다. 그러나 또 항상 비교적 굳어진 정체성 정치와 함께 얽혀 있다. 이것은 정치 동원 중 탈정치화의 요소다. 따라서 적어도 분석의 차원에서 우리는 정치 동원의 서로 다른 요소를 분석하고 동태적 관찰을 해야 한다. '하나가 둘로 나뉜다—分爲二'라는 말은 모순의 구성과 그 전화를 설명하지 종족 정체성, 종교신앙, 정치적 분립에 굳어진 척도로 설정되어 정치 동원에 사용하는 칩이 아니다. 중국 대륙 전체의 사회정치적 분위기는 안정을 중심으로 하며 정치 동원의 상태는 이 지역들과 다르다. 이 서로 다른 상태의 좋고 나쁨을 일반적으로 평가하기는 어렵다. '탈정치화된 정치'가 서로 다른 형식으로 이러한 비대칭을 지탱하고 있다고 할 수 있다. 한편에서는 종족적·종교적 정체성 정치가 더욱 깊은 사회적 문제를 대체하고 다른 한편에서는 정치적 토론과 사회 동원을 없애고 안정으로 바꾸어버린다.

양안 문제는 중국 문제 전체의 일부분이다. 홍콩, 티베트, 신장에서 벌어지는 문제처럼 결코 이른바 주변 문제에 불과한 것이 아니다. 대만 문제는 다른 지역 문제와 다르게 자신만의 역사적 맥락이 있다. 특히 완결된 정치 구조가 있다. 그러나 우리는 다음과 같이 묻지 않을 수 없다. 대체로 일치하는 시기에 발생한 분리 경향 간에는 상관성이 없는가? 지구화와 아시아 지역의 변천 이외에 중국 자체의 변천도 이런 경향을 낳는 동인이었는가? 얼마 전 대륙 여행객과 홍콩 주민 간의 갈등이 많은 말과 정서를 격발시켰다. 어떤 의미에서 이는 나쁜 일이 아니다. 내지와 홍콩의 문제와 갈등이 전부 드러난 것은 이 문제들을 '일국양제'라는 상투어 안에 감추어 버리지 않을 뿐 아니라 홍콩 문제 중 가장 핵심적인 부분에 대한 사유를 촉진한다. 그렇지만 이런 상호 개입이 말싸움 차원에만 머무를 뿐이라면 정치적 열정은 점점 사라질 수 있다. 마찬가지로 우리는 중국의 민족 문제에 얼마나 많은 관심을 가졌을지 보게 된다. 만약 몇 차례 폭력적 테러사건이 벌어지지 않았다면 신장 문제에 관심을 두는 사람은 별로 없었을 테고 티베트 지역 분신자살 사건은 처음에만 몇 번 보도되었을 뿐 그 뒤로는 소식이 자취를 감추었으며 어떤 식으로도 건드리지 않았다. 이에 비해 베이징, 상하이 또는 연해 지역에서는 작은 사건이 인터넷에서 크게 회자된다. 그러나 신장, 티베트 문제를 말하려 하면 마치 뉴스에서 보도하는 자동차 방화, 살인 또는 '폭력 테러'처럼 취급한다. 이런 심리는 도대체 어떻게 생겼을까? 이런 위기들을 깊이 분석하지 않고 이런 충돌의 심각성을 충분히 분석하지 않는다면 우리는 '중국'을 진정으로 이해할 수 없고 정치적 범주로서 '중국'을 재건하는 일은 더욱이 말도 꺼낼 수 없다.

4) 냉전 구도의 전환과 양안 관계

정치적 범주로서 '중국'과 그 변천을 논할 때는 20세기 역사, 특히 사회주의 역사를 다시 평가하지 않으면 안 된다. 사회주의 운동의 측면에서 보면, 중국이 1960년대부터 1970년대까지 소련과 공개적으로 결렬되고 무장 충돌이 일어나기까지 한 시기의 역사를 세계사회주의 운동에서 어떻게 평가할 것인가는 복잡한 문제다. 한편으로 중국의 시각에서 긍정적으로 말하면 그것은 중국의 자주성에 정치적 전제를 제공했다. 이에 대해서는 전에 말했다. 그러나 다른 측면에서 중국이 소련과 관계에서 결렬 방식이 아니라 다른 정치적 방식을 취해 투쟁하면서도 사회주의 내부의 단결을 유지·보호하고 사회주의의 개조와 개혁을 촉진했다면 세계 구도는 어떻게 되었을까? 이 가설은 완전히 성립하지 않을 수도 있다. 성립한다면 그 결과 역시 완전히 불분명하다. 현재 서양 복지국가의 위기를 연구하는 학자 대부분이 냉전 시기의 동서 경쟁이 사회복지체제의 완성에 긍정적 역할을 했다고 인정한다. 그렇다면 이 문제를 가설로 세우고 가능성을 상상하는 것 역시 나쁠 게 없다. 내가 이 점을 말하는 이유는 사회주의 체제의 변천이 직접적으로 중미관계의 변화를 가져왔고 훗날 대만에 크게 영향을 주었으며 이른바 '독립대만'이 이때 시작되었기 때문이다. 국민당 정권의 본토화는 국제적 인정을 받는 데 실패하면서 시작되었다. 1970년대 중미관계 변화의 첫 번째 파동은 1971년 유엔대회에서 '중화인민공화국의 유엔 내에서 일치의 합법적 권리를 회복시키는' 법안이 통과된 것이었고 두 번째 파동은 1979년 중미 정식수교였다. 나는 최근에 쓴 「양안 역사 속의 실종자」에서 이 문제를 간략히 서술했다. 본문에서 긍정적인 면을 말했고 주석을 더해 부정적 측면에서 말했지만 동일한 사건을 다룬 것이다. 긍정적이라 말했다는 의미는 만약 중미관계의 변화가 없었다면 1987년 대만 계엄령 해제가 이런 방식으로 진행될 수 없었다는 의미다. 대만의 지식인 대부분이 계엄령 해제가 자신들이 싸운 결과라고 여긴다. 이 점을 나는 당연히 인정한다. 부정적이라 말한 의미는 중미관계의 변화가 국민당의 정치적 합법성을 대폭 유실시켰고 이 변화가 없었다면 국민당이 자동으로 변하기를 상상하기가 어려웠을 것이라는 뜻이다. 국민당 정권은 미국과의 관계에 상당히 의존했고 유엔의 승인이 대만의 대내 통치 합법성의 근원이었다. 대륙 반격 정치의 이론적 근거는 바로 여기에서 수립되었다. 국제적으로 승인된 합법성을 잃어버리자 국민당은 할 수 없이 내부 합법성을 찾았다. 이것이 바로 국민당의 대규모 본토화 동력이다. 이 조건에서 리덩후이 등 국민당 내부 본토파가 장징궈 시대에 부상한 것은 필연이었다. 장징궈 자신이 개명한 부분이 있음은 부인할 수 없다. 그러나 국민당이 적대적 인사를 탄압한 역사의 단면이 이처럼 뚜렷하므로 깨어 있다는 것도 상대적인 말일 뿐이다. 앞에서 서술한 정치적 조건을 떠나서는 이 행동들을 이해하기 어렵다. 국민당 체제의 본토화는 이전의 '대만 독립' 운동과 다르다. 장징궈는 대만 독립을 반대했다. 국민당 대만 통치 시기의 선후 인사 사이의 불평등한 지위를 바꾸는 것 역시 합리적이다. 그러나 불평등한 사회관계를 바꾸려는 노력이 본토화 조류로 바뀐 것은 새로운 정세의 경계를 표상한다. 후자는 훗날 '독립대만' 모델에 전제를 깔았다. 이른바 '우회상징'은 바로 중화민국이라는 정치적 외피를 빌려 '특수한 국가 대 국가 관계'를 형성하는 것이다.

양안 분열은 국공내전의 연장일 뿐 아니라 미국의 전 세계 패권 구도가 형성된 결과기도 하다. 중미관계가 변함에 따라 냉전 구도에서 대만이 미국의 패로 가졌던 의미는 중요하지 않은 것은 아니지만 변했다. 따라서 미국은 대만에 더 큰 수준의 민주화를 요구했다. 그리고 이런 조건 아래서 대만 정권을 압박했다. 그러나 과거처럼 장제스 정권의 독재 통치 모델을 지속할 필요가 없었다. 한국, 인도네시아 등 아시아 지역 민주화는 모두 이러한 냉전 구도의 전환과 결부해 이해해야 한다. 대만의 미국 유학생이 이런 대만 정치 속에서 발휘하는 역할을 획득한 것은 미국과 미국의 동아시아 정책의 변화와 밀접하게 관련된다.—나의 말에는 결코 그 역할을 폄하할 의도가 없다. 이는 내부적으로 국민당 내에서 반공 '통'의 토대를 와해했다. 이에 상응해서 대륙 내부의 전환은 좌파의 '통'의 토대도 점차 사라지게 했다. 냉전 구도의 변화는 양안 각계각층의 상호 교류에 조건을 제공했고 경제는 더욱 관계가 깊어졌으며 문화적 차원의 공통성도 사상 최고 수준으로 인정되었다. 전통적인 '대만 독립'으로 대표되는 분리주의가 점점 불가능하게 변했다. 그러나 통일을 지향하는 정치적 토대도 도리어 점차 위축되었다. 이런 큰 흐름에서 겉으로는 '대만 독립' 운동의 파도가 거센 듯 보였다. 그러나 이는 현상일 뿐이다. 근본적인 문제에서 정치 세력으로서 '좌통'과 '우통'은 동시에 쇠락했다. '독립대만' 또는 각종 '양국론'의 변종은 사실상 대만 내 주요 이데올로기와 정치 세력으로 상승했다. 그것은 남색파와 녹색파의 명확한 구분을 뛰어넘었고 양안 관계를 곤경과 위기에 빠뜨렸다. 이런 의미에서 남녹관계에 변화가 생겼고 대만 사회 내부의 균열이 사라지기 어렵게 되었다.

2. 양안서비스무역협정 반대 운동과 반TPP

양안서비스무역협정海峽兩岸服務貿易協議, Cross-Strait Service Trade Agreement 반대 운동은 대만의 사회, 경제, 정치의 다중적 곤경을 들추어냈고 모종의 종합적 효과를 냈다. 붉은 셔츠 부대가 정부의 부패에 반대하고 백색 셔츠 부대가 국가 폭력에 반대한 것과 달리 이때 검은 셔츠 부대는 경제 불공정을 기치로 내걸었다. 그러나 결국 또 입법원을 점거하는 행동을 시작으로 그 정치적 면모는 20여 년 동안 대만 사회의 변천을 지배한 정치 문제 자체를 총체적으로 청산하는 태세를 갖추었고 그 영향도 오래도록 유지될 것이다. 경제적 쇠퇴, 빈부 불평등의 확대 내지 의존 심화가 대만 사회에서 공동으로 인정하는 어려움이 되었다. 그리고 정치 무대에 준 충격은 신세대가 정치의 틀 자체를 회의하고 있음을 보여주었다. 전 세계 사회운동의 맥락에서도 '해바라기 운동'에는 새로운 의미가 있다. 튀니지, 이집트에서는 반독재, 민주라는 낡은 기치를 들었고 월가 점령운동도 대자본 금융통치에 상징적인 저항일 뿐이다. 그들은 모두 공개적으로 사회의 불공정에 항의하거나 정당정치와 민주정치체제 자체에 대한 회의를 결합해서 정치적 행동에 반영하지 않았다. 대만의 젊은 세대는 이런 곤경들을 더욱 분명히 했다. 그뿐만 아니라 정치에 대한 그들의 질의는 근본적 문제를 건드렸다. 나는 양안서비스무역협정CSSTA 반대 운동은 주로 무능한 정부와 빈부의 분화를 겨냥했고 그것도 대부분 대륙의 몇몇 자본만을 향한 것이라는 판단에 동의한다. 그러나 정치적 전망이 불명확하고 명확한 사회적 목표가 부족한 조건에서 학생운동이 촉발한 정치 동원은 아주 쉽게(또는 이미) 20여 년 동안 형성된 관성의 힘이나 정치 세력에 의해 '중국'에 대한 두려움이나 원한으로 끌어들여지게 된다. '점령운동'은 불만을 표시하지만 현실에 부합하는 정치적 목표를 제시하지는 않기 때문에 낡은 정당정치가 그 빈 곳을 채우고 이 운동을 이용하는 것은 불가피한 일이다. 곳곳에서 제기되는 논의에서 우리는 그 사이의 추론 논리를 어렵지 않게 발견할 수 있다. 대만 경제가 쇠퇴한 것은 대륙이 발전했기 때문이다, 빈부 불균등은 양안 무역에서 이익을 취하는 자는 대상인이기 때문이다, 내지에 대한 의존은 대륙이 경제를 통해 정치를 움직여 대만을 병탄하려고 기도하기 때문이다. 이런 문제 제기가 양안 사이의 불평등한 노동 분업을 은폐하는 것은 아닐까? 대만 경제가 이런 불평등한 노동 분업 속에서 중국 대륙의 노동자로부터 취하는 초과 이익을 감추는 것은 아닐까? 대륙의 몇몇 자본에 반대한다고 말한다면 왜 노동자의 연합, 더욱 공정한 사회의 공동 쟁취는 말하지 않을까?

'해바라기 운동'이 내놓은 평등에 대한 요구는 분명 신자유주의 비판과 관계가 있다. 중국 대륙은 20여 년 동안 신자유주의 사조의 충격을 받았다. 그 영향은 광범위하고 깊숙해서 가늠하기가 어렵다. 대륙의 대만 정책이 다시금 정치적 협상의 핵심 의미를 공언하더라도 사실상은 더욱 경제 논리에 의존한다. 더 정확히는 이윤 양도의 논리일 것이다. 대만 사회의 빈부 분화는 날로 심해진다. 이윤 양도 논리는 양날의 검처럼 대만 경제를 지탱하는 동시에 더 나아가 대만 내부의 분화와 서로 얽혀 있다. 경제가 쇠퇴하는 조건에서 대륙 자본의 흐름, 이민, 여행객의 확장이 다시금 원망의 대상이 된다. 따라서 '해바라기 운동'이 촉발한 대만 정치의 새로운 발전 추세는 필연적으로 대륙의 대만 전략에 거대한 충격을 주게 된다. 사실 대만의 양대 정치 세력은 모두 독립도 통일도 되지 않은 상황이기 때문에 대만이 경제적으로 최대 이익을 확보하고 있음을 인정한다. 민진당도 어느 정도 내부의 '급진 독립' 세력을 억제하고 대륙과 경제무역 관계 발전을 시도한다. 대만 지도자는 결코 대륙과 통합을 원하지 않는다. 양안 관계를 처리하는 측면에서 그들은 완전히 대만 경제 발전의 단기적 수요를 고려한다. 양안 경제 무역관계 발전이 양안 정치관계 발전을 촉진하는 역할은 고려하지 않는다. 대만 내부에서는 양안 경제무역과 인력교류 확대가 대륙에 대한 친근감을 가져오지 않았다. 정반대로 대만의 경제적 지위가 쇠락하면서 대만의 분리 경향을 촉진한다. 마잉주가 양안서비스무역협정을 추진한 것은 대륙의 경제적 이익을 위해서일 뿐만 아니라 이를 통해 주변 지역 경제 조직, 즉 RCEP와 TPP, 특히 TPP에 가입하기 위해서다. 목적은 미국과 다시 경제적으로 동맹을 맺는 것이다. 바로 이 때문에 미국이 평소와는 다르게 마잉주의 서비스 무역 정책을 공개적으로 지지하고 민진당을 지지했으며 자신의 영향력을 동원해 학생운동이 퍼지는 것을 제지할 수 있었다.

서비스무역협정 반대 운동이 경제로 정치를 촉진한다는 논리에 충격을 준다면 입법원 점령 운동의 정치적 함의는 더 강해질 것이다. 대만 정치에서 입법원을 점령하는 행동은 결코 남녹 격투의 흔적을 벗어난 것이 아니라 차라리 민진당 대만 독립 노선의 연장선상에서 '중화민국'의 합법성에 충격을 준 것이다. 그러나 이 행동은 새로운 내용도 보여주었다. 첫째, 운동이 서비스무역협정 반대, 날치기 반대를 호소하고 예전에 민진당이 주도한 군중 운동처럼 반국민당을 호소하지 않았다. 둘째, 당파 세력이 운동에서 보일 듯 말 듯 했지만 '해바라기 운동'은 학생이 주체였고 정당이 앞장서지 않았다. 적어도 이것은 대만 정당(국민당과 민진당 모두 포함한) 자체가 호소력을 잃었다는 징후다. 양안 관계에서는 입법원 점령이든 대만 정당정치의 전환이든 모두 간접적으로 모두 양안 관계를 주도하고 줄곧 당연하다고 여겨지던 정치적 프레임이 의심받았다. 오늘날 양안의 정치적 대화는 모두 정당에 의존한다. 그것은 당대 당의 프레임이다. 싸우건 협상을 하건 모두 이 프레임이 중심이 된다. 연원을 거슬러 올라간다면 북벌 때부터 국민당과 공산당이 정당관계로 국내 정치를 주도했다. 그러나 서비스무역협정 반대 운동이 입법원 점령까지 나아간 것은 정당정치 중심의 정치 프레임을 부정한 것이다. 20세기부터 정당 중심의 정치적 프로세스가 정치활동의 핵심 내용이 되었다. 그러나 여기에 와서는 더 이상 그러기 어려울 듯하다. 적어도 양당

정치에만 의존하거나 더 나아가 민진당까지 포함시켜 3당 정치를 하더라도 안 될 것이다. 따라서 점령 운동은 반드시 패를 뒤섞어야만 새로운 정치적 프로세스를 형성할 수 있음을 예견한다. 현재 정치가와 학자 중이 점을 진지하게 논하는 사람은 거의 없다. 그들은 이 일이 궁극적으로는 낡은 방식에 의존해서는 손댈 수 없는 난국임을 의식하지 못한다. 쑹추위 또는 다른 누구라도 방문할 수는 있다. 그러다 이렇게 하면 선전 정도에서만 말할 수 있고 이 정치적 인물들에게 대륙과 대만 정치 속의 저울추만 더할 뿐이고 양안 관계의 기본 구도를 바꾸는 데는 쓸모가 없다. 이 정당 지도자들은 젊은 학생들에게 어떤 호소력도 없고 어떤 정치적 상상력도 없다.

전통적인 정치 프레임의 위기는 새로운 프레임을 찾음으로써 더욱 광범위한 교류를 촉진할 필요성을 부각했다. 또한 이런 의미에서 지난 30년 양안의 경제, 정치, 문화 관계의 변화도 많은 공간과 잠재력을 제공했다. 단순한 경제 논리를 비판하는 것은 결코 양안이 경제활동으로 형성한 날로 넓고 깊어지는 일상생활의 연계를 부정하는 것이 아니다. 좀더 긴 시야에서 보면, 대만의 당외운동, '대만 독립' 운동, 신사회운동과 당파운동의 관계는 모두 단순하지 않다. 당외운동의 역사는 좀더 복잡하고 '대만 독립'으로 향하는 것은 비교적 나중의 사정이다. 댜오위다오 보호운동에서 당외운동까지 당외운동과 '대만 독립' 운동 사이에는 교차, 차이, 복잡한 조합이 있다. 1990년대 대만 사회운동이 신속하게 '대만 독립'을 향해 나아간 것은 이중적 중첩—계엄 해제의 역사와 글로벌 냉전 종식의 중첩—의 결과다. 글로벌 냉전의 종결은 사회주의 진영의 실패가 중심이 된다. 중국 대륙에서는 문화대혁명의 실패가 모종의 지표다. 원래 당외운동과 댜오위다오 보호운동 내부에는 강렬한 사회주의적 주장을 지닌 세력이 있었고 모두 자본주의의 범주 밖에서 대만의 진로를 찾으려는 생각을 했다. 정치적 범주로서 '중국'은 흡인력이 있다. 국민당 전제에 반대했고 국민당이 자본주의 체제와 완전히 하나로 연결되었다는 것을 모두가 알기 때문에 그 외부에서 가능성을 찾는 정치 세력이 원래 존재했다. 댜오위다오 보호운동은 결코 통일과 독립이라는 의제를 겨냥한 것은 아니지만 내부에 친국민당 세력('반국애국동맹'과 같은)과 대만 독립을 표방하는 몇몇 요소가 존재하기 때문에 조국 통일을 추구하는 주류도 통일파로 추인되었다. 사실 그들이 말하는 '통'은 사회주의 중국과 긴밀이 관련되어 있었고 그들은 주류이지 통일파가 아니다. 그러나 앞서 말한 이중의 중첩 때문에 원래 대만 내부에서 국민당을 비판하고 다른 진로를 찾으려는 노력이 설 자리가 거의 없어졌다. 1990년대부터 대만의 지역사회 건설은 국족주의적 동원과 불가피한 관계가 있다. 그러나 신자유주의의 파도 속에서 지역사회를 재건하려는 노력은 사회보호운동과 상호 중첩되는 것이다. 사실 오늘날에는 이미 통일과 독립 등의 개념으로 이 보호운동을 설명하기 어려워졌다.

1980년대 천잉전 등과 당외운동의 관계는 중첩되었다. 그들은 동일한 민주주의 운동의 일부에 속했다. 당외운동에는 원래 대만 사회의 정치적 미래를 탐색하는 다중의 가능성이 존재했다. 그러나 1989년 이후 소련과 동구권이 대대적으로 변했고 신자유주의의 물결이 중국의 개혁에 갈수록 깊은 영향을 주었다. 그리고 대만에서는 자본주의 체제 밖에서 또 다른 진로의 가능성을 찾으려는 시도가 철저히 소실되었다. 당외 운동은 점점 응집되었고 원래의 좀더 복잡하고 서로 다른 정치적 지향을 지닌 민주세력이 점차 독특한 종족적 민족주의의 파도에 휩쓸렸다. 중국 대륙의 경우 20세기는 문화대혁명이 종결되면서 거의 끝났다. 중국 대륙에서 1980년대는 20세기의 끝자락일 뿐이다. 서구에서 20세기는 1989~1991년에 냉전체제의 전환과 함께 끝났다. 달리 말하면, 잠재력 가득한 20세기가 제공한 직접 정치 방안은 마치 양안문제를 해결할 수 없는 것 같았다. 따라서 대만의 계엄 해제와 냉전 종결은 일종의 독특한 방식으로 중첩되어—이른바 독특한 방식은 사회주의의 실패 방식이다—대만 내 운동 내부의 정치적 분화를 신자유주의적 방향으로 응집했다. 리덩후이, 천수이볜 시기를 거치면서 이른바 통일과 독립의 논쟁은 사실상 '독립대만'과 '대만 독립'의 논쟁이 되었다. 민주주의의 정치성은 이 과정에서 모조리 소모되었다. '대만 독립' '독립대만'의 정치는 기본적으로 '탈정치화된 정치'다. 즉 기존의 패권 구도를 전제로 허구적 아이덴티티에 호소하고 이른바 대만의 자주성 표제를 형식적 주권의 틀 안에 놓아 서로 다른 이름으로 대만이 이 구도에서 갖는 지위를 확인한다. 양자의 논쟁은 대만의 기본적 사회—정치체제의 변혁을 언급하지 않고 오늘날 세계의 불평등 관계를 건드리지 않는다—불평등은 정당 각축에 동원되는 패에 불과하다. 종족 정치를 둘러싸고 대만 독립과 독립대만은 공동의 정치적 정확성으로 서로 경쟁하거나 스스로 표방했다. 사실상 양안 경제 관계의 변동으로 촉발된 현실 속 질투와 증오, '공산주의' 또는 '전체주의'에 대한 허구적 적대감 외에도 이런 경쟁은 이미 철저히 공동화되었다. 그것은 공동화되었기 때문에 또 사람들이 중산계급의 통속 정치 또는 우익 포퓰리즘의 무력한 급진적 태도로 정치의 빈 공간을 메우려는 열정을 불러일으킨다.

서비스무역협정 반대 운동에서 통일파는 통일이라는 대목표를 보호하기 위해 수많은 중산계급과 한편에 서서 양안무역협정을 옹호했다. 운동에는 서로 다른 동력과 입장에서 좌익적 언사로 '신자유주의'를 겨냥하려는 세력들도 있었다. 양안의 경제 무역관계 발전을 지지하는 세력에는 이것도 답하기 어려운 문제다. '통일파'의 원래 의도는 신자유주의에는 문제가 있고 비판을 해야 하지만 양안의 소통과 호혜는 대만에 유익하다는 것이다. 이런 말은 젊은 세대에 조금도 흡인력이 없었고 원래 충분한 역사적 자원을 가진 좌익 통일 세력의 현재적 모습을 상당히 모호하게 만들어 실질적 역량을 모으기 아주 어렵게 되었다. 그렇다면 도대체 전 지구 무역과 양안 무역에서 중국의 역할을 도대체 어떻게 평가해야 할까? 서양 여론에서 중국 국유기업은 여전히 계획경제와 국가 독점의 상징으로 간주되어 비판받는다. 그러나 지구적 범위에서 중국 대륙의 역할은 정반대다. 차라리 무역 장벽을 깨고 자유무역을 추구하는 충실한 신도에 더 가깝다. 중국의 이런 노력은 전방위적이다. WTO와 기타 국제 시장체제에 가입하는 것은 물론 중국은 동일한 원칙으로 아시아, 아프리카, 라틴아메리카에 진입하고 동일한 논리로 미국과 유럽의 보호무역을 비판한다. 제3세계와 교류에서 중국은 초기 국제주의적 요소를 유지했다. 그러나 그 행위가 주로 경제적 이익을 추동하는 데서 나왔음은 솔직히 털어놓을 수 있다.

이 현상을 어떻게 해석할까? 우리는 자본주의 세계체제의 중심 이전이라는 독특한 방식에 근거해서 관찰해야 한다. 자본주의의 체제 확장은 무역과 생산 규모의 과도한 확장으로 촉발된 위기로 중단을 맞는다. 그러나 이 중단은 생기를 회복하는 체제 재조직을 촉진할 수도 있다. 아리기의 말을 빌리면, 이 체제를 재조직하는 토대는 강력한 정부와 기업의 종합체이고 매 차례 재조직한 결과 그들의 군사적 역량과 재정적 역량이 이전의 종합체보다 훨씬 강해졌다. 그의 관찰은 날카롭다. 과거의 경험과 비교해보면 새로운 금융 확장(이는 과도한 축적에 대한 전형적인 반응이다)에는 독특한 점이 있다. 그것은 바로 "더욱 강해진 정부와 기업의 종합체가 이 장기적 추세에서 막다른 골목에 들어섰다는 점이다. 소련 해체 이후 세계적 군사 역량은 미국과 기타 그의 친밀한 동맹국 수중에 더욱 집중되었다. 자본 축적의 세계적 과정의 중심은 미국에서 점점 동아시아 지역으로 옮겨가고 있다. 정치, 군사적 역량과 경제, 금융 역량의 분리가 사상 유례없다."[4] 아리기가 1990년대 전반기에 내놓은 분석은 아직 주로 일본과 동아시아 네 마리 용의 경제 기적에 관한 것이었고 중국의 부상에 관한 것은 아니었다. 그러나 그가 예견한 정치, 군사 역량과 경제, 금융 역량의 전례 없는 분리는 바로 동아시아 지역의 새로운 현실이다. 이러한 분리는 두 가지 질서 간의 게임을 불러왔다. 하나는 미국을 비롯된 국가연맹을 토대로 정치 역량과 군사 역량의 패권을 통한 전 지구적 질서이고, 다른 하나는 동아시아 지역의 막강한 경제 역

---

4 阿銳基, 『漫長的二十世紀』, 南京 : 江蘇人民出版社, 2001, 1쪽.

량과 금융 역량을 토대로 한 전 지구적 질서다. 그중 두 번째 질서가 "첫 번째 것보다 평등하다."[5] 정치, 군사의 중심과 경제, 금융의 중심이 분리되었기 때문에 동아시아 특히 중국이 부상했다고 해서 결코 미국을 대신해서 세계 자본주의의 패권이 되지 않는다. 그와 정반대로 이 지역의 경제적 확장과 군사적 약세가 미국이 정치, 군사적 패권을 통해 구질서를 유지하려는 노력과 모순·충돌한다. 이 때문에 동아시아 지역(동북아와 동남아 모두를 포함한)에는 이중적 추세가 존재한다. 하나의 추세는 10+1 또는 10+3 중심, 경제와 금융 중심의 지역 통합이다. 또 다른 추세는 미국의 이른바 '아시아로 귀환'으로 상징되는 모종의 냉전 구도의 회귀 추세다. 이 추세의 경제적 대응물은 중국 대륙을 배척하는 것이 동기가 되고 미국과 냉전 시기 미국 구동맹국이 토대가 된 TPP 계획이다. 중국이 무역과 금융으로 지역을 통합하려는 노력은 사실 이러한 자본주의 재조직 과정에서 형성되는 이중적 추세의 필연적 산물이다. 이 이중적 추세 자체를 역사적·정치적으로 분석할 수 없고 양안 관계의 경제주의적 추세를 단편적으로 비판하기만 한다면 사태를 제대로 못 보는 함정에 빠지는 것은 불가피하다. 양안 관계에서 진정한 문제는 경제무역 관계를 발전시켜야 하느냐에 있지 않고 경제무역 관계 속 '이윤 양도' 논리를 반드시 변화시켜야 한다는 데 있다. 결국 '이윤 양도 논리'가 바로 양안 분리의 전제다.

미일 동맹이 날로 선명해지는 구질서로 회귀하는 태세를 보여주면 양

5 같은 책, 2쪽.

안 관계는 필연적으로 거대한 도전에 직면할 것이다. 대만 문제와 미국의 관계는 불 보듯 뻔하고 일본과 관계는 소홀히 할 수 없다. 과거를 돌아보면 황민화는 동원된 또 다른 역사 자원이다. 대만의 식민 지배는 동북 지역 만주국과 아주 다르다. 만주국은 비록 일본의 식민지였지만 그래도 새로운 국가와 만주족 정권을 세우려 한 것이었다. 괴뢰였지만 그래도 독립 국가로 인정하려 했다. 만주국 자체가 현지의 정체성을 되살리는 과정이다. 이것은 대만의 황민화 과정과 중요한 차이가 있다. 일본인의 말에 따르면 대만의 황민화가 일본에서 실행된 것은 이른바 '내지 연장주의'다. 여기서 말하는 '내지'는 일본 본토를 말한다. '연장'은 대만을 일본 본토의 확장으로 삼는 것이다. 대동아전쟁은 대만을 일본의 후방 기지로 만들었고 황민화는 식민지와 전쟁 정책에 맞물린 정체성 정치다.

대만 문제와 일본의 관계에 대해 또다시 작은 일화를 말하려 한다. 1999년 내가 대만에 갔을 때 구전푸는 자기 집에 식사 자리를 마련해 위잉스, 일본 게이오대 법학원 원장, 나를 초청했다. 『연합보』전 편집장(이름은 기억나지 않는다), 렌징출판사 편집장 린짜이쥐林載爵도 자리를 함께했다. 바로 그 전날 밤 리덩후이가 '양국론'을 발표했고 다음 날 바로 『옌푸합집』신간 발표회를 했다. 구전푸가 아침에 일어나서 차에 오르고 나서야 비서는 '양국론'에 관한 일을 그에게 말했다. 리덩후이가 그에게 알리지 않은 것이었다. 내가 회의장에 갔을 때 수많은 기자가 그를 둘러싸고 있었다. 하오바이춘郝柏村, 린양강林洋港 등이 모두 앞줄에 앉았다. 구전푸의 '양국론' 보충 연설이 신간 발표회장에서 있었다. 그날 저넉에 술을 많이 마셨는데 좋은 화댜오花雕(고급 소흥주)가 올랐다. 그는 감개무량했다. 구전푸는 본인과 가족 이야기를 꺼냈고 그가 겪은 장제스 장징궈 부자(주로 장제스)와 일본의 교류 역사, 리덩후이의 대일 교류를 말했다. 그는 리덩후이의 일본어가 괜찮은 편이지만 서면어는 잘 쓰지 못해 대일 통지문과 통신문은 모두 그가 직접 썼다고 말했다. 대화 중 그는 많은 사람이 양안 관계에서 미국의 역할에 주목하지만 대만 정치와 일본의 더 깊은 관계를 이해하는 사람은 소수라고 강조했다. 『연합보』 전 편집장은 『연합보』에 기고할 수 있느냐고 말했고 구전푸는 지금은 쓸 수 없지만 앞으로 모두 물러난 뒤 쓸 수 있다고 말했다. 그는 제목은 이미 「양안 관계에서 일본 요소」로 정해졌다고 웃으며 말했다.

　미국이 일본의 자위권 해금을 부추기고 일본의 재무장을 묵인하는 것은 사실 미일 동맹의 축이고 중국의 냉전 질서 회귀를 억제하려는 것이다. 이 측면에서 미국과 일본의 입장은 아주 명확하다. 양안은 또 정치적 대화를 할 수 없으며 대만이 그 뒤 직면할 결정은 다음과 같다. 미일 주도 군사 경제 체제에 가담하느냐 비교적 순조롭게 진행되는 양안 경제 무역 관계와 날로 확장되는 양안 인력 교류를 토대로 양안의 정치 관계를 재건하느냐? 냉전 구도를 다시 조성하는 것은 인민의 바람에 맞지 않고 지역 이익에 부합하지 않는다. 또 전 지구적 관계 변화 전체 추세에도 부합하지 않는다. 더 중요한 것은 중국이 이미 과거처럼 봉쇄될 가능성이 없다는 사실이다. 대만이 미일 동맹을 축으로 하는 지역 세력에 가담하는 것은 중국에 좋지 않고 대만에도 좋을 게 없다. 중일 양국 관계에도 좋지 않을 것이 분명하다. '해바라기 운동'에서처럼 등장해 서비스 무역을 끊어버렸다. 이 사건 자체는 대륙 측이 서비스무역협정을 구상하고 이에 서명할 때 대만 사회를 전체적으로 파악하지 않고 경제에만 착안했음을 설명한다. 양안 관계는 단순한 경제관계일 수 없는데 서비스 무역, 재화 무역을 추진할 때 어떻게 더 넓은 문제를 고려할 수 없었을까? 정부 협상에서 대만의 TPP 가입까지 모두 양안 경제무역 관계 발전에서 고려해야 할 의제다. 진정한 문제는 다음과 같다. 양안정치 관계의 재개는 도대체 무엇을 토대로 해야 하는가? 향후 어떤 역량 또는 어떤 정치적 정세를 만들어야 양안의 평화통일을 추진할 수 있는가?

'해바라기 운동'은 진실한 평등의 요구를 제시했다. 그러나 양안 서비스 운동에는 반대했지만 패권에는 반대하지 않았다. 운동은 절차적 민주주의에 불만을 표시하고 입법원을 공개적으로 점령했다. 그러나 새로운 정치강령은 없었다. 실질적으로 TPP 가입을 지지했기 때문에 신자유주의에 대한 운동의 내면적 태도는 모호했다. 어떤 이는 이렇게 말한다. 의회를 점령하는 것이 뭐가 나쁜가? 그러면 점령하라. 또 많은 사람이 이렇게 말한다. 반서비스 무역은 맹목적이다. 일리가 없다면 TPP마저 함께 반대해야 한다. 만약 그들이 그것도 반대한다면 우리는 그들을 지지해야 한다. 만약 '해바라기 운동'이 기꺼이 신자유주의에 대한 비판을 TPP에 대한 거절까지 확장하고 입법회 점령 운동을 현대 민주주의 정치의 위기에 대한 반성까지 발전시켰다면 왜 지지하지 않는가? 그러나 급진적으로 보이는 '해바라기 운동'은 결코 이 방향으로 나아가지 않았다. 선전은 여전히 통일과 독립의 의제에 의존했다. 이는 최소한 1989년 이후 특히 1990년대 이후 대만의 민주화 과정이 끝났음을 보여준다. 젊은 세대에게는 이 과정을 비판해야만 진보라 할 수 있다. '해바라기 운동'은 다른 운동보다 직설적이었다. 그것은 비합법적 형식으로 대만의 정당정치—당연히 주로 국민당 정치—에 뚜렷하게 주장했다. 당신들의 민주적 절차는 순전히 정치적 유희일 뿐이고 모두를 잘못 이끌고 있다. '해바라기 운동'도 확실히 신자유주의 반대 기치를 들었다. 그러나 방점이 서비스 무역에 찍혀 있었다. 즉 중국 대륙과 양안 관계에 있었다. 그리고 신자유주의와 전통적 패권 구조를 종합한 TPP에는 주목하지 않았다. 만약 '해바라기 운동'이 신자유주의 반대의 강령을 TPP에 던졌다면 점령 운동은 또 다른 성격의 운동으로 바뀌었을 것이다. 오늘날 민주주의 위기를 성찰하는 것은 필요하다. 그러나 민주주의 비판이 포퓰리즘의 정체성 정치와 결합하고 패권적 지역체제와 결합한다면 그 정치의 진로는 걱정스러울 것이다.

'해바라기 운동'은 2009년 '산딸기운동' 이후 새로운 세대가 정치에 직접 참여한 상징적 사건이고 비교적 장기간 대만 정치의 맥을 예견했다. 새로운 세대에게 핵심 문제는 바로 대만의 새로운 사회운동—이 학생운동을 포함한—이 최종적으로 도달하는 결과가 미일 중심의 패권 구조에 가담하는 것이라면 그것은 스스로 그 합리성을 없애버리는 것이라는 데 있다. 만약 이렇게 된다면 그들은 비록 젊지만 지난 시대가 사라지기 전에 잠시 빛을 발한 것일 뿐 진정한 미래를 대변하지는 않는다. 미국이 아시아로 귀환하고 일본이 자위권 금지를 해제하는 것은 모두 지역적 신냉전 창조를 지향한 것이다. 또한 모두 경제 중심과 군사 중심의 분리 추세를 전제로 한 것이다. 이런 의미에서 대만의 새로운 사회운동은 하나의 정치적 결단에 직면했다. 그들은 패권의 부속물로서 신냉전 구도를 조성할 것인가 아니면 '중국'을 다시 생각하고 대만 사회의 자주와 평등을 쟁취하기 위한 투쟁과 대륙에서 새로운 사회적 진로를 찾으려는 노력 사이에서 중첩된 관계를 탐색할 것인가? 새로운 사회운동은 반드시 자본주의 전 지구 질서 재구축의 독특성을 파악해야 한다. 또 바로 여기에 운동의 미래가 담겨 있다. 양안 관계에서 이 성찰은 '중국'의 정치-경제적 내포에 집중되었지만 그 실질은 바로 일종의 비판적 세계주의다.

만약 이런 전 지구적 시야를 대만의 위상 정립에 적용하면 '중국'의 정치적 의미를 다시 검토하지 않을 수 없다. '중국'의 정치적 의미를 다시 검토하는 것은 양안 교류에서도 피할 수 없는 과제다. 정치적 대화를 재개하는 것은 이런 정치적 과정의 첫걸음이다. 고도로 불평등한 전 지구화 과정에서 정치·군사적 중심과 경제, 금융의 중심이 서로 분리된 조건에서 전 지구 질서의 혼란과 모순은 피할 수 없는 것이다. 이런 조건에서 자유와 해방을 쟁취하는 양안의 위대한 전통을 계승·발전시키고 지역 질서가 신냉전으로 회귀하는 것을 피하며 신자유주의의 발전 노선을 돌파하고 완전히 새로운 경제, 과학, 정치 문화에 기초한 새로운 사회적 전망을 창조하는 것이 양안 젊은 세대의 공통된 사명이다. 이것이 바로 정치-군사적 패권과 신자유주의 모두를 돌파하는 것이고 이전과는 다른 사회주의의 미래를 예고하는 것 아닐까? '중국'에 대한 재서술은 이 과정에서 벗어날 수 없는 작업이다.

3. 정치적 정체성의 절대적 중요성과 두 가지 규칙의 충돌

지역 통합에 관한 논의는 내륙과 해양의 관계와 분리될 수 없다. 물론 양안 관계를 내륙과 해양의 관계라는 틀에서 해석하는 문제와 분리될 수 없다. 일본의 아시아론은 사실 유럽의 해양론을 따라 발전한 것이고 현재의 대만 독립론도 일맥상통한다. 해양으로 내륙을 폄하하는 것은 자본주의 시대의 주된 특징이다. 해양과 내륙의 문제는 세계사 서술이 필요하다면 모를까 양안 관계를 말하기에는 충분치 않다. 대만 해양 무역사 연구는 대만을 해양사 서술 안으로 편입하지만 도리어 해양사와 대륙사의 관계를 생략한다. 이것은 확실히 해석할 만한 문제다. 중국 대륙의 역사적 시각에서 해석할 만하고, 세계사의 시각에서도 해석할 만하다.

대륙에서 이 문제를 건드린 사람은 장청즈다. 그러나 그는 대만 문제를 논하지 않았다. 장청즈는 스페인의 이슬람화와 천주교의 배척성을 말하면서 그 시대를 세계사의 전환점으로 보고 그 배경에 오스만제국의 부상과 쇠락이 있다고 했다. 장청즈는 몽골고원에서 무슬림 세계까지, 중국 내외에서 메소포타미아 유역까지 중국 지식계 주류와는 다른 세계사의 계보를 세웠다. 이 계보는 아시아 식민주의에 저항하는 맥락에서 전개된 것이다. 오스만제국이 15~16세기에 흥성한 것은 세계사적 대사건이다. 콜럼버스의 탐험, 아메리카 발견, 인도 문제가 모두 이것과 관련된다. 그러나 이 사건들은 대부분 유럽 중심의 시야 속에서 조직되었다. 이 사건이 중국의 내륙과 아시아에 준 영향은 어떠했을까? 네덜란드인의 대만 침입(1624~1662) 역시 이 파도의 한 물결이었다. 다만 명·청이 교체되고 정성공이 1661~1662년에 대만을 공격해서 한족 정권을 세울 때까지 중원왕조는 이 연안 주변부를 돌볼 겨를이 없었다. 타이난의 츠칸러우赤嵌樓는 원래 네덜란드인이 세운 '프로방시아 요새'다. 이곳 역시 정성공 군대가 대만을 점령할 때 첫 번째 발판이었다. 그곳을 점령한 데는 몇 가지 주요 원인이 있다. 그중 하나는 보급이다. 현지에 적지 않은 한족이 보급물을 제공할 수 있었다. 또 다른 원인은 스페인의 항해선을 제어할 수 있는 전략적 요지였기 때문이다. 대만은 동남아시아와 연결되어 있다. 타이난을 점령하면 동남아시아와 동아시아 지역을 잇는 새로운 노선을 열 수 있다. 유럽 식민지 역사에서 대만의 중요성은 오스만제국의 흥성, 대륙 비단길을 따른 동서 무역의 중단과 서로 관련되어 있다.

오스만제국의 흥성이 중국 경제와 무역에 준 영향은 유럽에 준 것만큼 크지 않다. 해상 비단길 무역 노선이 있다는 것 이외에 중국 대륙 내부가 폭이 넓고 경제적 상호 보완성이 강할 뿐 아니라 조공권역 내 무역 관계도 상당히 발달되어 있었다. 제2차 아편전쟁기에 마르크스는 영국 의회가 인민을 속였다고 비판했다. 의회가 캬흐타를 축으로 한 러시아 무역 규모가 영국이 총포로 바꾼 연해 무역액을 뛰어넘는다는 사실을 감추었기 때문이다. 나는 이스탄불에 세 번 갔다. 최근에는 에페소스에 다녀왔다. 이 지역에서 이루어지는 유럽과 아시아의 풍부한 상호작용은 놀랍다. 오스만 왕궁 안에서 희귀보물전이 열렸는데 전시품이 대영 황국과 비교해도 결코 손색이 없었다. 대륙은 기본적으로 원청화元靑花(원나라에 생산된 청화자기)를 찾지 못했다. 원청화는 거의 전부가 그곳에 모여 있었고 양과 종류 면에서 아주 다채로웠다. 원청화 이외에도 티베트 민족의 생산품이 많았다. 오스만 수단은 수많은 자기 세트를 수집했고 일상 용도로 사용했다. 이 물건들은 시장에서 구입하는 것이지 증성품이 아니다. 달리 말해서, 조공 관계가 아닐 뿐 아니라 무역 관계였다는 말이다. 아시아 관점에서 오스만 국의 흥성은 이른바 대항해시대를 촉진한 주된 원인이었다. 비단길이 끊기면서 원래의 무역 노선은 더 이상 활발하지 않아서 어쩔 수 없이 또 다른 항해노선을 개척했다. 그러나 오스만제국의 관점에서는 비단길을 통한 동방과의 무역은 중단되지 않았다. 중국은 일찍이 콜럼버스 이전에 항법 기술을 보유했지만 식민지를 개척할 만한 큰 동력은 없었다. 청화가 서양에 간 것은 항해 기술이 문제가 되지 않았음을 분명히 보여준다. 청조는 비록 북방에서 왔지만 이 기술을 계승하는 것도 큰 문제가 아니었다. 핵심 문제는 그들에게는 그렇게 강한 동력이 없었다는 것이다. 이것이 원인 중 하나가 아닐까? 나는 연구를 해보지 않았으니 잠시 생각해보자.

청조의 대만 점령은 정치 통일의 요구에서 나온 것이지 무역의 요구에서 나온 것이 아니다. 경제적으로도 대만에서 물건을 어느 정도 제공하는 것이 필요 없었다. 정성공이 대만을 점령하기 전에 중원왕조는 대만을 다스릴 동력이 없었다. 그러나 정성공이 대만에 정권을 수립한 후 대청국의 정치적 통일에서 대만은 불가결한 요소로 변했다. 갑오전쟁 이후 대만의 할양은 민족의 치욕이었다. 항전 승리 후 대만을 반드시 회수해야 하는 것도 이런 원리다. 1943년 카이로회담에서 원래 제2차 세계대전에서 일본에 점령된 영토의 귀속 문제를 논의할 계획이었다. 그런데 왜 결국 1895년에 식민지가 된 대만을 꼭 중국에 돌려주어야 한다고 확정해야 하는가? 중국의 정치적 통일에 대만은 불가결한 존재다. 청조의 대만 통치는 '생번'과 민인民人으로 나뉜다. 이것은 서북 지역과 서남 지역을 다스린 경험에서 온 것이다. 1870년대 대만 산지인과 류큐 어민 사이에 충돌이 일어났고 일본인이 개입했다. 그들은 청 조정에 왜 그곳 사람을 처벌하지 않느냐고 물었다. 총리아문은 이렇게 답했다. '생번'은 대청률의 통치 범위 안에 있지 않다. 그 결과 일본이 산지인을 공격했지 대청국을 공격하지 않았다는 구실을 남겼다. 사실 '생번'과 민인을 나누는 이러한 논법은 청조가 서북과 서남 지역을 통치하는 방식과 유사하다. 예를 들면, 서남부 소수민족에 대해 청 조정은 토사제도를 적용해서 다스렸지만 직접 대청률을 적용하지는 않았다.

1860년대 미국이 대만을 처음으로 공격하고 1870년대 일본이 두 번째로 대만을 공격한 것이 바로 새로운 패턴으로 청 조정의 질서관을 공격한 것이다. 류큐에 관한 글을 쓸 때도 일본인이 처음으로 대만을 공격한 것은 미국이 제안한 것이지 일본인 스스로 생각한 것이 아님을 언급했다. 미국인의 첫 번째 공격은 목적을 달성하지 못했다. 주샤먼 미국대사 총영사 샤를 르 장드르Charles W. Le Gendre(1830~1899)가 일본에 건넨 가장 중요한 제안은 청조가 변방을 다스릴 때의 생번과 민인의 관계 구분을 서양 주권 개념의 틀에 놓고 내외관계를 다시 확정하라는 것이었다. 청조 치하에서 대청률과 지반 관습으로 변방 지역을 다스림으로써 이원 구조의 통치 모델을 형성하는 것은 법률적 다원주의라고도 할 수 있다. 이때 내외관은 서양 국제법과 구권 중심 내외 구분과 완전히 다르다. 일본은 대만을 공격하면서 이미 현지 '생번'은 대청률 안에 있지 않으니 생번 공격은 대청국에 대한 공격이 아니라고 핑계를 댔다. 이런 의미에서 일본의 대만 공격은 일본과 청조의 충돌이면서 두 가지 질서 사이의 충돌이다. 현대 중국은 어떤 정권도 서양의 통일된 규칙으로 변방을 다스리지 않을 수 없었고 전통적 질서관은 와해되었다. 사실 제국의 전통이 풍부한 국가가 이런 방식으로 변방을 다스리면 어디에나 문제가 생길 수 있다. 공산당은 초기에 처리를 잘했다. 왜냐하면 아래에서 위로 사회 변천을 추진했기 때문이다. 그러나 이 과정이 끝나고 상하 관계가 고착된 시기에는 이 체제에 대한 저항의 폭발은 불가피하다. 대륙 민족 문제의 폭발은 대만 문제와 상황이 다르다. 그러나 근원은 부분적으로 일치한다. 이 근원은 모두 19세기 서양이 다져놓은 국가와 국제관계의 기본 원칙에서 연원하다. 나는 『근대 중국 사상의 흥기』를 집필하는 과정에서, 특히 제2권 「제국과 국가」를 쓸 때 이 규칙과 다르고 더욱 유연한 제도적 틀은 존재하지 않는지 생각했다. 역사적으로 통일이나 통합은 다중적인 가능한 형식이 존재한다. 통일 또는 통합은 하나와 다수의 변증법이고 또 반드시 다중의 참여 과정이다.

앞의 화제로 돌아가자, 경제의 중심이 서양에서 아시아로 넘어오면서 대륙과 해양의 관계가 변하고 있다. 1993년 동쪽에서는 롄윈강連雲港시에서 서쪽으로 로테르담까지 가는 유럽-아시아 철도가 이미 개통되었다. 지금 제기되는 '일대일로'는 사실 비단길의 경제지대, 21세기 해상비단길, 중국-인도, 중국-파키스탄 양대 통로, 유라시아대륙교 등 수많은 범주가 포함되어 있다. 대륙 연결의 중요성이 현저하게 높아졌다. 미일 해상동맹이 냉전 구조의 연장이라면 '일대일로'는 역사적 경로로 회귀하는 것이다. 새로운 경제계획은 세계사의 경로를 다시 수정했다. 난점과 도전은 모두 명확하다. 어떤 이는 '신장에서조차 제대로 되지 않는데 어떻게 '일대일로'를 말하느냐?'고 한다. 그러나 신장 문제 또는 다른 지역 문제는 아마 '일대일로'를 열어가는 과정에서 해결될 것이다. 우리는 '일대일로'가 직면한 곤경으로부터 다음과 같은 점을 볼 수 있다. 세계 경제의 무게중심이 아시아로 옮겨가면서 정치, 사회, 문화, 종교, 언어 등 여러 방면의 문제를 가져왔고 그것은 결코 경제만의 문제가 아니다. 역으로 자본주의 경제위기의 핵심은 경제가 정치, 문화, 습속, 종교 등과 단절되고 경제적 과정이 사회관계를 파괴하고 훼손하는 데 있다. 따라서 '일대일로'는 반드시 자본주의 경제 모델을 개혁하는 기나긴 과정이 될 테고 동시에 필연적으로 역사 문명과 미래 사회주의가 서로 접합되는 과정이 될 것이다. 역사 문명을 말하는 것은 이 새로운 계획의 핵심 개념, 즉 로, 대, 랑廊, 교橋가 바로 아시아 트랜스사회시스템 또는 역사 문명의 유대이기 때문이다. 이 계획이 불가피하게 사회주의적 색채를 띤다고 말하는 이유는 자본주의 경제 논리가 이 광활하고 복합한 네트워크를 지배하는 국면을 극복하지 않으면 이 계획은 필연적으로 실패와 보복에 직면하기 때문이다. '일대일로'는 단일 국가의 계획이 아니고 영토와 그 확장을 목표로 하는 제국의 재건 계획이 아니다. 그것은 '상호연관과 소통'을 중심 개념으로 하고 다중복합의 참여를 기본 내용으로 삼는 동태적 과정이다. 이 역사적으로 유례없는 세계적 실험 과정에서 깊이 있고 장기적인 시각이 부족한 어떠한 경제 계획, 금융 확장, 군사적 모험도 바라는 것과 반대 효과를 낳을 것이다. 현재 '일대일로'를 말하는 사람 대부분이 두 가지 중심 문제만 말한다. 하나는 국내 생산 잉여 해결이고 다른 하나는 금융 확장이다. 이 두 문제는 모두 자본주의 경제체제에서 반복적으로 나타나는 문제다. 자본주의의 낡은 길을 되풀이하기만 한다면 '일대일로'는 성공하지 못할 뿐 아니라 거대한 시련과 반발을 불러일으킬 것이다. 신장 문제가 하나의 신호이고 2014년 대만 역시 하나의 신호다. 그러나 어찌 되었든, 경제 관계의 변화에 따라 17세기 이후 대만이 전 지구와 지역 경제에서 갖는 특수한 지위도 불가피하게 바뀐다. 중국 대륙 연해 경제의 발전과 유라시아 대륙의 관계 변화는 현재 전 지구를 뒤흔들고 있는 역사적 변천이다. 대륙과 해양의 관계가 역전되지 않아도 커다란 변화가 일어날 것이다.

현재는 전 지구적으로 정치적 위기의 시대다. 상황은 1989년 이후와 매우 다르다. 1989년 이후 사회주의가 실패하고 '역사가 끝났다.' 그러나 지금의 현실은 자본주의의 위기가 사방에 잠복하고 있다. 주변 지역만 이런 것이 아니고 중심지역도 똑같다. 1989년 이후 유일한 정치적 합법성이었던 것들이 현재는 하나도 예외 없이 모두 깊은 위기에 처해 있다. 만약 중국이 이러한 곤경을 순조롭게 빠져나가서 정치적 실천의 문제를 다시 생각한다면 양안 관계는 크게 달라질 것이다. 우리는 '역사종말론'의 범주 밖에서 새로운 길을 함께 모색할 필요가 있다. 이 길을 따라서 새로운 정치적 실천, 새로운 공간을 열어가려고 한다면 새로운 가능성, 새로운 역량이 한꺼번에 분출될 가능성이 있다. 이것은 전 지구적 위기지 부분적 위기가 아니다. 따라서 중국 정치의 새로운 형태를 탐색하는 것에는 모든 지역에 의미가 있지 개별이나 일부에만 있는 것이 아니다.

2012년 나는 대만 무단사牧丹社에 가서 산길을 따라 줄곧 힘들게 올라갔다. 당시 이런 대만의 부락사회는 내부 조직이 이미 완결되었고 외부에서 공격하려면 어려웠다. 원래 대륙의 많은 지방도 이랬다. 토지 개혁과 사회변천을 거치면서 바로 대만 사회와 마찬가지로 현재 이미 '변화 밖의 땅'을 찾기가 어려워졌다. 그러나 교통이 이처럼 편리하고 유동이 이처럼 광범위한 시대에 통치자가 지방 종족 집단 내부에서 어떤 일이 벌어지는지 모른다는 사실은 단절이 아주 깊은 정도까지 도달했음을 분명히 보여준다. 지금은 방향을 새로 설정하고 핵심을 파악해서 딸린 문제들을 해결할 필요가 있다. 여기서 한 덩이를 만지고 다른 곳에서 한 덩이를 만지는 것은 소용없다. 핵심 문제가 무엇인지를 알려고 해야 방향을 명확히 해서 점차 이 국면을 역전할 수 있다. 예를 들면 나는 글에서 수차례 '정치적 범주로서 '중국'이란 도대체 무슨 의미인가?'라는 문제를 제기했다. 이것은 다시 논해야 한다. 이런 개념이 없고 의식이 없다면 이론 탐색은 전개되지 않고 문제가 끝나버릴 수 있다. 현재 새로운 방향을 설명하기가 비록 쉽지 않지만 몇 가지 지점은 명확하다. 첫째, 이것은 글로벌화 과정에서 출구를 찾는 것이며 이 과정을 벗어나서는 새로운 길을 말할 수 없다. 둘째, 이것은 동아시아 지역에서 이 문제를 말하는 것이다. 즉 전 지구적 노동 분업과 전 지구적 관계의 발전과 변통을 논하는 것이 불가피하다. 특히 정치, 군사의 중심과 경제, 금융의 중심이 분리되는 추세와 그 결과를 논해야 한다. 셋째, 이것은 냉전 구도를 극복하고 신자유주의를 극복하는 미래의 길, 근대 이후 형성된 패권 체제와 그것의 새로운 형식을 돌파하는 해방의 길, 깊숙한 역사 문명과 그 근대적 역정을 배경으로 하고 오늘날 각종 선진적 경험을 종합하는 계승과 창신創新의 길이다. 적어도 내가 보기에 이 길은 21세기 사회주의 의 특징을 지닌 공동의 길이기도 하다.

2015년 1월 15일 수정

역자 후기

이 책은 왕후이가 2000년부터 2018년까지 '20세기 중국'을 주제로 집필한 논문, 강연 및 발표원고로 구성되어 있다. 그중 대다수는 2009년부터 2014년까지 쓴 것이다. 따라서 이 책은 2010년 『아시아는 세계다』(원제 亞洲視野)에서 '트랜스시스템사회' 개념을 제안한 이후 형성된 왕후이의 문제의식을 담고 있다고 할 수 있다. 2000년(6장)과 2004년(5장)에 발표한 원고도 수록되었음은 왕후이의 문제의식이 오랜 기간 이어져왔음을 보여준다. 한국어판에는 저자의 요청으로 홍콩 옥스퍼드판이 출판된 이후 2017년과 2018년에 집필한 원고를 서문과 1장으로 삽입해서 책 전체를 아우르는 문제의식을 선명히 보여주고 있다.

이 책의 취지는 제목인 '단기 20세기: 중국 혁명과 정치의 논리'에 압축되어 있다. 일단 논의 대상이 되는 시기는 20세기다. 여기에 단기

를 붙임으로써 사전적 의미에 따라 기계적으로 100년을 단위로 이루
어지는 '세기'의 시대 구분을 거부한다. 단기로 규정한 중국의 20세기
는 1911년 무렵부터 1976년까지다. 이 두 해에는 각각 신해혁명이 발발
했고 문화대혁명이 끝났다. '혁명'은 이 시기의 시세를 규정하는 개념이
다. '정치'는 단기 세기를 혁명의 시대로 만드는 역사적 행위다. 더 나아
가 '정치'는 저자가 단기로 규정한 20세기 중국을 조망하는 작업에 의
미와 생명력을 부여할 규범적 행위로도 자리 잡는다. 중국은 혁명의 시
세가 발생한 장소이면서 국경 내에만 한정된 장소가 아니라 세계체제
의 지정학이 전개되는 장소이자 20세기의 시세와 행위를 사유하는 장
소다. 따라서 이 책은 시간과 장소를 미리 설정하고 해당 시기의 사전
을 서술한 편년사가 아니다. 세기, 중국, 혁명, 정치의 의미를 역사적 사
실에 근거해서 성찰하고 재정의하며 새로운 논리를 제시하는 사상서다.
대표적으로 저자는 세기 자체가 20세기 중국에도 이물이고 그 자체가
그 이전 시대부터 적용된 개념이 아니라 20세기의 발명품이라 주장한
다. 이에 따르면 세기는 정확히 그 의미가 20세기만 적용된다. 이러한 세
기/20세기는 그 자신을 이전 시대와 구분하고 새로움으로 스스로를 정
의한 한 '근대와' 성격이 같다.

　제목에는 없지만 저자의 문제의식을 대변하는 핵심 개념은 '문화'다.
책에서 저자는 문화와 정치의 연관을 수차례 강조한다. 여기서 '문화'는
20세기 중국의 정치 행위의 성격을 규정하는 속성이자 정치적 실천의
목표이고 앞으로 정치의 생동감을 유지·강화하는 동력이다. 역사적으
로 단기 20세기의 초반과 후반에 '신문화운동'과 '문화대혁명'이 자리를

차지하고 있지만 기표만 같을 뿐이다. 둘에서의 문화는 성격도 다르고 저자의 취지도 여기에 국한되지 않는다. 그 대신 20세기 중국에서 문화는 20세기의 새로운 중국을 만들려는 행위 전체를 대변한다. 따라서 문화는 20세기 중국 혁명의 논리가 혁명을 구성하는 좁은 의미의 정치, 국가, 정부, 계급의 권력 행위를 뛰어넘는다. 왕후이는 그러한 사유의 근거와 자원을 1910년대 문화논전과 1960년대의 대중노선 등에서 광범위하게 찾는다. 이렇게 문화가 개입한 정치에서는 청년 문제, 여성 해방, 노동과 노동자, 언어와 문자, 도시와 농촌 등의 문제가 '문화'의 범주로 들어와서 정치를 창조의 영역으로 만드는 정치화가 이루어진다. 그리고 그 정치화를 이루고 발전시키는 현실의 동력은 중국의 사회주의 혁명 실천의 경험이 남긴 대중노선과 대중운동이다. 왕후이는 2012년에 『문화종횡』의 '문화 자각' 특집에 발표한 글에서 문화적 자각을 '현재의 발전모델과 이데올로기에 문제를 제기하고 새로운 세계의 서막을 여는 것'으로 설명한다. 이러한 문화 자각의 대상은 현재 세계를 지배하는 자본주의적 발전모델, 신자유주의다. 따라서 왕후이는 일관되게 '문화'를 현실에 개입하고 현실을 변화시키는 동력으로 사유한다. 이런 논리에서 '문화'는 정치, 경제로의 종속에서 해방되고 오히려 이들 영역에서 발생하는 문제를 해소하고 긍정적 진로를 구축하는 역할을 부여받는다.

문화를 정치에 활력을 불어넣는 영역으로 사유하는 동안 기존 관념에서 정치의 주된 행위와 계기, 행위자로 여겨진 요소들은 비판받는다. 그것은 바로 정당, 국가 그리고 본질주의적으로 경직된 계급이다. 이들

기존의 정치적 요소가 범한 잘못을 왕후이는 탈정치화라고 지목한다. 탈정치화란 "정치활동을 구성하는 전제와 토대인 주체의 자유와 능동성에 대한 부정"이고 "특정한 역사적 조건 아래서 정치 주체의 가치, 조직구조, 지도권의 해체, 특정한 정치를 구성하는 대결 관계를 전면적으로 없애거나 이 대결 관계를 비정치적인 허구적 관계 속에 놓는 현상"이다. 탈정치화도 정치 형식의 일종이지만 문화와 상호작용하며 활력을 띠는 정치와는 거리가 멀다. 20세기 중국에서 탈정치화의 사례는 광범위하게 지적된다. 문화대혁명에서 파벌투쟁으로 변질된 대중운동, 개인숭배, 문혁 종결 이후 중국의 1960년대에 대한 부정과 외면, 개혁개방기 중국 사회 구조의 줄기를 이룬 현대화, 시장화, 세계화, 발전, 성장, 소강小康, 민주 등 개념들, 혁명과의 고별, 신자유주의 국면에서 노동자·농민 계급 주체의 소멸, 국가와 그 주권 형태의 전변, 정당정치의 쇠락 등이 여기에 해당한다. 여기서 눈에 띄는 것은 흔히 정치행위의 핵심으로 간주되는 파벌투쟁과 이것에 잠식된 문화대혁명을 탈정치화의 사례로 지목했다는 사실이다. 이는 정치에 대한 왕후이의 독특한 해석에서 비롯한다.

앞서 말했듯 탈정치화를 초래한 주범은 기존 정치 영역의 핵심 요소들이다. 그중에서 왕후이는 정당과 국가를 지목한다. 그 이유는 정당운동이 사회적 관계를 제대로 반영하지 못하고 국가, 정부와 거의 동일체가 되었기 때문이다. 사회 형식과 정치 형식의 탈구는 '대표성의 균열'로 개념화한다. 이는 선거를 기반으로 한 서구의 정당과 노동자 정치를 표방한 중국 모두에 해당한다. 대표성 구현 대신 국가 권력 획득에만 관심을 두고 국가와 정부의 메커니즘이 정당정치를 점차 잠식하는 현상을 '정당의 국가화'라 정의한다. 그리고 중국의 정치적 특징으로 지목되는 '당-국 체제'가 실질적으로는 '국-당 체제'라고 비판한다. 이를 극복하는 방안으로는 재정치화와 포스트 정당정치를 제안한다. 재정치화는 문화와 정치가 결합하면서 그 싹을 틔우고 정치 공간과 정치 생활을 활성화함으로써 구현된다. 그 과정에서는 현대 자본주의 내부의 모순과 불균형에 관한 재분석이 필연적으로 동반된다. 이처럼 재정치화 논의는 정치 개념과 중국 현대사에 대한 재해석을 수반한다.

왕후이는 평등 개념을 재정치화 논의의 논제로 추가한다. 여기서는 기존의 평등 개념을 기회, 분배, 기본능력의 평등으로 구분하고, 이 개념들이 모두 자본 논리의 '물화' 경향을 벗어나지 못한다고 지적한다. 뒤이어 평등 개념을 재구성할 수 있는 사상 자원으로 장타이옌의 '제물평등'을 제안한다. 제물평등은 불교 유식학과 장자 제물론을 활용해서 형성된 평등관이다. 제물평등의 핵심 가치는 사물의 기계적 균일화를 지양하고 차이를 기계적으로 없애는 것이 아닌 사물 각자의 차이 그 자체를 인정하는 것이다. 여기서는 사물의 독특성과 독립성을 전제로 하고 이를 그대로 보전할 것을 지향한다. 또한 제물평등의 범위는 인류에만 한정되지 않는다. 그 대신 인간을 자연사의 내부에서 관찰해서 인간과 사물의 일방적 통제 관계를 해소한다. 이러한 제물평등을 실현한 현실적 계기로는 인류와 사물의 동등한 관계를 지향하고 발전주의에 대항하는 생태주의, 차이평등을 실현하는 '민족지역자치'가 거론된다. 제물평등의 차이평등을 실현할 사회체제로는 왕후이가 예전에 제안한 트랜스시스템사회가 제시된다.

이상의 개념 재정의 이외에 20세기 중국의 역사적 기억은 재정치화를 모색하는 사상 자원으로 활용된다. 재정치화의 핵심은 주체의 능동적 행위다. 이를 발휘할 수 있는 역사적 근거로 마오쩌둥 시기의 대중노선, 각종 당내의 이론 토론 및 사상논쟁을 제시한다. 사회주의 시기 조직을 건설하고 정치를 지탱한 이러한 기제들은 현재의 실패한 '노동자국가'와 쇠락한 '계급', 약화된 대표성에는 더이상 존재하지 않는다. 과거 1910년대 문화의 영역에서 정치주체로 호명된 노동자, 여성, 청년의 정치적 능동성과 주체성 역시 신자유주의가 지배하는 탈정치화 시대에는 쇠락했다. 신자유주의 시대 새롭게 등장한 계층으로 신노동자(농민공), 신빈민을 점검하지만 이들의 대표성은 정치 공간에서 보장되지 않고 이들은 정치적 활력도 미약해서 능동적 주체로 자리 잡거나 스스로를 조직할 가능성도 미약하다. 짧게 지나간 혁명시대인 20세기 이후 진정한 정치화의 기운이 쇠락한 현실이다.

중국 역사 해석에는 지정학적 관심도 작동한다. 이에 따라 중국을 단일한 영토국가가 아닌 제국주의가 지배한 근대 세계질서, 동서냉전, 신자유주의적 세계체제와 연관된 운동이 일어나는 장소로 해석한다. 마오쩌둥의 신민주주의론은 홉슨, 레닌의 제국주의론과 함께 20세기 제국주의론을 구성하는 사상적 유산이다. 또한 량치차오의 세기론, 소년중국설, 일본 사상가 고토쿠 슈스이의 시대 인식, 19세기적 가치로 그 자체를 비판한 장타이옌과 루쉰의 사유 역시 당시 중국과 아시아의 세계 인식을 보여주는 중요한 유산이다. 냉전시대의 비동맹주의 노선, 한국전쟁 참전(항미원조) 등은 식민주의와 제국주의 패권에 맞서는 운동으로 제시된다. 같은 맥락에서 대만에서 사회주의 운동에 대한 기억의 소실, 통일파의 쇠퇴는 탈정치화 현상의 일부로 해석된다. 해바라기 운동에서는 대만에서 정당과 사회 형식의 탈구로 조성된 대표성 균열을 포착하고 서비스무역 협정에만 주목하고 신자유주의 체제 자체를 비판하지 않는 점은 한계로 지적한다. 중국 및 대만, 아시아 문제에 대한 지정학적 접근은 제국주의, 냉전, 신자유주의 시대 지역의 문제를 읽는 한 중국 지식인의 관점을 보여준다.

　왕후이는 위와 같이 20세기를 사상 대상으로 삼아 혁명시대의 역사적·사상적 유산을 점검하고 능동성과 주체성을 갖춘 정치가 형성되어야 한다는 지향을 드러낸다. 정치성의 복원을 위한 사상적 상상력은 19세기에 서구에서 들여온 서구사상을 참조하면서도 그 범위를 뛰어넘은 근현대 사상의 유산에서 가져온다. 이는 1980년대부터 왕후이가 그 사유의 싹을 틔운 근대에 맞서는 근대의 이념과 연관된다. 신자유주의 체제 비판은 1990년대부터 이어진 정치적 문제의식의 연장이다. 현대 중국의 역사적 기억 위에서 제국주의, 냉전, 신자유주의 세계체제를 성찰하는 작업은 아시아 역사를 통해 세계 역사의 문제를 포착하고 그 역사상을 재구성하고 21세기 신제국 질서와 논리를 극복하고자 한 『아시아는 세계다』의 문제의식을 잇는다. 이 책에서는 세계사 속에서 중국 역사가 갖는 독특한 성격과 의미를 좀더 부각시킨다. 20세기 중국의 정치와 혁명의 경험은 신자유주의, 서구의 19세기식 사상과 체제를 초월하는 상상을 가능하게 한다. 이러한 사유를 거쳐 왕후이는 중국의 단기

20세기가 홉스봄의 단기 20세기와 다르다고 말한다. 그에 따르면, 홉스봄의 단기 20세기는 양차 세계대전과 냉전을 거치며 일련의 실패로 구축된다. 반면 중국의 단기 20세기는 자신의 새로운 문화를 창출하기 위해 분투한 시기로 능동적 정치성의 유산을 남긴 시기다. 굳이 유럽과 비교하자면 19세기에 비견되는 '독립되어 있고 명명하기 어려운 시대'다. 이런 맥락에서 왕후이는 "20세기의 문화적·정치적 유산을 다시 거론하는 것은 단순히 이미 철 지난 실천으로 돌아가는 것이 아니고 그것이 품은 보편성이나 미래의 잠재력을 발굴하는 것"이라며 자신의 사상 작업의 의미를 밝힌다.

『단기 20세기』의 출판 소식을 듣고 한국어로 번역하기로 결심한 때는 2015년 4월이었다. 원저인 홍콩 옥스퍼드판의 출판일자가 2015년 6월 1일이었으니 원저가 정식으로 출판되기도 전에 번역하기로 마음먹은 셈이다. 중국 사상계의 최신 소식을 늦지 않게 한국에 소개하는 일이 중국 현대사상 전공자가 할 일이라 생각했고, 이 책을 번역함으로써 그 할 일을 해야겠다고 생각했다. 하지만 번역은 마음먹은 시기로부터 적지 않은 시간이 흘러 완료되어 그 다짐은 빛이 바랬다. 예상보다 많은 분량의 번역작업을 마무리했다는 의미만 남았다. 번역 초고를 완성한 후 저자에게 한국어판 서문을 써달라고 부탁한 후 저자가 2017년과 2018년에 걸쳐 그동안 작성한 적지 않은 분량의 원고를 보너스(?)로 보내주어서 원저와 번역서의 시간 격차를 약간이나마 줄일 수 있던 것이 작은 위안이었다고 할까? 그 보너스는 '20세기'와 '세기'를 주제로 다룬

260쪽이 넘는 서론과 1장이다. 가장 앞에 배치된 가장 늦은 글들은 전체 책의 총론 성격을 갖는다. 분량이 웬만한 작은 책에 맞먹기 때문에 추가 작업이 가볍지는 않았다. 아마 독자들도 책의 표제를 해설하는 서론과 1장을 책과 접하는 가벼운 안내로 접하기는 어려울 듯하다. 대신 세기 개념을 이해하는 그 자체로 완결된 논의로 이해해야 쉬울 것이다.

이 책의 서론과 1장은 2020년 6월 중국에서 출판된 저자의 『20세기의 중국』 3부작 중 1부 『세기의 탄생』 서론과 1장이기도 하다. 『세기의 탄생』은 20세에 관한 총론 뒤에 20세기 중국의 국가, 정치, 문화를 다룬 글들을 각론으로 수록했다. 각론은 『단기 20세기』의 원고와 왕후이가 1990년대부터 발표한 사상사 관련 원고들로 구성되어 있다. 이러한 시리즈 제목과 구성은 왕후이의 현재 관심이 그동안의 중국 현대사상 관련 논의를 '20세기 중국'이라는 주제로 수렴해서 정리하고 재조명하는 데 있음을 보여준다. 이런 점에서 이 책은 왕후이의 최신 문제의식을 파악하고 그가 바라보는 중국의 20세기를 돌아볼 수 있도록 하는 역할을 할 수 있다.

한중 수교 이후 중국에 대한 한국인의 부정적 정서는 현재 최고조에 달하고 있다. 최근 몇몇 기관에서 발표한 여론조사 결과는 반중 정서가 막연한 비호감을 넘어서 극단적인 혐중으로 향하고 있음을 보여준다. 냉전의 잔재를 악용한 정파적 선전, 황사·미세먼지, 불법조업, 한한령, 혐한, 코로나19, 역사·문화 분쟁(일명 동북·김치·한복 공정) 등 일상적인 경험들의 축적이 비호감 정서를 키웠다. 그리고 이런 정보들을 의도적으로 과장되고 편향된 논조로 유통한 SNS와 정파적 행위가 크게 한몫했다.

그런데 일그러진 중국 인식은 일상에만 한정되지 않는다. 학술적 논의의 장소에서 유통되는 중국 인식도 현실의 중국과 동떨어진 경우를 쉽게 발견할 수 있다. 민족주의적 논조를 차치하고라도 중국에 관련된 토론에서는 연구 주제가 무엇이든 간에 공통적으로 중화주의, 국가주의, 전체주의 등의 혐의를 담은 질의들이 곧잘 등장한다. 그런데 이런 질의에서 언급되는 중국은 현실의 중국이 아니다. 이 질의들에서 말하는 중국은 냉전시대의 중공, 조공체제 시대의 중국, 사회주의 시기와 개혁개방 초기의 빈곤한 중국, 그리고 멀게는 공자와 주희의 중국이다. 이때의 중국은 공산당, 독재, 황제, 노예 상태의 백성이 버무려진 관념들로 이루어져 있다. 다른 방향에서는 이른바 '성현의 말씀'이 신성화되고 그 '말씀'의 고향에서 분리되어 수시로 잡다한 유행들과 무매개적 접속을 시도한다. 문제는 이런 질의들이 제기되면 토론을 통해 빈약한 토대가 해소되고 인식이 수정되기보다는 '답정너' 식으로 제기되어 기존의 편견을 확인하고 굳히는 방향으로 논의가 흘러가는 데 있다. 이런 식의 논의는 현실과 동떨어진 자기 확신과 만족, 위안만 확인할 뿐이다. 물론 현재 우리는 많은 중국 전문기관과 연구자의 노력을 활용하거나 네트워크 인프라를 활용하면 거의 실시간으로 중국의 동향, 중국 내 인사의 견해를 접할 수 있는 시대를 살고 있다. 하지만 인문학과 일상, 정파적 정략의 영역에는 여전히 현실의 중국과 관념 속의 중국의 괴리가 상존하고 재생산되고 있다.

이러한 괴리와 재생산을 줄이기 위해서는 막연한 하나로 형성되어 있는 중국 이미지를 타파해야 한다. 그러기 위해서는 역사적 변화의 맥을 짚고 그 과정에서 드러나는 세세한 내막을 제대로 규명하는 작업이 필요하다. 냉정하고 면밀한 중국현대사와 현대사상 연구는 그 과제를 해결하는 데 한 몫 할 수 있다. 또한 평면적인 소개와 추수 혹은 배척이 아닌 당사자와의 생산적인 소통이 있어야 그 효과를 높일 수 있다. 『단기 20세기』 한국어판이 미약하나마 그 작업에 기여할 수 있기를 희망한다.

옮긴이는 2010년부터 왕후이, 쉬지린, 자오팅양, 왕단 등의 신간을 번역하며 중국 사상계의 생생한 목소리를 전하기 위해 노력해왔다. 당시 박사학위를 받은 지 얼마 안 되는 풋내기 연구자였던 옮긴이를 믿고 학문적 의욕을 펼칠 기회를 준 노승현 기획위원님과 강성민 글항아리 대표님의 도움이 있었기에 이 일을 시작하고 지속할 수 있었다. 그리고 책을 읽고 격려와 조언을 해주신 중국학계 선생님들의 크고 작은 관심과 격려, 질정도 힘이 되었다. 이 지면을 빌어 모든 분께 감사의 마음을 전한다.

사실 현재 중국 사상계는 한국 학계에서 주목했고 왕후이를 문제적 지식인으로 만드는 계기가 된 1990년대 후반 '자유주의 논쟁'이 벌어진 때와 비교하면 침체상태다. 옮긴이가 2018년 베이징 중관춘에서 왕후이와 간춘쑹을 각각 만났을 때 두 사람은 공통적으로 중국 지식인의 발언이 전반적으로 위축되었고 활기를 많이 잃었다고 말했다. 전과 달리 외부인의 대학 캠퍼스 진입을 엄하게 통제하는 상황은 그러한 분위기를 보여주는 단면이었다. 앞으로의 상황이 어떻게 바뀔지는 쉽게 단언할 수 없다. 이런 시기 과거를 냉정히 성찰하고 자신을 정비하는 것도 지식인이 돌파구를 모색하는 하나의 방법일 것이다. 시류를 타고 정부나 매체, 기업의 편에 서서 권력과 금전을 탐하지 않는다면 말이다. 이런 상황에서 떠오르는 것은 톈안먼 민주화운동 진압 이후 『학인』을 발행하며 학술연구에 힘을 쏟고 1980년대를 성찰한 당시 소장학자들의 1990년대 초 행보다. 이 시기의 지적 경험은 1990년대 중후반 시대를 비평하는 힘이 되었다.

중국공산당 창당 100주년을 기념하고 건국 100주년 중국몽 실현을 향해 내달리고 있는 지금 사상계가 어떤 목소리를 내고 어떤 역할을 할지는 계속 주목할 사안이다. 사실 중국 정부에서 내세우는 100이라는 숫자는 현실의 발전단계와 실질적 연관이 있지는 않다. 사전적으로는 100이라는 숫자는 세기와 더 연관이 깊다. 그러나 역사가들은 세기를 장기 혹은 단기로 부르며 세기와 100의 연관을 실질적으로 부정하고 있다. 따라서 숫자에 불과한 몇 주년을 내세워 흐름을 주도하려 할수록 기념의 껍데기를 벗겨버리고 역사적 흐름의 내막에 더욱 주목할 필요가 있다.

앞으로의 시대를 20세기 이후의 새로운 시대로 규정할지 20세기를 단기로 끝내지 않고 그 속성을 이어갈지는 아직 누구도 단언할 수 없다. 그것은 현재의 사유와 실천이 결정할 것이다. 이런 시대의 역사성을 인지한 이들에게 필요한 것은 역사에 대한 냉정한 성찰과 현재의 시공간에 대한 심층적 통찰, 그리고 서로 다른 장소에서 차이와 공통점을 공유하는 이들과의 생산적이고 개방적인 소통이다. 향후 각국 지식인의 힘 있고 생생한 목소리를 매개로 이러한 사유와 대화가 지속되기를 고대하며 이번 번역 작업을 갈무리한다.

2021년 6월
송인재

찾아보기

ㅅ

단기 20세기: 중국 혁명과 정치의 논리

논문·칼럼·단편·발표문

단기 20세기: 중국 혁명과 정치의 논리

ㅈ

단기 20세기: 중국 혁명과 정치의 논리

서명

ㄱ

인명

단기 20세기: 중국 혁명과 정치의 논리

단기 20세기

초판 인쇄 2021년 6월 24일
초판 발행 2021년 7월 12일

지은이 왕후이
옮긴이 송인재
펴낸이 강성민
편집장 이은혜
편 집 이상희 신상하 최혜민
기 획 노승현
마케팅 정민호 김도윤
홍 보 김희숙 김상만 함유지 김현지 이소정 이미희 박지원

펴낸곳 (주)글항아리 | **출판등록** 2009년 1월 19일 제406-2009-000002호

주소 10881 경기도 파주시 회동길 210
전자우편 bookpot@hanmail.net
전화번호 031) 955-2696(마케팅) 031) 955-2682(편집)

ISBN 978-89-6735-912-6 93910

www.geulhangari.com

이 저서는 2018년 대한민국 교육부와 한국연구재단의 지원을 받아 수행된 연구임
(NRF-2018S1A6A3A01022568)